美国公民社会的治理

——美国非营利组织研究

The Operation and Governance of Nonprofit Sector in the United States

徐彤武　等著
赵　梅　主编

中国社会科学出版社

图书在版编目 (CIP) 数据

美国公民社会的治理：美国非营利组织研究 / 徐彤武等著；
赵梅主编 . —北京：中国社会科学出版社，2016. 3
ISBN 978 – 7 – 5161 – 7994 – 9

Ⅰ. ①美… Ⅱ. ①徐…②赵… Ⅲ. ①社会团体 – 研究 – 美国
Ⅳ. ①C237. 12

中国版本图书馆 CIP 数据核字 (2016) 第 074846 号

出 版 人　赵剑英
责 任 编 辑　任　明
特 约 编 辑　芮　信　卢　宁
责 任 校 对　邓雨婷
责 任 印 制　何　艳

出　　　版　中国社会科学出版社
社　　　址　北京鼓楼西大街甲 158 号
邮　　　编　100720
网　　　址　http：//www. csspw. cn
发 行 部　010 – 84083685
门 市 部　010 – 84029450
经　　　销　新华书店及其他书店

印 刷 装 订　北京市兴怀印刷厂
版　　　次　2016 年 3 月第 1 版
印　　　次　2016 年 3 月第 1 次印刷

开　　　本　710 × 1000　1/16
印　　　张　45. 75
插　　　页　2
字　　　数　773 千字
定　　　价　128. 00 元

出 版 说 明

　　美国的公民社会通常指存在于政府部门、私人工商业部门之外的非营利部门（Nonprofit Sector）。在美国，以各种非营利机构为基本单位组成的非营利部门是国家政治、经济、文化和社会体系中不可缺少的有机组成部分。最近几十年间，美国非营利部门经历了高速发展，其规模、作用和影响力均堪称全球第一。可以这样说：不了解美国的公民社会，就不可能真正了解美国，不可能理解当代美国的内政与外交。

　　2010 年年初，中国社会科学院确定了院级重大科研项目"美国公民社会的治理"。在中国社会科学院美国研究所赵梅研究员的主持下，课题组成员历经三个寒暑的紧张工作，在钻研大量第一手资料的基础上最终拿出了 70 多万字的研究成果，2013 年课题结项时荣获总评优秀。从 2014 年春至 2015 年夏，课题组成员根据美国非营利部门的一些新趋势和新材料，陆续对课题成果进行了补充和修订，故本书系本课题研究的最新成果。

　　本书对当代美国非营利部门的成长背景、发展概况、法律环境、政府服务与监管体系、治理与自律、面临的挑战和机遇等进行了比较全面的介绍。课题成果还通过对美国的国际性非营利机构、国内利益集团、公民权利组织、基金会、对外政策游说团体、宗教组织、环境保护组织以及顶尖智库——布鲁金斯学会等方面的实例研究，具体而生动地说明了美国公民社会对当代美国政治、经济、社会和外交政策的影响。

　　本书是国内学者基于实证性的材料收集与调研，描绘美国非营利部门整体图景的首次尝试。研究成果不仅具有一定的学术价值，同时相信它对于我国政府部门进一步了解美国非营利机构的本质和功能，依法创新社会治理，维护国家安全和提升国家软实力也有所裨益。毋庸置疑，这项研究为国内各种社会组织的运营管理者提供了一个比较新鲜的视角和一种参考，有助于他们进一步思考和探索如何在中国发展的具体实践中实现社会组织的健康和可持续发展。

本课题组成员及分工为：中国社会科学院美国研究所赵梅研究员（课题主持人）；胡国成研究员（课题框架设计与协调，序言）；徐彤武研究员（美国公民社会的概况，美国政府对非营利部门的管理，美国非营利部门自身的治理与自律，非营利组织与美国选举政治，美国的国际性非营利组织，非营利部门与美国国家安全）；何兴强副研究员（非营利组织、利益集团与美国公共政策）；仇朝兵副研究员（非营利组织与美国对外政策）；赵行姝副研究员（美国民间环保团体与气候变化）；彭琦助理研究员（宗教组织在美国社会中的作用）；许安结助理研究员（院外游说集团与美国对台湾政策）；美国所硕士研究生赵天一（典型智库布鲁金斯学会研究）。此外，上海大学历史学系张勇安教授和硕士研究生刘海丽为本课题贡献了他们关于美国国家民主基金会与美国对缅甸外交的研究成果；仇朝兵副研究员编纂了参考文献目录；《美国研究》编辑部的编辑卢宁编纂了本课题涉及的美国非营利组织的英文名称中文译名对照表。付梓出版之前，卢宁和徐彤武对书稿进行了细致的编辑与校订。全书由徐彤武统稿，赵梅审定。

在此，我首先要对中国社会科学院科研局和中国社会科学院美国研究所对本课题研究和本书的出版给予的宝贵支持表示感谢。我还要感谢所有课题组成员、特邀撰稿人和我的同事卢宁，感谢所有关心、帮助过本课题研究的人，感谢中国社会科学出版社。没有大家的理解和共同努力，如此艰巨、复杂和耗时的研究很难取得预期的成果，更无法以专著形式出版。我衷心欢迎各界对本书不足甚至谬误给予指正，也期待看到中国学界更多有关美国公民社会的研究成果问世。

赵　梅

2016 年 3 月 1 日于北京

序　言

2010 年，中国社会科学院科研局批准了美国研究所提交的院级重大课题"美国公民社会的治理"立项申请，本书是该课题的最终成果。

公民社会（Civil Society）是近年来国内外学术界讨论较多，也是争议较多的一个问题，至今，也未能就公民社会的定义达成共识。从已有的成果看，多数学者把公民社会看作是在民主和宪政的保障下，一个社会中除国家（政府）和企业社会之外的人民自愿结合起来促进其共同利益的"第三部门""独立部门"或"非营利部门"。非营利组织或非政府组织在这个领域中占有特殊地位，它们构成了公民社会的主体。

本书并未将研究的重点集中于学界已经讨论较多的公民社会的定义和建构问题，而是聚焦于当代美国公民社会组织，即美国非营利部门的运行、管理和实际作用上。在非营利部门的管理方面，本书试图从两个层面进行探讨：一是美国政府，主要是联邦政府和州政府对非营利部门的管理；二是非营利部门自身的治理。

所谓政府对公民社会的管理，实际上探讨的是国家与有组织的公民群体之间的一种互动关系。它既包含了宪法和法律对公民社会的保障和赋权，也包含了政府依法对公民社会的监管。美国政府对公民社会的管理主要依据的是宪法和《国内税收法典》，由联邦、州和地方三级政府行使管理权，监管的重点是非营利组织的公信力和财务状况。从本书的论述中，人们不难看出，美国的非营利部门与国家或政府之间的关系大体上是和谐的。公民社会虽然是社会中政府与企业之外的第三领域，但它绝非作为政府和企业的对立面而存在。它的活动与政府和企业的活动相辅相成、相互补充，共同促进了整个社会的发展和进步。如果说它的某些组织与政府或企业出现矛盾，正说明社会存在着需要改进和完善之处。但公民社会本身并非天然完美。正如人有善恶不同，构成公民社会的各类组织也有优劣之分。治理不善的公民组织时常会爆出财务混乱、渎职、利益输送等丑闻，对其公信力和提供公共产品的能力造成重大伤害。这从另一个方面说明了政府对公民社会的监管、指导和帮助极其必要。

同样重要的是公民社会自身的治理和完善。这不仅为减少和消除丑闻之所需，也是公民社会的不断完善和发展之所需。由于时代不断前进、社会不断进步，公民的需求不断扩展，公民社会自身就需要与时俱进，以适应这些变化。公民社会内部的治理主要指各类公民组织依据法律和法规建立和履行的内部约束机制、行为标准、制度建设以及自律措施等。在联邦和州相关法律法规的指导下，在非营利部门的治理监督和评估组织以及公众的监督下，美国的各类非营利组织不断进行内部治理改革，以求达到高质量、高透明、负责任的"善治"标准。在不断促进社会发展、进步的过程中，公民社会自身也在不断完善、发展和进步。

在论述非营利部门的作用方面，本书集中探讨了非营利组织对美国国内政治、国家安全、公共政策、对外关系等方面的影响，并对它们在2012年大选、气候变化、美国与台湾关系、美国对缅甸政策等议题的作用进行了案例研究，对于典型的智库类非营利机构也独辟一章介绍。

本书对美国的宗教组织进行了专门讨论。宗教组织是殖民地时代早期移民带去北美大陆的，因此它比美国建国的历史还要久远。美国宪法中明确规定了政教分离的原则，但宗教在美国社会中具有持久而广泛的影响。宗教组织在美国公民社会建构和发展的过程中也在不断改革和演进，已经成为当代美国非营利部门的重要组成部分。

非营利部门对美国国内政治的影响显而易见。五花八门的利益诉求在各类选举、立法和政策制定中常可以留下一些影子，但能够在这上面打下自己烙印或改变甚至阻止某项立法和政策制定的，还是一些规模庞大、组织严密、资金雄厚的组织，如近年来兴起的"超级政治行动委员会"。本书提供了比较充分的实例来说明美国非营利组织与公共政策过程之间的关系。

在对外关系方面，美国许多非营利组织通常会与美国外交政策相配合，起到公共外交或民间外交执行者的作用。一些公民组织在国外的活动甚至得到了美国政府的资助。当然，也会有公民组织反对某项外交政策，但通常这类组织数量不多，影响不大。总体而言，非营利部门在美国对外关系方面的影响以及美国公民组织在海外的活动，是与美国外交政策相向而行的。它在一定程度上代表了美国的国家形象（不论这种形象是好是坏），也在某种意义上体现了美国的软实力。

值得注意的是，美国一些以所谓对外推广民主理念和实践为宗旨的公民组织，在国外的活动中不仅自觉配合政府的外交政策，甚至越俎代庖，积极干预别国内部事务。它们的活动在别国中的确起到了负面作用，造成了别国社会动乱甚至暴力冲突的后果。难怪有东欧学者将20世纪90年代公民社会在全球范围的急剧发展，看作是与"华盛顿共识"相连的新自由主义战略的一部分。

当然，我们也不必因存在这样的情况而否认美国公民社会在促进本国经济社会发展、提供公共服务、协调各方利益诉求、增进社会和谐稳定方面的积极作用。也许这正说明：公民社会的构建和发展本质上是一个国家社会内部的事务，别国的经验可以借鉴，但别国的干预却往往造成恶果。

尽管本书作者力图比较全面、深入和客观地探讨上述主题，但限于水平和材料，欠缺和谬误在所难免，期盼读者和有关专家不吝赐教。

目　　录

第一章

美国公民社会：非营利部门发展概况

　　美国是一个拥有 963.14 万平方公里面积、3.21 亿人口的高度发达的资本主义大国。① 在这个国家里，由形形色色的民间组织或曰非营利组织（nonprofit）为基本单位组成的公民社会，是美国整个政治、经济、文化和社会体系中不可缺少的一个有机组成部分，也是美国最鲜明的特色之一。今天，非营利组织在美国社会中的作用越来越重要。② 我们完全有把握这样说：不了解美国的公民社会，就不可能真正了解美国，不可能理解美国的内政外交。

　　美国的历史与北美殖民地早期人民的结社及从结社中发展而来的自治传统密不可分。美国发展历程中的一个独特之处是先有各种民间组织，后有国家。换言之，在北美殖民地首先存在并发挥作用的是公民自发的意愿、公民社团的私权、人民的自治权，而后才产生了由政府行使的公共权力。所以，美国人是酷爱结社的人民。法国著名政治学家托克维尔（Alexis de Tocqueville）在他那部传世名著《论美国的民主》中写道：“美国人干一点小事也要成立一个社团”，“美国人无论年龄多大，不论处于什么地位，不论志趣是什么，无不时时在组织社团”。③ 这种传统在 21 世纪被继续发扬光大，根据设在华盛顿的全国慈善统计中心（National Center

---

　　① 根据美国联邦人口普查局的测算，美国总人口 2015 年 8 月 1 日达到 3.214 亿人。参见 U. S. Census Bureau, U. S. & World Population Clocks, available at: http://www.census.gov/popclock/, 2015 年 8 月 1 日。

　　② United States Government Accountability Office, *Tax – Exempt Organizations: Better Compliance Indicator and Data, and More Collaboration with State Regulators Would Strengthen Oversight of Charitable Organizations*, (GAO – 15 – 164), December 2014, pp. 4 – 15.

　　③ ［法］托克维尔：《论美国的民主》下卷，董果良译，商务印书馆 1988 年版，第 636、635 页。

for Charitable Statistics) 的数据，2012 年每 1 万名美国人中有正式登记的非营利组织 45.6 个，其中公益慈善类组织 33.9 个。[①] 美国学者认为，事实上超过 3/4 的美国人至少属于一个非营利组织，平均起来他们每人都参加了两个组织，并向四个组织提供了捐赠。[②]

今天的美国不仅是地球上唯一传统意义上的超级大国，也是一个名副其实的公民社会超级大国。美国公民社会组织可以用"无所不在、无事不管、影响巨大、情况复杂"四个词来概括。"无所不在"，是指它们广泛存在于美国社会的各个阶层、各个领域或行业之中，聚集着有各种共同的信仰、诉求、事业、需要和兴趣的人群，遍布在从首都华盛顿的联邦机构直至阿拉斯加州当地学区的各个行政层级中和全国所有的社区里。"无事不管"，是指它们的机构宗旨、主要业务和活动范围几乎无所不包，从国家税收、财政预算、国防建设和外交政策等国家大事，到居民社区治安、日常生活中的节能减排措施等具体事务都要涉及。"影响巨大"，是说它们能够建议或者参与到各个层面的议事日程中，施展出五花八门的公关手段影响决策过程、引导公众舆论，无论政府部门还是工商企业都非常重视它们的意见和反映。在为全社会提供广泛的公益慈善类服务方面，没有任何机构可以代替它们的作用。有些组织的机构和人员还活跃于世界其他地方，成为美国的国际存在和全球影响力的一部分。"情况复杂"，是说它们的类型众多，背景各异，资金来源不一，法定地位和政府对它们的监管要求差别很大。它们之间的相互关系及它们与政府部门、工商界的关系可谓盘根错节，连一般美国人都不容易搞清楚。有鉴于此，本概论将从若干方面入手，试着描绘出整个美国公民社会（非营利部门）的大致图景。

考虑到国内学术界关于美国的宪政民主制度、公民权利保障、社会文化发展史等方面的研究成果已经相当丰富，因而本课题的研究力求依赖最新的第一手资料，着重于对第二次世界大战结束之后，尤其是对后冷战时

[①]　The Urban Institute, National Center for Charitable Statistics, "Number of Registered Nonprofit Organizations by State, 2012", available at: http://nccsweb. urban. org/ PubApps/reports. php? rid = 2，最后访问日期：2015 年 8 月 23 日。

[②]　Morris P. Fiorina (Stanford University), Paul E. Peterson (Harvard University), Bertram Johnson and William G. Mayer, *The New American Democracy*, Fifth Edition, Pearson Education, Inc., 2007, p. 179.

期美国公民社会的发展、作用、治理、监管等方面的情况进行阐述、分析与评价。总体而言，本项研究偏重实证性和经验性，研究的根本目的是更加全面地了解美国国情、民情，吸取美国公民社会运行与管理中的教训，借鉴美国比较成功的做法，为中国非营利部门的健康与可持续发展，为国家治理体系的现代化建设和社会治理的进步提供一个参照系。

一　美国公民社会的定义与概况

（一）本研究对美国公民社会的定义

公民社会（Civil Society）在国际上成为一个时髦词汇且有了相对固定的核心定义，仅仅是过去不到 20 年间的事情，[①] 虽然它在近代的根基埋藏在启蒙思想和工业文明的土壤之中。欧美学者已经从理论上对公民社会进行了相当深入的分析，若干最重要和最有代表性的著作也已经在我国翻译出版。[②] 从现有的研究成果看，对于"公民社会"的定义有广义和狭义之分。广义的定义认为公民社会是在家庭、政府和市场（企业界）区间存在着的各种民间组织的集合形态，它至少包含着三重含义或者说具备三大要素：第一是拥有法定权利的公民个人，这里的法定权利主要是指受到宪法和法律保护的公民政治权利，包括言论自由、结社自由、宗教信仰自由等；第二是由公民自行组成和治理的具有一定独立性的组织，即民间组织；第三是这些民间组织之间的和它们与社会各个方面的联系，以及在这种联系之中这些组织所发挥的作用。[③] 狭义的定义认为公民社会主要指民间组织，因为正是这些组织构成了公民社会的基本单元，也是公民社会

---

① Michael Edwards, *Civil Society*, Second Edition, Cambridge：Polity Press, 2009, p. 2.

② ［美］莱斯特·M.萨拉蒙等：《全球公民社会：非营利部门视界》，贾西津等译，社会科学文献出版社 2002 年版；［美］莱斯特·M.萨拉蒙等：《全球公民社会：非营利部门国际指数》，陈一梅等译，北京大学出版社 2007 年版；［英］麦克尔·爱德华兹：《公民社会》（上）（中）（下），陈一梅译，分别刊载于《中国非营利评论》第 2 卷，社会科学文献出版社 2008 年版；《中国非营利评论》第 3 卷，社会科学文献出版社 2009 年版；以及《中国非营利评论》第 4 卷，社会科学文献出版社 2009 年版。

③ Marcella Ridlen Ray, *The Changing & Unchanging of U. S. Civil Society*, New Brunswick, U. S. A. and London, U. K.：Transaction Publishers, 2002, pp. 2 - 3.

主要资源和影响力的源泉。当然，对于这种狭义的定义来说，理论与实践方面的极其重要的前提是公民具有法定结社自由，而且这些民间组织具有完全不同于政府部门组织和工商企业部门组织的特点。

那么，到底什么是"民间组织"呢？国际上一个已经存在了相当长时间、可能还会继续存在下去的现象是：各个国家、各界人士和不同的国际组织对于民间组织没有一个一致的称谓，各种提法和概念之间时有交叉重叠。目前比较常见的称呼有公民社会组织（Civil Society Organization，CSO）、非政府组织（Non‐Governmental Organization，NGO）、非营利组织（Nonprofit Organization 或者使用缩写 NPO）、非营利部门（Nonprofit Sector）、自愿组织（Voluntary Association）、第三部门（the Third Sector）、独立部门（Independent Sector）和民间社会组织，等等。一般来说，欧洲国家（特别是欧盟成员国）和英联邦国家的机构和学者比较偏爱使用"公民社会"和"第三部门"的提法；美国、日本的政府机构和教育界、学术界人士则基本上使用"非营利组织"或者"非营利部门"的提法；在中国，根据学术界约定俗成的理解，并考虑到中央政府的民政部设有民间组织管理局的事实，"民间组织"或者"社会组织"的提法非常普遍；在国际舞台上，非政府组织（NGO）几乎成为民间组织最通用的代名词，但是联合国也大量使用"公民社会组织"和"民间社会组织"的提法，[1]而且它显然认为非政府组织仅仅是公民社会或者民间社会的一个组成部分，公民社会还应当包括许多其他类型的组织。[2]

美国并不像英国那样，在布莱尔领导下的工党政府时期，工党内阁曾经设有"第三部门办公室"，它给本国的民间社会组织下过一个相当全面

---

① 近年来，联合国在用中文发布信息（包括正式文件）时越来越倾向于把原先通译成公民社会的英文（Civil Society）翻译为"民间社会"，最明显的是其官方网站的中文页面，见 http://www.un.org/zh/sections/resources/civil‐society/index.html，2015 年 8 月 18 日。

② 符合联合国规定的公民社会组织或民间社会组织（Civil Society Organization，CSO）多达15 种，包括社团（Association）、基金会、协会或学会机构（Institution）、政府间组织、地方政府组织、媒体组织、私人部门组织（Private Sector）、工会组织、其他组织（Others）、学术团体（Academics）、土著人组织、残疾人士与发展和权利组织、老龄化问题工作小组、合作社。见联合国官方网站联合国的"与非政府组织联络处"页面 http://esango.un.org/civilsociety/login.do 上关于组织类型（Organization types）的说明（这个部门目前只有英文版网页），2015 年 8 月14 日。

的定义。① 那么，美国如何理解公民社会的定义？哪些组织是构成公民社会的民间组织？这个问题实际上是一个更具实践性而非学术性的问题。2012 年 11 月 17 日，在浙江大学召开的一次关于美国民间组织的国际研讨会上，美国国务卿希拉里·克林顿（Hillary Clinton）手下负责公民社会和新兴民主国家事务的高级顾问托米卡·蒂尔曼（Tomicah Tillemann）博士以实践家、研究者和政府官员的三重身份给出了一个视角独特的答案。他认为，公民社会首先表现为一种公民个人和社会上其他组织机构之间的伙伴关系（partnership），大家可以通过某种组织形式共同分享各种资源；其次，公民社会体现为一种推力（push），大家为了某种目标或事业而共同奋斗——如公民在一起开展各种活动、一起发出各种声音、一起表达各种诉求，等等；最后，公民社会通过公民的参与（participation）构成了民主制度的基础，因为它能够在公民之中创造信任度、在分散的个人之间建立起紧密关系，从而便利公民投身社区事务和国家的民主建设。这一解释也大体符合美国著名政治学家、哈佛大学教授罗伯特·帕特南（Robert Putnam）通过对美国社会长期研究所证明的原理。② 如果把上述三点简要概括一下，也可以称之为对于美国公民社会的"3P 定义"。③

笔者认为，根据美国的现实情况，凡是由美国公民所创建的、旨在为本组织成员或者社会公众提供福利、服务和政治影响力的非营利性组织，无论采取何种具体形态，都是构建美国公民社会的基本组织元素。④ 建立在法治基础上的公民言论与结社自由，非营利部门同媒体的互动，以及非

---

① 2006 年 5 月 5 日，时任英国首相的布莱尔宣布政府改组方案，在内阁中设立第三部门办公室（Office of the Third Sector）。英国的第三部门主要包括志愿组织与社区组织、慈善组织、社会企业三大类。

② 罗伯特·帕特南（Robert D. Putnam）是美国哈佛大学政治学教授，现任哈佛大学肯尼迪政府学院院长。他对于美国公民社会的研究，特别是对于公民社会组织与民主制度关系的研究曾引起白宫的高度重视，其学术著作《使民主运转》（*Making Democracy Work*）被英国《经济学家》（*Economist*）杂志誉为可以同托克维尔、韦伯的著作比肩的社会科学研究成果。他于 1995 年出版的《独自玩保龄球》一书，引发美国学界对美国公民社会的讨论。有关帕特南的更多介绍可见哈佛大学肯尼迪政府学院的官方网站，http：//www. hks. harvard. edu/about/faculty – staff – directo-ry/robert – putnam，2015 年 8 月 17 日。

③ 中国社会科学院美国研究所研究员赵梅博士参加此次国际研讨会期间所做的记录。

④ Independent Sector，"Roles of the Nonprofit and Philathropic Community"，Revised April 1，2011，retrieved from：http：//www. independentsector. org/uploads/about_ sector/roles_ nonprofit_ philanthropic_ community. pdf，2015 年 8 月 21 日。

营利部门与各级政府和其他社会部门关系的总和，共同构成了广义的美国公民社会。而从狭义上讲，美国的公民社会就是指美国的非营利部门，或者说指美国全部非营利组织的总和。这个定义不仅比较符合美国的实际，与绝大多数美欧主流学者的研究结论并行不悖，也同国际货币基金组织等主要国际组织所认可的定义一致。① 本研究在大多数情况下使用的公民社会概念是狭义的，也就是说专指美国的各种非营利组织。

（二）联邦免税待遇

从美国法律的角度看，公民社会组织基本上可以划分为两大类别。第一类是正式享有豁免联邦所得税待遇的非营利组织（tax - exempt organization，简称 exempt organization）。② 这类组织数量众多，实力强大，几乎囊括了美国所有最重要的全国性民间团体、公共慈善类机构、私立基金会和具有广泛影响力的国际性非政府组织，它们代表着美国民间社会组织的基本面和主要力量，堪称美国公民社会的"主力军"。第二类组织是所有不享有联邦免税待遇的其他各种组织，其中包括根本就没有进行过任何官方登记的非正式民间团体。这类组织的实力虽不及第一类组织，但数量庞大（至少多于联邦免税组织），与社会基层的接触面最广（多为草根性的超小型组织），而且其中也不乏相当重要的组织，人们无法忽视它们的普遍存在和广泛影响。例如，1985 年居"全美资产最多的十大公益机构"榜单头两位的教育工作者退休基金组织——教师保险及养老金协会（TIAA）和大学退休金股份基金会（CREF），根据美国国会的决定从 1998 年起不

---

① International Monetary Fund, FACTSHEET, *The IMF and Civil Society Organizations*, September 2012.

② 应当承认，"非营利组织"（Nonprofit）这个概念本身就带有一定的误导性。因为至少在美国，非营利组织不仅可以进行营利性经营活动（只要这些活动产生的经济收入不用于分配而是被投入到相关事业中），而且有权对其提供的各种服务收取费用（fee）。因此，那种认为非营利组织不能进行营利性活动，或者应当提供完全免费的服务（如照料残疾人、提供研究报告、举办科学教育展览等）的看法，至少不符合美国的现实。与此相联系的是，美国的法律体系比较完备，可以较好地规范获得联邦免税待遇的非营利组织的经营活动，使其不偏离非营利事业的正轨。如果这些组织从事的经营创收活动超出其组织宗旨的规定，那么所得收益应该被征收"无关宗旨商业所得税"（Unrelated Business Income Tax, UBIT）。见［美］贝希·布查尔特·艾德勒、大卫·艾维特、英格里德·米特梅尔：《通行规则：美国慈善法指南（2007 年第 2 版）》，金锦萍、朱卫国、周虹译，中国社会出版社 2007 年版，第 84—93 页。

再享受联邦免税待遇，但它们仍然作为非营利组织而存在。①

任何一个美国公民社会组织，如果要想成为具备联邦免税资格的组织，都可以经过法定程序，由美国财政部所属的联邦税务局（Internal Revenue Service，缩写为 IRS，又被译为"国内税收署"）认定而取得免税地位（Tax - Exempt Status）。联邦税务局确定非营利组织获得联邦免税地位的基本法律依据是《国内税收法典》（*Internal Revenue Code*）。像美国其他法典一样，这部法典经历了连续多次修订。每当美国总统签署新的与税务有关的法案后，如果相关规定涉及《国内税收法典》，这部法典的有关条款就要做相应变动。现行有效的《国内税收法典》是根据《2006 年退休金保障法》和《2007 年税收技术性纠正法》修订的。② 下表（表 1 - 1）列出了《国内税收法典》规定的各种免税非营利组织类型：③

表 1 - 1　　　　　　　　　联邦税收法典对免税组织的划分

组织种类	法典条款
根据国会法案设立并获得免税资格的法人（包括联邦信用合作联盟）	501（c）（1）
拥有其他免税组织的财产权的法人	501（c）（2）
专门为以下目的成立和开展活动的组织：慈善、宗教、科学、公共安全测试、文学、教育、促进国家或国际业余体育竞技或者预防虐待儿童、动物	501（c）（3）
公民团体、社会福利组织和地方雇员协会	501（c）（4）

① 教师保险及养老金协会（Teachers Insurance and Annuity Association，TIAA）和大学退休金股份基金会（College Retirement Equities Fund，CREF）在 1985 年的总资产分别为 379 亿美元和 364 亿美元（按照 2004 年美元计算），远远高于第三名哈佛大学（84 亿美元）。从 1998 年起，它们开始缴纳联邦所得税。TIAA 是纽约非营利组织 TIAA Board of Overseers 的全资分支机构，CREF 也是纽约的非营利组织。见 Paul Arnsberger，Melissa Ludlum，Margaret Riley and Mark Stanton，*A History of the Tax - exempt Sector：An SOI Perspective*，*Statistics of Income Bulletin*，Winter 2008，p. 113，目前这两家机构已经合并，服务对象超过 500 万人，管理的资产总价值约为 8660 亿美元。更多详情可从 TIAA - CREF 的官方网站上获得：http：//www. tiaa - cref. org/public/，2015 年 8 月 18 日。

② 2006 年 8 月 17 日，小布什总统签署了《2006 年退休金保障法》（*The Pension Protection Act of 2006*）。该法涉及了多项税收和免税管理方面的变化，其中之一是要求向公众披露免税组织报给联邦税务局的年度报表信息，但没有就此事授权联邦税务局。2007 年生效的《2007 年税收技术性纠正法》（*Tax Technical Corrections Act of 2007*）纠正了这个失误，授权联邦税务局披露相关信息。

③ Internal Revenue Service：*Tax - Exempt Status for Your Organizations*，Publication 557（Rev. February 2015），Cat. No. 46573C.

续表

组织种类	法典条款
劳工、农业和园艺组织	501（c）（5）
商业联盟、商会、房地产行业协会等	501（c）（6）
社会俱乐部和休闲娱乐俱乐部	501（c）（7）
为成员提供生活、疾病、意外事故津贴等福利的互助性团体	501（c）（8）
自愿性雇员福利协会	501（c）（9）
将净收入用于慈善或其他专门用途，但不为自己的成员提供生活、疾病、意外事故津贴等福利的互助性团体	501（c）（10）
教师退休基金协会	501（c）（11）
慈善人寿保险协会、互助排水或灌溉公司、合作制电话服务公司，或类似组织（如果85%或更多比例的收入来自其成员，且仅为达到开支平衡之目的）	501（c）（12）
公墓公司（仅为其成员所有，且完全为其成员服务而非营利）	501（c）（13）
由州批准建立的信用合作联盟和互助保证基金	501（c）（14）
互助保险公司或协会	501（c）（15）
为农作物生产提供融资服务的合作组织	501（c）（16）
提供失业补助金的信托组织	501（c）（17）
由雇员出资的养老信托基金（1959年6月25日前设立）	501（c）（18）
退伍军人或现役军人组织	501（c）（19）
团体法律服务计划组织［1992年6月30日以后成立的此类组织不能再列入本项，但可以列为501（c）（9）组织］	501（c）（20）
煤尘肺病治疗信托组织	501（c）（21）
（多重雇主养老金的）提款责任支付基金	501（c）（22）
为退伍军人提供保险的组织（1880年以前成立）	501（c）（23）
《雇员退休收入保障法》（ERISA）信托组织	501（c）（24）
有多个母体组织或受益方的名义法人或信托组织	501（c）（25）
由州主办的服务高危人群的医疗卫生组织	501（c）（26）
由州主办的工人薪酬再保险组织	501（c）（27）
全国铁路退休投资信托组织	501（c）（28）
宗教协会和使徒信仰传播协会	501（d）
合作制医院服务组织	501（e）
由教育机构组成且服务于他们的集体投资组织	501（f）
儿童照料组织	501（k）
慈善性保险风险共担组织	501（n）
信贷咨询组织	501（q）
农场主合作制协会	521（a）
政治组织	527

在所有的联邦免税组织中，数量最多的是那些符合《国内税收法典》第501（c）（3）条款的组织，即欧美国家传统意义上的公益慈善类组织。这项条款与公益性善举有着天然联系，它既能给符合条件的组织带来理想的人力与财务资源、良好的事业发展环境和社会声誉，也能让大量捐助者获得抵扣税款的好处，所以美国的非营利组织都以能成为第501（c）（3）条款组织为荣，这项条款亦被广泛尊崇为"公益圣经"。

这里特别需要明确的是，根据美国的相关法律和联邦政府规章，非营利组织绝不能等同于联邦免税组织。非营利（nonprofit）是一个可以囊括所有民间组织的宏大概念，联邦免税待遇组织仅仅是非营利组织的一部分，而不是全部。首先，成千上万个年收入少于5000美元的非营利组织和所有宗教组织都可以依法不向美国联邦税务局进行登记（尽管也有许多重要的宗教组织选择主动登记）；其次，非营利组织和免税组织是两个不同的法律概念。联邦税务局认为，"非营利地位是一个州一级的法律概念。非营利地位可以使一个组织有权得到若干益处，如免除本州的销售税、资产税和所得税。尽管大多数联邦免税组织都是非营利组织，但在州的范围内组建一个非营利组织并不意味着自动获得联邦所得税免税组织的待遇。如果一个组织想获得免除联邦所得税的待遇，它就必须符合《国内税收法典》所规定的要求"[①]。有些非营利组织虽然能获得联邦免税待遇，但在本州却仍然需要缴纳州所得税。正是由于存在着非营利组织与免税组织法律地位上的区别，美国正式成立的民间组织的总数，即所有注册的非营利组织的数量必然高于联邦税务局及各州政府有记载的免税组织总数。

还需要注意的是，美国社会中历来存在着大量的非正式的、松散的非营利性民间社团，如旧金山湾区的"葡萄酒探索者"（Wine Explorers）、[②] 各种读书会、诗歌会、车友会、桥牌会等，它们往往不被收入各种全国性的关于非营利组织的统计数字，因为它们从不履行任何注册手续，相关统计机构无从掌握它们的总体情况。据两位长期研究民间组

---

① IRS, Applying for Exemption：*Difference Between Nonprofit and Tax - Exempt Status*，page last reviewed or updated：March 4, 2015, http：//www. irs. gov/Charities - & - Non - Profits/Applying - for - Exemption - Difference - Between - Nonprofit - and - Tax - Exempt - Status，2015年8月15日。

② 吴瑞卿：《游观美国》，生活·读书·新知三联书店2011年版，第104页。

织情况的美国专家估计，全美没有正式登记的民间组织至少有几百万个。① 罗伯特·帕特南（Robert D. Putnam）等知名美国学者认为，同正式登记的非营利组织相比，这些非正式民间组织在推动某些事业方面也许更加重要。②

在本研究课题中，除非特别说明的地方，非营利组织就是美国公民社会中所有民间组织的同义词（有时也直接使用民间组织的称谓），以下对此不再专门说明。

（三）美国公民社会发展现状

美国公民社会的总体规模，即全国到底存在着多少个非营利组织，是一个无论联邦政府官员还是专家学者都不可能准确回答的问题。因为除了在政府部门登记备案的正式非营利组织，有大量形形色色的非正式公民团体存在于法定的政府监管视界以外。另外，有许多民间组织虽然是正式成立的，但可依法豁免登记，如《国内税收法典》给予所有宗教团体豁免登记的待遇，它们可以自动享受联邦免税待遇。也有一些组织自愿放弃登记权利（同时也意味着自愿放弃相关优惠待遇），它们的总体情况官方无法详细掌握。美国学界和非营利部门的研究机构对美国公民社会的总体组织规模看法不一，有的美国学者估计，在整个美国非营利部门（nonprofit sector）中，情况不明的民间组织的数量可能占到实际非营利组织总数的90%。③

不过，凡是正式注册的非营利组织，它们的情况还是有比较可靠和完整的数据的。根据设在华盛顿的都市研究所（The Urban Institute）2012 年公布的研究成果，以及该机构所属的全国慈善统计中心（National Center for Charitable Statistics，NCCS）2013 年春季发

---

① Elizabeth T. Boris and C. Eugene Steuerle, "Scope and Dimensions of the Nonprofit Sector", in Walter W. Powell and Richard Steinberg eds. , *The Nonprofit Sector*, *A Research Handbook*, Second Edition, New Haven & London: Yale University Press, 2006, p.67.

② Robert D. Putnam and Kristin A. Goss, "Introduction", in Robert D. Putnam ed. , *Democracies in Flux*, Oxford University Press 2002, p.10.

③ Elizabeth T. Boris and C. Eugene Steuerle, "Scope and Dimensions of the Nonprofit Sector", in Walter W. Powell and Richard Steinberg eds. , *The Nonprofit Sector*, *A Research Handbook*, Second Edition, New Haven & London: Yale University Press, 2006, p.67.

布的统计数字，① 全美开展活动的注册非营利组织大约有 230 万个。截至 2013 年 2 月，全美共有 155.1705 万个享有联邦免税待遇的组织，其中：公共慈善（public charity）机构有 96.3255 万个，私人基金会（private foundation）有 9.7941 万个，其他各类组织 49.0509 万个。同 2000 年的数字相比，2010 年联邦免税组织的总数增加了 24%。此外，各种正式的宗教组织（congregation）数量为 31.7751 万个。② 综合各种数据，2013 年美国享受联邦免税待遇的非营利组织总数超过 160 万个，其中大约 110 万个组织是公益慈善类组织（包括公共慈善机构和私立基金会）。

联邦税务局 2015 年 3 月发布的《2014 年度数据报告》（*Data Book 2014*）显示：2014 年联邦免税非营利组织的总数为 172.33 万个，其中：《国内税收法典》第 501(c)(3)条款组织（公益慈善类组织）的数量达到 111.79 万个，第 501(c)(4)条款组织（公民团体与社会福利类组织）14.85 万个，第 501(c)(5)条款组织（工会组织与农业团体）48711 个，第 501(c)(6)条款组织（商会及行业协会组织）68208 个。③ 对比《2012 年度数据报告》（*Data Book 2012*）可以看出，2012—2014 年财政年度期间，美国联邦免税非营利组织的总数净增 10 万个。④

非营利部门在美国经济中的地位可谓举足轻重：美国就业人口的约 1/10，即 1350 万人在非营利部门工作，这比在金融和房地产两大支柱行业中就业的人数总和还要多。⑤ 2010 年非营利部门员工的薪酬占美国工资

---

① Amy S. Blackwood, Katie L. Roeger and Sarah L. Pettijohn, *The Nonprofit Sectorin Brief: Public Charities, Giving and Volunteering*, 2012, published by the Urban Institute, 2012, pp. 1, 4 – 5. and National Center for Charitable Statistics (NCCS), "Quick Fact about Nonprofits", available at: http://nccs. urban. org/statistics/quickfacts. cfm, 2013 年 5 月 9 日。

② Ibid. .

③ U.S. Internal Revenue Service, *Data Book* 2014, Table 25, Tax – exempt Organizations, Nonexempt Charitable Trusts, and Nonexempt Split – Interest Trust, Fiscal Years 2014 (Publication 55B), Washington D. C., March 2015, p. 58.

④ U.S. Internal Revenue Service, *Data Book* 2012, Table 25, Tax – exempt Organizations and Nonexempt Charitable Trusts, Fiscal Years 2011 and 2012, p. 56.

⑤ Statement for the Record by Diana L. Aviv, Independent Sector, President & CEO, at House Ways and Means Committee, Subcommittee on Oversight, "Hearing on Tax Exempt Organizations", May 16, 2012, p. 2.

总额的 9.2%。该部门向国民经济贡献了 8048 亿美元，占当年美国国内生产总值（GDP）的 5.5%。同年免税组织中的公共慈善机构的总收入为 1.51 万亿美元，总支出为 1.45 万亿美元，总资产达到 2.71 万亿美元。[①] 另据经过核定的 2012 年度统计数据，2002—2012 年 10 年间美国非营利部门的收入增长了 36.2%，总资产增长了 21.5%，而同期美国国内生产总值（GDP）增长了 19.1%。依据联邦税务局所收到的年度报表统计，2012 年美国非营利部门的总收入为 2.16 万亿美元，总支出为 2.03 万亿美元，总资产达到 4.84 万亿美元。[②]

美国公众对于公民社会组织的无偿奉献，无论是从物质上（含现金、折合现金的实物和服务）还是从时间上看都是巨大的，而且长期表现平稳。都市研究所的研究表明，从 2000 年至 2011 年的 12 年间，美国公众的私人捐赠，即公民个人和私营机构向非营利组织提供的捐赠，如果按照 2010 年的美元价值计算，基本上稳定在 3000 亿美元水平上下，最低年份为 2002 年（2885 亿美元），最高年份是 2007 年（3359 亿美元）。2008 年金融危机过后，随着美国国内经济状况的逐渐好转，私人捐赠从 2010 年起连续四年走高，至 2013 年达到 3351.7 亿美元。[③] 2011 年大约 26.8% 的美国人（16 周岁以上人群），即 6430 万人至少担任过一次志愿者，他们提供志愿服务的中位数时间长度为 51 个小时。这两组数据在 2011 年之前的六年中都只有微小的变化。每年志愿者总共提供的志愿服务时间长度超过 85 亿小时，按照 2011 年的工作时长和平均工资折算，这相当于当年完成了 500 万名全日制受雇人员的工作量，市场价值 1648 亿美元。2013 年美国公众的志愿服务在多个指标上均有轻微下降，但仍有 6260 万人担任志愿者，完成了相当于 480 万个全日制雇员的工作量，市场价值 1630 亿美元。[④]

---

① Amy S. Blackwood, Katie L. Roeger, and Sarah L. Pettijohn, *The Nonprofit Sector in Brief*: *Public Charities*, *Giving and Volunteering*, 2012, published by The Urban Institute, 2012, p. 1.

② Brice S. McKeever and Sarah Pettijohn, *The Nonprofit Sector in Brief* 2014, The Urban Institute, Washington D. C., October 2014, p. 1.

③ Ibid., p. 9.

④ Ibid., p. 14.

二 美国公民社会发展的高潮和推动力

北美地区公民社会的历史比美利坚合众国的历史要久远得多，但真正现代意义上的非营利组织的发展与成熟还是第二次世界大战以后的事情。① 通过查阅美国总统文献库可以发现，美国总统第一次在公开演讲中使用"非营利组织"（nonprofit organization）的概念是在 1945 年 9 月 6 日。② 就拿联邦免税组织来说，免税组织的初始概念源于《1894 年税费法》（*Tariff Act of 1894*），在经历了长达 75 年之久的演变后，《1969 年税收改革法》（*Tax Reform Act of 1969*）才催生出有关私立基金会的规定，由此确立了今日的美国联邦免税系统的完整法律框架。从那以后，大批非营利组织，特别是公益慈善类组织才如雨后春笋般地涌现出来。

纵观美国历史，可以发现美国公民社会的组织经历过四次相对集中的高峰期，或者说出现过四次建设高潮。它们的发生都有其经济、社会、政治、国际环境乃至科学技术方面的大背景，反映了时代的要求、民众观念的演进以及美国社会的深刻变化。

第一次高潮发生在南北战争结束后的重建时期，即 1870 年前后。在恢复国民经济、发展工业和建设铁路的热潮中，涌现出一大批工会组织、专业团体和行业协会，这一时期成立的代表性组织包括美国化工理事会（American Chemistry Council，1872）、美国银行家协会（American Bankers

---

① 这里有一个比较可靠的参考性数字：1950 年美国的非营利组织仅有大约 5 万个。见［美］贝希·布查尔特·艾德勒、大卫·艾维特、英格里德·米特梅尔著：《通行规则：美国慈善法指南》（2007 年第二版），金锦萍、朱卫国、周虹译，中国社会出版社 2007 年版，第 1 页。

② Harry S. Truman, "Special Message to the Congress Presenting a 21 - Point Program for the Reconversion Period", September 6, 1945. The American Presidency Project［online］, Santa Barbara, CA: University of California（hosted）, Gerhard Peters（database）, http://www. presidency. ucsb. edu/, 2013 年 1 月 2 日。另：据对以上文献库检索结果，从 1789 年到 2013 年期间，历任美国总统在公开演讲中总共提及"非营利组织"（nonprofit）459 次。值得注意的是，"非营利组织"一词在 1945 年之前无人使用，而在从 1983 年元旦到 2013 年元旦这 30 年间，美国总统就在公开演讲中提及该词 354 次，这是一个非常有趣而且很能说明问题的现象。检索时间：2013 年 1 月 2 日。

Association，1875）、全国步枪协会（National Rifle Association，1871），以及由主要宗教组织发起的一批公共慈善机构等。

第二次高潮发生在 19 世纪末叶至 20 世纪 20 年代，这既是美国作为新兴大国崛起的关键时期，也是美国公民社会发展的一个黄金时代。举例来说，全国最大的公路货运行业工会——货车司机工会（Teamsters，1903）、最大的商会——美国商会（U. S. Chamber of Commerce，1912）、最重要的工业厂商联合会——全国制造商协会（National Association of Manufacturers，1895）、最早的全国性民权组织——美国有色人种协进会（National Association for the Advancement of Colored People，1909）、最早的一批私立公益慈善基金会、[①] 历史最悠久的国际事务研究机构——卡内基国际和平基金会（Carnegie Endowment for International Peace，1910）、最大的非宗教类民间灾难救助团体——美国红十字会（American Red Cross，1881）、最早的全国性生态环境保护组织——塞拉俱乐部（Sierra Club，1892）等，都出现在这个时期。还必须看到，《1894 年税费法》（*Tariff Act of 1894*）首次给予公益慈善组织免除联邦所得税的待遇，《1917 年税收法》（*Revenue Act of 1917*）首次规定纳税人的慈善性捐赠可以抵扣税款，这两部联邦法律的相关规定都有效地鼓励了民间公益的发展，为日后美国公益慈善事业的巨大进步奠定了基础。[②]

第三次高潮发生在 20 世纪的 60—70 年代，伴随着民权运动和反对越南战争的抗议浪潮，这个时期诞生的非营利组织的数量巨大，其中尤为引人注目的是，各种社团的数量急剧上升。公众更加关注政治与社会议题，环境保护团体、消费者权益保护组织、主张和宣传各种公共政策的社团、形形色色的私立慈善基金会和智库机构大量涌现出来。[③] 其中比较具有代

---

① Leonard Porter Ayres，*Seven Great Foundations*，with a new introduction by David C. Hammack，Philanthropy Classics Access Project，Hauser Center for Nonprofit Organization，John F. Kennedy School of Government，Cambridge，Massachusetts，2007.

② Charity and Taxation，"Sweetened Charity：The Idea that the State should Subsidize Giving to Good Causes is Resilient，but not easily Justified"，*The Economist*，June 9，2012 print edition，London and New York，available at：http：//www. economist. com/node/21556570，2015 年 8 月 19 日。该文提到美国财政部估计 2012 年度联邦政府对公益慈善捐赠的免税、减税等优惠总额为 3960 亿美元，而到 2014 年税务方面的优惠总额将达到 5160 亿美元。

③ Marcella Ridlen Ray，*The Changing and Unchanging Faces of U. S. Civil Society*，New Brunswick，New Jersey，2002，pp. 35 – 36.

表性的组织包括环境保护基金会（Environmental Defense Fund，1967，该会在中国的名称为"美国环保协会"）、全国妇女组织（National Organization for Women，1966）、"共同事业"组织（Common Cause，1970）、支持或反对堕胎的全国性组织美国堕胎权利联盟（NARAL Pro‐Choice America，1969）和生命权利全国委员会（National Right to Life Committee，1968），以及美国乐施会（Oxfam America，1970）等一批从事海内外灾害救助及对外发展援助的组织。

　　第四次高潮发生在自20世纪80年代中期至今的30多年里。在这一时期，美国非营利组织无论是数量、收入（revenue）还是介入的领域、所提供服务的范围，都有了很大的增长。与前三次高潮相比，本次高潮的独特之处有两个方面：一是受到经济全球化进程的深刻影响；二是冷战结束后涉足国际事务领域的非营利组织快速增加。1997—2007年，非营利机构的收入每年增长4%，而同期美国的国内生产总值（GDP）年增长率为3%。[①] 1999—2009年，联邦免税组织的总量上升了35.1%，从120.257万个增加到158.111万个。[②] 值得注意的是，本次高潮期间各种第501(c)(3)条款组织的增长速度十分惊人，从1991年到2010年这20年间，获得联邦税务局免税待遇的公共慈善组织和私立基金会的总数从51.6万个猛增到128万个。[③] 同期慈善捐赠占国内生产总值的比例从1.7%上升到2.0%，其中2000年和2005年还创出了2.3%的历史新高；若使用现在的美元标准衡量全国的总捐赠价值，同期的捐赠额从不足1000亿美元攀升到3000亿美元。[④] 这一时期出现的典型非营利组织包括正式成立于1990年、目前拥有全美最大志愿服务组织网的"光点服务基

　　① Lester M. Salamon，ed.，*The State of Nonprofit America*，Second Edition，Washington D. C.：Brookings Institution Press，2012，p.45.

　　② National Center for Charitable Statistics，"Number of Nonprofit Organizations in the United States，1999 – 2009"，available at：http：//nccsdataweb. urban. org/PubApps/profile1. php，2012年12月29日。

　　③ U. S. Internal Revenue Service，2010 *Databook*，Table 25，Tax‐Exempt Organizations and Other Entities，Fiscal Years 1991 – 2010（Expanded），available at：http：//www. irs. gov/file_source/pub/irs – soi/10db25eoe. xls，2013年3月28日。

　　④ Giving USA Foundation，*Giving USA* 2011：*The Annual Report on Philanthropy for the Year* 2010，Executive Summary，pp.16 – 18.

金会"（Points of Light Foundation）①、"为美国而教"组织（Teach For America，1989）② 和"养育美国"组织（Nourishing USA，2008）等。③

上述四次高潮的形成完全是时代和美国经济社会各种要素综合作用的结果，下表（表1-2）是对这些相关要素的大致归纳。④

表1-2　　　　　美国历史上四次公民社会组织的组建高潮及背景

民间组织组建 高潮年代/背景	第一次高潮 1870 年前后	第二次高潮 1890—1920 年	第三次高潮 1960—1970 年	第四次高潮 20 世纪 80 年代中期至今
总人口数	1870 年达 3982 万	1920 年达 1.06 亿	1970 年达 2.05 亿	2010 年达 3.08 亿
名义人均 GDP/ 按当年美元计	1870 年 $ 195.76	1920 年 $ 838.30	1970 年 $ 5246.00	2010 年 $ 48302.00

① "光点服务基金会"（Points of Light Foundation）的源头可以上溯到 1987 年在纽约成立的社区服务机构。1990 年，"光点服务基金会"正式注册为非营利志愿服务组织，经过多次与其他机构的合并和自身重组之后，现在该机构所属的"帮手网络"（Hands on Network）已经成为全美最大的志愿服务网络组织，在全美和其他十多个国家设立了 250 个志愿行动中心，可以动员 260 万名志愿者，每年提供的各种志愿服务累计多达 2510 万小时，服务价值 5.79 亿美元。这家机构的事业和重大活动受到美国总统老布什、小布什、克林顿和奥巴马的关注与支持。更多详情可见其官方网站 http：//www.handsonnetwork.org/，2015 年 8 月 18 日。

② "为美国而教"组织（Teach For America，TFA）创建于 1989 年，总部位于纽约市，它旨在消除由收入差距造成的教育质量差距，主要做法是招收大学毕业生和其他行业的专业人士到师资较差的公立学校任教两年。迄今已经有约 5 万人参与该组织的服务。更多详情可见其官方网站 http：//teachforamerica.org/。

③ "养育美国"组织（Nourishing USA）是全国性的食品救济机构，创建于 2008 年，其组织网络遍布美国和波多黎各，总部设在首都华盛顿，更多详情可见其官方网站 http：//nourishing-gusa.org/，2015 年 8 月 19 日。

④ 本表采用的一些材料参考了若干有关美国历史的著作，其中包括［美］加里·纳什等编著：《美国人民创建一个国家和一种社会》（上、下卷，第 6 版），刘德斌主译，刘德斌、任东波审校，北京大学出版社 2008 年版；刘绪贻、杨生茂总主编的六卷本《美国通史》，人民出版社 2008 年版。人口统计数据来自美国联邦政府人口普查局，包括：Table 1. Population and Area：1790 to 2000，Table 2. Population and Area：1960 to 2004，U. S. Census Bureau，*Statistical Abstract of the United States*：2006；U. S. Census Bureau，*Population Distribution and Chang*：2000 to 2010，Census Briefs，March 2011（C2010BR - 01）。关于用美元符号 $ 标识的名义人均国民生产总值（Nominal GDP per capital）和实际人均国民生产总值（Real GDP per capital），数据来源是一批英美著名大学（包括哈佛大学、斯坦福大学、纽约大学和牛津大学）教授领导的"值得衡量的数据"（MEASURINGWORTH）学术群官方网站。详见 Louis D. Johnston and Samuel H. Williamson，*What Was the U. S. GDP Then*? MeasuringWorth，2015，http：//measuringworth. com/m/datasets/usg-dp/，2015 年 8 月 20 日。

续表

民间组织组建高潮年代/背景	第一次高潮1870 年前后	第二次高潮1890—1920 年	第三次高潮1960—1970 年	第四次高潮20 世纪80 年代中期至今
实际人均 GDP/按 2009 年美元计算	1870 年$ 3039.9	1920 年$ 6979.4	1970 年$ 23024.0	2010 年$ 47719.0
经济发展	南北战争后的国民经济重建、铁路建设与工业化	确立世界第一经济体地位、垄断资本形成、1929 年股市暴跌	服务业成为最大国民经济部门、福利国家建设	虚拟经济、网络投资泡沫、金融海啸引发严重经济危机
工业化阶段	铁路建设和钢铁工业的繁荣	全国范围大规模工业化和城市化	实现现代化并向后工业化时代过渡	后工业化时代
社会变迁与社会运动	大批新移民、解放奴隶、工人阶级的形成	社会进步运动、工会的成长、禁酒运动	民权运动、反战运动、妇女解放运动、环保运动、消费者运动	城市生活的"市郊化"、生态文明的兴起
国内政治	南部的民主改革	政治商业化、市政和州政改革	"水门事件""里根革命"	新保守主义的兴起与衰落
科学技术	爱迪生的发明、电力工业形成	飞机的发明、汽车工业的发展	个人计算机、阿波罗登月计划	互联网络与生物科技的发展
通信和传媒	电报的发明与应用	无线电广播普及、不到半数家庭使用电话	电话和电视普及	手机等个人电子数据终端与互联网的普及、移动办公和大数据
国际环境	英国的全球霸主地位	美国的海外扩张及海权优势、第一次世界大战	冷战、越南战争、石油危机	全球化、伊拉克和阿富汗战争、气候变化
重要法律或监管措施	1868 年：宪法第十四条修正案生效	1894 年：关于联邦免税组织的法律条款出现	1969 年：规范联邦免税组织的基本法律框架形成	2008 年：联邦税务局启用新版 990 表格

　　虽然美国非营利部门的发展是多重因素叠加作用的结果，但还是应当指出若干推动非营利部门快速增长的最重要的因素。长期追踪和研究公民社会的约翰·霍普金斯大学教授莱斯特·萨拉蒙（Lester M. Salamon）在他主编的《美国非营利部门状况》（2012 年第 2 版）一书中指出，在过去 30 年里，促使美国非营利部门发展的最重要因素（Impulse）有四个，它们是：志愿者精神（Voluntarism）、专业化（Professionalism）、公众参与（Civil Activism）和商业化（Commercialism）。他强调，在这些因素中，商业化是明显占据上风的最大趋势，它使美国的非营利组织得以更好地利用社会对非营利性服务需求的增长，扩大收费范围，进行商业化投资，与

工商企业结成伙伴关系，采用工商企业的管理方法，在利用政府资助项目时更多考虑用户，重组自己的机构，在慈善性筹资活动中使用成熟的市场营销和资金管理技巧，利用市场化机制和资源促进本组织的事业。因此，在进入21世纪的第二个十年后，美国的非营利组织与我们父辈时代的非营利组织已经大为不同了。[1]

在笔者看来，过去30年间促进美国非营利部门高速成长的显著因素还有两个，而且它们的重要性无论如何也不亚于萨拉蒙教授所指出的因素，那就是信息技术革命和国际化。信息技术革命的一系列成果，从个人电脑到互联网络，从智能手机到社交媒体，使非营利部门具备了前所未有的沟通能力、信息加工与利用能力和管理手段；国际化既是从20世纪70年代以后的本轮经济全球化改变非营利部门的直接后果，也使得美国这个世界上最开放国度的公民社会组织不可避免地要更多地跨越国界，拥抱世界，深度介入国际事务，提供国际公共物品（Public Goods）。这种国际化一方面有效地增强了美国的软实力，另一方面也使非营利组织的国内和国际界限日趋模糊，对传统的国际关系概念和国际惯例形成挑战。

三 对美国公民社会组织的分类原则：利益结合事业

在厘清了美国公民社会的"身份定义"和总体情况后，需要进一步概括性地说明其中的各类非营利组织所代表的利益相关方、主要事业、发挥作用的领域、产生的影响等。首先需要解决的问题是：研究者必须选取一个适当的角度，对美国的非营利组织进行某种程度上的"业务分组"。应该承认，这是一件相当困难而且容易引发争议的事情。原因之一是美国非营利组织现实情况的复杂性超乎人们的想象，第二个原因是美国法律体系与行政体制的独特性（州和联邦分权）、相关文献的浩繁及统计资料的滞后。表1-1中列出的享受联邦免税待遇的组织多达36种，还不包括其他一些非营利组织的情况。显然，这种分类方法对于本文的目的而言过于

---

[1] Lester M. Salamon, "The Resilient Sector: The Future of Nonprofit America", in Lester M. Salamon ed., *The State of Nonprofit America*, Second Edition, Washington D. C.: Brookings Institution Press, 2012, pp. 1 –86.

烦琐。数年前，萨拉蒙教授领导的约翰·霍普金斯大学公民社会研究中心课题组经过对几十个国家非营利组织的综合性研究，提出过一个"非营利组织国际分类法"（International Classification of Nonprofit Organizations, ICNPO）。他们的依据是这些组织的"主要活动"，即依照组织宗旨所开展的事业。按照这个方法，世界上所有非营利组织可以划分为 12 大类、26 小类（见表 1－3）①

表 1－3　　　　　　　　　　萨拉蒙教授课题组的非营利组织分类法

编号	领域	编号	领域
1	文化和娱乐	7	公民和倡导
2	教育和研究	8	慈善中介
3	健康	9	国际
4	社会服务	10	宗教活动
5	环境	11	商业和专业联合会
6	发展和住房	12	其他

　　以非营利组织所从事的主要活动为依据进行分类是一个很好的方法。不过，从美国的实际情况看，大量组织所从事的事业超越了表 2 中的类别界限。例如，一些大型的宗教组织，除开展宗教活动以外，还同时涉足教育、医疗卫生、社会救助、公民倡议、国际事务等领域。另外，这种方法有意无意地忽略了事业背后的利益动机。长期执教于哈佛大学和加州大学洛杉矶校区的詹姆斯·威尔逊教授（James Q. Wilson）的分类就偏重于利益分析，他把通常意义上理解的民间团体都称为利益集团（interest groups）。② 笔者认为，如果要比较客观和准确地划分美国非营利组织的类别，必须要在看这些组织做什么的同时考察和分析它们事业背后的利益动机。因为"人们为之奋斗的一切，都同他们的利益有关。"③ 纯粹技术性

---

　　① ［美］莱斯特·M. 萨拉蒙、S. 沃加斯·索可洛斯基等：《全球公民社会：非营利部门国际指数》，陈一梅等译，黄浩明、陈一梅审校，北京大学出版社 2007 年版，第 14—15、378—485 页。

　　② James Q. Wilson, *American Government: Institutions & Politics*, Third edition, Washington D.C.: Heath and Company, 1986, Chapter 8, pp. 210 - 236.

　　③ 马克思：《第六届莱茵省议会的辩论（第 1 篇论文）：关于新闻出版自由和公布省等级会议辩论情况的辩论》，《马克思恩格斯全集》第 1 卷，人民出版社 1995 年版，第 187 页。

的分类不仅无助于我们全面透彻地理解美国公民社会在美国政治、经济、文化和社会领域中的作用，还非常有可能让我们的注意力仅仅集中在一些表层现象或者偶然性上，从而造成误判。尽管人类已经进入了一个全球化的时代，但是卡尔·马克思在150年前写下的那句浓缩了历史唯物主义精髓的论断仍旧没有过时："对市民社会的解剖应该到政治经济学中去寻求。"①

　　就本质而言，无论利益的具体实现形式怎样，任何一个公民社会组织的成员都由一定的利益纽带相联系，因此所有这些组织在某种程度上都是这样或那样的一些利益团体。在讨论美国公民社会的情况时，我们努力避免使用一些有特定政治学含义的词语，如"利益集团""压力集团"等，来形容所有普通的公民组织或曰利益团体。② 同时，也要留意那些有能力积极介入决策过程的主要非营利组织——它们的庞大身躯往往把普通的小型利益团体笼罩在政治角力的阴影中。由于这些组织是"持有共同的态度、为了一定的目的而寻求影响政府政策的集团"，而且它们往往拥有相当多的资源，所以它们也常常被称为"政治性利益集团""压力集团""游说集团""院外活动集团""对外政策集团"等，或者一律简称为"利益集团"。③ 曾任美国常驻联合国代表的珍妮·柯克帕特里克博士（Dr. Jeane Kirkpatrick）指出，所谓压力集团、游说集团就是"向政府提出要求的利益集团"。④ 长期研究美国政治的厄尔·拉萨姆教授（Earl Latham）一再强调，任何利益团体，"一旦它们进入政治领域，就不再仅仅是利益团体了。当它们努力要达到某种政治目的时，它们就变成了压力集团，尽管它们的主要活动也许与政府和政治相距甚远"⑤。这些观点有助于我们认清美国民间组织中普通公民利益团体和介入政策过程的利益集

---

① 马克思：《政治经济学批判》序言（1859年1月），《马克思恩格斯选集》第2卷，人民出版社2012年版，第2页。

② 这里应该注意，中文里所称的"利益团体"和"利益集团"，英语表达均为 interest groups，但本研究中"利益团体"是一个中性名词，而"利益集团"则是"压力集团"的代名词。

③ 李道揆：《美国政府和美国政治》，中国社会科学出版社1990年版，第271—272页。

④ 美国驻华大使馆新闻文化处编辑出版：《掌握航向：美国是怎样制定政策的》，出版物序号83-005（103），第91页。

⑤ "Voice of America Forum Lectures", in Stephen K. Bailey ed. , *American Politics and Government*, published by United States Information Agency, reprinted 1973, p. 163.

团之间的根本区别。

　　按照考察非营利组织所从事的事业并结合其代表利益的思路，可以把所有美国公民社会组织梳理归纳为四大组织群体，它们姑且可以被称为"经济利益群体""公民权益群体""公益慈善群体"和"智库与国际事务群体"，每个群体内再有若干突出事业重点的稍微细致一点的划分。这样做的好处是简明扼要，而且不会有太大的遗漏，基本上可以反映美国非营利组织在事业领域和利益关系这两个最根本问题上的重要特征。毋庸置疑，这种方法也有明显的局限性，因为有些组织按照这个标准分类是不够准确的。不过研究者相信这种方法比较接近美国的现实，尤其是能够清晰地表明那些最有权势的非营利组织在美国政府决策过程中的作用。

四　经济利益群体中的主要组织和作用

　　经济利益群体中的组织，它们的基本使命就是维护和促进本组织利益相关方（团体会员、个人会员及附属机构）的经济利益和社会福利。在美国所有非营利组织中，这些组织是不折不扣的利益集团、压力集团或者游说集团，具备举足轻重的力量。正如柯克帕特里克博士所言，"在我国的大部分历史里，我们的大多数游说集团一直是经济性质的"。[①]

（一）经济利益群体组织的若干显著特点

1. 全国范围的代表性

　　这些非营利组织的名称大多以"美国"（American 或 U. S.）或者"全国"（National）开头，在所涉及的产业、专业或者经济领域中任何一个可以单独列出的部门里，都具备本国甚至国际公认的权威性，其中不乏声名显赫的"百年老店"，如始创于 1847 年的美国医师协会（American Medical Association，AMA），1857 年成立的全国教育协会（National Education Association，NEA），等等。这些非营利组织的数量不到联邦免税组织总数的 1.5%，但它们的实力却无人能望其项背。从官方公布的统计数

---

① 美国驻华大使馆新闻文化处编辑出版：《掌握航向：美国是怎样制定政策的》，出版物序号 83-005（103），第 91 页。

字里（表1-4），人们不难看出经济利益群体占据的明显优势。①

表1-4　　　　　　　　美国全国性的非营利组织　　　　　　单位：个

	组织类别 \ 年度	1980	1990	2000	2008
1	贸易和工商业	3118	3918	3880	4003
2	农业与环境	677	940	1103	1439
3	法律、政府、公共管理与军事	529	792	790	951
4	科学、工程、技术	1039	1417	1302	1588
5	教育（1980年的统计包含文化类组织）	2376	1291	1297	1530
6	文化	不详	1886	1786	1896
7	社会福利	994	1705	1829	2582
8	医疗卫生	1413	2227	2495	3552
9	公共事务	1068	2249	1776	1842
10	友情互助会组织、民族与种族组织	435	573	525	523
11	宗教	797	1172	1123	1146
12	退伍军人事务、遗产承袭和爱国组织	208	462	835	645
13	兴趣爱好	910	1475	1330	1511
14	体育	504	840	717	1008
15	工会	235	253	232	212
16	商会（包括双边商会和旅游协会）	105	168	143	162
17	以希腊字母和其他字母开头的组织	318	340	296	325
18	各种热心追捧者俱乐部（Fan clubs）	不详	581	381	261
	总数	14726	22289	21840	25176

表1-4中序号为1（贸易和工商业）、5（教育）、7（社会福利）、8（医疗卫生）、15（工会）、16（商会）的组织，基本上属于经济利益群体组织。在序号为2（农业与环境）、4（科学、工程、技术）、6（文化）和9（公共事务）的组织中，相当一部分组织也属于经济利益群体。

2. 巨大的政治活动能量

除了跻身于《财富》杂志世界500强之列的大企业外，美国没有其

① Table 1249. National Nonprofit Associations-Number by Type：1980－2008，U. S. Census Bureau, *Statistical Abstract of the United States*：2010（Washington D. C.，2009），129th Edition, p. 770.

他任何组织能像经济利益群体组织那样全面而深入地卷入美国的政治进程、影响美国的内外政策。按照肯尼迪总统任内的助理国务卿罗杰·希尔斯曼（Roger Hilsman）的说法，这些"非官方的自发性组织"本身就是"庞大的现代工业化社会的政府的一个组成部分"。[①] 许多组织的总部或办事处都设在首都华盛顿，这在客观上使它们能够非常方便地接近联邦的政治中枢。全国房地产经纪人协会（National Association of Realtors，NAR）12 层高的新总部大楼距国会大厦仅有几个街区，这座获得 2005 年"美国建筑奖"的建筑是首都的新地标。约 7000 家非营利组织在华盛顿的 K 街及其相邻街道的办公楼里设立了办事处。[②] K 街由此就成为"首都游说政治中心"的同义词。

华盛顿一家权威性的金钱政治现象调研机构的统计显示，1989—2008 年这 20 年间美国最为慷慨的政治性捐助提供者只有三种，即大公司、大银行和经济利益群体组织。仔细分析一下这份资料，可以发现一个非常值得玩味的现象：在捐助数额最多的前 100 名捐助者中，大约 40% 是经济利益群体组织。若只看前 50 名捐助者，这个比例就上升到 60%；而如果只看顶尖的前 20 名捐助者，则工商企业的数目仅有四家，其余都是全国性的非营利组织。另外，若按历史累积政治性捐款数量计算，在各类组织（公司、工会、政治行动委员会等）中，非营利组织在捐款最多者的名单上占据了头 10 席中间的 6 个位置。2014 年对国会展开游说活动支出最多的十大组织，前七名均为全国性非营利机构，其中美国商会（U. S. Chamber of Commerce）和全国房地产经纪人协会分获排行榜的"冠亚军"。[③]

3. 严密的组织性

它们的组织结构基本都是金字塔形：在全国总部的统一领导下，分布在各州的地方分支机构指挥本组织成员按照统一的纲领、计划行事。美国学者

①　［美］罗杰·希尔斯曼：《美国是如何治理的》，曹大鹏译，商务印书馆 1986 年版，第 295、326 页。

②　据美国《华盛顿邮报》2008 年 6 月 18 日报道，整个"大华盛顿地区"约有 7600 家国内和国际非营利组织的办事机构。见 Christopher Twarowski, "Pew's Mission to Lower Nonprofits' Office Rent", *The Washington Post*, Monday, June 16, 2008, p. D 01。

③　The Center for Responsive Politics, "*Heavy Hitters Top All – Time Donors* 1989 – 2008 *Summery*," http：//www. openserects. org/，2009 年 1 月 23 日；Organization Profiles, http：//www. opensecrets. org/orgs/，2015 年 8 月 19 日。

认为，虽然有现成的民主决策和投票表决程序，但许多组织的内部管理实质上实行的是所谓的"铁的寡头统治法则"，即由最高领导层、官员和主要活动积极分子说了算。具有讽刺意味的是，这种情况一度在号称最讲民主原则的工会中表现得最典型。工会领袖们实际上掌管着人事大权和关键档案、机构与资金，往往可以成功地压制反对意见或挑战者，维持控制权。①

4. 强大的行业信息系统与研究能力

出于推进自身利益、加强组织建设、扩大社会影响、便利游说活动的需要，经济利益群体组织非常注意收集、积累、整理和发布相关资料，建立高度专业化的信息系统，并在此基础上进行专题研究。有时它们的研究报告甚至成为政府部门必须参考的重要材料。例如，由美国医师协会建立和管理的医师总档（AMA Physician Masterfile）收录了超过 140 万名获得行医执照的医生（包括已故、退休医生）、住院医师和医学院学生的详细资料，是美国最完整的医生个人信息系统。② 全国制造商协会（National Association of Manufacturers，NAM）下面专门设立了制造业研究所（The Manufacturing Institute），③ 由该所研究人员编纂的各种专题研究报告是全面了解今日美国制造业的总体实力、所面临问题及未来发展趋势的重要文件。代表美国大多数县的全国县政府联合会（National Association of Counties，NACo）开发和维护着 96 个数据库，它们包含着 764 种统计指标，是详细了解美国县域经济、社会状况不可或缺的第一手数据资源。④

（二）产业组织

美国的产业组织是所有非营利组织的重中之重，其中包括了代表美国各个经济部门、行业的数千个协会、联合会，农（牧）场主组织，以及

---

① ［美］希尔斯曼：《美国是如何治理的》，曹大鹏译，商务印书馆 1986 年版，第 300—301 页。

② 美国医师协会的医师总档（AMA Physician Masterfile）建立于 1906 年，现在这个专业数据库储存了超过 140 万名医疗专业人员的信息，其中不仅包括获得行医执照的在职医师，还有 20.5 万名已故医师的资料和 41.1 万名从外国医学院校毕业但在美国居住和工作的医师资料。更多详情可见美国医师协会官方网站：http：//www. ama－assn. org/ama/pub/about－ama/physician－data－resources/physician－masterfile. page，2015 年 8 月 15 日。

③ 这是一个独立的第 501(c)(3) 条款免税组织，详情可见其官方网站：http：//www. themanufacturinginstitute. org/。

④ National Association of Counties：2014－2015 *Annual Report*，retrievd from http：//www. na-co. org/2014－2015－annual－report，2015 年 8 月 20 日。

一些大型的跨产业协调机构。下面只粗略提及在重要经济领域中非常典型或独特的组织。

1. 工业领域

除了诞生于1895年代表美国所有制造业巨头的全国制造商协会之外，还有许多非常重要的组织。例如：美国汽车制造商联盟（The Alliance of Automobile Manufacturers）是美国12家主要汽车制造商的组织，其成员除了通用、福特和克莱斯勒三大美国公司外，还包括奔驰、丰田等外国知名厂商的美国分公司，这些制造商生产了美国市场上77%的乘用车和轻型卡车。[①] 美国化工理事会（ACC）是美国历史最悠久的行业协会之一，它是代表主要化工企业（包括塑料、聚氨酯和氯化工企业）的组织，其宗旨是通过良好的经营、高质量的科研、有效的沟通和积极的政治参与，为会员谋求利益，特别是要改善行业的公共形象，消除公众和政府部门对化工企业在健康与环境方面的担心，促进经济、环境与社会的可持续发展。[②] 计算技术工业协会（Computing Technology Industry Association，CompTIA）是美国高科技领域的行业组织，其前身是1982年创建的"更佳计算机经销商协会"（Association of Better Computer Dealers，ABCD），现有超过2000家会员，联系着信息技术领域的3000多个学术和专业培训伙伴机构。[③] 美国药品研发与制造商协会（Pharmaceutical Research and Manufacturers of America，PhRMA）的会员包括了美国所有知名医药企业和顶尖生物技术公司，2000年以来其会员公司所研发的经过美国食品药品管理局（FDA）批准的新药超过500种，2014年它们的新药研发投资总计高达512亿美元。[④]

2. 农业领域

美国农场局联合会（American Farm Bureau Federation，AFBF）是几

---

① 详情可见美国汽车制造商联盟的官方网站：http：//www. autoalliance. org/，2015年8月16日。

② 详情可见美国化工理事会的官方网站：http：//www. americanchemistry. com/，2015年8月16日。

③ 详情可见美国计算技术工业协会（Computing Technology Industry Association，CompTIA）的官方网站：http：//www. comptia. org/，2015年8月16日。

④ 详情可见美国药品研发与制造商协会的官方网站：http：//www. phrma. org/，2015年8月15日。

大农牧场主组织里最大的一家，2010 年年底其会员达到 627.98 万名。[①]
众多农作物和农产品的种植者、经营者也有自己的组织，如美国小麦种植
者协会（U. S. Wheat Associates）、美国玉米种植者协会（American Corn
Growers Association）、美国大豆协会（American Soybean Association）、全
国棉花理事会（National Cotton Council of America）、全国牛奶生产者联合
会（Associated Milk Producers）、全国烟草种植者协会（Tobacco Growers
Association）等。苹果、柑橘、葡萄、胡桃、梨、杏、黑莓各种水果和蔬
菜的种植者，家禽饲养业者也有自己专门的组织。[②] 美国大型农场的耕作
面积都在万亩以上，[③] 必须靠飞机进行作业，1945 年在俄克拉荷马州诞生
了全国飞行农场主协会（National Flying Farmers Association）。1961 年它
更名为国际飞行农场主协会（International Flying Farmers，IFF），现有北
美会员 975 名。[④]

　　3. 金融与服务业

　　美国银行家协会是成立于 1875 年的重量级机构，代表了美国银行业
业主（绝大多数为资本金不足 2.5 亿美元的小银行）的利益，其会员银
行一共拥有 15 万亿美元资产，存款总额 11 万亿美元，贷款总额 8 万亿美

---

　　① 详情可见美国农场局联合会官方网站上公布的统计资料："Farm Bureau Celebrates 50
Years of Membership Growth"，available at：http：//www. fb. org/index. php? action = newsroom.
news&year = 2010&file = nr1207. html，2012 年 12 月 25 日。另外的几家比较小的全国性农牧场主的
组织是：全国农场主联盟（The National Farmers Union）、全国农民协会（The National Grange）和
全国农场主协会（The National Farmers Organization）。参见 Thomas E. Patterson：*The American De-
mocracy*，McGraw – Hill Publishing Company，1990，pp. 302 – 303。

　　② 全国性和地方性的水果、蔬菜种植业者组织有很多，以下试举出若干组织的名字：Al-
mond Board of California，American Society for Horticultural Science，California Grape & Tree Fruit
League，California Pistachio Commission，Georgia Fruit & Vegetable Growers Association，Massachusetts
Fruit Growers Association，Michigan Apple Committee，National Peach Council，North American Bram-
ble Growers Association，Ohio Fruit Growers Society，State Horticultural Association of Pennsylvania，U.
S. Apple Association，Walnut Marketing Board，WashingtonState Horticultural Association。

　　③ 根据美国农业部的研究，2003 年美国大农场的平均耕作面积为 1676 英亩（合 10173 市
亩），特大农场的平均耕作面积为 2379 英亩（合 14440 市亩）。参见 Table 3 Farm size，and ten-
ure，by farm type，2003，*Structure and Finances of U. S. Farms*：2005 *Family Farm Report /EIB – 12*，
Economic Research Service/USDA。

　　④ 详情可见国际飞行农场主协会官方网站所载文章和相关资料：*History of the International
Flying Farmers*，http：//www. internationalflyingfarmers. org/history. html，2012 年 12 月 25 日。

元，雇员总数超过 200 万人。[①] 美国医疗保险协会（America's Health Insurance Plans，AHIP）代表着向两亿多美国人提供各种医疗保险的近 1300 家保险公司。[②] 全国啤酒分销商协会（National Beer Wholesalers Association，NBWA）和全国餐馆业协会（National Restaurant Association，NRA）是美国各地餐饮业者的最大共同体，前者会聚了 3300 家啤酒分销商，后者则联合了 38 万多家餐馆。[③] 全国汽车经销商协会（National Automobile Dealers Association，NADA）现有新车和二手车经销商会员 1.61 万家，授权的独立网点达 3.2 万个，营业量占据美国 90% 以上的新车销售。[④]

4. 住宅与商用房地产业

全国住房建筑商协会（National Association of Home Builders，NAHB）和全国房地产经纪人协会（NAR）是两大"龙头"组织。全国住房建筑商协会的宗旨是营造有利于美国住房和建筑工业发展的环境。它联合了 800 多家州和地方的建筑协会，拥有 14 万会员。大约 1/3 的会员是住房建筑商或改建装修商，其余会员来自与住房密切相关的住房信贷、建筑材料、住房服务行业，会员每年建造的房屋占美国新建住房的 80%。[⑤] 全国房地产经纪人协会号称"全世界最大的专业组织"，在全美各地（含本土和海外领地）有分支组织 1400 个，联合了近 60 个国家或地区的 81 家海外房地产协会，会员超过 100 万人，会聚了美国住宅和商用房地产交易行业里的绝大部分专业人才，包括中介商、销售商、物业经理、评估师和法律顾问等。这个协会从 1949 年起就在美国拥有"Realtor"这个原本表示房地产经纪人的英语单词的商标权，经协会注册或认证的多种专业资质，如注册土地交易师（简称 ALC），是信誉度极高的职业通行证。它发布的新房和二手房交易量及房价数据是反映美国经济状况的关键性指标。[⑥]

---

① 详情可见美国银行家协会官方网站：http：//www.aba.com/，2015 年 8 月 16 日。

② 详情可见美国医疗保险协会官方网站：http：//www.ahip.org/，2012 年 12 月 26 日。

③ 详情可见这两个非营利组织的官方网站获得。由于这两个组织都拥有深入各地居民社区的网络性结构（例如全国啤酒分销商协会的会员向 57.6 万家有酒精饮品经销执照的零售商供货），在各种选举中它们都是被候选人竭力争取的对象。全国啤酒分销商协会的官方网站是 http：//www.nbwa.org/，全国餐馆协会的官方网站是 http：//www.restaurant.org/，2015 年 8 月 16 日。

④ 详情可见全国汽车经销商协会官方网站：http：//www.nada.org/，2015 年 8 月 16 日。

⑤ 详情可见全国住房建筑商协会官方网站：http：//www.nahb.org/，2015 年 8 月 16 日。

⑥ 详情可见全国房地产经纪人协会官方网站：http：//www.realtor.org/，2015 年 8 月 15 日。

5. 交通运输业

美国是"车轮上的国家"，约 70% 的货物和 80% 的居民生活供应由公路货车承运，这两个数据说明了已经有 80 多年历史的美国货车运输协会（American Trucking Association，ATA）的显赫地位。[①] 美国航空运输组织（Airlines for America，A4A）是唯一的航空公司行业协会，其会员公司和会员附属公司承担了全国 90% 的航空旅客和货物运输量。[②] 主要铁路货运公司、美铁（Amtrak）和在美国有相关业务的加拿大、墨西哥公司一起组成了美国铁道协会（Association of American Railroads，AAR），它们管理的铁路线总长度达到 14 万英里（约合 22.5 万公里）。这个协会每季度发布的美国铁道货运价格指数（Railroad Cost Recovery Index，RCR）和其他指数是美国运输行业的重要标杆数据。[③]

6. 文化与传媒产业

美国电影业协会（Motion Picture Association of America，MPAA）组建于 1922 年。经过 90 多年的发展，它今天已经成为美国电影工业、家庭影视娱乐业、有线电视和其他电视产业的权威代言机构，囊括了美国六大电影电视娱乐公司，并同国际电影业协会（MPA）携手在全世界推动影视娱乐业的扩张。[④] 全国广播商协会（National Association of Broadcasters，NAB）由 8300 多家商业性电台和电视台组成，它的基本使命是维护广播商的利益，推动国会、白宫和联邦通讯委员会（FCC）制定有利于广播事

---

① 美国货车运输协会（ATA）成立于 1933 年，成员包括各州货车司机的组织、各种联会（conference）、委员会（council）代表及个人会员。该协会在维护会员权益，反映会员呼声，促进美国公路货物运输的安全、环保和可持续发展方面开展了大量活动。它定期发布的货运研究报告，如《美国货车运输协会 2015 年度趋势报告》（*ATA American Trucking Trends* 2015）是反映美国经济状况的重要参考资料。更多详情可见该协会官方网站：http://www.trucking.org/，2015 年 8 月 18 日。

② 这个行业协会的原来名称是美国航空运输协会（Air Transport Association of America，ATA），近年才改为现名，详情可见该协会官方网站：http://airlines.org/，2015 年 8 月 16 日。

③ 美国铁道协会（AAR）1934 年成立，是关于铁路货运的政策、行业标准和技术创新方面的领军机构，更多详情可见该协会官方网站：http://www.aar.org/，2015 年 8 月 18 日。

④ 美国的六大电影电视娱乐公司是：迪士尼公司、派拉蒙公司、索尼娱乐公司、华纳兄弟公司、20 世纪福克斯公司和环球影片公司。全美电影与电视行业涉及 10.8 万家公司，每年为美国经济贡献 167 亿美元，出口 143 亿美元。更多详情可见美国电影业协会官方网站：http://www.mpaa.org/，2015 年 8 月 14 日。

业发展的政策。① 美国录音工业协会（Recording Industry Association of America，RIAA）是美国商业音乐产品制作企业的组织，其会员企业制作了美国市场上 85% 的合法版权录音产品，它也是美国唱片业保护音乐著作权的主要机构。②

7. 综合性经济协调组织

美国商会（U. S. Chamber of Commerce）是世界上最大的跨行业、跨地区工商业联合组织，也是在华盛顿影响力最强的非营利组织之一。③ 它代表着 300 万家会员企业的利益，其中 96% 以上是雇用 100 人或更少人数的企业。美国商会公开宣称，它的中心工作就是"在国会、白宫、管理部门、法庭、公众舆论和世界各国政府面前为自由企业战斗"。为此，它在靠近白宫的 H 街 1615 号设立了总部，400 多名官员、政策专家、说客（lobbyist）、律师和公共交流专家在那里整天忙碌。美国商会国际部与设在 102 个国家的 115 个当地美国商会密切协作，扩展和维护着美国的海外商业利益。④ 全国独立企业联合会（National Federation of Independent Business，NFIB）和全国小企业协会（National Small Business Association，NSBA）也是重要的全国性经济协调组织，拥有成千上万来自小企业的会员。⑤

还有一个不太为人们所注意、但非常重要的协调机构，这就是 1972

---

①　详情可见全国广播商协会官方网站：http://www. nab. org/，2015 年 8 月 10 日。

②　详情可见美国录音工业协会官方网站：http://www. riaa. com/，2015 年 8 月 16 日。

③　参见哈里斯调查公司（Harris Interactive）2010 年 1 月发布的民意调查结果 Harris Poll # 6，January 19，2010，该调查结果显示：在首都华盛顿最有权势（power）的六大非营利组织依次为：劳联—产联、美国药品研发与制造商协会、美国退休人员协会、全国步枪协会、全国教育协会和美国商会。全文见 http://www. harrisinteractive. com/vault/Harris – Interactive – Poll – Research – Politics – RedCross – AARP – 2010 – 10. pdf，2015 年 8 月 12 日。

④　详情可见美国商会官方网站：http://www. uschamber. com/about，2015 年 8 月 12 日。另外可参见李道揆《美国政府和美国政治》，中国社会科学出版社 1990 年版，第 280 页。

⑤　全国独立企业联合会是美国最大的小企业联合组织，1943 年成立，在全国 50 个州中有 35 万名会员，他们中间的 60% 是雇员不超过 5 个人的小企业主，55% 的成员企业年度销售额不足 35 万美元。更多详情可见其官方网站：http://www. nfib. com/。全国小企业协会创建于 1937 年，当时的名称为全国小企业主协会（National Small Business Men's Association），后改称现名，目前的会员有 6.5 万人。该协会在 1980 年、1985 年和 1995 年的白宫小企业会议（White House Conference on Small Business）上发挥了重要作用。更多详情可见其官方网站：http://www. nsba. biz/，2015 年 8 月 16 日。

年成立的企业圆桌会议（Business Roundtable）。它是美国几百家最有权势的大公司的首席执行官参加的组织。这些大公司的总市值超过全美股票市场价值的1/4，年收入约7.3万亿美元，总雇员数接近1600万人，每年投入的研发费用高达1900亿美元（相当于美国私营企业研发费用总额的70%），派发给股东的年度红利约2300亿美元，每年提供的慈善捐赠款物价值超过30亿美元。应该说，企业圆桌会议是所有产业类组织中的核心组织，它对政府的影响力是非常直接而且有效的，虽然它的行动似乎并不张扬。①

（三）工会组织

工会是争取和捍卫劳工（雇员）利益的团体。有组织的劳工运动发端于南北战争后的美国工业化初期。19世纪末20世纪初，美国工人阶级曾经发动了许多英勇斗争，包括后来成为五一国际劳动节和三八国际妇女节起源的两次重大行动。② 从20世纪30年代起工会逐渐成为美国政治生活中具有重大影响的利益集团，会员一度占到劳动力总数的1/3。③ 20世纪中期以后，工会组织的力量明显减弱，罢工的规模急剧缩小，公众对工会的支持消退。1981年是当代美国工会运动的一个分水岭，是年美国机场塔台调度员为增加工资和改善劳动条件，在专业塔台调度员联合工会（Professional Air Traffic Controllers Organization，PATCO）的领导下发动罢工，不料却遭遇里根政府极为强硬的反制措施，此后美国工会运动便转入低潮。下表（表1-5）反映了自1983年以来工会组织和工会运动的情况。④

---

① 详情可见企业圆桌会议官方网站：http：//www. businessroundtable. org/about - us/，2015年8月12日。

② 这里指的是1886年5月1日芝加哥20万工人为争取八小时工作制举行的流血罢工斗争和1909年3月8日芝加哥女工为争取自由平等而举行的罢工和示威活动。

③ Thomas E. Patterson，*The American Democracy*，McGraw - Hill Publishing Company，1990，pp. 301 -302.

④ Table 641. Work Stoppages：1960 to 2006，Table 642. Labor Union Membership by Sector：1983 to 2006，U. S. Census Bureau，*Statistical Abstract of the United States*：2008（Washington D. C.，2007），127th Edition，pp. 422 -423，and Table 647. Work Stoppages：1960 to 2008，Table 648. Labor Union Membership by Sector：1985 to 2008，U. S. Census Bureau，*Statistical Abstract of the United States*：2010，Washington D. C.，2009，129th Edition，pp. 420 -421.

表 1-5		1983—2008 年的美国工会组织和工会运动		单位：人
项目/年份	1983	1990	2000	2008
工会会员总数	17717400	16739800	16258000	16098000
占领工资雇员的百分比	20.1%	16.1%	13.5%	12.4%
罢工行动数☆	81	44	39	15
参加罢工的会员人数	909000	185000	394000	72000

注：不包括 1000 名会员以下的和短于一天的罢工行动。

　　尽管美国工会运动的巅峰时期已过，但由于劳资矛盾是资本主义制度固有的伴生物，而且团结起来的雇员是美国就业人口中最有组织性、最能自我保护的力量，因此工会仍然不失为非常有影响力的非营利组织。美国目前最大的工会组织是劳联—产联（AFL-CIO），它是建立在自愿基础上的工会联合体，现有会员组织 56 个；一共代表着 1250 万工会会员。劳联—产联是 1955 年美国劳工运动整合的产物，其全国总部设在华盛顿的中心地带，紧邻总统等政界要人经常光顾的圣约翰教堂（St. John's Episcopal Church）。最高领导机构是四年一度的全国代表会议选出的执委会，执委会的主席（President）、秘书兼司库和常务副主席（Executive Vice President）三人堪称美国劳工界泰斗，此外还有 54 名副主席。劳联—产联在各州和波多黎各设有 51 个州级工会联合会，在全国各个地方还建立了 500 多个叫作"中枢劳工委员会"的机构联系基层工会组织。①

　　劳联—产联系统内最重要的工会组织是拥有 160 万会员的美国州、县、市雇员联合会（American Federation of State, County and Municipal Employees, AFSCME），它是美国近年来发展最快的工会。会员的主体是美国州政府、地方政府的文职人员、监狱工作人员和公立医疗卫生机构的急救人员、护士和清洁工人，也有少量会员来自联邦航空管理局和国会图书馆等联邦政府机构。② 另一个大型加盟工会是成立于 1916 年、拥有 160

---

　　① 详情可见美国劳联—产联（AFL-CIO）官方网站：http://www.aflcio.org/，2015 年 8 月 12 日。

　　② 详情可见美国州、县、市雇员联合会（AFSCME）官方网站：http://www.afscme.org/，2015 年 8 月 19 日。

万会员和 3000 多个基层组织的美国教师联合会（American Federation of Teachers，AFT）。这个联合会并非纯粹的教师工会，而是有五个会员群体，即中小学教师、中小学教育辅助人员、各级政府雇员、高等院校教育工作者及医护人员。[①] 令美国教师联合会引以为荣的，是许多历史名人曾是它的会员，其中包括持有第一号会员证的著名教育家和心理学家、实用主义哲学主要创立人杜威（John Dewey，1859—1952），以及大科学家爱因斯坦（Albert Einstein，1879—1955）。国际电气工人兄弟会（International Brotherhood of Electrical Workers，IBEW）是老牌加盟工会，72.5 万名会员散布在公用事业、建筑、电信、广播电视、制造业、铁路和政府机构等各行各业的工作岗位上。[②]

在劳联—产联主导的工会系统外，还有近 540 万名工会会员分属于其他独立工会或工会联盟，其中最有实力的组织是大名鼎鼎的卡车司机、汽车司机、仓库工人和佣工国际工人兄弟会（Teamsters，也译为货车司机工会）。它成立于 1903 年，现拥有来自 21 个产业部门的 140 万名会员，在北美和波多黎各有约 1900 个地方分支机构和基层组织。由于公路货运行业对国民经济和人民生活至关重要，所以它的一举一动都特别引人关注。由于这家工会的会员高度团结一致，斗争力超强，所以它也自称为"美国最强大的工会"。[③]

（四）专业组织

专业组织。这类组织主要集中在科技、文教、医疗、法律、管理和研究等领域，其中不乏闻名遐迩的"大牌"组织。例如，美国医院协会（American Hospital Association，AHA）成立于 1898 年，目前其成员包括全国近 5000 家医院、医疗系统机构、保健服务供应方，以及 4.3 万名专业人士。[④] 美国律师协会（American Bar Association，ABA）是全球最大的

---

① 详情可见美国教师联合会（AFT）官方网站：http://www.aft.org/，2015 年 8 月 19 日。

② 详情可见国际电气工人兄弟会（IBEW）官方网站：http://www.ibew.org/，2015 年 8 月 16 日。

③ 详情可见美国货车司机工会（Teamsters）官方网站：http://www.teamster.org/，2015 年 8 月 16 日。

④ 详情可见美国医院协会官方网站：http://www.aha.org/，2015 年 8 月 16 日。

自愿性法律专业组织，有个人会员约 40 万人，机构会员 3500 多家。① 世界上组建最早、规模最大的图书馆专业组织是 1876 年成立的美国图书馆协会（American Library Association，ALA），它有 5.5 万名会员。② 同年创立的美国化学学会（American Chemical Society，ACS）在全美各地有 185个分支机构，会员总数约 15.8 万名，其中 2.4 万人来自美国以外的 100多个国家。它出版 47 种专业刊物，32 个学科分部（Technical Division）覆盖了从生物化学、纳米化学到毒物学、有机金属化合物研究的整个化学领域，引导着世界化学科技的潮流，成为各国化学家、化工工程师和生物、制药等领域相关人员的首选专业资源组织。③ 美国历史学协会（American Historical Association，AHA）是美国最早（1884 年建立）和最大的历史学专业协会，拥有超过 1.4 万名会员。两位美国前总统西奥多·罗斯福（Theodore Roosevelt，1901—1908 年任总统）和伍德罗·威尔逊（Woodrow Wilson，1913—1921 年任总统）都曾担任过该组织的会长，协会的"公共服务奖"就是以他们的名字命名的。④

　　一般来说，专业组织的宗旨是促进本组织成员的利益、本专业学术的发展和制定本专业的准则、规范。与产业类组织和工会组织相比，从外表上似乎看不出它们有什么利益诉求，好像它们的政治影响也有限。但是实际上，一旦认为自己的利益受到威胁，或者政府需要改变与自己相关的某些政策时，它们就会毫不犹豫地介入政治过程，通过各种方式表达意见、施加影响。例如，美国国家档案与文献管理局（National Archive and Re-

---

　　① 美国律师协会（American Bar Association，ABA）是美国历史最悠久的法律专业组织，也是当今世界上规模最大、专业化程度最高的自愿性质的法律专业团体。该协会 1878 年 8 月 21 日创建于纽约市，总部设在芝加哥，各种会员（律师和法律专业学生）超过 40 万名，下属涉及各领域的 30 多个分会（Section），几十个专业委员会和大批法律教育和研究项目。详情可见美国律师协会官方网站：http：//www. americanbar. org/，2015 年 8 月 15 日。

　　② 美国图书馆协会的领导机构 1939 年在旧金山举行的年会上通过了《图书馆权利法案》（Library Bill of Rights），此后经过 1944 年、1948 年、1961 年、1967 年、1980 年和 1996 年多次修订，此文献今天成为各种图书馆促进知识自由流动与分享的基本原则性文件。更多详情可见美国图书馆协会官方网站：http：//www. ala. org/，2015 年 8 月 19 日，以及该协会 2014 年度报告（ALA Annual Report 2014）。

　　③ 详情可见美国化学会官方网站：http：//www. acs. org/，2015 年 8 月 19 日。

　　④ 详情可见美国历史学会官方网站：http：//www. historians. org/，2015 年 8 月 19 日。美国历史学会公共服务奖的正式名称为西奥多·罗斯福—伍德罗·威尔逊奖（Theodore Roosevelt-Woodrow Wilson Award）。

cords Administration）的设立主要应该归功于美国历史学协会领导人的不懈努力。而2005年美国化学学会与国家卫生研究院（National Institutes of Health，NIH）就有机小分子数据库项目发生的激烈争议与美国化学学会保护其《化学文摘》服务（Chemical Abstracts Service，CAS）的市场优势地位和收益直接相关。①

美国医师协会是对联邦政府施加最多影响的专业组织之一。在20世纪的大部分时间里，它都从保障执业医师经济收益和权利的角度出发，主张由私人保险业主办各种医疗保健计划，坚持反对或阻挠由政府资助医疗保健事业。它与联邦政府围绕医疗改革的博弈从杜鲁门政府时期一直持续到奥巴马政府时期，记载相关活动的文献汗牛充栋。近年来该协会的工作重点是争取各州改革医疗事故赔偿法律，限制对过错医师的最高处罚；要求联邦政府改变"有缺陷的"医师服务费计算公式。在反对降低参与医疗照顾计划（Medicare）的医师的服务收费问题上，美国医师协会与众多专科医生组织结成了统一战线，其中包括两大全国性心脏医学专业组织：美国心脏病学协会（American College of Cardiology，ACC）和心血管造影与介入治疗学会（Society for Cardiovascular Angiography and Interventions，SCAI）。②

（五）政府间组织

这里所说的"政府"是指联邦政府机构层面以下的次级政府（Sub -

---

① 2005年，美国国家卫生研究院（National Institutes of Health，NIH）下属的国家生物技术信息中心（NCBI）推出了对公众免费开放的有机小分子数据库项目"PubChem"。美国化学学会立即对此表示坚决反对，并雇用公关公司向有关政府部门做工作，要求停止这个由联邦预算资助的项目。这种立场使不少科学家感到难以接受。已经加入美国化学学会20多年的1993年诺贝尔生理学和医学奖获得者罗伯茨（Richard J. Roberts）甚至发表公开信，宣布与学会脱离关系，此事在美国学术界引起震动。相关的详细情况可查阅美国化学学会官方网站：http：//www. acs. org/，以及美国国家生物技术信息中心官方网站：http：//www. ncbi. nlm. nih. gov/，2013年2月5日。

② 关于美国医师协会对各种问题的立场及其工作重点，可以查看其官方网站：http：//www. ama - assn. org/上公布的详细文献。美国心脏病学协会（American College of Cardiology，ACC）成立于1949年，总部设在首都华盛顿，拥有4万名会员，是美国乃至世界公认的心脏病医学的权威组织，更多详情可见其官方网站：http：//www. cardiosource. org/ACC/。心血管造影与介入治疗学会（Society for Cardiovascular Angiography and Interventions，SCAI）创建于1976年，总部也位于华盛顿，现有来自60多个国家的会员4000多人，官方网站为：http：www. scai. org/。这两大专业学会对于美国的医疗保健事业非常重要。2015年8月17日。

National Governments），即 50 个州政府、首都华盛顿（哥伦比亚特区）政府，以及包括县、市、镇、学区和其他特区政府机构在内的地方政府。①2007 年全美共有近 9 万个地方政府机构，其中包括 3033 个县政府、19492 个市政府、16519 个镇政府、13051 个学区政府和 37381 个各种特区的政府。② 各种政府间组织的法律地位仍然是非营利组织，主要职能是代表州政府或地方政府与联邦政府讨价还价，争取和维护相关利益（如联邦政府的政策、拨款等），保障政府雇员的权益，所以它们与政治活动的关系是直接而且密切的。锡拉丘兹大学政治学教授帕特森（Thomas E. Patterson）的看法可谓一语中的："从本质上来说，这些组织就是次级政府的交易协会。"③

在政府间组织中，最有势力的是所谓"七大家"（Big Seven）。它们是：州政府理事会、全国州级立法机构会议、全国州长协会、全国县政府联合会、全国都市联盟、美国市长会议和国际市县管理协会。④ 州政府理事会（Council of State Governments，CSG）是美国唯一同时联系各州立法、行政与司法分支的综合政策研究与协调机构，成立于 1933 年，主要职能是通过领导力教育、调研和信息服务等方面的工作，预测社会、经济和政治趋势，为有关政府官员提供政策建议。⑤ 成立于 1975 的全国州级立法机构会议（National Conference of State Legislatures，NCSL）联合了各州议会议员与工作人员，其三大使命为：提高各州立法工作的质量，促进政策创新和各州立法机构之间的沟通，确保各州立法机构在联邦政府面前保持一致立场。该组织与州政府理事会互派代表参加对方的最高领导机构

① 美国行政体系中的特区（Special District）政府机构是为了防洪、排水、灌溉、护林、住房与社区发展、医疗和机场运行等目的而设立的，属于地方政府序列。

② Table 428. Number of Governmental Units by Type：1962 to 2007, U. S. Census Bureau, *Statistical Abstract of the United States*：2012 - 2013, 131st Edition, Skyhorse Publishing Inc. , New York 2012, p. 267.

③ Thomas E. Patterson, *The American Democracy*, McGraw - Hill Publishing Company, 1990, p. 306.

④ Jay M. Shafritz ed. , *The Facts On File Dictionary of Public Administration*, Facts On File Publishers, 1985, p. 448.

⑤ 全国州政府理事会的总部位于肯塔基州的莱克星顿（Lexington），管理上分为四大片区（美国东部、美国中西部、美国南部和美国西部）。更多详情可见其官方网站：http：//www. csg. org/，2015 年 8 月 18 日。

执行委员会。① 全国州长协会（National Governors Association，NGA）的历史已逾百年，号称是"在华盛顿最受尊敬的公共政策组织之一"，成员是 50 位州长和五个海外领地（美属萨摩亚、关岛、北马里亚纳群岛、波多黎各和美属维尔京群岛）的行政长官。协会的正副主席由民主党与共和党的州长轮流担任，以保证"政治公平"。协会的工作重点有两个：一是着眼于改善州政府的工作，通过设立"最佳实践中心"（The Center for Best Practices）等方式就解决最紧迫的公共事务提出解决方案；二是处理州与联邦政府的关系。"最佳实践中心"的工作分为教育、环境能源与运输、医疗卫生、国土及公共安全、经济与人力资源五方面。与联邦政府的关系由四个常设委员会归口负责，它们分别关注经济发展与商务，教育、少年儿童与劳动力培养，健康与公民服务以及自然资源四个方面的联邦政策。② 需要说明的是，与上述三个最重要的州级政府间组织相联系的，还有一大批由各种州政府官员和工作人员组成的全国性非营利组织，它们组成了争取和捍卫各州利益的共同体。③

全国县政府联合会（National Association of Counties，NACo）的成员在 2014 年有 2281 个，代表了全国绝大多数的县政府或类似的政府（其中在 20 个州里所有的县都加入了该联合会）。④ 这些政府雇用的各类人员超过 150 万人，负责的事业涵盖规划、道路、医疗、教育、供水、社会福利、消费者保护等领域，这使全国县政府联合会成为一系列县级专业政府

---

① 详情可见全国州级立法机构会议官方网站：http：//www. ncsl. org/，2015 年 8 月 18 日。

② 全国州长协会创建于 1908 年，总部设在首都华盛顿，更多详情可见其官方网站：http：//www.nga. org/，2015 年 8 月 18 日。

③ 这方面的组织数量相当多，以下仅举几例：全国副州长协会（National Lieutenant Governors Association，NLGA）、全国州预算官员协会（National Association of State Budget Officers，NASBO）、全国州首席检察官协会（National Association of Attorney Generals，NAAG）、全国州采购官员协会（National Association of State Procurement Officials，NASPO）等。

④ 在美国的行政体制中，一共有 3069 个县或者相当于县的行政区域，其中 48 个州有县（county）的设置，阿拉斯加州的类似设置叫"区"（borough），而路易斯安那州则用另一个英语词汇称为"区"（parish）。康涅狄格州和罗得岛州虽然有县的划分，但这里的"县"仅仅是一种地理概念，而没有设立同级的政府。县级地区从面积到人口都有极大差异。例如：弗吉尼亚州阿灵顿县（Arlington County）仅有 26 平方英里，而阿拉斯加州的北坡（North Slope Borough）面积达 87860 平方英里；得克萨斯州的拉温县（Loving County）仅仅有 140 个居民，而加利福尼亚州的洛杉矶县则有居民 920 多万人。详见：National Association of Counties：2014 - 2015 *Annual Report*，以及全国县政府联合会官方网站：http：//www. naco. org，2015 年 8 月 20 日。

人员组织的中枢和总协调机构。① 全国都市联盟（National League of Cities，NLC）是美国最大的代表城镇政府的组织，通过与49个州一级的都市联盟组织的合作伙伴关系，联系了全国1.9万个市和镇的政府（其中缴纳会费的政府机构有2000多个），代表着美国两亿多城市化地区居民的利益。这个联盟最关心的是如何争取联邦政府和国会的支持，使各级政府（尤其是小城镇政府）能有效地应对从非法移民、青少年教育、垃圾处理到金融危机、气候变化的一系列挑战。② 美国市长会议（The United States Conference of Mayors）是美国3万以上人口城市的市长组成的协会，美国现有这种规模的城市1407座，它们的市长就是市长会议的成员。这个1932年诞生的组织，其主要职能是讨论和推动有效的城市发展战略与都市政策，加强各个城市与联邦机构之间的联系，促使联邦政府的预算和公共政策符合这些城市的需要。③ 国际市县管理协会（International City/County Management Association，ICMA）是一个以8800多名美国会员为主体的国际性组织，他们均为来自市、县、镇的管理委员会经理。这个组织的主要功能是通过培训、专题会议和信息调研等活动，提升各级地方政府高级管理人员的专业能力，它甚至还为此开办了一所大学。④

---

① 全国县政府联合会（NACo）的附属组织（affiliate organization）有25个，它们是按县政府的部门或者专业人群成立的全国性组织，集聚了县政府中负责经济发展、政府采购、医疗卫生、财政、工程技术、规划、选举等事务的官员，还有少数族裔官员和妇女官员。例如：全国县政府税收财政官员协会（National Association of County Collectors，Treasurers & Financial Officials，NACCTFO）、全国县政府退伍军人事务官员协会（National Association of County Veterans Service Officers，NACVSO）、全国县政府信息官协会（National Association of County Information officers，NACIO），等等。有关这些附属组织的详情可见全国县政府联合会的官方网站：http://www.naco.org/about/committees - state - associations - and - affiliates，2015年8月18日。

② 详情可见全国都市联盟官方网站：http://www.nlc.org/，2015年8月18日。

③ 详情可见美国市长会议官方网站：http://www.usmayors.org/，2015年8月18日。

④ 详情可见国际市县管理协会官方网站：http://www.icma.org/，2013年5月10日。关于该组织的会员人数，据其公布的2012年度执行主席报告（*Executive Director's Report* 2012）称，截至2012年6月，该组织共有会员8839人，其中美国会员8503人，来自24个国家的国际会员336人。在美国，"管理委员会加经理"（council - manager plan）作为一种地方政府的行政模式已经存在了一个世纪，目前被3000多个地方政府采用。其特点是由经选举产生的管理委员会任命一名职业经理人（或首席执行官）负责政府的日常运转。关于"管理委员会加经理"的管理模式，还可参见Jay M. Shafritz，*The Facts On File Dictionary of Public Administration*，Facts On File Publishers，1985，p.130。

五　公民权益群体中的主要组织和作用

公民权益群体是美国公民社会中一个有些令人眼花缭乱的群体，各种成员的差别极大，也非常富有活力和争议性。其中许多组织依照《国内税收法典》注册为501（c）（4）组织，即公民福利团体，享有联邦免税待遇。这个群体的组织主要包括几种类型：争取和维护各种人群（如老年人、有色人种）公民权利的组织；公民参与政治、谋求公众利益或者公共产品（Public Goods）的组织，如环保组织、消费者权益保护组织；最后还有公民兴趣与爱好组织。上述这些组织又被统称为公民利益集团（Citizen Interest Groups）。[①] 由于许多组织积极投身政治活动，表现出强烈的意识形态倾向，有的美国学者也往往把这个群体的一些非营利组织称为"意识形态集团"或"意识形态压力集团"。[②]

（一）公民权利组织

公民权利组织的共同点是致力于争取和维护基于美国联邦宪法和社会公平原则的各种公民基本权利，其中不乏代表社会上易受歧视群体诉求的组织，它们孜孜以求的是特定人群的权益、福利和社会地位。

1. 非洲裔和其他少数族裔的公民权利组织

最有名气的当属已经隆重庆祝过百年华诞的全国有色人种协进会（National Association for the Advancement of Colored People，NAACP）。它是美国规模最大、影响最广的民权组织之一，现有1700个地方分支机构，约30万名会员。[③] 从很大程度上讲，它的百年历程就是美国黑人持续争取平等、反对歧视并取得实质性进步的斗争历程。在这一过程中，也许最光辉的篇章是"布朗诉托皮卡教育管理委员会案"。在这个黑人学生家长

---

① Barry R. Rubin, *A Citizen's Guide to Politics in America*, M. E. Sharpe, Inc., 1997, pp. 186 – 187.

② Thomas E. Patterson, *The American Democracy*, McGraw – Hill Publishing Company, 1990, p. 305；美国驻华大使馆新闻文化处编辑出版：《掌握航向：美国是怎样制定政策的》，出版物序号83 – 005（103），第92页。

③ 详情可见全国有色人种协进会官方网站：http://www.naacp.org/，2015年8月13日。

反对中小学"黑白分校"教育制度的代表性案件中，全国有色人种协进会经过不懈斗争，最终在1954年赢得最高法院的有利裁决。这个历史性事件吹响了在全美埋葬种族隔离制度的号角，成为黑人在其他领域相继获得平等待遇的先声。① 拉美裔美国人目前是美国第一大少数族裔人群。② 成立于1929年的拉美裔公民团结联盟（League of United Latin American Citizens，LULAC）是美国历史最悠久和最大的拉美裔民权组织，它通过遍布全国的1000多个地方委员会（Council）开展工作，重点是经济状况、教育、就业、医疗和政治影响力，现有成员13.2万人。③ 来自不同国家背景的移民也都有自己的非营利团体，如多米尼加裔美国人全国圆桌会议（Dominican American National Roundtable）。④ 亚裔美国人和美国印第安人也有许多类似组织（印第安人按部落组织结社）。一个不容忽视的事实是，许多有正义感的白人、犹太人为黑人和其他少数族裔民权组织的发展做出过重要贡献。例如，全国有色人种协进会在创立后的六年中，一直由一名白人穆尔菲尔德·斯托里（Moorfield Storey，1845—1929）担任全国主席，他是来自波士顿的律师，毕业于哈佛大学法学院。⑤

2. 妇女权利组织

美国的妇女组织非常普遍，最有代表性的是1966年成立的全国妇女组织（National Organization for Women，NOW）。它的50万名缴费会员、500多个地方分会分布于每个州和首都华盛顿，基本宗旨是要在社会各个领域为所有妇女争取平等，包括为妇女争取堕胎与计划生育权、经济上的

---

① "布郎诉托皮卡教育管理委员会案"（Brow v. Education Board of Topeka）在几乎所有关于美国民权运动历史和相关法律史的书上均有记载。较详细叙述此案的新近中文出版物可参见任东来、陈伟、白雪峰《美国宪政历程：影响美国的25个司法大案》第15章，中国法制出版社2004年版。

② 2005年美国全国人口中四类主要族群人数占总人数的比例是：黑人占13%，拉美裔占14%，亚裔占5%，白人占67%，参见 Newsweek（special inauguration issue），January 26，2009，p. 32。

③ 详情可见拉美裔公民团结联盟官方网站：http：//www. lulac. org/，2015年8月10日。

④ 该组织的创办源于1997年在迈阿密召开的一次多米尼加裔美国人的领导人会议，它正式注册为一个非营利机构的时间是2000年，总部设在首都华盛顿，官方网站：http：//danr. org/，2015年8月18日。

⑤ 详情可见全国有色人种协进会官方网站资料：http：//www. naacp. org/about/history，2015年8月13日。

公平待遇、同性恋权利等，反对一切形式的性别歧视和对妇女的暴力。①
该组织所发动的最大政治性倡导行动是为期十年（1972—1982）的修宪
运动，目标是为美国宪法添加一条明确规定男女权利平等的修正案
（ERA）。虽然这场运动最终功亏一篑，但它对美国社会的影响是极其深
远的，由此也确定了全国妇女组织在社会改革运动中的先锋地位。②

3. 老年人和退休人员权利组织

2010 年美国总人口中 13% 是 65 岁以上的老年人。③ 考虑到提前退休
现象的普遍化和平均退休年龄为 63.7 岁（2007），全国退休人员和老年
人的绝对数字非常可观。④ 美国退休人员协会（American Association of
Retired Persons，AARP）是美国人数最多的非营利组织，会员人数超过
3700 万人，其目标是引导 50 岁以上的美国人进行 "一场生活和观念的革
命"，通过传播信息、开展活动和提供服务（包括销售保险、经营理财投
资基金）改善会员的生活质量。它提出的响亮口号是："服务他人，而不
是被人服务"。⑤

4. 其他公民权利组织

成立于 1871 年的全国步枪协会（National Rifle Association，NRA）是
这类组织中的 "巨无霸"，给美国的政治和社会打下了深刻的印记。它的
最初目的是 "促进和鼓励科学地使用步枪射击的技能"，后来逐渐发展成
为传播火器知识、组织射击爱好者参加各种射击比赛和狩猎活动、培训专

---

① 详情可见全国妇女组织官方网站资料：http://www.now.org/，2015 年 8 月 19 日。

② 平等权利修正案的英文是 *Equal Rights Amendment*，缩写为 ERA，从它的提出到国会参、
众两院批准经历了一个很长的过程。在国会 1972 年完成审议后，宪法修正案还必须获得 3/4 州
的立法机构批准。但在 1982 年最后的批准期限到来时，共有 35 个州批准了平等权利修正案，距
离必需的 38 个州还差 3 个州。见 Barbara J. Katz 的《美国宪法的修正》，美国驻华大使馆新闻文
化处编辑出版：《掌握航向：美国是怎样制定政策的》，出版物序号 83 - 005（103），第 57—59
页。还可参见［美］加里·纳什等编著《美国人民创建一个国家和一种社会》下卷（1865—
2002 年）（第 6 版），刘德斌主译，刘德斌、任东波审校，北京大学出版社 2008 年版，第 971—
975 页。

③ Table 8. Resident Population Projections by Sex and Age：2010 to 2050，U. S. Census Bureau，
Statistical Abstract of the United States：2010，Washington DC.，2009，129th Edition，p.12.

④ "The demographics, The Graying of America"，*Newsweek*（*special inauguration issue*），Janu-
ary 26，2009，p.38.

⑤ 详情可见美国退休人员协会官方网站资料：http://www.aarp.org/aarp/About_ AARP/，
2015 年 8 月 15 日。

业射击教官的综合性组织，而捍卫宪法第二条修正案规定的公民持枪权利始终是该组织的核心事业。全国步枪协会目前有会员约 400 万人。其青年射击项目在美国童子军等组织的合作下吸引了近百万青少年参加，经它认证的警察部门和保安公司的射击教官超过 1 万名。① 美国公民自由联盟（American Civil Liberties Union，ACLU）成立于 1920 年，其宗旨是维护宪法规定的公民基本权利，保障公民获得平等法律保护、享有公正、法定的权利和个人隐私权。它是个媒体关注度很高的争议性组织，因为它的 200 名专职律师和 50 万名会员（包括积极分子）不仅为有色人种、外来移民、同性恋者、变性人、囚犯和残疾人服务，也为纳粹同情者、色情作家、宗教狂热分子及各种持有极端思想的人辩护。其理论根据是：在一个社会中，如果最弱势群体的权利被侵犯，那么每个人的权利都会被危及。② 美国有许多涉及所谓 LGBT（男女同性恋、双性恋和变性人的英文缩写）权利的非营利组织，如全国同性恋记者协会（National Lesbian and Gay Journalists Association）、同性恋医师协会（Gay and Lesbian Medical Association）、外交部门同性恋雇员协会（Gay and Lesbians in Foreign Affairs Agencies）等。③ 美国军团（American Legion）是 1919 年国会特许免税的退伍军人爱国组织，2013 年它在全球 13807 个地点（post）有 240 万名会员，主要事业是为退伍军人及其家属争取更好的福利待遇，维护军

---

① 详见全国步枪协会官方网站资料：*A Brief History of the NRA*，http：//membership. nrahq. org/about－us. asp，2012 年 12 月 28 日。这个组织不遗余力地捍卫联邦宪法第二条修正案中规定的公民持枪权利，反对限制枪支的立法。该协会的领导人在 2012 年 12 月 14 日美国康涅狄格州纽敦镇（Newtown）发生的桑迪·胡克（Sandy Hook）小学 20 名小学生和 6 名成年人被枪杀的恶性事件之后，依然坚持协会的立场，招来不少媒体恶评。应当注意，该协会在美国的民间组织中具备超群的政治游说和选举动员能力，其影响可谓无孔不入。例如，在奥巴马总统第一任期签署的关于医疗改革的法律中，就有该协会塞入的限制医生收集病人持枪信息的条款（Peter Wallsten and Tom Hamburger，"NRA Fingerprint on Landmark Health－care Law"，*The Washington Post*，published December 31，2012，available at：http：//www. washingtonpost. com/politics/，2013 年 1 月 1 日）。许多美国学者认为它完全可以称作为一个"枪支利益集团"（Gun Interest Group）。

② 详情可见美国公民自由联盟官方网站 http：//www. aclu. org/，2015 年 8 月 18 日。

③ LGBT 的英文全称是 Lesbian，Gay，Bisexual，Transgender，代表男女同性恋者、双性恋者和变性人。本书中列举的这几个同性恋人士非营利组织分别成立于 1990 年、1981 年和 1992 年，更多详情可见它们的官方网站：National Lesbian and Gay Journalists Association，http：//www. nlgja. org/；Gay and Lesbian Medical Association，http：//www. glma. org/；Gay and Lesbians in Foreign Affairs Agencies，http：//www. glifaa. org/。2013 年 1 月 1 日。

人荣誉，开展为军人和军属服务的公益活动。① "有尊严的死亡全国中心"
（Death with Dignity Center）则要通过教育公众与政府官员，努力改善对危
重病人的临终关怀，并主张立法支持和保护公民选择安乐死的权利。② 美
国堕胎权利联盟（NARAL Pro - Choice America）和生命权利全国委员会
（National Right to Life Committee）是两个成立于 1970 年前后的 "对手组
织"，前者全力倡导个人权利和妇女堕胎的合法性，后者坚决反对堕胎。
它们都拥有强大的全国性组织网络，对美国社会和政治的影响很大。③

（二）公众利益团体

公共利益团体（public interest groups）的主要特点是努力推动公民的
政治参与，为促进和保护相对广泛的公众利益奋斗，并不拘泥于特定的经
济与社会议题（issue）。更确切地讲，这些非营利组织所关注的问题并不
局限于某一类人群、某一个地区、某一个行业或者某一个专业所关心的问
题，而是具备广泛的公共性。在各种美国政治学教科书和研究专著里，凡
是论及公共利益集团的地方，以下几个典型组织的名字几乎都要被提到。

1. "共同事业" 组织（Common Cause）

这个成立于 1970 年的民间机构可谓当今美国最活跃的公共利益团体之
一，在全国有近 40 万会员和支持者，并联系着 35 个州的相关组织。它的基
本宗旨是致力于恢复美国民主的核心理念，鼓励公众参与政治，确保政府
成为公众信任的、廉洁高效的和对选民负责的政府，工作重点是遏制华盛
顿的金钱政治、完善选举制度、促进官员问责制，以及维护媒体对政府行
为的舆论监督。比如，在该组织的大力推动下，美国国会通过了《2007 年

---

① 美国军团成立于 1919 年，当年获得国会特许状，被定义为非营利性的爱国组织，也是
美国最大的战时退伍军人服务社团。更多详情可见该组织的官方网站：http：//www. legion. org/，
2015 年 8 月 18 日。

② 详情可见 "有尊严的死亡全国中心"（Death with Dignity National Center）官方网站资料：
http：//www. deathwithdignity. org/，2012 年 12 月 1 日。

③ 美国堕胎权利联盟（NARAL Pro - Choice America）1969 年始创于芝加哥，最初是一个为
废除当时有关限制流产的法律而组成的非营利组织，一度名为全国堕胎权利行动联盟（National
Abortion Rights Action League，NARAL），后更名为全国堕胎和生育权利行动联盟（National Abortion
and Reproductive Rights Action League，NARAL），官方网站：http：//www. naral. org/。生命权利全
国委员会（National Right to Life Committee）1968 年组建，总部设在首都华盛顿，在全美有 3000 多
个基层组织（local chapter）。详情可见其官方网站：http：//www. nrlc. org/，2015 年 8 月 19 日。

诚实领导与政务公开法案》（Honest Leadership and Open Government Act of 2007），它于 2007 年 9 月 14 日经小布什总统（George W. Bush）签署成为联邦法律。这部法律扩大了公众对政治游说活动的知情权，对国会议员和相关政府工作人员同游说专家的交往做出了许多限制。时任民主党参议员的奥巴马认为，这是"自水门事件以来最全面的一次道德改革"。① 在 2008 年的总统大选中，"共同事业"组织关注的问题是如何防止电子投票系统出现错误从而使计票失准。它与核查投票基金会（Verified Voting Foundation）联名发表的一份研究报告认为有 17 个州的电子投票系统蕴藏着高风险。② 在 2012 年大选期间，它发起"修正 2012"（Amend 2012）运动，反对失控的金钱对选举政治的侵蚀。③

2. 拉尔夫·纳德（Ralph Nader）领导的组织系统

纳德是蜚声全美的社会批评家、消费者权益维护者和政治改革家，曾四次参加对总统职位的角逐，包括以独立竞选人身份出战 2008 年总统选举。他创建了一系列非营利组织，其中"公共事务公民组织"（Public Citizen）是最重要的一个。自 1971 年成立以来，这个以保护公民健康、安全和民主为己任的组织开展了大量卓有成效的活动，涉及汽车安全、环境保护、能源政策、航空旅客权益、用药安全、保险制度、贸易政策和政治透明度等各种问题，受到公众、媒体和一些政界知名人士的高度肯定。④ 例如，从

① Charles Babington，"Bush Signs Lobby – Ethics Bill"，The Associated Press，Saturday，September 15，2007. 有关《2007 年诚实领导与政务公开法》（Honest Leadership and Open Government Act of 2007）的更多情况可以参见"共同事业"组织官方网站：http://www. commoncause. org/，并可从该网站或者国会网站查看法律全文，2013 年 5 月 9 日。

② 这份报告的题目是 Voting at Risk 2008，全文可以从"共同事业"组织的官方网站上查阅。

③ 更多详情可见"共同事业"组织官方网站：http://www. commoncause. org/，2013 年 1 月 4 日。

④ 纳德（Ralph Nader）1934 年 2 月 27 日出生于美国康涅狄格州的一个黎巴嫩移民家庭。他在 1965 年出版的有关汽车安全问题的《任何速度均不安全》（Unsafe at Any Speed），以及由此引发的国会听证会和一系列道路交通安全立法使他名声大噪。此后，纳德一直通过自己的非营利组织系统来维护消费者权益、推动公民的政治参与和监督权。2012 年 10 月纳德出版的著作《17 种解决方案》（Ralph Nader，The Seventeen Solutions，HarperCollins Publishers，October 2012）向全民阐述了他的见解。除了"公共事务公民组织"（Public Citizen）以外，"纳德系统"的其他非营利组织还包括：Center for Study of Responsive Law，Aviation Consumer Action Project，Center for Auto Safety，Clean Water Action Project，Disability Rights Center，Pension Rights Center，Freedom of Information Clearinghouse，Congressional Accountability Project，Public Interest Research Groups。更多详情可见该组织官方网站：http://www. nader. org/，2013 年 1 月 4 日。

1988 年起，"公共事务公民组织"都要定期发表题为"最差的药和最好的药"的用药指南，它是该组织的专业医疗研究团队对在用处方药品的评价意见，意在对消费者进行用药指导，提出必要的建议甚至警告。事实证明，这个指南的许多意见不仅是正确的，而且往往带有预警性，早于联邦食品与药品管理局（FDA）后来对某些药品采取的管制行动。现在这个指南每个月更新一次，有收费的印刷版和电子版供公众订阅。①

3. 消费者联盟（Consumers Union，CU）

这家深受美国公众信赖的组织诞生于 1936 年，当时各种商品广告在媒体上泛滥成灾，消费者缺乏充分的信息和相关知识，无法分辨商品的优劣。消费者联盟的出现填补了这个空缺，成为各种商品信息的权威提供者。它的监督重点是医疗保健产品、食品、电话与媒体的服务、金融服务和产品的安全性。为了保持独立性和公正性，它不接受任何外来的广告宣传和任何免费样品，而是通过许多特聘的"神秘顾客"从市场上购买产品，然后让自己的数百名工程技术人员对产品进行测试和评价。为此，消费者联盟斥巨资在纽约州的扬克斯（Yonkers）设立了 50 个使用先进技术装备的实验室，在康涅狄格州的东哈德姆（East Haddam）建设了占地327 英亩（约合 1985 市亩）的汽车测试中心。它的消费者维权工作得到政治游说者、专家、草根非营利组织和 60 多万名通过互联网维权的积极分子的支持。产品问卷调查能收集到 100 多万名消费者的反馈意见，是世界上规模最大的消费者调查。独立的专业测试和广泛的消费者意见使这个组织具备了令人信服的话语权。它出版的《消费者报告》（*Consumer Reports*）名列美国销量最大的 10 种杂志，加上它的两种简讯类刊物《消费者保健报告》和《消费者理财顾问》，出版物的总订户数超过 800万户。②

---

① 《最差的药和最好的药》（*Worst Pills, Best Pills*）曾是美国 20 世纪 90 年代的畅销书，销量超过 200 万册。现在公众可以从网上订阅电子版，费用为一年 12 期，共 15 美元。这个指南先于联邦食品与药品管理局的管制措施对消费者提出预警的药品有：Vioxx，Ephedra，Bextra，Rezulin，Baycol，Propulsid，等等。详细情况可见该药品指南的官方专用网站：http：//www. worstpills. org/，2015 年 8 月 15 日。

② 详见消费者联盟官方网站资料，http：www. consumersunion. org/about/，2012 年 12 月 15日。另外，《消费者保健报告》的英文名称是 *Consumer Reports on Health*，《消费者理财顾问》的英文名称是 *Consumer Reports Money Adviser*。

除了以上三大组织外，其他著名公共利益集团还有：美国最早的生态保护组织塞拉俱乐部（Sierra Club，1892 年成立于旧金山），[①] 被公认工作卓有成效的环保科学组织——环境保护基金会（Environmental Defense Fund，EDF），[②] 拥有 100 多万会员、守护着美国 1600 个自然保护区的大自然保护协会（The Nature Conservancy）[③]，以及在监督政府预算、为低收入公民谋求利益方面颇具权威性的预算与政策重点研究中心（Center on Budget and Policy Priorities）。[④]

（三）公民兴趣爱好组织

在美国，人们有多少兴趣爱好，就会建立多少组织。它们数量繁多，形式不同，资源与组织规模各异。以下是一些独具特色的兴趣爱好组织："业余望远镜制作者协会（波士顿）"（Amateur Telescope Makers of Boston，ATMoB）、美国卡车历史协会（American Truck Historical Society，ATHS）、美国风筝协会（American Kitefliers Association，AKA）、全国马蹄铁投掷者协会（National Horseshoe Pitchers Association of America，NHPA）、美国葫芦协会（American Gourd Society，AGS）、录音收藏协会（Association

---

①　塞拉俱乐部（Sierra Club）由美国 19 世纪的著名自然保护主义者约翰·穆尔（John Muir，1838—1914）在 1892 年创建，目前号称是美国人数最多、影响力最大的草根性环境保护运动组织，曾经被联邦税务局定性为符合第 501(c)(3) 条款的公益慈善类免税组织，后由于其活动涉及对公共政策的呼吁、造势、游说较多，遂改为第 501(c)(4) 条款社会福利类免税组织。更多详情可见其官方网站：http://www.sierraclub.org/，2013 年 1 月 5 日。

②　环境保护基金会（EDF）在中国的通用译名为"美国环保协会"，它由一小群科学家在 1967 年创建，最初使命是制止公众和自然环境遭受杀虫剂 DDT 毒害，目前已经发展成为拥有 100 万名会员的著名全球性环境保护科学组织。它的总部位于纽约市，在首都华盛顿设有专门负责与政府沟通的办事处。更多详情可见其官方网站：http://www.edf.org/，2015 年 8 月 5 日。

③　大自然保护协会（The Nature Conservancy）成立于 1951 年，全球总部位于弗吉尼亚州的阿灵顿，是一个拥有 100 万名以上会员、600 名科学家的大型环境保护组织，它的环保项目遍及美国 50 个州、35 个国家，其工作成效甚佳，在美国和海外均享有盛誉。更多详情可见其官方网站：http://www.nature.org/，2015 年 8 月 18 日。

④　预算与政策重点研究中心（Center on Budget and Policy Priorities，CBPP）位于首都华盛顿，成立于 1981 年，被《华盛顿邮报》赞誉为首都地区"反应最快、最公正、最有智慧的智库组织"，并被该报提名为 2011 年的年度智库（Think Tank of the Year），其研究重点是联邦政府与州政府的财政政策、预算管理、政府涉及低收入人群的预算支出计划及相关的税收政策。更多详情可见该中心官方网站：http://www.cbpp.org/，2015 年 8 月 14 日。

For Recorded Sound Collections，ARSC）、哈雷摩托车俱乐部（The Harley Hummer Club）、气球与飞船建造者协会（Association of Balloon and Airship Constructors）、51 号地区研究中心（Area 51 Research Center，它致力于对内华达州军事禁区各种神秘现象的研究）、畅游者俱乐部（Extra Miler Club，它的会员要在有生之年遍访美国的每一个县），等等。

六　公益慈善群体中的主要组织和作用

（一）公益慈善群体的重要作用及多样性

公益慈善群体在美国的四大公民社会组织群体中规模最大、地位最高。因为各种公益慈善组织占美国正规非营利组织的大多数，它们在事业上的共同点是向全社会或者部分公众提供种类繁多的公益慈善性服务，而这些服务又影响着公众的生老病死、日常生活的方方面面。所以，这些组织通常被称为公共服务组织（public‐serving organizations），享有极高的社会美誉度。按照《国内税收法典》第 501（c）（3）条款的规定，凡涉及宗教、慈善、科研、文化、艺术、医疗、业余体育运动、公共安全测试等领域的组织，只要能充分证明自己的事业具有公益慈善性，经过法定程序就可以获得联邦免税待遇（宗教组织可依法自动获得这种待遇）。①

从 1969 年起，《国内税收法典》将符合第 501（c）（3）条款的所有非营利组织分为公共慈善机构（public charities，含宗教组织）和私立基金会（private foundations）。应该注意的是，这种区分起源于联邦税法的创设，并不代表这两类组织在公益慈善事业中有任何实质性的差别。② 这就是为什么虽然有些组织的名称中带有基金会（foundation）字样，但它们其实还是公共慈善机构，而非私立基金会。根据美国全国慈善统计中心的数据，2010 年度全美净资产最雄厚的十大公共慈善机构依次是：哈佛

---

① Internal Revenue Service，Publication 557（Rev. October 2010），Cat. No. 46573C，*Tax‐Exempt Status for Your Organizations*，Chapter 3.

② ［美］贝希·布查尔特·艾德勒、大卫·艾维特、英格里德·米特梅尔：《通行规则：美国慈善法指南》（2007 年第 2 版），金锦萍、朱卫国、周虹译，中国社会出版社 2007 年版，第 45 页。

大学、西南路易斯安那商务发展中心（Southwest Louisiana Business Development Center）、① 斯坦福大学、耶鲁大学、霍华德·休斯医学研究所（Howard Hughes Medical Institute）、② 普林斯顿大学、哈佛股权基金管理公司（Harvard Management Private Equity Corporation）、③ 麻省理工学院、凯泽基金会医院系统（Kaiser Foundation Hospitals）④ 和哥伦比亚大学。⑤

公益慈善类非营利组织（其中包括宗教组织创办的机构和世俗性公益慈善类组织）在美国社会中所发挥的作用是任何其他组织都无法替代的，这在医疗保健和教育领域显得尤为突出。非营利性医疗保健组织在美国的医疗卫生体系中占据重要位置，许多组织具有悠久历史，是从18、19 世纪的医疗慈善机构发展而来。医疗保健历来是各级政府管制最严格的行业之一，对公共政策的变动非常敏感。加上医疗保健业的投资金额大、专业性要求高、技术更新快、从业者和服务对象之间维持信任度的成本较高、市场竞争激烈等特点，建立和维持非营利医疗保健机构绝非易事。2010 年奥巴马政府推出医疗改革方案时，全美尚有 4600 万人不在医

---

① 西南路易斯安那商务发展中心（Southwest Louisiana Business Development Center）成立于 1994 年，致力于提供发展社区经济和小企业所需要的非营利性服务，并获得联邦政府的财政支持。详情可见其官方网站：http：//www. swlabdc. com/，2013 年 1 月 3 日。

② 霍华德·休斯医学研究所（Howard Hughes Medical Institute）是美国最大、最重要的私立生物医学研究和科学教育机构。1953 年成立，总部位于马里兰州。现有专业研究人员超过 3000 人，2011 年度研究经费为 8.25 亿美元，另有 8000 万美元用于支持科学教育事业。它与美国近 70 所高等院校和科研机构有着密切合作关系，在美国影响很大。更多详情可见其官方网站：ht-tp：//www. hhmi. org/about，2013 年 1 月 3 日。

③ 哈佛股权基金管理公司（Harvard Management Private Equity Corporation）常用其简称哈佛管理公司（Harvard Management Corporation），它是哈佛大学的附属机构之一，1974 年成立。它的使命是通过各种最先进的投资方式确保哈佛大学基金保值增值，以便能够有充足财力长期支持哈佛大学的运转和发展。详情可见其官方网站：http：//www. hmc. harvard. edu/about－hmc/index. html，2013 年 1 月 3 日。

④ 凯泽基金会医院系统（Kaiser Foundation Hospitals）是凯泽医疗保健系统（Kaiser Per-manete ©，KP）的一部分，由 37 所医院或医学中心组成。凯泽医疗保健系统是美国最大的非营利医疗保健系统，组建于 1945 年，总部位于加利福尼亚州的奥克兰，其服务对象分布在美国的九个州和首都华盛顿，总数超过 880 万人。更多详情可见凯泽医疗保健系统的官方网站：ht-tp：//xnet. kp. org/newscenter/aboutkp/index. html，2013 年 1 月 3 日。

⑤ National Center for Charitable Statistics, NCCS－Display Largest Public Charities（NCCS Core 2010 Public Charities File），available at：http：//nccsdataweb. urban. org/PubApps/，2013 年 1 月 3 日。

疗保险的覆盖范围内。① 如果没有非营利性的医疗保健服务，占美国人口约 1/6 的人将陷入缺医少药的困境。就整个非营利部门而言，医疗保健事业在其中的地位也非常显赫：虽然医疗保健机构数量仅占非营利组织总数的 14%，但它们的收入几乎占到了所有非营利组织收入的 60%。根据 2006—2008 年的统计数字，非营利组织在若干重要医疗保健领域中的占比为：透析中心 20%，康复医院 31%，家庭保健机构 22%，精神病门诊机构 59%，临终关怀医院 40%，养老院 27%，精神病医院 22%，社区保健中心 100%（1076 家），危重症病人医院 59%。② 由此可见，非营利组织对于美国人民的医疗保健贡献极大。

教育事业是公益慈善类非营利组织的另一大亮点。非营利学校每年招收的中小学生人数大约有 1000 万人。在高等教育中，35% 的颁授学位的院校是非营利机构，它们培养了近 20% 的攻读学位课程的大学生。2009—2010 学年，美国共有可颁授学位的非营利高等院校 1624 所，其中不乏享誉世界的名牌学府，如哈佛大学、麻省理工学院、约翰·霍普金斯大学、芝加哥大学等。相比之下，可颁授学位的公立高等院校数量为 1672 所。③

多样性、多元化是公益慈善类组织的特点。《国内税收法典》对 501（c）（3）类组织的规定涉及广泛的领域，而联邦税务局在审批时掌握的尺度在普通人看来也显得很宽泛，这就造成了公益慈善类组织的事业百花齐放的局面。获得联邦免税待遇的非营利组织就像一个人丁兴旺的跨种族大家族，呈现出色彩缤纷的多样性。例如，文化艺术组织属于公益慈善类组织。在这些团体或机构中，既有世界一流的纽约林肯表演艺术中心、费城科蒂斯音乐学院（Curtis Institute of Music，中国钢琴家郎朗曾在此留学）、旧金山歌剧院、匹兹堡交响乐团等组织，也有颇具地方特色的波特兰巴洛克乐团（Portland Baroque Orchestra）、橙县爱乐协会（Orange

---

① 2010 年 3 月 23 日，美国总统奥巴马签署了《患者权益保护和可负担医疗服务法》（*Patient Protection and Affordable Health Care Act*），这是美国自 1965 年以来影响面最广泛的公共政策立法。

② Bradford H. Gray and Mark Schlesinger, Chapter 2：Health Care, in Lester M. Salamon ed.，*The State of Nonprofit America*, Second Edition, Brookings Institution Press, Washington D. C.，2012，pp. 89，92 – 93.

③ Donald M. Stewart, Pearl Rock Kane, and Lisa Scruggs, Chapter 3：Education and Training, in Lester M. Salamon ed.，*The State of Nonprofit America*, Second Edition, Brookings Institution Press, Washington D. C.，2012，pp. 137 – 138.

County Philharmonic Society)、南加州大学古典音乐电台（KUSC – FM）和底特律室内乐协会（Chamber Music Society of Detroit）。

容易引起困惑的是，如果单看名称，有时很难确定非营利组织是否具备公益慈善的属性。纽约公共广播电台（Public Radio New York City，WNYC）、"清洁海洋行动"组织（Clean Ocean Action，COA）、阿富汗救援组织（Afghanistan Relief Organization，ARO）、边远地区医疗队（Remote Area Medical，RAM）、美国科学促进会（American Association for the Advancement of Science，AAAS）、妇女媒体中心（The Women's Media Center，WMC）、"慈善导航"网站（Charity Navigator）等无疑都是公益慈善组织。而以下这些机构也是第501(c)（3）条款组织：美国税收政策研究所（American Tax Policy Institute，ATPI）、无国界化学家组织（Chemist Without Borders）、公共卫生实验室协会（Association of Public Health Laboratories，APHL）、军备控制与不扩散研究中心（Center for Arms Control and Non – Proliferation）、拉维尼亚音乐节（Ravinia Festival，北美久负盛名的露天音乐节）、美国国家标准协会（American National Standards Institute，ANSI）、美国残疾警官组织（Disabled Police Officers of America，DPOA）、美国空军协会（Air Force Association，AFA）、老爷摩托车基金会（Antique Motorcycle Foundation）和出版维基百科全书（Wikipedia）的维基媒体基金会（Wikimedia Foundation）。诸如此类的例子不胜枚举。

（二）公益慈善群体中的宗教组织及其作用

依照《国内税收法典》，所有联邦税务局认可的宗教组织都自动符合第501(c)（3）条款的规定。绝大多数美国人自称有宗教信仰。著名的哈佛大学教授塞缪尔·亨廷顿（Samuel P. Huntington）说过，"美国是一个有着世俗政府的基督教占主导地位的国家"。[①] 除了有35种主要宗派的基督教外，美国还有20种影响较大的宗教，以及许多无法分类的稀奇古怪的宗教。[②] 由于这些原因，美国的宗教组织既多且杂。不过，在约34.5

①　［美］塞缪尔·亨廷顿：《我们是谁》，程克雄译，新华出版社2005年版，第84、86—87、70页。

②　Table 74. Self – Described Religious Identification of Adult Population：1990 to 2008，U. S. Census Bureau，*Statistical Abstract of the United States*：2010，129th Edition，Washington D. C.，2009，p.61.

万个宗教组织中，成员超过 75 万人的宗教组织只有 28 个，表 1 – 6 反映了它们的情况。①

表 1 – 6 美国规模较大的宗教组织一览

宗教团体名称（中、英文对照）	年份	教堂数	成员数（千人）
非洲循道宗新教主教派 African Methodist Episcopal Church	1999	4174	2500
非洲循道宗新教主教派锡安教会 African Methodist Episcopal Zion Church	2007	3337	1400
美利坚浸礼教会 American Baptist Churches in the USA	2007	5558	1358
神召会 Assemblies of God	2007	12362	2863
国际浸礼圣经会 Baptist Bible Fellowship International	1997	4500	1200
天主教会 Catholic Church	2007	18479	67117
基督教会 Christian Churches and Churches of Christ	1988	5579	1072
基督循道宗主教派教会 Christian Methodist Episcopal Church	2006	3500	850
主在基督教会 Church of God in Christ	1991	15300	5500
神的教会（克利夫兰）Church of God（Cleveland，Tennessee）	2007	6588	1054
耶稣基督后期圣徒教会（摩门教）Church of Jesus Christ of Latter – day Saints	2007	13201	5873
基督会 Church of Christ	2006	13000	1639
新教圣公会教会 Episcopal Church	2007	7055	2117
美国福音路德教会 Evangelical Lutheran Church in America	2007	10448	4710
美国希腊东正教会 Greek Orthodox Archdiocese of America	2006	560	1500
耶和华见证人派基督教会 Jehovah's Witnesses	2007	12478	1092
路德教密苏里长老会 Lutheran Church-Missouri Synod	2007	6167	2383
美国全国浸礼会 National Baptist Convention of America，Inc	2000	空缺	3500
美利坚全国浸礼会 National Baptist Convention，U. S. A.，Inc	2004	9000	5000
美国全国传教浸礼会 National Missionary Baptist Convention of America	1992	空缺	2500
美国东正教会 Orthodox Church in America	2004	737	1064

① Table 76. Religious Bodies：Selected Data，Census Bureau，*Statistical Abstract of the United States*：2010，129th Edition，Washington D. C.，2009，p. 62.

续表

宗教团体名称（中、英文对照）	年份	教堂数	成员数（千人）
世界五旬节派教会 Pentecostal Assemblies of the World，Inc	2006	1750	1500
美国长老会 Presbyterian Church（U. S. A.）	2007	10820	2941
全国进步浸礼会 Progressive National Baptist Convention，Inc	1995	2000	2500
基督复临安息日教会 Seventh Day Adventist Church	2007	4833	1000
南方浸礼会 Southern Baptist Convention	2007	44696	16267
联合基督教会 United Church of Christ	2007	5377	1145
联合卫理公会 United Methodist Church	2006	34398	7932

在美国，宗教组织与公益慈善事业的关系是源远流长、极为密切的。在现实生活中，教会一直是公益慈善事业的积极倡导者和组织者，而大批美国民众则把他们对宗教的信仰和热忱转化为对宗教组织的高度信任和慷慨捐助，这是一种经漫长历史岁月积累而形成的良性互动。进入 21 世纪以来，美国全民投入的大规模公益慈善行动有三次：对 2001 年"9·11"事件中恐怖主义袭击受害者的捐助，对 2004 年印度洋特大海啸灾民的援助，对 2005 年遭受卡特里娜（Katrina）等数次超级飓风摧残的墨西哥湾诸州的救助。[1] 在这些大规模行动中，救世军（Salvation Army）等宗教慈善组织发挥了巨大的作用，显示了迅捷的反应速度和高效的紧急救援能力，受到社会各界人士的称赞。[2] 应当提到的是，2004 年全美社会各界的慈善捐赠总额为 2485.2 亿美元，其中的 35.5%，也就是 883 亿美元捐给了宗教组织，这个数字几乎等于给教育、医疗、人力资源发展、文化艺术四类机构的捐赠总和。在当年接受个人捐款最多的十大非营利组织中，由

---

① 卡特里娜飓风（Hurricane Katrina）是美国有史以来造成最惨重损失的自然灾害。这场飓风夺走了 1800 多人的生命，给美国墨西哥湾沿岸诸州造成的经济损失超过 1250 亿美元。关于对这场特大灾害的损失评估，可参见美国政府的官方报告：FEMA，U. S. Department of Homeland Security，Mitigation Assessment Team Report，*Hurricane Katrina in the Gulf Coast*，FEMA 549，July 2006。

② 救世军（Salvation Army）是一个基于基督教福音派信仰的国际性慈善运动，1865 年创建于英国伦敦，国际总部也在该市，现有约 122 个会员国。1880 年救世军开始在美国活动，逐渐发展起广泛的组织网络，目前已经成为美国最大的公益慈善组织之一，官方网站：http://www.salvationarmyusa.org/。

宗教人士始创的联合劝募会（United Way of America）居于榜首，近年来它已经发展成为美国最大的公益慈善组织之一。[①] 还有五个组织是由教会直接兴办的慈善机构，其中包括救世军和美国天主教慈善联盟（Catholic Charities USA）。[②] 小布什总统在 2005 年 9 月 15 日视察飓风灾情最严重的新奥尔良时，号召美国人民继续捐款给"救世军、红十字会、其他管理有方的慈善组织，以及本地区的宗教组织"。[③] 事实上，在对飓风灾区的救助中，美国红十字会、救世军和美国天主教慈善联盟（Catholic Charities USA）是接受各方捐赠最多的三大机构。[④] 另据统计，2009 年度美国全国 3037.5 亿美元的慈善捐款中，宗教组织接受的捐款为 1009.5 亿美元，占总数的 1/3。[⑤] 这个比例在 2010 年保持不变，[⑥] 2011 年轻微下降至 32%。[⑦] 2013

[①] 联合劝募会（United Way of America）是美国规模最大的由宗教组织创办的社区型慈善机构，最初是 1887 年由宗教人士在丹佛创办的慈善组织，1963 年采用现名，1971 年总部由纽约市迁移到弗吉尼亚州的亚历山德里亚（Alexandria），官方网站是 http：//www. liveunited. org/。1974 年世界其他地区的联合劝募会组织发展到了一定程度，于是世界联合劝募会（United Way Worldwide）成立，全球总部仍在弗吉尼亚州的亚历山德里亚，其官方网站是 http：//www. united-way. org/。

[②] 美国天主教慈善联盟是美国全国性的天主教慈善救助组织联合体，1910 年成立于首都华盛顿，当时的名称为天主教慈善全国大会（National Conference of Catholic Charities），后改称现名。该联盟主要致力于美国国内的扶贫救助，组织成员有 7 万多人，每年为 1000 多万人提供服务。更多详情可见其官方网站：http：//www. catholiccharitiesusa. org/，2015 年 8 月 19 日。另可见：Heidi Frederick：*Disaster Giving*，May 30，2006，The Center on Philanthropy at Indiana University，pp. 18 – 21。

[③] President Discusses Hurricane Relief in Address to the National Jackson Square, New Orleans, Louisiana, September 15, 2005. *APPEMDIX Executive Orders/In the President's Words* by USA Freedom Corps. The White House, September 2008.

[④] Heidi Frederick, *Disaster Giving*, May 30, 2006, The Center on Philanthropy at Indiana University, p. 22.

[⑤] Giving USA Foundation and The Center on Philanthropy at Indiana University, *Giving USA* 2010, *The Annual Report on Philanthropy for the Year of 2009*, pp. 12 – 13.

[⑥] 2010 年度全美慈善捐款总额为 2908.9 亿美元，其中宗教组织获得 35%，即 1006.3 亿美元。见 Giving USA Foundation and The Center on Philanthropy at Indiana University, *Giving USA* 2011, *The Annual Report on Philanthropy for the Year of* 2010, *Executive Summary*, p. 6。

[⑦] 2011 年度全美慈善捐款总额为 2984.2 亿美元，其中宗教组织获得 32%，即 958.8 亿美元。见 Giving USA Foundation and The Center on Philanthropy at Indiana University, *Giving USA* 2012, *The Annual Report on Philanthropy for the Year of* 2011, *Executive Summary*, p. 10。

年美国民众的公益慈善捐赠总额为 3351.7 亿美元，其中的 31.5% 是捐给宗教组织的，这个比例高出第二大捐款流向（教育）一倍以上。① 纵观 2004—2013 年的公益慈善捐款流向不难发现：宗教组织一直是各界善款去向的首选，且比例总能够保持在 30% 以上。

（三）公益基金会

从某种程度上说，公益性基金会是公益慈善群体组织中的佼佼者，根据它们创建资金的来源大致可以划分为三类：私立基金会（private founda-tion），资金主要来自个人或家族捐赠；公司基金会（corporate foundation），资金主要来自公司利润和社会捐赠（包括员工捐赠），具有独立于母体公司的法律地位；社区基金会（community foundation），资金主要来源于本区域居民的捐赠。② 美国绝大多数的基金会都是私立基金会，其中的 76% 又是只有四名工作人员的小型基金会。③ 除了要符合《国内税收法典》第 501（c）（3）条款的规定外，私立基金会还必须遵守该法第 4940 条到第 4946 条的规定。这些周密、细致和技术性很强的规定大大抬高了私立基金会的成立门槛，也使它们一出生就与众不同。全国慈善统计中心（National Center for Charitable Statistics，NCCS）的数字表明：截至 2013 年 2 月，美国共有私立基金会 97941 家。④ 绝大多数私立基金会只做一件事，那就是向符合其理事会确定的受助条件的非营利组织或社会公益事业提供资助，自己不经营慈

---

① Brice S. McKeever and Sarah Pettijohn, *The Nonprofit Sector in Brief* 2014, The Urban Institute, Washington D. C., October 2014, pp. 10 – 11.

② 社区基金会（community foundation）是由所在区域（可以是一个城市、一个县或一个小镇）居民及企业自发捐赠、由本区域公民自治、为本区域公民服务的公共慈善机构。1914 年克利夫兰出现了美国第一个社区基金会，今天该机构以克利夫兰基金会（Cleveland Foundation）的名义继续存在和运行。有关该基金会的详情可见其官方网站：http://www. clevelandfoundation. org/，2013 年 5 月 24 日。应当指出，联邦税法中把社区基金会作为公共慈善机构对待，这一点与其他类型的公益基金会不同。据基金会中心统计，2010 年全美共有社区基金会 734 家，总资产约 555.56 亿美元，对各种公益慈善项目提供 42.13 亿美元资助，占当年美国全部公益基金会捐赠额 459 亿美元的约 1/10。见 The Foundation Center, "Key Facts on Community Foundation," August 2012, p. 4。

③ The Foundation Center, The Foundation Centers' Statistical Information Service, "Foundation Staff Positions by Asset Range, 2009 (New Criteria)", 2009.

④ National Center for Charitable Statistics (NCCS), Quick Facts About Nonprofits: Nonprofit Organizations (NCCS Business Master File 02/2013), available from http://nccs. urban. org/statistics/quickfacts. cfm, 2013 年 5 月 9 日。

善项目，所以它们也叫非执行基金会（non-operating foundations）或资助基金会（grantmakers）。还有少数基金会自己直接经营公益慈善项目，或者在向其他组织提供资助的同时也开展公益慈善活动，这些基金会被称为执行基金会或者运作型基金会（operating foundations）。根据设在纽约的基金会中心（Foundation Center, FC）的统计，2011年全美共有专门提供资助的私立基金会76600家，他们的总资产约为6461亿美元，当年度为各类非营利事业提供的资助额合计469亿美元。①

在美国所有的私立基金会中，资产最多、提供资助额最大、国内外影响力最强的是由微软公司前总裁比尔·盖茨创办并得到著名投资家沃伦·巴菲特（Warren Buffett）鼎力支持的比尔和梅琳达·盖茨基金会（Bill & Melinda Gates Foundation）。这家基金会有三大资助领域：全球发展、全球卫生和美国公益慈善事业。接受资助的非营利组织和政府机构遍布美国50个州、首都哥伦比亚特区和全球100个国家。截至2015年3月31日，该基金会的雇员总数有1376人，资产总值达到429亿美元，累计资助金额达到335亿美元（2013年度和2014年度的资助额分别为34亿美元和39亿美元）。② 下表（表1-7）列出了2012年美国资产额最大的50家私立基金会的情况。

表1-7　　　　2012年美国按资产排名的前50家公益基金会③

排名	机构名称及所在州	资产总额（美元）	财年截止日
1	比尔和梅琳达·盖茨基金会（华盛顿） Bill & Melinda Gates Foundation（WA）	34640122664	2011年12月31日
2	福特基金会（纽约） Ford Foundation（NY）	10984721000	2012年9月30日

---

① Foundation Center, *Foundation Growth and Giving Estimates*, June 2012, p.2 and p.1.

② 比尔和梅琳达·盖茨基金会（Bill & Melinda Gates Foundation, WA）正式组建于2000年，前身是1997年成立的威廉·盖茨基金会（William H. Gates Foundation）和盖茨学习基金会（Gates Learning Foundation）。基金会总部设在西雅图，官方网站是 http://www.gatesfoundation.org/。关于该组织最新基本统计数据和资助项目，可见其在官方网站上发布的《基金会基本数据》（*Foundation Fact Sheet*），见 http://www.gatesfoundation.org/about/Pages/foundation-fact-sheet.aspx，2015年8月5日。

③ 根据纽约基金会中心2013年5月4日公布的美国资产额最大的100家私立基金会的材料编制，资料来源：http://foundationcenter.org/findfunders/topfunders/top100assets.html，2013年5月22日。

续表

排名	机构名称及所在州	资产总额（美元）	财年截止日
3	保罗·格蒂信托基金会（加利福尼亚） J. Paul Getty Trust（CA）	10483398708	2011 年 6 月 30 日
4	罗伯特·伍德·约翰逊基金会（新泽西） The Robert Wood Johnson Foundation（NJ）	8967712917	2011 年 12 月 31 日
5	威廉和弗洛拉·休利特基金会（加利福尼亚） The William and Flora Hewlett Foundation（CA）	7296506125	2011 年 12 月 31 日
6	凯洛格基金会（密歇根） W. K. Kellogg Foundation（MI）	7256863114	2012 年 8 月 31 日
7	利利基金会（印第安纳） Lilly Endowment Inc.（IN）	6147545678	2011 年 12 月 31 日
8	戴维和露西尔·帕卡德基金会（加利福尼亚） The David and Lucile Packard Foundation（CA）	5797424139	2011 年 12 月 31 日
9	约翰和凯瑟琳·麦克阿瑟基金会（伊利诺伊） The John D. and Catherine T. MacArthur Foundation（IL）	5703076554	2011 年 12 月 31 日
10	戈登和贝蒂·穆尔基金会（加利福尼亚） Gordon and Betty Moore Foundation（CA）	5366672508	2011 年 12 月 31 日
11	安德鲁·梅隆基金会（纽约） The Andrew W. Mellon Foundation（NY）	5262632426	2011 年 12 月 31 日
12	威廉·潘恩基金会（宾夕法尼亚） The William Penn Foundation（PA）	4370508965	2011 年 12 月 31 日
13	利昂娜和哈里·赫尔姆斯利慈善信托基金（纽约） The Leona M. and Harry B. Helmsley Charitable Trust（NY）	4143880203	2011 年 3 月 31 日
14	塔尔萨社区基金会（俄克拉荷马） Tulsa Community Foundation（OK）	3828264000	2011 年 12 月 31 日
15	加利福尼亚基金会（加利福尼亚） The California Endowment（CA）	3660548000	2012 年 3 月 31 日
16	洛克菲勒基金会（纽约） The Rockefeller Foundation（NY）	3507144871	2011 年 12 月 31 日
17	克雷斯吉基金会（密歇根） The Kresge Foundation（MI）	3025786097	2011 年 12 月 31 日
18	布隆伯格家庭基金会（纽约） The Bloomberg Family Foundation, Inc.（NY）	2991369695	2011 年 12 月 31 日
19	杜克基金会（北卡罗来纳） The Duke Endowment（NC）	2837905170	2011 年 12 月 31 日
20	罗伯特·伍德拉夫基金会（佐治亚） Robert W. Woodruff Foundation, Inc.（GA）	2795111909	2011 年 12 月 31 日
21	安妮·凯西基金会（马里兰） The Annie E. Casey Foundation（MD）	2667088187	2011 年 12 月 31 日
22	玛格丽特·卡吉尔基金会（明尼苏达） Margaret A. Cargill Foundation（MN）	2554461471	2011 年 12 月 31 日

续表

排名	机构名称及所在州	资产总额（美元）	财年截止日
23	卡内基基金会（纽约） Carnegie Corporation of New York（NY）	2548230211	2011 年 9 月 30 日
24	查尔斯和琳恩·舒特曼家庭基金会（俄克拉荷马） Charles and Lynn Schusterman Family Foundation（OK）	2330570250	2011 年 12 月 31 日
25	约翰·坦普尔顿基金会（宾夕法尼亚） John Templeton Foundation（PA）	2290498854	2011 年 12 月 31 日
26	苏珊·汤普森·巴菲特基金会（内布拉斯加） The Susan Thompson Buffett Foundation（NE）	2287457472	2011 年 12 月 31 日
27	促进开放社会基金会（纽约） Foundation to Promote Open Society（NY）	2238969129	2011 年 12 月 31 日
28	查尔斯·斯图尔特·莫特基金会（密歇根） Charles Stewart Mott Foundation（MI）	2163301193	2011 年 12 月 31 日
29	康拉德·希尔顿基金会（加利福尼亚） Conrad N. Hilton Foundation（CA）	2125048563	2011 年 12 月 31 日
30	硅谷社区基金会（加利福尼亚） Silicon Valley Community Foundation（CA）	2081920000	2011 年 12 月 31 日
31	金贝尔艺术基金会（得克萨斯） Kimbell Art Foundation（TX）	2059995937	2010 年 12 月 31 日
32	约翰和詹姆斯·奈特基金会（佛罗里达） John S. and James L. Knight Foundation（FL）	2036153513	2011 年 12 月 31 日
33	哈里和珍妮特·温伯格基金会（马里兰） The Harry and Jeanette Weinberg Foundation, Inc.（MD）	2015782078	2012 年 2 月 28 日
34	麦克奈特基金会（明尼苏达） The McKnight Foundation（MN）	1982175000	2011 年 12 月 31 日
35	西蒙斯基金会（纽约） The Simons Foundation（NY）	1978000487	2011 年 12 月 31 日
36	凯西家庭计划基金会（华盛顿） Casey Family Programs（WA）	1963379949	2011 年 12 月 31 日
37	纽约社区信托基金会（纽约） The New York Community Trust（NY）	1908884580	2011 年 12 月 31 日
38	理查德·金·梅隆基金会（宾夕法尼亚） Richard King Mellon Foundation（PA）	1907911762	2011 年 12 月 31 日
39	克利夫兰基金会（俄亥俄） The Cleveland Foundation（OH）	1816947057	2011 年 12 月 31 日
40	尤因·马容·考夫曼基金会（密苏里） Ewing Marion Kauffman Foundation（MO）	1760000239	2011 年 12 月 31 日
41	沃尔顿家庭基金会（阿肯色） Walton Family Foundation, Inc.（AR）	1701739894	2011 年 12 月 31 日

续表

排名	机构名称及所在州	资产总额（美元）	财年截止日
42	艾尔弗雷德·斯隆基金会（纽约） Alfred P. Sloan Foundation（NY）	1653512812	2011 年 12 月 31 日
43	多丽丝·杜克慈善基金会（纽约） Doris Duke Charitable Foundation（NY）	1616679160	2011 年 12 月 31 日
44	芝加哥社区信托基金会（伊利诺伊） The Chicago Community Trust（IL）	1582884555	2011 年 9 月 30 日
45	伊莱和爱蒂思·布罗德基金会（加利福尼亚） Eli & Edythe Broad Foundation（CA）	1560281559	2011 年 12 月 31 日
46	詹姆斯·欧文基金会（加利福尼亚） The James Irvine Foundation（CA）	1545619278	2011 年 12 月 31 日
47	安纳伯格基金会（加利福尼亚） Annenberg Foundation（CA）	1533234915	2011 年 12 月 31 日
48	休斯敦基金会（得克萨斯） Houston Endowment Inc.（TX）	1453875549	2011 年 12 月 31 日
49	亨氏基金会（宾夕法尼亚） The Heinz Endowments（PA）	1394345802	2011 年 12 月 31 日
50	马林社区基金会（加利福尼亚） Marin Community Foundation（CA）	1333725159	2012 年 6 月 30 日

中国的美国研究界前辈、前中国社会科学院美国研究所所长资中筠先生对美国的公益基金会有深入研究，并出版了国内迄今为止最为全面的学术专著。研究者在此不打算对美国的公益基金会多加赘述，但还是要强调，我们非常赞同资先生在其专著中的一个结论："基金会成为一种完备的制度，数量之多、规模之大和影响之重要，确实是 20 世纪美国的独特现象。"①

七 智库与国际事务群体中的主要组织和作用

在四大非营利组织群体中，这个群体的规模是最小的，但它对于美国联邦、州和地方三级政府的国内公共政策及美国军事和外交政策的决策过程却具有重大影响，甚至可以说已经成为这些决策过程的一个有机组成部分。这种影响不仅体现于影响政府议事日程、提供政策选择方案、影响公

---

① 资中筠：《财富的归宿：美国现代公益基金会评述》（增订本），生活·读书·新知三联书店 2011 年版，第 3 页。

众和媒体，而且体现在美国的国际交往、公共外交之中，具有长期性和战略性。无论这些非营利组织的使命、存在形式和具体事业如何，它们在客观上所起的作用都是保护美国的国家安全与战略利益，维持和加强美国的国际领导地位，提升美国的综合实力。这个群体的组织可以粗略地划分为三个类型：智库组织、对外政策、协调组织、其他对外组织。

（一）智库组织

智库组织习惯上被称作"政策压力团体"，它们会集了代表美国主流意识形态和内政外交理念的精英人士，是美国政府制定国家安全战略和各种内外公共政策的思想库、智囊团。实践表明，民间的非营利智库组织能够有效填补官方政策制定者的信息空白、分析缺口和思维惯性，汇集民智、民计进入决策过程，为政府提供比较客观、全面、长期的战略计划和更富有合理性、可操作性的政策选项。

从全世界范围看，美国的非营利智库在各个主要国家中地位显赫——它们的组织数量最多、研究人员的平均素质最高、研究范围最广、研究成果最丰富、在国内外的影响力最大。根据宾夕法尼亚大学 2015 年年初公布的一项对全球 182 个国家智库情况的多年追踪研究报告，6618 家智库中设在美国的有 1830 家，占总数的 27.6%。仅在首都华盛顿一地就集中了 396 家智库，它们堪称最聪明的大脑的集合体。在全球综合排名最高的 30 家智库里，美国智库占据了 11 个席位，除了高居榜首的布鲁金斯学会（Brookings Institution）之外，还有卡内基国际和平基金会（Carnegie Endowment for International Peace）、对外关系委员会（Council on Foreign Relations，CFR）、战略与国际问题研究中心（Center for Strategic and International Studies，CSIS）、兰德公司（RAND Corporation）、彼得森国际经济研究所（Peterson Institute for International Economics，PIIE）、传统基金会（Heritage Foundation，HF）、凯托研究所（CATO Institute）、伍德罗·威尔逊国际学者中心（Woodrow Wilson International Center for Scholars）、美国企业研究所（American Enterprise Institute for Public Policy Research，AEI）及美国进步中心（Center for American Progress，CAP）。[1] 值得注意

---

[1]　James G. Mc Gann, 2014 *Global Go to Think Tank Index Report*, THINK TANKS AND CIVIL SOCIETIES PROGRAM © 2014, TTCSP All rights reserved, March 1, 2015.

的是，这 11 家智库也分别进入了同一研究报告所列出的在安全与国际事务、国际发展、环境问题、卫生政策、国内经济政策、国际经济政策、社会政策、科学技术、透明与善治（Transparency and Good Governance）、能源政策等专业研究领域的全球最佳智库机构名单。在上述智库中，布鲁金斯学会、对外关系委员会和兰德公司具有典型意义。

坐落在华盛顿市中心马萨诸塞大道 1775 号的布鲁金斯学会始创于1916 年。它推崇的三个关键词是"质量、独立性、影响力"，三大目标是："加强美国的民主制度；促进全体美国人的经济与社会福利、安全和享有的机会；确保建设一个更加开放、安全、繁荣与合作的国际体系。"90 多年来，在美国历次内外政策大辩论中，布鲁金斯学会都处于舞台中央，它的研究成果包括提出组建联合国的方案和设计马歇尔计划。难怪约翰逊总统曾说，布鲁金斯学会对美国政府是如此重要，以至于如果它不存在，我们也得要求什么人把它创造出来。[1] 2007 年的一项调查结果显示，布鲁金斯学会名列首都地区对政府决策影响最大的六家非营利组织之中，也是最受公众信赖的 10 家非营利组织之一。[2] 更重要的是，它的政治立场比较中性，同时赢得了民主党、共和党和中间选民的信任。

对外关系委员会成立于 1921 年，是一个总部设在纽约的会员制组织，与华尔街、国会山和白宫关系密切，可谓美国外交决策的"大脑"。2014年该委员会共有会员 4900 名，其中 1604 人来自工商界，占会员总数的33%；896 人为教授和高级专业研究人员，占比 18%；698 人来自非营利部门和国际组织，占比 14%；478 人来自政府部门，占比 10%。全部会员的 63% 居住在纽约和华盛顿地区，其余的 37% 来自全美其他地方。[3]

---

① Brookings Institution, "Government and the Critical Intelligence, An Address by President Lyndon B. Johnson and Remarks by Eugene R. Black and Robert D. Calkins, Marking the Fiftieth Anniversary of the Brookings Institution", September 29, 1966, p. 12.

② Harris Interactive, "Consumer Reports, American Red Cross, AARP, Nature Conservancy, and US Chamber of Commerce are the Most Trusted of 16 Beltway Groups", *Harris Poll* ©#123, December 11, 2007.

③ 会员必须是美国公民或者已经正式申请公民资格的美国永久居民，此外还要满足其他条件，如必须有委员会认可的背景，必须经现任委员书面提名并至少两名其他人附议提名，等等。有关会员的详情可见对外关系委员会官方网站上发布的《会员手册》（*Membership Brochure*）和《2014 年度报告》（*Annual Report* 2014）：http://i.cfr.org/content/about/annual_report/ar_2014/AR2014_web.pdf/，2015 年 8 月 22 日。

对外关系委员会宣称自己的宗旨是为会员和各界人士及公众提供资源，"以使他们更好地认识世界，认识美国和其他国家面临的外交政策抉择"①。它的主要工作重点是增进会员对国际事务和美国利益关系的了解，培养新一代外交政策领导人。长期以来，尤其是冷战时期，对外关系委员会给美国对外政策打下了深深的烙印，它的刊物《外交》　（*Foreign Affairs*）原为季刊，现为双月刊，亦被视为美国外交的风向标。

　　兰德公司起源于第二次世界大战结束后美国空军与民用（civil）机构科研工作者合作、继续推动国防科技与管理研究的需要，现已发展成为一个超级综合研究机构，工作人员多达 1800 人，其中研究人员近千人，他们来自 46 个国家，有 850 人拥有至少一个博士学位。兰德公司正在进行的研究项目（project）有 1700 多个，2014 年的出版物（研究报告与论文）约上千份，官方网站的下载量多达 680 万次。② 在兰德公司的各个部门中，国家安全研究部（National Security Research Division，NSRD）有着与众不同的意义。它下设五个研究中心，分别研究国际安全与防务、军事采购与技术政策、各军种及相关资源政策、情报政策及国土安全与防御，为美国五角大楼、参谋长联席会议、海军部、情报部门、国土安全部、国务院和盟军提供委托研究服务。③ 这个研究部 2007 年度的委托研究收入有 4900 万美元，超过了对外关系委员会 2008 年 3830 万美元的预算。2008 年美国八个顶级智库组织中，兰德公司一家的预算就高达 2.51 亿美元，这基本相当于同年布鲁金斯学会等其他七家机构预算的总和（2.565 亿美元）。④ 在兰德公司 2014 年度 2.69 亿美元的收入中，24.1% 来自国防部和其他国家安全机构，14.8% 来自美国空军，12.9% 来自美国陆军，20.7% 来自卫生与公民服务部（HHS）等联邦和州政府机构。⑤

---

① 详见对外关系委员会（Council on Foreign Relations，CFR）官方网站 http：//www. cfr. org/。

② 参见兰德公司官方网站 http：//www. rand. org/about/glance. html，2015 年 8 月 17 日。

③ 参见兰德公司国家安全研究部的年度报告 RAND NSRD *Annual Report* 2010—2011。

④ RAND National Security Research Division，*Annual Report* 2007，pp. 6，38. James G. McGann，*The Global "Go - To Think Tanks"*，*the Leading Public Policy Research Organizations in the World*，Think Tanks and Civil Societies Program © 2008，TTCSP，pp. 40 - 41.

⑤ 参见兰德公司官方网站 http：//www. rand. org/about/glance. html，2015 年 8 月 17 日。

（二）对外政策协调组织

大型、高层的对外政策协调组织主要有三边委员会（Trilateral Commission）和"联合行动"组织（InterAction）。三边委员会 1973 年由美国大通曼哈顿银行董事长洛克菲勒（David Rockefeller）发起成立，原来是联系北美、西欧最发达国家和日本的非营利组织，现扩大为联系北美、主要欧盟国家和重要亚太国家的机构。该委员会的委员席位按地区和国家分配，其中欧盟国家 170 余席（德国 20 席、法国、意大利和英国各 18 席，西班牙 12 席，其余国家 1—6 席），北美 120 席（加拿大 20 席、美国 87 席，墨西哥 13 席），日本、韩国、澳大利亚、新西兰和东盟五个创始国印度尼西亚、马来西亚、菲律宾、新加坡、泰国等亚太国家约 100 席。它在纽约、巴黎、东京设立三个总部，相关事务分别由北美主席、欧洲主席和亚太主席领导，常设决策机构是一个由 36 人组成的执行委员会。[①] 三边委员会 95% 以上的成员来自发达国家的权势集团，它实质上是以美国为首的西方金融财团与跨国公司协调全球利益格局和宏观政策的组织，对美国的国家安全战略具有不可忽视的影响。三边委员会现任北美主席是约瑟夫·奈（Joseph S. Nye，Jr.），他曾担任美国国家情报委员会主席、负责国际安全事务的助理国防部长，是"软实力"理论的缔造者。

"联合行动"（Inter Action）是美国志愿国际行动委员会（American Council for Voluntary International Action）的简称。它是美国最大的致力于在发展中国家实施扶贫、救灾和发展援助项目的非营利组织联合体，现有成员组织约 190 个，其中包括像"国际美慈"（Mercy Corps）这样曾获 2007 年度诺贝尔和平奖提名的发展援助组织。[②] "联合行动"的成员组织每年接受的美国各界捐助和政府拨款共约 90 亿美元，开展的各种项目已经覆盖了全球所有发展中国家。[③] 现任总裁兼首席执行官沃辛顿（Samuel A. Worthington）也是对外关系委员会成员。

---

① 详见三边委员会官方网站资料：http：//www. trilateral. org/，最后访问日期：2015 年 8 月 1 日。

② 详见"联合行动"组织官方网站资料：http：//www. interaction. org/，2015 年 8 月 5 日。

③ InterAction，*New Vision for Ending Poverty*，*Annual Report* 2007，front page；*Annual Report* 2014，retrieved from：http：//www. interaction. org/2014 – annual – report/financials，最后访问日期：2015 年 8 月 20 日。

（三）其他对外组织

　　美国公民社会包括了各种民间举办的世界知识和国际事务信息的传播教育机构、友好城市组织、专门促进美国与外国双边关系或多边关系的公民团体、促进美国公众参与国际事务和支持联合国活动的组织等。例如，全国共有近百个名称中带"世界事务委员会"（World Affairs Council）字样的组织分布于 40 个州、首都哥伦比亚特区和波多黎各，它们都是对公众进行国际知识教育的非营利组织，共同组成的联合机构是设在首都的美国世界事务委员会（World Affairs Councils of America，WACA）。① 美国以色列公共事务委员会（American Israel Public Affairs Committee，AIPAC）有 10 万名会员。成立半个多世纪以来，它一直是犹太族群影响美国对以色列外交的最强有力的组织，以至于经常有人抱怨说搞不懂为什么 2% 的美国人口能左右美国的中东政策。② 2009 年 3 月初，正是由于它的坚决反对，由奥巴马总统提名的国家情报总监傅立民（Charles Freeman）被迫引退，从而在华盛顿引发了一场不大不小的政治风波。③ 有趣的是，它的官方网站刊登着奥巴马总统称赞该协会的一席言论和相关视频。④ 美国联合国协会（United Nations Association of the United States of America，UNA – USA）致力于在美国公众中普及有关联合国的知识，争取他们对联合国工

---

　　① 美国世界事务委员会（World Affairs Councils of America，WACA）的历史可追溯到 1918 年，其现有名称是从 1986 年起采用的。详情可见其官方网站：http：//www. worldaffairscouncils. org/，2015 年 8 月 22 日。

　　② Nathan Jones：*National Capital Insiders Vote AIPAC，Israel's American Lobby，Second Most Powerful Interest Group in Washington，Washington Report on Middle East Affairs*，January/February 1998，pp. 65 – 66.

　　③ 关于美国以色列公共事务委员会的详情，可见其官方网站：http：//www. aipac. org/，2015 年 8 月 14 日。该组织 2015 年夏季的"重头工作"就是竭尽全力反对奥巴马政府（和其他大国一道）与伊朗就核问题达成的协议。美国主流报刊关于傅立民一事的报道可见 David S. Broder，"The Country's Loss"，*The Washington Post*，Thursday，March 12，2009，p. A19。

　　④ 奥巴马总统的这段话显然是对该协会年会发表的演讲，他说："我仰慕美国以色列公共事务委员会的许多方面，其中的一点是你们为了共同的事业从基层奋斗。美国以色列公共事务委员会的生命就在这个房间里，来自全国各地、年龄不同的基层积极分子年复一年地来到华盛顿，为的就是要让人们听到你们的呼声。"见：http：//www. aipac. org/en/about – aipac，2013 年 1 月 4 日。

作的支持。① 亚洲协会（Asia Society）的主旨是促进美国与亚洲各国之间的相互理解，加强和发展美国与亚洲的关系。希拉里·克林顿（Hillary Clinton）担任国务卿后的首次主要的外交政策演说就是在她出访亚洲前在亚洲协会的讲坛上发表的。这一讲话宣示了美国对当今亚太地区的基本观点，奏响了奥巴马政府实行"重返亚洲"（亚太再平衡）战略的序曲。②

有些非营利组织的事业并非国际事务，但它们在发展过程中逐渐演变为以美国为大本营的国际性组织，这使它们有能力在国际事务的某些领域中扮演主导角色。例如，1905 年由保罗·哈里斯（Paul Harris）等四人在芝加哥始创的扶轮社，今天已经成长为以促进国际人道主义和友谊亲善为己任的国际扶轮社（Rotary International，也译为"扶轮国际"组织），它在全球 180 个国家和地区中联系了 3.4 万家扶轮社俱乐部或慈善组织，有 120 万名会员，在中国的合作伙伴是中国宋庆龄基金会。③ 一大批总部设在美国，个人会员或机构会员分布在世界各国的专业性组织也不可避免地在各自领域中打上美国主导的烙印，这方面的情况会在第十章中详述。

国家民主基金会（National Endowment for Democracy，NED）是国际事务群体中的特例。它是 1983 年根据国会决议设立并主要由联邦政府财政预算支撑的资助基金（grant‑maker），其使命是"通过非政府性质的努力加强全球的民主团体与机构"。目前该基金会每年向 90 多个国家的上千家非政府组织提供资助，绝大部分资助通过四个核心性非营利组织划拨，它们是：劳联—产联的美国国际劳工团结中心（American Center for International

---

① 该组织源头可追溯到 1943 年成立的为了联合国的美国人协会（The American Association for United Nations），其工作曾受到罗斯福夫人（First Lady Eleanor Roosevelt）的大力帮助。后经与相关民间组织的数次合并，协会采用现名称。更多详情可见其官方网站：http://www.unausa.org/，2012 年 12 月 28 日。

② 亚洲协会（Asia Society）成立于 1956 年，总部设在纽约市，在香港、休斯敦、洛杉矶、马尼拉、墨尔本、孟买、旧金山、首尔、上海和华盛顿市设有办事处。美国国务卿希拉里·克林顿夫人的这次讲话全文载于美国国务院官方网站：http://www.state.gov/secretary/rm/2009a/02/，2011 年 1 月 13 日。另外美国亚洲协会的官方网站也发表了相关报道：Stephanie Valera，"Secretary Clinton，'We Are Ready to Listen'to Asia"，available at：http://asiasociety.org/policy/strategic‑challenges/，2013 年 1 月 4 日。

③ 详情可见"扶轮国际"官方网站：http://www.rotary.org/，另可参见《我会应邀出席扶轮国际基金会百年庆典》，中国宋庆龄基金会官方网站：http://www.sclf.org/sclf/gjyh/jljc/200608t/t20060831_1656.htm，2012 年 12 月 28 日。

Labor Solidarity，ACILS)、美国商会的国际私营企业中心（Center for International Private Enterprise，CIPE)、共和党的国际共和研究所（International Republican Institute，IRI）和民主党的全国民主研究所（National Democratic Institute，NDI)。这个基金会是以非营利组织形式服务于美国国家利益和全球战略的典型，是两党共同经营的推销美式民主的"旗舰店"。①

八　美国公民社会面临的挑战和机遇

（一）重重困难和问题

当代美国公民社会面临诸多困难。长期研究美国非营利部门的莱斯特·萨拉蒙教授认为，这些困难可以归纳为六大挑战。

1. 财务挑战（Fiscal Challenge)

美国的非营利组织承担着大量社会福利性的服务，如开办非营利性的托儿所、养老院、残疾人康复中心等设施，对长期病患和高龄老人提供护理与临终关怀服务，向遭受家庭暴力和性侵害的妇女儿童提供保护，收留城市流浪者，等等。如果对比 1990—2009 年和 1965—1980 年两个时期的平均数据，可以发现 1990 年之后联邦政府和州政府的社会福利开支在政府总支出中的比例下降了 50%，且财政补贴逐渐倾向于服务需求方而不是服务提供方，这导致许多依靠政府补贴支撑的非营利机构资金紧张、举步维艰。②

---

① 更多详情可见国家民主基金会的官方网站：http：//www. ned. org/。由于国家民主基金会的冷战色彩强烈，用纳税人的钱到处插手别国内政，特别是选举过程，所以它不仅遭到有关国家的反对，而且在美国也引发争议与批评。相关论文可见：Barbara Conry，"Loose Cannon：The National Endowment for Democracy"，*Cato Foreign Policy Briefings*，No. 27，available at：http：//www. cato. org/pubs. fpbriefs/fpb -027. html；Ron Paul（来自得克萨斯州的共和党众议员）：*National Endowment for Democracy：Paying to Make Enemies of America*，available at：http；//www. antiwar. com/paul/paul79. html，2013 年 5 月 4 日。中国学者对国家民主基金会的研究成果，可参见刘国柱、郭拥军等著：《在国家利益之间：战后美国对发展中国家发展援助探研》，浙江大学出版社 2011 年版，第 327—337、348 页。

② Lester M. Salamon，"The Resilient Sector：The Future of Nonprofit America"，in Lester M. Salamon ed.，*The State of Nonprofit America*，Second Edition，Brookings Institution Press，Washington D. C.，2012，p. 21.

2. 竞争挑战（Competition Challenge）

在非营利部门相对擅长的一些行业中，非营利组织面临营利性的工商企业的竞争。例如，在1982—1997年间，医疗卫生领域中的若干种专业性较强的服务，如康复性医院、家庭保健机构、医疗保健组织（health maintenance organization）等，[①] 非营利组织的份额分别陡降了50%、48%和60%。这一趋势在1997—2007年间继续发展，直接影响了非营利部门的就业。[②]

3. 绩效挑战（Effectiveness Challenge）

由于竞争，非营利组织必须自加压力，对自己的表现进行各种评测，以便强化能力、提升绩效。这似乎是对传统观念的一种讽刺性背离。因为通常人们认为非营利组织在市场失灵和政府失灵的领域大有用武之地，而如今这些非营利组织却不得不努力使自己适应残酷的市场竞争环境。

4. 技术挑战（Technology Challenge）

无论什么组织都必须面对新技术革命带来的挑战，否则就有被淘汰的危险。但是同工商企业相比，许多非营利组织对新技术的采用和相关培训都有严重不足，所谓数字鸿沟（digital divide）现象在非营利部门中随处可见。更重要的是，由于新技术层出不穷，有些技术往往是还未被采用即面临过时，这更增加了非营利组织承受的技术压力。

5. 合法性挑战（Legitimacy Challenge）

已经进入后工业化社会的美国存在着大量社会问题，如贫困、少女早孕、吸毒贩毒、枪支造成的凶杀惨案等。非营利组织到底能不能有效地应对这些问题？或者更进一步，解决这些问题的重担到底应不应该由公民团体承担？这在美国历来争论很大。有不少人批评说，一些非营利组织其实就是特殊利益集团，它们耗费了过多的公共资金，是政府权力向私人权利领域的扩展。还有不少人认为非营利组织在社会服务领域的活动重点是工作，而非服务，因此它们并不能解决社会问题。此外，过度的专业化使非

---

① 医疗保健组织（HMO）是美国众多"有管理的保健组织"中的一种形式，一般由第三方管理，形成比较固定的医疗保健服务对象人群、医疗保健服务提供方和医疗保险公司的合作关系，有相当强的专业性。

② Lester M. Salamon, "The Resilient Sector: The Future of Nonprofit America", in Lester M. Salamon ed., *The State of Nonprofit America*, Second Edition, Brookings Institution Press, Washington D. C., 2012, pp. 29 - 30.

营利组织越来越脱离它服务的对象——社区居民，而且这些组织也无法像上市公司那样透明地运转。所有这些批评和疑问都导致人们对非营利组织的信心受损。

6. 人力资源挑战（Human Resource Challenge）

这种挑战在美国社会一直存在。一般而言，非营利组织的全职员工在薪酬福利、工作条件、升迁前景等方面无法与工商企业相比，因此它们的工作岗位，包括首席执行官这样的领导职务，对于许多求职者来说吸引力不大。

这六大挑战说明了什么问题？它们说明：当代美国公民社会面临的主要困难或曰挑战还是"老"问题，即非营利部门与政府部门（公共部门）和营利性的工商部门之间到底应当建立起什么样的关系？美国的历史表明，至少是从20世纪50年代以来，美国各界对于这些问题的思考与争论就从来没有停止过。

就非营利部门与政府的关系而言，由于美国已经建立了比较完善的基于法治的监管体制，所以这种关系更基本的方面，或者说归根结底可以总结为公共财务资源的分配问题。这其中不仅包括联邦政府以免税方式对公益慈善类捐赠进行有效的鼓励，还包括联邦政府、州政府乃至一些地方政府以各种方式，包括提供资助、购买服务、减免地方税费等，对非营利组织所开展的事业进行扶植。联邦政府每年对公益慈善捐赠的免税、减税等各种税收方面的优惠总额相当可观，据美国财政部估算，联邦政府2012年度提供的税收优惠总额为3960亿美元，2014年度将增长到5160亿美元。[1] 2008年起源于华尔街的金融危机在给美国经济和全球经济以重创的同时，也令美国的非营利部门面临空前严峻的局面。[2]在经历了自大萧条之后最严重的衰退之后，美国联邦政府预算赤字迭出，

---

[1] Charity and Taxation, "Sweetened Charity: The Idea that the State Should Subsidize Giving to Good Causes is Resilient, but not Easily Justified", *The Economist*, June 9th 2012 in print edition, London and New York, available at: http://www. economist. com/node/21556570, 2015 年 8 月 19 日。

[2] 根据一项在2010年4月对上千家非营利组织的调查，美国非营利组织中仅有12%的财务状况在盈亏点之上，62%的机构所掌握的现金不够三个月的支出，其中半数机构的现金不够一个月的支出。见：Statement for the Record by Diana L. Aviv, Independent Sector, President & CEO, at House Ways and Means Committee, Subcommittee on Oversight, "Hearing on Tax Exempt Organizations", May 16, 2012, p.2。

国债不断突破国会批准的限额，已经超过美国国内生产总值，① 甚至在 2013 年年初差点出现举国跌入"财政悬崖"（Fiscal Cliff）的危局。在这种情况下，连自己的政治生涯与公民社会息息相关、一贯鼓励并捐助非营利部门发展的奥巴马总统都多次调整联邦政府预算，② 削减一些直接支持非营利事业的财政拨款。绝大多数的州政府和地方政府也紧缩开支。③ 为了尽量开源节流，奥巴马政府和国会也在酝酿修改《联邦税收法典》，其中包括缩减对非营利性公共服务项目的财政支持力度，降低对公益慈善捐赠的免税比率。这对已经处于资金短缺中的非营利部门无疑是雪上加霜，自然遭到非营利部门的强烈反对。④ 2013 年 1 月 1 日，美国国会两党议员最终就解决"财政悬崖"问题达成暂时的一致，但奥巴马总统也承认这仅仅是朝解决美国的财政问题迈出了第

---

① 根据美国财政部公共债务管理局（U. S. Department of the Treasury，Bureau of Public Debt）公布的数字，截至 2015 年 7 月 31 日，美国的国债总额上升到 18151322549156.91 美元，即大约 18.151 万亿美元。见 http：//www. treasurydirect. gov/govt/reports/pd/pd_ debttothepenny. htm /，2015 年 8 月 16 日。

② 奥巴马在其政治生涯中的"芝加哥时期"与至少五个非营利组织发生了直接关系。入主白宫后，他不仅做出了支持非营利部门发展的一系列重大举措，还同第一夫人米歇尔（Michelle）一道在 2010 年和 2011 年分别向公益慈善事业捐赠 24.5075 万美元和 17.213 万美元，占他们夫妇毛收入的比例分别为 14% 和 22%。更多详情可见 Suzanne Perry，"Barack Obama and the Nonprofit World"，*The Chronicle of Philanthropy*，September 4，2012，available at：http：//philanthropy. com/article/Barack – Obamathe – Nonprofit/134094/，2013 年 1 月 3 日。

③ Suzanne Perry，"Federal Budget Deal Includes Cuts to a Wide Range of Nonprofits"，*The Chronicle of Philanthropy*，April 12，2011 and "Nonprofits See Mixed Results in Federal Budget Deal"，*The Chronicle of Philanthropy*，December 16，2011. All of them are available at：http：// philanthropy. com/article/，2013 年 1 月 3 日。

④ 任何对慈善捐赠免税比率的调整都可能对大约 4000 万美国人产生影响，引发非营利部门的强烈抵触，政治风险颇大。事实上，奥巴马政府在 2009 年就曾考虑过类似措施，以便为医疗改革筹措更多资金，并节约政府支出。这一企图被数十家非营利组织针对国会的游说活动所挫败。2012 年 12 月 11 日，在美国非营利部门最具权威性的联合组织"独立部门"（Independent Sector）的主持下，940 多家非营利组织（其中不乏闻名遐迩的大牌机构）联名向美国总统奥巴马和国会议员发出公开信，表达对于政府可能采取的限制慈善捐赠免税额的担忧和不满。此信全文及所有签名组织的名单，可见"独立部门"组织官方网站：http：//www. independentsector. org/act_ now_ to_ preserve_ the_ charitable_ deduction，2015 年 8 月 19 日。

一步。美国的媒体早就指出，无论什么样的解决方案，都无法避免联邦政府继续削减支出。而这对于美国公民社会而言意味着今后可支配的财政资源有可能经历进一步的萎缩，更加严峻的挑战还在后面。

就非营利部门与市场（营利性的工商企业）的关系而言，关键是非营利组织的适应能力。美国是典型的市场经济国家，美国的公民社会从来就没有脱离过市场，它的成长和壮大也是在完全市场经济的环境中发生的，因此，这个国家的非营利组织对于市场有一种天然的感觉和联系。美国非营利组织之所以能够取得与众不同的成就，这在很大程度上是市场经济历练的结果。无论是"竞争挑战""绩效挑战"，还是"技术挑战"和"人力资源挑战"，非营利组织都只能通过增强自身的适应性来应对，舍此别无出路。不过也必须指出，过分强调市场因素和过度的商业化，并不是非营利组织发展的康庄大道。金融风暴再次证明纯粹的市场经济不是万能的，市场失灵是客观存在，所以公民社会的可持续发展只能借鉴市场经济中工商企业的经验，并不能完全走商业化的路子。

（二）未来的机遇与发展

萨拉蒙教授认为，美国非营利部门的机遇表现为，由于人口的老龄化趋势、新增移民、社会亚文化群的生长等因素，整个社会对非营利性质的服务需求一直在增加；互联网络和社交媒体等新技术有望助非营利组织一臂之力；[①] 财富的代际转移、社会企业家（social entrepreneurs）群体的涌现和大公司为了博得好名声而对公益慈善项目采取更积极的态度，[②] 构成了所谓的"新慈善"（New Philanthropy）现象；教育和研究机构对于非营利组织的研究兴旺发达，有助于在社会层面和政策制定层面凸显公民社会

---

① 新技术对于公益慈善捐赠的推动作用从一个数字就可以得到很好的说明：2003—2009年，美国公共慈善组织通过互联网络的在线募捐就获得了2.81亿美元（这些捐款22%以上是每年12月30日和31日两天捐出）。见"独立部门"组织（Independent Sector）等940多家非营利组织致美国总统奥巴马和国会议员的公开信，available at: http://www.independentsector.org/act_now_to_preserve_the_charitable_deduction，2015年8月19日。

② 社会企业家是创办或者经营社会企业（social enterprise）的人，社会企业是一种特殊性质的企业，其主要目的是服务社会，而不是追求最大利润，企业的收益基本上全部投入再生产过程或所在社区的发展，而不是用于分配。

的重要性。[①]

笔者认为，从长远的观点看，对美国公民社会未来发展影响最大的有以下三大因素：

1. 长盛不衰的志愿者精神和公民自治意识

首先，美国公民社会最牢固的基础是成千上万的普通民众对本社区公共事务的关心、对邻里的帮助、对志愿服务的热情、对任何善事（good cause）的拥护和捐赠、对公共话题讨论的参与、对公共政策制定过程的积极介入意愿与社会责任感。这种公民自治的意识既包含着"自己动手，解决问题"的朴素传统，更渗透着一种由知识、思考和眼界孕育出来并经过媒体放大的公共责任感。2008 年金融危机以来，美国的中产阶级遭受重创。但无论是来自公民个人的慈善捐赠还是公民为志愿服务所贡献的时间都基本保持平稳，这是非常不容易，也非常了不起的。[②] 联邦政府为促进志愿服务而采取的一系列措施无疑也起到了积极作用。[③] 其次，金融危机爆发后，"茶党"（Tea Party）的兴起和"占领华尔街"运动的出现，也都在某种程度上反映了美国公民社会对现存政治经济制度的不满和变革要求。尽管某些现象带有比较强烈的意识形态色彩，但它们完全是公民独立、自觉行动的产物，随之而来的则是一大批非营利组织的诞生。有些组织，如从 2010 年夏季起才日渐增多的公民政治性组织"超级政治行动委员会"（Super PAC）还具备了新的法定功能。[④] 最后，赋权于公民个人注

---

① 哈佛大学、耶鲁大学、约翰·霍普金斯大学、印第安纳大学的相关研究机构和设在华盛顿的都市研究所（它本身也是一个非营利组织）已经成为美国学术界研究公民社会问题的中心。截至 2009 年，美国已经有 168 所高等院校设置了有关非营利组织的研究生课程。Lester M. Salamon, "The Resilient Sector: The Future of Nonprofit America", in Lester M. Salamon ed., *The State of Nonprofit America*, Second Edition, Brookings Institution Press, Washington D. C., 2012, p. 42。

② Amy S. Blackwood, Katie L. Roeger, and Sarah L. Pettijohn, *The Nonprofit Sector in Brief*: *Public Charities*, *Giving and Volunteering*, 2012, published by the Urban Institute, 2012, pp. 5 – 6.

③ 徐彤武：《联邦政府与美国志愿服务的兴盛》，《美国研究》2009 年第 3 期，第 25—45 页。

④ 超级政治行动委员会（Super PAC）是非营利性公民政治组织，其基本功能是筹集资金，以便为支持或者反对竞选公职的候选人开展宣传。截至 2012 年 12 月底，美国各地共有超级政治行动委员会 1123 家。到 2014 年超级政治委员会的数量增至 1360 家，它们总共募集资金 6.96 亿美元，支出资金 3.45 亿美元。参见设在首都华盛顿专门研究金钱与政治关系的智库"回应政治中心"（Center for Responsive Politics）官方网站，available at: http://www.opensecrets.org/outsidespending/，2015 年 8 月 19 日。

定是未来影响全球的大趋势。[1] 美国作为宪政民主传统悠久、制度性保障健全的国家，为公民社会的成长提供了足够的空间。

2. 新型财富观的普及。作为最大的资本主义国家，美国社会一直无法消除贫困、饥饿和种种社会不公平现象

与此同时，普通的美国人普遍渴望发财，拥有自己的致富梦想。致富以后怎么办？如何对待金钱和财富？个人财富理想的最后归宿是什么？这是所有富人乃至腰包里有一点余钱的美国人都无法回避的问题。19 世纪末和 20 世纪初，以安德鲁·卡内基（Andrew Carnegie）为首的一小批富人以身作则，开风气之先，为美国公众树立了利用私人财富资助公益慈善事业的榜样。[2] 随后"基金会成为一种完备的制度，数量之多、规模之大和影响重要，确实是 20 世纪美国的独特现象"。[3] 进入 21 世纪之后，以全美个人财富排名第一的盖茨夫妇和排名第二的沃伦·巴菲特（Warren Buffett）为代表的一群超级富豪对财富的作用和归宿进行了热烈讨论，对于这个古已有之的问题做出了新的诠释。从 2010 年起，他们发起了"捐赠承诺"（The Giving Pledge）活动，以公开声明的方式对社会郑重承诺，要让自己积累起来的财富最终回归社会、服务社会，而且在自己活着的时候就把名下半数或者更多比例的财富捐献出来，支持公益慈善事业。到 2015 年 6 月初，已经有 137 名亿万富翁（最年轻者 31 岁，最年长者 99 岁，还包括来自其他 13 个国家的公民）签署了承诺书，并通过"捐赠承诺"的官方网站将自己的捐赠声明和感言公之于众，他们所承诺的捐赠总额约 1 万亿美元。[4] 捐赠承诺文件本身就是生动感人的教育材料，闪烁着这些经历丰富的超级富豪身上迸发出来的思想火花。虽然严格地说这些

---

① National Intelligence Council, *World Trends* 2030: *Alternative Worlds*, Washington D. C. , December 2012, pp. 8 – 14.

② 安德鲁·卡内基（Andrew Carnegie, 1835—1919）是美国公益慈善捐赠的先驱者，他的财富观集中反映在他 1889 年写的《财富信条》（*Gospel of Wealth*）里，其中最著名的一个观点是：一个人若守着财富而死是可耻的（A man who dies thus rich dies disgraced）。卡内基对此观点身体力行，在世时大力资助公益慈善事业，创办了数家非营利机构，成为美国历史上世代流芳的慈善家，影响早已远远超出了美国的范围。

③ 资中筠：《财富的归宿：美国现代公益基金会评述》（增订本），生活·读书·新知三联书店 2011 年版，第 3 页。

④ 更多详情可见"捐赠承诺"官方网站：http://givingpledge.org/index.html, 2015 年 8 月 15 日。

承诺仅仅是一种道德性声明，没有法律约束力，但它激发了美国不同年龄段、不同奋斗经历、不同阶层的人就财富观问题和与此相关的人生意义话题进行思考、展开辩论和投入行动。美国传统主流媒体和借助互联网络的新型媒体对这种新型财富观做了大量的报道，这对美国人民，特别是对于一大批新涌现的致富人群和青年一代的影响必定是深远的，美国的公民社会将从中受益无穷。

3. 公民社会与政府和商界的"三合一"伙伴关系

20世纪90年代以来，美国政府部门和工商企业越来越注意与非营利组织建立层级不同、形态各异的伙伴关系，旨在发挥三方的合力效应，解决美国公众关心的各种问题。在政府方面，除了给予非营利组织以超过社会捐赠力度的财政支持外，[①] 还出台了各种配套措施，有意识地引导非营利组织参与公共事务，提供相关服务。随着当代美国面临的新问题，如反恐怖主义、气候变化、网络空间的公民权利保护等的不断涌现，这种公共服务的范围和深度仍在不断拓展，由此开辟了公民社会和政府相互作用的新领域。在工商业界方面，随着企业社会责任（Corporate Social Responsibility，CSR）观念的深入人心，热心于公益慈善事业的企业不断增加，越来越多的企业在自身内部设立了单独运作的公益慈善计划或开办具有独立法人地位的公益慈善类机构。此外，企业在决策过程中更注意倾听公民社会的声音，甚至有意识地利用公民社会为自己赢得美誉和潜在市场。[②] 美国政府也越来越注意促进企业与非营利部门的合作。可以预计，今后美国公民社会、政府部门和工商企业之间的合作将更加密切，其效果也将日渐显现。

简言之，志愿者精神、新财富观和"三合一"伙伴关系将在推动美国公民社会的可持续发展过程中发挥关键作用。

---

① 根据2007年的统计数据，美国政府对公民社会中提供公共服务、表达公民关切的非营利组织所提供的财政支持占这些组织收入来源的38%，而慈善捐赠占10%，剩下的52%来自收费项目。见：Lester M. Salamon, "The Resilient Sector: The Future of Nonprofit America", in Lester M. Salamon ed., *The State of Nonprofit America*, Second Edition, Brookings Institution Press, Washington D. C., 2012, p. 11.

② Edward Walker, "Grass – Roots Mobilization, by Corporate America", published August 10, 2012, *The New York Times* website, available at: http://www.nytimes.com/2012/08/11/opinion/, 2012年10月20日。

第二章

美国政府对非营利部门的管理

面对广泛存在、规模庞大而且具体情况千差万别、错综复杂的非营利部门，美国政府的作用是什么？政府对非营利组织有没有监管？监管行为以什么为准则？政府与公民社会组织之间有哪些互动？这些都是本章力求回答的问题。一个很容易产生而且在一定程度上较为普遍存在的错误印象是：既然结社自由权利被美国人视为天经地义的公民权利，既然这种权利自美国立国时起就受到宪法保护，那么各种民间非营利组织只要不触犯刑律，就可以无拘无束，任意活动。实际情况绝非如此。美国公民社会并不是一个由无数自愿结合而成的非营利组织自然堆积、无章可循的集合体，它的有序运行、健康发展既与美国独特的历史传统、社会道德规范、公民素质、民间组织的自律意识契合，也与美国各级政府机构的管理与监督密切相关。这里所说的"政府机构"泛指美国的政府部门（government sector），它既包括了联邦政府的行政分支机构（Executive Branch）、国会和联邦法院系统，也包括了各个州和地方的政府机关及州法院系统。美国政府管理公民社会组织的基本做法是依法办事，抓大放小；遵循通则，照顾特殊；广集民意，帮、管并举；区别对待，注重实效。那些实力雄厚、声名显赫、成员（或工作人员）众多的全国性、国际性非营利组织往往受到最严格的管束。[1]

美国现行的对非营利部门的监管制度主要形成于第二次世界大战结束以后，而且在实践中日臻完善。时至今日，这套制度已经相当成熟和精致，甚至在许多方面看上去有些过于烦琐复杂。乍看起来，整套监管体系

---

① 据 2010 年发表的一项研究，美国非营利组织的平均雇员数只有 5 人，而且许多组织几年才招聘一次，因此规模大、工作人员多的组织实际上只占民间组织总数的极小部分。见：Courtney Rubin, "Preparing for Public Service", *U. S. News & World Report*, November 2010, p. 44。

结构庞大，它所规范的非营利组织与各级政府部门和工商营利部门之间的关系纵横交错，时常显得扑朔迷离。但究其要领，美国政府对非营利组织的监管可以大致概括为"一一三二"，即一个基础、一部基本法、三个层级和两大监管重点。

一个基础即法治基础。美国的实践证明，政府部门和非营利部门谁也离不开谁，只有建立在法治基础上的良性互动才能使双方都能完成自己的使命，共同服务于美国公众和社会，实现和捍卫美国的国家利益。法治基础的核心是《美利坚合众国宪法》，其他重要元素包括一系列相关的联邦法律、州法、地方法，以及与所有法律相配套的规章制度；完备的法院系统及审理程序；监管机构和民间组织对法律与法院判决的尊重；较完善的法律服务体系、信息公开制度和公民的法治观念。

一部基本法即《国内税收法典》（Internal Revenue Code，IRC）。这部联邦法律是美国联邦政府管理最重要、最有代表性的那部分非营利组织，即享受联邦税务局免税待遇的免税组织（exempt organization，或者 tax - exempt organization）的"根本大法"。① 如果说，基于宪法原则的管理民间组织的联邦法律体系是一棵大树，那么《国内税收法典》就是它的主干。《国内税收法典》的相关条款随国会立法的进展而不断进行修订，以适应非营利组织发展过程中出现的新情况。

三个层级指联邦、州和地方（主要是县、市）三级政府。联邦政府管理非营利组织的主要机构是财政部所属的联邦税务局（Internal Revenue Service，IRS）；州政府及某些权限类似于州的政治实体，如首都华盛顿（哥伦比亚特区）和美国海外领地的政府，监管机构的名称不尽相同；地方政府的情况更是千差万别。在这三个层级中，联邦和州两层起着最主要的作用，而且从某种意义上说，州一级政府的作用更大。无论在哪个层级上，政府机关对民间组织不仅要管理、监督，更有责任提供各种服务和支持。

两大监管重点即非营利组织的公信力与资金。大多数美国公民社会组织所从事的都是非营利性的公益慈善事业，这些组织包括形形色色的公共慈善组织（public charity）和为数众多的私立基金会（private foundation）。

---

① 联邦免税待遇和免税组织（exempt organization）的说法其实非常容易引起误解，事实上它们仅表明一点，即免除联邦所得税。除此之外，免税组织也要依法缴纳其他税种，而不是说没有任何税赋负担。

公益慈善类组织资金的主要来源是公众（含普通民众、私营企业和其他民间组织）捐赠，如果没有良好的公共信任度，这些组织就无法生存，相关事业亦不能健康而持续地发展。与此相联系，享受了各种税收优待的非营利组织，它们的款物如何募集、使用和管理，也与公众（纳税人）的利益息息相关。所以，各级政府在监管方面的主要职责是依法维护公共慈善组织的公信力，确保各类非营利组织的责任方能妥善地筹措、有效地使用和规范地管理资金及资产。

一 宪法是调节政府与所有公民社会组织关系的根本依据

《美利坚合众国宪法》赋予了联邦政府和州政府管理经济与社会事务的权力，而宪法的第一条修正案和联邦最高法院的相关判决对保障公民结社自由、确定政府（尤其是州政府）管理公民社会的权力边界起了关键性作用。

（一）公民结社自由的宪政基础

美国联邦宪法对结社自由的保护主要根植于宪法对私有财产、合同自由（liberty of contract）、信仰和言论自由的保护条款。一个极其重要的事实是，美国宪法第一条修正案确立了政教关系的根本原则，正是这个宪法原则决定了《国内税收法典》在规范宗教组织的联邦免税地位时，做出了特殊规定。不过，这里要讨论的重点是宪法与公民结社自由的关系。同广泛存在的一种误解相反，美国宪法的正文和修正案中都没有对结社自由的明确规定，结社自由的权利是由联邦最高法院依照第一条修正案的精神具体阐发出来的。

美国联邦宪法的第一条修正案规定："国会不得制定有关下列事项的法律：确立一种宗教或禁止信教自由；剥夺言论自由或出版自由；或剥夺人民和平集会及向政府要求申冤的权利。"[1] 美国的司法实践证明，第一

---

① 美国驻华大使馆新闻文化处：《美国历史文献选编》（*Living Documents of American History*），北京，1985 年英汉对照版，第 44 页。1791 年 12 月 15 日被称为"权利法案"的第一至第十条宪法修正案正式成为美国宪法的一部分。

条修正案是联邦最高法院保护公民结社自由和民间组织正当权益的首要法律依据。1868 年宪法第十四条修正案生效后，第一条修正案的约束对象从联邦机构扩展到各州，[①] 这两条修正案便共同构成了保护美国公民社会的宪法屏障。[②] 值得注意的一个现象是：在一段相当长的历史时期中，虽然美国人民把结社自由当作一种天经地义的公民权利，且许多法律界、教育界人士和社会观察家也认为第一条修正案蕴含了对结社自由的保护，但联邦最高法院直到宪法第一条修正案通过 160 多年之后才在其裁决意见中使用"结社自由"（freedom of association）这个概念。实际上，联邦最高法院从宪法高度解释和运用结社自由概念、明确定义民间组织的相关权利义务，以及美国政府依法监督管理非营利组织的主要努力几乎是同步发生的——它们都始于 20 世纪 50 年代。

　　联邦最高法院认定的应受宪法保护的公民结社权实际上涉及两类结社，即"友情结社"（intimate association）和"表达结社"（expressive association）。前者作为一种私人权利受到保护，后者作为第一条修正案涉及的言论（表达）自由权利受到保护，而且它更容易引起社会关注。20 世纪 80 年代以来的若干标志性案件都与"表达结社"权利有关。与依法保障结社自由密不可分的一个重要现象是，围绕着结社自由问题，美国社会中源远流长的两种哲学产生了深刻的矛盾。一种是体现平等主义的、以个人权利为核心的自由主义观点，它认为个人的利益和目标是通过个人的自由选择来实现的，所以政府应创造一个中性的法制框架，确保每个人实现理想的自由。另一种是所谓的"社群主义"（communitarianism，也可以通俗译为"团体主义"）的观点，它认为个人的身份和价值与其说是个人自由奋斗的结果，还不如说是来自个人所属的社群，如家庭、教会、工会、俱乐部、政党、市镇等，这些社群或曰社会中介组织是政府和公民个

---

　　① 1868 年经各州最后批准的宪法第十四条修正案正式生效。它规定："任何州不得制定或执行任何剥夺合众国公民特权或豁免权的法律；任何州，如未经适当法律程序，均不得剥夺任何人的生命、自由或财产；亦不得对任何在其管辖下的人，拒绝给予平等的法律保护。"见美国驻华大使馆新闻文化处：《美国历史文献选编》（*Living Documents of American History*），北京·1985 年英汉对照版，第 49 页。

　　② *CRS Annotated Constitution*，*First Amendment*，*Right of Association*，LII / Legal Information Institute，Cornell University Law School，http：//www. law. cornell. edu/anncon/html/amdt1 bfrag8 _ user. html#amdt1b_ hd24，2013 年 5 月 10 日。

人之间必要而且重要的缓冲器，所以政府的职责包括保护民间组织的健康发展。美国联邦最高法院的大法官们在审理有关案件时无法脱离这个文化背景，他们的裁决意见往往是在当时历史条件下艺术地平衡了这两种哲学的结果。

（二）联邦最高法院具有里程碑意义的判例

从 20 世纪 50 年代至今，在大量联邦最高法院审理过的以非营利组织为诉讼方的案件中，有三个案例是关于保护公民结社自由的比较经典的案例。绝非偶然的是，这三个案例全都涉及州政府、州法律与在本州活动的非营利组织的关系。

1. "全国有色人种协进会诉亚拉巴马州案"（NAACP v. Alabama）

1958 年 6 月 30 日，美国联邦最高法院就"全国有色人种协进会诉亚拉巴马州案"做出的裁决具有特别重大的意义。在该案的裁决意见中，联邦最高法院第一次正式承认公民结社自由是受到宪法第一条修正案保护的权利。根据研究者对美国法律文献数据的检索结果，甚至"结社自由"（freedom of association）这个英文词组也是在这时首次出现在联邦最高法院的文献中。案件的起因并不复杂：亚拉巴马州首席检察官帕特森（John M. Patterson）和州法院法官认为全国有色人种协进会（National Association for the Advancement of Colored People，NAACP）① 在该州的活动违反了亚拉巴马州有关外州（公司制）法人机构（out of state corporation）的法律，要求全国有色人种协进会在当地的分支机构向州政府提交它的活动记录和全部会员名录。全国有色人种协进会的地方分会满足了州法院的大部分要求，但拒绝提供会员名录，理由是，如果这样做，很可能导致协会成员遭受骚扰、歧视和暴力行为，从而危及公民结社的自由权利。在面临州法院的严厉处罚，并被迫停止在当地的活动后，全国有色人种协进会提出上诉。在州最高法院两度拒绝重新审理案件后，联邦最高法院接手此案，结果全体大法官一致判决全国有色

---

① 全国有色人种协进会（National Association for the Advancement of Colored People，NAACP）1909 年创建于纽约市，它是美国历史最悠久、最有影响的民权组织之一，现有会员约 30 万人，总部设在马里兰州的巴尔的摩，官方网站是 http：//www. naacp. org/。该协会 1918 年在亚拉巴马州建立了组织，1951 年在那里成立了地区性分支机构（regional office）。

人种协进会胜诉。① 对美国的所有非营利组织来说，这个案件非比寻常，它不仅强调了保护结社自由的宪法原则，而且维护了民间社团所具有的独立性，给州政府的监管权力划出了界限。

2. "罗伯茨诉美国青年商会案"（Roberts v. United States Jaycees）

1984 年 4 月至 7 月间，联邦最高法院审理了"罗伯茨诉美国青年商会案"。该案源于 1974 年美国青年商会（United States Junior Chamber，Jaycees）② 在明尼苏达州的分支机构吸收女会员的举动（当时这个全国性商会的章程规定不接受女会员），后来这一事件演变为辩论和决定《明尼苏达州人权法》（Minnesota Human Rights Acts）中关于禁止性别歧视的条款是否适用于本州非营利组织的系列诉讼。控辩双方争论的焦点在于：实行会员制的民间组织如何确定其会员资格。在最终裁决时，联邦最高法院大法官依据宪法第一条修正案从法理上全面精辟地阐明了为什么结社自由受宪法保护，同时细致地分析了在什么条件下州政府可以根据本州公共利益合法地介入非营利组织的内部事务。裁决意见支持明尼苏达州政府的立场，认为作为商业性组织的美国青年商会应接受女会员；同时指出，若非营利组织的性质属于人民的"表达结社"，那么它就有决定自己会员资格的绝对权力。这个判例对日后产生了深远影响。③

3. "美国童子军诉戴尔案"（Boy Scouts of America v. Dale）

2000 年 6 月 28 日，联邦最高法院就"美国童子军诉戴尔案"做出裁决。这一案件的原告是新泽西州的美国童子军（Boy Scouts of

---

① *National Association for the Advancement of Colored People v. Alabama ex rel. Patterson*（No. 91），357 *U. S.* 449，严格地说，联邦最高法院的这次裁决只推翻了亚拉巴马州法院关于全国有色人种协进会藐视法庭和判处 10 万美元罚金的决定。此案的最终尘埃落定发生在五年之后，其间全国有色人种协进会又就亚拉巴马州法院的其他有关决定进行了几次上诉，联邦最高法院也进行了相关的审理，直到 1964 年该组织才恢复了在亚拉巴马州的活动。参见 Daniel E. Hall，John P. Feldmeier：*Constitutional Values - Governmental Powers and Individual Freedoms*，Pearson Education，Inc. 2009，pp. 299 - 300；*NAACP v. Alabama*，*Encyclopedia of Alabama*，available at：http：//www. encyclopediaofalabama. org/，2015 年 8 月 22 日。

② 美国青年商会（United States Junior Chamber，Jaycees）成立于 1920 年，其宗旨是帮助 18—41 岁（以前是 18—35 岁）的人群在商业经营、管理技能、人员培训、社区服务和国际联系等方面实现成功发展，最初只接纳男性会员。全国总部设在俄克拉荷马州的塔尔萨（Tulsa），官方网站从前是 http：//www. usjaycees. org/，现已改为 http：//www. jci. cc/usa/，2015 年 8 月 22 日。

③ *Roberts v. United States Jaycees*（No. 83 - 724），468 U. S. 609.

America，BSA），① 该组织发现被聘为童子军教官的戴尔（James Dale）是一位同性恋者，遂以他的行为与童子军组织的使命和价值观相抵触为由将其辞退，双方于是对簿公堂。新泽西州最高法院援引本州禁止性倾向歧视的法律判童子军组织败诉，美国童子军随后向联邦最高法院申诉，结果多数大法官依据对宪法第一条修正案的理解，裁定新泽西州最高法院的决定违宪。由首席大法官伦奎斯特（William Rehnquist）起草的法庭意见可谓对宪法所保护的结社自由权利的又一经典论述，其中不仅重申了联邦最高法院在 1984 年宣判"罗伯茨诉美国青年商会案"时的基本立场，还详尽讨论了美国童子军属于"表达结社"型非营利组织的观点。②

联邦最高法院的上述三个案例是对美国宪法第一条修正案中所包含的结社自由精神的具体阐释，公民结社自由的宪政基础因此变得更加鲜明和牢固。

（三）联邦最高法院涉及非营利组织的其他重要案例

1. 关于筹资活动的案例

非营利组织开展的为本组织或相关事业筹措资金的活动（fundraising）

---

① 美国童子军（Boy Scouts of America，BSA）创建于 1910 年 2 月 8 日，系获得美国国会特许状（Congressional Charter）的联邦免税组织，也是美国最大、最有影响力的青少年非营利组织之一，自成立到 2000 年的 90 年间，美国童子军已经累计吸收了超过 1 亿人的会员（累计会员数在 2000 年达到 1 亿人大关）。该组织的全国总部设在得克萨斯州。截至 2013 年 12 月 17 日，美国童子军共有青少年成员 250 万人，志愿者 96 万人，其中参与 6—10 岁幼年童子军项目（Cub Scouting）的有 130 万人，参与 11—17 岁童子军项目（Boy Scouts and Varsity Scouts）的有 85.5 万人，参与其他男女青少年项目的超过 70 万人。更多数据及活动详情可见该组织 2014 年度报告（*BSA Annual Report* 2014）及官方网站：http：//www. scouting. org/，最后访问日期：2015 年 8 月 22 日。

② *Boy Scouts of America v. Dale*（No. 99 – 699），530 U. S. 640，应当指出，2013 年 2 月美国童子军就该组织如何对待具有同性恋倾向的青年进行了大规模、综合性的调研，评估了各方对同性恋青年的态度及本组织的会员标准。其领导机构在 2013 年 5 月 23 日通过决议：原则上坚持原有的会员标准，但从 2014 年元旦起，不会仅仅因个人的性倾向而拒绝符合条件的青少年入会。同时，童子军各级组织的领导骨干则不能是同性恋。这个决定在美国引发了激烈争论。更多详情可见美国童子军官方网站：http：//www. scouting. org/sitecore/content/MembershipStandards/Resolution/Resolution. aspx 和《华盛顿邮报》官方网站的报道"Boy Scout Accept Gay Boys but Vote to Keep Leader Ban"，available at：http：//www. washingtonpost. com/local/boy – scouts – vote – to – allow – openly – gay – scouts – maintain – ban – on – gay – adult – leaders/2013/05/23/dcb7ee08 – c359 – 11e2 –914f – a7aba60512a7_ story. html？hpid = zl，2013 年 5 月 24 日。

一直受到联邦、州和地方政府的多重监管。在 20 世纪 70—80 年代，许多州和地方政府对筹款募捐开支在非营利组织年度支出中的比例都作出了严格限制，一般规定不得超过总支出的 25%。联邦最高法院在 1980 年以来审理若干案件的时候，以宪法第一条修正案为主要依据判定这些限制违宪。对非营利组织来说，最具重要性的相关案例有三个，即 1980 年的"绍姆堡村诉为了更好环境公民组织案"（Village of Schaumburg v. Citizens for a Better Environment），① 1984 年的"马里兰州州务卿诉芒森案"（Secretary of State of Maryland v. Munson）② 和 1988 年的"赖利诉北卡罗来纳州全国盲人联合会案"（Riley v. National Federation of the Blind of North Carolina，Inc.）。③ 在审理这些案件时，联邦最高法院反复说明的基本立场是由于现实情况的复杂，较高的筹资成本（或者第三方筹资机构的高额费用）并不必然代表欺诈钱财的行为，慈善募捐等活动与倡导某种主张相关，属于受宪法保护的言论，理应宽松管制。另外，规定筹资支出比例对新成立的民间组织或者有些事业不那么招人喜欢的公益慈善类组织非常不利。这几个案例，尤其是"绍姆堡村诉为了更好环境公民组织案"，对于后来的类似案件审理产生了很大影响。

2. 关于助选宣传的案例

非营利组织的政治性助选宣传与资金的关系在 2010 年 1 月 21 日宣判的"公民联合组织诉联邦选举委员会案"（Citizens United v. Federal Election Commission）中获得基本澄清。这个案件起源于 2008 年"公民联合组织"（Citizens United）为宣传其制作的纪录片《希拉里》（内容是抨击时任纽约州民主党参议员希拉里·克林顿）而向有线电视公司付费并制作播放广告的事。④ 联邦选举委员会依照联邦法律认为"公民联合组织"这样做违反了联邦选举法律的有关规定，而该组织则以相关法律条款违宪为由诉诸联邦最高法院。经过审理，九名大法官以五比四的票数做出有利于"公民联合组织"的决定。据此，商业公司、工会及各种非营利机构

---

①　*Village of Schaumburg v. Citizens for a Better Environment*，444 U. S. 620（1980）.

②　*Secretary of State of Maryland v. Munson*，467 U. S. 947（1984）.

③　*Riley v. National Federation of the Blind of North Carolina，Inc.*，487 U. S. 781（1988）.

④　"公民联合组织"（Citizens United）是美国的一个意识形态保守的政治性组织，成立于 1988 年，总部位于首都华盛顿最中心的宾夕法尼亚大道上，其官方网站是 http：//www. citizensunited. org/。

可以从它们的自身财务总账上直接拨款用于支付与选举有关的政治性宣传费用。① 这个案件最为关键的地方在于：联邦最高法院根据多数法官对宪法第一条修正案的理解而推翻了它自己对 1990 年 "奥斯汀诉密歇根州商会案"（Austin v. Michigan Chamber of Commerce）的裁决，而这个裁决对各类民间团体为选举投入的政治宣传资金进行了严格限制。② 引人注目的是，"公民联合组织诉联邦选举委员会案" 的裁决实际上废止了 24 个州的相关法律规定，对非政党性的非营利组织，特别是超级政治行动委员会（Super PAC）在 2010 年中期选举和 2012 年大选期间为助选广告支出史无前例的巨额费用打开了闸门，引发了美国社会各界的激烈争议。③

二 国会监督与 21 世纪的重要立法

美国国会不仅是最高联邦立法机构，也是对联邦政府行政分支的工作进行全面监督的机构，其中包括监督政府部门管理非营利组织工作，以及采取相应的听证、调查和立法行动。国会对非营利组织的关注重点是获得联邦免税优待的非营利组织，对这些组织的事业和行为进行有效规范、引导，完善相关的立法和监督机制一直是国会议事日程上的重要内容。

---

① *Citizens United v. Federal Election Commission*，Syllabus，558 U. S. 50（2010），这个案件虽然非常重要，但争议性极大且争议持续至今。由大法官肯尼迪（Anthony M. Kennedy）主导的代表多数大法官的法庭意见（最终裁决）共 58 页，其中详细论述了宪法第一条修正案、言论自由和政治性言论的关系。而大法官史蒂文斯（John Paul Stevens）撰写的反对意见长达 90 页，其中也不乏真知灼见。

② *Austin v. Michigan Chamber of Commerce*，494 U. S. 652（1990）.

③ 在距 2010 年中期选举投票日约一个月时，各种利益团体（不含政党）的助选广告开支已经达到 2006 年中期选举的 5 倍之多，总额为 8000 万美元，而这一现象与联邦最高法院对 "公民联合组织诉联邦选举委员会案" 的裁决结果密切相关。见 T. W. Farnam and Dan Eggen，"Outside Election Spending up Sharply"，*The Washington Post*，Monday，October 4，2010，p. A1 & A10。关于这一裁决所引发的超级政治行动委员会（super PAC）现象的早期报道，可见 Dan Eggen，"The Money Pours in，and then the Complaints"，*The Washington Post*，Thursday，October 14，2010，p. A21。另据设在首都华盛顿的智库型民间机构 "回应政治中心"（Center for Responsive Politics，CRP）依据联邦选举委员会公布资料所进行的统计与研究，在 2012 年这个大选年份，美国 2090 家主要非营利组织（其中包括 1307 个超级政治行动委员，但不包括政党委员会）的助选宣传支出超过 12.9 亿美元。见 http：//www. opensecrets. org/outsidespending，2013 年 5 月 10 日访问。

（一）参议院财政委员会对非营利组织的监管

国会中对享受联邦免税待遇的非营利组织负有监管职责的机构主要有参议院财政委员会（Senate Finance Committee）、众议院筹款委员会（House Ways and Means Committee）和跨党派的国会税收联合委员会（Joint Committee on Taxation，JCT）。[1] 由于参议院财政委员会的相关活动频繁，监管作用非常突出，所以这里重点介绍它的工作。[2]

参议院财政委员会是国会中成立最早（始建于1812年）并拥有极广泛权限的重量级委员会之一。目前它下设六个小组委员会（subcommittee），分别负责的领域是：医疗；税收和联邦税务局的监督；能源、自然资源和基础设施；社会保障、退休金和家庭政策；国际贸易、海关和全球竞争力；财政责任制和经济增长。从2001年起，在轮流担任主席的共和党资深参议员查尔斯·格拉斯利（Charles E. "Chuck" Grassley）和民主党资深参议员马克斯·鲍卡斯（Max Baucus）的领导下，参议院财政委员会为改进对免税非营利组织的监管做了大量卓有成效的工作。

两度担任财政委员会主席的格拉斯利曾言简意赅地阐述了该委员会监管免税组织的动机和原则。他表示自己无法想象、也不愿意设想一个没有民间的非营利组织的美国社会。为鼓励这些组织的发展，联邦政府每年减免了约2800亿美元税收，而且在过去的几十年里，国会并未过多地考虑就对此开了绿灯。但是近年来，若干非营利组织的丑闻引起了委员会成员的注意。一些组织的不端行为滥用了美国人的慷慨大方，从而威胁到公益

---

[1]　国会税收联合委员会（Joint Committee on Taxation，JCT）是国会依据《国内税收法典》建立的，它由来自国会两大政党的5名参议员和5名众议员组成，其基本职能是审查联邦税务局的退税、减税等措施，并向国会提交年度报告，不过审查的门槛已经从1928年的7.5万美元提高到现在的200万美元。

[2]　众议院筹款委员会在"9·11"事件发生后曾举行听证会，了解慈善组织对公众捐助的紧急救援善款的使用情况，以及州政府监管部门面临的挑战。关于此听证会的概况可见：M. Ann Wolfe, *Homeland Security*：9/11 *Victim Relief Funds*，*Report for Congress*，Updated March 27，2003，Congressional Research Service，Order Code RL31716，pp. 7 - 9。近年来有美国专家撰文批评众议院筹款委员会在监管非营利组织方面"已经休眠"。见 Pablo Eisenberg（Senior Fellow，Georgetown Public Policy Institute），"Nonprofit Governance：The Need for Tougher Regulations and Enforcement"，available at：http：//www. huffingtonpost. com/pablo - eisenberg/nonprofit - governance - the - _ b_ 761316. html？view = print，最后访问日期：2015年8月15日。

慈善组织的良好声誉，打击了诚实的纳税人，所以国会需要采取行动。格拉斯利强调，免税优待是一种"特惠"（privilege），而非"权利"（right）。享受这种特惠就意味着必须承担责任，即政府和免税组织都必须捍卫公众的信任（public trust）。政府要做的就是保护捐赠人，确保善款得到妥善的使用；保护纳税人，保证公共慈善组织享受的税收优惠同它们给予社会的益处相适应。政府必须通过有效的监管和法律对捐赠人和纳税人承担起这些责任，而这些法律应能够使潜在的滥用特惠的可能性最小化，同时对慈善捐助给予鼓励。①

近年来参议院财政委员会为改进对联邦免税组织的监管进行了不懈努力，从中人们既可以清晰地看到该委员会的法定权限、正常工作程序和渠道，也能够领略其领导层特别是格拉斯利参议员那种务求杜绝一切潜在问题的行事风格（这也受到一些免税组织的诟病）。

1. 有针对性地立法

例如，在《美国工作岗位创造法》（*American Jobs Creation Act of 2004*, Public Law 108 – 357）中，按照财政委员会的意见写入了关于向非营利组织捐赠知识产权的税收条款，纠正了长期以来对知识产权捐赠的价值没有规定的做法。另外，由财政委员会建议，该法设立了关于废旧汽车（junker car）捐赠的条款，堵塞了通过向公益慈善组织捐赠废旧汽车而捞取免税好处的途径。另外一个典型例子是格拉斯利亲自主持制定了《美国红十字会治理现代化法》（*American National Red Cross Governance Modernization Act of 2007*, Public Law 110 – 26）。这一立法的目的是充分吸取2001 年"9·11"恐怖袭击事件和 2005 年卡特里娜飓风灾害发生后紧急救援工作的教训，全面提高美国红十字会的治理水平、工作效率和透明度，以利于这个获得国会特许的老牌公共慈善组织更好地承担社会责任，为公众服务。②

2. 改善联邦税务局的监管工作

财政委员会非常注意公众、非营利组织和专业媒体对于一些涉及非营利部门的重要问题所进行的评论、报道和批评。如果感到问题严重，或者

---

① Jill Gilbert Welytok and Daniel S. Welytok, *Nonprofit Law & Governance For Dummies*, Wiley Publishing, Inc., 2007, Foreword by United States Senator Chuck Grassley.

② 美国红十字会（American National Red Cross）是获得国会特许状而享受联邦免税待遇的非营利组织。

具有重大政治争议性，就会展开独立调查（英文是"review"或"investigation"）。在最近十年间，财政委员会发起的备受关注的调查至少有两起：一是针对牵涉到六名牧师的有关若干宗教类免税组织财务腐败传言的调查。① 这次调查从 2007 年下半年开始，2011 年 1 月正式结束。② 2013年，美国媒体曝出联邦税务局在对名称中包括"茶党"（Tea Party）和"爱国"（Patriot）等用词、政治保守倾向明显的非营利组织进行免税地位审查时存在歧视性做法，财政委员会和众议院筹款委员会随即对联邦税务局的相关工作展开调查。2015 年 8 月 5 日参议院财政委员会的调查报告出炉，该报告认定联邦税务局的工作存在严重瑕疵，并提出了一系列整改建议。③

　　除了独立行使其法定调查权外，财政委员会在觉察或了解到非营利组织存在的问题后，还将情况通报给联邦税务局，并与其合作展开相关调查，查找漏洞或产生问题的原因。例如，2003 年 12 月 22 日格拉斯利致函联邦税务局，要求该局提供全套档案资料，配合调查被美国财政部点名的 25 个资助（或有嫌疑资助）恐怖主义活动的联邦免税组织。④ 2010 年9 月 29 日，时任委员会主席的鲍卡斯向联邦税务局提出，应该立即审查媒体报道的一些受法定限制约束的免税组织积极介入政治性活动的情况，以确定是否有违法现象发生，以及如有违法违规现象需采取何种应对措施。⑤ 从 2007 年起，联邦税务局开始重新设计免税组织年度报表（990 表

---

　　①　有关这次调查的来龙去脉，可以详见专门研究美国宗教界腐败欺诈问题的非营利组织三一基金会（Trinity Foundation）官方网站的资料：http：//trinityfi. org/senate‐finance‐committee‐investigation/，最后访问日期：2015 年 8 月 22 日。

　　②　参议院财政委员会关于这次调查的全部文献可见 Press Release，"Grassley Released Review of Tax Issues Raised by Media‐Based Ministries"，January 06，2011，available at：http：//www. finance. senate. gov/newsroom/ranking/release/，2015 年 8 月 22 日。

　　③　参议院财政委员会关于这次调查的全部文献可见 Press Release，"Finance Committee Released Bipartisan IRS Report"，August 05，2015，available at：http：//www. finance. senate. gov/newsroom/ranking/release/，2015 年 8 月 22 日。

　　④　The United States Senate Committee on Finance，For Immediate Release：*Records Sought About Tax‐exempt Organizations for Committee's Terror Finance Probe*，January 14，2004，available at http：//finance. senate. gov/newsroom/chairman/release，2010 年 11 月 1 日。

　　⑤　The United States Senate Committee on Finance，For Immediate Release：*Baucus Calls On IRS to Investigate Use of Tax‐Exempt Groups for Political Activity*，September 29，2010，available at http：//finance. senate. gov/newsroom/chairman/release，2010 年 11 月 1 日。

格），财政委员会为此与联邦税务局进行了频繁的协商，在调查研究的基础上提出了重要修改意见。

3. 发挥公民社会组织的能动性

2004 年夏，财政委员会连续召开了关于非营利组织治理与监督工作的听证会和座谈会。同年 9 月 22 日格拉斯利主席和鲍卡斯参议员联名写信，要求美国最重要的支持性（supporting）非营利组织之一"独立部门"组织（Independent Sector）牵头，会集民间组织的精英人士组成专门委员会，深入研究联邦免税组织的状况和现行法律框架中的漏洞，系统提出关于免税组织提高透明度、实现善治、建立责任制，以及改进政府监管工作的建议。[①] 后来的事实证明，这是一个及时而且高明的举措。2004 年 10 月由美国若干影响力广泛的重要非营利组织代表组成的"非营利部门小组"（Panel on the Nonprofit Sector）正式成立，它分别于 2005 年 6 月和 2006 年 4 月向国会提交了两份研究报告，提出了约 150 条建设性意见和倡议。[②] 这两份报告不仅准确地反映了美国非营利部门的共同要求，有效地推动了国会的相关立法与监督工作的改进，而且极大地促进了整个非营利部门的行业自律，堪称 21 世纪第一个十年中美国公民社会发展史上最重要的文献。

（二）21 世纪对非营利组织产生重大影响的国会立法

2001 年以来，美国国会在立法工作中非常注意结合新情况、新问题制定专门条款，完善对各类非营利组织的监督机制。在经总统签署生效的新法律中，有许多都包含了关系到非营利组织权益和治理的条款。除了已经提到的《美国工作岗位创造法》和《美国红十字会管理现代化法》外，还可以列举出更多的法律。例如，依据小布什政府时期产生的反恐怖主义

---

① 2004 年 9 月 22 日参议院财政委员会主席格拉斯利和首席委员鲍卡斯联名致信"独立部门"组织（Independent Sector）主席兼首席执行官阿维芙女士（Ms. Diana Aviv），该信见：Panel on the Nonprofit Sector, *A Final Report to Congress and the Nonprofit Sector*, June 2005, pp. 110 – 111。"独立部门"组织（Independent Sector, IS）成立于 1980 年，是一个团结了约 500 家主要公益慈善类非营利组织（含公共慈善机构和私立基金会）的论坛性机构，总部设在首都华盛顿。该组织对于其专业领域的公共政策研究具有很高水准，其官方网站是 http://www.independentsector. org/。

② Panel on the Nonprofit Sector, *A Final Report to Congress and the Nonprofit Sector*, June 2005 and *A Supplement to the Final Report to Congress and the Nonprofit Sector*, April 2006.

法律《爱国者法》（*USA Patriot Act*，*Public Law* 107 – 56），① 政府执法机关和情报部门有权对涉嫌资助、参与恐怖主义行动的非营利组织采取侦查、冻结资产乃至查封等行动。② 奥巴马政府促成的医疗改革法律，提高了非营利医院等医疗保健业民间组织获得公益慈善类免税组织地位的门槛，对非营利医院参与社区医疗服务和年度报表要求做出了新规定。③ 从单个法律的效果看，21 世纪对于非营利组织（主要是联邦免税组织）影响最大和最长远的莫过于 2002 年生效的《萨班斯—奥克斯利法》（*Sarbanes – Oxley Act*，Public Law 107 – 204）④ 和 2006 年生效的《2006 年退休金保障法》（*Pension Protection Act of 2006*，Public Law 109 – 280）。⑤

　　1.《萨班斯—奥克斯利法》是国会针对美国安然公司（Enron）、世界通讯公司（Worldcom）等大型上市公司接连曝出财务欺诈丑闻并导致破产而紧急制定的法律，旨在强化对上市公司的监管，改善公司治理，进一步严格商业财务和审计制度，保护广大投资人的利益。该法生效后，各州也竞相出台新的立法或规定，依照该法确立的原则与治理思路强化了对本州公司和非营利组织的监管。在这个大背景下，许多非营利组织，尤其是知名度较高的大型公益慈善类免税组织也纷纷"自查自纠"，更新规章制度，完善内部治理。所以，由美国非营利部门中两个重要的全国性组织联合发表的一份报告称《萨班斯—奥克斯利法》是一部"唤醒了整个非

---

　　①　被简称为《爱国者法》（*USA Patriot Act*）的反恐怖主义法律，原名称为《通过提供所需的适当手段阻止和挫败恐怖主义以团结和加强美国法》（*Uniting and Strengthening America by Providing Appropriate Tools Required to Intercept and Obstruct Terrorism Act of 2001*），"爱国者法"是这个全称的首字母缩写组合。该法于 2001 年 10 月 26 日经小布什总统（George W. Bush）签字生效。

　　②　关于《爱国者法》对公民社会组织的影响及其引发的争议，可参见 The USA Patriot Act and its Impact on Nonprofit Organizations，September 10，2003，available at：http：//www. ombwatch. org/print/1592，2010 年 11 月 3 日。

　　③　这里指由奥巴马总统 2010 年 3 月 23 日签署生效的《患者权益保护与可负担医疗服务法》（*Patient Protection and Affordable Care Act of 2010*，PPACA，更简单的缩写为 ACA）。

　　④　《萨班斯—奥克斯利法》（*Sarbanes – Oxley Act*，Public Law 107 – 204）的名称来自两位主持制定该法工作的国会议员：民主党参议员萨班斯（Paul Sarbanes）和共和党众议员奥克斯利（Michael G. Oxley）。该法于 2002 年 7 月 31 日生效。

　　⑤　《2006 年退休金保障法》（*Pension Protection Act of 2006*，Public Law 109 – 280）由小布什总统（George W. Bush）于 2006 年 8 月 17 日签署生效。

营利部门"的法律。①

《萨班斯—奥克斯利法》中与非营利组织有关系的主要内容是：公司机构必须设立具有独立地位的审计委员会（Audit Committee）审计财务账目；每五年必须更换一次审计人员，而且禁止审计公司为客户提供与审计无关的任何财务服务，如评估、投资、法律和管理方面的服务，审计所采用的原则和方法必须向管理层公开；首席执行官或者首席财务官要签署公司财务报表，对任何不实信息或作假行为负法律责任；严禁内部交易和利益冲突（interest conflict）；提高内部信息的透明度和信息披露要求；鼓励并保护本组织的工作人员或志愿服务人员检举揭发问题（whistle – blowering）；建立规范保存和销毁内部文件的制度。

2. 《2006 年退休金保障法》是美国 30 多年来最全面的退休基金制度改革的成果，它的第 12 章包含了一系列鼓励慈善捐赠和改进联邦免税组织监管的条款，对现行《国内税收法典》中的许多条款进行了修改和补充，这是一部在非营利部门影响面极为广泛的法律。《2006 年退休金保障法》里涉及免税组织的重要内容有：改革捐赠财产的评估（appraisal），严格定义"符合条件的"评估师和评估程序，防止高估慈善捐赠价值；对免税组织为捐款人购买寿险做出透明性规定；把对公益慈善组织、社会福利组织和私立基金会某些违规行为的惩罚性征税（penalty excise tax）提高一倍；对捐赠方嘱意基金（donor – advised fund）确定严格的定义和规则，防止向免税组织进行捐赠的个人或组织通过"捐赠方嘱意基金"谋求利益；② 强化对获得免税优待的支持性组织（supporting organization）的监管力度，防止它们成为谋求私利的工具；③ 以前无须向联邦税务局提

---

① Board Source and Independent Sector: *The Sarbanes – Oxley Act and Implications for Nonprofit Organizations*, ⓒ 2003 BoardSource and Independent Sector, revised in January 2006, p. 2.

② 捐赠方嘱意基金（donor – advised fund）是一个第三方管理的慈善捐赠平台，它的功能是代表捐赠方（可以是一个机构、家庭或个人）管理一笔慈善捐款。这种基金 1931 年首先在纽约市出现，后来由于其简便、灵活、低管理成本和低税赋的特点受到越来越多人的欢迎。

③ 支持性组织（supporting organization）是一类公益慈善组织的总称，它们的共同使命都是（主要用资金）支持某一个或者几个公益慈善组织（受支持组织）。《国内税收法典》中关于支持性组织有专门的条款规定。按照支持性组织和受支持组织的关系，支持性组织可以分为三类：关系是母子型组织的为 I 类，关系是兄弟型组织的为 II 类，关系更为随意的是 III 类，第 III 类支持性组织往往更容易受到捐赠方的控制。大部分相关条款根据《2006 年退休金保障法》第 1241—1244 条进行了补充和修订。

供年度报表的小型免税组织（年收入不到 2.5 万美元的组织）也需要向联邦税务局进行简明的年度电子报备（基本情况的简明报表）。① 任何联邦免税组织若连续三年不按要求上报年度报表，则自动丧失免税地位。

三　《国内税收法典》与联邦税务局

（一）《国内税收法典》

《国内税收法典》是《美国法典》（*United States Code*）的第 26 主题分卷（Title）的通称，是联邦税务局监管免税非营利组织的法律依据。② 第二次世界大战结束后，美国国会于 1954 年对战前制定的《国内税收法典》进行了彻底修订，产生了《1954 年国内税收法典》（*Internal Revenue Code of 1954*），形成了沿用至今的法典结构框架。③ 从 1969 年起，法典中关于联邦免税组织的条款基本定型，1986 年国会通过《税收改革法》（*Tax Reform Act of 1986*）后，《国内税收法典》的正式更名为《1986 年国内税收法典》（*Internal Revenue Code of 1986*），成为美国现行有效的税收法典。此后，该法典的许多条款不断吸收最新立法成果从而得到补充完善。例如，《2007 年税收技术性纠正法》（*Tax Technical Corrections Act of 2007*）明确授权联邦税

---

① 联邦税务局认为，超过 60 万个年收入不到 2.5 万美元的小型免税组织会受到这项法律条款影响，由于其中的一部分组织已经连续三年未能依法履行电子报备义务，它们注定要自动丧失免税地位。见 Susan Kinzie, "Even Smallest Nonprofits Can't Ignore the IRS Now", *The Washington Post*, Sunday, May 16, 2010, p. C4。

② 《美国法典》（*United States Code*）由国会众议院法律修订律师办公室（Office of the Law Revision Counsel of the U. S. House of Representative）编纂，共有 50 个主题分卷，其中仅 26 个主题分卷为现行有效法律。该法典每六年修订一次，最近的几次修订发生在 1994 年、2000 年、2006 年和 2011 年。其最新版本（2011 年版）可以从美国政府印刷出版局（U. S. Government Printing Office）的官方网站：http://www.gpo.gov/fdsys/获得。本章相关论述引用的法律条款均依据 2011 年度的现行有效法律文本。

③ 《国内税收法典》的基本结构框架分为 10 个层次，即主题分卷（Title）、卷（Subtitle）、章（Chapter）、节（Subchapter）、部分（Part）、条款（Section）、分款（Subsection）、段落（Paragraph）、分段（Sub‐paragraph）和条（Clause）。为避免烦琐，一般研究中引用法律时仅提及条款（Section）这个层次。

务局负责监督落实公益慈善类免税组织的信息公开工作。①

《国内税收法典》卷帙浩繁，条款（Section）编号从 1 直到 9834，其中涉及免税组织和其他非营利组织的条款主要集中在第 501—530 条款部分，即"免税组织（公益慈善类组织及其他组织）"［exempt organizations (charitable and other)］。也就是说，美国成千上万民间组织中的"主力部队"是由这些条款规范的。根据联邦税务局 2015 年 3 月公布的数字，2014 财政年度（2013 年 10 月 1 日至 2014 年 9 月 30 日），美国共有符合《国内税收法典》501（c）项下各个条款的免税组织 156. 84 万个，其余第 501(c)（3）条款组织，即公益慈善组织 111. 79 万个，非豁免型公益慈善信托机构（nonexempt charitable trust）和利益分割型慈善信托组织（split - interest trust）12. 51 万个，② 使徒传教团体（apostolic association）等符合某些特殊规定的宗教组织 222 家，政治性非营利组织（527 条款组织）29462 个，以上非营利组织总共合计为 172. 33 万个。③

以《国内税收法典》为基本法律，加上配套的一系列税法实施条例和细则，联邦政府构筑了比较严密的免税组织法律体系。这个体系目前已经成为一门复杂的学科，以至于外人要入门都不大容易。幸好美国联邦税务局出版了大量免费指南，美国的税务专业律师、会计师和非营利组织专家也有大批著作问世。就免税组织而言，《国内税收法典》规范了五个最基本的方面，即：定义与要求、免税资格的审核认定、捐赠与经济活动、年度报表与信息披露、政治性活动限制。由于大多数免税组织是符合《联邦税收法典》第 501(c)（3）条款规定的公共慈善组织和私立基金会，故以下对《联邦税收法典》有关内容的讨论将偏重它们，同时兼顾

---

① 《2006 年退休金保障法》（*The Pension Protection Act of 2006*）规定了新的免税组织年度报表向公众披露的要求，但没有就此事授权联邦税务局，这是一个立法失误。2007 年生效的《2007 年税收技术性纠正法》（*Tax Technical Corrections Act of 2007*）纠正了这个错误，明确了对联邦税务局的授权。

② 利益分割型信托组织（Split - Interest Trust）是公益慈善信托的一种形式，受益人包括在世的捐赠人，但主要支出用于支持公共慈善事业，其设立要求和管理与私立基金会类似。更多详情可见联邦税务局官方网站的解释性说明：http：//www. irs. gov/Charities - & - Non - Profits/Private - Foundations/Split - Interest - Trusts，2015 年 8 月 15 日。

③ U. S. Internal Revenue Service，*Data Book* 2014，Table 25，Tax - exempt Organizations，Nonexempt Charitable Trusts，and Nonexempt Split - Interest Trust，Fiscal Years 2014（Publication 55B），Washington DC. ，March 2015，p. 58.

其他类型的组织。[①]

1. 免税组织定义

如第一章中的表1所示,《国内税收法典》中对联邦免税非营利组织的划分很具体,该法和联邦税务局制定的各种细则性文件对每一种免税组织的规定都是具体而详尽的。以公益慈善类组织为例:法律规定,任何完全致力于宗教、慈善、科学、公共安全测试、文学、教育、促进国家和国际业余竞技体育比赛、预防虐待儿童和动物等事业的法人机构、社区福利基金、私立基金会(或基金),只要其净收益不是为了保证使私人股东或个人受益,其行为的实质不是为了进行宣传鼓动活动(advocacy)或企图影响立法,不代表任何公职候选人(或反对者)参与或干涉竞选活动,便可申请第501(c)(3)条款下的免税组织资格,但个人和合伙制组织不能申请。倘若儿童照料机构(child care organization)提供的服务能便于父母上班,而且这种服务向公众开放,就可以被列为第501(c)(3)条款下的教育性组织。另外,由州政府、市政府兴办的类似组织,如州立大学、市立医院等,只要它们不是政府机构的一个组成部分,而是单独设置的实体(separate entity),并且符合联邦税务局的组织检验标准(组织的主体文件合乎税法要求)和运营检验标准(主要活动切合公益慈善目的),那么它们也可以申请成为第501(c)(3)条款下的免税组织资格。

2. 免税资格的认定

除了国会依法特许成立的免税组织外,[②] 任何非营利组织如果想获得

---

① 本节论述所依据的主要文献是美国政府印刷出版局提供的最新版本《国内税收法典》(*Internal Revenue Code*)以及 Internal Revenue Service:Publication 557 (Rev. February 2015), Cat. No. 46573C, *Tax – Exempt Status for Your Organization*;Publication 4220 (Rev. 7 – 2014), Cat. No. 37053T, *Apply for 501(c)(3) Tax – Exempt Status*,除非必要或者另有引用,否则以下不再特别注释。

② 目前美国有100个重要的全国性非营利组织,如国家科学院(National Academy of Sciences)、美国红十字会(American National Red Cross)、美国奥林匹克委员会(United States Olympic Committee)、美国童子军(Boy Scouts of America)、美国国际法学会(American Society of International Law)等属于国会依据宪法授权特许成立的非营利组织,均享受联邦免税待遇,它们也被统称为"国会特许非营利机构"(congressionally chartered nonprofit organizations)。这些组织基本上成立于20世纪,也有些成立更早,如美国全国教育协会(National Education Association of the United States)成立于1857年。这些组织的成立特许,即国会批准这些组织成立的法律文件(charters)集中在《美利坚合众国法典》第36主题分卷(*U. S. Code* Title 36)中,因此这(转下页)

免税资格，必须依法向联邦税务局履行申请手续。这种手续有三大环节：准备文件、审查批准、申诉（如果未获批准的话）。

（1）准备文件。这可以说是最重要的一个环节，其中的关键是填写联邦税务局设计的格式申请表。除法律另有特殊规定者外，对一般的申请组织只要求填写1024表，而公益慈善类组织和若干其他类别的组织，如合作制医院服务组织、信贷咨询组织等，则必须填写1023表，并准备好表格所要求的一切文件。1023表是一个相当复杂的超长表格，共26页，主表有11个部分，每个部分都包含许多问题，对有些问题的回答还必须附加文件和说明材料。例如，表格第二部分涉及申请方的组织形式和章程，在回答这部分问题时必须同时提供一套经过本组织负责人签字确认的文件副本，其中包括：从联邦税务局申请和获得的联邦税务号码，即雇主身份编号（Employer Identification Number，EIN）；[①] 成立文件及所在州政府部门颁发的登记证书；组织章程（bylaws），如果对章程做过修改，或者有章程的细则，也要附上相应的副本；本年度及过去三年的财务报表。1023表还有编号从A到H的若干附表，它们是专门针对某几种公益慈善组织的，如教育组织要填写附表B，医院和医学科研组织要填写附表C，为老年人、残疾人和低收入者提供住房的组织要填写附表F等。任何规模的宗教组织和年收入不超过5000美元的非私立基金会组织，若符合第

（接上页）些免税组织有时也被称作"第36主题分卷组织"（Title 36 corporations）。按照1998年国会通过的法律（PL 105－225），所有"第36主题分卷组织"在《美利坚合众国法典》第36主题分卷中重新排列，其中除了九个组织被列入其他卷（subtitle）外，91个组织被列在第2卷，即《爱国组织和全国性组织》卷内。需要特别注意的是，以国会特许状作为"出生证"的这些免税组织并没有受到国会在其他方面的任何特殊对待，对它们的监管未见得比其他免税组织更加严格，尽管公众普遍认为获得国会特许的组织有某些非凡之处。依照《国内税收法典》的规定，这些组织大多数属于第501(c)(3)条款组织（公益慈善类组织）和501(c)(4)组织（公民团体），对它们的监督与管理主要是联邦税务局的职责。进入21世纪以来，美国国会没有再审批新的特许非营利机构。有关这类组织的详情可参见 Ronald C. Moe, *Congressionally Chartered Non-profit Organizations (Title 36 Corporations): What They Are and How Congress Treats Them*, Congressional Research Service, Updated April 8, 2004 (RL30340)。

① 雇主身份编号（Employer Identification Number，EIN）实际上就是联邦免税组织的身份号码，由九位数字组成，无论免税组织是否真的雇用工作人员，都必须申请和获得此编号。申请者可以通过登录联邦税务局官方网站、打电话和填写邮寄 SS－4 表格三种方式申请。有关这个号码的规定，可详见联邦税务局出版物 IRS, *Understanding your EIN*, Publication 1635 (Rev. 4－2011) Catalog Number 14332X。

501（c）（3）条款的相关规定，即可自动享受免税待遇。如果这些组织需要联邦税务局正式出函确认它们的免税资格，也要履行正式的申请程序，填写1023表，宗教组织还需填写附表 A。① 填写完毕的申请表、所有配套文件、说明性材料和交付审查费的支票②等要放在大信封中邮寄到申请表格上印刷的联邦税务局指定地址。

（2）审查批准。联邦税务机构在收到合乎要求的申请材料后，会出具一份正式收据。遇到不符合要求的表格，会与申请者联系提出改进意见。所有通过初审并正式签收的申请材料都会转送联邦税务局总部，在那里由免税组织司审查处（EO R&A）经验丰富的专家依法审查。审查结果不外乎三种情况：出具批准函（ruling 或 determination letter）、否定函（adverse determination letter）或者把案件转交给审查处的技术部（EO Technical）做进一步深入研究。若申请者最终收到批准函，那么其免税资格的有效期一般从该组织成立之日算起（申请免税组织资格的材料一般应在组织成立后的 15 个月内提交）。获得免税资格的非营利组织凭批准函可向联邦税务局申请退还已经征收的所得税款。

（3）申诉。如果提交申请的组织收到联邦税务局的否定函，但对此审查决定持有异议，可依法定程序在 30 天内向联邦税务局申诉受理办公室（Appeal Office）提出申诉，并可以要求在联邦税务局总部进行会商。若申诉失败但申请组织仍然不满意联邦税务局的最后答复，或联邦税务局在接获完整申请材料的 270 天内无法做出决断，申请方可以把案件提交联邦地区法院（U. S. District Court）、联邦经济纠纷法院（U. S. Court of Federal Claims）③ 或者联邦税务法院

---

① 1023 表格（2006 年 6 月修订版）及其清单的中文译本可见：［美］贝希·布查尔特·艾德勒、大卫·艾维特和英格里德·米特梅尔：《通行规则：美国慈善法指南》，金锦萍、朱卫国、周虹译，中国社会出版社 2007 年版，第 228—284 页。

② 在接受和处理免税组织资格申请时，联邦税务局依据不同组织的情况收取费用，2010 年的收费标准是：对单一组织申请的收费分为 400 美元和 850 美元两个等级，对组织群体（Group Exemption）的申请收费为 3000 美元。见 IRS: *Revenue Procedure* 2010 – 8。

③ 联邦经济纠纷法院（U. S. Court of Federal Claims）是国会依照《美利坚合众国宪法》第 1 章的规定于 1982 年重新建立的，设在首都华盛顿。该法院主要受理与联邦政府相关的经济诉讼（money claims），每年审理的案件约有 1/4 涉及税务问题。更多详情可见其官方网站：http://www. uscfc. uscourts. gov/。

（U. S. Tax Court）审理，① 联邦税务局将尊重上述法院的判决结果。

3. 捐赠与经济活动

社会捐赠是成千上万非营利免税组织资金、物资和人力资源的重要来源。《国内税收法典》和配套细则对涉及各种形式的捐赠，以及捐赠方和受赠方的权利义务进行了详尽的规定。这些规定的主旨是维护免税组织信用和市场公平，保护捐赠方和受赠方双方的正当权益，防范利用捐赠而发生欺诈，维护国家税收制度的严肃性。例如，凡是向公益慈善类组织（公共安全测试组织除外）提供捐赠的组织或者个人均可依法享受按照所捐赠款物的价值计算的税收优惠，但这种优惠的获取必须符合一系列法定条件。捐赠的物品和服务（例如免费为洪涝灾区运输救援物资），其价值的计算必须依据公平市价（Fair Market Value，FMV），否则捐赠者不能享受税收优惠。若捐赠方在进行捐助的同时获得相关免税组织回赠的某种物品或服务，像应邀出席筹款答谢宴会、获得体育比赛门票等，那么根据具体情况，联邦税务局可以决定部分或者全部捐助款项能否享受税收优惠。在与公益慈善类组织发生的交易中，如果直接或者间接地造成或者可以预计会直接或间接地导致财产捐赠人获益，例如使其获得人寿保险、年金或其他形式的给付合同等，捐赠者也无法享受税收优惠。

免税组织都是独立法人，在市场经济环境下，它们往往需要通过市场开展各种经济活动，如获取或转让房产和土地所有权、利用自有资金进行的投资、签订各种经济合同等。《国内税收法典》比较严密地规范了免税组织怎样在享受联邦免税待遇的同时处理这些经济活动所产生的利益。在绝大多数情况下，免税组织在其主要事业之外的各种经营性收入都必须依法缴纳"无关宗旨商业所得税"（Unrelated Business Income Tax，UBIT）。比如，某大学校友会的使命是通过联系校友促进本校的教育事业，所以经审批注册为第501(c)(3)条款组织。如果它和某旅行社联手举办的校友国际旅游项目为本组织创造了收益，那么这些收益就应该依法缴纳无关宗旨商业所得税。因为尽管旅游也不失为一种很好的学习形式，但是这个项目自身与推进本大学的教育事业没有直接关联。

---

① 联邦税务法院（United States Tax Court）系国会依照《美利坚合众国宪法》第 1 章的规定建立，设在首都华盛顿，其司法管辖权限包括解决纳税人与联邦税务局之间的税务争议。更多详情可见其官方网站：http://www.ustaxcourt.gov/。

4. 年度报表与信息公开

大多数免税组织必须依法向联邦税务局及时、准确地报送年度报表和事项报表。最重要的年度报表（return）包括：年收入超过 2.5 万美元的免税组织（私立基金会除外）的年度信息报表（即 990 表或者 990 – EZ 表）、① 任何规模的私立基金会和按照私立基金会标准监管的非免税慈善信托机构的年度信息报表（990 – PF 表）、超过 1000 美元的无关宗旨商业活动收入报表（990 – T 表）、② 年收入少于 2.5 万美元的小型免税组织信息的简易电子年报（990 – N 表，或称"电子明信片"e – Postcard）③，以及各类支持性组织（无论其年收入多少）的年度报表。990 系列表格的上报期限为免税组织会计年度结束后第五个月的 15 日。也就是说，如果其会计年度与公历年度一致，那么最迟应该在次年的 5 月 15 日上报，到期无法报送的组织可填写 8868 表格申请延期三个月。对逾期不报、瞒报或者漏报信息的组织，联邦税务局将课以每天 20 美元的罚款。④ 从 2007 年起，连续三年没有依法报送 990 系列表格的组织，其联邦免税待遇会被自动注销。

---

① 联邦税务局的报表要求是随年份不同而有所变化的。就 2010 税务年度而言（2010 公历年度以后开始填报），990 – N 表格适用于年度总毛收入低于 5 万美元的组织；990 – EZ 表格（990 简表或者 990 短表）或者 990 表格适用于年度总毛收入在 5 万—20 万、净资产少于 50 万美元的组织；年度总毛收入超过 20 万美元或净资产高于 50 万美元的组织必须填报 990 表。见 Internal Revenue Service, *Compliance Guide for* 501(c)(3) *Public Charities*, Publication 4221 – PC（07 – 2009），Catalog Number 49829R，p. 11. 不用报送 990 表格的民间组织是：宗教组织（Faith – Based Organizations）、大型组织的分支机构（如果大型组织本身填报 990 表格的话）、没有在联邦税务局注册的组织（本来它们完全有资格注册，但自愿选择不注册）、附属于宗教组织的学校、传教机构、州立民办机构（如大学）和政府法人机构（Government Corporation）。

② 法律虽不要求宗教组织填报 990 表，但如果它们有无关宗旨商业活动且收入超过 1000 美元，也必须向联邦税务局报送 990 – T 表。

③ 这项要求是《2006 年退休金保障法》（*Pension Protection Act of 2006*，Public Law 109 – 280，2006 年 8 月 17 日总统签署生效）中规定的，要求报备的内容是八个方面的信息：（1）组织的正式名称；（2）任何进行活动和经商的名义；（3）邮政地址与互联网站信息（如果有网站的话）；（4）机构税号；（5）主要负责人的姓名与通信地址；（6）本组织的税务年度（annual tax period）；（7）本组织年度收入在 2.5 万美元以下的证明；（8）组织解散通知（如果解散的话）。符合条件的小型免税组织可以在线填报相关电子表格。

④ 根据联邦税务局现有规定，这种处罚的最高值一般不会超过 10000 美元，或者被处罚组织年收入的 5%。对于年收入高于 100 万美元的免税组织来说，罚款增加到每天 100 美元，最高限额为 5 万美元。

与年度报表密切关联的是信息公开的要求，不同免税组织的法定信息公开程度各异。例如，符合《国内税收法典》501（c）（4）至 501（c）（7）条款的四类组织——公民团体与社会福利组织、工会组织、商会与行业协会、社会俱乐部和休闲娱乐俱乐部必须向联邦税务局报告它们的筹款情况；如果免税组织有偿提供的信息与服务是联邦政府免费（或者平价）提供的，该组织必须就此公示；如果免税组织的会员费因要用于政治性活动而不能享受所得税优惠，该组织必须告知其会员此情况；任何免税组织如果发生涉及被禁止的避税交易（prohibited tax shelter transaction)[1] 行为，必须在法定期限内向联邦税务局报送 8886－T 表。

在所有与信息公开有关的要求中，对公益慈善类组织即第 501（c）（3）条款组织的规定最为具体和严格，有时甚至显得苛刻。这类组织的 1023 表（免税资格申请表）及所有附加材料都在向全社会公开的范围内。他们的 990 表、990－EZ 表和 990－T 表上的信息，除专利、商业秘密、国防资料和其他法定无须公开的信息外，全都必须向公众开放（990－T 表应持续公示三年）。990 表格首页的设计也体现了这种公开性的要求：右上角有一个标明年份的栏目，年份下方醒目的黑底白字是："供公众审察"（Open to Public Inspection）。若上述信息不能从免税组织的网站或者其他网上信息源获得，免税组织有义务在接到查阅请求后的两周内在合适的时间、地点，以合适的方式，为公众查阅提供便利。在正常情况下，如果某个公民以书面形式向某免税组织提出获得公开信息的复印件的要求，只要这个要求是写给该组织所在地址的，以邮政、电子邮件、传真或者联邦税务局认可的快递服务方式送（寄）达，并且提供了回信地址，那么该组织就必须在 30 天内将相关复印件寄出，并只能按照联邦税务局规定的标准收取复印费。[2]

---

[1] 被禁止的避税交易（prohibited tax shelter transaction）系《国内税收法典》第 6707A（c）（2）条款规定的交易。

[2] 美国联邦税务局认可的邮寄和快递服务机构一共只有四家，即：美国联邦邮政（U.S. Postal Service）和三家私营快递公司——敦豪快递公司（DHL）、联邦快递公司（FedEx）及联合包裹快递公司（UPS）。关于复印服务的收费标准，联邦税务局的标准是依据联邦《信息自由法》（Freedom of Information Act，FOIA）中的收费表制定的，普通复印每页 0.10 美元，彩色复印每页 0.20 美元。虽然联邦税务局对头 100 页复印免费，但免税组织可以依照标准按实际复印页数收费。参见 Internal Revenue Service：Publication 557（Rev. October 2011），Cat. No. 46573C, *Tax - Exempt Status for Your Organizations*, pp. 24, 20.

5. 政治性活动的限制

一般来说，各类免税组织所从事的宣传鼓动活动可以分为三种，即政治竞选活动（political campaign activity）、游说（lobbying）和倡导（advocacy）。①《国内税收法典》和联邦税务局的相关规章对于各类非营利组织介入以上三种活动的程度均有极为详细的规定。其中最重要的是禁止公益慈善类组织参与任何政治竞选活动，即这些组织不得支持或反对任何竞选公职的候选人。联邦税务局在这个问题上的立场非常明确：对于政治竞选活动的限制并不妨碍公益慈善组织的领导人以个人身份发表言论的自由，但如果这些领导人不想让他们的组织丧失第501（c）（3）条款免税待遇，他们必须谨言慎行，避免一切哪怕容易引起公众误解的带有支持或反对竞选人倾向的情况出现。例如：在某组织的宣传材料中没提具体竞选人的姓名，但登出了照片，或提及某人竞选纲领中的观点；在组织研讨会时只为一方竞选人而不是两党竞选人提供演讲平台；邀请一方竞选人出席盛大的年度宴会，而邀请另一方竞选人出席低调的小型活动；等等。联邦税务局会根据对具体情况的全面分析，判断公益慈善组织是否违反了"政治竞选禁令"，并对情节严重的违规者给予处罚。②

若公益慈善类免税组织（宗教组织除外）要开展任何旨在影响立法的游说活动，则必须依照法律规定，保证该组织没有把"大量"（substantial part）活动和资源集中于游说目的。免税组织可以选择是随时接受联邦税务局的核查，还是向联邦税务局报送5768表格，接受《国内税收法典》确定的梯度计算方法，根据本组织公益慈善事业支出具体设定直接和间接的免税游说开支限额。无论一个免税组织多么富有，每年最高的免税游说开支都不得超过100万美元。若免税组织连续四年在游说活动方面支出过高，将丧失免税资格；

---

① 政治竞选活动（Political Campaign Activity）指支持或反对担任公共职务的候选人的各种活动，包括相关的捐款；游说（lobbying）指为了改变或者影响立法而开展的相关活动；倡导活动（advocacy）的内容包括围绕某一具体问题（issue）开展的影响公众的宣传鼓动、旨在影响行政部门和监管机构的活动，以及选民教育和动员工作。

② Internal Revenue Service, *Compliance Guide for* 501（c）（3）*Public Charities*, Publication 4221 – PC（07 – 2009），Catalog Number 49829R，pp. 4 – 7。在2004年度、2006年度和2008年度（均为联邦选举年份），联邦税务局根据有关线索调查了357家违法介入政治竞选活动的公益慈善类免税组织，对大部分查有实据者予以警告，取消了七家组织享有的第501（c）（3）条款联邦免税待遇。见 Internal Revenue Service, *Exempt Organizations FY* 2010 *Annual Report and FY* 2011 *Work Plan*，p. 20。

若这种情况仅出现在一个税务年度中，则要按照超出限额的游说支出的25%纳税。此外，游说活动的情况还要在年度报表990表的附表C中报告。至于倡导性的活动与宣传，只要与本组织的宗旨、计划、项目相符，不违反联邦税务局的禁止性规定，一般都不会出现大问题。

（二）联邦税务局：监管与服务并重

在联邦层面上，对享有免税优待的非营利组织进行监管的最主要的政府机构是隶属于美国财政部的联邦税务局（常用英文缩写IRS，也译为"国内收入署"）。它不仅是联邦政府唯一的税收机关，也是《国内税收法典》授权批准和撤销免税组织地位的唯一行政机构。联邦税务局诞生于美国内战正酣的1862年，从那时起，它的内设机构和具体职能经历了多次变动，现行组织结构与分工基本上是依照1988年国会通过的《联邦税务局重组与改革法》（*Internal Revenue Service Restructuring and Reform Act of 1988*，PL 105 – 206）确定的。联邦税务局的业务司（operating division）有四个，分别是大企业与国际业务司（LB&I）、小企业与自雇业者司（SB/SE）、工薪与投资司（W&I），以及免税组织与政府机构司（Tax Exempt and Government Entities Division，TE/GE）。

依法对免税组织进行监管是免税组织与政府机构司的基本职能。这个司下设三个业务分局：监察分局（Examinations）最大，有516人，负责对免税组织进行抽样审计和执法监督；审查分局（Rulings and Agreements，R&A）有335人，负责审理各种民间组织提交的免税组织申请表格，提供相关咨询服务，与首席法律顾问办公室和财政部合作编写各种指南性质的出版物；教育培训分局（Customer Education and Outreach，CE&O）的全职人员仅12人，负责组织各种全国性的宣教活动，落实培训计划，以提高免税组织遵守相关法律法规的意识。加上司长办公室的工作人员13人，整个免税组织司2012年共有876名工作人员。① 这些工作人员的突出特点是专业性强，在2008年度该司的工作人员名录中，有677名税务专家和税法律师，其中64%的人已经在联邦税务局工作了10

---

① Internal Revenue Service, *Exempt Organizations FY* 2012 *Annual Report and FY* 2013 *Work Plan*, p. 2, available at http：//www. irs. gov/pub/irs – tege/FY2012＿ EO＿ AnnualRpt＿ 2013＿ Work＿ Plan. pdf, 2015 – 08 – 15.

年或更长时间。[1]

联邦税务局监管方式有多种。除了比较费时费力的传统性审查方法（审查年度报表和派人到组织现场进行检查、审计）外，近年来越来越多地采取的是综合检查法（EOCU initiatives，又称 Compliance Check），包括检查非营利组织是否依法记录财务和事业情况、填报相关报表；检查它们的活动是否与法定免税地位相符合；向特定非营利组织的群体（如医疗机构）发放调查问卷等。利用现有档案数据和公开信息对非营利组织的情况进行追踪也是一种重要方法。2004 财年期间，联邦税务局利用传统方法审查了 5800 个组织，用综合检查法检查了 1475 个组织；到 2012 财年这两个数字分别为 10743 个和 3277 个，都增长了大约一倍。其中，超过传统性审查的 3/4 是现场检查。[2] 各种抽查和有针对性的审计主要集中在两类组织身上：接受联邦政府资助或者与政府签订服务合同的组织、资产额超过 1000 万美元的特大型组织。[3] 联邦税务局还不时地策划和实施对于特定非营利组织的专项检查。2008 年，为了加强对高等院校（教育类公共慈善机构）的监督，促使它们严格守法，联邦税务局展开了一次为期五年的专项大规模检查。这次检查的基本方法是先对随机抽取的 400 所高等院校发放精心设计的问卷，然后根据返回的问卷抽取 34 所问题较为明显的高校（其中 2/3 为有 15000 名或更多学生的规模较大的院校）进行详查。通过这次专项检查，发现了高等院校上报的 990 表格中的 180多处问题，经过改正，共增加应税款项 9000 万美元。[4] 如果在检查和审

---

① Internal Revenue Service，*EO Annual Report and FY* 2009 *Work Plan*，p. 2.

② Internal Revenue Service，*Exempt Organizations FY* 2012 *Annual Report and FY* 2013 *Work Plan*，p. 5.

③ 根据 2008 年度上报的 990 表格统计，资产额超过 1000 万美元的特大型免税组织占所有组织数的 12%，47% 的免税组织资产不超过 50 万美元。见 Internal Revenue Service，*Exempt Organizations FY* 2010 *Annual Report and FY* 2011 *Work Plan*，p. 11。另据联邦税务局新修订的 557 号出版物，每个公历年度内报表超过 250 种、资产总额达到或者超过 1000 万美元的特大型免税组织必须上报电子版的 990 表格。见：Internal Revenue Service：Publication 557（Rev. October 2010），Cat. No. 46573C.

④ 2013 年 4 月 25 日，美国联邦税务局发布了关于本次高等院校大检查的最终研究报告。新闻发布消息及该报告 PDF 版全文可见联邦调查局官方网站：IRS，"IRS Releases Final Report on Tax‑Exempt Colleges and Universities Compliance Project"，IR‑2013‑44，April 25，2013，available at：http：//www.irs.gov/uac/Newsroom/IRS‑Releases‑Final‑Report‑on‑Tax‑Exempt‑Colleges‑and‑Universities‑Compliance‑Project，2013 年 4 月 27 日。

计中发现严重问题，或者从新闻媒体报道、举报人那里获得了某个免税组织严重违法行为的线索，联邦税务局就会展开深入的调查，并依法对涉案组织罚款、冻结账户、扣押财产直至取消其免税地位，并视情况追究有关人员的刑事责任。①

联邦税务局的监管工作同它为免税非营利组织提供的服务是分不开的。进入 21 世纪以来，联邦税务局采取了许多措施改善它的服务，其核心目的是提高免税组织依法办事的意识，减少违法违规行为。前任局长马克·埃弗森（Mark W. Everson）把这个做法总结为一个后来被人们称之为"埃弗森公式"的套路，即：服务加上执法监督等于守法（Service plus Enforcement equals Compliance）。② 联邦税务局特别注重提供的服务有两类：一是信息服务；二是辅导与培训服务。

联邦税务局提供的信息包括：完整并及时更新的相关法律法规的介绍、解释和对非营利组织经常提出的有关问题的回答；伴随各种表格的填报须知；各种指南、手册和守则性质的出版物及各种专项调研报告（近年来完成的专题调研项目有：非营利医院的状况、免税组织领导人和高级职员的薪酬、公益慈善组织的违规政治性活动等）。应该特别提到的是，所有信息主要通过联邦税务局官方网站（http：//www. irs. gov/）发布。这个网站在 2012 年彻底改版，不仅做到了图文并茂、使用方便，而且还能够提供西班牙文、中文、韩文、越南文和俄文界面。

围绕小型免税组织年报要求而开展的信息服务很能说明问题：《2006

---

①　联邦税务局专门设有一个刑事调查司（Criminal Investigation，CI），负责受理重大的税务案件。该司在美国本土和世界各地的工作人员多达 4100 人，其中约 2700 人是具有执法权的特勤人员（Special Agent），他们有权不经过法庭程序就采取执法行动，更多详情可见联邦税务局官方网站：http：//www. irs. gov/。另据美国财政部公布的资料，2000—2002 财年，约有 11 个涉及免税组织的税务欺诈案件（fraud development case），2006—2008 财年，这类案件有 48 个，另有应受民事处罚的案件 4 个（罚金和应缴税款共计约 1000 万美元）。见 Treasury Inspector General for Tax Administration，Department of the Treasury，*A Corporate Approach Is Needed to Provide for a More Effective Tax - Exempt Fraud Program*，July 6，2009（Reference Number：2009 - 10 -096）。

②　马克·埃弗森（Mark W. Everson）2003 年 5 月至 2007 年 5 月期间担任联邦税务局局长。关于他论及"埃弗森公式"的那场著名演讲可见联邦税务局官网："Remarks of Mark Everson，Commissioner of Internal Revenue before the National Press Club Washington D. C. ，" IR - 2004 - 34，March 15，2004，retrieved from：http：//www. irs. gov/uac/Remarks - of - Mark - W. - Everson - Commissioner - of - Internal - Revenue - before - the - National - Press - Club - Washington - D. C. ，2015 年 8 月 22 日。

年退休金保障法》要求所有年收入不满 2.5 万美元小型免税组织都必须
向联邦税务局进行年度电子报备，即报送 990 - N 表（也称"电子明信
片"e - Postcard），若连续三年不履行报备手续，则自动丧失免税组织地
位。该法生效后，联邦税务局前后数次向其掌握记录的小型免税组织发出
了上百万封信函就报备规定进行说明，但仍然有大批组织在法定最后期限
（2010 年 5 月 17 日）之前没有动作。① 针对这种情况，联邦税务局不断在
官方网站上发表公告进行提醒。法定期限过后，联邦税务局没有机械地执
行法律，而是根据实际情况推出为期 90 天的一次性宽限期，并配合发布
了一整套信息，包括局长声明、一次性宽限期通告、990 - N 表格填报说
明、问题解答、各州未报备的小型免税组织名录等。时任局长舒尔曼
（Doug Shulman）指出，遍布全国各地社区的小型免税组织对保持美国的
活力非常重要，联邦税务局最不愿意看到的就是这些组织仅仅由于没有履
行简易报备手续而丧失免税地位。出台宽限期的目的就在于帮助这些小型
免税组织再多走一步，免得将来它们还要重新申请免税资格。② 事实证
明，这一举措效果良好，其间依法履行报备手续的小型免税组织数量超过
了前五个月报备数量的总和，近 18 万个小型免税组织因此受益。③

　　对免税组织开展辅导和培训也是联邦税务局的一项经常性工作，较常
见的形式是短训班（workshop）、电话会议（phone forum）和网络直播辅
导（webinar）。短训班在美国各主要城市召开，授课人通常是联邦税务局

---

　　① 该法律条款的正式生效日期为 2007 年 5 月 17 日，首个三年期限的截止日期是 2010 年 5
月 17 日。

　　② 对小型免税组织的一次性宽限期（One - Time Relief）从 2010 年 5 月 17 日起到 2010 年
10 月 15 日止。有关信息，包括舒尔曼局长 2010 年 7 月 26 日就此发表的相关言论可见：IRS An-
nounces One - Time Filing Relief for Small Exempt Organizations That Failed to File for Three Consecutive
Years, available at：http：//www. irs. gov/newsroom/article/，2010 年 9 月 29 日。

　　③ 小型免税非营利组织依法报备的数量，2010 年元旦至 5 月 17 日为 157473 个，而在 2010
年 10 月 15 日截止的一次性宽限期内达到 178479 个。见：Internal Revenue Service, Exempt Organi-
zations FY 2010 Annual Report and FY 2011 Work Plan, p. 9。关于小型免税非营利组织因未能及时
报备信息而被取消免税待遇的治理要求、联邦税务局的相关服务与措施、工作改进情况等背景性
信息，可见美国财政部税务监察长（Treasury Inspector General for Tax Administration）办公室的备
忘录："Appropriate Actions Were Taken to Identify Thousands of Organizations Whose Tax - Exempt Sta-
tus Had Been Automatically Revoked, but Improvements Are Needed"，（2012 - 10 - 27），retrieved
from：https：//www. treasury. gov/tigta/auditreports/2012reports/201210027fr. html，2015 年 8 月
22 日。

的专家，学员是相关非营利组织的管理人员。有时联邦税务局还会与大学和当地的重要非营利组织联合主办类似活动。这种短训班的具体组织工作是外包的，所以通常要收取一定费用，但它的最大好处是可以实现参与者面对面的互动。① 网络直播辅导是免费的，主讲人为联邦税务局官员或资深专家，一般持续时间在 1 个小时以内。② 所有辅导和培训均有提前预告，而且需要提前注册。有些重要活动结束后相关资料会被整理出来，并被公布在联邦税务局的网站上，以方便非营利组织查阅。例如，2008 年大选期间，联邦税务局于当年 6 月 9—10 日举行了专题培训班，内容为《免税组织在大选年中应遵守的规则》，授课资料直到 2015 年 8 月仍能从联邦税务局的网站上下载。③

四　其他监管非营利组织的联邦机构

在通常意义上的联邦政府这个层面，除了财政部所属的联邦税务局作为免税非营利组织的主要监管机构外，还有若干联邦机构对非营利组织也负有一定的监管职责。

（一）联邦选举委员会

联邦选举委员会（Federal Election Commission，FEC）是美国国会1975 年创建的一个联邦独立机构，六名委员均由总统提名、参议院批准。其基本职责是依据《联邦选举法》（*Federal Election Campaign Act of 1971*，Public Law 92 – 225）④、《跨党派选举改革法》（*Bipartisan Campaign Reform*

---

① 收费标准在 2010 年为每人每次 45 美元，且注册后不能退款。

② 2010 年 11 月 18 日美国东部标准时间下午 2 点联邦税务局的网络直播辅导持续 45 分钟，由两位资深联邦税务局专家主讲，内容是：新获得联邦免税资格的 501（c）（3）组织应该如何做到遵章守法。

③ IRS Phone Forum：Rules for Exempt Organizations During an Election Year，June 9 and 10，2008，available at http：//www. irs. gov/pub/irs – tege/rulesforeosduringanelectionyearscript6 – 9 – 08. pdf，2015 年 8 月 16 日。

④ 《1971 年联邦选举法》（*Federal Election Campaign Act of 1971*，FECA，Public Law 92 – 225）是一部旨在提高联邦选举竞选资金透明度的法律，经历过多次修正。国会 1974 年对该法的修正案导致了联邦选举委员会的诞生。

Act of 2002，Public Law 107 – 155）① 等联邦法律，监管联邦选举事务，尤其是选举资金的筹集和使用情况。就监管民间组织的政治性活动而言，该委员会和联邦税务局既有分工又有合作，有些时候它们的监管还有某种程度的重叠。联邦税务局的监管重点，一是要严格防止公益慈善类免税组织，即第501(c)（3）条款组织卷入任何支持或反对公职竞选人及相关政治性捐款活动；二是确保政治类免税组织，即"527 条款组织"依法向联邦税务局报备相关表格。② 联邦选举委员会的注意力则主要集中于受联邦选举法律规范的政治类民间组织，使它们按照联邦法律和规章确立的政治"游戏规则"从事各种选举、游说和宣传造势活动，同时也不放松对其他类别免税组织政治性活动的监督。③

　　联邦选举委员会有权监管的政治性组织均为 527 条款组织，但并非所有 527 条款组织都必须接受联邦选举委员会监管。具体来说，联邦选举委员会的监管对象主要是依法应在该委员会登记的政治委员会（Political Committee）④ 等竞选组织（Candidate Advocacy Organizations），它们被联邦选举委员会统称为"注册政治委员会组织"（Registered Political Committees）。无论是资金能力还是政治影响，这些组织都堪称 527 条款组织

---

　　① 《跨党派选举改革法》（*Bipartisan Campaign Reform Act of 2002*，Public Law 107 – 155）又称为《麦凯恩—范格德法》（*McCain – Feingold Act*），于 2002 年 3 月 27 日由小布什总统签署生效。该法对原有的《联邦选举法》进行了全面而详细的修订，新设立了许多条款。为实施该法，联邦选举委员会从 2002 年起陆续制定和公布了许多新的规章与细则。

　　② 527 条款组织指符合《国内税收法典》第 527 条款的政治性免税组织，其具体组织形式包括政党、各种委员会、协会、基金和其他民间实体，它们的主要目的是影响联邦、州或地方的公职选举（含总统选举），主要财务资源来自社会各界的捐款。联邦税务局要求 527 条款组织依法填报的报表有四种，除了 990 系列年度报表外，年收入超过 25000 美元的组织还要填报 8871 表（527 条款免税地位通知表）、8872 表（捐款募集与支出情况表），某些政治性组织还要填报 1120 – POL 表。见 IRS Fact Sheet（FS – 2002 – 11）"Section 527 Political Organizations-Tax Filing Requirements"。

　　③ 从联邦选举委员会公布的材料看，其他类别的免税组织一般为第 510（c）（4）、510（c）（5）和 510（c）（6）条款组织。

　　④ 政治委员会（Political Committee）是联邦选举委员会的规范用语，是对形形色色与选举事务有关的委员会组织的总称，这些组织中包括名目繁多的政治行动委员会（Political Action Committee，PAC）和 2010 年中期选举期间出现的所谓超级政治委员会（Super PAC）。根据联邦最高法院在 2010 年初的一项裁决，专门从事所谓独立的选举政治宣传的民间组织，其募款和支出数额均不应受到政府限制。由此产生出来的相应民间政治组织即为"超级政治委员会"。这类机构在 2012 年的大选中极为活跃，也引发了各界的争议。有关详情可见本书论述非营利组织与美国选举政治的章节。

群体中的主力，因此联邦选举委员会以它们为监管重点也是顺理成章的。① 对于全国各地普遍存在的"主题（议题）倡导组织"（issue advocacy organizations）或选民动员组织，尽管它们也是 527 条款组织，联邦选举委员会则几乎无权监管。近年来，随着这些未在联邦选举委员会登记的 527 条款组织越来越积极地介入选举事务，它们的活动引发了无数争议和激烈辩论，美国国会已经开始注意这个问题并力图授予联邦选举委员会更广泛的监管权限。② 另外，如果商会、工会等其他类型的免税组织在介入选举事务时发生违法违规行为，联邦选举委员会有权进行调查处理。

联邦选举委员会实现其监管职能的途径有多种，其中包括：建立便于公众查询的数据库、对相关非营利组织的记录进行抽查和审计、就各类民间组织向联邦选举委员会提出的法律问题发布指导性咨询意见（Advisory Opinions，AO)③，以及对违规非营利组织进行执法处罚（civil enforcement）。执法处罚的种类分为行政罚款（Administrative Fine）、专案处罚（Matters Under Review，MUR），以及通过律师向联邦地区法院提起诉讼等。④

① 2004 年大选期间，全美 527 条款组织支出的费用为 44.5 亿美元，其中的 88% 系"注册政治委员会"组织（registered political committees）的支出。见 The Federal Election Commission, *Thirty Year Report*, September 2005 （FE6AN012），Chart 4 – 3 Spending by Registered Political Committees and Other 527 Organizations。

② 关于 2004 年大选期间及大选后美国 527 条款组织的变化趋势、这些组织与利益集团关系的复杂性及监管方面的问题，可参见 Robert G. Boatright, "Situating the New 527 Organizations inInterest Group Theory", *The Forum*, Volume 5, Issue 2, 2007 Article 5, Copyright © 2007 The Berkeley Electronic Press。

③ 任何公民团体或非营利组织（无论其是否是 527 条款组织）都可以就联邦选举法律在具体背景下针对某个组织的适用性问题向联邦选举委员会提问，联邦选举委员会一般在 60 天内给予正式答复，此即为咨询意见（Advisory Opinion，AO）。若遇到已经回答过的类似问题，从前的咨询意见可以起到判例的作用。1975—2005 年，联邦选举委员会共发出咨询意见 1200 多份，见 The Federal Election Commission, *Thirty Year Report*, September 2005 （FE6AN012），p. 10。

④ 根据联邦选举法律的规定，联邦选举委员会独家享有涉及联邦选举法律的执法处罚权（civil enforcement）。其中，行政罚款（Administrative Fine，AF）设立于 2000 年 7 月，用于处罚未及时上报或者不依法上报其情况的民间组织，罚款数额较小；专案处罚（Matters Under Review，MUR）则针对比较严重的违法违规案件，处罚力度较大。对于情节非常清楚或者轻微的案件，联邦选举委员会可通过"选择性争议解决"途径（Alternative Dispute Resolution，ADR）进行处理（类似于法院的庭外和解方式）或以简化程序的方式快速处理。执法处罚所得的罚款数量和罚款额中位数在 1990 年以后有了大幅度增长：1995 年罚款总数为 133.9 万美元，罚款额的中位数为 7500 美元；而到 2005 年罚款总额超过 237 万美元，罚款额的中位数上升到 2.1 万美元。见 The Federal Election Commission, *Thirty Year Report*, September 2005 （FE6AN012），p. 15。

（二）美国邮政管理局

美国邮政管理局（U. S. Postal Service，USPS）是美国最大的"国有企业"，同时又依法负有邮政专业监管职能。许多非营利组织依靠美国邮政提供的服务来向公众和特定传播对象群体大量邮寄五花八门的宣传品，包括本组织介绍、募捐请求、志愿者征召资料等，在选举年份或者重大宣传造势活动期间，这类印刷品的数量会呈现爆炸式增长。邮政管理局可以为这些大宗邮件提供优惠的"非营利组织标准邮政服务"（Nonprofit Standard Mail）。[①]

若要享受为非营利组织提供的大宗邮资优惠，这些组织必须满足两方面条件：第一，组织类型应符合美国邮政管理局的规定。美国邮政并非给予所有联邦免税组织以邮资优惠，而是仅给予符合其自定义的九类用户这种优待。九类用户的定义与《国内税收法典》的规定有所交叉，也有所区别，只能说大部分一致。这九类用户是：农业组织、教育组织、互助组织（Fraternal Organization）、工会组织、慈善组织、宗教组织、科学组织、退伍军人组织、选民登记官员以及全国性和州一级的政党（对于最后两类用户不一定考虑其是否具备非营利法律地位）。第二，邮件的内容必须符合联邦法律和相关规章，比如印刷品中不准包含促销信用卡服务、通用商业保险服务和旅游服务的资料，不得进行夸大其词的虚假宣传，不得邮寄毒品、易燃易爆品等可能危害公共安全的邮件。

美国邮政管理局日常监管的重点是防止某些营利机构冒用非营利组织名义享受邮资优遇待遇，或者利用非营利组织渠道散发商业广告。具体监管与处罚措施包括：抽查大宗邮品、对违规用户处以罚款、要求违规用户改正不实宣传品的内容直至取消相关用户的非营利组织邮资优待（Nonprofit Mailing Permit）。

---

① 美国邮政管理局规定，非营利组织和工商企业均可以享受邮资优惠的"标准邮件"服务（Standard Mail），而两大类组织唯一的区别在于，符合相关规定的非营利组织获得的优惠更多。此外，如果非营利组织的大宗邮件单件重量不足16盎司（1盎司等于28.35克，16盎司约为454克，即1磅），便可以享受"非营利升级投递标准邮件"服务（Nonprofit Enhanced Carrier Route Standard Mail）所给予的更大优惠。

（三）卫生与公众服务部

联邦卫生与公众服务部（Department of Health and Human Services, HHS）是雇员最多的联邦政府部门之一，在其诸多职责中，有一项就是依法对从事非营利性医疗保健事业（Nonprofit Health Care）的民间组织进行监管。

非营利组织在美国的医疗保健事业中起着非常重要的作用。2000 年这类组织的总数占全部注册公益慈善类组织数量的 14.2%，仅次于教育机构的数量（17.2%），在公益慈善类组织支出中的比例高达 58.8%，其中非营利医院的支出又占了医疗保健类民间组织支出的近 75%。[①] 2012 年全美有规模超过 10 万人的医疗保健计划组织 154 个，覆盖人口 2.3 亿，它们中的 63% 即 97 个是非营利性组织，41 个是商业性组织，剩下 16 个是政府的医疗保健计划组织。在全国 4985 家社区医院（community hospital）中，2904 家是非营利机构。另据 2010 年的统计数字，美国共有养老院 15884 家，其中的 27%，也就是 4226 家为非营利性的养老院。有 1124 所获得联邦政府认证的非营利社区保健中心（Federally Qualified Community Health Centers, FQHC），它们经营着 8059 个医疗服务点，一年接待病人 1946.94 万人次。[②] 美国从事医疗保健业的组织一般可以按照专业服务类型细分为 10 类机构，即透析中心、康复医院、家庭保健服务机构、健康维护组织（HMOs）、养老院、精神疾病医院、急症救治医院（Acute Care Hospitals）、照顾"问题情感"儿童的机构（Residence for ED Children）、社区精神卫生中心和临终关怀机构。全美 60% 的后四类服务，即社会非常需要但又耗费较多人力物力资源的医疗保健服务都是由非营利组

---

① Elizabeth T. Boris and C. Eugene Steuerle, "Scope and Dimensions of the Nonprofit Sector", in Walter W. Powell and Richard Steinberg eds., *The Nonprofit Sector*, *A Research Handbook*, Second Edition, Yale University Press, New Haven & London, 2006, pp. 72 – 73.

② 非营利医疗服务促进联盟（Alliance for Advancing Nonprofit Health Care）资料："Basic Facts & Figures", available at: http://nonprofithealthcare.org/resources/, 2013 年 1 月 7 日。非营利医疗服务促进联盟（Alliance for Advancing Nonprofit Health Care）成立于 2003 年，总部设在首都华盛顿，官方网站是 http://www.nonprofithealthcare.org/。应该说明，美国社区保健中心的组织性质有多种，有些是政府出资兴办和认证的，绝大多数是类似联邦认证社区保健中心的私立非营利实体（Federally Qualified Community Health Center Look – Alike Private Nonprofit Entities），也就是民间组织举办的社区保健中心，它们也可以依法申请并获得政府资助。

织提供的，其中临终关怀机构的市场份额已经接近 80%。对比之下，在比较容易产生利润的前六类服务中，商业性医疗服务的市场份额有四类超过 60%，康复医院接近 60%，精神疾病医院超过 40%，而这种"分工"的趋势是从 20 世纪 80 年代开始的。①

　　医疗保健服务是关系到民众健康的大事，卫生与公众服务部所属的若干部门对从事这个行业的非营利组织实施着多方面的监督。例如，医疗资源与服务管理局（Health Resources and Services Administration，HRSA）负责全美的社区保健中心事务，它主要依据《公共卫生服务法》（*Public Health Service Act*）及其一系列修正案的有关条款负责所有社区保健中心（包括非营利地位的中心）的认证、资助、监管、业务指导和人员培训等工作。②《1997 年平衡预算法》（*Balanced Budget Act of 1997*）修改了原先法律中有关非营利社区保健机构的定义，进一步明确了由医疗资源与服务管理局所属的初级保健事务分局（Bureau of Primary Health Care，BPHC）对各种非营利社区保健机构的监管责任。③ 医疗照顾与医疗补助计划服务中心（Center for Medicare and Medicaid Services，CMS）是美国最大的两个政府医疗保险计划的主管部门，它对参与医疗照顾计划（Medicare）和医疗补助计划（Medicaid）的所有医疗组织，其中包括公立机构、私立营利性机构和非营利组织实施监管，重点是监督医疗服务质量和联邦政府投入资金的使用情况。总监察长办公室（Office of Inspector General）担负着确保所有医疗卫生项目或计划遵守法律法规、诚实高效实施的责任，它在工作中不仅需要同卫生与公众服务部的各相关司局配合，还要获得联邦司法

---

① Mark Schlesinger and Bradford H. Gray, "Nonprofit Organizations and Health Care", in Walter W. Powell and Richard Steinberg, eds. , *The Nonprofit Sector*, *A Research Handbook*, Second Edition, Yale University Press, New Haven & London, 2006, pp. 380 – 381.

② 《公共卫生服务法》（*Public Health Service Act*）于 1941 年生效，是公共卫生服务领域的基本联邦法律，60 年来经历了无数次修订，最近的一次重要修订是随着奥巴马政府的医疗改革法律，即《病人权益保护与可支付医疗服务法》（*Patient Protection and Affordable Care Act of 2010*，PPACA）的生效而实现的。

③ Health Resources and Services Administration, U. S. Department of Health and Human Services, Policy Information Notice 1999 – 10 "Implementation of Balanced Budget Act Amendment of the Definition of Federally Qualified Community Health Center Look – Alike Private Nonprofit Entities", available at：http：//hphc. hrsa. gov/, 2010 年 11 月 29 日。

部的协助。①

还有一类比较特殊的非营利组织受卫生与公众服务部所属的联邦食品与药品管理局（FDA）监管，它们就是遍布美国的非营利性血液服务机构。20世纪70年代以后，美国95%的医用采血供血业务由这些组织承担，其主力是美国红十字会和美国血液中心（America's Blood Centers）②两大采供血系统。为了确保采供血的安全和质量，联邦食品与药品管理局依据相关法律法规对非营利血液服务机构进行非常严格的监管，对发现违规的组织给予严厉处罚。近年来联邦食品与药品管理局对于美国红十字会在这方面的多次处罚引起了各界广泛关注。③

（四）联邦贸易委员会

联邦贸易委员会（Federal Trade Commission，FTC）是联邦政府的一

---

① 联邦卫生与公众服务部的总监察长办公室（Office of Inspector General，OIG）是一个监察权限广泛的重要机构，在卫生与公众服务部内的地位相当高，使命是依据有关联邦法律（Public Law 95 - 452）的授权，确保卫生与公众服务部的各项计划得到良好实施，查找和发现问题，并向部长和国会提出改进建议。该办公室依靠其全国性的机构网络开展各种审计、调查、评估和检查工作，这些工作的重点并非针对某一类医疗卫生机构或企业，而是面向所有相关组织。该办公室近30年工作的全面综述可见：Department of Health and Human Services，Office of Inspector General，*Protecting Public Health and Human Services Programs*：*A 30 - Year Retrospective*，Washington D. C.，2006。更多详细情况可见该办公室的官方网站：http：//www. oig. hhs. gov/。另外据美国非营利医疗服务促进联盟（Alliance for Advancing Nonprofit Health Care）的资料，总体来说，参与医疗服务的民间组织能够较好地遵守法律。美国1986以来发生的最大的25个医疗费用诈骗案（包括法庭判决和庭外和解案件），仅有一个案件涉及非营利医疗机构。参见 Alliance for Advancing Nonprofit Health Care，"The Value of Nonprofit Health Care"，p. 4. available at：http：//www. nonprofithealthcare. org/resources/AllianceReport - ValueOfNonprofitHealthCare. pdf，2015年8月1日。

② 美国血液中心（America's Blood Centers）创建于1962年，其宗旨是帮助成员组织服务所在的社区。该组织系统包括遍布全国各地社区的600多个无偿献血中心，每年采集全血800多万个单位（袋），约占美国和加拿大志愿献血总量的一半以上，向北美地区的医疗机构提供血液品（包括血红细胞、血小板、血浆）近1000万份。该中心最重要的成员组织是纽约血液中心（New York Blood Center），它也是世界上成立最早、规模最大的脐带血移植中心。更多详情可见该组织官方网站：http：//www. americasblood. org/，2015年8月1日。

③ 2012年1月13日联邦食品与药品管理局宣布，由于美国红十字会2009—2010年一系列管理不善的行为违反了有关采供血安全的法律法规，决定对该会课以959. 22万美元的罚款。相关文件见 Adverse Determination Letter by Evelyn Bonnin，Director，FDA Baltimore District to Mr. J. Chris Hroula，Executive Vice President，Biomedical Services，American National Red Cross，January 13，2012。

个独立机构，成立于 1914 年，其主要职能是防止垄断和不正当竞争，保护美国经济的竞争能力和消费者权益，同非营利组织相关的监管事务集中在该机构的消费者保护局（Bureau of Consumer Protection，BCP）。免打扰电话登记簿的设立是该局的一项重要工作成果。美国有许多公益慈善类非营利组织常年雇用专职从事电话营销或募捐业务的公司及专业人员（telemarketer）通过打电话的方式进行跨州募捐。根据相关法律法规，在这样做的时候，任何公益慈善组织和受托开展业务的公司都必须遵守联邦贸易委员会《电话营销条例》（*Telemarketing Sales Rule*）。例如，电话营销公司必须向接听方说明其代表的公益慈善组织名称、是否要求捐款及捐款用途，打电话的时间只能是早八点与晚九点之间，违者将被处以 1.7 万美元罚款。[1] 任何公民个人或组织，如果不希望被这种电话营销打扰，都有权把自己的电话（包括固定和移动电话）号码免费登记在 2003 年 6 月 27 日启用、由联邦贸易委员会管理的全国免扰电话登记簿（National Do Not Call Registry）上。[2] 2003—2013 年，联邦贸易委员会共处理骚扰电话案件 105 件，法庭判罚款金额 1.18 亿美元，通过法庭为消费者挽回的损失有 7.37 亿美元。[3] 另外，凡是与工商业营利机构存在业务往来关系的非营利组织，都要在防范身份盗用、反欺诈等方面遵守联邦贸易委员会制定的"预防规则"（Red Flag Rule）。[4] 联邦贸易委员会还对那些为有业

---

[1]　Bureau of Consumer Protection, Federal Trade Commission, "Before Giving to a Charity", available at: http://www.consumer.ftc.gov/articles/0074 – giving – charity, 2015 年 8 月 22 日。

[2]　联邦贸易委员会依据自 2008 年 2 月生效的联邦法律《2007 年免扰电话服务改进法》（*Do – Not – Call Improvement Act of 2007*）的规定继续管理免打扰电话业务。该委员会宣布，截至 2012 财年末（2012 年 9 月 30 日），在联邦贸易委员会全国免扰电话登记簿（National Do Not Call Registry）上登记的免扰电话号码已经超过 2.1756 亿个。见"FTC Issues FT 2012 National Do Not Call Registry Data Book", October 16, 2012, available at: http://www.ftc.gov/opa/2012/10/dnc-databook.shtm, 2013 年 5 月 11 日。

[3]　见联邦贸易委员会官方网站 http://www.consumer.ftc.gov/articles/0108 – national – do – not – call – registry#basics, 2015 年 8 月 17 日。

[4]　关于这些"预防规则"与非营利组织的关系，可详见联邦贸易委员会官方网站上公布的相关指导意见以及美国联邦政府公告：*Federal Register* / Vol.72, No.217 / Friday, November 9, 2007 / Rules and Regulations, pp.63718 – 63775。还可参考美国著名的"金与斯波尔丁律师事务所"（King & Spalding）的法律提示通告：FTC's Red Flags Rule May Affect Non – Profits, February 15, 2009, available at: http://www.kslaw.com/Library/publication/ca021509.pdf, 2013 年 5 月 11 日。

务收益的会员提供好处的非营利专业协会或行业协会拥有管辖权。① 对于其法定管辖范围内的非营利组织，若发现违反法律法规者，联邦贸易委员会有权进行调查、处罚直至将其告上法庭。

联邦贸易委员会对于以慈善名义欺诈消费者的非营利组织从不手软，在 2015 年涉及数家癌症慈善组织的特大案件中，联邦贸易委员会采取了史无前例的法律行动。2015 年 5 月 19 日联邦贸易委员会宣布：它联合 50 个州以及哥伦比亚特区政府等 58 家执法伙伴机构，对美国 4 个所谓的"癌症慈善组织"提起诉讼，指控其涉嫌诈骗美国消费者，滥用了公众捐助的 1.87 亿美元善款，欺骗了大众的善心。四家被告的非营利组织分别是：美国癌症基金组织（Cancer Fund of America, CFA）、癌症支持服务组织（Cancer Support Services Inc）、美国儿童癌症基金（Children's Cancer Fund of America Inc）和乳腺癌协会（The Breast Cancer Society Inc），这些组织均由詹姆斯·雷诺兹（James Reynolds）牵头，带领家人和朋友设立。在 2008 年至 2012 年期间，这 4 家所谓的慈善机构通过虚假宣传募集善款，自称能在医药、交通、化疗以及临终关怀等方面直接帮助癌症患者，在全美国至少非法获得 1.87 亿美元。不过，所得善款却被组织者们拿来中饱私囊，贴补亲友的私人开销，其中包括给自己及亲友开高薪、买车、旅游、购豪华游艇、付大学学费和健身房会员卡，甚至支付婚恋网站的会员费。美国媒体《坦帕湾时报》（*Tampa Bay Times*）在 2014 年 12 月更新的一则专题报道中指出，民众捐赠给这些组织的每一美元中仅有不到 2 美分真正用于帮助癌症病人及家属。② 在强大的舆论和法律压力下，美国儿童癌症基金和乳腺癌协会愿与原告方达成庭外和解，自行解散并偿还费用，追回的善款将转给其他声誉良好的慈善机构。但是针对美国癌症基金组织、癌症支持服务组织和詹姆斯·雷诺兹的诉讼程序仍将继续下去，整

①　这种管辖权牵扯到相当复杂的法律问题，经典案例是美国联邦最高法院审理的"加利福尼亚州牙科协会诉联邦贸易委员会案"（*California Dental Association v. Federal Trade Commission*, 526 U.S. 756, 1999）。最高法院的判决意见实际上把联邦贸易委员会的管辖权在一定程度上延伸到美国的非营利部门，即那些为自己的会员提供好处（包括保险、理财计划、诉讼服务、游说、公共关系、市场营销等）的非营利性专业团体或者行业与贸易协会，如果它们的会员是有业务收益的（for-profit members），那么联邦贸易委员会对它们就有管辖权。

②　America's Worst Charities, No.2, Cancer Fund of America, updated on 12/09/2014, available at: http://www.tampabay.com/americas-worst-charities/charities/cancer-fund-of-america, 最后访问日期：2015 年 6 月 9 日。

个案子的结案还有待时日。①

五　州级政府对非营利组织的管理与监督

由于众多原因，美国50个州的政府系统（包括州的立法、行政和司法分支）不尽相同，各具特色。首都华盛顿，即哥伦比亚特区由一个"州外政治实体"，也就是类似于州一级的政府系统管辖。如果不算波多黎各、维尔京群岛等美国的海外领地（那里也有负责非营利组织的政府机构），可以说美国的州级政府共有51个。美国学者认为，州级政府对非营利组织的直接影响体现在三大方面：实施监管（regulate）、豁免税收和利用它们向社会提供获得政府资助的非营利性公共服务。② 由于豁免州税须经法定程序，而且各州政府的税收或财政部门对获得本州免税资格的非营利组织都负有监管职责，所以在广义地论述州政府对非营利组织的管理与监督时必须包括免税监管的内容。下面先概括说明州级政府对非营利组织监管的基本法律和组织框架，然后再以两个非营利组织数量最多、非营利事业最发达的州——加利福尼亚州和纽约州为范例，进行更加详细的论述。

（一）"共同但有区别"的各州相关法律

在美国，任何一个正式成立的民间组织，如果它希望登记为具有法定组织形式的非营利机构，就必须依照其登记地即所在州的相关法律行事，所以说一个州的法律也决定着各类民间组织在本州范围内的事业运营规则和活动空间。③ 此外，获得州政府认可的非营利机构法律地位还是任何民

---

① 美国联邦贸易委员会有关这个案件的全部文献可见其官方网站公布的材料：https://www.ftc.gov/news – events/press – releases/2015/05/ftc – all – 50 – states – dc – charge – four – cancer – charities – bilking – over，2015年8月9日。

② Woods Bowman and Marion R. Fremont – Smith，"Nonprofits and State and Local Governments"，in Elizabeth T. Boris and C. Eugene Steuerle eds.，*Nonprofits & Government*，Second Edition，The Urban Institute Press，Washington D. C.，2006，p. 182.

③ 根据美国法律，非营利组织的具体法律形式（entity type）有五种：公司制法人组织（corporation）、有限责任公司（Limited Liability Company，LLC）、非公司制协会（Unincorporated Association）、信托组织（trust）和合作社（cooperative），公司制法人组织是美国最常见的非营利组织存在形式。关于这些形式之间的区别可参见：Jill Gilbert Welytok and Daniel S Welytok，*Non-profit Law & Governance for Dummies*，Wiley Publishing，Inc.，2007，pp. 59 – 61。

间组织向联邦税务局申请联邦免税待遇的前提条件。① 由于各个州的历史传统、人口状况、经济水准、政府结构和治理能力各异，所以各个州立法机构所产生的规范非营利组织的法律也自然有所差别。例如，对于获得联邦免税待遇的组织，有些州采取自动认可的态度，即无条件地给予这些组织在本州免除所得税待遇，但得克萨斯等州则拒绝这样做;② 一个全国性非营利组织在各个州的分支机构，在开展活动时所要遵守的法定规则也可能因州而异。即便在同一个州里，老牌非营利组织和新近成立的非营利组织也有可能有不同的法律依据：很多老牌组织由州议会或州的其他机构特许成立，而新组织则必须遵循本州关于非营利组织的法律。

第二次世界大战结束以后，随着美国公民社会的快速发展，各州政府和非营利组织越来越重视法制统一的必要性。在考察各个州的制度设计时，不难发现一个非常有趣而且具有强烈美国特色的现象：多数州立法机关通过的相关法律都出自（或参考）所谓的"标准法律范本"（Model Act 或者 Uniform Act）。这些范本的来源并非美国国会，而是美国若干历史悠久、声誉卓著、与州政府部门有千丝万缕联系的全国性非营利专业组织。这种由非营利组织会聚法律人才，展开"半民间、半官方"的调研、起草和征询意见工作，从而推动各州立法走向和谐统一的做法始于 19 世纪末期，最近数十年发展迅速，在一定程度上做到了汇聚民意、博采民

---

① 联邦税务局专门就非营利组织和免税组织法律地位的区别在其官方网站上发布了如下澄清性的说明："非营利地位是一个州一级的法律概念。非营利地位可以使一个组织有权得到若干益处，如免除本州的销售税、资产税和所得税。尽管大多数联邦免税组织都是非营利组织，但在州的范围内组建一个非营利组织并不意味着自动获得联邦所得税免税组织的待遇。如果一个组织想获得免除联邦所得税的待遇，它就必须符合《国内税收法典》所规定的要求。"见 U. S. Internal Revenue Service, Applying for Exemption: *Difference Between Nonprofit and Tax – Exempt Status*, page last reviewed or updated: March 4, 2015, http: //www. irs. gov/Charities – & – Non – Profits/Applying – for – Exemption – Difference – Between – Nonprofit – and – Tax – Exempt – Status, 2015 年 8 月 15 日。

② 得克萨斯州政府的公共财务审计官（Texas Comptroller of Public Account）格伦·赫加尔（Glenn Hegar）指出，依据得州法律，《国内税收法典》501（c）条款组织不能自动地在得克萨斯州自动取得该州税赋（销售税、酒店入住税和公司特许税）的免税待遇，必须区别对待，但对第501(c)（3）条款组织从优。另外，在有些州可以自动获得免税地位的宗教组织在得克萨斯州也必须履行申请报批手续，获批后才可免税。详见 Texas Comptroller of Public Account, "Frequently Asked Questions About Exemptions", available at: http: //comptroller. texas. gov/taxinfo/exempt/exemptfaq. html, 2015 年 8 月 23 日。

智、注重实效、与时俱进。就涉及非营利组织的立法而言，从 20 世纪后半期起，各州政府逐步采取"共同但有区别"的做法，对专业组织所提出的标准法律范本中的条款各取所需，或者把它们作为本州立法的重要参考蓝本，以便产生符合通行规则但又充分照顾本州具体情况的非营利组织监管法律。由于大多数州的立法机构都原则上接受或者参考了这些法律范本，所以它们构成了各州级政府监管非营利组织的法律体系的核心要素。

目前，最重要的标准法律范本共有以下八种：

1.《非营利法人机构法范本》（*The Model Nonprofit Corporation Act*）。该法由当今世界最大的自愿性法律专业组织——美国律师协会（American Bar Association，ABA）商法分会的非营利公司制法人组织委员会（Committee on Nonprofit Corporation）起草，并经美国律师协会审议通过。[1] 由于美国 97% 以上的非营利组织都采用了公司制法人机构（Nonprofit Corporation）的组织形式，[2] 这个法律范本也自然成为所有与非营利组织有关的法律范本中最基础、最重要和最具有普适性的文件。它自 1952 年第 1 版公布后的演变过程反映出美国公民社会的巨大变迁，也体现了起草者实事求是的态度。当前的最新版本是 2008 年 8 月通过的第 3 版，共 17 章、145 页，涉及非营利组织的成立、登记、组织形式、名称、办公地址与代理人的注册、会员、财务管理、年会与其他会议、表决、理事会、限制与批准、机构变更、章程修订、财产处置、解散、活动授权和档案等方面的所有定义、程序、规则和制度，可操作性极强。[3] 与 1987 年的修订版相

---

① 美国律师协会（American Bar Association，ABA）是美国历史最悠久的法律专业组织，也是当今世界上规模最大、专业化程度最高的自愿性法律专业团体。该协会 1878 年 8 月 21 日创建于纽约市，总部设在芝加哥，在首都华盛顿设有办事机构，箴言是"维护自由、追求公正"（Defending Liberty，Pursuing Justice）。协会的各种会员（律师和法律专业学生）超过 40 万名，下设有涉及各领域的 30 多个分会（Section），几十个专业委员会和大批法律教育和研究项目。它最重要的工作成就包括制定、修改法律职业道德守则和法学院的学术标准。更多详情可见美国律师协会官方网站：http：//www. abanet. org/。

② Paul Arnsberger，Melissa Ludlum，Margaret Riley and Mark Stanton，"A History of the Tax - exempt Sector：An SOI Perspective"，*Statistics of Income Bulletin*，Winter 2008，p. 119.

③ 《非营利法人机构法范本》（*Model Nonprofit Corporation Act*）的第 1 版诞生于 1952 年，第 2 版于 1987 年推出，通常被称为《非营利法人机构法修订范本》（*The Revised Model Nonprofit Corporation Act*），第 3 版就是在这个修订版基础上产生的，全文（PDF 文档）可以从美国律师协会官方网站下载。

比，新版本的最大变动是剔除了关于州检察总长职责的条款（因为这些条款可以在其他法律中体现），废止了把非营利组织分为互惠型、公益慈善型和宗教型组织的做法，全面修订了组织"基本交易"（fundamental transaction）的各项规定。从1987年第2版公布后的情况来看，各州对待《非营利法人机构法范本》的情况可以分为以下三种。

第一种，全部或者部分采纳范本。这样的州共有37个，它们是亚拉巴马、阿拉斯加、亚利桑那、阿肯色、加利福尼亚、科罗拉多、康涅狄格、佐治亚、夏威夷、爱达荷、印第安纳、艾奥瓦、肯塔基、缅因、明尼苏达、密西西比、密苏里、蒙大拿、内布拉斯加、新泽西、新墨西哥、北卡罗来纳、北达科他、俄亥俄（采用很少）、俄勒冈、罗得岛、南卡罗来纳、南达科他、田纳西、得克萨斯、犹他、佛蒙特、弗吉尼亚、华盛顿、威斯康星、怀俄明、哥伦比亚特区。此外，波多黎各也采纳了这个范本。

第二种，本州已制定关于公司制法人组织的"通用型"法律（General Corporation Act），它主要用来规范营利公司，但其中也包含了一些关于非营利法人机构，或曰非股份制公司（Non - Stock Corporation）的条款。不过这些条款数量有限，规定也不甚详细。属于这种情况的有特拉华、堪萨斯、马里兰、俄克拉荷马和西弗吉尼亚五个州。

第三种，州立法机构依据本州的商业公司法（business corporation act），自行制定专门的非营利法人机构法，而且不排除在此过程中参考《非营利法人机构法范本》。这样的州有九个，它们是：佛罗里达（基于本州1989年公司法）、伊利诺伊（基于本州1983年公司法）、路易斯安那（基于本州1968年公司法）、马萨诸塞（基于本州公司法和相关法律）、密歇根（基于本州1972年公司法）、内华达（基于本州1991年的公司法）、新罕布什尔（若干条款可以追溯到1846年）、纽约（基于本州1961年公司法）和宾夕法尼亚（基于本州1988年公司法）。

2008年《非营利法人机构法范本》第三版问世以来，已经有若干州采取或者准备采取行动，根据它进一步修订本州的相关法律。①

2. 《慈善募捐法范本》（*The Model Charitable Solicitations Act*）。它由

---

① Michael E. Malamut, JD, PRP, "Summery of Sources of State Nonprofit Corporation Laws", © 2008 MICHAEL E. MALAMUT, available at: http://www.michaelmalamut.com/articles2008, p. 2., 2010年12月7日。作者注：迈克尔·马拉穆特（Michael E. Malamut, JD, PRP）是美国马萨诸塞州执业律师，发表过许多关于非营利组织的文章。

全国首席检察官协会（National Association of Attorney General，NAAG）、①
全国州级政府慈善监管官员协会（National Association of State Charity Offi-
cials，NASCO)② 和非营利部门代表组成的专家小组在 1986 年共同研究
拟定。该法律范本的主要功能是对在州界内非营利组织开展的各种慈善募
捐活动进行规范，核心精神是保护公众对公益慈善事业的热情与信任，防
范和打击以慈善募捐为名的财产诈骗行为。该范本的基本条款已经被各个
州的相关法律消化吸收，不过也应当指出，随着公益慈善事业的发展，有
些条款已显得过时；个别条款，如要求专业募捐从业人员或机构（Profes-
sional Solicitor)③ 注册和披露其财务状况的规定遭到联邦最高法院的否
决。④ 另外，为了防范募捐欺诈，至少 28 个州的相关法律中曾经有关于
非营利组织年收入中用于筹款募捐活动支出的最高比例的规定，但 20 世
纪 80 年代联邦最高法院的数次裁决已经废止了这项规定。⑤

---

① 全国首席检察官协会（National Association of Attorney General，NAAG）创建于 1905 年，
总部设在首都华盛顿，其基本使命是促进州首席检察官之间的同行交流、改进州首席检察官及州
检察官办公室职员的工作。该组织的官方网站是 http：//www. naag. org/。

② 全国州级政府慈善监管官员协会（National Association of State Charity Officials，NASCO）
1979 年成立，其主要成员是各州的助理首席检察官（Assistant Attorney General）和担负监管公益
慈善类民间组织职责的州政府官员，如有些州的州务卿和专门监管机构的负责人。该协会的成立
弥补了全国首席检察官协会的一大缺憾，即不能联系所有监管公益慈善事业的州政府官员。从
1984 年起，这两个组织经常共同开展活动，其中最重要的是共同主办一年一度的年会（annual
educational conference）。全国州政府慈善监管官员协会的官方网站是 http：//www. nasconet. org/。

③ 美国的非营利组织，特别是公益慈善类组织和政治类组织的筹款募捐活动早已专业化、
职业化。就慈善募捐（charitable solicitation）来说，从事这一行业的个人或其代理人（agent），
若为慈善组织开展募捐活动、收集捐款，则多被称为"专业募捐者"（Professional Solicitor）；如
果是以顾问身份代表或者为了某项慈善事业、公益慈善组织而进行与慈善募捐相关的专业咨询策
划，则多被称为"专业筹款者"（Professional Fundraiser），这个称呼有时也用来指专业筹款机构，
尤其是那些为政治性民间组织服务的筹款公司。专业募捐者与专业筹款者之间最主要的区别在于
前者提供"收钱"服务，而后者提供与募集捐款有关的咨询服务。通常募捐者或筹款者要与所
服务的组织签订服务合同，在许多州，这种合同必须到所在的州备案。还应该注意的是，在有些
州（如加利福尼亚）在相关法律中，把他们统称为职业募捐筹款人（For－Profit fundraising Pro-
fessionals）。

④ *Riley v. National Federation of the Blind of North Carolina，Inc.*，487 U. S. 781（1988）.

⑤ *Village of Schaumburg v. Citizens for a Better Environment*，444 U. S. 620（1980）；*Maryland v.
Joseph H. Munson Co.*，467 U. S. 947（1984）；*Riley v. National Federation of the Blind of North Caro-
lina，Inc.*，487 U. S. 781（1988）.

3.《非公司制法人机构非营利社团法范本》（*The Uniform Unincorporated Nonprofit Association Act*，UUNAA）。它由全国统一州法委员会会议（National Conference of Commissioners on Uniform State Laws，NCCUSL）起草通过，1996 年正式向各州推荐，一般采用的是 2008 年修订版本。① 目前专门的工作委员会和一些法律界专家正在考虑对这个版本进一步修订完善，并于 2011 年 1 月公布了供讨论的修订版。② 这部法律范本充分考虑了普通法体系的传统与具体的非公司制（unincorporated）民间社团形式的需求，解决了涉及这类社团的一系列基本法律问题，如这类民间社团的法律地位是什么？谁能代表它们接收、拥有和转移资产？谁能代表它们起诉或者应诉？谁有权与这些组织签订合同？这些社团负责人的民事权利和责任是什么？这一法律范本是对《非营利法人机构法范本》的重要补充。阿肯色州、艾奥瓦州和内华达州及哥伦比亚特区已经接受了它，宾夕法尼亚等州的立法机构也考虑在 2013 年引进该范本。

4. 关于慈善合约捐赠（charitable gift annuity）的一套（两个）标准法律范本。③ 美国的公益慈善捐赠有许多方式，除了最常见的直接捐款捐

---

① 全国统一州法委员会会议（National Conference of Commissioners on Uniform State Laws，NCCUSL）是一个历史悠久的非营利社团，成立于 1892 年，总部设在芝加哥。其 300 多名成员来自各州、哥伦比亚特区、波多黎各及美属维尔京群岛的"统一州法委员会"（State Commission on Uniform Laws），其中包括州议员、法院法官、法学院教授等。一般来说这些成员是各州依法产生的，所有成员必须具备律师协会会员资格。该组织的日常活动经费由各州政府按照人口比例分摊，其成员研究、起草标准法律范本的工作属于志愿服务活动，完全免费。迄今为止，该组织已经起草了 200 多份标准法律范本，极大地促进了美国的法制统一。更多详情可见其官方网站：http://www.uniformlaws.org/。

② National Conference of Commissioners on Uniform State Laws, HARMONIZED REVISED UNIFORM UNINCORPORATED NONPROFIT ASSOCATION ACT, For January 28 – 30, 2011 drafting Committee Meeting on Harmonization of Business Entity Acts.

③ 慈善合约捐赠（Charitable Gift Annuity）是"有计划的捐赠"（Planned Giving）的一种形式。所谓"有计划的捐赠"是指这种捐赠要经过一个计划、协商、谈判和签约的过程，而不是直截了当、立即实现的捐赠。在慈善合约捐赠中，双方要签订合约，捐赠人向公益慈善组织捐赠现金、有价证券、房产或者其他资产；而公益慈善组织则要承诺给予捐赠人（一个人或者两个人，英语称为 annuitant 或者 beneficiary）每年固定数目的现金回报（其中一部分可以享受免税待遇），直至捐赠人身故。这种回报的总额一般要依据合约捐赠换算表（gift annuity rates）和捐赠人的年龄计算，通行的做法是采取美国合约捐赠委员会（American Council on Gift Annuities，ACGA）定期公布的换算表，这样可以保证有效捐赠率（即全部捐赠减去给捐赠人回报部分的剩余资产，英语称为 residuum）达到至少 50%，这也符合许多州相关法律的规定。美国合 （转下页）

物或服务、设立信托形式的基金会等方式外，合约捐赠也是重要方式，而且近几十年来发展很快，各州也出台了一些相关法律。为了应对这种局面，全国保险事务专员协会（National Association of Insurance Commissioners，NAIC）[①] 在大量调研的基础上于 1998 年年底推出了两种规范合约捐赠的标准法律范本供各州参考：《慈善合约捐赠法范本》（*Model Charitable Gift Annuities Act*）和《慈善合约捐赠豁免法范本》（*Model Charitable Gift Annuities Exemption Act*）。这两个范本的主要区别在于：前者偏重于州政府的行政与财务监管措施，而后者强调可以开展合约捐赠业务的非营利组织的"准入门槛"和向州政府报告的制度。从目前情况看，大约有 45 个州根据这一法律范本对慈善合约捐赠进行了不同程度的规范和监管，特拉华、罗得岛、俄亥俄、密歇根、怀俄明五个州和首都哥伦比亚特区还没有相关的立法动作。

　　5.《谨慎投资法范本》（*Uniform Prudent Investor Act*，UPIA）。这是涉及民间信托组织（trust）投资行为的法律范本，其雏形是 1992 年美国法律研究所发布的关于信托法的第三个方案（*Third Restatement of the Law of Trusts*）。[②] 后来全国统一州法委员会会议继续了起草工作，并于 1994 年批准和公布最后文本。该范本详细规定了非公益慈善类信托机构理事会成员（trustee）和受托监护人必须履行的义务和法律责任、投资风险与回报的标准、投资效果评估办法等，取消了从前各州旧法中对信托投资方式的过时限制。该法律范本得到美国律师协会和美国银行家

（接上页）约捐赠委员会是一个非营利机构，成立于 1927 年，1993 年成为公司制法人的第 501（c）（3）条款免税组织，总部设在佐治亚州士麦那（Smyrna），官方网站是 http：//www. acga - web. org/。

　　① 全国保险事务专员协会（National Association of Insurance Commissioners，NAIC）创建于 1871 年，主要使命是为公众利益而改善各州的保险监管、促进保险业的有序竞争和健康发展。它的总部设在密苏里州的堪萨斯市，证券评估机构位于纽约市金融区，政府关系办公室和政策研究机构都在首都华盛顿，会员均为经选举或任命产生的负责监管保险机构和保险事务的州政府官员或职员。更多详情可见协会官方网站：http：//www. naic. org/。

　　② 美国法律研究所（American Law Institute，ALI）是一家第 501（c）（3）条款组织，始创于 1923 年，总部位于宾夕法尼亚州的费城，4000 名成员均为律师、法官和法学领域的专家学者，与美国律师协会保持着密切的业务合作关系。该组织的最初名称为"改善法律之永久性机构的筹备委员会"（The Committee on the Establishment of A Permanent Organization of the Improvement of the Law），后来采用现名。更多详情可见其官方网站：http：//www. ali. org/。

协会的审议认可,① 已经获得至少42个州级政府和美属维尔京群岛当局的采纳。

6.《机构资金谨慎管理法范本》(*Uniform Prudent Management of Institutional Funds Act*, UPMIFA)。这部法律范本主要规范医院、大学或慈善信托组织等拥有较充裕资金(或者事业基金)的非营利组织进行机构性投资的行为,它由全国统一州法委员会会议起草,1972年首次以《机构资金管理法范本》(*Uniform Management of Institutional Funds Act*, UMIFA)的名称公布。此后经过较大幅度修订,2006年全国统一州法委员会会议发布了使用现名称的最新版本。新范本的一个基本思想是让监管公益慈善组织投资行为的法律与美国当代投资操作和市场规则保持一致,在确保机构资金安全的前提下给予理事会更灵活的投资决策权。② 迄今已经有49个州(除宾夕法尼亚州以外)和美属维尔京群岛当局宣布采用该范本的条款。

7.《本金与收益法范本》(*Uniform Principal and Income Act*) 由全国统一州法委员会会议起草,1931年首次公布后,又经过1962年、1997年、2000年和2008年的数次修订,以适应不断出现的新情况和联邦税务局的新规定。它要回答的问题是:在确保尊重信托机构创办人意愿的前提下,各种信托机构的理事会成员或受托监护人应该根据什么法定原则和程序处理涉及信托资产本金与收益关系的财务事项。目前有35个州级政府采纳该范本。

8.《信托法范本》(*Uniform Trust Code*) 是美国第一部试图统一各州所有信托机构(包括公益慈善信托)的最基本通行规则、具有较强综合性的范本,由全国统一州法委员会会议起草,2000年公布,2001年、2002年、2003年、2005年和2010年连续五次修订。该法律范本与前面

---

① 美国银行家协会 (American Bankers Association, ABA) 成立于1875年,总部设在首都华盛顿,2015年其会员机构(多数为资本金少于2.5亿美元的小银行)的资产超过15万亿美元,存款总额达11万亿美元,贷款总额达8万亿美元,雇员总数超过200万人,官方网站是 http://www.aba.com/。

② 关于新旧两个法律范本之间的区别可详见 National Conference of Commissioners on Uniform State Laws, News release, "Major Overhaul of Rules Governing Charitable Institutions Approved", July 13, 2006, available at: http://www.nccusl.org/nccusl/DesktopModules/NewsDisplay.aspx? ItemID =163, 2010年12月6日。

提到的几个关于信托机构的范本并不存在取代关系，而是提供了更完整的补充。它经过美国律师协会及其所属的财产、遗嘱和信托法律专业分会、美国退休人员协会（American Association of Retired Persons，AARP）① 的审议认可，2012 年已经获得 25 个州级立法机构接纳，新泽西州于 2013 年引进该范本。

除上述法律范本之外，美国法律研究所（American Law Institute，ALI）还按照其确定的立法项目组织力量，开展了大量的研究、起草、论证工作，发布了一些通用性的法律文件。《非营利组织的法律原则》（*Principles of the Law of Nonprofit Organization*）是该机构正在进行的项目之一，它于 2000 年启动，目的在于制定关于非营利部门治理和监管的法律原则，消除现有法律体系中联邦与州的相关部门之间的不协调因素。毋庸置疑，这个专业性机构所发布的文件对各州的相关立法也产生了一定影响。②

（二）州政府监管非营利组织的基本机构

美国的 51 个州级区域（50 个州和首都哥伦比亚特区）政府都有专门机构分管在本辖区正式登记的非营利性民间组织，监管的重点是本行政区域内的公益慈善类非营利组织。在州级政府的监管框架中，各地的共同点是最高执法部门——州首席检察官办公室（Office of the Attorney General）或者州司法部负有主要或者重要职责。51 个州级政府的职责分工情况可以归纳为三类：

第一类：由州首席检察官办公室或州司法部门单独负责。这样的州有 31 个，它们是：亚拉巴马、阿拉斯加、阿肯色、加利福尼亚、康涅狄格、特拉华（司法部）、夏威夷、爱达荷、伊利诺伊、印第安纳、艾奥瓦（司法部）、肯塔基、路易斯安那、缅因（执照与注册办公室）、马萨诸塞、

---

① 美国退休人员协会（American Association of Retired Persons，AARP）是美国 50 周岁以上退休人员参加的全国性组织，1958 年成立，总部位于首都华盛顿，拥有会员 3700 多万人，它主办的《美国退休人员协会杂志》（*AARP The Magazine*）是全球发行量最大的刊物。更多详情可见其官方网站：http：//www.aarp.org/，最后访问日期：2015 年 8 月 20 日。

② Evelyn Brody, "The Legal Framework for Nonprofit Organizations", in Walter W. Powell and Richard Steinberg eds., *The Nonprofit Sector*, *A Research Handbook*, Second Edition, New Haven & London：Yale University Press, 2006, p.244.

密歇根、明尼苏达、密苏里、蒙大拿、内布拉斯加、内华达、新罕布什尔（司法部）、新泽西（法律与公共安全部）、新墨西哥、纽约、俄亥俄、俄勒冈（司法部）、南达科他、得克萨斯、佛蒙特和怀俄明。

第二类：由州务卿办公室（Office of the Secretary of State）或者州政府相关部门与州首席检察官办公室（或司法机构）共同负责。这样的州共 18 个：亚利桑那、科罗拉多、佐治亚、堪萨斯、马里兰、密西西比、北卡罗来纳、北达科他、俄克拉荷马、宾夕法尼亚、罗得岛（商务部、首席检察官部）、南达科他、田纳西、犹他（商务部、首席检察官办公室）、弗吉尼亚（农业与消费者服务部、首席检察官办公室）、华盛顿、西弗吉尼亚、威斯康星（监管与执照部、司法部）。

第三类是两个特例：首都华盛顿（哥伦比亚特区）由消费者与监管事务部（Department of Consumers and Regulatory Affairs）负责；佛罗里达州由农业及消费者服务部（Department of Agriculture and Consumer Services）负责。①

值得注意的是，许多州政府的相关监管职责都由首席检察官办公室或其他机构属下的消费者保护局（或消费者保护办公室）承担，如爱达荷、印第安纳、艾奥瓦、堪萨斯、肯塔基、路易斯安那、密西西比、密苏里、蒙大拿、内布拉斯加、内华达、新泽西、北卡罗来纳、北达科他、俄克拉荷马、南达科他、田纳西、得克萨斯、犹他、佛蒙特、弗吉尼亚、华盛顿、西弗吉尼亚和怀俄明等均是如此。如果加上哥伦比亚特区和佛罗里达，共有 26 个州级政府明确地把监管非营利组织的职责赋予消费者保护部门。这样的制度安排说明，美国的公益慈善类组织所提供的公共服务已经遍及社会各个领域，作为消费者或者服务对象的广大公众与这些组织的关系已经非常密切，以至于政府必须担负起相关的监督与管理职责。

虽然各个州政府监管机构的设置、名称和权限不同，但基本制度、指导方针和具体做法可谓大同小异，都是要求（正式的）非营利组织依法组建和管理、按法定程序在州指定部门登记备案，无须行政审批。完成登记的组织必须依照本州的相关法律运行，并视不同情况履行信息公开、年度报备、接受审计等法定义务。在公民社会具有悠久传统和深厚基础，联

---

① Jill Gilbert Welytok and Daniel S. Welytok, *Nonprofit Law & Governance For Dummies*, Wiley Publishing, Inc. 2007, Appendix C: State Regulatory Authorities for Nonprofits.

邦对公民结社自由的宪法保护已经非常明确，而且联邦政府的监管措施不断强化的大背景下，各州政府对非营利组织监管的内容其实并不偏重于"管"，而是偏重于提供各种帮助和信息服务，偏重于对各种组织的理事会成员进行法定责权的教育。难怪有的美国学者认为，美国的法律制度对非营利组织采取了相当宽松和自由放任（laissez–faire）的态度。①

　　州政府与非营利组织的关系看似复杂，其实也很简单，归纳起来就是美国人常说的一句话："理事会领导、首席检察官执法"（Board governs, Attorney General enforces）。非营利组织享有充分的独立性，在法律允许的范围内可以最大限度地发挥其能力、运用其资源、实现其使命。有所成就的组织必定由一个优质、高效而且专业的理事会领导。如果哪个非营利组织违法违规，特别是提供公共服务的公益慈善类机构如果出现问题，便构成了对本州公共利益的威胁或者损害。这时，作为州最高执法官员的首席检察官就必须履行职责，起到捍卫法律、保护本州公众利益的作用。下面以美国非营利部门最发达、民间组织数量最多的两个州——加利福尼亚州和纽约州为例，对州政府的相关监管工作进行具体说明。

（三）加利福尼亚州政府的监管机构及工作概要

　　加利福尼亚在美国的州域面积中排行第三，同时也是人口最多的州，2014 年这个州人口有 3880 万人，占全国当年人口总数 3.188 亿的12.1%。② 加利福尼亚堪称当代美国非营利事业第一州，因为它有各州中数量最多的联邦免税组织：2012 设立在该州的非营利组织有 147134 个，其中符合《国内税收法典》第 501（c）（3）条款规定的公益慈善类组织117983 个，这两项在全美统计数字中的占比双双超过 10%。③ 加利福尼亚州拥有最雄厚的非营利部门资产：2010 年该州仍在开展活动的非营利

---

　　① Evelyn Brody, "The Legal Framework for Nonprofit Organizations", in Walter W. Powell and Richard Steinberg, eds., *The Nonprofit Sector*, *A Research Handbook*, Second Edition, New Haven & London: Yale University Press, 2006, p.243.

　　② U. S. Census Bureau, "State and County QuickFacts, California, People QuickFacts", available at: http://quickfacts.census.gov/qfd/states/06000.html, 2015 年 8 月 23 日。

　　③ The Urban Institute, National Center for Charitable Statistics, "Number of Registered Nonprofit Organizations by State, 2012", available at: http://nccsweb.urban.org/PubApps/reports.php? rid =2, 最后访问日期：2015 年 8 月 23 日。

组织掌控的资产超过 4192.27 亿美元，在全国 3.818 万亿美元资产中的比例将近 11%。① 除了享受联邦免税待遇的非营利组织外，加州还存在大批仅在本州登记备案并享受州免税待遇的非营利组织和无数非正式的、未登记的民间社团。

加利福尼亚州政府对非营利组织承担着监管职责的机构有州务卿办公室、州首席检察官办公室、州税务局（Franchise Tax Board，FTB）和州公平赋税委员会（Board of Equalization，BOE），② 其中首席检察官办公室的责任最重。这个办公室下设有一个慈善信托管理局（Charitable Trusts Section），它包括法律与审计事务处（Legal and Audit Unit）和慈善信托登记处（Registry of Charitable Trusts），主要职责是监管采取公司制的公益慈善类组织（Charitable Corporation）、非公司制法人社团（Unincorporated Association）和公益慈善信托机构（Charitable Trust）的依法登记与运行。慈善信托管理局还负责监督为慈善组织服务的商业性募捐机构（For - Profit Fundraising Professionals）或职业募捐人（Fundraising Counsel）的业务，以及为公益慈善事业筹款的兑奖销售活动（raffle）。

各部门监管非营利组织的法律依据是列入《加利福尼亚州法典》（*California Law*）的所有现行有效法律。该法典由 29 个主题分卷（Code）组成，其中涉及非营利组织的成立、登记、运行、税务、募捐、报告、监管、执法等事宜的法律条款主要集中于《公司分卷》（*Corporation Code*）、《政府分卷》（*Government Code*）、《刑法分卷》（*Penal Code*）、《税务分卷》（*Revenue and Taxation Code*），等等。③ 例如，近年来加利福尼亚州有

---

① The Urban Institute, National Center for Charitable Statistics, "Number of Nonprofit Organizations by State, 2010", available at: http://nccsdataweb.urban.org/PubApps/profileDrillDown.php? rpt = US - STATE, 2013 年 1 月 8 日。

② 加利福尼亚的税务系统很特别，由两个机构组成。州税务局（Franchise Tax Board, FTB）负责征收个人所得税和公司税，是主要的税务机构，其官方网站是 http://www.ftb.ca.gov/；州公平赋税委员会（Board of Equalization, BOE）是美国唯一民选产生负责人（委员会委员）的税务机构，负责征收本州的环境税、烟草税和酒类制品税、燃油税、财产税和销售税，详情可见其官方网站：http://www.boe.ca.gov/。

③ 《加利福尼亚州法典》的全部内容可以从州政府的立法信息网站（Official California Legislative Information）上查到，并可以进行内容搜索。该官方网站的网址为 http://www.leginfo.ca.gov/，所提供的信息包括了所有当日之前的关于加利福尼亚州的法律和州政府正在考虑的法案（bill）。

关非营利组织的最重要的新法律是 2005 年 1 月 1 日生效的《2004 年非营利组织管理改革法》（*Nonprofit Integrity Act of 2004*）。该法对原有的众多法律条款进行了修订，生效后各新条款汇编入相关的州法典分卷，无论是查找还是引用都十分方便。①

1. 正式非营利组织的设立与登记

登记是政府管理非营利组织的手段之一，在加利福尼亚州，非营利组织的成立与登记分两种：一般性的成立登记和公益慈善组织的登记。

加利福尼亚州非营利组织的设立首先要依据州法典《公司分卷》中从序号 5000 开始的相关条款履行一系列手续，向州务卿办公室所辖的商务局（Business Programs Division, Secretary of State）备案本组织成立的基本文件（名称、地址、事业等），取得公司制法人的"出生证"。其中的关键步骤是在初步上报材料之后的 90 天内向州务卿办公室报备本组织的《基本情况声明》（*Statement of Information*），此种声明适用于本州的非营利公司制法人组织、信贷合作机构及消费合作组织。② 如果申请方希望成为联邦免税组织，还应向联邦税务局申请联邦雇主身份编号。对于任何新成立的非营利组织而言，完成这些手续是相当容易的。

如果组织的性质符合州法定义的公益慈善组织（Public Benefit Corporation），那么它在取得资产 30 天内必须到慈善信托管理局的慈善信托登记处进行登记，登记材料包括组织成立的基本文件和章程，并缴纳 25 美元登记费。此外，每年都必须向登记处报备年度财务报表——所有在册组织都必须报备州政府 RRF - 1 表格，获得联邦免税资格的组织，还要另外报送给联邦税务局的 990 系列表格。除了登记事项外，慈善信托登记处还负责审查公益慈善组织必须向首席检察官办公室报告的任何变更或资产交易情况，包括资产的出售和处置、组织的自愿解散、与其他组织的合并、

---

① 举例来说，关于公益慈善组织要到州首席检察官办公室登记的时限在《政府分卷》的 12585 条款（*Government Code Section* 12585）里有详细规定。

② 该文件实际上是州务卿办公室发布的 SI - 100 表格（州政府最新修订的填报及复制该表格的规定从 2013 年 1 月 1 日起生效），全称为《适用于本州非营利公司制法人组织、信贷合作机构及消费合作组织的基本情况声明》[*Statement of Information（Domestic Nonprofit, Credit Union and Consumer Cooperative Corporations*)]。该表格及填报说明可直接从州务卿办公室官方网站上下载，多数组织可以进行网上报备，州务卿官方网站为：http://www.sos.ca.gov/。

从公益慈善组织转型为互助型组织或营利机构、自我交易（Self – Dealing Transactions）情况、向组织负责人或理事会成员发放贷款情况、公益性医院财产权的转移等。

2. 本州免税待遇的取得与监管

在加利福尼亚州，不仅获得了联邦免税待遇的组织不能自动取得州免税组织的资格，而且联邦税务局对于某些组织（宗教组织和年收入少于5000美元的非营利组织）可以不经申请即自动享受免税待遇的规定在该州也不适用。① 根据州法，任何公益慈善组织获得联邦税务局第 501（c）（3）条款免税组织资格后，应向州税务局提交联邦税务局的免税资格确认函复印件和填好的 FTB 3500A 表即免税资格情况上报表，以便获得州政府关于豁免本州所得税和特许税（franchise tax）的免税认可；不具备联邦免税资格的非营利组织若想获得本州的免税资格，也应该填写 FTB 3500 表（本州免税资格申请表）提出申请。如果申请被批准，相关组织可以享受免税待遇，否则这些组织每年至少要缴纳 800 美元的州税。② 所有获得州免税待遇的组织都必须向州税务局按时上报年度报表（199 表），否则就将受罚。税务局有权在免税组织存续期间对其进行审计，并有权对发现的问题进行处罚直至取消免税待遇。

如果非营利组织想豁免本州的财产税和销售税等税种，必须依照相关规定向州公平赋税委员会提出申请并获得批准。这方面的法律法规极为复杂，在此不再赘述。

3. 对非营利组织内部治理、事业运营的监督

非营利组织履行了成立、登记、获得免税待遇的手续后，在日常运转中还必须注意遵守各种联邦和州的法律法规。仅就加利福尼亚州的法律而言，有关条款可谓既多又细。首先，作为一个法人组织或者雇用人员的机构，它们必须遵守一切通则性的规定，例如，州最低工资标准从 2013 年

---

① 除了无自动豁免州税的组织之外，加利福尼亚州法律对某些联邦税务局给予免税优待的组织也有不同的处理方式，例如，对住房所有者协会（Homeowners' Association）、农业合作社组织、互助排水或灌溉公司（Mutual Ditch or Irrigation Company）等的政策与联邦税务局不同。详见 Franchise Tax Board of State of California, *Exempt Organizations*, FTB PUB 927, Rev. 11 – 2010, p. 2。

② Franchise Tax Board of State of California, *Exempt Organizations*, FTB PUB 927 （Rev. 11 – 2010）, p. 2; Secretary of State Information, Business Programs Division, *Organization of California Nonprofit*, *Nonstock Corporations*, ARTS – RE （REV 04/2010） p. 2.

元旦起为每小时 8 美元，等等；① 其次，它们还必须遵守大量专门的、指向性很强的规定，这些规定大多涉及管理与财务事项。例如，对任何因管理不善而对公益慈善组织的财产、事业造成损害的理事会和组织负责人，首席检察官办公室都要追究其责任。州法允许公益慈善组织的主要负责人，如主席、首席执行官、首席财务官等，领取所在组织发给的正当且合理（just and reasonable）的薪酬，② 但薪酬水平必须经该组织理事会或薪酬委员会审议批准，且理事会中至少应有 51% 的成员是没有任何利益关联的人。如果发现有任何"自我交易"或其他中饱私囊的行为，首席检察官办公室将依法进行调查处理。年度收入达到或者超过 200 万美元的公益慈善类组织、非公司制法人社团和信托机构必须设立本组织的审计委员会，且主要负责人不能参与该委员会，以便维护审计工作的独立性。这些组织发布的年度财务报告必须通过独立审计机构的审计。③

4. 对非营利组织慈善募捐行为的监管

这种监管涉及两个大的方面：职业募捐活动和兑奖销售。州法规定，专门为公益慈善组织进行有偿慈善募捐活动的组织或个人分为商业性募捐公司及专业募捐人（commercial fundraiser）和职业筹款顾问或顾问公司（fundraising counsel）。通俗地说，前者是为公益慈善组织服务的"收钱者"，而后者是募捐活动的"策划人"。他们在开展每一次公益慈善募捐活动之前，必须分别与委托其办理相关业务的公益慈善组织签订募捐服务合同，并提前十个工作日（紧急救灾募捐时除外）将募捐活动安排报告州首席检察官办公室，他们的年度财务报告也必须向首席检察官办公室报备。若商业性募捐公司或专业募捐人未在募捐活动开始前到慈善信托登记处登记，则募捐服务合同无效。所有"收钱者"必须保存至少十年的慈善募捐活动记录。④ 此外，州法还对慈善募捐活动中公益慈善组织和"收钱者"及"策划人"的责任、禁止行为等有非常详尽的规定。⑤

---

① U. S. Department of Labor, Wage and Hour Division, "Minimum Wage Laws in the States", January 1, 2013, available at: http://www. dol. gov/whd/minwage/, 2013 年 1 月 7 日。

② *California Corporation Code Section 5235.*

③ *California Government Code Section 12586.*

④ *California Government Code Section 12599.*

⑤ *California Government Code Section 12580 – 12599. 7.*

　　兑奖销售或抽奖活动（raffle）被州法定义为一种彩票活动，但可以在禁止博彩的加利福尼亚受到豁免。州法规定，只有私营的、存在一年以上并获得免税待遇的非营利组织，才有权为公益慈善事业开展兑奖销售，但相关组织必须提前在慈善信托登记处登记（填报 CT – NRP – 1 表格）并获得登记处的批准函后，才能开展活动。兑奖活动仅限于本州范围，收入所得的 90% 必须用于公益慈善事业，每次活动后相关情况都必须通过专门报表（CT – NRP – 2 表格）将情况上报慈善信托登记处。①

　　5. 执法监督措施

　　作为本州公众利益的守护者，首席检察官办公室对本州非营利组织监管的重点是防止公益慈善组织财产的不当管理和被挪用，监管的主要方式是调查、审计和提起民事诉讼。政府得知非营利组织违法违规行为的主要来源是通过审查报表或报备材料、接获举报或情况反映（complaint），以及媒体的报道，对问题的处理是按照程序和实际情况的严重性由浅入深进行的，总共有六种措施：与有问题的组织进行初步联系以核实情况；让相关组织采取补救措施改正其问题（corrective action）；首席检察官办公室下达进行整改的行政命令（administrative subpoena）；有问题的组织自愿依法依规接受处罚；首席检察官代表加利福尼亚州人民向法院提起民事诉讼；对触犯刑律的犯罪嫌疑人提起刑事诉讼。有一些问题可以通过法庭以外的途径得到解决，但如果问题比较严重，州政府会毫不犹豫地诉诸法庭。例如，2009 年 9 月 9 日州政府宣布，首席检察官埃德蒙·布朗（Edmund G. Brown Jr.）② 已经向洛杉矶法院起诉加州大学洛杉矶校区（UCLA）的杰拉尔德·巴克伯格教授（Gerald D. Buckberg），指控他从自己创办的公益慈善组织"L. B. 研究基金会"（L. B. Research Foundation）中支取 50 万美元资助其个人的事业。③ 2010 年 5 月 24 日州政府又宣布，

---

　　① *California Penal Code Section 320.*

　　② 埃蒙德·布朗（Edmund G. Brown Jr.）是加利福尼亚州的第 31 任州首席检察官，从 2011 年 1 月 3 日起，该州历史上的第 32 任首席检察官，也是该州首位女性首席检察官卡马拉·哈里斯（Kamala D. Harris）走马上任。

　　③ Office of the Attorney General, News Release on September 9, 2009, "Brown Sues to Stop UCLA Professor from Improperly Using Charitable Donations to Fund Personal Business Ventures", available at: http://oag.ca.gov/news/press – releases/brown – sues – stop – ucla – professor – improperly – using – charitable – donations – fund, 2013 年 5 月 11 日。

首席检察官布朗向蒙特利县（Monterey County）法院起诉，要求查封该县名为"蒙特利县艾滋病项目"（Monterey County AIDS Project，MCAP）的非营利组织，追回被非法挪用的 280 万美元的财产。[①] 一般来说，在这类事实清楚的诉讼中，州政府的胜诉率非常高。例如，在近年来州政府发动的扫荡虚假慈善组织行动（Operation False Charity Sweep）中，以美国退伍军人救助基金会（American Veterans Relief Foundation）为代表的一批打着慈善旗号却不遵守相关法律法规的组织被州首席检察官办公室告上州法庭，法官们根据情节轻重依法分别判处它们与政府达成和解协议、强制解散组织（involuntary dissolution）、缴纳高额罚款、向真正的公益慈善组织移交资产、追究原组织负责人连带法律责任，等等。[②] 应该说，这些诉讼案件有力地维护了法律的权威，震慑了那些以慈善之名捞取私人利益的人。

（四）纽约州政府的监管机构及工作概要

无论过去还是现在，纽约州都是一个在诸多方面引领美国潮流的州，公民社会的发展和政府对民间非营利组织的监管也是如此。19 世纪中叶以后，在工业与金融资本使这个"帝国州"的影响力遍及全球的辉煌岁月里，一大批著名的非营利组织在这里创建或迅速成长，例如：世界最大的博物馆之一——大都会艺术博物馆（Metropolitan Museum of Art）、[③] 美

---

① Office of the Attorney General, News Release on May 24, 2010, "Brown Moves to Shut Down Charity That Diverted Millions Intended for AIDS Patients", available at: http://oag. ca. gov/news/press - releases/brown - moves - shut - down - charity - diverted - millions - intended - aids - patients, 2013 年 5 月 11 日。

② 加利福尼亚州法院对"美国退伍军人救助基金会"（American Veterans Relief Foundation）这个案件的判决于 2012 年 3 月 13 日由法官桑德斯（Glenda Sanders）签署，判决书勒令这家基金会缴纳 1171 万美元的罚款，令其强制解散并立即向本州另一家非营利组织加利福尼亚社区基金会（California Community Foundation）移交所有资产。法庭判决书的全文可从州首席检察官办公室网站（http://oag. ca. gov/sites/all/files/agweb/pdfs/charities/operation/Coalition. Police. Consent-DefaultJudgment. pdf, 2013 年 5 月 11 日）上看到，也可从加利福尼亚州法院系统网站 Consent Default Judgment（American Veterans Relief Foundation）（Case Number 30 - 2009 - 00123817）查到这一文件。

③ 纽约大都会艺术博物馆（Metropolitan Museum of Art）创办于 1870 年，是享誉全球的世界级博物馆之一，其官方网站为：http://www. metmuseum. org/。

国历史最悠久的大学之一——哥伦比亚大学、① 美国成立最早、最大的民权组织——全国有色人种协进会（NAACP）、全美第一个也是最大的动物保护组织——美国防止虐待动物协会（American Society for the Prevention of Cruelty to Animals，ASPCA)②，以及许多蜚声海内外的专业学会、工商业协会等。2012 年设立在纽约州的联邦免税组织有 92906 个，比得克萨斯州的数量（96122 个）少 3216 个，屈居全国第三位，但纽约州第 501 (c)（3）条款组织的数量（74269 个）多于得克萨斯州（73994 个），总体知名度无疑大大超过得克萨斯州。③ 2010 年纽约州活跃的（live）非营利组织群体拥有总额高达 3526.67 亿美元的资产，资产额仅次于加利福尼亚州，名列全美第二（得克萨斯州资产总额为 2002.83 亿美元，位居第三）。④

　　纽约州的最大城市，也是美国第一大都会纽约市堪称美国的慈善之都——它既是美国现代慈善业的摇篮，也是今日美国公益慈善事业最发达、慈善组织最集中的地方。在这里，1770 年诞生了美国第一个正式的慈善组织纽约圣乔治协会（St. George's Society of New York)，⑤ 1907 年成立了美国首批私立公益慈善基金会之一——拉塞尔·赛奇基金会（Russell

---

　　① 哥伦比亚大学（Columbia University in the City of New York）创办于 1754 年，最初是英格兰国王乔治二世特许作为国王学院（King's College）建立的，19 世纪中期以后迅速发展为著名大学。详细情况可见其官方网站：http：//www. columbia. edu/about_ columbia/history. html。

　　② 美国防止虐待动物协会（American Society for the Prevention of Cruelty to Animals，ASPCA）1866 年创办于纽约市，现有会员超过 100 万人，详情可见其官方网站：http：//www. aspca. org/，2015 年 8 月 20 日。

　　③ The Urban Institute，National Center for Charitable Statistics，"Number of Registered Nonprofit Organizations by State，2012"，available at：http：//nccsweb. urban. org/ PubApps/reports. php? rid = 2，最后访问日期：2015 年 8 月 23 日。

　　④ The Urban Institute，National Center for Charitable Statistics，"Number of Nonprofit Organizations by State，2010"，available at：http：//nccsdataweb. urban. org/PubApps/profileDrillDown. php? rpt = US – STATE，最后访问日期：2013 年 1 月 8 日。

　　⑤ 圣乔治协会（St. George's Society of New York）1770 年由英国移民成立于纽约市，为传统色彩浓烈的会员制组织（初期的会员仅限于男性），其使命是为生活困难的老年人和残疾人提供月度生活补贴，2015 年有会员 800 人。该协会是美国屈指可数的几个在北美独立战争前创立、至今仍在活动的组织之一，详情可见其官方网站：http：//www. stgeorgessociety. org/，2015 年 8 月 23 日。

Sage Foundation）。① 20 世纪具有世界影响力的三大私立基金会，即卡内基、洛克菲勒、福特基金会，也都在纽约市诞生并设立全球总部。纽约还是许多创新型慈善捐赠方法的发源地，如"捐赠方嘱意基金"这种捐赠方式就是纽约社区信托基金会（New York Community Trust，NYCT）于 1931 年首创的。② 2006 年整个纽约大都会地区集中了超过 7000 家捐赠型基金会（grantmaking foundations），共向各种公益慈善事业提供捐赠约 56 亿美元。根据 2008 年的数字，全美资产额最高的 100 家基金会中，在纽约市成立的有 20 家；捐助资金最多的 100 家基金会中，有 14 家在纽约市创办。③

　　纽约州非营利部门的持续繁荣无疑与政府比较有效的管理与监督分不开。州政府监管非营利组织的部门主要有州务厅法人机构登记处（Division of Corporations，State Records and Uniform Commercial Code，Department of State）、④ 首席检察官办公室下属的公益慈善事业管理局（Charities

---

① 拉塞尔·赛奇基金会（Russell Sage Foundation）1907 年因赛奇女士（Margaret Olivia Sage）的捐赠而在纽约市创办，其宗旨是"改善美国的社会与生活条件"。详情可见其官方网站：http://www.russellsage.org/。关于差不多同一时期在纽约成立的若干重要公益慈善基金会的情况，可见：Leonard Porter Ayres，*Seven Great Foundations*，with a new introduction by David C. Hammack，Philanthropy Classics Access Project，Hauser Center for Nonprofit Organization，John F. Kennedy School of Government，Cambridge，Massachusetts，2007。

② 纽约社区信托基金会（New York Community Trust，NYCT）是美国规模最大的慈善信托机构之一，成立于 1924 年，最开始仅有一位捐助者，一个小小的慈善基金（charitable fund），第一笔资助拨款才 20 美元（根据捐助者意愿资助一位学生）。2014 年该基金会旗下管理着超过 2000 个慈善基金，支出资助 13380 笔，年度慈善捐助总额为 1.58 亿美元，基金总资产超过 25.7 亿美元，是纽约市非营利组织的最大资助者。更多详情可见该基金会 2014 年度报告（New York community Trust，*Annual Report* 2014）和官方网站：http://www.nycommunitytrust.org/，2015 年 8 月 19 日。

③ 参见"慈善纽约"组织（Philanthropy New York）发布的背景性资料："History of Philanthropy"，available at：http://www.philanthropynewyork.org/s_ nyrag/sec_ wide.asp？CID =167&DID =282，2013 年 1 月 8 日。"慈善纽约"组织 1979 年成立，它是纽约市大都会区 285 个主要私立基金会参加的会员制组织，这些基金每年合计提供 70 亿美元的慈善捐助。更多详情可见其官方网站：http://www.philanthropynewyork.org/，2015 年 8 月 19 日。

④ 纽约州政府州务厅法人机构登记处（Division of Corporations，State Records and Uniform Commercial Code，Department of State）的基本职能是依法进行各种法人机构及其他实体机构的注册、备案、文件证明（authenticate），保存相关档案资料。2007 年以来该登记处为 45.76 万个国内或外国法人机构办理了注册手续，截至 2010 年年初，该处保存的各类组织机构（entity）备案材料超过 180 万份。见：Department of State，New York State，*Building a Foundation for a Healthier，More Prosperous，More Efficient New York*，2007 – 2010 *Accomplishment Report*，p.3，更多详情可见登记处的官方网站：http://www.dos.state.ny.us/corps/。

Bureau)，以及州税务厅（Department of Taxation）的免税组织处（Exempt Organizations Unit）。在这些部门中，公益慈善事业管理局的职权范围最广，责任也最重。州政府监管工作的最主要法律依据有三：① 一是本州关于公司制法人机构和其他形式的非营利组织注册的法律；二是本州关于慈善组织、信托机构、遗产执行组织和筹款募捐专业人员（公司）的法律；三是本州不断修订的《非营利公司制法人机构法》（Not - for - Profit Corporations Law，常用缩写为 N - PCL）。② 与加利福尼亚州相比较，纽约州在非营利组织注册登记和筹款募捐活动的监管方面规定得更加复杂，但首席检察官捍卫捐款人及公益慈善事业受益人利益的基本原则和做法与加州别无二致。

1. 非营利组织的注册与登记

任何在纽约州境内成立、并要求注册的非营利组织，首先应到州务厅法人机构注册处办理纽约州非营利公司制法人机构（not - for - profit corporation）的注册，即完成"成为法人机构"（incorporated）的程序，取得州务厅认可的法人机构证书（Certificate of Corporation）。注册的第一步是为组织起名，《非营利公司制法人机构法》规定，除了公益慈善组织、宗教组织、律师协会和需要得到州社会服务部或公共卫生委员会批准成立的组织外，其他非营利组织的名称中必须包含显示其有限责任法人机构性质的三个英文词（corporation，incorporated 或者 limited）或它们的缩写；除

---

① 纽约州有一个庞大的法律体系。根据对州政府立法信息系统（官方网站为 http://public.leginfo.state.ny.us/）中"纽约州法律"（Laws of New York）一项进行的内容检索，现行有效的法律法规中涉及非营利法人机构的条款有 256 个、606 处；涉及"公益慈善组织"的条款有254 个、254 处；涉及"慈善"一词的条款有 36 个、36 处；涉及"捐赠"一词的条款有 78 个、78 处（在线检索时间为 2013 年 1 月 8 日）。本文所引述的纽约州法律条款均出自州政府立法信息系统官方网站提供的文本，以下不再说明。

② 本文所提及的《非营利公司制法人机构法》指这部法律的 2006 年版。法律共分 15 大条或部分（Article），每条内各款（section）的编号从 101 直至 1517，其中第 5 - A 条款的标题是《机构资金谨慎管理法》（Prudent Management of Institutional Funds Act）。2010 年 9 月 17 日，纽约州议会通过了根据《机构资金谨慎管理法范本》（Uniform Prudent Management of Institutional Funds Act）而制定的《纽约州机构资金谨慎管理法》（New York Prudent Management of Institutional Funds Act，NYPMIFA），这将对大批苦于在经济危机中挣扎但同时拥有机构资金的非营利组织产生重大影响，也意味着《非营利公司制法人机构法》的有关条款要进行相应的修订，有关这个问题的详情可参考：Nixon Peabody LLP, NYPMIFA Guide for New York Not - For - Profit Corporations, March 17, 2011。

了符合该法 301 （a）（5）（B）条款规定的组织外，其他组织禁止在名称中使用"财务"（finance）、"保证"（guaranty）、"投资"（investment）等 24 个英文词（或词组）。只有当法人机构注册处认可组织名称后，注册程序才能继续下去。《非营利公司制法人机构法》依照组织目的（即事业）的差异把纽约州的非营利机构分为四类，法律分别有相应的规定：①

A 类机构为非商业目的（non - business purpose）组成，如公民（civil）、爱国、政治、社会、互助、体育、园艺、农业、动物饲养等事业的组织、专业学会和行业协会。

B 类机构的目的是从事慈善、宗教、教育、科学、文化、防止虐待儿童或动物等事业，即公益慈善事业。它们的事业与联邦税法第 501（c）（3）条款组织一致。

C 类机构的目的是为公共利益或者准公共利益而从事合法商务活动，如组建符合《非营利公司制法人机构法》1411 条款规定的本地开发公司等。它们的业务在本质上与工商业营利公司没有什么不同，但 C 类公司必须不以营利为目的（non - pecuniary），所以要严格依照法律规定注册。

D 类机构是为了商业或非商业目的、依据《非营利公司制法人机构法》相关条款和另外一部纽约州法律［例如《私人住房财务法》（*Private Housing Finance Law*）］而组建的。所以，它们要完成注册手续，必须在申请注册的同时向法人机构注册处提交另一部本州法律所规定的其他主管机关的批准文书。

完成在法人机构注册处的手续后，所有公益慈善组织（charitable organization），无论它们是否享有联邦免税待遇，都必须依照本州相关法律的规定，在首席检察官办公室的公益慈善事业管理局登记备案。这样的法律有两部，一是《遗嘱、控制权与信托法》（*Estates, Powers and Trusts Law*，常用缩写 EPTL），二是《行政法》（*Executive Law*）。《遗嘱、控制权与信托法》的 8 - 1.4 条款（Article 8 - 1.4）和《行政法》的 7 - A 条

---

① 这 24 个英文词或词组分别是：acceptance, annuity, assurance, bank, bond, casualty, doctor, endowment, finance, fidelity, guaranty, indemnity, insurance, investment, lawyer, loan, mortgage, savings, surety, state police, state trooper, title, trust, underwriter。见：New York State Department of Law, Charities Bureau, *Procedures for Forming and Changing Not - for - profit Corporations in New York State*, by Attorney General Eric T. Schneiderman, New York, New York 10271 （Rev. 12/10）, pp. 1 - 3。

款（Article 7 - A）分别对公益慈善事业下了相当宽泛的定义，并详细规定了它们在州首席检察官办公室登记备案的义务。① 因此，纽约州的公益慈善组织就被习惯地称为"EPTL 组织"和"7 - A 条款组织"。上述组织在公益慈善事业管理局的登记类型（registration type）也分为三种：只登记为"EPTL 组织"、只登记为"7 - A 条款组织"、登记为须同时受《遗嘱、控制权与信托法》和《行政法》管辖的双重身份组织。② 归纳起来，纽约州法律认可的公益慈善组织包括：B 类非营利法人机构；A、C 和 D 类从事公益慈善事业的非营利法人机构；联邦税法第 501(c)（3）条款组织，以及从事公益慈善事业、但依据联邦税法其他条款获得免税待遇的组织。上述组织必须向纽约州公益慈善事业管理局提交《公益慈善组织登记申请表》（CHAR410 表）和相关资料，获得批准注册后，每年还需要按时填报四页长的《公益慈善组织年度报表》（CHAR500 表）。③

2. 非营利组织在纽约州获得免税地位的规定

纽约州承认联邦免税组织的免税地位，但是任何非营利组织（包括已经获得联邦免税待遇的组织）如果想要豁免纽约州的销售税（sales tax），就必须向纽约州政府的税收与财政部（Department of Taxision and Finance）提出申请；还有少数非营利机构有资格申请豁免纽约州的公司特许税（corporation franchise tax）。至于财产税的豁免，则应向地方政府的税务机关提出申请。有资格申请豁免州销售税的组织有三大类：公益慈善组织、联合国或其他国际组织在纽约州的机构、美国武装部队的组织。

---

① 《遗嘱、控制权与信托法》的 8 - 1.4 条款（Article 8 - 1.4）对公益慈善事业的定义是"任何慈善、宗教、教育、科学、文学、文化、公共安全测试、促进国内和国际体育比赛的、好心助人的（benevolent）、促进社会福利的以及防止虐待儿童与动物的事业"；《行政法》的 7 - A 条款（Article 7 - A）对公益慈善事业的定义是"任何爱心慈善的（philanthropic）、爱国的、捐助施救（eleemosynary）及执法支援的组织"，这里的"执法支援组织"依照本条款中的定义是指各种由在职的或从前的执法机构成员，如警察、调查员等组成的非营利组织。

② 《遗嘱、控制权与信托法》的 8 - 1.4 条款规定了可豁免登记（registration exemption），即无须依据该法在州首席检察官办公室登记备案的 13 种情况，如：宗教组织；依据纽约州《教育法》成立的教育机构；医院；由纽约州特许成立的互助性组织和志愿救护队员、志愿消防员等组成的组织；公募公司；州教育委员会所属教育机构的家长教师协会；等等。《行政法》的 7 - A 条款也有类似的豁免登记规定，含 15 种情况。一般来说，享受上述法律的豁免规定的组织都受到其他有关的纽约州法律的规范。

③ 目前纽约州政府采用的《公益慈善组织登记申请表》（CHAR410 表）和《公益慈善组织年度报表》（CHAR500 表）均为 2010 年修订版。

有些组织无须申请即可自动获得免税待遇，它们主要是纽约州和联邦政府的机构，以及依照若干联邦或者纽约州法律应该豁免销售税的组织。

申请组织需要填写 ST - 119.2 表——《免税组织证明申请表》，连同所要求的资料，如联邦税务局的免税资格同意函复印件，一起提交给纽约州税收与财政部的免税组织处（Sales Tax Exempt Organization Unit）。若获得批准，提出申请的组织会收到 ST - 119 表，也就是《免税组织证明》（*Exempt Organization Certificate*），该证明上有一个六位数的纽约州免税组织编号（不同于联邦税务局发给的各类组织的九位数"雇主身份编号"）。同时，免税组织处会给相关组织邮寄 ST - 199.1 表，即《免税组织采购证明》。任何获得本州免税地位的组织在进行采购时都必须出示填好的《免税组织采购证明》。若免税组织违规使用这个证明，不仅会被取消豁免资格，相关责任人还可能面临牢狱之灾或高达 2 万美元的罚款。

3. 对公益慈善组织筹款募捐活动的监管

纽约州《行政法》的 7 - A 条款对各种职业筹款募捐活动的从事者（个人、公司或其他实体机构）的定义、要求有详细规定。根据此法，专业筹款者（professional fundraiser）是为报酬或其他考虑而为（或代表）公益慈善组织计划、管理、实施、协助、宣传募捐活动者；职业募捐者（professional solicitor）系受雇于专业募捐者的"收钱人"；职业筹款顾问（fundraising counsel）指专为慈善募捐活动提供策划，但不接触或接收善款者；商业共同推销者（commercial co - venturer）则是经常或主要为慈善事业而推销商品、服务、娱乐活动者。法律规定，在为公益慈善组织开展任何一种筹款募捐活动之前，专业筹款者、职业募捐者和职业筹款顾问都必须在首席检察官办公室登记备案。

纽约州的法律法规对上述从业者（个人、公司或其他实体机构）的登记备案要求非常详细。以专业筹款者为例，他们登记备案时要填写的《专业筹款者登记表》（CHAR013 表）共八页，包括正表和填表说明。正表分为九大部分：申请者基本信息（15 项）、签名、收费标准（800 美元）、募捐地点、公司组织结构、与其他专业筹款者或公益慈善组织的关系、从前相关业务情况、募捐合同清单、不公开的信息。在填表说明中，列出了填报要求和《行政法》7 - A 条款中的定义和规定。①

---

① 目前纽约州采用的是该报表的 2010 年版，即 CHAR013 - 2010。

　　除了登记备案工作外，首席检察官办公室还要及时向公众发布本州公益慈善救助活动的情况，汇编和公布本州慈善筹款募捐活动的资料。例如，该办公室每年都要发布本州电话慈善募捐（Telemarketing Campaign）的年度报告《为慈善捐献的零钱》（*Pennies for Charity*），旨在方便普通捐款人了解善款去向，帮助雇用专业筹款者开展这类活动的公益慈善组织掌握筹款动向、控制相关成本、了解总体情况。2012 年度的报告指出，2011 年纽约州一共为 434 个公益慈善组织举行了 602 场电话慈善募捐活动，筹得 2.4 亿美元善款。扣除给专业筹款者的费用和其他开支成本合计 1.478 亿美元，公益慈善组织最后净得筹款总额的 38.53%，即 9268.1 万美元。有 76 次募捐活动造成了慈善组织出现亏损。① 2013 年 1 月 3 日，首席检察官办公室网站公布了本州 88 家慈善组织对前不久桑迪飓风（Hurricane Sandy）灾害救援活动及相关的善款筹集、使用情况的信息。②

　　4. 首席检察官的执法监督

　　首席检察官办公室每年都要收到许多普通民众、新闻工作者和各有关组织的问询和正式投诉（complaint）。每件投诉都会得到评估（review），若发现有充分证据显示非营利组织的权益受到侵害，比如欺诈募捐或非营利组织的财产被侵吞、挪用，首席检察官办公室会展开调查，并依照程序采取纠正措施，直至诉诸法庭。近年来的一个执法监督的典型案例是对汽车捐赠行业的整顿和对假慈善机构"FTH 组织"（Feed the Hungry, Inc. 的简称）的调查起诉。汽车捐赠（car donation）的基本方式是捐赠人向公益慈善机构捐赠二手车，受赠机构利用出售车辆的所得资金开展事业。2002—2009 年，由小卡斯柯尼（Nicolas Cascone, Jr.）领导的 FTH 组织利用这种方式筹款 43 万美元，但仅有 7900 美元，即 1.8% 的善款被用于慈善救助，其余均被小卡斯柯尼中饱私囊。查清事实后，首席检察官安德鲁·科莫（Andrew Cuomo）于 2010

---

　　① Eric T. Schneiderman, Attorney General, State of New York, *Pennies for Charity – Where you money goes, Telemarketing by Professional Fundraisers*, Charities Bureau, Office of General Attorney, December 2012（作者注：原文第二页上关于善款总数的单位使用有误）。

　　② Office of Attorney General, New York State, Press Release, January 3rd 2013, "A. G. Schneiberman Publishes Information On Hurricane Sandy Relief Activities By Charities", available at: http://www.ag.ny.gov/press – release/, 2013 年 1 月 8 日。

年 6 月 15 日宣布对本州的汽车捐赠行业进行专项整顿，向相关公益慈善组织、专业筹款者和个人发出 16 份传唤令（subpoena），同时起诉小卡斯柯尼和 FTH 组织，要求法庭宣判查封 FTH 组织，冻结其资产并转用于公益慈善事业，禁止小卡斯柯尼今后担任任何非营利机构的负责人。[①]

　　保护捐赠者和受赠方合法权益的措施还包括首席检察官办公室进行的有针对性的协调。在"9·11"恐怖袭击之后，公众的捐献热情空前高涨，纽约州一下子涌现出 250 多个新成立的非营利组织来救助"9·11"幸存者和遇难者家庭。但是，它们和在本州设有分支机构的全国性公益慈善组织，如美国红十字会、联合劝募会（United Way）、[②] 救世军（Salvation Army）[③] 等发现救助工作出现了许多信息不通、机制不畅甚至相互掣肘的现象，无法有效地利用总额超过 20 亿美元的民间善款。[④] 面对这种情况，时任州首席检察官的埃利奥特·斯皮策（Eliot Spitzer）与两位负责公益慈善事业管理局工作的助理检察官马尔拉·辛普森（Marla Simpson）和卡林·古德曼（Karin Goldman）力排众议，大力协调，终于说服

---

　　① Attorney General Cuomo Announces Industry – wide Investigation into Car Donation Charities, June 15, 2010, available at：http：//www. ag. ny. gov/press – release/attorney – general – cuomo – announces – industry – wide – investigation – car – donation – charities, 2013 年 5 月 12 日。

　　② 联合劝募会（United Way of America）是美国最大的由宗教组织建立的社区型慈善机构，最初是 1887 年由宗教人士在丹佛创办的慈善组织，1963 年采用现名，1971 年总部由纽约市迁移到弗吉尼亚州的亚历山大里亚（Alexandria），官方网站是 http：//www. liveunited. org/或者 http：//www. unitedway. org/。1974 年世界其他地区的联合劝募会组织发展到了一定程度（40 多个国家、近 1800 个社区或活动地点），于是世界联合劝募会（United Way Worldwide）成立，全球总部仍设在弗吉尼亚州的亚历山大里亚，其官方网站：http：//www. unitedway. org/，2015 年 8 月 20 日。

　　③ 救世军（Salvation Army）是一个基于基督教福音派信仰的国际性慈善组织，1865 年创始于伦敦，国际总部也设在伦敦，现有约 122 个会员国。1880 年该组织开始在美国开展活动，逐渐发展起广泛的组织网络，目前已经成为美国最大、最有名望的公共慈善组织之一。2014 年该组织的雇员有 58764 人，志愿者超过 339. 16 万人，通过其遍布全国的 7546 个运行中心（Center of Operation）为 3094. 68 万人提供了灾害救援、医疗救助、日间照料、老年帮扶、交通等各种各样的救助服务。更多详情可见其官方网站：http：//www. salvationarmyusa. org/，2015 年 8 月 21 日。

　　④ M. Ann Wolfe, *Homeland Security*：9/11 *Victim Relief Funds*, *Report for Congress*, Updated March 27, 2003, Congressional Research Service, Order Code RL31716, p. 5.

各方同意设立了一个共享数据库来统一协调相关的救援工作。① 后来的事实证明，这个共享数据库在公平地分配、使用"9·11"救助善款，保持公众对公益慈善事业的信心方面发挥了非常关键的作用。②

（五）州与联邦机构的协调

作为非营利部门的监管机构，联邦政府与州级政府之间在 20 世纪的大部分时期都缺乏协调。不过，随着美国公民社会的进一步发展与成熟，这种状况在 20 世纪的最后 25 年中有了很大改善。在 20 世纪 80 年代之前，各州一般要求享受联邦免税待遇的非营利组织在报送给联邦税务局的990 系列表格之外单独向州的监管部门报送年度报表。现在，为了减轻报备组织的负担，已经有越来越多的州接受把 990 系列表格作为统一的年度报表，但依然有一些州要求根据本州的法律规定要求联邦免税组织另外报送年度表格。一般来说，这些报表主要涉及相关组织在本州范围内的三方面情况：向公众募集捐款的活动、雇用专职人员开展工作的情况，以及拥有、租赁本州房产的情况。许多州按照联邦税务局在《2006 年退休金保障法》生效以前的规定，把豁免呈报年度报表的最低收入标准定为每年25000 美元，也有一些州政府提出了更严格的要求。另外，即便州政府接受 990 系列年度表格，也还可能要求更多的财务数据报告。比如，俄亥俄州规定，凡是依据《俄亥俄州慈善信托法》（*Ohio Charitable Trust Act*）在本州登记，且无须向联邦税务局报备年度报表的组织，如果其年收入超过5000 美元、资产额超过 15000 美元，必须向首席检察官办公室报送《公益慈善组织年度财务报表》（*Annual Financial Report of Charitable Organiza-*

---

① 纽约州首席检察官办公室所属公益慈善事业管理局的办公室就位于世界贸易中心双子座大楼近旁的百老汇大道 120 号。"9·11"事件发生时，首席检察官斯皮策正好在场。关于首席检察官办公室在"9·11"事件发生后对各相关公益慈善组织开展的协调工作的详情，可见纽约的基金会中心《慈善文摘》（*Philanthropy New Digest*，PND）记者 2002 年 2 月中旬对纽约州助理检察官辛普森（Marla Simpson）和古德曼（Karin Goldman）的访谈录：Newsmakers，"Marla Simpson，Section Chief，Karin Goldman，Registration Section Chief，Charities Bureau，Office of the Attorney General，New York State：Regulating Charitable Relief"，available at：http：//foundationcenter. org/pnd/newsmakers/nwsmkr. jhtml？ id = 7300027，2013 年 5 月 12 日。

② 该共享数据库也是一个在纽约州的注册非营利组织，名称为"9/11 联合服务集团"（The 9/11 United Services Group，USG）。有关该组织的详细情况可见其官方网站：http：//www. 9 - 11usg. org/，2013 年 1 月 8 日。

tion)。① 应该说，尽管联邦与州在监管非营利组织方面的一些做法或政策正在逐渐趋向一致，但州政府依然扮演着非常独特的、不可或缺的角色，对那些未达到联邦税务局注册门槛（年收入5000美元）的小型民间组织来说，州政府的影响力无疑要远远超过联邦政府。

六　地方政府对非营利组织的有限管理与监督

美国的地方政府（local government）指州级以下的政府设置，通常包括五个类别：县政府、市（municipal）政府、镇（township 或者 town）政府、学区政府，以及防火、灌溉等特区的政府。根据官方统计，2007年，全美共有89476个地方政府机构，其中包括3033个县政府、② 19492个市政府、16519个镇政府、13051个学区政府和37381个特区政府。③ 这些政府机构中，对非营利组织进行有限的管理或监督的主要是一些大县和较大城市的政府，因为在各州正式登记的几乎所有重要的非营利组织都设在这样的县或市，尤其是中心城市。至于镇政府，因为它是美国居民集中居住区域中最为基层的政府，许多位于乡村地区，所以机构设置非常简单，专职工作人员很少，它们同非营利组织的关系主要是一种基于社区服务的合作伙伴关系。④

由于美国各个地方在历史、人口、面积、经济、体制等方面的多样性，县政府和市政府的具体情况可能大相径庭。限于篇幅，本文只能选取若干相对典型的县市加以概述。虽然这些地方政府的做法未必具有普遍

---

① 此表及填报说明可见俄亥俄州政府首席检察官办公室官方网站：http://www.ohioattorneygeneral.gov/Business/Services – for – Charities/，2015年8月20日。

② 美国有48个州设立县（county）政府，路易斯安那州类似县的设置称为"堂区"（parish），而阿拉斯加州则称为"区"（borough）。得克萨斯州是县最多的州，共有254个县，特拉华州仅有3个县。

③ U. S. Census Bureau, *Statistical Abstract of the United States*: 2010 (129th Edition) Washington DC., 2009, Table 416. Number of Governmental Units by Type：1962 to 2007, p. 261.

④ 据美国全国镇级政府协会（National Association of Towns and Townships, NATaT）公布的信息，全美镇一级政府所辖区域，85%的区域居民数在1万人以下，近半数区域的居民数不足1000人。全国镇级政府协会是美国各地近1万个镇级政府的代表性组织，成立于1976年，总部设在首都华盛顿，更多详情可见其官方网站：http://www.natat.org/，2015年8月18日。

性，但在一定程度上反映了地方政府对非营利组织的基本态度和基本监管制度。

（一）县或市政府的管理

县或市政府对本辖区公共事务进行管理的主要依据是地方性法规（ordinance 或 code of ordinance）。地方性法规中涉及本地非营利组织的内容多为慈善募捐管理、活动管理，以及某些税、费的豁免。

1. 慈善募捐管理

休斯敦是美国第四大城市，该市法规（City of Houston，Texas - Code of Ordinances）第 36 章对公益慈善组织筹款募捐活动的相关定义（包括什么是非法募捐、欺诈募捐和误导性募捐）、登记要求、报表、信息公开、违规处罚等做出了详细的规定。① 市政府财务审计官办公室开设了投诉热线，方便公众反映相关问题。市长办公室编制并发表了《慈善资助机构指南》，向公众介绍有能力代表本市接受慈善捐助的机构。② 佛罗里达州南部的迈阿密—戴德县（Miami - Dade County）政府的消费者服务部负责消费者投诉的调查调解工作，其中包括依法打击慈善募捐欺诈行为，保护消费者利益，该部门还专门向公众发布了防范募捐欺诈的指导性意见。③

2. 活动管理

民间组织要举行宣传造势、文体娱乐、节庆演出等活动时，应该提前向当地政府提出有关场地使用、标语悬挂等事项的申请，交纳费用，获得许可。美国第三大都会芝加哥市的戴利广场（Daley Plaza）位于市中心，是各种活动终年不断的著名公共场所。任何组织要举行活动之前，须提前

---

① *City of Houston，Texas - Code of Ordinances*，available at：http：//www. houstontx. gov/codes/，2013 年 5 月 12 日。

② "Houston Gives：A Guide to Donating to the City of Houston"，prepared by the Office of Mayor Annise D. Parker，2012，available at：http：//www. houstontx. gov/mayor/houstongives. pdf，2013 年 5 月 12 日。作者注：休斯敦市现任市长安妮斯·帕克（Annise D. Parker）在 2005 年担任市政府财务审计官（Office of the City Controller）时主持了该机构名录的编纂，2010 年出任市长之后继续重视这项工作。

③ Consumer Services Department，Miami - Dade County，"Unsuspecting Givers Fall for Charitable Hoax"，December 29，2009，available at：http：//www. miamidade. gov/csd/releases/09 - 12 - 28 - charitable_ hoax. asp，2010 年 12 月 21 日。

至少 30 天向市政府建设局（Office of the Building）提交申请表。① 休斯敦市政府把活动分为特别活动（special event）、街头活动（street function）和游行（parade）三类，任何组织举行活动之前都应提交申请表并附相关材料，非营利组织还必须提供本组织税号（如联邦税务号码 EIN）。马里兰州蒙哥马利县（Montgomery County）政府规定，非营利组织举办活动要取得标语悬挂许可，并依据其年收入比例缴纳一定费用，年收入在 5 万美元以内的组织免费。② 位于洛杉矶西南的赫莫萨海滩市（City of Hermosa Beach）面积仅 1.3 平方英里，人口 19557 人（2011 年），是美国最小的城市之一。市政府规定凡占用户外公共场地举办活动者必须提前申请许可，还要缴纳名目繁多的费用，不过对非营利组织的收费标准略低于工商业组织。③

3. 豁免税费

地方政府的重要财政收入来源之一是对本辖区内的建筑物和土地征收的不动产税（Real Property Tax 或 Real Estate Tax）及其他税费。由于美国所有州政府和哥伦比亚特区政府均对非营利组织豁免不动产税，故各地方政府也多效仿此举。另外，对于本州政府征收的财产税、④ 销售税、公司

---

① Application For Permit to Reserve Space on DaleyPlaza or Lobby, available at：http：//www. cityofchicago. org/city/en/depts/dca/provdrs/attractions ＿ eventsandexhibitions/svcs/application ＿ for ＿ permittoreservespaceondaleyplazaorlobby. html /，2013 年 5 月 12 日。

② County Council for Montgomery County Maryland, Executive Regulation 19 – 06AM, *Non – Profit Organization Sign Permit and Sign Variance Fees*, December 12, 2006.

③ 有关赫莫萨海滩市的基本统计数据（Demographic Information）和《活动许可申请规定与规章》（*Special Event Permit Rules and Regulations*）均可见于该市政府的官方网站：http：//www. hermosabch. org/，其中关于活动许可申请的收费标准（单位均为美元）如下：申请费商业机构 750、非营利组织 500，扩音设备 140（每天），街道横幅 710（每条），营业执政 386，商业活动赞助商 250（每家），活动场地布置与撤场 200（每个场地），社区资源管理人员 300（每天），医疗服务 131（每小时），警察 103（每小时），防火检查 157（每小时），如果非营利机构组织的活动在 1500 人以下，那么每个参加者或观众还应交 2 美元的人头费；若人数超过 1500 人，则收费标准另议。此外，拍摄影片的申请费为每个地点 478 美元，每日的场地费用从 1115 美元到 2500 美元不等。见 "Special Event Permit Rules and Regulations, City of Hermosa-Community Resources Department", available at：http：//www. hermosabch. org/，2013 年 1 月 8 日。

④ 一般来说，美国各州财产税（Property Tax）概念定义中，财产包括三大部分：个人名下拥有的建筑物（主要是住房）、土地、较有价值的私人财产（tangible personal property）。地方政府可以掌控的主要是对不动产征收的财产税，或称为不动产税（Real Property Tax）。

税等重要税种，只有那些在本州行政体制中获得授权的地方政府才可以让本地民间组织享受豁免。对于纯粹属于地方政府职权范围内的税、费，地方政府有完全的自主决定权。① 例如，佛罗里达州法的第 196 章规定公益慈善组织和进行污水、废水排放及废弃物处理的非营利机构可以申请豁免财产税。申请免税资格和免税组织的年度报表均使用州税务局（Department of Revenue）的 DR－504 表格，表格的受理者则是各个县的不动产评估官（County Appraiser）。再如阿拉斯加州的菲尔班克斯北星区（Fairbanks North Star Borough）是个有 97500 人（2010 年）的县级机构。② 当地政府规定各种非营利组织应在获得不动产或者拥有的不动产情况发生变化后的 30 日内向当地的评估官申请豁免房地产税。另外对公益慈善组织处理的废旧物资可免收固体垃圾处理费（tipping fees）。③ 在文化演出活动频繁的芝加哥市，非营利组织可以申请豁免娱乐税（Amusement Tax）。④

（二）地方政府与民间组织的资金互动关系

近年来，地方政府在对非营利组织进行有限管理的同时，在资金方面与非营利组织的双向互动越来越多。首先，地方政府是非营利组织获得资助的一个重要来源。除了购买非营利组织在当地提供的一些公共服务外，地方政府向非营利组织提供的资助还包括非货币形式的支持（物资、办公条件等）和目的性比较宽泛的赠款（grant）。在 2008 年金融危机爆发

---

① 对于州和地方政府来说，最重要的三种税收是财产税、销售税和公司税。一般州级以下政府如果没有得到授权则不能征收或者豁免财产税等重要税种。参见 Woods Bowman and Marion R. Fremont－Smith，"Nonprofits and State and Local Governments"，in Elizabeth T. Boris and C. Eugene Steuerle eds.，*Nonprofits & Government*，Second Edition，The Urban Institute Press，Washington D. C.，2006，pp. 201－206。

② 菲尔班克斯北星区（Fairbanks North Star Borough）2010 年的人口数为 97581 人，见美国人口普查局官方网站"数据速查"（Quickfacts）栏目，available at：http：//quickfacts. census. gov/，2013 年 1 月 8 日。

③ Fairbanks North Star Borough Code，CHAPTER 3. 08 PROPERTY TAX－GENERAL PROVISIONS，CHAPTER 8. 12 GARBAGE AND SOLID WASTE，available at：http：//www. codepublishing. com/ak/fairbanksnorthstarborough/，2013 年 5 月 12 日。

④ 有关豁免娱乐税的申请规定可详见芝加哥市政府官方网站：http：//www. cityofchicago. org/city/depts/rev/。

之前，北卡罗来纳州大约 95% 的县和 80% 的市在政府预算中都列出了支持非营利机构的资金额度。① 在非营利事业最发达的第一大都会纽约市，市政府为支持非营利组织设立了多种计划和项目，其中之一是为帮助非营利组织克服金融危机带来的资金困难而设立的无息"可归还资助基金"（Returnable Grant Fund，RGF）。②

由于多数地方政府财政窘迫，它们给非营利组织资助的多寡在很大程度上依赖联邦政府和州政府给地方的财政拨款。在全美人口最多的 35 个县和 35 个市，联邦和州两级对许多地方政府的财政收入支持度超过 20%，有些地方甚至高达 50%。③ 所以，许多非营利组织，特别是一些较大的或者全国性的公益慈善机构，从地方政府那里间接地享受到了联邦政府和州政府的财政支持。鉴于这个问题的宏大和复杂性，本文仅提及这个不能忽略的事实，而不展开作进一步的论述。

其次，比较有实力的非营利组织，主要是拥有较可观的房地产的医院、大学、救济性住房组织等非营利机构也向地方政府（主要是市政府）提供财务赞助，即"税收替代型支付"（Payments In Lieu Of Taxes，PILOTs）。这种支付在美国不仅合法，而且在许多情况下被视为合乎情理，是许多地方政府财政收入的补充性来源。④ 由于地方政府已经减免了非营利组织的不动产税等税费，同时还提供消防、治安、道路维护、扫雪铲冰等公共服务，所以财务状况较好的非营利组织也完全愿意并有能力向政府提供一些赞助，以弥补地方财政的不足，而且赞助金额远小于地方政府所免除的不动产税。一般来说，这种支付的数

---

① Gordon P. Whitaker and James C. Drennan, *Local Government and Nonprofit Organizations*, updated in 2006, ⓒ 2007 School of Government, The University of North Carolina at Chapel Hill, p. 3.

② 这一基金由纽约市长办公室负责合约服务（Contract Services）的部门和纽约市基金（Fund for City of New York）共同设立并管理，详情可见：http://www.nyc.gov/html/nonprofit/html/initiatives/initiatives.shtml/，2013 年 5 月 12 日。

③ U. S. Census Bureau, *Statistical Abstract of the United States*：2010，129th Edition, Washington DC.，2009，Table 445. City Governments-Revenue for Largest Cities：2006，p. 290；Table 447. CountyGovernments － Revenue for Largest Counties：2006，p. 292.

④ 税收替代型支付（Payments In Lieu Of Taxes，PILOTs）实际上是对地方政府因豁免不动产税而损失的税款的一种有限补偿。联邦政府内政部在各地拥有大片土地都无须缴纳不动产税，为弥补地方政府的损失，内政部专门设有税收替代型支付计划。除此之外，税收替代型支付主要涉及豁免地方不动产税的非营利机构。

额和条件是经过双方友好协商达成的。2010 年 11 月林肯土地政策研究所（Lincoln Institute of Land Policy）① 公布的一份研究报告表明，在过去十年里，至少有 18 个州的 117 个市政府采取这种方式从大学、医院等非营利机构那里获得了赞助，其中包括波士顿、费城、匹兹堡和巴尔的摩这样的大城市。有些支付协议体现了双赢，如耶鲁大学与其所在的康涅狄格州纽黑文市达成协议，赞助市政府 750 万美元。② 不过，在当前美国债务危机继续恶化，全国经济增长乏力、地方政府财政拮据的情况下，"税收替代型支付" 大有蔓延之势，正日益演变成非营利组织很不情愿地给地方政府的 "财政进贡"，而且这种财务关系在管理上缺乏必要的透明度，随意性较强，各地掌握尺度不一，很容易出现问题。③

---

① 林肯土地政策研究所（Lincoln Institute of Land Policy）是设在马萨诸塞州坎布里奇（Cambridge）的非营利组织，成立于 1974 年，系美国土地政策与房地产税的研究与教育领域的权威思想库，官方网站是 http：//www. lincolninst. edu/。

② Abstract of Payments in Lieu of Taxes（Policy Focus Report），November 2010，available at：http：//www. lincolninst. edu/pubs/1853；Bob Salsberg，Associated Press，"More US cities eye colleges，hospitals for cash"，November 29，2010，available at：http：//news. yahoo. com/s/as/20101129/，2010 年 12 月 20 日。

③ 由金融风暴引发的经济危机给地方政府造成的财政危机正在美国蔓延。2010 年 48 个州出现了财政紧张，资金缺口高达 2000 亿美元。另外 2009 年州政府对地方政府的财政拨款下降了 1780 亿美元，近 70% 的城市开始裁减公共部门员工，超过 60% 的城市取消或推迟了一些市政项目，超过 30% 的城市减少了公共服务。华尔街著名分析师梅瑞狄斯·惠特尼（Meredith Ann Whitney）预计，2011 年美国可能有超过 100 个城市面临财政破产。见：《美国地方债务：另一场危机的起点》，《三联生活周刊》2011 年第 2 期，第 94—95 页。关于梅瑞狄斯·惠特尼的相关预测可见：CBSNEWS 60 Minutes，"State Budgets：The Day of Reckoning"，available at：http：//www. cbsnews. com/stories/2010/12/19/60minutes/，2011 年 1 月 13 日。另据代表美国各州和各地方非营利组织协会的非营利全国委员会（National Council of Nonprofits）公布的资料，2010 年之后 "税收替代型支付" 在各地愈演愈烈，财政拮据的地方政府纷纷盯住非营利组织，想方设法让它们用这种支付缴纳原本免除的税收。例如，波士顿的非营利组织自 2011 年 7 月至今已经向市政府上交了 940 万美元 "税收替代型支付" 款，但市政府的做法也遭到若干当地公共慈善机构如科学博物馆（Museum of Science）的强烈抵制。更多详情可见该委员会官方网站：http：//www. councilofnonprofits. org/public – policy/state – policy – issues/，2013 年 1 月 8 日。

七 政府与公民社会组织的关系：对美国做法的归纳

在美国，政府与民间（或私立）的非营利组织的关系可以上溯到北美殖民地时期，美国学者经常引证的一个例子便是哈佛大学建校之初的情况。[①] 作为英属北美殖民地成立最早、符合普通法慈善定义传统的非营利机构，17 世纪的哈佛大学至少在两个方面初步体现出今日美国各级政府与非营利组织关系的内容：一是政府官员依照一定的规则对非营利组织管理（治理）的介入；二是政府向非营利组织提供资助及其他帮助。实际上，以约束性制度为主要内容的管理和监督，以及各种形式的直接或间接资助（联邦及地方的免税待遇、拨付赠款、购买服务等），依然是 21 世纪美国政府处理与公民社会关系的两个基本方面，而且这两个方面是互相联系、不可分割的。

为了更深入地理解美国政府对非营利组织的管理与监督问题，有必要进一步探讨政府与公民社会之间复杂关系中蕴含的内容，挖掘这种关系的实质，分析相关制度设计中体现的原则。近 30 年来，美国学术界对政府同公民社会的关系问题展开了相当活跃的讨论。由于美国公民社会自身就是一个"万花筒"，民间组织的情况千差万别，加上任何研究者或单一学术机构都无法掌握全面、准确的数据，尤其是涉及地方政府与当地民间组织关系的数据，且观察问题的立场、视角、方法各异，他们的观点与结论也必然是"百花齐放"，有些也难免以偏概全。归纳起来，当前影响力较大的理论有三种。

1. 补充关系论（Supplementary Theory），代表人物是美国西北大学资深经济学家伯顿·韦斯布罗德（Burton A. Weisbrod）。[②] 这种理论认为，

---

① Dennis R. Young, "Complementary, Supplementary, or Adversarial? Nonprofit-Government Relations", in Elizabeth T. Boris and C. Eugene Steuerle eds., *Nonprofits & Government*, Second Edition, The Urban Institute Press, Washington D. C., 2006, p. 56.

② 伯顿·韦斯布罗德（Burton A. Weisbrod）教授是在美国乃至国际上都很有名望的学者，擅长从经济学和公共政策学角度研究美国的非营利组织，撰写或编辑了 18 本专著、约 200 篇有关论文。他曾在肯尼迪政府和约翰逊政府的总统经济顾问委员会任职，并为众多其他政府机构及非营利组织提供咨询意见。

民间非营利组织的发展是公民社会对政府失灵（government failure）的一种反应。其基本观点是：在民主制度下，政府决策往往只代表了中位数选民（median voters）的意愿。虽然政府为全体公民提供了最基本的公共服务，但对于具有特殊需要或偏好的公民来说，政府的服务不能令他们满意，于是非营利组织提供的服务就成为另一种选择。就整个社会而言，政府作为最重要的公共服务提供者处于主导地位，而非营利组织的作用只能是补充性的。

2. 伙伴关系论（Complementary Theory），有时也被称为"第三方政府理论"，代表人物是约翰·霍普金斯大学非营利部门比较项目的领军学者莱斯特·萨拉蒙（Lester M. Salamon）。这种理论强调政府和非营利组织在为社会提供公共产品方面的伙伴关系，或者合约关系，认为政府通过各种形式的资助、竞标和签订合同的手段使非营利组织成为公共服务产品更有效率的提供者，在这一过程中双方结为合作伙伴，共享公共资金支出和公共权威运用上的自行决断权。这种伙伴关系调和了社会公共需求与政府机构之间的矛盾，既提高了政府公共服务的效率，又避免了庞大官僚机构对社会产生的副作用。

3. 对手关系论（Adversarial Theory）是一个从框架到内容都有待完善且论证相对分散的理论。它认为，在政府失灵的地方，非营利组织往往会发动倡导（宣传鼓动）行动（advocacy），这些行动的压力导致政府提供资源或采取必要措施解决公共服务领域的问题。耶鲁大学的经济法教授亨利·汉斯曼（Henry B. Hansmann）首创的"合约失灵说"（contract failure）是"对手关系理论"的重要支柱。所谓"合约失灵"是指营利机构（工商企业）由于追逐利益最大化，它们与消费者之间的合约难以防止在信息不对称的条件下消费者权益遭受损害。汉斯曼教授等人进一步指出，非营利组织受制于"非分配约束"（non - distribution constraint）①，理应可以比营利机构提供更好的服务，不过无论是"非分配约束"还是非营利组织的治理结构，都需要政府在规制方面发挥作用，且这种约束无法排除非营利部门本身也出现"合约失灵"现象，所以政府必须介入，对民

①　非分配约束（Non - Distribution Constraint）是指非营利机构（特别是公益慈善组织）通常不能把获得的收入分配给本组织的会员、管理者和理事会成员，而是要投入本组织的事业。

间的非营利组织实施管理监督。[①]

以上三大理论主要是从经济学角度进行的分析，应该说都具有一定的现实合理性，同时也都存在一定缺陷。比如，对于时下风头最劲的"伙伴关系论"，有些美国学者早就提出了尖锐批评，认为萨拉蒙教授的理论没有清晰地阐明经济学中一些最基本的问题，所以他倡导的政策立场只会造就一个更没有效率的非营利部门。[②]

笔者认为，若要比较准确而且深刻地解释美国政府与非营利组织的关系，绝对不能脱离这种关系产生的总体历史背景和隐藏在纷繁表象背后的经济、政治、社会和文化因素。过于专注技术性分析不仅无助于问题的解决，还很可能导致对事实的误读或误判。卡尔·马克思说："法的关系正像国家的形式一样，既不能从它们本身来理解，也不能从所谓人类精神的一般发展来理解，相反，它们根源于物质的生活关系，这种物质的生活关系的总和，黑格尔按照18世纪的英国人和法国人的先例，概括为'市民社会'，而对市民社会的解剖应该到政治经济学中去寻求。"他还说："人们在自己生活的社会生产中发生一定的、必然的、不以他们的意志为转移的关系，即同他们的物质生产力的一定发展阶段相适应的生产关系。这些生产关系的总和构成社会的经济结构，即有法律的和政治的上层建筑竖立其上并有一定的社会意识形式与之相适应的现实基础。"[③]

毋庸置疑，当今美国政府与公民社会或曰整个非营利部门的关系是美国生产力和社会经济结构发展的结果，是这个最大资本主义国家进入后工业化时代后其经济基础与上层建筑的反映。过去30年间，美国的非营利组织，尤其是公益慈善类机构经历了一个高速成长期，它们所提供的公共服务，无论是品种、数量还是质量都有历史性的飞跃，这在很大程度上得益于联邦政府对公民公众参与热情和志愿服务精神的积极鼓励与引导。就以

---

① Dennis R. Young, "Complementary, Supplementary, or Adversarial? Nonprofit-Government Relations," in Elizabeth T. Boris and C. Eugene Steuerle eds., *Nonprofits & Government*, Second Edition, The Urban Institute Press, Washington D. C., 2006, pp. 39 – 49.

② David L. Prychitko, Professor of Economics, Northern Michigan University, and Peter J. Boettke, Professor of Economics at George Mason University, "The New Theory of Government: Nonprofit Partnership: A Hayekian Critique of the Salamon Paradigm," The Philanthropic Enterprise, Working Paper 1, September 2002.

③ 卡尔·马克思：《〈政治经济学批判〉序言》（1859年1月），《马克思恩格斯选集》第2卷，人民出版社2012年版，第2页。

享受联邦免税待遇的公益慈善类组织来说，它们的数量仅在 1989—2004 年这六年间就猛增了一倍以上，这些组织在联邦税务局管理的全部免税组织中的比例由不到一半增长到约 2/3。① 事实证明，一个充满活力、遵循"游戏规则"并拥有资源和能力的非营利部门，可以有效地从社会的基础层面（如居民社区）修复市场失灵给公众造成的损害，弥补政府失灵导致的公共服务的缺失或失衡，推进公共服务的可及性与均等化，促进就业和教育、医疗、住房、养老等事业的发展，改进社会财富的分配，② 缓和贫富分化引发的各种不满情绪和矛盾，稳定社会的基本局面，壮大和维护中产阶级。③所以，为公民社会的健康发展创造各种条件，包括给予一定税费豁免和依法对民间组织进行有效的政府监管，既是顺应美国人民意愿和社会发展趋势的表现，也是当代资本主义制度自我调整、自我完善的一个重要方面，是美国精英权势阶层（尤其是华尔街金融寡头集团）实现有效社会治理、保持执政地位、维护美国的长远利益的重要手段。④

---

① Elizabeth T. Boris, "Nonprofit Organizations in A Democracy: Roles and Responsibilities", in Elizabeth T. Boris and C. Eugene Steuerle eds., *Nonprofits & Government*, Second Edition, Washington D. C., The Urban Institute Press, 2006, p. 3.

② 一个耐人寻味的事实是，过去 30 多年期间，美国财富的集中度不断提高，与此同时，公益慈善事业迅速壮大。从第二次世界大战至 1976 年的时期中，美国最富有的 10% 的家庭占有了美国私人经济收入的 1/3，而 2008 年这个比例上升到 48%；2007 年美国最富有的 1% 的家庭集中了美国 23% 的国民收入。见 Steven Pearlstein, "The costs of rising income inequality", *The Washington Post*, Wednesday, October 6, 2010, p. A13。

③ 在经济危机的打击下，越来越多的美国人处于"食品不安全"（food insecurity）的状态。据联邦农业部 2010 年感恩节前的统计，"不知道自己下一顿饭在哪里"的人口比例，在弗吉尼亚州从 8% 上升到 9.2%，在首都华盛顿地区从 12% 上升到 13%，在马里兰州从 9% 增加到 11%，许多非营利性食品援助机构都面临着有史以来最大的公共需求。详见 Annie Gowen, "Food banks swamped by demand", *The Washington Post*, Monday, November 22, 2010, pp. A1 - A8。

④ 2009 年 3 月 27 日，美国 13 家最大金融机构的负责人齐聚白宫与奥巴马总统会晤，商谈如何应对"大萧条"以来最严重的经济危机。麻省理工学院世界经济与管理学教授西蒙·约翰逊（Simon H. Johnson, 2007 年 3 月至 2008 年 8 月曾任国际货币基金组织首席经济学家）和詹姆斯·凯瓦克（James Kwak）合著、2010 年 3 月出版的《13 个银行家：华尔街接管和下一次金融崩溃》（13 *Bankers*: *Wall Street Takeover and The Next Financial Meltdown*, published by Pantheon）一书指出，代表华尔街的这 13 家最大金融机构实际上已经接管了美国，控制了美国的文化资本和意识形态，危及自由市场经济和美国人民的福祉。另可参见贺绍奇（中国政法大学副教授、长策智库高级研究员）的文章《走向黑暗的改革》，《经济观察报》2010 年 11 月 15 日，第 46 版（专栏版）。

　　基于上述分析和对第二次世界大战结束以来美国历史的观察，笔者认为美国政府与公民社会组织（非营利部门）之间已经形成了一种多层级的协调（Multi - tier Coordination）关系。双方的协调、沟通与合作在联邦、州和地方三个层级都存在，而且日益频繁。这种协调关系是一种动态的信息与行动关系，包含着矛盾甚至利益冲突。协调的意向有时来自政府，有时来自民间。对于非营利组织来说，至少在联邦层级上，政府永远是牢牢控制局面的一方，同时扮演着决策者、引导者、资助人、发包方、监管者和协调员等多重角色。在地方（local）这个最低的行政层级上，就算非营利组织对某项服务有完全的自主权，它们也可能由于各种原因受制于政府部门的约束。例如，有些市政府利用分区（zoning）限制非营利机构为老人或残障人士设立团体居所（group home）。

　　在这种多层级的协调关系框架中，非营利组织在六个方面发挥着自己的作用，或者说它们具备"六重身份"：自治的公共服务提供者、协调公共服务的同盟军、接受资助方、承包商或代理人、合作伙伴、宣传倡导者或游说人。① 各级政府的管理与监督覆盖了所有这些方面，其总目标就是要以制度性约束确保公共利益不受损害，确保非营利部门特别是公益慈善类事业的信誉不受损害，确保凡事都要有人承担责任（accountability），确保公众的健康、安全、福利，以及整个社会的长治久安。

　　在宪政民主体制比较完善与成熟，公众的自由结社、自我管理、乐善好施和志愿服务已经成为一种国民特性（Nation's character）的条件下，②美国政府对非营利部门的管理与监督工作坚持了六项基本原则。

　　1. 依法治理（rule of law）

　　这个原则的实际运用包括若干方面。首先，《美利坚合众国宪法》及联邦最高法院对宪法相关条款的解释地位最高，然后才是联邦法律、各州的宪法、各州的专门法律和地方性法律法规。正因为如此，联邦法院或州

---

①　Richard C. Feiock and Simon A. Andrew，"Introduction：Understanding the Relationships between Nonprofit Organizations and Local Governments"，*International Journal of Public Administration*，Taylor & Francis Group，LLC. 2006，Vol. 29，pp. 759 - 767.

②　George W. Bush，"Remarks on National Volunteer Week"，April 29，2008，John T. Woolley and Gerhard Peters，The American Presidency Project［online］，Santa Barbara，CA：University of California（hosted），Gerhard Peters（database）. From http：//www. presidency. ucsb. edu/，2010 年 12 月 27 日。

法院在审理有关民间组织的案件时，判决依据有时仅仅是联邦宪法或州宪法，而非具体法律。① 其次，高度注意实现与维护全国的法制统一。在联邦层面，以《国内税收法典》为核心法律，其他法律的规定均与税法相关条款保持一致；在享有高度自治权限的州层面，有关法律条款与联邦法律没有冲突，在某些条款上（如对公益慈善组织的定义）保持了高度的近似性；各州之间由于《非营利法人机构法范本》等标准法律范本的制定和普遍实施也消弭了大量分歧。再次，负责管理和监督民间组织的各政府机构对涉及民间组织所有方面的事项均有法可依，制度建设比较完善。最后，管理和执法过程依照法定程序，官员的自由裁量空间极小，且对政府执法或者其他决定有异议的民间组织有上诉渠道。

2. 公众参与

从历史上看，美国的立法过程本身就具有政府与公众互动的传统，不过这种互动的法律化进程始于 1946 年国会通过的《行政程序法》（*Administrative Procedure Act of 1946*，Public Law 79 - 404）。② 后来的《信息自由法》（*Freedom of Information Act*，FOIA）③ 等法律和联邦政府在 1993 年启动的规制体系改革进一步提高了公众对于立法和政府管理规章制定过程的参与度。④ 由于非营利机构在美国社会中存在的广泛性、它们与普通公众的天然联系，以及它们的行为对选民意向的影响，美国各级立法与行政机关在制定监管非营利组织的法律法规过程中尤其注重公众的参与。在这里，公众参与不仅表现为选民与议员和官员的沟通，更表现为一些重要的专业民间组织的有序参与。这些组织包括：普通非营利组织的代表机构，如全国性的"独立部门"组织和州或地方的各种非营利组织协会；专业人士团体，如全国统一州法委员会会议、美国律师协会；各类研究型、智库型组织，如美国法律研究所（ALI）、

---

① Bruce R. Hopkins, *Nonprofit Law Made Easy*, John Wiley & Sons, Inc. 2005, pp. 231 - 235.

② 美国国会于 1966 年对《行政程序法》（*Administrative Procedure Act of 1946*，Public Law 79 - 404）进行了较大幅度的修订（Public Law 89 - 554）。

③ 《信息自由法》（*Freedom of Information Act*，FOIA）于 1966 年由约翰逊总统签署成为联邦法律，次年生效，后在 1996 年、2002 年和 2007 年进行了多次修订。

④ 吴浩主编，李向东副主编：《国外行政立法的公众参与度》，中国法制出版社 2008 年版，第 235—322 页。

都市研究所（Urban Institute）等。① 较高质量的公众有序参与保证了相关立法或规章制定的质量和可操作性，为法律法规的良好实施打下了基础。

3. 责任落实

这里的责任首先体现为有关政府官员（如联邦税务局局长和各州的首席检察官）的法定责任，他们必须"在其位而谋其政"，认真履行法律赋予的监管职责，维护民众的利益，否则就要被问责。另外，责任更是指各类非营利组织的理事会（board of directors 或者 board of trustees）成员应承担的法定及道义责任，他们必须"在其位而担其责"。进入 21 世纪后，特别是 2002 年《萨班斯—奥克斯利法》生效后，这个方面就成为美国非营利组织的机构治理（corporate governance）和政府监管的重点。一般来说，理事会成员承担着三大责任（也被称为"3C 职责"）：管理责任（duty of care），即依照章程参加理事会会议及各种委员会，关注组织的健康运行与发展；效忠责任（duty of loyalty），即避免利益关联、不以权谋私；遵守责任（duty of obedience），即自己遵守并确保组织也遵守联邦、州和地方的法律法规。过去有不少非营利组织，包括一些著名的全国性组织，往往倾向于把理事会成员资格当成一种荣誉性待遇，众多社会名流也乐于给自己加上这层光环，他们掌握着组织的领导权，但并未真正关心所在组织的事业，导致理事会对于机构治理的核心作用被削弱，这种状况如今已经发生了根本性的改变。许多组织的理事会成员都已经意识到，权与责是不能分离的，在理事会占有一个席位不仅意味着一种公共道德责任，更意味着要对所在组织可能发生的违法违规行为负责。重要的非营利组织大多依照《萨班斯—奥克斯利法》的规定，设立了由理事会领导但又具备一定独立性的执行委员会、提名委员会、审计委员会、薪酬委员会和投资委员会来分管本组织的各项事务，健全了内部约束机制，实现了机构治理的正规化，真正使理事会成员做到各司其职，各尽其责，名副其实。

4. 公开透明

对于监管方来说，公开透明的原则主要体现在切实认真实施《信息自由法》及相关法规，及时准确发表信息，落实非营利组织及普通公民

---

① 都市研究所（The Urban Institute）是根据约翰逊总统的相关指示于 1968 年创建的，设在首都华盛顿。作为一个超党派的专业研究机构，它的基本使命是成为学术界和决策层之间的桥梁，就美国的经济社会问题提出解决方案，促进良好的公共政策和提高政府效率。该研究所官方网站是 http://www.urban.org/。

的知情权和监督权。对于被监管的非营利组织来说，主要体现在依法落实强制性信息发布的各项要求，让本组织的资金、项目和负责人情况呈现在阳光下，使捐赠方和受益公众都能够一目了然。在提高非营利组织透明度的各种做法中，最重要的是从 1999 年起全面实行的联邦税务局的年度报表制度。《国内税收法典》明确规定，联邦免税组织的年度报表（990 表格）属于公共文件，公众有权通过索要复印件、检索有关信息库和访问民间组织官方网站等途径获悉报表的完整内容。许多享有联邦免税地位的知名公益慈善组织，如美国乐施会（Oxfam America）[①]、癌症研究所（Cancer Research Institute，CRI）[②] 等都在它们的官方网站的醒目位置列出了本组织 990 表格等重要财务文件供公众浏览和下载。2006 年以来，联邦税务局已经两次对 990 表格进行升级改造。第一次升级改造的成果是 2008 年开始启用的新 990 表，第二次升级改造正在进行中。这些升级改造工作的目的主要是细化栏目，使报表反映的信息更加具体与全面。

州一级监管机构的通常做法是在专门的官方网页上提供搜索功能，使公众可以方便地查找非营利组织的基本信息。例如：要了解任何在纽约州登记备案的公益慈善组织的情况，公众只需登录首席检察官办公室公益慈善事业管理局网站，在登记搜索（Charities Bureau Registry Search）界面[③]上输入名称、州免税组织编号、联邦税务局"雇主身份编号"等的任何一项，就可以获得所查找组织的九项基本信息及相关文件，如《公益慈

---

① 美国乐施会（Oxfam America）成立于 1970 年，是国际乐施会（Oxfam）的 17 个联盟伙伴组织之一。该组织现名列美国最大的公益慈善组织，总部设在波士顿，并在华盛顿设有负责政策与倡导工作的办事处。2015 年，其官方网站（http：//www.oxfamamerica.org/）的访问者可以自由下载该组织 2011、2012、2013 年度报送联邦税务局的 990 表格 PDF 文件，以及 2011—2015 年历年的财务决算报表（Consolidated Financial Statements）PDF 文件。最后访问日期：2015 年 8 月 20 日。

② 癌症研究所（Cancer Research Institute，CRI）创办于 1953 年，目前是全球规模最大的以探索预防和治疗癌症为事业的非营利组织，总部设在纽约市，在加利福尼亚、康涅狄格、马萨诸塞、新墨西哥、得克萨斯和弗吉尼亚诸州设有志愿者办公室，由 68 人组成的科学咨询委员会中包括 3 名诺贝尔奖得主和 30 名美国科学院院士。2015 年，其官方网站（http：//www.cancerre-search.org/）的访问者可以自由下载该组织 2012、2013、2014 年度报送联邦税务局的 990 表格 PDF 文件，以及 2011—2014 年历年的财务决算报表（Consolidated Financial Statements）PDF 文件。最后访问日期：2015 年 8 月 20 日。

③ 纽约州公益慈善事业管理局的搜索网页为：http：//www.charitiesnys.com/RegistrySearch/search_charities.jsp，最后访问日期：2015 年 8 月 20 日。

善组织登记申请表》（CHAR410 表）和《公益慈善组织年度报表》（CHAR500 表）等。[①] 加利福尼亚州政府网站提供的搜索功能更为强大，公众可以用多种方式，甚至盲目搜索方式从慈善信托登记处（RCT）的搜索页面进入数据库，[②] 查到任何地区、任何类别或任何状况（新成立、已经解散、正在合并等）的公益慈善组织、商业性募捐组织或兑奖销售机构的详细信息，并可直接从显示登记信息的表格页面链接查看相关文件，如登记申请表和年度财务报表等。

5. 与时俱进

政府的管理与监督必须随着现实情况的变化而及时调整、改善，这方面的例子可谓不胜枚举。比如，近年来，越来越多的个人和机构乐于进行非货币形式的慈善捐赠（noncash charitable contributions），捐赠的实物有衣服、日用品、食品、药品、书籍、艺术品、收藏品、有价证券、房产等，怎样确定所捐实物或者财产的价值就成为亟待解决的问题，因为这不仅涉及实际捐赠额的计算，更与捐赠方应该获得的所得税减免额直接相关。《2006 年退休金保障法》较全面地解决了这个问题。联邦税务局依据该法对《国内税收法典》条款的修订，也从 2006 年起对非货币捐赠制定了新管理细则、设计了新的免税申请报表，即 8283 表。新细则规定，非货币形式的财产分为普通收入财产（ordinary income property）和资本收益财产（capital gain property）两大类，它们的公平市价和捐赠免税额的计算应有区别；对财产的评估必须由具备专业资质的评估师（appraiser）根据评估标准在捐赠前的 60 天以内进行评估。[③] 又如，联邦税务局非常注

---

① 公众可以查到的九项基本信息是：组织名称、登记类别（是非营利法人机构组织，还是慈善信托机构、专业筹款机构等）、组织类型（是登记为 "EPTL 组织" 或 "7－A 条款组织"，还是登记为须同时受《遗嘱、控制权与信托法》和《行政法》管辖的双重身份组织）、财务年度截止月份、联邦税务局 "雇主身份编号"、纽约州免税登记编号（NY State Reg. No）、所在行政区域、地址和官方网站。

② 加利福尼亚州慈善信托局的搜索网页：http://rct. doj. ca. gov/Verification/Web/Search. aspx? facility = Y，最后访问日期：2015 年 8 月 20 日。

③ 联邦税务局规定：对任何价值超过 5000 美元的捐赠都必须进行评估，而且捐赠方必须填报 8283 表（Form 8283）。详见 Internal Revenue Service，*Instructions for Form 8283*（*Rev. December 2006*）：Noncash Charitable Contributions，Cat. No. 62730R；*Determining the Value of Donated Property*，Publication 561；*Charitable Contributions*：*Substantiation and Disclosure Requirements*，Publication 1771；*A Charity's Guide to Vehicle Donations*，Publication 4302。

意对互联网技术的应用和深度开发。对年收入低于 25000 美元的免税组织采取全电子化报表，这种做法既能节约大量资源，也便于数据的汇总与整理。再如，现在每年都有成千上万的人通过互联网进行慈善捐献，如何对这种捐献进行管理？在正式法律没有出台之前，全国州级政府慈善监管官员协会（NASCO）在 2001 年 3 月通过了被称作"查尔斯顿原则"（Charleston Principles）的指导性文件。[1] 它虽然不具法律效力，且引发一定争议，但对各州政府的相关监管工作提供了极有价值的参考。[2]

6. 帮、管并举

各类非营利性民间组织是美国公民社会的有机组成部分，是社会机体的"大细胞"，政府对它们来说既是监管者，又是培育者、帮助者和扶持者，有时甚至还要充当保护者（例如对在海外活动的国际性民间组织）。这不仅因为宪政基础上的"官民关系"要求如此，也因为说到底，政府的根本利益与整个非营利部门的根本利益是一致的。政府的行为和决策应该反映多数公众的意愿，而积极从事民间非营利事业者，特别是那些参与公益慈善、志愿服务事业的公民，无论在哪个国家都属于好公民，理应得到政府的帮助和保护。不管非营利组织多么强大和多么有名气，在资源和权力上都无法同政府，尤其是联邦政府相比。即便是某些富可敌国的超级慈善机构，如比尔和梅琳达·盖茨基金会（Bill & Melinda Gates Foundation），[3] 也不具备美国政府那样的实力和权势，更何况这样的大型基金会在很大程度上就是《国内税收法典》免税条款激励的结果。

本 章 总 结

本章是对美国政府对非营利部门管理的一个概述，更准确地说，

---

① The Charleston Principles: Guidelines on Charitable Solicitations Using the Internet, Final – Approved by NASCO Board as advisory guidelines, March 14, 2001.

② Mark Hrywna, "Little Regulation Online: Use of Charleston Principles Remains Sporadic", *The Nonprofit Times*, September 1, 2010, available at: http: //www. nptimes. com/htdocs/10Sept/0907102. html, 2011 年 1 月 2 日。

③ 比尔和梅琳达·盖茨基金会（Bill & Melinda Gates Foundation）始创于 1994 年，总部设在西雅图，从 2000 年起使用现名称，截至 2015 年 3 月 31 日，该基金会的雇员总数有 1376 人，资产总值达到 429 亿美元，累计资助金额达到 335 亿美元（2013 和 2014 年度的资助额分别为 34 亿美元和 39 亿美元）。更多详情可见其官方网站：http: //www. gatesfoundation. org/，2015 年 8 月 1 日。

是为这一问题提供了一个从中国研究者视角出发的初步研究思路和框架。由于美国非营利部门的实践是丰富多彩的，各级政府管理与监督的工作也在不断完善，相关的文献资料浩如烟海，所以这方面研究的深入有极其广阔的空间。总括本章的论述与分析，可以得出以下几点基本结论。

1. 美国政府管理监督公民社会组织的体系是在第二次世界大战结束以后逐步形成的，并在最近几十年随着美国非营利部门突飞猛进的发展而得到了极大的改善。这个体系的根基是以宪法保障的公民结社自由精神为灵魂、以一系列联邦法律法规、州和地方政府法律法规及各级法院的判决为主要依据而形成的统一但有区别的国家法制与政府法治。

2. 在所有相关法律和监管机构中，《国内税收法典》和联邦税务局起着极其关键的作用。这种作用不仅表现为联邦税务局依法监管着整个美国正式登记的非营利组织群体，或者说美国非营利部门中最主要、最成熟、最具社会影响力和美誉度、提供公共服务最多的部分——联邦免税组织，尤其是享有联邦免税待遇的公益慈善机构，而且表现为《国内税收法典》条款确定的原则（如免税组织的定义）和联邦税务局的管理方式对州及地方政府监管工作的启发、引导与示范效应。

3. 州一级政府和以县、市政府为主的地方政府与非营利组织的关系主要体现在政府监管、豁免税收和非营利组织提供获得政府资助的公共服务上。其中州一级政府监管体系的重要特色是标准法律范本的制定，以及各州对这些范本条款的自愿接受和"各取所需"。在非营利组织数量最多、各项非营利事业最发达的加利福尼亚州和纽约州，州一级的监管制度已经发展得相当完备，监管措施落实得较好，政府与非营利组织的沟通渠道畅通，堪称州一级监管的典范。就地方政府的监管而言，基本做法是在遵循本州传统和规制的前提下，结合本地具体情况出台相应的法律法规。在联邦以下的政府层级中，州级政府对于本辖区内的非营利组织的管理与监督负有主要责任。

4. 各级政府对非营利组织的管理与监督并非简单地意味着政府能够居高临下地发号施令，而是一种充满了资金、信息甚至人员互动的辩证过程。根据前些年的数据统计，仅就资金方面而言，每年各级政府用各种方式向非营利部门提供的资助大约有2270亿美元，州级政府和地方政府给予非营利组织的各种免税优待总额约为 153 亿—215 亿美元。[①] 与此同时，越来越多的地方政府寻求非营利组织提供"税收替代型支付"（PILOTs）以弥补地方财政收入的亏空，这种情况在经济低迷时期尤为常见。监管者与被监管者的互动关系可以总结为一种包含着矛盾与利益冲突的多层次协调关系，在这种关系中，联邦政府居于掌握全局的地位。

5. 现代经济学理论并不能完全解释美国各级政府与公民社会组织之间关系的实质。对美国社会的深入解剖应该从当代美国的经济基础与上层建筑中去寻找答案。依法对非营利组织进行有效的政府监管，是美国进入后工业化社会时期之后社会发展、社会治理与社会重建的重要任务。它代表了美国人民对公共服务安全网的需要和要求，体现了当代资本主义制度自我调整、自我完善的能力，反映了美国精英权势集团巩固与保持执政地位、维持社会稳定、维护美国长远利益的意愿。

6. 贯穿于美国各级政府对公民社会组织的管理与监督工作的六项基本原则是：法治原则，公众参与原则，责任落实原则，公开透明原则，与时俱进原则，以及帮、管并举原则。这些原则既是美国历史文化与国情背景下的宪政民主制度的内在要求，也是实现有效政府监管的必要条件。其中最重要的原则是法治原则，没有这项起决定性作用的原则，政府的管理与监督只能停留在好看的口号和文件中，美国非营利组织和它们所从事的各种非营利事业也不可能呈现出勃勃生机，实现可持续发展。

---

① Woods Bowman and Marion R. Fremont Smith, "Nonprofits and State and Local Governments", in Elizabeth T. Boris and C. Eugene Steuerle eds. , *Nonprofits & Government*, Second Edition, The Urban Institute Press, Washington D. C. , 2006, pp. 206 – 207.

第三章

美国非营利部门自身的治理与自律

　　美国公民社会组织（各类非营利组织）的持续发展有赖于诸多因素。这些因素中最为关键者有三：其一是美国社会深厚的公民自治传统。关于这一点，从19世纪的法国人托克维尔等早期美国社会的观察家到后工业化时代的许多美国学者都有丰富的研究成果；其二是非营利组织发展的外部环境，这主要指人民受宪法保护的言论与结社自由、比较宽容的社会态度，以及建立在法治基础上的、以联邦免税组织制度为代表的政府监管体制。换句话说，舆论和政府是美国非营利部门的主要外部监督者；其三是非营利组织不断完善的内部治理，包括自律措施、内部约束机制、成套的行为或道德标准、制度建设要求等。这些在某种意义上也可以统称为非营利部门的内部监督。内部监督与外部监督相辅相成，共同维护着美国非营利部门的根本利益，促进了该部门的健康与可持续发展。美国的实践经验证明：以上三方面的关键因素就好比支撑一尊大鼎的三条腿。而没有自律（self - regulation）、内部约束机制与相关制度设计的公民社会组织群体，无法达到善治（good governance）。这就正如缺少一条腿的鼎，无法站立稳固。本章将根据第一手资料比较全面地论述美国非营利部门的治理问题。需要说明的是，这里研究的对象主要是那些取得了联邦税务局免税待遇的非营利组织，因为这些组织在美国公民社会组织群体中最具有代表性，影响也最大。

一　公民社会组织治理：问题提出的历史背景

　　虽然"治理"（governance）一词在美国的私营工商业组织和政府部门中不是什么新概念，但对整个公民社会组织群体来说，这个概念及其包括的丰富内涵引起人们前所未有的重视还是最近 30 年间的事。这一现象的出现并非偶然，它与美国非营利组织在这一时期的迅猛发展和不断暴露出来的问题密切相关。确切地讲，这个问题的凸显发生于美国非营利组织建立的第四次高潮期间。

（一）非营利部门的超高速发展

纵观美国历史，各种民间的非营利组织的建立大致出现过四次高潮：第一次高潮发生在南北战争结束后的重建年代（1870 年前后），第二次高潮发生在 19 世纪 90 年代—20 世纪 20 年代，第三次高潮发生在 20 世纪的60—70 年代，第四次高潮发生于 1989 年至今的后冷战时期。这四次高潮的发生都有其各自的经济、社会、政治、国际环境乃至科学技术进步方面的大背景，反映了时代的要求和趋势。就第四次高潮而言，美国的总人口跃上 3 亿台阶，实现人均国内生产总值（GDP）达到并保持在 4 万美元以上，移动通信和互联网络技术的广泛应用，生态文明意识的兴起，经济与金融的全球化，反恐战争的进行，新保守主义思潮的兴起与衰落，2007年金融风暴引发的持续经济衰退，等等，都是有助于诠释非营利组织发展的重要原因。实际上，约翰·霍普金斯大学公民社会研究中心主任莱斯特·萨拉蒙（Lester M. Salamon）教授所津津乐道的"结社革命"也正是用以形容这一时期的新名词，只不过他和他的同事们的视野并未局限于美国罢了。

20 世纪 80 年代后期以来，美国非营利部门的高速成长集中表现为获得联邦税务局批准享有联邦免税待遇的非营利组织数量大幅度增加。据该局的研究和统计，1990 年美国约有联邦免税组织 140 万个，由于 35 万个组织是无须向联邦税务局提交申请并获准登记的宗教类组织，所以联邦税务局实际掌握情况的免税组织约有 100 万个，其中符合《国内税收法典》（*Internal Revenue Code*）第 501(c)（3）条款的公益慈善类组织有 45.5 万个。① 到 2010 年这个最近几年的"巅峰年份"，联邦税务局管理的非营利组织数量陡增至 196 万个，几乎翻了一番，其中第 501(c)（3）条款组织超过 128 万个，而且这一数字里还未包括所有的宗教类组织，而是仅包括

---

① Daniel F. Skelly, "Tax – Based Research and Data on Non – profit Organizations, 1975 – 1990", available at：http：//www.irs.gov/pub/irs – soi/75 – 90nptbrd.pdf, 2013 年 5 月 1 日。

最重要的全国性宗教组织。① 联邦税务局免税组织与政府机构司（Tax Exempt and Governmental Entities Division，TE/GE）的司长（Commissioner）英格拉姆（Sarah H. Ingram）说，仅在 2006—2009 年，联邦税务局就审批了超过 20 万件申请，这基本上相当于该局工作人员每年工作 365 天，每天批准 182 个非营利组织获得联邦免税地位。② 显而易见，如此大的工作压力会在一定程度上影响审批质量的把控。

（二）损害非营利组织公信力的重大丑闻

非营利部门的高速成长给美国社会带来了双重效应。首先，这对美国的经济与社会发展无疑产生了多重的积极促进作用。其次，政府的监管资源无法以相同的高速度增长，导致监管能力相对下降。同时，"萝卜快了不洗泥"，许多非营利组织，特别是大批新成立组织的自身素质与管理层暴露出了越来越多的问题。一些历史超过百年的老牌全国性组织，在新的经济、社会与技术环境中也面临越来越多的挑战。从 20 世纪 90 年代初开始，非营利组织在治理方面存在的问题及内部制度缺陷逐渐变得突出起来，引起了社会各界的关注与担忧。这些问题和缺陷最显而易见的表现是一个又一个轰动全国的丑闻，或曰非营利组织的"大案要案"。其中比较有代表性的是 1992 年的联合劝募会案、1995 年的新时代慈善基金会案、1996 年的艾德菲大学案、1997 年的毕晓普遗产信托案、2001—2005 年的美国红十字会系列丑闻、2003 年的大自然保护协会案，以及 2009 年的"阿科"组织案。

1. 联合劝募会案

联合劝募会（United Way of America）是美国最大的由宗教团体创立的社区型公益慈善组织，分支机构遍布全国，1990 年收获的捐款数额达

---

① 根据美国联邦税务局 2011 年 3 月发表的年度报告，2010 年度该局管理的免税组织有 182.18 万个，另有非免税型公益慈善信托机构（Nonexempt Charitable Trust）13.81 万个，两者合计为 195.99 万个。见 Table 25. Tax – Exempt Organizations and Nonexempt Charitable Trusts，Fiscal Year 2007 – 2010，Internal Revenue Service，*Data Book* 2010，Publication 55B，Washington D. C.，March 2011，p. 56。

② "Nonprofit Governance：The View from the IRS"，Remarks of Sarah Hall Ingram，Commissioner，Tax Exempt and Government Entities，IRS，before the Georgetown University Law Center Continuing Legal Education，June 23，2009，available at：http：//www. irs. gov/pub/irs – tege/ingram_ gtown_ governance_ 062309. pdf，2012 年 10 月 18 日。

31 亿美元，是美国第一家年度获捐突破 30 亿美元大关的慈善组织，在美国可谓家喻户晓。[①] 但是，在一段时间里，它的财务管理相当混乱，尤其是机构的公用支出与长期担任会长（President）职务的威廉·阿拉蒙尼（William J. Aramony）的个人开销的界限不明，账目不清。这位阿拉蒙尼甚至经常用公款乘坐飞机头等舱或专职司机驾驶的豪华轿车去度假，为朋友购买昂贵礼品，为"维拉索姐妹（Villasor Sisters）"等多名情妇的挥霍提供便利。1992 年 2 月《华盛顿邮报》等媒体率先对相关问题进行了报道，[②] 不久阿拉蒙尼被迫下台。此后，纽约州首席检察官办公室依法对联合劝募会展开调查，发现阿拉蒙尼伙同联合劝募会前财务主管默罗（Thomas J. Merlo）一起在几年内就贪污、挪用或者不当使用了约上百万美元的公款。[③] 1994 年 9 月，负责弗吉尼亚州东区的联邦检察官向本区联邦法院起诉阿拉蒙尼和默罗，1995 年 4 月 3 日联邦陪审团裁定指控他们的多项罪名成立，阿拉蒙尼被判处 84 个月刑期和缴纳高额罚款。[④]

2. 新时代慈善基金会案

新时代慈善基金会（Foundation for New Era Philanthropy）1989 年由商人小约翰·贝尼特（John G. Bennett Jr.）创建于宾夕法尼亚州的费城。贝尼特打着资助慈善事业的旗号，以类似"庞氏骗局"（Ponzi scheme）的

---

① 联合劝募会（United Way of America）最早是 1887 年由宗教人士在丹佛创办的慈善组织，以后逐渐发展壮大，1963 年采用现名。1971 年该组织的总部由纽约市迁移到弗吉尼亚州的亚历山德里亚（Alexandria），其官方网站 http：//www. liveunited. org/。1974 年世界其他地区的联合劝募会组织发展到了一定程度，于是世界联合劝募会（United Way Worldwide）成立，全球总部仍在弗吉尼亚州的亚历山德里亚，其官方网站：http：//www. united-way. org/，2015 年 8 月 20 日。

② Charles R. Babcock，"3 Large Locals Ask National United Way About President's Spending"，*Washington Post*，20 February 1992，p. A6；Editorial，"A Charitable Salary"，*Washington Post*，20 February 1992，p. A24.

③ 虽然联合劝募会的总部在案发时已经迁移到弗吉尼亚州，但由于该组织最初于 1932 年 6 月 10 日在纽约以"社区基金与服务委员会（Community Chests and Councils, Inc.）"的名字注册为纽约州 B 类非营利机构，也就是公益慈善类机构，所以纽约州首席检察官依法享有对该组织的监管权。

④ Supreme Court of the State of New York：*Dennis C. Vacco, Attorney General of the State of New York v. William A. Aramony and Thomas J. Merlo*，No. 401592/95 Mot Seq. 001；United States Court of Appeals，Fourth Circuit：88 F. 3d 1369 - *United States v. Aramony*，July 17，1996.

手法用慈善美名和虚假高额回报吸引捐助者,[1] 先后从约 150 位各界名流和 180 家非营利组织(其中包括宾夕法尼亚大学这样的著名机构)手中骗取了超过 3.5 亿美元,并将 700 万美元转用于弥补自己名下数家商业公司的经营性亏空或者购买股票。令人感到不可思议的是,贝尼特的美丽谎言和精心伪造的财务文件居然骗过了联邦税务局,他的基金会不仅获得了联邦免税待遇,还一度通过了联邦税务局的审计。不过,任何骗局总是会被揭穿的。从 1993 年起,宾夕法尼亚州首席检察官办公室、联邦证券和交易委员会(Securities and Exchange Commission,SEC)等根据举报线索开始对新时代慈善基金会展开调查。1995 年 5 月 15 日,《华尔街日报》在头版刊发了 3600 字的长篇报道,把记者所掌握的新世纪慈善基金会的真相昭示天下。[2] 这篇报道导致政府相关部门对本案进一步介入,贝尼特本人后来也受到法律制裁,被联邦法庭判处入狱 144 个月。[3]

3. 艾德菲大学案

艾德菲大学(Adelphi University)是位于纽约长岛的一所私立大学,1896 年建校,属于符合联邦税法第 501(c)(3)条款的公益慈善组织。从 1996 年起,该大学的校长戴蒙德波罗斯博士(Peter Diamandopoulos)与教职工、学生和学生家长的矛盾公开化,主要原因是他所奉行的政策和行事风格引发的不满太多。在激烈的辩论和随后的一连串调查与诉讼中,戴蒙德波罗斯博士的待遇问题逐渐引起公众关注。这位校长每年的薪酬和福利一共高达 52.3 万美元,是美国待遇最优厚的大学校长之一,《纽约时报》用嘲讽的口吻称他"用学校的钱过着帝王般的生活"。[4] 1997 年 2 月,纽约州教育委员会彻底改组艾德菲大学理事会,新的理事会决定解除戴蒙德波罗斯博士的校长职务,并要求他归还包括位于纽约曼哈顿的一套

---

① 庞氏骗局(Ponzi scheme)指骗人向虚设的企业投资,用后来投资者的钱作为快速盈利付给最初的投资者以诱使更多的人上当。意大利裔美国人庞氏(Charles A. Ponzi)曾在 1919—1920 年行此骗术。

② Steve Stecklow, "Incredible Offer: A Big Charity Faces Tough New Questions About Its Financing—Some Say Matching Grants By New Era Foundation Resemble Ponzi Scheme—Lawsuit Over a Margin Call", *The Wall Street Journal*, 15 May, 1995, p. A1.

③ United States Court of Appeals, Third Circuit: 161 F. 3d 171 – *United States v. G. Bennett*, November 16, 1998.

④ Veronica V. Chambers, "College Presidents in the Spotlight", *The New York Times*, November 5, 1995, available at: http://www.nytimes.com/1995/11/05/education/, 2011 年 6 月 27 日。

单元房在内的学校财产，而戴蒙德波罗斯博士由于对相关处理决定不满而诉诸法律。此外，纽约州首席检察官办公室起诉前任理事会成员，要求他们赔偿因监管不善而被不当使用的学校经费，被诉的前任理事会成员又反过来把州教育委员会告上法庭。1998 年 11 月，案件各方宣布达成庭外和解，这意味着艾德菲大学历史上最不光彩的一章以没有任何一方真正认错的结果而落下帷幕。①

4. 毕晓普遗产信托案

毕晓普遗产慈善信托机构（Bishop Estate Charitable Trust）是依照夏威夷王国公主毕晓普（Princess Bernice Pauahi Bishop）在 1884 年留下的遗嘱而成立的，到 20 世纪 90 年代它已经成为美国最大的慈善信托机构，资产超过 100 亿美元，主要事业是资助在夏威夷群岛有三个校区的卡梅哈梅哈学校（Kamehameha Schools），以提高当地居民子女的教育水平，保护土著文化。② 在相当长的时期内，该机构的理事会存在违背捐赠人旨意、程序不当、资产管理不善和损公肥私等一系列问题。1997 年 8 月 9 日，夏威夷州第二大日报《火奴鲁鲁星报》（Honolulu Star Bulletin）在头版以"破灭的信任"为题刊载专题报道，披露了上述问题，从而引发了夏威夷各界的热议、州首席检察官办公室的调查和利益相关方的激烈博弈。③ 后来，在联邦税务局下达的最后通牒的压力下，这个被称为美国"慈善业中的安然公司（the Enron of charities）"的信托机构于 1999 年年底被迫进行整顿，彻底改组了理事会。不过，由于历史上形成的夏威夷州司法界、政界和商界与毕晓普遗产慈善信托机构理事会之间错综复杂的关

---

① David M. Halbfinger, "Lawsuits Over Ouster of Adelphi Chief Are Settled", *The New York Times*, November 18, 1998, available at: http://www.nytimes.com/1998/11/18/nyregion/, 2011 年 6 月 27 日。

② 卡梅哈梅哈一世（Kamehameha I, 1758—1819）是夏威夷王国的缔造者和首任国王，深受当地土著居民热爱，其雕像矗立在夏威夷王宫前的广场上。1959 年，夏威夷成为美国的第 50 个州。

③ 《火奴鲁鲁星报》从 1996 年 3 月 18 日至 2010 年 6 月 6 日的全部内容均可从该报的在线档案库中查询，其网址：http://archives.starbulletin.com，研究者最后一次查询日期为 2013 年 5 月 12 日。实际上，该报关于毕晓普慈善遗产信托机构（Bishop Estate Charitable Trust）的报道非常丰富，而 1997 年 8 月 9 日发表的专题报道仅是大批相关报道中的第一篇。《火奴鲁鲁星报》（*Honolulu Star - Bulletin*）自 2010 年 6 月 7 日起与当地另外一家日报《火奴鲁鲁广告人报》（*Honolulu Advertiser*）合并。

系，给这家信托机构造成经济和名誉损失的责任人最终未能受到法律惩罚。①

5. 美国红十字会系列丑闻

美国红十字会（American Red Cross）是美国最大的非营利灾难救助组织，也是由美国国会颁发特许状而豁免联邦所得税的组织，一直受到美国公众的高度信赖。② 2001 年"9·11"恐怖袭击事件发生后，数月间美国各界就为救助受害者紧急捐款 13 亿美元，其中红十字会收到的捐款数量最多，为 5.43 亿美元。但是，当红十字会打算把这些捐款中的 2 亿美元转用于资助其他慈善项目时，引发了公众、媒体和政府监管部门空前猛烈的质疑与批评浪潮。③ 众议院随后召集了听证会，纽约州首席检察官斯皮策（Eliot Spitzer）甚至要对红十字会利用善款的情况展开调查。在巨大的社会压力下，红十字会不得不改弦易辙，向社会承诺尊重捐助者的意愿，专款专用，时任总裁兼首席执行官的（President & CEO）伯纳迪恩·希利（Bernadine Healy）在 2001 年年底辞职。2005 年，美国历史上最大的天灾卡特里娜飓风灾害发生后，红十字会在抢险救灾过程中与志愿人员就若干具体事项发生争议，同时由于官僚积习作祟，该会掌管的救援物资在分发过程中也出现了拖延和浪费现象，这些问题再度招致了媒体的猛烈批评和国会的担忧。在红十字会领导层的激烈争吵中，2002 年年初刚履新的总裁兼首席执行官玛莎·埃文斯（Marsha J. Evans）于 2005 年 12 月挂冠而去。上述事件暴露了红十字会在治理方面存在的严重缺陷，使这家"百年老店"的公信力蒙受了重大损失。

6. 大自然保护协会案

大自然保护协会（The Nature Conservancy，TNC）拥有 60 年历史、

---

① 有关这一案件最权威、全面的研究，可详见 Samuel P. King and Randall W. Roth, *Broken Trust：Greed，Mismanagement & Political Manipulation at America's Largest Charitable Trust*, University of Hawaii's Press，March 2006，还可参见相同作者在美国律师协会会刊网站上发表的论文：*Samuel P. King and Randall W. Roth*，"Erosion of Trust，Hawaii's Bishop Estate：A Cautionary Tale of Mismanagement at A Charitable Organization"，available at：http：//www. abajournal. com/magazine/article/erosion_ of_ trust/，2013 年 5 月 10 日。

② 美国红十字会创建于 1881 年，1900 年获得国会的特许状（Congressional Charter）。更多情况可详见其官方网站：http：//www. redcross. org/。

③ "Timely Turnaround by the Red Cross"，*The New York Times*，November 17, 2011，available at：http：//www. nytimes. com/2001/11/17/opinion/，2011 年 6 月 27 日。

100 多万名会员，是美国实力最雄厚且成就卓著的环境保护组织之一。①
从 2003 年 5 月起，《华盛顿邮报》连续刊发了四组调查性报道，将大自
然保护协会长期存在的诸多利己性内幕交易的事实公之于众。这些事实包
括：财务管理不严，违规账目和支出得不到应有的监控；把环境保护项目
下的土地（有些位于自然保护区内）出售给理事会成员并使其避税；与
顾问委员会成员存在各种商业往来；出售土地或商业交易的档案资料不完
整甚至缺失；违反法律规定为雇员或者管理人员提供免费住房与车辆；向
内部管理人员提供贷款；等等。② 参议院财政委员会闻讯后随即对大自然
保护协会展开了为期两年的调查，并形成了一份全面而详尽的报告。③
2005 年 6 月，在调查报告发布之际，时任财政委员会主席的格拉斯利参
议员（Charles E. "Chuck" Grassley）表示，在参议院的调查启动之后，
大自然保护协会已经对其内部治理进行了整顿。但是，该协会所进行的复
杂交易显示有必要进一步完善法律以适应非营利的公益慈善组织用"打
擦边球"的方式谋求利益的新情况，因为这些作为与联邦免税制度的设
计初衷相悖。④

7. "阿科"组织案

"阿科"是"社区改革组织联合会"（Association of Community Organiza-
tions for Reform Now，ACORN）英文缩写的音译。这家主要附属组织享有第
501（c）（3）条款待遇的非营利机构成立于 1970 年，曾经是美国最大的基
层反贫困组织，除了从事促进中低收入家庭的住房保障和医疗保健、推进
社区建设与安全的事业外，还开展了提升选民（尤其是穷人）投票登记率
等具有一定政治动员色彩的活动。到 2010 年该组织的成员家庭有 17.5 万

---

① 大自然保护协会（The Nature Conservancy，TNC）成立于 1951 年，总部设在弗吉尼亚州
的阿灵顿。其官方网站是 http：//www. nature. org/。

② 《华盛顿邮报》的四组调查性报道和相关新闻、评论、读者来信等，均可从该报官方网
站有关大自然保护协会案的专门网页上获得：http：//www. washingtonpost. com/wp - dyn/nation/
specials/natureconservancy/，2013 年 5 月 1 日。

③ *Reportof Staff Investigationof the Nature Conservancy*，（VOL. 1），prepared by staff of the Com-
mittee on Finance，United States Senate，Charles E Grassley，Chairman，Max Baucus，Ranking Mem-
ber，June 2005，U. S. Government Printing Office，Washington：2005，21 - 528 - PDF（226 pages）.

④ The United States Senate Committee on Finance，Memorandum，"Grassley Statement on Com-
mittee Report on The Nature Conservancy"，Tuesday，June 7，2005，available at：http：//finance.
senate. gov/newsroom/chairman/，2011 年 6 月 20 日。

个，分布在美国 75 个城市的 850 个社区中。① 舆论普遍认为，这家"左派"组织在 2008 年总统大选期间动员选民的努力为奥巴马入主白宫做出了重要贡献，不过其行动也引发了许多争议，包括选举舞弊传闻和官司。2009 年夏，两名保守派活动分子分别乔装成妓女和法学院学生，携带隐蔽摄像机访问了纽约和加利福尼亚的若干"阿科"组织办事处，他们与那里的工作人员所进行的"诱导性"谈话涉及卖淫、拐卖未成年少女和逃税等话题。2009 年 9 月 10 日，当保守派网络媒体开始传播隐蔽拍摄并经过剪辑的视频资料后，立即在全美激起轩然大波。联邦税务局与相关各州的首席检察官办公室纷纷启动了对"阿科"组织的调查，国会参众两院也于 2009 年 9 月 14 日和 17 日各自通过决议，停止向"阿科"组织提供联邦资助。② 虽然整个案件背景扑朔迷离、情节异常复杂，但是就连奥巴马总统都认为"阿科"组织的工作人员行为失当，应该予以调查。③

　　实际上，后冷战时期美国非营利部门中发生的大案要案远不止这些，近几年来影响较大的案件至少还有：2005 年美利坚大学（American University）爆发财务丑闻；④ 2006 年保罗·格蒂信托机构（J. Paul Getty Trust）的理事会受到加利福尼亚州政府的官方调查报告抨击；⑤ 2007 年拥

---

① "阿科"组织的官方"留守"网站：http：//www. acorn. org/，2018 年 8 月 1 日。

② 有关"阿科"组织的比较准确的介绍，以及 2009 年"阿科"组织案的详细情况，笔者所见的比较权威和全面的文献是加利福尼亚州首席检察官办公室 2010 年 4 月 1 日发布的调查报告。见 California Department of Justice, Office of the Attorney General, *REPORT OF THE ATTORNEY GENERAL ON THE ACTIVITIES OF ACORN IN CALIFORNIA*, April 1, 2010。

③ ABC News："Obama on ACORN：'Not Something I've Followed Closely' Won't Commit to Cut Federal Funds'，" September 20, 2009, 9：00 AM, available at：http：//blogs. abcnews. com/george/2009/09/，2011 年 7 月 14 日。这段资料记录了美国广播公司"早安美国"节目主持人斯蒂法诺波罗斯（George Stephanopoulos）对奥巴马总统的短暂采访，包括文字与视频。

④ 美利坚大学（American University, AU）创建于 1893 年，是获得国会特许状的私立非营利教育机构。详细情况可见其官方网站：http：//www. american. edu/。2005 年的财务丑闻主要涉及校长拉德纳（Benjamin Ladner）的开销问题。

⑤ 保罗·格蒂信托基金会（J. Paul Getty Trust）正式成立于 1982 年，是全球最富有的艺术类慈善信托组织，资产超过 40 亿美元。更多详情可见其官方网站：http：//www. getty. edu/。2006 年 10 月加利福尼亚州首席检察官办公室发布了对该组织的调查报告，逐一列举了其理事会存在的问题，并宣布要任命独立监督人（monitor）监督保罗·格蒂信托机构的运作。该报告全文可从保罗·格蒂信托机构官方网站上下载，其标题为：State of California, Office of the Attorney General, Bill Lockyer, Attorney General, *Report on the Office of the Attorney General's Investigation of the J. Paul Getty trust*。

有世界最大博物馆群的史密森氏学会（Smithsonian Institution）负责人由于财务管理不善下台;[①] 2010 年教育发展学院（Academy for Education Development, AED）因内部治理出现问题而被美国国际开发署停止签约资格，数月后被迫关门。[②] 2011 年中亚教育学院（Central Asia Institute, CAI）执行院长格雷格·莫腾森（Greg Mortenson）被曝沽名钓誉、涉嫌徇私舞弊,[③] 等等。

　　所有这些案件或者丑闻所产生的客观后果，集中到一点，就是造成相关非营利组织的公共关系危机，严重地损害了非营利部门，特别是公益慈善类民间组织的声誉，打击了公众对这些组织的信心，降低了这些组织的社会公信力。这不仅直接影响到它们的财源——来自公众和机构的捐款与资助，甚至威胁到它们自身的生存。反过来，这些组织财务状况的恶化又不可避免地导致它们所提供的社会服务在数量和质量上的下降，从而对公众利益造成损害。因此，各种典型的案件或者丑闻导致的自身形象危机和公众信任危机成为促进美国非营利部门提高治理水平、强化自律的最根本的推动力。

---

　　① 史密森学会（Smithsonian Institution）创建于 1846 年，是获得国会特许状、由联邦政府依法介入管理的非营利机构，更多详情可见其官方网站：http：//www. si. edu/。2007 年曝光的丑闻主要与时任首席执行官（Secretary）劳伦斯·斯莫尔（Lawrence M. Small）有关。

　　② 教育发展学院（Academy for Education Development, AED）成立于 1961 年，总部设在首都华盛顿，是美国专门从事海外发展援助的主要非营利组织之一，历年都获得美国国际开发署的大批援外服务合同，在全球近 60 个国家设有办事处（更多详情可见其官方网站：http：//www. aed. org/About/）。2010 年 11 月教育发展学院由于管理不善被美国国际开发署停止签约，从而陷入空前的财务危机，2011 年 3 月该机构宣布将停止一切活动，将手头的项目转交类似机构经营，由此也宣告了这家有 50 年历史的重要机构关门大吉。见 Maria Di Men, "Big International Nonprofit Plans to Disband", *The Chronicle of Philanthropy*, March 4, 2011, available at：http：//philanthropy. com/article/Big – Internaitonal – Nonprofit/126622，2012 年 8 月 20 日。

　　③ 中亚教育学院（Central Asia Institute, CAI）创办于 1996 年，它宣称的宗旨是在巴基斯坦和阿富汗的偏远山区兴办学校、支持教育，总部设在蒙大拿州，官方网站是 http：//www. ikat. org/。有关前执行院长格雷格·莫腾森（Greg Mortenson）的不轨传闻曾经受到蒙大拿州首席检察官办公室的调查。事实上，美国知名的非营利组织独立评估机构"慈善瞭望"（Charity Watch, 当年名为 American Institute of Philanthropy, AIP）从 2010 年起就注意到中亚教育学院的问题，并在 2011 年 8 月出版的《慈善评级与监督报告》（*Charity Rating Guide and Watchdog Report*）中详尽地探讨了中亚教育学院有关问题的来龙去脉，并呼吁莫腾森为了慈善事业的名声引咎辞职。如今，中亚教育学院已经完成了治理改革，莫滕森仅担任理事会成员，不再担任执行院长。见 "AIP Calls for Resignation of Central Asia Institute's Founder Greg Mortenson", available at：http：// www. charitywatch. org/articles/MortensonResignCentralAsiaInstitute. html，2011 年 8 月 1 日。

（三）推动改善内部治理的其他因素

除了形象危机和公信力下降这个主要推动力之外，存在于非营利部门外部和内部的若干因素也激励着美国民间组织重视内部治理，其中比较重要的因素有：

1. 政府监管趋严

在后冷战时期，尤其是 2001 年"9·11"事件后，美国政府的有关部门对非营利组织表现出了更多的关注，监管措施逐渐严格。这种增强了的关注与监管的具体形式很多，包括：国会专门委员会（主要是参议院财政委员会）向有关非营利组织负责人发出信函、组织听证会、进行案件调查、开展调研活动；国会拟定并通过规范或者能够影响非营利部门行为的新法律，如《萨班斯—奥克斯利法》（*Sarbanes - Oxley Act*，简称 SOX 法，Public Law 107 - 204）① 和《2006 年退休金保障法》（*Pension Protection Act of 2006*，Public Law 109 - 280）；联邦税务局提升针对免税组织的执法能力和教育培训资源；州和地方政府在努力支持非营利组织发展的同时也逐渐加强对这些组织的监管；等等。监管趋严的一个最新例证是：2011 年 6 月 8 日联邦税务局依据《2006 年退休金保障法》的规定宣布 27.5 万个非营利组织自动丧失联邦免税待遇，原因是它们已经连续三年未依法上报 990 表格。这一规模空前的执法举动使联邦税务局管理的非营利组织数量骤减近 14%，激起强烈反响。② 在美国，公众倾向于政府管得越少越好，但如果非营利部门自身治理不佳、丑闻不断，政府的监管只会越来越严格，这对双方可能都是一种负担。所以，就非营利部门而言，采取主动改善治理、加强自律比被动地接受更严厉的政府监管要好得多；而各级政府也乐见治理有序、少出问题的公民社会组织。

----

① 《萨班斯—奥克斯利法》（*Sarbanes - Oxley Act*，Public Law 107 - 204）的名称来自两位主持制定该法工作的国会议员：民主党参议员萨班斯（Paul Sarbanes）和共和党众议员奥克斯利（Michael G. Oxley）。该法于 2002 年 7 月 31 日生效。

② 根据联邦税务局提供的资料，这些自动丧失联邦免税待遇的非营利组织基本上都是年收入在 5 万美元以下的小型组织，其中大多数早已停止活动或者很少活动。联邦税务局的公告（IR - 2011 - 63，"IRS Identifies Organizations That Have Lost Tax Exempt Status；Annouces Special Steps to Help Revoked Organizations"，June 8，2011），以及所有因此公告而丧失联邦免税待遇组织的名录可参见联邦税务局的官方网站：http://www.irs.gov/uac/IRS - Identifies - Organizations - that - Have - Lost - Tax - Exempt - Status% 3b - Announces - Special - Steps - to - Help - Revoked - Organizations，2015 年 8 月 21 日。

2. 资助条件与治理状况挂钩

一般来说，非营利组织的发展与可获取的资金的多寡是成正相关关系的，资金越多，日子也越好过，事业就越发达。较高的治理水平往往是非营利组织获得政府或者其他机构资助（拨款、赠款或合同）的先决条件之一。应该强调的是，这种要拿到资助必须先具备让"金主"满意的条件的情况，大量出现在非营利部门的公益慈善服务组织和私立基金会之间。事实证明，出资人和受助方的治理水平是呈现良性互动关系的：如果出资人是政府，它必须对纳税人负责，所以在选择接受资助的非营利组织时要小心筛选，设置必要的门槛；如果出资人是私立基金会或者其他私立机构，它们在选择资助对象时也自然要回避问题较多的组织，以防止自己的钱"打水漂"。这就形成了一种局面，即越是治理有方的公益慈善组织，越容易获得潜在资助者或募捐人的青睐，这种局面也推动那些期望获得资助的组织不断努力，提高自己的治理水平。

3. 舆论监督媒介多元化

在已经进入后工业化时期的美国，广播电视和报刊等传统媒体的舆论监督作用并没有明显减弱。[①] 与此同时，在过去 20 年间，不断创新的互联网及其应用方式（如各种社交网站）不仅成为美国公民社会的强大信息平台，也成为一股令人不能忽视的舆论监督力量。有的时候，网络媒体具备特别强大的"杀伤力"，这种局面使得所有非营利组织都比以往更加注意"洁身自好"，否则就可能因一个丑闻而危及自己的事业甚至生存。对于这一点，2009 年发生的"阿科"组织（Acorn）案就是明证。在相关的视频资料被上传到网络上播出 14 个月之后，首席执行官刘易斯（Bertha Lewis）于 2010 年 11 月 2 日发表声明，宣布该组织申请破产，结束活动。[②]

---

① 根据 2011 年第二季度的数据，美国人获得新闻的三大来源分别是电视、互联网和报刊。电视依然是大多数美国人最主要的新闻来源。见："Special Report：The News Industry"，p. 4，*The Economist*，July 9 – 15，2011，Volume 400，Number 8741。

② 刘易斯发表的声明可见"阿科"组织官方网站：Bertha Lewis, CEO, "The End of An Era：ACORN files Chapter 7 Bankruptcy"，November 2，2010，available at：http：//www. acorn. org/node/712，2011 年 6 月 26 日。需要说明的是，该网站（http：//www. acorn. org/）在这个声明发布之后已经改版为一个"留守"网站，但它的内容依然相当丰富，不仅包括这个组织的详细历史介绍，还追踪着 2009 年之后历年国会对"阿科"的评价意见（最后访问日期：2015 年 8 月 21 日）。许多"阿科"组织的州级和地方分支机构在丑闻发生后纷纷与"阿科"组织全国机构脱离关系，更改名称，自立门户，以便延续原有的组织和事业。

4. 社会环境的变化促进改革创新

后工业化时代，美国社会涌现出大量新情况、新问题。与公民社会组织建立的第三次高潮时期（20 世纪 60—70 年代）相比，20 世纪 90 年代以来，美国自身的人口、经济与社会结构已经发生了巨大变化；经济全球化对非营利部门造成了巨大的影响；互联网和移动通信技术的发展与普遍应用对信息管理提出了更高要求；金融和管理方面不断更新的知识、技能与诸多风险迫使非营利部门改革创新；"9·11"事件发生后，美国为了应对恐怖主义威胁、加强国土安全保卫的一系列重大举措也使非营利部门，尤其是那些从事国际性事业或者国际交往较多的组织面临新的挑战。

5. 市场竞争

对于非营利组织来说，竞争不仅仅意味着在法治化的市场经济环境中争取有限的捐款资源，也意味着争夺管理人才、服务对象人群和市场领先地位。例如，美国有大量提供医疗服务、居民信贷咨询服务和房地产咨询服务的非营利组织，这些组织展开竞争的结果必然是优胜劣汰。另外，非营利组织的资产经营活动，尤其是投资活动也要通过市场来实现。因此，一个治理水平较高的组织必然意味着在市场竞争中具备更强的竞争优势。

综上所述，在大约从 1989 年开始的美国公民社会组织发展的第四次高潮时期，推动非营利部门提高治理水平、强化自律的主要动力来自一系列轰动性丑闻（或曰大案要案）所造成的公信力危机。另外，政府监管趋严、资助门槛提升、媒体监督多样、社会经济变化及市场竞争加剧等因素，也对非营利部门治理水平的提高发挥了重要的激励作用。

二　公民社会机构治理的核心内涵与基本原则

美国公民社会组织面临的新情况、新问题、新挑战和新机遇，以及一个又一个轰动全美的丑闻，促使非营利部门中的一大批领导人、高级行政管理者、研究人员（包括高等院校和专业研究机构的研究者）和理事会成员思考、构想、研讨、探寻和实践各种能使民间组织提高治理水平的方针、政策、措施和机制。与此同时，和非营利部门息息相关的美国工商企业（即营利部门）、国会和联邦税务局等政府监管部门也没有袖手旁观，而是会同非营利部门的人员一起，本着对社会负责、对公众负责的态度，积极参与了这一审视问题、整顿组织、堵塞漏洞、规范行为、健全制度的过程。直到今天，这个过程仍在进行，还远远没有结束。

从20世纪80年代中后期至今，有关非营利组织治理的各种论断一直不绝于耳。如今，非营利组织治理甚至成为美国公民社会诸多理论中的一个新分支和一个专业研究、专业咨询服务的领域。但是，在美国的语境中，到底什么是非营利组织治理的真谛呢？这种治理的基本原则又有哪些呢？

（一）肯尼思·戴顿关于治理的经典论断

对于非营利组织来说，"治理"（Governance）这个词究竟意味着什么？其中的关键和难点何在？高质量的或者说理想的治理标准或者原则有哪些？怎样才能提高非营利组织的治理水平？较早对这些问题作答的人是美国非营利部门中的一位领军人物肯尼思·戴顿（Kenneth N. Dayton）。[1] 戴顿在工商企业和非营利组织中的丰富阅历，使他很早就关注治理问题，并对治理的含义有着深刻的理解。1986年，他在一次非营利组织领导力论坛上发表了关于治理的著名演讲《治理就是治理》（*Governance is Governance*），1987年该演讲稿正式出版，从而在业界得到广泛传播。在这一关于非营利组织治理的名篇中，戴顿根据自己在私营企业和非营利机构近40年的实践与观察，提出了关于治理的三大经典论断。

1. 治理不是管理（Governance is not management）

治理是对本组织全局和大方向的掌控，它意味着理事会的领导与决策；[2] 而管理（Management）属于首席执行官或者行政总裁的工作范畴，总裁（President）或首席执行官（CEO）的基本职责就是忠实地贯彻落实理事会的决议。非营利组织在治理方面出现问题，很大程度上与混淆治理和管理的界限有关。

---

[1] 肯尼斯·戴顿（Kenneth N. Dayton）曾先后担任美国上市公司戴顿·赫德森公司（Dayton Hudson Corporation）总裁（President）和首席执行官、明尼苏达州"橡叶"基金会（Oakleaf Foundation）总裁，并在洛克菲勒基金会等若干知名非营利机构担任过理事会理事，出任过"独立部门"组织（Independent Sector）理事会副主席。他2003年以80岁高龄辞世时，《纽约时报》还刊登了消息（"K. N. Dayton, Chief Executive of Retailer, 80," *New York Times*, July 22, 2003）。

[2] 关于美国非营利组织的最高决策机构名称的中文翻译，研究者认为，为了区别于工商企业的董事会，最好翻译为"理事会"，这包括一般性非营利组织的理事会（英文多为 Board of Directors）和非营利信托机构的理事会（英文多为 Board of Trustees）。这样翻译的另一好处就是与中国社会组织类似机构的中文称呼完全一致。

2. 理事会是公众的代表（Representatives of the public）

理事会成员要对本组织的发展及其事业的兴旺负责，也就是对公众负责，因为非营利组织是公民社会的一部分，非营利组织的资源是源于公众、用于公众（有时是广义的公众、有时是一部分特定公众）的。担任理事就意味着在参与治理的同时有义务为本组织提供志愿服务。所以，每一名非营利组织的理事会成员都应该扮演双重角色：既是治理者（governor），又是志愿者。虽然这两种角色的作用不同，但它们是相互补充的。

3. 在私营部门中，就治理与管理的关系和最高决策机构（理事会、董事会等）对整个组织的重要性而言，工商企业组织和非营利组织几乎完全一样，所不同的只是相关名称

例如：商业公司（corporation）的名称与非营利机构（institution）是有区别的；工商企业的最高决策者要对股东（shareholders）负责，而非营利组织的领导层要对公众（public）负责。另外，商业公司董事会的成员一般是领取高额报酬的，他们并不能像非营利组织理事会的成员那样有义务为本组织提供志愿性服务。①

（二）"非营利部门工作小组"提出的治理准则

2007 年 10 月，也就是在戴顿发表演讲后整整 20 年，美国公民社会组织中最具代表性的机构"独立部门"组织（Independent Sector, IS）②召集的"非营利部门工作小组"（Panel on the Nonprofit Sector）发表了《良好治理与道德行为准则》（*Principles for Good Governance and Ethical Practice*）。③ 要弄清这一重要文件的出台背景，有必要先从"非营利部门工作小组"的组成和它此前的工作说起。

---

① Kenneth N. Dayton, *Governance is Governance*, Independent Sector, copyright 2001, ISBN: 0 – 929556 – 08 – 9.

② "独立部门"组织（Independent Sector, IS）成立于 1980 年，目前是一个凝聚了约 500 个大型公共慈善组织、著名私立基金会和主要工商企业举办的公益慈善项目（许多这类项目来自世界 500 强公司）的"三合一"常设论坛性机构，总部设在首都华盛顿。这家机构对于非营利部门的治理及相关公共政策的研究具有很高的水准。本文所引述的该机构发表的文献均可从其官方网站（www. independentsector. org）上找到并下载。以下引用该机构公开文件时，将只注明机构名称和发表年份，不再具体标注出处。

③ Panel on the Nonprofit Sector, Convened by Independent Sector, *Principles for Good Governance and Ethical Practice*, *A Guide for Charities and Foundations*, October 2007.

　　"非营利部门工作小组"创建于 2004 年 10 月，它是"独立部门"组织在参议院财政委员会的鼓励下召集起来的，共有 25 位来自美国著名私立基金会或者大型公共慈善组织的领导人参加。该小组的两名召集人分别为时任威廉和弗洛拉·休利特基金会（William and Flora Hewlett Foundation）① 总裁保罗·布雷斯特（Paul Brest）与美国心脏病协会（American Heart Association，AHA）② 首席执行官卡斯·惠勒（M. Cass Wheeler），③ "独立部门"组织总裁兼首席执行官戴安娜·艾维芙（Diana Aviv）担任执行主席，其余 22 人为小组成员。

　　"非营利部门工作小组"的工作过程和成果不仅反映了美国公民社会组织为应对丑闻、提高治理能力、实现健康和可持续发展的强烈愿望与创新能力，而且体现了非营利部门与政府比较成熟的合作伙伴关系。从 2004 年第四季度开始，"非营利部门工作小组"通过在全国范围内开展的深入调查研究，征集到大量非营利组织的意见和建议。在对所有这些意见和建议进行梳理、分析并形成文字之后，该小组于 2005 年 6 月出版了提交给美国国会并向整个非营利部门公布的长篇调研报告，2006 年 4 月又发表了补充性报告。④ 在这两份报告中，"非营利部门工作小组"向联邦政府提出了有关完善非营利部门治理环境，加强立法、教育与执法工作，保护公益慈善事业免受个人逐利行为损害的 150 条建议。有些建议很快被吸收进《2006 年

---

　　① 威廉和弗洛拉·休利特基金会（William and Flora Hewlett Foundation）创立于 1967 年，总部设在加利福尼亚州，是美国最大的私立基金会和最重要的国际性非营利组织之一，曾向几十个国家的数百个项目提供资助，更多情况可详见其官方网站：http：//www. hewlett. org/。

　　② 美国心脏病协会（American Heart Association，AHA）由 6 名心脏病医师发起于 1924 年，逐渐发展成为世界著名的心脏病专科医师协会，目前在全美各地有地方机构 156 个，3000 多名雇员，志愿人员和支持者总数达 2250 万人。1975 年协会把总部从纽约市搬迁到得克萨斯州的达拉斯市，以便更方便地与各地进行联系。更多详情可见其官方网站：http：//www. heart. org/，2015 年 8 月 21 日。

　　③ 2006 年 3 月纽约社区信托基金会（New York Community Trust）总裁洛里·斯卢茨基（Lorie Slutsky）接替保罗·布雷斯特（Paul Brest）作为召集人，保罗·布雷斯特仍为小组成员。

　　④ Panel on the Nonprofit Sector Convened by Independent Sector, *Strengthening Transparency, Governance, Accountability of Charitable Organizations, a Final Report to Congress and the Nonprofit Sector*, June 2005, copyright 2005, Independent Sector, ISBN 0 – 929556 – 31 – 3; Panel on the Nonprofit Sector Convened by Independent Sector, *Strengthening Transparency, Governance, Accountability of Charitable Organizations, a Supplement to the Final Report to Congress and the Nonprofit Sector*, April 2006, copyright 2006, Independent Sector, ISBN 0 – 929556 – 32 – 1.

退休金保障法》等法律之中，成为联邦税务局的工作依据。

"非营利部门工作小组"非常清楚："政府的行动不能、也不应代替各个组织强有力的、有效的治理，以及整个非营利部门的持续警觉性。""非营利部门成员自身依靠信息所保持的警觉性，包括制定一整套可以被采纳、推广和不断改进的行为准则，永远是对不端行为的最好防御。"①因此，非营利部门有必要就如何改进治理、加强自律而达成共识。② 在皮尤慈善信托机构（Pew Charitable Trusts）总裁丽贝卡·里迈尔（Rebecca Rimel）等人牵头的36人顾问小组的配合下，③ "非营利部门工作小组"用了18个月的时间拟定了《良好治理与道德行为准则》。④ 尽管这份文件有一个限制性的副标题——"慈善组织和基金会指南"，但它实际上为美国形形色色的非营利组织提供了一套良好治理的"民间标准"。这套标准并非金科玉律，各非营利组织完全可以参照自己的具体情况确定如何最佳地应用这些标准。不过，有一点应该是确定无疑的：迄今为止，这个文件是美国非营利部门制定的有关全面完善治理的最重要文献之一，代表了21世纪初美国公民社会组织群体中一部分精英人士对治理问题的认识。

《良好治理与道德行为准则》共33条，其中的准则1、准则8、准则

---

① Panel on the Nonprofit Sector, Convened by Independent Sector, *Principles for Good Governance and Ethical Practice*, *A Guide for Charities and Foundations*, October 2007, p. 1 and p. 3.

② 不应忽略的一个事实是：美国的非营利机构，尤其是公益慈善组织的自律努力并非始于此时，1918年在纽约成立的非营利机构全国慈善信息局（National Charities Information Bureau, NCIB）就在这方面做出了开创性贡献，而且它的工作与"非营利部门工作小组"的努力恰好形成时间上的接续。全国慈善信息局曾被《纽约时报》誉为美国"最大和成立最早的慈善监督机构"，2000年11月关闭，其业务由位于弗吉尼亚州阿灵顿的商业信用局慈善服务顾问委员会（Philanthropic Advisory Service of the Council of Better Business Bureau）接收。《纽约时报》对此的相关报道见：David Cay Johnston, "A Watchdog Leave the Scene", *New York Times*, November 20, 2000, available at: http://www.nytimes.com/2000/11/20/giving/, 2011年7月23日。

③ 皮尤慈善信托机构（Pew Charitable Trusts）是1948—1979年由太阳石油公司创始人约瑟夫·皮尤（Joseph N. Pew）夫妇的子女所创建的七个慈善基金的唯一受益者，2004年成为一个公共慈善机构，总部位于宾夕法尼亚州费城，在华盛顿设有办事处。更多详情可见其官方网站：http://www.pewtrusts.org/。

④ 整个工作自2006年开始。首先对顾问委员会选取的大约50个非营利机构和营利组织的治理文件、制度进行了深入研究，然后在吸收专业人士意见的基础上形成征求意见稿。2007年初征求意见稿发布后，根据汇总的来自各种非营利组织的意见进行修改，发布第二次征求意见稿。在非营利机构达成基本共识之后形成最终文本，并于2007年10月发布。

21、准则 22、准则 27、准则 28、准则 29 是所有组织必须无条件遵守的，因为它们的内容反映了相关法律的要求；其余 26 条是有一定灵活性的普遍适用原则。这 33 条准则按照内容划分为四大部分。

1. 守法与信息披露（准则 1 至准则 7）

这个部分强调非营利组织必须遵守一切相关的法律规定（联邦、州、地方的法律乃至对美国有约束力的国际法），并向公众全面披露信息。准则 7 指出，慈善组织不仅应当向广大公众公布其治理、财务、项目和活动的信息，还应当考虑公布其对自身工作的评估结果与评估方法。

2. 有效治理（准则 8 至准则 20）

这个部分的内容侧重于非营利组织的治理结构和理事会的工作，其中若干准则是许多成功的公益慈善组织实践经验的结晶。例如：准则 10 规定，除很小的组织外，一般慈善组织理事会的人数不应少于五人。准则 12 规定，公共慈善机构（Public Charity）的理事会，至少 2/3 的成员应为独立理事，而且这些独立理事不应与所服务的公共慈善机构发生任何利益冲突。[①]

3. 财务监督（准则 21 至准则 26）

这个部分除了重申财务管理的若干铁律（如必须有合格的独立审计）外，还对非营利组织的信贷问题、财务报销制度提出具体要求。例如，准则 23 规定，慈善组织不应对其理事会成员或管理人员提供贷款、信贷担保，或者免除他们的债务、向他们移交房产所有权，等等。准则 26 规定，非营利组织工作人员因公差旅费的报销不应包括任何随行亲属好友的费用，除非他们也是因公旅行。

4. 负责任的募捐（准则 27 至准则 33）

这个部分的内容不仅涉及向公众募集善款（或物品）的全过程管理，还涉及一些重要的募捐道德问题。例如，准则 31 明确提出，非营利组织雇用专职募捐人员时应当对他们进行培训和监督，不能雇用那些会骚扰潜在捐赠者的人员。准则 33 规定，应当尊重和保护捐赠者的隐私。

（三）联邦监管机构对治理的理解与引导

作为非营利部门的主要政府监管机构，联邦税务局对治理问题自然有

---

① 这一条准则不适用于私立基金会、医学研究机构及其他在成立文件中专门另外有所规定的非营利组织。

着自己的理解。对于美国公民社会组织做出的提高内部治理水平、加强自律的努力，联邦税务局给予了积极响应，并以各种方式进行帮助和引导。

2008 年 2 月 4 日，在"非营利部门工作小组"发布《良好治理与道德行为准则》之后不到四个月，联邦税务局在官方网站上发布了题为"501（c）（3）组织的治理及相关问题"［*Governance and Related Topics - 501（c）（3）Organizations*］的指南。① 这份指南是此前发布的征求意见稿的升级版，意在从监管者的角度向各种非营利组织（不仅是公共慈善组织，也包括私立基金会和其他联邦免税组织）推荐一套治理政策和做法。全文共分为六个部分，论述的内容分别是：组织宗旨、组织文件、治理机构、治理与管理政策、财务报告与 990 报表、透明与问责。其中"治理与管理政策"部分列出了七项政策，即关于高层领导薪酬、避免利益冲突、投资管理、募捐管理、理事会记录、档案管理、道德与问题举报等方面的具体政策。例如，在论及举报政策时，该指南指出，联邦税务局鼓励非营利组织的理事会采纳有效的政策并建立工作程序，以便处理雇员投诉，受理雇员对本组织财务问题或不当使用慈善资源问题的举报。这样的政策有时亦被称为"举报者政策"（whistleblower policy）。在新修订的联邦税务局 990 报表中，第六部分（关于治理、管理与信息披露）B 段（Part Ⅵ，Section B）的第 13 个问题便是询问填报组织是否制定了"书面的举报者政策"。

2009 年 6 月 23 日，联邦税务局免税组织与政府机构司司长英格拉姆（Sarah H. Ingram）在首都华盛顿的乔治敦大学发表专题演讲。或许可以说，迄今为止，在联邦税务局高级官员就享有联邦免税待遇的非营利组织治理问题发表的各种言论中，这篇演讲最有分量，内容也最翔实。② 英格拉姆首先指出，良好的治理或曰善治，其本身并不是目的，而是工具。因为它有助于免税组织实现慈善目标，有助于非营利部门遵守法律。联邦税

---

① Internal Revenue Service, *Governance and Related Topics - 501（c）（3）Organizations*, February 4, 2008, available at：http：//www. irs. gov/pub/irs - tege/governance_ practices. pdf, 2015 年 8 月 21 日。

② "Nonprofit Governance：The View from the IRS", Remarks of Sarah Hall Ingram, Commissioner, Tax Exempt and Government Entities, IRS, before the Georgetown University Law Center Continuing Legal Education, June 23, 2009, retrieved from：http：//www. irs. gov/pub/irs - tege/ingram_ _ gtown_ _ governance_ 062309. pdf, 2015 年 8 月 21 日。

务局并不谋求制定、亦不会去推行任何"一刀切"的治理规则，因为非营利部门的力量就在于它能不断进行试验和产生新点子，而良好的治理也应当具有多种多样的形式。从联邦税务管理机关的角度看，良好的治理意味着若干关键性的组织原则与运行原则。这些原则已被联邦税务局明确阐述过，从《国内税收法典》中可以寻找到它们的依据，但它们既没有、也无必要在法律条款中明文规定。这些原则是：

1. 任何一个免税组织都应当清晰地理解并公开声明自己的组织宗旨。

2. 免税组织理事会的成员应当致力于本组织的事业，信息灵通并且具有独立性。

3. 免税组织的财产应当加以合理使用并受到保护。

4. 免税组织的运行应保持透明，对每年度的 990 表格应做到完整、准确、如实的填报。

英格拉姆强调，她所理解的治理绝不是一大堆细则，而是一套紧凑的指导性原则。"它们不是一艘炮弹上膛、气势汹汹的战舰，而是一座持续发出明亮光芒的稳固的灯塔。"所谓善治，不外乎是每一个联邦免税组织所采取的适合本组织情况而且有效的内部管控系统（a system of internal control）。在治理问题上，不存在"放之四海而皆准"的模式，因为没有任何一个管控系统或者一套治理标准能适合所有的非营利组织。不过，对所有免税组织都应当问一句：你们是否建立了这样的系统以便最大限度地降低违反《国内税收法典》的风险？英格拉姆宣布，联邦税务局已经和正在采取若干方面的措施来推动免税组织实现良好的治理，这些措施包括：调查研究、收集免税组织治理的情况；强调透明度和问责制（accountability）的重要性；在工作规划中增加有关治理的培训计划；鼓励申请获取联邦免税待遇的非营利组织把治理准则写入本组织的基本文件；从免税组织的违法事例中汲取教训、改进监管。

三 "部门体系"：公民社会治理的"基础设施"

如前所述，美国公民社会组织提高内部治理水平的努力并非从今日始，历史上曾经有过不少这方面的个案和成功经验。不过，就整个非营利部门而言，建设起一个比较完整的，在部门宏观层面上发挥指导、规划、监督、统计、研究和信息发布功能的"部门体系"（Sectoral system），还是最近 30 年间逐步实现的事。这也从一个侧面反映了一个事实：在美国公民社会组织发展的第四个高潮时期，非营利部门为应对制度漏洞、丑闻或危机，在强化内部管控机制，提高自我约束和纠错能力方面迈出了切实步伐。从某种意义上来说，这种体系的形成有一定的必然性，它是美国非营利部门为维护公众信心、确保非营利事业特别是公益慈善事业可持续发展而逐渐实现的全部门"公民自治"，其精神实质与美国民主的传统一脉相承。

在"部门体系"内发挥作用的非营利组织可以划分为四大类——综合代表性组织、专业监督组织（即所谓的"看门狗"组织，英文名称为"Watchdog Organization"）、数据库机构，以及行业性和区域性的伞形组织（或曰母体组织，英文为"Umbrella Organization"）。前三类组织的作用范围是全国和各种类型的非营利组织，第四类组织的作用范围是本行业（专业）或本区域（州、县、市或地区）。前三类组织相当于推进治理的"部门基础设施"，相比之下，它们的作用最为明显和有效，影响也最大。最后一类组织是前三类组织的重点服务对象，由于它们自身联系着成千上万的民间组织，也是非营利部门实现善治、强化自律的实践落脚点、支撑点。

需要强调的是，在美国非营利部门体系中构成"基础设施"的三类组织均为享受联邦免税待遇的 501（c）（3）条款组织，即公益慈善类组织。它们并不都是专门为了加强非营利部门的内部治理而成立的，但这方面的工作毫无例外地蕴含在它们各自组织的宗旨之中，或者说这是它们事业的题中应有之义。另外，在 20 世纪 90 年代以来非营利组织的治理问题受到各方关注的大背景下，这些组织的活动和成就也吸引着越来越多人的目光。

（一）具有综合代表性的组织

所谓综合代表性，是指组织的宗旨和活动具有贯穿整个非营利部门的广泛性，能够代表非营利组织的共同要求，反映它们的呼声，而且被公认为对改善治理有所作为的组织。研究者认为，美国具有这种代表性的非营利组织主要有以下三个。

1. "独立部门"组织（Independent Sector，IS）

这个组织创建于 1980 年 3 月，总部设在首都华盛顿。它是 500 多家

知名非营利组织、私立基金会和大企业慈善捐赠项目的集合体与共同论
坛，也是美国第一家把寻求捐助的非营利组织与捐助机构联系在一起的民
间组织。"独立部门"组织的宗旨是"依靠领导、加强和动员非营利与慈
善组织群体的方式推进共同的善举"，其愿景是"建设一个公正、包容的
社会和一个由活跃的公民、有效的机构和充满活力的社区所组成的健康的
民主制度"。① 它从存在的第一天起就与联邦政府有着高层联系，② 30 多
年来一直充当着美国非营利部门"精英群体"的"传声筒"和"牵头
人"，这种作用从它 2004—2006 年所组织的一系列重大调研活动及它近年
来针对国会涉及非营利部门的立法议案所发起的相关活动中可见一斑。③

2. 非营利组织全国委员会（National Council of Nonprofits，NCN）

它是美国最大的非营利组织联盟机构，目前代表着 36 个州的非营利
组织协会，以及由大约 2.5 万家非营利机构组成的网络。非营利组织全国
委员会 1989 年在福特基金会（Ford Foundation）④ 和休利特基金会（Hew-
lett Foundation）⑤ 的资助下成立，总部位于首都华盛顿。其宗旨是"通过
各州乃至全国的组织网络，提高非营利慈善组织的关键作用、能力和声
音"。⑥ 为实现建设一个"可持续、有效率的非营利部门"的目标，该委

---

① 更多详情可见"独立部门"组织官方网站：www. independentsector. org/，2015 年 8 月 21 日。

② "独立部门"组织的创始人之一，也是首任理事会主席（1980—1983 年在任）是曾经在
约翰逊政府中担任卫生、教育与社会福利部部长职务的约翰·加德纳（John W. Gardner，1912—
2002）。

③ Independent Sector，*JOIN US ON OUR JOURNEY*：2014/2015 *Annual Report*，retrieved from：
http：//annualreport. independentsector. org/Independent－Sector－AnnualReport2014. pdf，2015 年 8
月 21 日。

④ 福特基金会（Ford Foundation）是美国最大的私立基金会之一，1936 年成立于纽约市，
截至 2014 年 12 月 31 日，其资产总额为 124 亿美元。更多详情可见其官方网站：http：//www.
fordfoundation. org/，2015 年 8 月 20 日。

⑤ 这家私立基金会的全称是威廉和弗洛拉·休利特基金会（William and Flora Hewlett Foun-
dation），1967 年创立于加利福尼亚州，总部位于加州的门洛帕克（Menlo Park），现为美国最大
的私立基金会之一。截至 2014 年 12 月 31 日其资产总额为 90 亿美元，雇员 111 人，2014 年度为
728 个资助项目提供资助共计 4.34 亿美元。更多详情可见官方网站：http：//www. hewlett.
org/，2015 年 8 月 20 日。

⑥ 该组织成立之后长期使用的正式名称是"非营利组织协会全国委员会"（National Coun-
cil of Nonprofit Associations，NCNA），2008 年改称现名，以便更好地反映其真实状况。有关非营
利组织全国委员会的更多详情，可见其官方网站：http：//www. councilofnonprofits. org/。

员会除了开展许多调查研究项目外，还在指导、培训和服务各地非营利组织方面做了大量工作，包括提供丰富的关于如何强化内部治理的专业信息和资料。

3. 基金会理事会（Council On Foundations，COF）

这个组织初创于 1949 年，后发展成为美国最大的由各种捐赠型基金会及专门提供公益慈善资助的组织（grant maker）参加的会员制协会，总部地处"首都圈"内（弗吉尼亚州的阿灵顿）。目前该组织约有会员1700 多家，其中包括社区基金会、[①] 公司基金会、家庭慈善基金、独立基金会，以及在海外从事慈善活动的国际型私立基金会，它们名下的资产总额高达数千亿美元。[②] 通过各种富有创意的办法，基金会委员会为改善治理向会员机构提供了丰富的专业信息和服务。例如，该组织会同一些社区基金会在 2000 年成立了"全国社区基金会标准委员会"（Community Foundations National Standards Board），研究推出了《美国社区基金会全国标准》（*The National Standards for U. S. Communicty Foundations*），并提供配套的培训与实施认证。这套标准从六大方面分 41 条对社区基金会的治理进行了规范，其修订文本还吸收了《2006 年退休金保障法》和联邦税务局新版 990 表格的要求。目前全美已有 2000 家社区基金会采纳该标准并通过了实施标准的认证。[③]

（二）"看门狗组织"

"看门狗组织"，即对非营利组织的行为进行监督和专业评估的独立民间组织。若要形象地比喻一下，它们可谓非营利部门自设、自养、自管的"治理督察""道德警察"或质检监督机构。最近 30年来，这类组织的活动与作用日益受到公众和公益慈善事业捐赠者

① 社区基金会（Community Foundation）是一类独立注册的慈善捐助机构，其资产来自公众捐赠或者遗赠，资助对象一般是某一区域内的公益慈善项目。2010 年美国共有 734 家社区基金会，总共为公益慈善事业提供资助 42 亿美元。参见 Foundation Center, Key Facts on Community Foundations, August 2012。

② 有关基金会理事会的更多详情，可见其官方网站：http：//www. cof. org/，2015 年 8 月20 日。

③ 有关"全国社区基金会标准委员会"（Community Foundations National Standards Board）的工作及《美国社区基金会全国标准》（*The National Standards for U. S. Communicty Foundations*），可详见该委员会的官方网站：http：//www. cfstandards. org/，2015 年 8 月 21 日。

的青睐。被美国非营利部门公认的最重要的"看门狗组织"有以下几种。

1. 责任慈善全国委员会（National Committee for Responsive Philanthropy，NCRP）

这个设在首都华盛顿的机构 1976 年由来自美国各地的一批非营利组织领导人创建，主要工作是监督基金会的捐助情况，力求使有限的慈善资源能有效地服务于最有需要的弱势群体。此外，它还开展了许多专业性的研究项目，提出了一系列完善非营利部门治理的建议，代表非营利组织向联邦政府转达它们的要求。① 根据美国 TCC 集团公司 2010 年年底完成的机构评估报告，责任慈善全国委员会的活动对美国公益慈善事业产生了重要影响。58% 的受访基金会认为该机构提高了行业透明度，64% 的慈善捐赠组织和 77%（接受捐赠的）非营利组织认为该机构为慈善界引入了独特的价值观。23% 的受访基金会在责任慈善全国委员会的促进和激励下改进了捐赠工作。②

2. 商业信用局明智捐赠联盟（BBB Wise Giving Alliance）

商业信用局（Better Business Bureau，BBB）是北美的"老字号"公司，分支遍布美国和加拿大，其主业是通过收费服务促进和维护市场经济参与方的信任度。③ 2001 年，该公司提供慈善咨询服务的机构与 2000 年关门的全国慈善信息局（NCIB）的业务合并，组成了"明智捐赠联盟"（Wise Giving Alliance，也被译为"智捐联盟"）。这个机构的主要工作是以评价报告的方式对符合《国内税收法典》510（c）（3）条款的公共慈善机构（私立基金会除外）进行综合评价，便于有兴趣提供慈善捐赠的

---

① 责任慈善全国委员会（National Committee for Responsive Philanthropy，NCRP）的更多情况可详见其官方网站：http：//www.ncrp.org/，2015 年 8 月 21 日。另外可参见：National Committee for Responsive Philanthropy，30 Years：A History from 1976 to 2006，available at：http：//www.ncrp.org/files/NCRPhistory_ HighRes.pdf，2015 年 8 月 21 日。

② TCC Group：*EVALUATION REPORT FOR THE NATIONAL COMMITTEE FOR RESPONSIVE PHILANTHROPY*，Final Report，December 2010，available at：http：//www.ncrp.org/，2011 年 7 月 27 日。

③ 商业信用局（Better Business Bureau，BBB）创办于 1912 年，总部设在弗吉尼亚州的阿灵顿，公司标志由三个大写的字母 B 和一个火炬图案组成。关于该公司及其"明智捐赠联盟"（BBB Wise Giving Alliance）的详细情况可见公司官方网站：http：//www.bbb.org/，2015 年 8 月 21 日。

人或组织能够清楚、全面和容易地掌握受捐慈善组织使用善款的情况，对公众进行"明智捐赠"的教育。评价依据是它主持制定的《慈善组织责任标准》（*Standards for Charity Accountability*）。① 满足这套标准的慈善组织可以自愿申请加入"明智捐赠联盟"的全国慈善标志（Alliance's National Charity Seal）认证计划。这种认证也不搞"终身制"，而是需要定期复审，不合格者摘牌。《慈善组织责任标准》自 2003 年 3 月起推行，到 2013 年年底已有 507 家公共慈善机构完全符合"明智捐赠联盟"的认证标准，其中 361 家选择加入慈善标志认证计划，并在它们的官方网站上展示认证标志，② 其中不乏知名组织，如美国红十字会、美国癌症协会、③全国妇女健康组织（National Women's Health Network，NWHN）、④ 忧思科学家联盟（Union of Concerned Scientists，UCS）、⑤ "供养美国"组织

---

① 商业信用局明智捐赠联盟（BBB Wise Giving Alliance）的《慈善组织责任标准》（*Standards for Charity Accountability*）是一套慈善组织自愿接受并执行的标准。对起草工作做出贡献的包括公益慈善组织的代表、财会专家、基金会管理人员、企业负责捐赠事务的主管、政府监管部门官员、专业研究机构。商业信用局还在制定标准的过程中进行了委托研究，以使《慈善组织责任标准》能符合捐赠者和公众对善款管理的期望。整套标准共 20 条，涉及治理结构、内部监管、表现评价、财务管理、筹款活动和信息披露诸方面，全文可从"明智捐赠联盟"的官方网站：http：//www.give.org/上查看，2015 年 8 月 21 日。

② 这个淡蓝色认证标志由商业信用局的公司标志加上大写的英文"ACCREDITED CHARITY"（经认证的慈善组织）组成。加入标志认证计划的组织名录，可从"明智捐赠联盟"的官方网站：http：//www.give.org/上查看，2015 年 8 月 21 日。

③ 美国癌症协会（American Cancer Society，ACS）是美国最大的防癌、抗癌非营利组织，1913 年诞生于纽约市。除了亚特兰大总部外，在全国设有 12 个地区分部、900 多个办事处，活动得到 250 万名志愿人员的支持。更多详情可见其官方网站：http：//www.cancer.org/，2015 年 8 月 21 日。

④ 全国妇女健康组织（National Women's Health Network，NWHN）创建于 1975 年，是由美国各地 8000 多个组织和个人加入的会员制组织，总部位于首都华盛顿。该组织的一大特点是不接受来自医药公司、烟草公司和医疗器械厂商的资助。更多详情可见其官方网站：http：//nwhn.org/，2015 年 8 月 31 日。

⑤ 忧思科学家联盟（Union of Concerned Scientists，UCS）1969 年诞生于麻省理工学院，是一个重点关注人类环境质量和生存安全、享受联邦免税待遇的大型公益性非营利科学组织，其45 万名成员中有学生家长、商人、工程师、科学家、教师和高校学生。它的主要日常工作是通过技术分析和有力的宣传为健康、安全和可持续发展提供创新且实用的解决方案。更多详情可见其官方网站：http：//www.ucsusa.org/，2015 年 8 月 21 日。

（Feeding America），等等。①

3. "慈善导航"组织（Charity Navigator，CN）

"慈善导航"组织 2001 年由来自纽约市的慈善家杜根夫妇（John and Marion Dugan）创办，位于新泽西州。它的宗旨和主要业务与"明智捐赠联盟"相似，也是对慈善组织进行评估。不过，它的评估系统比较独特，目前共有两大维度：一是慈善组织的财务健康状况，这其中包括日常财务状况和支撑慈善项目持续运行的财务能力两个方面；二是问责制度与信息透明度。从 2011 年 9 月 20 日起升级评估系统（CN 2.0），进一步改进评估的科学性。慈善组织按照评估后获得的总分情况被划分为五级，分别被授予零至四（0—4）颗五角星，其中，四颗星代表着卓越超群（Exceptional），三颗星代表着良好（Good），两颗星意味着需要改进（Needs Improvement），一颗星表示较差（Poor），而如果没有星则表示非常差（Exceptionally Poor）。此外，还有若干慈善组织根本无评价，仅用警示红字"捐赠者注意"（Donor Advisory），这样的组织一般有严重问题。评估结果是动态的，可以随时根据变化的情况调整。这套办法推出伊始就受到公益慈善界的欢迎，使"慈善导航"组织成为迄今为止全球最大并且具有较高权威性的业内评估机构。接受其评估的公益慈善组织约有 5500 家，它们基本都是年收入超过 100 万美元的大型组织，如哈佛大学、耶鲁大学、儿童救助会（Children's Aid Society）等。② 美国主流媒体对"慈善导航"组织给予高度肯定，2006 年该机构官方网站被《时代》周刊评为美国"最酷的 50 个网站"（50 Coolest Websites）之一。③ 令人称奇的还有"慈善导航"组织的效率：它 2011 年的总支出仅为 157 万美元，全职工作人

---

① "供养美国"组织（Feeding America）是美国最重要的反饥饿民间组织之一，1979 年成立，总部位于芝加哥。该组织的活动遍及美国 50 个州和波多黎各，每年通过约 200 家"食品银行"（food bank）和 6 万个慈善分发机构组成的网络向 4600 万名受到饥饿威胁的美国人供应餐食，年度总供应量（食品重量）接近 40 亿磅，合 33 亿份（个人或家庭）餐食。更多详情可见其官方网站：http：//feedingamerica. org/，2015 年 8 月 21 日。

② 儿童救助会（Children's Aid Society）是美国著名的老牌公共慈善机构，1853 年成立于纽约市，主要工作是救助贫困儿童。由于其业绩卓著，管理透明，深得公众信任，连续 14 年获得"慈善导航"组织（Charity Navigator）的最高级四星评价。更多详情可见该组织官方网站：http：//www. childrensaidsociety. org/，2015 年 8 月 21 日。

③ 相关报道可详见《时代》周刊官方网站：http：//www. time. com/time/2006/50coolest/index. html /，2013 年 5 月 14 日。

员人数很少。①

4."慈善瞭望"组织（CharityWatch）

该组织的前身是 1992 年创办于芝加哥的美国慈善研究所（American Institute of Philanthropy，AIP），2012 年改称现名。它的创始人兼总裁为财务专家丹尼尔·博罗霍夫（Daniel Borochoff），机构宗旨是"为捐赠者提供他们所需要的信息，使他们能够在做出捐赠决定时更加清楚情况，让捐赠给公益慈善事业的每一个美元都能发挥最大效益"。② 为此，"慈善瞭望"组织主要开展两方面的工作：一是对大约 500 家公益慈善机构和一些其他"看门狗组织"不评估的社会组织进行评估，向社会公开发布评估结果；③ 二是开展专题研究，围绕非营利部门的一些"热点"话题（如高层管理人员的薪酬待遇）发表研究报告和评论意见。"慈善瞭望"组织的评估与众不同，采用了业内最严格的方法，并拒绝使用计算机系统根据电子版的 990 年度报表而自动生成的评级结果，它提出的口号是"对机器评级说不！"（No Robo Ratings）。也正因为如此，有些在别的评估机构那里获得好评的组织，经"慈善瞭望"组织评估后结果并不那么荣耀，甚至在排行榜上位居末座。④ 这家机构的特立独行受到美国主流媒体的追

---

① Charity Navigator：*Fiancial Statements and Supplementary Information with Independent Auditors' Report*，*Years Ended November* 30，2011 *and* 2010，available at：http：//www. charitynavigator. org/，2012 年 10 月 26 日。

② 需要指出："慈善瞭望"组织创建之初的法律地位是私立基金会，从 2007 年起该机构进入为期 5 年的转型期，2012 年其法律地位转变为公共慈善机构。有关"慈善瞭望"（CharityWatch）的更多详情，可见其官方网站：http：//www. charitywatch. org/，2015 年 8 月 21 日。

③ "慈善瞭望"评估的对象包括一些在美国有较大影响力的公民权利组织或社会运动组织。虽然这些组织也是联邦免税组织，但它们并不是第 501（c）（3）条款组织，也就是说，为这些组织提供的捐赠不能获得税款抵扣。这样的组织有：美国公民自由联盟（American Civil Liberties Union，ACLU）、美国堕胎权利联盟（NARAL Pro - Choice America）、生命权利全国委员会（National Right to Life Committee）、塞拉俱乐部（Sierra Club）等。

④ 例如，根据 2008 年的评估，被"美国独立慈善机构"（Independent Charities of America，ICA）评为最佳（五星级）的一批公益慈善组织，在"慈善瞭望"那里只能获得 F 级（最差）的评价。相关信息可见：http：//www. charitywatch. org/articles/fratedbestinamerica. html#top，2015 年 8 月 21 日。位于加利福尼亚州的"美国独立慈善机构"（Independent Charities of America，ICA）1988 年成立，它通过评估向大约 2000 家公益慈善组织颁发了"卓越组织标志"（The ICA Seal of Excellence）。获奖组织一般都会在其官方网站上展示这个包含五颗五角星和"最佳"（BEST）字样的标志。"美国独立慈善机构"的官方网站：http：//www. independentcharities. org/home/，2015 年 8 月 21 日。

捧和国会的关注，博罗霍夫本人多次受邀出席国会有关非营利部门情况的听证会，在各种研讨会和大学讲坛上频频现身。众多在美国甚至国际上具有较高美誉度的组织，如全国都市联盟（National Urban League，NUL）、① 美国肾脏病基金会（American Kidney Fund，AKF）、② 美国救世军（Salvation Army USA）、③ 海伦·凯勒国际组织（Helen Keller International，HKI）、④ 美国儿童寻觅组织（Child Find America，CFA)⑤ 等都以能够获得"慈善瞭望"组织的最高评级（A +级或者 A 级）为荣，并在它们的官方网站主页展示"慈善瞭望"组织醒目的黄色圆形认证标志。

---

① 全国都市联盟（National Urban League，NUL）是非洲裔美国人促进民权与经济平等、反对贫困的组织，1910 年成立于纽约市，分支机构或附属组织遍布全国 35 个州和哥伦比亚特区，在美国的经济生活与政治生活中有很大的影响力。更多详情可见该组织的新官方网站：http：//nul. iamempowered. com/，2015 年 8 月 21 日。

② 美国肾脏病基金会（American Kidney Fund，AKF）创办于 1971 年，总部位于马里兰州的罗克维尔（Rockville），在美国 50 个州开展活动，2014 年直接资助的需要进行透析治疗的肾脏病患者 8.4 万人（占美国同类病人的 20%），使自成立至今的救助人数超过 100 万人。该基金会还通过网站、电子邮件、出版物等传播媒介向数亿公众普及肾病医疗知识。更多详情可见其官方网站：http：//www. kidneyfund. org/，2015 年 8 月 21 日。

③ 救世军（Salvation Army）是一个基于基督教福音派信仰的国际性慈善运动，1865 年创建于英国伦敦，国际总部也在该市，现有约 122 个会员。1880 年救世军开始在美国活动，逐渐发展起广泛的组织网络，即美国救世军（Salvation Army USA），它目前已经成为美国最大、最有名望的公共慈善组织之一。2014 年该组织的雇员有 58764 人，志愿者超过 339.16 万人，通过其遍布全国的 7546 个运行中心（Center of Operation）为 3094.68 万人提供了灾害救援、医疗救助、日间照料、老年帮扶、交通等各种各样的救助服务。更多详情可见其官方网站：http：//www. salvationarmyusa. org/，2015 年 8 月 21 日。

④ 海伦·凯勒国际组织（Helen Keller International，HKI）是世界著名的儿童防盲机构，由美国家喻户晓的传奇式聋、盲残疾人海伦·凯勒女士（Helen Kellen，1880—1968）在 1915 年参与创办，其宗旨是致力于拯救那些最弱势、最不幸群体的视力与生命。它的总部设在纽约市，在美国和 21 个亚非发展中国家开展业务。更多详情可见该组织官方网站：http：//www. hki. org/，2015 年 8 月 21 日。

⑤ 美国儿童寻觅组织（Child Find America，CFA）由一名失踪儿童的母亲在 1980 年创建于纽约州，是美国寻找失踪儿童的主要非营利组织之一（美国每天约有 2300 名儿童失踪），其工作受到联邦政府的肯定。更多详情可见该组织官方网站：http：//www. childfind-ofamerica. org/，2015 年 8 月 21 日。

（三）数据库机构

数据库机构的基本功能是向公众提供非营利组织的信息，其中包括990 年度报表。互联网的迅速发展为这个基本功能的实现奠定了坚实的技术基础，空前地提高了信息透明度。最重要的非营利组织数据库有以下三个。

1. "指引星"（GuideStar）数据库

"指引星"是美国最大的非营利组织数据库，1994 年在弗吉尼亚州威廉斯堡成立，1996 年起在其官方网站上发布它收集整理的组织信息。此后，"指引星"与联邦税务局合作，将列入联邦税务局"业务总档"（Business Master File）的非营利组织 990 年度报表在它的网站上公布，并定期推出利用这些数据产生的各种研究报告、简报、通告等，形成了一整套专业化的公共信息产品。目前，该数据库已经收录了超过 180 万个享有联邦免税待遇的非营利组织的详细资料，极大地便利了公众对它们详细情况的检索查询。① 2001 年，《时代》周刊把"指引星"的创办人评为新千年美国慈善事业的七位主要创新者之一。②

2. 基金会中心（Foundation Center, FC）

这个中心初创于 1956 年，设在纽约市，现已成为美国也是全球最大的收集、研究和发布各种基金会信息的专业数据中心。③ 从 1968 年起，基金会中心开始按年度编辑出版《基金会名录》（*Foundation Directory*）。20 世纪 90 年代以来，该中心大量应用先进的数字技术，迅速开展了各种基于互联网络的数据查询、公众教育、辅导培训业务。例如，它的"基金会在线名录"（Foundation Directory Online, FDO）能够做到持续更新，选择专业层级服务（Foundation Directory Online Professional）订阅客户可

---

① "指引星"（GuideStar）数据库提供检索服务的官方网站是 http：//www2. guidestar. org/。检索服务是分档次的，一般性的情况查询完全免费，深度的资料检索需要付费。

② 《时代》周刊的报道见：Julie Rawe，"Where Does Your Gift Go?" *TIME*，October 28，2001，available at：http：//www. time. com/time/magazine/article/0，9171，181602，00. html，2011 年 7 月 31 日；另可参见：Catherine Andrews，"Shedding Some Light on Nonprofit Finance"，*Foundation News & Commentary*，September/October 2002，Volume 43，No. 5，available at：http：//www. foundationnews. org/CME/article. cfm? ID = 2138，2011 年 7 月 31 日。

③ 基金会中心（Foundation Center, FC）成立之初叫基金会图书馆中心，1968 年改称现名。有关该中心的更多详情可见该组织官方网站：http：//www. foundationceter. org/。

在网上方便地查到 14 万家基金会（包括外国基金会）的详细情况，如：基本数据、990 报表、年度报告、出版的基金会资助指南等，以及 380 万项近期资助拨款（grant）和 4000 家举办基金会的大公司（sponsoring companies）的情况。① 除了分层次的数据发布之外，基金会中心的最大特点或者巨大优势体现为它所进行的研究工作。该中心依靠其丰富的数据库资源，对美国 7.6 万家基金会的现状展开全方位追踪，对最大的 1400 余家基金会获得捐赠的情况及它们对公益慈善事业所提供的资助进行详细的归纳与分析，并在网上公开发布研究成果。这些研究成果无论是对关注慈善捐赠情况的普通公众、基金会的高层管理者，还是对学术界都非常有价值。

3. 全国慈善统计中心（National Center for Charitable Statistics，NCCS）

该统计中心是首都华盛顿的 510（c）（3）条款组织都市研究所（The Urban Institute）② 非营利与慈善组织研究中心（Center on Nonprofit and Philanthropy，CNP）下的一个项目，1982 年成立，其宗旨是汇集、开发和传播有关非营利组织及其活动的高质量数据，用以研究非营利部门、政府部门、工商部门之间的关系和更加广泛的公民社会。③ 该中心不仅免费向公众提供查询非营利组织的服务，也从事大量的统计研究和专项研究。它开发的全国免税组织分类标准核心代码系统（National Taxonomy of Exempt Entities-Core Code，NTEE－CC）被联邦税务局、"指引星"和基金会中心采用，已经成为事实上的美国非营利组织分类国家标准。④

①　这个在线数据库的官方网站为：http：//fconline. foundationcenter. org/，2015 年 8 月 21 日。

②　都市研究所（The Urban Institute）是根据约翰逊总统的相关指示于 1968 年创建的，总部设在首都华盛顿。作为一个超党派专业研究机构，它的基本宗旨是成为学术界和决策层之间的桥梁，就美国的经济社会问题提出解决方案，促进良好的公共政策和提高政府效率。该研究所官方网站是 http：//www. urban. org/。

③　全国慈善统计中心（National Center for Charitable Statistics，NCCS）的官方网站是：http：//nccs. urban. org/。

④　全国免税组织分类标准核心代码系统（National Taxonomy of Exempt Entities-Core Code，NTEE－CC）是一套英文字母结合阿拉伯数字的代码分类法，包含以 26 个英文字母代表的 26 个大类，400 个子类。关于这个分类法的详细介绍及分类列表，可见全国慈善统计中心（NCCS）的官方网站上相关专栏的资料：http：//nccs. urban. org/classification/NTEE. cfm，2015 年 8 月 21 日。

（四）行业和区域的伞形非营利组织

1. 行业伞形组织

在贸易、工商业、农业、环境、法律、公共管理、科学、技术、教育、文化及政府事务等领域中，美国约有两万个全国性的会员制非营利社团（协会、学会或联合会），它们的名称多冠以"美国（American 或 U. S. ）"或"全国（National）"字样，像美国商会（U. S. Chamber of Commerce）、① 美国医师协会（American Medical Association，AMA）② 全国教育协会（National Education Association，NEA）等。③ 虽然这些社团组织的数量只占联邦免税组织总数的 1％强，但由于它们在业内具有全美乃至国际公认的代表性与权威性，对美国社会的影响力远远超过一般公益慈善组织。④ 所以，这类组织对非营利部门树立负责、自律和透明的公众形象，改善治理负有重要责任。20 世纪 90 年代以来，尤其是 2004 年 10 月"非营利部门工作小组"在参议院财政委员会的鼓励下成立之后，许多行业伞形组织纷纷制定、公布了改善治理的标准或纲领性文件，并付诸实践。例如，设在纽约的艺术博物馆馆长协会（Association of Art Museum Directors，AAMD）在全球的艺术博物馆界享有很高声望。协会在 2006 年

---

① 美国商会（U. S. Chamber of Commerce）1912 年建立，现为世界上最大的跨行业、跨地区工商业联合组织，总部设在首都华盛顿，代表着 300 万家会员企业或企业联合会的利益，其海外网络包括在 102 个国家在内的 115 个当地美国商会（AmChams）。更多详情可见其官方网站：http：//www. uschamber. com/，2015 年 8 月 19 日。

② 美国医师协会（American Medical Association，AMA）始建于 1847 年，是美国规模最大、涉及专业最多、最具有职业权威性的医生组织，总部设在芝加哥。更多详情可见其官方网站：http：//www. ama - assn. org/。

③ 全国教育协会（National Education Association，NEA）成立于 1857 年，拥有会员 300 万人，它既是美国最大的专业协会，也是人数最多的行业性工会，组织网络遍布全美 50 个州的 1.4 万个社区，全国总部位于首都华盛顿。更多详情可见其官方网站：http：//www. nea. org/，2015 年 8 月 14 日。

④ 2010 年美国共有全国性的非营利社团（national nonprofit associations）23983 个，其中一些组织并非都是研究者所称的行业伞形组织，这些组织包括公民兴趣爱好组织、各种热心追捧者俱乐部（Fan Clubs）等。所以，本文中所指称的"行业伞形组织"的数字必然少于官方统计的全国性非营利社团总数。见：Table 1285. National Nonprofit Associations-Number by Type：1980—2010，U. S. Census Bureau，Statistical Abstract of the United States：2012，available at：http：//www. census. gov/compendia/statab/2012/tables/12s1285. pdf，2015 年 8 月 17 日。

6月发表了一份纲领性文件，宣示了艺术博物馆的理事会职责、馆长责任、治理标准及本行业的职业操守、核心价值等。它2009年修订的《艺术博物馆专业规范》（*Professional Practices in Art Museums*）已经翻译成标准中文并可以从协会官方网站下载。① 美国律师协会（ABA）在2006年夏季专门成立了研究非营利部门治理问题的委员会，开展了一系列活动，力求从法律角度探讨同改善治理有关的各种问题。②

2. 区域伞形组织

美国36个州一级行政区域（习惯上包括首都哥伦比亚特区）和许多较大的地方行政区域（县、市）都成立了本区域的非营利机构伞形组织，如明尼苏达州非营利组织委员会（Minnesota Council of Nonprofits，MCN）、③ 纽约市非营利组织协调委员会（Nonprofit Coordinating Committee of New York，NPCC）、④ 硅谷非营利组织委员会（Silicon Valley Council of Nonprofits，SVCN）、霍特科姆县非营利组织委员会（Whatcom Council of Nonprofits）等。⑤ 近30年来，这些组织为提升本区域非营利部门的治理水平做了大量工作，其中做出开创性贡献的是明尼苏达州非营利组织委员会，它是美国第一个推出州域非营利组织治理原则与行为规范的机构。⑥

----

① 艺术博物馆馆长协会（Association of Art Museum Directors，AAMD）始建于1916年，到2015年夏季有来自美国、加拿大和墨西哥的242位会员。更多详情及本文提到的纲领性文件（AAMD，"Good Governance and Non-profit Integrity"，June 2006）均可见其官方网站：http://www.aamd.org/，2015年8月21日。

② 关于这个专门委员会（Nonprofit Governance Subcommittee）的情况，可详见美国律师协会官方网站上公布的信息：http://apps.americanbar.org/dch/committee.cfm? com = CL580041，2013年5月12日。

③ 明尼苏达州非营利组织委员会（Minnesota Council of Nonprofits，MCN）1987年成立，目前是美国规模最大的在州一级建立的各类非营利组织的伞形机构，截至2015年夏季，该机构共有来自本州非营利部门的成员组织2000多个，更多详情可见其官方网站：http://www.minnesotanonprofits.org/，2015年8月21日。

④ 纽约市非营利组织协调委员会（Nonprofit Coordinating Committee of New York，NPCC）成立于1984年，目前在纽约市范围内有1500多个缴纳会费的会员组织，每月出版《纽约非营利组织简报》（*New York Nonprofits*），其官方网站为http://www.npccny.org/，2013年5月14日。

⑤ 霍特科姆县（Whatcom County）位于华盛顿州。

⑥ 1994年明尼苏达州非营利组织委员会（MCN）制定发布了《卓越非营利组织原则与规范》（*Principles and Practices for Nonprofit Excellence*），产生了良好的作用。2013年明尼苏达州非营利组织委员会成立了专门的委员会，研究修订该文件并推出了《卓越非营利组织原则（转下页）

马里兰州非营利组织协会（Maryland Association of Nonprofit Organizations，MANO）也属于佼佼者，因为它规范非营利组织的文件影响广泛。

马里兰州有大约 3.2 万家非营利组织，[①] 这个州的非营利组织协会成立于 1992 年。1998 年该协会制定了《卓越非营利组织标准》（*Standards for Excellence：An Ethics and Accountability Code for the Nonprofit Sector*），此后又多次进行了修订。该标准包括八项指导性原则和 55 项具体细则，出台后不仅受到本州非营利部门的欢迎，还被许多州及地方的非营利组织协会采纳或者仿效。由于这套标准比较严格，所以截至 2013 年，在马里兰州 1390 个加入该协会的会员组织中，只有 207 个被认定完全达标，获得马里兰州非营利组织协会颁发的"卓越认证标志"（Seal of Excellence）。[②]

四　公民社会治理的通行规则与实践

20 世纪 90 年代以来，美国公民社会组织群体中不断有人（或机构）在设计、辩论、实践和改进的往复循环间探寻与总结非营利组织加强治理、完善自律的通行规则。在这个过程中，构成"部门体系"基础设施与支撑点的综合代表性组织、"看门狗"组织和州一级的非营利组织协会贡献最大。仅以州的伞形组织为例，1994 年明尼苏达州非营利组织委员会率先发布了《卓越非营利组织原则与规范》（*Principles & Practices for Nonprofit Excellence*）。这个包含 10 部分、133 项细则的文件不仅对公共慈善机构（public charity）的管理者特别有用，而且适合所有类型的非营利组织。阿肯色州、缅因州、密歇根州、密西西比州和南卡罗来纳州等的州

（接下页）与规范》的 2014 年版。在 11 项原则的指导下，具体的规范细则有 192 项。这 11 项原则所指导的方面是：治理、透明度与问责、财务管理、筹款、评估、规划、民众参与和公共政策、战略联盟、人力资源、志愿者管理、领导力与组织文化。更多详情可见：http：//www.minnesotanonprofits.org/，2015 年 8 月 21 日。

①　Maryland Nonprofits，2013 Nonprofits by the Numbers，available at：http：//www.maryland-nonprofits.org/dnn/Educate/NonprofitResearch.aspx，2013 年 5 月 14 日。

②　马里兰州非营利组织协会（Maryland Association of Nonprofit Organizations，MANO）的详细情况、《卓越非营利组织标准》全文及获颁"卓越认证标志"（Seal of Excellence）的非营利组织名录均可见该协会 2013 年的年度报告（Maryland Nonprofits：*Annual Report* 2013）以及该协会官方网站：http：//www.marylandnonprofits.org/，2015 年 8 月 21 日。

级伞形组织先后获准以此为蓝本制定本州的非营利组织行为准则文件。各个州非营利组织的这种自我约束、自加施压的做法对全面提升非营利部门的治理水平和治理能力非常有益，也促进了各州非营利组织之间的相互交流、学习。2013 年，明尼苏达州非营利组织委员会在博采各州众长的基础之上对原有的版本进行了全面升级和修订，推出了包含 11 个部分、192 项细则的 2014 年版《卓越非营利组织原则与规范》。[①]

无论这类阐述非营利部门通行规则或道德标准的文件的作者是谁，他们的目的无非都是要把这些规则作为法律的补充而在业内加以推广。所有这些文件都植根于相同的理念，或者说都建立在美国非营利部门关于治理的三大"普世价值"之上，这就是品质（quality）、责任（accountability）和透明（transparency）——注重品质就是追求卓越，力争把自己打造为一流的组织，为社会提供优质服务；责任强调的是必须对公众、对社会负责，当非营利组织出现问题时必须有人承担责任；透明是消除一切腐败和财务漏洞的有效途径，也是赢得公众信任的最佳手段。事实证明，所有成功的非营利组织无不想方设法主张和坚持这三大价值。

根据各个方面公布的比较有代表性的文件，[②] 笔者试将最近 30 年间美国公民社会组织（尤其是公益慈善类的组织群体）逐步达成共识并付诸实践的通行规则归纳为如下五个方面，它们完整地回答了"应当怎样治理"的问题。

---

① Minnesota Council of Nonprofits, *Principles & Practices for Nonprofit Excellence*: *A Guide for Nonprofit Board Members*, *Managers and Staff*, Copyright © 2014 by the Minnesota Council of Nonprofits. Retrieved from: http://www. minnesotanonprofits. org/PrinciplesPractices. pdf, 2015 年 8 月 21 日。

② 这里所说的比较有代表性的文件，主要指本文中已经提及的各种具有"准则"、"指南"或"标准"性质的关于非营利组织加强自律和治理的文件，它们是：Panel on the Nonprofit Sector, Convened by Independent Sector, *Principles for Good Governance and Ethical Practice*, *A Guide for Charities and Foundations*, October 2007; Internal Revenue Service, *Governance and Related Topics* – 501 (c) (3) *Organizations*, February 4, 2008; Council On Foundations, *Community Foundation Standards*; BBB Wise Giving Alliance, *Standards for Charity Accountability*; Maryland Association of Nonprofit Organizations, *Standars for Excellence*: *An Ethics and Accountability Code for the Nonprofit Sector*, 1998 – 2009; Minnesota Council of Nonprofits, *Principles&Practices for Nonprofit Excellence*: *A Guide for Nonprofit Board Members*, *Managers and Staff*, 2010。

（一）治理机构

领导非营利组织达到善治，从而实现高度守法自律的关键机构是其理事会。一个组织规范、工作有效的理事会应该遵守的规则有：

1. 承担职责

除了决定组织宗旨、战略目标、行动计划和重大人事、财务事项外，理事会还应当认真履行其对日常工作的监督职责。理事会成员应当知晓本组织的最新情况，关心本组织的运营与发展，积极投身本组织的事业。在工作中，每一名理事都应当持与其职责相适应的"必要的审慎"（due diligence）态度，忠于职守。[1]

2. 全体会议

理事会召开全体会议的次数应依照履行治理和监督职能的需要而定，但一般来说每年应至少召开三次（许多州的伞形组织规定至少四次，或者每个季度一次），而且这种全体会议应当是面对面地开会，而非视讯会议。

3. 组织结构

理事会成员的人数不应少于五人，他们的背景应该多样化，至少应有一人具备财务资质或者财务管理的知识与经验。公共慈善机构（Public Charity）的理事会应至少有 2/3 的成员属于同本组织没有任何利益及人事关联的独立理事。在任何一个非营利组织中，理事长、财务总监和首席执行官这三个关键职务必须由不同的人员担任。原则上理事会成员应当有固定的任期，不得无限期连任。

4. 薪酬管理

一般来说非营利组织的理事会成员，尤其是公益慈善机构的理事会成员是没有薪酬的，只能享有与他们履行理事职责直接有关的补贴（如出席有关会议时发生的差旅费）。如果非营利组织认为确实应当对于理事会

---

[1]　对于非营利组织的理事而言，这种"必要的审慎"（due diligence）有三层含义：首先是诚实（in good faith）；其次是在相同情形下正常人都会持有的谨慎；最后是对于本组织而言最有利的态度（或决定）。见：Thomas Silk, "Good Governance Practices for 501 (c) (3) Organizations: Should the IRS Become Further Involved?" *The International Journal of Not – for – Profit Law*, Volume 10, Issue 1, December 2007, available at: http://www.icnl.org/research/journal/vol10iss1/special_4.htm, 2015 年 8 月 21 日。

成员的时间、精力和专业知识进行一定的货币补偿，那么这种补偿必须具有可比性，不得超过社会上同等情况的薪酬水平。首席执行官、高级行政管理人员及关键岗位雇员的薪酬水平应由理事会决定，必要时理事会应设立薪酬委员会专门负责此事。

5. 定期评估

理事会应当对本组织首席执行官和理事会自身的工作进行定期评估，其中对于理事会工作的评估应至少每三年进行一次，并应该建立必要的组织程序以便撤换那些不称职的理事。此外，理事会应至少每五年对本组织的基本文件（宗旨声明、章程、战略性规划等）进行一次审查（review），以便根据变化了的客观情况及时进行调整。

（二）财务管理

资金和资产是维持公民社会组织生命的血液。非营利机构出现的问题，绝大部分源自财务制度松弛和内部监督缺失。非营利组织不仅应当诚实、谨慎地依照其宣布的宗旨使用资金，而且应当善于理财，保护自己的资产不受损失。

1. 完善制度

除了遵循一切法定财务管理要求之外，非营利组织还应当建立完善的内部财务制衡制度与收支制度。理事会必须确保由不同的人员管理收入、存款和支付，并定期审查财务报告，监督预算执行情况。

2. 谨慎投资

有投资理财项目的非营利组织应当谨慎地进行投资。为了防范和规避风险，这些非营利组织应当有成文的投资政策和投资程序，投资或理财金额较大的组织还应当聘用一位或多位专业投资经理人，理事会应当监督投资经理人员的工作。

3. 贷款限制

非营利组织不应向本组织的理事会成员、高级管理人员及利益相关方提供或者变相提供贷款，联邦法律和许多州的法律都对此有一定的限制性规定，但不存在"一刀切"的做法。例如，联邦法律只明文禁止私立基金会、支持性非营利组织和捐赠者嘱意基金（donor - advised fund）向主要捐赠人、理事会成员、高级管理人员等提供贷款，而没有完全禁止向所有内部人员提供贷款。如果非营利组织出于工作需要的考虑向其普通工作人员提供贷款或者财务方面的帮助，那么必须经过理事会审批，并应当如实在 990 报表上有所反映。

4. 支出比例

非营利组织有义务将其大部分资金和资源投入到为实现组织宗旨而开展的各种计划、项目与活动中。一般来说，非营利组织，特别是公益慈善类组织应当将其年度总支出的 65% 以上用于项目。

5. 审计监督

财务审计必须由具备专业资质的审计师或审计公司进行。较大的非营利组织应成立由理事会批准的独立审计委员会，对本组织的财务审计工作进行监督。如果外聘审计公司的专家进行审计，非营利组织应当注意定期（如每五年）更换审计公司，以保持审计的客观性。

（三）道德保护

非营利组织是为公众提供服务的，但它们在运行过程中也存在着道德风险，也就是从事非营利事业的人们在最大限度地促进本组织发展、维护本组织利益的同时有可能产生不利于公共利益的后果。为了防范这些风险，需要建立相关的制度，这些制度有时也被称为非营利组织的"道德保护措施"（ethics protection）。

1. 道德规范（code of ethics）

非营利组织应制定适合本组织具体情况和事业的成文道德规范。这种规范应当体现本组织的基本价值及服务对象、合作伙伴和主要捐赠方的期望，成为全体理事会成员、工作人员和志愿者熟悉并自觉遵守的行为准则。

2. 利益冲突（conflicts of interest）

利益冲突是指非营利组织理事会成员或工作人员依法履行职责（duty of loyalty）的过程中，[1] 在涉及经济（pecuniary）交易或个人利益时，可能与本组织的利益发生的冲突（或者潜在冲突）。为了维护非营利组织的根本利益，有必要制定和实施关于防止利益冲突的政策。这项政策的重点

---

① 英文"duty of loyalty"的基本意思是认真履行职责，忠实于所任职的组织。更确切地说，在本文的语境中是要求理事会成员的言行应符合所在非营利组织的最大利益，而非为了追求其个人或者他人的利益。同时，理事会成员应该自觉避免与所在非营利组织发生任何不利的利益冲突。

在于鼓励理事会成员和高级管理者披露任何有可能影响到本组织决策客观性与独立性的利益关系，并通过适当的程序和方式（比如对某些表决的回避）进行处理。一旦防止利益冲突的政策得以确立，所有理事会成员、高级管理人员和工作人员都应阅读、理解并签字同意，还应按年度确认自己报告的情况及没有利益冲突的声明。

3. 举报政策（whistleblower policy）

所有非营利组织都应当制定切实可行的举报政策。完整的举报政策包括三方面内容：首先，为本组织的工作人员、志愿者或其他相关方毫无顾虑地检举揭发任何可疑的错误或违法违规现象提供便利；其次，这种检举揭发受到本组织的制度及相关法律的保护，能够使举报人免于遭受打击报复的恐惧；最后，清晰有效的程序能够确保所有被举报的事项得到公正的调查，并防止利用虚假举报危害本组织或他人的利益。

4. 文件管理

非营利组织应建立专门的制度，妥善保管一切重要的文件档案资料，特别是本组织的基本文献、理事会全体会议记录、重要决议、业务往来记录和财务账目。有些文件需要永久保存，如组织成立时的基本文件、获得联邦免税待遇的确认函等。对于不需要永久保留的文件，应设立明确的保留期限和销毁程序，同时应规定如果有官方或者本组织内部调查的需要，任何销毁文件的行动必须立即无条件终止。

（四）筹款募捐

大多数非营利组织的资金或用于慈善救助的实物都来自公众或者机构的捐赠，因此筹款募捐活动就成为它们日常工作的一部分。尽管联邦、州和地方政府规范慈善募捐的法律法规已经相当完善，非营利部门仍认为有必要加强这方面的自律。

1. 受赠政策（gift acceptance policy）

非营利组织应制定相关政策，在符合其特定免税事业的前提下，明确规定可以接受什么样的捐赠、受赠非现金捐助的程序，以及对受赠物资的估值方法。要特别注意防止这样的现象发生：捐赠方的要求有可能引发违法或者不道德的后果，或对环境造成破坏，或导致慈善组织产生"无关宗旨收入"（unrelated business income）。①

2. 成本控制

在慈善募捐活动中，通常相关收入用于募捐成本支出的比例应当低于35%。换言之，筹款募捐的收支比例应大约为 3∶1。如果成本比例偏高，则应当有充分的理由。此外，无论对于内部工作人员还是外聘的专业筹款募捐者（专业人士或公司），都不应按照其筹措资金或物资总量的百分比给予回报。因为这种做法极有可能诱发不当行为，从而损害非营利组织的声望。

3. 保护隐私

接受捐赠的非营利组织应当尊重个人捐赠者的隐私。除了法律要求披露的信息之外，未经捐赠者同意，不向第三方提供捐赠者的姓名和联系方式。非营利组织应该在筹款募捐活动中及相关的登记表格、宣传手册和募捐网站上为捐赠者提供便利，使他们能够方便地实现隐匿个人身份资料的要求。利用互联网收集捐赠者资料的组织还应特别注意网络安全问题，采取有效技术措施保护和屏蔽捐赠者的信息。

（五）信息公开

公民社会组织向一切利益相关方（包括服务或资助对象）和广大公众及时提供全面、准确的信息，是落实问责制、增进公众信任的最有效手段。除了法律要求披露的信息（如申请获得联邦免税待遇的 1023 表格、联邦税务局的 990 系列年度报表、各州政府监管机构要求公开的报表）外，非营利组织完全可以在提高透明度方面做得更多、更好。

1. 年度报告（annual report）

非营利组织应当定期发表年度报告。报告的内容应包括：本组织的宗旨声明；理事会及专门委员会的成员与职责分工；战略性规划、年度计划、主要项目和活动介绍；事业成就；道德保护措施与制度；年终财务决算报告或主要财务数据；主要捐赠者名录。如果非营利组织决定每两到三年才发表一次年度报告，它应当保证能够随时公布本组织的重大人事变动

---

① 有关"无关宗旨商业活动"的详细解释，可见［美］贝希·布查尔特·艾德勒、大卫·艾维特、英格里德·米特梅尔：《通行规则：美国慈善法指南》（2007 年第 2 版），金锦萍、朱卫国、周虹译，中国社会出版社 2007 年版，第七章。

或财务变化情况。

2. 便利联系

非营利组织应当积极回应公众的意见或建议。应当向公众提供便利，使他们能够方便地联系到本组织的理事会或管理层，就组织的活动或问题及时进行沟通。

3. 利用网站

在信息技术飞速发展的当代，绝大多数非营利组织都设立了自己的官方网站。利用网站披露信息、发布消息、建立联系已被实践证明是行之有效的，并引起了越来越多的公众注意。事实上，联邦税务局的立场是鼓励非营利组织尽量利用网站发布信息。在加利福尼亚州，2005 年 1 月 1 日生效的《2004 年非营利组织管理改革法》（*Nonprofit Integrity Act of* 2004）已经认可非营利组织通过其官方网站发布财务报表的做法。

美国的非营利部门对以上五个方面的通行规则究竟贯彻落实得如何呢？一般来说，多数非营利组织都比较重视这些规则，在自愿的基础上或多或少地采取了相应措施。进入 21 世纪之后，非营利组织的治理水平有了明显提高，虽然还存在各种问题和困难，但总体发展趋势健康。大型非营利组织，尤其是那些享有全国甚至国际声望的公益慈善类组织对这些通行规则的落实比较全面。由"理事会资源"组织（BoardSource）、[①] 都市研究所、约翰·霍普金斯大学公民社会研究中心等机构开展的一系列全国性调查研究的结果证实了上述情况。

以防止利益冲突政策为例。由"理事会资源"组织连续多年进行的抽样调查结果显示，制定了成文的防止利益冲突政策的非营利组织占全部被调查组织数量的比例，从 20 世纪 90 年代中期以来稳步上升。1994 年，这个比例约为 61%，2004 年提高到 76%，[②] 2007 年是 88%，2012 年上升

---

① "理事会资源"组织（BoardSource）是一家位于首都华盛顿的智库型 501（c）（3）机构，1988 年成立。它致力于通过研讨会、专题问卷调查、培训、咨询，以及出版相关资料等方式促进非营利部门的治理、提高非营利部门服务的质量。截至 2015 年夏季，它是美国唯一一家以研究非营利组织的治理为己任的非营利组织。更多详情可见其官方网站：http：//www. boardsource. org/，2015 年 8 月 21 日。

② *BoardSource Nonprofit Governance Index* 2004 *Executive Summary*，copyright © 2005 Board-Source，p. 8.

到96%。① 另外，在 2010 年的抽样调查中，年收入超过 1000 万美元的大型非营利组织已经 100%地制定了成文的防止利益冲突政策。② 作为对照，都市研究所 2005 年首次对全美各地规模、类型和事业不同的非营利组织进行的以治理为主题的抽样调查，虽然在这个问题上得出的总体结论存在一定差距，但仍然不失其重要的参考价值。③

再看对非营利组织实现问责制和信息公开起重要作用的若干自律机制的建设情况。举报政策：2005 年只有 30%的非营利组织制定了举报政策，④ 2007 年这个比例上升到 60%，2010 年为 86%，2012 年又增长到88%。⑤ 审计委员会：在 2004 年，全部非营利组织中有 13%的组织设立了兼管财务和审计事务的专门委员会，5%设立了独立的审计委员会，⑥ 到 2012 年这两个数字分别是 46%和 26%。⑦ 利用网络平台提高财务透明度：2005 年仅有 9%的非营利组织在自己的官方网站公布财务报表和相关信息，⑧ 到了 2010 年，30%的非营利组织通过自己的官方网站公布提交

---

① *BoardSource Nonprofit Governance Index* 2012, *Data Report* 1, copyright ⓒ 2012 BoardSource, p. 14.

② *BoardSource Nonprofit Governance Index* 2010, copyright ⓒ 2010 BoardSource, pp. 16 – 17.

③ 都市研究所（The Urban Institute）的这次调研规模很大，回收的有效问卷数量达 5115 份。调研的重点之一是防止利益冲突政策，尤其是要了解非营利组织如何对待与本组织理事会成员及关联公司发生的经济往来（货物或者服务的采购与租赁）事项。调查结果显示，50%的非营利组织制定了成文的防止利益冲突政策，而且组织规模越大、年收入越高，就越有可能这样做。各个组织群体的年收入数和制定了相关政策者的比例数为：10 万美元以下：30%；10 万—50 万美元：51%；50 万—200 万美元：70%；200 万—1000 万美元：85%；1000 万—4000 万美元：89%；4000 万美元以上：97%。见：Francie Ostrower, Center on Nonprofits and Philanthropy, The Urban Institute, *NON-PROFIT GOVERNANCE IN THE UNITED STATES-Findings on Performance and Accountability from the First National Representative Study*, Copyright ⓒ 2007, The Urban Institute, pp. 9 – 10。

④ Lester M. Salamon and Stephanie L. Geller, "Nonprofit Governance and Accountability", *Communiqué No.* 4, Baltimore: The Johns Hopkins Center for Civil Society Studies, October 2005, p. 7.

⑤ *BoardSource Nonprofit Governance Index* 2012, *Data Report* 1, copyright ⓒ 2012 BoardSource, p. 14.

⑥ *BoardSource Nonprofit Governance Index* 2004 *Executive Summary*, copyright ⓒ 2005 BoardSource, p. 8.

⑦ *BoardSource Nonprofit Governance Index* 2012, *Data Report* 1, copyright ⓒ 2012 BoardSource, p. 11.

⑧ Lester M. Salamon and Stephanie L. Geller, "Nonprofit Governance and Accountability", *Communiqué No.* 4, Baltimore: The Johns Hopkins Center for Civil Society Studies, October 2005, p. 5.

给联邦税务局的 990 年度报表，50% 的组织利用其他网络平台这样做。[1]

五 典型案例研究：美国红十字会的治理改革

美国红十字会（英文全称为：American National Red Cross，通用简称为：American Red Cross）迄今已经走过 130 多年的历程。这个具有某种官方赋权的组织在美国公民社会的公共慈善组织（public charity）中占有非常特殊的地位——它不仅是美国规模最大、行动能力最强的人道主义救援机构，而且是唯一能够代表美国在国际红十字运动中履行《日内瓦公约》签字国义务和实施国际灾难救援的组织。[2] 当 1881 年人道主义者克拉拉·巴顿（Clara Barton，她也是首任会长）创建美国红十字会时，她的同事只有几十人。如今这个机构雇用了 3.5 万名专职人员，在全美各地拥有 100 万名志愿者和 535 家地方分支机构（chapter），每年要应对约 7 万起大大小小的灾害和事故，接纳 400 多万人献血（这使其成为北美最大的医用血浆和血液制品提供者），对 900 万人进行防灾和急救常识的培训，2008—2014 年间每年的救灾支出都超过 30 亿美元。[3]

像美国红十字会这样历史悠久、使命重要、地位特殊、声名显赫、规模庞大、事业复杂、人员众多的非营利机构，要进行治理改革、强化自律绝非易事。也正因为如此，该机构从 2006 年开始进行的全面改革受到美国社会各界尤其是非营利部门的关注，具有非常典型的意义。

（一）治理改革的缘起

对于美国红十字会来说，21 世纪似乎注定要给它带来重大变化。

---

① *BoardSource Nonprofit Governance Index* 2010，copyright © 2010 BoardSource，p. 15.

② 还有若干重要事实可以说明美国红十字会的这种带有官方赋权的特殊地位：该会可以邀请美国总统作为其理事会的名誉主席（例如小布什总统就担任过这一名誉职务）；该会位于首都华盛顿的总部建筑的法定所有者是美国联邦政府；在美国国土安全部 2008 年拟定的《国家应急框架计划》（*National Response Framework*）的核心文件中，由联邦政府指定参与重大灾害救援的两大非营利组织分别是美国红十字会和全国救灾志愿组织联盟（National Voluntary Organizations Active in Disasters，NVOAD）。

③ 更多详情可见美国红十字会的官方网站：http://www.redcross.org/，2015 年 8 月 21 日。

"9·11"事件后善款的不当处置问题引发了媒体和公众对红十字会工作的质疑。此事平息不久，由卡特里娜（Katrina）飓风灾害救援过程引发的全面危机促使红十字会的领导层痛下决心进行治理改革。

从 2005 年 8 月 26 日起，美国墨西哥湾沿岸诸州广大地区受到超级飓风卡特里娜、丽塔（Rita）和威尔马（Wilma）的连续袭击。三大飓风给美国造成了自建国以来最严重的灾难，美国红十字会在几乎"筋疲力尽"的情况下再度紧急行动，倾其资源投入救灾。① 在这次救灾行动中，红十字会显示了超过一般非营利救援组织的强大号召力、动员力和实施救援的能力。截至 2006 年 1 月 12 日，在短短四个半月中该会共募集救灾款 20 亿美元，创造了美国单一公共慈善组织募集善款速度的最高纪录。红十字会参与风灾救援的人员（含专职人员和志愿者）多达 24.49 万人，他们向灾民分发了 6800 多万份餐食，为 383 万人次的无家可归者提供了临时过夜居所，处理了 140 万件家庭援助个案。以上救援行动共耗资 21 亿美元。②

在这场美国红十字会历史上空前规模的灾难救援中，红十字会自身也遭遇到前所未有的挑战，一系列问题或者说该机构的重大治理缺陷在短期内相继暴露，引发了媒体和公众的不满与批评浪潮。这些问题是：

1. 救灾准备与组织不足

作为一个准国家级灾害救援机构，红十字会的救援物资和后勤保障能力有限，特别是缺乏应对特大灾害的准备；对专职工作人员和志愿者的组织管理过于分散化和层级化，反应不够灵敏，难以应对突发的大规模灾害；对志愿者（尤其是初次担任志愿者的人员）的招募、培训、组织和使用存在着不标准、不配套、不协调的问题。例如，大批外地志愿者赶赴灾区后无法迅速熟悉当地情况和救援需求，也不能及时深入救灾第一线，导致志愿人员和灾民都怨声载道。

2. 过时的财务系统弊端显现

红十字会财务管理的基础是数百个地方分支机构，而令人匪夷所思的

---

① 在这三大飓风袭击美国之前的一年中，美国红十字会刚刚连续以空前的规模紧急应对了两次特大天灾：2004 年夏给佛罗里达州造成惨重损失的查理（Charlie）等四次飓风，以及 2004 年 12 月的印度洋大海啸。

② *The American Red Cross Governance Reform*，Hearing before the Committee On Foreign Affairs，House of Representatives，one hundred tenth congress，first session，March 14，2007，Serial No. 110 - 27，U. S. Government Printing Office，Washington D. C.：2007（34 - 038PDF），pp. 2，10 - 11，29.

是每个分支机构都有自己的一套财务体系和管理标准，掌管这些分支机构的财务人员的水平和技能也参差不齐。这样，整个机构的善款收支情况没有做到统一、精准、透明，善款的集中调集和使用障碍重重，领导层也无法及时掌握全面的财务信息。

3. 内部管理制度不够严密

对救援物资的分配缺乏有效的系统性管理，这样对捐赠品或善款的用途不能做到及时追踪、核查并防止差错与欺诈行为。对志愿者的背景审核（主要集中在有无犯罪记录方面）出现风险漏洞，特别是对大批临时加入志愿者行列的人员缺乏管控。对接收救援服务的对象人员（client）的身份识别、辨认、确定及灾民的隐私保护方面存在诸多问题。

4. 筹措捐赠款物的工作遭遇阻力

这其中最主要的原因是红十字会与主要捐赠机构（特别是工商企业）的协调与合作关系不顺畅，无法及时有效地利用不同捐赠机构的物资、服务和专长。这不仅令红十字会与企业界和其他捐赠机构的伙伴关系受损，丧失了许多采用最佳方案解决实际救灾问题的时机，也使得许多捐赠机构乃至公众从感情上疏远了红十字会——他们感到该机构自以为是、态度傲慢、不思进取，从而减少了对它的捐赠。①

就在美国红十字会一边忙着救灾，一边疲于应付媒体和公众的抨击时，其最高领导层也陷入重重矛盾和争论中，人事变动频繁。从 2002 年到 2008 年期间，它的主要领导人曾五度更迭。其中，2007 年 5 月走马上任的总裁兼首席执行官马克·埃弗森（Mark W. Everson）的丑闻颇具讽刺性：他是红十字会历时 18 个月才相中的人选，具有丰富的从政经历，曾任联邦税务局长多年，积极鼓励非营利部门的成长，并主张以服务促进对联邦免税组织的有效监管。但令人意想不到的是，埃弗森私生活有失检点，与红十字会密西西比州某分支机构的女职员发生了婚外情。这一丑闻被媒体披露后引发广泛恶评，埃弗森被迫于 2007 年 11 月黯然辞职。

面对重重困难、问题、矛盾、丑闻，以及各方面的不满与批评，无论美国红十字会的领导层还是联邦政府监管部门都意识到，红十字会这家具

---

① *The American Red Cross Governance Reform*, Hearing before the Committee On Foreign Affairs, House of Representatives, one hundred tenth congress, first session, March 14, 2007, Serial No. 110 – 27, U. S. Government Printing Office, Washington D. C. : 2007 （34 – 038PDF）, p. 18.

有光荣历史的公共慈善机构绝不能再这样经营下去了。为了保持公众的信任，不辱没人道主义使命，必须鼓足勇气进行有相当力度的治理改革。

（二）治理改革的实施

美国红十字会的这场治理改革主要发生在 2006—2012 年。大体来说，2006 年为改革的准备阶段，2007 年为改革的攻坚阶段，2008—2012 年为全面落实改革措施阶段。其中，2007 年最为关键：是年国会通过了《2007 年美国红十字会治理现代化法》（*American National Red Cross Governance Modernization Act of 2007*），新的治理制度设计由联邦法律加以确定。[①]

1. 治理审计

2006 年 2 月，陷于危机之中的红十字会领导层意识到，已有 60 年历史的现存治理结构是红十字会各种问题的症结所在，要摆脱危机必须从治理改革入手，进而推进其他方面的改革。[②] 在会长（理事会主席）邦妮·麦克埃尔文 – 亨特（Bonnie McElveen – Hunter）的领导下，[③] 理事会授权本机构的治理委员会（Governance Committee）仔细考察评估红十字会内部治理的所有方面，即开展一次综合性的"治理审计"（governance audit），并结合美国非营利部门和营利机构治理的成功经验提出有针对性的改革建议。为提高治理审计的质量，治理委员会批准成立了独立的治理改革顾问小组（Governance Advisory Panel），请它承担具体的治理审计事务，这个七人小组在资深法律专家卡伦·威廉姆斯（Karen Hastie Williams）的主持下为红十字会无偿工作了六个月。[④] 在这段时间内，参与治理审计的专

---

① 2007 年 5 月 11 日，这一法案经小布什总统签署成为联邦法律（Public Law 110 – 26）。该法律的权威文本可从美国政府印刷局（U. S. Government Printing Office）官方网站获取：http：//www. gpo. gov/fdsys/pkg/PLAW – 110publ26/pdf/PLAW – 110publ26. pdf，2013 年 5 月 1 日。

② 1947 年美国国会根据美国红十字会的建议通过了对红十字会的国会特许状（Congressional Charter）的修正案，从此红十字会的治理结构一直未变，直至 2007 年国会以立法形式通过新的特许状。

③ 邦妮·麦克埃尔文 – 亨特女士（Bonnie McElveen – Hunter）2004 年 6 月 17 日被时任美国总统小布什任命为红十字会的会长（即理事会主席）。她在 2001—2003 年曾出任美国驻芬兰大使，她也是美国一家私营出版公司"佩斯交流出版公司"（Pace Communications）的首席执行官和所有者。

④ 卡伦·威廉姆斯（Karen Hastie Williams）是首都华盛顿的"克罗维尔和莫灵律师事务所"（Crowell & Moring LLP）的合伙人，她是第一位担任美国最高法院大法官助手的非洲裔女性，曾供职于国会参议院，还是全国有色人种协进会法律辩护与教育基金会（NAACP Legal Defense and Education Fund）等非营利组织的理事会成员。

家进行了 137 次访谈，访谈对象包括红十字会前任与现任理事会成员、高层管理人员、志愿者、分支机构领导、捐赠者、合作伙伴机构负责人和其他相关人士。经过深入的资料收集和调查研究，治理委员会和顾问小组向红十字会理事会提出了详尽的改革方案，并在此基础上形成了长达 156 页的理事会报告。2006 年 10 月 27 日，理事会全体会议一致通过了这份题为《面向 21 世纪的美国红十字会治理》（*American Red Cross Governance for the 21st Century*）的纲领性文件，改革大幕由此拉开。[①]

应当指出，负有监管联邦免税组织的国会参议院财政委员会对于推动红十字会的治理改革起了非常重要的作用。财政委员会主席查尔斯·格拉斯利参议员（Charles E. Grassley）在 2005 年 12 月 29 日和 2006 年 2 月 27 日致麦克埃尔文 - 亨特会长的信中，明确传达了这样的信息：作为一个老牌的国会特许免税组织，红十字会的情况令人担忧，必须尽快改革。而根据本人的监管经验，许多组织（无论营利组织还是非营利机构）的问题都源于理事会的治理。美国红十字会公布其改革报告后，格拉斯利参议员当即表示热烈欢迎。[②]

2. 改革蓝图

《面向 21 世纪的美国红十字会治理》是一份堪称典范的非营利组织治理文献。它把治理理论与实际相结合，准确地诊断出美国红十字会的"病因"，并对症下药，提出了切实可行的改革方案。此外，它还具有重要的学术价值。对各类组织的治理均有极高造诣的耶鲁大学教授艾拉·米尔斯坦（Ira Millstein）认为，这份报告的分析鞭辟入里，是一项优秀学术成就，理应成为所有治理领域相关人士的必读文献。[③]

《面向 21 世纪的美国红十字会治理》指出了美国红十字会治理的九

---

① American Red Cross, *American Red Cross for the 21st Century*, *A report of the Board of Governors*, October 2006, available at：http：//www. redcross. org/.

② 格拉斯利参议员的有关评论，以及他分别于 2005 年 12 月 29 日和 2006 年 2 月 27 日写给美国红十字会麦克埃尔文 - 亨特会长的信可见：Grassley Comments on Red Cross Governance Reforms, October 30, 2006, available at：http：//grassley. senate. gov/news/Article. cfm？customel_dataPageID_ 1502 = 9863，2011 年 10 月 8 日。

③ American Red Cross, *American Red Cross for the 21st Century*, *A report of the Board of Governors*, October 2006, FOREWORD, 目前耶鲁大学商学院已经将此报告作为非营利组织治理的教学材料。

大方面问题，并提出了相应的改革建议如下。

（1）明确理事会作用。在红十字会原来的基本法律文件中，无论是国会特许状还是红十字会的章程（bylaw），都没有清晰区分治理（governance）和管理（management），以及理事会与治理和管理的关系。而非营利组织的理事会最根本、最重要的作用应当是围绕本组织的宗旨实施战略性领导，对日常事务运转的管理应交由首席执行官负责，所以，必须对红十字会的基本文件进行修改，厘清理事会的主要责任。

（2）缩小理事会规模。1947 年以后，红十字会理事会一直由 50 人组成，其中八人由总统任命，这其中除了理事会主席（会长）外，还有国务院、卫生与公众服务部、国防部、退伍军人事务部等联邦政府部门首长；30 位理事来自地方分支机构，另有其他各界理事 12 人。由于红十字会 60 年来自身情况及外部环境的变化，这样一个庞大的理事会既无法有效运转，也不再具备普遍代表性，更重要的是它混淆了功能性和顾问性这两类工作。有鉴于此，应该对国会特许状和章程进行重大修订，大幅度缩小理事会规模，总统只任命理事会主席，增加理事会的独立性，将顾问性工作从理事会的工作中分离出来。

（3）改变理事会成员产生程序。原先理事会成员的产生分别出自总统委任、红十字会的提名委员会和治理委员会，客观上形成了同一个理事会中存在三类理事和三种理事遴选过程的现象。现在需要把除总统任命的理事会主席之外的所有理事会成员一视同仁，依照统一的程序产生，并取消功能重叠的提名委员会，更好地发挥治理委员会的作用。

（4）对红十字会理事会主席和总裁兼首席执行官的职务应有更加清楚的分工定位，同时修改和完善这两位最高领导人的产生程序，即理事会向总统推荐主席人选并由总统任命，理事会任命总裁兼首席执行官，以上两个职务不能由一人兼任。

（5）精简与调整理事会下属的各个专门委员会（如执行委员会、治理委员会、审计委员会等）的设置与分工，以便提高效率，避免重复性工作，落实问责制，增加透明度。

（6）采取一系列措施加强机构的自律，完善举报制度和内部管控，这些措施包括：提高举报制度信息的公开与普及程度；注重对地方分支机构人员的相关培训；修订红十字会人员行为准则（Code of Conduct），增加保护举报人等规定；设立专职的举报控告调查官（Ombudsman）；定期对举报程序进行内部审查；红十字会法律总顾问（General Counsel）同时出任法纪监理官（Compliance Officer），负责监督第三方举报渠道的运转；聘任首席审计官（Chief Audit Executive），加强内部审计；改进红十字会审计委员会的工作。

（7）改进现有理事会决议的产生程序，使其更加有效。改革的重点应是促进理事会与地方分支机构的沟通联系。

（8）改善理事会对所有地方分支机构（包括 535 家地方分支组织、1250 个办事处和 35 个区域性血液中心）的领导和监督，建立相对集中的行政领导体制，统一任务标准、筹款标准、财务标准、志愿者招聘和培训标准，维护美国红十字会作为符合联邦税法第 501(c)（3）条款的免税公共慈善机构的整体性，强化各个分支机构的领导问责制。

（9）大力提高整个机构的透明度，改善信息披露。在对外官方网站及内部网站上公布并且定期更新关于本机构治理和财务的七类重要信息，包括：基本文件（国会特许状、机构章程）、理事会介绍、总会领导人详情、治理程序文件（含各个委员会的规章、举报制度及举报热线信息）、道德行为规范文件、血液安全文件、财务报告等，使捐赠者和普通公众能够方便、及时地了解各种情况。

3. 国会行动

美国红十字会治理改革的某些最重要的方面需要通过国会对原有的特许状的修订来实现。在红十字会理事会通过改革方案后，国会参众两院的相关常设委员会随即启动了立法程序。① 2007 年 3 月 15 日，参议院通过了由格拉斯利参议员主导提交的《2007 年美国红十字会治理现代化法案》（S. 655 号法案），4 月 17 日该法案在众议院也获得通过（H. R. 1681 号法案），并于 4 月 23 日得到参议院再度确认。同年 5 月 11 日，小布什总统签署该法案，使其成为联邦法律（Public Law 110 - 26）。当月，国会依照新法颁布了 2007 年版的美国红十字会国会特许状。②

---

① 这里所说的相关国会常设委员会主要指参议院的财政委员会和众议院的外交事务委员会。除了这两个委员会之外，根据国会特许状的规定，国会中对美国红十字会拥有法定监管权限的常设委员会还包括：参议院的外交委员会，卫生、教育、劳工和养老金委员会，国土安全与政府事务委员会和司法委员会；众议院的能源和商务委员会及国土安全委员会。

② *Congressional Charter of The American National Red Cross*，May 2007，36 U. S. C. § § 300101 - 300113，recodified 2007.

4. 改革进展

根据新版国会特许状和自身的具体情况，美国红十字会领导层从2007 年夏季起开始稳妥有序地落实改革措施。改革的实质性进展主要体现在三个方面：首先，治理机构发生变化。理事会自身规模逐步缩小，从原来的 50 人缩小到 2012—2013 年度的 17 人（2011—2012 年为 20 人），成员高度专业化，具备比较丰富的行政管理、经营和法律方面的知识与经验。虽然只是象征性的举措，但非常重要的一点是：奥巴马总统亲自出任了新理事会的名誉会长（Honorary Chairman）。2007 年 10 月，新设立的举报控告调查官办公室（Ombudsman Office）正式运行，这是完善内部监管机制的重要举措。其次，新修订并公布了一批与改进治理、加强自律密切相关的基本文件。如 2009 年 10 月修订了《美国红十字商业道德与行为准则》（American Red Cross Code of Business Ethics and Conduct），2010 年 10 月公布了理事会成员行为指南（Board Membership Guidelines），2011 年 4 月颁布了新修订的机构章程，等等。最后，信息披露工作的面貌焕然一新。在重新设计的官方网站上增加了"治理"（Governance）栏目，公众可以很方便地从这里获得有关红十字会内部治理的基本法律文件、规定、声明、年度报告、提交给联邦税务局的 990 年度报表、财务报告、审计报告，以及相关的说明性资料，这极大地提高了整个机构的透明度。

（三）治理改革的初步效果

2007 年 3 月 14 日，麦克埃尔文－亨特会长在关于美国红十字会治理改革的国会听证会上郑重宣布：这次改革的目标不仅仅是要优化红十字会自身的治理结构、程序和机制，提升整个组织的素质，而且还要力求采百家之长，让美国红十字会成为治理的"黄金标杆"（gold standard），为其他非营利组织树立一个榜样。①

这个雄心勃勃的目标是否达到了呢？从目前来看显然还有一定的差距。但是事实也告诉人们这次治理改革的确卓有成效。2008 年 6 月，当知名管理专家盖尔·麦戈文（Gail J. McGovern）就任美国红十字会总裁兼

---

① *The American Red Cross Governance Reform*, Hearing before the Committee On Foreign Affairs, House of Representatives, one hundred tenth congress, first session, March 14, 2007, Serial No. 110 - 27, U. S. Government Printing Office, Washington D. C. : 2007（34 - 038PDF）, p. 30.

首席执行官时，① 她面临着极其困难的局面：运营赤字（operating deficit）达到2.09亿美元；为削减赤字不得不大量裁减总部工作人员；冻结在职员工退休金账户的配套基金；低落的情绪弥漫从上到下的各级组织中。更糟糕的是，由于近些年里连续出现的各种问题和丑闻，美国公众对红十字会的信心受到很大打击，这家公共慈善机构的声誉跌落到了危险的低点。②

随着治理改革的推进，自2010财务年度开始，局面发生了明显好转。③ 最重要的变化体现在如下三个方面：

1. 财务状况虽然仍不理想但有明显改善

经过管理团队的不懈努力，运营赤字在2010年度得以消除并出现4700万美元的结余。考虑到自2008年金融风暴发生以来美国经济持续低迷的严峻现实，应该说这一成绩的取得非常不易。虽然当时美国红十字会还背负着5.92亿美元的债务，但其净资产与债务的比率已经下降到30%，这为根本解决历史遗留的债务问题创造了极为有利的条件。④ 在2011年6月30日结束的2011财务年度中，该会连续第二年实现了预算平衡。⑤ 尽管在2012财务年度这种局面没有保持下去，但总体而言，作为一个净资产超过16亿美元、各项支出超过33亿美元的庞大机构，美国红十字会目前的财务状况比较稳定，财务风险可控。⑥

---

① 盖尔·麦戈文（Gail J. McGovern）曾在哈佛大学商学院任市场学教授八年，并在美国电报电话公司和知名投资公司 Fidelity Personal Investments 担任高级管理职务。2011年3月10日奥巴马总统宣布任命麦戈文等10人为总统管理顾问委员会（President's Management Advisory Board）的成员。该委员会的主要工作是帮助总统提高联邦政府的管理水平和工作效率。

② William Josephson, "American Red Cross Governance", *The Exempt Organization Tax Review*, January 2007, Vol. 55, No. 1, pp. 71 – 79, ⓒ 2006 William Josephson.

③ 美国红十字会的财务年度是从上一年的7月1日到下一年的6月30日。2010年财务度指2009年7月1日至2010年6月30日的财务年度。

④ The American Red Cross: Stronger and Financially Stable, An Update from Gail McGovern, President and CEO, 2010; American Red Cross FY10 Financial Results, A message from the Chief Financial Officer, available at: http: //www. redcross. org/, 2011年10月9日。

⑤ The American Red Cross: On the Path to Stability and Growth, An Update from Gail McGovern, President and CEO, 2012, available at: http: //www. redcross. org/, 2012年11月20日。

⑥ "2012 Fiscal Year Audited Financial Statements", available at: http: //www. redcross. org/about – us/publications, 2013年5月15日。

2. 公众对红十字会的信任度和捐赠开始恢复

美国红十字会的收入来源历来由三大部分构成：产品与服务（含血液及相关制品服务）、公共捐赠（包括机构和公众个人的现金或实物捐赠）、投资与其他收益。最近七八年间，产品与服务的收费在总收入中所占比重日趋提高，而公共捐赠所得在总收入中的比例则不断下降。在2006年、2008年、2010年、2011年和2012年这五个财务年度中，公共捐赠在总收入中的比例依次为54％、24％、29％、26％和21％。但是，在公共捐赠中，具有重要指标性意义的"一般性捐赠"占公共捐赠的比例分别是88％、76％、85％、84％和79％。这显示了公众信心在跌落后的回升趋稳态势。[1] 另一个可以视作公众信任度参考指标的事实是：2010年1月海地大地震发生后，美国红十字会在短短三个星期内就获得各界捐款2.03亿美元，这个数目在美国所有公共慈善机构中拔得头筹。[2]

3. 第三方机构对美国红十字会做出了积极评价。首先，非营利部门中的"看门狗组织"对美国红十字会的好评度大幅度提升。"慈善导航"组织（Charity Navigator）2008年给予红十字会的评价只有两颗星，2010年的评价是三颗星。[3] 而到了2011年，红十字会获得了总评四颗星的最高级别评价，其中在问责制和透明度方面的得分也是四星，这种情况在2012年春得以保持。"慈善导航"组织在2013—2014年对美国红十字

---

① 所谓一般性捐赠是指公共捐赠中除实物与服务捐赠（Donated Materials and Services）、联合劝募会与全国协调的捐赠活动收入（United Way and Combined Federated Campaign）以外的全部其他捐赠。研究者认为，这部分包含遗产捐献在内的公众捐赠（Contributions for Domestic & International Relief, General Operations and Endowment）最能够反映公众的捐赠意愿。2006年、2008年、2010年、2011年和2012年这五个财务年度的数据来源：American Red Cross, 2006 *Annual Report – Our 125th Year of Helping*, 2008 *Annual Report*, 2010 *Annual Report*, 2011 *Annual Report* and 2012 *Annual Report*。

② Allan Chernoff, CNN senior correspondent, "Is the American Red Cross Worthy of Our Donations?" February 2, 2010, 8：28 AM ET, available at：http：//money. cnn. com/2010/02/01/news/economy/red – cross – donations/, 2011年10月8日。

③ Allan Chernoff, CNN senior correspondent, "Is the American Red Cross Worthy of Our Donations?" February 2, 2010, 8：28 AM ET, available at：http：//money. cnn. com/2010/02/01/news/economy/red – cross – donations/, 2011年10月8日。

会的评价为三颗星，这主要是由于红十字会的财务状况依然脆弱，[①] 但该机构在问责制和透明度方面的得分基本上稳定在最高等级。[②] 其次，2010年3月4日，美国权威的市场和公众舆论调研机构哈里斯公司（Harris Interactive）发布的调查结果表明，美国红十字会已经跻身于顶级的公益慈善类免税组织之列。虽然在公众最为信赖的十佳名单中不见美国红十字会的身影，但它在人们最有可能提供捐赠的十佳非营利组织中位居第十，在获得评价最高的十佳非营利机构品牌榜上名列第三。[③] 2012年6月28日，哈里斯公司发布了对七大类美国非营利机构的年度品牌（Nonprofit Brand of the Year）民意调研结果，在社会服务类（Social Service）组织中，美国红十字会名列第一。[④]

上述事实说明，美国红十字会的治理改革正在逐步发挥效力，从总体上可以说这场改革已经基本达到了预期目的，为今后该机构的可持续发展打下了坚实基础。

---

① 根据美国红十字会2012财年的财务报告，由于多重原因，该组织在2012年6月30日结束的2012财务年度中再次出现了运营赤字（共计1420万美元），资产负债比升幅较大（从前一财年的26%升至34.7%），净资产下降较多。更多详细情况可见：*The American Red Cross Consolidated Financial Statements*June 30, 2012, available at：http：//www. redcross. org/about － us/publications，2013年1月13日。

② 笔者登录"慈善导航"组织官方网站（http：//www. charitynavigator. org/）查询对美国红十字会的评价结果的日期分别为：2011年的四颗星评价：2011年10月9日；2012年的评价：3月份四颗星（2012年3月16日），10月份三颗星（2012年10月27日）；2013年的三颗星评价：2013年1月10日、2013年5月10日；2014年6月份的三颗星评价（2015年8月1日）。值得注意的是，2014年"慈善导航"组织对美国红十字会的评价中，红十字会在问责制与透明度方面（Accountability & Transparency）的各项指标比2013年有所下降，但最"拖后腿"的是财务状况方面（Financial）的若干指标。

③ Harris Interactive, Press Release, "Harris Poll Finds：St. Jude's Research Hospital and Susan G Komen for the Cure are among Most Trusted Non － profit", New York, N. Y. March 4, 2010, ©2010 Harris Interactive.

④ Harris Interactive, Press Release, "2012 Harris Poll Non － Profit EquiTrend Study：Girl Scouts of the USA Celebrate at the Top for Its 100th Anniversary", June 28, 2012, availabe at：http：//www. harrisinteractive. com/NewsRoom/PressReleases/tabid/446/mid/1506/articleId/1042/ctl/ReadCustom%20Default/Default. aspx，2013年5月15日。

本 章 总 结

1. 美国公民社会组织群体，特别是以第 501（c）（3）条款组织为代表的公益慈善类机构自觉地重视、研究治理问题，并在实践中不断加强自律，积累和交流制度创新的经验，这是过去 25 年间美国公民社会发展趋势中的一个鲜明特点。在 2001 年开始的 21 世纪中，由于非营利部门自身和外部环境的一系列变化，治理成为美国各界与公民社会组织及其事业有关的所有人瞩目的一个焦点，而这种关注所要努力争取的最佳结果便是非营利组织实现善治（good governance）。

2. 美国公民社会组织改进治理的根本动机和目的在于保持和提高自身的社会美誉度，维护公众对自己的信任（trust）。失去公众信任的组织，无论它宣称的使命有多么辉煌，也难以获得不竭的社会资源，实现可持续发展。事实一再证明，公众对任何非营利组织（无论它多么"大牌"或者"老牌"）的信任一旦受损，恢复这种信任将需要大量的时间、耐心、智慧乃至大刀阔斧的改革，不然的话，遭受重大的公信力损失就很可能意味着非营利组织生命的终结。从这个意义上讲，公信力因素是推动公民社会治理的"永动机"，也是检验治理成效的唯一标准。

3. 美国公民社会的实践经验表明，有关非营利机构治理的三大关键因素是理事会（Board）、透明度（Transparency）和问责制（Accountability），其中理事会是全部问题的关键所在。一个组织良好、分工明确、具备专业素质、有充分独立性的理事会是任何一个非营利组织健康运行和成长的先决条件。只要理事会有授权、有决心、有能力，整个机构就不难提高透明度和实现真正的问责制。

4. 善治的争取与实现是一个公民社会内外因互动的过程，即所谓内因是根据，外因是条件，外因通过内因而起作用。这里所说的"内因"是指内在的治理动机、自律意愿、组织体系、广泛共识和治理措施；而"外因"则是指公众参与、媒体监督、法律环境与政府监管。美国公众对社会公共事务（尤其是公益慈善事业）的关心和参与、相对自由的媒体对非营利组织的报道与批评、比较完善的法治环境及政府监管机构为完善非营利部门的内部治理所做出的种种努力，都对推进善治起到了重要作用。

5. 尽管成就有目共睹，但美国非营利部门的治理是一个远未完结的进程。2008年金融风暴发生后，美国社会经历了巨大的震荡。第二次世界大战结束后持续时间最长的经济低迷、贫富分化的加剧、党派的政治恶斗、联邦政府的行政改革、酝酿中的联邦税收法律的修订、巨额联邦财政赤字和不断突破上限的国债等，这一切都使美国的公民社会面临着空前的挑战和多方面的不确定性，而这种局面对非营利部门治理进程的影响尚待观察。

第四章

非营利组织、利益集团与美国公共政策

活跃在美国社会中并对国内政治产生重要影响的非营利组织数量庞大、种类繁多。由于学术界对"非政府组织"、"非营利组织"和"利益集团"等相似概念经常混淆，难以界定其内涵和边际，我们姑且将非营利组织或非政府组织作为一个外延最广的概念来看待，用以指代所有活跃于美国社会中的政府机构和工商企业之外的组织。这样的话，我们就可以将美国公民社会中的组织大致划分为利益集团、公民权利团体和公共利益集团、基金会和公益慈善团体，以及思想库四个大类。其中，公共利益集团是一类极为特殊的集团，它与公民权利团体类似，但又并不完全一致。本章通过若干典型案例，就这四大类型非营利组织对于美国政治，或者更精确地说是公共政策的决策过程的影响做出初步的分析，试图勾勒出它们在美国公民社会的运行和管理过程中所发挥的作用。

一　利益集团对公共政策的影响

利益集团同样可以作为一个外延很广的概念，与"非营利组织"和"非政府组织"一样，可以包括许多种不同类型的组织。在此，为了研究的方便，我们姑且将其概念的外延缩小，将其定义为只是那些为了其组织成员的利益、为了特定集团的利益而在美国社会和政治中活动的集团，并选取了经济利益集团、工会集团、专业集团、单一问题集团四类利益集团来进行研究。

如同其他政治概念一样，人们对于利益集团的定义也是多种多样的。"利益集团指的是任何这样一个集团，它建立在一个或多人共享有的态度基础上，向社会中其他集团提出主张，以建立、维持或者增强某种形式的、隐藏在这种共有态度中的行为。"① 这是利益集团研究的著名学者戴维·杜鲁门（David B. Truman）给出的经典定义。另一位研究利益集团理论的学者罗伯特·索尔兹伯里（Robert Salisbury）则给出了一个相当宽泛的定义：一个组织起来进行与政府决策相关活动的联合体。我们也可以很简单地把它定义为一个参与某些活动，旨在影响政府政策制定的组织。

现代利益集团理论发展的先驱是本特利和杜鲁门，他们的利益集团理论被称为多元主义集团理论。杜鲁门认为，美国政治和政府是一个由一系列相互作用和相互讨价还价的集团组成的复合体，集团的首要目标便是影响公共政策，政策结果是利益集团对于政策制定过程中的各个关键点施加压力的结果。20 世纪 50 年代以来，对于利益集团的研究又出现了精英主义、理性选择和交换理论等一些对多元主义理论提出批评的代表性理论。奥尔森（Mancur Olson）和索尔兹伯里借助 20 世纪 60 年代发展起来的科学行为主义方法，分别提出了关于利益集团形成、发展的理性选择理论和交换理论。20 世纪 70 年代以来公共利益集团的出现，使得关于利益集团的理论出现"新多元主义"，或称"后多元主义"。它强调在某个政策领域存在着相互对抗的几个利益集团；环保主义者和一些公共利益集团则是对经济利益集团的一种有组织的游说抵消力量。利益集团游说效果的相互抵消是导致政府官员和议员们享有相对自主性的必要条件。

根据美国政治学家们对美国利益集团的分类方法，在美国政治中目前组织起来的活动较多的集团可根据其目标定位分为经济利益集团和非经济利益集团，其中主要的经济利益集团有农业利益集团、商业利益集团、工会利益集团、专业人士集团；非经济利益集团有民权利益集团、少数民族利益集团、公共利益集团、单一问题利益集团等。

当代美国利益集团体现出以下几个特点。一是活动的数量和水平大幅度上升；二是活动范围大为扩大。高度组织起来的集团在首都华盛顿和各州府通过其院外活动分子，并利用新闻机构、专业人员和积极的集团成员极力找寻影响立法者和政府官员的途径，各种政治和经济利益日益渗入政

---

① David B. Truman, *The Governmental Process: Political Interests and Public Opinion*, Second Edition, New York: Knopf, 1971, p. 33, See also Ronald J. Hrebenar, *Interest Group Politics in America*, Third Edition, Armonk, New York: M. E. Sharpe 1997, p. 8. 此定义的中文翻译引自［美］戴维·杜鲁门：《政治过程：政治利益与舆论》，张炳九译，林俊宏校阅，台北桂冠图书股份有限公司 1998 年版。

府行政机构和国会中，甚至影响到总统。三是公共利益集团的兴起和壮大。如"共同事业"组织和纳德的消费者组织，以及众多的环境保护主义组织，又如塞拉俱乐部（Sierra Club）、绿色和平组织（Greenpeace USA）、"地球之友"组织（Friends of the Earth）、大自然保护协会（Nature Conservancy）等。四是利益集团往首都华盛顿聚集的程度也大大超过以前。

利益集团影响决策的主要方式就是游说，游说从策略上来讲可分为两种：直接游说和间接游说。直接游说就是通过说客和游说目标（议员、行政官员、总统等）之间进行个人的、面对面的交流，就利益集团的立场、信息与游说目标进行交流，以其就所关注的问题影响决策者。直接游说是大部分的利益集团优先采用的策略，它主要靠说客，也就是利益集团的代理人来进行，很多时候利益集团领导人也亲自进行游说，他们本身也是著名说客。直接游说的主要方式包括直接拜访议员和官员，出席国会听证会，通过竞选资助、社交活动等方式创造接近议员和官员的机会等。间接游说的主要方式包括媒体游说、草根游说、利益集团结盟，还有示威、抵制及抗议活动。它是一种较为迂回的沟通过程，需要动员基层及第三方加入进来，花费较大。尽管这样，近年越来越多的间接游说策略得到运用，表明它也具有难以取代的价值。

概括来说，当代美国社会对于利益集团存在两种看法。美国政治的大部分经典教科书都把利益集团描述为是对美国民主的一种补充。利益集团代表和反映了美国社会令人眼花缭乱的多样性和多元主义。同时，它们也就重大问题给国会提供信息，为它们所赞同的立法进行作证，并积极向公众宣传自己的观点。另外一种说法是利益集团和游说过多地影响了政策，它们通过大量的私人捐款帮助议员再次当选，这是一种"买选票"的行为。应该说，这两种观点都有一定的正确性。第一种看法其实就是利益集团多元主义的观点，这种对于利益集团的看法基本上是正面的。第二种看法认为利益集团过多地影响了政策，一部分有势力的利益集团控制了美国政治。这种看法表明，美国人还是不信任利益集团。对于代表权、接近政府的公平性、政治权力的分配和对责任的关注是美国政治永恒的特征。各种政治背景的当选官员、新闻记者及学者都质疑组织起来的利益集团对于华盛顿政策制定过程的不适当影响。与这种看法相适应，在华盛顿代表利益集团的律师和说客被大多数美国人看作是狭隘的、自私的甚至是邪恶的也就不奇怪了，利益集团往往被当作是美国一系列广泛的政府弊病的政治替罪羊。然而，利益集团及其代表们是在宪法第一修正案的保护之下活动的，只要公民享受着"就所受的不公平待遇要求改正而向政府请愿的权利"，利益集团就仍然会对公共政策的制定继续发挥重要的影响。

（一）经济利益集团的影响：美国商会促进美国自由贸易议程

美国商会（U. S. Chamber of Commerce）成立于1912年，那时候，美国有组织的工人运动如火如荼，工会组织罢工运动，要求提高工资，改善待遇，其势力正在壮大。时任总统塔夫特担心工人运动的影响，于是寻求成立商业界的组织，来平衡日趋壮大的有组织的工会力量。他在1911年12月一次给国会的口信中，呼吁成立一个"与全美的商会和协会有联系的中心组织，并且使它能够通过与不同阶段的美国商业事务保持紧密联系来维持纯粹的美国利益"。于是，在1912年4月，来自不同商业和行业协会的700个代表团聚在一起，成立了代表商界利益的美国商会。[①]

因此，从传统上看，美国商会以推动和保卫自由企业制度和强调个人机会为己任，自然应该是一个亲商业、亲共和党的组织，与共和党保持着较为密切的关系，选举中一般都会支持共和党候选人。然而，在一百年的发展历史中，它与共和党的关系也很复杂，它实际上一直与两党都保持着友好关系，并不是一门心思倒向共和党。它是胡佛总统的亲近盟友，但它又在罗斯福总统的新政实施过程中给予了很大的帮助；它反对尼克松总统的医疗改革方案，但又游说尼克松总统打开与苏联的贸易关系；它对里根总统和小布什总统的减税政策给予了很大支持，动员起很大的力量，但又支持了克林顿总统的北美自由贸易区协议，并且支持克林顿总统取消对古巴的贸易制裁的努力，同时却又因为支持克林顿总统的医疗改革计划而失去了许多商会会员。到了20世纪90年代中期，由于它采取了支持民主党政府的一系列举动，商会与共和党的关系到了一个危险的境地，众议院共和党人曾经号召抵制商会，以报复它的一些反共和党人的行为。现任商会主席唐纳休（Thomas J. Donohue）1997年上台之后，迅速改善了商会与共和党的关系，支持共和党的计划，反对民主党的倡议，使商会回到共和

---

① 参见美国商会官方网站："The U. S. Chamber's History"，available at：http：//www. us-chamber. com/about/history，访问日期：2012年6月16日。

党盟友的老路上来。到了奥巴马总统时期，商会一方面反对奥巴马总统全力推行的医疗改革，反对金融监管法案，与被他们称为"反商业"的奥巴马总统一直关系紧张，但另一方面，商会却又支持奥巴马总统提出的7000多亿美元的经济刺激计划，站出来言辞激烈地反对保守的亚利桑那州严苛的移民法律，对共和党议员不支持对可替代能源进行补贴的法案的行为大加指责。

商会与共和、民主两党这一貌似复杂的关系其实并不复杂，其背后有一条主线，那就是支持商业发展、支持公司企业的发展，即"亲商业"的主线。"美国商会作为商界的喉舌，核心目标是在国会、白宫、各管制机构、法院、公共舆论和世界各国政府面前为自由企业制度而奋斗。"① 美国商会在自己的网站上标榜了它"亲商业"的这一点。许多温和的民主党议员、中右的克林顿总统的商业和贸易方面的政策都得到了商会的支持。当然，也有人对商会的这种立场大加贬低，称商会现在奉行的哲学就是机会主义路线。曾经担任唐纳休助手七年之久的沃克曼（Willard Workman）就这样认为："它既不是共和党，也不是民主党，更不是中间派，接受起联邦政府的资金来并不犹豫，就像接受其他资金一样。"② 当然，商会支持共和党的总的倾向并没有改变。在 2010 年中期选举中，对将近70 个商会所投放的广告进行的统计显示，其中 93% 的在全国范围内播放的广告都是要么支持共和党候选人，要么批评这些共和党候选人的对手的广告。③

如今，美国商会已经是世界上最大的商会组织，直接会员有 30 万个商业组织和企业，如果算上全美各州和地方的商会，以及行业协会所代表的商会和企业，它的会员达到 300 万个。

作为一个势力如此庞大的非政府、非营利性的利益集团，无论是在商业贸易政策、全球化、医疗改革方案、金融监管法案问题上，还是在气候

---

① 参见美国商会官方网站："About the U. S. Chamber of Commerce", available at: http://www.uschamber.com/about, 访问日期：2012 年 6 月 16 日。

② James Verini, "Show Him the Money", *Washington Monthly*, July/August 2010, vol. 42, pp. 11 - 17.

③ Eric Lipton, Mike McIntire and Don Van Natta Jr., "Large Donations Aid U. S. Chamber in Election", *The New York Times*, October 22, 2010, Friday, Section A; Column 0; National Desk; p. 1.

变化、移民问题、政治游说等方面，商会都会旗帜鲜明地亮出并推销自己的观点，给美国公民社会的运行打下了深深的烙印，深刻影响着美国政治的发展。

在商业和贸易政策方面，它是推动自由贸易的主力军，往往是反对美国因为经济下滑而出现的贸易保护主义的主要力量。在 20 世纪 90 年代，以自由市场、自由企业制度为特征的一整套政策构成了"华盛顿共识"的核心，支持全球化和自由贸易是这一共识的一个主要内容。然而，在全球化和自由贸易理念大行其道的同时，对全球化和自由贸易的反对声音也此起彼伏。世界各地常常爆发大规模的反对全球化和自由贸易的示威，例如 1999 年在西雅图反对世贸组织部长级会议的抗议示威行为，这表明反对全球化和自由贸易的力量也在发出自己的声音。贸易政策也成为美国政治上非常敏感的议题，受到自由贸易不利影响的制造业和劳工阶级对自己因为自由贸易受到的伤害非常愤怒，他们展开行动，强烈要求政治领导人从政策方面照顾他们的利益和要求，这与美国自第二次世界大战结束以来外交政策中一贯支持自由贸易的目标发生了冲突。如果美国要延续这一自由贸易的政策倾向，它就必须照顾到制造行业及劳工集团的利益，从中取得平衡。但随着美国在进入 21 世纪之后经济发展下滑，国内传统制造业如钢铁、汽车、纺织等行业及相关工会反对自由贸易、要求保护国内行业和工人就业机会的要求日益强烈，针对他国的关税和非关税壁垒贸易保护主义措施在美国政府的政策中不断得到支持和采纳，尤其是通过国会对美国的主要贸易伙伴国施加了强大的压力，要求改变该国的相关政策，减少对美国这些行业的冲击，例如近些年迫使中国人民币升值的持续压力和要求。

然而，面对来自国内制造业和工会的强大压力，美国政府始终没有采取全面的贸易保护主义措施，其中一个重要原因就是以美国商会为代表的国内支持自由贸易政策的力量也一直在发挥他们的影响。致力于发展自由贸易的美国商会成为 20 世纪 90 年代开始的经济全球化进程的推动力量，它认为美国不能回到贸易保护主义的老路上去。美国大部分其他行业大都支持自由贸易的目标，特别是各种行业的出口商及零售业等。1994 年签署的北美自由贸易区协定是 20 世纪 90 年代地区全球化和自由贸易政策的一大成就，从北美自由贸易协定的签署过程就可以看得很明白，美国商会为代表的支持派面临制造业和劳工集团的反对，经历了复杂的斗争，才最终推动这个协定得到克林顿政府的签署。

北美自由贸易区协定对美国政治产生了深远影响。一方面，在自由贸易的支持者们看来，它在经济上取得了巨大的成功，为美国带来了许多有利影响；另一方面，直到今天对它的质疑和负面评价一直持续不断。随着美国经济在 2008 年遭遇金融危机的打击后一直困难重重，失业率居高不下，对于自由贸易的质疑达到了一个新高度，执行多年的北美自由贸易协定再次成为 2008 年大选的一大热门议题，部分国会议员在选民的压力下，多次提出要求美国退出北美自由贸易协定的议案。在 2008 年金融危机的打击下，美国经济下滑、失业率大大提高，达到 26 年来最高，此时又恰逢美国大选，于是北美自由贸易协定再次成为美国政坛热炒的话题，各位总统候选人对它进行辩论，将美国制造业工作机会的流失指向它。

为此，美国商会大力为北美自由贸易协定辩护。商会认为，该议定签署以来的 15 年，美国的贸易总额大大提高了，到 2009 年时美国与加拿大和墨西哥的贸易量增加了三倍，三国间的贸易额从 1993 年的 2930 亿美元增加到 2008 年的接近 1 万亿美元，美国每年出口到加拿大和墨西哥的服务贸易额超过 600 亿美元；虽然商会承认该协定对美国创造就业机会影响不大，但认为协定不像有些批评者认为的那样导致工作机会流失，相反，截至 2007 年，协定执行的 13 年间，美国的工作机会增加了 28 万个，在此期间，失业率一直保持较低水平，在 5% 左右长期徘徊，而且协定导致美国经济和就业出现结构调整，出口导向的高收入就业机会增加；商会还认为该协定大大增加了美国中小企业向加拿大和墨西哥出口的机会，而这些中小企业遍及美国各州，是美国创造就业机会的最大来源；对于协定对制造业工作机会的影响，商会认为，2001—2004 年美国制造业流失了 300 万个就业岗位，但并不是因为这个协定使这些制造业工作机会流失到加拿大和墨西哥，或者流失到中国和印度，主要是因为制造业生产率的提高，在工作机会减少的同时，美国制造业的产量、收入、利润、利润率和投资回报率在金融危机到来之前都创造了新的纪录。简单讲，北美自由贸易区市场为美国每一位工厂工人带来 2.5 万美元的出口收入，北美自由贸易协定还大大促进了美国的农业出口。[①] 因此，商会认为，北美自由贸易协定

---

① John Murphy, "NAFTA at 15: Accessing Its Benefits", *Chamber Post*, U. S. Chamber of Commerce, available at: http://www.chamberpost.com/2009/02/nafta-at-15-assessing-its-benefits. 访问日期：2012 年 7 月 3 日。

比以前更为重要，它给美国工人、农场主、消费者及商界带来了实实在在的利益，创造了许多新的机会，特别是服务业的就业机会，它在以后的年份里应该发挥更大的作用，而不是取消它。

然而反对它的人认为，近15年来取得的贸易成就与该协定没有直接关系。他们一直坚持认为它就是一个全球化的象征，大大减少了美国国内的就业机会，使岗位流失到墨西哥。因为很明显，墨西哥的低劳动力成本必然使得这些机会流失到该国。2008年时民主党两名最有希望的总统候选人希拉里和奥巴马都将批评矛头指向北美自由贸易协定，称它要为美国制造业工作机会流失负责，称他们当选后将会重新谈判，签订更高标准的劳工和环境保护协定，以保证工作机会留在美国。①

在金融危机的冲击下，美国失业率从2009年开始一直居高不下，达到10%左右，在2010中期选举到来之际，北美自由贸易协定再次成为被攻击的目标，2010年3月，密西西比州民主党众议员泰勒（Gene Taylor）牵头，28名议员提出一个要求奥巴马总统退出北美自由贸易区协定的法案。法案将美国的高失业率归咎于该协定使得美国几百万个制造业岗位流失到墨西哥，并且提出许多公司迁到墨西哥的行为还危害了美国的国家安全。泰勒认为，在美国失业率高达10%到12%的时候，国会有责任使美国人民重新找回工作机会。②

当时的一个背景是，奥巴马总统就被国会长期搁置的美国与韩国、巴拿马及哥伦比亚的自由贸易协定发表讲话称要解决这些问题。而且，当时奥巴马政府将很快开始与澳大利亚、新西兰、新加坡、智利、秘鲁、文莱等国签署"跨太平洋战略伙伴关系协定"（TPP）。奥巴马并没有像在竞选时所宣称的那样重新谈判北美自由贸易协定，相反他在推动自由贸易。但是奥巴马所在的民主党的许多议员都在推动反对批准与各国的新的自由贸易协定，还有部分议员推动在2010年晚些时候提出美国退出世界贸易

---

① Andrea Ford, "A Brief History of NAFTA", *Time*, Tuesday, Dec. 30, 2008. Available at: http://www. time. com/time/nation/article/0, 8599, 1868997, 00. html, 访问日期：2012年7月3日。

② Doug Palmer, "U. S. Lawmakers Launch Push to Repeal NAFTA", *Reuters*, March 4, 2010. Available at: http://www. reuters. com/article/2010/03/04/us – usa – congress – nafta – idUS-TRE6233MS20100304, 访问日期：2012年7月3日。

组织的议案。①

2010 年以来，为创造就业机会，扭转失业率居高不下的困难状况，奥巴马总统提出了五年内将美国出口翻番的宏伟目标，美国商会对此大力支持，并提出了达到此目标的方案。方案第一条就是推动国会签署与韩国、巴拿马和哥伦比亚的自由贸易协定，美国商会对此可谓不遗余力，认为签署这三个自由贸易协定将为美国带来 38 万个就业机会。② 为此，商会从 2010 年夏天开始展开各种活动，到国会山拜访议员不下几百次，并在许多议员的家乡与选民开会，告诉他们通过协议会带给他们什么益处，以此推动议员投票支持自由贸易协定。从 2011 年开始，商会开展的草根游说活动遍及 10 个州，包括新墨西哥、科罗拉多、佛罗里达、宾夕法尼亚、北卡罗来纳和南卡罗来纳等州。商会认为，自由贸易是其最优先的目标，要投入大量资源，在目标未达到之前不会停止努力。商会 2011 年为此进行游说的广告投入达到了 2010 年的三倍以上，传送出批准自由贸易法案将会促进经济增长的信息。商会还与韩国大使一道，在全美各地宣传美韩自由贸易协定带来的好处。

劳工组织如劳联—产联和其他反对者则把这些自由贸易协定与北美自由贸易协定画等号，认为它们只会消灭就业机会。劳联—产联为游说反对签署这些协定，考虑从韩国和哥伦比亚找来当地工会代表来增加游说的力度，并针锋相对地投放广告和开展草根游说活动。劳联—产联的首席国际经济学家李西娅（Thea Lee）说道："贸易问题确实是使我们的会员们恼火的议题之一。"③ 她认为在美国经济复苏还脆弱的情况下推动自由贸易协定将只会损害就业机会的增长。其他一些自由贸易的反对者则认为，奥巴马总统突然推销起布什总统留下来的这种类似北美自由贸易协定的自由贸易协定必然会遭到老百姓的反对。他们甚至认为不需要投入广告宣传，因为老百姓都知道这只会夺走他们的就业机会，他们自己就会打电话给他

① 美国法律规定允许国会议员每五年可以就是否退出世界贸易组织进行投票，2005 年时投票结果是众议院 435 名议员中有 86 名同意退出该组织。See Doug Palmer, "U. S. Lawmakers Launch Push to Repeal NAFTA"。

② U. S. Chamber of Commerce, "Jobs Agenda: Trade", available at: http: //www. uschamber. com/trade, 访问日期：2012 年 7 月 3 日。

③ Chris Frates, "Free – trade Pacts Caught in Crossfire", POLITICO. com, available at: http: //www. politico. com/news/stories/0511/54215_ Page2. html, 访问日期：2012 年 7 月 3 日。

们的国会议员施加压力。他们认为，美韩自由贸易协定只会像北美自由贸易协定一样，导致大量的美国贸易赤字。

商会的活动卓有成效。它成功地游说了 67 名共和党众议员于 2011 年 3 月联合签署了一封给奥巴马总统的信件，称"扩展贸易将会促进经济增长，为美国创造就业机会"，将会为美国农场主、制造商以及服务提供商创造新的就业机会。[1]

在美国商会的领导下，支持自由贸易的组织联合起来共同努力，使美国国会参众两院于 2011 年 10 月 12 日一致通过了延宕五年之久的美国与韩国、巴拿马以及哥伦比亚的自由贸易区协定。在美国政治极化的年代里，国会的这个举动比较罕见，这从一个侧面反映出，在艰难的美国经济和就业复苏背景下，支持自由贸易的美国商会等组织主张的通过贸易增加就业机会、促进经济增长的声音，还是赢得了两党的支持。商会作为奥巴马总统在贸易政策领域的关键盟友，在这一过程中起到了至关重要的作用，它通过与两院共和党领袖，如众议院议长博纳（John Boehner）、参议院共和党领袖麦康奈尔（Mitch McConnell）、众议院筹款委员会主席戴维·坎普（Dave Camp）等人的合作，保证了尽可能多的共和党议员投票支持这些协定，也使协定得到了部分民主党议员的支持。例如，一贯支持自由贸易的参议院财政委员会主席、重量级民主党议员鲍卡斯（Max Baucus），通过与贸易谈判代表科克、奥巴马总统的密切合作，以及邀请韩国总统李明博出席讲话等活动，保证了协议的通过。

劳工集团和传统制造业（如纺织业）传统上反对这些自由贸易协定。它们认为，作为民主党人的重要盟友，即便通过这些协定，它们的利益也必须得到保证，奥巴马总统已经违背了竞选时的承诺。因此，奥巴马总统在推动自由贸易协定的同时，必须照顾它们的利益，争取本党议员的支持。为此，白宫与共和党人合作，取得了参议院民主党人的妥协，在 2011 年夏天更新了贸易调整援助项目（Trade Adjustment Assistance Program），保障给予那些因为自由贸易协定而失去工作的工人以暂时的资金支持，以及对他们进行再就业培训。因此，美国汽车制造业及服务业得到了一定程度的保护，奥巴马争取到了联合汽车工人工会和联合食品与商业

---

[1] Chris Frates, "Free – trade Pacts Caught in Crossfire", POLITICO.com，访问日期：2012 年 7 月 3 日。

工会两个重要的劳工集团的支持，以及部分中西部州民主党议员的支持。[①] 但劳联—产联等劳工集团及许多民主党议员仍然反对这些协议。

据皮尤中心 2010 年 11 月的调查数据，总体上认为自由贸易协定例如北美自由贸易协定及世界贸易组织协定对美国有益的美国人比例降到了过去 13 年来的最低点，只有 35%，比 2009 年下降了不少，与 2008 年持平。2010 年 11 月，认为自由贸易协定对美国有害的美国人比例则达到了44%。同时，美国公众对自由贸易协定对美国就业、经济增长、工资增长的作用仍旧持负面态度，只有 8% 的人认为自由贸易协定会增加就业机会，而高达 55% 的人认为自由贸易协定会减少就业机会，还有 24% 的人认为没有影响；只有 19% 的人认为自贸协定会促进美国经济增长，相反有 43% 的人认为会减缓经济增长，24% 的人认为没有影响。[②]

美国与韩国、巴拿马和哥伦比亚的自由贸易协定在国会通过后，普林斯顿大学国际调查研究协会进行了一项调查。调查结果显示，支持这些协定、认为它们将会导致美国更多出口到国外、帮助美国经济的美国人比例为 38%，而反对这几个协定，认为它们将导致美国工作机会流失的美国人比例为 41%，还有 21% 的人表示不确定。[③]

从国会议员在选举年的表现来看，他们的表现从一个侧面体现了美国民众对自由贸易的态度。2010 年，国会民主党众议员在选举中主张公平贸易而最后胜出的人数三倍于主张自由贸易的民主党众议员。有 75 名共和党议员在选举中采取了支持公平贸易的态度，其中一半以上即 43 位议员成功当选；只有 37 位议员在选举中采取支持自由贸易协定如北美自由

① Binyamin Appelbaum and Jennifer Steinhauer, "Trade Deals Pass Congress, Ending 5 – Year Standoff in Rare Accord", *The New York Times*, October 13, 2011, Section A; Column 0; Business/Financial Desk; p. 1. See also Zachary A. Goldfarb and Lori Montgomery, "Obama Gets Win as Congress Passes Free – trade Agreements", *The Washington Post*, October 13, 2011, available at: http://www. washingtonpost. com/business/economy/obama – gets – win – as – congress – passes – free – trade – agreements/2011/10/12/gIQAGHeFgL_ story. html.

② Pew Research Center, "Americans Are of Two Minds on Trade: More Trade, Mostly Good; Free Trade Pacts, Not So", November 9, 2010, available at: http://www. pewresearch. org/2010/11/09/americans – are – of – two – minds – on – trade/, 最后访问日期：2015 年 8 月 14 日。

③ "United Technologies/National Journal Congressional Connection Poll" conducted by Princeton Survey Research Associates International. Oct. 13 – 16, 2011, available at: http://www. pollingreport. com/trade. htm, 最后访问日期：2015 年 8 月 14 日。

贸易协定的态度，他们中间最后只有一半人成功当选。[①]

在经济困难、失业率居高不下的时期，更多的美国人对自由贸易协定持负面态度，然而，即使在这样的时期，奥巴马政府和美国商会等"亲商业"和一贯支持自由贸易的力量还是设法通过了自北美自由贸易协定生效以来美国最受关注的自由贸易协定。这表明，在支持自由贸易和全球化的力量在美国社会里一直没有取得过过半的优势、一半以上的美国人仍然不那么欢迎自由贸易政策的情况下，这股力量仍然不可小视，他们对美国政治的影响力是非常大的。在推动出口、增加就业机会的宏大计划成为奥巴马政府促进美国经济增长的目标的有利情况下，美国商会等支持自由贸易的力量即使在逆境中也能发挥有力的影响。

类似的例子还有，在20世纪90年代，无论政治关系怎么样，美国始终保持了与中国的正常贸易关系，并最终在1999年签署与中国的永久正常贸易关系法案，以美国商会为代表的支持自由贸易的力量在其中起到了巨大作用。美国国内2003年以来形成了"中国政府操纵人民币汇率、进行不公平贸易行为"这样的论调占上风的舆论环境。在这种氛围下，以美国商会、美中贸易全国委员会为代表的支持自由贸易、反对以保护主义措施对付中国的力量，也一直是保持中美经济关系稳定的主体力量。

确实，自20世纪90年代以来，美国贸易政策已经成为高度政治化的议题，特别是在选举相关年份，如大选和中期选举期间，这个议题是重要的美国政治议题。主张自由贸易还是贸易保护、孤立主义或者专注国内还是专注全球化，这是美国国内政治倾向的重要方面。正是由于美国商会这样的组织的努力，使主张自由贸易、全球化、对外贸易的州保持着对美国政治强大的影响力。它代表着大公司的利益，代表着经济上依赖对外贸易的州的力量，代表着出口和进口企业的力量。美国商会通过其广泛的会员代表（其中96%以上会员是只有100名雇员或者少于100名雇员的小企业），将自己也打造成广大小企业的代表。而小企业正是美国经济的主要支撑和依靠，它们广泛接触美国社会，有着强大的联络能力。

在美国政治的其他方面，美国商会支持自由市场、自由企业制度的一

---

① 参见"公共事务公民"组织官方网站资料："Trade in Election：2010 Election"，Public Citizen.com，available at：http：//www.citizen.org/Page.aspx？pid＝502，最后访问日期：2015年8月14日。"公共事务公民"是致力于美国消费者权益保护的著名非营利性公共利益团体，其情况详见本章相关内容。

贯立场也解释了它的许多政策主张。美国商会反对奥巴马政府的全面医疗改革法案，其主要着眼点是反对医改法案中关于政府进入保险市场，强制购买保险的条款，为此它接受了来自保险公司 8600 万美元的捐款，来游说国会放弃这一条款。① 美国商会也反对医疗改革方案中会导致税收增加的条款，认为医疗改革法案将大大增加成本，而商会一直认为应该降低医疗成本，减少联邦财政赤字。美国商会反对金融监管法案出于同样的支持自由市场和企业的制度的观点。此外，美国商会主张增加新能源的使用、提高能源使用效率、主张保护环境、多元化能源供应、反对苛刻的移民条例，等等。这些在各个政策层面的努力和取得的成就表明，以美国商会为代表的商业组织显示了它们的力量，它们坚持着支持自由市场、自由贸易和自由企业制度的精神，潜移默化地影响着美国人的政治倾向，深刻影响着美国政府相关政策的制定，在公民社会中发挥了重大作用。

（二）工会组织的影响：联合汽车工人工会（United Auto Workers，UAW）的案例

劳工组织是美国社会中一股强大的传统社会力量。随着 20 世纪 70 年代以后国际贸易的增长，以及后来经济全球化时代的到来，它们的力量已经大不如前，但仍然是美国国内政治中相当重要的力量。它有广泛的会员代表性，代表着美国劳工阶级、工人家庭，是美国工人阶级的代表。其中声名最为显赫的代表是历史悠久、最具广泛性的劳联—产联。劳工集团的总体政治倾向是支持能够代表劳工利益的民主党，是民主党长期的盟友。然而，劳工阶层也在近些年出现了许多分化，根据不同的产业分为不同的工会组织，在具体的涉及劳工利益的政策上会采取不同的政治态度，但他们总体上支持民主党的态势并没有发生改变。研究者选取近年声势较大、活动频繁的联合汽车工人工会进行个案研究，进而对劳工组织在美国公民社会中起到的作用做一探究。

美国的劳工运动伴随着 19 世纪中后期美国工业跃居世界前列而发展起来，发展早期举步维艰，但它不断成长，为美国劳工阶层争取了很多权

---

① Drew Armstrong, "Insurers Gave U. S. Chamber ＄86 Million Used to Oppose Obama's Health Law", Bloomberg. com, November 18, 2010, available at：http：//www. bloomberg. com/news/2010 – 11 – 17/insurers – gave – u – s – chamber – 86 – million – used – to – oppose – obama – s – health – law. html，访问日期：2012 年 8 月 16 日。

益。美国联合汽车、航空航天和农业设备工人工会，简称"美国联合汽车工人工会"，是在 20 世纪美国汽车工业大发展以后兴起的，于 1935 年正式成立，成立前后为提高工人工资、为失业工人争取就业机会与资方进行了长期斗争，大萧条期间曾发动反饥饿大游行。它在 1936—1937 年组织的静坐示威取得成功，最终迫使通用公司、克莱斯勒及福特公司承认了联合汽车工人工会，工会取得了集体谈判权，逐渐发展成为一个强大的工人谈判代理集团，将谈判权牢牢控制在手中。通过组织罢工等手段，它同资方谈判的内容也从提高工资、减少工时、带薪假期，发展到要求参与到管理层之中并发挥更大的作用。20 世纪 50 年代，联合汽车工人工会先后攻克了三大汽车公司，使得三大汽车公司同意为雇员提供养老金、医疗保险及失业救济，并逐渐将工会势力扩展到航空航天业及农业设备制造业。

联合汽车工人工会是民主党内自由派的强力支持者，从 20 世纪 30 年代到 60 年代是新政联盟采取的一些左派改革项目的支持者，从 20 世纪 50 年代以来一直是各个民权法案——1964 年的《民权法》、1965 年的《选举权法》、1988 年的《民权恢复法》（*Civil Rights Restoration Act*）及其他禁止歧视妇女、老人和残疾人的法案——的坚定支持者。它也一直积极支持美国社会通过福利法案。20 世纪 60 年代，它积极支持约翰逊总统的"伟大社会"，支持历史性的医疗保险和医疗救助法案的创立，以及后续的一系列社会福利法案，如《职业安全和健康法》（*Occupational Safety and Health Act*）、《雇员退休法》（*Employee Retirement Act*），以及克林顿政府时期的《家庭和病假法》（*Family and Medical Leave Act*），[①] 同时，联合汽车工人工会也积极为儿童教育、退休人员的医疗保障和养老金、洁净空气和水、制定更高标准的工作条件和安全标准、工人的工伤赔偿和失业保险和公平税收等许多方面而努力。但同时，与其他一些左派不同的是，它从 20 世纪 40 年代后期开始积极反共，并支持越南战争、拥护支持越南战争的民主党候选人。

随着 20 世纪 70 年代国际经济和贸易的扩展，美国汽车业遭遇日本和欧洲汽车制造商的有力竞争，石油危机导致的油价上升使得耗油更多的美国汽车更是处于竞争的不利地位，三大汽车制造商的利润下降，联合汽车

---

① 参见联合汽车工人工会官方网站上的内容："*Who We Are*"，available at：www.uaw.org，available at：http：//www.uaw.org/page/who－we－are，访问日期：2012 年 8 月 28 日。

工人工会不得不放弃了许多之前它争取到的福利，加之20世纪80年代以来里根保守派政府对工会的不友好态度，联合汽车工人工会势力大为减弱，工会会员从1979年的150多万人下降到2006年的54万人，现有会员39万人，并有60万名退休会员。

美国工人阶级和民众现在享有的民主权利、社会福利、医疗和养老保障，都不是自然发生的，背后是一次次的工人运动和社会运动。组织起来的工会集团在这个过程中发挥了巨大的作用，他们组织起来，形成强大的、足以对抗资本的力量，推动政府出台政策，推动美国出现运行良好的、成熟的公民社会。

总体上看，联合汽车工人工会从建立之初就一直为工人提高工资待遇和各项福利而努力。只是它的方式与其他工会有一些不同，它在依靠强大的集体谈判努力为工人谋取了许多重大福利和益处的同时，也经常和资方合作，并进入到管理层中，成为所谓的贵族工会，工会主席经常跟公司高管们打高尔夫，有高薪和双份养老金，工会领导机构成为一个独裁和官僚的"权力机构"，开始鄙视和排斥其他工会组织，决策都是工会的主席等高管决定，甚至不与各个分部的主席进行商谈。[1] 在谈判方面，它把自己定位为劳资合同谈判代理人和律师而不是工人自己的代表，因此，它在试图守护工人的那些利益的时候，常常不得不在公司高层扬言"破产"的威胁下不断放弃要求。当然，工会领导并不认为这有什么，他们反而认为他们不断取得的成就，汽车工人的高工资和高福利，是因为他们结成了"与雇主的创新型伙伴关系"，[2] 他们认为依靠这种集体谈判能力，他们率先为工人们谋取了雇主提供的医疗保险计划、生活费津贴，导致了产品质量的提高，历史性的工作和收入保障条款，以及全面的再培训和教育项目。

从20世纪90年代开始，在全球化和自由贸易的冲击下，美国汽车制造业面临的全球竞争更为激烈，联合汽车工人工会开始将斗争的矛头指向大公司和大商业集团支持的自由贸易政策。工会的出发点是认为各国工人

---

① 《三个底特律工人眼里的UAW》，《21世纪经济报道》驻美国记者报道，来源于新浪财经。参见http://auto.sina.com.cn/news/2009-05-13/0716490955.shtml，最后访问：2015年8月13日。

② 参见联合汽车工人工会官方网站上的内容："Who We Are"，www.uaw.org/，访问日期：2012年8月28日。

应当在同样的劳工环境标准的条件下竞争，如果其他国家以较低的劳工和环境标准来同美国工人竞争，美国工人必然处于不利地位，而美国公司为了追求利润最大化，利用他国较低的劳工和环境标准，必然使美国的就业机会流失。因此，他们倡导公平贸易原则，主张提高他国劳工和环境标准。联合汽车工人工会激烈反对北美自由贸易协定，认为该协定的最终签署并执行到今天使得美国流失了100多万份工作，造成美国同加拿大和墨西哥的贸易赤字到2005年时上升到1100亿美元；他们激烈反对克林顿政府和布什政府一直推动的美洲自由贸易协定，以及美国同韩国的自由贸易协定。为此他们还与国际劳工和人权组织合作，力压中国等其他国家提高劳工和环境标准。

　　然而，在同商界和政府就自由贸易进行斗争的过程中，联合汽车工人工会还是显示了它所谓的不同于其他工会组织的斗争策略。它会适时地与资方和政府合作，这体现了它所谓的与雇主的创新型伙伴关系。它并不是一直坚持反对所有自由贸易协定，它凭借激烈的反对立场，迫使政府做出一定的让步，这样在取得对工人权益保护的同时，它支持了一些美国政府的自由贸易协定，如支持2011年10月通过的美韩自由贸易协定，而反对美国同哥伦比亚的自由贸易协定。因为在工会的坚持下，修改过的美韩自由贸易协定通过分阶段取消关税等措施保护了美国的汽车工业，而且在限制韩国汽车大量进入美国市场的同时，保护美国汽车产品更多地进入韩国市场，该协定还包括一些保障韩国劳工标准的措施。然而与哥伦比亚的自由贸易协定则没有提供劳工权利和人权保护的有力措施。① 同时，由于奥巴马政府通过了更新的2009年《贸易调整救助项目》，对工人可能因为自由贸易遭受的损失进行了补偿。

　　在美国公众看来，通过几十年的努力，联合汽车工人的工资待遇、工作环境、福利和社会保障等都取得了很大的进步，实现了联合汽车工人工会将汽车工人打造成为中产阶级的目标。然而，在联合汽车工人工会领导人看来，保护工人的权利，为工人权益而进行斗争还是他们的主要目标。他们认为，直到今天，工人组织起来保护自己的正当权益的活动在美国也并不是能够完全得到保障，因为在金融危机的背景下，如同70年前一样，

---

① UAW Letter to Congress：Korea, Columbia Trade Agreement, available at：http：//www. uaw. org/sites/default/files/TRADE_ 101211. pdf。访问日期：2012年9月2日。

资方常常以关闭工厂、解雇罢工工人以及企业破产等手段否决工会保护自己权利的要求。从 2007 年起工会积极游说国会通过《雇员自由选择法》（*Employee Free Choice Act*），以大力推动对工人权利的保护。在金融危机的背景下，美国汽车业遭受重创，而同时联合汽车工人工会在劳资谈判中的强硬态度使得它在金融危机的背景下饱受批评，它在同资方的谈判过程中寻求一个太过丰厚的条件被认为是造成三大汽车制造商 2008—2009 年发生危机的原因之一，即联合汽车工会工人的过高工资被认为是造成三大汽车公司成本上升的主要原因。在危机过后，联合汽车工人工会总裁鲍伯·金（Bob King）在一次讲话中承认，工会的成功是与雇佣他们的汽车业雇主的成功紧密联系在一起的。从这次汽车业的危机中，工会学到了许多教训，此前工会与雇主关系的主要特征就是不信任，这是导致双方官司不断、耗时耗力的怨恨文化的主要原因。21 世纪联合汽车工人工会将会在全球贸易和发展方面采取更为微妙和建设性的途径，保留和发展工业基础，将好工作留在美国。但同时，他也警告商界不要采取极端的右翼议程和意识形态，这种议程的主要特征之一就是给高收入者减税，削减用于教育和基础设施的经费。[①] 金的观点仍然体现着劳工阶级一向的观点：如果没有一个好的教育系统，就不能培养出熟练的劳工力量，以便在全球经济中进行竞争，没有一个好的基础设施，没有好的交通和分配系统，商业就无法增长。

他的讲话再次表明了联合汽车工人工会不同于其他工会与雇主的创新型关系，他说，在危机后全美国都在看汽车工人工会是否学到教训还是要回到对抗的老路上去，他承诺劳工将采取合作的态度。他强调在合作的同时保护工人的利益，汽车工人工会入股三大汽车公司之一的克莱斯勒并在危机后成为其第一大股东。他的观点是，没有工会的美国是一个没有中产阶级的美国，没有工会，美国也将不是世界上民主和自由的灯塔。他敦促商业界与工会合作，以建立美国社会的共有基础。[②]

---

① Nancy Kaffer，"UAW president：Auto Crisis Taught Union to Adopt Pragmatic Style"，*Crain's Detroit Business*，June 5，2011，available at：http：//www. crainsdetroit. com/article/20110605/ SUB01/306059981/uaw‐president‐auto‐crisis‐taught‐union‐to‐adopt‐pragmatic‐style。访问日期：2012 年 9 月 2 日。

② Nancy Kaffer，"UAW President：Auto Crisis Taught Union to Adopt Pragmatic Style"。访问日期：2012 年 9 月 2 日。

联合汽车工人工会创造中产阶级的观点很明确，他们认为，在 20 世纪，通过不断斗争提高汽车业工人的生活水平，工会帮助创立了美国的中产阶级。而 21 世纪的目标则是与其他国家的工会一道，提高各国工会的生活水准，为创立一个全球中产阶级而努力。① 然而，对于联合汽车工人创立了美国中产阶级的一部分这一点，有人认为这并不属实，他们认为，联合汽车工会只是凭借着强大的集体谈判能力，背后有民主党的支持，与雇主谈判，迫使雇主答应他们的条件，使自己生活水平提高，没有别人能够这样。这样就使得其他人的成本上升，而不是使其他人的生活水平提高。对于自己的本职工作，即制造汽车却没有做好，产品质量不行，在日本车和欧洲车的竞争下节节败退。

当年，联合汽车工人工会凭借强硬的谈判态度和坚决的罢工运动，为工会工人争取了待遇最为丰厚的合同。汽车工人的高工资、高福利和养老金保障为全美创造了一个中产阶级的标准。而在这次美国汽车业的危机中，这些因素却成为导致危机发生的一个重要原因。汽车厂商每年为退休工人的医疗保健就得付出几百亿美元，此外还有其他失业保障，其中最为著名的就是所谓"工作银行"（job bank）计划。在该计划下，下岗工人在等待公司的新工作之前一直可以从公司领到其工资的 95%。这些丰厚的待遇直到 2007 年危机发生之际才有所改变，当时随着油价上升，三大厂商较为耗油的多功能运动车型 SUV 及大型皮卡车销售量下滑，公司面临危机，工会也做出了一些让步，同意将退休员工的医疗保健费用从公司开支成本中移出，转移到联合汽车工人工会控制下的一个信托基金，该基金仍由公司支付但有封底。然而，这些让步来得太晚，没有能够挽救危机。

到 2011 年 10 月 26 日，随着联合汽车工人工会与克莱斯勒公司新的为期四年的劳工合同签署完毕，该工会与三大汽车厂商新型合作关系得以确立，一向强硬、支持罢工权利的联合汽车工人工会签署了与资方共进退的合同，厂商赢利工会就赢利。试想几十年前工会暴力对抗资方动用警察力量驱赶占领工厂工人的场景，确实，这对于有着长期工会斗争历史的底特律，真的可称得上是个奇迹。如果能够成功走下去，那么，在此次经济

---

① "UAW Resolution: Building a Global Middle Class in a Just Society", available at: http://www.uaw.org/page/uaw - resolution - building - global - middle - class - just - society。访问日期：2012 年 9 月 2 日。

危机之后，联合汽车工人工会创造属于中产阶级的制造业工作机会的目标就有可能实现。此外，工会在与通用公司和克莱斯勒的合同中还放弃了罢工的权利，作为两公司破产重组的条件之一。当然，工会也有所得，三大汽车公司承诺在美国创造或者保留 2 万个工作机会并投资 130 亿美元对工厂和厂房进行升级，通过利润分享计划，计时工人的奖金得到很大增长，保障老员工比新招募人员工资高出不少，而新员工的起始工资也有所增加。① 在经济恢复仍然脆弱的情况下，尽管许多工人对新的合同，特别是放弃罢工的权利等不满，但最终大部分工会还是同意签署了合同，汽车产业劳资双方的合作能够持续到什么时候，还有待时日来下结论。

联合汽车工人工会是美国传统工会力量的代表之一，它几十年的发展、与资方斗争的历史是美国劳工阶层争取经济、政治权益的一部历史，也是美国劳工阶级向着中产阶级生活水准迈进的历史。它在美国经济和社会生活中扮演着重要的角色，是美国现代公民社会中一股强大的传统力量，深刻影响着美国政治、经济和社会生活的发展。

（三）专业协会的影响：美国医师协会对医疗改革法案的影响

美国医师协会（American Medical Association，AMA）是美国历史悠久的非营利组织，成立于 1847 年，以维护医生利益、推动医学发展和改善公共医疗为己任，是美国最大也是最有势力的医生团体。它的核心战略或者说是行动指针是通过帮助医生来帮助病人，通过将全国范围内的医生组织到一起，以实现其目标。为实现自己的目标，它在政治游说方面投入很大，设有自己的政治行动委员会。作为美国医生的代表组织，美国医师协会拥有医疗机构的资源及关于医疗改革辩论的权威性，它对有关医疗方面的立法影响力很大。它在一百多年的发展历程中曾经深深卷入了美国许多医疗政策的制定和出台，包括从 20 世纪 30 年代到 40 年代的罗斯福总统和杜鲁门总统的医疗保健计划到奥巴马政府时期的全民医疗改革计划。此外，他们在慈善和教育方面的投入也不少，美国医师协会基金每年出资 100 万美元左右，为那些资金方面有需要的医学院学生提供学费资助。

---

① Jordan Weissmann, "The UAW's Grand New Bargain and the Future of Organized Labor", *The Atlantic*, Oct. 31, 2011, available at: http: //www. theatlantic. com/business/archive/2011/10/the - uaws - grand - new - bargain - and - the - future - of - organized - labor/247647/。最后访问日期：2015 年 8 月 15 日。

纵观美国医师协会对医疗改革法案的态度及其变化，其中贯穿着的一条主线就是如何保护医生的最大利益，几十年来，这条主线一直引导着美国医师协会的政治活动。20世纪30年代，美国医师协会攻击罗斯福总统在社会保障法里试图建立政府资助的医疗保健计划为"强制医疗保健计划"，最后迫使罗斯福总统将这一条款从法案中删除；20世纪40年代，以"公费医疗制度"为理由，美国医师协会领导了反对杜鲁门总统试图建立全民医疗保健计划的力量，最后成功阻止了美国第一个全民医疗保健计划的实现；1961年，它组织了反对联邦医疗保健计划（Medicare）的游说运动，名为"咖啡行动"，称政府资助的医疗体系将会导致集权主义；在此后的岁月里，凭借其广泛的全国网络和在病人心目中的良好信誉，美国医师协会成为反对在美国建立全民医疗保健计划的中坚游说力量。它的力量很强大，不管是民主党的建议还是共和党的法案，只要医学会认为这将会使医生的利益受到损害，它都会反对。20世纪90年代，它又成为克林顿政府全民医疗改革计划的反对者，当时它的主要担心是该法案控制成本的措施，于是投入了300万美元游说反对由希拉里推动的克林顿政府全民医疗改革法案，这种情况一直持续到奥巴马政府时期。到2009年上半年，美国医师协会一直反对奥巴马的医疗改革计划，尤其是反对其中的关键条款，即政府主导的公共医疗选择，它认为这个条款威胁到了病人对医疗机构和保险提供者的选择权，将会将私人医疗保险机构挤出市场，而它们现在提供着70%的美国医疗保险。①

历史上，美国医师协会不仅反对政府介入医疗市场，反对政府主导的医疗保健计划，也反对健康维护组织（Health Maintenance Organizations，HMO）② 和医疗保险公司进入医疗市场。因为它一直认为，只有医疗机构

---

① "American Medical Association Trying To Torpedo Health Care Reform Again", June 11, 2009, the Huffington Post, available at: http://www.huffingtonpost.com/2009/06/11/american-medical-associat_n_214132.html。访问日期：2012-09-11。

② 健康维护组织（HMO）是美国主要的医疗管理组织形式，它的前身是20世纪初出现的预付费保险计划，属于管理型医疗保健（Managed Care）的一种。1973年，国会通过《健康维护组织法》，从制度上确保了这一医疗管理组织形式的发展。健康维护组织通过向与保险公司专门签约的特定医疗机构提供医疗服务，并制定一系列的规则来控制开支。健康维护组织是美国雇员医疗保健市场的主要经营者之一，目前它与医疗保险公司共为两亿美国人提供医疗保险服务。美国著名的健康维护组织有凯泽永久医疗集团（Kaiser Permanente）、联合健康组织（UnitedHealth Group）、"维朋健康维护组织"（Wellpoint）等。

和医生自己控制的医疗市场才能保证医生的收入和独立性。从 20 世纪初以来，它一直反对任何组织雇用医生并将医生作为雇员来提供医疗服务的模式，为这些组织服务的医生将被美国医师协会列入黑名单，使得他们很难进入医院工作。但随着健康维护组织大行其道，到 20 世纪 70 年代，美国医师协会面临失去更多会员的危险，它于是也慢慢转变了对这些组织和医生的态度，很多美国医师协会的成员医生也开始为这些健康维护组织或者其他医疗管理机构服务，美国医师协会实际上承认了健康维护组织进入医疗市场的权利。到 1992 年，随着当选总统克林顿上台，建立政府主导的全民医疗保健计划的呼声逐渐变得强大，美国医师协会甚至与代表健康维护组织的美国集团保健协会（Group Health Association of America）接近，为其历史上对后者的反对道歉，试图与后者一道，共同反对克林顿政府推动的全民医疗保健计划。①

然而，美国医师协会对健康维护组织的态度并没有从此改变，它仍然尽可能地限制健康维护组织对医疗市场的介入程度。在克林顿政府时期，一方面，它与健康维护组织和其他医疗管理组织一道，反对政府的全民医疗改革法案，另一方面，也和国会里支持全民医疗改革计划的自由派民主党议员一道，对医疗管理组织进行排斥和竞争，美国医师协会支持国会的《病人保护法》（Patient Protection Act）。该法案通过制定对医疗管理组织进行管制的联邦条例，在病人及医生与这些医疗管理组织打交道时保护前者的利益，严格限制医疗管理组织对医生拥有的权力。

2009 年 7 月 16 日，就在奥巴马总统到美国医师协会发表讲话后一个月，美国医师协会宣布将会和国会领袖一道，帮助迅速通过医疗改革法案。它宣布支持国会众议院民主党人主张的、当时正在讨论的较为激进的全面医疗改革方案。此前，美国医师协会一直强烈反对政府对医疗保健系统的干涉，担心它旗下的医生的收入会因此下降。美国医师协会的转变被认为是一个里程碑式的变化，改变了它从 20 个世纪 30 年代以来就一直持有的反对政府主导的医疗改革计划的立场。

美国医师协会这次 180 度转弯的原因比较复杂，其中一个主要原因是

---

① Stuart Schear, "The Ultimate Self – Referral：Health Care Reform, AMA – Style", *The American Prospect*, November 19, 2001, available at：http：//prospect. org/article/ultimate – self – referral – health – care – reform – ama – style。访问日期：2012 年 9 月 11 日。

考虑到民主党占据白宫和国会，奥巴马总统坚定推动医疗改革，美国医师协会看到此次医疗改革难以避免，希望在法案起草阶段就对立法进行影响，以保护自己的利益。他们写信给民主党筹款委员会主席兰格尔，希望与国会相关委员会保持紧密合作，在立法过程中进行建设性的对话，以保证寻求更多的支持，使得法案能够通过并能给美国人民带来高质量的、负担得起的医疗保健。①

　　医疗保险公司大都强烈反对此议案，担心政府主导的医疗保健计划将许多美国人逼出私人医疗保险市场。医生、医疗机构及医疗保险公司一直反对奥巴马医疗改革计划，他们担心政府主导的全面医疗计划会出现限额的保健、排长队看病、对医生和病人的医疗关系的行政官僚干涉，以及政府赤字大量增加的现象。但美国医师协会确实转变了，它在立法中寻求保障自己权益的做法是明显的。2009年12月，它因为法案中是否对整形外科手术征收5%的税收的条款而威胁要撤回对整个医疗改革法案的支持，经过美国医师协会和整形外科医生及生产除皱用品（Botox）的公司的大力游说，就在参议院即将通过该院版本的医疗改革法案的最后一刻，这个被戏称为"抗皱税（Botax）"的条款被删除，代之以对日光浴床征收10%的税，这样医生不会因为相当赚钱的整形外科手术而被征税，美国医师协会才保证继续支持该法案。这是典型的美国游说集团的较量，较为弱小的室内日光浴协会（Indoor Tanning Association）由于缺少筹款和游说资金，它无法对抗强大的医疗协会，无法影响最后的法案出台。对此，该协会主席非常沮丧，称这个10%的税收将使全美大概2万家日光浴美容店的经营变得很艰难，但它们没有力量去还击。② 而强大的医疗游说集团，包括美国医师协会、生产抗皱用品的公司和整形外科医生通过写信和其他方式联系国会议员，表达他们的反对，向后者施加压力，美国医师协会写信给参议院多数党领袖里德表达其强烈的关注，最后取得了他们想要的成果。对于医疗改革法案来说，区别在于，抗皱税将可能在未来10年内取

　　① Daniel Nasaw, "Powerful Doctors Group Backs Obama's Healthcare Reform Plan", *The Guardian*, July 16, 2009, available at: http://www.guardian.co.uk/world/2009/jul/16/obama - health - plan - ama - support。访问日期：2012年9月11日。

　　② John Fritze, "Tax on Plastic Surgery Gets ax in Final Stretch", *USA Today*, Dec. 22, 2009, Tusday, Final Edition, Section: News; Pg. 8A.

得的 58 亿美元变为了对日光浴床征收的未来 10 年内取得的 27 亿美元。[①]
它们伤害了另外一个小行业的利益，保护了大医疗行业的利益。

　　"抗皱税"只是美国医师协会在医疗改革中取得的一个小胜利，对于
它来说，作为这个国家最为强大的游说组织，它投身到医疗改革中，以承
诺支持改革为条件，换取它在整个医疗改革法案中获得巨大的收益和对它
的利益的最大保护。与制药企业和保险公司一样，美国医师协会一向是全
民医疗计划的坚决反对者，这次，它们都以支持奥巴马医改计划为条件，
换取了政府的相当优厚的条件，但美国医师协会取得的收益似乎最为合
算。保险公司被迫接受了不以"先决条件"（pre - existing conditions）作
为拒绝接受投保的条款，而大制药公司也承诺将制药成本降低 800 亿美
元。而美国医师协会似乎没有做出太大让步却获得了最为优厚的条件。据
《洛杉矶时报》报道，该协会取得的最大成果包括原定未来十年内 2280
亿美元的医疗保健（Medicare）支出削减计划被停止。[②] 美国医师协会的
官员表示，这次他们确实转而支持奥巴马的医疗改革，因为这反映了目前
医疗保健体系的变化，医生们也感觉到了这些变化。过去他们认为，任何
政府主导的医疗改革计划都将不可避免地危害医生的收入和独立性，而现
在，随着越来越多联邦政府主导的医疗改革方案的出台，政府正在变为医
生们收入和工作稳定的最大保障。美国医师协会前主席南希·尼尔森
（Nancy Nielsen）认为，现在医生们对于许多美国人没有医疗保险感到很
失望。[③] 这正是 20 世纪 90 年代以来该协会发生巨大转变的主要原因。协
会称自己转变的原因主要是当时人们对于医疗保健的现状感到满意，如果
不改革也可以，而现在大部分人的认识是现状已经不可接受，必须改革。
因此，许多此前反对全面医疗改革计划的组织和个人都转变了立场。1997
年时，国会与克林顿政府认为联邦疗保险计划成本在迅速上升，于是试图
通过在联邦医疗保险计划成本增长速度超过经济增长速度时减少对医生的
医疗费用支出的法案（*Balanced Budget Act of 1997*），目的是促使医疗行

　　① 　John Fritze, "Tax on Plastic Surgery Gets Ax in Final Stretch".

　　② 　Kim Geiger and Tom Hamburger, "Healthcare Reform Wins over Doctors Lobby", *Los Angeles Times*, September 15, 2009, available at：http：//articles. latimes. com/2009/sep/15/nation/na - lobbying - ama15。最后访问日期：2015 年 8 月 15 日。

　　③ 　Kim Geiger and Tom Hamburger, "Healthcare Reform Wins over Doctors Lobby"。最后访问日期：2015 年 8 月 15 日。

业自己控制开支成本。但是，由于美国医师协会和其他医生组织的强烈反对，他们试图游说国会推翻此法案但未果，这个争议一直持续下来，于是要削减的支付给医生的费用支出数量也越积越高，到奥巴马医疗改革计划时，撤销可持续的增长率（Sustainable Growth Rate，SGR）计算公式、停止对支付给医疗机构的医疗费用资金（Doc Fix）的削减成为美国医师协会的最高目标，而批评者认为，它其实就是被收买了，价格就是 2280 亿美元。这笔交易是迄今为止医疗改革方面利益集团所能取得的最大成就。

为此，美国医师协会高层与国会领袖们进行了广泛接触，并提供游说资金，进行草根游说，以支持医疗改革法案。他们在 2008 年到 2009 年 9 月中旬的游说支出已达 3000 万美元，在过去十年中，除了美国商会之外，没有一个组织为游说支出如此高额的费用。[①]

然而，围绕奥巴马全民医疗改革较量的复杂和激烈程度超出了许多人的想象。2009 年的时候，美国医师协会支持众议院民主党人的医疗改革版本，主要原因就是该版本中写明了撤销可持续的增长率计算公式的条款，根据该公式，当联邦医疗保险计划成本增长速度超过经济增长速度时，将减少对医生的医疗费用支付。这个减少的数额经过国会的几次拖延，到 2010 年时已经累积到该费用的 21%。当时美国医师协会认为民主党人控制着国会和白宫，法案通过的可能性很大，它把宝押在了这个它认为稳赢的法案之上，况且，目前医疗保健的现状也不让美国医师协会感到满意，如果新法案将 3000 万没有医疗保险的美国人包括到政府医疗体系中来，医生们当然也会获益。但到 2010 年 3 月，也就是是否通过医疗改革法案的关键时刻，共和党人及部分温和民主党人激烈反对通过法案，他们要求医疗法案不能增加太多成本，反对撤销联邦医疗保险（Medicare）支付医生费用的可持续的增长率计算公式，认为必须削减支付给医生的这笔费用（Doc Fix），才能大大降低医疗保健的总体成本。为使法案成为一个预算中立的法案，能为各方所接受，奥巴马总统和民主党人在预算问题上必须做出妥协。于是，最终通过的法案中未能如美国医师协会所愿，没有包含永久撤销可持续的增长率计算公式的条款，这让美国医师协会感到非常不满，没有这一条，支付医生的费用的 21% 将在 2010 年被削减，美

---

① Kim Geiger and Tom Hamburger, "Healthcare Reform Wins over Doctors Lobby". 最后访问日期：2015 年 8 月 15 日。

国医师协会将在医疗改革中成为输家。

但奇怪的是，美国医师协会还是在最后时刻宣布支持这一法案。按照时任美国医师协会主席的话说，没有一个完美的法案，美国医师协会接受此法案是因为它不满意现状，希望改革，不改革只会增加没有保险的美国人的数量，使整个医疗体系增加成本。对此，有人认为，美国医师协会此举表明该协会只是在维护协会本身的利益，而不是医生的利益，因为该组织成员已经大为减少，它现在所代表的医生仅仅是美国执业医生的15%，[①] 并不能代表广大的美国医生的意见和利益，它同意支持众议院的医疗改革法案是因为它要维护组织的经济利益，因为美国医师协会每年三亿美元的收入中，只有10%来自会员费，其主要收入就是依赖对制定和发放医疗收费代码权力的垄断，[②] 如果不支持政府的医疗改革法案，它的这个最大的收入来源可能会被政府取代；更有人怀疑美国医师协会与奥巴马政府及民主党人达成了背后协议，将在2010年春天即医疗改革法案通过后通过别的立法来撤销可持续的增长率计算公式，换取美国医师协会支持医疗改革法案。[③] 对此，美国医师协会予以了事实上的否认，现任主席卡默尔（Peter Carmel）说道："别人都以为我们之所以支持该法案，是因为我们与政府达成了协议，但事实上没有。"[④] 实际上就是因为大家都认

---

① Daniel Palestrant，"Why Physicians Oppose The Health Care Reform Bill"，*Forbes*，April 10，2010，available at：http：//www. forbes. com/2010/04/28/health – care – reform – physicians – opinions – contributors – daniel – palestrant. html. 美国医师协会代表着全美医生的数量最近几年大概保持在25%—29%左右，但美国医师协会的成员中包括很大一部分是医学院学生和实习医生，比起作为主体成员的执业医生420元的年费，他们只需要缴纳20美元的年费，如果只计算执业医生，这个数字大概为15%左右。参见：Andis Robeznieks，"AMA Saw Membership Rise 3.2% in 2012"，available at：http：//www. modernhealthcare. com/article/20130509/NEWS/305099950；Roger Collier，"American Medical Association membership woes continue，"available at：http：//www. ncbi. nlm. nih. gov/pmc/articles/PMC3153537/。

② Daniel Palestrant，"Why Physicians Oppose The Health Care Reform Bill"。

③ Robert lowes，"AMA Supports Latest Healthcare Reform Legislation With Reservations"，*Mediscape Medical News*，March 19，2010，available at：http：//www. medscape. com/viewarticle/718909. 访问日期：2012年9月20日。

④ Ken Terry，"Doc Fight：Physicians Attack AMA's Support for Healthcare Reform"，*CBS News*，September 13，2010，available at：http：//www. cbsnews. com/8301 – 505123 _ 162 – 43841758/doc – fight – physicians – attack – amas – support – for – healthcare – reform/. 访问日期：2012年9月20日。

为医疗改革法案成本太高了，奥巴马政府为了能够通过该法案，做出了许多让步。但美国医师协会也一直坚持撤销可持续的增长率计算公式是它一贯的主张。① 其实，美国医师协会虽然没能取得永久撤销可持续的增长率计算公式条款，但争取到了对于这个计算公式每年进行重新计算，对于应该支付医生多少费用，每年都可以来辩论和决定。在削减给医生支付费用的同时，在别的条款得到了补偿，如给予初级保健医生的支付费用增加了5%，在指定的医疗保健不足的地区还可另外得到 5% 的增加。② 然而，计划中 21% 的削减还是给美国医师协会带来了很大冲击，美国医师协会的各地组织对这点表示极大的失望，佛罗里达医学会称将退出美国医师协会这个全国组织，③ 更多医生计划关掉诊所，退出该组织。

然而，计划中的这 21% 的削减却也不容易做到。2010 年医疗改革法案通过之后不久，美国医师协会随即开始和其他医师团体一道，在国会里寻求同盟，继续为永久撤销支付医生费用的可持续的增长率计算公式而努力，阻止对医生医疗费用支付的 21% 的削减。国会议员面临两难选择，一方面是美国医师协会等维护医师利益的团体不断游说，声称这种计算方法不合理，要求永久撤销可持续的增长率计算公式；另一方面又面临通过削减医疗保健支出，缓解联邦预算赤字的压力。两股压力之下，国会无法做到一下子削减 21% 的数额，又没办法不进行削减，于是只好祭出"拖"字诀，将整体削减计划不断往后拖，而拖的严重后果就是，这个数字逐年累积，需要整体削减的比例越来越高。国会拖得时间越长，需要削减的数额越来越大，削减的成本就越来越高。如果这种情况继续下去，最终结果要么是医疗保健系统崩溃，要么是永久撤销可持续的增长率计算公式，如果按照美国医师协会主张的公式重新计算给予医生的医疗保健支付费用（DocFix），联邦政府的赤字将会增加。在此过程中，美国医师协会等医师团体一直面临削减的压力，声称如果削减支付给医生的医保支出，它们将

① Robert lowes，"AMA Supports Latest Healthcare Reform Legislation With Reservations". 访问日期：2012 年 9 月 20 日。

② "AMA Supports Health Care Bill"，from New York Health Insurance. com，available at：http：//www. nyhealthinsurer. com/articles/ama - supports - health - care - bill. 访问日期：2012 年 9 月 20 日。

③ Ken Terry，"Doc Fight：Physicians Attack AMA's Support for Healthcare Reform". 访问日期：2012 年 9 月 20 日。

只好减少接收医保病人的数量，并以此继续给国会施加压力，以期实现永久撤销可持续的增长率计算公式的目标。美国医师协会 2011 年 7 月与共和党人一道，攻击根据新的医疗改革法成立的负责制定给予医生的支付费用率的独立支付委员会（Independent Payment Advisory Board），美国医师协会新任主席威尔森（Cecil Wilson）认为它权力太大，而本身却没有足够的问责能力。[①] 那时，许多州已经根据新医疗改革法开始削减支付给医生的费用，这激化了病人的不满，特别是在许多本来医疗机构就不足的地方。10 月，美国医师协会和其他医生专业组织一起，趁国会讨论美国举债上限的机会，游说减少债务特别委员会撤销可持续的增长率计算公式，美国医师协会的同盟者、众议院能源和商业委员会副主席威克斯曼（Henry Waxman）主张对无线宽带运营商及提高能源使用效率的计划加税，来弥补撤销可持续的增长率计算公式带来的预算增加。[②]

在美国医师协会以及其他医师团体的反对和压力下，一直到 2013 年，自 2010 年以来历年计划削减的支付医生的医保支出费用都没有削减，数年下来，经过累积的这个削减的比例从 2010 年的 21% 达到了 2012 年的 27%，并将在 2013 年底达到 32%。这样，面临的撤销成本越来越高，也越来越不可能真正执行此项削减，而全面改革或者撤销可持续的增长率计算公式，取消对支付医生的医保支出费用的削减也就越有可能。2015 年 3 月 23 日，美国国会众议院以 392 票对 37 票的压倒性多数通过了解决医师服务费支付费率的一揽子法案，这标志着国会两党在医师团体的推动下，经过各自利益算计和幕后政治交易携手合作，为最终解决这个困扰美国政坛 13 年的难题铺平道路。在今后十年间，美国联邦政府将要为此支出 2140 亿美元，而这个问题的彻底解决还有待时日。[③]

---

① "Health care reform: The American Medical Assn. Joins Congressional Republicans in challenging IPAB Law", *MassDevice*, July 7, 2011, available at: http://www.massdevice.com/news/health‐care‐reform‐american‐medical‐assn‐joins‐congressional‐republicans‐challenging‐ipab‐law. 访问日期: 2012 年 9 月 20 日。

② Doug Trapp, "SGR Repeal, Health Care Cuts among Ideas Sent to Super Committee", Amednews.com, Oct. 14, 2011, available at: http://www.ama‐assn.org/amednews/2011/10/24/gvsc1024.htm. 访问日期: 2012 年 9 月 20 日。

③ Sarah Binder, "Bipartisan Doc‐fix Passes the House: How Did Polarized Parties Do It?" March 26, 2015, retrieved from: http://www.washingtonpost.com/blogs/monkey‐cage/wp/2015/03/26/bipartisan‐doc‐fix‐passes‐the‐house‐how‐did‐polarized‐parties‐do‐it/, 2015 年 8 月 5 日。

美国医师协会在奥巴马医疗改革中的深深卷入使得它在新的医疗改革法律的实施和执行过程中，一直参与进来，维护自己的利益，它仍然是此后若干年内美国医疗法律实施过程中的一个重要影响力量。从美国医师协会参与医疗改革的历史进程来看，它以保护医生的利益为主线，历史上一直反对政府主导的各种医疗保健改革措施，反对全民医疗保健，同时也反对健康维护组织等医疗管理组织及医疗保险公司进入医疗市场，在无法改变医疗改革的进程时，也会适时与政府及医疗管理组织合作，要么支持政府主导的医疗计划，从中获取和维护医生的利益，要么与医疗管理组织合作，反对政府的医疗改革法案，总之目标就是它所代表的医生和医疗机构的利益。这表明，美国医师协会是整个美国医疗改革历史进程中一个非常重要的力量，影响了几十年来美国医疗改革重大政策的方向，显示了美国社会中专业利益集团对相关政策的巨大影响力，成为美国公民社会的一支重要力量。

（四）　单一集团的影响：全国步枪协会

全国步枪协会（National Rifle Association，NRA）是美国关注单一问题的利益集团中最典型、最具影响力的一个。它历史悠久，成立于1871年，现今拥有430多万名会员，每年的活动经费达2亿美元，组织严密，游说能力很强，对国会议员，尤其是对保守的南部和中西部州议员有非常大的影响。据1999年《财富》杂志的一个调查，在国会议员及议员助手们这些最主要的被游说对象看来，全国步枪协会是最有影响力的游说集团。[①]

全国步枪协会的政治活动的核心关切是维护和保持美国民众拥有枪支的权利。在该协会看来，美国宪法第二条修正案规定"管理良好的民兵是保障自由州的安全所必需的，因此人民持有和携带武器的权利不得侵犯"，保证了民众持有武器的权利，这是一项重要的公民权利，不得随意剥夺，因而它反对任何形式的枪支管制。对宪法第二条修正案的维护，使得全国步枪协会据此称自己是维护公民权利的一个最老的组织。从美国建

---

① "Fortune Releases Annual Survey of Most Powerful Lobbying Organization", *TimeWarner. com*, November 15, 1999, available at: http://www.timewarner.com/newsroom/press－releases/1999/11/FORTUNE_ Releases_ Annual_ Survey_ Most_ Powerful_ Lobbying_ 11－15－1999. php. 访问日期：2012年9月27日。

国的传统政治理念来看，美国建国前后，拥有和携带枪支的权利和言论自由一样，已被视为最珍贵的个人权利之一。深受约翰·洛克等欧洲学者关于保障个人自由和权利思想的影响，美国的建国先辈们在制定宪法时最为充分地保障了自由权利和私有财产。全国步枪协会关于公民拥有枪支的权利的说法源自同样的保护公民权利的精神，在他们看来，对自由和私有财产最大的潜在威胁来自政府，拥有和使用枪支的权利是人民反抗暴政、捍卫自由和私人财产的最后一道防线。

全国步枪协会对枪支所有权的看法是，拥有枪支使人们增强了防卫能力。当人们拥有枪支的时候，特别是在家里拥有枪支的时候，这会对犯罪分子形成威慑，还可以自卫。他们认为枪支和犯罪并没有直接的关联。"人杀人，枪不杀人"是他们对持枪权利最著名的辩解。此外，作为美国"枪文化"的重要组成部分，打猎和射击运动是美国人早期的猎人气质的传承，许多步枪协会会员都是打猎和射击运动的爱好者。美国枪支协会的政治活动主张还包括保障和维护会员们开展打猎、枪法训练、射击技巧、枪支安全培训的权利。

全国步枪协会代表了现今美国"枪文化"的方方面面，是美国当今社会中推动和保持"枪文化"最重要的力量。美国社会根深蒂固的"枪文化"的形成同早期形成美国民族特性的几个基本气质密切相关。首先是猎人气质。对于早期来到北美大陆的定居者来说，面对野兽出没的广袤荒野，食物和安全是他们生存的根本，而枪支提供了这种保障。打猎是他们最为重要的食物来源，枪支成为防范动物袭击的最重要工具，掌握射击技术成为当时男孩的"成人礼"。第二是民兵气质。枪支在保障早期美国人基本的生存需要之外，还在他们面对印第安人和欧洲列强战火侵袭、保护自身安全方面发挥了举足轻重的作用。当时松散的社会没有能力为他们提供有效防卫，唯独可以信赖的就是自身的力量。弗吉尼亚、马萨诸塞等当地政府都明确要求所有成年男子（黑人除外）必须拥有和携带武器，并组建民兵来担负起常备军的防卫功能。在美国独立战争中，民兵发挥的决定性作用为持枪权利增加了神圣的意味。在许多美国人看来，最初美国之所以能够获得独立，很大程度上是因为人们普遍拥有和携带枪支。第三是牛仔气质。在后来开拓边疆的西进运动中，枪支也发挥了重要作用。手握来复枪、英武健壮、充满野性的刚强和独立不羁气概的牛仔形象是"枪支赢得西部"神话的最好注脚。可以这样说，靠着手中的枪，早期美国人硬生生地在一个完全陌生的充满敌意的自然和人文环境中生存了下来，并建立了自己的强大国家。拥有和携带枪支已经成为美国历史、传统和美国生活方式的一个组成部分。

一直到 20 世纪 60 年代，美国人对于宪法第二条修正案都没有什么争议，对于普通公民的枪支拥有权没什么异议，大家都习以为常地拥有和持有枪支，美国传统的枪支文化没有受到什么挑战。但发生在 20 世纪 60 年代影响美国历史的三大刺杀事件，即约翰·肯尼迪总统、马丁·路德·金，以及罗伯特·肯尼迪被枪击中后身亡的事件震动了美国社会。国会于 1968 年首次通过了枪支管制法案。到了 20 世纪 70 年代，对于枪支管制的反对声音迅速加大了，反对者声称枪支拥有权是美国价值观和历史文化的传统，并开始引用宪法第二条修正案来强调反对实施严厉的枪支管理法案和措施。全国步枪协会成为一支主要的力量。此前，全国步枪协会很少参与政治活动，他们主要的工作还是枪法培训，传授射击技巧。① 到 20 世纪 70 年代末期，全国步枪协会已经深深卷入到政治中来，反对加强枪支控制的法律和措施成为他们的主要关注点。通过不断运用一些危言耸听的言辞强调其拥有枪支的权利，反对枪支管制的法案，它动员了大量的会员投入到游说活动中来。

与此同时，随着美国社会上恶性枪击案件的不断增多，特别是 1981 年里根总统遇刺案造成了很大影响，社会上要求进行严格的枪支管理的呼声也一直高涨，一些美国枪支协会的对手、赞成枪支管制的组织进行了许多针锋相对的游说活动。在克林顿政府时期，许多加强枪支管制的法案纷纷出台。1993 年，在著名的禁枪组织布雷迪运动（Brady Campaign）② 的努力下［当时还是它的前身组织手枪控制集团（Handgun Control, Inc.）］，经过长达七年的辩论，国会通过了《布雷迪手枪暴力防止法》（*Brady Handgun Violence Prevention Act*），这就是所谓的"布雷迪法"。1994 年，该组织成功游说国会通过了第一个联邦《禁止攻击性武器法

---

① NPR Staff, "After Tucson Shootings, NRA Again Shows Its Strength", npr. org, January 27, 2011, available at: http://www. npr. org/2011/01/27/133247508/the – history – and – growing – influence – of – the – nra. 访问日期：2012 年 9 月 27 日。

② 该组织成立于 1981 年，以里根总统被刺案中的因受伤而永久残疾的受害者、里根总统助理、白宫新闻发言人詹姆斯·布雷迪（James Brady）的名字命名，2001 年之前一直以"手枪控制集团"的名字运行，2001 年与其他组织合并后改为现名。

案》，禁止民用的半自动步枪等攻击武器的生产，有效期为 10 年。该法案名称是克林顿政府打击暴力犯罪法案《暴力犯罪控制和执法法案》的副标题，是克林顿总统打击当时日益严重的暴力犯罪努力的一个组成部分。

全国步枪协会对此自然非常不满，它发动的一系列游说活动使许多支持该法案的议员付出了惨重代价。在 1994 年的中期选举中，全国步枪协会在它的名单上列出了 24 位它反对的议员名字，最终有 19 位议员未能当选。其中最为人所津津乐道的就是他们的游说使民主党人、众议院议长弗利（Tom Foley）在改选中失败，成为一百多年来第一位未能当选的众议院议长。另外一名多年的老资格议员，一直支持全国步枪协会反对禁止攻击性武器的布鲁克斯（Jack Brooks）议员也未能幸免，因为他作为众议院司法委员会主席投票支持了总体犯罪控制法案，《禁止攻击性武器法》后来被放入该法中一起表决。克林顿总统在其回忆录中对全国步枪协会的巨大能量也恨恨地表示，"他们一出手，你就出局了"。[①] 正是由于全国步枪协会的这种努力，才最终促成执政的民主党在 1994 年后的中期选举中丢掉参众两院的控制权，民主党损失惨重，而全国步枪协会的支持也最终使得金里奇成为众议院议长。

美国社会上关于枪支控制的舆论随着这两个法案的通过开始走下坡路。在全国步枪协会的努力下，美国社会上关于枪支控制的氛围开始发生变化，向着倾向于较为宽松的枪支管理方向发展。到 20 世纪 90 年代末期，全国步枪协会的影响力和声望达到了顶点，成为华盛顿最有影响力的游说集团。

进入 21 世纪，特别是 2001 年小布什总统上台以来，在全国步枪协会的支持下，美国枪支管制不断倒退。2004 年，联邦《禁止攻击性武器法》到期，支持禁枪的组织试图游说国会将此法案延期并使之成为永久有效的法案，全国步枪协会则希望就此终止该法案，将其列为该组织头号目标，经过游说，全国步枪协会取得成功，该法案于 2004 年 9 月 13 日到期失效，国会参众两院关于扩充此法案的提案在提交小组委员会后就没有了下文。这样，对半自动步枪等攻击性武器的禁令从此取消，对攻击性武器的管制又回到十年前的状态。协会得意地宣称十年过去了，但反对禁枪的事

---

① Bill Clinton, *My Life*, First Vintage Books Edition, May 2005, pp. 629 – 630.

实和目标都没有变化。① 2005 年，在卡特里娜飓风袭击过后发生的骚乱中，路易斯安那州为了制止混乱局面，挨家挨户收缴武器，并宣布"只有执法人员可以携带武器"，"将会收缴所有武器"。② 全国步枪协会对此十分不满，宣称此举是对宪法第二条修正案的违背，并将路易斯安那州告上了法庭。2005 年 9 月 24 日，在收缴行动开始两周后，在全国步枪协会的推动下，路易斯安那州美国联邦地区法院发出限制令，禁止枪支收缴充公行动并将此前收缴的枪支归还给合法拥有的原主人。协会对执行情况不满，于是协会于 2006 年 3 月，再将新奥尔良市、该市市长及警察部门告上法庭，要求后三者执行法院限制令，最终使得新奥尔良市承认收缴武器的事实，并承诺只要原合法拥有的主人凭原证件提出要求，就可将收缴的武器归还给原主人。到 2006 年 6 月，在全国步枪协会支持下，路易斯安那州州长签署了一个法案，禁止在紧急情况下收缴充公合法公民合法拥有的武器。2006 年 10 月，同样在全国步枪协会的支持下，在路易斯安那州两位议员的领导下，国会通过并由布什总统签署了《2006 年灾难恢复和个人保护法》，禁止联邦政府或者是任何联邦资助的机构（实际上包括了联邦、州和地方政府）在紧急情况下收缴充公合法公民合法拥有的武器。2005 年，加州旧金山市 58% 的民众投票通过了禁止在该市范围内销售、制造和经销武器和弹药及拥有手枪的法令，使得该市成为继芝加哥、华盛顿后美国第三个禁止拥有手枪的城市。全国步枪协会伙同其他组织，马上将该禁令告上法庭，称该禁令超出了该市拥有的权限范围，此权限属于州。由于有了 1984 年的先例，2006 年 6 月，法院很快做出了支持全国步枪协会的裁决，认为加州法律"并未授权其所管辖城市或县颁布禁止成年人合法拥有枪支的规定"。③ 旧金山市的上诉也在 2008 年宣告失败。这是全国步枪协会取得的又一胜利。

---

① NRA – ILA, *Introduction of Clinton Gun Ban. com*, available at：http：//www. clintongunban. com/welcome. aspx. 访问日期：2012 年 9 月 27 日。

② Alex Berenson and John M. Broder, "Police Begin Seizing Guns of Civilians", *The New York Times*, September 9, 2005, Section A；Column 5；National Desk；STORM AND CRISIS：THE OVER-VIEW；p. 17.

③ Bob Egelko and Charlie Goodyear, "Judge invalidates Prop. H handgun Ban", *SFGate*, June 13, 2006, available at：http：//www. sfgate. com/cgi – bin/article. cgi? f =/c/a/2006/06/13/BAGJSJCVF01. DTL. 访问日期：2012 年 10 月 8 日。

　　通过一系列的法院起诉，全国步枪协会使得美国联邦及州和地方一级关于任何禁止拥有枪支的法令都很难最终起作用。全国步枪协会深入到各州进行了大量的游说，取得了巨大的成功。1988 年，全美只有 18 个州的州法律允许平民随身携带隐藏好的手枪，到 2011 年，已经有 39—40 个州允许这样做。[①] 尽管近些年美国社会仍然不断发生恶性枪击事件，美国社会舆论每次都会在这些事件之后热议禁枪的话题，但由于存在全国步枪协会这样的强势集团，任何实际的禁枪法令的最终出台都非常困难，在恶性枪击事件过后一段时间，禁枪的压力就会慢慢消退。全国步枪协会的影响力巨大，而它的对立游说集团，即赞成枪支管制的利益集团的力量还不足以同该协会抗衡。在它多年的努力下，美国的枪支管制难以取得进展。

　　美国"枪文化"也深深渗透到两党政治中。总的说来，共和党维护公民拥有枪支的权利，而民主党则要求对枪支实施更为严格的管制。全国步枪协会会员中南方保守势力在城市郊区和乡间的共和党地盘影响尤其强大，而民主党主要得到受枪支泛滥伤害最大的城市人口的支持。作为维护美国宪法第二修正案的一个保护公民权利的团体，全国步枪协会持有的保守立场，使得它从 20 世纪 70 年代末开始参与到政治游说中来以后迅速成为共和党人重要而稳定的支持者。1980 年总统大选投票前三天，即 11 月 1 日，全国步枪协会第一次宣布支持总统竞选人里根，开始参与政治的活动。在 1994 年中期选举中，共和党人历史性地夺回国会参众两院的控制权，全国步枪协会的支持功不可没。在 2000 年的大选中，全国步枪协会对布什的获胜也起到了很大的作用。由于布什坚定支持宪法第二条修正案关于公民拥有枪支的权利，反对对枪支制造和拥有权进行限制，全国步枪协会支持了布什，而最终民主党候选人戈尔因为在枪支问题上的立场输掉了两个州，丢掉了总统宝座。其中一个州就是西弗吉尼亚州，该州登记的民主党人比共和党人多出两倍，两位国会联邦参议员都出自民主党人，然而，戈尔一直忽视该州，而共和党竞选人布什能够取胜的秘诀之一就是全国步枪协会对戈尔的攻击，协会对该州选民们反复说的口号就是"戈尔会拿走你们的枪，而布什不会"，加之戈尔被刻画为一个激进的环保主义者，他最终以六个百分点输掉了

①　NPR Staff，"After Tucson Shootings，NRA Again Shows Its Strength"．

作为美国产煤大州的西弗吉尼亚。① 在 2004 年大选中，尽管民主党总统候选人克里也努力寻求全国步枪协会的支持，而布什宣称如果国会通过更新的《禁止攻击性武器法》他会签署该法，布什的承诺使得许多保守的枪支权拥护者很生气，全国步枪协会对支持布什留了一手。2004 年 4 月全国步枪协会在匹兹堡举行年度大会，目的也是瞄准邻近的几个摇摆州：宾夕法尼亚、俄亥俄和西弗吉尼亚，让其会员在这几个州投票支持协会支持的候选人。切尼到场讲话，为布什支持枪支拥有权辩护，称布什尊重你们，等到了你们的支持，他很感激这一点，而克里对于宪法第二修正案的观点就是管制、管制、再管制。② 最终布什和切尼组合争取到了全国步枪协会的支持。全国步枪协会的领导还称赞布什是个猎人、枪手。超过 6 万名协会会员到场支持布什，虽然会场只能容纳 4000 人。③

在 2008 年总统大选中，全国步枪协会更是坚定地支持了共和党竞选人。麦凯恩支持枪支拥有权，并在 2008 年 8 月与其他 300 多名国会议员一起签署了一个简报，敦促最高法院做出保护宪法第二修正案的判决，反对哥伦比亚特区禁枪的法律。④ 在麦凯恩宣布选择佩林作为竞选搭档后，10 月 9 日，全国步枪协会宣布支持共和党总统候选人麦凯恩，这在很大程度上就是因为共和党副总统候选人佩林的保守立场和她作为该协会终身会员的缘故，因为该协会并不经常宣布支持总统候选人。佩林是宪法第二修正案的坚定维护者，坚定支持枪支拥有权，称自己是在阿拉斯加州打猎钓鱼长大的，与全国步枪协会保持着长期友好关系。全国步枪协会称此举使得总统竞选人奥巴马和麦凯恩之间的区别非常清楚了，称赞佩林"不只是谈论支持宪法第二修正案，这是她生活的一部分"，认为佩林将会是美国历史上最支持枪支拥有权的副总统，而拜登则将是最反对枪支拥有权

---

① "Not Kerry Country, but not Quite Bush Country either", *Economist*, September, 23, 2004, available at: http://www.economist.com/node/3220426.

② James Dao, "N. R. A. Opens an All－Out Drive for Bush and Its Views", *The New York Times*, April 16, 2004, Section A; Column 1; National Desk; Pg. 14; THE 2004 CAMPAIGN: THE GUN GROUP.

③ Cox News Service, "Gun Owners Group Backs Bush in Re－election Battle", April 18, 2004, available at: http://articles.baltimoresun.com/2004－04－18/news/0404180206_1_john－kerry－bush－and－cheney－weapons－ban. 访问日期：2012 年 10 月 8 日。

④ NRA－ILA, "Sarah Palin and Joe Biden: Worlds Apart", August 29, 2008, available at: http://www.nraila.org/legislation/read.aspx? id=4156. 访问日期：2012 年 10 月 8 日。

的副总统，① 坚定了支持共和党总统候选人的决心。另一方面，全国步枪协会对民主党总统候选人奥巴马支持禁枪的立场进行了长期的攻击。由于他的坚定的禁枪立场，还在奥巴马担任伊利诺伊州参议员的时候，他就成了全国步枪协会集中攻击的目标。在 2008 年总统选举中，全国步枪协会攻击奥巴马要把人们的枪拿走，不尊重宪法第二修正案。尽管奥巴马称自己支持宪法第二修正案，但仍然避免不了他成为全国步枪协会攻击的靶子。

全国步枪协会支持佩林、反对奥巴马的立场在后者当选后一直延续下来。2011 年 3 月，在图森枪击事件两个月之后，奥巴马邀请赞成和反对枪支管制的团体到白宫会谈，寻找解决枪支安全问题的共同基础，全国步枪协会拒绝了邀请。协会主席韦恩·拉皮尔（Wayne laPierre）称，"我们为什么要和一辈子都在试图摧毁美国宪法第二条修正案的一群人坐到一起呢"②? 其强硬立场可见一斑。全国步枪协会对奥巴马政府可能禁枪的担心甚至到了神经质的地步，由于他们眼中的禁枪总统奥巴马一直没有采取禁枪的举动，拉皮尔用"阴谋论"来解释此行为，认为奥巴马没有推动禁枪法案是因为他正在策划一个让"枪支拥有者麻痹大意"的秘密计划从而使他不会在 2012 年的大选中败选出局，如果他在 2012 年重新当选，将把宪法第二条修正案从权利法案和美国宪法中抹去。③

进入 2012 年，美国发生了多起导致多人伤亡的恶性枪击案，且这些案件多发生于校园，其中 12 月康涅狄格州纽敦镇（Newtown）桑迪·胡克小学枪击案导致 20 名幼童、6 名成人死亡，给美国社会造成了巨大的冲击。此次小学枪击惨案完全不同以往，20 名幼童惨遭杀戮震撼了美国社会。此前多次系列枪击案，包括 2007 年弗吉尼亚理工学院的严重枪击案和 2010 年初科罗拉多电影首映现场的枪击案，都没有在美国社会激起

---

① NRA – ILA，"Sarah Palin and Joe Biden：Worlds Apart"．访问日期：2012 年 10 月 8 日。

② Jackie Calmes，"Administration Invites N. R. A. to Meeting on Gun Policies，but It Declines"，*The New York Times*，March 15，2011，Section A；Column 0；National Desk；p. 24.

③ Matt Gertz，"NRA's LaPierre Reveals 'Obama Conspiracy' to Fool Gun Owners，Repeal Second Amendment"，available at：http：//mediamatters. org/blog/2011/09/26/nras – lapierre – reveals – obama – conspiracy – to – fool/181465．访问日期：2012 年 11 月 12 日。作者注："媒体对美国很重要"（Media Matters for America）是一家美国的媒体监督网站，致力于纠正美国媒体中关于保守派价值的错误信息。

控枪的浪潮。此次惨案使得 2012 年一系列枪击事件累积的反枪支情绪迸发出来，针对六到七岁儿童的屠杀激起了美国公众舆论的强烈关注，因为"美国的孩子们此前从来没有被屠杀过"。这次枪击案改变了华盛顿关于枪支管制辩论的大气候，使之到了一个临界点，奥巴马总统面临着必须要搞出新枪支管制法案才能交代过去的强大压力。

奥巴马总统开始行动起来。他指示白宫起草包括限制攻击性武器内容的枪支控制法案以提交国会，并由副总统拜登直接负责这件事。1994 年《禁止攻击性武器法》的主要发起者加州民主党女参议员范斯坦也表示她将提出新的枪支控制法案。参议院多数党副领袖、民主党人杜宾（Dick Durbin）及众议院民主党领袖佩洛西也都表示支持限制攻击性武器的法案。改革的内容首先是再次寻求禁止攻击性武器，主要是半自动步枪等武器，即在这次桑迪·胡克小学枪击案中使用的武器；恢复 2004 年到期的《禁止攻击性武器法》；禁止出售大容量的弹匣；对购枪者进行更加严格的背景审查，使精神不稳定的人更难获取枪支。

此次控枪形势变化的一个更为重要的表现是许多此前支持拥有枪支权利的民主党人转变了立场。全国步枪协会的巨大能量来源于两党一致的支持，不仅是共和党人，还有为数不少的民主党人也是它的重要支持者。长时间以来，支持枪支权利的三位民主党人，包括参议院多数党领袖里德（Harry Reid）、弗吉尼亚州参议员沃纳（Mark Warner）、西弗吉尼亚州参议员曼钦（Joe Manchin）都明确表示必须考虑采取一些措施来处理枪支管制问题。其中作为猎人和全国步枪协会成员的曼钦的表态引起很大关注，他曾经帮助阻止了控枪者的多次努力，多次因为步枪协会的支持而当选参议员，包括 2010 年中期选举和 2012 年的大选。但对这次惨案，他公开呼吁采取一些合理的管制措施，称"没有猎人会带半自动步枪或者是超过 30 发子弹的大容量弹匣去打猎"。同时，要求枪支管制的组织和人士也积极行动起来，"布雷迪运动"及"反对非法枪支市长联盟"要把此次事件作为一个推动枪支管制措施出台的重要契机。

然而，枪击管制的努力仍然面临巨大的反对力量。枪支管制一直在美国政治中是个不太重要的议题，枪支在美国社会中广泛存在。即便发生了如此严重的枪击事件，美国民众对于枪支管制的态度也没有一边倒，基本还是"五五开"。《华盛顿邮报》和美国广播公司新闻网的联合民调显示，美国民众对于枪击管制的态度没有明显变化，大部分的美国人表示支持全国范围内禁止大容量弹匣的使用，50%多一点的人赞同禁止半自动手枪，将近3/4的美国人仍然反对全面禁枪。大部分共和党人仍然是枪支权利的支持者，他们对于此事件基本保持沉默。一些共和党人在如此不利的舆论环境中继续公开反对枪击管制法案，坚持其宪法赋予的持枪权，并引用华盛顿总统的话"一个自由的人必须是持有武装的人"进行辩护，认为枪支权利是反对政府暴政的保障，而且枪支管制法律起不到作用。调查也显示，仍然有一半的美国人认为控制措施起不到作用。美国人珍视的持枪权利仍难于动摇。

随着桑迪·胡克小学枪击案引发的冲击波逐渐减弱，惨痛的记忆逐渐模糊，全国步枪协会开始发起一系列反对控枪法案的活动，其巨大的活动能量使得即便在这一惨案发生后，出台控枪法案仍然是难于企及的目标。

事件发生后几天，处于风口浪尖的全国步枪协会公开发表了对事件表示慰问并要为此做出"有意义的贡献"的声明。主席拉皮埃尔在事件发生一周后做出反应，从协会的一贯立场出发，辩称应该加强学校安全，在所有学校配备武装起来的保安。尽管他的辩解被称为"完全不在调上"，是"疯狂"的，但这就是全国步枪协会的既定立场：禁枪不会带来安全，只有枪支才能带来安全。拉皮埃尔于2013年1月在参议院司法委员会做证时更提出了建立"模范学校保护项目"，保证学校安全，认为这样才能保证学生安全；许多枪支管制措施如背景审查没有作用，禁止半自动武器没有降低犯罪率。[①] 随着时间的推移，民众情绪逐渐平静，公众对控枪的支持从2013年2月枪击惨案后两个月的最高点（那时大多数公众表示支持）逐渐滑落，降到4月的55%，另外有44%的人认为不应该有太严格的控枪法案出台，应该保持现状不变。

同时，大部分共和党议员还是保持着反对控枪措施的立场。而对于许多民主党人来说，枪支问题一向是非常危险的议题，都不愿意去碰。2012年夏天科罗拉多电影首映式的枪击案发生后，许多民主党人几乎没有做出什么反应，从中可以看出他们对于全国步枪协会的影响力是多么害怕。在桑迪·胡克小学惨案后全美对于加强枪支管制的情绪浪潮中，许多民主党

---

① Testimony of Wayne LaPierre Before the U. S. Senate Committee on the Judiciary Hearing on "What Should America Do About Gun Violence?", 216 Hart Senate Office Building, January 30, 2013. 参见美国国会参议院司法委员会官方网站上的内容：http://www. judiciary. senate. gov/imo/media/doc/1 - 30 - 13LaPierreTestimony. pdf。最后访问日期：2015年8月15日。

人敢于公开支持控枪，但仍然有为数不少的民主党人依靠支持持枪权利而上台，在竞选压力下还是不敢支持控枪。

在这样的政治背景下，尽管有奥巴马政府的强力推动，有多数民主党人的支持，最终以全国步枪支协会为代表的拥护持枪权利、维护宪法第二修正案、反对政府严格的控枪措施的力量仍然占了上风。2013 年 4 月 17 日，被认为最有希望在参议院通过的、由两党议员共同推动的对购枪者进行全面审查的法案在参议院投票的结果是 54 票赞成，46 票反对，因离通过还差 6 票被阻止。四名来自共和党占优势的州的民主党人投了反对票，他们分别来自阿拉斯加、阿肯色、蒙大拿及北达科他州，其中包括来自蒙大拿州的民主党人鲍卡斯（Max Baucus）。他们投反对票和其他投票反对的共和党人一样，是因为反对严格的控枪法案反映了其选民的意愿。参议院多数党领袖里德也投了反对票。

另外两个旨在禁止大容量弹匣及禁止半自动步枪等攻击性武器的生产和销售的法案获得的支持更少，只得到 40 票赞成，根本无法通过。此后，想要重拾此前几个月控枪法案的动力和势头，已经不大可能。此轮控枪法案的命运也就注定了。

全国步枪协会在此期间卓有成效的基层游说活动是导致控枪法案失败的重要原因。在游说方面，除了经常被提及的全国步枪协会资金充足、在每个选区动员支持枪支权利者出来投票、雇佣了经验丰富的内部和外部游说的说客这些原因之外，全国步枪协会在游说活动中细致而有策略的做法才是最根本的原因。首先他们对基层游说的组织者的领导能力进行了培训，以更好地动员志愿者进行游说活动。组织者们将志愿者们看作朋友，叫得出每个志愿者的名字，并对志愿者进行培训、给他们好的装备，不停鼓励他们，组织了真正有效的草根游说。并且，步枪协会的草根游说活动非常注重与议员面对面的交流，效果大大好过电子邮件，而支持控枪的组织则还是主要依靠没有针对性的广告投放，这些广告投放甚至在一些州起到了反作用。全国步枪协会在美国政治中的参与和取得的成功充分表明了非营利组织在美国政治生活中扮演的重要角色。它不仅在自己主张的政策方面发挥着重要影响力，深刻影响了美国对枪支管制的政策，而且由于长期的支持和游说，它成为美国政治生活中一股很强的力量，它作为共和党的长期保守盟友，是影响美国政治、选举的重要角色。作为一个关注单一问题的非营利组织，全国步枪协会无疑是美国公民社会运行中一个非常重要的参与者。

2015年8月26日清晨，美国弗吉尼亚州WBDJ电视台24岁的女记者艾莉森·帕克（Alison Parker）和27岁的摄影师亚当·沃德（Adam Ward）在进行直播采访时被该电视台前员工韦斯特·弗拉纳根（Vester Lee Flanagan）枪杀，这个场面震惊了全美，舆论为之哗然。从白宫到居民社区，人们无不强烈谴责这场呈现在大众传媒镜头前的真实的屠杀，同时也开启了新一轮控枪与反控枪的大辩论。帕克的父亲安迪·帕克（Andy Parker）在接受美国有线电视台（CNN）等主流媒体的访谈时，把攻击矛头直指全国步枪协会，呼吁公众行动起来，迫使那些懦弱的和被全国步枪协会控制（In the pockets of The NRA）的政治家们制定更加严厉的控枪措施。[①] 与此同时，全国步枪协会也展开了进一步的宣传攻势，为自己的一贯立场辩护。"弗吉尼亚直播枪击案"能否成为美国国会控枪立法的一个转折点，还有待观察。

二　公民权利团体与国内政治

美国政治中的公民权利团体指的是根据美国宪法特别是其中的《权利法案》的规定，保护美国公民权利的团体。这些权利包括人们耳熟能详的政治自由权利例如选举权、投票权、言论自由权、自由集会权、出版权、宗教自由权、财产权、隐私权等。在现代美国社会中，除了上述政治自由权利之外，公民权利或称人权也被认为是更广泛意义上的公民权利的一个重要组成部分，它包括了所有人类应该享有的权利、权益或是免于遭受贫穷、疾病和饥饿的一切权利。因此，概括起来，美国当代政治中的公民权利包括的范围十分广泛，相应地，美国政治中保护和倡导这些公民权利的团体也是五花八门，无所不包。笼统地说，美国政治中的公民权利团体大约是根据美国联邦税法注册为501（c）（4）的团体，即公民联盟和社会福利团体。它们的成立就是为了保护和倡导作为一个公民应该享有的

---

① Amanda Terkel，"Slain Reporter's Father Demands 'Coward' Politician Take Up Gun Control"，August 27，2015，retrieved from：http：//www. huffingtonpost. com/entry/andy - parker - gun - control_ 55df1a3be4b08dc094868b2b？utm_ hp_ ref = politics，访问日期：2015年8月28日。

权益，因此，它们积极投身于美国政治活动中，为美国人各个方面，包括政治和非政治的权利、自由、权益而努力。大致来看，公民权利团体主要包括几种重要类型：公民政治权益或称宪法权利维护团体、有色人种权益团体或称非洲裔美国人及其他少数族裔权利团体、妇女权益团体、其他公民权利组织例如同性恋团体等公共利益团体。

公民政治权益或称宪法权利维护团体指的是维护美国宪法规定的各种政治权利的团体，例如美国公民自由联盟、"共同事业"组织等。从广泛意义上来说，维护少数族裔的权利及妇女权益的组织也包括在这类组织之中，因为这些组织成立之初到现在的主要活动之一就是维护少数族裔和妇女根据美国宪法应该享有的政治权利，例如选举权和投票权。这些组织中较有名的有全国有色人种协进会、全国妇女组织等。其他公民权利组织包括一些在社会权利方面倡导和主张各种公民权利的组织，例如同性恋组织、反对堕胎的组织和允许堕胎即尊重自由选择权的组织。公民利益团体是个较为特殊的类别，它是为保护和促进公共的、相对广泛的公众利益的团体，例如各种人权促进集团、消费者保护集团等。这个类别可能和政治权益集团重合。

美国宪法和法律规定了美国公民享有广泛的自由和权利，现在美国公民在实践中确实享有这些自由和权利，包括许多少数族裔权利、同性恋、双性恋和跨性别人士、残疾人、罪犯等处于社会边缘的少数者的权利也得到了保护，美国社会显示出多元发展的自由社会形态。然而，就在一百年前甚至是半个世纪前，美国社会对于上述许多权利，包括少数族裔的选举权、妇女儿童的保障、对社会异端的容忍程度，却完全是另外一个样子。推动并促成这种长期而巨大的变化的一个重要力量，就是美国社会中存在着的形形色色的公民权利组织。他们组织起来，通过发起司法诉讼、立法游说、社区教育和沟通，乃至组织全国或地方性的抗议、示威、游行活动，强调公民根据宪法享有的各种权利和自由应该得到保障，通过一个个的司法判例，通过一次次的国会游说、组织各种活动，在几十年的时间里逐步地改变了美国社会的舆论，使得美国公民应该享有的这些权利和自由得到了具体的保障。美国的公民权利团体在此过程中所发挥的巨大作用不容忽视。本章将在少数族裔权利、公民自由与政治权利、同性恋者权益保护及公民公共利益的维护等几个方面，通过案例分析，论述美国非政府组织在促进美国公民社会形成和运行的过程中所起的重要作用。

（一）全国有色人种协进会与美国黑人权利问题

全国有色人种协进会（National Association for the Advancement of Colored People，NAACP）成立于 1909 年，是美国历史最为悠久、最有影响力的民权组织之一，是一个促进黑人民权的全国性组织，总部设在马里兰州巴尔的摩市，在加利福尼亚、纽约、密歇根、科罗拉多、佐治亚、得克萨斯及马里兰州设有地区办公室。截至 2007 年，它共有会员约 40 万人，其使命是"确保所有人都享有平等的政治、教育、社会和经济权利，消除种族歧视"。[1]

全国有色人种协进会的成立，可追溯到 20 世纪初期的尼亚加拉运动（Niagara Movement）。从 1890 年到 1908 年，美国南部一些州兴起了剥夺公民权利（disfranchisement）的运动，许多南部州的立法机构制定了新的宪法，制定了更为复杂的选举规则和选民登记制度，许多行使投票权达 30 年的黑人被告知自己没有资格投票。1905 年，一群黑人知识分子针对此问题举行集会，商量解决此问题可能的途径和战略。由于当时美国的种族隔离制度，他们在原定在水牛城举行的集会无法找到合适的旅馆。在哈佛的黑人学者杜波依斯（W. E. B. Du Bois）的领导下，他们的集会不得不在美国和加拿大边境位于加拿大一侧的尼亚加拉瀑布附近的一个旅馆里举行，他们发起的运动也因此得名"尼亚加拉运动"。集会后发表的运动纲领为：第一，反对种族隔离；第二，反对种族歧视；第三，反对包括剥夺出任陪审团在内的公民正当政治权利；第四，要求民权与自由；第五，要求工作机会的平等；第六，要求住家的平等；第七，要求教育的平等。一年后，三名知名白人精英，即新闻工作者威廉·沃林（William E. Walling）、社会工作者玛丽·欧文顿（Mary White Ovington）、亨利·莫斯科维

---

[1] 参见全国有色人种协进会官方网站："About Us"，available at：http：//www. naacp. org/pages/our‐mission。需要指出一个事实：关于其会员总数，该协会并没有一个权威性的说法，2007 年的数字来自《华盛顿邮报》2007 年的报道：Erin Texeira，"NAACP Head Resigns After 19 Months"，March 5，2007，Available at：http：//www. washingtonpost. com/wp‐dyn/content/article/2007/03/04/AR2007030401317_ pf. html。其中 30 万人为定期缴纳会费的会员，其他 10 万人为不缴纳付费的会员。最后访问日期：2015 年 8 月 15 日。2011 年时，该协会在一篇报道中间接提到其会员人数仍然为 30 万人，参见："NAACP Passes Resolution Supporting Strong Clean Air Act"，August 04，2011，available at：http：//www. naacp. org/press/entry/naacp‐passes‐resolution‐supporting‐strong‐clean‐air‐act，访问日期：2015 年 8 月 15 日。

奇（Henry Moskowitz）加入了运动。随着更多白人精英的加入，"尼亚加拉运动"开创了一个全新的局面。

1908 年，在林肯总统的故乡伊利诺伊州春田镇发生了种族骚乱，玛丽·欧文顿与她的另外几位白人同志感到了建立一个有效的民权运动组织的紧迫性。1909 年 2 月，他们重新整合了已经是一盘散沙的"尼亚加拉运动"，成立了全国有色人种协进会，协会主要领导人都是白人，其中大部分是犹太人，执行董事会成员只有杜波依斯是黑人。协会宣布其使命是推动权利平等，根除美国存在的种族歧视和偏见，维护有色人种的利益，保证他们公正的权利，增加他们在法庭上取得公正的机会，为他们的孩子取得力所能及的受教育和就业的机会，保证法律面前人人平等。此后，全国有色人种协进会逐渐发展成为一个更有影响、更加多元的组织，这改变了整个美国近代民权运动发展的意识形态。同时，"尼亚加拉运动"也照样存在，但活动并不频繁，其组织与成员与全国有色人种协进会有许多重叠。

成立之后的 1913 年，协会将主要的斗争目标指向了将种族隔离合法化的"吉姆·克劳法"（Jim Crow Law），采用的主要是提起诉讼的手段。当年协会发起反对威尔逊总统将种族隔离政策运用到联邦政府的政策、办公室和雇用人员方面的活动。1914 年，协会为美国非洲裔美国人赢得可以在一战期间担任军官的权利，600 名美国黑人被任命为军官，70 万黑人登记参军，协会也因此名声大振，成员发展到 6000 人，成立了 50 个分支机构。此后，协会更加积极地投身到反对剥夺公民权利和种族隔离中来，发起了更多的诉讼。它在 1915 年"吉恩诉美国"（*Guinn v. United States*）一案中赢得官司，最高法院判决俄克拉荷马州的剥夺黑人投票权的祖父条款无效。1917 年又使得最高法院在"布坎南诉沃利"（*Buchanan v. Warley*）一案中判决肯塔基州路易斯维尔市政府法令违宪，不得限制有色人种在白人居住区居住。1917 年，美国前驻委内瑞拉领事、知名学者和专栏作家詹姆斯·约翰逊（James Weldon Johnson）加入美国有色人种协进会，成为该组织的第一位黑人执行秘书长。在他的努力下，短短四年内，协会成员从 9000 人增加到近九万人，1920 年约翰逊也成为该组织的重要领导人。在接下来的十几年里，协会加强了其游说和诉讼的努力，逐渐发展成为在美国占主导地位的民权组织，特别是它揭露种族隔离法——"吉姆·克劳法"的罪恶，以及努力通过联邦反私刑法，获得了更大的影响并且还因为保护美国黑人和平等权利而开始名扬国外。

私刑如今在美国是一个重罪，但一百多年前，特别是内战后，在美国特别是南部各州广泛存在着，它指的是不受法律管辖的处决权，维护白人的优越地位和种族隔离政策。1882—1968年，一共有3446名黑人被私刑处死，其中大部分发生在1920年之前。[①] 全国有色人种协进会将反对私刑作为一个斗争的重点，投入大量精力和时间推动反对私刑的联邦立法，并游说国会和教育公众，推动全国人民支持反对私刑。1923年，他们的努力获得重大胜利，在当年"摩尔诉邓普西"（*Moore v. Dempsey*）一案中，最高法院显著扩大了联邦法庭对州刑事司法系统的监督权。除了提起诉讼之外，全国有色人种协进会也试图在国会努力通过联邦反对私刑的法案，但由于南方各州剥夺政治权利的法律，国会中缺少来自南方各州的黑人议员，难于组织起打破南方议员议事障碍的行为，它的努力没有取得成功。

与此同时，协会还通过演讲、游说、宣传等手段，让更多的美国人知晓种族平等的必要性，其中由杜波依斯负责主编的协会刊物《危机》发挥了重要作用。作为美国第一位获得哈佛大学博士学位的黑人，杜波伊斯于1910年辞去佐治亚州亚特兰大大学的教职，全心专注于《危机》的编辑和写作，他在这个职位上干了25年之久，将《危机》的发行量从1910年的1000份，提高到1920年的10万份，同时他还每周定期为美国主流报纸如《芝加哥自卫者》（*Chicago Defender*）、《匹兹堡快讯》（*Pittsburg Courier*）、《纽约阿姆斯特丹》（*New York Amsterdam*）、《旧金山纪事》（*San Francisco Chronicle*）和另外三份非洲裔美国人的报纸写专栏，鼓吹非洲裔美国人的民权运动。杜波依斯也因为他的著作和《危机》的发行量而名扬美国。

20世纪50年代，全国有色人种协进会的斗争指向了公立学校的种族隔离政策，该政策由1896年"普莱西诉弗格森"（*Plessy v. Ferguson*）一案确立，当时最高法院做出了"隔离但平等"这一原则性的判决。最高法院这个臭名昭著的裁决，事实上宣布公立学校里将黑人和白人孩子隔离的做法符合宪法。全国有色人种协会早在20世纪30年代就开始通过诉讼

① Lynchings, "By State and Race, 1882－1968", University of Missouri－Kansas City School of Law. vailable at: http://law2. umkc. edu/faculty/projects/ftrials/shipp/lynchingsstate. html. Retrieved 2012－05－17。作者注：私刑不仅针对美国黑人，根据这个统计资料，1882—1968年还有1297名白人死于私刑。

试图改变学校里的这种种族隔离状况，在起初的几个案子里，协会取得了一系列小的成就，表明种族隔离的设施其实并不平等。从 1950 年到 1952 年，协会一共提起了五个诉讼，经过几十年的努力，协会的司法诉讼部门终于在 1954 年的"布朗诉教育委员会"（*Brown v. Board of Education*）一案中取得历史性的成就，最高法院做出了公立学校实行种族隔离违反宪法第十四条修正案关于平等保护的条款的裁决。

"布朗案"其实由来自堪萨斯、南卡罗来纳、弗吉尼亚、哥伦比亚特区和特拉华州五个不同司法管辖区的六个案子构成，之所以人们都称之为"布朗案"，是因为其中一个来自堪萨斯州的原告布朗的名字在法院文件上排在第一，在最高法院的诉讼过程中，来自全国有色人种协进会的律师罗伯特·卡特（Robert Carter）是他的代理律师。卡特采用了创新的策略，通过社会科学家和其他专家的证词来表明种族隔离对于非洲裔美国孩子的心理伤害，从而为诉讼的胜利打下了基础。①

"布朗案"的裁决在南方各州激起了对黑人的极大敌意，各州极力抵制最高法院的裁决，拒不执行，许多全国有色人种协进会的地方机构遭到有预谋的攻击，协进会来自南方的会员数量大幅度下降。美国最高法院在 1955 年又做出让步，允许南方各州以"审慎的速度"实行"布朗案"的裁决。

但同时，"布朗案"裁决的影响是深远而巨大的，全国有色人种协进会收到无数来自全国的贺电，全美爆发了声势浩大的争取黑人平等权利的运动，成为 20 世纪 50 年代及 60 年代如火如荼的民权运动的先声，全国有色人种协进会俨然已经成为黑人民权行动的领袖组织。

在"布朗案"裁决的鼓舞下，全国有色人种协进会开展了争取在南方各州全面消除种族隔离政策的活动，1955 年 12 月 2 日，全国有色人种协进会积极分子，包括亚拉巴马州蒙哥马利市协会主席埃德加·尼克松（Edgar D. Nixon）、市有色人种协进会秘书罗莎·帕克斯夫人（Rosa Parks）在蒙哥马利市组织了公交车抗议活动，他们在公交车中拒绝让座给白人，抗议市公交车关于种族隔离的法规，被警察逮捕和控告。此次公交车抗议活动持续了 381 天，参加活动的黑人领袖们一致同意开展两条战

① "NAACP Legal History", available at: http://www.naacp.org/pages/naacp - legal - history, retrieved on May 16, 2012.

线的斗争，一面向法院控告市公交车法规违反宪法，另外则于12月5日在全市开展黑人群众性直接行动，抵制乘坐公交车。

亚拉巴马州政府很快采取行动，在其管辖范围内全面禁止了全国有色人种协进会的活动。尽管最高法院后来推翻了亚拉巴马州的禁令，但是，在被禁止活动期间，协进会担心其会员遭到报复和解雇，因而服从禁令，没有继续进行活动。尽管最后公交车抗议活动取得胜利，最高法院裁决蒙哥马利市的种族隔离政策违法，但全国有色人种协进会在民权运动中的领导地位也由此丧失。更为主要的原因是许多新的民权组织涌现出来，如南方基督教领导会议（Southern Christian Leadership Conference）、学生非暴力协调委员会（Student Nonviolent Coordinating Committee）等，它们更愿意采取组织群众直接抗议、组织大规模集会的方式来争取权利，而不是诉讼和争取通过立法。全国有色人种协进会执行主席威尔金斯（Roy Wilkins）多次因为民权运动的战略和领导权问题，与马丁·路德·金（Martin Luther King, Jr.）博士及其他民权运动领袖发生冲突，协会在民权运动中的领袖地位被马丁·路德·金等人取代。

全国有色人种协进会仍然坚持开展通过诉讼和国会立法争取民权的活动，到20世纪60年代中期，由于它在争取国会就民权法案进行立法的活动中的表现，它在民权运动中的地位有所恢复。1964年，国会通过了《民权法》，次年通过了《投票权法》。此后，全国有色人种协进会的活动进入低谷，20世纪90年代前期更是深陷债务危机，到1996年时其专职成员从1992年的250名减少到50人，其主席和执行主任也多次更换。直到20世纪90年代后期，它的财政状况才有了好转，协会的全国投票基金也能够组织起大规模的"出门投票"运动，参加投票的黑人从1996年的100万人增加到2000年的1000多万人，在2000年大选中为民主党竞选人戈尔在许多州的胜利立下了功劳。

经过不懈的努力，全国有色人种协进会领导的反对种族隔离政策斗争取得了很多成就。它为私人承担诉讼费用进行有关诉讼的做法，使得诉讼成为维护公民平等权利的重要模式。但它的局限也在于此，由于它主要进行法庭斗争，在20世纪60年代民权运动高峰到来之际失去了在美国民权运动中的领袖地位，此后它一直坚持其通过诉讼和立法维护黑人平等权利的道路至今。如今，全国有色人种协进会已经发展成为一个在各方面为遭受不平等待遇的人士争取权利的组织，早已不只是仅关注黑人平等权利的组织。然而，在新时代条件下，黑人事实上面临不平等的对待，为黑人争取同等的经济、教育平等权利，仍然是全国有色人种协进会的中心目标。

2009 年 1 月，美国历史上第一位非洲裔总统奥巴马就职，美国有色人种协进会也迎来了成立 100 周年的日子。奥巴马总统在有色人种协进会成立百年的纪念活动的发言中也提到，民权运动和全国有色人种协进会的努力，为他能够取得里程碑式的重大成就铺平了道路，他鼓励协会继续帮助美国人民取得他们的成就。协会的主要成就体现在推动废除私刑，结束三 K 党的暴行，取消南方各州剥夺黑人权利的法律，终结臭名昭著的种族隔离法律。这些都是伟大的成就，推动了美国社会的进步，也是美国公民社会发展过程中的巨大成就。在其 100 年的发展过程中，它已成为寻求自由、正义和平等的美国公民的灯塔和庇护所。

进入 21 世纪后，全国有色人种协进会在继续通过司法诉讼和立法努力维护公民权利的同时，将重点放在了经济、医疗保健、教育和选举权，以及刑事司法体系方面。协会认为，根除偏见，确保所有人的民权和人权的斗争将一直持续下去。而且，黑人在许多方面仍然处于事实上的不平等地位，例如，黑人失业率长期以来一直是白人的两倍，有些研究表明大部分的雇主仍然愿意雇用有犯罪记录的白人而不是没有犯罪记录的黑人，黑人孩子上的学校大都质量不佳，处于事实上的隔离状态，而黑人社区的医疗保健措施比起其他社区来说还是差了太多。而这些不平等，许多方面是因为深层的原因，即结构性的不平等造成的，由于美国长期的歧视传统留下来的深层障碍，许多社区的发展仍然受困于此，仍然处于被忽视的状态。

具体来说，下一个百年，全国有色人种协进会将通过敦促创建支持对所有社区采用一致的政策，加强执法，建设安全的社区；提高教育质量，确保所有孩子都能有同等机会完成高质量的教育；敦促联邦政府采取措施，确保经济政策的实施以一种不违反民权和人权的方式进行；在医疗保健方面减少不平等，给没有保险的人提供医疗保险；建立公正的贷款制度，保护因还不起贷款而被收回房子的人的利益。

全国有色人种协进会的百年历史反映了百年来非洲裔美国人保护自己不受伤害、争取同等权利的历程。它主要通过诉讼方式争取权利的做法在

20世纪60年代民权运动高潮到来之前取得了重大成就，导致种族隔离政策走上了结束之路。这个贡献也成就了全国有色人种协进会的名声，体现了它在其中发挥的巨大推动作用。后来，在民权运动高潮之中，该组织让位于领导大规模民众示威、抗议路线的新型民权推动组织。在美国整个争取民权的运动过程中，美国公民权利得到很大推动，以全国有色人种协进会为代表的公民权利组织的活动，彰显了美国公民社会取得的重大进步，推动着美国社会的进步。在新时代条件下，它继续在教育、经济、医疗保健等方面推动黑人的平等权利，继续作为美国公民社会重要一员，发挥着重要作用。

（二）美国公民自由联盟与美国的公民权利

美国公民自由联盟（American Civil Liberties Union，ACLU）是一个旨在维护和保卫美国宪法及其修正案和法律所保障的属于每一个公民的权利及自由的非营利组织。它网站上的一个口号是：自由是不会自动维护自己的。具体来说，它维护的美国公民的权利主要包括：美国宪法第一条修正案中规定的公民权利，即言论、结社及集会自由，新闻出版自由和宗教自由权；获得法律保护的平等权利，不受不合法的歧视，即无论何种种族、性别、宗教或国籍，都受到平等的对待；正当程序权，即无论何时面临失去自由或财产的威胁时，都受到政府的公正对待；隐私权，即免受政府不正当地干涉公民个人及私人事务的权利；以及保障那些一直以来权利未得到保障的人群（包括所有非白种人的有色人种、妇女、男女同性恋者、双性恋者及变性人、罪犯、艾滋病人、移民、残障人士等）的权利。它的原则是如果美国社会中处于最弱势地位的少数派的权利得不到保障，那么每个人的权利都会受到损害。

该组织主要通过司法诉讼、立法游说及社区教育活动来实现其目标。像其他美国非营利组织一样，为了方便进行政治游说活动，它也由两个部分组成，一是注册为第501(c)（3）条款机构的美国公民自由联盟基金会（ACLU Foundation），主要进行司法诉讼和沟通活动，另一个是注册为第501(c)（4）条款机构的美国公民自由联盟，专门进行立法游说。它正式成立于1920年，目前有会员50万人，并在全美所有50个州、哥伦比亚特区及波多黎各都设有办公室，在首都华盛顿和全美各州议会都有常驻人员，进行政治游说。美国公民自由联盟拥有200名专职律师进行诉讼活动，并有 2000 多名律师志愿者帮助进行相关诉讼工作。① 该组织每年要处理相关诉讼案件近 6000 起。②

以捍卫美国宪法赋予的各项权利和自由为宗旨的美国公民自由联盟自成立以来却一直是个不断引起争议的组织，保守派和自由派都抨击它。在保守派看来，它是一个极端自由的组织，被视作美国法律体系内自由主义思想的堡垒。它倡导绝对自由权利的做法引起了保守派及社会上一般民众的极大反感，甚至是左派自由主义者的批评，它为最不得人心的、最不受欢迎的言论自由辩护，即使这些言论和观点或行为不为大多数人所接受。其中最为极端的就是美国公民自由联盟为新纳粹分子组织、为猥亵儿童组织，以及各种极端分子的权利进行辩护，这些行为遭到最多的批评，使之成为争议很大的组织。

从另外一个角度看，美国公民自由联盟一直明确地表示自己的宗旨是为了维护美国宪法保障的民众个人的自由和权利，严格阐释宪法和权利法案所规定的权利，宣称它关于保护少数人权利的理念才是保障真正的自由民主原则。从这个意义上讲，该组织是一个保守的组织。在它看来，如果少数人，特别是理念和主张远离大多数民众的异见者的宪法权利和自由得到了保障，那么大多数民众的宪法权利和自由也就有了保障。从美国的实践来看，从该组织争取到的权利来看，民主制度保障人民的自由和权利，但是这还只是一个理论。民主制度所保障的人民的自由和权利，具体而言应该是个人的权利和自由，没有像美国公民自由联盟这样的组织，具体的保护很难于实现，而处于少数的、弱势的、非主流的个人最容易遇到麻烦，最需要保护。正如该组织网站所说，在该组织成立的 20 世纪 20 年代，美国最高法院没有为言论自由权发表过哪怕一个单独的声明，人们会因为发表反战言论而被投入监狱，妇女也才刚刚获得了选举权，由政府批准的对黑人的暴力行为司空见惯，而这些都是该组织努力的方向。美国社会一直到 20 世纪 60 年代以前，都还远远不是像今天这样承认多元文化，关注弱势集团的利益和权利。今天在美国对于妇女、少数民族、移民、残疾人等少数集团的尊重和保护，在那个时代还只是自由主义者呼吁的理

---

① 参见美国公民自由联盟官方网站："About the ACLU"，http：//www. aclu. org/about - aclu - 0. 访问日期：2015 年 5 月 25 日。

② 参见美国公民自由联盟官方网站："ACLU History"，http：//www. aclu. org/aclu - history。访问日期：2015 年 5 月 25 日。

想。没有后来美国公民自由联盟的这些努力，像男女同性恋、双性恋者及变性人这种特别的少数群体的宪法权利的维护是不可想象的。至于对为臭名昭著的三 K 党、新纳粹等的辩护，美国公民自由联盟的回答是，他们为之辩护并不是因为赞成其主张，而是捍卫其言论自由和集会自由的权利。因为从历史上看，那些观点最容易引起争议或者是最为极端的人群的权利是最容易受到威胁的，一旦政府拥有了侵犯某一个人的权利的权力，它就可以运用这种权力来对付每一个人。联盟的目标就是在这种广泛的侵犯权利情况发生之前制止它。

从该组织成立及其发展历史来看，它最初成立于 20 世纪 20 年代左翼反战运动的风潮中，因此，该组织的历史一直带有浓厚的左派自由主义色彩。在美国参加第一次世界大战前，一些主张社会改造的激进人士组织了各种各样的组织和政党，他们反对美国卷入战争，主张劳工权益和妇女权益，常常举行集会和示威。美国社会对苏俄共产主义革命对美国的影响非常担忧，社会保守大众对左翼运动的敌意也越来越浓。在这种情况下，对共产主义思想传播的恐惧、国家利益压倒一切的舆论甚嚣尘上，民众的言论自由权利为此付出了代价，从 1919 年 11 月到 1920 年 1 月，当时的美国司法部部长帕尔默发动了臭名昭著的"帕尔默袭击"（Ralmer Raids），开始围捕和驱逐所谓的激进分子，宪法规定的不受非法搜查和财产充公的权利被侵犯，许多人在没有逮捕令的情况下被捕，公民自由和权利遭受了严重侵犯。一些反战人士在罗杰·鲍尔德温的带领下成立组织，为那些因为印刷或发表反战言论而被起诉、罚款或监禁的人士打官司，支持工会组织起来进行集会，并于 1920 年成立了美国公民自由联盟。

成立之后，美国公民自由联盟开始为维护公民应该享有的各种自由和权利而奔走，主要通过诉讼的方式来进行。它主要选择影响会很大并有可能引起新的基础的创立或者是新的先例的形成、能够加强美国人民自由的案子。1925 年，联盟为因出版号召革命的册子而被纽约州法律定罪的基特洛（Benjamin Gitlow）辩护，虽然没能使基特洛免罪，但联盟著名律师波拉克（Walter Pollak）在法庭上令人信服地指出，根据宪法第十四修正案的正当程序条款，各州要尊重《权利法案》，在本案中涉及的是言论自由权，即言论表达的自由是受到《权利法案》保护的，是各州不得削弱的。他的辩论使大法官们受到很大的震动。1925 年最高法院做出裁决并在判词中第一次明确地提出了这一点。这场官司开了一个先例，此后美国宪法第一修正案的适用范围开始进入州的司法领域。在此案及其接下来的其他案子的影响下，此后由于国家安全的考虑而对言论自由的压制开始给宪法第一条修正案以尊重和让路，而且此案也成为一个十分重要的开端，为其他宪法涉及的重要权利的判决开了一个重要的先例，① 成为美国公民自由联盟一个里程碑式的诉讼。在接下来的时间里，美国公民自由联盟通过一个个诉讼维护公民在各种情况下的各种自由权，包括言论、出版、集会等自由权。

　　1925 年，联盟律师为田纳西州教师斯科普斯（John Scopes）辩护，挑战该州通过的禁止进化论教学的法律规定。虽然这次行动失败了，但联盟此举却使之成为一个轰动一时的官司，使得公众开始了解学术自由的重要性。20 世纪 30 年代，在工会与泽西市市长黑格（Frank Hague）一案中，联盟支持工会集会权，向法院发出意见请求，要求废止该市长发出的禁止工会散发传单的禁令，最终最高法院做出有利于工会的判决，最高法院的裁决成为维护宪法第一修正案关于集会自由权的重要判例。越南战争时期，尼克松政府禁止《纽约时报》和《华盛顿邮报》报道关于美国卷入越战的国防部材料的案子一直打到最高法院，联盟照例签发了非当事人意见陈述书，反对限制新闻自由，最终法院支持了《纽约时报》，这一裁决成为捍卫新闻自由的重要判例。此外，20 世纪六七十年代，联盟还卷入了维护宪法第一修正案保护言论自由权的多起诉讼，通过这些诉讼，让美国公众对在新闻、出版、集会、艺术、学术等方面的言论自由的重要性有了更多认识，使公众认识到，没有这个重要权利，其他许多权利也会被侵害。20 世纪末，世界进入网络时代，联盟又为互联网上的言论自由进行辩护，和其他组织一道起诉 1996 年国会通过的《通讯正当行为法》（Communication Decency Act）关于互联网言论审查规定中禁止"不正当"的言论的条款违反宪法关于言论自由的第一条修正案，最高法院最后的判决支持了联盟的观点，判决该法违宪。"9·11"事件之后，在反恐战争的背景下，美国政府采用了许多高科技手段加强对恐怖活动嫌疑人的监察的同时，普通公众也受到未经授权或是无正当程序的监视，隐私权不可避免地受到侵犯，联盟为此发起数字时代保护公民自由倡议，保护公民在新

---

① "ACLU History：Early Breakthroughs for Free Speech"，http：//www. aclu. org/free - speech/
aclu - history - early - breakthroughs - free - speech. 访问日期：2012 年 5 月 25 日。

技术条件下的言论、结社和隐私权，防止政府以国家安全的名义侵犯公民自由权利。

联盟所持有的极端自由立场——保护极端分子例如纳粹或激进分子的宪法权利和各种自由，或说是极端保守立场——指它坚决维护关于美国宪法《权利法案》的一贯做法，导致它引发了多起争议很大的事件。早期的如珍珠港事件后，联盟是唯一为被驱赶至集中营的日裔美国人辩护、抗议罗斯福政府政策的组织。1977 年，联盟为向芝加哥斯科基市（Skokie）郊区进军的新纳粹组织辩护，联邦地区法院驳回了新纳粹组织到该地游行和示威的请求，而联盟却挑战此判决，认为即使是最极端的、最不受欢迎的组织的宪法权利也应该得到维护，如果宪法的权利是适用于每一个人的话。联盟的这个行为走了极端，引起全国轩然大波，联盟本身就有 3 万名成员退出组织以示抗议。最终 1978 年最高法院推翻了此前的判决，认为即使是人们仇恨的集会和言论自由权利也应该得到保障，支持了联盟的主张。但最终新纳粹组织并没有进行游行。1982 年，联盟还为儿童色情作品辩护，称只要是非淫秽的作品都应该享有宪法《权利法案》赋予的出版权利，此后联盟还多次为儿童色情作品辩护，认为只要不是在真人基础上创作的作品都应该受到保护。联盟的这些所谓坚持绝对自由和坚决维护宪法《权利法案》的保守特点，成为挑战社会道德底线的行为，从而引发了巨大的争议。此外，联盟保护同性恋正当权利、支持同性婚姻的立场和诉讼也引起了美国社会保守人士的极大不满。

在这些争议之外，在它近百年的发展历程中，联盟同样进行了许多帮助美国民众争取正当权益的活动：保护妇女平等权益，使她们获得投票权，保护少数族裔的政治和自由权利，反对种族歧视政策。1954 年，联盟与全国有色人种协进会一道，挑战美国公立学校中的种族隔离政策，在"布朗诉教育委员会"一案中发出非当事人意见陈述书，最终推动了最高法院做出禁止在公立学校实行种族歧视的判例。联盟还进行了许多保护公民正当权利不会以国家安全为由或在战争等情况下被侵犯，保护新闻自由权的努力和活动。

公民自由联盟争取美国宪法和《权利法案》赋予的权利和自由的过程表明，即使像美国这样被认为是对公民的权利和自由进行了最大保护的国家之一，它今天的成就也不是自然获取的。宪法和法律赋予公民的权利，即便在美国，也仍然需要经过艰苦而漫长的斗争才能得到保障。美国的民主和法治建设也不是一蹴而就的，需要人们为之去奋斗。在这个过程中，许多捍卫公民权利和自由的非政府组织，例如公民自由同盟起了非常重要的作用。公民个人和普通百姓组织起来，通过诉讼，甚至经常到最高法院出庭辩论，挑战司法，或者就关注的重要案件提供书面意见以供参考的方式，或者通过游说，通过教育沟通活动表达自己的关切，在保护民众的权利和自由、保护宪法及其修正案的过程中发挥了不可或缺的作用，成为创造美国公民社会的一股重要力量。这构成了美国公民社会的一个重要特点。

（三）"人权运动"组织与美国同性恋者权利

"人权运动"组织（Human Rights Campaign）是为美国男、女同性恋、双性恋及跨性别人士（LGBT）争取平等权利的最大的非营利性公民团体。该组织建立于 1980 年，现在会员遍及美国各地，达 100 多万，代表全美男、女同性恋、双性恋及跨性别人士在全美各社区开展草根游说，支持能够公正对待他们的人士出任政府官员，在同性恋问题（本文所提及的同性恋，这里泛指 LGBT 人士，以下同）上教育公众，争取公众的支持，结束针对同性恋者的歧视，以实现其平等权利。①

从历史上看，美国社会对同性恋的态度经历了一个从严苛到逐渐宽容的过程。17—19 世纪，在基督教教义和道德的影响下，同性恋在美国一直是可处死刑的重罪。独立战争以后，许多州对它的处罚减轻为以无期徒刑为最高刑罚。直到 19 世纪末期，同性恋仍然在许多州通过的限制在公众场合进行性诱惑和游荡的法律名义下被禁止。从 20 世纪开始，已经有一些组织进行维护同性恋者的权利的活动，当时只是为了避免同性恋者被迫害，它们进行的活动是不公开的。到 20 世纪 20 年代，第一个有记录的同性恋组织成立了，它还出版了第一份同性恋刊物《友谊与自由》，在纽约的一些大街上，一些同性恋人士已经能够找到一些做艺人或者是艺人助手的工作。此后，同性恋出版物逐渐增多，同性恋话题也不再是禁忌，逐渐出现在《时代》《生活》等主流杂志上，一些电台和电视台也开始播放有关同性恋的节目。随着同性恋出版物的增多，争议也随之而起。1958

---

① 参见"人权运动"组织官方网站：Human Rights Campaign："About Us"，from：http：//www. hrc. org/the－hrc－story/about－us。访问日期：2012 年 6 月 27 日。

年，美国最高法院判决同性恋并非淫秽，受到美国宪法第一修正案保护，加州最高法院也做出类似判决，到 1965 年，伊利诺伊州成了第一个认定基于相互同意的、私下进行的鸡奸无罪的州。

20 世纪 60 年代开始，随着美国民权、反战、争取妇女权利运动的风起云涌，争取同性恋权利的活动也随之得到大发展，同性恋者发起了同性恋自由行动，1969 年还发生了同性恋者暴力抗击警察查抄同性恋酒吧的事件。许多同性恋组织在运动中孕育而生，掀起了大规模的公开争取同性恋权利的运动。在这些组织的基础上，现代争取同性恋者权利的组织得以成立，"人权运动"组织就是这样一个组织，它自 1980 年成立以来，就定位于以中产阶级为主、遵循改革传统的争取同性恋者权利的组织，其他组织如全国男女同性恋者行动组织（National Gay and Lesbian Task Force）则主要针对草根的同性恋者，支持州和地方组织以寻求改变。

20 世纪 70 年代以来，争取同性恋权利的运动取得了更大成就，同性恋者米尔克（Harvey Milk）当选旧金山市议会议员，成为第一个公开其同性恋身份的政府公职人员，后来他虽被暗杀，但他对同性恋争取权利起了很大的推动作用。1979 年 10 月 14 日，同性恋在首都华盛顿第一次组织争取权利的全国大游行，参加者达 100 多万。到了 20 世纪 80 年代，随着艾滋病患者成为许多同性恋组织的领袖，他们的权益成为争取同性恋权利运动中最重要的议题，美国争取同性恋权利的运动进入了新的阶段。

进入 20 世纪 90 年代，随着争取同性恋权利团体影响的扩大，反对同性恋人士合法化或者反对承认其权利的社会保守力量对这些组织的反对也开始加剧，这些力量主要来自政治和宗教保守人士，从地理上来说南方各州和各州的乡村地区反对力量最强，代表性的组织有基督教联盟（Christian Coalition）、家庭研究委员会（Family Research Council）、"关注家庭"组织（Focus on the Family）、美国家庭协会（American Family Association）、罗马天主教会（Roman Catholic Church）、南方浸礼会（Southern Baptist Convention），等等。它们试图重新将同性恋视为犯罪写入法律和规定，不承认同性恋者的权利，这在 1994 年后成为共和党政客们的核心政策之一。21 世纪伊始，争取同性恋权利组织与社会保守派之间的对立愈加突出，围绕同性恋婚姻和美国军队中的同性恋者的权利问题，双方展开了激烈的争斗，这个领域成为美国社会自由、保守两种价值观对立冲突交锋最为激烈的领域之一。

　　"人权运动"组织 1980 年刚开始组建时，是一个名为"人权运动基金"的组织，主要支持国会里支持同性恋平等权利的候选人当选。当时成立"人权运动基金"也是对右翼组织如全国保守派政治行动委员会（National Conservative Political Action Committee）等在筹款和游说方面的成就的回应，这些组织支持反同性恋者权利的候选人当选议员。1986 年该组织成立"人权运动基金"，登记为非营利组织。1989 年，随着第一任主席的辞职，"人权运动基金"进行重组，除了成立传统的政治行动委员会进行政治捐献和游说之外，它增加了不少功能，包括研究、教育和媒体联系等，它申明自己的新目标是通过起草、支持及影响联邦、州和地方层次的立法和政策，推动给予同性恋者社会福利。1992 年，"人权运动"组织第一次宣布支持总统候选人比尔·克林顿。到 1995 年，随着在同性恋权利问题上美国社会上自由、保守两派斗争的日益激烈，该组织再次进行重组，新主席上台，将组织名称正式改为"人权运动"组织，将原来名字中的"基金"（fund）一词去掉。该组织增添了许多新的项目，包括争取同性恋人士平等工作权利的工作场所项目，以及争取同性之间组建家庭的家庭项目，并重新设计了新的组织标识。在新领导人的领导下，从 1995 年到 2003 年任期内，"人权运动"组织的会员增加了四倍，达 50 万人。

　　同性婚姻问题是当代美国最为情绪化、极化现象最为严重的社会问题之一，是每个选举年度最为热门的社会问题之一，大选年里，总统、议员等重要人物都会被迫对此问题表明态度。

　　该问题于 20 世纪 70 年代开始在美国出现，1972 年美国明尼苏达州最高法院判决不承认同性婚姻并不违反美国宪法。20 世纪 90 年代此问题再次出现，1993 年夏威夷州最高法院判决除非该州能够证明其有令人信服的州利益需要保障，否则根据州宪法禁止性别歧视的条款，同性夫妻有资格获得结婚证书。1996 年，一个夏威夷州的低级法院判决该州未能证明这种令人信服的利益，但州律师迅速将此案上诉到州最高法院并申请将此判决延期执行，以等待州最高法院的定夺，于是，在法官判决后到同意延期之间的一天时间里，该州同性婚姻合法存在了一天。① 这起判决在美

---

　　① Carey Goldberg, "Hawaii Judge Ends Gay - Marriage Ban", *The New York Times*, December 4, 1996, Wednesday, Late Edition - Final, Section A; Page 1; Column 1; National Desk. 此后的 1998 年，夏威夷州议会修改了州宪法，将婚姻限制在异性之间。

国引发社会保守力量的关注，他们积极行动起来，推动美国国会于 1996
年通过了《婚姻保卫法》（*Defense of Marriage Act*，DOMA），从联邦层次
上禁止同性婚姻。此后，以"人权运动"组织为代表的各同性恋团体在
联邦和州层次上展开争取同性婚姻权利的斗争，使得同性婚姻问题成为
"人权运动"组织等同性恋团体组织在进入 21 世纪后的主要议题。一方
面，"人权运动"组织在国会阻止对同性恋权利的进一步限制，并一直试
图推翻《婚姻保卫法》；另一方面，它也在各州进行努力，逐州推动同性
婚姻在各州得到合法承认。

　　"人权运动"组织作为美国最大的同性恋权利组织，其工作重点是在
联邦层次进行游说活动，包括支持国会议员当选，阻止损害同性恋者权利
的法案在国会通过等。它下足了功夫，在同性婚姻问题上，"人权运动"
组织于 2004 年和 2006 年两次成功阻止了国会通过宪法修正案，即《联邦
婚姻修正案》的通过，该宪法修正案要将婚姻限制于单个的男人和女人
的结合，遭到了"人权运动"组织等争取同性恋权利团体及其他一些反
对宪法歧视团体的极力反对。特别是在 2004 年，"人权运动"组织积极
行动起来，投入了 100 万美元，做电视广告和印制广告，通过互联网发布
广告，有效传达了该修正案具有歧视性、毫无必要，必将对宪法造成损害
的信息。"人权运动"组织还发布了一个题为"人权运动与联邦婚姻修正
案：给积极分子击败此修正案的纲要"的小册子，指出这个修正案是布
什总统和国会共和党人转移其失败政策的一个工具，将矛头指向同性婚姻
问题，并列出了过去企图损害同性恋者权益的法案和诉讼失败的例子，列
出此次行动的要点，指导反对联邦婚姻修正案的积极分子的行动。[①] 最终
该修正案止步于国会众议院，在参议院没有进入表决阶段。2006 年，国
会里保守派议员再次提出此修正案，"人权运动"组织再次行动起来，领
导了反对此修正案的活动，在国会对此修正案进行第二次辩论之前，发起
向国会山寄出 25 万张反对此修正案的明信片的行动。这是"人权行动"
组织反对该修正案的高潮，在反对声中，与 2004 年一样，国会众议院发
起的投票再次失败，在参议院则再次没有达到结束辩论所需的 60 票，没

---

　　① Liberty & Justice For All, Cornell University, "25 Years of Political Influence: The Records of Human Rights Campaign", available at: http://rmc.library.cornell.edu/HRC/exhibition/changing-roles/changingroles_15.html. 访问日期：2012 年 6 月 27 日。

有进行表决。

在州层次，它也使足了劲。从成立初期到 21 世纪初期，该组织通过与各州和地方组织合作，向他们提供所需要的重要资源，如组织资源、资金、专业知识，来帮助地方组织和领导动员支持者，以各州议会为主要目标，推动各州通过保护同性恋者权利的立法，其中重点是推动反对歧视同性恋者的法案，通过反对迫害同性恋者、保护同性恋的刑事法案，争取同性恋者的同等权利。在同性婚姻方面，2000 年 7 月，佛蒙特州成为第一个为同性夫妇提供一种类似婚姻但又不是婚姻的同性恋者之间关系的公民结合（civil unions）；2003 年 11 月 18 日，随着马萨诸塞州最高法院在"古德里奇诉公共卫生部"（*Goodridge v. Dept. of Public Health*）一案中判决只允许异性夫妇结婚违反该州宪法，同性恋婚姻在该州变为合法，这也使得马萨诸塞州成为承认同性婚姻合法的第一个州。在这个判决的鼓励下，从 2003 年开始，"人权运动"组织也开始投身到促使各州通过同性恋婚姻的法案的努力的第一线，在这方面取得了一系列成就。

2006 年，"人权运动"组织与其盟友在新罕布什尔州和艾奥瓦州展开了反对婚姻法案修正案的努力，通过大量的一线组织和游说努力，最后得到了两州议会大部分主张婚姻平等的议员的支持，为两州最终分别在 2008 年和 2009 年通过婚姻平等法案即同性恋婚姻在两州的合法化打下了坚实的基础。

在哥伦比亚特区，特区议会议员戴维·卡塔尼亚（David Catania）于 2009 年 10 月提出《2009 年宗教自由与公民婚姻平等修正案》（*Religious Freedom And Civil Marriage Equality Amendment Act 2009*）。在"人权运动"组织的积极领导下，华盛顿各个同性恋权利组织结成联盟。"人权运动"组织推举出自己的两个专职成员，与其他联盟成员一道，组织了成百个该法案的支持者到特区议会作证，并在议会进行投票前夜与其他组织一道，进行集会，支持该法案。此外，"人权运动"组织的"宗教和信念"项目还帮助组织并维护了"华盛顿婚姻平等牧师联合会"，该会也在这场推动华盛顿同性婚姻合法化的过程中发挥了很大作用。① 2009 年 12 月 15 日，哥伦比亚特区议会以 11∶2 的票数通过该法案，市长在三天后签署了该法

---

① Human Rights Campaign："The HRC Story：Our Victories"，available at：http：//www. hrc. org/the－hrc－story/our－victories. 访问日期：2012 年 6 月 27 日。

案，然后平安度过了 30 天的国会审查期，国会和白宫均没有对此法案提出质疑，2010 年 3 月 3 日，该法案正式生效，哥伦比亚特区的同性恋者可以从那天开始到市政厅领取他们的结婚证。"人权运动"组织还在其华盛顿总部举办了第一批同性恋者的婚礼，以庆贺胜利。此后几年中，"人权运动"组织一直与试图推翻此法案的保守人士作斗争，不断发表声明以号召人们支持它，多次挫败了以哈里·杰克逊主教为首的保守力量推翻法案的企图。

在纽约州，"人权运动"组织更是发动了在其组织历史上规模最大的基层运动，支持该州的同性恋婚姻立法。这也是因为该州的立法斗争更为激烈。为此，"人权运动"组织不惜动用重金，史无前例地雇用了 30 位全职的基层运动组织者，在全州范围内发动了 15 万选民，有针对性地联络各位州议员，促请他们支持该立法。"人权运动"组织还为此发起了一个名为"纽约人为婚姻平等"的视频运动，最终征得 40 位纽约人同意以自己的头像制作特写来支持这个立法，这些人中包括了小布什总统的女儿芭芭拉·布什，以及美国著名的嘻哈歌手兼成功企业家拉塞尔·西蒙（Russell Simmons）。"人权运动"组织的同盟者包括了"帝国州自豪议程"组织（Empire State Pride Agenda），"自由结婚"组织（Freedom to Marry），"纽约婚姻平等"组织（Marriage Equality New York），"木屋共和党人"组织（Log Cabin Republicans），"人权运动"组织作为纽约州同性恋权利活动的领军组织，花费了 100 多万美元，占到联盟总花费 200 万美元的大头。①

在纽约州历史上规模最大的同性恋争取权益运动的推动下，纽约州参议院最终于 2011 年 6 月 24 日通过同性婚姻法案，纽约州州长安德鲁·科莫（Andrew M. Cuomo）同日签署了该法案，法案同日生效。"人权运动"组织主席乔·所罗门尼斯（Joe Solmonese）激动地说，"今天纽约创造了历史。这个胜利传递了一个信息，即全国范围内婚姻平等的现实很快就能实现"，"这毫无疑问是有史以来最为团结的同性婚姻努力，今天的胜利因为我们能够为了共同目标而团结起来这个事实而更加甜蜜"②。

---

①　"Yes to Same Sex Marriage in NYC"，available at：http：//www.weeklyblitz.net/2192/yes–to–same–sex–marriage–in–nyc. 访问日期：2012 年 6 月 27 日。

②　Ibid..

在推动哥伦比亚特区的同性婚姻合法化之后，邻近的马里兰州就成为"人权运动"组织等同性恋团体工作的重点州之一。"人权运动"组织帮助组织了一个争取马里兰州同性婚姻合法化的联盟："马里兰人为婚姻平等"，成员包括东部医疗保健工人联合会（1199 SEIU United Healthcare Workers East）、"进步的马里兰"组织（Progressive Maryland）、"平等马里兰"组织（Equality Maryland），美国公民自由联盟马里兰分部（ACLU of Maryland），以及全国有色人种协进会巴尔的摩分会（NAACP – Baltimore）等。"人权运动"组织作为联盟组织者，贡献出了几位高级职员担任联盟主要组织者，雇用了两家公共公司（Alexander & Cleaver, Harris Jones & Malone）进行游说，并委托一家研究机构哈特研究（Hart Research）在马里兰州进行关于婚姻平等的公众舆论调查。

与在其他州一样，"人权运动"组织再次充当了基层游说活动的先锋，组织了约1.5万人填写明信片并寄给州议员；发出了1.8万封电子邮件给议员及800封表示感谢的电子邮件给支持该立法的马里兰州州长马丁·奥马利（Martin O'Malley），建立了130个电话宣传班子（phone banks），打了1.6万个电话给议员办公室。① "人权运动"组织还组织对平等婚姻进行教育和宣传，制作了15个网络视频广告，邀请州长及联盟各组织首领进行宣传，并召开了三个新闻发布会，对平等婚姻加以说明。不仅如此，通过组织教士参加祈祷早餐会等形式，与宗教界人士进行对话，希望他们不要反对同性婚姻立法，而是支持该立法。

正如"人权运动"组织主席所罗门尼斯所说，目前全美各州都有同性恋团体在活动，推动各州同性婚姻合法化。而且，不少州都已经取得了很大进步，例如，华盛顿州在2012年2月通过了同性婚姻法案，该州反对者同样发起全民公决，试图阻止它的实施；新泽西州也在2012年2月通过法案，只是被该州共和党人州长否决了。

美国军队中的同性恋问题也由来已久。1950年，杜鲁门总统签署《统一军法典》（*Uniform Code of Military Justice*），禁止同性恋在军中服役。1982年里根总统发布国防指令，称"同性恋与军事服务不相容"，进一步

---

① Karen Ocamb, "Maryland Marriage Equality Bill Moves Forward," February 18, 2012, available at: http://www.bilerico.com/2012/02/maryland_marriage_equality_bill_moves_forward.php. 访问日期：2012年6月27日。

规定有同性恋行为或者声称自己是同性恋或双性恋者不得在军中服役。克林顿总统上台后，为兑现大选中取消同性恋不得在军队中服役的禁令的诺言，推动取消该禁令，但面对来自保守派的国会议员和公众，特别是军队高层认为同性恋在军队中服役会影响军队战斗力的保守的道德传统的反对声音，最终克林顿总统与国会达成一个妥协，1993 年 11 月 30 日克林顿总统签署了《1993 年合格军事人员法》（*Military Personnel Eligibility Act of 1993*），禁令并没有被取消，但这个立法基本上反映了克林顿的主张，即军事人员不应该被问及其性取向，该法用较为模糊的"性取向"一词取代了"同性恋"这样的敏感词。克林顿政府于 1993 年 12 月发布国防指令，规定申请入伍者不应该被问及其性取向，后来此政策被广泛描述为"不问，不说"（Don't Ask，Don't Tell，DADT）立场。依据联邦法律，同性恋军事人员仍然不能公开其性取向，否则就将失去在美国军队中服役的资格。

2001 年，在"不问，不说"立法下，因为性取向而被军队开除的人数达到了 1273 人，为历年最高值，[①] 美国社会中要求撤销"不问，不说"立法的呼声开始高涨。2003 年，前总统克林顿公开呼吁，要求终止"不问，不说"立法。2005 年 3 月，来自马萨诸塞州的民主党众议员马丁·米汉（Marty Meehan）在众议院提出一个法案，意图取代"不问，不说"法案。到 2008 年前后，美国公众对军队同性恋人士公开其性取向越来越持支持的态度，在当年 7 月《华盛顿邮报》所做的一次民意调查中，有75% 的美国人，其中 64% 是共和党人，认为公开其性取向的同性恋者应该可以继续留在军中服役。到 2009 年，大部分保守派人士及常做礼拜的人士已经清楚表明，他们支持同性恋者在军队中公开服役。在 2010 年 1 月的国情咨文中，奥巴马总统承诺将在当年与国会合作，终结"不问，不说"立法，以兑现其竞选承诺。

从 2010 年开始，经过多次的内部讨论和辩论，"人权运动"组织将游说撤销"不问，不说"法律确定为该组织在 2010 年的首要工作重点。

---

① About "Don't ask，Don't tell"：The History of the Issue，available at：http：//www. outserve - sldn. org/pages/history - of - the - issue. "退伍及现役人员司法保卫网络"（OutServe - Servicemembers Legal Defense Network，SLDN）是在全球范围内为美国军队男女同性恋、双性恋及跨性别人士提供法律服务的非营利组织，1993 年成立，总部位于首都华盛顿。访问日期：2015 年 8 月 17 日。

此前"人权运动"组织从受调查者的反映及筹款两方面出发确定婚姻平等是该组织最为重要的议题。而它现在转换重点，势必经过大量讨论。因为如果成功，那正是朝着"人权运动"组织的最高目标即所有人的平等又迈出了关键的一步。而且，"人权运动"组织的成员们知道，一旦把某项工作确定为重点，就意味着"人权运动"组织将要把整个组织的所有资源都调动起来为此努力。

凭借多年游说活动的经验，"人权运动"组织将所有游说活动，包括传统邮件、电子邮件、社会媒体、手机、拉票活动、网络慈善活动、商品广告营销、现场调研活动、旅游、电话推销及广告等整合起来的经验也十分丰富。"人权运动"组织现在要做的只是将这些原来运用得十分娴熟的游说手段和方式转换一下重点，放到撤销"不问，不说"法律之上，通过这种"综合营销"手段一样的交流方式，通过每一个可用的渠道，将信息传递给公众，使人们持续地感觉到同一信息。"人权运动"组织根据不同的受众，安排不同的信息传达方式，传统邮件主要针对上了年纪的支持者，网络沟通手段主要针对年轻人。而在传统信件的设计上，"人权运动"组织为了让更多的人不会将信随手扔掉，在信件设计上下了很大的功夫，例如，在开头和重要的段落用了下画线和加粗字体，开头就用下画线说明："感谢您过去慷慨的支持，'人权运动'组织在撤销'不问，不说'法律的斗争中已经取得重大的进步。"然后把应有的信息，例如打电话的号码、签名的地方，都标得清清楚楚。在电子邮件方面，在设计上同样注意与受众的情感沟通，也尽量简洁、方便，例如，每封电子邮件都以称呼收信人的名字开头，结尾有签名，还设计有募捐一键式按钮，以及与脸书（Facebook）和推特（Twitter）的链接。"人权运动"组织还根据不同时期的重点不断变换邮件的重点，附上一些退伍老兵支持撤销该法律的声明，而不是千篇一律地重复发送同一邮件。

"人权运动"组织的目标分为两步，首先也是最为重要的是通过动员成员和朋友写信和签署请愿书等方式，使得积极分子们投身其中；第二步是唤起公众对于"不问，不说"法律和同性恋人士的认识和关注。

按照"人权运动"组织的说法，自从该法 1993 年通过以来，已经有1.4 万名同性恋军队服务人员被迫从军队离开，它要为同性恋者争取在军队服役中的同样的权利。它主要的一个游说活动是与军事服务人员联合会（Service Members United）组织了一个名为"荣誉之声"的活动，在全美

50 个城市进行巡回宣讲，争取更多人支持撤销"不问，不说"法律。国会就撤销"不问，不说"法律进行辩论和投票前期，"人权运动"组织还发起了大规模的草根游说活动，"人权运动"组织与军事服务人员司法保卫网络（SLDN）合作，发起了让选民访问议员和给议员写信的活动。最后，"人权运动"组织一共向其会员和支持者发出了 1900 万封电子邮件，动员他们行动起来；动员选民向国会议员发出了 62.5 万封电子邮件，5 万份手写的明信片和信件，敦促议员赞成撤销该法案。此外，"人权运动"组织还派出 1000 人到国会及议员的选区进行直接的游说活动，推动议员们撤销该法案；并在关键的国会选区进行民意调查，将结果展示给相关议员，向他们表明民意对撤销该法案的支持。同时，"人权运动"组织还动员了 2 万名退伍老兵出席为呼吁撤销该法案而举办的公众活动及各地媒体举办的活动，以壮声势。①

广告是游说的一个极为有用的手段，"人权运动"组织印制了大量的广告，并在网络上发布了许多广告，支持撤销该法案。它在几个著名的报纸和网站包括位于华盛顿郊区的著名政治新闻网站"政治（politico）"、俄亥俄州的《克里夫兰诚实人报》（Cleveland Plain Dealer）、马萨诸塞州的《波士顿先驱报》（Boston Herald）、弗吉尼亚州的《弗吉尼亚人导报》（Virginian‑Pilot），以及印第安纳州的《印第安纳波利斯星报》（Indian-apolis Star）做了整版广告，倡导撤销该法案。

"人权运动"组织从奥巴马总统 2010 年 1 月宣布将努力撤销"不问，不说"法律时就开始了游说活动，整个游说活动持续了一年。2010 年 1 月 27 日，"人权运动"组织开始向积极分子发送信件，要求他们行动起来。国会 5 月份审议撤销"不问，不说"法律的时候，"人权运动"组织又发起了一轮集中的游说运动。到 11 月参议院最后审议的最后阶段，它再次发起集中游说。最后一次集中游说在 2010 年 12 月 17 日，参议院最后投票的前夜，发送的邮件标题就是"'不问，不说'法律明天投票！"，号召选民和会员们去打电话给参议员们，敦促后者投赞成票。其中最集中的两次打电话活动是 5 月和 11 月，就是两次关键的国会投票前，拉票活

---

① Joe Boland, "Case Study: Human Rights Campaign Don't Ask, Don't Tell Repeal", available at: http://www.fundraisingsuccessmag.com/article/case‑study‑human‑rights‑campaign‑dont‑ask‑dont‑tell‑repeal‑part‑4/1. 访问日期：2012 年 6 月 29 日。

动持续了两个月，两次最大的直接邮件活动发生在 4 月和 6 月。

最终，通过"人权运动"组织的大规模游说，募捐到了大量资金用于各项活动，积极分子大量被动员出来，公众对人权运动及其支持的撤销"不问，不说"法律的认知得到大大提升。2010 年 12 月，国会参议院通过了撤销"不问，不说"法律的法案，奥巴马总统随后签署了它。

在美国，"人权运动"组织是代表左派自由主义者的非政府组织，它为美国社会中的同性恋人士争取平等权利。它的成立及发展壮大过程反映了美国社会文化中多元、自由化意识形态的发展，在它和其他一些组织的活动和影响之下，美国社会中对同性恋的看法和接受程度一直在取得进展，同性恋人士在工作、社会福利、婚姻、入伍、受教育等社会生活的各个方面受到的歧视和区别对待也越来越少。另外，美国社会中的保守人士，特别是宗教保守人士和团体一直对同性恋行为难以认同，虽然比起一个世纪以前态度宽容了许多，但在一些关键领域，例如婚姻、家庭，以及军队服役方面，仍然反对给予同性恋人士同样的权利，认为这是不道德的，会造成严重的社会危害。这也是美国多元社会的一种反映。

从婚姻平等及军队同性恋问题即撤销"不问，不说"法律两个案例来看，"人权运动"组织这个为同性恋争取平等权利的组织在美国公民社会中发挥着重大作用，推动着同性恋人士在"争取平等婚姻权利"的旗号下要求社会承认同性恋人士之间婚姻的合法性，以及军队同性恋服役人员公开其身份这两个近些年在美国社会颇受关注和引起很大争议的问题，取得了很大的进步。同性恋人士争取到了比以前更多的权利，体现了美国社会多元化和自由化的特征。2015 年 6 月 26 日，美国联邦最高法院以5：4 的投票结果裁定，同性婚姻合乎宪法。这一裁决结果意味着同性婚姻在全美 50 个州全部合法，13 个州对同性婚姻的禁令随之撤销，美国也因此成为全球第 21 个在全境承认同性婚姻的国家。不过，这一裁决并不会自动转化为所有同性恋、双性恋或变性人士在生活和工作中都能够完全不受歧视的状态，因此，"人权运动"组织将继续其事业。

（四）公共利益团体与公共事务

不同于以上几类公共权利团体有着特定的群体指向，服务于特定的群体，公共利益团体面向的是全部公众，团体的目标也都是为了公众的利益，包括政治权利、消费者权益、人权等社会政治生活的方方面面。在下文中，研究者将对致力于促进美国政府治理，提高政府的公开性、可靠性和诚实性为目标的"共同事业"组织（Common Cause）以及促进公司责任和政府管理，促进全体美国人的消费者权益为目标的"公共事务公民"组织（Public Citizen）进行两个案例分析，以探究美国的公共利益团体在美国公民社会和运行和管理中的作用。

1. "公共事务公民"组织与美国的消费者保护

"公共事务公民"组织成立于1971年，是著名的政治和社会活动家拉尔夫·纳德（Ralph Nader）倡导成立的。纳德被认为是20世纪最负盛名的消费者权益的倡导者，他深信，美国公民的权利应该得到大公司的公正对待，应该得到政府的保护，应该免于各类有组织机构的压迫，他从20世纪60年代开始致力于保护美国公民作为消费者应该享有的依照宪法规定的各种权益。

"公共事务公民"组织的成立离不开纳德。还在哈佛法学院的时候，纳德就在校办刊物《哈佛法学记录》上发表了他的第一篇关于消费者安全的文章。纳德的名气是从他发表的关于汽车安全的文章开始的。1959年，他在《国家》杂志上发表了批评汽车安全问题的第一篇文章《你买不到的安全汽车》（*The Safe Car You Can't Buy*）。1965年，经过多年对汽车安全问题的关注，他撰写了《任何速度下都不安全》一书，经过有理有据的分析，书中宣称美国的许多汽车都是不安全的。这部书的出版让纳德名声大振，书中特别集中分析了通用汽车公司旗下雪佛兰系列考威尔（Corvair）紧凑车，认为这款车由于设计上存在问题，容易导致打滑和翻车，这是一个重大的安全问题。当时已经有超过100起针对这款流行车安全问题的诉讼，通过对这些案子的跟踪，纳德开始了对汽车安全问题的深入分析。

纳德由此成为通用汽车公司的眼中钉。据当时美国媒体的报道，通用公司曾经动用各种手段试图搞臭纳德，包括雇用私家侦探窃听其电话，调查其背景，甚至雇用妓女试图陷害他。纳德起诉通用汽车公司侵犯隐私，纽约州上诉法院判决纳德胜诉，纳德获赔42.5万美元并利用这起诉讼获取的经验，成立了一个法律研究中心，开始保护消费者权益的活动。

尽管考威尔汽车安全问题在美国引起很大争议，美国公路交通安全局发布的报告也认为考威尔车并不比其他同样车型更容易导致失去控制，但多年后，通用公司前总裁约翰·德罗宁（John DeLorean）还是承认了纳德对这款车的批评是正确的。

于是，纳德成为著名的汽车安全问题专家，致力于汽车安全问题，为消费者仗义执言。在他的长期努力下，在他的名著《任何速度下都不安全》引起的对汽车安全问题的关注下，加之20世纪60年代美国高发的致命的多起汽车安全事故，最终导致了《国家交通和机动车安全法》于1966年通过，据此法案成立了美国国家公路交通安全局，这标志着美国汽车安全的责任从消费者身上转移到政府头上，这是一个历史性的转变，这个法律强制汽车厂家必须为汽车设计一系列的安全设施，汽车安全带和更坚固的挡风玻璃也开始出现。

在汽车大国美国，纳德对汽车安全问题的倡导和取得的成就使他成为许多美国消费者心中的英雄，数以百计的年轻人在纳德工作的感召下，涌到华盛顿，帮助他进行消费者保护的活动，他们逐渐被称为纳德的突击队员，纳德的消费者保护活动也开始拓展领域，从汽车安全延伸到政府管理的方方面面，包括贸易、空气污染、食品和药品安全、商业、看护、水污染、国会运作、生态保护、核武器使用等各个方面。

1971年，纳德与公共利益律师阿兰·莫里森共同组建了"公共事务公民"组织，作为所有这些项目的一个总的管理组织。发展到今天，"公共事务公民"组织成了一个著名的维护公共利益的组织，在国会、行政部门各机构及法院进行活动，致力于在市场上保护消费者的权益，维持一个安全和负担得起的医疗保健制度，竞选筹款改革，公平贸易，清洁和安全的能源，强化公司和政府责任等，维护公众利益，其中重点努力的领域主要包括制药、核武器、汽车业、贸易、医疗保健、金融业等行业。在"公共事务公民"组织之下，现有五个政策研究组：国会观察分部、能源项目组、全球贸易观察、健康研究组，以及诉讼小组。虽然在各个领域活动的方式并不一样，但活动的宗旨都是一样的，这个宗旨可以归纳为一句话，就是确保所有美国公民都能享有宪法和法律规定的权利，也可以简单认为是保护美国公民的健康、安全和美国民主。"公共事务公民"组织是对强大的公司权力的制衡者，代表所有美国公民，确保美国政府是为了他们而工作。

作为一个公共利益集团，"公共事务公民"组织谋取的是公众利益，因此它是一个非营利组织，不参加任何两党间互相攻击的政治活动，不去支持某位候选人竞选联邦公职，也不接受政府和公司的资金和赞助，其活动经费全部依靠基金会的资助、出售出版物，以及 8 万名会员缴纳的会费。

"公共事务公民"组织成立之后关注的一个重点问题是食品和药品的安全问题，纳德与沃尔夫（Sidney Wolfe）医生于 1971 年一起组建了公民健康研究小组，调查对公众健康的威胁并努力促成改革。

此前，在美国历史上进步主义运动刚开始的时候，即 19 世纪末 20 世纪初，消费者被视为是天真的和信任一切的，但随着商品安全，特别是食品和药品安全问题的出现，已经有很多倡导消费者权益的个人在努力呼吁并以实际行动来保护消费者的权益，其中的一个著名组织是全国消费者联盟（National Consumer's League）。那时该组织的主要目标是揭露不实和虚假广告。那时的广告不是教导也不是教育公众，而是通过刺激、劝说、引诱，以及诱惑让人们去购买东西，一直到 20 世纪 20 年代，广告几乎很少写明产品的真实信息。经过这些人和组织的努力，美国国会于 1906 年通过了《纯净食品和药品法》，以回应美国社会对于专利药和肉类丑闻的批评，当年美国在食品和药品方面的进步遵循了以下模式：首先是食品和药品安全灾难的出现，然后是对于这些灾难的集中分析和研究，接着是公众对引发这些事故的原因进行抗议，最后是政府规定或者是法律的出台回应这些抗议。这种模式长期以来就是美国社会进步的模式，一直延续到今天。

到罗斯福"新政"时期，美国的食品和药品安全问题仍然严重，对消费者的保护仍然很弱，消费者仍然不时成为食品和药品安全问题的受害者。在这期间，许多重大的立法和规定出台，其中一个就是消费者咨询委员会的成立，它鼓励成立各种各样的基层组织及出版各种各样的出版物，来检测商品安全问题。第一版的《消费者研究公告》出版，刊登商品的真实信息，没有任何广告。到了 20 世纪 20 年代至 30 年代，在做出是否进行商品生产的市场决策之前对商品进行科学测试的做法已经蔚然成风。到了 20 世纪 30 年代末，对于掺假食物和药品的争议，加之 1937 年导致 100 多人中毒的臭名昭著的"磺胺制剂悲剧"（Sulfanilamide Tragedy），使美国食品和药品安全监管领域的重大变革已势在必行了。经过对 1906 年《纯净食品和药品法》的修订，国会于 1938 年通过了《食品、药品和化妆品法》，这个法案最为重要的一点就是规定了联邦食品药品管理局的前所未有的重大权限，即非经该局认可是安全的，任何药品都不能进行销售。这个重大的授权标志着药品领域的安全责任转移到药品制造商头上来了。

到了 20 世纪 60 年代至 70 年代，消费者保护运动在美国发展成为大规模的社会活动，消费者的安全问题成了联邦政府的职责，政府成立了专门部门处理此事，美国社会充满了对大公司和企业的不信任。在那个社会运动频发的年代里，消费者保护运动也和少数族裔和下层人士争取平等权利的运动联系在一起。在美国历史上，消费者安全问题不再仅仅是抗议活动，而是第一次成了一种既定的意识形态，在此期间成为消费者安全问题领袖的纳德成为家喻户晓的人物，领导民众反对大公司、保护消费者权益的活动，许多消费者保护组织成立起来了。这反映了当时美国社会普遍的观念，即不仅要制定法律，也要严格执行法律，这样才能降低消费者所遇到的风险。

从历史上看，美国的消费者保护运动与美国社会运动的结合始于美国进步主义时期，它在罗斯福新政时期也得到了很大发展，它在 20 世纪六七十年代的发展也与当时全美的社会运动的高涨相联系，成为其一部分。美国的消费者保护运动开端于对大公司、大商业企业权力的一种反应或反抗，质疑"公司美国"，消费者保护组织的成立就是寻求将消费者团结起来，以便有一种集体谈判的能力，这样才能够与公司和大商业企业的强大经济和政治影响力相对抗。消费者们抗衡大公司的主要手段除了抗议之外，主要的就是诉诸联邦管理机构。他们认为公司和企业生产不安全的产品，并且存在商业欺诈行为，而这些行为仅仅依靠市场无法消除，只有依靠政府的监管才有可能解决这些问题。因此，联邦机构必须通过更好的法律，更有效的执法，并且教育消费者，才能真正保护到消费者。消费者保护组织的任务就是提醒联邦机构这个事实并让它采取行动。

在药品安全方面，纳德及其追随者不仅仅将矛头指向私人制药企业，也批评联邦食品和药品管理局没有尽到保护消费者的责任，批评该局及其他部门执法不严的问题。具体来说，针对联邦食品和药品管理局的批评一是不作为，二是不合适地被所管理的企业所影响。在纳德及其"公共事务公民"组织看来，阻止大公司不负责任地恣意妄为关键得依靠联邦政府及其管治，因为大公司所处的市场和经济地位使它们具有很强的影响力。通过纳德"公共事务公民"组织的长期坚持不懈的努力，美国社会关于保护消费者的社会政治运动频繁发生，推动美国在 20 世纪 70 年代通过了不少保护消费者的法律，而消费者产品安全委员会（Consumer Product Safety Commission）的设立代表了 20 世纪 70 年代以"公共事务公民"组织为代表的美国消费者保护运动的最高成就。

"公共事务公民"组织之下的健康研究小组与"公共事务公民"组织同时成立，它的主要目标就是通过研究和公众教育，推动禁止使用不安全及无效的药品和医疗设施，提高工作场所的安全标准，手段就是向联邦管理机构和国会各相关委员会作证、请愿。和其他"公共事务公民"组织的分部一样，健康研究小组的主要目标是采取预防性措施，防止不安全和无效的药品和医疗设施流入市场，认为预防性管理措施比事后补救措施成本更低，良好的管理措施可以避免耗时费钱的诉讼和反击谴责措施，明智的管理措施会导致更好更有效的药品和医疗设施，可以挽救生命，保护环境。具体来说，健康研究小组的主要关注点是药品安全、医疗保健的提供、医疗设备、食品安全、职业健康五个方面，其中药品安全是它最为关注的领域。

20 世纪 70 年代，在药品安全方面，"公共事务公民"组织的健康研究小组的主要成就有：经过四年的不懈努力，终于促使联邦食品药品管理局于 1976 年禁止使用 2 号食用色素（Red Dye No. 2）生产食品、药品，它被认为是容易致癌和导致出生缺陷的因素。同一年，"公共事务公民"组织的游说导致联邦食品药品管理局禁止使用致癌的三氯甲烷作为咳嗽药和牙膏的成分。也是在 1976 年，"公共事务公民"组织揭露了联邦食品药品管理局与厄普约翰（Upjohn）公司达成的秘密协议，以掩盖该公司生产的抗糖尿病药物妥拉磺脲（Tolinase）受到污染、含有容易致癌的亚硝胺的事实。1977 年，"公共事务公民"组织通过请愿和司法诉讼，推动联邦食品药品管理局禁止了糖尿病药物盐酸苯乙双胍（Phenformin）（俗称降糖灵）的使用，该药品与每年上百人次死亡事件有关。1979 年，健康研究小组的请愿导致美国环境保护署禁止使用杀虫剂二溴氯丙烷（DBCP），该药被证明容易导致男性不育。

20 世纪 80 年代，"公共事务公民"组织开始出版"没有效果的畅销药"消费者指南，曝光那些没有疗效的药品，该指南在几年内成为畅销书。"公共事务公民"组织继续其监督药品安全的工作，在 20 世纪 80 年代又通过请愿和游说，以及诉讼，使得联邦食品药品管理局禁止了几种药物的使用，并成功游说国会不要放松其对使用会致癌的食品添加剂的限制。他们的请愿、诉讼及游说能够成功，一方面取决于这些药物确实存在的问题，另一方面更为重要的是，"公共事务公民"组织健康研究小组需要自己做跟踪研究、调查，经过长期艰苦的工作，才能有理有据地达到自己的目标。

这种努力一直持续到今天。例如，2005年，经过"公共事务公民"组织的请愿，以及社会各界列出的大量数据和多项研究，表明辉瑞公司的畅销止痛药Bextra会增加心脏病及中风等病症的发作率，迫使联邦食品药品管理局宣布将这个有争议药品撤出市场。2010年，经过"公共事务公民"组织长达30年的请愿，食品药品管理局终于给制药商发出通知，让止痛药丙氧吩（Propoxyphene）撤出市场，它包括两种不同品牌的药物，一种是单一丙氧吩成分的达尔丰（Darvon），另一种是与对乙酰氨基酚合成的达尔持特（Darvocet），它会引发严重的心脏病并致死。

对于名声在外的药品，健康小组更是呼吁进行严密的检查和监控，对这些药的毒、副作用严格监测，例如最近几年中它们在对抗关节炎药伟克适（Vioxx）、治疗糖尿病药物文迪雅（Avandia）、辉瑞制药的伟哥（Viagra），以及降血糖药（Rezulin）的严格监督中，使得这些药品生产商要么为自己的药的副作用埋巨额罚款的单，或者被联邦食品药品管理局限制使用，要么修正不实信息。"公共事务公民"组织的健康小组在其中都发挥了重要作用。

健康小组认为，美国人每天经受着大量药品和医疗设备的广告轰炸，而这些药品和医疗设备的每年上升的成本是整个医疗保健成本上升的重要原因，因此，"公共事务公民"组织要严格监测这些药品和医疗设备是否物有所值，另外，监测这些药品和医疗设备的质量和效力是"公共事务公民"组织健康小组的最重要工作，当他们发现任何提供给医生或者是患者的药品和设备的信息有任何误导、不充分或者不安全的时候，他们就会通过各种渠道将这种情况公开，"公共事务公民"组织健康小组每月出版"最好的药"和"最差的药"通讯并通过网站公布，将监测结果公之于众，这方面的成果不计其数。此外，健康小组还通过法律诉讼、递交请愿书、写信给联邦食品药品管理局，来敦促和监督该机构采取行动，自从1971年成立以来，健康小组已经使得23种药品完全退出了市场。① 请愿

---

① "Drug Projects"，available at：http：//www. citizen. org/Page. aspx? pid = 4374. 访问日期：2012年8月29日。

书是其中用得最多的一种方式，为反对某种很有名的不当药品的使用，"公共事务公民"组织通常会征集到几十万个签名，这往往是非常有效的。在该组织网站上，列出了225个有问题药物的名字，"公共事务公民"组织的健康小组在修正药物错误信息，指出其副作用，对药物使用提出警告，或者要求药物退出市场等方面发挥了重要作用。

在药品政策制定的各个方面，"公共事务公民"组织也不遗余力地进行着努力，采用各种手段达到目标，这些方面包括：降低药品价格，让全世界范围内更多的人能够用得起药物；制药公司与管理部门之间、与患者、医生的利益冲突；对制药公司的监管；防止不合理的药品价格出现；药品生产的批准程序；临床实验设计；道德与临床实验；药物广告与促销管理；药品专利管理；药品标签所含信息；关于患者信息的管理；药品安全；药品制造。

健康小组的工作也不止于药品和医疗设备的安全和质量问题，他们还关注医疗保健的提供、医生的责任性、婴儿奶粉，还有普通的消费商品的安全性、工作场所的安全和健康性、汽车和卡车安全等各个方面。

公共事务公民组织的活动当然不止于关注健康和消费品安全问题，除了健康小组之外，还有国会观察小组，负责监督国会的运作是否符合公众的利益；能源项目小组，负责核能源以及其他类型能源的安全问题监督；全球贸易观察小组，负责在全球化时代确保美国能够提供经济安全、清洁的环境，安全的食品、药品和商品，以及有质量的负担得起的服务；还有诉讼小组，负责"公共事务公民"组织的法律官司的诉讼。

"公共事务公民"组织是美国公民社会运作中最为典型的代表之一，它的宗旨就是为了广大公众的利益，组织起来，通过请愿、国会作证、法律诉讼、出版通告和新闻通讯等方式，监督公司、政府等享有政治、经济优势地位的实体，保护公众利益。从最初关注保护消费者利益的一般商品、药品和食品质量安全、核能源的安全使用，发展到对国会的运作、贸易给美国公众带来的利弊等社会生活的各个方面的关注。

"公共事务公民"组织的创立、活动和所发挥的作用，生动地阐释了公民社会应有的含义，在社会生活极为重要的方面，例如汽车及其他商品的安全和效用、药品和食品安全问题上，公民们可以组织起来，在政府管理不够完善的领域，在大公司权力占优势的局面下，通过努力斗争，为公众争取本应该属于他们的权益。多个类似的为公众利益服务的组织多年的争取，换来了联邦政府管理机构的完善，换来了美国社会公司责任的落实，换来了美国消费者、公众利益的获取和维护，换来了美国社会的进步。这正是美国公民社会的运作方式。

2. "共同事业"组织与美国政府治理的改革

"共同事业"组织由约翰·加德纳（John W. Gardner）于 1970 年 8 月在华盛顿创立。他曾在约翰逊总统任内担任健康、教育和福利部部长。还在华盛顿任职的时候，他就观察到，美国首都充斥着各种特殊利益集团，而真正的人民却没有人为他们说话，"所有人都组织起来了，只有人民没有"。这成为加德纳创立"共同事业"组织的动机。他就是想要在华盛顿建立一个代表公民利益的全国性、无党派组织，为了那些想帮助重建美国的人们组织起来。在宣布成立"共同事业"组织的公开信中，他这样写道："我们将要建立一个真正的公民的游说组织，这个组织不会去关注特殊利益集团的利益实现，而是为了整个国家的福祉……其中一个目标就是重建我们的政治和政府。"按照组织网站上的声明，"共同事业"组织的使命就是要使美国的政府和政治机构更加开放，更负责任，即"努力恢复美国民主的核心价值，重建一个开放、诚实和负责任的政府，服务于公众利益，使得普通美国人的声音在政治过程中能够被听到"。

在此精神下，"共同事业"组织扮演着一个对腐败和权力滥用"看门狗"的角色，发出自己独立的声音。具体来说，当今的"共同事业"组织主要关注的领域包括：竞选筹款改革、选举改革、政府道德问题、政府的责任问题、媒体、医疗保健、环境，以及国防等。它要实现的目标包括：保证政府和政治过程服务于公众利益，而不是特殊利益集团利益；限制金钱对政府决策和选举的过度影响，明确公开游说的金钱来源和政府开支的去处；推动公平、诚实和透明的选举；确保政府官员根据法治精神并在高标准的道德准则下进行工作，成为负责任官员；推动活跃、独立和多元的媒体发展；保护所有美国公民的权利和自由。

"共同事业"组织成立 40 多年来，现已发展成为一个拥有 40 万会员和支持者并在 35 个州有着分部的大型公共利益维护组织，是当今美国最为活跃、最有效率、最受尊重的非营利组织之一。作为为人民游说的组织，它的具体工作方式主要包括组织大规模的基层活动、组建联盟、进行研究、政策发展、公众教育、游说、诉讼，以推动所有级别的美国政府的改革，推动公民在民主政治中的参与，推动一个更为诚实、开放和负责任的政府的出现。用"共同事业"组织创始者加德纳的话说："只有公民能够将我们的政治和政府机构带回到我们生活中来，使它们更为积极、更负责任，使它们保持诚实，其他人都不行。"

在意识形态方面，虽然创始人加德纳是位共和党人，但在许多美国媒体，例如《华盛顿邮报》《纽约时报》《新闻周刊》《时代》杂志、《今日美国报》等看来，"共同事业"是个自由派的组织。从它推动政府更开放、更负责任，它确实体现了自由化的特征。

自从成立以来，"共同事业"组织参与了美国社会发展的许多重大事件，从最初成功游说反对增加战争费用、反对越南战争，到后来成功游说修改宪法第26修正案，将选举年龄限制从21岁降低到18岁，使得上百万的美国青年得以进入政治进程中。"水门事件"后，更多、更具改革意识的新议员进入国会，推动国会结束了资历制度，推动更多公众参与到国会的立法过程中，开放委员会会议给公众，使得国会更为开放、更负责任，以"共同事业"组织为代表的公共利益集团从外部施加的压力和在内部进行的游说是这种改革的重要原因之一。

"共同事业"组织在20世纪70年代最为显赫的成就就是推动了美国的竞选财务改革。当时"共同事业"组织首先是推动竞选筹款途径的根本改革，它成功地对竞选的捐赠进行了限制，不再是无限制地资助某一竞选人，并成功使得竞选的资金来源得以公开。后来，在"水门事件"的影响下，"共同事业"组织再次领导改革的力量，推动在1974年通过了总统选举公共资金制度，一个限制总统大选中过度使用金钱的制度。在1974—1975年，"共同事业"组织还在《信息自由法》（Freedom of Information Act，FOIA）的通过过程中发挥了重要作用，并在美国联邦、州和地方政府会议开放的法律通过过程中也发挥了作用。在1978年，"共同事业"组织带领改革力量，成功通过了历史性的《1978年政府道德法》（Ethics in Government Act of 1978），要求政府官员公开财政状况，限制政府和商界之间的"旋转门"。

20世纪80年代，"共同事业"组织再次通过游说努力，于1989年成功推动通过了另一个政府道德法案。针对国会议员中的美国式腐败行为，该法案禁止了特殊利益集团送给国会议员作为谢礼费的酬金，堵上了年老议员在退休前通过竞选资金的筹集并将其用于个人私用的"祖父条款"的法律漏洞。同时，该法还加强了对于行政部门官员和国会议员限制的联邦道德法律条文。20 世纪 90 年代，"共同事业"组织在两件事上的作用值得一提：它于 1995 年要求院外律师对当时的众议院议长金里奇进行道德调查，最终迫使金里奇辞职并缴纳了 30 万美元的罚款。另一件事同样发生在 1995 年，"共同事业"组织在当年的游说改革法中进行有效游说，使得赠予参议院和众议院的礼物金额得到了有效的限制，游说改革法更是使得说客必须公开自己的活动及花费情况。这是美国游说法的一次重要改革。

"共同事业"组织多年来的工作重点是始终关注竞选筹款方面的情况，这是美国政治生活中一个核心问题，它涉及美国民主的根本问题，涉及"金钱政治"与"言论自由"的争议。自从 1974 年《联邦竞选法修正案》通过后，美国建立了对所有联邦选举活动的筹款的限制并建立了公共竞选资金制度，这等于是将总统选举花费限制在公共资金范围内进行。但对于国会议员的选举并没有公共竞选资金制度的限制。"共同事业"组织从 20 世纪 80 年代开始，与其国会盟友一道，开始推动在国会竞选方面进行资金限制。而 20 世纪 80 年代以来美国政坛在竞选筹款方面最为突出的问题就是"软钱"的使用。

"软钱"源自 1978 年联邦选举委员会的一个规定。在 1976 年《联邦竞选法》通过以后，捐款人直接给予竞选人捐赠的数额和方式受到了很大限制，这种通过政治行动委员会直接给候选人的钱叫作"硬钱"（hard money），"硬钱"指来自个人或在联邦选举委员会注册的政治委员会的捐款，这些捐款不能来自公司或工会，其额度受到《联邦竞选法》的严格限制，其来源和开支必须公开。《联邦竞选法》通过以后，人们很快发现可以通过大量筹措"软钱"而绕开它的限制。"软钱"（soft money）指不受《联邦竞选法》限制的用于竞选的财政支出，它可以来自公司和工会或者个人，数额没有任何限制，它虽然不能用于联邦选举，但可以用于政党的建设和行政开支上，包括党的基础活动、选民登记、选民动员，以及"议题广告"上。也就是说，只要其活动"独立于"候选人，政党或其他组织可以无限制地筹集和开支"软钱"。20 世纪 80 年代以来，"软钱"在大选及国会竞选中越来越受到政党的重视，到 1988 年时，"软钱"已经成为一个突出问题，共和党与民主党在大选中筹集的软钱数目均有大幅度增长。

"共同事业"组织和国会里的盟友，特别是共和党参议员麦凯恩

（John McCain）和民主党参议员拉塞尔·法因戈尔德（Russell Feingold），以及两位分别来自民主和共和两党的众议员，从1995年开始，已经在寻找如何限制"软钱"的方法。因为"软钱"的大量使用，几乎就要摧毁自1907年以来的竞选筹款改革成果，这些成果的方向是限制选举的花费。因为只要有"软钱"的存在，这种限制就形同虚设。

"共同事业"组织从20世纪80年代开始，就已经在寻求通过各种法案，来限制竞选中的"软钱"使用。但一直到2002年之前，它的努力都没有成功。在"共同事业"组织的支持下，它在国会里的长期盟友参议员麦凯恩和法因戈尔德于2001年联合提出《跨党派竞选筹款改革法》（也译为《跨党派选举改革法》又称《麦凯恩—法因戈尔德法》），这个法案终于在2002年通过并由总统签署成为法律，该法有两项关键条款：一是禁止全国性的政党委员会筹集和使用任何联邦法律限制之外的资金，即"软钱"；二是对所谓的"议题广告"进行限制。这类广告不能明确表明选举谁，或不选举谁，而只能对某位候选人提出尖锐的批评，或者赞扬某位候选人的立场和观点。新竞选筹款法的一项条款规定，如果在大选前60天或是初选前30天之内做这样的广告，或提到候选人的名字且附有他的照片，就被视为竞选广告而受到禁止。

《跨党派竞选筹款改革法》由于禁止了"软钱"而为人们所铭记。"共同事业"组织在其中发挥了巨大作用。这也是"共同事业"组织多年来一直研究、努力的结果。"共同事业"组织清楚认识到，推动改革对于美国民主非常关键，而在当代美国政治气氛中，要达到目标，就需要公民组织采取强有力的游说行动，动员会员及其支持者广泛参与，时常对要游说的主题保持高度警觉，一有情况，就能够迅速组织起来，采取行动，做出反应。在竞选筹款改革法案中，"共同事业"组织采取的主要策略包括了内部游说策略，例如早在1999年下半年，"共同事业"组织就与参议员麦凯恩就如何推动跨党派竞选筹款改革法案的策略进行了商讨，并花费了很多资金把这个议题向公众进行教育和宣传，也把麦凯恩如何推动此法案广而告之，麦凯恩也将此议题作为其参选总统大选的一个重要主题。①

---

①　美国国会发言记录："Bipartisan Campaign Reform Act Of 2001"，Volume 147，Number 37 Pages S2553 – S2571，Legislative Body：Senate Date：Tue，March 20，2001，available at：http：// capitolwords. org/date/2001/03/20/S2553_ bipartisan – campaign – reform – act – of – 2001 – continued/. 访问日期：2012年8月29日。

它的外部游说策略是与其他类似组织组成联盟，采取游说、公众教育、组织基层活动，在全国和州及地方媒体上集中发表相关声明、文章等，进行宣讲和教育活动，确保"共同事业"组织的观点能够被广泛听到。

从一个游说团体的角度来讲，"共同事业"组织的一个特点是比较重视媒体游说。在它的三个基本游说策略，即内部游说、草根游说、媒体策略中，最后一个比较突出。它一直以来都在媒体上比较活跃，通过杂志、电视和广播、博客，以及其他网络媒介，确保它关注的问题得到广泛传播。在内部游说和草根游说方面，自从建立以来，"共同事业"组织就拥有几千人的积极分子，进行打电话、寄邮件、发电子邮件、直接访问、参加游行等游说活动，"共同事业"组织通过电话、传统通信和电子邮件方式与这些积极分子保持着联系，在需要时随时可以招徕他们。此外，出席国会听证会或者向听证会递交材料，也是一个重要的传统游说手段，在2001年讨论竞选筹款法案时，"共同事业"组织的弗雷德·沃特海姆（Fred Wertheimer）就递交过题为"软钱在政治竞选中的作用"的信件。

《跨党派竞选筹款改革法》通过后引起很大的反对，反对者认为它违反了美国宪法关于言论自由的原则。最近几年不断受到挑战，反对派对它发起了许多诉讼，意图推翻它。"共同事业"组织则一如既往，时刻保持警惕，捍卫此法案，首先在2003年在参议员"麦康奈尔（McConnell）诉联邦选举委员会"一案中发挥了作用，联邦最高法院在判决中肯定了2002年的《跨党派竞选筹款改革法》限制"软钱"符合宪法。但由于美国社会中认为该法案违反言论自由的声音非常强大，虽然"共同事业"组织一直在努力，多次在联邦选举委员会作证，发表关于竞选筹款应该进行限制的文章，但还是未能力挽狂澜。在2007年6月"'威斯康星生命权利'组织诉联邦选举委员会"（Wisconsin Right to Life, Inc. v. Federal Election Commission）一案中，关于"在大选前60天或是初选前30天之内做议题广告应被视为竞选广告而受到禁止"的条款被美国联邦最高法院判为违宪。在2010年历史性的"公民联合组织诉联邦选举委员会"（Citizens United v. Federal Election Commission）一案中，联邦最高法院判决政府不应该禁止工会和公司将独立支出用于政治目的；在两个月后的"'现在就说'组织诉联邦选举委员会"（SpeechNow. org v. FEC）一案中，哥伦比亚特区巡回上诉法院裁定捐献给某一组织用作独立支出的费用在资金数额上和来源方面都不应该被限制。这两个裁决实际上为"软钱"在竞选中的使用重新打开了方便之门，并促成了"超级政治行动委员会"的大行其道，无限制的"软钱"又重新回来而且变本加厉，这是对"共同事业"组织支持的 2002 年《跨党派竞选筹款改革法》的彻底推翻。

目前，"共同事业"组织正在寻求新的解决办法来继续限制"软钱"在竞选中的使用，修改宪法也成了一个选项之一，但这个方法显然困难太大。"共同事业"组织目前正在努力推动公开法案，要求公司和工会也像竞选人一样，要对它们播送的广告公开宣称遵守此广告播送的内容并为此负责，从另外一个角度来对竞选资金的使用进行限制。

"共同事业"组织积极投身美国的政治改革运动，对美国民主中存在的许多问题提出了解决方案并同其他组织及其在国会的盟友一道，积极推动这些改革措施的实现。20 世纪 70 年代以来，它们取得了不小成就，推动了美国政治的进步，虽然也时常遭受挫折，但它们的努力体现了美国公民社会运行中一个可贵的特征，那就是对于政府和政治活动的监督并身体力行，推动各种政治弊端的解决，推动美国社会的进步。

三　慈善基金会对美国社会的影响

由于基金会（Foundation）不是美国联邦法律规范的特指词语，所以任何非营利组织都可以称自己为基金会。例如传统基金会（Heritage Foundation）其实并不是一个一般意义上的基金会，它是一个典型的思想库，最初由某一项私人基金发起而得名。我们在这里所讲的基金会是指：非政府的、非营利性组织或者是公益慈善基金，其主要目的是支持或援助与其无关联的科学、教育、文化、宗教或者其他慈善活动的组织、机构或者个人，属于美国联邦税法第 501(c)（3）条款下规范的组织中的一个组成部分。

这个广泛的定义包括了两种类型的基金会，按照其性质或者资金来源来分，可以分为私立基金会和公共基金会。根据美国《国内税收法典》第 501(c)（3）条款进行的分类，私立基金会一般由个人、家庭或者公司出资创建，例如福特基金会；公共基金会一般主要都是由社区基金会（Community Foundation）或者其他也从公众中募捐的非营利性组织组成，资金从公众中募集，来源可能是其他基金会、个人或者政府机构。美国大部分的社区基金会基本上就是此类基金会，它们将募捐来的资金经过组织和协调，通过捐赠的方式，用于特定地区的社会福利的提高。

在私立基金会中，按照运作情况可以分为两种：运作型基金会（Operating Foundation）和捐赠型即非运作型基金会（Grantmaking Foundation）。运作型私立基金会的主要目的是进行研究和促进社会福利的工作，或者由其管理机构建立宪章规定的其他项目，即它们主要进行它们自己的项目，运作型的私立基金会也会提供捐赠，但通常它们的捐赠比起它们用在自己的研究项目上的资金要少得多；捐赠型的基金会则是非政府的、非营利性质的、拥有自有资金（通常来自单一的个人、家庭或公司）并自设董事会管理工作规划的组织，其创办的目的是支持或援助教育、社会、慈善、宗教或其他慈善活动以服务于公共福利，主要途径是通过对其他非营利机构进行捐赠。

符合《国内税收法典》第501(c)(3)条款规定的组织是享有减免税优惠和给予捐赠人减税的所谓"双重减税"的组织，即它们除了可以获得其他免税组织所享有的自身收入减免税优惠政策之外，还可以获得给予捐赠者以税前扣除的优惠政策。它们不可以赞助或者直接从事政治活动。私立基金会也同样可以享受双重减税，但它们享受的减税额度要小于社区基金。它们受到第501(c)(3)和509条款的规范和管理。

绝大多数美国私立基金会属于非运作型，即捐赠型的基金会。2009年美国的115249个私立基金会中，有11万个都属于捐赠型，仅5368个属于运作型，后者占到5%左右。例如洛克菲勒基金会、福特基金会、比尔和梅琳达·盖茨基金会都是典型的非运作型的、捐赠型的基金会。在运作型基金会中，世界野生生物基金会、美国癌症协会等是典型代表。克林顿基金会也是一个典型的运作型基金会，通过来自各方的捐赠，进行多个自己的项目，通过与其他组织、基金、个人、公司及政府的合作，主要在国际上推动健康项目，例如防治艾滋病等的活动，以及经济发展、全球气候变化等方面的项目。克林顿基金会的目标与美国私立基金会的活动范围相符合，同样都主要集中在医疗卫生和教育领域，它关注的其他领域包括艺术文化、社会福利、环境和动物保护、国际事务、科技、宗教、社会科学。

公共慈善组织接受来自其他捐赠型基金会和企业的捐赠，然后利用这些捐赠，通过组织和协调，来安排进行各种活动和项目，推动美国社会教育、健康等社会生活方面的进步。根据美国全国慈善统计中心（National Center for Charitable Statistics）的数据，2012 年全美共有正式登记、享受联邦免税待遇的非营利组织 144 万多个，其中符合联邦税法第 501（c）（3）条款的公共慈善机构（public charity）占了约 1/3，即 100 万个。此外，处于活动状态的捐赠型私立基金会有 86192 家，它们的捐款总数为 518 亿美元。也就是说，这些捐赠型基金会的主要资助对象是 100 万个非营利公共慈善机构。①

非营利组织在美国公民社会的形成和运作过程中发挥着重要作用。许多组织的活动都需要经费，美国的私立基金会则提供了这些组织活动所需经费中的很大一部分。更为重要的是，通过选择资助目标、对象、范围来开展项目、进行活动，基金会解决了许多社会问题，推动着社会进步。美国非营利组织服务涉及的部门和领域范围非常大，可以说，各行各业、社会生活的各个方面，都有非营利组织在活动，它们的活动有助于美国社会保持稳定。

当然，基金会不能代替政府的作用，但却经常能为政府之所不能为，或者在某些方面成为政府的重要补充。它比政府优越之处体现在几个方面：第一是公信力。美国的基金会，或者从广泛意义上说，由公民自愿结合而成的各种非营利组织的发展源于美国古典自由主义的传统，即美国社会对政府怀有戒心和怀疑，主张"小政府、大社会"，从立国起便对政府权力严加限制，这是美国政治传统中的主流观念。因此，当美国人遇到社会问题，首先想到的是通过发展非营利组织解决这些问题，这促成了民间主导的慈善事业、基金会、思想库等各种形式的非营利组织的发展。一般来说，非营利组织在美国社会里比政府机构享有更强的公信力，由它们来操作、管理基金的使用更容易得到认同。第二是专业性，基金会可以长期集中其大部分资金在一项工作上，而政府需要把资金分散在多个方面。更重要的是政府的决策受多方面政治和利益的影响，基金会的针对性则要强得多，因而花钱的效益也要高得多，所以其总体的影响远远超过付出的金额。第三是创新性，比起政府，基金会等非营利组织在实施项目时所受的限制也小，工作方式更为灵活，更容易采取创新的方式来推动相关政策目标。

---

① Brice S. McKeever and Sarah Pettijohn, *The Nonprofit Sector in Brief* 2014, The Urban Institute, Washington D. C. , October 2014.

　　美国的基金会、公共慈善团体的一个特点是注重独立性。它们为了获取独立自主的平等地位，强调要尽量与企业、政府保持一定距离，以更好地在企业、政府之外发挥应有作用。例如，福特基金会摆脱了福特家族和福特公司的控制，成为独立基金会。许多非营利组织强调不从政府拿钱，其创始人的想法是，如果拿政府的钱，他们公布的信息将不会被认为是中立的、公正的。但现实是许多组织在资金筹集上经常碰到困难，而政府和企业则是最有实力的资助人。当资金缺乏的非营利组织遇到公司或者是政府主动提供资金支持，要求合作开展研究时，许多组织很难拒绝，特别是在外交和国际交流方面，需要的资金量很大，如果缺少政府或者是大公司的支持，组织只能依靠收费服务项目才能维持下去，许多此类非政府组织最终选择与政府合作，推动所从事的民间外交和公共外交的开展。

　　鉴于基金会在美国公民社会的运行中起着向大部分的其他非政府组织，特别是其他数目众多的公共慈善组织提供运行所需资金的重要作用，下面主要从基金会的角度，选取了两个较有特点的重要的私立基金会（一个是运作型基金会，另一个是捐赠型基金会）来说明私立基金会在美国公民社会中的重要作用。

（一）卡内基基金会（纽约卡内基公司）与美国社会的发展

　　卡内基基金会（Carnegie Corporation of New York）被公认为是美国慈善事业之父的安德鲁·卡内基（Andrew Carnegie）为实现自己的慈善理念而成立的基金会，是美国历史最久、最大也是最有影响力的基金会之一。卡内基并不是美国第一个进行大量慈善捐款的富翁，但他却是第一个提出富人有道德上的义务去捐出他们的财富的人。他后来通过设立基金会，以现代企业制度来进行慈善事业管理，通过捐赠的方式，实现社会理想，影响社会政策的发展。他因此被认为是美国现代慈善事业的开创者。他的原则在其著名的文章《财富的福音》（The Gospel of Wealth）中阐述得很清楚，简单说就是财富的积聚在前进的过程中是必要的，社会不能再回到平均主义，但社会的不平等问题也必须加以解决。因此，上帝给了他赚钱的能力，他就有责任在满足个人需要之外，为劳苦兄弟谋福利。① 这里体现

---

　　① 资中筠：《财富的归宿：美国现代公益基金会评述》（增订本），生活·读书·新知·三联书店 2011 年版，第 51—249 页。

的卡内基的原则就是财产所有者只是他们财富的"信托人"（Trustees），他们有责任和义务将他们合法拥有的财产在其有生之年交还给社会，以推动社会上普通人的福利和幸福，推动社会利益，他因此留下了"拥巨富而死者耻辱终"（The man who dies thus rich dies disgraced）这样的名句。①卡内基的这种原则代表着一些学者所谓的"自由慈善主义"（liberal philanthropy）。它来源于韦伯所说的清教的理性精神，并不主张为了捐赠而捐赠，捐赠不是为了有钱人精神上的救赎，而是为了改善受惠者的品性，因此，花钱所需要的智慧和才能并不亚于赚钱，捐赠要研究和计算其后果，给穷人布施这样不智的捐赠害多益少，只会助长懒惰和依赖，培养懒人。所以，他组建基金会，通过聘请专家来实施高度理性的运作，研究如何使捐赠对被捐赠者产生影响，对社会产生影响。

抱着这样的理念，卡内基于 1911 年成立了以其名为公司名的卡内基基金会，开始以企业的形式来运作其慈善事业。此前，他已经投身慈善事业 10 年了。1901 年他 65 岁时从自己的钢铁公司退休，把公司以 4.8 亿美元的价格卖给 J. P. 摩根财团，开始了慈善事业。到 1911 年时，他已经通过捐赠在美国成立了五个组织，其中有卡内基教育促进基金会（Carnegie Foundation for the Advancement of Teaching）、卡内基科学研究所（Carnegie Institution for Science），以及著名的研究国际问题的思想库卡内基国际和平基金会（Carnegie Endowment for International Peace）促进教育、艺术、科学及国际问题研究的发展；在英国捐赠成立了三个组织，此外还通过捐助在全美各地建立图书馆，前后捐出了 1 亿多美元，但到他出售公司后的十年，他还剩下 1.5 亿美元的财产。于是他创立了卡内基基金会，以期在有生之年将所有财产返还给社会，最终，他通过信托基金的方式，使得基金会的资本金得到保值、增值，在他死后仍然能够实现他的愿望和目标。此前他捐赠的组织都冠以慈善的名字，这次，他决定用"公司"这个词来命名他的最后一个也是最大的一个组织，以彰显他用现代企业制度来运作慈善事业的特点。该基金最初的捐赠达 1.35 亿美元，到 1919 年安德鲁·卡内基去世时，他一共捐出了 3.5 亿美元，占到他总资产的 90%，兑现了他的承诺。2015 年，卡内

---

① "About Us：Foundation History：Our Founder"，available at：http：//carnegie. org/about - us/foundation - history/about - andrew - carnegie/. 访问日期：2013 年 3 月 24 日。

基基金会的资产已经达到 33 亿美元。①

卡内基终生最喜欢捐赠的领域是教育，在他担任卡内基基金会主席的头几年里，他主导着基金会的捐赠方向，到他去世之前，他一共捐赠出 5600 多万美元用于修建免费的公共图书馆，图书馆的数量达 2509 座。②在他看来，这是让社会上的每一个人都享有受教育机会的一种方式。在卡内基这样做之前，世界上很少有这样的公共图书馆，卡内基许诺将向任何愿意提供地点修建并维护图书馆的市镇捐赠资金修建图书馆，这其实也算是与地方共建图书馆。他修建图书馆的活动深刻影响了美国地方政府和社会。今天人们在美国的各个市区乃至偏远小镇，随处可见这种公众图书馆，它们完全是免费的，对普及教育起了很大作用。

在基金会里起决定作用的一般是出资者，后来基金会逐步脱离了家族影响，成立了董事会，董事会由社会名流组成，实际负责人是由董事会聘请的会长，他们大多是有抱负、有能力的社会精英，其作用大略相当于企业的首席执行官（CEO），但是其主要工作是花钱而不是赚钱，董事们也无利可图，所以也不像企业董事会那样起监督作用。这时，基金会已变成公共财产，既不是私有，也不是国有，原来的出资者和政府都没有支配权。会长有很大的决策余地，他支配不属于自己的财产，在利益上是超然的，但责任重大。他用自己的理念来使用这笔钱，实现社会理想。因此，可以看出，基金会的关注领域和会长所关注的领域有很大关系。这些社会精英代表着社会的主流思想，而更加具有理想主义。有的人则表现出有非凡的远见。

从 1917 年开始，卡内基本人也意识到基金会的运作需要在捐赠方向和内部管理上进行变化和扩展。他在当年给其管理人员的信件中写道："情况在发生变化，因此，明智的人将不会再将信托管理者永远固定在某一条路径、目标或机制上，我也没有任何这样的意图。相反，我给予我的信托管理者以全面的授权不时地去改变政策或是所资助的目标，如果这样

① 参见卡内基基金会官方网站："About Us：Foundation History：Founding and Early Years"，available at：http：//carnegie. org/about – us/foundation – history/founding – and – early – years/。最后访问日期：2015 年 8 月 15 日。

② 参见卡内基基金会官方网站："About Us：Foundation History：Andrew Carnegie's Legacy"，available at：http：//carnegie. org/about – us/foundation – history/about – andrew – carnegie/carnegie – for – kids/andrew – carnegie – legacy/。访问日期：2013 年 3 月 24 日。

做是必要的或者是他们渴望这样做。他们运用自己的判断，这样做将最符合我的愿望。"① 于是，在他 1919 年去世后，基金会选举了一个拿薪水的全职主席来全面管理基金会的运作，而基金会的捐赠重点和方向也得到了很大的扩展，从教育领域向科学、艺术等领域发展。在 20 世纪前半期，基金会认为美国需要增加科技人才和科学管理人才，于是将捐赠重点转向科学领域，开始捐赠大量的自然和社会科学中心，以资助科学的发展。其中很大笔的捐赠给予了国家科学院（National Academy of Sciences）、全国研究委员会（National Research Council）、卡内基华盛顿研究所（Carnegie Institution of Washington）、全国经济研究局（National Bureau of Economic Research）、斯坦福大学食品研究所（Food Research Institute at Stanford University），以及布鲁金斯学会。与此同时，基金会在教育方面的捐赠主要集中于成人教育和终生学习，这是卡内基一生捐赠图书馆以建立"人民的大学"的合乎逻辑的发展。1919 年基金会还发起了庞大的"美国化学习"计划，主要给新移民中的成年人提供教育的机会。

　　到今天，基金会的捐赠方向已经多元化，它对国际项目和国内项目都重视，其中国内项目还是在传统的教育方面投入比较大，特别是中小学教育项目仍旧是基金会国内项目的首要重点。基金会资助了多个项目，目的是想让学生们获得高水平的创造力、获得科学技术及技艺方面的知识。它发起了三个资助项目：中小学、大学及教育系统的创新性设计，加强人力资本，增长知识并影响政策。同时，继续资助增加移民参与公民社会、进行公民整合的组织，以帮助增强美国的民主。例如，在教育系统新设计方面，捐赠给纽约州汉密尔顿学院 130 万美元，为期两年，加强学生学习能力和责任意识的培养。捐赠给加州旧金山市的新学校投资基金 500 万美元，为期两年，资助该组织进行提高学生成绩的努力。在高等教育方面，捐赠得克萨斯州达拉斯市的全国数学和科学计划 150 万美元，为期两年，帮助该计划培养数学和科学老师；在移民的公民归化方面，资助纽约市公共利益项目 600 万美元，为期一年，捐赠给全国移民论坛 150 万美元，为期两年，捐赠 100 万美元给社区变更中心，为期一年；在国际和平研究方面，捐赠给各大思想库和大学为期两年的资金一般都在几十万左右，例如

---

① 参见卡内基基金会官方网站："About Us：Foundation History：Founding and Early Years"。访问日期：2012 年 5 月 13 日。

布鲁金斯学会 60 万美元、卡内基国际和平基金会 35 万美元、国际战略研究中心 32.5 万美元、东西方中心 30 万美元、乔治·华盛顿大学欧亚安全研究项目 75 万美元、哈佛大学欧亚安全项目 88 万美元、麻省理工学院安全研究项目 60 万美元。这只是其中一些例子，2010 年基金会捐赠的机构和组织大约有几百个，加之许多不限制用途的直接捐赠及直接的慈善捐赠，基金会资助的机构和组织数以千计，用于捐赠的费用在 2010 年达到 1.17 亿美元。[①]

可以说，卡内基基金会开创了美国的现代慈善事业，它现在是一个典型的非运作型公益基金会，通过大量的有针对性的捐赠，促使基金会关注的领域能够得到发展和提高，达到其目标，这体现了安德鲁·卡内基关于明智地捐赠以使得受惠者真正受益，推动社会福利和教育、艺术等方面的发展的理念。在美国公民社会的运作中，像卡内基基金会这样的公益基金会发挥着重要的作用，一方面，它使更多的、专注于各个领域的非政府组织得到资助，使它们在各自领域发挥更大作用；另一方面，通过有选择、明智的捐赠，也使得基金会本身关注的目标得到实现，推动着基金会领导人们实现其理念和目标。这些公益基金会的存在，保障了美国公民社会的良好运作。

（二）比尔和梅琳达·盖茨基金会与美国公共慈善事业

比尔和梅琳达·盖茨基金会是世界上规模最大、运作透明度比较高的私立慈善基金会，它由比尔·盖茨和夫人梅琳达·盖茨创办，首要目标是在全球范围内提高人们的健康水平，减少极端贫困，在美国范围内扩大受教育的机会，增加对信息技术的可获得性。截至 2015 年 3 月 31 日，该基金会的雇员总数有 1376 人，资产总值达到 429 亿美元，累计资助金额达到 335 亿美元（2013 年度、2014 年度的资助额分别为 34 亿美元和 39 亿美元）。[②]

---

① *Carnegie Corporation of New York*：*Annual Report*，2010.

② 比尔和梅琳达·盖茨基金会（Bill & Melinda Gates Foundation）始创于 1997 年，总部设在西雅图，从 2000 年起使用现名称，官方网站是 http：//www.gatesfoundation.org/。关于该组织最新的基本统计数据和典型资助项目介绍可见：Bill & Melinda Gates Foundation，"*Foundation Fact Sheet*"，available at：http：//www.gatesfoundation.org/Who－We－Are/General－Information/Foundation－Factsheet，2015－08－05。

　　这家基金会属于捐赠型基金会，它主要将资金捐赠出去，给其他组织或者运作型基金会，让它们具体来运作，推动自己想要推动的项目。基金会主要的项目包括三大部分，第一是全球卫生项目，作为其主要项目之一，基金会凭借雄厚的资金实力，迅速发展成为对全球卫生有着重大影响的组织，它每年8亿美元的预算与世界卫生组织的预算大致相当，与美国国际开发署每年用于防治传染病的预算也差不多。基金会每年将全球卫生项目预算的17%（2006年相当于8600万美元）用在试图根除小儿麻痹的治疗上。其他主要捐赠项目还有给予全球疫苗和免疫联盟的7.5亿美元，儿童疫苗项目的2700万美元，西雅图华盛顿大学全球卫生项目的3000万美元，艾滋病研究的2.87亿美元，全球结核病疫苗基金会的2.8亿美元，黑热病研究的500万美元，等等。

　　第二是全球发展项目，这个项目的主要目标就是减少全球的极端贫穷现象。成立以来主要资助的项目包括几个方面：一是针对穷人的金融服务项目；二是农业发展项目，包括水稻研究，2007—2010年，基金会给予国际水稻研究所将近2000万美元的资助，给予非常绿色革命联盟1亿美元；三是全球特别计划，主要是全球自然灾害救助，包括救助2004年印尼地震和海啸的300万美元，2005年克什米尔地震的50万美元，以及给予国际重建和发展银行的120万美元，用于全球范围，使得水资源、卫生设施及医疗服务的提供更加安全、更加便宜。

　　第三是美国国内的各种公益项目，主要包括美国图书馆项目，目标是使得每个公共图书馆里都可以提供免费的互联网服务；教育项目，包括更小的学校项目，基金会投入2.5亿美元，建立更多规模更小的学校，以提高师生比例，提高教育质量，另外还包括对康奈尔大学、卡内基·梅隆大学的资助，以及设立剑桥奖学金、千禧年学者项目、大学学者项目、哥伦比亚特区和华盛顿州优秀学生奖学金项目、美国太平洋西北部发展项目，等等。

　　比尔和梅琳达·盖茨基金会初创于1997年，起始资金是9400万美元，起初名为威廉·盖茨基金会，2000年更改为现在的名字。此后基金增长到2亿美元，2006年6月15日盖茨宣布将于2008年7月31日退出微软公司日常经营管理，将更多时间投入到基金会的运作中。同年6月25日，当时世界首富沃伦·巴菲特宣布将其公司伯克希尔·哈撒维公司名下1000万份股票捐赠给比尔和梅琳达·盖茨基金会，按照当时的市值，这批股票价值 310 亿美元，这些钱将每年通过一定比例投入到基金会中，这大大加强了基金会的实力。

基金会为了维护其作为一个慈善组织的地位，每年必须将其资产的至少 5% 的资金捐赠出去，这样算来，基金会每年必须捐赠出去的资金大约是 15 亿美元。2007 年，其创立者盖茨夫妇和巴菲特在最为慷慨的慈善家排名中列为第二。比尔和梅琳达·盖茨基金会的前所未有的巨大规模，以及它采取的应用商用技巧来进行捐赠的做法，使它成为当今全球慈善事业中正在发生的慈善资本主义革命的领导者之一。

所谓慈善资本主义就是新一代主要的慈善家们将自己看作是社会投资者，他们要把慈善事业变得更像是以营利为目的的资本市场，在他们看来，传统基金会太看重对个别项目的资助，而过分轻视运营项目的非营利性组织的可持续发展。日常管理开支被看作是坏事，且拨款趋向于短期计划。不同于传统的基金会，这些新型资本主义慈善基金会将基金会的财产进行投资，把钱投资到营利性或非营利性项目上，对每项投资的评判标准是它是否能够推动实现其社会使命。简单来讲，慈善资本主义更加看重用市场的力量、以一种创新的方式来帮助穷人。

例如，盖茨基金会的首要目标是解决全球健康状况不平衡的问题，具体来说，它主要致力于六大领域：传染病、艾滋病、结核病、生殖健康、全球卫生战略和全球健康科技。在操作上，它主张并实践"将钱用在刀刃上"的方法，通过策略地利用基金会的钱替贫民刺激医疗产品和服务的供应，使后者得到所需的药品和治疗，从而消除因市场失灵而给贫穷的医疗保健消费者带来的痛苦。比如说，把这些钱投入到医疗保健市场，刺激药品公司投放部分资源为贫民服务。盖茨基金会也主张建立合作关系，即便其规模已经大得足以独立运营许多项目。此外，该基金会正寻求方法使其效能最大化。其他慈善家也纷纷效法盖茨基金会，采取类似策略。

盖茨基金会的新型基金会运作方式已经在世界范围内引起了极大的关注，英国下院国际开发委员会（House of Commons international development committee）在 2011 年 11 月发表过一个报告，认为通过"有目的的获利"，通过运用商业思维和技巧来运作，私立基金会能够带来资金和社会回报，慈善资本主义代表着私立基金会在支持发展方面令人激动的新方向，它们的运作正在提高世界上最贫穷人士的生活，委员会因此建议英国政府加强慈善资本主义的发展，它还建议英国政府与盖茨基金会合作，在伦敦举办国际慈善会议，以动员英国的富人们也加入盖茨和巴菲特发起的"捐赠承诺"。该报告多处地方引用了盖茨基金会作为例子，证明慈善资本主义的运作方式是值得鼓励的，认为盖茨基金会的运作方式表明，冒险和创新的慈善方式能够取得突出的成就，它花在全球健康项目上的钱已经超过联合国的世界卫生组织，它在这个方面取得的成就能够与联合国组织调动的资源相差无几，它还能够更多地吸引全球公众舆论的关注，能够推动并引导政府在某些方面做出更多的努力。[①]

盖茨基金会在慈善领域的运作也引起了一些争议。由于慈善资本主义的运作方式，它将还没有捐赠出来的资金用于投资，投资是追求利润最大化的原则的，这样一来，有一些基金会投资的公司已经被批评加剧了基金会正在开展减少贫困的同一个发展中国家的贫困状况。英国下院国际开发委员会主席布鲁斯（Malcolm Bruce）就对慈善资本主义基金会的运作表示，我们在欢迎它们的努力的同时，也要看到：私立基金会在一些发展中国家，绕过公民社会组织，使其项目的发展偏离了轨道，具有照顾大型高科技企业的利益的危险。根据《洛杉矶时报》记者的调查，盖茨基金会在全世界范围内对小儿麻痹和麻疹的免疫和研究方面投入了 2.18 亿美元，其中包括投入到尼日尔三角洲地区不少资金，基金会同时还资助预防接种；但另一方面，基金会投资埃尼石油公司、壳牌石油公司、美孚石油公司、雪佛龙石油公司、法国道达尔公司等几大石油公司，而这些大石油公司的石油开采是造成尼日尔三角洲地区污染的主要原因，这些行为在美国和欧洲是不可能得到允许的。[②]

对此，盖茨基金会于 2007 年做出回应，宣布将对其投资的公司进行公司责任的评估，但后来其实又收回了这个做法，重新回到利润最大化的原则上来，而只是通过在董事会的投票权来影响公司的行为。盖茨基金会引起的其他争议还有，它在全球健康领域的投入使得美国的医疗保健的资源出现了受到影响等问题。

盖茨基金会通过慈善资本主义的方式运作，通过商业思路和技巧，将

---

① 该报告全文可参见英国下院网站：http://www.publications.parliament.uk/pa/cm201012/cmselect/cmintdev/1557/1557.pdf。访问日期：2012 年 5 月 15 日。

② Charles Piller, Edmund Sanders and Robyn Dixon Times Staff Writers, "Dark Cloud Over Good Works of Gates Foundation", January 7, 2007, available at：http://www.latimes.com/news/la-na-gatesx07jan07, 0, 2533850.story, retrieved on May 15, 2012.

基金会的资产用于投资，成为一种创新型的基金会运作模式。这并不是盖茨基金会首创，然而它作为全球最大的此类基金会，理所当然地成为最受关注的慈善资本主义方式运作的基金会。作为一个在全球有着重要影响力的新型慈善组织，它通过捐赠对美国乃至全球健康、贫困、教育方面的发展产生了巨大的影响。作为资金雄厚的捐赠型基金会，它通过提供资金资助，在防治全球各种流行疾病、贫困问题方面给予在这些方面实际操作的组织以资金支持，改变了全球健康、贫困问题的面貌，它的活动和运作，不仅是美国公民社会运行的重要组成部分，而且也是推动全球公民社会运行的一支重要力量，同时它的慈善资本主义的运作方式也引起了一些争议。

四　思想库（智库）与美国国际经济政策

在美国的非营利组织中，有一类是从事社会科学方面的政策研究并倡导其政策主张的，他们大多也属于联邦税法第501(c)（3）条款组织，享受税收优惠待遇。这些组织就是研究机构或称思想库（Think Tank），也称智库。思想库的资金一般主要来自基金会的捐赠。例如根据美国联邦税务局990表格的信息，布鲁金斯学会2008年的总收入为7525万美元，其中大部分，即5743万美元来源于基金会及公司、个人的捐赠，其余收入来源为政府资助182万美元，项目服务收入427万美元，投资收入812万美元，销售收入213万美元，其他收入147万美元。思想库离开了基金会的资助就难以存在，它们或是基金会资助发起的，或是原来由某个私人创办，规模很小，得到基金会的资助后发展壮大起来的。前者如社会科学研究理事会、经济研究局等，后者最典型的是布鲁金斯学会、传统基金会。基金会资助的方式多为对研究项目的资助，也有对预算给予资助的。例如，卡内基在基金会之外还建立了一个和平基金，即卡内基国际和平基金会，它是一个运作型的基金会，其实就是一个研究所、思想库。

美国思想库在对美国国内外政策方面的影响中，最为重要也最有意义的作用可以归结为一点，就是政策理念的塑造。针对政策中的某一问题，思想库通过频繁地出版各种著作、提交报告，通过大量的研讨会进行讨论、通过媒体发表观点，以及到国会相关委员会作证，塑造该政策的相关理念，并将这种政策理念进行传播，影响美国相关外交政策的出台。

思想库主要的工作是探求和传播知识理念，目的是使政策制订者能够逐渐接受其研究成果，最终使理念演化为法案和实际政策。思想库的这种作用其实就是理查德·哈斯所称的"思想工厂"。它们最大的作用在于产生"新思想"，其目的是改变美国决策者对世界的认知和反应方式。具体来说，思想库的作用体现在以下几个方面。

第一，通过出版著作、期刊、通讯、简报，以及提交研究报告等基本的渠道，为决策者提供政策理念，影响决策的议程设置。

第二，举办公众论坛、研讨会或者是其他形式的会议，扩大思想库的政策影响力，最终也是为了能够向决策者提供研究成果和信息，以此来影响决策。

第三，就某一政策问题，通过在各种媒体上发表文章、出席节目来引导公职人员和公众，影响公众舆论，间接影响决策。

第四，思想库作为两国"第二轨道"外交的渠道，为美国与其他国家进行沟通发挥作用。

第五，思想库为美国决策者和思想库专家们提供了重要的交流渠道和场所。思想库一方面为新一届政府提供专家和人才，另一方面又吸收离任官员加盟，为他们提供一个离任之后的最好去处。通过"旋转门"制度，专家直接进入决策部门，这是思想库影响决策的最好方法。迄今为止，已有好几届政府的高官都来自思想库。

美国公民社会发展成熟至今，离不开在各个领域的各式各样的组织的活动，正是它们支撑着整个美国公民社会的运行和发展。作为其中较为特别的一种类型，思想库是美国公民社会中一个重要的组成部分，它们专注的领域有所不同，政治倾向各有差异，规模大小、资金多寡也千差万别，与政府关系或紧密或疏远，但它们都强调一点，它们是独立于政府的非营利组织，向社会提供独立的公共政策的观点。例如，布鲁金斯学会的研究涉及了经济、商业和基础设施、能源和环境、教育、财政政策、健康、司法和公正、城市发展、政治和选举、社会政策、技术发展、美国政府运作、国防和安全、全球发展、外交和国际事务等，通过在这些领域的专门而广泛的研究，布鲁金斯学会对政治进程、政府政策的制定，以及社会舆论的转变，都起着重要作用。

以布鲁金斯学会为代表的思想库群体，通过其研究并将其研究成果通过媒体和其他形式向决策者和公众宣传、教育，在整个美国社会中发挥着一种独特而重要的作用，它们相当于是为整个社会提供智力产品，为美国社会的运作指引着方向，设置着政治议程。

下面以彼得森国际经济研究所为例，就思想库在美国公民社会中发挥的这种作用进行一个实证研究。

彼得森国际经济研究所（Peterson Institute for International Economics）是致力于研究国际经济政策的非党派、非营利的私人性质的思想库，成立于 1981 年。自成立以来，它逐渐发展成为在广泛的国际经济问题的研究方面颇有影响的研究机构。它自称是美国"少数几个被媒体广泛认为是非党派的思想库"，被国会认为是中立的思想库，其成员被有分量的媒体引用的次数多过其他任何一家研究机构。成立 35 年来，其研究为许多重大的国际经济政策的出台提供了重要的智力基础，其中包括国际货币基金组织的改革，二十国集团（G20）在 2009—2010 年发起的倡议，采用了国际银行标准和广泛的金融监管改革，亚太经合组织及最近的《跨太平洋伙伴关系协定》（TPP）的发起，美国政府贸易促进权的恢复和扩展，世界贸易组织的发展，北美自由贸易区和其他美国与他国的自由贸易协定谈判，特别是美韩自由贸易谈判，美中战略与经济对话的发起和执行，美国与日本的系列谈判，制裁政策的改革，美国出口管制的放松，以及一些具体的贸易政策，例如分别在 2000 年和 2012 年给予中国和俄罗斯永久最惠国待遇，钢铁进口保护，以及 2009 年购买美国货立法。在 2008 年宾夕法尼亚大学"思想库和公民社会项目"发起的"全球思想库"评比中，彼得森国际经济研究所被认为是全球 5000 多家思想库中的"世界第一思想库"。2011 年在被英国广播公司（BBC）称为"思想库界的奥斯卡"的英国《前景》杂志举办的评比中，它再次被认为是全球第一的经济政策思想库。包括前美国财长萨默斯（Lawrence H. Summers）、前世界银行行长佐利克、前任意大利总理蒙蒂、前欧洲央行行长特里谢（Jean - Claude Trichet）、著名经济学家保罗·克鲁格曼在内的著名人士，以及《金融时报》《华盛顿邮报》和《华尔街日报》的一些媒体人士也给予彼得森国际经济研究所以很高的评价。

彼得森国际经济研究所是否是全球第一的经济政策思想库，显然并无定论。其他思想库或者外界对其网站和手册中提到的这些荣誉当然不会照单全收，但这也能反映出该思想库近些年来确实在国际经济问题的研究方面吸引着全世界越来越多的关注和重视。具体来看，它的重点研究领域包括：全球宏观经济政策，国际金融和汇率问题，贸易和投资，能源和环境及针对全球关键地区的区域经济政策研究（包括亚洲、欧洲，拉丁美洲以及中东地区，当然还包括美国，并特别关注对中国、印度、韩国和俄罗斯经济的研究）。在 2008 年金融危机之后，当前该思想库首要关注的问题包括：国际金融和经济危机及其中的欧洲因素，债务和经济恢复问题，中国在世界经济中日益上升的作用，"阿拉伯之春"的经济因素，全球化及其政治争议，全球不平衡和汇率问题，国家及国际金融监管，出口竞争力，国际经济和金融结构的改革，主权财富基金，双边、地区及多边贸易问题谈判。

　　从所关注的领域来看，在美国众多的思想库中，彼得森国际经济研究所较为特殊一些。它主要关注的是国际经济政策方面的问题，它是一个立足于美国首都华盛顿，但放眼全球经济的思想库。当然，由于美国经济对全球有至关重要的影响，以及美国在国际经济政策制定中的主导性作用，使得彼得森国际经济研究所关注的这些国际经济问题都与美国紧密相关，最终这些问题的出现和解决也对美国的经济政策产生重要影响，并进而对美国经济社会的发展产生影响。正是以这样一种特殊的形式，彼得森国际经济研究所在美国公民社会中发挥着特殊的作用。它通过预测问题的出现，提出新观点，发起辩论，影响着华盛顿的众多政府官员、国会议员、商业和劳工组织领导、国际组织的成员、大学和其他思想库学者、其他政府组织、媒体，以及大众对国际经济问题的看法。

　　中国的人民币汇率问题正是这样一个国际经济问题。自 2003 年以来，人民币汇率问题一直是彼得森国际经济研究所研究的焦点问题之一。从该思想库的观点来看，这个问题涉及美国的货币政策特别是美元调整的问题、美国国内制造业的问题，以及全球经济平衡问题，是一个涉及全球经济和美国经济的重大问题。自从 2003 年 6 月研究所所长伯格斯滕（C. Fred Bergsten）在国会众议院小企业委员会作证时第一次正式提出要求人民币放弃与美元的固定汇率机制，开始升值。在十年间，通过不断在国会作证，发表专栏文章、政策简报，工作报告，接受媒体采访，发表演说和文章，网络博客，以及出版书籍等形式，彼得森国际经济研究所一直在敦促中国让人民币升值，改革汇率政策，认为这样不仅有利于中国保持金融稳定，推动坏账问题的解决，而且能够缓解来自美国和欧洲的贸易保护主义浪潮的压力。2003 年，美国开始关注中国的人民币汇率问题。这种关注在美国国内始于美元的重整政策。2003 年 2 月，彼得森国际经济研究所出版了一本名为《美国估值过高与世界经济》的著作，主张重新调整美元，总结了美元贬值对美国的各种利益。其中第 13 章名为"汇率操纵以获取不公平竞争优势：日本和中国的例子"，作者为来自哈德森研究所、兼任制造商生产率和创新联盟（Manufactures Alliance Productivity and Innovation，MAPI）高级研究员的欧内斯特·普里格（Ernest H. Preeg），他在书中提出人民币被高估了 40% 的观点，[①] 这是较早提出人民币高估的具体数值的研究。彼得森国际经济研究所的伯格斯滕于当年 6 月在国会作证时，首次就美元重新调整与中国人民币汇率的关系进行了论证。他认为由于人民币同美元挂钩的联系汇率制，使得美元调整的效果大打折扣，要求人民币放弃与美元挂钩，使得人民币在汇率市场上随美元贬值而升值，从而使得美元调整的效果能够显现，这对于美国制造部门来说将是个好消息。他最后建议美国和七国集团促使中国和其他东亚国家放弃竞争性的货币贬值政策，使得人民币及日元升值作为未来几个月的优先事项。[②]

　　要求人民币升值以缓解美国制造商困境的提法的始作俑者是美国制造商们。全国制造商协会（National Association of Manufactures）领导组建的健全美元联盟（Coalition for A Sound Dollar）在布什总统刚刚任命斯诺为财政部长的 1 月就开始游说新的布什经济班子，对中国、日本、中国台湾及韩国施压，要求停止用"货币操纵"促进其出口的做法。[③] 5 月，全国制造商协会称人民币汇率被高估 40%，是导致美国制造业衰退的重要原因，自 2003 年 1 月来已经导致美国流失 220 万份工作。此后几个月，全国制造商协会要求人民币升值的呼声一直不断，直到 9 月达到最高峰。他们一直声称来自经济学家关于人民币被低估达 40% 的数据，从时间上来

　　① Ernest H. Preg, "Exchange Rate Manipulation to Gain an Unfair Competitive Advantage：The Case Against Japan and China", in C. Fred Bergsten and John Williamson, eds., *Dollar Overvaluation and the World Economy*, Institute for International Economics, February 2003, pp. 267 – 284.

　　② C. Fred Bergsten, "The Correction of the Dollar and Foreign Intervention in the Currency Markets," Testimony before the Committee on Small Business, United States House of Representatives, Washington DC., June 25, 2003, available at：http：//www. piie. com/publications/testimony/testimony. cfm？ ResearchID＝254. 最后访问日期：2015 年 8 月 15 日。

　　③ Michael M. Phllips, "U. S. Manufacturers Lobby Against Asian Rate Strategies", *Wall Street Journal*, January 24, 2003.

看，其来源就是彼得森国际经济研究所 2003 年 2 月出版的著作。就这样，经济学家们关于美元调整与人民币汇率的关系，以及制造商们及相关国会议员们要求人民币升值的要求，在人民币升值这点上重合了。此后两种不同的人群，利用对方的观点来相互支持，制造商引用经济学家的数据和观点，论证人民币升值的必要性；经济学家们在论证人民币升值对美国的益处时，其中重要的一点就是认为升值将给美国制造商以很大的促进作用。经过制造商与经济学家及国会的互动，美国国内形成了要求人民币升值，最高达 40% 的流行论调。

彼得森国际经济研究所的研究人员在中美关于人民币汇率的问题上起到了特别的作用。首先，他们从美元调整的观点，认为人民币的高估减弱了美元调整的效果，分析出人民币被低估最高达到 40%。通过发表的著作、文章、研究报告，以及国会证词，他们提出的这些数据和观点被要求人民币升值的美国制造商及国会议员广泛引用，成为最有力的证据。在美国要求人民币升值的过程中，他们的成果提供了关键的专家观点，为美国国内人民币升值的舆论提供了最大的支持。

2003 年 9 月 25 日，在国会美中经济安全评估委员会举行的关于《中国的投资和汇率政策对美国的影响》的大规模听证会上，彼得森国际研究所专家关于人民币汇率的观点被广泛引用，制造商们在证词中广泛运用他们的观点的数据，论证人民币升值的种种益处。作证的伯格斯滕提出三点：一是人民币应该升值 20%—25%，这样美元调整能够达到效果；二是人民币应该一次性升值 20%—25%，这样中国可以继续保持与美元的联系汇率，也不用放开资本账户；三是升值符合中国利益。[①] 紧接着的 10 月，彼得森国际经济研究所另一位资深研究员莫里斯·戈德斯坦（Morris Goldstein）在众议院金融服务委员会国内和国际货币政策、贸易和政策小组委员会进行了"中国的汇率制度"的作证。他认为人民币被低估应该在 15%—25%，人民币重新估值符合中国和全球经济的利益，长期来讲，

---

① Statement of C. Fred Bergsten, "Hearing before the U. S. – China Economic and Security Review Commission of 108th Congress", September 25, 2003, pp. 43 –46，参见美国国会美中经济安全评估委员会官方网站上发布的关于《中国的投资和汇率政策对美国的影响》听证会记录，available at：http：//www.uscc.gov/sites/default/files/transcripts/9.25.03HT.pdf。最后访问日期：2015 年 8 月 15 日。

中国采取灵活的汇率制度和放开其资本市场是努力的方向。[①]

此外，彼得森国际经济研究所的专家们还通过发表社论文章、政策简报、会议论文、演讲，以及接受采访等形式，将他们关于人民币升值及中国的汇率制度改革的观点不断向公众传播。在接来下的十年中，人民币汇率问题一直是彼得森国际经济研究所关注的一个重点问题，特别是在美国国内要求人民币升值压力比较大的年份如 2007 年和 2010 年，彼得森国际经济研究所的专家们给予的关注就更大。在这些年份中，他们仍然坚持人民币应该继续升值，特别是比起中国的出口持续的大幅度的增长，认为人民币过去的升值幅度太小，人民币反而被更多地低估了。在 2007 年的时候，他们开始批评中国的汇率政策，称中国操纵汇率。在金融危机的背景下，中国在 2008 年 7 月将人民币与美元汇率兑换区间缩小到 6.81—6.85，人民币实际上停止了升值，到 2010 年 6 月，中国重启汇率形成机制改革，但此后人民币升值缓慢，再次引发了美国国内新一轮要求人民币升值的舆论高潮。彼得森国际经济研究所在其中再次发挥了提供专家观点的作用，博格斯滕分别于 2010 年 3 月 24 日、9 月 15 和 9 月 16 日两次在国会众议院筹款委员会，一次在参议院银行、住房和城市事务委员会，就中国的人民币汇率问题作证，要求"纠正"人民币汇率，并提出了具体建议和路径。

此后，人民币对美元走上了较快升值的道路，2015 年一度达到6.1136 的高位，累计升值已经超过 35%，彼得森国际经济研究所的几位持续关注此问题的专家也对人民币升值和中国汇率政策减少了关注，但仍然有其他专家持续关注中国的汇率政策及人民币汇率问题，仍然认为人民币还在被低估。但总的来看，彼得森国际经济研究所已经没有过分关注此问题。与此相适应的是，美国国内对于人民币升值的舆论已经较为平静，大不如从前，美国方面对于人民币升值的压力有所减弱。

美国国内每次掀起要求人民币升值的高潮，彼得森国际经济研究所的专家们，特别是博格斯滕、戈德斯坦等人都会出现在美国国会听证会上，起着提供关键的专家支持观点的作用。国际经济问题常常都具有国内和国

---

① Morris Goldstein, "Testimony before the Subcommittee on Domestic and International Monetary Policy, Trade, and Technology Committee on Financial Services US House of Representatives", Washington DC., October 1, 2003, available at: http://www.iie.com/publications/testimony/testimony.cfm? ResearchID = 266. 最后访问日期：2015 年 8 月 15 日。

际两层背景，而彼得森国际经济研究所的研究成果，则将这两种背景结合在一起，他们从国际经济角度的分析，为国内制造商们提供了一种支持他们观点的有力证据。

除了中国的汇率政策及人民币汇率问题，近些年彼得森国际经济研究所关注的热门经济问题还包括全球金融危机，美国债务问题，中东的金融和经济问题，美国经常项目赤字，贸易、就业与全球化，主权财富基金，美元与其他主要货币，气候变化以及多哈回合谈判等。在这些方面，彼得森国际经济研究所同样通过各种形式发表观点、意见和建议，影响着美国国内舆论和决策圈对这些问题的看法。这是一个典型的思想库发挥其作用的情况，反映出美国思想库在美国公民社会里所发挥的独特作用。

本 章 总 结

本章对美国若干最有代表性的非营利组织进行了考察，着重分析了它们在美国公共政策形成过程中的作用和影响。美国公民社会中的各种非营利组织数量庞大，类型多样。为了研究的方便，本章将美国的非营利组织大致划分为利益集团，公民权利团体和公共利益集团，基金会和慈善团体，以及思想库四个大类。其中的后三类，即：公民权利团体和公共利益集团、基金会和慈善团体、思想库（智库）可以看成是为了促进社会公共利益而组织起来并发挥作用的团体，它们确实可以被称为是非营利组织，承担起了向美国社会提供公共产品的主要责任，扮演着服务公共利益的角色。利益集团类的组织则不完全一样，虽然有些组织也自认为它们的存在和活动是在向社会提供公共服务，如美国商会认为它能够推动自由贸易进而促进社会福祉，又如全国步枪协会认为自己维护的是宪法第二修正案，保障了每个美国公民持有武器的权利，是保护美国人民自由和私有财产这些最为重要的公民权利，但是，许多公众仍然认为这些非营利组织是维护部分社会成员利益的团体。

事实上，在很多情况下，很难区分到底一个非营利组织是在为整个社会提供公共服务、维护公共利益，还是仅仅服务于一部分人（更确切地说是它的会员）。众多公共利益团体，或者诸如美国公民自由联盟和全国有色人种协进会这样的公民权利团体，它们其实都是为美国社会上的一部分公众提供公共服务，它们中的许多组织还因此而遭到其他群体和组织的厌恶甚至是仇视，例如致力于保障同性恋团体的人权运动组织。只不过，它们要么是为了美国最高社会理想认同状况而存在和活动，例如美国全国有色人种协进会的目标是致力于解决非裔美国人的不平等问题；要么是为了保障持有不受欢迎观点的群体的权利，例如美国公民自由联盟就是为了保障所有人，包括持有极端观点的人作为公民的言论自由和结社权利；要么是为了维护美国社会中处于弱势的群体的权利，例如"人权运动"组织的目标就是使得同性恋群体得到与其他人同样的平等对待的组织。这些组织正是由于它们目标的正当性而被看成是为了社会进步、为了维护所有公民的权利和自由而存在的公共利益组织或公民权利团体。

　　本章采用案例研究的论述方法，试图勾勒出形形色色的美国非营利组织在美国公民社会的运行中所扮演的角色和发挥的作用。姑且不论它们是为全社会提供公共服务还是只是为部分公众群体服务、保障部分人士的权益，它们在美国公民社会中发挥的作用却是相似的。通过对美国商会、联合汽车工人工会、美国医师协会、全国步枪协会、全国有色人种协进会、公民自由联盟、"人权运动"组织、"公共事务公民"组织、"共同事业"组织、卡内基基金会、比尔和梅琳达·盖茨基金会、彼得森国际经济研究所等组织的研究可以清楚地看到，这些非营利组织在美国社会生活的各个领域发挥着难以取代的作用，它们的存在和行动推动着各自所属领域内的活动能够开展下去，各自代表的群体的权利和利益能够得到维护。总体上看，它们都不是美国政府的机构，它们都是非营利性质的组织。它们积极参与和推动着美国公共政策的制定，影响着全体美国人的生活。它们正是美国公民社会的组成部分，它们运行和所发挥的作用与影响，正是美国社会怎样组织和活动并发挥影响的一个缩影。

　　美国商会对自由市场、自由贸易和自由企业制度的精神的追求和维护，对美国政府的经济和贸易政策的出台影响很大；联合汽车工人工会作为汽车工人利益和权利的维护者，长期以来成为劳工阶层的一个代表，是当代美国公民社会中一股强大的传统性力量；美国医师协会作为美国医疗改革整个历史进程中一支非常重要的力量，深刻影响着几十年来美国医疗改革重大政策的方向；全国步枪协会则是美国反对枪支管制政策的主角，在美国社会中影响巨大，是美国政治生活中举足轻重的一股势力；全国有色人种协进会的历史反映着美国公民社会取得的重大进步，推动着美国社会的进步，它对黑人的平等权利的长期追求，深刻地改变了美国社会的面貌；公民自由联盟的存在和发展，则以最为极端和引发争议的方式，体现了美国社会言论自由和结论自由的真正含义，"人权运动"组织对同性恋者自由和平等权利的长期追求和维护，同样体现了美国社会权利平等的真正含义，两者都体现了美国社会自由和多元的特征。

　　"公共事务公民"组织和"共同事业"组织真正称得上是为全体公民的权利和利益服务的非营利组织。它们扮演着关注和解决政府和市场机制没能够解决的社会问题的角色，它们的活动其实是在帮助政府完善法律，提高政府的治理水平并打击商业领域中的腐败与欺诈。"公共事务公民"组织在社会生活的重要方面，例如汽车安全、药品和食品安全问题上，为公众争取本应该属于他们的权益，克服政府管理不够完善的问题，对抗大公司占优势的权力，最终换来联邦政府管理机构的完善，换来了美国社会公司责任的落实，换来了美国消费者、公众利益的获取和维护。"共同事业"组织则积极投身美国的政治改革运动，对美国民主中存在的许多问题提出解决方案，推动这些改革措施的实现，对政府和政治活动进行监督，推动各种政治弊端的解决。这两个组织及其类似的组织的活动，大大推动着美国社会的进步。

　　另外两种非营利组织，基金会和思想库（智库），它们发挥的作用则体现了美国公民社会运行中的另外一个层面，那就是保障公民社会运作所需要的资金和智力支持。各种基金会的存在使得其他更多的、专注于各个领域的非营利组织得到资助，使它们能够在各自领域发挥更大作用。此外，通过有选择且明智的捐赠，基金会本身关注的社会目标也得到实现。思想库同样也是许多基金会资助的对象，它们所获得的公共政策研究成果，通过媒体和其他形式向决策者和公众传播，在整个美国社会中发挥着独特而不可或缺的作用，不仅为整个社会提供着智力产品，而且为美国公民社会的发展指引着方向。

第五章

非营利组织与美国选举政治：
以 2012 年大选为例[①]

　　美国是一个选举政治气氛浓厚、以影响立法为主要目标的直接游说活动无孔不入的国度，这个标志性现象与其公民社会中的一群非营利性政治组织（或者有权参与政治活动的组织）有极大的关系。不过必须说明的一点是，鉴于政党组织在美国两党制中的特殊性，本章所研究的对象并不包括政党或政党的委员会。2012 年是美国进入 21 世纪后的第三个选举政治高峰年份。在 50 年一遇的大旱煎熬中，美国的选举制度经历了一场不折不扣的灾难：在保护联邦宪法第一条修正案所赋予的公民言论自由权利的旗帜下，以超级政治行动委员会（super PAC）为代表的各种"外围团体"（outside groups）空前活跃，它们依靠无限制的巨额捐款支持，通过海量政治广告对候选人竞选过程和中间选民施加了史无前例的影响。这种"外围团体"现象的由来及其背后隐含的种种问题，既反映了当代美国国内政治发展的趋势和特点，也从一个侧面表现和诠释了美国公民社会中非营利性政治组织的状况与作用。

一　"外围团体"：美国选举政治语境
中的特殊组织群体

　　一般而言，美国公众表达选举意愿最便捷的途径有三，即参加选举

---

　　① 本章内容作为"美国公民社会的治理"课题研究的阶段性成果，曾以"'外围团体'对2012 年美国大选的影响"为标题刊登于《美国研究》2012 年第 3 期。收入本书时作者徐彤武对文字进行了修订，对若干重要数据进行了补充或更新。

投票、为候选人捐款、参加或资助能够影响选举结果的民间组织，也就是"外围团体"。在美国选举政治的特定语境中，"外围团体"是对于一大批在候选人竞选团队之外成立、至少在表面上与竞选团队没有任何组织关联的各种正式非营利组织的总称。由于它们同基层选民联系密切，能够通过各种方式开展宣传鼓动，所以又往往被称为"造势团体"（advocacy groups）。目前美国"外围团体"的总数大约有 24 万个，可粗略划分为两大群体：政治行动委员会和享受联邦免税待遇的非营利机构。

（一）政治行动委员会（Political Action Committee，PAC）

政治行动委员会是为参与选战而筹集和支出活动经费的组织，更确切地说，它是一个在法定限额内向候选人或其他政治行动委员会提供直接资助的账户。这是一个大"家族"，具体名称五花八门，按照成立方式、具体功能和监管要求的不同，又有进一步的分类，其中数量最多而且比较重要的政治行动委员会有以下两种。

1. 由公民个人发起成立的无关联组织委员会（non - connected committee）

由于它没有主办机构，所以身份独立。许多这类组织是由在任国会议员或其他政治家为支持本党候选人而成立的，故也被统称为"领导力政治行动委员会"（Leadership PAC）。例如，"21 世纪民主党人"（21ˢᵗ Century Democrats）的主要创始人是民主党参议员汤姆·哈金（Tom Harkin），其宗旨是为最能体现民主党价值观的候选人提供资助。共和党参议员迈克·李（Mike Lee）领导的"宪法保守派基金"（Constitutional Conservatives Fund，CCF）也是类似机构，使命是挑选和资助那些主张限制联邦政府权力的候选人通过选举进入国会。

2. 由工商企业、工会和一些往往具有明显意识形态倾向的非营利组织主办的分设独立基金（separate segregated fund）

这种基金必须与主办机构自身财务资金切割，独立筹措和使用经费。可口可乐公司跨党派善治委员会（The Coca - Cola Company Nonpartisan Committee For Good Government）、"联合汽车工会志愿社区行动计划"（UAW Voluntary Community Action Program）、全国生命权理事会政治行动委员会（National Right To Life PAC）、① "全国步枪协会政治胜利基金"（The NRA Political Victory Fund）② 等，均属于这种情况。

任何政治行动委员会都必须依照法定要求和程序向联邦选举委员会（Federal Election Commission，FEC）申请注册，获得唯一的组织身份编码并接受监管。联邦选举委员会的权限来自《1971 年联邦选举法》（*Federal Election Campaign Act of 1971*，FECA）及 1974 年修正案。③ 截至 2012 年 12 月 31 日，注册的政治行动委员会的总数为 7311 个。④

联邦选举委员会根据国内收入水平和通货膨胀率，一般每两年发布一次公民个人和政治行动委员会为选举提供政治性捐款的限额。例如：在 2011—2012 年选举周期的任何一年中，公民个人可最多向每名候选人捐款 2500 美元，向政党的全国委员会捐款 3.08 万美元。支持单个候选人的政治行动委员会最多可以向每名候选人捐款 5000 美元，向政党的全国委员会捐款 1.5 万美元，向其他政治行动委员会捐款 5000 美元。⑤

（二）联邦免税非营利组织

据美国联邦税务局（Internal Revenue Service，IRS）统计，2012 财政

---

① 全国生命权理事会（National Right To Life Committee，NRLC）成立于 1968 年，是美国建立最早、规模最大的反对堕胎、杀婴、协助自杀和安乐死的非营利组织，总部设在首都华盛顿，在全美 50 个州拥有 3000 多个分支机构。它的政治行动委员会在 2012 年大选中的目标是支持共和党总统候选人罗姆尼击败奥巴马，相关信息可见其官方网站：http://www.nrlpac.org/，2013 年 5 月 21 日。

② 全国步枪协会（National Rifle Association，NRA）创建于 1871 年，总部位于首都华盛顿，是美国最大的维护公民持枪权益的组织，现有会员超过 400 万人。它的政治行动委员会向来以成功率高而著称，在 2008 年大选中，"全国步枪协会政治胜利基金"介入了争夺国会参众两院 271 个席位的选战，达到目的的有 230 个席位。更多情况可见该政治行动委员会的官方网站：http://www.nrapvf.org/，2013 年 5 月 21 日。

③ 《1971 年联邦选举法》及 1974 年修正案生效后，联邦选举委员会于 1975 年正式组建并开始运转。该委员会由六名有投票权的委员组成，委员经总统提名、参议院批准，任期六年，每年改选 1/3，主席由六名委员轮流担任。

④ Federal Election Commission, News Release, "FEC Summarizes Campaign Activity of the 2011 - 2012 Election Cycle", April 19, 2013, available at: http://www.fec.gov/press/press2013/20130419_2012 - 24m - Summary.shtml /, 2013 - 05 - 21.

⑤ Federal Election Commission, *Contribution Limits for* 2011 - 2012, available at: http://www.fec.gov/, 2013 - 05 - 21.

年度（2011 年 10 月 1 日至 2012 年 9 月 30 日）全美享受联邦免税待遇的主要非营利组织有 161.6053 万个，其中依照《国内税收法》（*Internal Revenue Code*）可在一定限度内涉足选举、直接游说等政治性活动的组织总数将近 23 万个，它们分为四种：①

1. 《国内税收法》第 501(c)(4) 条款规定的社会福利组织

这些应依法致力于促进社会福利事业的组织共约 9.31 万家，比较典型的是历史悠久、拥有 140 万名会员和支持者的基层环保运动组织塞拉俱乐部（Sierra Club）。

2. 《国内税收法》第 501(c)(5) 条款规定的劳工、农业和园艺组织

它们的数量超过 5 万个，主力是专业人士或劳动者参加的工会组织，如全国教育协会（National Education Association，NEA）、货车司机工会（Teamster）等。

3. 《国内税收法》第 501(c)(6) 条款规定的商会和行业协会组织

这类组织有 6.91 万个，涵盖了美国各个经济部门，其中对白宫和国会最具政治影响力的莫过于不久前刚刚举行过百年庆典的美国商会（U. S. Chamber of Commerce）。

4. 《国内税收法》527 条款规定的政治性组织

由于种种复杂原因，对这种组织缺乏准确统计，但根据官方估算和实际情况推测，这类组织总数大约有 1.6 万家。② 法律规定，这种组织的主要功能是"影响或者试图影响任何一位联邦、州或地方政府公职人员的遴选、提名、选举或任命"，且它们为实现这些目标而获得的捐款、会费及筹款活动所得可以不计算为应税收入，从而免交联邦所得税。③

---

① Internal Revenue Service, *Data Book* 2012, Table 25, Publication 55B, Washington D. C., March 2013，p. 55. 需要指出的是，联邦法律严禁公益慈善类的免税组织，即第 501(c)(3) 条款免税组织涉足选举政治。

② 美国联邦审计署（United States General Accounting Office，GAO）在一份给国会众议院筹款委员会的关于政治性民间组织的报告中称，政治性组织占全部免税组织的 1%。参见：GAO, *Political Organizations：Data Disclosure and IRS's Oversight of Organizations Should Be Improved*，July 2002，GAO - 02 - 444，p. 20。

③ United States Government Printing Office, *U. S. CODE* 2011, *Title* 26, Subtitle A - Income Taxes，§527，pp. 1515 - 1516.

二 "公民联合组织案"的裁决对选举财务规则的改变

2010 年 1 月 21 日，美国联邦最高法院的九名大法官以 5∶4 的接近票数就"公民联合组织诉联邦选举委员会"（*Citizens United v. FEC*）一案做出了有利于原告公民联合组织（Citizens United）的裁决。这个立即引起各方激辩的裁决所产生的一个关键性后果是联邦选举法律对"外围团体"资助助选广告（electioneering communications），即涉及选举的议题广告（issueads）的限制几乎被消除殆尽。① 布鲁金斯学会高级研究员、曾经担任过联邦选举委员会主席的波特（Trevor Potter）认为，无论是从法律还是政治角度看，"公民联合组织案"都堪称"选举游戏规则的改变者"，② 更有法学家称它使美国面临一场"宪法危机"。③ 为了能够清晰地说明这个案件后果的严重性，有必要先简要回顾一下近代以来美国的选举财务改革（campaign finance reform）历程。④

（一）曲折前进的选举财务改革

美国的选举财务改革可追溯至建国之初，但全面意义上的改革酝酿于

---

① 助选广告指的是任何以广播、电视（包括有线电视网络）或卫星播放的、点明（或者出现照片）某位寻求联邦公职候选人的政策立场但又不明确号召选民支持或者反对他当选的付费广告，这种广告只能在大选投票之前 60 天或者初选投票之前 30 天播放，且目标受众人数超过 5 万人。通过邮寄、电话和互联网传播的选举广告不受此限制。参见：United States Government Printing Office, *Bipartisan Campaign Reform Act of* 2002（Public Law 107 - 155），§203. PROHIBITION OF CORPORATE AND LABOR DISBURSEMENTS FOR ELECTIONEERING COMMUNICATIONS; 2 U. S. C. 434 and 441b, Federal Election Commission（complied），*Federal Election Campaign Laws*, April 2008。

② The Brookings Institution, "Campaign Finance in the 2012 Elections: The Rise of the Super PACs", Washington DC., Thursday, March 1, 2012, available at: http://www. brookings. edu/events/2012/03/01 - super - pacs, 2013 年 5 月 21 日。

③ 纽约大学法学院研讨会（Money, Politics & the Constitution: Building A New Jurisprudence, March 27, 2010），available at: http://www. brennancenter. org/event/money - politics - constitution - building - new - jurisprudence, 2013 - 05 - 21。

④ 能够相对简明扼要地讲述美国当代选举财务改革并受到广泛好评的最新学术著作是：Stephen J. Wayne, *The Road to the White House* 2012, 9th Edition, Wadsworth Cengage Learning, 2012。

19 世纪末 20 世纪初。当时，美国作为新崛起的世界工业强国，大财团的势力迅速扩张，垄断资本对国家和经济社会生活的操控日益露骨，选举腐败进入高发期。即便是那位赢得了"托拉斯轰炸机"绰号的老罗斯福（Theodore Roosevelt），若无资本大亨们的慷慨赞助，也不可能代表共和党夺取 1904 年大选的胜利。[①]

在社会各界强烈不满和改革呼声的巨大压力下，老罗斯福政府和国会启动了选举财务改革，改革的核心议题及主线至今未变，那就是如何在保障公民民主权利的同时，处理好金钱与选票的关系，特别是金钱与竞争总统、副总统和国会议员这些联邦公职的候选人竞选活动之间的关系。迄今为止，改革取得了四项里程碑式的成果。

（1）1907 年的《蒂尔曼法》（Tillman Act）。该法明确规定，禁止企业和国民银行资助任何联邦公职候选人的竞选活动，违者将追究刑事责任。尽管这部法律的象征意义远远大于实际效果，但它被公认为美国首部试图斩断工商业的金钱与联邦选举候选人之间直接关系的法律。

（2）1947 年的《塔夫脱—哈特利法》（Taft - Hartley Act）。[②] 这部法律的基本内容是从各个方面规范劳资关系。它有一条非常重要而且对劳资双方一视同仁的规定，即禁止工会组织和企业自身的财务账户发生任何涉及联邦选举的直接捐款或开销，包括资助本组织涉及选举的政治性广告开销。

（3）《1971 年联邦选举法》（Federal Election Campaign Act of 1971，FECA）。这部法律与其 1974 年修正案和其他配套的法律法规一起，构成了当代美国联邦选举制度的基础。[③] 它最主要的内容包括：通过规定披露

---

① 据 1912 年国会一个委员会的调查，这次大选中共和党竞选经费的 72.5% 来自大公司和企业主的捐赠。见刘绪贻、杨生茂总主编，余志森等著《美国通史（第四卷）：崛起和扩张的年代》（1989—1929），人民出版社 2008 年版，第 320 页。

② 《塔夫脱—哈特利法》于 1947 年 6 月 23 日生效。该法的正式名称是《1947 年劳资关系法》（The Labor Management Relations Act of 1947），这个法案曾遭到杜鲁门总统的否决，但国会推翻了总统的否决，使它最终成为有效的联邦法律。

③ 《1971 年联邦选举法》于 1972 年 2 月 7 日由尼克松总统签署生效。与这一法律密切相关的另一部配套法律是《1971 年税收法》（1971 Revenue Act）。1972 年以后，国会至少已经对《1971 年联邦选举法》进行了 21 次修订。本文参考的法律文本来自联邦选举委员会编纂、体现了最新修订情况的《联邦选举法律汇编》（Federal Election Campaign Laws，complied by Federal Election Commission，April 2008）。引用时依照惯例只标明相关条款在《美国法典》（U.S.C.）中的统一编号。

选举经费的措施，提高候选人竞选资金的透明度；对竞选广告的开销和候选人竞选费用的支出加以严格限制；就公司企业和工会组织设立政治委员会事宜做出详尽规定；组建联邦选举委员会并授权它解释选举法律、制定监管规章并履行监管和执法职责。从此，国会、独立监管机构和联邦法院成为选举改革中举足轻重、互相合作又互相制约的三方。

（4）《2002 年跨党派选举改革法》（*Bipartisan Campaign Reform Act of 2002*，BCRA）。[①] 这部法律是对《1971 年联邦选举法》及其修正案的全面修订。它的制度创新在于：为限制利益集团的影响，不允许全国性的政党（及党的各级委员会）、候选人和在职公职人员为参加联邦选举而筹集"软钱"（soft money）；[②] 明确禁止公司企业和工会组织使用自身财务经费资助助选广告，并收紧对这种助选宣传的管理；重新定义和规范与候选人竞选团队无直接配合关系的选举广告宣传，即所谓"独立宣传支出"（independent expenditure），强化有关信息披露、报告和责任声明的规定。[③]

在回顾选举财务改革历程时，有两点值得注意：第一，历次改革的重点都是对公司企业的政治资金进行限制，而普通公民在个人出钱资助政治

---

① 共和党参议员约翰·麦凯恩（John McCain）与民主党参议员拉斯·法因戈尔德（Russ Feingold）是这一法案最初的提出者，因此《2002 年跨党派选举改革法》又被称为《麦凯恩—法因戈尔德法》（*McCain – Feingold Act*）。2002 年 3 月 27 日该法由小布什总统签署生效。

② "软钱"（soft money）是相对于直接向候选人提供的捐款即"硬钱"（hard money）而言的，主要指政党的各级委员会在联邦选举法律规定的禁止、限制或信息披露要求之外筹措的经费，这些经费往往不会直接或者单独用于本党候选人的竞选活动，而是用来赞助同竞选相关的宣传活动或其他开销，从而间接地支持了候选人，此定义参见：2 U. S. C. 441i，Federal Election Commission（complied），*Federal Election Campaign Laws*，April 2008。另外，在媒体报道中，"软钱"也常用来指各种组织（包括非营利组织）用来进行间接政治宣传（并不明确支持或反对某位候选人，但其意图能够让受众心知肚明）的开销。

③ 美国联邦选举法律规定，任何选举支出，若符合如下两个法定条件即为"独立宣传支出"：第一，明确表达选举或击败某位候选人的意思；第二，这种开支不与候选人及相关方的动作协调一致，或者应他们的要求或建议而发生。这里的"相关方"包括候选人授权的政治行动委员会及其代理人、候选人所属政党及其代理人。独立宣传支出必须依法向联邦选举委员会报告，条件是：若在投票前 20 天（含第 20 天）以外的支出超过 1 万美元，或者在投票前 20 天内、但投票 24 小时之前超过 1000 美元，参见：United States Government Printing Office，*Bipartisan Campaign Reform Act of* 2002（Public Law 107 – 155），§211，Definition of Indepent Expenditure；2 U. S. C. 441b，Federal Election Commission（complied），*Federal Election Campaign Laws*，April 2008。

活动方面一直享有广泛的自由。他们对联邦候选人或者政治行动委员会的捐款需要遵守限额规定，但对联邦免税非营利机构的捐赠并无数额限制。此外，普通公民可以无限度地自掏腰包支付由自己发起的任何独立宣传支出的费用。第二，在美国法律语汇中，公司（corporation）一词并非仅限于工商企业，而是包括了一切登记为公司制法人的组织。由于美国绝大多数正式民间组织都依法登记为非营利公司制法人组织（nonprofit corporation），所以联邦法律（包括法院判例）中任何涉及公司制法人组织的规定均适用于它们。

（二）联邦最高法院对"公民联合组织案"的裁决

"公民联合组织"（Citizens United）是一个意识形态保守的第501（c）（4）条款组织。2008年大选期间，该组织发行了由它出资制作的纪录片，攻击竞争民主党总统候选人提名的参议员希拉里·克林顿。由于担心该片的传播计划会明显违反联邦选举法律中关于助选广告和独立宣传支出的规定，[①] "公民联合组织"遂以联邦选举委员会为被告向联邦地区法院提起诉讼，要求法院针对相关条款颁发说明性禁制令（injunction）。"公民联合组织"在初审和上诉法院审理阶段均遭败诉，后在保守派法律界人士的策划和支持下于2008年8月诉至联邦最高法院。[②] 2010年1月21日九名大法官以5∶4的微弱多数做出了有利于"公民联合组织"的裁决。[③]

联邦最高法院的法庭意见是，基于联邦宪法第一条修正案的精神，政府限制公司机构独立宣传支出的行为缺乏法理依据，故联邦选举法律中的相关规定和先前由联邦最高法院做出的两个裁决被宣布无效。[④] 法庭认

---

① 这里指的主要是根据《2002年跨党派选举改革法》第203条（§203，*Bipartisan Campaign Reform Act of 2002*，BCRA）修订并被编入《美国法典》第2卷第441b条款的内容。441b条款全文可见：2 U.S.C. 441b，Federal Election Commission（complied），*Federal Election Campaign Laws*，April 2008。

② Jeffrey Toobin，"Money Unlimited"，*The New Yorker*，May 21，2012，pp. 36 – 47.

③ *Citizens United v. Federal Election Commission*，Syllabus，558 U.S. 50（2010）.

④ 这里指的是：第一，最高法院关于"奥斯汀诉密歇根州商会案"（*Austin v. Michigan Chamber of Commerce*）的裁决 [494 U.S. 652（1990）]，该裁决维持了密歇根州法律对于公司机构资助的独立宣传支出的限制。第二，最高法院关于"麦康内尔诉联邦选举委员会案"（*McConnell v. FEC*）的裁决 [540 U.S. 93（2003）]，该裁决部分维持、部分推翻了《2002年跨党派选举改革法》中关于助选广告的限制性规定。

为，在涉及政治性言论时，政府若因言论发布者身份的不同而厚此薄彼，便违反了宪法第一条修正案，因为公司制身份并不应当妨碍这类机构如同公民个人一样行使言论自由权利，而且它们的独立宣传支出并不会引起"腐败或者腐败现象"。① 如此一来，最高法院就为所有的公司制法人机构（特别是工商企业和工会组织）使用自身财务经费在选举中放手进行政治宣传开了绿灯。

（三）联邦上诉法院对"'现在就说'组织案"的裁决

"现在就说"组织（SpeechNow）是首都华盛顿的一个小型 527 条款组织，该组织宣称它的资金源于个人捐赠，完全用于开展符合其宗旨的独立宣传支出。"'现在就说'组织诉联邦选举委员会"（*SpeechNow v. FEC*）一案的核心诉求是，该组织要求法庭裁定，联邦选举法律中关于限制公民个人及团体对政治性民间组织捐款数额的两项条款是否妨碍了公民的言论自由。2010 年 3 月 26 日，哥伦比亚特区联邦上诉法院九名法官对该案做出一致裁决。他们依据最高法院对"公民联合组织案"的裁决，宣布联邦选举法律中的有关规定违宪。② 法庭认定，对专事政治性独立宣传的组织（Independent Expenditure – Only Group）而言，政府对捐款额的任何限制不仅与反腐败无关，而且违反了联邦宪法第一条修正案。③

这样，到 2010 年 3 月，经过联邦最高法院和哥伦比亚特区联邦上诉法院对有关案件的裁决，现行联邦选举法律中对工商企业、工会组织和非营利机构介入选举政治宣传所设置的权利限制和金额限制几乎全部失效。

---

① 法庭意见的原文是："this Court now concludes that independent expenditures, including those made by corporations, do not give rise to corruption or the appearance of corruption." *Citizens United v. Federal Election Commission*, Syllabus, 558 U. S. 50 (2010), p. 5。

② 《美国法典》第 2 卷第 441a（a）（1）（C）条规定：对任何不是由某一政党的州委会建立或维持的政治委员会，个人捐款每年不得超过 5000 美元；441a（a）（3）条规定：对所有政治委员会的捐款，每两年内的个人捐款不得超过 6.99 万美元。参见：Federal Election Commission（complied），*Federal Election Campaign Laws*，April 2008，pp. 61 – 62；*SpeechNow v. Federal Election Commission*，No. 08 – 5223，pp. 7 – 8。

③ 本案法庭意见中的一个关键句子是："Given this analysis from *Citizens United*, we must conclude that the government has no anti – corruption interest in limiting contributions to an independent expenditure group such as *SpeechNow*"，*SpeechNow v. Federal Election Commission*，No. 08 – 5223，pp. 14，16。

三　新法律环境中的"外围团体"与 2012 年大选

随着选举法律规范发生重大改变，"外围团体"和它们进行的政治宣传造势活动也获得了自《1971 年联邦选举法》生效以来最为宽松的环境。

（一）超级政治行动委员会的兴起

超级政治行动委员会（super PAC）是美国政治术语中的最新时髦词语，它是对那些有别于传统型政治行动委员会的一类组织的总称。其独特之处有二：首先，它的唯一功能是实现"独立宣传支出"，即通过制作和播放政治广告开展"独立于"任何竞选联邦公职者及其代理人或政治行动委员会的选举宣传活动，以便旗帜鲜明地支持或者反对某位候选人；其次，它不仅可以合法且无限制地为政治广告花钱，而且可以无限制地接收来自公民个人和公司、工会及其他非营利机构的捐款。实际上，超级政治行动委员会就是能够合法超越联邦选举法律法规约束、拥有巨大财务实力和政治影响力的超级选举宣传机构。

美国历史上的第一批超级政治行动委员会出现于 2010 年夏季，为共和党通过是年中期选举夺回国会众议院控制权立下了汗马功劳。当时，形形色色的"外围团体"（包括 84 家超级政治行动委员会）总共支付的助选广告宣传费超过了 2008 年大选期间的同类支出，相当于 2006 年中期选举同类支出的五倍。[①]

民主党阵营对于超级政治行动委员会的态度开始是排斥和犹豫的。但随着这种机构惊人的筹款效率和选举宣传能力日益展现，奥巴马在 2012 年 2 月不得不改弦更张，公开表示欢迎一切支持民主党的超级政治行动委员会。[②] 当米特·罗姆尼（Mitt Romney）在支持他的主要超级政治行动委

---

① The Brookings Institution, "Campaign Finance in the 2012 Elections: The Rise of the Super PACs", Washington DC., Thursday, March 1, 2012, available at: http://www.brookings.edu/events/2012/03/01 - super - pacs, 2013 年 5 月 21 日。

② Nicholas Confessore and Michael Luo, "Obama Allies Feel Pressure to Raise Cash", *The New York Times* (New York edition), Wednesday, March 14, 2012, p. A1.

员会"重建我们的未来"组织（Restore Our Future）的帮助下赢得 3 月 6 日"超级星期二"的党内预选后，奥巴马竞选团队的总负责人吉姆·梅西纳（Jim Messina）在 3 月 7 日凌晨 3 点向民主党支持者发出一封十万火急的电子邮件，呼吁他们正视超级政治行动委员会前所未有的财力和能量。① 此后，民主党便越来越主动地把"优先美国行动"（Priorities USA Action)② 等组织作为进行白宫保卫战的重要武器。

（二）2012 年大选中的超级政治行动委员会

如果说超级政治行动委员会在 2010 年中期选举时仅是初露锋芒，那么在 2012 年大选期间它们可谓大显身手、出尽风头。这主要表现在三个方面：

1. 机构数量快速增长

据联邦选举委员会和专门研究金钱与政治关系的跨党派智库"回应政治中心"（Center for Responsive Politics，CRP）公布的统计数字,③ 正式履行了注册手续的超级政治行动委员会 2011 年年末不到 90 个，而进入 2012 年之后它们的数量便逐月增加，到 11 月 30 日达到 1123 个。④

2. 超级富豪成为捐款主力

在机构增加的同时，超级政治行动委员会收到的捐款数额也直线上升。2012 年 3 月上旬它们获得的捐款总额是 1.5 亿美元，至 11 月 30 日达到 6.806 亿美元。⑤

---

① Major Garrett, "Obama's Super Paranoia", *National Journal*, March 10, 2012, p. 40.

② "优先美国行动"组织是支持奥巴马总统连任的最主要的超级政治行动委员会，它的大部分支出都用于攻击共和党总统候选人罗姆尼。该组织详情可见其官方网站：http://www.prioritiesusaaction.org/，2013 年 5 月 21 日。

③ "回应政治中心"是设在首都华盛顿的一家跨党派非营利机构，1983 年由退休的民主党参议员弗兰克·丘奇（Frank Church）和共和党参议员休斯·斯科特（Hugh Scott）共同创办，目前已经发展成为美国享有盛誉的专业智库，属于享受联邦免税待遇的501(c)（3）公益慈善类组织。更多详情可见其官方网站：http://www.opensecrets.org/，2013 年 5 月 21 日。

④ 数据来源：Center for Responsive Politics, available at：http://www.opensecrets.org/，访问日期：2012 年 12 月 1 日。

⑤ 数据来源：Center for Responsive Politics, available at：http://www.opensecrets.org/，访问日期：2012 年 3 月 30 日和 12 月 1 日。

一些美国媒体注意到，虽然给超级政治行动委员会的捐款来自社会各界，普通公众贡献的 250 美元以下的小额捐献亦属常见，但 50 万美元以上的大额捐款主要来自企业主、投资者、律师、医生、演艺界明星等特高收入人群。在超级政治行动委员会所筹全部款项中，他们的贡献份额高达70%，[①] 若干机构所获捐款几乎全部得益于亿万富翁的慷慨相助，这种情况在 2012 年头五个月的共和党党内初选时期尤为突出。公共调研中心（Center for Public Integrity，CPI）的研究报告指出，[②] 这一时期超级政治行动委员会获得的捐款，约 1/3 来自十大捐款者，其中包括七名超级富豪和三家非营利组织。[③]

超级富豪中最能引发轰动效应的是美国博彩业巨头谢尔登·阿德尔森（Sheldon Adelson）。他本来特别赏识纽特·金里奇（Newt Gingrich），并不惜为他慷慨解囊 2650 万美元。当 5 月末罗姆尼已经稳获共和党总统候选人资格后，阿德尔森便大手笔一次资助"重建我们的未来"组织 1000万美元。[④] 至 8 月中旬阿德尔森及其家人为支持共和党一方的超级政治行动委员会和重要的免税非营利组织，已经斥资超过 5000 万美元，从而创造了美国大选历史上的一项政治捐款纪录。[⑤]

3. 促使攻击性政治广告出现井喷

虽然今天移动互联网络和智能手机的普及已经让美国真正进入了数字

---

① Paul Blumenthal，"Supper PAC Mega – Donors Surpass 100，June Best Super PAC Fundraising Month Ever"，*The Huffington Post*，updated July 28，2012，available at：http：//www. huffington-post. com/2012/07/27/super – pac – donors_ n_ 1711154. html，2013 年 5 月 21 日。

② 公共调研中心 1989 年由资深新闻记者查尔斯·刘易斯（Charles Lewis）创建于首都华盛顿，现已成为美国成立最早、规模最大的非营利专业调查机构之一，属于享受联邦免税待遇的501（c）（3）公益慈善类组织。它的主要活动是进行跨党派的调查研究，着力揭露滥用公权、侵权渎职和贪污腐败现象，以促进公共机构的透明度和问责制。更多详情可见其官方网站：ht-tp：//www. publicintegrity. org/，2013 年 5 月 21 日。

③ John Dunbar，"Top 10 Donors Make up a Third of Donations to Super PACs"，updated May 21，2012，available at：http：//www. publicintegrity. org/2012/04/26/8753/top – 10 – donors – make – third – donations – super – pacs，2013 年 5 月 21 日。

④ Nicholas Confessore，"Campaign Aid Is Now Surging Into 8 Figures"，*The New York Times*，New York edition，Thursday，June 14，2012，p. A1.

⑤ Trip Gabriel and Nicholas Confessore，"Casino Mogul Assembles Potential Donors For Ryan"，*The International Herald Tribune*，Thursday，August 16，2012，p. 4.

时代，但高度发达的广播电视系统依然是民众获得选举信息的最重要渠道。[1] 因此，超级政治行动委员会主要通过在广播电视节目中插播由它们安排的政治广告，向既定区域的选民群体发动密集宣传攻势。各种政治势力利用超级政治行动委员会发布政治广告还有一个好处，那就是由于这些机构与两党候选人在形式上保持了"一臂之遥"的距离，加上选民对它们的背景并不熟悉，所以即便广告中包含失实信息，也不至于直接引发选民对主要候选人的反感。[2]

当代美国选举史一再证明，构思巧妙、制作精良且集中发布的负面电视广告可以在短时间内形成巨大的政治杀伤力，相比之下，共和党比民主党更擅长此道。[3] 韦斯利扬媒体项目（Wesleyan Media Project）研究了本选举周期（2011—2012）连续 16 个月内的所有政治广告后发现，65% 的支持罗姆尼等共和党候选人的广告和近 20% 力挺奥巴马总统连任的广告由超级政治行动委员会操办。从内容上看，攻击性的负面广告占比为 70%，而 2008 年大选期间这个比例仅为 9.1%。若仅分析各种"外围团体"发布的广告，其负面广告的比例竟高达 86%。[4] 更有甚者，一批主力"外围团体"，如"美利坚十字路口"组织（American Crossroads）、"争取繁荣的美国人"组织（Americans for Prosperity）、美国能源联盟（American Energy Alliance）、塞拉俱乐部，以及民主党和共和党的全国委员会

---

① 根据美国皮尤中心新闻研究项目发布的《2012 美国新闻媒体年度报告》，2011 年美国各种媒体（除纸质报刊外）的受众人数均有所增长。电视台网的观众数止跌回升，其中 ABC、CBS 和 NBC 三大台网观众数增长 4.5%，每晚收看它们节目的观众有 2250 万人。93% 的美国人拥有收音机，广播是仅次于电视的重要公众传媒。此外，3/4 的美国人拥有笔记本电脑或台式电脑，44% 的人拥有智能手机。参见：The Pew Research Center's Project for Excellence in Journalism, *The State of the News Media* 2012, *An Annual Report on American Journalism*（Key Findings by Amy Mitchell and Tom Rosenstiel of PEJ）, available at：http：//stateofthemedia. org/，2013 年 5 月 21 日。

② Deborah Jordan Brooks, Assistant Professor of Dartmouth College, with Michael Murov, "Assessing Accountability in a Post *Citizens United* Era：The Effects of Attack Ad Sponsorship by Unknown Independent Groups", *American Politics Research*, Vol. 40, No. 3（May 2012）, pp. 383 –418.

③ Jane Mayer, "Attack Dog", *The New Yorker*, February 13 & 20, 2012, pp. 40 –49.

④ 韦斯利扬媒体项目机构（Wesleyan Media Project）是美国韦斯利扬大学（Wesleyan University）和若干院校、非营利机构及私立基金会合作进行的一个项目，专门研究政治广告。本文数据来自："Presidential Ads 70 Percent Negative in 2012, Up from 9 Percent in 2008", by efowler, May 2, 2012, Kantar Media/CMAG with analysis by the Wesleyan Media Project, available at：http：//mediaproject. wesleyan. edu/2012/05/02/jump – in – negativity/，2013 –05 –21。

等，直到 2012 年 9 月底，也没有发布过哪怕是一则正面阐述所支持的候选人主张的广告，它们的政治广告百分之百都是攻击性的。《华盛顿邮报》的累计监测数据表明，在整个 2012 年大选过程中，包括"外围团体"在内的两大总统候选人阵营所发布的全部竞选广告中负面广告所占的比例，奥巴马阵营是 85%，罗姆尼阵营是 91%。①

（三）2012 年大选中的免税非营利组织

在选举过程中，合法涉足选举政治的联邦免税非营利组织可以采取灵活多样的方式发挥作用，如成立分设独立基金直接向候选人提供捐款，利用电视和互联网发布涉及各种政策议题的助选广告，即开展所谓"议题倡导"（issue advocacy）活动，② 通过电话、电子邮件和上门拜访等方式进行选民动员，协助选民登记，为候选人在当地的活动提供志愿服务，散发印刷宣传品，等等。除此之外，在 2012 年大选中，这些组织向选民施加政治影响力的方式又增添了新招数：

1. 向超级政治行动委员会捐款

在这方面，工会组织表现突出。例如，全国教育协会曾向本组织建立的超级政治行动委员会"全国教育协会宣传基金"（NEA Advocacy Fund）拨款 360 万美元。③ 劳联—产联（AFL – CIO）也为自家举办的同类机构

---

① http：//www. washingtonpost. com/wp – srv/special/politics/track – presidential – campaign – ads –2012/，2013 年 5 月 21 日。

② 议题倡导（issue advocacy）广告也被称为利益倡导（interest advocacy）广告，由于其自身的高度复杂性，迄今为止，美国政、学界都没有给它下一个全面而清晰的法律定义。实践证明，在选举过程中，免税非营利组织发布的广告可以做到既紧扣公众关注的政策议题（如环保、医疗、住房、妇女权益等），明确而又微妙地向目标受众传达可以影响选举的信息，又不违反任何关于选举宣传的法律。从 20 世纪 70 年代起，联邦选举委员会、国会和联邦最高法院一直在试图找到准确区分议题倡导广告和选举政治广告（express advocacy，指明确号召选举或者击败某候选人的广告）的标准，但这些努力并未取得令人满意的结果。事实上，《2002 年跨党派选举改革法》把这种广告作为助选广告对待并力求加以限制。2010 年"公民联合组织案"之后，议题倡导广告和选举政治广告之间的界限已经大大模糊了，有时甚至被无所顾忌地跨越。有关议题倡导广告对选民行为的影响可参见：Soontae An，Hyun Seung Jin and Michael Pfau，"The Effects of Issue Advocacy Advertising on Voters' Candidate Issue Knowledge and Turnout"，*Journalism & Mass Communication Quarterly*，Vol. 83，No. 1（Spring 2006），pp. 7 – 24。

③ John Dunbar，"Top 10 Donors Make Up a Third of Donations to Super PACs"，updated May 21，2012，available at：http：//www. publicintegrity. org/2012/04/26/8753/top – 10 – donors – make – third – donations – super – pacs，2013 – 05 – 21。

"工人之声"（Workers' Voice）输送了大笔资金。劳联—产联的司库舒勒（Elizabeth Shuler）宣布，"工人之声"为了改变少数人主导选举政治的传统，推出激励工会会员和非会员工人参与选举进程的措施，向他们让渡一定数额的超级政治行动委员会经费使用权限，并利用平板电脑、数字化终端和脸书（Facebook）、推特（Twitter）等网络社交媒体为工人和中产阶级构建起"独立的"政治表达与政治选择平台。①

2. 与超级政治行动委员会的选举宣传默契协同

这方面的典型莫过于"美利坚十字路口"组织及其姐妹组织"十字路口草根政策战略"（Crossroads Grassroots Policy Strategies，常用缩写Crossroads GPS）之间的分工与联系。前者是着眼全国选情的超级政治行动委员会，集中火力攻击奥巴马总统的执政纪录；后者是侧重围绕具体政策展开宣传的第501(c)(4)条款组织，力图削弱民主党在国会参议院的力量。令人瞩目的是，这对姐妹组织的幕后策划者都是曾为小布什总统心腹的著名保守派战略家卡尔·罗夫（Karl Rove），担负实际领导职责的也是同一个人，即曾任小布什政府劳工部副部长、现任美国商会首席法律官员的史蒂文·劳（Steven J. Law）。民主党阵营也不乏同样例子，如为了抗击罗姆尼团队针对西班牙语裔美国选民发起的宣传战，支持奥巴马总统连任的服务业雇员国际工会（Service Employees International Union，SEIU）②与"优先美国行动"组织携手，从6月11日开始播出耗资400万美元的抨击罗姆尼的西班牙语政治广告。③

---

① Mike Hall, "Workers' Voice Speaks For the 99%", available at: http://www.afl-cio.org/, 2013年5月22日。

② 服务业雇员国际工会（SEIU）是美国、加拿大和美属波多黎各服务业雇员的联合工会组织，始建于1921年，总部位于首都华盛顿，拥有上百个行业的会员210万名，在北美设有约15个州级委员会和150个地方分支机构，更多详情可见其官方网站：http://www.seiu.org/, 2013年5月22日。

③ Alexander Burns, "Democratic Groups Join Forces to Fight Right", June 12, 2012, available at: http://www.politico.com/news/stories/0612/77313.html, 2013年5月22日。相关广告可在服务业雇员国际工会官方网站上看到，标题为"用罗姆尼自己的话说"（*In Mitt Romney's Own Words*），2012年6月13日。

四 "外围团体"政治活动引发的主要争议

"外围团体"在选举政治中向来是"八仙过海、各显神通"，这就难免鱼龙混杂、引发各种争议，在 2012 年大选中围绕它们的争议主要集中在四个方面：

（一）超级政治行动委员会的独立性备受质疑

根据联邦选举法律和联邦法院对"公民联合组织案"等案件的裁决意见，超级政治行动委员会最基本的属性是独立性，即它必须完全独立于候选人的竞选团队和竞选活动，并只为开展本组织主持的"独立选举宣传"而存在。

然而，现实中许多重要的超级政治行动委员会都与候选人的竞选有着千丝万缕的联系，它们都是高度按需定制和高度个人化的，创办者通常是候选人的朋友甚至家人。[1] 在这方面，民主、共和两党的总统候选人都毫不避讳。支持奥巴马连任的最大超级政治行动委员会是"优先美国行动"组织，它的创办者是两名前白宫高级幕僚比尔·伯顿（Bill Burton）和肖恩·斯威尼（Sean Sweeney），前白宫办公厅主任拉姆·伊曼纽尔（Rahm Emanuel）在 2012 年 9 月初也宣布要专心投入到该机构的筹款工作中。[2] 在拜访奥巴马总统和白宫高级官员的要客名单中，不乏向这家超级政治行动委员会慷慨解囊的工商界人士，其中有些人还直接参加了奥巴马竞选团队的筹款活动。[3] 奥巴马竞选团队的发言人本·拉博尔特（Ben LaBolt）

---

① Dan Eggen, "Super PACs are Often a Friends and Family Plan", *The Washington Post*, Monday, June 11, 2012, p. A1.

② Peter Wallsten and Tom Hamburger, "A Worried Scramble for More Donations", *The Washington Post*, Thursday, September 6, 2012, p. A1.

③ Sunlight Foundation Reporting Group：Anupama Narayanswamy, "Big Donors to Democratic Super PACs visited White House", May 31, 2012, available at：http：//reporting. sunlightfoundation. com/2012/big - donors - democratic - super - pacs - visited - white - house/, 2013 - 05 - 22. 阳光基金会（Sunlight Foundation）成立于 2006 年 4 月，是一家设在首都华盛顿的跨党派公共慈善类免税组织，即第 501 (c)（3）条款组织，其宗旨是促进政府的透明度和问责制建设。更详细情况可见其官方网站：http：//sunlightfoundation. com/about/。

向媒体公开承认总统竞选团队为"优先美国行动"组织的筹款活动提供过帮助。① 罗姆尼曾亲自现身"重建我们的未来"组织举办的筹款活动，呼吁公众为这家超级政治行动委员会捐款。他的竞选团队和"重建我们的未来"组织都使用目标点咨询公司（TargetPoint Consulting）提供的选举咨询服务，而这家公司创办人的妻子又恰好是罗姆尼竞选团队的副经理凯蒂·盖奇（Katie Packer Gage）。②

（二）社会福利组织介入选举政治的限度含混不清

社会福利组织，也就是第501(c)（4）条款组织介入选举政治的权利是受法律保护的，但一个重要前提是这类活动不得构成该组织的主要活动（primary activity）。③ 在实际掌握中，公认底线是政治性活动支出不超过社会福利组织年度总支出的50%。问题在于，联邦法律对于第501(c)（4）条款组织的定义过于宽泛，对于到底什么叫作过多介入选举政治、用什么标准来衡量这类组织所进行的议题倡导活动的性质等并无清晰界定，有些法规已经过时。④ 就拿"十字路口草根政策战略"组织来说，这个组织除积极开展选举宣传外，还花费数千万经费用于基层议题倡导活动，而这些议题无一不是选举的热门话题。此外，它还向一批保守派第501(c)（4）条款组织提供资助。⑤ 明眼人一看便知，这家组织的主要活动早已远远超出了促进社会福利的范围，但这种情况在2012年大选中可谓比比皆是。

（三）选举财务信息缺乏透明度

依照联邦选举法律，任何政治行动委员会所获得的捐款和支出，只要

---

① Michael D. Shear and Derek Willis, "Donations to Democratic Super PAC Rise Just as Campaign Steps Up Spending", *The New York Times* (New York edition), Thursday, June 21, 2012, p. A16.

② Mike McIntire and Michael Luo, "Super PACs' Act almost as Adjuncts of U. S. Campaigns", *The International Herald Tribune*, Monday, February 27, 2012, front page.

③ IRS: Exempt - Organizations Technical Instruction Program for FY2003, John Francis Reilly and Barbara A. Braig Allen, *Political Campaign and Lobbying Activities of IRC 501(c)（4）, and（c）（6）Organizations*.

④ Congressional Research Service, Report R40183, Erika K. Lunder, Legislative Attorney and L. Paige Whitaker, Legislative Attorney, 510（c）（4）*Organizations and Campaign Activity: Analysis Under Tax and Campaign Finance Laws*, January 29, 2009, pp. 2 - 6.

⑤ T. W. Farnam, "Mystery Donor Gives $ 10 Million for Attack Ads", *The Washington Post*, Saturday, April 14, 2012, p. A6.

超过 1000 美元就必须向联邦选举委员会报告并披露捐款者。绝大多数政治行动委员会都能做到这一点，但也有机构想方设法隐瞒某些真实捐款者的信息。例如，"重建我们的未来"组织就曾经使用格伦布鲁克公司（Glenbrook L. L. C.）的假名掩护企业家杰西·罗杰斯（Jesse Rogers）夫妇的身份，而这两位提供了 25 万美元的捐款人与罗姆尼私交甚密。支持民主党的机构也发生过类似的信息造假情况。[①] 更重要的是，无人知晓在上报信息中到底还存在着多少这样的假信息。

对于可以在选举政治的波涛中冲浪的免税非营利组织来说，法律本来就没有要求它们披露捐款来源。现在，联邦法院对"公民联合组织案"等案件的裁决又为它们提供了新的政治活动空间，这就在客观上为大笔政治性捐款进行暗箱操作创造了便利。

透明度问题最多的是某些社会福利组织。大量事实说明，一些大企业、利益集团和富豪把第 501（c）（4）条款组织当成了漂白政治性支出的平台，通过这些组织表达政治诉求，支持或者反对相关候选人。例如，从 7 月中旬起，一批重量级保守派组织斥巨资在若干重要的摇摆州发动为期三个月的广告攻势，集中火力攻击奥巴马政府的医疗改革和曾经支持改革的国会议员。仅"争取繁荣的美国人"一家组织就为此开销 900 万美元。这一攻势的幕后支持者显然包括科克工业集团（Koch Industries）和医疗保险业巨头安泰公司（Aetna），但公众永远不会清楚它们提供资助的真实内情。[②]

商会和行业协会组织，即 501（c）（6）条款组织的透明度也亟待提高。法律要求它们在年度报表中列出所有超过 5000 美元的捐款，但可以隐匿捐款者的名字，除非捐款者愿意自报家门。在 2012 年大选中，美国商会计划花费创纪录的 5000 万美元用于政治性广告宣传，介入国会参众两院大约 40 个议席的争夺。由于该组织一直拒绝公布捐款者的身份，所以公众根本无法知晓哪些大公司的支票支撑了它在大选中的政治性宣传活动。难怪英国《经济学家》杂志意味深长地把美国商会称为"密会"

① Michael Luo, "Readers: Help Us Discover a Secret Donor", February 3, 2012; "A Secret Donor Revealed", February 7, 2012, *The New York Times*, The Caucus, available at: http://the-caucus. blogs. nytimes. com/2012/, 2012 年 5 月 3 日。

② Dan Eggen, "Health - care Law Faces Attack Ad Campaign", *The Washington Post*, Saturday, July 21, 2012, p. A4.

（Chamber of Secrets）。①

（四）对公民政治性组织的监管存在严重漏洞

《国内税收法》527 条款规定的公民政治性组织是 1975 年之后美国政治体制中的一种特殊制度安排。② 显然，这种组织的定义比联邦选举法律对政治行动委员会的定义宽泛得多，它包括了所有政党、党的分支机构、形形色色的政治行动委员会和任何其他形式的政治性民间组织，涵盖了这些组织在联邦、州和地方三个层面上的活动，而且这些活动不单涉及选举，也要介入公职人员的遴选、提名和任命事项，这就给予 527 条款组织以极大的周旋空间。③ 从法律角度讲，任何一个在联邦选举委员会注册的政治行动委员会也同时是 527 条款组织，但并非所有的 527 条款组织都应当而且可以受到联邦选举委员会的制约。联邦法律和行政监督体系中的这种差异与模糊造成了监管"外围团体"势力的诸多灰色地带。④ 这种情况自 2000 年大选后始终存在，而到 2012 年大选期间则弊端毕现，联邦选举委员会收到的投诉和调查请求接连不断。有理由相信，待大选之后的相关调查结束时，联邦选举委员会很可能会像以前那样处罚一批故意逃避监管的 527 条款组织。⑤

---

① "The Chamber of Secrets", *The Economist*, April 21, 2012, pp. 67 - 69.

② Congressional Research Service, Report RS21716, Erika Lunder, American Law Division, *Political Organizations Under Section 527 of the Internal Revenue Code*, January 28, 2008, p. 1.

③ Congressional Research Service, Report RL30582, Marie B. Morris, American Law Division, *527 Organizations: How the Differences in Tax and Election Laws Permitted Certain Organizations to Engage in Issue Advocacy without Public Disclosure and Proposals for Change*, Updated September 7, 2000, pp. 2 - 5.

④ Congressional Research Service, Report RS22895, L. Paige Whitaker and Erika Lunder, American Law Division, *527 Groups and Campaign Activity: Analysis Under Campaign Finance and Tax Laws*, June 12, 2008, p. 2.

⑤ 2006—2007 年联邦选举委员会曾通过诉讼手段对一批分别支持民主党和共和党的 527 条款组织处以重罚，原因就在于这些组织为逃避监管，故意混淆公民政治组织与政治行动委员会的区别，不依法注册正确的组织身份。在 2000 年和 2004 年大选中积极为候选人筹集捐款的公民增长俱乐部（Citizens Club for Growth）就曾被判处罚款 35 万美元，因为该组织未依法注册为政治行动委员会，而是以 527 条款组织的身份从事活动。参见：Federal Election Commission, *RECORD*, Vol. 33, No. 10, October 2007, pp. 14 - 15。

五　"外围团体"给当代美国选举制度带来的三重困境

以超级政治行动委员会为代表的"外围团体"通过金钱和几乎不受限制的助选宣传为 2012 年大选打下了深刻烙印。它们对当代美国的选举制度，特别是选举财务的影响造成了政治、法律和道德的三重困境。

（一）政治困境

政治困境，用在华盛顿智库圈内久负盛名的学术泰斗托马斯·曼（Thomas E. Mann）和诺曼·奥恩斯坦（Norman J. Ornstein）的话来概括，就是美国选举政治进入了一个"无法无天、巨额秘密金钱泛滥和特殊利益集团贩卖影响力的新镀金时代"。[①] "外围团体"在这个"新镀金时代"的基本作用至少有四点。

1. 促使选举沦为金钱游戏

2012 年大选是美国建国 236 年来耗资最多的大选。民主、共和两党的总统候选人都不接受联邦竞选基金而是自行筹款，这在"水门事件"之后尚属首次。[②] 虽然人们依然相信民意是最终决定选举结果的因素，但迄今为止的选战造就的主要印象则是候选人之间的竞争结果首先取决于财力的较量，而非其治国方略对选民的感召力。[③] 很明显，"外围团体"的活动在很大程度上加剧了金钱对选举政治的腐蚀力。令民主党颇感意外的是，它长期以来所倚重的"外围团体"力量的潜力能被共和党阵营发挥

---

① 托马斯·曼是布鲁金斯学会的高级研究员，诺曼·奥恩斯坦是美国企业研究所的研究员。他们一起合作了 40 年，是华盛顿研究圈内公认的学术双雄。由于他们所在的智库分别属于中间派和意识形态倾向保守的机构，所以他们的意见往往能够被各方重视和接纳。引文见：Thomas E. Mann and Norman J. Ornstein, "What Won't Fix Washington, What Will", *The Washington Post*, Sunday, May 20, 2012, p. B1。

② Jeff Zeleny and Jim Rutenberg, "Five Crucial Factors to Watch, Just 58 Days From the Election", *The New York Times*, New York edition, Sunday, September 9, 2012, p. A1。

③ Nicholas Confessore and Derek Willis, "Romney Racks Up a Big Campaign Cash Advantage Over Obama", *The New York Times*, New York edition, Tuesday, August 21, 2012, p. A13。

得淋漓尽致。①

　　除了影响总统选举之外，"外围团体"显示力量的重要战场是各州举行的联邦国会议员选举和州公职人员选举。众多观察家认为，州一级的选举将最能体现"外围团体"的价值。② 2012 年 6 月 5 日举行的威斯康星州州长重选（recall election）是美国历史上第三次州长重选，民主党人和工会组织期望把共和党人斯科特·沃克（Scott Walker）拉下州长宝座，结果却是沃克涉险过关。毋庸置疑，"外围团体"在这次选举中发挥了举足轻重的作用。若不是联邦最高法院"公民联合组织案"的裁决使威斯康星州有关禁止企业和工会支付独立宣传费用的法律失效，情况也许会大不相同：全国各地保守派"外围团体"为支持沃克而筹集的经费多达 3000 万美元，而挑战者民主党人汤姆·巴尼特（Tom Barrett）一方仅有 400 万美元，双方资金比例超过 7∶1，这是一场实力过于悬殊的决斗。③

　　公允而论，正是奥巴马及其代表的民主党在 2008 年大选时种下了今日的苦果，因为奥巴马是第一个完全拒绝使用联邦总统选举基金（也不受附带条件限制）的候选人。这样做固然让他募集的竞选资金远远超过对手，但也自然助长了共和党人和中间派选民利用私人资金实现政治诉求的冲动。在新的选举财务法律环境下，这种冲动极易演化为对公职的变相"拍卖"。

　　2. 加剧政治极化

　　佐治亚大学（University of Georgia）的一项专题研究表明，2012 年美国国会参众两院中两党议员的政见对立为 1879 年以来之最。④《福布斯》杂志认为，2012 年大选是美国现代史上意识形态色彩最浓的大选。⑤ 在这

---

　　① 美国联邦法律中对于各种公民"非政治组织"的宽松待遇很大程度上是拜民主党的努力所赐。参见：Stephen J. Wayne, *The Road to the White House* 2012, 9th Edition, Wadsworth Cengage Learning, 2012, p. 41。

　　② Matt Bai, "How Did Political Money Get This Loud?" *The New York Times Magazine*, July 22, 2012, p. MM14.

　　③ Paul Abowd, "Wisconsin Recall Breaks Record Thanks to Outside Cash", June 3, 2012, a-vailable at：http：//www.iwatchnews.org/2012/06/03/9039/, 2012 - 06 - 06；Judy Keen, "In Wisconsin, Revved up For Vote on Recall-Labor Union Battle with Gov. Walker to Climax Tuesday," *USA Today*, International Edition, Tuesday, June 5, 2012, p. 3A.

　　④ Ronald Brownstein, "Snowe - Fall", *National Journal*, March 10, 2012, p. 10.

　　⑤ Steve Forbes, Editor - in - Chief, "Election Armageddon", *Forbes*, May 7, 2012, p. 11.

种背景下，许多"外围团体"的助选广告缺乏政治包容度和妥协精神，传播了带有民粹政治色彩的主张，客观上为党派对立火上浇油。在它们的围攻下，若干立场相对温和的共和党议员被迫退出政治舞台，其中包括缅因州女参议员奥林匹娅·斯诺（Olympia Snowe）①和印第安纳州资深参议员理查德·卢格（Richard Lugar）。② 2012 年 7 月 31 日得克萨斯州共和党推举联邦参议员候选人的第二轮选举更是让代表茶党理念的组织所拥戴的前州政府检察官特德·克鲁兹（Ted Cruz）获胜。③ 这种靠强势民粹路线胜出的候选人将很可能给美国政治带来"极化后遗症"，从而持续妨碍国会的有效运转。

3. 削弱联邦政府对选举财务乃至院外游说活动的监管

联邦选举委员会的监管对于保障大选依法进行是不可或缺的。这个机构的工作本来就存在许多漏洞，超级政治行动委员会的崛起和其他"外围团体"所产生的一大堆新问题又令监管难度陡增。更糟糕的是，六名委员中有五人处于等待继任者的"看守"状态，而新任委员因国会党派纷争迟迟不能到位。在政治对立中，分属两党的委员往往难以就如何在新法律环境下有效监管选举财务达成一致意见，使联邦选举委员会成为"没有牙齿"的机构，处于半瘫痪状态。④

与选举财务监管密不可分的另一个问题是，由于许多免税组织能够合法隐瞒捐款来源，这就为联邦政府提高政治游说活动透明度的努力制造了巨大障碍。事实上，联邦最高法院关于"公民联合组织案"的裁决已经对各行各业就政府公共政策开展的游说活动造成了深远影响，使得院外游说集团能够绕过《1995 年游说信息披露法》（*Lobbying Disclosure Act of*

---

① 来自缅因州的女参议员斯诺是美国历史上第一位在州议会参众两院和国会参众两院都担任过议员的女性，2006 年曾被《时代》周刊评选为美国十大参议员（Top 10 U. S. Senators）。2009 年国会参议院常设财政委员会审议奥巴马政府的医疗改革方案时，她曾经投下来自共和党阵营的唯一一支持票。

② 理查德·卢格于 1976 年被选入国会参议院，其后一直连选连任，成为最资深的共和党参议员之一，曾两度出任参议院外交关系委员会主席。

③ Erik Eckholm, "Tea Party Favorite Wins Texas Runoff", *The New York Times*, New York edition, Wednesday, August 1, 2012, p. A1.

④ "The Federal Election Commission: Testy Gridlock", *The Economist*, May 19, 2012, pp. 40 – 41；"The Toothless Agency Overseeing the Election", *Bloomberg Businessweek*, May 7 – May 13, 2012, p. 36.

1995）的规定，① 利用某些"外围团体"达到其目的。②

4. 挑战传统的政党功能

自 19 世纪美国形成共和、民主两大政党主导选举、轮流坐庄的局面后，美国总统及其他重要联邦公职候选人无一不是政党决策的产物。过去几十年间，特殊利益集团推动的基层选举活动在一定程度上削弱了传统政党的权威，选举财务改革对"软钱"的限制也减少了政党的选举资源，但政党面临的最大挑战出现在 2012 年。人们看到，超级富豪和他们资助的超级政治行动委员会实际上扮演着"造王者"的角色。由于超级政治行动委员会筹款极为简便，财大气粗的捐款者和听命于他们的咨询专家们坐在家里就能够搞定一切，所以他们的想法或政策无须经过辩论或党的领导机关批准，更不用考虑对选民负责，这就会给政党或候选人造成风险。这方面差点引发轩然大波的是保守派广告策划大师弗雷德·戴维斯（Fred Davis）提出的关于炒作奥巴马与牧师杰里迈亚·赖特（Jeremiah Wright）关系的点子。③ 若不是罗姆尼闻讯后紧急出面制止，很可能会造成严重干扰共和党竞选战略的事件。《纽约时报》认为，这件事表明单个富豪配上一个咄咄逼人的政治咨询专家就有可能对选举产生立竿见影的影响，这不仅改变着竞选过程，也"改变着整个政治行当"。④

（二）司法困境

司法困境的实质是，某些大公司、超级富裕人群和各种"外围团体"

---

① 《1995 年游说信息披露法》由国会参众两院在 1995 年通过，1996 年元旦生效，此后国会又对它进行过重大修订。参见：Congressional Research Service，Report RL33065，R. Eric Petersen，Analyst in American National Government，Government and Finance Division，*Lobbying Reform*：*Background and Legislative Proposals*，109th *Congress*，Updated March 23，2006。

② Eliz Newlin Carney，"The Nonprofit World's New Weapon：Exempt From Lobby Rules，Now They Have New Money Leeway"，*OUTLOOK*，A CQ Roll Call Special Publication，June 2012，p. 8.

③ 杰里迈亚·赖特是芝加哥三一联合耶稣教会（Trinity United Church of Christ）的资深牧师，发表过许多在美国公众看来是耸人听闻的言论。奥巴马在 2008 年竞选总统之前曾是该教会成员，2008 年 5 月奥巴马宣布退出该教会。2012 年 5 月间，戴维斯曾建议接纳某亿万富翁的 1000 万美元捐款，以便让支持罗姆尼的超级政治行动委员会制作并播出一则质疑奥巴马宗教信仰的广告，因为奥巴马从前与赖特关系密切。相同的动议在 2008 年大选期间未被共和党总统候选人麦凯恩接受。

④ Nicholas Confessore，"Super PACs Let Strategists Off the Leash"，*The New York Times*，New York edition，Monday，May 21，2012，p. A1.

在 2012 年大选中充分利用了"公民联合组织案"之后形成的新政治游戏规则，然而司法系统内部对这种规则的看法并不一致。这种状况不仅使联邦最高法院的声望空前低落，更使人们对联邦司法系统均衡维护公民合法权益的能力产生了疑问。

1. "公民联合组织案"使司法系统对涉及选举财务的一些案件产生了严重分歧

由于解除了对"外围团体"影响选举的限制，选举制度的公平性遭到破坏，"钱多声音大"的事实损害了普通美国公民的自由权利。奥巴马总统非常清楚最高法院对"公民联合组织案"的裁决对美国的选举政治意味着什么，所以他在发表 2010 年度国情咨文的时候眼睛盯着坐在前排的联邦最高法院大法官说，这一裁决将为特殊利益集团在选举中用强大财力"窒息美国普通民众的声音"开启方便之门。① 这句话不幸而言中。

考虑到"公民联合组织案"裁决的消极后果，若干州和联邦法院接连做出与联邦最高法院裁决相悖的决定。这种罕见的分歧固然有悖于美国习惯法的传统，不利于保持联邦法治的统一，但也从一个侧面说明了"公民联合组织案"的裁决在法理上和实践中均造成了诸多矛盾。2011 年 12 月蒙大拿州最高法院以该州情况特殊为由，认定本州 1912 年关于禁止公司机构为竞选活动提供资助的法律依然有效，这一立场得到了 22 个州政府的支持。② 2012 年 6 月 25 日，联邦最高法院以 5 ∶ 4 的票数维持对"公民联合组织案"的裁决，从而正式推翻了蒙大拿州最高法

---

① President Barak Obama, "Address Before A Joint Session of the Congress on the State of the U-nion", January 27, 2010, Online by Gerhard Peters and John T. Woolley, *The American Presidency Project*, available at: http://www. presidency. ucsb. edu/, 2013 年 5 月 22 日。

② 蒙大拿州 1912 年经选民投票通过的法律禁止公司企业，尤其是包括"铜业大王"（Copper King）在内的矿山企业动用公司财务经费资助政治活动。在联邦最高法院宣布对"公民联合组织案"的裁决之后，2011 年 12 月 30 日蒙大拿州最高法院在审理"美国传统合伙公司诉布洛克"（*American Tradition Partnership v. Bullock*）案时，法官们以 5 ∶ 2 的票数支持了州检察官斯蒂夫·布洛克（Steve Bullock）的立场，以蒙大拿州情况特殊、政治腐败历史悠久为由，继续维持对公司制法人机构资助竞选宣传的限制［此案原告"美国传统合伙组织"（American Tradition Partnership, ATP）是一家 501（c）（4）非营利机构］。案件上诉至联邦最高法院之后，布洛克的立场获得许多民间机构和 22 个州政府的支持，而共和党参议院领袖麦康奈尔（Mitch McConnell）也为支持原告一方而向联邦最高法院出具了"法庭之友意见"。

院的决定。① 《纽约时报》发表社论说，这一决定把对"公民联合组织案"的裁决延伸到各州，是联邦最高法院做出的一个"最具破坏性的决定"。②

2. 保守派大法官们的司法能动性损害了联邦司法系统的权威性

1980 年以后，随着美国政治和意识形态领域中矛盾的尖锐化，联邦最高法院的保守派大法官在审理案件时越来越难以坚守相对客观、中立和克制的立场，有时甚至罔顾法律体系的连续性与惯例，做出超越原告诉讼请求的决定，这种情形被美国法律界和媒体称为司法能动（judicial activism）。近年来的若干争议极大的案件，如决定 2000 年大选结果的"布什诉戈尔案"和 2010 年的"公民联合组织案"等，都显露出明显的司法能动倾向。与这类争议相伴，联邦最高法院在美国人民心目中的崇高地位开始动摇。2012 年 6 月初《纽约时报》和哥伦比亚广播公司（CBS）联合进行的民调显示，美国民众对大法官工作的认可率已经从 20 世纪 80 年代后期的 66% 跌落到 44%。每八个美国人中仅有一人认为大法官对案件的裁决是完全建立在法律分析基础上的。③ 如果司法能动的趋势继续发展，那么它对美国政治制度的危害将是深远的。

（三）道德困境

道德困境有着双重表现：首先是美国国内政治的道德水平严重下滑，其次是美式民主在世界上的道德感召力式微。

1. 国内政治道德滑坡

美国宪政民主的传统历来主张在激烈的选战中守住道德底线。公众总是愿意支持道德操守良好的候选人，同时选举过程体现为包括候选人在内的全体公民开展理智辩论和接受教育的过程。候选人主要通过说服公众而赢得选票，而非靠贬损对手抬高自己。1800 年大选是美国历史上第一次实现执政党轮替的大选。美国开国元勋之一、当选总统托马斯·杰斐逊（Thomas Jefferson）在就职演说中阐述了美国民主哲学的一系列要素，其

---

① Supreme Court of the United States, Per Curim, *American Tradition Partnership v. Bullock*, 567 U. S. _ (2012), June 25, 2012.

② Editorial: The Radical Supreme Court, *The New York Times*, New York edition, Sunday, July 1, 2012, p. SR10.

③ Adam Liptak and Allison Kopicki, "Approval Rating for Justices Hits Just 44% in New Poll", *The New York Times*, New York edition, Friday, June 8, 2012, p. A1.

中就包括尊重多数人意愿并保护少数，力戒宗教和政治上的偏执，谴责各种弊端时应基于公众理智等原则。他指出，如果鼓励政治上的偏执，它的"专横与邪恶"所造成的恶果堪与宗教迫害的后果相当，社会的进步便会极为有限。①

回顾 2011—2012 年整个选举周期，人们难以找到令人信服的道德榜样。相反，泛滥成灾的负面政治广告成为对垒阵营偏爱使用的选战利器，这些广告采用张冠李戴、移花接木甚至凭空捏造等手法，传播了太多的谎言，消耗掉了太多的金钱和广播时段，使美国公共生活的生态急剧恶化，政治道德水准大为下滑。《华盛顿邮报》尖锐地批评说，竞选双方甚至"用令人作呕的毁谤代替相互攻击"，② 结果是"一切克制和道德边界都消失湮灭"，因为没有任何因素能鼓励双方这样做。③

在这场混战中，"外围团体"起了推波助澜的作用，这方面的例子不胜枚举。"十字路口草根政策战略"发布的一条广告批评奥巴马政府使每个美国人增加负债 1.6 万美元，这被《纽约时报》称作"误导性政治夸张手法的经典之作"。④ 民主党阵营的"外围团体"在政治诚信方面也屡出问题。例如，罗姆尼早在 2010 年就关闭了他的瑞士银行账户，但奥巴马的竞选团队和相关"外围团体"照样按计划用误导性语言炒作这个话题。⑤ 而"优先美国行动"组织在 2012 年 8 月推出的一则广告把失业工人乔·索普提克（Joe Soptic）罹患癌症的妻子的死因归咎于罗姆尼，这

---

① Thomas Jefferson, "First Inaugural Address",《美国历史文献选编》(*Living Documents of American History*)，美国驻华大使馆新闻文化处（北京），1985 年英汉对照版，第 78—81 页。

② David Nakamura, "Obama, Romney Ramp Up Hostility Campaign Trail: Contest Enters a Phase in which Nastiness Replaces Mere Negativity", *The Washington Post*, Saturday, July 14, 2012, p. A1.

③ Dan Balz, Dan Balz, "Fear and Loathing on the Trail", *The Washington Post*, Thursday, August 16, 2012, p. A4.

④ The Editorial: "Whose Welfare?" *The New York Times*, New York edition, Monday, June 4, 2012, p. A24.

⑤ 奥巴马竞选团队发布的有关这个问题的政治广告题为《奥巴马：瑞士银行账户》(*Barack Obama: Swiss Bank Account*)。这个广告的内容经过奥巴马本人批准，解说员的最后一句话是："这就是你们指望从一个拥有瑞士银行账户的家伙那里得到的。"(It's just what you expect from a guy who had a Swiss Bank Account.) 这里的"拥有"用的是过去时（had），但有多少人会在收听收看这则广告时注意呢？广告录像见：http://www.usatoday.com/news/politics/political-ad-tracker/video/786870/，2013 年 5 月 22 日。

招致了主流媒体的大量恶评。①

2. 美式民主的国际感召力减弱

美国政治领袖经常自豪地把美国民主制度奉为全世界都应当效仿的楷模，这既是他们爱国心的体现，也是为了维护美国的国家利益、巩固美国在世界上的领先地位。但是"美国楷模论"或者"美国灯塔论"只有立足于得到事实支撑的道德高地才能发挥其影响力。姑且不论美国发动的伊拉克战争、阿富汗战争及 2008 年肇始于华尔街的金融风暴给全世界带来了多大灾难，当人们观看 2012 年大选这场金钱游戏，发现美国选举政治的现实与美国联邦宪法的精神实质相去甚远之后，美国政客们所鼓吹的"普世价值"就必然会受到更多质疑，美式民主的道德感召力也将随着美国国际地位的相对衰落而式微。

本 章 总 结

与美国以往历次大选相比，2012 年大选的最大特色就是以超级政治行动委员会为代表的一群民间非营利政治组织，即"外围团体"对选举政治的大规模深度介入。它们那不受限制的巨额金钱和无孔不入的选举广告使这次大选成为"水门事件"之后美国民主政治大倒退的坐标。

美国人引以为荣的宪政民主，特别是总统选举制度、司法制度等，曾经在 1972 年因"水门事件"遭受空前的威胁。这一丑闻正是由于共和党在任总统尼克松为确保连选胜利而不择手段所引发的。不过，在媒体和公众的督促与监督下，联邦政府三大分支机构共同努力，使美国避免了一场全面的制度性危机，并使这一事件成为以改革选举财务规则为中心任务的新一轮联邦选举改革的起点。"水门事件"也由此成为美国政治体制自我纠错能力的一个经典案例。遗憾的是，"水门事件"以后 40 年间美国选举财务改革的最重要成果如今已基本丧失殆尽。

导致"外围团体"金钱影响力泛滥的因素有如下几个：首先，相当

---

① Michael D. Shear and Trip Gabriel, "Campaign Steps Up Its Attacks on Negative Ads by a Pro - Obama Super PAC", *The New York Times* (New York edition), Saturday, August 11, 2012, p. A10。《华盛顿邮报》把这则广告称为大选年"出格的广告战中最坏的例子"。参见：Dan Balz, "Fear and loathing on the trail," *The Washington Post*, Thursday, August 16, 2012, p. A4。

一部分美国人对国家现状不满，一些选民担忧政府的权力过大，挑战执政党地位的政治力量往往对民间组织更加重视，茶党势力的持续扩展，等等。① 不过，最直接的原因是联邦最高法院对"公民联合组织案"的裁决，它所造成的恶果是把公民影响政治的权利绝对化，放任金钱大潮对美国宪政体制各个层面公共机构选举的冲刷和侵蚀。这不仅严重削弱了总统、副总统和国会议员等联邦公职人员的执政合法性，连带更改了州政府行政分支、立法机构和法官选举的游戏规则，甚至对以后的地方政府选举（如纽约市 2013 年选举）也将产生很大影响，从而对美国的宪政民主造成空前的整体性损害。对此，主流媒体和学界已经一再表示担忧。②

　　事实上，看似代表性广泛的数十万"外围团体"不一定能在选举中真正反映主流民意。首先，虽然美国的公民社会组织高度发达，而且所有"外围团体"均不会拒绝少至 5—10 美元的零星个人捐款，但有实力在选举宣传中造就强大舆论声势的组织只是极少数。根据权威智库"回应政治中心"公布的资料，在大选投票的当月（11 月份），全美最具影响力的"外围团体"只有 1805 个，其中超级政治行动委员会 1123 个，政党组织 104 个，其他组织 578 个。在这些组织中，真正出资进行选举宣传的仅占大约 40%，即 752 个，总共开支 13.4418 亿美元。③

　　其次，绝大多数美国民众反对把选举变为少数富裕公民用支票主宰的政治游戏。美国主流媒体 2012 年 3 月进行的一次联合民意调查结果显示，69% 的选民乐见超级政治行动委员会被宣布为违法。④ 纽约大学法学院

---

① Matt Bai, "How Did Political Money Get This Loud?" *The New York Times Magazine*, July 22, 2012, p. MM14.

② Brady Dennis, "Super PACs, Donors Shaping Judicial Elections", *The Washington Post*, Friday, March 30, 2012, p. A1; David W. Chen, "In 2013 Races, New York Prepares for Super PAC Effect," *The New York Times*, New York edition, Wednesday, August 1, 2012, p. A3.

③ Center for Responsive Politics, "Outside Spending", available at: http://www.opensecrets.org/, 2012 年 12 月 1 日（此数据不包括政党的各级委员会）。应注意：不少"外围团体"，尤其是超级政治行动委员会计划在大选投票日之前的两个月内才大举投放手中的宣传资金，以求政治捐款效应的最大化。例如，"美利坚十字路口"组织已经为 9、10 两个月预定了价值 4000 万美元的广播时段。见：Peter Nicholas and Danny Yadron, "Romney Again Logs Big Lead in Fundraising", *The Wall Street Journal*, Tuesday, July 10, 2012, p. A7.

④ Chris Cillizza and Aaron Blake, "Poll: Voters Want Super PACs to be Illegal", March 13, 2012, available at: http://www.washingtonpost.com/blogs/the-fix/post/poll-voters-want-super-pacs-to-be-illegal/2012/03/12/, 2012-07-03.

2012 年 4 月公布的一份专题研究报告指出，69% 的美国人，其中包括
74% 的共和党人和73% 的民主党人认为超级政治行动委员会助长了政治
腐败；73% 的受访者认为应该对这类机构有所限制；65% 的美国人感到，
由于超级政治行动委员会的影响力远远超过一般选民，所以他们对政府的
信任度下降了。①

　　以超级政治行动委员会为代表的"外围团体"现象的产生有其深刻
的制度性根源。从 20 世纪 70 年代中期起，特别是"里根革命"发生后，
在经济全球化、新技术革命及管理创新等诸因素的共同作用下，美国金融
业和以美国为总部的跨国公司获得了前所未有的发展。同时，以金融垄断
资本集团为首的特殊利益集团，即"有组织的金钱"（organized money）
势力为追逐一己私利巧妙地绑架了美国公共政策的制定过程，包括从各方
面影响选举和联邦最高法院的工作。② 由此导致的经济和社会生活中的严
重不平等，使平等这个美国赖以立国的最基本价值观和美国宪政民主的支
柱受到空前的冲击。而这种不平等反过来又给予富裕人群以更丰富的选举
资源、更多的政治影响渠道和更便捷的制度性安排。③ 从这个意义上讲，
联邦最高法院关于"公民联合组织案"的裁决准确地反映了美国的现实，
是最有权势的 1% 人口掌控国家命脉的必然后果。

　　近年来，美国学术界的一些领军人物就特殊利益集团与现实政治的关

---

① Brennan Center for Justice at New York University School of Law, Press Release, "Poll: Super
PACs Leave Americans Less Likely to Vote", April 24, 2012, available at: http://www. brennan-
center. org/content/resource/, 2012 年 6 月 18 日。

② 在保守派势力的影响下，1976 年联邦最高法院对"巴克利诉瓦莱奥案"（*Buckley v. Va-
leo*）的裁决实际上是对《1971 年联邦选举法》的第一次"拆解"，因为它以保护政治言论自由
为名，从原则上否定了联邦法律限制选举支出（包括独立宣传支出）的合宪性。这一裁决和此
后联邦最高法院对当代美国选举制度的一系列"修理"，都为 2010 年的"公民联合组织案"埋
下了伏笔。参见：Congressional Research Service, Report RL30669, L. Paige Whitaker, Legislative
Attorney, American Law Division, *The Constitutionality of Campaign Finance Regulation: Buckley v. Va-
leo and Its Supreme Court Progeny*, Updated November 18, 2008。

③ 对"有组织的金钱"势力崛起的分析，可参见：George Packer, "The Broken Contract",
Foreign Affairs, November/December 2011, pp. 20－31。关于美国经济不平等的状况，可参见国会
预算办公室的研究报告：Congressional Budget Office, *Trends in the Distribution of Household Income
Between 1979 and 2007*, October 2011, Pub. No. 4031。该报告称，1979—2007 年，美国最富裕的
1% 家庭收入增长了 275%，接下来的 19% 的家庭收入上升了 65%，而次层级的 60% 的家庭收入
的提高还不到 40%。

系接连发表了不少精辟见解。有趣的是，若干自由派和保守派知识分子的看法可谓殊途同归。耶鲁大学政治学教授雅各布·哈克（Jacob Hacker）和加利福尼亚大学伯克利分校政治学教授保罗·皮尔逊（Paul Pierson）在他们的著作《赢者通吃的政治》中称，在分配 1979—2005 年经济增长成果时，最富有的 30 万美国人所得的"蛋糕"相当于底层 60% 的美国人口（1.8 亿人）总份额的一半。当金融风暴使千百万户美国家庭破产时，华尔街最大的 38 家公司股东和高管在 2009 年挣得了 1400 亿美元，创下最高收入纪录。产生这样一种令人震惊的不平等的根源在于资本主义寡头集团（capitalist oligarchies）对美国经济的控制，无论是民主党还是共和党，对此都难辞其咎。① 诺贝尔经济学奖得主约瑟夫·施蒂格利茨（Joseph Stiglitz）不久前出版了《不平等的代价：当今分裂的社会如何危及我们的未来》。他在书中一针见血地指出，美国的经济制度和政治制度都已经失败，而这两者又是相互增强的。"一个高扬财富之声的政治制度在法律、规章和行政方面为富豪们提供了充足的机会，而如此设计出来的制度不仅无法保护普通公民免遭富人所害，反而会以全社会其他人为代价让富裕者变得更加富有。"② 持类似观点的还有享誉大西洋两岸的芝加哥大学经济学家路易吉·津盖尔斯（Luigi Zingales），他在 2012 年 6 月刚刚问世的新著《民享的资本主义》中以独特的视角和语言风格对美国"裙带资本主义"的弊端进行了鞭辟入里的剖析，他的观点甚至受到共和党副总统候选人保罗·瑞安（Paul Ryan）的欣赏。③ 以"历史终结论"闻名的斯坦福大学教授弗朗西斯·福山（Francis Fukuyama）认为，美国的政治体制已经变形，因为代表少数人的特殊利益集团势力比以往更庞大，更易动员、更富有，而执行多数人意志的所有机制却都

---

① Jacob S. Hacker and Paul Pierson, *Winner – Take – All Politics*, Simon & Schuster, New York, 2010, pp. 1 – 8.

② Joseph E. Stiglitz, *The Price of Inequality：How Today's Divided Society Endangers Our Future*, W. W. Norton & Company, New York & London, 2012, Preface, p. xix.

③ Luigi Zingales, *A Capitalism For the People：Recapturing the Lost Genius of American Prosperity*, Basic Books, June 2012。关于共和党的美国副总统候选人瑞安对本书的评价，可见协助此书编辑工作的曼哈顿研究所的官方网站：http：//www. manhattan – institute. org/acapitalismforthe-people/，2013 年 5 月 22 日。

变得更加乏力。① 鉴于超级政治行动委员会蕴含着用寡头统治取代民主的危险，原先反对限制独立选举宣传支出金额的哈佛大学法学院宪法学教授特劳伦斯·赖布（Laurence Tribe）也转变立场，支持出台相关宪法修正案的提议。②

其实，有识之士对美国民主制度本质的解剖和批评并非始于今日的危急时刻。早在20世纪40年代末，才华横溢的理查德·霍夫施塔特（Richard Hofstadter）就在其风靡一时的《美国政治传统及其缔造者》一书中指出，"私有财产的神圣不可侵犯性、个人处置私有财产和用其投资的权利、机会的价值、私利和自主在宽松的法律限度内向有限的社会秩序的自然演化等，都是美国政治思想意识中的中心信仰的主要原则"，所以"从事政治就是要维护这个竞争的世界"。他还犀利地把美国民主称为"贪欲的民主"。③ 长期以来，这些观点被贴上激进主义和社会主义的标签，被精心排斥于美国主流知识界和主流媒体之外。面对2008年金融风暴和随后经济衰退造成的严酷现实，④ 这种情况开始有所改变。至少，美国主流社会中的一部分精英人士已经试图从制度层面反思美国问题的症结，寻找救治的良方。

"外围团体"现象反映了美国政治体制的内在矛盾和变化趋势，它的基本作用肯定不是建设性的。只要美国政治不能有效地挣脱"有组织金钱"势力的操控，就很难实质性地体现出美国联邦宪法保障公民民主权利的精神，更遑论美式民主成为"世界楷模"了。正是从这个意义上讲，无论哪个政党赢得2012年大选，美国的内外政策都不会相差很大。值得注意的是，如何在宪政民主的基础上既做到保护公民自由的各项权利，又能够防止民间的民粹情绪扩散，不让非营利政治组织沦为金钱的奴隶和政

① Thomas L. Friedman, "Down With Everything", *The New York Times*, New York edition, Sunday, April 22, 2012, p. SR11.

② Ruth Marcus, "Leveling the Campaign Field", *The Washington Post*, Wednesday, June 20, 2012, p. A19.

③ 理查德·霍夫施塔特：《美国政治传统及其缔造者》，崔永禄、王忠和译，商务印书馆2012年版，"导言"，第4页。

④ 根据美国联邦储备局2012年6月发布的研究报告，美国家庭财产净值的中位数由于本轮经济危机缩水近38.8%，退回到了1992年的水平。参见：Federal Reserve, "Changes in U. S. Family Finances from 2007 to 2010：Evidence from the Survey of Consumer Finances", *Federal Reserve Bulletin*, Vol. 98, No. 2（June 2012），p. 17。

治操纵的工具，这是美国公民社会迄今没有解决的问题。令美国公众担忧的是，以超级政治行动委员会为代表的"有组织的金钱"势力在 2015—2016 年选举周期中正在变得更加强大、赤裸和无所顾忌，动辄上千万美元的政治捐款额将会成为常态，这不能不说是美国公民社会的一种"癌变"。[①]

---

① Matea Gold and Ed O'Keefe, "Flood of Money Could Prolong the GOP Primary Fight", *The Washington Post*, Tuesday, April 28, 2015, p. A1.

第六章

宗教组织在美国社会中的作用

美国是一个深受宗教影响的国度，宗教组织是美国公民社会或美国非营利部门的重要组成部分。2011—2012 年盖洛普（Gallup）的宗教类民意调查显示，在接受调查的美国成年人当中，55% 的人①认为宗教对于自己的生活非常重要，26% 的人认为比较重要，19% 的人认为不太重要，这一趋势在过去 40 年间基本保持稳定，仅是回答宗教比较重要的人数比例稍有下降，回答不太重要的人数比例稍有上升。而在更久远的年代则是不同情形，诸如 1952 年回答非常重要的人数比例高达 75%，回答比较重要的人数比例为 20%，回答不太重要的人数比例仅有 5%，可见世俗化浪潮也在一定程度上影响了美国人的宗教虔诚，尽管美国至今仍是发达国家当中宗教人口比例最高的国度。92% 的人信仰上帝或者某种宇宙神灵，85% 的人相信有天堂，75% 的人相信有地狱，82.5% 的人认可某种形式的宗教信仰，有宗教信仰的人群当中 95% 都是基督教徒，但是 60 年来自称没有宗教信仰的人口比例一直在上升，1951 年只有 1%，2011 年已达到 15%。

美国人的宗教情感非常复杂：71% 的人忧心宗教在美国的影响力正在下降，26% 的人认为宗教的影响力上升了；59% 的人属于基督教会和犹太会堂的成员，41% 的人没有加入任何教会和会堂；39% 的人每周至少要去一次教堂或会堂，16% 的人每月才去一次，30% 的人很少去，15% 的人从来不去；57% 的人相信宗教能够解答当今时代的所有问题，30% 的人认为宗教的解答已经过时。美国人对于宗教组织的态度也很矛盾：56% 的人对于宗教组织感到满意，38% 的人感到不满；48% 的人对于宗教组织很有信心，29% 的人较有信心，22% 的人信心很少或者没有信心；29% 的人认为

---

① 本章中提到的人数比例均指接受调查者，也即受访者的比例，后文不再一一赘述。

宗教组织的影响力应当增强，29%的人认为宗教组织的影响力应当减弱，39%的人认为宗教组织保持现有的影响力即可。①

这些调查数据反映了美国宗教组织的基本状况：不仅宗派林立、活动繁杂、竞争激烈，而且需要不断适应社会环境的变化，随时调整策略以期吸引信众保持活力。要想深入了解美国宗教组织，必须梳理其历史脉络、理清其格局分布，综合利用社会学、政治学、历史学等多门学科的研究成果，才能真实、全面地反映美国宗教与美国社会的互动。宗教组织在美国社会中的作用随处可见，影响广泛而且持久，笔者将其归纳为两个层面：在意识形态层面，美国宗教组织通过传教布道、敬拜仪式、灵修静思，把宗教伦理和道德训诫传播到成员心中，促进心灵的和顺、家庭的和睦、社区的和谐，宗教领袖对于政治、经济、社会事务的看法还会影响组织成员的选举投票立场，进而影响公共政策的制定；在社会服务层面，美国宗教组织是赞助教育、医疗、济贫、福利事业的最大的非营利组织，也是美国人自愿奉献的金钱和时间的最大受益者，犹太教、基督教、伊斯兰教、佛教、印度教的经典文本全都大力颂扬济贫和互助精神，美国宗教组织随着历次大觉醒运动不断扩大社会服务的范围，充分利用它们凝聚的社会资本和社会网络解决各式各样的社会问题。美国宗教组织与公民社会的关系在最近20余年间备受关注，学者普遍认可宗教组织乃是美国公民社会的根基和生力军，不论是在意识形态层面还是在社会服务层面，美国宗教组织与公民社会的互动成功地应对了新时代的挑战。

一　美国宗教组织的历史

美国宗教组织名目繁多，数个世纪以来历经兴衰起伏、分化组合，既是美国历史进程的见证者和参与者，更是新时代的创造者，不同时期、不同类型的宗教组织对于美国社会的影响都是不同的。殖民地时代西班牙和法国的天主教徒不断开疆辟土，改变了印第安人的宗教观念和生活方式，英国的新教徒在宗教实践中摸索出新的管理模式和教育体制，宗教奋兴浪潮汇聚成为第一次大觉醒运动（The First Great Awakening），促进了美利

---

① 参见盖洛普网站：http://www.gallup.com/poll/1690/Religion.aspx#1，2012-10-12。

坚合众国的诞生。① 殖民地时代基督教几乎没有竞争对手，公理会和英国国教会得到社会精英的拥护、政府的支持、新闻界的认可，并握有教育界的控制权，但是大部分民众排斥宗教，要么漠不关心，要么公开敌视，教会沦为国家控制社会系统的工具。美国革命切断了教会与国家的正式关联，在宗教自由和政教分离的法律保护下，各式各样的宗教组织发展起来，奔赴广阔的西部边疆牧养新移民，美国宗教生活当中曾经处于支配地位的团体逐渐让位于曾经无足轻重的团体。第二次大觉醒运动（The Second Great Awakening）见证了循道会、浸礼会、坎伯兰长老会、基督门徒会的崛起，新教徒联合起来推动社会改革并向海外传播福音，这个进程被美国内战打断，又经第三次大觉醒（The Third Great Awakening）的社会福音运动发扬光大。美国独立后第一个百年间新教占据主导地位，新教伦理奠定了美国民众的道德基础，新教教会逐渐征服了漠视宗教的民众，变成了吸引力强大的新型宗教机构，拥有与日俱增的不动产和股票、不断完善的社会服务事工、影响公共政策的选民动员能力。

19 世纪 80 年代美国宗教步入多元化时代，新教分裂为现代主义和基要主义两大阵营，天主教会成长为美国最大的单一宗派组织，新兴宗教层出不穷，世界各大宗教异彩纷呈，打造了全新的美国宗教版图，普世运动推动新教教会实现组织层面的联合，宗教学者试图重新界定基于犹太—基督教传统的美国社会认同标准。基督教会逐步放弃了教育的控制权，不再是新闻界的宠儿，常常为了争取社会公义而批评政府机构，同时面临着数百个其他宗教组织和大量非宗教组织的竞争，但是大多数美国民众最终成为基督教徒，基督教社群与其他宗教社群的交流合作日益频繁。

（一）殖民地时代

1. 印第安人的宗教

16 世纪初，北美大地上约有 3000 万土著居民，即印第安人。他们聚族而居，语言种类超过 200 个，政治形态、经济结构、家庭模式、宗教生活各不相同。印第安人的宗教迥异于欧洲人传入的基督教，人类学者发现

---

① 大觉醒运动是指美国基督教（包括北美殖民地时期）经历的数次宗教复兴或曰奋兴，每次大觉醒运动都对当时的思想观念和社会文化产生了重要影响，详情请参考：Sydney E. Ahlstrom, *A Religious History of the American People*, Second Edition, New Haven, CT: Yale University Press, 2004。

很难找到贯穿所有印第安人宗教的主题，也找不到与"宗教"一词对应的印第安语词语。印第安人的宗教生活与部落生活融为一体，构建了部落成员的身份认同、行为规范、组织原则，他们并不敬拜高高在上的神祇，而是强调尊重自然环境、顺应气候规律，留下了很多颇具哲理的神话故事。到达新大陆的所有基督教会团体在安定下来之后都开展了针对印第安人的传教活动，与殖民者们比邻而居的印第安人部落首当其冲，居于北美内陆腹地的印第安人部落直到 19 世纪西进运动时才受到影响。殖民地时代天主教会的传教规模最大，多米尼克会、法兰西斯会、耶稣会的传教士足迹遍布圣劳伦斯河谷、佛罗里达、墨西哥湾岸区，以及得克萨斯至加利福尼亚的广大西南地区；新英格兰清教徒和英国国教会的传教活动也得到英国志愿传教组织的支持，诸如 1649 年成立的新英格兰福音传播会、1701 年成立的海外福音传播会。[①]

传教士的奉献精神固然可歌可泣，但是传教活动在改变印第安人宗教观念的同时，也摧毁了印第安人的文明形态，最典型的例子就是西班牙人进入加利福尼亚海岸的丘玛什印第安人领地。丘玛什部落分为若干村庄，以渔猎采集为生且有贸易活动，艺术文化已达较高水平，每个村庄都有一位德高望重的村长和一位主持典礼的巫师，还有一些掌握了神秘知识从而能够平衡自然界各种力量的奇人异士。1769 年西班牙人首次到来之时，丘玛什人表示欢迎并且提供了帮助，但是 60 多年后，他们的村庄组织、生产方式、宗教传统都被颠覆。传教士鼓励丘玛什人皈依天主教，离开村庄组建传教区，从事农耕、铸铁、制作蜡烛、搭建砖石建筑的工作，新经济吸引了大量青壮年劳动力，少数拒绝接受天主教的村民也无法再维持古老的生活方式。但是传教区的宗教理想受制于殖民政府的现实利益，墨西哥独立以后加利福尼亚不再归属西班牙，1833 年丘玛什人传教区被迫脱离法兰西斯会走向世俗化，土地被墨西哥政府重新分配，财富被墨西哥拓荒者搜刮掠夺，丘玛什人既没有了祖先村庄的庇护，也失去了传教区的新生活，幸存者四处流散。17 世纪其他印第安人部落面对欧洲来的新邻居做出了各种反应，有些部落表示欣然接受，也有些部落发现白人拓荒者无休止地向他们索取土地和资源、传教士试图改变他们的宗教观念和生活方

---

① 　J. Gordon Melton, *Melton's Encyclopedia of American Religions*, Eighth Edition, Detroit: Gale, Cengage Learning, 2009, pp. 4 – 5.

式，于是从最初的和平共处转向了武力抵抗，还有些部落同意与拓荒者签署协议但是拒绝皈依基督教，他们逐渐被逼到指定的保留区里，却依然无法回避各大教会的传教布道。美国革命尘埃落定之初，印第安人还以为自己的传统能够保有一席之地，但是 19 世纪的西进运动无情地打破了他们的希望。①

2. 天主教会

天主教会是最早到达北美的宗教团体，西班牙和法国共同开创了北美天主教会的殖民时代。1564 年西班牙军队驱逐了佛罗里达圣约翰河畔的法国胡格诺教徒，多米尼克会士随后建立的传教区向北延伸至南卡罗来纳和切萨皮克湾。1540 年西班牙探险家从新墨西哥跋涉至堪萨斯中部，随行的法兰西斯会士开始向印第安人传教，虽然他们当中不断有人遇害，但传教士们仍然前仆后继，以身殉教。1617 年传教区达到 11 个，1625 年增至 43 个，17 世纪末传教区从墨西哥北部延伸至亚利桑那，18 世纪初延伸至得克萨斯，18 世纪下半叶延伸至加利福尼亚。法国最初在加拿大的圣劳伦斯河谷进行殖民活动，17 世纪逐渐扩展至大西洋海岸、五大湖区、密西西比河谷、佛罗里达西部墨西哥湾岸区，耶稣会士针对印第安人的传教活动随之展开，其间也有很多传教士被印第安人杀害，他们都被天主教会追封为殉教圣徒。1718 年建立的新奥尔良成为天主教会沿密西西比河谷向南北两端传播的主要据点，这里还成立了北美第一个女性宗教组织乌尔苏拉女修会。②

北美天主教会的发展被 1756—1763 年的"七年战争"所打断，加拿大（除了魁北克）和密西西比河谷以东（除了新奥尔良）的法国殖民地、佛罗里达的西班牙殖民地都归入英国治下，天主教会在这些地区的影响力迅速缩减。随着新移民的到来和印第安人的皈依，18 世纪下半叶，密西西比河谷以西（尤其是路易斯安那和加利福尼亚地区）的天主教会还在缓慢发展，但是西进运动破坏了这一趋势。1803 年美国从法国手中低价购买路易斯安那，1848 年美国战胜墨西哥兼并得克萨斯、新墨西哥、亚利桑那、加利福尼亚，天主教徒曾经居于主导地位的西南地区迅速被大量

---

① Catherine L. Albanese, *America*: *Religions and Religion*, Fifth Edition, CA: Thomson/Wadsworth, 2012, pp. 19 – 39.

② Sydney E. Ahlstrom, *A Religious History of the American People*, Second Edition, New Haven, CT: Yale University Press, 2004, pp. 36 – 69.

的非天主教徒拓荒者占据。由于利益纷争、战乱绵延，西班牙和法国天主教会向印第安人传教的成果几乎被破坏殆尽，英属北美殖民地的天主教会又被公理会和英国国教会排斥，不得不维持着低调和谦卑的姿态，审慎处理与周遭新教徒的关系，所以美国天主教会把18世纪初至美国革命前的这段历史称为"受罚时期"，建国前后天主教徒人数只占总人口的1%左右。[①]

3. 新教教会

17世纪英属北美殖民地是一片广袤的宗教实验场，新教各派都在这里寻找机会实践自己的宗教理想和政治理念。1606年英国殖民者把英国国教会带到了詹姆斯敦，这是北美第一个非天主教的基督教会团体，弗吉尼亚奉英国国教会为官方教会，1693年成立了威廉玛丽学院（College of William and Mary）。1620年第一批清教徒抵达普利茅斯，后继者陆续定居新英格兰的其他地区，各派清教徒要求改革英国国教会的激进程度不同，有的保留了主教制，有的采取了长老制或者公理制，他们大多继承了英国国教会对待异己的不宽容态度，剥夺其他信仰者的政治权利，为了维护正统信仰先后成立了哈佛、耶鲁学院。[②] 然而弗吉尼亚和新英格兰一直都有不服从官方教会的宗派，其他英属北美殖民地更是宗派林立，各个宗派不得不彼此包容、和平共处，为后来美国确立政教分离和宗教自由原则奠定了基础。

1624年荷兰人建立新尼德兰殖民地，奉归正会为官方教会，对待其他信仰者较为宽容，允许信义会和犹太教会的部分宗教活动。1664年英国人夺取了新尼德兰，将它改名为纽约，奉英国国教会为官方教会，允许荷兰人继续信奉归正会，对于其他宗教信仰也没有实质性制裁。马里兰殖民地的创建者巴尔的摩男爵卡尔弗特家族信奉天主教，试图为当时在英国受到压制的天主教徒提供一个庇护所，于是1649年马里兰殖民地通过了宗教宽容法令，所有基督教派都有敬拜自由。虽然1692年英国国教会成为了马里兰殖民地的官方教会，但是各种不同信仰者早已人多势众，天主教会也没有因为失去合法地位而停止发展。罗德岛殖民地的创建者罗杰·

---

① 彭小瑜：《基督教与近代西方民族国家》，江西人民出版社2011年版，第52—77页。

② 基督教会的三种主要组织体制：主教制以主教为主体和核心管理教会，具有复杂的教阶制；长老制由教徒推选长老，长老聘请牧师，共同治理教会；公理制意即公众治理，每个独立教堂的会众以民主的方式直接选聘牧师管理教会。

威廉斯（Roger Williams）基于分离派清教神学原则实施了更为激进的政教分离政策，1663 年宗教自由原则被明确载入罗德岛宪章，浸礼会在罗德岛得到了充分发展，这里还包容了公谊会、天主教会、犹太教会及很多小宗派。宾夕法尼亚殖民地的创建者威廉·佩恩（William Penn）根据公谊会的信念和体制设计了一套经济平等、政治民主、宗教自由的社会蓝图，虽然"神圣实验"只坚持了 70 多年，但这里收留了很多遭到迫害的不同信仰者，宗教派别之复杂为其他殖民地所不及，它不仅是门诺派、阿曼派、玫瑰十字会、弟兄会等组织的发源地，还是德国归正会和信义会的大本营。

到了 17 世纪末，南部和中部殖民地（除了宾夕法尼亚）都奉英国国教会为官方教会，新英格兰（除了罗德岛）都奉公理会为官方教会。当时公理会尚有实力镇压异端，英国国教会在大部分地区都很孱弱而且教牧人员匮乏，不信教者和其他宗派的人数远远超过英国国教会信徒。18 世纪随着大英帝国的崛起，英国国教会的势力逐渐壮大，扩展到波士顿、费城、南卡罗来纳、北卡罗来纳、佐治亚等地。英国国教会牧师重振宣教精神、发展教育系统，托马斯·布雷于 1698 年组织了基督教学术推进会向北美输送藏书，1701 年又组织了海外福音传播会向北美输送牧师，到美国独立之前该会总共派遣了 300 多位神职人员到北美各地。18 世纪苏格兰和爱尔兰移民大量涌入北美，使得长老会的成员猛增，他们的足迹遍及各个殖民地，还有许多人向边疆地区推进，现今的弗吉尼亚西部、北卡罗来纳西部、肯塔基、田纳西、南卡罗来纳、佐治亚、亚拉巴马等地的拓殖，主要归功于这个精力充沛的群体。①

由于受到德国虔敬主义运动的影响，18 世纪上半叶北美殖民地掀起了宗教奋兴的第一次大觉醒运动，长老会牧师威廉·坦南特（William Tennent）和吉尔伯特·坦南特（Gilbert Tennent）父子创办木屋学院培养青年牧师，公理会牧师乔纳森·爱德华兹（Jonathan Edwards）倡议北美基督徒联合祷告，英国国教会牧师乔治·怀特菲尔德（George Whitefield）的巡回布道把觉醒浪潮推广到整个北美殖民地。"大觉醒运动以种种方式促进了美国的诞生，它打破了宗教和地域的界限，造成各殖民地空前的联

---

① Jon Butler, Grant Wacker, and Randall Balmer, *Religion in American Life: A Short History*, Second Edition, New York: Oxford University Press, 2011, pp. 51-97.

合，对美国民族意识的形成和美国革命的发生做出了贡献。奋兴运动增强了各教会的共同性，它对个人宗教体验的强调也削弱了官方教会的权威，从而推动了宗教多元主义的发展。大觉醒运动还直接导致普林斯顿、布朗、达特默斯等多所大学的建立，高等教育是新教教会对美国社会文化发展贡献最大的领域之一。据此美国革命被称为一场宗教运动在政治和军事上的表现，美国总统约翰·亚当斯就曾把美国革命归功于大觉醒运动在殖民地人民中播下的思想种子。不过也有修正派史学家认为大觉醒运动是作用被夸大的历史神话。"① 大觉醒运动导致有些教会内部发生分裂，拒绝宗教奋兴的信徒认为怀特菲尔德等人的布道过于情绪化，城市的富有阶层和受教育水平较高的阶层明显不太赞同这样歇斯底里的做派，反之，乡村的贫困阶层和受教育水平较低的阶层最为欣赏宗教奋兴。不过所有教会都受益于大觉醒运动带来的宗教活力，其中灵活采用奋兴技巧的长老会和浸礼会获得了最快的增长。美国革命前夕，公理会是北美殖民地最大的教会，会众达到 675 个，其次是长老会，会众达到 450 个，英国国教会和浸礼会约有 400 个会众，信义会有 200 个会众，公谊会有 190 个会众，归正会有 180 个会众，天主教会有 50 个会众。②

（二）新教时代

1. 美国革命

对于历经战火的基督教会而言，美国革命并不仅仅是一场独立战争，它摧毁了一整套旧的生活方式和社会结构，开启了全新的宗教格局，其中的宗教团体乃是自愿结社，政府不再提供官方支持和财政补贴，所有教会组织都不得不适应这种新规则，尽管适应的过程有长有短。美国的开国元勋托马斯·杰斐逊、本杰明·富兰克林、乔治·华盛顿、詹姆斯·麦迪逊都深受自然神论的影响，虽然他们身为英国国教会成员，但是都反对设立国教和强制信教，推崇理性和道德的宗教信仰。美国宪法第一修正案明确规定国会不得制定涉及宗教的设立或限制其自由实践的法律，于是被官方教会迫害的宗教人士终于获得自主权，被官

---

① 徐以骅：《美国宗教史略》，《宗教与美国社会》（第 1 辑），时事出版社 2004 年版，第 35—36 页。

② Melton, *Melton's Encyclopedia of American Religions*, p. 10.

方教会压抑的宗教热情终于得以释放。随着各州先后放弃官方教会，各式各样的宗教组织发展起来，加入宗教组织的人口比例稳步增长，1790年仅为15%，2008年已经超过85%，政府放弃控制宗教反而造就了世界上宗教性最强的现代国家。

美国革命的战场遍及各个殖民地，所有宗教团体都被殃及，信徒的政治对立还导致了会众分裂，不过战争结束之后美国没有出现新的教会组织，只是新教宗派的实力对比开始发生变化。公理会受到战争的影响最少，很多牧师都是支持美国独立的爱国人士，战前就曾抵制英国政府在波士顿成立英国国教会，然而战后公理会成员也有流失，大量英国效忠派从新英格兰移居加拿大，自然神论和神体一位论的理性精神也对许多堂区造成冲击。虽然公理会是美国独立之初最大的宗教组织，而且成员集中在新英格兰地区，但是新英格兰大多数居民并不是教会成员，1784年康涅狄格州通过了宗教宽容法令并于1818年实现政教分离，1833年马萨诸塞州最后一个取缔了官方教会。19世纪公理会成员仍然缓慢增长，只是它在新教宗派当中的排名逐渐下降，由于新英格兰教育界领袖和精英人士大多是公理会成员，它还能维持一定的影响力。英国国教会受到战争的影响最大，因其效忠英国君主而遭敌视，大量牧师离开美国，留下的神职人员也一度被禁止从事宗教活动，英国国教会不仅失去了官方教会的尊崇地位，甚至失去了主教的领导。各地会众在重建教会的过程当中产生很多分歧，北部会众选举的主教认可了苏格兰主教的祝圣，中部和南部会众则要求当选主教在伦敦获得祝圣，直到1784年成立美国新教圣公会（Protestant Episcopal Church in the USA），才把各地信徒重新组织起来，圣公会成为不再隶属英国国教会的自治教会，与公理会一样吸引了很多富裕阶层的成员。循道会和浸礼会从美国革命中受益最多，战前循道会只是英国国教会内部的一个宗教团体，1766年才在北美建立第一个礼拜堂，尚未展开事工便遇上了美国革命，战后他们迅速改变立场重整旗鼓，1784年正式成立循道宗主教制教会（Methodist Episcopal Church），脱离英国国教会独立发展。浸礼会也是宗教自由和美国革命的支持者，它强调各个教堂独立自主，反对官方教会和政府干涉地方教会，美国独立之后，浸礼会领导了新英格兰地区的政教分离斗争。1801年康涅狄格丹伯里浸礼宗协会致信刚刚当选的托马斯·杰斐逊总统，表达他们对于政府设立官方宗教的忧虑，杰斐逊的回信提出了著名的"教会与国家之间修建一道隔离墙"的严格分离主义原则。① 公谊会信奉和平主义，拒绝参战，因而遭到爱国人士的指责，成员数量增长有限，一直维持着小团体的规模，但是他们对于世界和平、社会公正等问题秉持理想主义态度，因呼吁社会改革而彰显其重要性。②

２. 西进运动

19 世纪初所有教会组织都从战争当中恢复过来并且重整事工以期适应新的国家。随着美国地理版图向密西西比河和落基山脉推进，大量新移民的涌入导致人口剧增，1790 年第一次人口普查结果为 400 万人口，1830 年翻了三倍，1860 年再次翻倍，1880 年达到 5000 万人口，1900 年达到 7500 万人口。宗教团体采用不同方式应对人口大幅增长：有些教会吸纳了文化渊源相近的新移民，他们在类似母国教会的美国教会里面找到了归属感，其中以信义会和天主教会最为成功；有些教会是新移民直接从母国带来的，成为他们的母国教会的美国分支机构，由于大部分欧洲小教派都陆续迁移到美国，美国新兴宗派的数量稳步增长；还有些教会力图改变大多数美国人口没有宗教归属的现状，大力发展宣教事工传播福音，它们的宣教并不局限于某个族群。为了吸引边疆移民，循道会、浸礼会、长老会、公理会都向西部挺进，循道会派出了巡回牧师，浸礼会动员信徒西迁，长老会与公理会联合起来修建学院招募会众，但是他们培养牧师的速度始终赶不上西部人口增长的速度。相形之下，循道会和浸礼会更能适应新环境，他们强调牧师的布道能力而非教育凭证，因而能够迅速召集新的巡回牧师。他们举办的野营布道会总是吸引数千听众，以寓教于乐的形式打破了乡村生活和宗教仪式的沉闷，为孤独的拓荒者提供了社会交往的机会，后来野营布道会的处所大多变成常设的讲习中心和度假中心。③ 18 世纪末浸礼会成为美国最大的教会组织，19 世纪 20 年代循道会的信徒人数超过了浸礼会，并在这个世纪一直保持优势，长老会当中支持宗教奋兴的信徒分离出来组成了坎伯兰长老会和基督门徒会，增长势头也很强劲。④

在四大宗派向西部挺进的同时，东部大专院校也掀起了一场知识界的宗教奋兴运动，尤其是耶鲁大学校长提摩太·德温特（Timothy Dwight IV）通过教堂布道和课堂讲授重新激起学生对宗教的兴趣，传教的大学

---

① J. R. 波尔：《美国平等的历程》，张聚国译，商务印书馆 2010 年版，第 75—82 页。

② Butler, *Religion in American Life: A Short History*, pp. 142 – 164.

③ 丁光训、金鲁贤主编：《基督教大辞典》，上海辞书出版社 2010 年版，第 383 页。

④ Ahlstrom, *A Religious History of the American People*, pp. 429 – 454.

生把新英格兰的城市文化传播到边疆移民之中，西部乡村的野营布道会和东部城镇的延期布道会共同营造了 19 世纪上半叶的第二次大觉醒运动。与第一次大觉醒运动明显不同的是，第二次大觉醒运动不再将宗教复兴本身作为唯一的目标，而是同其他社会目标紧密联系起来，强调宗教信仰复兴对于保证美国社会制度与宗教信仰制度万世不朽的必要性。① 为了联合新教徒促进社会改革，自愿社团体系（Voluntary Association System）应运而生，来自不同宗派的信徒自愿组成各种目标不同的社团以期解决共同关心的社会问题，诸如美国禁酒联合会（American Temperance Society）、美国和平协会（American Peace Society）、美国反奴隶制协会（American Anti‐Slavery Society）、新教徒公立学校促进会（Protestant Public School Society），等等。"自愿社团体系又被称为'仁慈帝国'和'福音派统一战线'，在改造社会的旗帜下，众多宗教自愿社团参与了城市济贫、监狱改造、教育改革、反对奴隶制、出版和散发《圣经》及其他宣教品等活动，社会道德重整成为福音派思想恒久的主题。这些社团在人员组成上是跨宗派的，虽然其领导人多半为长老会和公理会的牧师。美国妇女在这些自愿社团中发挥了重要作用，这是她们首次大规模的社会参与。国内外传教事业是自愿社团活动的主要领域，由公理会、长老会等宗派创立的国内外宣教机构均成为跨宗派的组织。第二次大觉醒和自愿社团运动被视为用新教价值观念塑造美国的社会组织过程。"②

3. 美国内战

奴隶制和美国内战导致了 19 世纪美国宗教社群的严重分裂，白人主流宗派的裂痕至今未能完全愈合，黑人主流宗派则获得独立发展。1844 年新教最大宗派循道宗分裂为"循道宗主教制教会"（旧译美以美会）（Methodist Episcopal Church）和"南部循道宗主教制教会"（旧译监理公会）（Methodist Episcopal Church, South），1845 年浸礼宗分裂为"北方浸礼会"（旧译"美北浸礼会"）（Northern Baptist Convention）和"南方浸礼会"（旧译"美南浸信会"）（Southern Baptist Convention），1861 年长老宗分裂为"美国联邦长老会"（Presbyterian Church in the United States of

---

① 张敏谦：《福音新教及其对 19 世纪上半叶美国社会改革的影响》，《美国研究》1991 年第 2 期，第 119—138 页。

② 徐以骅：《美国宗教史略》，第 38 页。

America) 和 "南部邦联长老会" (Presbyterian Church in the Confederate States of America)。① 循道宗主教制教会秉持废奴主义立场，吸引了很多黑人信徒，但是部分会众实施种族隔离政策，鲜有黑人就任圣职，于是北方的自由黑人脱离循道宗主教制教会成立了三个黑人教会：非洲裔联合教会 (1813 年)、非洲循道宗新教主教派 (1816 年)、非洲循道宗新教主教派锡安教会 (1820 年)。非洲循道宗新教主教派教会第一任主教理查德·艾伦 (Richard Allen) 是当时最著名的美国黑人领袖。第一批北方黑人浸礼会成立于波士顿 (1804 年)、纽约 (1808 年)、费城 (1809 年)，19 世纪 30 年代成立了俄亥俄州浸礼宗护佑联盟、伊利诺伊州伍德河联盟，1840 年成立了美国全国传教浸礼会，他们不仅向海外派遣传教士，还引导战后获得自由的浸礼宗黑人组织起来争取权利。

殖民地时代基督教会在南部很难招募黑人会众，大部分奴隶主不允许奴隶独立参加宗教组织，直到美国革命前夕才出现了第一个黑人浸礼宗会众，黑人循道宗会众到了 19 世纪 30 年代逐渐形成规模，内战前夕约有 20 万黑人加入了南部循道宗主教制教会，战后这些人大多改入非洲循道宗新教主教派、非洲循道宗新教主教派锡安教会、有色人种循道宗主教制教会 (后来更名基督教循道宗主教制教会)。内战之后黑人浸礼宗和循道宗大力吸纳获得自由的黑人入会，帮助他们解决贫困、教育、种族隔离问题，数百万黑人加入了循道宗。19 世纪末黑人浸礼宗的信徒人数超过循道宗，如今大约 60% 的黑人属于浸礼宗，10% 属于循道宗，另有少数黑人加入了其他宗派或者其他宗教。各大宗派都向获得自由的黑人传教，尽管北方会众和南方一样表现出种族歧视的态度，还是有些黑人加入北方的循道会、长老会、公理会、圣公会、天主教会，他们把白人社会各种各样的宗教信条、神学理论、敬拜仪式都带入了黑人社区，于是宗派结构也成为塑造黑人宗教社群和黑人信仰模式的组织基础。②

4. 印第安人的新宗教

19 世纪美国希望通过基督教会 "教化" 印第安人，1819 年政府推动

---

① "美以美会" 是从前借用该会英文名称之缩写 MEM 的音译作为该会的汉译称谓。为了便于读者理解宗派关系，本文统一使用直译，不用旧译。

② Ahlstrom, *A Religious History of the American People*, pp. 648 – 669.

创立"文明基金"资助教会的传教事工,目标不仅是印第安人的皈依,更是印第安人的美国化。西进运动和淘金热迫使印第安人不断向西迁移,1830 年美国通过了印第安人迁移法令,迫使五大部落离开东南地区,内战之后印第安人被拘禁到指定的保留地,越来越依赖于政府和教会,许多印第安人抵制不住数百个传教团的攻势,终于皈依了基督教。还有一些不愿接受基督教的印第安人试图超越部落传统,发展面向所有印第安人的新宗教,利用宗教热情动员政治抗议,其中以"鬼舞道门"运动最具规模。19 世纪 70 年代内华达州派尤特印第安人部落一位预言者得到启示,领导信徒跳圆圈舞、唱神灵歌,他们相信 1891 年死者将要重返人间驱逐白人,恢复印第安人的土地和生活方式。这个预言得到平原地区某些部落的响应,拉科塔部落提供了能够抵抗子弹的圣衣以支持印第安人起义,但是1890 年美国军队杀死 300 个鬼舞道门成员,1891 年也没有出现预言的奇迹,这个教派后来逐渐销声匿迹。①

不久之后一种发源于墨西哥的佩奥特仙人掌宗教又在印第安人当中流行开来,成员在宗教仪式中吸食这种仙人掌可致幻觉,仿佛置身天堂或地狱。1918 年该教派正式成立了美国印第安人教会（Native American Church）,从俄克拉荷马州传播到各地的印第安人部落,成为构建印第安人民族认同的重要力量之一。美国印第安人教会利用宪法第一修正案的宗教自由条款,在法庭上为该教派使用宗教圣物（也就是佩奥特仙人掌）的权利辩护。1990 年最高法院审理了"就业司诉史密斯案"（*Employment Division v. Smith*）。印第安人史密斯在美国印第安人教会的宗教仪式上吸食佩奥特仙人掌,因而失去了戒毒康复顾问的工作,向俄勒冈州政府申请失业救济金。州政府拒绝了他的申请,斥责吸食佩奥特仙人掌是非法行为,声称史密斯没有资格获得福利救济。最高法院支持州政府的观点,严格限定自由实践原则的保护范围。国会不满这种狭义解读,1994 年通过了《美洲印第安人宗教自由法修正案》,推翻先前史密斯案的裁决,保护美国原住民基于宗教用途使用佩奥特仙人掌的自由。在确立的这些保护中,国会声称:"印第安人基于宗教用途使用佩奥特,如果我们对此行为缺乏充分和清晰的法律保护,就会导致对印第安部落和文化的侮辱与边缘

---

① Butler, *Religion in American Life: A Short History*, pp. 213 – 226.

化，增加他们将来受到歧视性对待的风险。"① 目前各州针对美国印第安人教会成员使用佩奥特仙人掌的法律规定不一。

（三）多元化时代

1. 新教分裂

19 世纪下半叶美国大型新教团体都因争议而分裂，教会不得不面对一系列新事物并且做出回应，这一挑战不同于 19 世纪上半叶传播福音的需求，而是来自科学进步和学术进展带来的一套全新理念。学者们将德国的《圣经》批判研究与地质学、生物学的新发现结合起来，开始质疑《圣经》文本的权威性；海外传教团带来了佛教、印度教、伊斯兰教等其他大型世界宗教的信息，证明基督教并不是唯一具有吸引力的宗教体系；美国城市不足以负担人口的高速增长，廉价劳工聚居在贫民窟里，教会无法为新移民提供足够的服务，新兴的社会学认为通过卫生、教育、勤奋工作改变个人生存状态的传统套路已经失去了说服力，只有主动改变社会结构才能解决贫民窟和剥削工人等体制性问题。

教会领袖应对上述学术挑战和社会危机的态度分为两种，主张积极适应时代需求的被称为现代主义者（modernists），主张坚定维护传统信仰的被称为教旨主义者（fundamentalists）。现代主义者是当今新教自由派的前身，他们希望调和传统教义与现代科学之间的矛盾，承认其他世界宗教包含部分真理，宣扬和平与公正的"社会福音"，提倡教育普及、社会服务、政治改革，他们对于人类的本性持有积极的看法，对于人类的未来抱有乐观的希望。教旨主义者也被称为新教保守派，他们反对现代主义者破坏《圣经》权威和基督教的本质。20 世纪初他们开始组织起来，每年在尼亚加拉瀑布举办跨宗派会议，会上发布了一系列教旨主义信仰宣言，他们还建立了传授教旨主义信条的独立院校，诸如芝加哥穆迪圣经学院、费城圣经学院、洛杉矶圣经学院，又有加利福尼亚的石油商人投入资金加以宣传，新教保守派的事业渐成气候，1919 年他们成立了世界基督教教旨派协会（World Christian Fundamental Association）。教旨主义和现代主义之争开启了新教两大阵营的对立，影响遍及各大宗派。20 世纪 30 年代两大

---

① Available at：http：//www.pacilution.com/ShowArticle.asp? ArticleID = 2845，2012 – 10 – 12.

阵营的冲突升级导致长老宗和浸礼宗分裂，现代主义者掌控了大部分的老宗派，教旨主义者不得不向新宗派渗透。两大阵营在所有的神学议题和社会议题上都针锋相对，双方的争议持续至今而且没有和解迹象。

循道宗没有参与长老宗和浸礼宗的教义争论，他们相信诚挚的宗教体验和圣洁的基督徒生活比教义的纯净更重要，不像保守派那样强调人类的堕落。美国内战之后循道宗掀起一股奋兴潮流，允诺再生的循道宗信徒有可能再次交遇圣灵，领受完全的基督之爱，并且成立了很多野营布道会协会推动圣洁运动。19 世纪 80 年代一些循道宗信徒开始批评这股风潮，教区督察试图控制独立的圣洁协会，冲突在伊利诺伊州达到顶峰，圣洁运动领袖号召信徒脱离循道宗组成独立的圣洁会众，但是这些圣洁会众只有少数留存至今，其余大多融入了强调圣洁的循道宗独立教会（Free Methodist Church），或者联合其他地方性团体组成全国性宗派诸如拿撒勒人教会（Church of the Nazarene）。20 世纪初堪萨斯州托皮卡的一所圣洁圣经学校提出，基督徒还能获得第三次赐福，意即圣灵的洗礼，领受者能够奇迹般地使用从未学过的方言传播福音。这是模仿圣经《使徒行传》描述的五旬节神迹。五旬节运动在洛杉矶得以发扬光大，短短数年间就风靡北美并且传往世界各地。恰如教旨主义吸引了最保守的长老宗和浸礼宗信徒一样，圣洁运动和五旬节运动吸引了最保守的循道宗信徒，终致 20 世纪 20 年代循道宗的大分裂，圣洁运动和五旬节运动的信徒人数至今仍在增长。①

发生在 19 世纪末 20 世纪初的社会福音运动也被称为第三次大觉醒，在这次运动中，美国宗教团体的社会服务活动和社会改造意愿进一步提升，为美国转变为福利国家和推进社会多元化政策奠定了基础。"'镀金时代'由工业化、城市化和移民潮造成的社会问题也引起对基督教社会伦理的重新思考，社会福音运动的兴起标志着美国教会对社会不公现象的'觉醒'。社会福音派希冀重建'基督世界失去的社会理想'，提倡教会的社会服务，主张以渐进的方式改造社会，实现社会秩序的基督教化，从而改变了美国宗教注重个人道德和救赎的传统取向。1891 年教宗利奥十三世的新通谕也促进了美国天主教会对社会问题的关注。"② 宗教团体努力

---

① 　Ahlstrom, *A Religious History of the American People*, pp. 805 – 824.

② 　徐以骅:《美国宗教史略》，第 42 页。

满足城市贫民日益增长的需求，其中最著名的"救世军"（Salvation Army）雇佣全职的宗教人士从事社会服务和教育工作；宗教领袖还通过基督教青年会（Young Men's Christian Association，YMCA）、基督教女青年会（Young Women's Christian Association，YWCA）、"睦邻之家"（Settlement house）等社会服务机构推进城市事工。当时许多社会服务项目都由教会发起或协助，由于私人慈善捐助无法满足巨大的社会需求，宗教领袖也向市政当局和其他政府机构寻求福利资助。就是在这段时期，美国兴建了许多标志性的宗教建筑，凸显了宗教对于公共领域的持久影响，以及宗教鼓励音乐和艺术创作的历史作用。通过积极传播福音、培育会众、吸收新移民，以及逐渐形成集中的宗派管理结构，基督教堂和犹太会堂的力量明显增强。1870 年至第一次世界大战结束，地方教会数量从 7 万多增至 22.5 万多，教堂建筑数量从 6.3 万增至 20.3 万，这些建筑的总价值从 3.54 亿增至 17 亿，远远超过人口或通胀率的增长。①

2. 新兴宗教

19 世纪新教主导美国的同时，新兴宗教组织也在崛起，它们大多脱胎于老式宗教组织，试图提供解决宗教问题和社会问题的新思路。耶稣基督后期圣徒教会（Church of Jesus Christ of Latter – day Saints）（亦称摩门教 Mormons）相信约瑟夫·史密斯得到的新启示能够团结边疆地区所有教会；唯灵派运用科学方法论证死后的生活真实存在；新英格兰超越派结社于马萨诸塞的布鲁克农场，是第一批吸收了亚洲人智慧的美国宗教运动之一。除了上述兴起于乡村的宗教运动，19 世纪下半叶还有一批宗教团体在纽约、波士顿、芝加哥等大城市展开事工，诸如神智论、基督教科学派、新思想运动，经年之后每场运动都衍生出来很多小型团体，最终形成了新的宗教家族，它们各自制定章程，并不依附于任何基督教会，强调观念认同而非组织归属。北美这片土地从来不缺宗教冲动，殖民地时代也有新兴宗教组织希望表达自己的宗教信仰，只有到了 19 世纪，在宗教自由的法律保障下，它们才有机会生存、传播进而繁荣起来，以前新兴宗教组织的创立者往往被判驱逐或监禁，而在 19 世纪的美国，它们只要经得住公众舆论的考验就能招揽信徒。②

---

① Butler，*Religion in American Life*：*A Short History*，pp. 331 – 343.

② Albanese，*America*：*Religions and Religion*，pp. 154 – 198.

20 世纪新思想运动的玄学教会（科学教派 Religious Science、精神疗法教会 Divine Science、基督教合一派 Unity School of Christianity）遍布美国的街头巷尾，拥有数十万信徒，其影响力通过文学作品渗入美国主流文化。数百万家庭订阅基督教合一派的月刊《每日合一》，无数人聆听新思想运动著名牧师诺曼·文森特·皮尔（Norman Vincent Peale）、罗伯特·舒勒（Robert Schuller）、奥罗尔·罗伯茨（Oral Roberts）的布道，1914 年成立的国际新思想联盟（International New Thought Alliance）影响力不断扩大。最不为人所知的神秘主义宗教也流行开来，唯灵派在每场战争过后都会明显复兴并且长存于所有大城市，神智论虽然成员不过数万但是组织数量过百，占星术对公众的吸引力也明显增强。如今神秘主义宗教自称信徒数量超过佛教徒和印度教徒，20 世纪末社会调查表明，1/4 的美国人相信轮回转世和灵魂再生。虽然沉迷玄学和神秘学的人群越来越多，但是玄学教会和神秘主义宗教对于组织的不信任限制了这些团体的增长，他们不得不依赖于周期性的复兴以吸引世俗社会的关注，他们尚未建立教义代代相传的机制和培训领袖的学校。20 世纪 80 年代新纪元运动（New Age Movement）是最近的一次复兴，吸引了数百万信徒加入玄学教会和神秘主义团契，形成了遍及北美的玄学书店网络。①

3. 世界宗教

19 世纪下半叶的移民浪潮使得美国宗教版图呈现多元化趋势，爱尔兰人、德国人、意大利人、波兰人带来了数量庞大的天主教徒，希腊人、罗马尼亚人、保加利亚人、塞尔维亚人带来了各种形态的东正教会，俄罗斯人和波兰人带来的犹太教改变了原本由德国人主导的小型犹太社群，日本人带来的佛教观念渗透到中国人的佛教团体，印度人带来了锡克教和印度教。美国内战之前最大的移民族裔是爱尔兰人（大多信奉天主教），其次是德国人（大多加入信义会，也有不少加入了天主教会），美国购买路易斯安那之后，那里的法国天主教徒也归入了美国天主教会，故而 19 世纪中叶天主教徒数量已经匹敌循道会和浸礼会信徒数量，后来又有意大利、波兰、加拿大、墨西哥、斯洛伐克、捷克、立陶宛、乌克兰移民加入，19 世纪末天主教会成为美国最大的单一宗派组织（新教宗派林立致使信徒分散）。俄罗斯东正教徒在 18 世纪末进入阿拉斯加，19 世纪初进

---

① Melton，*Melton's Encyclopedia of American Religions*，pp. 19 – 21.

入加利福尼亚，只是规模一直很小，俄罗斯东正教会仅有的几个堂区吸引着所有族裔的信徒。1864 年新奥尔良建立了希腊东正教会，19 世纪末东正教徒移民数量大增，每个族裔都能组织单独的堂区甚至主教区，1926 年西伯利亚人、1935 年罗马尼亚人、1937 年乌克兰人、1938 年保加利亚人先后成立了自己民族的东正教会，这些教会至今仍然保持着浓厚的民族特色。俄国革命和第二次世界大战造成东正教徒的政治分裂，更多的新团体分化出来，东正教会的组织陷入混乱，直到 20 世纪 50 年代各个教区开始协同合作，神学教育也渐成系统，这才重新形成凝聚力。犹太人赴美历经三次浪潮，17 世纪一小群西班牙裔犹太人移居北美殖民地，在纽约和罗德岛修建了会堂，美国革命之前约有 3000 犹太人。19 世纪德裔犹太人主导了美国犹太社群，1840 年约有 15000 犹太人，新移民秉承德国犹太教的自由化倾向，要求改革犹太人生活和敬拜的传统形式，剔除标榜犹太社群独特性的非实质性教条，于是犹太教徒分化为改革派和正统派。19 世纪 80 年代以后，约有 300 万东欧犹太移民赴美，改革派和正统派都想争取新移民的支持，较量之中产生了介于二者之间的保守派犹太教徒，他们既尊重传统，也赞成温和的改革。三大派别的信徒人数接近，各自组织了全国性的拉比协会和会众联盟，但这只是犹太社群的宗教划分，还有大量犹太人并不从属于任一派别。犹太移民约有一半与外邦人混居，自称没有宗教归属。在美国多元文化的影响下，有些犹太人皈依了印度教、佛教、伊斯兰教而且成为著名领袖，还有些犹太人创建了犹太教版本的基督教科学派和人道主义组织。①

　　19 世纪 80 年代以后美国出台了一系列移民法案，对于亚裔宗教的影响最大。19 世纪中期中国人大量赴美，很多人皈依了基督教，但更多的人还是秉持传统信仰，尤其是佛教。1882 年国会通过了《排华法》，日本人和菲律宾人开始移民西海岸，取代中国人成为廉价劳动力，他们大多是佛教徒和天主教徒。后来日本人又遭到排挤，1908 年日美政府达成非正式的君子协定，日本同意停止发放护照给意图前往美国工作的公民，以期减少日裔移民数量。20 世纪初印度人（尤其是旁遮普地区的人）来到华盛顿、俄勒冈和加利福尼亚，但很快也遭到公众的歧视。1917 年国会通过了《亚洲禁区法》，阻止了日本以外的所有亚洲国家移民的涌入，在此

---

① Ahlstrom, *A Religious History of the American People*, pp. 969 – 1018.

之前印度教和佛教的几大支派都传入美国并且吸引了非亚裔的皈依者，法
案通过之后只有非亚裔的印度教和佛教团体还在缓慢发展，它们规模很小
而且地域受限，信徒往往低调行事，即便是邻居都不知道这些团体的存
在。1924 年国会又通过《各国移民配额法》，严格限制每个国家的移民数
量，不仅明显阻止了亚洲移民（包括日本）的涌入，也限制了南欧和东
欧移民进入美国，于是佛教、印度教、东正教、犹太教的发展都放缓了。
直到 1965 年国会通过新的移民法案，废除《亚洲禁区法》，重新分配各
国移民配额，允许亚洲、东欧、中东国家大量输送移民，美国宗教社群状
况才再次出现重大调整。倚重东欧和南欧移民的宗教社群实力壮大，伊斯
兰国家的移民数量庞大，东方宗教的影响力也扩大，不仅第一代移民所属
的宗教组织活跃，还有成千上万美国青年皈依佛教和上师领导的印度宗
教。1965 年以来，有 100 多个不同的印度教教派和 70 多个佛教教派移植
美国，印度教社群和佛教社群各自都有 300 万人至 500 万人信徒，是美国
成长最快的宗教团体。[①]

4. 普世运动

20 世纪初期美国人口的 30%—40% 有宗教归属，大部分美国人并
没有加入任何教会，但是美国宗教已然经历了巨大发展，以基督教会尤
甚。到了 20 世纪末期，皈依宗教的美国人口比例翻倍，总人口增长
3.5 倍，教会成员则增长了 7 倍。宗教派别的数量也大幅扩展，1800 年
美国的宗派不超过 40 个，1900 年约有 200 个（另一说有 300 个），
2000 年已经超过 2000 个。大部分宗教人士信奉基督教，19 世纪中叶以
后罗马天主教会成为美国最大的基督教团体。为了抗衡天主教会，大型
新教教会联合起来，1908 年成立了联邦基督教协进会（Federal Council
of Churches）。当时新教教会面临着保守派与自由派的大分裂，协进会
成为新教自由派的论坛，他们采纳了稍作修改的循道宗社会信纲，其中
包含了社会福音的主要内容。为了消弭基督教的宗派分歧以示团结，普
世主义者不遗余力地推动美国新教教会实现组织层面的联合，1950 年
联邦基督教协进会改组为全美基督教协进会（National Council of Chur-
ches），致力于出版宗教资料、培训宗教领袖、教导宗教阅读，以及医
药、济贫、充实家庭生活等项事工，美国人穆德还创办了世界基督教协

---

① Albanese, *America: Religions and Religion*, pp. 200 – 226.

进会（World Council of Churches），旨在加强全世界各教会间的团结与合作、国与国之间的理解与和平。

　　普世运动掀起了周期性的联合浪潮，完成了几个新教宗派家族的内部联合：信义宗经过 1918 年、1930 年、1960 年、1988 年的合并，形成了美国福音路德教会（Evangelical Lutheran Church in America）；循道宗经过 1939 年、1968 年 的 合 并，形 成 了 循 道 宗 联 合 会（United Methodist Church）；长老宗经过 1906 年、1958 年、1983 年的合并，形成了美国长老会（Presbyterian Church USA）；公理宗和归正宗经过 1931 年、1948 年的合并，形成了联合基督教会（United Church of Christ）。新教保守派拒绝了联邦基督教协进会和新教自由派领导的普世运动，创办了自成一体的联合组织，他们只与基本教义相同的教会联合。1941 年基要主义者成立了美国基督教会协进会（American Council of Christian Churches），1942 年又成立了全美福音协会（National Association of Evangelicals）；五旬节派成立了北美五旬节派团契（Pentecostal Fellowship of North America），1994 年重组为北美五旬节派教会（Pentecostal Churches of North America）；圣洁教会成立了全美圣洁野营布道会协会（National Holiness Camp Meeting Association），1970 年重组为基督教圣洁协会（Christian Holiness Association），如今名为基督教圣洁伙伴（Christian Holiness Partnership）。[①]

　　20 世纪上半叶各种宗教团体都在持续增长，新教自由派向天主教会和犹太教会伸出了普世主义的橄榄枝，他们在公共领域的合作成果显著。第二次世界大战之后，美国整个宗教界都呈现复兴趋势，在冷战的意识形态背景下，民众普遍认可宗教是西方文明的根基，很多宗教社会学者和宗教历史学者都试图解释美国社会既有明显世俗性又有深刻宗教性的矛盾现象。1955 年犹太教学者威尔·赫伯格（Will Herberg）提出新教、天主教、犹太教共同构建了 "美国生活方式"（American way of life），尽管这些信仰之间有着持续的张力和冲突："美国生活方式说到底，是一种精神结构，一种思想、理想、追求、价值、信仰和准则的结构；它综合了所有那些对美国人来说在现实生活中真、善、正义的东西。"[②] 1968 年宗教社

---

① Butler, *Religion in American Life*：*A Short History*, pp. 407–423.

② Will Herberg, *Protestant*, *Catholic*, *Jew*：*An Essay in American Religious Sociology*, Chicago：University of Chicago Press, 1983, p. 75.

会学者罗伯特·贝拉（Robert N. Bellah）又提出，美国社会有一种存在于教会宗教（新教、天主教、犹太教）之中，同时又超然于各个教会之上的为政治服务的宗教，是为"国民宗教"（civil religion）。国民宗教拥有赋予美国国家生活以崇高意义的神圣的人物、神圣的地点、神圣的事件、神圣的仪式和神圣的信仰，有助于公共领域的稳定性和凝聚力。[①] 1974 年新教学者马丁·马蒂（Martin Marty）在评议莱因霍尔德·尼布尔（Reinhold Niebuhr）的伦理神学时提出了"公共教会"（public church）和"公共神学"（public theology）的概念，他认为公共教会存在于新教主流宗派、新教福音派、罗马天主教的普世信仰交叉部分，公共教会对现世社会实践和文化理解的分析和批评就构成了公共神学，公共神学是对公正和公益问题的最深刻的宗教领悟。[②] 不论美国生活方式、国民宗教还是公共神学，反映的都是世俗化浪潮冲击之下的美国宗教研究学者试图重新界定基于犹太—基督教传统的美国社会认同标准。

二　美国宗教组织的现状

2011 年盖洛普宗教调查显示，美国民众当中 78% 为基督教徒，1.6% 为犹太教徒，0.5% 为穆斯林，2.4% 为其他宗教信徒，15% 为无神论者、不可知论者、没有宗教信仰者。基督教徒当中新教徒占 42.5%，天主教徒占 23.6%，摩门教徒占 1.9%，其他宗派占 10%；新教徒当中南方浸礼会的成员占 4%，其他浸礼宗成员占 9%，循道宗占 5%，长老宗占 2%，圣公宗占 1%，信义宗占 5%，五旬节派占 2%，基督会占 2%，其他宗派占 5%，无宗派者占 4%。[③] 设在华盛顿的智库都市研究所（The Urban Institute）发布的《2014 年非营利部门概况》指出：美国约有 34.5 万个教会机构（house of worship），其中 22 万个自愿在联邦税务局登记为公共慈善组织。[④]

---

① Robert N. Bellah, "Civil Religion in America", *Daedalus*, 96（Winter 1967），1 - 21.

② Martin Marty, "Reinhold Niebuhr: Public Theology and the American Experience", *Journal of Religion*, Vol. 54（October 1974），332 - 359.

③ Available at: http://www.gallup.com/poll/151760/Christianity - Remains - Dominant - Religion - United - States. aspx, 2012 - 10 - 12.

④ Brice S. McKeever and Sarah Pettijohn, *The Nonprofit Sector in Brief* 2014, The Urban Institute, Washington D. C. , October 2014, p. 16.

全美基督教协进会（National Council of the Churches of Christ in the USA，在美国的通用缩写为 NCC）编辑出版的《美国与加拿大教会年鉴》罗列了美国信徒数量排名前 25 位的教会（2012 年数字，如下表所示），总计 145691446 位成员，涵盖了新教、天主教、东正教，从最自由到最保守的团体都在其中。[①]

教会或宗派名称	单位：人
教会或宗派名称	信众人数
天主教会（Catholic Church）	68202492
南方浸礼会（Southern Baptist Convention）	16136044
循道宗联合会（United Methodist Church）	7679850
耶稣基督后期圣徒教会（Church of Jesus Christ of Latter – Day Saints）	6157238
主在基督教会（Church of God in Christ）	5499875
美利坚全国浸礼会（National Baptist Convention, U. S. A, Inc.）	5197512
美国福音路德教会（Evangelical Lutheran Church in America）	4274855
美国全国浸礼会（National Baptist Convention of America, Inc.）	3500000
神召会（Assemblies of God）	3030944
美国长老会（Presbyterian Church U. S. A）	2675873
非洲循道宗新教主教派（African Methodist Episcopal Church）	2500000
美国全国传教浸礼会（National Missionary Baptist Convention of America）	2500000
信义会—密苏里总会（Lutheran Church – Missouri Synod）	2278586
新教圣公会教会（Episcopal Church）	1951907
世界五旬节派教会（Pentecostal Assemblies of the World, Inc.）	1800000
基督会（Churches of Christ）	1639495
美国希腊东正教会（Greek Orthodox Archdiocese of America）	1500000
非洲裔循道宗主教制锡安会（African Methodist Episcopal Zion Church）	1400000
美国浸礼会（American Baptist Churches in the U. S. A.）	1308054

---

① Eileen W. Lindner, ed., *Yearbook of American and Canadian Churches* (New York, NY: National Council of Churches, 2012), available at: http://www.ncccusa.org/news/120209yearbook2012.html, 2012 – 10 – 12. 全美基督教协进会的官方网站现改为 http://nationalcouncilofchurches.us/。

续表

教会或宗派名称	信众人数
耶和华见证会（Jehovah's Witness）	1184249
田纳西州克利夫兰上帝会（Church of God, Cleveland, Tennessee）	1074047
基督的教会（Christian Churches and Churches of Christ）	1071616
基督复临安息日会（Seventh‐day Adventist Church）	1060386
联合基督教会（United Church of Christ）	1058423
全美进步浸礼宗联会（Progressive National Baptist Convention, Inc.）	1010000

21 世纪初期美国宗教可以概括为十个宗派家族，其中六个属于基督教社群，包括罗马天主教徒、东正教徒、新教自由派、福音保守派、圣洁派、五旬节灵恩派；另外四个宗派家族是犹太教、伊斯兰教、佛教和印度教。基督教徒是美国公民的多数派，也是美国宗教人群的主体。世界各大宗教的不同分支尽数流入美国，并且形成了各自的全国性联盟组织，积极推动本派宗教应对世俗文化、参与政治活动。即便非常小众的新兴宗教团体，哪怕只有十几名成员，也坚持发出少数派的声音，成为美国宗教版图当中的别样风景。

（一）新教

19 世纪末 20 世纪初新教分裂为自由派和保守派，两大阵营之间壁垒分明。新教自由派的大型宗派都加入了联邦基督教协进会和后来的全美基督教协进会，包括美国新教圣公会、美国福音路德教会、美国长老会、联合基督教会、循道宗联合会、美利坚浸礼教会，以及六个大型黑人新教团体（三个循道宗教会、三个浸礼宗联会）。这些都是老牌的大型新教团体，亦即新教主流宗派，它们最为关注社会问题，最易接受学术新观点，也是美国最具影响力的宗教组织。纵观美国历史，新教价值观塑造了美国的道德伦理，新教自由派掌控着老牌的大型新教团体，故而长期处于领导地位。通过全美基督教协进会及其附属机构，新教自由派继续在国内和国际的重要社会事务当中发挥领导作用，同时他们也逐渐认识到新教如今要与天主教会和犹太教会分享领导权。20 世纪末新教主流宗派和天主教会一起推动了减免贫困国家债务的"2000 千禧年运动"，40 多个国家的宗教组织采取联合行动，要把世界上最贫困国家的 900 亿债务减免至 370 亿。①

20 世纪下半叶，新教自由派的领导地位遭到三大保守派新教团体——福音派教会（其中最为保守的是基要主义者）、圣洁教会、五旬节教会（包括后来兴起的灵恩教会）的挑战。自从 20 世纪 30 年代基要主义者失去了长老宗和北方浸礼会的阵地，他们就逐渐退缩为边缘化的少数派群体，不甘沉寂的新一代保守信徒批判基要派前辈们自我封闭远离现实社会生活。他们打着"新福音派"的旗号再次结成了跨宗派的联合体，1942 年创立全美福音协会，1947 年成立富勒神学院，1955 年创办《今日基督教》神学杂志以抗衡自由派的《基督教世纪》，新福音派从美国西海岸等地向外发展，逐渐影响到北美和欧洲的广大地区。他们充分利用现代媒体开展福音布道和信仰奋兴活动，涌现出一大批福音布道家和社会活动家，故其布道者多有"电视布道家"或"电子牧师"之称，而其教会亦多被视为"电子教会"。② 最负盛名的福音布道家葛培理（Billy Graham）通过电视、广播、电影和网络接触的听众超过了 2 亿人，分布于 185 个国家。"20 世纪 70 年代，美国主流派教会有史以来第一次停止增长并出现衰退趋势，但保守的福音派教会仍不断增长，而新兴教会则一再涌现。1976 年由于吉米·卡特作为再生派浸礼会教徒当选美国总统及当年《时代》周刊宣称美国有 5000 万福音派教徒而被称为'福音年'。事实上 20 世纪 70 年代以来的福音派教会复兴甚至还被称为美国宗教史上的第四次'宗教大觉醒'，福音主义于是便成了'当今美国诸主要基督教传统中最强有力的传统'。"③

保守的福音派教会大规模参与政治，并且与右翼政治势力结盟，是此次宗教大觉醒的一个主要特征。20 世纪 70 年代以后新福音派与基要派、五旬节派、灵恩派、复临派等保守宗派被统称为基督教新右翼，他们组建了"道德多数派"（Moral Majority）、"基督教之声"（Christian Voice）、"宗教圆桌会议"（Religious Roundtable）等全国性组织，试图改造和控制

---

① Kenneth D. Wald and Allison Calhoun – Brown, *Religion and Politics in the United States*, Sixth Edition, Lanham, MD: Rowman & Littlefield Publishers, 2010, pp. 259 – 265.

② 丁光训、金鲁贤主编：《基督教大辞典》，第 188 页。

③ 徐以骅：《宗教新右翼与美国外交政策》，《宗教与美国社会》（第 1 辑），时事出版社 2004 年版，第 81 页。

共和党。1988 年帕特·罗伯逊参加共和党总统候选人竞选失利，他于 1989 年创立了最大的基督教新右翼组织"基督教联盟"（Christian Coalition），其成员超过 150 万人，在 50 个州有 1700 个地方会堂，迅速成为最具实力的宗教游说组织之一。该联盟采用双重游说策略：首先，它于 1993 年在华盛顿成立了政府事务办公室，耗费大量时间和资源进行游说，主要推销保守派的经济政策；其次，它卷入了各个层面的选举政治，尽力影响接受党内提名的人士的决策，再为候选人及其竞选经理和财务主管提供培训。"基督教联盟"通过准备和分发投票指南、动员基层选民来影响选举结果，虽然联邦税收条例明确规定投票指南必须全面介绍每位候选人的立场，但是"基督教联盟"的投票指南的介绍方式已经清晰地表明该组织支持哪位候选人。1997 年联盟总干事辞职之后，"基督教联盟"的势力有所下降，"关注家庭"组织（Focus on Family）及其所属的家庭研究会（Family Research Council）和"关注美国妇女"组织（Concerned Women for America）等则影响大增。20 世纪中叶以来，世俗化理论范式一度占据主导地位，学术界认为宗教在现代社会的影响力退缩至私人领域，司法界极力排除宗教在公立学校和公共场所的直接存在，神学界也发出了上帝已死的哀呼，在普特南叹息美国的社会资本不断流失的同时，美国的宗教也经历了同样的阵痛。基督教新右翼正是在这种情势下崛起的，他们宣扬亲生命、亲家庭、亲社会、亲美国的立场，试图填补公共领域一度淡化的道德色彩，抵制性解放思潮和相对主义价值观对传统伦理规范造成的冲击。尽管基督教新右翼不能像民权运动和女权运动那样取得重大的立法和社会成就，但他们还是在相当大的程度上影响了美国的政治议程和公共话语。①

　　保守的福音派教会拒绝服从新教主流宗派的领导，自称比全美基督教协进会及其成员组织更贴近美国新教传统，指责新教自由派教会无法践行有关社会关怀的承诺。如果把 1600 万信徒的南方浸礼会算作福音派教会最为自由的一翼，保守的福音派教会信徒数量等同于全美基督教协进会所有成员组织的信徒数量总和。2000 年全美福音协会和全美基督教协进会之间的关系出现了某种程度的缓和，全美福音协会放弃了拒不接受全美基督教

---

① Clyde Wilcox and Carin Robinson, *Onward Christian Soldiers? The Religious Right in American Politics*, Fourth Edition, Boulder, CO: Westview Press, 2010, pp. 61 – 72.

协进会成员的陈规，双方领袖展开对话，希望进行合作甚至合并。尽管2008年关于合并的谈判失败了，双方后来仍做出了诸多的努力。圣洁教会、五旬节教会与福音派教会在部分教义和公共政策方面持相同立场，比如坚信《圣经》权威、反对堕胎、支持公立学校祈祷和讲授神创论、支持以色列等，所以有些教会加入了全美福音协会，甚至逐渐主导了这个组织，但是圣洁教会和五旬节教会支持女性担任牧师，这类教义分歧使得他们无法完全接受福音派教会的共识。圣洁教会和五旬节教会在整个20世纪持续增长，20世纪70年代从五旬节派衍生出来的灵恩运动渗透到各种规模的基督教其他宗派并且传往全世界，五旬节教会发展成为大型的国际性团体。20世纪80年代中期以后五旬节派的发展更是突飞猛进，几乎独占了电视和广播的宗教节目时间，第三波的新灵恩运动传播到南美洲和非洲，赢得了无数信众。如今美国最大的25个教会团体当中就有四个属于五旬节派：主在基督教会（Church of God in Christ）信徒超过500万人，神召会（Assemblies of God）信徒超过300万人，世界五旬节派教会（Pentecostal Assemblies of the World, Inc.）信徒超过180万人，田纳西州克利夫兰上帝会（Church of God, Cleveland, Tennessee）信徒超过100万人。

美国南北战争之后宗教界依然维持着种族隔离的状况，每周日上午11点钟，数千会众举行礼拜仪式的时刻，清晰地反映了大多数美国宗教组织的成员依然是"黑白分明"的，只有少数会众自觉推行种族融合，其中最为引人注目的是世界五旬节派教会。1906年，一位非洲裔牧师带领洛杉矶的黑人会众创办了这个组织，它率先贯彻种族融合的理念，尽管白人是其中的少数派群体，该组织依然定期选举白人领袖担任最高职位。民权运动兴起之初，就有许多白人为主的大型宗派宣布终止种族隔离政策，发表声明忏悔过去的种族主义行为，黑人教会也积极地表示宽恕与合作。到了20世纪70年代，全国层面和地区范围的种族隔离现象已经大大减少，即便仍旧维持种族隔离的社区，也出现了一些种族融合的会众。尽管民权运动为黑人争取了民主权利，联邦和州立法的效果传导至本地会众还是个复杂而漫长的过程。20世纪90年代，名不见经传的五旬节派黑人宗教团体基督上帝会一跃成为美国最大的五个教会之一，五旬节派的黑人信徒数量超过了循道宗。①

---

① R. G. Robins, *Pentecostalism in America*, Santa Barbara, CA: Praeger, 2010, pp. 73 – 104.

圣公宗、信义宗、长老宗、公理宗、循道宗、浸礼宗的自由派和保守派之分超越了宗派家族的界限，但是这种分裂只限于一系列神学问题和社会议题，尽管它们的重要性不言而喻，终究只是上述教会的宗教生活的一部分。就像保守派信义宗和自由派信义宗仍然认同信义宗的绝大多数基本信条一样，各大宗派家族在事关自由派和保守派的某些事务上结盟，同时还要参与代表各自家族传统的全国性组织和国际性组织。这种时候自由派和保守派就会联合起来，支持普世圣公会（Anglican Communion）的兰贝特主教会议、世界信义宗联会（Lutheran World Federation）、世界归正宗联盟（World Alliance of Reformed Churches）、世界循道宗协进会（World Methodist Council）、世界浸礼宗团契（Baptist World Fellowship）等组织。大型宗派社群还要负责会众生活、敬拜仪式、教牧关怀、出版教材、延续宗派家族传统，由于宗派差异始终存在，不论是自由派还是保守派的新教教会试图跨越宗派家族界限实现组织层面联合的努力都一再受挫，比较典型的一个例子是20世纪70年代教会联合讨论会（Consultation on Church Union）联合循道宗、圣公宗、长老宗组成模范新教教会的计划以失败告终。宗派差异是宗派成员身份认同的标准，是不受历史变迁、社会动荡影响的稳定结构，是自由社会宗教生活多元化的表现，宗派繁多并非基督教的特有现象。①

还有一些基督教团体因其教义偏离主流基督教社群而被称为"后新教"团体（post-Protestant groups），意即源自大型新教社群但是后来特立独行不再被新教教会视为教友的宗教团体，其中规模最大的是现有615万人信徒的摩门教和118万人信徒的耶和华见证会（信徒数量最多时有230万人）。这类团体已经构成美国宗教版图当中无法忽视的力量，对于美国文化产生了重要影响，尽管它们无法得到大多数基督徒的认可。摩门教徒和耶和华见证会信徒的身影遍及美国，任何规模的社区都可以看到他们的礼拜堂，摩门教要求每位成年男性信徒都要奉献两年时间自费传教，耶和华见证会要求信徒挨家挨户敲门传教（每五年一轮），这两个组织还分化出来不少小团体，有些小团体在某些地方很受欢迎。在美国第112届（2011—2013年）国会里，有15位议员信仰摩门教，占国会成员总数的2.8%，远远高出摩门教成员在全国成年人口中占1.7%的比例。2012年

---

① Melton, *Melton's Encyclopedia of American Religions*, pp. 43 – 44.

共和党人米特·罗姆尼打败了党内其他竞争对手，成为美国历史上第一位赢得党内提名的信仰摩门教的总统竞选人。罗姆尼参加总统竞选，无疑说明了美国社会对摩门教的认可与接受。①

（二）天主教、东正教

美国最大的宗教组织是罗马天主教会，其信徒数量约为6800万人，是美国第二大宗教组织南方浸礼会的信徒数量的四倍，实力之庞大可见一斑。美国天主教会的组织结构非常复杂，既有统一的管理机构和教阶体制，又有不同的族裔堂区、修会教团、神学流派。19世纪美国天主教徒一再遭遇本土主义者的敌视甚至迫害，很多新教徒怀疑天主教徒忠于以教宗为首的外国势力、企图削弱甚至颠覆国家主权。于是20世纪上半叶美国天主教会专注于内部管理，创建了一整套独立的教区、学校、医疗、慈善系统，同时倡导激进的民族主义，笼统地支持美国参与的每一场战争，以表达美国天主教徒对教会和对国家的双重忠诚。从美西战争到两次世界大战，美国天主教徒的参战比例一直很高，他们用鲜血证明了自己的拳拳爱国之心，新教徒和世俗主义者的疑心慢慢消退。第二次世界大战之后，大批参战的天主教徒获得上大学的机会，逐渐步入中产阶级并且搬到郊区居住，美国天主教会的经济实力和信徒的社会地位明显提高，终于摆脱了贫苦的移民教会的保守形象。20世纪60年代罗马教宗约翰二十三世召开第二次梵蒂冈大公会议，正式认同并接受现代化的诸多价值观，同时美国历史上第一位天主教徒总统约翰·肯尼迪登上政治舞台，这"两位约翰"彻底改变了美国天主教徒的少数派心理和美国民众对于天主教会的看法。美国主教们的自信和勇气迅速攀升，不再需要通过强烈支持美国政府的内外政策来表现对国家的忠诚和驳斥反天主教的舆论，而是通过主教牧函以更积极的姿态影响公众舆论、参与公共倡议，面向美国民众发出自己的声音。②

在第二次梵蒂冈大公会议召开之前，美国主教们已经参与地方层面的政治。1919年美国天主教福利协会（NCWC）在哥伦比亚特区成立，协助美国主教们实施教育改革、安顿新来移民、改善劳工待遇、推进社会行

---

① 刘澎：《当代美国宗教》，社会科学文献出版社2012年版，第189页。

② 彭琦：《美国天主教新保守主义的兴衰》，《美国研究》2009年第3期，第93—94页。

动，但它并不直接隶属于天主教会的领导层。梵二会议之后美国主教们认识到，如果他们想要影响美国政治，必须加强全国层面的活动，1966 年教会最高权威成立了美国天主教主教会议（NCCB），要求所有美国主教加入，集中商议教会决策，同时成立的美国天主教代表大会（USCC）则由神职人员和平信徒合作推进社会服务工作。美国天主教徒在 1976 年和 1984 年总统竞选当中都很活跃，1973 年"罗伊诉韦德案"宣判裁决之后，天主教会的反堕胎立场得到很多团体的响应。20 世纪 80 年代美国天主教主教会议针对现代战争、核武器、美国经济等问题发布了影响深远的主教牧函，延续了天主教社会训导的历史传统。《和平的挑战》（1983 年）反对任何国家首先使用核武器，强调核威慑的最终目标乃是裁军；《所有人的经济正义：天主教训导和美国经济》（1986 年）阐明"所有人都有权利参与社会的经济生活，所有的社会成员都对穷人和弱者负有责任"。美国主教们还提出了具体的政策建议，比如调整财政货币政策以实现充分就业、扩展工作培训项目。1983 年牧函导致一些美国主教卷入了 1984 年总统选举，1986 年牧函在天主教徒和非天主教徒当中都引起了广泛讨论。梵二会议之后的主教牧函对于美国政治的影响远胜于梵二会议之前的主教牧函，因为它们得到了天主教会的全力支持。[①] 2001 年美国天主教主教会议和美国天主教代表大会合并成为美国天主教主教大会（USC-CB），下设 16 个常务委员会处理教会各方面的工作。2004 年 11 月美国天主教主教大会启动了"美国婚姻牧养倡议"项目，宣扬传统的婚姻价值观；2012 年 3 月该机构为了抗议联邦政府强制所有雇主为雇员提供包含避孕在内的医疗保险计划，于 6 月 21 日至 7 月 4 日发起了为时两周的"捍卫宗教自由"运动，敦促美国政府修正医疗改革当中违背良心自由的某些条款，尤其是涉及堕胎和避孕的措施。

东正教会的历史与罗马天主教会一样悠久，但在美国，东正教无论在人数上还是在社会、文化影响上，均无法与新教和罗马天主教相比，它从未成为美国社会当中举足轻重的宗教团体，也没有融入美国的主流文化。作为一个弱势宗教团体，东正教首先考虑的是如何在以新教文化为主的美国避免丧失自己的特性，因此美国东正教会维护自身传统的意识非常强

---

① Timothy A. Byrnes, *Catholic Bishops in American Politics*, Princeton, NJ: Princeton University Press, 1991, p. 8.

烈，它对信仰东正教的各国移民及其后裔仍然具有相当大的文化亲和力。东正教会到了 20 世纪初期才在美国初具规模，因为充分保留了信徒的族裔文化，所以它融入美国主流社会的进程更显缓慢。随着 1917 年俄国革命和第二次世界大战之后共产主义的传播，很多东正教徒的母国政府敌视宗教，美国的不同族裔堂区反而联合起来，积极参与普世运动。1960 年东正教领袖成立了东正教主教常务理事会（Standing Council of Orthodox Bishops），一些东正教团体还加入了全美基督教协进会以求扩大影响。1970 年几个俄罗斯裔东正教会合并成为美国东正教会（Orthodoxy Church in America），不愿加入俄罗斯裔东正教会的希腊裔东正教徒则成立了美国希腊东正教会（Greek Orthodox Archdiocese of America），东正教主教常务理事会是美国东正教两大组织的协调机构和对外代表。美国东正教目前约有 20 个团体，总人数约为 500 万人（包括儿童），其中美国希腊东正教会约有 150 万名成员，美国东正教会约有 13 万成员，成员人数在 10 万人以上的美国东正教团体还有亚美尼亚使徒教会、科普特正教会、亚美尼亚教会美国主教区。①

（三）犹太教、伊斯兰教

犹太教社群是上述大型基督教团体之外美国最具影响力的宗教社群，也是唯一从殖民地时代延续至今的非基督教社群。犹太教在公共领域历来颇具影响力，美国革命成功之后乔治·华盛顿公开承认犹太裔美国人享有和其他美国人一样的平等地位，美国内战当中双方军队都有犹太教的随军教牧人员，20 世纪犹太教拉比与新教、天主教领袖一同受邀主持感恩节之类的公共宗教庆典。犹太教在纳粹大屠杀和以色列建国之后受到更多关注，天主教会也在梵二会议上重新定位犹太教，驳斥了犹太人害死耶稣的老观念，为犹太教和基督教的对话奠定了新的基础。对话聚焦于中东问题和基督教徒向犹太教徒传教的问题，近年来天主教徒和新教自由派大幅减少了针对犹太教徒的传教活动并且支持巴勒斯坦，福音派则继续增加针对犹太教徒的传教活动并且支持美国政府全面维护以色列的政策。在这场新的对话当中，犹太教社群的主要代言人是美国犹太人委员会（American Jewish Committee）和美国犹太会堂协进会（Synagogue Council of Ameri-

---

① 刘澎：《当代美国宗教》，第 154—159 页。

ca），前者为世俗的和信教的犹太人提供了聚会场所，后者代表了不同的犹太会众和拉比协会，运作方式类似全美基督教协会。20世纪末美国犹太会堂协进会解散，北美拉比委员会（North American Board of Rabbis）承担起促进犹太教徒合作的责任。

21世纪初期统计显示，美国犹太教徒约为450万人，其中：包括100万名犹太教正统派、150万名犹太教保守派、150万名犹太教改革派、50万名犹太教重建派，此外还有很多不信奉犹太教的犹太人，具体数量难以统计。① 犹太领袖历来支持实行严格的政教分离，正是为了反对迫害和久久不散的反犹主义，几个重要的犹太团体才得以建立，诸如美国犹太人委员会、反诽谤联盟、美国犹太人大会、美国希伯来公会联合会，它们基本上都支持自由派的社会和经济政策，只在以色列问题上与自由派分道扬镳。② 犹太游说集团资金雄厚，与政治精英关系密切，常常能够成功地动员美国增加对以色列的军事援助，其中最为著名的是美以公共事务委员会（American Israel Public Affairs Committee, AIPAC）、美国主要犹太组织主席会议（Conference of Presidents of Major Jewish Organizations, CPMJO）、犹太国家安全研究所（Jewish Institute for National Security Affairs, JINSA）。美以公共事务委员会是个世俗组织，自从1954年成立以来，它一直致力于"推进和平进程、通过军事和经济援助巩固以色列、保护以色列的首都耶路撒冷"，从而"确保以色列的安全稳定，加强以色列和美国的友谊"。目前该组织有5万名基层会员，100多名工作人员，数名带薪说客，每年预算达到数百万美元，明显影响了美国在以色列甚至整个中东的行动。这些犹太游说组织通过政治行动委员会（PAC）向候选人捐款，利用财政手段大力影响政治进程。③

第二次世界大战之后伊斯兰教社群迅速增长，开始挑战犹太教社群在美国的地位，如今二者规模相近，公众讨论中东问题的时候，伊斯兰教社群成为平衡犹太教社群的潜在政治力量。20世纪60年代之前，美国伊斯兰教社群以中东移民为主，1965年以后，印度和巴基斯坦移民构成了伊斯兰教社群的最大部分，其核心组织是北美伊斯兰教协会（Islamic Society

① Melton, *Melton's Encyclopedia of American Religions*, p. 45.

② 艾伦·赫茨克:《在华盛顿代表上帝：宗教游说在美国政体中的作用》，徐以骅、黄凯、吴志浩译，上海人民出版社2003年版，第39—41页。

③ Wald, *Religion and Politics in the United States*, pp. 266 – 274.

of North America)，总部位于印第安纳州首府印第安纳波利斯郊区。由于内战之后南部和边境各州实施种族隔离制度，很多非洲裔美国人转向伊斯兰教以寻找新的道路推进黑人民族主义运动，如今他们约占美国穆斯林社群的25%。美国宗教学界对于美国穆斯林的实际数量常有争议，保守估计是穆斯林人数有400万人至500万人，这包括很多不常参加有组织的宗教活动但是自称为穆斯林的信徒。美国穆斯林社群也有很多分支，根据移民来源可以分为中东裔穆斯林、亚裔穆斯林、非洲裔穆斯林，根据教义不同可以分为逊尼派、什叶派、伊斯玛仪派、苏菲派等。

伊斯兰教鼓励信徒参与公共事务，所以穆斯林领袖比佛教徒和印度教徒更快地展现了他们对于政治和文化的影响力，1986年成立的穆斯林公共事务协进会（Muslim Public Affairs Council）和1994年成立的美国与伊斯兰关系协进会（Council on America - Islamic Relations）总部均设在哥伦比亚特区。2001年"9·11"恐怖袭击事件使得美国公众对于伊斯兰教社群的关注度陡然升高，人们发现几乎每个美国城市的中心地带都有清真寺，就连戴着头巾的锡克教徒也被误认为是穆斯林。最初的敌意过后，在政府的政策引导下，公众开始深入了解伊斯兰教社群，以及他们对于美国社会的影响。社会调查表明，如果美国伊斯兰教社群保持现有的增长率，预计21世纪20年代他们的人数将会超过美国犹太教社群，虽然二者都不足以挑战基督教社群的规模，但在如今宗教多元主义的氛围中，公众和政客都将更加严肃地看待穆斯林的诉求，基督教社群和美国政府的公开声明已经证明了这个趋势。①

（四）印度教、佛教

印度教徒和佛教徒大量涌入美国，构成了美国宗教版图变化的另一变量。犹太教和伊斯兰教至少还与基督教共同尊奉亚伯拉罕和摩西为先知，印度教和佛教则是完全不同的信仰体系，很长时间内都被美国人视为异端宗教，直到1965年移民法改革以后大型亚裔移民社区出现，才改变了美国民众对印度教和佛教的负面印象。如今美国随处可见亚裔面孔，东方宗教与西方文化的碰撞必不可免。美国佛教社群迅速成长起来，1987年美

---

①　Edward L. Queen Ⅱ, Stephen R. Prothero and Gardiner H. Shattuck, Jr., eds., *Encyclopedia of American Religious History*, Third Edition, New York: Facts on File, 2009, pp. 86 - 92.

军有了第一位佛教随军法师为武装部队提供服务，同年成立了美国佛教徒代表大会（American Buddhist Congress），运作方式类似全美基督教协会，这是佛教徒影响美国社会的组织平台，代表佛教社群参与公共政策讨论。美国印度教徒没有全国性组织，属于世界印度教协进会（Vishwa Hindu Parishad）的一个分会，对于世界印度教协进会缺乏政治认同的美国印度教徒正在组建另外的泛印度教组织。印度教的支派黑天神国际协会（International Society for Krishna Consciousness）的信徒常在市中心的街头聚众吟唱起舞，在机场募捐并且分发宣传图册。虽然他们的组织规模不算太大，但如今已是美国人耳熟能详的亚裔宗教团体之一。

亚裔佛教徒和印度教徒的影响力逐步提升，在大城市的边缘地带修建了很多金碧辉煌的庙宇，佛教社群还因为第十四世达赖喇嘛备受关注，尽管西藏佛教徒在美国的实际数量非常之少。佛教社群和印度教社群各自都有数百万美国信徒，但是他们在全美分布不均，约有 40% 住在加利福尼亚南部，尤其是旧金山港湾区。佛教社群分裂为 100 多个支派，没有成员数量超过 10 万的团体，印度教的支派也很烦杂，最活跃的支派大多追随某位在世的灵性导师（称为上师），相关组织约有近百个。大部分印度教团体主要为邻近的印度移民社区服务，寺庙都由地方自治，基本上可以按照寺庙所处的地理位置划分成为南部印度人服务的寺庙和为北部印度人服务的寺庙，按照支派划分为毗湿奴派的寺庙和湿婆派的寺庙。20 世纪 70 年代上师团体风靡一时，大部分皈依印度教的非亚裔人士都加入了这类组织，到了 21 世纪，老一代上师逐渐退休或者去世，新一波的青年导师又成长起来。上师是最难定位、最难考量的宗教领袖，宣称通过某种无形的力量影响美国信徒，他们没有固定的敬拜场所，多从信徒家中或者租用的场所发功，只在夏季旅居美国的时候才会见信众施展神迹。[1]

（五）其他宗教

除了上述大型宗派家族，美国也是其他各式宗教团体的家园，诸如崇拜巫术的威卡教、预测命运的占星术、玄学教会和神秘主义团契。美国还有无神论的人道主义社群（religiously irreligious），规模虽小，但影响巨大，因为它们得到了学术界的大力支持。探讨当代美国宗教生活的多元化

---

[1] Melton, *Melton's Encyclopedia of American Religions*, pp. 46 – 47.

不能遗漏印第安人宗教的延续和复兴，尽管大部分印第安人加入了基督教会，但他们从未彻底遗弃传统宗教，许多部落里践行传统宗教的核心人物至今仍然在世。20 世纪 70 年代，印第安人当中流行着各种各样的新宗教，吸收了很多传统主题，某些部落还发起了传统主义运动，这些新趋势不仅为传统信仰注入了活力，也第一次把印第安人传统宗教的元素带入了白人文化。20 世纪 80 年代，关注环境保护、神秘玄学、超个人心理学的美国人在印第安人的宗教里面找到了共鸣，尤其是印第安人关注人与自然和谐共处、操纵精神力量探知神意、通过敬拜仪式获得超越性体验。"近年来，越来越多的美国人认识到多元文化是美国社会不可回避的事实，为了不使富有特色的印第安人的宗教与文化消失，许多民间组织和有识之士纷纷声援一年一度的印第安人大会，要求政府切实采取实际行动改善印第安人的状况，保护和尊重印第安人的文化。"①

　　20 世纪末最激烈的宗教争议当属"膜拜战争"（cult wars）。② 20 世纪中叶以来新兴宗教团体层出不穷，吸引了大量社会边缘人群，尤其是失业的年轻人，部分团体采用咄咄逼人的招募手段，对于成员投入的时间和精力要求极高，引发了激烈讨论。到了 20 世纪 70 年代初期，围绕新兴宗教的争议本来已经趋于平息，然而 1978 年 11 月圭亚那琼斯镇 900 多名人民圣殿教成员集体遇害案再次刺激了公众的恐慌心理。人民圣殿教最初只是基督门徒会里面一个特立独行的会众，基督门徒会是个大型基督教宗派，还是全美基督教协进会的成员，人民圣殿教信徒曾经积极参与加利福尼亚的普世主义运动，他们的社会服务事工得到新教自由派的很高赞誉。但是琼斯镇事件之后，人民圣殿教一夜之间就从有争议的会众变成了膜拜团体，催生了一系列联邦立法和州立法的议案，引发了一场全国性的警惕膜拜团体运动。20 世纪 80 年代反对膜拜团体的组织支持前膜拜团体成员在民事法庭上指控这类宗教如何对他们洗脑甚至采用暴力手段强制他们入教，从而索要数百万美元的民事诉讼赔偿。但是 20 世纪 90 年代联邦法院不再采信基于洗脑理论指控膜拜团体的证词，因为很多心理学、精神病学、社会学组织论证了洗脑指控缺乏科学依据，卓有成效地影响了美国的

---

① 刘澎：《当代美国宗教》，第 221 页。

② 黄海波：《当前西方新兴宗教研究中三大争议性主题》，《新疆社会科学》2011 年第 2 期。

司法实践，1995 年最大的反对膜拜团体组织"警惕膜拜团体网络"（Cult Awareness Network）宣告破产。此后大部分新兴宗教感到来自外部社会环境和主流宗教社群的压力明显减轻，包括那些饱受争议的膜拜团体，21 世纪成立的新兴宗教团体再不必经历融入美国文化之前的痛苦的审判期。

　　与世界许多国家相比，21 世纪的美国宗教依然呈现繁荣景象。尽管每个宗教社群的规模不等，但是基本上它们的信徒数量和敬拜中心都在增加，美国几乎能够找到世界上所有的宗教信仰，大型世界宗教社群如今都有一定实力，就美国目前的人口增长速度和移民政策来看，绝大多数宗教社群的扩张趋势不会停止。尽管非基督教社群已经颇具规模，但是绝大多数美国人仍是基督徒，基督教社群也没有衰退迹象。宗教自由、文化多元的社会要求宗教社群相互尊重（而不仅仅只是宽容），基督教主流宗派都很看重宗教合作和跨国活动，甚至欢迎无神论的人道主义社群交流观点，多元主义已经成为美国宗教界的共识。

三　新时代的挑战

　　20 世纪 90 年代美国学界展开了一场"公民社会"大讨论，研究美国宗教的学者毫不犹豫地跻身舆论中心，按照公民社会的定义重新描绘宗教组织的重要性，而且他们认为美国出现这场大讨论的内因和外因都与宗教组织有直接关联。外因是指苏联解体、东欧剧变、第三波民主化浪潮得益于宗教组织捍卫生命和维护人权的努力，比如亨廷顿说过第三波民主化主要是天主教的民主浪潮，教会倡导社会正义、反对政治压迫的训导和行动帮助推翻了一批威权政府，美国人当然期待宗教（主要是基督教）在亚非拉世界的其他国家也能够肩负起鼓励民主反对独裁、塑造公民道德、促进自愿结社等构建公民社会的重大责任。内因是指里根上台之后新保守派登上美国政治舞台，他们不满国家的权力日益集中、税收的负担日益沉重，要求削减联邦政府的项目和开支，把更多的权责还给地方政府和民间组织，重新激发公民社会的活力和公民自治的传统，基督教新右翼不仅直接推动了这一轮政治更替，而且掀起了新一波宗教复兴潮流，美国宗教的公共影响力明显上升。在这次有关宗教组织与公民社会的大讨论当中，学者们除了一如既往地赞扬宗教组织是公民社会的根基和生力军，也开始思考近年来新生的宗教现象对于公民社会的挑战，所以这次讨论比 20 年前的国民宗教大讨论要复杂得多。笔者选取最近 20 多年来美国宗教研究领域讨论得最多、民众也最为关心的几个论题，从意识形态和社会服务两个层面来分析宗教组织与公民社会如何在挑战和应战的过程中相互促进、共同发展。

（一）意识形态层面

尽管 21 世纪美国宗教成为世界宗教的缩略图，普特南也承认"9·11"恐怖袭击之后美国的公民社会明显复苏，但是谁也无法回避如今美国社会面临的诸多指责，比如道德伦理底线失守，犯罪率居高不下，公民意识淡漠，家庭、学校、社区、教会都变得分裂或曰破碎。所以民众和学者一直在追问：美国人的宗教信仰是否依旧虔诚？美国人的宗教参与是否依旧活跃？美国宗教的影响力是否依旧深入人心？学术界对于宗教自身趋于弱化的可能性有过很多讨论，这种弱化对于公民社会影响至深，因为宗教参与和其他形式的社区活动及慈善事业密切相关。源自经典社会学理论的世俗化观点认为，当社会变得日益工业化、多元化，民众受教育程度普遍提高时，宗教的影响力就会逐渐消逝。另一种观点认为，宗教组织的相互竞争和巨大的惯性将会保持宗教的生命力。盖洛普调查数据显示，20世纪 70 年代以来参加教会活动的美国民众所占的人口比例基本没有变化。据普特南判断，近年来参加教会活动的人口比例下降了四到五个百分点，但是这种下降幅度和其他类型的社区参与的下降幅度（比如拜访邻居和加入兄弟会）相比算是很小的。

不论美国人的宗教自身是趋于弱化还是保持稳定，宗教对于美国社会的影响力都远胜于其他发达工业国家。20 世纪末美国每月参加宗教仪式的人口比例比德国或澳大利亚高出 30%，比瑞典高出 39%，认为上帝在自己生命中很重要的美国人口比例比澳大利亚高出 29%，比德国高出34%，比瑞典高出 42%。① 美国宗教组织是公众自愿参与公共生活的主要方式之一，比其他的市民组织更能吸引草根层面的公共参与，而且宗教组织能把这种草根参与和更大的社会组织网络连接起来。至于当前美国宗教

---

① Ronald Inglehart and Wayne E. Baker, "Modernization, Cultural Change, and the Persistence of Traditional Values," *American Sociological Review*, Vol. 65, No. 1 (February 2000), pp. 19 – 51.

遭遇的质疑，比较合理的一种解释是，美国人虽然普遍相信上帝的存在、普遍加入宗教组织，但是对于信仰和神学的理解并不深入，严肃思考宗教问题并且身体力行的人越来越少，所以宗教作为公民社会的道德孵化器并没有充分发挥作用，这也限制了教会的社会资本和人力资本发挥相应的效力。虽然宗教对于政治选举和经济生活的影响明显增强，但是这种影响主要来自少数领袖人物和神职人员的言论和行动，普通信众主要把宗教的教导和涉及道德的社会事务联系起来，或者把宗教仅仅当作心灵的慰藉，只是关注个人的精神世界，追求个人的宗教体验，这种内在的分离倾向使得宗教的公共影响力受限。

小规模宗教团体的复兴就是人们不满上述现象的产物，这类组织的成员之间联系密切、交流充分、维持长久，更加注重精神上的互动，而且它们大都有明确的宗教关怀，指导成员把圣经的教导运用到真实的生活当中去，成为公民社会的微小而坚固的基石。1991 年全国调查显示 40% 的美国成年人自称加入了某个小团体，这类组织定期召集成员聚会并为他们提供关照和帮助，加入小团体的成年人中有 2/3 声称他们的小团体得到了某个宗教组织的正式资助。大约 1800 万—2200 万成年人参加了 80 万个主日学校班级，1500 万—2000 万成年人参加了 90 万个读经和祈祷团契，800 万—1000 万成年人是 50 万个自助团体的成员（比如 AA、Al – Anon、ACOA 等各式戒酒互助协会）。成年人加入小团体的时间平均超过五年，每周参加至少一个半小时的活动，对于所属团体高度满意。也有人批评这种组织不能善始善终、仅仅关注个人需求，但是它们以人脉和信任的形式聚集了社会资本，在社区服务和日常生活层面增强了公民社会的稳定性。①

宗教组织参与公共倡议也是一个饱受争议的话题，有人赞扬宗教组织是允许政治批评意见生根发芽的自由空间，有人批评宗教组织与政治权力结合妨碍了真正的普遍的社会公正。自从 19 世纪废奴运动以来，美国的宗教组织与世俗组织联手，通过多种渠道在各州和全国层面影响公共政策，诸如禁酒运动、民权运动、收容中美洲难民的庇护运动等，不过宗教组织也曾煽动了排外主义、生存至上论和限制公民自由的社会运动。通过

---

① Robert Wuthnow, *Christianity and Civil Society: The Contemporary Debate*, Valley Forge, PA: Trinity Press International, 1996, pp. 34 – 39.

宗教组织的志愿社会服务项目、教堂的谈话、全国性的宗派会议等渠道，候选人与穷人有了接触，选民的投票意向就会受到间接的影响。教会还能通过密集的会众教育直接动员上百万人参与地方事务，抗议不平等现象、呼吁社会公正，利用宗教组织的场所、领导力、价值观培养公民的参政能力。然而宗教倡议也引发了伦理和政策方面的忧虑，许多教会成员认为教会应当提供地方层面的服务，回避党派政治以免违背政教分离原则，也有人认为公共倡议应当是有选择性的，必须经过会众内部的仔细权衡，还有人担心政治游说可能减少宗教组织获得的资金支持。美国联邦税法，即《国内税收法典》（*Internal Revenue Code*）中有关公益慈善类非营利组织（包含宗教组织）不能介入政治性活动的规定，以及宗教组织参与公共倡议的矛盾关系总是被反复提及。比如1988年联邦最高法院审理"美国天主教代表大会等诉堕胎权利动员会"一案时，堕胎权利动员会及相关组织试图取消天主教会享有的第501(c)（3）条款待遇，指责天主教会违背了第501(c)（3）条款组织不能开展政治游说活动的规定。尽管他们的努力没有成功，但这件事却是体现这一矛盾的生动例证。

除了会众倡议，宗教组织还通过在哥伦比亚特区展开的游说加入了全国性的公共政策讨论。1916年循道宗联和会由于支持禁酒成为第一个出现在首都的大型宗教组织，1943年公谊会注册了第一个全国性的宗教游说组织"公谊会全国立法促进会"。1950年只有16个宗教组织在哥伦比亚特区设立办公室，到了2000年那里已有100多个宗教游说组织的办公室，分别代表着自由派新教徒、福音派新教徒、非洲裔美国人教会、天主教徒、犹太教徒、穆斯林等。与世俗的游说者一样，宗教游说者也是通过影响国会选择议题和调动公众舆论来影响政治进程的。宗教游说组织出版行动快讯、简报、杂志，以宣扬他们的信仰和他们的工作，比如美国伊斯兰关系协进会出版了一份季度简报《信仰在行动》。宗教游说者也提交议案，在国会委员会作证，追踪立法进程，向国会和媒体提供信息，从而影响公共政策，在相关事务上动员他们的选民。除了一些犹太教团体，大部分宗教游说组织不给政治行动委员会捐钱。在司法层面，宗教游说者有时也带领他们所代表的组织在相关的联邦和州法庭案件当中提交"法庭之友"的意见。近年来基层宗教组织对于事关其他国家宗教自由的联邦决策发挥了重要影响，他们要求监督外国政府对待基督教传教士和各种本土宗教组织的政策。①

当宗教组织试图影响公共政策且具备了相应的领导能力、宣传技巧、财政基础之后，又有民众担心宗教狂热可能打破民主的制约，加上不同宗派的政策提议也经常发生矛盾，因此这种互不信任的情绪在一定程度上影响了公民社会的和谐。20 世纪 80 年代中期以来的多项研究表明，有 1/5 至 1/4 的美国民众自称宗教观非常保守，与自称宗教观非常自由的民众的比例大致相同，宗教保守派和宗教自由派都对对方印象不佳，且倡导截然相反的社会政策。罗伯特·伍斯诺（Robert Wuthnow）指出，宗教自由派和宗教保守派之间的政治对立已经取代了传统的宗派分歧，二者在公立学校祈祷、堕胎、同性恋、色情作品、死刑、枪械管制等一系列公共事务上针锋相对，证明美国的社会价值观和生活方式产生了深层分裂。② 而詹姆斯·亨特（James Davision Hunter）认为，不仅仅是宗教领域出现了这种对立，家庭、学校、媒体、学界、法律、政治选举全都卷入其中，保守的福音派、基要主义者、部分天主教徒和少数极端正统的犹太教徒组成了泛基督教正统派，自由派新教徒、自由派天主教徒、大部分犹太教徒和世俗文化精英则组成了进步主义联盟。进步派和正统派的世界观完全对立，在关于上帝和真理的根本性问题上各执一词，在具体的公共政策辩论中恶语相向甚至引发暴力冲突，故而亨特称之为重塑美国灵魂的文化战争。他指出，只有找到新的道德共识，才能拯救破裂的公民社会。③ 理查德·约翰·纽豪斯（Richard John Neuhaus）用"空荡荡的公共广场"来形容世俗化的精英阶层在公共生活中排斥宗教或以宗教为本的价值观，认为这造成了危险的道德真空，也损害了美国民主体制的代表性，势必引起宗教社会力量的文化反击，"这是一场界定美国文化的战争，一场关于我们应以何种观念组织我们的生活的战争"。④ 也有学者认为意识形态冲突在公共

---

① Robert Booth Fowler, Alan Hertzke, and Laura Olson, *Religion and Politics in America: Faith, Culture, and Strategic Choices*, Fourth Edition, Boulder, CO: Westview Press, 2010, pp. 54 – 86.

② Robert Wuthnow, *The Restructuring of American Religion: Society and Faith Since World War II*, Princeton, NJ: Princeton University Press, 1988, pp. 132 – 172.

③ James Davision Hunter, *Culture Wars: The Struggle to Define America*, New York: Basic Books, 1991, pp. 31 – 51.

④ Richard John Neuhaus, "The Culture War Will Continue", *Christianity Today*, Vol. 32, October 21, 1988, pp. 20 – 21.

生活当中更为明显，而它在个人和会众的信仰和实践中则相对平稳。虽然文化战争的提法有些言过其实，不过它确实提醒宗教界和学术界要意识到极端政治的弊端，一些宗教领导人开始强调和解、合作、多元主义，强调即便展开竞争，也应该是文明的、合法的、造福公益的竞争。宗教自由派和宗教保守派的分歧至今仍然存在，但两派已不再大量使用极端言辞，而且他们在社会服务和公益慈善领域加强了合作，学术界也努力发挥调解作用而不是煽风点火，当文化战争的战场从媒体转移到校园，双方都会理性得多，寻找共同的价值观也会容易得多。

（二）社会服务层面

随着社会分工日趋专业化，早期主要由宗教组织提供的济贫、救灾、教育、医疗、收容孤儿、照看老人等社会服务功能，如今多由专业人士管理的非营利组织和政府机构承担，很多原本由宗教组织创办的艺术馆、医院、学校逐渐淡化了宗教色彩，或者切断了它们与宗派的历史纽带，完全按照世俗的非营利组织的管理方式运作。宗教组织普遍遵循自愿结社的原则，却不一定都符合基于税务登记的非营利组织的定义，但是近年来越来越多的学者提出宗教组织也是非营利部门的一员，与其他类型的非营利组织之间存在着既竞争又合作的关系。理解宗教不仅要看其会众、宗派结构、多少信徒定期参加宗教仪式，还要关注宗教组织的社会服务功能，更有学者宣称"有生命力的宗教"发生在宗教组织之外，诸如无家可归者收容所、流动厨房、医院病房，等等。[①] 与世俗的非营利组织相比，宗教组织的优势在于利他主义的价值观凝聚了巨大的社会资本，美国个人慈善捐助约有一半流入了宗教组织，加入宗教组织的人群更愿意投身于志愿者活动和其他形式的社区服务。反过来，非营利部门的整体增长也影响了宗教组织的结构和活动，越来越多的宗教组织开办了自己的非营利组织（亦即"基于信仰的非营利组织"，英文是 faith‑based nonprofit），与无宗派的非营利组织建立联系，服从管理非营利部门的税务法规和其他公共政策。1996 年福利改革之后，美国政府号召公众善用宗教组织提供的社会服务。新的立法带来了新的资助机会，但是关于得到公共资金助力的宗教

---

① Walter W. Rowell and Richard Steinberg, eds., *The Nonprofit Sector: A Research Handbook*, Second Edition, New Haven, CT: Yale University Press, 2006, p. 486.

组织究竟能否大幅提升成效的问题，目前的社会调查还没能得出一致的结论，不过，慈善选择条款已经深刻地改变了美国传统的政教关系模式，并对现代社会宗教组织的公共参与产生了重大影响。

1. 捐赠和志愿服务

几乎所有宗教传统都强调某种形式的利他主义，尽管其表述各有不同，诸如邻人之爱、关爱穷人、公共福利、普济众生、人道主义、自我实现等，尽管信徒的实践也可能更多受制于利己主义的本能而非利他主义的理想。美国人的很大一部分利他主义行为都投入到宗教组织当中，2003年宗教组织获得的财务捐赠达到840亿美元，这个数额超过了当年美国私人家庭捐赠总额的一半，其中的大部分资金被用于支付神职人员的薪水和建筑的维修，另外一部分则被用于满足更广泛的社区需求。同一时期美国人贡献给宗教组织的志愿服务超过任何其他类型的组织，宗教人士比非宗教人士更愿意为非营利组织提供志愿服务，也更愿意从事非正式的志愿工作。最近几年，宗教组织获得的公众捐赠在全部慈善捐赠中的占比略有下降（2008—2013年减少了3.2%），但宗教组织依然得到了最多的捐赠。2013年美国民众的公益慈善捐赠总额为3351.7亿美元，其中的31.5%是捐给宗教组织的，这个比例高出第二大捐款流向（教育）一倍以上。①

宗教组织鼓励人们思考"关爱穷人"的责任，警醒民众"生活不能只是为了一份好工作和一种舒适的生活方式"，布道、讨论、集体活动的内容也影响了堂区居民捐赠和志愿服务的意愿。参与慈善活动的教会成员更愿意聆听"基督徒为上帝的管家"的布道，更愿意参与小型团契，讨论"宽恕"的小型祈祷团体和读经团体的成员更愿意声明他们要努力工作以求靠近上帝，更愿意参与他们所属教会和其他社区组织的志愿服务活动。

宗教组织为捐赠和志愿服务提供的机会和激励程度各不相同，宗教组织成员参与的志愿活动的类型也不相同。贡献志愿服务的人群至少有75%加入了资助某类社会服务活动的会众，也就是说大部分会众成员都有机会提供志愿服务。但是相比较小的会众，较大的会众通常都有更多的此类活动，他们的成员也更愿意参与更多的志愿活动。志愿服务的类型区别

① Brice S. McKeever and Sarah Pettijohn, *The Nonprofit Sector in Brief* 2014, The Urban Institute, Washington D. C., October 2014, pp. 10 – 11.

最明显地体现在福音派新教徒和主流派新教徒之间，福音派教会主要参与会众内部的志愿服务，主流派教会与广泛的社区组织联合起来提供志愿服务。

宗教组织在一定程度上提供了非正式的安全援助网络，成为政府机构和其他非营利社会服务机构的重要补充。1994年针对美国工作人士的全国调查显示，4%的受访者声称过去一年中接受过某个宗教组织的财务援助，80%的接受者是教会或会堂成员（未接受者当中56%为教会或会堂成员），61%属于宗教团契（未接受者当中18%属于宗教团契）。这些接受援助者大多是有孩子的低收入人群，他们失去了工作或者工资被削减因而无力支付账单，几乎一半人群在接受财务援助的同时也接受了宗教指导。①

近年来还有研究者比较了宗教的和世俗的非营利组织在运作方式、雇佣标准、服务态度、顾客满意度等方面的差异。报告显示宗教组织创办的养老院更倾向于根据轮候名单接收老人，不像营利的养老院那样随着市场行情抬高价格；宗教组织创办的养老院和智障人士看护所雇用了更多的全职和兼职的护士、营养师、维修工人，说明它们更多关注病人护理而非营利最大化，而且它们支付的工资低于世俗的或营利的疗养院；宗教组织创办的养老院和智障人士看护所发放的镇静剂药量低于世俗的养老院，顾客满意度高于世俗的养老院。与世俗的非营利组织的负责人相比，宗教组织创办的日托服务中心的负责人管理经验较少，照看孩子的经验更多，提供的看护质量更高，更能得到家长的信任。相同年龄的学生在非营利学校学到的知识多于公立学校，天主教学校的学生的学习效果优于其他非营利学校。非营利理论认为宗教组织提供的服务类型更适合采用非营利方式运作，因为以价值观为支撑的服务和情感投入是难以衡量的，这种服务依靠成员的普遍捐赠和自愿奉献，支付款项不与特殊结果挂钩。但是有些会众越来越倾向于提供付费服务，甚至列出价目表，注明祈祷、葬礼、守灵、婚礼、唱诗班课程之类的具体收费标准，有些宗教商店被市场思维支配，甚至宗派倾向也可以说是理性选择的算计结果。上帝惩戒贪婪的文化禁忌和现行的税收法律阻止了宗教组织以营利方式运作，但是在实际生活中，

---

① Mark Chaves, *Congregations in America*, Cambridge, MA：Harvard University Press, 2004, pp. 44 – 93.

把宗教活动和营利的或者其他的非营利活动隔离开来的分界线可能会很模糊。①

管理美国宗教组织的法律和政策既要维护政教分离和宗教自由的宪法原则，也要与时俱进，适应不断变化的时代。联邦税务局区别对待宗教性非营利组织（尤其是教会）和非宗教的非营利组织，尽管二者均被免除所得税。联邦政府和州政府及法院都曾多次讨论过如何界定宗教组织的问题，联邦税务局则提出两条原则性标准：第一，该组织的宗教信仰是否是真心实意的；第二，该组织的宗教信仰要求的实践和仪式是否合法、是否违背已经明确规定的公共政策。② 而具体到某个组织是否合乎这两条标准，需要由联邦税务局的免税组织司专门研究判定。比如1983 年联邦最高法院支持联邦税务局的决定，取消鲍勃琼斯大学的免税资格，原因是它实行种族歧视，违背了公共政策。教会虽然自动享有免税资格，1969 年以后联邦税务局还是要求教会以及其他公共慈善组织为与其免税资格无关或者关系不大的商业收入缴税，即无关宗旨商业所得税（Unrelated Business Income Tax，UBIT）。联邦法律明确规定，对于神职人员免收一定的工资税。美国各州针对宗教组织的税收法规各异，不过这些法规大都免除了宗教组织的财产税。法律规章的变化影响到地方社区的宗教组织和无宗派非营利组织的竞争关系：有时候无宗派的非营利组织处于不利的竞争地位，因为宗教组织受到的约束更少；有时候宗教组织申请政府资助遇到的困难更大，因为无宗派的非营利组织不用考虑政教分离。

2. 基于信仰的非营利组织

除了目前已有的约 34.5 万个全国或地方性的宗教会众团体，近年来美国还出现了数千个所谓基于信仰的非营利组织（faith - based non-profit）。这些组织专门执行特定职责，比如成立无家可归者收容所和救济食品发放中心，与大部分会众举行敬拜仪式、推行宗教教育、提供社会服务等广泛职责形成了对比。基于信仰的非营利组织是典型的符合联

---

① Robert Wuthnow, Conrad Hackett and Becky Yang Hsu, "Effectiveness and Trustworthiness of Faith - Based and Other Service Organizations: A Study of Recipients' Perceptions", *Journal for the Scientific Study of Religion*, Vol. 43, No. 1 (2004), pp. 1 - 17.

② U. S. Internal Revenue Service: *Tax - Exempt Status for Your Organizations*, Publication 557, Rev. February 2015, Cat. No. 46573C, p. 29.

邦税法第 501(c)（3）条款规定的公共慈善机构（Public Charity），既包括会众联合成立并资助的地方性组织，比如流动厨房或日托中心，也包括"天主教慈善会"（Catholic Charities）或"信义宗社会服务"（Lutheran Social Services）之类的全国性组织。与会众相比，基于信仰的非营利组织与其他非营利组织的合作或竞争更直接，与其他非营利组织采用同样的管理模式、服从同样的法律要求，而且它们比会众更愿意接受政府资助。

许多基于信仰的非营利组织是多目标的组织（Multipurpose Organizations），开展一系列活动项目，比如救济食品发放中心、邻里中心、工作培训项目、交通项目，所以它们关注如何协调和监管各种不同的活动。教会服务机构（Church Service Agencies）就是一种多目标的基于信仰的非营利组织，属于某个宗派或宗教传统的半自治的服务部门，包括一些美国最大的基于信仰的服务供应者。即便在地方层面，这些组织的预算也常常超过大型会众，它们甚至接受政府机构的大笔款项。普世的或信仰的联盟（Ecumenical or Interfaith Coalitions）是另一种多目标的基于信仰的非营利组织，其中既有邻近地区的几个会众的小型联盟，也有较大区域或大都会的数百个会众的大型联盟。小型联盟的发展多是因为单个会众不能有效提供服务，大型联盟常常接受政府资助并与无宗派的非营利组织密切合作。

其他基于信仰的非营利组织则致力于直接服务事工（Direct - Service Ministries），它们的关注点不在协调或监管，而在直接接触服务对象，比如建立无家可归者收容所或流动厨房。这些事工大多是在特定街区开展工作的地方组织，比如纽约市第五大道收容所、得克萨斯州韦科关怀事工。直接服务事工又有两类：一是教会赞助的事工（Church - Sponsored Ministries），这类事工与某个宗教组织保持着正式或非正式的联系，通常接受该组织的财政援助，同时也要接受该组织成员加入董事会、安插工作人员、制定限制性的章程（比如某个长老会经营着一家地方性的养老院，这家养老院就是教会赞助的事工）；二是教会发起的组织（Church - Initiated Organizations），这些组织多半是由某个宗教组织或者与某个宗教组织关系密切的牧师或平信徒创办，但是后来变得独立自主，它们的使命和管理仅仅非正式地体现了宗教价值观，比如一个艾滋病咨询项目最初得到某个地方教会的帮助才得以启动，如今的运作已经独立于教会。①

基于信仰的非营利组织构成了对会众内部的志愿活动和社会事工的重要补充。它们从事的活动往往要求专业培训，办公地点大多设于市中心的街区或者靠近服务对象的地方（会众集中在郊区）。基于信仰的和世俗的非营利组织常常进行分工合作，避免重复劳动和资源浪费，他们与周边社区的多个会众建立联系，以便调动志愿者、资金或捐助。2000 年在宾夕法尼亚州东北部开展的一项调查发现，基于信仰的社会服务机构和教会常常分享救济对象的信息，共同合作以便把大型项目的资源导向地方街区的某个服务点。但是基于信仰的社会服务机构常常接收了教会不能或不愿应对的救济对象，反之则不然，看起来更像是前者帮助后者满足救济对象的需求。这是基于信仰的社会服务机构成立的初衷，神职人员认识到有些人的需求应当得到长期的或者专门的关注，而有些教会无力满足太多的需求的同时其他教会的资源则被闲置。基于信仰的社会服务机构通常都很欢迎教会送来救济对象，虽然有时它们也会抱怨教会做得太少，无法照顾自己的信众。最喜欢与这些基于信仰的社会服务机构正式建立互助关系的会众大多都有更多的成员和预算，靠近低收入街区，从属于新教主流宗派。②

因为基于信仰的非营利组织常常接受政府资助，他们也要仔细谋划以便控制宗教活动和其他项目之间可能发生的利益冲突，比如拆分不同项目的预算，在不同的场所安置不同的项目，把宗教兴趣浓厚的救济对象转呈会众等，但是学者很难断定本该支持特定服务的资金是否被间接用于支持该组织的宗教目标。基于信仰的非营利组织的领导者还要妥善处理多个组织之间的关系，以及他们与各级政府的关系，地方性组织、区域性组织、全国性组织之间的关联对于宗教组织来说曾经不那么重要，或者被宗派结构代替了，如今这些关联却涉及非营利组织与联邦、州、地方政府机构的关系的紧密程度，他们是非营利组织的资金来源之一。在地方层面，如何克服大多数美国会众所在的富裕社区与缺少社会服务的贫困社区之间的空间错位也是个巨大的挑战。总而言之，尽管许多决策者相信基于信仰的非

---

① Robert Wuthnow, *Saving America? Faith – based Services and the Future of Civil Society*, Princeton, NJ: Princeton University Press, 2004, pp. 138 – 175.

② Robert Wuthnow and John H. Evans, eds., *The Quiet Hand of God: Faith – Based Activism and the Public Role of Mainline Protestantism*, Berkeley, CA: University of California Press, 2002, pp. 381 – 404.

营利组织对于提供社会服务起到重要作用，但是很少有人认为这些组织能够有效取代政府项目。

3. 慈善选择条款

随着1996年福利改革法《个人责任与工作机会协调法案》第104节慈善选择条款（Charitable Choice）获得通过，基于信仰的非营利组织和联邦政府的关系发生了变化。[①] 这个条款旨在推动宗教组织在美国社会福利事业中发挥更大作用，允许政府公共资金支持各种类型的宗教组织的社会服务，允许宗教组织在保持其宗教特征的情况下竞争政府的社会服务合同。在慈善选择条款通过之前，执行社会服务项目的宗教组织普遍成立了单独的非营利组织以便获取联邦资助，至于它们提供的社会服务有多少宗教成分，则很难说清楚。慈善选择条款要求各州若与救灾济贫的社会服务组织签订合同，就要允许宗教组织申请这些合同，诸如实施困难家庭暂时援助项目、附加社会保障收入项目、食品券、医疗补助方案、低收入住房项目分配的资金等。小布什总统入主白宫以后，马上建立了隶属白宫行政机构的"白宫信仰组织与社区行动计划办公室"（White House Office of Faith – Based and Community Initiatives），[②] 又在数个联邦政府部门中建立相应的"信仰组织与社区行动中心"，废除联邦机构内存在的阻止宗教组织竞争联邦资金的各项法规，于是慈善选择条款的精神得到了逐步的落实，嵌入了若干主要的政府社会福利计划。[③]

慈善选择立法对于基于信仰的非营利组织和政府的合作关系提出了特殊要求。第一，签订合同的前提条件是各州不能要求宗教组织改变内部的管理模式或者拆除其建筑物的宗教象征（诸如宗教类艺术品、圣像、经文）。第二，宗教组织仍然独立于联邦、州、地方各级政府，比如，在执行合同期间，宗教组织仍然支配各自宗教信仰的界定、发展、实践、表

---

① 慈善选择条款全称为"慈善组织、宗教组织或者私人组织提供的服务"，参见美国政府出版局网站公布的法律全文：http://www.gpo.gov/fdsys/pkg/PLAW – 104publ193/pdf/PLAW – 104publ193.pdf，2012 – 10 – 12。

② 有关"白宫信仰组织与社区行动计划"（Faith – Based and Community Initiatives）的详情可见小布什政府时期的白宫在线档案：http://georgewbush – whitehouse.archives.gov/government/fbci/，2015 – 08 – 12。

③ 黄海波：《美国"福利改革"对宗教公益参与的推动及其争议》，《当代宗教研究》2010年第3期。

达。第三，获得合同提供社会服务的宗教组织应当接受审计，不过它们要单设账户接收联邦资金，只有这些资金资助的相关项目才能被审计。第四，通过慈善选择条款获得的资金不可用于宗派的敬拜、传教、改宗。第五，倘若有人接受基于信仰的非营利组织的服务但是不接受该组织的宗教信条、拒绝参加该组织的宗教实践，该组织不能予以歧视。另外，根据1964年《民权法》的免税规定，宗教组织保留根据宗教信仰雇佣项目成员的权利。在1987年"摩门教首席主教团诉阿莫斯"一案中，最高法院裁决宗教雇主不必挽留改宗的雇员。最后，慈善选择立法明确规定，如果援助受益人反感某个提供服务的组织的宗教性质，政府必须在合理时间内找到同等质量的另一个提供服务的组织。尽管立法要求各州允许基于信仰的非营利组织申请这些政府合同，却不保证它们能够获得合同，因为这毕竟不是一个平权行动项目。[①]

在1996年福利改革讨论期间，慈善选择条款也受到宗教领袖热议。反对者担心教会和政府的纠缠渐深，卷入慈善选择的组织有可能偏离核心的使命和目标。有人认为教会如果接受政府资助，就会改变批判政府的立场，教会和穷人的关系就会变质。也有人认为政府不能过度下放权力，教会无力照看所有穷人，还有人担心此项立法是否符合宪法，担忧有雇佣歧视的组织获取政府资金是否滥用了公民权利。支持者强调慈善选择条款加强了宗教组织为穷人提供社会服务的能力，宗教组织的社会服务项目比世俗组织的同类项目更有成效。慈善选择立法通过之后，宗教社群反应不一，1999年的全国性调查表明，1/3美国会众的领袖想要申请政府资金支持社会服务活动，其中大型会众（天主教会、自由派新教会众）最为热衷，非洲裔美国人会众想要为其社会服务活动申请公共资助的比例是其他教会的五倍，但是这次接受调查的会众总共只有不到一半了解慈善选择条款。其他研究表明许多宗教组织和政府官员依然忽视这条法令，有些基于信仰的非营利组织没有兴趣通过慈善选择条款申请联邦资金，因为它们已经通过其他渠道获得联邦资金，而且已经适应了管理宗教组织的旧规则。[②]

①　Rowell and Steinberg, *The Nonprofit Sector*, p. 494.

②　Michael Leo Owens, *Sectarian Institutions in State Welfare Reforms: An Analysis of Charitable Choice*, Albany, NY: Nelson A. Rockefeller Institute of Government, 2000, pp. 1 – 19.

慈善选择条款对于各地社会服务提供者的影响正在逐步显现，2000年艾米·谢尔曼的研究报告指出，慈善选择条款至少在 23 个州促成了政府与宗教社群的合作关系。她特别关注其中 9 个州，在这些州，1996 年以来政府与宗教性的社会服务组织达成了 84 项新的财务合作、41 项新的非财务合作，参与财务合作的教会和基于信仰的非营利组织超过一半此前未曾与政府合作过。这些新项目主要开展基于信仰的辅导和工作培训，比如弗吉尼亚一群天主教和新教会众与诺福克公共事业部建立了合作关系，共同创建了"诺福克信仰合作组织"，为接受公共援助的家庭提供"从救济到工作"的辅导，纽约州门罗县的"犹太家庭服务组织"接受拨款为当地的困难家庭暂时援助项目受益人提供工作培训和就业服务。谢尔曼考察的项目当中只有两个遭到批评，都是因为受益人隐隐感到加入教会的压力，后来转入合适的世俗的服务提供组织了。慈善选择条款在实施过程当中也遇到一些阻碍，费城的库克曼循道宗联合会的非营利服务组织"邻里之乐事工"实施一个项目的时候，不得不与政府协调一系列事宜和误解，尤其是项目规划和付款进度，另外宗教组织和世俗组织的拨款申请存在明显的质量差异。[①]

（三）宗教组织与公民社会

美国宗教就像一个五彩斑斓的万花筒，不同的宗教组织在不同的时空呈现出不同的风采，同时他们都要遵循宗教自由和政教分离的宪法原则，为信徒提供心灵的慰藉，为社会提供服务的事工，如此才能吸引民众从而成长起来。宗教组织总是需要不断适应社会环境的变化，改革僵化体制、发展新生力量。譬如一座本地教堂几十年前可能是一个自治的宗教组织，如今它的运作方式迥异，因其隶属社区机构的庞大网络，故而需要参与利益集团游说组织的公共倡议，填写纳税和员工福利的信息，倡导举办非营利的寄养看护项目，赞助本地艺术团体的演出，组织志愿者为本地医院服务。随着宗教界在公共领域的表现越来越活跃，以及政府资助宗教组织的意愿越来越强烈，为了避免税务和法律纠纷，很多宗教组织都成立了各式

---

① Amy L. Sherman, *The Growing Impact of Charitable Choice: A Catalogue of New Collaborations Between Government and Faith – Based Organizations in Nine States*, Annapolis, MD: Center for Public Justice, 2000, pp. 1 – 92.

各样分离开来的有特定目标的非营利组织，比如一个大型的资金雄厚的地方会众可能拥有一个支持电视布道的非营利组织、一个为慈善项目筹集免税捐款的非营利组织、一个负责培训牧师的非营利组织、一个从事游说但不能免税的非营利组织。这些组织支配着数千万美元，跟传统会众比起来，它们的运作更像全国性的或跨国性的企业集团。宗教自由保护了少数派表达宗教信仰的权利，尤其是避免了政府行为或宗教组织本身行为有意或无意引发的权利侵犯，只要政府依靠宗教组织执行教育、医疗、济贫等社会功能，就必须谨慎对待少数派宗教信徒的权利和自由。宗教自由体制带来的宗教竞争既为宗教组织储备了大量资源，又使得宗教组织成为教育普及、医疗改革、克服种族歧视、保护生态环境等一系列社会事务的合理承担者。但是宗教自由（不包括违反法律的个人和团体）也放纵了人类灵魂的黑暗面，于是出现了教士恋童癖、出于宗教动机的暴力犯罪、宗教资金的滥用等丑陋现象。宗教自由还鼓励了一种私人表达信仰的趋向，导致人们不再积极参与宗教组织，退而进行更加个人化的灵性追求。

20 世纪 90 年代以来，公民社会从一个专业的政治学词语变成了大众媒体的讨论焦点，美国民众纷纷思考如何从各个层面推进公民社会的建设。宗教组织一直是公民社会的生力军，神职人员和平信徒热烈讨论如何消除本社区的暴力、种族主义、不平等现象，同时积极投身防治艾滋病、收容无家可归者、制止虐待儿童、照看老年人等社会服务，宗教领袖和神学家努力论证宗教在公立学校和公共领域应当处于何种地位，法院裁决、政府官员、游说团体全都卷入了关于政教关系的争论。美国研究宗教与公民社会最著名的学者罗伯特·伍斯诺指出，公民社会最终并不是指宗教介入政治中，它本质上是值得维持的社会生活的理想维度，体现社会生活本身的品质，涉及社会互动的程度与质量，涉及道德责任的建立与维持及其同个性的关系，涉及或明或暗地将我们界定为人类的那些集体价值。虽然美国教会组织并不是公民社会所依赖的唯一资源，它们仍然是人们彼此互动、培养信任、习得公共参与技术、发展人际网络、讨论并处理社区公共事务的地方。对于公民社会中的宗教，不能仅根据社会资本来衡量它的价值，不能期待宗教解决所有困难。现代社会面临着各种具体问题，无论是环境问题，还是经济发展问题，或是政治、和平与安全乃至公共健康问题，解决这些问题的责任必须由政府、企业和个体纳税人共同承担，宗教无法独自代替这些机构和努力，但是每个现代人都无法回避由这些社会问题所引发的基本伦理、公正、道德与精神—灵性问题。[1]

　　刘澎研究员的《宗教与美国市民社会》一文指出，构成和维持美国公民社会的所有基本要素都与宗教有着密不可分的独特关系，美国宗教与公民社会之间存在一个能够相互激励和促进的互动发展机制，这个机制是宗教领袖、民众和政治家在宗教与美国社会长期互动的实践中对如何能使宗教在最大限度地得到保护和发展的同时，又能在美国社会中发挥有利于公共利益的作用达成的某种共识，这个共识就是要让宗教在公共生活与个人生活之间保持一种良好的平衡，从而比较理想地满足了政府、宗教组织（教会）与教徒各自的需要，国家、社会、宗教组织、个人都成为受益者。[2] 笔者认为，公民社会本来就致力于在个人主义和集体主义、统一性和多样性之间寻求一种平衡，这种内含的张力决定了公民社会不可能是一成不变的，恰恰是变化带来活力和动力，所以有关公民社会的讨论不可能终止。同样，宗教也内含着天国与尘世、现世与末世的张力，它一方面不断地调整自身以适应社会的变迁，另一方面始终坚持着超然于现有社会体制的批判立场，所以宗教组织与公民社会之间的关系总是在不断磨合。尽管最近 20 年来新生的宗教现象给美国公民社会带来了新的挑战，宗教组织对公众的吸引力有一定的下滑，但公众对教会的信心仍然高于对医疗保健机构、国会和媒体的信任度。[3] 因此，一个无法否认的事实是，在美国这块土地上宗教组织与公民社会互动的实践是比较成功的，也是具有一定借鉴价值的。

---

　　① 黄海波：《公民社会中的宗教：罗伯特·伍斯诺的多维分析模式述评》，《华东师范大学学报》2011 年第 5 期。

　　② 朱世达主编：《美国市民社会研究》，中国社会科学出版社 2005 年版，第 48—104 页。

　　③ 2015 年 6 月美国《赫芬顿邮报》公布的关于美国公众对机构信任度的调查结果显示：公众对于教会及有组织的宗教（organized religion）的信任度低于军队、小企业和警察，在 15 种机构中位居第四。对比之下，20 世纪 80 年代教会曾经赢得最高的信任度。见：Cathy Lynn Grossman, "Americans Are Less Confident In Organized Religion Than Ever Before：Gallup Survey", *The Huffington Post*, June 17, 2015, available at：http：//www. huffingtonpost. com/2015/06/17/americans – confidence – in – religion – gallup_ n_ 7605802. html，2015 – 08 – 12。

第七章

美国民间环保团体与气候变化①

　　美国公众中有关环境保护的思想源远流长，早在 1854 年，亨利·梭罗出版的《瓦尔登湖》就十分推崇体验自然与旷野的重要性。19 世纪末，伴随着全国奥杜邦学会（National Audubon Society）②和塞拉俱乐部（Sierra Club）③等非营利、非政府性环境保护团体的成立，美国的荒野保护、野生动物保护和自然保护运动逐渐形成潮流。自 20 世纪 60 年代开始，以工业污染为主的环境问题开始成为美国公众关注的焦点，公众的环境意识迅速增强，因而代表公众利益的民间环保组织（ENGOs）不断发展壮大，开始在美国环境保护政策的形成、制定、实施与评估中发挥重要的作用。20 多年来，各类新的环境问题不断出现，特别是越来越多的环境问题如臭氧层破坏、气候变化等开始超越国界，迫切要求国际社会实现多元主体共同参与的全球环境治理。民间环保组织开始凭借自身的能量和优势广泛参与各类政策对话，对国内国际重大环境决策过程施加影响，成为全球环境治理中迅速成长的新兴力量。

　　本章将简要介绍美国主要的非营利（民间）环保组织的基本概况，

---

　　①　本章部分内容作为"美国公民社会的治理"课题阶段性研究成果先期发表，见赵行姝：《在道德与利益之间——试析美国民间环保组织的影响力困境》，《国际展望》2013 年第 4 期。

　　②　全国奥杜邦学会（The National Audubon Society）成立于 1886 年，以美国著名画家、博物学家奥杜邦命名。它专注于保护和恢复自然生态系统，重点关注鸟类和其他野生动物以及它们的栖息地，以保护人类和地球的生物多样性。它有遍布全美的近 500 个分支机构。2012 年，全国奥杜邦学会通过了一项新的战略计划，目的是整合其组织分支和网络，以应对当今前所未有的环境挑战。

　　③　塞拉俱乐部（Sierra Club）成立于 1892 年，是美国最大、历史最悠久、最有影响力的民间环保组织。它创建时的主要目标是保护美国的原始森林和荒野地带，但随着美国及全球环境问题的扩大，塞拉俱乐部关注的领域和目标有所调整和加强，全球变暖、酸雨防治、热带雨林保护等成为它现在主要关心的问题。塞拉俱乐部成员主要是个人和团体，大多分布在北美洲，设有 16 个区域性小组、32 个活动部门、委员会和行动实体。

回顾它们的发展历程，划分民间环保组织的不同类型，并对民间环保组织的发展趋势做出研判。本章的重点是以气候变化为例，研究非营利性环境保护组织在美国环境保护事业中发挥的作用。为此，将扼要回顾美国联邦政府和加利福尼亚州政府应对气候变化的过程，探讨民间环保团体在相关各个阶段的主要活动及其效果，并分析制约民间环保团体在气候变化议题上发挥政策影响力的因素。

一　美国民间环保组织的兴起与发展

（一）战后美国民间环保组织的兴起

美国的环境保护运动的历史可以追溯到 19 世纪末 20 世纪初的资源和荒野保护运动，[①] 其社会影响之一是建立了一批以保护自然资源和野生动物为目的的民间组织。如 19 世纪末，美国流行用羽毛装饰妇女的帽子，鸟肉也充斥餐桌，很多野生鸟类因此遭到捕杀，野鸟的生存面临巨大的威胁。为了遏制这种现象，防止稀有鸟类灭绝，乔治·伯德·格林内尔（George Bird Grinnell）发起成立了全国奥杜邦学会。1892 年，现代环境保护主义的先驱约翰·缪尔（John Muir）组建了塞拉俱乐部，其宗旨是"谋求公众和政府的支持与合作，保护内华达山脉的森林及其他自然资源"。这些早期的民间环保组织不仅在提高人们的环境保护意识、推动国内环境保护工作发展方面取得了丰硕成果，而且更为重要的是，它们在理念、管理方式等方面为后来者树立了榜样。

总的来讲，第二次世界大战结束之前，环境污染的范围和程度还比较小，没有形成社会公害。但是，第二次世界大战之后，伴随现代工业的急剧扩张，对环境的污染与破坏也日益严重，危害到人们的健康和生存。所以，学术界通常认为，当代世界的环境保护运动开始于 20 世纪 60 年代，美国是环保运动的突出代表。工业化带给美国人的不仅仅是经济上的富裕，还有愈演愈烈的国内环境污染问题，包括空气污染和水污染、露天开

---

① 高国荣：《美国现代环保运动的兴起及其影响》，《南京大学学报》2006 年第 4 期，第 47—56 页。

采、公路建设、噪声污染、水坝建设与河流渠道化、森林砍伐、危险废物处理、核电厂、有毒化学品的不当处理、石油泄漏、城市郊区的扩大等。现代工业发展对环境造成的严重污染与破坏在 20 世纪 60 年代引发了美国公众的强烈担忧，这成为民间环保组织兴起的最根本原因。

斯佩斯（James Gustave Speth）将人们对环境问题关注增强的原因总结为以下几方面：① 第一，战后，日益富裕的美国人对环境质量的需求开始上升。第二，环境污染及其对健康造成的危害日益严重。第三，20 世纪 60 年代的社会动荡引发了新一代美国人的质疑，年轻人对于参与政治活动更加积极。第四，当时流行的一种观点是"大企业作恶说"，即认为大企业会侵犯公众利益，如 1965 年拉尔夫·纳德（Ralph Nader）出版了《任何速度都不安全》（*Unsafe at Any Speed*）一书，揭露了汽车厂家忽视消费者安全的黑幕；1962 年蕾切尔·卡森（Rachel Carson）出版了专著《寂静的春天》（*Silent Spring*），该书第一次把滥用杀虫剂造成的环境污染、生态破坏等大量触目惊心的事实展现在公众面前。② 第五，企业界作为污染环境的一方，猝不及防，没有及时反应。最后，突发环境事件成为美国环保运动的导火索，如 1969 年克利夫兰的凯霍加河着火、同年圣巴巴拉海滩的井喷溢油事故等，都使公众对环境保护的关注度急剧上升。

美国公众环保意识的增强，可以通过一些民意调查反映出来。最早的环保民意调查始于 20 世纪 60 年代中晚期。根据厄斯金（Erskine）的研究，1965 年只有 1/5 的美国人认为环境问题是个非常严重的问题，但在 1970 年，情况发生了根本性逆转，4/5 的美国人认为环境问题很严重。③可见，美国公众意识到保护环境的紧迫性，开始对环境公共利益给予前所

---

① James Gustave Speth, "The Global Environmental Agenda: Origins and Prospects", 2006, available at: http://environment. yale. edu/publication – series/documents/downloads/o – u/speth. pdf, 2015 – 08 – 14.

② 高国荣：《20 世纪 60 年代美国的杀虫剂辩论及其影响》，《世界历史》2003 年第 2 期。

③ Hazel Erskine, 1972a, "The polls: Pollution and its Costs", *Public Opinion Quarterly*, vol. 36. Hazel Erskine, 1972b, "The polls: Pollution and Industry", *Public Opinion Quarterly*, vol. 36. 转引自：Economic Commission for Latin America and the Caribbean (ECLAC), "Role of Environmental Awareness in Achieving Sustainable Development", 23 November, 2000, available at: http://www. cepal. org/en/publications/31562 – role – environmental – awareness – achieving – sustainable – development, 2015 – 08 – 14.

未有的关注。这为日后美国的民间环保运动和非营利环保组织的发展壮大奠定了坚实的基础。

(二) 美国民间环保组织的扩张

20 世纪六七十年代，得益于公众对环境问题的关注，以及捐赠机构（或个人）持续、雄厚的财务支持，民间环保组织开始加速自身的发展。类似于商业企业的扩张，加盟和独资直接设立分部是民间环保组织扩大规模的两种基本方式。前者是总部授权地方分支机构使用总部的标识，总部给地方机构以技术、教育、法律和管理经验的支持，对地方的业务不做过多干涉，地方机构向总部上缴一定比例的指导费，它们的财务相对自由；后者是指地方机构听命于总部，地方机构完全是总部的一个分支，无条件执行总部决策，它自身的财务不自由。这两种方式各有优缺点（见表 7 - 1），① 不同环保组织倾向于采用不同的方式扩展自己的影响力。比如，全国奥杜邦学会和全国野生动物联合会（National Wildlife Federation, NWF)② 采取加盟方式扩展影响力，而美国环保协会（Environmental Defense Fund, EDF)③ 则采取独资方式直接在各地设立分部。

---

① Sharon M. Oster, "Nonprofit organizations and their Local Affiliates: A study in Organizational Forms", *Journal of Economic Behavior & Organization*, Volume 30, Issue 1, July 1996, pp. 83 – 95. Susan. M. Roberts, John Paul Jones Ⅲ, and Oliver Frohling "NGOs and the Globalization of Managerialism: A Research Framework", *World Development*, Vol. 33. No. 11, 2005, pp. 1845 – 1864.

② 全国野生动物联合会（National Wildlife Federation）1934 年成立，在各州都设有分部，其使命是启发美国人为了孩子们的未来去保护野生动物。工作重点集中在对野生动物的未来产生重大影响的三个领域：对抗全球变暖、保护和恢复野生动物栖息地、增进人与自然界接触。更多详情可见其官方网站：http://www.nwf.org/。

③ 美国环保协会（Environmental Defense Fund）也译为环境保护基金会，1967 年成立，总部位于纽约市，在首都华盛顿和旧金山、波士顿等地，以及北京、伦敦和墨西哥的拉巴斯（La Paz）设有办事处。它最初由几位极力反对使用杀虫剂滴滴涕（DDT）的科学家发起，目的是募集基金用于环境保护，如今已经发展成为世界上规模最大的环境保护组织之一，拥有会员 100 万人，500 多名科学家、经济学家、律师和专业技术人员。随着美国及全球环境议程的演变，该组织关注领域也有所变化，目前它的重点工作领域有四个：气候变化、海洋保护、生态系统保护和与环境相关的健康问题。2014 财年该机构的总支出达到 1.34 亿美元。更多详情可见其官方网站：https://www.edf.org/，最后访问日期：2015 年 8 月 14 日。

表 7 - 1 民间环保组织扩张的类型及其优缺点

类型	防止声誉被破坏	协调筹集资金的行动	增加获得资本的机会	降低管理责任	鼓励志愿者参与
独资	好	好	差	差	差
加盟	一般	一般	好	好	好

注：评价分为三个等级：好、一般、差。

资料来源：Sharon M. Oster, "Nonprofit organizations and their Local Affiliates: A study in Organizational Forms", *Journal of Economic Behavior & Organization*, Volume 30, Issue 1 (July 1996), pp. 83 - 95。

现在美国的民间环保组织得到了长足的发展，规模在不断地扩大。表 7 - 2 给出了部分民间环保组织在不同年份的会员数目。同时，美国民间环保组织的数量迅速增加。根据美国都市研究所（The Urban Institute）所属全国慈善统计中心（National Center for Charitable Statistics）的研究，在 1995—2007 年，向联邦税务局申报税务的环境和保护组织（Environmental and Conservation Organizations）数量每年增长 4.6%，按这一速度，大约每 13 年这一数目就会翻倍。[1] 都市研究所 2014 年 10 月发布的统计数字表明，2012 年美国共有以保护环境和动物为事业的非营利性公共慈善组织（public charity）12767 个，它们的总收入为 155 亿美元，总支出为 138 亿美元，总资产达到 383 亿美元。[2]

表 7 - 2 部分民间环保组织的扩张：会员数量（万）

民间环保组织的名称	成立时间（年）	1995 年[(1)]	当前[(2)]
自然资源保护委员会（NRDC）	1970 年	18.5	130
塞拉俱乐部（Sierra Club）	1892 年	57	140
绿色和平组织（Greenpeace）	1969 年	160	280
美国环保协会（Environmental Defense Fund）	1967 年	30	100
世界自然基金会（World Wide Fund）	1961 年	120	120

资料来源：（1）1995 年资料来源：约翰·塞雷蒂彻：《环保组织资料导读》，转引自陈世英《20 世纪 60、70 年代美国的非政府环境保护组织》，硕士学位论文，山东师范大学，2004 年，第 14 页；（2）当前数据来源于各非营利组织网站的最新材料。

---

① Baird Straughan and Tom Pollak, The Broader Movement: Nonprofit Environmental and Conservation Organizations (1989 - 2005), 2008, p. 9, available at: http: //www. urban. org/sites/default/files/alfresco/publication - pdfs/411797 - The - Broader - Movement - Nonprofit - Environmental - and - Conservation - Organizations—. PDF, 2015 - 08 - 14.

② Brice S. McKeever and Sarah Pettijohn, *The Nonprofit Sector in Brief* 2014, The Urban Institute, Washington D. C. , October 2014, p. 6.

　　资金是民间环保组织开展工作的重要物质基础，是否有稳定的资金来源在很大程度上决定了民间环保组织能否生存下去并持续开展活动。在美国，民间环保组织的资金来源包括会员会费、个人捐助、基金会资助、政府项目经费、投资收益、其他各类社会捐赠，等等。以美国几个最大的民间环保组织为例（见表7-3），它们绝大部分资金，也就是60%—80%的资金来自会员会费和个人捐赠；基金会捐赠占民间环保组织收入的比重大致在7%—20%；政府资助一般低于10%。当然，也有极少数例外情况，比如，世界资源研究所①的会员会费和个人捐款则占到95%，而世界自然基金会②的政府项目经费则占18%。民间环保组织的资金来源表明，民间环保组织通常拥有相当大的独立性，不易受一个特殊利益集团的控制。

表7-3　部分民间环保组织在2012财年的收入及其来源（百万美元）

组织名称	成立年份	财务年度	会员会费及个人捐赠	基金会资助	遗赠捐助	政府资助	总收入
自然资源保护委员会	1970年	截至2012年6月30日	71.2	18.9	4.6	0.7	103.3
塞拉俱乐部	1892年	截至2012年12月31日	41.6*	无数据	3.5	无数据	53.6
世界资源研究所	1982年	截至2012年9月30日	37.7**	无数据	无数据	4.4	43.9
绿色和平组织	1969年	截至2010年12月31日	22.1	5.7	无数据	无数据	27.8
大自然保护协会	1951年	截至2012年6月30日	52.2	无数据	无数据	158	871.1
美国环保协会	1967年	截至2011年9月30日	42.0	48.9	2.0	2.4	95.38
世界自然基金会	1961年	截至2012年6月30日	90.3	14.6	无数据	41.2	244.8

　　注：*表示原数据为"捐赠与拨款"（contributions and grants），未详细区分收入的不同来源，包括所有来自基金会、个人的捐赠和政府的拨款资助。

　　**表示包括基金会资助。

　　资料来源：作者摘编自上述民间环保团体的年度财报。

---

　　① 世界资源研究所（World Resource Institute，WRI）成立于1984年，致力于研究如何在不损害自然资源和环境整体的基础上，满足人类的基本需要和促进经济增长，帮助政府、环境保护和开发组长制定适当的政策和发展规划。当前该所的工作集中在四个领域：森林和生物多样性，能源、气候和污染，经济和体制，资源和环境信息。

　　② 世界自然基金会（World Wide Fund，WWF）成立于1961年，初期名称为"世界野生动物基金会"，1986年更名为"世界自然基金会"。世界自然基金会的使命是遏止地球自然环境的恶化，创造人类与自然和谐相处的美好未来。为了实现此目标，世界自然基金会致力于保护世界生物多样性、确保可再生自然资源的可持续利用、推动降低污染和减少浪费性消费的行动。

（三）美国民间环保组织的主要类型

形形色色的民间环保组织可以通过多种标准来分类。

（1）按所涉地域的大小划分，有全球性民间环保组织在美国的分支机构；有全国性的大型民间环保组织；也有规模较小的地方性民间环保组织（也称基层民间环保组织）。规模较小、资源较少的民间环保组织也形成了自己的特色、具有特殊的影响，与大型民间环保组织互为补充、相互配合，共同推动美国的环保事业前行。

（2）按关注问题领域来划分，民间环保组织分为综合型和专门型两类。综合型的民间环保组织如自然资源保护委员会，[①] 作为美国"最有影响力的环保组织之一"，[②] 广泛关注各类环境问题，目的是保护自然资源及全球生存环境的安全和健康。专门型的民间环保组织又可细分为几类：或者专注于特定区域的环境问题，如落基山气候组织（Rocky Mountain Climate Organization，RMCO）；或者专注于某一特定问题，如国际野生生物保护学会（Wildlife Conservation Society，WCS）；或者专注于特定区域的特定问题，如阿拉斯加观鸟协会（The Alaska Bird Observatory，ABO）。

（3）按实现诉求的方式来划分，民间环保组织分为占主流的参与型与激进对抗型两类。有的民间环保组织同官方和企业保持着频繁的互动关系，经常出现在国内政治生活舞台上，政治色彩浓厚，比如环境保护选民

---

① 自然资源保护委员会（Natural Resources Defense Council）1970 年成立，总部位于纽约，其宗旨是保护地球上的人类、植物和动物，以及所有生命赖以生存的自然系统，将可持续性和善待环境树立为人类社会的核心道德要求，使所有人都有权对影响环境的决策发出声音、采取行动。成立 45 年来，自然资源保护委员会提起的环境公益诉讼超过 3000 起，其中有 1000 多个案件胜诉，诉讼对象包括美国环保署、能源部等政府机构，以及壳牌公司等大企业，这促进了美国的环境法制建设和企业遵守环境法律的意识。今天，自然资源保护委员会拥有超过 200 万名会员和网上积极分子，团结了近 500 名律师、科学家和专业技术人员，跻身于全美百佳非营利组织行列。更多详情可见其官方网站：http://www.nrdc.org/。

② 纽约时报（*The New York Times*）称之为"美国最强有力的环境团体之一"（One of the Nation's Most Powerful Environmental Groups），资料来源见自然资源保护委员会官网。最后访问日期：2015 年 8 月 1 日。

联盟（League of Conservation Voters，LCV），[①] 该组织每年都根据国会的环境投票记录公布"最差 12 人"榜单，通过监督国会议员的表现帮助支持环保的候选人竞选。有的民间环保组织则是以激进的环保行动而闻名，经常采用极端方式抵制政府和企业的某些决策，比如绿色和平组织和"地球之友"组织（Friends of the Earth）在 2011 年 5 月布鲁塞尔举行的峰会上，绿色和平组织锁上会议中心大门，仅仅允许"支持欧盟减排30% 的企业入场，拒绝反对此气候目标的企业入场"。[②] 主流环保组织在反对既得利益者的斗争中取得了很多成功，激进的环保主义者也享有较高的知名度。

　　（4）按影响途径来划分，有的民间环保组织单纯提供客观的知识和信息产品，如以"增进和普及地理知识"为宗旨的国家地理学会（National Geographic Society）；[③] 有的民间环保组织则以政策研究和分析为核心，目的在于影响政府决策；有的民间环保组织以公民的环境教育为主，目的是提高公众的环境保护意识；有的民间环保组织致力于为其他环保组织提供服务，如环境媒体服务中心（Environment Media Service，EMS）就是为其他民间环保组织提供媒体服务的，它针对媒体人本身缺乏环境专业背景、环境专家不懂得如何利用媒体传播环境知识的问题，在媒体与环保专家之间架起桥梁，以促进二者沟通环境问题。上述民间环保组织的目标

---

　　① 环境保护选民联盟（League of Conservation Voters，LCV）创建于 1969 年，是一个环境政治压力集团，基本使命是要打败那些"反环保"（anti - environment）公职候选人，主要是竞选国会议员的人，力挺为一个洁净、健康的美国而奋斗的政治家。因此，该联盟成立了一系列第 501（c）（4）条款组织和自己的政治行动委员会，以动员选民。其"撒手锏"是记录政界人士环境行为的全国环境记分卡（National Environmental Scorecard）和总统报告卡（Presidential Report Card），竭力促使国会和白宫成为对环境负责任的权力机关。在该组织 2014 年 6 月 25 日举办的晚宴上，奥巴马总统在演讲中坦承：当年他成功竞选联邦参议员离不开环境保护选民联盟的支持（讲话全文可见白宫网站："Remarks by the President at League of Conservation Voters Capital Dinner"）。更多详情可见该组织的官方网站：http：//www. lcv. org/。

　　② "Greenpeace activists challenge businesses to be climate leaders"，May 18，2011，available at：http：//www. greenpeace. org/eu - unit/en/News/2011/leaderslaggar，2015 - 08 - 14.

　　③ 国家地理学会（National Geographic Society）成立于 1888 年，其使命是"增进并传播地理知识"，确定有三大目标：（1）研究与探索：去了解世界；（2）教育：分享不断增加的知识；（3）环境保护：鼓励民众保护自然资源。进入 21 世纪后，国家地理学会又制定了新的目标：鼓励人们更好地保护地球。该学会出版的《国家地理》成为传播人文地理知识的杂志类出版物的先驱，现已发展为受众广泛的国际性刊物。

群体和它们解决问题的方法具有非常明显的差别，但都在美国的环保事业中发挥着不可或缺的作用。

在美国，关注环境问题的民间团体虽然形式各异，但它们具有共同的追求——以实现环境资源的可持续利用为目标，这为各类民间环保组织的精诚合作提供了重要基础。它们多以生态学、环境经济学等作为自己的理论武器，研究自然资源、生态环境与人口发展、经济增长之间的相互关系，并以此为基础评价和引导相关政策。同时，对于如何解决问题，它们都相信，不能孤立地解决经济问题、社会问题与环境问题，环境问题的解决最终依赖于能否建立科学有效的公共管理制度。

（四）美国民间环保组织的发展趋势

第一，向专业化方向发展。美国当代的非营利组织正日益专业化，[①]民间环保组织也不例外。一方面，环境问题的改善与解决涉及科学领域的专业知识，这迫使民间环保组织日益注重吸纳和培养相关领域的专家。另一方面，科学知识和信息是制定公共政策的基本前提，其重要性不言自明。民间环保组织充分认识到了这一点，注重对环境问题进行科学的调查研究，积累和提供科学的数据，提出独到的见解和咨询意见，服务于当今的决策过程。同时，它们通过汇集和传播环境知识和信息来影响公众、决策者和企业对环境的态度，促使企业和政府采取环境解决方案，其主要方式包括教育和培训、研究、能力建设和制度巩固、社会网络建设、提高认识和社会变革。[②]

第二，向权力中心发展。20世纪70年代以来，美国民间环保组织凭借自身具有的专业性和客观性的独特优势，逐渐从环境治理的边缘向中心区域靠近，通过多种途径和层面影响环境政策过程。总的来说，美国三权分立的政治体制和联邦制的国家结构为民间环保组织影响环境政策过程提供了制度基础。民间环保组织可以在立法、行政、司法三种途径上，在联邦、州和地方三个层面上，通过多种策略和手段影响环境政策过程，它们既可以通过游说、旋转门、扶持代言人等手段直接影响决策者或政治精

---

① Michael Lipsky and Steven Rathgeb Smith, "Nonprofit Organizations, Government, and the Welfare State", *Political Science Quarterly*, Vol. 104, No. 4, 1990, pp. 625 – 648.

② Carrie Meyer, "The Political Economy of NGOs and Information Sharing", *World Development*, Vol. 25, No. 7, 1997, pp. 1127 – 1140.

英，还可以公布自己的主张来推动社会舆论的形成，然后借助舆论的压力间接促使决策者接受自己的主张。

第三，向全球化方向发展。伴随全球环境治理的发展，越来越多的美国民间环保组织开始在国际舞台上发声，对相关国际组织施加影响。随着自身实力的增强，美国民间环保组织这方面的影响力逐渐扩大。它们能够迅速进行信息的搜集、整理、传播，在环境问题研究、环境政策分析领域为相关国际组织提供咨询和建议。国际知名评估机构达尔伯格（Dalberg）、联合国全球契约（UN Global Compact）和《金融时报》曾对2万家组织联合开展调查，它们根据四项指标——问责制、适应性、沟通能力、执行状况对全球非政府组织和联合国机构进行排名。结果显示，美

表 7 - 4　　　　2007 年美国民间环保组织在全球组织中的排名

全球排名	组织名称	总支出（百万美元）	问责制	适应性	沟通能力	执行状况
2	美国环保协会（环境保护基金会）	52	4.7	4.3	4.9	4.4
3	世界资源研究所	20	4.8	4.2	4.7	4.4
8	世界自然基金会	109	4.4	4.2	4.3	4.4
10	绿色和平组织	164	4.5	4.3	4.3	4.0
15	大自然保护协会①	681	4.3	3.8	4.3	3.8

注：单项的满分为5。

资料来源：Andrew Jack，"Methodology and Ranking Tables"，July 5，2007，available at：http：//www.ft.com/intl/cms/s/2/e78b29d8 - 294c - 11dc - a530 - 000b5df10621，dwp_ uuid = c1927432 - 1f9e - 11dc - ac86 - 000b5df10621.html。

http：//www.ft.com/intl/cms/s/0/8fc5f6da - 2a8f - 11dc - 9208 - 000b5df10621.html # axzz3jCo9M4Er，2015 - 08 - 19。

---

①　大自然保护协会（The Nature Conservancy，TNC）成立于1951年，其使命是通过保护代表地球生物多样性的动物、植物和自然群落赖以生存的陆地和水域，来实现对这些动物、植物和自然群落的保护。总部位于弗吉尼亚州的阿灵顿，目前是全球最大的非营利国际性自然保护组织，资产超过37亿美元，年融资近5亿美元，项目遍及35个国家，拥有100多万名会员、700余名科学家以及3500多名员工。大自然保护协会在美国国内外管护着超过50万平方公里的1600多个自然保护区、8000公里长的河流以及100多个海洋生态区。该组织的特点是注重实地保护，遵循以科学为基础的保护理念。在全球围绕气候变化、淡水保护、海洋保护以及保护地四大保护领域，运用"自然保护系统工程"（Conservation By Design，CbD）的方法甄选出优先保护区域，因地制宜地在当地实行系统保护。更多详情可见该组织的官方网站：http：//www.nature.org/。

国的多个民间环保团体的名次遥遥领先，位列前 20 名（见表 7-4）。[①]

二 民间环保组织在加州政府应对
气候变化过程中的作用

在美国历史上，各州经常扮演"政策实验室"的角色，州政府往往率先采取行动，它们积累的经验后来被联邦政府借鉴和采用。在环境治理方面，许多联邦环境法律也是基于这种模式产生的。美国的《洁净空气法》（*Clean Air Act*）、《酸雨法》（*Acid Precipitation Act*）等均是由州立法带动而出台的联邦立法。在气候变化问题上，由于联邦政府在气候变化政策方面行动迟缓，各州便纷纷开始制定当地的气候政策。鉴于加利福尼亚州（以下简称"加州"）在美国经济和政治方面的重要性，它的气候变化行动对其他各州及联邦政府减缓气候变化的行动具有重要借鉴意义。

本节围绕美国民间环保组织在加州《全球温室效应治理法》（*Global Warming Solutions Act of 2006*，在加州多用其议案编号简称"AB32"）的酝酿、出台和执行过程中所发挥的作用展开论述，[②] 具体说明关注民间环保组织对立法过程的影响，以及在气候变化议题上的"官民互动"。

（一）加州应对气候变化的早期阶段

国际社会开始真正关注气候变化问题始于 20 世纪 80 年代。1988 年 11 月，世界气象组织（World Meteorological Organization，WMO）和联合国环境规划署（United Nations Environment Programme，UNEP）联合成立了政府间气候变化专门委员会（Intergovernmental Panel on Climate Change，IPCC），开始对气候变化问题进行科学评估。加州从 1988 年开始开展气

---

① "Top 20 NGOs/UN Agencies according to Business"，26 September 2007，available at：http：//www. business4good. org/2007/09/top – 20 – ngosun – agencies – according – to. html，2015 – 08 – 14. AndrewJack，"Methodology and Ranking Tables"，July 5 2007，available at：http：//www. ft. com/cms/s/2/e78b29d8 – 294c – 11dc – a530 – 000b5df10621，dwp_ uuid = c1927432 – 1f9e – 11dc – ac86 – 000b5df10621. html.

② 参见加利福尼亚州政府环境保护局（EPA）空气质量委员会（Air Resource Board）的官方网页：http：//www. arb. ca. gov/cc/ab32/ab32. htm，最后访问日期：2015 年 8 月 1 日。

候保护行动，而且这种保护行动逐渐走上了法制化的道路。表 7 - 5 概括了加州应对气候变化的发展历程。

表 7 - 5　　　　　　　　　气候变化科学进展与加州气候政策

年份	科学进展或气候政策
1988	加州通过首部气候变化立法（AB 4420）
1990	加州能源委员会完成第一次加州气候影响评估 政府间气候变化专门委员会发布第一次评估报告
1992	《联合国气候变化框架公约》出台
1995	政府间气候变化专门委员会发布第二次评估报告
1997	加州温室气体减排战略（CEC，1998）
1999	加州应对气候变化（Field et al. 1999）
2000	政府间气候变化专门委员会发布第三次评估报告 "加州气候行动登记机构"（SB1771，SB527）
2002	加州研究的国家评估（USGCRP，2002） 创建加州气候变化中心
2003	机动车温室气体排放标准（AB1493）
2004	《选择我们的未来：加州的气候变化》（Hayhoe et al. 2004）
2005	加州温室气体减排目标（EOS - 3 - 05）
2006	气候行动小组的报告 加州电力温室气体排放标准（SB1368） 加州温室气体减排（AB32）

资料来源：Guido Franco et al.，"Linking Climate Change Science With Policy In California"，2008，available at：http：//meteora. ucsd. edu/ ~ meyer/pdffiles/Franco _ linking _ jan2008. pdf，2015 - 08 - 14。

1988 年，在加州立法会议参议员拜伦·谢尔（Byron Sher）的强力推动下，加州通过了第一个气候变化立法议案 AB4420（Assembly Bill 4420），[①] 指定加州能源委员会（California Energy Commission，CEC）为应对气候变化的领导部门，负责研究气候变化对加州的影响，并着手建立加州的温室气体排放清单。AB4420 最终导致加州能源委员会 1989 年发布两份有影响力的报告：《全球变暖对加州的影响》（*The Impacts of Global Warming on California*）和《气候变化的潜在影响与政策建议》（*Climate*

①　Guido Franco，"Climate Change Research at the Regional Level：California"，2010，available at：http：//hmt. noaa. gov/meetings/hmt - west - 2010/presentations/6 - Franco% 20 - % 20october% 207% 202010% 20 - % 20NOAA_ HMT. pdf，2015 - 08 - 14.

Change Potential Impacts and Policy Recommendations），它们引发了公众对气候变化问题的大讨论。

2001 年，加州参议院法案 SB1771（Senate Bill 1771）和 SB527（Senate Bill 527）获得通过，根据相关法律授权设立了"加州气候行动登记机构"（California Climate Action Registry，CCAR）。① 加州气候行动登记机构作为一个非营利性组织，记录自愿参与的 300 家企业、大学、城市和政府机构的温室气体排放量，最初这种做法仅适用于美国国内，后来扩展到加拿大等地。② 许多有影响力的民间环保组织公开宣布支持设立加州气候行动登记机构，测量、跟踪并报告在北美的温室气体排放情况，这些组织主要有：太平洋森林信托基金（The Pacific Forest Trust）、"环境加利福尼亚"（Environment California）、自然资源保护委员会、荒野保护协会（The Wilderness Society）、忧思科学家联盟（Union of Concerned Scientists，UCS)③、"环境美国"（Environment America）和塞拉俱乐部等。④ 加州气候行动登记机构如"光荣榜"一样，不仅促进社会各界努力实现减排，而且激励、带动了更多机构加入减排行列。

加州环境保护局（EPA）所属的空气质量委员会（The California Air Resources Board，CARB）公开表示，它要与加州气候行动登记机构建立

---

① The California Air Resources Board（CARB），"Climate Change Draft Scoping Plan：A Framework for Change"，2008，available at：http：//www. arb. ca. gov/cc/scopingplan/document/draftscopingplan. pdf，2015 - 08 - 14.

② 加州气候行动登记机构（California Climate Action Registry，CCAR）于 2010 年 12 月终止存在，其工作和成员都并入了 2007 年成立的"气候变化登记联盟"（The Climate Registry，TCR），后者是北美地区的一个非营利的联盟性组织，总部位于洛杉矶，许多北美的民间团体、企业、高等院校，以及美国的州、加拿大的省和两国的城市政府机构均自愿参与其中，共同制定温室气体排放的标准，实施温室气体排放的核查、记录以及减排。需要注意的是：加州气候行动登记机构的官方网站是 http：//www. climateregistry. org/，迄今仍可以登录并查阅资料；而气候变化登记联盟的官方网站是 http：//www. theclimateregistry. org/，二者极易混淆。

③ 忧思科学家联盟（Union of Concerned Scientists，UCS）1969 年由美国麻省理工学院的学生和科学家们自愿创办，现在已发展成为由 45 万名学生家长、商人、工程师、科学家、教师和高校学生组成的享受联邦免税待遇的大型公益性非营利组织，它的主要工作是通过技术分析和有力的宣传为健康、安全和可持续发展提供创新且实用的解决方案。更多详情可见该组织官方网站：http：//www. ucsusa. org/。

④ "A Letter of Support"，March 30，2009，available at：http：//www. climateactionreserve. org/wp - content/uploads/2009/04/climate_ action_ reserve_ letter. pdf，2015 - 08 - 14.

合作伙伴关系，减排机构可采取自愿的早期减排行动，并记录下这些减排量，用来在《全球温室效应治理法》（简称 AB32）正式实施后抵销该法所要求的强制性减排义务。[①]

（二）《全球温室效应治理法》的酝酿与出台

在加州应对气候变化的历史上，气候科学研究始终是重要推动因素。一些有影响力的民间环保组织开展的气候影响评估起到了关键作用，它们还特别注重如何更好地将科研成果向不具备专业知识的普通公众传播、普及。

如果谈到加州气候行动的里程碑式进展，就不能不提到忧思科学家联盟的贡献。1999 年，忧思科学家联盟和美国生态学会（Ecological Society of America，ESA）在克里斯·菲尔德（Chris Field）教授的领导下，联合发起一项"气候变化对加州生态系统的潜在影响"的评估项目，这个项目影响深远而广泛。项目的评估报告不仅被广泛地散发给加州各个相关机构，被奉为帮助加州决策者了解气候变化的"绿皮书"，而且推动加州再次启动了关于气候变化的政策大辩论。这次辩论受到政府的高度重视，虽然没有直接产生新的气候变化倡议，但是，评估报告对于日后"加州机动车温室气体排放标准"议案（AB1493）的出台发挥了重要作用。[②]

2003 年秋，忧思科学家联盟决定在加州启动新的研究，其目的不仅在于更新早些时候的研究成果，而且在于为 2004 年州立法机构通过的"加州机动车温室气体排放标准"的执行提供科学信息。与 1999 年的研究不同，新的研究针对加州可能受到的气候变化影响开发了量化分析模型，即使用全球大气环流模型来进行预测（Global Circulation Models，GCMS）。此外，以往的研究通常是用一个模型得出一种温室气体排放情景，然后比较多个全球大气环流模型结果。与这种传统研究方法不同，忧思科学家联盟的新研究比较了两种不同的政策情景：一种是"一切照旧"

[①]　California Climate Action Registry website，"About" available at：http：//www. climateregistry. org/about. html，2015 – 08 – 14.

[②]　Guido Franco et al.，"Linking Climate Change Science With Policy In California"，2008，available at：http：//meteora. ucsd. edu/ ~ meyer/pdffiles/Franco_ linking_ jan2008. pdf，2015 – 08 – 14.

（BAU）排放情景，另一种是全球大气中二氧化碳浓度在 20 世纪末只有工业化前水平的两倍的排放情景。新全球大气环流模型对于加州气温的预测结果不同于以往的研究。旧模型显示，冬季气温显著增加，夏季温度上升幅度与冬季类似。新模型则表明，冬季变暖情况和旧模型的预测结果相似，但是，夏季则大幅升温。在"一切照旧"（BAU）情景下，21 世纪末加州的夏季温度可能会上升 18 华氏度，这意味着将出现严重的热浪和火灾，对水资源的供应和需求产生重大影响。此外，在"一切照旧"（BAU）情景下，加州可能会失去塞拉斯（Sierras）地区约 89% 的积雪，由于该地区是加州主要的天然蓄水源，所以它的积雪损失将大大减少加州的供水量。①

忧思科学家联盟的新研究结果 2004 年 8 月发表在美国《国家科学院院刊》上。随后，忧思科学家联盟又出版了用于公众宣传的非技术性版本——《选择我们的未来：加州的气候变化》（*Choosing our Future：Climate Change in California*）。这两份出版物无论是在传媒界还是在科学界都受到了广泛关注，更重要的是，加州空气质量委员会（Air Resources Board）制定规则时引用了这项研究结果以实施 AB1493 中的相关规定。在该委员会为 AB 1493 议案辩论召集的公众听证会上，研究人员的证词表明，忧思科学家联盟的研究结果在相关政策法律形成过程中起到了作用。② 此外，报告的作者们不断受邀在美国国会及有关气候变化议题的国际会议上阐述其研究成果。

新研究结果的影响不局限在这方面，忧思科学家联盟的研究人员持续为加州相关机构的高级官员们开设一系列讲座和讨论会。此举进一步促使加州政府加快探索解决全球变暖问题的方法。时任加州州长的施瓦辛格（Schwarzenegger）在认识到气候变化对加州的威胁之后，立即采取相应措施，于 2005 年 6 月 1 日签署了第 S－3－05 号州长行政指令（Executive

---

① W. Michael Hanemann, "How California Came to Pass AB32, the Global Warming Solutions Act of 2006", 2007, p. 14, available at: http://www.hcd.ca.gov/nationaldisaster/docs/uc_berkeley-how_california_came_to_pass_ab_32-global_warming_solutions_act_of_2006.pdf, 2015-08-14.

② Guido Franco et al., "Linking Climate Change Science With Policy In California", 2008, available at: http://meteora.ucsd.edu/~meyer/pdffiles/Franco_linking_jan2008.pdf, 2015-08-14.

Order S‐3‐05），宣布成立加州政府的"气候行动小组"（Climate Action Team，CAT）。① 这项行政令明确规定了加州需要完成的温室气体减排目标：到 2010 年，将温室气体排放量降至 2000 年水平；到 2020 年，将温室气体排放量降至 1990 年水平；到 2050 年，将温室气体排放量在 1990年排放水平基础上降低 80%。②

气候变化研究的不断进展，加上能源价格屡创新高、人们对石油工业高利润的不满、"清洁技术"投资的显著增长，以及各种不断出现的让人震惊的全球变暖现象对加州影响的新消息（如受积雪融化量变化影响的供水变化、滨海旅游业遭受的影响，以及海洋生态问题等），为加州创建全球变暖立法提供了有利的大背景。最终，民间环保组织，特别是自然资源保护委员会和美国环保协会，积极推动并配合加州立法机构的参众两院和州政府，促成了加州有关气候变化的一系列立法。

在加州气候变化历史上具有里程碑意义的事件是 2006 年 8 月由州立法机构通过、同年 9 月 27 日经州长签署成为法律的《全球温室效应治理法》（*California Global Warming Solutions Act of* 2006），2012 年元旦起，由该法要求加州空气质量委员会制定的减排规则和市场机制开始生效。《全球温室效应治理法》以法律形式为加州确立了减排目标：在 2020 年之前，将温室气体的排放总量降低到 1990 年的水平。该法规定，倘若遭遇自然灾害或经济危机这样的"特别情况"，州长有权暂停实施该法，但暂停实施的时间最长不能超过 1 年。这也为日后化石能源密集型利益集团阻挠法律的实施埋下了伏笔。③

民间环保组织在《全球温室效应治理法》（AB32）的形成、通过和实施过程中发挥了相当大的作用，自然资源保护委员会和美国环保协会

---

① 加州气候行动小组（CAT）由加州政府的环境保护局领导，其小组成员包括州政府各个相关机构（如加州交通运输局、加州能源委员会等）的负责人，下设专门的工作和研究班子。更多详情可见其官方网站：http：//www.climatechange.ca.gov/climate_ action_ team/index. html。

② 亚历山大·E.法雷尔（Alexander E. Farrell）：《美国加州气候变化政策》，杨孝文译，《世界环境》2007 年第 2 期。另外，加州气候行动小组（CAT）的全部研究报告均可从其官方网站上下载。

③ 关于该法的概要及全文见加州空气质量委员会的官方网站：http：//www.arb.ca.gov/cc. ab32.htm。

也参与了议案的提出。① 2004 年 12 月，加州立法机构众议院民主党议员弗兰·帕沃雷（Fran Pavley）开始推动引入控制全球变暖污染立法的进程。她邀请自然资源保护委员会一同提交《全球温室效应治理法案》，② 而该组织曾经与她共同提出早先通过的有关"清洁汽车"的议案（AB 1493）。

（三）《全球温室效应治理法》的执行阶段

尽管加州的气候治理一直走在全美前列，并且总体来看进展顺利，但这并不意味着加州气候治理的法制化进程没有遇到过挑战。事实上，即使在《全球温室效应治理法》颁布之后，加州的气候法令仍然遭到化石能源密集型集团的抵制。

得克萨斯州石油巨头瓦莱罗公司（Valero）和特索罗公司（Tesoro）在加州设有大型炼油厂，二者都是温室气体排放大户，其中瓦莱罗公司的炼油厂是加州第八大温室气体排放单位，特索罗公司的炼油厂是第十大排放单位。以这两家石油企业为首的温室气体排放大户，以加州气候政策导致大量的工作机会流失并降低了加州的经济竞争力为理由，企图阻止或延缓加州的减排行动。2010 年它们发起"23 号提案"（Proposition 23），倡议推迟实施甚至搁置加州具有里程碑意义的《全球温室效应治理法》，要求在最少长达一年的时间内失业率不超过 5.5% 的条件下，才能执行《全球温室效应治理法》。温室气体排放大户用于宣传、游说通过"23 号提案"的资金超过 450 万美元，其中绝大部分资金都由瓦莱罗公司和特索罗公司提供。

为对抗化石能源密集型集团，民间环保组织建立起前所未有的广泛联盟，此联盟包括清洁技术公司、公共健康倡导者③、社区组织、环保人

---

① Michael Hanemann, "California's New Greenhouse Gas Laws", *Review of Environmental Economics and Policy*, Vol. 2, No. 1, 2008, pp. 114 – 129.

② Environmental Entrepreneurs, "Making a Difference（E2 and AB 32）", October, 2006, https：//www. e2. org/ext/doc/MakingADifference% 20_ E2andAB32. pdf, 2015 – 08 – 14.

③ "A Statement From California's Major Health and Medical Organizations Against Proposition 23", October 4, 2010, available at：http：//www. lung. org/associations/states/california/assets/pdfs/public – health – statement. pdf, 2015 – 08 – 14.

士、经济学家①、投资者②、小型企业、社会正义团体、劳工组织等多个团体，共同反对"23号提案"。此外，环境保护选民联盟和它的姐妹组织环境保护选民联盟教育基金会（LCV Education Fund）等民间团体还直接游说决策者，他们用于游说的开支约有120万美元。③

尽管得州的石油公司财力雄厚，但是仍然没有实现其目标，民间环保组织的努力终于得到了回报。在2010年11月3日举行的加州全民公投表决中，加州选民们成功地否决了"23号提案"（61%反对；39%支持）。④此次公投是在美国遭受严重的经济衰退影响的背景下举行的。加州经济深受高失业率及住房市场疲软的困扰，2010年平均失业率高达12.4%，其中非农就业率下跌了1.5%，21.26万人失去了工作。但是，这并没有阻碍加州一如既往地在美国环保领域承担风险、发挥领导作用。

事实上，与全国相比，加州人更崇尚环保，更愿意通过生活方式的改变来保护和改善环境。尽管处于经济困难时期，加州人仍然是坚定的环保主义者。当被问及"是否应优先考虑环境保护即使这意味着遏制经济增长，或者是否应优先考虑经济增长即使环境可能会受到影响"的问题时，65%的加州居民选择优先考虑环境保护；而在全美范围内的此项调查显示：仅有47%的美国人支持环境保护，42%的人支持经济增长。⑤

---

①　"The Most Expensive Thing California Can Do Is Nothing: An Open Letter on Clean Energy and Global Warming from Economists", July 2010, available at: http://www.ucsusa.org/sites/default/files/legacy/assets/documents/global_ warming/2010 – CA – Economists – LTR.pdf, 2015 – 08 – 14.

②　"Investor Statement Opposing California Proposition 23", October 2010, available at: http://www.ceres.org/files/investor – statement – opposing – california – proposition – 23/at_ download/file, 2015 – 08 – 14.

③　League of Conservation Voters, "California LCV Name Proposition 23 to the 2010 Dirty Dozen", October 14, 2010, available at: http://www.lcv.org/media/press – releases/league – of – conservation – voters – california – lcv – name – proposition – 23 – to – the – 2010 – dirty – dozen.html, 2015 – 08 – 14.

④　Margot Roosevelt, "Prop. 23 Battle Marks New Era in Environmental Politics", *Los Angeles Times*, November 4, 2010, available at: http://articles.latimes.com/2010/nov/04/local/la – me – global – warming – 20101104, 2015 – 08 – 14.

⑤　Public Policy Institute of California (PPIC), 2003, "Press Release: Special Survey On Californians And The Environment: Not In My Driveway: Air Pollution Top Concern, But State Residents Don't See Themselves As Part Of Problem", July 10, 2003, available at: http://www.ppic.org/main/pressrelease.asp? i = 438, 2015 – 08 – 14.

2010 年，超过半数的加州人（54%）认为全球变暖的影响已经产生，28% 的加州人认为全球气候变暖的影响将在未来发生。近 3/4 的人认为全球变暖是一个严重问题，威胁到加州未来的经济和生活质量。其中，44% 的人认为全球变暖问题非常严重，29% 的人认为全球变暖问题有些严重。2010 年 7 月民意调查表明，2/3 的加州人支持加州的《全球温室效应治理法》（图 7 – 1）。[1] "23 号提案"要求推迟《全球温室效应治理法》的执行，即在最少长达一年时间内失业率不超过 5.5% 的条件下，才能执行《全球温室效应治理法》。对此，当民意调查询问"政府是否应该马上采取行动减少温室气体排放，或者等到国家经济和就业形势改善后再采取行动？"问题时，也是多数人（53%）支持加州马上采取行动，42% 的受访者认为加州应该推后行动。

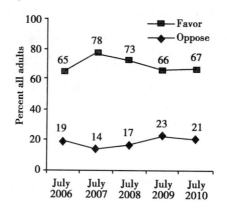

图 7 – 1　民意调查：加州人对加州气候立法的支持度
（加州法律规定：2020 年温室气体排放量减少到 1990 年的水平）

资料来源：Public Policy Institute of California（PPIC），"PPIC Statewide Survey：Californians and the Environment"，2010，p. 6，available at：http：//www. ppic. org/content/pubs/survey/s_ 710mbs. pdf，2015 – 08 – 14。

加州选民所具有的较强环保意识最终促成了加州在美国环保方面能够一直保持"先锋"姿态。美国有一句流行格言："加州去哪儿，其他州也会去哪儿"。迄今为止，民间环保组织反对国内石油巨头和污染企业的最

---

① Public Policy Institute of California（PPIC），"PPIC Statewide Survey：Californians and the Environment"，2010，available at：http：//www. ppic. org/content/pubs/survey/s _ 710mbs. pdf，2015 – 08 – 14.

大胜利集中体现在 2010 年年底加州否决了 "23 号提案" 这一事件上。此次全民公投具有深远意义，在一定程度上能对联邦政府减缓气候变化行动产生影响，因为美国历史上不乏州政府决策推动联邦政府出台政策的成功先例。半个多世纪以来，加州一直是美国乃至世界上环保政策的先锋：20世纪 40 年代，加州建立了美国第一家大气污染监管机构；50 年代加州首次限制工业污染物排放；60 年代它制定了第一个尾气排放标准；70 年代制定了第一个电器能耗标准；80 年代率先支持风能的有效利用；90 年代制定了第一个强制性政策——生产零排放和混合动力的高新技术车辆。在全球变暖问题上，一直走在全美最前列的加州的政策和做法势必也会得到其他州乃至联邦政府的借鉴。

三　民间环保组织在联邦政府应对气候变化过程中的作用

　　如何抑制全球变暖已经成为当今国际社会优先面对的问题之一。美国人口只占全球人口的 5%，却消耗了全球 25% 的能源，是温室气体排放总量最多的 "六大排放者" 之一，人均二氧化碳排放量超过欧盟国家和中国水平的一倍以上。[①] 美国对气候变化问题的立场及其气候政策走向对当前国际气候问题谈判及未来国际气候制度构建都具有决定性影响。

　　在 1992 年里约热内卢的联合国环境与发展大会期间，包括美国在内的 180 多个国家签署了《联合国气候变化框架公约》（*United Nations Framework Convention on Climate Change*，UNFCCC）。随后，克林顿政府积极参与《联合国气候变化框架公约》会议与谈判，商讨如何控制工业化国家的温室气体排放。2001 年小布什政府宣布拒绝接受《京都议定书》，

---

　　① 根据荷兰环境评测局和欧盟联合研究中心（JRC）共同发布的一份研究报告，2013 年度全球温室气体排放最多的 "六大排放者" 依次为：中国（29%）、美国（15%）、欧盟 28 国整体（11%）、印度（6%）、俄罗斯联邦（5%）和日本（4%）。该报告特别指出：虽然中国等发展中国家的排放增长较快，但无论是相对排放量还是绝对排放量仍远低于发达国家。以 2013 年度的人均排放量来说，中国人口占世界的 1/5，人均排放值（7.4 吨）与欧盟相当（7.3 吨），而美国的数字为 16.6 吨。见：PBL Netherlands Environmental Assessment Agency and Joint Research Centre of European Commission，*Trends in Global CO2 Emissions* 2014 *Report*，The Hague，2014，pp. 14，24。

但是在其执政后期开始缓和其消极态度，做出重返国际气候谈判姿态。美国总统奥巴马上台之初即明确表示要将气候变化与能源、技术和就业等经济议题结合起来进行通盘考虑，以重树美国在全球气候变化问题上的领导力。

美国联邦政府立场与政策的不断调整，是既定政治制度下各种政治力量或压力集团在互动中通过讨价还价形成的一种结果。本节将聚焦这一复杂博弈之中的美国民间环保组织，试图回答下列问题：美国的气候变化政策进展与民间环保组织之间的联系有多紧密？民间环保组织在近年数届美国政府的气候决策过程中如何发挥作用？

（一）老布什政府和克林顿政府时期

自 20 世纪 80 年代后期起，国际社会就对气候变化问题表现出极强烈的关注。1988 年 12 月联合国大会通过决议，宣告气候变化是"人类共同关心之事"，号召各国做出回应。1992 年，在里约环境与发展大会期间，包括美国在内的 180 多个国家签署了《联合国气候变化框架公约》。事实上，美国是第一个批准《联合国气候变化框架公约》的工业化国家。该《公约》于 1992 年由美国参议院批准，并于两年后生效。《联合国气候变化框架公约》每年都会举行全体会议。1995 年，各方会聚柏林召开缔约方第一次会议（COP1），发现附件 I 国家的承诺"不充足"。于是，通过了"柏林指令"，确定具体步骤和时间表来协商"附件 I 国家减少温室气体排放的具体义务及时间框架"。克林顿政府支持要求工业化国家承诺对温室气体排放进行限制的"柏林指令"，随后积极派遣代表参与京都谈判。①

在京都谈判期间，世界各地的民间环保团体通过气候变化行动网络（Climate Action Network，CAN）协调自己参与谈判的活动。《京都议定书》的最大成果之一，就是创造性地引入了市场机制来帮助附件 I 国家履行严格的减排义务，而这种"灵活机制"恰恰成为京都谈判期间美国民间环保组织的分歧之一。产生这种分歧的主要根源是不同民间环保组织对采用市场机制解决环境问题的指导思想持有不同的看法。

---

① 凯斯·R.桑斯坦：《最差的情形》，刘坤轮译，中国人民大学出版社 2010 年版，第85 页。

美国环保协会和自然资源保护委员会在这场政策辩论中支持采用市场机制。特别是美国环保协会，它一贯坚决拥护"以市场为基础来进行环境治理"的理念，同时，在实践中，它曾是美国二氧化硫排放权交易的主要设计和倡议者之一。《京都议定书》中的"灵活机制"即温室气体排放的国际交易制度主要是基于美国二氧化硫排放的经验。因此，在京都谈判中，美国环保协会坚持游说各国谈判代表在国际气候制度设计中采取类似的做法。以绿色和平组织为代表的其他民间环保组织则反对这一主张，认为这种方式很难带来重大社会变革以促进资源的可持续利用和公正的国际经济秩序。[①] 绿色和平组织表示，"灵活机制"有可能导致《京都议定书》不能实现其控制温室气体排放的目标。[②] 温室气体排放权交易问题凸显了民间环保组织之间对于利用市场机制解决环境问题的基本思想分歧。

除了"灵活机制"问题之外，民间环保组织还围绕温室气体排放的"上限"争论不休。在京都谈判中，美国环保协会坚持不给"灵活机制"设定上限以保证国际气候制度能够实现成本有效性。然而，以绿色和平组织为代表的其他民间环保组织支持设定温室气体排放上限，[③] 强烈要求参与温室气体排放交易的排放量应该在减排总量中仅占有限的比例。

随着国际气候谈判的不断推进，民间环保组织的态度也在发生变化。越来越多的来自发达国家的环保团体逐渐开始支持，或者至少不再抵制温室气体排放交易。在《京都议定书》谈判后，很多大型组织纷纷放弃他们最初反对排放交易的立场。世界自然基金会公开宣称，欧盟的排放交易可能是气候政策的重要组成部分，有助于"防止危险的气候变化……同

---

① Michele Betsill, "Environmental NGOs Meet the Sovereign State: The Kyoto Protocol Negotiations on Global Climate Change", *Colorado Journal of International Environmental Law and Policy*, Vol. 13, No. 3, 2002, pp. 49 – 64.

② Greenpeace, "Guide to the Kyoto Protocol", October 1998, p. 16, available at: http://www.biogas.nl/downloads/xx10guide_ to_ the_ kyoto_ greenpeace. pdf, 2015 – 08 – 14.

③ Lars H. Gulbrandsen and Steinar Andresen, "NGO Influence in the Implementation of the Kyoto Protocol: Compliance, Flexibility Mechanisms, and Sinks", *Global Environmental Politics*, Vol. 4, No. 4, 2004, pp. 65 – 66.

时，尽可能实现成本有效性"。① 到 2000 年 11 月，在第六次缔约方会议（COP6）上，连更激进的民间环保组织国际地球之友协会（Friends of the Earth International，FoEI）② 也改变了对排放交易的最初立场，不再要求给排放交易的排放量设限，"地球之友"组织早些时候曾主张进行排放交易的排放量最多只能占总排放量的 20%。等到 2001 年 7 月波恩会议（COP6.5）时，国际地球之友协会（FoEI）把《京都议定书》称为"未来的新希望"，大大不同于它在第六次缔约国会议（COP6）上把《京都议定书》描绘成"垃圾"的态度。③

美国副总统阿尔·戈尔（Al Gore）是一位坚定的环保主义者，曾参与多项与环境有关的倡议。他代表美国参与京都谈判，与其他各国代表一起经过艰苦的努力最终达成《京都议定书》。但由于国会的坚决反对，克林顿政府最终未将《京都议定书》提交国会批准。1997 年，在《京都议定书》谈判的关键时刻，美国参议院以 95 票赞成、零票反对通过了《伯德—哈格尔决议》（*Byrd-Hagel Resolution*，S Res.98），规定在发展中国家不同时承诺承担限制或者减少温室气体排放义务的情况下，美国不得签署与 1992 年《联合国气候变化框架公约》有关的议定书或协定。这一立场在日后又数次得到重申。但戈尔也一如既往地为自己的环保理想而奔波，即便是在卸任后，他仍发起成立了气候保护联盟（Alliance for Climate Protection）来积极推动美国的节能减排事业。④

---

① Heidi Bachram, "Climate Fraud and Carbon Colonialism: The New Trade in Greenhouse Gases", 2004, p. 11, available at: http://www. carbontradewatch. org/durban/cns. pdf, 2015 - 08 - 14.

② 国际地球之友协会（Friends of the Earth International，FoEI）成立于 1971 年，宗旨是建立一个和平的、可持续发展的世界，使人们能够与自然和谐相处，主要涉及的领域有气候变化、企业行为、转基因食品、森林与贸易等。它最初由法国、瑞典、英格兰和美国的四家环保团体合并组成，现在号称"全球最大的草根型环境保护组织网络"，成员机构遍布 75 个国家或地区，总共拥有超过 200 万名会员和支持者。该协会的国际秘书处设在荷兰的阿姆斯特丹，更多详情可见其官方网站：http://www. foei. org/。

③ Heidi Bachram, "Climate Fraud and Carbon Colonialism: The New Trade in Greenhouse Gases", 2004, p. 11, available at: http://www. carbontradewatch. org/durban/cns. pdf, 2015 - 08 - 14.

④ 2011 年 7 月，气候保护联盟（Alliance for Climate Protection）与戈尔创办的其他民间环保团体整合成为统一的非营利性环境保护机构："气候现实项目"组织（Climate Reality Project）。"气候现实项目"组织的宗旨是动员全社会为解决气候变化带来的危机找出解决方案。该组织设在首都华盛顿，详情可见其官方网站：https://www. climaterealityproject. org/。

（二）小布什政府时期

小布什总统上台后，美国的气候政策出现很大的倒退。2001 年 3 月，布什政府宣布拒绝接受《京都议定书》，并于 2002 年 2 月 14 日抛出《京都议定书》的替代方案——《晴空与全球气候变化行动》（*Clear Skies and Global Climate Change Initiatives*）。《晴空与气候变化行动》是一种温室气体减排的强度方案，其目标是将每百万美元国内生产总值（GDP）的温室气体排放量在 2002 年至 2012 年削减 18%。对此，自然资源保护委员会公开批评布什政府对全球变暖问题的处理是不负责任的，认为当局的气候政策除了出于意识形态的考虑外，仅仅是在修辞上做文章，没有任何科学基础可言。[1]

布什政府不仅拒绝执行《京都议定书》，而且持续质疑气候变化科学，曾要求国家科学院（NAS）重新评估气候变化科学。国家科学院的报告虽然肯定了联合国政府间气候变化专门委员会的结论，认为"更有说服力的新证据表明，过去 50 年观测到的气候变暖很大程度上是由于人类活动引起的"。但同时，该报告还包括一句声明："不能精确确定大气中温室气体的积累与 20 世纪观测到的气候变化之间存在因果联系。"[2] 此后，白宫和共和党人频繁地、有选择地使用这个声明，在政府文件中蓄意弱化气候变化威胁的严重性。[3]

2001—2008 年，国会关于气候政策的辩论日趋激烈，议员们提出的议案数量日益增加。在 107 届（2001—2002 年）、108 届（2003—2004 年）、109 届（2005—2006 年）和 110 届（2007—2008 年）四届国会中，参议院和众议院提出的与气候变化相关的法案决议及修正案等分别是 31

---

① Tom Randall, "Natural Resources Defense Council Attacks Administration on Kyoto Protocol", May 7, 2001, available at: http: //www. nationalcenter. org/TSR50701c. html, 2015 – 08 – 14.

② Committee on the Science of Climate Change, National Research Council, "Climate Change Science: An Analysis of Some Key Questions", June 2001, available at: http: //www. nap. edu/openbook. php? record_ id = 10139, 2015 – 08 – 14.

③ Kathryn Harrison, "The Road Not Taken: Climate Change Policy in Canada and the United States", 2006, p. 14, available at: http: //www. politics. ubc. ca/fileadmin/user_ upload/poli_ sci/Faculty/harrison/Canada_ US_ august. pdf, 2015 – 08 – 14.

件、96 件、106 件和 150 件。① 2007 年，利伯曼和约翰·沃纳将《美国气候安全法 2007》（*America's Climate Security Act of 2007*）草案（S. 2191）提交国会委员会讨论。2008 年，该议案经过修改后再次提交国会讨论，即《利伯曼—沃纳气候安全法 2008》（*Lieberman – Warner Climate Security Act of 2008*）（S. 3036）。② 该议案旨在构建美国温室气体减排制度，它以 2005 年排放水平为基准线，提出 2012—2050 年每年减少 2%，最终约减排 71%。该议案是 2001—2008 年美国拟订的最为完备的一部应对气候变化的联邦法律草案，也是唯一一部进入参议院全体会议表决程序的气候法案。该议案送交参议院全体会议讨论时最终以 48 票赞成 36 票反对遭到否决。但这是 2003 年参议院启动气候变化立法工作以来赞成票数首次超过反对票数的表决。

在国会就该议案展开辩论期间，民间环保组织之间对该议案产生分歧。大多数民间环保组织表示支持国会通过该议案；少数组织如"地球之友"组织和核信息与资源服务组织（Nuclear Information and Resource Service，NIRS）则强烈反对该议案；还有些民间环保组织对该议案处于矛盾和观望中，心存疑虑但却没有公开表态。

"地球之友"组织是第一个反对该议案的大型民间环保组织。它认为该议案不但没有设置足够高的减排标准，反而以低收入家庭的支出为代价来支持能源产业。2008 年 1 月 30 日，"地球之友"组织启动了"要么修改、要么抛弃"（Fix It or Ditch It）运动，建议国会修改《利伯曼—沃纳气候安全法》，采取更强有力的行动应对全球变暖。2008 年 2 月，"地球之友"组织在华盛顿地铁投放广告号召对全球变暖采取行动，呼吁参议院民主党要么修改要么抛弃《利伯曼—沃纳气候安全法》。随后，其他民间环保组织如绿色和平组织和"清洁空气观察"组织（Clean Air Watch）③ 也参加到

---

① 王瑞彬：《美国气候政策之辩（2001—2008）：支持联盟框架视角》，博士学位论文，外交学院，2009 年，第 42 页。

② Brent D. Yacobucci and Larry Parker，"Climate Change：Comparison of S. 2191 as Reported (now S. 3036) with Proposed Boxer Amendment"，*CRS Report for Congress*，2008，available at：http：//fpc. state. gov/documents/organization/106149. pdf，2015 – 08 – 14.

③ "清洁空气观察"组织（Clean Air Watch）成立于 2004 年，总部设在首都华盛顿。它在美国各地致力于保护清洁空气，密切关注政府机构和国会在清洁空气和气候变化领域的政策、法案及其实际效应。更多详情可见其官方网站：www. cleanairwatch. org。

"地球之友"组织发动的抵制运动中，它们持续批评该议案的不足之处，希望美国在气候立法问题上采取更加强硬的做法。这些民间环保组织的担心也不无道理：一旦国会通过了气候立法，设定了有限的标准，日后相当长一段时间很难再改进它。

另一方面，美国环保协会、国家资源保护委员会、全国野生动物联合会、皮尤全球气候变化中心（Pew Center on Global Climate Change）① 等民间环保组织却极力支持国会通过该议案，认为国会可以先出台一些措施，然后在此基础上逐步推进立法工作。它们曾写信给参议院的环境和公共工程委员会，认为必须对"地球之友"组织的"要么修改、要么抛弃"运动做出反击。

虽然在多种因素共同作用下，美国民间环保组织的努力未能推动国会气候立法工作前行。但是，民间环保组织在清洁能源领域做了很多卓有成效的工作。比如，自然资源保护委员会说服更多的州开始改进监管以促进电厂提高能源效率。从 2007 年到 2010 年，自然资源保护委员会鼓励超过一半的州采用"脱钩政策"，② 促使公用事业的效率投资大幅增长。在纽约市，自然资源保护委员会帮助制订且实施了全美最为积极的"绿色建筑计划"。

---

① 皮尤全球气候变化中心（Pew Center on Global Climate Change）成立于 1998 年，由前美国国家海洋及国际环境和科学事务局局长发起，皮尤慈善信托基金资助。该中心是一个非营利性智库，主要任务是针对全球气候变化问题提供可靠的、直接的和具有创新性的解决方案，强调应对气候挑战需要不同领域专家与商业领袖、决策者、科学家和公众的共同合作。由于资金来源局限，该中心迫切需要转型。2011 年 11 月 9 日，"气候与能源解决方案中心"（The Center for Climate and Energy Solutions，通用缩写为 C2ES）宣告成立，它完全承袭了皮尤全球气候变化中心的事业，成为一个可以广泛接受捐赠、享受联邦免税待遇的非营利公共慈善机构，原皮尤中心的创始人兼总裁（President）艾琳·克劳森（Eileen Claussen）就任新机构总裁。该机构设在弗吉尼亚州的阿灵顿，是现今美国公民社会中关于能源、气候变化、环境保护政策及背景知识的最重要的组织之一。更多详情可见其官方网站：http://www.c2es.org/。

② "脱钩（Decoupling）政策"作为一种监管工具，最早出现于 20 世纪 80 年代，其目的是将公用事业类企业的利润与成本挂钩、而将其收入与销售量分离开来。具体做法是，公用事业类企业的单位能源销售价格是根据监管部门的要求核算成本再加上适当利润。详见：Pamela Morgan and Graceful Systems LLC，"A Decade of Decoupling for US Energy Utilities：Rate Impacts，Designs，and Observations"，December 2012，p. 2，available at：http://switchboard. nrdc. org/blogs/rcavanagh/decouplingreportMorganfinal. pdf，2015 – 08 – 14。

(三) 奥巴马政府第一任期

2009 年，众多的美国民间环保组织看到了希望，因为他们更相信民主党总统配合民主党占多数的国会有可能改变美国的气候政策。当奥巴马当选美国总统并宣布积极应对气候变化之时，从油气公司到民间环保组织等与能源利益相关的各种压力集团都纷纷行动起来，试图在美国的气候决策过程中发挥影响。

2009 年 5 月，担任众议院能源委员会主席的亨利·瓦克斯曼（Henry Waxman）和埃德·马基（Edward Markey）共同提出《2009 年美国清洁能源与安全法》（*American Clean Energy And Security Act*）的议案（H. R. 2454），它又称为"瓦克斯曼—马基法案"（Waxman - Markey Bill），希望限制和减少美国的温室气体排放。2009 年 6 月 26 日，该议案以 219 票对 212 票的微弱多数通过了众议院的投票表决，这成为美国气候立法的一个重要里程碑。不过，该法案未能在参议院过关。[①]

在国会辩论"瓦克斯曼—马基法案"期间，民间环保组织与化石能源密集型集团均作为压力集团直接参与了立法过程，它们通过各种手段积极开展游说活动。统计表明，在 2009 年气候立法高峰期，民间环保组织花费了 2240 万美元用于联邦游说，这是 2000—2008 年民间环保组织年均游说费用的两倍，创下了有史以来的最高纪录（图 7 - 2）。与此相对应，石油和天然气行业的反环保团体的游说开支高达 1. 75 亿美元，仅埃克森美孚公司的游说开支就有 2740 万美元，超过所有民间环保组织的游说开支总和。[②] 这样的巨额游说费用对财力雄厚的化石能源密集型企业而言并不是很重的负担。

在游说立法者过程中，民间环保组织的财力显然难以与财力雄厚的企业相抗衡，民间环保组织的局限性显现出来。这表明，在美国政治制度

---

① "瓦克斯曼—马基法案"（Waxman - Markey Bill）后来在参议院的表决中被否决。奥巴马总统曾发表声明支持该议案。有关此议案的详情可见"气候与能源解决方案中心"（The Center for Climate and Energy Solutions，C2ES）的专栏：http：//www. c2es. org/federal/congress/111/ace-sa。

② Evan Mackinder，"Pro - Environment Groups Outmatched，Outspent in Battle Over Climate Change Legislation"，2010，available at：http：//www. opensecrets. org/news/2010/08/pro - environment - groups - were - outmatc/，2015 - 08 - 14。

下，虽然民间环保组织与化石能源密集型集团在现有制度安排中能获得相同的机会，但是它们参与政策过程的活动范围并不相同，因此它们所获得的收益自然也不同。

在第一届奥巴马政府时期，当"瓦克斯曼—马基法案"在参议院触礁后，有关气候变化的立法进程让位于奥巴马总统更加关心的医疗改革等国内议程。以美国总统在每年年初发表的国情咨文演讲为例（如图7-2），2011年的国情咨文根本没涉及"气候变化"（或"全球变暖""碳污染"等类似词语），2012年的国情咨文也仅提及"气候变化"一次。显然，面临严峻的国内政治约束，且为了获得连任，奥巴马在其第一任期的剩余任期内，不再将气候变化作为其内政外交的优先领域。当然，民间环保团体的相关工作并没有因此而停止，仍然继续深入发展。

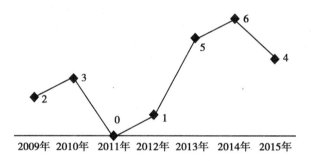

图7-2　奥巴马在历年国情咨文中提到"气候变化"的次数

资料来源：作者根据历年国情咨文统计。

四　制约民间环保组织政策影响力的若干因素

在气候变化问题上，民间环保组织的努力仅仅取得了一些局部胜利。如前所述，他们推动加州政府出台了《全球温室效应治理法》，并成功游说加州选民阻止化石能源密集型集团图谋推出的"23号提案"。但是，他们的努力却未能促成美国联邦层面的气候立法。在上述两种情况中，民间环保组织均通过多种策略和手段影响决策过程。本节从公民社会组织影响力的根源出发，集中关注民间环保组织的能力和性质两个方面,① 同时以气候变化问题为例讨论制约民间环保组织发挥作用的因素。

(一) 民间环保组织的经费劣势凸显

虽说美国关注环境保护的民间团体众多、种类纷繁,但最重要、影响力最大的民间环保组织的数量有限。有一种观点认为,它们主要指全国奥杜邦学会、自然资源保护委员会、塞拉俱乐部、世界资源研究所、绿色和平组织、大自然保护协会、美国环保协会、世界自然基金会,它们是美国境内成立最早、最活跃、影响最大的八个民间环保组织,号称是美国环保领域内的"八国集团"(G8)。②

根据美国专家的评估,当前共有 15 个全国性的非营利环境保护组织(本文称之为"C15")在气候变化议题上作用显著,它们不仅努力对美国国内气候决策施加影响,同时也积极参与国际气候谈判和有关气候变化议题的国际活动。前面提到的八个民间环保组织中有七个是 C15 成员(见表 7-6),它们成为推动美国减缓气候变化运动的主力军。这些组织的行动也说明:美国主流民间环保组织全面参与了美国的气候决策过程。

表 7-6   2009 年美国气候变化领域非营利组织排名

排名	民间环保组织名称	成立时间(年)
1	自然资源保护委员会(Natural Resources Defense Council, NRDC)	1970
2	忧思科学家联盟(Union of Concerned Scientists, UCS)	1969
3	世界资源研究所(World Resources Institute, WRI)	1982
4	皮尤全球气候变化中心(Pew Center on Global Climate Change)★现已改组为"气候与能源解决方案中心"(The Center for Climate and Energy Solutions, C2ES)	1998

---

① 政治学理论认为,利益集团的政治影响取决于它代表某种利益的能力和性质(亚瑟·本特利,1967);转引自谭融《美国的利益集团政治理论综述》,载《天津大学学报》(社会科学版)2001 年第 1 期,第 8 页。另可参见:Arthur Fisher Bentley, *The Process of Government*, Cambridge, Belknap Press of Harvard University Press, 1967。

② Ben Carmichael, "U. S. Environmental NGOs: Media Moles or Moguls in Drive for Power in Changing Media Landscape", *The Yale Forum on Climate Change and The Media*, 2009, available at: http://www.yaleclimatemediaforum.org/2009/08/ngos - media - moles - or - moguls/, 2015 - 08 - 14.

排名	民间环保组织名称	成立时间（年）
5	美国环保协会（环境保护基金会，Environmental Defense Fund，EDF）	1967
6	塞拉俱乐部（Sierra Club）	1892
7	全国野生动物联合会（National Wildlife Federation，NWF）	1936
8	世界自然基金会（World Wildlife Fund，WWF）	1961
9	大自然保护协会（The Nature Conservancy，TNC）	1951
10	环境保护选民联盟（League of Conservation Voters，LCV）	1970
11	气候保护联盟（Alliance for Climate Protection，ACP）★现已改组为"气候现实项目"组织（Climate Reality Project，CRP）	2006
12	地方政府可持续发展理事会（ICLEI – Local Governments For Sustainability）	1990
13	能源行动联盟（Energy Action Coalition）	2004
14	绿色和平组织（Greenpeace）	1971
15	同一天空（1Sky）	2007

注1：表中结果系美国最大的民间非营利组织数据库"指引星"（GuideStar USA Inc.）的研究部门"慈善百科"（Philanthropedia）根据139位美国气候变化专家的意见总结得出。这些专家包括：（1）基金会中的专业人士（2）研究人员（3）非营利组织的高级雇员（4）其他人士（咨询师、记者、决策者等）。

注2：同一机构2012年根据121位美国气候变化专家的意见所进行的调研结果与2009年的结果相差不大。2009年的排行榜增添了三个席位，所以"C15"变为"C18"。2012年各个环保组织的位次与2009年相比有所变化，同时若干组织被新上榜的杰出民间环保组织替代。新上榜的组织包括：气候安全组织（350.org）、"谷神星"可持续发展组织（Ceres）、美国气候行动网络（U. S. Climate Action Network）、"正义地球"组织（Earthjustice）以及清洁空气政策中心（Center for Clean Air Policy，CCAP）等。详细情况可见：http：//www.myphilanthropedia.org/top – nonprofits/national/climate – change/2012，2015 – 08 – 01。

资料来源："Ranked Nonprofits：National Climate Change 2009," available at：http：//www.myphilanthropedia.org/top – nonprofits/national/climate – change/2009，2015 – 08 – 01。

在气候变化问题上与民间环保组织持截然相反立场的化石能源密集型集团的成员非常复杂，不仅包括化石能源行业、能源密集型制造业、贸易敏感型行业，以及与之有重要联系的上下游行业，还包括按照经济地理划分的地域利益集团，如产煤州、产油州等。此外，一些实力雄厚、历史悠久的行业协会类非营利组织也是化石能源密集型集团的利益代言人。比如，美国商会（U. S. Chamber of Commerce）和全国制造商协会（National Association of Manufacturers）一直在美国环境政策形成和实施过程中发挥着举足轻重的作用，它们在许多气候变化的具体议题上立场与民间环保组织相左。化石能源密集型集团资助的美国最大的州议员和相关企业代表参加的政策辩论平台和智库——美国立法交流委员会（American Legislative Exchange Council）在支持市场机制、反对政府干预的旗号下成功阻击了一些应对气候变化的行动计划或解决方案。①

利益集团在美国气候变化决策过程中发挥影响需要资金支持，这是美国利益集团开展工作的重要物质基础，是否有稳定的资金来源在很大程度上决定了利益集团能否持续开展活动并生存下去。总体来看，民间环保组织的财力远远弱于化石能源密集型集团。表 7 - 7 所选取的民间环保组织是美国国内规模最大、影响最深的民间环保组织，表中的化石能源密集型企业也是美国国内实力最强的企业，两者的年度收入完全不在一个数量级上。以 1951 年成立的大自然保护协会为例，它号称是世界上资金最雄厚的民间环保组织，但它的财力根本不能与化石能源密集型企业的财力相比。

表 7 - 7　美国民间环保组织和化石能源密集型企业的年度收入比较（2012 年）

	主要全国性民间环保组织的年度收入（百万美元）			代表性化石能源密集型企业的年度收入（亿美元）	
1	自然资源保护委员会	103.3	1	埃克森美孚公司	4529
2	塞拉俱乐部	53.6	2	雪佛龙公司	2456
3	世界资源研究所	43.9	3	康菲公司	2373
4	绿色和平	27.8	4	通用电器（GE）	1476
5	大自然保护协会	871.1	5	通用汽车（GM）	1503
6	美国环保协会	95.3	6	福特汽车	1363
7	世界自然基金会	244.8	7	瓦莱罗能源公司（Valero Energy）	1251

注：各非营利组织统计年鉴上所列出的年度收入指标略有差别，大体上年度收入包括三项：（1）捐助或赠予；（2）投资收入；（3）其他收入。

资料来源：各个非营利组织的收入数据来自作者摘编的相关组织年度财报。化石能源密集型企业的收入数据，可参见：CNN，"Global 500"，2012，available at：http：//money.cnn.com/magazines/fortune/global500/2012/full_ list/index.html；and http：//fortune.com/global500/，2015 - 08 - 19。

占有资源的状况决定了民间环保组织和化石能源密集型集团的政策倡导能力和影响的差异。由于社会中的不同利益集团发育并不平衡，其结果

---

① 美国立法交流委员会（American Legislative Exchange Council）1973 年成立，总部位于弗吉尼亚州的阿灵顿。它自称为代表多数美国民众的美国最大的跨党派的自愿性、非营利团体，其法律地位是美国《联邦税法》第 501（c）（3）条款组织，即公共慈善机构。该组织的会员包括主要工业州的州议员、大企业和公民团体，在气候变化方面一直持保守立场。更多详情可见其官方网站：http：//www.alec.org/。

是强势集团在政治过程的力量博弈中处于优势地位，从而更容易影响政府决策，使制度建设路径朝着符合自己利益最大化的方向发展。虽然民间环保组织的经费持续增长，但财力始终不能与化石能源密集型集团相抗衡，在游说活动等方面一直处于相对的弱势。

（二）民间环保组织的道德优势弱化

民间环保组织是由主张环保理念的公众组成的团体，它以维护公共环境利益为立足点。虽然民间环保组织有自己的组织利益，比如规模扩大、影响增强等，但这些利益本质上服从于其维护公众环境利益的大目标。作为公众环境利益的代表，民间环保团体的环境政策诉求曾经在20世纪六七十年代对抗污染企业的社会运动中得到比较普遍的公众道德认同，获得了强大的道义支持。道德优势是民间环保组织取胜的重要因素。

化石能源密集型集团以经济利益关系为基础，其成员有自身的特殊利益要求。但是，当涉及气候变化议题时，化石能源密集型集团的利益诉求并非简单地、直接地与社会利益或公众利益相悖。气候变化的影响，不仅涉及环境、经济、政治、社会、习俗等不同维度，而且涉及能源企业、清洁技术公司、农民、科学家、经济学家、律师、政治家、公共健康团体、社会正义团体、媒体人士、社区组织等不同利益相关群体，特别是涉及企业所在地的就业和经济发展水平。所以，化石能源密集型集团的利益诉求实际上已不仅局限于少数高排放企业，而是形成了不同类型、不同规模的企业之间，不同行业和不同职业就业者之间的联系，很多情况下构成了新的利益共同体或压力集团，这在很大程度上削弱了民间环保组织的道德优势，增加了它们推动气候变化应对措施的难度。对于这一点，本文通过考察美国二氧化碳排放最多的两个终端部门——交通和制造业来加以说明（见表7-8）。[①]

---

①　这里特别需要说明的是，国际上公认的温室气体（greenhouse gas）包括二氧化碳等多种气体成分。另外由于业态分类、统计口径和统计方法的差异，美国不同的官方和民间环保机构对于美国各个经济部门温室气体排放总量的计算结果是不一样的。例如：依照美国联邦环境保护署（EPA）的数据，2013年度美国温室气体排放最多的经济部门依次为：电力（31%）、交通（27%）、工业（21%）、商业与居住（12%）以及农业（9%）。见：U. S. Environmental Protection Agency, *Inventory of U. S. Greenhouse Gas Emissions and Sinks*: 1990-2013, Washington D. C. 20460, April 15, 2015（EPA 430-R-15-004），Table 2-10：U. S. Greenhouse Gas Emissions Allocated to Economic Sectors（MMT CO2 Eq. and Percent of Total in 2013）。

表 7-8　　　　　　　　美国终端部门二氧化碳排放量（百万吨）

部门	1990 年		2012 年	
	排放总量	比重（%）	排放总量	比重（%）
居住	958.6	19.1	1056	20.0
商业	785.1	15.6	938	17.7
工业	1689.5	33.7	1482	28.0
交通	1586.9	31.6	1816	34.3
总计	5020.1	100.0	5292	100.0

注：数字经过四舍五入。

资料来源：美国能源部能源信息署（U. S. Energy Infromation Administration，EIA）"What Are the Energy-related Carbon Dioxide（CO2）Emissions by Source and Sector for the United States?"，available at：http：//www. eia. gov/tools/faqs/faq. cfm? id=75&t=11，2015-08-14。

美国是"车轮上的国家"，无论怎样计算，交通都是美国二氧化碳排放总量最多的经济部门之一，因而成为美国削减温室气体排放中的关键一环，而这最终需要通过提高汽车排放标准、引导和规范个人消费来实现。但是，改变美国的汽车消费习惯与美国主流生活方式所体现的价值观相悖，因为对汽车的依赖已经深深植根于整个美国民族文化之中。自 1908 年福特 T 型车投产开始，汽车就从有钱人的奢侈品变成了大众化商品。1956 年，艾森豪威尔总统签署《国家州际与国防公路法》（*National Interstate and Defense Highways Act*），由联邦政府资助兴建各州之间的高速公路网，从而为美国奠定了全民驾车流动的物质基础。美国人已经将汽车消费和美国主流文化（个人主义）与核心价值观（自由）紧密联系在一起，从这个意义上讲，捍卫以汽车文明为代表的美国生活方式和消费方式远远超越了化石能源密集型集团的局部利益。

美国对气候政策关切的焦点集中在气候政策可能对制造业产生的影响上。[1] 制造业既是一个化石能源密集型行业，也是进口敏感行业，对于美

---

① 相关研究成果众多，例如：Shally Venugopal, Amanda Sauer, and Kyle Loughlin, "How U. S. Federal Climate Policy Could Affect Chemicals' Credit Risk", *WRI and Standard & Poors Report*, 2011, available at：http：//www. wri. org/publication/how-us-federal-climate-policy-could-affect-chemicals-credit-risk，2015-08-14。

国经济具有重要意义。[①] 在制造业中，温室气体排放前十位的行业是钢铁、纸浆和造纸、基础化工、非金属矿物制品业、石油精炼、玻璃、陶土、纺织品、水泥和铝生产。2006年，这十大行业的温室气体排放总量为8.13亿吨，占当年美国排放总量的13.8%。这些行业已经面临来自进口产品的激烈竞争，多数行业的进口产品占国内产量的比重在40%—70%，其中，基础钢铁产业的进口产品比重为42%、耐火材料和黏土产品的进口产品比重为57%。这些行业也是名副其实的贸易敏感型行业。这十大行业的从业人员数量不少，直接和间接从业人员共计400万人，约占美国就业总人数的3%。而且，从地域影响来讲，这十个行业的就业人员集中在"煤炭州""石油州"和"工业州"（见表7－9）。其中，怀俄明州的就业人员比重最大，高达5.3%；得克萨斯州的就业总人数最多，高达42.59万。这些行业的就业特点说明，化石能源密集型集团的利益与地方公众利益乃至国家利益高度相关。

表7－9　　　　　　　　能源密集型制造业的就业岗位[*]

按就业人数比重排名				按就业总人数排名		
排名	州	就业人数（万）	就业比重（%）	排名	州	就业人数（万）
1	怀俄明	1.47	5.3	1	得克萨斯	42.59
2	南卡罗来纳	8.73	4.6	2	加利福尼亚	40.48
3	路易斯安那	8.24	4.4	3	俄亥俄	19.52
4	西弗吉尼亚	3.33	4.4	4	佛罗里达	19.44
5	得克萨斯	42.59	4.2	5	纽约	18.5
6	亚拉巴马	8.31	4.2	6	宾夕法尼亚	18.18
7	俄克拉荷马	6.32	4.1	7	伊利诺伊	17.72
8	田纳西	10.59	3.8	8	佐治亚	12.71
9	俄亥俄	19.52	3.6	9	北卡罗来纳	12.23
10	印第安纳	10.33	3.5	10	密歇根	11.96

注：[*]包括直接就业和间接就业。

资料来源：Robert E. Scott，"Climate Change Policy：Broader Adjustment Key to U. S. Trade and Manufacturing Jobs"，*EPI Briefing Paper* #241，October 2009，available at：http：//www. epi. org/publications/entry/bp241/，2015－08－14。

---

① Robert E. Scott，"Climate Change Policy：Broader Adjustment Key to U. S. Trade and Manufacturing Jobs"，*EPI Briefing Paper* #241，October 2009，available at：http：//www. epi. org/publications/entry/bp241/，2015－08－14.

上述美国重点减排行业的情况表明，化石能源密集型集团的利益诉求在很大程度上与所在州的公众利益相一致。民间环保组织与化石能源密集型集团之间的博弈，从道德与利益之间的博弈转化为公众利益内部不同类型利益之间的博弈。公众和决策者都需要在环境利益和经济利益之间做出抉择，这在很大程度上削弱了他们对环境保护团体的道义支持。

（三）气候变化科学的不确定性和复杂性

政府决策需要科学支撑。正如布兰布尔和波特（Bramble and Porter）所言，要说服国会通过应对气候变化的立法，最有效的途径就是提供"直接证据"。[①] 但是，在许多人看来，气候变化并不像其他环境问题那样有非常明晰准确的"因果关系"，而且新兴的气候变化科学及其应对方法是一个极为复杂的体系，很多认识仍然不完整。[②] 事实上，在气候变化科学领域存在着巨大的争论，这成为制约民间环保组织发挥功能的重要原因。主流科学家们把造成气候变化的责任几乎全部推给了温室气体排放，但抱怀疑态度的科学家们则对其成因各有说辞。[③] 由于气候变化问题在科学上仍然有不确定性，所以气候怀疑论者或者保守派就能为自己质疑、反对甚至诋毁气候变化问题找出合理的理由。

由于气候变化问题的这种特性，许多公众只能依靠媒体作为了解气候变化信息和知识的主要来源。在美国，大众媒体广泛关注各种不同的甚至相互冲突的观点。平等地对待辩论、争议或气候变化的不确定性虽然有利于促进科学研究，但是观点各异的新闻报道只能加深人们对气候变化的人为原因缺乏国际科学共识的印象，不利于教育公众开展减缓气候变暖的行动。更严重的是，媒体看似平等对待主流气候科学和气候怀疑论者，但实际上则不然：严谨的科学研究在出版前需要经过同行评审，但是很多气候怀疑论者的观点并没有得到同行评议意见。这样一来，媒体对气候怀疑论

① Barbara Bramble and Gareth Porter, "Non – Governmental Organizations and the Making of US International Environmental Policy", In Andrew Hurrell, and Benedict Kingsbury eds., *The International Politics of The Environment*: *Actors*, *Interest*, *and Institutions*. Clarendon Press. London. 1992, p. 331.

② 罗勇：《全球气候变化及其应对》，2010 中国科协学术报告会，下载自人民网，available at：http：//scitech. people. com. cn/GB/11629438. html，2015 – 08 – 14。

③ Charles W. Schmidt：《剖析气候变化怀疑论》，载《环境与健康展望》（中文版）2011 年 4 月刊，119（2C），第 18—21 页。

的不恰当关注就容易混淆视听，越发使公众陷入迷茫。

与气候变化的不确定性密切相关的是气候变化科学的复杂性，即减缓气候变化存在多种路径选择，由此产生的技术复杂性导致了民间环保阵营的内部矛盾。尽管民间环保组织对抗全球变暖的大方向一致，但是它们在具体技术路径选择方面，即哪些技术最能创造低排放甚至零排放经济的问题上存在分歧。比如，激进的民间环保组织如"地球之友"组织和塞拉俱乐部反对温和的民间环保组织如自然资源保护委员会、全国奥杜邦学会和世界自然基金会，这种民间环保组织内部的观点分歧对国会气候变化政策辩论产生了负面效果，成为制约民间环保组织发挥作用的障碍之一。

以碳捕获和埋存技术（CCS）为例，许多民间环保组织支持碳捕获和埋存技术，像自然资源保护委员会和美国环保协会已经游说国会支持碳捕获和埋存技术。其他民间环保组织，如塞拉俱乐部和世界自然基金会对于推动碳捕获和埋存技术的态度则更为谨慎，它们更倾向于增进能源效率、采用风能或太阳能这类可靠技术。而绿色和平组织则明确反对碳捕获和埋存技术，它主要是担心碳捕获和埋存技术会使污染严重的煤炭产业繁荣起来，而且碳捕获和埋存技术是未经证实的技术，会与其他技术方案争夺资源。[1] 民间环保组织集团内部不能用一个声音说话，导致不同民间环保组织的影响力在一定程度上相互抵消，从而使得民间环保组织作为一个整体对公共政策的影响力大为削弱。

综上所述，气候变化科学的不确定性，以及减缓气候变暖方案的复杂性，导致环保主义者和保守派之间、气候变化支持者和气候变化怀疑论者之间、单边主义与多边主义之间的辩论始终贯穿于美国气候变化决策过程，其后果是降低了民间环保组织对政策分析和解决方案的影响力，它们仅仅靠"谨慎原则"难以充分说服反对派和决策者。[2]

---

[1]　Ben Block, "U. S. Environmental Groups Divided on 'Clean Coal'", March 19, 2008, available at: http://www.worldwatch.org/node/5654, 2015 - 08 - 14.

[2]　"谨慎原则"（precautionary approach）呼吁避免可能导致问题的行动。与通常情况下利用风险评估来证明某项行动存在风险的做法相反，它并不需要证明这个行动存在不可接受的风险。参见：Thorpe, B., "The role of NGOs and the public to promote cleaner production", *Journal of Cleanser Production*, Vol. 2, No. 3 - 4, 1994, pp. 153 - 162。

本 章 总 结

自 1970 年"地球日"诞生来，美国民间环保团体持续受到各界重视，获得越来越多的国内外资金支持，吸引了越来越多经验丰富的专业人士，已成为保护美国生态环境、推进国际环境保护运动的重要力量，发挥着政府和企业难以替代的功能。

美国环保史上不乏民间环保组织采取环保行动的成功案例，比如，1999 年，民间环保组织控告美国电力公司在未采取控污措施的情况下重建燃煤发电厂；① 2008 年，环境得克萨斯公民游说组织（Environment Texas Citizen Lobby, Inc.）和塞拉俱乐部起诉壳牌石油公司违反《清洁空气法》；② 2009 年，"环境得克萨斯"组织（Environment Texas）和塞拉俱乐部起诉雪佛龙菲利普斯化工公司（Chevron Phillips Chemical Company）非法排放污染物，③ 上述案例最终都以污染企业支付高额赔偿、加强污染控制而告终。回顾民间环保组织的这些成功案例，可以看出，尽管民间环保组织在财力上始终无法与污染企业抗衡，但由于民间环保组织的价值观和利益与全社会的价值观和利益在此时达到高度一致，而且民间环保组织能够提供确凿的企业污染证据，所以民间环保组织作为实施环保法律的监督者，通过环境公益诉讼对企业形成社会压力，有效地促进了环境执法。

当前，美国民间环保组织在有关节能减排、减缓气候变化的立法过程中仅显示出有限的影响力。这不仅是因为民间环保组织不是强势集团，更重要的是，化石能源密集型集团的利益诉求在很大程度上与公共利益重合，而民间环保组织尚难以提供完全充分的科学证据，这导致民间环保组

---

① 魏文彪：《美国电力公司为何同意为酸雨"割肉"》，载《资源与人居环境》2007 年第 22 期。

② Jad Mouawad. "Shell Settles Air Pollution Accusations", *The New York Times*, April 23, 2009, available at: http://www.nytimes.com/2009/04/24/business/energy - environment/24shell. html, 2015 - 08 - 19.

③ Chris Vogel, "Chevron Phillips Settles Suit Over Pollution At Baytown Plant, No Thanks To TCEQ", *HoustonPress*, Nov. 18 2010, available at: http://www.houstonpress.com/news/chevron - phillips - settles - suit - over - pollution - at - baytown - plant - no - thanks - to - tceq - 6729837, 2015 - 08 - 19.

织在气候立法辩论中未能建立起强大的投票动员力，难以促使政治精英们在气候变化领域做出艰难而正确的决断。当然，一般来讲，除了民间环保组织之外，影响一个国家或地方决策的因素还包括：主要决策者的政策倾向、国会中政党力量的对比、地方利益集团和行业利益集团的实力、国家（或地方）经济状况、外界压力、公众态度，等等。本章因篇幅所限，无法对此进行详细的分析。

在奥巴马总统的领导下，近两年美国政府在应对气候变化方面已经取得了实质性进展，最重要的表现有两个：第一，当今全球两个最大的温室气体排放国家美国和中国协调立场，对全世界庄严地做出了减排承诺。[①]第二，2015 年 8 月 3 日，奥巴马政府公布了旨在限制火电厂温室气体排放的《清洁能源计划》（*Clean Power Plan*）的最终版本。[②] 奥巴马总统认为，这个计划是美国迄今为止应对全球气候变化而迈出的"最大、最重要的一步"。[③] 不可否认，这其中包含着美国民间环保组织的功劳。但是，美国还缺少一部气候变化方面的综合性的联邦法律，美国的民间环保组织正在为此积极努力。同时也必须看到，代表不同利益相关方的各种非营利组织之间的博弈也在继续。可以完全乐观地说，随着越来越多的美国公众对于气候变化议题的关注度和理解程度的增加，随着科学技术的进展，美国民间环保组织的事业将得到进一步发展。由于美国民间环保组织通过多个层面、多重途径、多种策略和手段的坚持不懈的奋斗，它们未来的影响力与作用将得到增强而不是削弱。

---

① 2014 年 11 月 12 日，中美两国的国家元首在北京向全世界宣布：美国计划于 2025 年实现在 2005 年基础上减排 26%—28% 的全经济范围减排目标并将努力减排 28%。中国计划 2030 年前后二氧化碳排放达到峰值且将努力早日达峰，并计划到 2030 年非化石能源占一次能源消费比重提高到 20% 左右。双方均计划继续努力并随时间而提高力度。见：《中美气候变化联合声明》（2014 年 11 月 12 日于中国北京），《人民日报》2014 年 11 月 13 日，第 2 版。

② 有关这个计划的基本情况可见白宫网站公布的背景性资料：The White House, Office of the Press Secretary, "Fact Sheet: President Obama to Announce Historic Carbon Pollution Standards for Power Plants", August 03, 2015, available at https: //www. whitehouse. gov/the – press – office/2015/08/03/fact – sheet – president – obama – announce – historic – carbon – pollution – standards, 2015 – 08 – 11。

③ 奥巴马总统的讲话录像可见白宫网站：https: //www. whitehouse. gov/blog/2015/08/03/what – clean – power – plan – means – america, 2015 – 08 – 11。

第八章

非营利部门与美国国家安全^①

　　2014 年是第一次世界大战爆发 100 周年。当人们回顾历史、思考战争与和平时，国家安全（national security）这个主要由美国人发明并普及的词语再次成为舆论热点。^② 其间，约翰·米尔斯海默（John J. Mearsheimer）语出惊人："在世界历史上，没有任何大国能够像今天的美国那样享有安全保障。"^③ 尽管"9·11"事件令美国遭受不小的打击，而且"反恐战争"仍在继续，但这位国际战略学家的论断大概有其合理性。在安全问题困扰着每个国家的"人人自危"时代，美国的国家安全究竟是如何保障的？这是一个宏大而复杂的题目，多维视角的讨论有助于研究的深入。笼统而言，美国以傲视群雄的综合国力为后盾的安全保障是美国政府、企业界和各种社会组织共同努力的结果。本章的目的在于依据最新资料，从研究美国公民社会即非营利部门（Nonprofit Sector）的角度提出对

---

　　① 本章内容作为"美国公民社会的治理"课题的阶段性研究成果，曾刊载于北京大学主办的《国际政治研究》2014 年第 3 期（总第 133 期），第 74—95 页。收入本书时作者徐彤武对文字进行了修订。

　　② 早在 1788 年 1 月，亚历山大·汉密尔顿（Alexander Hamilton）就使用了国家安全（national security）的说法，参见［美］汉密尔顿、杰伊、麦迪逊：《联邦党人文集》，程逢如、在汉、舒逊译，商务印书馆 1980 年版，第 141 页。关于 20 世纪中叶美国国家安全概念的起源与形成，公认的权威性的研究成果有：Arnold Wolfers, "National Security as an Ambiguous Symbol", *Political Science Quarterly*, Vol. 67, No. 4, December 1952, pp. 481 – 502; Daniel H. Yergin, *Shattered Peace: The Origins of the Cold War and the National Security State*, Boston: Houghton Mifflin, 1977; Melvyn P. Leffler, "The American Conception of National Security and the Beginnings of the Cold War, 1945 – 1948", *The American Historical Review*, Vol. 89, No. 2, April 1984, pp. 346 – 381。

　　③ 这句话的英文原文是 "Contrary to the conventional wisdom, the United States is a remarkably secure country. No great power in world history comes close to enjoying the security it does today." 参见 John J. Mearsheimer, "America Unhinged", *The National Interest*, January/February 2014, available at: http://nationalinterest.org/issue/january – february – 2014, 2014 年 2 月 1 日。

于当代美国国家安全的观察与思考。

一　作为"圈外机构"的非营利组织知多少？

在非营利部门的规模、资源、能力和全球影响力方面，美国是令其他各国都难以望其项背的。据官方数据，2013 财年美国共有经过联邦税务局（IRS）批准、登记豁免联邦所得税的非营利组织 159.9 万个，其中 105.24 万个是符合《国内税收法典》（*Internal Revenue Code*）第 501（c）（3）条款规定的公益慈善组织。① 若加上其他非营利组织，全美实际存在的非营利组织数量还要更高。② 当然，联邦免税组织（Tax - Exempt Nonprofit）是美国非营利部门的"主力军"，也是本章关注和研究的重点。

作为属于私人部门的社会组织形态，非营利组织与美国的政府部门、工商企业和普通民众有着千丝万缕的联系。国家安全既是国之重器，又是一个发达产业（industry），自然也处于这种联系之中。在乔治城大学 2011 年出版的一本颇受好评的专著中，研究者把美国庞大而又复杂的国家安全体系描述为一个三层同心圆的"国家安全企业"（National Security Enterprise）。在这个体系中，核心圈子是美国总统领导下的行政分支中处理国家安全事务的关键部门——国家安全委员会、国务院、国防部、情报机构（intelligence community）、③ 国土安全部及行政管理和预算局

① Internal Revenue Service, *Data Book* 2013, Table 25, Tax - exempt Organizations, Nonexempt Charitable Trusts and Nonexempt Split - interest Trust, Fiscal Year 2013, Washington D. C., March 2014, p. 56.

② Sarah L. Pettijohn, *The Nonprofit Sector in Brief*: *Public Charities*, *Giving and Volunteering*, 2013, The Urban Institute, Washington D. C., 2013, pp. 1 - 2.

③ 根据修订后的《1947 年国家安全法》（*National Security Act of 1947*）第 3（4）条款［50 U. S. C. 401a］的规定，美国情报机构（intelligence community）包括：A. 国家情报总监办公室（The Office of the Director of National Intelligence），B. 中央情报局（CIA），C. 国家安全局（NSA），D. 国防情报局（DIA），E. 国家地理信息情报局（The National Geospatial - Intelligence Agency），F. 国家侦察办公室（The National Reconnaissance Office），G. 其他国防部所属搜集专门情报的侦察项目，H. 在陆海空军及海军陆战队、海岸警卫队、联邦调查局、毒品管制局和能源部内的情报单位，I. 国务院的情报与分析局，J. 财政部的情报与分析办公室，K. 国土安全部涉及（转下页）

（OMB）；处在第二圈的是总统的"伙伴关系机构"，主要是国会和联邦法院系统；最外层是被称为"圈外机构"（the outside players）的各种游说团体和智库机构。①

　　事实上，在同美国国家安全有关的非营利组织中，智库机构仅占很小部分。若沿用"圈外机构"这个形象说法，那么可以确定：一大批非营利组织都在其中。遗憾的是，专门研究这些非营利组织的文献资料匮乏，就连莱斯特·萨拉蒙（Lester M. Salamon）教授主编的权威性新著也未对此进行全面探讨。②

　　显而易见，要准确判断非营利部门与美国国家安全体系的关系是相当困难的。这里面有许多问题有待研究，但关键在于应当确定这种关系的远近程度，弄清楚哪些关系是直接关系，哪些是间接关系。与冷战时期相比，21 世纪国家安全概念的内涵已经空前丰富了，气候变化、全球贸易、对外投资、知识产权、水资源分配、页岩气价格、流行性疾病防控、跨境缉毒、难民权利甚至奥运会的举办等都成了关乎国家安全的重要议题。③正因为如此，有能力成为"圈外机构"的非营利组织就绝不会局限于美

（接上页）情报分析的单位、L. 其他联邦政府机构中由总统、国家情报总监或部门首长指定的情报单位。该法律的全文见国会参议院情报委员会官方网站：The National Security Act of 1947 Reflects Amendments Enacted into Law through Public Law 111 – 259, October 7, 2010, available at：http：//intelligence. senate. gov/pdfs/nsact1947. pdf, 2014 – 01 – 27。

　　① Roger Z. George and Harvey Rishikof, eds., Foreword by Lt. Gen. Brent Scowcroft, USAF (Ret.), *The National Security Enterprise*, *Navigating the Labyrinth*, Washington D. C.：Georgetown University Press, 2011.

　　② 美国约翰·霍普金斯大学公民社会研究中心主任莱斯特·萨拉蒙教授是非营利组织研究领域的泰斗，他主编的《美国非营利部门状况》（第 2 版）有 706 页。然而，这部全景式扫描美国非营利部门的著作仅仅论述了非营利组织与美国对外援助的关系。在长达 21 页的索引中，根本没有"国家安全"（national security）这个主题词。参见：Lester M. Salamon, ed., *The State of Nonprofit America*, Second Edition, Washington D. C.：Brookings Institution Press, 2012。

　　③ Cynthia A. Watson, *U. S. National Security：A Reference Handbook*, Second Edition, Santa Barbara：ABC – CLIO, Inc., 2008, pp. 4 – 7；Joseph J. Romm, *Defining National Security：the Nonmilitary Aspects – Pew Project on America's Task in a Changed World* (Pew Project Series), New York：Council on Foreign Relations Press, 1993, pp. 1 – 8, 81 – 90；John M. Handley and Andrew H. Ziegler, Jr., "A Conceptual Framework for National Security", January 2004, *American Diplomacy* (An online publication published by American Diplomacy Publishers), available at：http：//www. unc. edu/depts/diplomat/archives_ roll/2003_ 10 – 12/ handley_ ziegler/handley_ ziegler. html, 2014 – 02 – 08.

国以色列公共事务委员会（American Israel Public Affairs Committee，AIPAC）这样的游说团体、[1] 常规智库、被视为特殊利益集团的全国性公民组织，以及倡导造势（advocacy campaign）的民间联盟。[2] 同时，在国家安全的概念被泛化甚至有些滥用的今天，需要一点谨慎，避免把"圈外机构"的范围划定得过于宽泛。

根据现实情况，应当列入"圈外机构"的非营利组织基本上是与美国国家安全的战略、政策、计划、机构和担负维护国家安全使命的人员（包括正规军、国民警卫队和预备役）有某种直接联系的组织。[3] 例如，保护美国陆地边境关乎国家安全，但并非所有参加边境管控议题大辩论的非营利组织都具备"圈外机构"的性质。"美国边境巡逻"（American Border Patrol，ABP）无疑是一个"圈外机构"组织，[4] 而主张放松边境管控、反对无差别地驱逐非法移民的"全国日工组织网络"（National Day Laborer Organizing Network，NDLON）就不是这样的组织。[5]

那么，美国一共有多少与国家安全事业直接相关的非营利组织？通过对美国主要数据库信息的分析，可以大致估算出这些组织的总数至少有两万个。这是因为：

首先在联邦税务局免税组织查询系统中，我们可以找到组织名称中包

---

① 美国以色列公共事务委员会成立于1951年，它宣称其使命是用各种方式促进以色列和美国的国家安全，加强、保护和提升美以关系。该组织总部设在首都华盛顿，在全国有10个地区办事处，有能力动员10万名美国犹太社区中的积极分子协助其开展活动。该组织官方网站是：http：//www.aipac.org/。

② 大名鼎鼎的全国步枪协会（National Rifle Association）就是一个例子，它的立场甚至可以影响到美国对于联合国武器贸易协议的投票过程和结果。另外，瑞贝卡·汉密尔顿（Rebecca Hamilton）关于达尔富尔危机的专著可以作为一个典型案例，它有助于人们了解组织起来的民间力量对美国政府的达尔富尔政策起到了什么样的作用。参见 Rebecca Hamilton，*Fighting for Darfur*：*Public Action and the Struggle to Stop Genocide*，New York：Palgrave MacMillan，2011。

③ 最重要的国家安全机构包括总统领导下的国家安全委员会、国务院、国防部、国土安全部、主要情报机构及行政管理和预算局（Office of Management and Budget，OMB）。

④ "美国边境巡逻"（ABP）是亚利桑那州的一个防范边境管控危机的组织，成立于2002年，享有501（c）3条款免税待遇，主张严格管控陆上边境，严厉打击非法移民。其成员利用高科技手段侦测、锁定边境非法移民的位置并向国土安全部门通报。更多详情可见其官方网站：http：//americanborderpatrol.com/。

⑤ David Nakarmura，"Obama is Squeezed in Border Debate"，*The Washington Post*，Tuesday，February 4，2014，p. A1. "全国日工组织网络"（NDLON）于2001年成立，总部位于洛杉矶。

含安全（security）、外交（diplomacy）、防务（defense）、军事（military）、武装部队（armed forces）、情报（intelligence）、和平（peace）及国际（international）等主题词的免税组织共计 17690 个。① 由于这个查询系统并未对收录的非营利组织的事业领域完全进行分类标注，所以有一批不相干的组织也被列出。但也有不少组织，如著名的国家安全战略智库大西洋理事会（Atlantic Council）、服务"反恐战争"的"退伍军人的回家项目"（Coming Home Project，CHP）等，② 名称中不包含以上主题词。综合各种情况考虑，可取 1.5 万这个数字。而全美最大的民办非营利组织数据库"指引星"（GuideStar）提供了近似准确的组织名录。笔者使用国家安全、国土安全（homeland security）等一组主题词进行检索后发现，相关的免税非营利组织数量有 16877 个。③ 若减掉被错误罗列出来的组织和停止活动的组织，1.5 万为大致数字。再就是美国全国慈善统计中心（National Center for Charitable Statistics）的数据库可以提供一定的分类查询。在被列入 Q 类（国际事务、外交与国家安全）的非营利组织中，按时向联邦税务局提供年度报表的有 15896 个。④ 应当说，这个数字所包含的错误统计较少，需要修正的幅度不大。还有美国"发现最佳"商用数据公

① 在该数据库检索页面（http：//www. irs. gov/Charities - & - Non - Profits/Exempt - Organizations - Select - Check）输入上述主题词，检索所得的结果分别是：安全 182 个、外交 24 个、防务 302 个、军事 711 个、武装部队 108 个、情报 56 个、和平 1849 个和国际 14458 个，合计组织数量 17690 个。最后检索日期：2014 年 2 月 1 日。

② "退伍军人回家项目"组织于 2006 年在旧金山成立，致力于为从伊拉克和阿富汗战场归来的退伍军人、参战相关服务人员及其家人提供专业心理减压咨询和康复训练，服务重点是退伍女兵。其官方网站是 http：//cominghomeproject. net/。

③ 在该数据库检索页面（http：//www. guidestar. org/AdvancedSearch. aspx）输入相关主题词，检索所得的结果分别是：国家安全（national security）2799 个，国土安全（homeland security）196 个，外交（diplomacy）122 个，国防（national defense）1984 个，军事（military）711 个，武装部队（armed forces）971 个，情报（intelligence）382 个，和平（peace）5972 个，国际援助（international aid）3307 个，国际经济（international economy）433 个，合计组织数 16877 个。最后检索日期：2014 年 2 月 1 日。

④ 全国慈善统计中心是设在首都华盛顿的非营利组织都市研究所（The Urban Institute）的所属机构，享有 501（c）3 条款免税待遇。由该中心研究制定的非营利组织分类标准（NTEE）使用 26 个英文字母表示 26 个非营利事业领域，已经成为事实上的美国国家标准。查询检索时数据库标示的最后更新日期为 2013 年 12 月底。参见：http：//nccsweb. urban. org/PubApps/search. php，2014 - 02 - 01。

司（FindTheBest）数据库非营利组织部分显示，国际事务、外交与国家安全领域的非营利组织总数为 18660 个。① 这个名录中的错误相对较多，故可以大幅度修正至 1.5 万个。

而在 1.5 万个这个数字的基础上，还应加上与退伍军人有关的 5000个非营利组织。这类组织不仅情况复杂、无法严格分类，而且各个数据库的检索结果相差较大。联邦税务局免税组织查询系统显示有 2484 个，全国慈善统计中心只列出了部分组织（100 个），"指引星"收录了 8429 个，"发现最佳"列出了 6539 个。另外一个名为"了不起的非营利组织"（Great Nonprofits）的大型数据库表明，全美各地公众评价较高的退伍军人组织共有 5236 个，其中绝大多数是联邦免税组织。② 综合平衡后，可以说 5000 个是相对准确的数字。

总之，在美国非营利部门中，与国家安全事业直接相关并且享有联邦免税待遇的非营利组织数量约为 2 万个，这是个比较有把握的数字。

二　国家安全事业中的三大非营利性组织群体

根据组织使命、主要活动或曰"主业"的不同，可以把这 2 万个涉及国家安全的非营利组织大致划分为三大群体：智力服务型组织、支援倡导型组织、实务（行动）型组织。

（一）智力服务型组织

智力服务型组织的共同特征是密集、专业、高质量的脑力劳动，以及这些劳动的结晶对服务对象（主要是美国政府和武装力量）的独一无二的重大价值。智力服务型组织群体的成员包含智库和非营利性科技研究与开发机构两种类型。

无论是数量、质量还是服务效果，美国智库都保持着相较其他国家的绝对优势。2013 年全球 182 个国家共有智库 6826 家，其中的 26.8% 即

① http：//non - profit - organizations. findthebest. com/d/t/International，- Foreign - Affairs - and - National - Security，2014 - 02 - 10.

② http：//greatnonprofits. org/categories/view/veterans，2014 年 2 月 14 日检索。对其他数据库中关于退伍军人非营利组织数据的检索也均在同日进行了复核。

1829 家在美国。① 为数众多的智库，尤其是在美国首都华盛顿安家的一批智库都从事国家安全问题的研究。它们有的是国际事务、外交和国家安全领域的老牌智库，如卡内基国际和平基金会（Carnegie Endowment for International Peace）、对外关系委员会（Council for Foreign Relations，CFR）和战略与国际问题研究中心（Center for Strategic and International Studies，CSIS）。有些是设有国家安全研究分支或研究项目的大型综合智库，如布鲁金斯学会（Brookings Institution）的 21 世纪安全与情报研究中心（Center for 21st Century Security and Intelligence，21CSI）、兰德公司（RAND Corporation）的国家安全研究部（RAND National Security Research Division）、② 斯坦福大学弗里曼—斯伯格里国际问题研究院（Freeman Spogli Institute for International Studies，FSI）的国际安全与合作研究中心（Center for International Security and Cooperation，CISAC）等。③ 还有一批是研究领域较窄、高度专业化的智库。这种被称为"专题定制智库"（boutique think tanks）的非营利组织自 20 世纪 80 年代起快速涌现，④ 其中的佼佼者有战略与预算评估中心（Center for Strategic and Budgetary Assessments，CSBA）、⑤ "威斯康星核军控项目"（Wisconsin Project on Nuclear

①　James G. McGann，PhD.，2013 *Global Go To Think Tanks*，Think Tanks and Civil Societies Program，University of Pennsylvania，January 22，2014.

②　在兰德公司 2012 财年的 2.648 亿美元收入中，有 1.292 亿美元来自美国空军、陆军、国防部长办公室和其他国家安全机构。参见：RAND Corporation，*RAND Corporation Annual Report 2012*，p.33。

③　斯坦福大学弗里曼—斯伯格里国际研究院组建于 1987 年，是一个集教学、研究和接纳访问学者功能于一身的综合性跨学科非营利机构，享有第 501(c)(3) 条款免税待遇。截至 2014 年 1 月，该机构共设立了四个教学和研究项目（program）及六个研究中心。六个研究中心是：国际安全与合作研究中心（CISAC，1983 年成立）、沃尔特·肖伦斯坦亚太研究中心（Shorenstein APARC）、卫生政策与初级保健研究中心（CHP/PCOR）、民主、发展与法治研究中心（CDDRL）、欧洲研究中心（European Center）、食品安全与环境研究中心（FSE）。更多详情可见该研究院官方网站：http://fsi.stanford.edu/。

④　James G. McGann，PhD.，"Think Tanks and Policy Advice in the U.S."，August 2005，p. 3，Foreign Policy Research Institute，2005.

⑤　战略与预算评估中心于 1983 年创建，位于首都华盛顿，享有第 501(c)(3) 条款免税待遇。该组织的使命是促进关于美国 21 世纪国家安全战略、防务规划和军费支出选项的创新思维与政策辩论，更多详情可见其官方网站：http://www.csbaonline.org/。

Arms Control)①、安全政策中心（Center for Security Policy, CSP）、② 不扩散研究中心（James Martin Center for Nonproliferation Studies, CNS）、③ 移民政策研究所（Migration Policy Institute, MPI）④ 和新美国安全中心（Center for a New American Security, CNAS）等。⑤

非营利性科技研发机构不大为人们所熟悉，这些机构不仅对美国的国家安全来说不可或缺，而且在管理体制和运营模式上有独到之处，它们中间包括具有"国家队"性质的由美国政府提供70%—100%经费的联邦资助研发中心（Federally Funded Research and Development Centers, FFRDCs）和经费来源多样化的独立科研组织。

联邦资助研发中心脱胎于第二次世界大战期间形成的美国军工科研体系，现已演化成为具有世界顶尖水平的科研群落。截至2013年5月，这种中心共有39家研发机构（2012年有40家），2012财年的研发支出总额为174亿美元，其中170亿美元来自联邦政府拨款。⑥

按照核心业务的不同，联邦资助研发中心分为研发实验室、研究与分析中心、系统工程与集成中心三类。⑦ 研发实验室有24个，"主力阵容"

---

① "威斯康星核军控项目"诞生于1986年，设在首都华盛顿，是与威斯康星大学合作的独立非营利组织，其使命是开展公众教育，防范核武器等大规模杀伤性武器的技术和远程弹道导弹技术的扩散，工作重心是对伊朗和伊拉克的相关情况进行监控。更多详情可见其官方网站：http：//www. wisconsinproject. org/。

② 安全政策中心于1988年成立，坐落于华盛顿市中心，以"短、平、快"的分析报告见长，其官方网站是：http：//www. centerforsecuritypolicy. org/。

③ 不扩散研究中心于1989年成立，位于加利福尼亚州的蒙特雷（Monterey），在首都华盛顿设有办事处，是美国最大的专门研究防止大规模杀伤性武器扩散问题的智库，其官方网站是：http：//cns. miis. edu/cns/index. htm。

④ 移民政策研究所于2001年成立，位于首都华盛顿，其官方网站是：http：//www. migrationpolicy. org/。

⑤ 新美国安全中心于2007年2月在首都华盛顿成立，使命是研究制定"有力、实用而且原则性强的国家安全与防务政策"。它是享有第501(c)(3)条款免税待遇的非营利组织。更多详情可见其官方网站：http：//www. cnas. org/。

⑥ Ronda Britt, "Federally Funded R & D Centers Report Declines in R & D Spending in FY 2012", National Center for Science and Engineering Statistics（NCSES）, National Science Foundation, *InfoBrief*, January 2014, NSF 14–308.

⑦ 这39家联邦政府资助的研发机构名录见美国国家科学基金会（National Science Foundation）官方网站上公布的《联邦政府资助研发机构总名录》（*Master Government List of Federally Funded R & D Centers*）, available at：http：//www. nsf. gov/statistics/ffrdclist/start. cfm, 2014年2月5日。

是由国防部、能源部、国家航空航天局（NASA）等联邦政府机构组建并资助的一批超级国家实验室，如研制核武器的洛斯阿拉莫斯国家实验室（Los Alamos National Laboratory）、① 研制导弹防御系统和空间侦察系统的林肯实验室（Lincoln Laboratory）、② 研究高能物理的费米国家加速器实验室（Fermi National Accelerator Laboratory），③ 以及为情报机构提供技术解决方案的通信与计算研究中心（Center for Communications and Computing）等。④ 研究与分析中心包括海军分析中心（Center for Naval Analyses）、⑤ 国土安全研究所（Homeland Security Studies and Analysis Institute，HSSAI）等10家机构。⑥ 系统工程与集成中心共有五个，除了空间技术联邦资助研发中心（Aerospace Federally Funded Research and Development Center）之外，另外四个中心均设在非营利性的迈特公司（MITRE Corporation）内，其中有国家安全工程中心（National Security Engineering Center）和国

---

① 洛斯阿拉莫斯国家实验室位于新墨西哥州，它起源于1943年的"曼哈顿计划"，当时的唯一目的是设计和制造出美国第一颗原子弹。今天该实验室已经发展成为一个综合性高科技研发机构，但主要使命仍是保证美国核威慑力量的安全和可靠性。更多详情可见其官方网站：http：//www. lanl. gov/index. php。

② 林肯实验室成立于1951年，位于麻省理工学院（MIT），其官方网站是：http：//www. ll. mit. edu/index. html。

③ 这个实验室成立于1967年，位于伊利诺伊州的巴达维亚（Batavia），原名是国家加速器实验室（National Accelerator Laboratory），1974年5月为纪念美国高能物理学家、诺贝尔奖获得者恩里科·费米（Enrico Fermi）而更名。更多详情可见该实验室官方网站：http：//www. fnal. gov/。

④ 通信与计算研究中心隶属于美国联邦政府于1956年设立的非营利性机构国防分析研究院（Institute for Defense Analyses，IDA），设在比邻首都华盛顿的弗吉尼亚州的亚历山德里亚（Alexandria），主要为国家安全局（NSA）服务。更多详情可见国防分析研究院的官方网站：https：//www. ida. org/。

⑤ 海军分析中心是美国老牌国防科技机构CNA所属的研究中心之一，CNA位于弗吉尼亚州的亚历山德里亚，最初的任务是在第二次世界大战期间帮助美国海军研究对付德国潜艇的办法，现在发展为综合性的非营利研发组织。更多详情可见其官方网站：http：//www. cna. org/centers/cna/。

⑥ 国土安全研究所初建于2004年，现位于弗吉尼亚州的福斯丘奇镇（Falls Church），主要工作是为国土安全部提供决策分析、项目评估、危机分析等。其官方网站是：http：//www. homelandsecurity. org/，近年来的主要工作和成就可见其向国会提交的2012年度报告：Phil Anderson，Director，Homeland Security Studies and Analysis Institute，*Shaping the Nation's Future*，*Informing Solutions for Tomorrow's National Security Challenges*，2012 *Annual Report to Congress*。

土安全系统工程与开发中心（Homeland Security Systems Engineering and Development Institute）。①

　　至于不属于联邦资助研发中心的那些非营利性科技组织，包括高等院校的科研机构，② 它们的研发能力和成就也不容忽视，这里只提声望卓著的两家：一家是全美、也是全球最大的民营非营利科技组织巴特尔纪念研究院（Battelle Memorial Institute），它是依据俄亥俄州工业家戈登·巴特尔（Gordon Battelle）的遗嘱在 1929 年成立的慈善信托机构，在美国和境外 130 个办公地点雇用了 2.2 万多人，涉及国家安全的业务涵盖了先进制造与设计、核生化武器和爆炸物防护、关键基础设施、网络创新、数据分析、高危环境防护、经济研究与技术战略、识别技术、生命科学研究、海洋系统工程、应急医疗和战术系统等领域，客户遍及美国政府各部门。③ 另一家是"SRI 国际"（SRI International）。它起源于斯坦福大学的科研分支，现已发展为著名的独立研发机构，拥有 2000 项专利，在计算机、互联网络、人工智能、雷达技术等方面均有重大发明创造。五角大楼及其所属的国防高级研究计划局（Defense Advanced Research Projects Agency，DARPA）、美国国际开发署、教育部、能源部、交通部、卫生与公众服务

---

　　①　迈特公司的历史可追溯到第二次世界大战期间麻省理工学院研制电子计算机的项目，1958 年美国国会赋予该机构非营利组织的法律地位，让它帮助政府管理若干个联邦资助研发中心。该公司的科研设施主要集中在两处：马萨诸塞州的贝德福德（Bedford）和弗吉尼亚州的麦克莱恩（McLean）。国家安全工程中心由国防部组建于 1958 年，该中心参与研发了美军的空中预警与控制系统（AWACS），并为联邦情报机构服务。国土安全系统工程与开发中心的使命是把联邦国土安全部的不同机构进行系统化集成。有关迈特公司的更多详情可见其官方网站：htp：//www. mitre. org/。

　　②　根据美国国家科学基金会（NSF）的调查，2012 财年美国高等院校的科技研发支出达 658 亿美元，其中 438 亿来自联邦、州和地方政府的资助，其余为高等院校自行筹措。联邦政府对高等院校的科技研发投入最多的机构依次为：卫生与公众服务部、国家科学基金会、国防部、能源部、国家航空航天局和农业部。在研发支出最多的 30 所高等院校中，第一名约翰·霍普金斯大学是私立的非营利机构（该校已经连续 34 年位居榜首）。参见 Ronda Britt，"Higher Education R & D Expenditures Remain Flat in FY 2012"，National Center for Science and Engineering Statistics（NCSES），National Science Foundation，*InfoBrief*，November 2013，NSF 14 – 303。

　　③　巴特尔纪念研究院的总部自 1929 年起一直位于俄亥俄州哥伦布市（Columbus），该机构享有第 501（c）（3）条款免税待遇。更多详情可见其官方网站：http：//www. battelle. org/。

部等联邦机构都是它的大客户。①

（二）支援倡导型组织

支援倡导型组织代表着国家安全领域相关行业或职业的共同价值观和利益，为业内在岗和退休人员提供服务，给需要帮助的人以关爱和扶持，向有关教育和培训项目提供民间资助，有针对性地开展宣传、教育、倡导造势和维权活动。这个群体的组织又可进一步做以下划分。

1. "业内人士"社团

会员制社团是支援倡导型组织群体最常见的组织形式，它们既是联系那些过去和现在服务国家安全体系的人员的纽带，也是维护自身利益、培植相互间的友谊、交流专业信息、促进职业发展的平台。美国外交人员协会（American Foreign Services Association，AFSA）、② 空军协会（Air Force Association，AFA）、③ 美国海军工程师协会（American Society of Naval Engineers，ASNE）、④ 全国军事情报协会（National Military Intelligence Association）、⑤ 国防工业协会（National Defense Industrial Associa-

---

① 这家研发机构创办于1946年，最初"SRI"三个字母代表斯坦福研究院（Stanford Research Institute），1970年从斯坦福大学独立出来，1977年改组为拥有现名称的非营利研发机构。"SRI 国际"享有第501（c）（3）条款免税待遇，其全球总部位于加利福尼亚州的硅谷地区，海内外雇员总数约2500人，年收入5.45亿美元。更多详情可见该机构官方网站：http：//www.sri.com/。

② 美国外交人员协会成立于1924年，设在首都华盛顿，现有缴纳会费的会员1.6万名，代表着美国国务院、国际开发署、对外农业部门、对外商务部门、动植物检疫部门及对外广播系统在职和退休人员的利益。更多详情可见其官方网站：http：//www.afsa.org/。

③ 空军协会于1945年成立，设在弗吉尼亚州的阿灵顿，主要活动是用各种方式向公众介绍空军的状况，宣传空军的重要性，推动空军事业发展，为协会成员及家人提供帮助。该协会享有第501（c）（3）条款免税地位，官方网站是：http：//www.afa.org/。

④ 美国海军工程师协会是美国历史最悠久的专业协会之一（只有六家协会的成立时间早于它），1888年由一群海军工程师发起，总部设在弗吉尼亚州的亚历山德里亚。该协会为促进海军工程事业和培养本行业的专业精神与技术力量贡献良多。官方网站是：https：//www.navalengineers.org/Pages/default.aspx。

⑤ 全国军事情报协会于1973年成立于亚利桑那州的万楚卡堡（Fort Huachuca）基地，其会员并不仅限于在职和退役的军事情报系统人员，还欢迎其他情报机构的人员和对情报工作感兴趣的普通美国公民参加。更多详情可见其官方网站：http：//www.nmia.org/。

tion, NDIA)、① 企业高管国家安全促进会 (Business Executives for National Security, BENS)、② 联邦执法人员协会 (Federal Law Enforcement Officers Association, FLEOA)、③ 全国警长协会 (National Sheriffs' Association),④ 以及国际情报教育协会 (International Association for Intelligence Education, IAFIE) 等都是这样的社团。⑤

2. 退伍军人组织

在支援倡导型社团中,数量最多的恐怕是退伍军人组织。依照《联邦税收法典》第 501 (c) (19) 条款的规定,这类组织不仅免税,而且捐赠者也可享受税收抵扣。虽说全美各种退伍军人组织有 5000 多个,但经联邦退伍军人事务部认定的全国性组织 (会员超过 1000 人而且具有广泛影响) 一共只有 143 个。⑥ 比较典型的有:美国最早获得国会决议批准的退伍军人团体——海军互惠协会 (Navy Mutual Aid Association)、⑦ 拥有

---

① 国防工业协会初创于 1919 年,几经演变后在 1997 年 3 月改用现名。该协会是美国最强大的国家安全领域的非营利组织之一,总部设在靠近五角大楼的弗吉尼亚州阿灵顿。目前协会拥有 1600 个公司会员和 9.1 万名个人会员。更多详情可见其官方网站:http://www.ndia. org/Pages/default.aspx。

② 企业高管国家安全促进会于 1982 年由美国企业家斯坦利·韦斯 (Stanley A. Weiss) 发起,其使命是把美国私营部门的优势 (计划周密、善于创新、讲求效率等) 应用于国家安全事业。该协会的主要合作伙伴是美国联邦政府的关键部门,如国务院、国防部、财政部、国土安全部和情报部门。更多详情可见其官方网站:http://www.bens.org/。

③ 联邦执法人员协会于 1977 年成立,总部设在首都华盛顿。该协会代表着在海关、税务、联邦调查局等 65 个执法机构中工作的 2.5 万名执法人员。更多详情可见其官方网站:http://www.fleoa.org/。

④ 全国警长协会于 1940 年成立,总部位于弗吉尼亚州的亚历山德里亚,代表着美国 3080 名警长 (Sheriff)。该组织的官方网站是:http://www.sheriffs.org/。

⑤ 国际情报教育协会于 2004 年 6 月在宾夕法尼亚州伊利 (Erie) 成立,使命是促进美国情报教育界 (教育者和培训者及相关机构) 的研究、知识和专业发展。该协会的机构会员包括众多情报教育学科的高等院校和相关非营利机构。更多详情可见其官方网站:http://www. iafie.org/。

⑥ U. S. Department of Veterans Affairs, 2012/2013 *Directory*: *Veterans and Military Service Organizations*, *State Directors of Veterans Affairs*, Washington D. C., 2014.

⑦ 海军互惠协会根据美国国会 1879 年 7 月 28 日的决议成立,它为会员提供人寿保险和其他退休年金计划。更多详情可见其官方网站:https://www.navymutual.org/。

240 万名会员和全球 1.4 万个活动点的美国军团（American Legion）、① 美国军队退役人员协会（American Military Retirees Association，AMRA）② 和美国前战俘协会（American Ex-Prisoners of War）等。③

　　3. 私立基金会

　　私立基金会在美国属于法定公益慈善类组织。根据纽约基金会中心（Foundation Center）2013 年发布的数据，2011 年美国共有 81777 家基金会，它们拥有资产达 6620 亿美元，向各界提供的资助达 490 亿美元。不包括国际援助金额，各基金会用于国际事务、和平、安全和人权领域的资助额为 6.93 亿美元。④ 必须指出：美国的基金会对于教育和科研项目的资助（合计 55.35 亿美元）和特大型基金会通过海外援助对国际事务产生的深远影响，有效地助推了美国国家安全战略的实施。⑤ 资助目的单一的基金会或慈善组织，虽然规模较小，但发挥的作用往往是"四两拨千斤"。这方面的实例有国防大学基金会（National Defense University Foundation，NDUF）、⑥ 中央情报局纪念基

---

　　① 美国军团是美国最大的退伍军人、现役军人及军人家属服务与维权的团体之一，根据美国国会 1919 年 9 月 16 日的决议享有特许非营利免税组织地位，总部位于印第安纳波利斯市，在首都华盛顿设有办事处。更多详情可见其官方网站：http：//www. legion. org/front。

　　② 美国军队退役人员协会于 1973 年在纽约州创办，使命是"依法维护退役人员及家人的福利和权益，代表他们在华盛顿和其他地方展开游说"。该组织欢迎所有在美国武装力量（含国民警卫队和预备役部队）中服务过的人员及遗属加入，现有会员约 2.6 万人。更多详情可见其官方网站：http：//amra1973. org/。

　　③ 美国前战俘协会的历史可以追溯到 1942 年由两位新墨西哥州的母亲（她们在美军服役的儿子被日军俘房）发起的一个慈善救助机构——巴坦救助组织（Bataan Relief Organization），1949 年该组织改为现名，1982 年 8 月 10 日美国国会通过决议给予该组织特许非营利免税组织地位。更多详情可见其官方网站：http：//www. axpow. org/。

　　④ The Foundation Center, *Key Facts on U. S. Foundations* 2013 *Edition*, The Foundation Center, 2013.

　　⑤ 按照资产额排列，2011 年美国最大的五家私立基金会为：比尔和梅琳达·盖茨基金会（Bill & Melinda Gates Foundation）为 346 亿美元、福特基金会（Ford Foundation）为 110 亿美元、保罗·格蒂信托基金（J. Paul Getty Trust）为 105 亿美元、罗伯特·伍德·约翰逊基金会（Robert Wood Johnson Foundation）为 90 亿美元、威廉和弗洛拉·休利特基金会（William and Flora Hewlett Foundation）为 73 亿美元。见 The Foundation Center, *Key Facts on U. S. Foundations* 2013 *Edition*, Copyright 2013 The Foundation Center。

　　⑥ 国防大学基金会设立于 1982 年，其使命是吸收私营部门的资金，以便使国防大学在政府拨款之外可以合法地获得额外资源以支持教学和研究。该基金会享有第 501(c)（3）条款免税地位，其官方网站是：http：//www. ndufoundation. org/。

金会（CIA Memorial Foundation）、① 马萨诸塞军队英雄基金（Massachu-setts Military Heroes Fund）、② 国家情报教育基金会（National Intelligence Educational Foundation）、③ 林特国家安全研究中心（Lint Center for National Security Studies, Inc.），④ 以及国家密码博物馆基金会（National Crypto-logic Museum Foundation, NCMF）等。⑤

4. 教育类组织

就其本质而言，这类组织所做的都是一件事：要用比较系统的知识、开放的信息资源、生动活泼的方式和灵活多样的媒体，对公众进行国家安全方面的教育。由研发第一颗原子弹的科学家们发起成立的美国科学家协会（Federation of American Scientists, FAS）是这类组织的杰出代表。⑥ 国土安全与国防教育联盟协会（Homeland Security and Defense Education Consortium Association, HSDECA）、⑦ 国家安全网络组织（National Security

---

① 中央情报局纪念基金会成立于2001年12月，其使命是向因公去世的特工子女和配偶提供奖学金。该基金会享有第501(c)(3)条款免税地位，其官方网站是：http://www.ciamemo-rialfoundation.org/。

② 马萨诸塞军队英雄基金设立于2009年，创意来自已故的该州联邦参议员爱德华·肯尼迪（Edward M. Kennedy）和一些"9·11"事件受害者家庭。该基金享有第501(c)3条款免税地位，资助对象是本州"9·11"事件之后阵亡的美军的家人。更多详情可见其官方网站：ht-tp://www.massmilitaryheroes.org/。

③ 国家情报教育基金会设在弗吉尼亚州的梅里菲尔德（Merrifield），1985年获得第501(c)(3)条款免税地位，其官方网站是：http://www.niefoundation.org/。

④ 林特国家安全研究中心成立于2007年，主要业务是向美国反间谍部门和国家安全部门的工作人员及其子女提供奖学金，同时主管若干美军和国家安全部门有关反间谍工作的交流网站和在线论坛。该组织享有第501(c)(3)条款免税地位，官方网站是：http://lintcenter.org/。

⑤ 国家密码博物馆基金会于1996年春组建，是第501(c)(3)条款免税组织，其核心业务是资助由国家安全局主办的美国情报机构唯一公共博物馆——国家密码博物馆（National Cryp-tologic Museum）。该基金会及博物馆均坐落在国家安全局总部附近。相关详情可见该基金会官方网站：http://www.cryptologicfoundation.org/。

⑥ 美国科学家协会于1945年成立，位于首都华盛顿，其基本宗旨是传播基于科学的分析和方法的信息，以防止对于国家安全和国际安全的灾难性威胁，特别致力于核裁军、反对核扩散和核恐怖主义。更多详情可见该组织的官方网站：http://www.fas.org/index.html。

⑦ 国土安全与国防教育联盟协会位于佛罗里达州，是由相关的教育机构、国土安全机构、国防机关、民防组织、志愿性救援组织等组成的网络化联合体，使命是促进国土安全与国防教育及相关的教育计划认证。更多详情可见其官方网站：http://www.hsdeca.org/。

Network），① 以及免费向公众提供丰富文献资源的国家安全档案馆（Na-
tional Security Archives）也属于教育机构。② 此外，以国家航空航天博物
馆（Smithsonian's National Air and Space Museum）、③ 乔治·巴顿将军博物
馆（General George Patton Museum）④ 为代表的一大批科技、军事和历史
主题的博物馆是向公众尤其是中小学生普及国防知识、进行爱国教育的绝
佳场所。⑤

（三）实务（行动）型组织

实务或曰行动型组织虽然也进行公众教育和倡导造势活动，但它们
的基本使命是采取行动，主要是展开国内外的应急救援、执行海外援助
项目和参加某些敏感的海外"安全行动"。在各种自然灾害发生后能第
一时间启动救援程序、随时准备应对包括核生化袭击在内的各种突发国
家安全危机方面，最重要的三家非营利组织是美国红十字会、全国救灾
志愿组织联盟（National Voluntary Organizations Active in Disasters,

---

① 国家安全网络组织于 2006 年 7 月成立，位于首都华盛顿，有 2000 多名成员，是联邦税
务局确认的第 501（c）（4）条款免税组织（福利促进类团体）。它的基本活动是向广大公众介绍
国家安全方面的信息，普及相关知识，同时力图用该组织的理念影响政府官员。更多详情可见其
官方网站：http：//nsnetwork.org/。

② 国家安全档案馆由一群美国新闻记者和学者在 1985 年创建，设在乔治·华盛顿大学的
图书馆（Gelman Library）内，是一个独立的、享有联邦免税待遇的非营利组织，被《洛杉矶时
报》誉为世界上最大的非政府国家安全资料档案库。更多详情可见其官方网站：http：//www2.
gwu.edu/~nsarchiv/index.html。

③ 国家航空航天博物馆是全球最大的航空航天博物馆，其"出生证"是 1946 年杜鲁门总
统签署的一项法案。现位于首都华盛顿市区中心的馆址于 1976 年 7 月 1 日开馆，每年接待量约
800 万人。该博物馆的半数经费来自联邦政府。更多详情可见其官方网站：http：//airandspace.
si.edu/。

④ 该博物馆由巴顿博物馆基金会（The Patton Museum Foundation）支持，是美国陆军系统
最大的博物馆，也是全世界收藏坦克和军车数量最多的博物馆。博物馆的官方网站是：http：//
www.generalpatton.org/。

⑤ 根据美国博物馆联盟（American Alliance of Museums，AAM）的统计，全美国有 1.75 万个
博物馆，每年接待的学生数量为 5500 万人次，见 http：//aam-us.org/about-museums/museum-
facts，2014 年 2 月 10 日。

National VOAD）① 和一直被简称为"联合行动"组织（InterAction）的美国志愿国际行动委员会（American Council for Voluntary International Action）。②

　　美国红十字会是全美规模最大、应急动员能力最强的非营利组织。③联邦法律规定，红十字会的顾问委员会成员应由八到十名政府部门和军方首长组成并须经总统任命，红十字会位于首都的全国总部是联邦政府资产，年度工作报告要向国防部长提交，年度审计由国防部负责。④ 红十字会的五大业务之一是为美军和军属提供各种各样的支持，整个组织系统纳入国土安全部联邦紧急事务管理署（FEMA）拟订的《联邦应急响应计划》（National Response Framework）。⑤ 2010 年 10 月 22 日，联邦紧急事务管理署和美国红十字会签署了备忘录，强化双方在应急响应和灾后重建方面的合作。⑥ 全国救灾志愿组织联盟是《联邦应急响应计划》指定的另外一家非营利救援机构，有 110 家团体会员。它强调并在行动中贯彻"4C原则"，即合作（Cooperation）、沟通（Communication）、协调（Coordination）和协同（Collaboration），与各级地方政府、工商企业及全国、州、地方和基层民间团体一道构成了有效的应急响应网络。"联合行动"组织由 180 余家美国的国际性非营利组织组成，其中的多数成员通过了美国国际开发署的援外资格认证，具备全球快速响应能力，是美国对外提供非军事类发展援助和开展海外应急灾难救援的民间总协调机构。这里还应说

---

　　① 全国救灾志愿组织联盟组建于 1970 年，总部位于弗吉尼亚州的阿灵顿，享有第 501（c）3 条款免税地位。该组织在全美各地的成员组织有 110 个，其中包括众多在美国声誉卓著的非营利组织、宗教慈善团体和社区服务组织，更多详情可见其官方网站：http：//www. nvoad. org/。另可参见：U. S. Department of Homeland Security, *Quadrennial Homeland Security Review Report：A Strategic Framework for a Secure Homeland*, February 2010, Washington D. C. , pp. A7 - A8。

　　② "联合行动"组织于 1984 年成立，总部位于首都华盛顿，享有第 501（c）（3）条款免税地位，与美国国务院等政府部门和主流媒体关系密切，其官方网站是 http：//www. interaction. org/。

　　③ 美国红十字会创建于 1881 年，目前在全国各地有大约 3.5 万名专职人员、100 万名志愿者和 700 个地方分支机构，每年要应对约 7 万起灾害和事故，受理 400 万人献血，对 1500 万人进行防灾和急救常识的培训，年度支出超过 30 亿美元。更多详情可见其官方网站：http：//www. redcross. org/。

　　④ *Congressional Charter of the American National Red Cross*, May 2007【36 U. S. C. § § 300101 - 300113 recodified2007】。

　　⑤ U. S. Department of Homeland Security, *National Response Framework*, Second Edition, May 2013, Washington D. C. , p. 9。

　　⑥ 参见网页 http：//www. fema. gov/media - library/assets/videos/76314，2014 年 2 月 9 日。

明：在全国救灾志愿组织联盟和"联合行动"组织中，美国红十字会都是骨干团体会员。

在境外开展"安全行动"的非营利组织大多披着神秘的面纱。下面仅举两例。一个是班克罗夫特环球发展组织（Bancroft Global Development, BGD），它是美国联邦税务局批准的公益慈善类非营利组织，自称其使命是促进海外冲突地区的文官治理和法治，维持稳定和安全，但不排除使用"适当的武力"。① 据《纽约时报》披露，这个组织实质上是一个得到美国政府大力资助的保安公司，负责在乌干达和索马里培训政府军，以便打击青年党（al‒Shabab）等极端武装势力。② 另一个组织是叙利亚支援组织（Syria Support Group, SSG），它是叙利亚危机的直接产物，由在美国和加拿大居住的反阿萨德政权的叙利亚裔人士发起，是迄今为止唯一获得美国财政部批准可以直接向叙利亚反对派提供援助（包括非致命性军用器材）的非营利组织。③

三　分析与结论

以上事实说明，美国非营利部门对于维护国家安全发挥的作用远超一般人想象。归纳起来，智力服务型组织主要发挥着国家安全思想库、智囊团和科学技术专家的作用，同时兼有信息传播、公众教育和人才交流、储备的功能；支援倡导型组织既是联系、代表和服务国家安全体系"圈内人"的纽带，也是国家安全教育的提供者和倡导、动员、培训平

---

① 班克罗夫特环球发展组织于 1999 年成立，总部设在首都华盛顿，在肯尼亚和索马里注册为非政府组织，在阿拉伯联合酋长国注册为自由贸易区机构（Free Trade Zone Establishment），其经费来源包括美国国务院、私人捐赠和班克罗夫特环球投资公司（Bancroft Global Investment, BGI）的利润。更多详情可见其官方网站：http：//www. bancroftglobal. org/。

② Jeffrey Gettleman, Mark Mazzetti, and Eric Schmitt, "U. S. Relies on Contractors in Somalia Conflict", *The New York Times*, New York Edition, Saturday, August 11, 2011, p. A1.

③ 叙利亚支援组织于 2011 年成立，办公地点靠近白宫。2012 年 7 月 23 日联邦财政部外国资产管制办公室（Office of Foreign Asset Control）向该组织颁发了许可证（编号 SY‒2012‒294747‒1，有效期至 2014 年 7 月 31 日），从而为其扫除了援助叙利亚反对派的法律障碍。联邦税务局正在审查叙利亚支援组织关于获得第 501(c)(3) 条款免税地位的申请。更多详情可见其官方网站：http：//www. syriansupportgroup. org/。

台；实务（行动）型组织不单是国土安全应急体系和海外应急救援的
重要组成力量，还能够为政府和企业所不能为，承担某些特殊的国家安
全使命。

（一）非营利组织扮演的角色

具体而言，美国非营利组织扮演着六种"圈外角色"。

1. 安全战略和政策智囊团

学术界对此已经有大量研究，无须赘述。笔者只想指出两点：首先，
过去 30 年来，由于出现了众多需要系统性专业知识才能应对的国家安全
新议题，智库及其他非营利组织对于美国国家安全战略和政策的影响呈现
增强和多元化趋势。2004—2006 年的"普林斯顿国家安全项目"（Prince-
ton Project on National Security，PPNS）① 影响广泛而且深刻，以至于英国
著名的美国问题专家英德吉特·帕马（Inderjeet Parmar）教授说，奥巴马
政府的国家安全战略脱胎于普林斯顿国家安全项目。② 同样，众多非营利
组织参与了美国对海洋、太空、网络空间和南极洲这些全球公域（global
commons）的战略和政策的制定过程。③ 其次，美国政府在确定国家安全
议程、制定相关政策、起草和发布面向公众的专题文件过程中，越来越重
视来自不同非营利组织的意见，这在后"9·11"时期尤为明显。如
"9·11"事件调查委员会报告、④ 国家情报委员会（NIC）关于 2030 年
全球趋势的报告、⑤ 关于改革国家情报监控行动的报告等，都吸收了有

---

① "普林斯顿国家安全项目"是一个持续数年，参与者包括众多智库、基金会、高等院校
和前政府高官的大型研究项目，最终成果是一份论述 21 世纪美国国家安全的报告（*Forging A
World of Liberty Under Law：U. S. National Security in the 21st Century*）。该项目官方网站：ht-
tp：//www. princeton. edu/ ~ ppns/。

② Professor Inderjeet Parmar，"Obama's National Security Strategy：Made at Princeton"，availa-
ble at：http：//blogs. lse. ac. uk/ideas/2010/06/obamas – national – security – strategy – made – at –
princeton/，2014 – 01 – 27.

③ 马建英：《美国全球公域战略评析》，《现代国际关系》2013 年第 2 期。

④ The National Commission on Terrorist Attacks Upon the United States（also known as the 9 – 11
Commission），*The 9/11 Commission Report*，July 22，2004，available at：http：//www. 9 –
11commission. gov/，2014 年 2 月 11 日。

⑤ National Intelligence Council，*Global Trends* 2030：*Alternative Worlds*，December 2012，NIC
2012 – 001，pp. 134 – 136.

代表性的非营利组织参加，其中还包括因国家安全局监控计划而把联邦政府诸多部门告上法庭的美国公民与自由联盟（American Civil Liberties Union，ACLU）。① 美国思想市场（market of ideas）的低成本、低风险和高竞争收益环境，是造就这种多元化智力服务链的根本条件。

2. 跨学科的科学技术专家

这不仅体现在国家实验室等机构研制核武器、激光武器、高速航天器，以及开展相关基础研究时取得的重大科学技术成果上，还体现在一大批非营利性研发机构的专家所做出的软科学贡献：他们用自己的跨学科专业知识和创造性思维提供了国家安全事业急需的解决方案。比如，分析服务公司（Analytic Services Inc.）为美国空军、国家航空航天局、国防部和国土安全部提供所需的装备论证和技术方案。它的研究团队曾经促使美国空军的侦察与电子战部门（AF/RDR）成立无人机管理机构，参与对"哥伦比亚"号航天飞机事故的调查，在短时间内完成了对美国军事基地调整计划的评估。②

3. "圈内人"的大本营和交流平台

无论是在国家安全委员会担任高官还是入伍服役当一名士兵，参加美国国家安全事业的人都不难在有关的非营利组织中找到共同语言、归属感、帮助甚至奖赏。在这方面，几个前海豹突击队队员组成的小团体与联邦情报机构和安全机关最大社团——情报和国家安全联盟（Intelligence

---

① Richard A. Clarke, Michael J. Morell, Geoffrey R. Stone, Cass R. Sunstein and Peter Swire, "Liberty and Security in a Changing World, Report and Recommendations of the President's Review Group on Intelligence and Communications Technologies", December 12, 2013, p. 279, available at: http://www.whitehouse.gov/blog/2013/12/18/liberty–and–security–changing–world, 2014–02–11. 美国公民与自由联盟于 1920 年成立，总部位于纽约市，在全国拥有 50 万名会员。它的官方网站是：https://www.aclu.org/contact–us。该组织在斯诺登曝光国家安全局监控项目后向联邦法院控告美国政府侵害公民隐私和宪法权利。纽约州南区联邦法院对此案的判决见：United States District Court, Southern District of New York, *ACLU v. James R. Clapper*, 13 Civ. 3994 (WHP), December 22, 2013。

② 分析服务公司被业内人士称为"安塞尔"公司（ANSER），1958 年在加利福尼亚州成立，主要研究机构分布在弗吉尼亚州和科罗拉多州的三处地点，更多详情可见其官方网站：http://www.anser.org/。

and National Security Alliance，INSA）并无本质上的差别。① 2013 年 10 月
10 日，在纽约哈德逊河畔的盛装晚宴上，企业高管国家安全促进会
（BENS）把该协会的艾森豪威尔奖颁给了基思·亚历山大（Keith B. Alex-
ander）将军，② 而且晚宴的嘉宾谈话主题是网络安全。③ 不难理解，这是
"圈内人"社团对因 2013 年夏天的"斯诺登事件"而引发的强烈社会反
响的一种回应。

4. 公众的教育者和辅导员

美国非营利组织的一个突出特点是，无论是三大群体中的哪一类组
织，大家都通过各种方式发挥着公共教育功能，而且非常注意利用互联网
的新媒体工具。教育的对象并不仅仅是普通民众，还包括国家安全系统中
的官员、武装部队成员。教育的内容是有关国家安全的基本知识、国际事
务动态、相关背景说明、本组织的活动报道和本组织的专业见解。这对于
在全体人民中弘扬爱国主义、凝聚社会共识作用明显。④ 美国现役武装部
队不足 150 万人，仅占全美总人口的不足 0.5%（第二次世界大战期间曾
达到 12%），但军队在美国社会中的"存在感"和荣誉感都很强，这同遍
布全国的退伍军人组织、爱国团体及军事、历史题材博物馆的教育活动有
极大关系。

这里不能不提到好莱坞。好莱坞对于强化全体人民的国家安全意识，
刻画保卫美国国家安全的英雄形象（尤其是军人、外交官和特工）功不

---

① 这个组织始建于 1979 年，当时称为"安全事务支援协会"（Security Affairs Support Asso-
ciation，SASA），主要成员是国家安全局（NSA）雇员。2005 年 11 月，机构改组后采用现名，会
员范围扩展至所有情报机构和国家安全机关。该联盟设在弗吉尼亚州阿灵顿，现有 150 家团体会
员和 1000 多名来自相关政府部门、私营机构和学术机构的个人会员。更多详情可见其官方网站：
http：//www. insaonline. org/。

② 四星将军基思·亚历山大（Keith B. Alexander），时任美国国家安全局局长、美军网络战
司令部司令。

③ 2013 BENS NY Eisenhower Award Dinner，available at：http：//www. bens. org/page. aspx?
pid = 466，2014 年 2 月 11 日。

④ 背景情况说明的一个典型例子：2014 年 1 月，正当中韩两国痛批安倍晋三首相就参拜靖
国神社问题发表的错误言论时，美国亚洲政策焦点研究中心（Asia Policy Point，APP）主任明
迪·科特勒（Mindy L. Kotler）在《国家利益》（The National Interest）双月刊网站发表的文章用
清晰的语言和无可辩驳的历史事实告诉公众：靖国神社与阿灵顿公墓有本质区别。参见：Mindy
Kotler，"Sorry，Japan：Yasukuni Is Not Arlington"，January 16，2014，available at：http：//nation-
alinterest. org/commentary/sorry – japan – yasukuni – not – arlington –9718，2014 年 1 月 30 日。

可没。要在娱乐业高奏美国式的"主旋律"，制造对于美国国家安全的威胁和解除这种威胁的神话，不仅有赖于成功的商业公司，也离不开五角大楼、影视界社团和其他相关非营利组织。① 没有美国制片人协会（Producers Guild of America，PGA）、② 电影艺术与科学学院（Academy of Motion Picture Arts and Sciences，AMPAS)③ 等机构的运作，《拆弹部队》《逃离德黑兰》④《国土安全》等影视片就难以走红。这其中有太多的奥秘，在此只能点到为止。

5. 人力资源的培训基地和周转库

毋庸置疑，智库在这方面起了最主要的作用，但许多其他非营利组织也有这种功能。"旋转门"不仅仅体现出美国政治体制的特色，也反映出国家安全对人力资源的要求：对于任何一个参与国家安全事业的人，尤其是决策者来说，没有积累起来的专业知识、世界眼光、研究能力、沟通技巧和国内外的人脉关系，就难以胜任繁重的工作。而非营利组织正是获得这些素养的基地。在美国的国家安全体系中，具有非营利组织经历的重量级人物可谓比比皆是。现任总统国家安全事务顾问苏珊·赖斯（Susan Rice）曾在布鲁金斯学会研究美国外交政策、反贫困、跨境安全威胁、"失败国家"（failing states）等问题。利昂·帕内塔（Leon E. Panetta）在出任奥巴马政府的中央情报局局长和国防部部长之前，曾和夫人共同领导帕内塔公共政策研究所（Panetta Institute for Public Policy），卸去公职后又回到该组织担任理事长。这家非营利机构的大量活动涉及国际事务和美国

---

① Jean – Michel Valantin, *Hollywood, the Pentagon and Washington*, London: Anthem Press, 2005.

② 美国制片人协会于 1962 年成立，会员超过 6000 人，官方网站是：http://www.producersguild.org/。

③ 电影艺术与科学学院于 1927 年成立，现有会员 6000 多人。更多详情可见其官方网站：http://www.oscars.org/。

④ 《逃离德黑兰》（*Argo*）获得第 85 届奥斯卡最佳故事片奖。美国前总统卡特认为，这个讲述伊朗伊斯兰革命期间中央情报局特工帮助美国驻伊朗大使馆被扣人员脱身的故事很棒，但与历史事实不符。这件事情加拿大人做出了 90% 的贡献，主要的英雄人物是时任加拿大驻伊朗大使。卡特就此问题接受采访的全文见：http://piersmorgan.blogs.cnn.com/2013/02/21/jimmy – carter – on – argo – its – a – great – drama – and – i – hope – it – gets – the – academy – award – for – best – film – because – i – think – it – deserves – it/，2014 年 2 月 12 日。

的外交与安全政策。① 奥巴马总统第二任期的国务卿约翰·克里（John Kerry）和国防部长查克·哈格尔（Chuck Hagel）上任前均为美国安全项目组织（American Security Project，ASP）的创始人，② 后者还在2009年2月当选为大西洋理事会的理事长。

6. 国家安全战略的实施助手

有些非营利组织就是联邦政府的"白手套"，以私立组织的身份参与实施美国的国家安全战略，可以为政府所不能为，也可以比政府做得更有效率。最能说明问题的是全国民主基金会（National Endowment for Democracy，NED），它在全球近百个国家支持草根民间组织（包括鼓吹西藏、新疆独立的组织），每年上亿美元的经费完全仰仗联邦财政预算。国务院、美国国际开发署等联邦机构均对它的活动予以精心指导。③

（二）推动非营利组织维护国家安全的因素

为什么美国的非营利部门能够比较深入地参与到国家安全事业中去呢？换言之，有哪些因素推动非营利组织去维护美国的国家安全呢？笔者认为，至少有以下四方面原因。

1. 美国独特的历史文化传统

美国是个先有民间组织和民众自治，后有联邦政府的国家。民众结社在北美殖民地时期就很普遍，民间组织对于保持地方的秩序和安宁起到了积极作用，在美国革命中也屡建功勋。缔造了美利坚合众国的独立战争，

---

① 帕内塔公共政策研究所成立于1997年，设在加利福尼亚州立大学的蒙特雷湾（Monterey Bay）校园内，是享有第501（c）（3）条款免税待遇的组织。更多详情可见其官方网站 http：//www. panettainstitute. org/。

② 美国安全项目组织于2005年成立，设在首都华盛顿，享有第501（c）（3）条款免税待遇，其基本宗旨是要让美国公众和世界认识到21世纪国家安全的新变化。该组织的官方网站是：http：//americansecurityproject. org/。

③ 全国民主基金会于1983年由美国国会决议创设，位于首都华盛顿，其宗旨是促进及推动全球的民主化，并向目标国家和地区的非政府组织及团体提供资助，其官方网站是：www. ned. org/。2013财年该组织从联邦财政获得的拨款额为1.18亿美元。关于这个组织的更多情况和美国政府通过资助非营利组织在大中东地区推进民主的具体计划，见：Stephen McInerney and Cole Bockenfeld, *The Federal Budget and Appropriations for Fiscal Year* 2014：*Democracy*，*Governance and Human Rights in the Middle East and North Africa*，September 2013，Washington D. C.，available from Project on Middle East Democracy（POMED，位于首都华盛顿的非营利组织），http：//pomed. org/wp－content/uploads/2013/09/FY2014－Budget－Report. pdf，2014年2月15日。

第一枪就是由民兵组织打响的。乔治·华盛顿统率的大陆军尽管是临时拼凑的一支"杂牌队伍",但始终获得人民的大力支持。美国的建国之父托马斯·杰斐逊认为:"人民是维护我们自由的唯一靠山。"① 而无数的美国公民也相信:国家安危,匹夫有责。结社自由传统、志愿者精神与围绕公民权利和义务构建的政治文化延续至今,经久不衰,并在冷战结束后更加昌盛,于是造就了在其他国家罕有的现象,即民间身份的非营利组织与国家安全事业达到了深度交融的程度。

　　2. 非营利部门自身的巨大变化

　　美国非营利部门的面貌在过去 60 年中,特别是最近 30 年多间的变化可谓沧海桑田。1950 年全美只有 5 万个非营利组织。② 1954 年的《联邦税法》确定了联邦免税非营利组织的基本制度框架,《1986 年税收改革法》(Tax Reform Act of 1986) 和此后的一系列法律又使这一制度持续完善。美国社会治理方面的这些重大创新,为非营利部门的健康、可持续发展奠定了法治基础。20 世纪 80 年代以来,在经济、社会和技术因素综合作用下,美国非营利部门迎来发展高潮。据联邦税务局统计,1982—2012 年的 30 年,联邦免税组织的数量从 86.9 万增长到 161.6 万,其中公益慈善类组织从 32.2 万猛增到 108.1 万。③ 在数量增长的同时,非营利组织的财务实力、项目实施能力、创新精神和内部治理水平也有长足进步,这在 21 世纪头十年尤为显著。仅以向联邦税务局提交年度报表的部分(约 30 万家)公益慈善类组织而言,2001—2011 年,它们的资产总量从 1.57 万亿美元膨胀到 2.83 万亿美元,支出总额从 8120 亿美元增加至 1.5 万亿美

---

　　① [美]托马斯·杰斐逊:《致詹姆斯·麦迪逊》(巴黎,1787 年 12 月 20 日),[美]托马斯·杰斐逊:《杰斐逊选集》,朱曾汶译,商务印书馆 2011 年版,第 434 页。

　　② [美]贝希·布查尔特·艾德勒、大卫·艾维特、英格里德·米特梅尔:《通行规则:美国慈善法指南》(2007 年第 2 版),金锦萍、朱卫国、周虹译,中国社会出版社 2007 年版,第 1 页。

　　③ U. S. Internal Revenue Service, Table 20. Number of active entities on exempt organizations master file, Commissioner and Chief Counsel, 1983 Annual Report, Washington D. C. , p. 64; Table 25, Tax - exempt Organizations and Nonexempt Charitable Trusts, Fiscal Years 2011 and 2012, Data Book 2012, Washington D. C. , p.56. 同 2012 年相比,2013 年美国联邦免税非营利组织的数字略有减少。——作者注

元。① 伴随综合实力的增长，非营利部门有能力关注和介入远比传统型公益慈善事业更加广阔的领域，② 其中就包括向国家安全相关事业投入各种资源、提供丰富的服务。

美国非营利部门"高歌猛进"的时期，与美国财富向精英阶层加速集中的过程完全重合。20 世纪 70 年代，占人口 1% 的最富裕美国人在全部收入中占比约 9%，而今天这个比重是 22%。③ 在现行体制下，以金融垄断集团为代表的美国财富精英不仅通过选举政治实现和维护自己的利益，也非常看重非营利部门这个联系广泛的社会渠道。事实证明，大基金会、知名智库、全国性社团和名牌大学是美国政治精英、财富精英和知识精英的利益交会点。④ 所以毫不奇怪，为什么美国军工企业的"巨无霸"和国防、情报服务承包商对国家安全事业中的三大非营利群体都慷慨资助、热心参与。⑤

3. 美国政府对非营利部门的重视与支持

过去 30 多年间，美国政府对于非营利部门在维护国家安全方面的作用和潜力越来越重视。这是一个渐进的过程，客观上与过去大约一代人的时间内美国政府的治理转型，即以新联邦主义为特征的公共行政管理改革

---

① Sarah L. Pettijohn, *The Nonprofit Sector in Brief: Public Charities, Giving and Volunteering*, 2013, The Urban Institute, Washington D. C., 2013, p. 2.

② 关于美国的传统型公益慈善与现代非营利事业的关系及制度演变概述，可见：Kerry O'Halloran, Myles McGregor - Lowndes and Karla W. Simon, *Charity Law & Social Policy, National and International Perspectives on the Functions of the Law Relating to Charities*, Springer, 2008, pp. 271 - 331。

③ "Coming to an Office near You: the Effect of Today's Technology on Tomorrow's Job Will be Immense-and No Country is Ready for It", *The Economist*, January 18, 2014, p. 9.

④ 研究美国掌权精英群体的权威之一是加州大学圣克鲁斯（Santa Cruz）校区的社会学教授威廉·多姆霍夫（G. William Domhoff）。其专著《谁统治美国》（*Who Rules America? The Triumph of the Corporate Rich*）已经出到第 7 版。多姆霍夫教授领导的团队通过对 2750 个机构（含非营利组织）和 9121 名精英人物的分析得出结论：美国的权力结构基于相互联系的 2563 个大公司、6 个商业领袖和政策讨论方面的集体、33 家知名智库、82 家大基金会、47 所拥有雄厚基金的私立大学和 19 个服务于总统的白宫顾问委员会。见：http://www2. ucsc. edu/whorulesamerica/power_ elite/interlocks_ and_ interactions. html，2014 年 2 月 14 日。

⑤ 这里仅举一例：在 2012 年度美国航空航天博物馆的捐赠名单中，位列榜首的是军火商巨头洛克希德·马丁公司（Lockheed Martin），见：http://airandspace. si. edu/about/governance/annualreport2012/donors. cfm，2014 年 2 月 12 日。

同步。① 纵览白宫自 1978 年开始发布的主要《国家安全战略》，人们不难发现：非营利组织或非政府组织（nongovernmental organizations）等词语，在里根政府和老布什政府时期的版本中还鲜见踪影，而从克林顿政府时期开始，这些词语出现的频率越来越高，直到奥巴马政府的首个《国家安全战略》中把非营利部门上升到维护美国国家安全的"战略伙伴"的地位。② 与此相适应，2010 年美国政府的第一份《外交与发展四年评估报告》把跨国网络性组织（transnational networks）、基金会、宗教团体、非政府组织等私营机构及公民个人（private citizen）列为 21 世纪美国外交与安全的关注点和重要参与者。③

美国非营利部门成为国家安全事业的战略伙伴，既是美国历史文化传统在当代发扬光大的表现，也是美国非营利部门经历高速成长之后，其代表利益和影响力广泛扩张的逻辑后果。更为重要的是，这反映出美国政府对于 21 世纪美国国家安全的定义、使命、目标和实现手段都有了新的认识。经济全球化、第三次工业革命、④ 苏联解体、中国崛起、大规模杀伤性武器、无人机、恐怖主义、有限的自然资源、非国家势力（Non - State factor）、跨境犯罪等因素已经使国际局势发生了极其深刻的变化，由此带来的直接后果是：当代国家安全事务日趋复杂并向私人领域扩散，维护国家安全所需的知识呈现出爆炸性增长的趋势，对相关人才和其他专业性资源的需求急剧增加。单凭政府的财力和机构能力，已经远远不能适应这种

---

① ［美］罗伯特·登哈特、珍妮特·登哈特：《公共行政：一门行动的学问》（第6版），谭功荣译，唐娟校，北京大学出版社 2013 年版，第 72—92 页。

② The White House, *National Security Strategy*, January 1987, Washington D. C. ; The White House, *National Security Strategy*, March 1990, Washington D. C. ; The White House, *A National Security Strategy of Engagement and Enlargement*, July 1994, Washington D. C. ; The White House, *A National Security Strategy for a New Century*, December 1999, Washington D. C. ; The White House, *National Security Strategy*, September 2002, Preface by President George W. Bush, Washington D. C. ; The White House, *National Security Strategy*, March 2006, Preface by President George W. Bush, Washington D. C. , and The White House, *National Security Strategy*, May 2010, Washington D. C. , p. 16.

③ U. S. Department of State and USAID, *Leading Through Civilian Power*: *The First Quadrennial Diplomacy and Development Review*, 2010, Washington D. C.

④ Jeremy Rifkin, *The Third Industrial Revolution*: *How Lateral Power is Transforming Energy*, *the Economy*, *and the World*, New York: Palgrave Macmillan, 2011.

局面，更何况美国联邦政府和许多地方政府已经债台高筑。① 即便能够解决经费问题，政府部门的执行力、办事效率和实际工作效果也往往不如非营利机构。于是，采取多种措施引导、鼓励和扶持非营利部门参与维护国家安全的事业，就顺理成章地成为美国政府的战略性选择。

据测算，美国非营利部门收入的30%来自政府。② 而如前所述，只要有政治意愿和制度设计，政府对于许多担负特殊使命的非营利组织的支持力度可以达到100%。所有的国家安全关键部门都设有支持和利用非营利组织的特定项目或工作渠道。例如，对于美国国务院来说，非营利组织是利用互联网营造有利于美国的国际环境、扶持代理人夺取目标国家政权的便利组织中介。③ 美国国防部编写的工作指南详述了非营利组织可以为武装部队成员家庭提供的12个方面的帮助，以引导非营利组织更好地"拥军优属"。④ 国土安全部不仅在陆地边界安全、国家应急响应计划等方面有赖于非营利组织的大力配合，还设有专项资金以支持大都市区域高风险非营利组织加强自身安全防范的项目（Non – Profit Security Grant Program，NSGP）。⑤ 至于无孔不入的联邦情报机构，它们可以非常方便地利用各种非营利组织达到自己的目的，如通过名为"先进技术情报人力资本发展中心"（Advanced Technical Intelligence Center for Human Capital Development，ATIC）的公益慈善组织来满足情报系统对人力资源的需求、⑥ 在伍斯特理工学院（Worcester Polytechnic Institute，WPI）等一批私立高等院

---

① 据美国联邦财政部数据，截至 2014 年 5 月 1 日，联邦政府债务总额达 17474314085413.25 美元，即大约 17.4743 万亿美元。见：http：//www. treasurydirect. gov/NP/ debt/current，2014 年 5 月 5 日。

② Lester M. Salamon ed.，*The State of Nonprofit America*，2nd Edition，Washington D. C.： Brookings Institution Press，2012，p.48.

③ 刘兴华：《奥巴马政府对外网络干涉政策评析》，《现代国际关系》2013 年第 12 期。

④ U. S. Department of Defense，Military Community & Family Policy，*Primer for Civilian Nonprofit Organizations：Providing Support to Our Military Families*，October 2013，Washington D. C.

⑤ 2013 财政年度该项目的拨款总额为 1000 万美元，详细情况可见：U. S. Department of Homeland Security，*Fact Sheet：FY 2013 Nonprofit Security Grant Program NSGP*。

⑥ 先进技术情报人力资本发展中心位于俄亥俄州戴顿（Dayton），享有第 501（c）（3）条款免税待遇，其成立的根本目的是缓解美国情报机构和相关政府部门人力资源的紧缺，其官方网站为：https：//www. atichcd. org/。

校中推进网络安全研究。[①]

4. "9·11 效应"的作用

美国虽然是世界头号军事强国，但无论是总统、商界领袖还是知名非营利组织的头面人物，总念念不忘美国领导地位和美国利益所面临的那些现实的或可能的挑战乃至威胁。美国民众对本国安全的担忧和警惕始终存在，只不过其程度在不同时期有所变化而已。[②] "9·11" 事件永久性地改变了美国，这种改变的表现之一便是领导人和国民对维护国家安全的高强度、持久性的关注与投入。"9·11 效应"极大地提振了美国人民的爱国热情，助推了爱国团体的繁荣，直接导致了一大批以维护国家安全为己任的非营利组织的诞生，并激发既有的非营利组织向国家安全事业投入更多资源。[③] 不可否认，在这个多元化的国度，"9·11 效应"也使得一些非营利组织对国家安全议题采取了较为偏执的超级强硬立场，从而不可避免地引发国内政治或外交方面的反弹。[④] 但无论如何，如今只要是美国人认准了一件有助于加强和维护美国国家安全的事，那么在非营利部门中就一定会有机构乐于站出来承担，或者有人为此组建新的非营利组织。这种情况在 "9·11" 事件之后的美国年年发生，屡见不鲜，而且势头不减。

总之，美国独特的历史与国情为民间人士及其组织深度介入国家安全事业准备了丰富的文化土壤。第二次世界大战结束后，伴随着美国国家安

---

① 马萨诸塞州的伍斯特理工学院于 1865 年建校，是美国著名理工科学府，近年被国家安全局和国土安全部确定为重点信息安全教育与研究机构。截至 2013 年年底，美国 43 个州、首都华盛顿特区和波多黎各共有 181 所高校被列入相关计划。参见：NSA Press Release, "2013 National Centers of Academic Excellence in Information Assurance Education and Research Designees Announced", December 1, 2013, available at：http：//www. nsa. gov/public_ info/press_ room/2013/academic_ excellence_ designees. shtml, 2014 – 02 – 15。

② 在 2013 年底皮尤研究中心（Pew Research Center）与对外关系委员会合作的民调中：高达 83% 的美国公众认为美国长期外交政策的首要目标应是保护美国免遭恐怖袭击（2001 年 9 月初 "9·11" 事件发生之前的比例为 80%），而在对外关系委员会成员中，认为首要目标应是反恐怖主义的比例为 76%，认为是防止大规模杀伤性武器扩散的比例为 81%。见：Pew Research Center, *Public Sees U. S. Power Declining As Support for Global Engagement Slips*：*America's Place in the World* 2013, December 2013。

③ 例如，参加了在伊拉克和阿富汗 "反恐战争" 的退伍军人组织及相关的军人家庭服务机构，配合新设立的联邦国土安全部工作的一批非营利组织等。

④ Zachary A. Goldfabb and Karen Tumulty, "IRS Targeted Tea party Groups for Tax Scrutiny", *The Washington Post*, Saturday, May 11, 2013, p. A1.

全体系的膨胀、非营利部门的成长和政府的治理改革与战略调整，一大批非营利组织与国家安全结下了不解之缘。这种逐渐密切的关系经"9·11效应"强化之后，成为一种广泛扩散到全社会各个领域的现象，对保障美国的国家安全产生了持续而有效的作用。

伟大的战略家毛泽东曾在世界反法西斯战争期间有过一句名言："战争的伟力之最深厚的根源，存在于民众之中"。① 今天，美国非营利部门所参加的是一场具有美国特色的"全民国家安全战争"。通过本章的论述，或许可以得出这样一个结论：美利坚合众国所享有的那种让米尔斯海默们充满信心的安全保障，其最根本的依靠恐怕还不仅在于政府主导的超强"国家安全企业"，而在于成千上万美国公民通过形形色色的非营利组织所做出的努力。当然，这种努力绝不是完全自发和杂乱无章的，它离不开美国统治精英集团的培养、引导、协调、利用和评价。

本 章 总 结

1. 作为属于私人部门的社会组织形态，非营利组织与美国的政府部门、工商企业和普通民众有着千丝万缕的联系。根据对美国现实情况的考察，应当列入美国庞大的国家安全体系"圈外机构"的非营利组织基本上是与美国国家安全的战略、政策、计划、机构和担负维护国家安全使命的人员（包括正规军、国民警卫队和预备役）有某种直接联系的组织。这些组织的总数至少有 2 万个。

2. 按照非营利组织的使命和主要事业的不同，可以把美国约 2 万个涉及国家安全的非营利组织大致划分为三大群体：智力服务型组织、支援倡导型组织、实务（行动）型组织。智力服务型组织的共同特征是密集、专业、高质量的脑力劳动，以及这些劳动的结晶对服务对象（主要是美国政府和武装力量）的独一无二的重大价值。这个组织群体的成员包含智库和非营利性科技研究与开发机构两种类型，其中后者不大为人们所熟悉。它们不仅对于美国的国家安全不可或缺，而且在管理体制和运营模式上有独到之处，有些科研机构具有"国家队"的性质。支援倡导型组织

---

① 毛泽东：《论持久战》，《毛泽东选集》第 2 卷，人民出版社 1991 年第 2 版，第 511 页。

代表着国家安全领域相关行业或职业的共同价值观和利益，为业内在岗和退休人员提供服务，给需要帮助的人以关爱和扶持，向有关教育和培训项目提供民间资助，有针对性地开展宣传、教育、倡导造势和维权活动。实务或曰行动型组织虽然也进行公众教育和倡导造势活动，但它们的基本使命是采取行动，主要是展开国内外的应急救援、执行海外援助项目和参加某些敏感的海外"安全行动"。

3. 美国的非营利组织为维护国家安全扮演着 6 种"角色"，或者说发挥着 6 种作用：安全战略和政策的智囊团、跨学科的科学技术专家、"圈内人"的大本营和交流平台、公众的教育者和辅导员、人力资源的培训基地和周转库、国家安全战略的实施助手。在这些角色或作用中，非常值得注意的是相关非营利组织对公众持续开展的国防、国家安全和爱国主义教育。这是凝聚民心、培育全民国家安全意识的有效途径。

4. 推动美国非营利部门深入介入国家安全事业的主要原因包括：美国独特的理事会文化传统、美国非营利部门自身的巨大变化、美国政府对非营利部门的重视与支持，以及"9·11 效应"的激发作用。美国非营利部门成为国家安全事业的战略伙伴，既是美国历史文化传统在当代发扬光大的表现，也是美国非营利部门经历高速成长之后，其代表利益和影响力广泛扩张的逻辑后果。更为重要的是，这反映出美国政府对于 21 世纪美国国家安全的定义、使命、目标和实现手段都有了新的认识。

第九章

非营利组织与美国对外政策

对于非营利组织（或非政府组织、私立民间组织、志愿服务组织等）在美国的发展及其影响，著名日裔美国历史学家入江昭（Akira Iriye）做出过这样的评论："非政府组织的增长是 20 世纪美国历史的一个重要方面"，其主要特点是"这个国家不同部分被以各种方式联系成私人结社网络"。[1] 美国是一个"喜好结社者的国度"，有深厚的自由结社传统。这种传统可以追溯到"五月花号"抵达普利茅斯的 1620 年。当移民们经过长途颠簸来到新大陆时，生存的需要要求他们自发组织起来，共同面对各种生存挑战。美国在殖民地时期及立国后开拓、发展和走向强大的过程，也是自愿结社组织不断发展并形成牢固传统的过程。早期的自愿组织有这样几个特点："一是建立在自治和自愿基础上；二是非政府原则；三是体现了不依赖政府、自己动手解决问题的精神，也就是自愿、自治和自助的原则。"[2] 这些早期的"自愿组织"也就是民间的"非政府组织"。本章所讲的非营利组织，主要指的是关注公共事务，特别是美国对外政策的非营利性、非政府性的组织，各种营利性的跨国公司和企业等均不在本章讨论范围之内。[3] 换句话说，本章所要探讨的组织也就是入江昭所界定的"非政府组织"："正式的国家机构（中央和地方政府、警察和武装力量、立

---

[1] Akira Iriye，"A Century of NGOs"，*Diplomatic History*，Vol. 23，No. 3（Summer 1999），p. 423.

[2] 赵梅：《美国公民社会的构建》，中国社会科学出版社 2010 年版，第 56—57 页。

[3] 在本章讨论范围内，非营利组织（nonprofit）等同于非政府组织（Non – Governmental Organization，NGO）。值得注意的一点是：美国的联邦法律法规和学术界均把非营利（nonprofit）作为一个包含了"非政府性"意思在内的概念，但在美国国务院和美国国际开发署（USAID）的官方文献中，非政府组织或"民间志愿组织"（Private Voluntary Organization，PVO）仍然作为非营利组织的同义词使用至今。

法和司法机构等）之外的个人志愿的和公开的（非秘密的）结社组织，它们既不把营利作为其基本目标，也不会把参与政治活动作为其基本目标。"① 进入 20 世纪之后，非营利组织在美国得到迅速发展。作为美国公民社会的重要组成部分，这些组织对美国社会、经济、政治生活，特别是国内公共政策的制定、实施和调整产生了不小的影响。随着非营利部门的发展和美国越来越多地卷入国际事务之中，特别是随着第二次世界大战后经济全球化进程的发展，国际政治与国内问题之间的界限越来越模糊，非营利组织对美国外交事务和外交政策的关注和参与越来越多，其影响也越来越复杂。

非营利组织对美国外交政策的影响，可以从两个方面理解：一是这些组织如何通过其活动和努力，影响了美国外交政策的讨论、选择与调整等（包括议程设定、政策选择、对政策实施的监督与反馈，以及改变政治机制的长期优先目标和资源）；二是美国政府如何利用或借重非营利组织的活动来实现其外交政策目标，或者说非营利组织如何影响了美国外交政策的实施或执行。在这里，"影响"不单单是指产生了某种具体的结果，如政策的形成或调整、改变等；它还包含对政策形成、实施、调整或改变的过程的参与之意。参与到政策制定或政策辩论过程之中，表达了自己的政策诉求，尽管未能达致自身所追求的政策后果，其影响也不能被完全抹杀，至少它可以促使决策者全面考虑不同的政策选择，经过权衡后做出自己的决定。政策讨论是决策过程的重要组成部分。"影响"是一个完整的、复杂的、互动的社会心理过程，其中既包括施加影响的主体、被影响的客体、施加影响的过程和方式（也就是主客体之间的互动过程），也包括作为结果意义的影响。在"非营利组织对美国外交的影响"这一问题中，施加影响的"主体"是相关的非营利组织，被影响的"客体"包括美国政府有关官员（包括总统、国务卿、国家安全事务顾问、国防部长、参谋长联席会议主席、中央情报局局长和国会议员、驻外大使等对美国外交决策或外交政策改变具有影响力的人）、部门和机构（包括国务院、国防部、国会及其他影响外交政策的部门），以及二者间的互动及结果（也就是主体的目标是否实现，

---

① Akira Iriye, "A Century of NGOs", *Diplomatic History*, Vol. 23, No. 3（Summer 1999），p. 422.

客体的政策是否因为主体施加的影响而改变，以及多大程度上做出了调整）等。

　　本章集中从公共政策过程这一角度，探讨非营利组织对美国外交政策的制定和实施所施加的影响，重点分析以下几个问题：第一，非营利组织对美国外交政策的形成与制定的影响；第二，非营利组织在美国外交政策实施过程中的影响；第三，非营利组织何以能够影响美国外交政策，或曰有助于非营利组织对美国外交施加影响的因素或条件。在美国外交政策的形成和制定方面，重点考察智库在外交政策议题设定、政策辩论、目标确定及政策选择等阶段的影响；在美国外交政策的实施方面，主要考察非营利组织如何参与到美国为其他国家提供发展援助、促进其他国家民主转型和开展人道主义救援等活动之中，以促进美国外交政策目标之实现。通过对这些问题的考察，可以丰富对美国外交和国际关系的认识，也能深化对美国公民社会的理解。

一　非营利组织在公共政策过程中的作用
——多元论、精英论与寡头论

（一）关于美国政治竞争过程的三种解释

　　从公共政策过程来看，政策的制定和实施一般包括这样几个阶段：议程设定、政策形成、做出决策、政策实施以及效果评估等。政策制定首先要求确定一个政策问题，这样的问题应该是有必要由国家干预的，而且实际上被列入公共行动认真思考的议程之中。对列入这一议程中的问题，政府官员及与这些官员有密切联系的民众会进行认真考虑，包括信息的收集、政策的表达与辩论等。政策形成和决策阶段，包括确立政策目标并考虑实现目标的不同的行为选择，被充分思考和表达的问题、建议和要求等转变为政府的计划。决定采取某一行动方案，并不能确保实际采取的行动能够完全符合决策者的目标，政策及其意图经常会被改变甚至被扭曲，其实施也可能被延误甚至被阻滞。这样，在政策实施过程中，随着政策效果的显现，就必须对政策及行动计划进行重新评估，做出调整或修改，甚至终止。① 当然，因政策、议题性质与时空背景等不同，实际上并不是所有决策过程都包含所有这些阶段，各个阶段之间经常也没有截然的界限。如美国政治学家查尔斯·E. 林布隆所言："在某种程度上，执行总会形成或改变政策。"② "政策制定总是通过反复试验来进行的，每当下一步修正上一步的不充分之处时，政策制定过程中每一步的实施就成了为下一步提供信息反馈的主要来源。"③ 因此，这里对公共政策过程的简单化划分更多是出于行文便利。

公共政策过程就是政治竞争的过程。对于美国政治竞争过程，美国政治学界存在两种对立的解释：一种是占优势的多元论，另一种是权力精英论。多元论认为，社会包含着许多互相冲突的、同政府官员有联系的群体，这些群体争相对政策的决定施加影响。权力是分裂的，没有一个群体能支配政治竞赛；权力或大或小地分散在许多群体——工会、公司、居民群体和其他群体的手里。虽然个别的人对政治不可能有太大的影响，但他们可以通过在各种群体中的成员地位获得影响力。这种群体相互之间讨价还价，也同政府讨价还价。讨价还价达成的妥协就成为公开的政策。④ 权力精英论者认为，社会是"由联合起来的、不代表人民的精英所统治的……这些掌权者并不代表社会上各种利益。他们只是追求自己的利益并且不让出现不同观点。美国政治不是相互之间保持权力平衡的多元群体的集合体，而是由没有异议的、冷酷无情地控制政治竞赛的经济、政治和军事领袖组成的精英统治"。在他们看来，"精英是通过他们成员占有的地位来统治国家的"。"政治决策不是代表社会的一致意见，而只是代表社会内部的冲突。社会结合在一起不是靠普遍的一致而是靠强力和控制：精英大多数人的控制。"⑤ 权力精英论代表人物、加州大学圣克鲁兹分校社会学、心理学教授威廉·多姆霍夫（G. William Domhoff）在 1967 年出版

---

① Werner Jann & Kai Wegrich, "Theories of the Policy Cycle", in Frank Fischer, Gerald J. Miller, and Mara S. Sidney, eds., *Handbook of Public Policy Analysis*: *Theory*, *Politics*, *and Methods*, Taylor & Francis Group, LLC, 2007, pp. 43–62.

② ［美］查尔斯·E. 林布隆：《政策制定过程》，朱国斌译，华夏出版社 1988 年版，第 82 页。

③ 同上书，第 86 页。

④ ［美］加里·沃塞曼：《美国政治基础》，陆震纶等译，中国社会科学出版社 1994 年版，第 209—210 页。

⑤ 同上书，第 213 页。

的《谁统治美国？权力、政治与社会转变》一书中的核心观点是：美国
在政治上和经济上都是被精英所有者阶级操控着的。他指出，美国的
"政策规划过程开始于企业的会议室、社会俱乐部和非正式的讨论，在这
里问题被视为应该通过新政策解决的议题；结束于政府，在这里政策成为
法律并得以实施。然而，在二者之间，各种能够在促使议题更加清晰和权
衡各种政策选择时发挥重要作用的人和机构构成了一个复杂网络。这一网
络有三个主要的组成部分——基金会、智库和政策讨论团体……组成政策
规划网络的这三种组织是相互交织的，企业界是共同的指导者（direc-
tors）和资助者"。①

　　这两种对立的理论，对美国国家政策形成过程都有一定的解释力，也
都有其局限性。美国是一个开放的民主社会，公民社会非常发达。来自各
种宗教、各种族裔、各个行业、各个阶层的组织和个人都可以在法律许可
的范围内表达意见和诉求，进行着影响力的竞争，以影响美国政府的决策
过程。无论是多元论者，还是权力精英论者，都未把美国公共政策的形成
视为一种简化了的线性过程，而是视之为一种复杂的、各种因素和力量互
动、冲突、妥协的过程。不同之处是，多元论者把注意力集中于"直接
决策者"，即总统、国会和法院的活动。他们考察到这些政府分支相互之
间在制定具体政策和计划时的竞争、讨价还价和妥协，以及各政党、利益
集团和选民对直接决策者的决策行为的影响，但忽视了直接决策者之外的
议程设定、政策辩论等内容。

　　类似于权力精英论，美国政治学家托马斯·戴伊在《谁掌管美国》
一书中详细考察了美国掌权阶层的规模、各社会机构的领导人物（包括
企业董事、政府领导层、新闻决策人及民间权势集团）、上层人物的相互
兼职与专业化，以及社会机构领导人物之间的矛盾与一致等问题，提出了
"关于制定国家政策的寡头论模式"。戴伊指出：

　　"对国家政策进行调查、研究、规划、组织、贯彻等方面所需的资
金，最初来自企业和私人财富。这笔钱被分配到各基金会、大学和政策规
划组织。企业界代表和大富翁在这些机构的理事会中行使最终决定权。因
此，基金会提供了'种子钱'，用来分析社会问题，决定国家的轻重缓

---

① G. William Domhoff, *Who Rules America? Power*, *Politics*, *and Social Change*, 5th edition,
Boston：McGraw – Hill, 2006, pp. 79 – 80.

急，调查新的政策方向。各大学和学者们按照基金会确定的调研重点，写出符合这些预先确定为重点的研究报告。有影响的政策规划组织，特别是对外关系委员会（Council on Foreign Relations）、经济发展委员会（Committee for Economic Development，CED）和布鲁金斯学会（Brookings Institution），也可以雇用大学研究班子来分析国家面临的问题。但是这些机构更为重要的职能是，使掌权人物之间达成一致意见——把各企业、金融机构、大学、基金会和高级律师事务所的最上层人物，以及著名的学者、新闻机构的负责人和政界有影响的人物的意见，都汇集到一起。他们的任务是形成行动建议，即得到掌权阶层普遍支持的明确的政策建议。然后，这些建议直接递交，或通过新闻机构传送给'直接决策者'。这时，联邦政府各部门便开始着手'研究'基金会和政策规划组织所建议的各种可供选择的政策方案。因此，各政府机构的主要任务，是把先前确定的政策方向加以具体化。联邦政府各部门同学者、基金会负责人最后和政策规划组织的代表取得联系，拟订具体的立法提案，接着将这些提案分送'直接决策者'，特别是白宫和国会各委员会的工作班子传阅。

联邦一级的立法程序按照'多元'政治理论的概述，包括讨价还价、竞争、游说和妥协几个阶段。但是，这种相互作用是发生在政策制定程序业已确立、政策变化的主要方向已经确定之后。直接决策者的决断并非不重要，但是这种决断往往主要涉及贯彻国家政策的方法而不是目标。"①

威廉·多姆霍夫特别强调了政策倡议与政策实施之间存在的复杂关系网对政策过程的重要性。在托马斯·戴伊看来，美国国家政策的制定也是一种复杂的系统过程，直接决策者（指总统、国会、白宫班子，以及各利益集团）做出决断之前的政策议程设定、议题讨论、政策选择等对这一政策过程中来说是更为根本的问题。威廉·多姆霍夫和托马斯·戴伊关于美国国家政策制定过程的分析，都超越了多元论者关注的重点。他们都把美国国家政策制定过程视为各种组织、力量相互争论、竞争、讨价还价、妥协和相互影响的复杂过程，直接决策者的决策只是政策形成的最后阶段，"往往主要涉及贯彻国家政策的方法而不是目标"。在这一过程中，形形色色的非营利组织都会以各种方式参与其中并施加影响。尽管不同理论对美国政治竞争过程的解释有所不同，但也都不同程度地触及非营利组

---

① ［美］托马斯·戴伊：《谁掌管美国》，世界知识出版社 1980 年版，第 300—301 页。

织在政策制定过程中的作用，为进一步研究非政府组织对美国外交的影响
提供了重要的理论参照。

（二）非营利组织影响美国外交的文化与制度因素

与其他国家的情况相比，非营利组织在美国能够对外交产生的影响似
乎更加突出。有两大因素使得它们能够在很大程度上影响美国外交。

1. 社会文化因素有助于非营利组织对美国外交施加影响

美国是一个移民国家。早期移民经过艰辛的长途跋涉，从欧洲大陆来
到新大陆的蛮荒之地。面对恶劣的生存条件，移民们需要合作战胜各种困
难，合作解决他们面临的问题。于是自发组织起一些互助组织，相互支
持。在共同的生活、交往、殖民、开拓和发展过程中，来到新大陆的移民
中间形成了一种结社传统、志愿精神和公益精神，因为他们坚信，符合他
者利益的，也会符合自身的利益。即便是新近进入美国的移民，也经常要
通过互助来实现和面对各种挑战和问题。

从殖民地时期开始形成的这种结社传统、志愿精神和公益精神，是后
来非营利组织得以在美国广泛发展的社会文化原因。这种精神反映了美国
人的精神面貌，体现了美国人的公益与私利的完美结合。依赖民众自己的
力量去应对和解决一些问题，是普遍存在于美国社会中的一种信念。宗教
在美国社会中的影响是非常强大的，它在组织和凝聚民众、社会公德和价
值观的形成、传播与延续等方面都发挥着重要作用；它在不断宣扬、传播
耶稣基督的"爱"和"奉献"的精神，使志愿精神在美国社会中拥有深
厚的社会基础。

美国人的这种志愿精神和公益精神，也折射到他们对世界事务的看法
之中。许多非营利组织就是在这种精神指引下成立并在全球范围内开展活
动的。它们关注和致力于解决世界范围的贫困与发展、战争与和平、环境
保护、传染病防治、妇女权益、灾难救援、人权与民主发展等问题，追求
人类的"民主""自由""和平"与"繁荣"，给自己的使命和目标赋予
了崇高的道义色彩。它们把实现这种使命和目标理解成一种正义的事业、
利他的事业、符合全人类利益的事业，因而从根本上也是符合美国利益的
事业。

2. 非营利组织影响美国外交的制度基础

美国宪法赋予总统广泛的行政权力，以总统为首的行政部门在对外政

策制定方面发挥着主导作用。国会也掌握着相当重要的外交权。美国宪法规定，总统是美国武装力量总司令，有权与其他国家谈判缔结条约，还握有驻外使节的人事任免权。但同时，美国宪法也规定，总统代表美国谈判签署的国际条约，须经出席参议员 2/3 多数的批准；总统任命驻外使节，须经参议院的同意。这样的制度安排，使得国会在美国外交政策的制定、形成及实施过程中也经常发挥重要作用。行政部门和国会在制定政策，特别是确定联邦开支等方面都发挥着作用。行政部门提出的年度开支水平必须由国会拨款，它有可能会被削减、增加、修改或者弃置。因此，国会不但在决定开支的数量方面，还在这些开支的使用方面发挥了积极、广泛的作用，进而会进一步对他们所资助的项目进行监管。国会有时还会要求联邦政府开支用于其成员及他们的选民支持的特定行动。① 国会在美国政治中保持着强大的权力，而且容易受到外部影响。国会在美国决策过程中的角色和影响，不但扩大了参众两院议员对决策过程的介入，也让许许多多非营利组织、私人团体及与国会议员们有密切关系的个人能够介入决策过程。一旦行政部门不接受他们所赞同的政策，他们就会从国会议员那里寻求支持，在立法和立法报告中明确规定用于特定项目的开支并做出指令。这样，国会、甚至是那些私人团体和那些与国会议员有密切关系的个人，有时就成为行政部门制定或采取某些外交政策的推手。虽然宪法对美国政府各部门外交权做出了划分，但美国外交政策的制定，并不是由这些相关的政府部门按照宪法的权力划分简单做出的。艾伦斯·蒂尔曼（Aaron Steelman）说："政策制定是一个杂乱的过程，是社会科学家做了很多工作试图解释但可能永远无法完全理解的过程。"② 与所有公共政策过程一样，美国外交政策制定也是各个相关的部门、组织或个人共同参与、相互作用的过程。来自各种宗教、各种族裔、各个阶层的组织和个人都可以在美国法律许可的范围内表达其意见和诉求，对美国的外交政策过程产生某种影响。

　　非营利组织对美国外交政策的影响，体现在政策制定和实施过程的各个阶段。非政府组织对美国外交政策形成过程的参与，也经历了一个历史

---

① Carol Lancaster, *Foreign Aid：Diplomacy，Development，Domestic Politics*, Chicago：The U-niversity of Chicago Press, 2007, p. 99.

② Aaron Steelman, "Book Review of *Do Think Tanks Matter? Assessing the Impact of Public Policy Institutes*", Cato Journal, Vol. 23, No. 1（Spring 2003）, p. 165.

的发展过程。随着非营利组织自身的发展、全球化进程的深化，以及美国日益深入、广泛地卷入国际事务，它们对国际事务及美国外交政策的关注、参与也越来越多，影响日益广泛。

（三）非营利组织对美国外交影响之概观

在美国，大约有 230 万个非营利组织。[①] 其中一些组织关注的问题包括对外政策、选举、环境、医保、妇女权利、经济发展及其他议题，为这些问题的解决提供政治支持；还有许多组织活跃在无关政治的领域，如植根于共同宗教信仰的志愿组织等致力于救助弱势群体的组织。随着美国非营利部门的壮大，很多非营利组织对美国外交政策和国际事务的关注越来越多。除了研究型非营利机构（如智库、基金会等）外，关注环境、发展、减贫、人权、民主、国际冲突等问题的非营利组织也更加活跃地卷入到涉及国际事务的活动中。世界各地不断发生的自然和社会灾难，也让美国许多公益慈善类非营利组织卷入国际关系之中。

对众多非营利组织进行准确分类是非常困难的，因为有的非营利组织只关注一个或一类议题，而有的关注的议题非常广泛；有的是研究型的、倡议型的，有的是运作型的，还有一些研究型和倡议型非营利组织同时也开展运作型非营利组织开展的活动或项目；有的是独立运作的，有的虽号称是独立运作但经常依赖政府或企业的合同，与政府或企业有着密切联系；有的是宗教性的或有宗教背景的，有的是世俗性的，但它们可能又关注同样的议题。

不同的非营利组织能够对美国外交产生的影响经常是不同的。在不同的时空环境下，针对不同的议题，在美国外交政策制定和实施过程的不同阶段，不同的非营利组织往往会利用美国权力划分的特点，利用各种途径或方式，就各自关心的议题表达自己的政策诉求；或诉诸民众以影响舆论，或直接对行政部门和国会施加其影响。

1. 基金会主要通过各种间接方式影响美国外交

基金会在美国的发展历史悠久，数量众多。2012 年，仅捐赠型基金

---

① Amy S. Blackwood, Katie L. Roeger and Sarah L. Pettijohn, *The Nonprofit Sector in Brief: Public Charities, Giving, and Volunteering*, 2012, The Urban Institute, available at: http://www.urban.org/publications/412674.html, 2014 – 03 – 23.

会就有 86192 个，拥有资产 7150 亿美元，提供的资助总额达到 520 亿美元。① 目前，美国 1000 多家最大的捐赠型基金会中，有 60% 多开展各种形式的国际活动。它们活跃在世界各个角落，试图解决从和平与安全、经济发展及公共卫生到教育、环境、移民、人道主义援助、难民救济及政治支持等各种各样的问题。② 在众多关注国际事务或参与国际交流活动的基金会当中，具有重要影响和较多媒体报道的包括：卡内基国际和平基金会（Carnegie Endowment for International Peace）、洛克菲勒基金会（Rockefeller Foundation）、福特基金会（Ford Foundation）、麦克阿瑟基金会（MacArthur Foundation）、凯洛格基金会（W. K. Kellogg Foundation）、安德鲁·梅隆基金会（Andrew W. Mellon Foundation）、索罗斯系列基金会等。

基金会能够对美国外交产生影响，首先是基于基金会的创始人和领导者们（包括董事会的董事们）对世界的敏锐观察和他们的远见卓识。他们本身都是社会精英，或者是曾任政府高官，或者是学界领袖，或者商业巨头，等等。他们对美国社会思潮和民意走向、美国在外交和国际领域面临的长期挑战或问题有自己的独特理解。这些都会决定基金会对国际问题的资助和支持的方向。基金会对美国外交政策的影响主要是通过以下方式实现的。

第一，通过资助美国智库、大学的院、系、研究中心等的国际关系学科发展与国际问题研究项目，推动对国际问题及其他国家历史、政治、文化、经济等的全面了解，为外交政策制定提供知识和学术基础。比如，洛克菲勒基金会早期资助的研究机构有美国外交政策协会的研究部、太平洋关系学会美国理事会等。它还资助在哥伦比亚大学国际学院建立了俄罗斯研究所。1962 年，福特基金会资助美国大西洋理事会，设立了关于美国与欧洲盟国关系和对华政策等问题的研究项目。美国企业研究所（American Enterprise Institute）因得到福特基金会在 1972 年提供的一笔捐赠而开始迅速发展。卡内基基金会资助哈佛大学等 13 所大学加强了对欧洲、日本、近东和东南亚的教学与研究。这些基金会的资助，大大促进了相关智库、研究机构和大学相关院系的发展，提高了国际问题研究领域的学术水

---

① Foundation Center（New York）Statistics，retrieved from：http：//data. foundationcenter. org/#about. html，2015 - 08 - 06.

② Helmut K. Anheier & David C. Hammack，ed.，*American Foundations：Roles and Contributions*（The Brookings Institution，2010），p. 205.

平，为外交政策制定提供了知识和学术基础。

　　第二，资助世界其他国家大学及科研院所的社会科学及国际问题等学科的研究，推动和资助这些国家与美国之间的学术、文化与人员交流，传播美国的文化和价值观，发挥民间外交的功能。伦敦国际战略研究所（International Institute for Strategic Studies）就是在福特基金会资助下建立的，它成立后很快成长为具有国际影响力的智库。从 1915 年到 1949 年，洛克菲勒基金会大量捐助中国医学和教育事业的发展。中国改革开放以来，福特基金会对中国的美国研究的资助促进了中国美国学研究的水平。一些美国基金会曾提供资助、帮助苏联的高等院校、研究机构和图书馆进行改革和现代化。所有这些都会促进国际学术发展及其他国家与美国之间的相互了解，进而对美国外交产生间接但深厚的影响。

　　第三，基金会还经常会开展一些可能会直接影响美国外交政策的项目。1939 年，洛克菲勒基金会出资 60 万美元，通过纽约对外关系委员会开展了一项"战争—和平研究计划"。这项研究一直持续到 1945 年第二次世界大战结束，每年都提出报告，为政府有关部门提供参考。这些意见不但为国务院采纳，也为国防部、海军部和财政部所接受，与战后美国实际的外交政策也基本吻合。[①] 1956 年，洛克菲勒基金会组织 100 多名各个领域的一流专家、政府官员和企业家，就美国内政外交各方面的问题进行了全面深入的研究，成果以对策性报告的形式出现，并于 1961 年结集出版，题为《美国的前景：洛克菲勒专题小组报告》。洛克菲勒基金会在冷战关键时刻、美国面临诸多挑战的情况下组织资助这些研究，目的是"定出美国今后 10—15 年中将要遇到的问题和机遇；澄清应付这些挑战时应作为指导思想的国家目标；建立一种概念和原则的框架作为国家政策和决定的基础"。[②]

　　基金会的这些资助活动或者直接的研究活动，促进了国际问题领域的研究和学术发展，或者在政策议程设定方面，或者在政策制定方面，间接甚至直接影响了美国外交。道格拉斯·邦德评论道："基金会所能起到的最好的作用，是发现和资助某些有可能成为政府所采用的思想，并使之实

---

　　① 资中筠：《财富的归宿：美国现代公益基金会述评》，上海人民出版社 2006 年版，第 190—191 页。

　　② 同上书，第 193 页。

现。……政府受着社会和政治危机的掣肘，以致不能把精力和财力用于培育新的思想，资助新的创造发明基金会的任务是要坚定地追求自己的目标，并为较长远的目的而牺牲眼前的目标。"①

2. 人权组织与美国的"人权外交"

自卡特政府以来，美国历届政府都比较重视"人权外交"，利用他国人权问题谋求自身的现实利益，传播美国的价值观。人权组织关注的议题非常广泛，包括劳工权利、雇佣童工、政治迫害、言论自由、反人类罪行、种族清洗、大规模暴力冲突、刑讯逼供、妇女权利、种族歧视、人口贩卖，等等。

有些非营利人权组织，由于其活动的草根性和各组织之间的广泛联系，使得它们能够深入其他社会的各个角落，通过在其他国家和地区广泛接触社会各界人士，获取了关于当地人权状况的第一手信息，发现和研究存在的人权问题，形成和发布关于这些国家人权状况和人权问题的、具有相当权威性或被其他组织或政府认可的人权问题报告。像"自由之家""大赦国际"等人权组织，经常以其所谓独立性、中立性和专业性的立场，就其他国家的人权状况或发生的侵犯人权的问题发布相关报告，或者向美国政府有关部门提供这些国家人权状况的信息。这些报告往往会成为美国政府制定政策、表达意见时的重要参考或依据。美国国务院发布的国别人权报告或类似报告，其中就有非营利组织的参与。比如美国国务院发布的 2011 年《人口贩运问题报告》，非营利组织就以多种方式参与到报告形成过程之中。② 有时，行政部门也会就相关问题直接咨询人权组织的代表，征求他们的意见。

有些人权组织还会作为某些政策主张的倡议者（支持者或反对者），以各种方式向美国政府行政部门施压，以促其采取或改变某些外交政策。它们经常直接致信总统、国务卿或者相关的决策者，要求美国政府采取或改变某些政策；或者致信游说国会议员，参与国会作证，影响国会立法，迂回影响美国政府的政策。比如，在南非总统德克勒克（de Klerk）宣布

---

① 道格拉斯·邦德：《对医疗的慈善资助》，载《世界医学新闻》1972 年 12 月 8 日，第 65 页；转引自［美］托马斯·戴伊《谁掌管美国》，世界知识出版社 1980 年版，第 146 页。

② *Trafficking in Persons Report* 2011, available at：http：//www. state. gov/j/tip/rls/tiprpt/2011/166777. htm，2012－08－04.

改变种族隔离制度后，促进法定公民权利律师委员会（Lawyers' Committee for Civil Rights Under Law）的南非项目为国会议员和人权团体准备了报告，并游说美国国务院继续对南非保持压力，以促其兑现承诺。① 1998年印度尼西亚开启民主化进程之后，美国一些人权组织，如东帝汶与印度尼西亚行动网络（ETAN）等，为推动印尼改善人权状况、实现军政关系民主化改革，不断就有关问题直接向美国总统、国务卿、国防部长和负责东亚事务的一些层级较低的美国官员表达意见；还积极游说和影响国会议员，以立法形式约束美国对印尼的军事援助及两国军事关系。为最大限度地扩大其影响，这些关注人权问题的非政府组织和人权组织还经常通过街头抗议或投书媒体的方式，直接批评政府的政策，诉诸民众，制造舆论，放大自己的声音，引起社会和决策者的关注；它们还建立起联系网络，针对共同关注的问题开展联合行动。通过这些方式，这些人权组织对美国政府的相关政策产生了重要影响。它们还常常直接向其他存在人权问题的国家施加压力，这也会实际上影响到美国外交政策。关注人权问题的非政府组织还经常开展一些旨在促进和保护人权的培训项目。

此外，"旋转门"现象在人权组织与美国政府之间也比较常见。比如，克林顿政府时期，负责人口、难民和移民问题的助理国务卿朱丽娅·塔夫特（Julia Taft），在出任助理国务卿之前就曾任"联合行动"组织（InterAction）领导人；2009年奥巴马就任总统后，曾任"人权观察"组织首席营运官的苏赞·诺赛尔（Suzanne Nossel）出任国务院负责国际组织事务的副助理国务卿。2012年1月起，诺赛尔又出任美国"大赦国际"执行主任。这种情况有助于提升人权组织对美国外交政策的影响，也有助于直接决策者对民意的理解和把握。

3. 智库是影响美国外交政策的最直接的非营利组织

关注和研究国际问题的智库是影响美国外交政策的最直接的非营利组织。这些智库集中了众多研究美国外交与国际问题的专家、学者和前政府官员，他们以各种形式把研究成果推销出去，经常会就各自研究的外交与国际问题向政府或多边组织提供政策建议和政策咨询，应邀到国会作证，直接影响行政部门官员、国会议员及其助理等直接决策者；或者是通过媒

---

① "The History of the The Lawyers' Committee for Civil Rights Under Law 1963 - 2008", available at: http://www.lawyerscommittee.org/about? id = 0003#63 - 73, 2012 - 07 - 18.

体宣传自己的思想和学说，发起或影响政策辩论，影响社会思潮和民意走向，形成舆论，进而影响相关的国会议员、行政部门决策者或相关人士，间接影响外交政策。基金会和智库对美国外交政策的影响，主要是在议程设定、政策争论和政策形成等阶段产生作用。美国政治中的"旋转门"现象在智库和政府之间更为普遍，这更能体现智库对美国外交的直接影响。

4. 作为美国外交政策执行者的非营利组织

与上述非营利组织不同，还有一些组织实际上扮演了美国外交政策执行者的角色，主要是在美国外交政策的具体实施阶段发挥了重要作用。关注落后国家和地区的发展和民主问题的非营利组织，虽然具有独立的法律地位，但也经常接受政府的合同，参与美国政府的对外援助项目或"民主扩展"项目；有的是半政府性质的，虽相对独立地开展活动，但其活动经费直接来自国会或行政部门的预算拨款。它们经常直接与美国国务院、国际开发署、驻外使领馆展开合作，成为美国政府实现其对外政策目标的合作伙伴，也成为这些政策的具体执行者。关注其他国家灾难救援、冲突解决及冲突后重建等问题的非营利组织，也经常与美国政府合作，成为美国政府政策的执行者和实施者。它们的活动体现着它们对美国外交的影响，在很大程度上决定了其相关政策的效果与成败、发展与变化。

非营利组织经常标榜其独立性，但实际上经常无法避免其活动的政治化倾向。一方面，这是国际环境使然。在国际竞争和争夺的背景下，非营利组织的活动不是在真空中进行的。它们开展的活动，不可避免地会反映国际冲突的现实、反映不同的价值观念和政治理念。这在冷战期间及"9·11"之后表现得特别明显。另一方面，产生和成长于某一特定社会中的非营利组织开展活动的目标和意图，必然会反映它们所植根其中的社会的意识形态、价值观念和政治倾向。当它们与对象国的社会接触时，就无法真正保持独立和中立了，政治化问题难以避免。再就是，有些非营利组织接受政府部门的资助，与美国政府进行着密切合作，本身就会受政府部门的各种制约。这些非营利组织的成立，就是服务于美国政府的外交政策目标的，是实现美国外交政策目标的重要工具。

总的来说，非营利组织与政府部门不同，它们无法依靠经济资源或军事力量，更多是通过收集信息、放大边缘化的声音、塑造议题、动员公众舆论、进行道德劝说等方式对美国政府外交政策的制定或调整施加影响。

对于那些实际上扮演着美国对外政策具体执行者角色的非营利组织来说，也只有通过与政府部门的合作，它们对美国外交政策的影响才能发生。

二　智库与美国外交政策的制定

智库会聚了一大批具有良好学术素养、知识广博、研究美国外交与国际问题的专家和学者、具有实际外交工作经验的前外交官或曾在其他政府部门服务过的前官员或国会议员，以及具有国际经验和视野的商界精英。对涉及美国外交的很多议题的深入研究和丰富的实践经验，使他们能够准确把握美国外交及国际政治中存在的问题，对美国外交面临的问题和挑战展开深入的讨论，对潜在的问题有所预见并且有前瞻性的把握，对现行的政府政策和项目进行评估和分析，不断生产出一些新知识，提出一些新思想、新理论、新见解。通过有关美国外交政策的知识产品生产，为美国政界、商界精英及广大公众提供相关信息，直接、及时地引导美国外交政策辩论，引领舆论，从而影响民意走向，形成有见地的政策建议。智库影响美国外交政策，关键在于生产出好的知识产品，包括新理论、新思想、新见解和可行的政策建议，并有效地传递给"实际决策者"，最终形成政策。本节将通过对智库影响美国外交政策的方式及对其影响的简单评估，从总体上对非政府组织影响美国外交政策的机制和路径做一分析。

（一）美国智库的历史发展

智库是进行公共政策研究、分析、提供政策建议的独立的非营利组织。与大学进行的理论和方法方面的争论不同，智库的研究更贴近现实的政策。而政府官员忙于日常决策的具体事务，无暇思考更广泛的美国政策。这样，智库作为"没有学生的大学"，就在思想的世界与行动的世界之间，也就是在学术界与政府之间架起了桥梁。"智库"一词在美国最早出现在第二次世界大战期间，其起源可追溯到美国进步主义时代公司慈善事业的传统。到20世纪70年代，从事外交政策与国防战略及当前政治、经济和社会问题的研究与分析的研究机构也都被称为智库。

智库在美国的发展大致经历了四个时期：第一次世界大战结束后、第二次世界大战结束后、20世纪60年代初期和80年代。尤其是20世纪60

年代到 80 年代，美国智库数量大增，平均每年增加 35 个。① 1910 年由匹兹堡钢铁大亨安德鲁·卡内基建立的卡内基国际和平基金会是美国第一个专注于外交事务的智库。1919 年由胡佛建立的胡佛战争、革命与和平研究所也是重点关注国际事务与美国外交问题。1921 年，一批学者、银行家、律师建立了对外关系委员会（CFR），也以外交及国际事务为关注重点。第二次世界大战后，美国决策者更加需要智库的洞察力和专业研究，以帮助他们制定出一贯和适当的国家安全政策。这一阶段发展起来一些合同研究型智库，它们以合同的形式直接接受美国政府部门的资助。最初在空军资助下建立的兰德公司是其中的典型代表。哈德森研究所和都市研究所也都是主要依靠政府部门合同的智库。它们的研究主要是为了解决决策者特定的关注。虽然依赖政府合同，大多数研究和政策分析是为政府机构做出的，其研究议程一般由政府机构制定，研究成果属于提供合同的政府机构，未经相关政府机构同意，研究成果不得公开传播，但它们依然属于具有较强独立性的非营利组织。20 世纪 60 年代之后，出现了一些倡议型智库。它们把政策研究与积极的市场营销技术结合起来，积极卷入了美国的政策辩论。1962 年建立的战略与国际问题研究中心（Center for Strategic and International Studies，CSIS）、1973 年建立的传统基金会（Heritage Foundation）和 1977 年建立的凯托研究所（Cato Institute）都属于这一类。后来，一些卸任领导人为在美国内政和外交方面留下他们的遗产，建立了以他们的名字命名的智库，如卡特中心（Carter Center）、尼克松和平与自由中心（Nixon Center for Peace and Freedom）等。

2014 年美国共有非营利性智库 1830 家，② 其中大约一半是附属于大学的研究机构，1/3 设在首都华盛顿，全国最大和最有影响的智库也基本集中在这里。那些既不隶属于学术机构，也不隶属于政党或利益团体的属于独立智库。排名最前的 25—30 个智库的研究议程非常广泛，涵盖了国内和国际两方面的政策议题。不过，从 1980 年起建立的大多数智库是专

---

① James G. McGann, *Think Tanks and Policy Advice in the United States: Academics, Advisors and Advocates*, Routledge, 2007, pp. 8 - 10.

② 根据宾夕法尼亚大学"智库与公民社会项目"（Think Tanks and Civil Societies Program）2015 年 3 月公布的报告中的数字。见：James G. McGann, 2014 *Global Go to Think Tank Index Report*, THINK TANKS AND CIVIL SOCIETIES PROGRAM © 2014, TTCSP All rights reserved, March 1, 2015。

业性的，往往只关注一个议题。

宾夕法尼亚大学教授麦甘（James McGann）把智库大致分为三种基本类型：把资源集中于学术性政策研究的传统智库；既进行研究、政策分析又进行公众宣传的、既思考又行动的智库；重新包装和传播其他智库的思想和政策建议的行动型智库。实际上，很难在这三种智库之间划出清晰的界限。在众多美国智库中，大多数是独立、超党派的非政府组织，享有学术、财政和法律上的独立地位；还有一些隶属国会、政府部门、大学和企业的智库。1914 年建立的国会研究部（Congressional Research Service，CRS）本质上是联邦政府举办的一个大型综合性智库，只不过它是国会所属机构，为国会议员和其他联邦机构提供独立、超党派的研究服务。而像1946 年建立的斯坦福研究所（Stanford Research Institute）则是营利性智库。1989 年建立的进步政策研究所（Progressive Policy Institute）是民主党领导力委员会（Democratic Leadership Council）的研究部门，是附属于民主党的智库。

关注和研究国际问题的智库在美国外交政策议程的设定、外交政策辩论与政策选择等方面的影响，是其他非政府组织无法比拟的。公认对美国外交政策影响较大的智库有：布鲁金斯学会，对外关系委员会，传统基金会，战略与国际问题研究中心（CSIS），卡内基国际和平基金会，兰德公司（RAND Corporation），企业研究所，美国和平研究所（United States Institute of Peace），胡佛战争、革命与和平研究所（Hoover Institution on War, Revolution, and Peace），彼得森国际经济研究所（Peter G. Peterson Institute for International Economics），凯托研究所，美国进步中心（Center for American Progress），政策研究所（Institute for Policy Studies），以及健全经济公民委员会（Citizens for a Sound Economy），等等。

（二）智库影响美国外交的主要方式

智库把其学术研究、政策分析等成果信息充分发布出去，才可能产生影响。很多智库通常会投入大量的精力和钱财去推销学者的成果，以使它们得到广泛传播。简单来说，智库传播其研究成果、影响美国外交政策的方式主要有以下几种：

1. 举行各种会议和活动

智库经常定期举办关于美国外交政策或国际问题的各种形式的讨论，

比如举行研讨会、研讨班、演讲会、学术会议、专家座谈或发布会等。像纽约的对外关系委员会，每年都要举行数百场这样的活动。在首都华盛顿，像布鲁金斯学会、卡内基国际和平基金会、传统基金会、战略与国际问题研究中心、企业研究所、凯托研究所、和平研究所等较大且有影响的智库，每年也都会举行大量类似的研讨会等活动。比如，从 1998 年 5 月到 2012 年 4 月，战略与国际问题研究中心共举行类似活动 2868 场（数据系根据 CSIS 网站信息统计得出）；从 2000 年 4 月到 2012 年 4 月，卡内基国际和平基金会共举行类似重要活动 954 次（数据系根据卡内基国际和平基金会信息统计得出）。即便是一些规模和影响相对较小的智库，也会经常举行类似的活动。这些活动有的是向公众或受邀人士开放的，有的是不向公众开放的内部研讨。参加这些活动的人士，既有相关领域的专家、媒体记者、其他非政府组织的工作人员、政府官员或工作人员，也有对活动所讨论的问题感兴趣的普通公众。通过这些活动，可以检验重要的政策议题，向国会议员、行政部门官员和媒体人士等传播政策建议，为决策者和公众做出政策反馈提供重要平台。各种不同观点可以在这些活动中得到表达和充分讨论。经过充分理性讨论和思想的碰撞而形成的外交政策，才更可能得到美国社会各界和普通民众的广泛支持，它得到成功实施的可能性也会更大。

2. 出版专业研究成果

美国一些大智库，如布鲁金斯学会、城市研究所、威尔逊中心等，经常同时拥有自己的出版社，出版发行相关各领域的学术研究和政策分析论著。比如，从 2001 年到 2011 年，对外关系委员会出版关于美国外交与国际问题方面的专著 118 部（见表 9 - 1），发布关于美国外交与国际问题的各类报告 256 个（见表 9 - 1）；卡内基国际和平基金会出版专著 102 部，各类报告 240 篇（见表 9 - 2）。从 2000 年到 2011 年，战略与国际问题研究中心出版专著共 88 部，发布各类报告 3393 篇（数据系根据 CSIS 网站信息统计得出）。

它们还出版高水平的学术性刊物或以政策分析为主的杂志。战略与国际问题研究中心出版的《华盛顿季刊》、威尔逊中心出版的《威尔逊季刊》、卡内基国际和平基金会出版的《外交政策》、对外关系委员会出版的《外交》双月刊、凯托研究所出版的《凯托杂志》等都是在学术界和决策圈比较有影响的杂志。特别是对外关系委员会出版的《外交》（For-

eign Affairs）双月刊被广泛视为在外交政策与经济分析、辩论方面的最具影响力的杂志，反映美国外交政策走向的风向标。"几乎没有哪一项美国政策上的重大主动行动，不是事先在该刊物中阐述的。"其他诸如布鲁金斯学会和美国企业研究所等智库也都自己的杂志。有些小型智库也有自己的杂志，如外交政策研究所（Foreign Policy Research Institute，FPRI）的杂志《奥比斯》（*Orbis*），也是在外交与国际问题领域较有影响的刊物。此外，智库还经常针对具体议题出版"时事通讯""资料手册""政策简报"等，对当前发生的热点问题及时地发布自己的见解和建议等。

表 9 – 1　　　　　　　2001—2011 年对外关系委员会
关于国际与美国外交问题的专著与报告出版、国会作证、报纸专栏文章发表等统计

年份	2001	2002	2003	2004	2005	2006	2007	2008	2009	2010	2011	合计
专著出版	26	19	5	10	7	8	9	5	11	9	9	118
各类报告	19	14	15	13	11	17	18	23	35	36	55	256
做证次数	7	9	12	12	17	24	7	18	18	12	19	165
专栏文章	144	235	273	201	190	231	288	390	427	354	505	3238
受访次数	4	28	118	109	154	164	152	142	189	148	154	1362

表 9 – 2　　　　　　　2001—2011 年卡内基国际和平基金会
关于国际与美国外交问题的专著与报告出版、国会作证、报纸专栏文章发表等统计

年份	2001	2002	2003	2004	2005	2006	2007	2008	2009	2010	2011	合计
专著出版	13	5	8	7	11	12	15	10	6	6	9	102
各类报告	13	11	15	17	16	35	23	25	27	32	26	240
做证次数	10	10	11	12	14	19	16	8	19	14	12	145
专栏文章	108	149	169	160	165	181	197	264	313	334	405	2445
电视广播节目	0	2	2	1	2	32	51	89	91	80	147	497

　　各智库还都非常注意通过网站这一平台推销自己，及时发布会议、活动简讯、研究成果及研究人员的演讲、评论等。现在，很多智库都会把它们举办的各种研讨会、报告会等音频和视频资料上传到自己的网站上，供公众免费下载或在线观看。所有这些都有助于提高智库的能见度，扩大其影响。

3. 广泛利用各种媒体

智库专家和学者与媒体记者之间存在一定程度的相互依赖。各种媒体，包括平面媒体、广播电视和网络等新媒体，在报道国际问题或其他问题时，经常会采访各智库相关领域的专家、学者。这些专家、学者，连同其所在的智库，也都会因媒体的采访、报道或引用其成果而获得相当的知名度。因此，思想库非常注重与媒体建立密切关系，也特别重视发挥新兴电子媒体的作用。一些智库学者在报纸上开设有专栏，或者经常参与电视和广播的新闻节目和谈话节目，就国际问题进行专业评论，传播其观点和研究成果。比如，从2001年到2011年，对外关系委员会的专家学者在报纸上发表的专栏文章共3238篇，接受采访1362次（见表9-1），卡内基国际和平基金会的学者发表报纸专栏文章2445篇，在电视广播做节目497次（见表9-2）。伍德罗·威尔逊国际学者中心（Woodrow Wilson International Center for Scholars）还定期制作名为"谈话"（*Dialogue*）的广播节目，美国有160多个商业和公共广播电台播出这一节目。布鲁金斯学会甚至拥有自己的电视演播室。

通过广泛的媒体联系，智库不但可以把自己的研究成果和政策倡议传递给决策者，还可以直接诉诸公众，这可以最大限度地扩大智库和学者的影响，教育公众，影响社会思潮和民意走向，形成对某些外交政策议题的舆论氛围，进而影响相关的国会议员、行政部门决策者或相关人士，间接推动他们评估、选择或改变某些政策。

4. 与政府部门建立密切联系

与"直接决策者"直接进行面对面的交流是影响美国外交政策的最直接、最有效的方式。美国智库都非常重视与国会议员及其助理、行政部门官员建立和保持畅通的沟通渠道。智库专家经常就美国外交与国际问题到国会听证会作证，为国会议员和行政部门官员及相关工作人员提供信息简报，就他们急切关注的外交与国际问题提供及时的政策咨询。比如，从2001年到2011年，对外关系委员会的专家在国会做证共165次（见表9-1），卡内基国际和平基金会专家做证145次（见表9-2）。政府官员和国会议员也经常应邀到智库就外交政策及国际问题发表演讲，使他们有机会与智库专家面对面讨论其思想或政策倡议，获得有益的反馈。有的智库还与政府代表建立起正式的联系，例如，对外关系委员会的"国会与美国外交政策项目"经常把来自两党的国会工作人员聚集在一起，就有关问题对他们进行培训。有的智库，如兰德公司、国防分析研究所（Institute of Defense Analysis）等一直与行政部门有合同关系。冷战初期，美国政府依赖兰德公司和哈得逊研究所（Hudson Institute）等智库对国防政策进行的无政党倾向的分析，在很大程度上影响了美国的国防与安全政策。

　　智库还经常为行政部门提供重要的官员和工作人员，使他们成为实际的政策制定者和执行者。美国政府部门中与国际事务相关的官员大都有在智库工作的经历或背景。基辛格是非常典型的例子。基辛格 1954 年获得博士学位后在哈佛大学谋得一临时性教职。1955 年 4 月，因在对外关系委员会主办的杂志《外交》季刊发表了批评艾森豪威尔政府的"大规模报复"战略的文章而引起该协会注意。随后，基辛格加入对外关系委员会，领导研究"对付苏联对西欧的挑战的全面战争的方法"。在这里，他结识了一些有重要影响力的人物。1957 年，基辛格完成了《核武器和对外政策》一书。基辛格认为，是战略决定武器，而不是武器决定战略。美国的关注点不应仅仅集中于发展大规模军事力量，而应集中于发展一种不但关注核时代的风险而且也关注机遇的外交战略。他认为，在苏联核力量日益增长的情况下，美苏之间不太可能发生核大战，而更可能发生有限核战争。因此，美国应有更灵活有效的核战略。这部著作让基辛格在 34 岁时跻身于外交政策专家的行列，为其未来的权力攀升奠定了基础。1968 年尼克松赢得大选后，要求洛克菲勒、对外关系委员会和哈佛大学的学者们为他推荐一名外交事务专家。他们把基辛格推荐给尼克松。于是，基辛格被延揽为国家安全事务助理。1974 年国务卿威廉·罗杰斯辞职后，基辛格又被任命为国务卿。

　　卡特在 1976 年赢得大选后，从布鲁金斯学会和对外关系委员会延揽了不少学者到政府中任职。卡特之后，历任美国总统任命的政府高官中都有许多是从智库延揽来的。在里根总统的两个任期内，从传统基金会、胡佛研究所和美国企业研究所延揽了 150 名专家、学者进入政府服务。克林顿时期的国务卿奥尔布赖特（Madeleine Albright）之前也曾任全国政策中心（Center for National Policy）主任。小布什时期，很多高级官员都具有智库背景。如：负责全球事务的副国务卿葆拉·多布里扬斯基（Paula Dobriansky）曾任对外关系委员会华盛顿分部高级副总裁和会长；负责军控和国际安全事务的副国务卿博尔顿（John R. Bolton）曾任美国企业研究所副总裁；负责东亚和太平洋事务的助理国务卿凯利（James Kelly）曾任战略与国际问题研究中心太平洋论坛（火奴鲁鲁）的主任；负责国际组织事务的助理国务卿吉姆·赫尔姆斯（Kim Holmes）曾任传统基金会副总裁。奥巴马总统的阿富汗和巴基斯坦问题顾问就是布鲁金斯学会塞班中东政策中心的高级研究员。苏珊·赖斯（Susan Rice）担任美国驻联合国大使之前也曾在布鲁金斯学会任"外交政策与全球经济和发展项目"高级研究员。

　　智库还是卸任政府官员理想的就职机构。国会议员在智库兼任理事的情况也是非常普遍的现象。随着白宫主人的变换，有一些政府官员又回到智库中。国务院、驻外使馆、情报与安全部门的官员卸任后被延揽到智库进行美国外交及相关国际问题研究的例子，更是不胜枚举，如曾任副国务卿的斯特罗布·塔尔博特（Strobe Talbott）卸任后出任布鲁金斯学会会长。美国政治中的这种"旋转门"现象，也是与其政治制度及政治文化的特点密切相关的。智库也乐于招聘前政府高官。这些曾经身处"直接决策者"或政策执行者位置的官员加盟智库之后，其丰富的实践经验往往会让智库的研究计划更有针对性、前瞻性，往往更能直接而且有针对性地为国会、行政部门提出更明确、可行的政策建议和计划。智库对美国外交政策的影响也会因此而有所提高。"旋转门"现象普遍存在，使得智库与政府决策部门和决策者之间的关系网更加广泛，智库对美国外交政策的影响更加复杂。

　　5. 为候选人提供政策咨询和建议

　　参与总统竞选活动的候选人，对国际事务的了解远不及他们对美国国内问题的理解。他们在宣示外交政策时，尤其需要借重专家和学者的建议。于是一些研究国际问题的学者专家就被延揽到他们的竞选团队中，或者为其提供外交政策建议，或者就外交政策议题为其撰写演讲稿；一些专家和学者也乐于为其偏爱的政党候选人或朋友服务，贡献其专长。他们的建议一旦被候选人采纳作为竞选运动中的政策主张，就很可能会影响到一些关心这些议题的选民的投票倾向。越来越多的总统候选人也都试图提出新思想、新政策，以区别于其竞争对手。这也让美国智库及其学者有很多机会去塑造民意和公共政策。候选人当选后，为其服务的专家、学者就可能有机会进入政府任职，他们在选举过程中的政策建议也更有可能转化为现实政策。很典型的一个例子是彼得森国际经济研究所与卡内基国际和平基金会在1992年的一个报告中提出设立一个"经济安全委员会"的建议。克林顿上台后采纳了这一建议，设立了"国家经济委员会"。

6. 开展"第二轨道外交"（"二轨外交"）活动

智库还经常会通过组织和开展"二轨外交"活动，促进美国政界、学界与其他国家学界和决策圈之间的相互了解，从而间接影响和推动美国外交或美国与对象国之间的关系。特别是在两国之间没有正式外交关系或者两国之间关系出现紧张或冲突的时候，"二轨外交"对于加深两国间的相互理解，促进对方的政策调整会产生作用。即便在两国关系发展良好的时候，"二轨外交"也有助于两国间就不适宜正式官方讨论的议题展开交流，增加了解，求同存异，形成一定程度的谅解或共识。

美国和平研究所经常为举办非正式的"二轨外交"活动提供便利。和平研究所开展的"法治项目"的工作人员应以色列和巴勒斯坦的司法部长之要求，曾组织过一个巴勒斯坦—以色列司法对话项目，目的是在两国法律界之间建立专业联系，使它们能够共同研究一些共同关心的问题。通过在以色列和巴勒斯坦境内开展的圆桌讨论和工作组，两国法律界成员与外国专家就影响两种制度日常互动的实际法律问题进行了讨论，思考了邻国间法律关系的相关案例，提出了解决共同问题的建议。在巴以之间各种矛盾长期积累的情况下，没有第三方的支持和协调，这样的交流几乎是不可能进行的。20世纪80年代中期起的八年中，卡内基国际和平基金会在华盛顿主办了一系列的会议，把南非重要的政治人物、牧师、商人、劳工代表、学者、流亡的解放运动人士及国会议员和行政部门官员聚集在一起，帮助处于脆弱的政治转型之中的南非就国家的未来前景达成了谅解。战略与国际问题研究中心则开展了一些项目，以改善前南斯拉夫地区的种族关系，弥合以色列内部的宗教和世俗之间的分歧，以及为希腊—土耳其对话提供便利，等等。比如，朝鲜半岛问题一直是美国及国际社会关注的重要问题，但美朝之间没有正式的外交关系。有些智库和非政府组织，如朝鲜协会（Korea Society）、斯坦福大学、雪城大学（Syracuse University）、美国外交政策全国委员会（National Committee for American Foreign Policy）、加利福尼亚大学（"东北亚合作对话"，NEACD），以及亚洲协会（Asia Society）等，就试图在美国与朝鲜之间组织"二轨对话"，比如支持和赞助朝鲜和美国的科学家、学术界、军官及公民之间的非正式的交流。六方会谈陷入僵局之时，朝鲜协会、美国外交政策全国委员会和亚洲协会等非政府组织开展的"二轨对话"，在接触朝鲜外交官方面发挥了很大作用。斯坦福大学国际安全与合作中心和加利福尼亚大学"东北亚合作对话"组织（Northeast Asia Cooperation Dialogue，NEACD）也举行了由参与六方会谈的官员参加的会议。① 前些年中国大陆与台湾地区关系高度紧张时，对外关系委员会也曾多次组织美国、中国大陆与台湾地区三方学者或一定层级的官员之间的"二轨对话"，意在促进对各方政策的准确理解，缓和危机局势。

这些非官方的活动，"或者是作为美国政府活动的补充，或者是在官方存在不可能的情况下代替美国政府，都有可能在冲突地区和被战争撕裂的社会帮助实现和平与和解。它们可以作为美国和国际社会的眼睛、耳朵甚至是良心，活跃在世界最黑暗的角落"②。美国智库参与、组织的这些"二轨外交"活动，配合了美国政府的外交政策，有助于提高美国推动解决棘手国际问题的能力，扩大美国在国际事务中的影响力。

以上所列举的只是非营利组织影响美国外交的一些主要方式。智库的研究成果如何转化成实际的政策影响，是看似明显但实际又复杂得难以说清楚的过程。这些方式，只是表明了智库施加影响的方式，并不足以清楚地说明它们对美国外交政策具体和实质的影响。

（三）如何理解智库对外交政策的影响

前美国国务院政策与规划处主任、对外关系委员会会长理查德·N.哈斯（Richard N. Haass）概括了智库对外交政策的五种影响（或曰好处）：生产原创性的新思想，为美国决策者提供新的政策选择，改变美国决策者理解世界和对世界做出反应的方式；为行政部门和国会专家提供服务；为高层次讨论提供舞台，使得决策者即便不能形成共识，也能够在这里就政策选择实现共同谅解；教育美国公民，使之理解他们所生活的世界的本质，了解国际形势和美国外交中的种种问题；通过主办敏感问题的对话，为冲突各方提供第三方协调。③ 哈斯的概括表明，智库可以参与到政策过程的各个阶段，包括议题设定与表达、政策规划、制订实施方案、评

---

① Mi Ae Taylor and Mark E. Manyin, *Non - Governmental Organizations' Activities in North Korea*, CRS Report for Congress, March 25, 2011, pp. 10 – 11.

② Richard N. Haass, "Think Tanks and U. S. Foreign Policy: A Policy – Maker's Perspective", *U. S. Foreign Policy Agenda*, Vol. 7, No. 3, p. 8.

③ Ibid. , pp. 5 – 8.

估现行政策，以及政策实施等。但一般来说，智库在外交政策形成过程的最初阶段，特别是在议题表达与政策规划阶段，影响力最大。① 这也是由美国社会政治运作的现实决定的。美国是一个多元的民主国家，其权力划分的体制，使得国家政策的决策往往不是一个部门就能单独决定的。这样，在对任何重大议题做出决策前，不同观点需要得到充分表达并进行严肃的讨论。智库以其在政策研究与政策分析方面的优势而能够在对外政策议程设定、政策辩论和政策形成等方面发挥引领作用。从这个意义上讲，智库是美国外交政策制定过程的一个非常重要的部分。

尽管无论如何强调智库在美国外交政策过程中的作用似乎都不过分，但对智库对外交政策的影响做出恰当的评判依然是非常困难的。因为影响外交政策制定与选择的因素是多种多样的，各种因素影响美国外交政策的机制实际上经常是无法真正认识清楚的。对于外交与国际问题，外交、情报、军事部门、商界、智库甚至其他利益集团都可能以某种方式对"直接决策者"产生影响；单从智库这一方面来看，许多政治意识形态倾向不同的智库提出各自的主张和政策建议，都试图影响外交政策选择。从另一方面看，"直接决策者"的意识形态和价值观念也会影响他们的政策取向和政策选择。

影响往往是"微妙的、平静的、累积的、看不见的：口头的一句话、一通电话、一个打动某人的研讨会报告、以互信为基础的朋友和同事之间的讨论等，都可能会产生影响。影响经常是模糊的，难以说清楚的，有时是间接的、第二手的"。② 这也就意味着，进行各种数据的统计，如从事相关研究和政策分析的专家与学者的数量、给政府等提供的政策咨询、建议和报告、接受媒体采访的次数、出版的专著、发表的论文、发布的报告，以及在报纸发表的专栏文章的数量、举办的各种研讨会等的数量、在国会作证的次数和通过"旋转门"交流的官员和学者的数量等，只能从总体上表明智库的声誉和影响，让人们感受到智库在美国社会中的活力和它对美国外交政策的重要影响，但这些数据都无法精确地界定和认知具体的智库对特定外交政策的影响。西安大略大学政治学系教授唐纳德·E.

---

① James G. McGann, *Think Tanks and Policy Advice in The US*, Foreign Policy Research Institute, Philadelphia, Pennsylvania, August, 2005, p. 17.

② Howard J. Wiarda, *Think Tanks and Foreign Policy：The Foreign Policy Research Institute and Presidential Politics*, New York：Lexington Books, pp. 40 – 41.

埃布尔森（Donald E. Abelson）评论道："智库作为决策圈里看得见的、在很多方面都很重要的行为体已经出现，但事实是，其数量大幅增加告诉我们更多的是美国的文化、社会和政治，而不是多种多样的这些组织影响决策环境和特定决策的程度。"① "我们无法做出结论，智库在 20％ 或 50％ 的时间里是有影响的。我们甚至无法确定地说特定的智库在政策辩论特定阶段到底产生了多大的影响或者具体影响了谁。最多，通过评估它们在特定政策领域的卷入，我们能够更好地理解它们是如何地相关或不相关。"② 但还是有一些智库与美国政府部门互动的具体案例能够更清晰地说明智库对美国外交政策的影响。以下仅举四个例子。

1. 对外关系委员会与美国外交政策的制定

在 1919 年的巴黎和会上，美国经历了艰难的谈判。一些外交官、金融家、律师和学者认为，美国人需要为承担更大的责任和在国际事务中做出决策、做更好的准备。于是在 1921 年成立了对外关系委员会。对外关系委员会的建立，旨在"使掌权阶层在外交政策问题方面取得一致意见。内设一些专门委员会，对外交政策进行调查，并为美国官方政策确定出大方向。决定何时重新审查美国的外交政策或军事政策，在很大程度上取决于这个委员会"③。在 1970 年之前，对外关系委员会的成员主要包括金融家、经理和律师，记者、学界专家和政府官员非常少。此后，关注外交政策的许多政府官员，特别是外交部门官员、政治家和国会委员会的助理等进入对外关系委员会。在成立之后很长时间内，对外关系委员会作为智库在影响美国外交政策方面一直独领风骚。

对外关系委员会在 20 世纪 20 年代制定了《凯洛格和平公约》，30 年代加强了美国反对日本在太平洋扩张的立场。第二次世界大战爆发后，对外关系委员会发起了一项大规模的"战争与和平研究"项目，旨在探究战后和平的良好基础。该项目参加者就占领德国、创立联合国等广泛的议题向美国国务院提交了 682 个备忘录。他们设计了《联合国宪章》的主

---

① Donald E. Abelson, "Think Tanks and U. S. Foreign Policy：An Historical Perspective", *U. S. Foreign Policy Agenda*, Vol. 7, No. 3, p. 12.

② Donald E. Abelson, *Do Think Tanks Matter？Assessing the Impact of Public Policy Institutes*, Montreal：McGill – Queen's University Press, 2002, cited from Aaron Steelman, "Book Review", *Cato Journal*, Vol. 23, No. 1（Spring 2003）, p. 165.

③ ［美］托马斯·戴伊：《谁掌管美国》，世界知识出版社 1980 年版，第 156 页。

要部分，并在第二次世界大战后策划制止苏联在欧洲扩张的"遏制"政策。它还为建立北大西洋公约组织奠定了基础，并且制订了帮助欧洲复兴的马歇尔计划。1947 年，国务院政策设计委员会主席乔治·凯南在对外关系委员会出版的《外交》杂志上发表的《苏联行为的根源》一文，奠定了美国"遏制"政策的基础，对遏制战略的形成发挥了决定性影响，直接影响了整个冷战时期美国的外交政策。

在肯尼迪政府和约翰逊政府时期，对外关系委员会在决定美国的东南亚政策方面都发挥了领导作用。肯尼迪—约翰逊政府时期，国务卿迪安·腊斯克、国家安全事务助理麦乔治·邦迪、远东事务助理国务卿威廉·邦迪、中央情报局局长约翰·麦科恩、副国务卿乔治·鲍尔等都是对外关系委员会的成员。起初，对外关系委员会一直是支持美国对南越承担军事义务的。1965 年 2 月，通过东京湾决议和派遣美国地面部队参战之后，约翰逊总统在对外关系委员会主席约翰·麦克洛伊协助下，成立了秘密非正式的"越南问题高级顾问小组"。该小组 14 名成员中有 12 名是对外关系委员会的成员。在美国大规模卷入越南战争遭遇挫折后，约翰逊总统在1968 年 3 月召开高级顾问小组特别会议。在会议中，该小组主要成员道格拉斯·狄龙、塞勒斯·万斯、阿瑟·迪安、迪安·艾奇逊和麦乔治·邦迪都从"鹰派"转变为"鸽派"了。他们将新的一致意见提交给总统。1968 年 3 月 31 日，约翰逊总统宣布战争降级。紧接着，对外关系委员会建立了新的"解决越南问题小组"，由罗伯特·鲁萨和赛勒斯·万斯任共同主席。该小组拟订了一个和平方案，包括遣返战俘、就地停火、越共和西贡当局以各自控制的地区为界。这个方案成为 1973 年 1 月巴黎协定的基础。①

在美国对华外交方面，对外关系委员会在 20 世纪 60 年代也曾发挥重要作用。1961 年对外关系委员会在福特基金会的推动和资助下，委托密歇根大学的一家研究所在全美进行了有关对中国大陆态度的民意调查，目的是了解美国政府在对华政策上可以有多少灵活的余地。结果显示，从舆论的倾向来看，政府对华政策可以松动的余地很大。1962 年，对外关系委员会又组织一批一流的中国问题专家开展了关于中国问题的研究项目。该项目持续了五年，其成果是一套总题为"世界事务中的美国与中国"

---

① ［美］托马斯·戴伊：《谁掌管美国》，世界知识出版社 1980 年版，第 266—267 页。

的丛书。这套丛书从各个角度论述了中国的情况和中美关系，"是朝鲜战争以来第一次比较客观地叙述中国情况和提出重新审议美国对华政策的有规模效应的著作，实际上是为美国转变对华政策在精英舆论中做准备，可以看作是中美关系正常化进程的非官方的先到动作之一"①。

2. 传统基金会与美国退出《反导条约》

传统基金会成立于1974年，它并未试图招募功成名就的专家或者政界人士而在学术界或政策界建立声望，而是招募了一些年轻但极端保守的人士；他们倾向于攻击所有政府项目，抨击所有政府官员的动机。通过积极做国会的工作，传统基金会与国会议员及其助手，特别是保守的国会议员建立了广泛的关系网。

从克林顿政府试图维持《反导条约》到小布什政府退出《反导条约》并寻求尽快部署导弹防御系统，传统基金会在推动美国政府这一政策变化方面发挥了重要作用。② 从里根总统提出"星球大战计划"起，美国国内对导弹防御系统的有效性一直存在争论。苏联解体后，美国国内对导弹防御系统的有效性的争论与对《反导条约》前途的看法是联系在一起的。一种观点认为，美国应积极部署导弹防御系统；另一观点则对导弹防御系统的有效性存在怀疑，倾向于维持《反导条约》所确立的战略平衡。克林顿政府对部署导弹防御系统持怀疑态度，主张维持《反导条约》。而传统基金会的分析家一直认为，《反导条约》是美国部署有效的导弹防御系统的不可逾越的障碍。1995年初，他们提出，必须废除《反导条约》。克林顿政府曾认为，它可以在没有美国宪法要求参议院的建议和同意的情况下解决《反导条约》的继承问题，解决这一问题不需要对条约做出实质性的修改。传统基金会的分析家对此持不同看法。从1996年起，他们开始通过各种方式努力说服重要参议员，解决条约继承问题需要对条约做出实质修改，关于这一问题的任何协议都必须得到参议院的同意。时任参议院对外关系委员会主席的赫尔姆斯及该委员会其他参议员同意传统基金会的分析家的看法。1997年，在考虑另一项关于欧洲常规军事力量的条约时，赫尔姆斯成功地附加了一个条件：要求克林顿总统保证解决《反导

---

① 资中筠：《财富的归宿：美国现代公益基金会述评》，上海人民出版社2006年版，第232—233页。

② Baker Spring, "The Heritage Foundation: Influencing the Debate on Missile Defense", *U. S. Foreign Policy Agenda*, Vol. 7, No. 3, pp. 32 –33.

条约》继承问题的任何协议都必须提交参议院。1997 年 5 月 15 日，克林顿总统做出这一保证。1997 年 9 月 26 日，美国与相关国家签署了确定白俄罗斯、哈萨克斯坦、俄罗斯和乌克兰为该条约继承国的协议，但克林顿政府未能得到参议院的同意，该协议未能生效。其结果就是为小布什政府退出《反导条约》并着手部署导弹防御系统留下了余地。

3. 战略与国际问题研究中心与奥巴马政府的"巧实力"战略

战略与国际问题研究中心提出的"巧实力"概念及相关的政策建议对奥巴马政府外交政策的影响，也是智库明显影响美国外交政策的一个案例。战略与国际问题研究中心自称是一个"跨党派和独立的"非营利智库，自 1962 年成立以来一直致力于研究美国的国防与安全、地区稳定等重要问题，积极提出和发表政策倡议，为美国政府、国际组织、美国私营部门和公民社会的决策者们提供战略思想和政策选择，已成为世界著名的公共政策研究机构。"9·11"事件后，小布什政府发动反恐战争，为此甚至不顾国际社会，特别是其盟国的意见，大搞单边主义行动，对美国的国际形象和影响力都造成了损害。为重新塑造美国全球形象和提升其影响力，该中心主任兼执行总裁约翰·汉芮（John J. Hamre）于 2006 年秋请阿米蒂奇（Richard L. Armitage）和约瑟夫·奈（Joseph S. Nye，Jr.）出任"巧实力委员会"共同主席，为指引未来几年美国外交政策构建一种更加乐观的图景。该委员会由 20 名来自政府、军方、私营部门、非政府组织和学术界的领袖组成。该委员会最后发布了《一个更灵巧、更安全的美国：战略与国际问题研究中心巧实力委员会报告》。该报告指出："巧实力既不是硬实力，也不是软实力——它是这两种实力的巧妙结合。巧实力意味着利用软硬两种实力，形成一种整体的战略、资源基础和手段，以实现美国的目标。它是这样一种做法：强调强大的军事的必要性，但同时也向联盟、伙伴关系和各个层次的制度方面大量投入，以扩大美国的影响力，并确立美国行动的合法性。"① 战略与国际问题研究中心的学者参与了本报告的写作和推介工作。在本项目的研究和形成报告的过程中，该委员会及战略与国际问题研究中心的研究人员还与美国及其他国家学者、非政府组织等进行了广泛接触；组织了"巧实力系列演讲活动"。

---

① Richard L. Armitage and Joseph S. Nye, Jr., cochairs, *CSIS Commission on Smart Power: A Smarter, More Secure America*, p. 7.

战略与国际问题研究中心意在通过这些活动使该委员会的建议，特别是
"巧实力"概念成为美国政治话语的组成部分。德里克·乔列特（Derek
Chollet）① 和史蒂夫·比冈（Steve Biegun）② 还建议向参与 2008 年总统大
选的候选人兜售这一概念。该委员会成员及战略与国际问题研究中心的学
者也通过各种方式，积极向国会议员及其助理、总统候选人及其顾问、其
他意见领袖和媒体说明"巧实力"思想及战略。战略与国际问题研究中
心组织形成该报告，也意在影响新政府的外交政策。"巧实力"思想确实
被奥巴马政府接受。国务卿希拉里在 2009 年 1 月 13 日参议院举行的听证
会上说："我认为，美国的领导作用是不足的，但它依然是需要的。我们
必须运用所谓'巧实力'，也就是我们能够支配的各种手段——包括外交
的、经济的、军事的、政治、法律的和文化的，面对不同的形势，选择恰
当的手段或者结合不同的手段。"③ 此后在不同的场合，希拉里·克林顿
多次表示，要运用"巧实力"，提升美国的影响力，实现美国的外交政策
目标。两届奥巴马政府的外交政策和外交行为，在很多方面体现着该报告
中的思想和建议。

　　4. 卡内基国际和平基金会与"习奥会"

　　智库影响美国外交的最近的一个例子是美国总统奥巴马和中国国家主
席习近平在 2013 年 6 月 7 日至 6 月 8 日的会晤。2012 年 11 月底，卡内基
国际和平基金会的包道格（Douglas H. Paal）和韩磊（Paul Haenle）在一
份题为"构建中美新型大国关系"的报告中针对中美关系中存在的问题
与挑战，特别是针对习近平主席提出的"新型大国关系"构想，提出
"奥巴马应在明年（2013 年）尽早寻求机会私下深度解读习近平的思路，
以让这个构想成为现实"。"在中美两国之间各种挑战阴云不散的形势下，
奥巴马最好破例邀习近平到夏威夷进行一次脱稿的、深入的周末谈话。以

---

　　① 德里克·乔列特现任美国国防部负责国际安全事务的助理部长（U. S. Assistant Secretary
of Defense），曾任奥巴马总统特别助理和国家安全委员会负责战略规划的资深主任，2009 年 2 月
至 2011 年任国务卿政策规划办公室常务副主任，2008 年 11 月至 2009 年 1 月，为奥巴马—拜登
总统任职过渡班子成员。

　　② 史蒂夫·比冈现任福特汽车公司负责国际政府事务的副总裁，此前曾任参议院少数党领
袖、参议员比尔弗里斯特的国家安全顾问，2001—2003 年任国家安全委员会执行秘书。

　　③ "Nomination Hearing To Be Secretary of State", Testimony Hillary Rodham Clinton, Secretary
of State, Statement before the Senate Foreign Relations Committee, Washington D. C., January 13,
2009, available at: http: //www. state. gov/secretary/rm/2009a/01/115196. htm, 2012 - 02 - 13.

这样一种形式来试探彼此的不信任程度与合作能力，会是双方都愿意接受的。再进一步，这种邀请会被视作美国总统的力量，而非弱点，同时也展现了对习近平的尊重。这将为应对即将面临的挑战奠定一个具有建设性的基础。"① 虽然两国元首会晤地点未如报告中所说的在夏威夷而是在加利福尼亚州南部的安纳伯格庄园举行，但从中美双方对两国元首会晤时机与形式的安排，都可以看出包道格和韩磊报告对美国外交的影响。当然，这只是报告产生影响的一个方面。报告中提出的其他政策建议可能更为重要，影响可能更为深远，只是这种形式上的影响显得更为直观。

　　除上述四个例子外，其他如：布鲁金斯学会作为美国建立较早的智库，以其最前沿的研究而闻名于学界、政界和舆论界；企业研究所作为立场保守的智库在20世纪70年代崛起，80年代对里根政府的外交政策产生了重要影响；兰德公司对冷战时期美国遏制战略的形成发挥了重要作用。它们也都有直接影响美国外交政策的具体案例可举，本章不一一赘述。这些都是智库影响美国具体外交政策的具体案例，最能清晰地说明智库对美国外交政策的直接影响。

　　智库对美国外交政策之影响，有其历史与现实特点，也反映着美国社会政治现实的发展变化。智库是顺应美国社会政治发展之需要而产生的，它源于社会精英对社会、政治、外交等各种问题的思考。智库关注美国外交政策，也与美国越来越广泛和深入地卷入国际事务密切相关。像早期成立的对外关系委员会、兰德公司和卡内基国际和平基金会，它们对美国外交与国际安全事务的关注也都因应了美国的需要。有些智库，如布鲁金斯学会和传统基金会，最初更多是关注美国国内问题和国内政策，但随着自身的发展，这些智库也都非常关注美国外交政策与国际事务，而且在这些领域对政策产生了实质影响。从20世纪70年代起，美国出现了很多规模较小但集中关注美国外交和国际事务的智库。由于这些智库在某个时期的社会关系网的缘故，往往也在特定时刻对美国政府的政策产生了直接影响。这也反映了美国政党政治和社会思潮的变化。当共和党上台的时候，立场偏保守的智库对外交政策的直接影响一般来讲更大一些；而当民主党上台的时候，偏自由主义立场的智库对外交政策的直接影响会更大一点。

---

　　① Douglas H. Paal and Paul Haenle, "A New Great – Power Relationship With Beijing", available at：http：//carnegieendowment. org/globalten/? fa = 50172，2013 – 06 – 07.

当社会思潮发展变化的时候，某些在立场和倾向上顺应这一思潮变化的智库，可能会随之产生较大影响。

不同智库对美国外交政策影响的大小，除了受制于美国社会思潮和政治现实的变化之外，还受制于各智库本身的特点，如规模、研究水平、政治倾向、自身定位等。有的智库规模较小，成立较晚，研究水平较低，或者在地理上远离政治中心首都华盛顿，这些特点会限制其影响美国外交政策的能力。比如，1955 年在费城成立的外交政策研究所，预算少，人员也少，远离华盛顿，在众多智库中处于边缘，与决策圈联系较少，无法直接影响日常决策过程。它施加影响的主要方式是去影响那些能够影响决策者的人，重点集中在为报纸撰写专栏文章、在诸如《评论》杂志（Commentary）、《国家》（The Nation）、《新共和》（New Republic）及《奥比斯》等较有影响的杂志撰写文章，以及就重要问题出版专著等。有些智库，如布鲁金斯学会、卡内基国际和平基金会、兰德公司、战略与国际问题研究中心等，成立时间较早，规模较大，研究领域较宽，研究力量积累和基础都比较雄厚，已在政界、学界和新闻界积累起了较高的声望。这些智库曾经为政府输送了很多"直接决策者"，他们卸任后又重返智库，智库的影响力也因此提高。有的智库成立时间晚，规模相对较小，但非常注重推销自己，比如传统基金会就以积极的营销策略，扩大了在华盛顿政策圈的影响，也因而改变了人们对智库的一般印象。现在，绝大多数智库都非常注重建立关系网，特别是注重加强与国会议员、行政部门官员之间的联系。传统基金会在这方面投入了更多的精力，这与布鲁金斯学会和卡内基国际和平基金会首先强调高质量的学术研究不同。布鲁金斯学会和卡内基国际和平基金会的学者虽然也为政府提供政策咨询，但它们最基本的目标不是直接影响决策，而是帮助教育决策者和公众并为其提供信息，使之认识到采取某些外交政策选项的潜在后果。[①]

在认识智库对美国外交政策的影响时，不能仅仅把注意力放在它们的直接影响上，智库对美国外交政策的间接影响也不容忽视。从整体来看，智库对美国外交政策的间接影响比那些看得见、说得清的直接影响可能更加深远。智库对美国外交及国际问题的研究，无论是否直接影响外交政

---

① Donald E. Abelson, "Think Tanks and U. S. Foreign Policy: An Historical Perspective", *U. S. Foreign Policy Agenda*, Vol. 7, No. 3, p. 10.

策，都在发挥着为社会提供或创造知识产品、教育公众的作用。这有助于在社会中形成政策辩论的氛围，为决策者选择或改变某些政策塑造民意基础。各种智库在政策辩论过程中都发挥了重要作用。一般来说，在民主社会中，政策辩论对于政策的最终选择是有积极意义的。智库在政策辩论中发挥的作用及其在思想和理论创造方面所取得的成果，远比具体的政策影响要来得更加重要、更加深远。总的来说，在各种非政府组织当中，智库对美国外交政策的影响是最具前瞻性的，对美国外交政策制定的影响也是最深刻的。

人们对美国外交决策的研究，更多的是关注政府部门（总统、国务院、国家安全委员会、国会两院等）作为"直接决策者"的作用。政策的选择非常重要，更重要的可能是政策议程的设定和关于政策选择的讨论。在制定政策的早期阶段，直接决策者往往比较重视各种互相冲突的问题，经常依靠来自各专业团体的专家提出的政策建议。① 著名政治学家詹姆斯·Q.威尔逊（James Q. Wilson）认为"设定议程"是"影响政策制定的最重要的阶段，也是关注最少的阶段"②。美国著名外交史家托马斯·A.贝利（Thomas A. Bailey）也有同样的论述。他认为，"与在任何真正的民主国家一样，在美国，公众舆论塑造基本的外交政策。它们不是在国务院秘密策划，然后突然告知国人的。成长于经验的肥沃土壤，它们代表着人民的需求、利益和希望"③。在贝利的话语里，人民在这里实际上指的是政府内直接决策者之外的其他人。是他们确立了美国外交政策议程和外交政策的原则与方向，而直接决策者所确定的，只是实现这些原则和方向的具体政策。通过本节关于智库对美国外交政策之影响的分析，"窥一斑而见全豹"，从中可以大致看出非营利组织在美国公众舆论塑造、外交政策议程设定与政策形成过程中的作用。

---

① ［美］詹姆斯·M.伯恩斯等：《美国式民主》，谭君久等译，中国社会科学出版社 1993 年版，第 680 页。

② James Q. Wilson, *American Government: Institutions and Policies*, 5th ed., Lexington: D. C. Heath and Company, 1992, p.427.

③ Thomas A. Bailey, *A Diplomatic History of the American People*, 10th ed., Prentice - Hall, Inc., 1980, p.1.

三 非营利组织与美国对外政策的实施

非营利组织不但在美国外交政策议程设定与政策形成方面具有重要影响，还能在政策实施阶段发挥重要作用。美国有很多非营利组织活跃在国际舞台上，它们与美国政府保持着密切关系，经常是以自己的行动促进实现美国政府的政策目标，成为美国国家力量的延伸和美国外交政策强有力的执行者。在美国对外政策实施过程中，很多非营利组织与美国的政府部门，如国务院、美国国际开发署及美国驻各国的使领馆进行了协调和合作。

作为美国外交政策的具体执行者，非营利组织接受美国政府提供的资助，积极配合美国政府的具体政策，在以下几个领域支持和实施了美国外交政策。

第一，在发生地震海啸等严重自然灾害的国家或地区，参与了灾难救援与灾后重建活动。比如，2004 年 12 月 26 日印度洋大地震并引发海啸给周边一些国家，特别是印度尼西亚造成巨大破坏和人员伤亡。像"反饥饿行动"组织（Action Against Hunger）、安泽国际救援协会（Adventist Development Relief Agency，ADRA International）、美国红十字会（American Red Cross）、美国难民委员会（American Refugee Committee）、美国救援合作组织（Cooperative for American Relief Everywhere，Inc.，也称"关爱组织"CARE）、天主教救济会（Catholic Relief Services）、美国乐施会（Oxfam America）、"救援国际"（Relief International）、救助儿童会（Save the Children）、"立即停止饥饿"组织（Stop Hunger Now）、世界宣明会（World Vision）等共约 60 个美国非营利组织以不同形式参与了这些国家的灾难救援和灾后重建。① 比如，2008 年美国政府响应联合国世界粮食计划署（World Food Programme，WFP）和联合国粮农组织（Food and Agriculture Organization of the United Nations，UNFAO）的呼吁，承诺向朝鲜提供 50 万吨的食品援助。美国国务院选择了世界宣明会、"国际美慈"组

---

① "Relief Organizations Working in the Disaster Area," available at: http://www. reikispirit. net/church/aid%20organizations. html, 2012.9.4.

织（Mercy Corps）、撒玛利亚救援会（Samaritan's Purse）、"全球资源服务"组织（Global Resource Services）和"基督教朝鲜之友"（Christian Friends of Korea）等五家非营利组织作为实施该项目的合作伙伴，负责把其中10万吨食品援助分发给50万食品严重短缺的朝鲜人。在2008—2009年，这五家组织在九个月的时间里向90万朝鲜人提供了食品。2010年9月，美国国际开发署通过撒玛利亚救援会、"全球资源服务"组织和"国际美慈"组织等向朝鲜提供了价值60万美元的洪灾援助。2011年8月，暴雨洪水袭击朝鲜江原道、北黄海道和南黄海道，导致数十人死亡，数千人无家可归，对当地农田和基础设施造成了严重的破坏。美国国际开发署提供了90万美元的紧急援助，撒玛利亚救援会在另外四家非营利组织的合作下向朝鲜空运了90吨紧急救援物资。①

　　第二，在种族、宗教及边界冲突多发国家或地区，开展冲突预防、解决与和平监督、维护等活动；在发生冲突或战争的国家或地区，积极参与难民的救济与安置等人道主义救援活动。比如，1979年苏联入侵阿富汗之后，大量难民进入其邻国巴基斯坦。为解决难民问题并向巴基斯坦提供帮助，美国政府积极利用美国救援合作组织、天主教救济会、教会世界服务团（Church World Services）、国际救援委员会（International Rescue Committee）和"救世军"（Salvation Army）等非营利组织的力量。美国政府除提供资助外，还就这些非营利组织的项目提供建议或咨询。很多非营利组织开展活动时也与美国政府的政策进行协调，自觉地成为某些政治利益的代言者。② 它们实际上都是在帮助美国政府实现其对外政策目标，经常充当美国外交政策的直接工具。③ 在20世纪90年代初美国对伊拉克展开"沙漠风暴"行动时，成千上万的伊拉克人逃入土耳其山区，美国一些非营利组织为这些难民提供了救援和食品，并采取行动使之能够重返家园并重新开始新的生活。对于进入美国的难民安置的选择及数量，非营

---

　　① "Samaritan's Purse Provides Supplies to North Korea Flood Victims"，available at：http：// www. wcnc. com/news/local/Samaritans－Purse－airlifts－relief－supplies－from－Charlotte－to－ North－Korea－129030393. html，2011. 1. 30.

　　② Helga Baitenmann，"NGOs and the Afghan War：The Politicisation of Humanitarian Aid"，*Third World Quarterly*，Vol. 12，No. 1（Jan.，1990），p. 82.

　　③ Fiona Terry，*Condemned to Repeat? The Paradox of Humanitarian Action*，Cornell University Press，2002，pp. 74－75.

利组织有很大影响。美国每年移民配额的 8% 是留给难民的。美国政府提供财政上的帮助，但每一名难民的安置均是由民间志愿服务团体与国会、联邦政府负责人口、难民和移民事务的机构、联邦卫生与公众服务部及全美各地的社区合作完成的。

第三，参与美国政府在世界其他各国开展的各种公共外交活动，推动美国与其他国家间的人员、教育与文化交流，扩大美国的文化影响力。由于其不同于政府的特点，非营利组织在东道国享有的自由及其在这些国家人民中获得的信誉，都可能是美国政府官员或外交官所缺少的。它们似乎更能代表美国及其人民与其他国家民众进行对话和跨文化的交流。"通过它们的项目——其目标是外国社会的各个阶层——美国的非营利组织已经与东道国的执政党和反对党、公民社会团体、媒体和意见领袖开展了广泛的互动，并获得了对它们的了解。在政府集中关注决策者和国家层面的双边关系的时候，非营利组织则聚焦于非精英、草根阶层，甚至是反叛者。"① 非营利组织的活动能够更直接地影响外国公众。通过参与对其他国家的公共外交活动，它们在逐步影响着美国与其他国家的关系，扩大着美国的文化影响。

第四，在落后地区和国家，积极配合和支持美国政府的政策，参与经济与发展援助，推动当地环境保护、减贫与可持续发展，开展传染性疾病的防治及医疗和健康教育等活动。

第五，在转型国家，积极支持和参与公民教育、选民教育、选举援助与选举监督、公民社会培育等活动。

非营利组织作为美国对外政策的具体执行者，对于美国实现预期政策目标、扩大美国的国际影响力、实现和扩展美国的国家利益发挥着极其重要的作用。本节主要通过考察非营利组织在美国开展对外发展援助和扩展民主的过程中的活动，来说明它们在美国对外政策实施过程中所发挥的作用。

（一）非营利组织与美国的对外援助

美国对外援助政策经历了一个历史的发展过程。第二次世界大战结束

---

① Olga Zatepilina, "Non – state Ambassadors: NGOs' Contribution to America's Public Diploma-cy", *Place Branding and Public Diplomacy*, Vol. 5, No. 2, pp. 165 – 166.

后，欧洲满目疮痍。在美苏冷战开始的背景下，美国积极通过"马歇尔计划"援助西欧国家，特别是复兴法、德；同时，也积极援助像希腊和土耳其这样的面临革命形势的国家，遏制以苏联为首的社会主义阵营影响力的扩张这一战略意图非常明显。到 20 世纪 60 年代，在第三世界非殖民化浪潮日益发展、民族独立运动高涨的情况下；美国对第三世界国家的援助侧重于发展援助，其目的是消除共产主义"滋生"的土壤，与苏联争夺在第三世界国家的影响力。20 世纪七八十年代，人们对"发展"的内涵的认识发生了变化，发展不再仅仅意味着经济增长和减少贫困，它还意味着社会进步、教育发展、医疗卫生条件改善，以及治理的进步，等等。到 20 世纪 80 年代末 90 年代初，随着非洲、拉丁美洲和东欧、苏联地区民主转型的发生，公民社会发展、民主制度建设也成为对外援助的重要内容。自第二次世界大战以来，对外援助一直是美国对外政策的重要组成部分，是美国实现对外战略目标的重要工具。无论是军事援助、经济援助，还是所谓的发展援助，再到后来的"民主援助"，无一不包含着美国维护自身在全球和地区战略利益的意图。

关注对外援助与发展问题的非营利组织对美国外交的参与，与美国对发展问题的理解和美国对外援助政策的发展演变有密切关系。非政府、非营利性组织在美国对外援助中的作用，最初是鲜为人知的或者不清晰的。第二次世界大战结束后，美国把非营利组织引入对外发展援助活动，特别是赈灾援助活动之中。对于非营利组织在战争期间及战后开展的救济和复兴项目，美国政府都提供了资助。1946 年设立的志愿对外援助咨询委员会（Advisory Committee On Voluntary Foreign Aid，ACVFA）成为一个联系美国政府与民间志愿性、非营利性组织的超党派机构，它为志愿服务团体和志愿者提供了一种更多了解美国政府援助项目的途径，同时也为他们开展活动提供建议，有时还能调解美国国际开发署与志愿团体之间的歧见。非营利组织领导人在该委员会内定期与美国国际开发署的领导人及其他官员就突出问题进行讨论，并反馈给其他非营利组织。在 20 世纪 50 年代、60 年代和 70 年代大部分时间里，非营利组织在美国对外发展援助活动中还处于相对边缘的地位。从 20 世纪 60 年代中期起，国会评价美国对外援助项目时日益强调要介入第三世界贫困地区的发展活动，并强调要加强对当地组织及与之合作的美国组织的援助。到 20 世纪 80 年代，随着非营利组织在美国国内的成长及美国对外援助政策的发展变化，非营利组织在美国对外援助特别是发展援助中已处于中心位置。

冷战结束后，为应对苏联地区以及东欧国家民主转型的新形势，美国对外援助政策做出了调整，由单纯提供援助物资等转向对象国制度和能力建设的援助。美国对外援助圈达成了一个较普遍的共识，即"由活跃的运作型民间志愿组织在南方国家草根层次上提供服务的时代过去了"，克林顿政府的对外援助政策"植根于加强民主制度和开放的市场经济，还要求建设强有力的私营志愿部门（公民社会）"。① 1993 年美国国际开发署与"联合行动"（InterAction）合作建立了联合工作小组，研究草拟一个新的关于国际开发署—民间志愿组织伙伴关系的政策声明。它们的研究报告《建立一种更高效伙伴关系的政策》（*Policies for a More Effective Partnership*）中的建议被采纳。② 1995 年 4 月 12 日，美国国际开发署正式采纳了《美国国际开发署—美国民间志愿组织伙伴关系政策指南》（以下简称《指南》）。《指南》成为指导和规范美国国际开发署与相关非营利组织之间的关系的原则性文件。该文件强调，在提供对外援助时必须加强公共部门与私营部门之间的合作；美国私营志愿组织能够帮助其通过建立有效的合作关系并发挥能力建设作用，不断提高当地非营利组织的作用、重要性和能力。在 21 世纪里，国际发展政策发生了重要变化，国家的作用变小了，而非国家行为体包括非营利组织的作用变大了。2003 年，前美国国际开发署助理署长卡罗尔·阿德尔曼（Carol Adelman）在《对外援助的私有化：重新评估国家的慷慨》一文中也指出："在过去 10 年里，来自基金会、私营志愿组织、公司、大学、宗教团体及个人直接给予外国贫穷的家庭成员等的私人捐赠已远远超过了美国政府的援助……在这第三波对外援助中，私人的金钱在发挥着重要作用。"③

美国国际开发署（USAID）是向世界其他国家提供经济、发展及人道

① Rebecca Sholes & Jane Covey, *Partners for Development*: *USAID & PVO/NGO Relationships*, IDR Reports, Vol. 12, No. 1, p. 7.

② "联合行动"（InterAction）是美国志愿国际行动委员会（American Council for Voluntary International Action）的简称。它是美国最大的致力于在发展中国家实施扶贫、救灾和发展援助项目的非营利组织联合体，现有成员组织 180 多个，总部设在首都华盛顿。更多详情可见其官方网站：http://www.interaction.org/。

③ Carol Adelman, "The Privatization of Foreign Aid: Reassessing National Largesse", *Foreign Affairs*, Vol. 82, No. 6 (Nov./Dec. 2003), pp. 9 – 10.

主义援助的一个联邦政府机构。它主要通过与其他组织的合作提供对外援助。这些组织主要包括三类：非营利组织和营利性公司、政府部门（包括受援国政府部门和美国政府部门）及国际组织。美国政府部门中涉及对外援助工作较多的部门还有国务院、农业部等部门，它们在政策、项目等方面与国际开发署都有密切合作或联系。非营利组织包括教育机构、合作发展组织和私营志愿组织。

美国对外发展援助大部分是通过非营利组织和营利性公司进行的。起初，这些组织主要是与国务院、国际开发署、农业部或各驻外使馆等部门合作，把美国各种非军事对外援助分送到受援助的对象那里，或者是对象国的民众、组织，或者是国家机构。但随着美国对外援助政策、援助内容与形式的发展，这些组织已不再仅仅是援助的分送者或服务的提供者了，而是以各种形式参与到受援助国的政治、经济和社会发展进程之中。这主要是因为人们对于发展问题的认识越来越深入了。发展，不单单是减贫和经济发展，更重要的是，它还意味着国家治理的进步和人的素质的提高，特别是公民社会和民主制度的建设。美国对外援助，除了经济层面的援助外，对推动受援助国的社会与制度建设方面的关注越来越多。相应地，这些组织的作用和角色也在发生转变，从提供短期救济向规划和实施长期发展项目转变。它们更加积极地参与到支持受援助国非营利组织发展、教育与医疗服务的提供、国家制度建设（如对法官等的培训、民主制度下的司法制度建设等）等活动之中。美国国务院、国际开发署、农业部等部门与非营利组织之间的合作与协调越来越多。

在对外援助问题上，美国国际开发署与非营利组织之间是合作、协调、互补的，二者是相互尊重的。在寻求发展和人道主义目标方面，非营利组织与国际开发署是一致的。美国国际开发署与非营利组织之间是以二者在很多问题上的共识的为基础的：致力于以人民为中心的经济、社会和政治发展，以解决性别、年龄、种族及其他影响参与发展进程和发展结果的可持续性的重要问题；强调以社区为基础解决社会、经济和环境问题的办法的重要性；普遍认为高效的发展与可持续的发展是相同的；一致认为人道主义援助应该成为实现可持续发展总体战略的有机组成部分；都强调繁荣的私营部门的重要性；参与性发展能够强化公民社会的基本结构，并为基础广泛的公正的发展提供机会；坚持自助原则，相信发展中国家和正在兴起的民主国家的人们希望改善他们的生活。① 正是基于这些共识，美国国际开发署与非营利组织能够实现良好的合作。

　　非营利组织积极参与美国对外援助政策的具体实施，从国务院、农业部、特别是国际开发署获得大量资助。美国国际开发署主要以三种基本的机制通过从事海外活动的非营利组织提供与发展有关的物品和服务：项目拨款（program grants）、合作协议（cooperative agreements）和合同（contracts）。项目拨款这一机制使接受拨款的组织能够自由地开展协议规定的发展项目而不受国际开发署的干预。项目拨款把实施的责任全部赋予私营志愿组织，它们通常是多年项目，要求私营志愿组织分担成本。在合作协议这一机制下，虽然参与其中的非营利组织在实施对外援助项目时有很大独立性，但国际开发署会比较深度地介入其中，以便确保项目的实施能够达到项目要求、实现项目目标。在"合同"这一机制下，美国国际开发署决定援助活动的要求和标准，在合同实施期间不断提供技术指导。通过"合同"，国际开发署能够对项目的实施费用有更大控制权，情况允许时它可以单方面终止协议。实际上，国际开发署向非营利组织提供资助的机制是非常灵活的。除了标准的"项目资助""合作协议"和"合同"外，国际开发署还通过其他方式利用非营利组织开展对外援助。② 除了直接为非营利组织提供资助外，美国国际开发署还通过其他组织间接向私立志愿组织提供大量资助。非营利组织为获得国际开发署的资助，必须在国际开发署人道主义响应局下的"私营与志愿合作办公室"（PVC）注册。哈佛大学两位学者雷切尔·M. 麦克利里（Rachel M. McCleary）和罗伯特·J. 巴罗（Robert J. Barro）的统计和研究表明，从1939年到2004年，在美国政府部门注册参与国际救援和发展活动的私立志愿服务团体共有1638个。③ 在美国国际开发署注册、符合实施对外援助计划条件的非营利组织，1980年有153个，1998年有424个，1999年有425个，2000年有

　　① USAID Policy Guidance, *USAID – U. S. PRO Partnership*, April 13, 1995, Revised August 6, 2002, pp. 1 – 3.

　　② United States General Accounting Office, *Foreign Assistance: USAID Relies Heavily on Nongovernmental Organizations, but Better Data Needed to Evaluate Approaches*, April 2002, pp. 11 – 14.

　　③ Rachel M. McCleary and Robert J. Barro, "Private Voluntary Organization Engaged in International Assistance, 1939 – 2004", *Nonprofit and Voluntary Sector Quarterly*, Vol. 37, No. 3（September 2008）, p. 520.

437 个，2005 年有 510 个，2008 年有 544 个，2010 年有 671 个，2011 年有 586 个。① 1986 年《对外援助拨款法》规定，美国任何私立和志愿组织，如果从美国政府之外得到的用于国际活动的资助低于年度资助的20%，都不能得到根据《发展援助法》提供的拨款或其他任何资助。这一规定在一定程度上有助于调动社会资源进入美国对外援助活动，扩大美国对外援助政策的效果。

非营利组织对美国对外援助政策的影响主要体现在：第一，作为对外援助政策的倡议者和支持者，表达它们对美国对外援助政策的看法、立场和建议，为美国对外援助政策的制定提供信息和政策咨询；第二，作为美国外援助政策实施者，或服务的提供者，参与美国政府对外援助项目和计划的实施。

1. 对外援助政策的倡议者和推动者

关注其他国家、特别是发展中国家社会与发展问题的美国非营利组织，由于对对象国关注较多，对那里出现或存在的发展、贫困、灾变等问题有最具体和直接的感受，它们往往会从自身的使命出发，参与到援助对象国的活动之中。它们也成为美国具体对外援助政策的倡议者和推动者。同时，美国一些关注其他国家社会与发展问题的非营利组织的成立，与美国对外援助政策的发展变化也有密切关系。

众多关注对外援助的非营利组织，大致可以分为两类：一类主要是关注特定议题、支持援助特别目标的组织。在支持对外援助的非营利组织中，这一类数量最多、发展最快；另一类是关注和支持援助特定国家、地区或种族的组织。实际上，很多组织关注的议题非常广泛，不同组织之间也经常进行着各种形式的合作。

非营利组织对特定议题的关注与国际社会特别是发展中国家在不同时期面临的发展问题密切相关。有的组织本身就是为应对这些问题而成立的，或其使命和目标就是致力于解决或应对这些问题。支持援助特定目标的组织，往往由于其强烈的意识形态倾向和积极的活动能力，其影响力往往也比较突出。20 世纪五六十年代，第三世界落后国家和地区频繁的内战、严重的饥荒和世界性的粮食危机等问题都引起了美国非营利组织的关

---

① 数据分别来自 1980 年、1998 年、1999 年、2000 年、2005 年、2008 年、2010 年和 2011年在国际开发署注册的参与海外救援与发展事务的美国志愿组织报告。

注。一些非营利组织也应运而生。它们成为这一时期美国对外发展援助的
倡导者。到了 20 世纪 70 年代，面对世界范围内的饥荒、灾难和食品短
缺，美国对对外援助的看法有所转变，调整了对外援助政策。美国国内出
现了许多致力于缓解或解决饥荒问题的非营利组织，如粮食救济饥民协会
（Food for the Hungry，1971 年）、施世面包组织（Bread for the World，
1972 年）、粮食和发展政策研究所（Institute for Food and Development Poli-
cies，1975 年成立，后改名为 Food First）和反饥饿行动组织（Action a-
gainst Hunger，1979 年）等，它们都支持美国对外进行以发展为目标的援
助。它们开始针对发展议题游说国会，对媒体发声，组织群众性运动，呼
吁政府有针对性地提供援助。

　　在支持特定援助目标的非营利组织中，支持计划生育或环境保护的组
织影响很大。1965 年成立的"人口行动国际"（Population Action Interna-
tional）自成立起就致力于支持妇女和家庭采取避孕手段以改善其健康状
况、降低贫困及保护环境，其研究和支持加强了美国和国际社会对计划生
育的援助。1968 年成立的阿兰·哥特玛琪研究所（Alan Guttmacher Insti-
tute，起初名为"计划生育项目发展中心"，1977 年改用现名）也致力于
通过一些研究、政策分析和公众教育，生产新思想，鼓励公共辩论，推动
实施适当的政策，推动保护性和生殖健康与权利。类似组织的出现，反映
了美国社会各界对第三世界发展中国家面临的社会与发展问题的关注。它
们成立后也成为推动美国政府广泛开展对外援助的重要力量。正是由于来
自非营利慈善组织、私立基金会、美国知名人士及国会重要议员的压力，
再加上世界性粮食危机，促使美国总统林登·约翰逊在 1965 年的国情咨
文中宣布美国政府将支持发展中国家开展计划生育。① 在这些组织的推动
下，美国政府从 1965 年起也一直把在发展中国家支持计划生育、生殖健
康和人口项目作为其对外援助项目的重要组成部分。艾滋病是 20 世纪 60
年代以来危及世界人民健康的一种严重的传染性疾病，国际社会对于艾滋
病的传播与防治都高度关注。这也是美国政府和非营利部门关注的一个重
要问题。为在全球范围内推动政府采取行动，与艾滋病做斗争，美国一些
非营利组织提供了资金，以在全球范围内预防艾滋病、治疗艾滋病患。非

① Carol Lancaster, *Foreign Aid: Diplomacy, Development, Domestic Politics*, The University of
Chicago Press, 2007, p. 38.

营利组织成为推动美国政府积极援助这些防治艾滋病传播和蔓延的重要力量，它们促使美国政府制订了"总统防治艾滋病紧急救援计划"（PEP-FAR），并于 2003 年在国会通过。

　　一些关注和支持特定国家、地区或种族集团的非营利组织，对美国对外援助政策的影响也很大。一些与族裔、宗教有密切关系的非营利组织，往往会积极推动对它们偏好或与之有某种种族或宗教联系的国家的援助，最为典型者莫过于强大的亲以色列非营利组织——美国以色列公共事务委员会（American Israel Public Affairs Committee，AIPAC）。它有一个庞大的草根网络，有成员 10 万人，分布在整个美国。这些成员中有很多人是他们所在社区的领导人，而且很强烈地致力于组织的使命。美国以色列公共事务委员会积极游说国会，确保一年中与国会每一位议员就重要议题至少联系一次，与国会中在制定会影响以色列的援助及其他立法时会发生关键作用的议员的联系更多。美国以色列公共事务委员会组织性强，其草根成员有影响力而且很活跃，这使得它在对外援助问题上能够对国会和行政部门产生很大的影响。它对对外援助拨款的支持被普遍认为对年度立法的通过是至关重要的。[1] 1973 年的"赎罪日战争"后，美国开始向以色列提供大量援助，帮助其重新武装。美国以色列公共事务委员会成员在游说国会支持向以色列提供援助方面非常积极，他们会向很多对援助问题漠不关心的或不愿意投票支持对外援助的国会议员提出一个支持对外援助的理由。其他诸如希腊裔美国人、波兰裔美国人、非裔美国人、亚美尼亚裔美国人、波罗的海沿岸各国裔的美国人及其他族裔的美国人也会积极游说，促使美国向他们所支持的国家或地区提供援助。

　　对外援助一直是美国政治中争论不休的议题。作为美国对外援助政策的支持者和推动者，非营利组织经常会依据美国政治中立法、行政、司法部门之间的权力划分，利用各部门的矛盾，以各种方式去影响美国对外援助政策。非营利组织经常采用的做法是直接游说行政部门官员和国会议员及他们周围的工作人员，或者在行政部门或国会内部寻找盟友；就相关议题在国会做证也是非营利组织影响美国对外援助政策的一个重要方式；它们还通过向公众提供信息，动员公众的压力，通过公共事件及通过会见记

---

① Carol Lancaster, *Transforming Foreign Aid: United States Assistance in the 21st Century*, 2000, Peter G. Peterson Institute for International Economics, p. 51.

者和编辑等引起媒体对它们的议题的注意；有些组织会通过负面宣传或通过影响其成员的竞选支持的方式，来惩罚反对它们的观点的国会议员。在可能的情况下，它们会与其他组织、国会议员和行政部门官员做交易，在其他问题上支持他们以换取对他们认为重要的援助议题的支持。① 在涉及对外援助的国内政治争论中，非营利组织经常会成为美国国际开发署在国内政治中的同盟军。比如，冷战结束后，克林顿政府试图减少财政赤字，削减对外援助预算首当其冲。共和党控制的国会也进一步通过立法手段，削减这方面的预算。发展援助在美国对外援助议程中的重要性下降，其预算被大幅削减。国务院甚至试图把美国国际开发署并入国务院。1994 年，美国国务卿建议由副总统领衔研究把国际开发署并入国务院的问题。美国国际开发署不愿被并入国务院，于是就寻求行政部门内部、国会、媒体及非营利组织中反对合并者的支持。1997 年，"联合行动"发起了"百分之一运动"（Just 1%），告诉美国公众美国对外援助的真实数目不到联邦预算的1%，并试图说服国会和行政部门停止和扭转发展援助的削减。为了把想告诉国会的信息传播出去，"联合行动"与所有成员组织进行非常密切的合作，它们都向国会传递同样信息。由 350 位美国商界领袖组成的"美国全球领导运动"组织（US Global Leadership Campaign）也把减少援助说成是对美国在世界事务中的领导地位的威胁。国际经济发展商业联盟（Business Alliance for International Economic Development）的建立，目的也是游说增加援助。② 美国国际开发署有时也会为某项政策而寻求非营利组织的支持或声援。比如，美国国际开发署主要关注对外发展援助问题，它经常要抵制国务院试图把资金用于外交目的的压力。为此，国际开发署经常会寻求关注发展和救济问题的非营利组织的支持，以支持发展问题。美国社会中有一些关注救济、发展及相关问题，如环境、人口和计划生育、妇女权益、艾滋病等问题的非营利组织组成了"援助游说团体"，其中有的是教会的分支组织，有的是大学，有的是提供服务的组织，有的是纯粹的支持团体，还有一些思想库也把它们的部分或全部工作集中在对外援助上。这些组织组成一个松散的网络，进行合作，游说政府采取更高的援助

① Carol Lancaster, *Transforming Foreign Aid*: *United States Assistance in the 21st Century*, Peter G. Peterson Institute for International Economics, 2000, p. 52.

② Carol Lancaster, *Foreign Aid*: *Diplomacy*, *Development*, *Domestic Politics*, Chicago: The University of Chicago Press, 2007, p. 90.

标准，为更广泛意义上的发展提供援助。①

２. 援助政策的实施者

美国对外进行的绝大多数发展和人道主义援助不是由政府工作人员直接展开，而是由与美国国务院、国际开发署、国防部、财政部和农业部等政府部门密切合作的各种非营利组织，如非营利性的服务承包商、咨询公司、人道援助机构、大学或慈善性民间志愿团体等开展各种项目实施的。这些非营利组织成为美国对外援助政策的具体实施者。它们对援助项目的设计、组织和实施等在很大程度上决定着美国对外援助政策的实际效果。有研究指出，美国把全球发展援助的大约40%分配给了非营利组织。比如在非洲肯尼亚，美国国际开发署管理的援助项目大约90%是通过私营部门（包括企业和非营利组织）提供的。②

美国对外粮食援助主要是通过非营利组织提供的。美国的相关法案也规范了这些组织作为对外粮食援助政策具体实施者的地位。1949年的《农业法》第416款（b）最早对国际粮食援助做出了规定。1954年7月10日，美国国会通过《农产品贸易发展及援助法》（P. L. 480）。该法第二条（Title II）授权捐赠农产品物资，以满足救济需求及用于缓解饥荒、疾病和死亡之根源的活动；要求根据本条提供的物资的至少76%要用于支持私人志愿组织或政府间组织开展的非紧急状态的发展项目［肯尼迪时期，该法改名为《粮食促进和平法》（*Food for Peace Act*)］。根据这一法案设立的"粮食促和平项目"是美国政府开展其国际粮食援助的主要机制。1985年的《粮食促进步法》也对国际粮食援助做出明确规定。根据该法设立的"粮食促进步项目"由美国农业部管理，主要是向发展中国家和新兴民主国家提供捐赠或赊卖美国产品，以支持民主，扩展私营企业。现在该项目下的所有粮食援助都是以捐赠形式提供的。实施援助项目的组织提出对某些产品的要求，农业部从美国市场购买这些产品，然后捐赠给实施援助项目的组织，并把这些产品运往受援国。1990年《农业发展与贸易法》（P. L. 101－624）第15条对粮食援助做出了一些修改，其中包括强调提高急需国家的粮食安全这一目标。该法案授权私人志愿组织

① Carol Lancaster, *Foreign Aid: Diplomacy*, *Development*, *Domestic Politics*, Chicago: The University of Chicago Press, 2007, pp. 102－103.

② Julie Hearn, "The 'Invisible' NGO: US Evangelical Missions in Kenya", *Journal of Religion in Africa*, Vol. 32, No. 1 (Feb. 2002), p. 34.

利用粮食开展各种活动，以实现这一目标，包括解决营养不良和疾病的根源、促进经济发展等。1998 年《非洲希望种子法》授权设立埃默森人道信托基金（Bill Emerson Humanitarian Trust），[①] 规定储备高达 400 万吨小麦、玉米、高粱和大米，以备发展中国家出现紧急状态或美国国内供应短缺时确保完成 480 号公法规定的粮食援助。2002 年《农场安全与农村投资法》（P. L. 107 – 171 之第 3107 款）授权设立"麦戈文—多尔国际教育和儿童营养食品计划"（McGovern – Dole International Food for Education and Child Nutrition Program），帮助支持教育、儿童发展及世界上最贫穷的一些儿童的食品安全；它还授权向低收入、粮食短缺的国家捐赠美国农产品，并提供相关的财政和技术援助，以开展学校膳食供应及母婴营养项目。

在对外援助项目实施过程中，与美国国际开发署和农业部等有密切合作关系的非营利组织有："农业合作发展国际"／"海外合作援助志愿者"组织（ACDI/VOCA）、安泽国际救援协会、"关怀非洲"组织（Africare）、贝蒂救援联盟（Batey Relief Alliance）、美国救援合作组织、天主教救济会、"城市希望国际"（Citihope International）、"互援国际"（Counterpart International）、国际布道团（Evangelistic International Ministry）、"喂养儿童"组织（Feed the Children）、粮食救济饥民国际协会（Food for the Hungry International）、"国际人类发展伙伴关系"组织（International Partnership for Human Development）、国际救援小组（International Relief Teams）、"国际美慈"组织（Mercy Corps）、"星球援助"组织（Planet Aid, Inc.）、"项目关注国际"（Project Concern International）、提格里救援协会（Relief Society of Tigray, REST）、救助儿童基金会（Save the Children Foundation）、英国救助儿童会（Save the Children – UK）、联合国世界粮食计划署、世界宣明会、"世界互助"组织（World Help）、国际社会援助基金会（FINCA International）、"技术服务"组织（TechnoServe）、阿加·汗基金会（Aga Khan Foundation）、"蓝多湖"组织（Land O'Lakes）、国际救援与发展组织（International Relief and Development）、"保护生命"组织（Shelter for Life）等。

---

① 其前身是 1980 年《农业法》第三条授权设立的"粮食安全小麦储备"（FSWR）和 1996 年农业法授权设立的"粮食安全商品储备"（FSCR）。

非营利组织负责粮食援助项目的规划、组织、实施、控制和评估。最初，非营利组织主要通过慈善性救济活动提供粮食援助，特别是紧急状态下的粮食援助，这些活动也没有长远影响。20 世纪 80 年代期间，美国国际开发署推动非营利组织从简单的粮食分发转向利用粮食援助资源开展长期的发展项目。非营利组织关注的主要是地方层次的那些能够短期内对贫困人口产生影响的小型发展项目，以在社区或个人层次上解决粮食安全问题。它们的活动包括：参与粮食分发，直接为其提供粮食；推销商品，换取当地货币，以开展其他形式的项目，解决缺乏食品安全的根本原因等。虽然美国相较于其他国家有很多非营利组织参与对外粮食援助活动中，但这些非营利组织的人力、物力资源毕竟是有限的，它们也无法直接把粮食分发到受益者手中，而是与受援国当地政府、非营利组织、教会、学校等建立起一个联系网，形成分发网络。通过这样的联系网，美国的这些非营利组织的能量可以被扩大，援助就可以尽可能分发到那些贫困和急需粮食援助的人们手中，为他们改善生活状态、实现进一步发展提供一线希望。

美国非营利组织在受援国针对当地情况开展了多种多样的旨在推动当地发展的援助活动。它们通过粮食援助来支持许多发展事业的项目，如健康、教育、小企业发展、环境保护、基础设施建设、民主制度发展等。在健康领域，非营利组织开展的项目有：营养学教育、免疫及儿童生存、饮用水及卫生系统、学校食品供应、母子健康项目。比如，母子健康项目的目的是为儿童、孕妇及哺乳期妇女提供粮食，以确保他们有足够的食物，改善其营养状况；学校膳食供应项目主要是为学生提供食物以改善他们的健康状况、学习能力、入学人数和营养状况，并为参与培训课程的成年人提供食物。在基础设施建设方面，非营利组织主要通过组织以工代赈项目，为参加诸如建设校舍、修筑道路和农田灌溉系统及水库等水利设施、开挖水井或土地改善项目（包括再造森林和修建梯田）等社会建设项目，为失业或未充分就业的当地居民提供口粮或食物。非营利组织还根据受援国实际情况，开展一些诸如森林保护、水土保持等与发展问题有关的项目。另外，它们还通过紧急状态项目为遭受战争、洪涝、饥荒及其他人为的和自然灾害所困的平民分发食品等救援物资。

一些规模较大的非营利组织关注和参与对外援助的范围非常广泛。比如，天主教救济会从 20 世纪 50 年代起就开始关注非洲、亚洲和拉丁美洲地区，提供紧急救援和赈灾服务，通过可持续发展项目帮助发展中国家走出贫困的恶性循环。到20世纪90年代，除关注发展问题和天灾人祸后的救济外，天主教救济服务组织还关注一些转型国家的公民社会发展。天主教救济会涉及的领域非常广泛：在发生各种自然灾害和复杂的暴力冲突等危机时，主要是对大量难民及其他流离失所的人们提供救济援助；在农业方面，针对世界上最贫穷的农民家庭和农村社会开展了农业与环境项目；在教育方面，在非洲、亚洲、拉丁美洲和加勒比地区、中东和东欧地区（包括发生危机的国家、正在从危机走向稳定的国家以及相对稳定的国家）84个国家开展了支持学校食品供应项目和一些推动和支持高品质基础教育发展的项目；在健康方面，开展了一些关注婴儿生存、母子健康、艾滋病、饮用水与卫生等问题的项目，并开展了健康教育活动。天主教救济会于1986年开始在泰国曼谷开展了第一个艾滋病项目。后来，在非洲、亚洲和拉丁美洲62个发展中国家最贫穷、最容易受到艾滋病威胁的地区开展了280多个艾滋病防控项目。又如，安泽国际救援协会在非洲、中美洲和加勒比地区、东亚、南亚、欧洲、南美及南太平洋地区许多国家（其中包括非洲大陆的38个国家、中美洲和加勒比地区的16个国家、东亚的13个国家、欧洲的27个国家、南美所有国家、南太平洋所有岛国）都开展过一些项目。这些项目的内容包括：为遭受战争、灾难（如中美洲的飓风和印度洋的地震、海啸）和饥荒困扰的民众提供紧急援助，如分发粮食、提供紧急避难所等；在贫困国家为民众提供蔬菜和农作物栽培技术培训，以可持续的方式减少贫困；改善卫生状况，进行卫生和健康教育，包括建立诊所、资助修建公共厕所、开挖水井提供清洁饮用水、为母亲提供健康和营养知识培训等。

美国援外合作组织（CARE，也译为"关爱组织"）也是支持和参与美国对外援助活动的一个重要的非营利组织。除紧急应对天灾人祸时的粮食救济外，它还非常注重解决贫困的根源问题，以使受援者能够自力更生。它特别强调关注妇女和儿童，以促进持久的社会变革；注重对受援国当地非营利组织的培训，以加强其能力；重视受援国地方社区和市政建设，推动后者改善地方基础设施、增加社区参与、强化市政地方政府提供基本服务的能力。2014年，该组织在90个国家开展了880个发展援助项目，涉及基础教育（包括女童教育）、母亲与婴儿发展、家禽养殖、职业培训、粮食安全、市政发展、农村重建与微型企业、地方治理、环境卫生与清洁饮用水供应、社会与经济转型，受益人口总数约 7200 万人，其中在 30 多个发生自然灾害、冲突或动荡国家（地区）开展的紧急人道主义救援项目帮助了 700 万人，在发展中国家开展的饮用水、水资源管理和卫生（sanitation）项目惠及 390 万人。[1]

美国的非营利组织在受援国开展的项目，大多是在美国政府部门密切合作下进行的。比如，天主教救济会在开展活动时与美国国际开发署、农业部以及美洲开发银行进行了密切合作。2010 年美国政府资助安泽国际救援协会用于海外项目的花费包括：美国政府拨付的物资价值达 3045920 美元，海路运输费用达 3941714 美元，直接拨款达 20823990 美元，间接拨款达 6509438 美元，合同金额达 974894 美元。[2]

作为美国对外援助政策的实施者，非营利组织发挥的作用和影响是巨大的。作为活跃在受援国社会中的力量，它们对当地的社会发展与人民需要比较深切和具体的认知，既能准确把握当地急迫的现实需求，又能认清其长远发展的需要，这有助于它们更有针对性地设计和实施援助项目；它们关于受援国当地的第一手的信息及它们开展活动的经历，可以为美国政府在制定对外援助政策时提供很好的咨询，有助于政府制定符合具体情况的援助政策。美国政府在制定和实施对外援助政策时，一般也会充分咨询非营利组织的建议。比如，在朱丽娅·塔夫特任助理国务卿时，她领导下的美国国务院人口、难民和移民事务局用了大约 1/3 的时间会见非营利组织代表。这些非营利组织与人口、难民和移民事务局合作，为难民提供了国际救济援助，并帮助在美国安置难民。非营利组织作为美国对外援助政策的实施者，可以在有限的资源条件下极大地放大美国政府对外援助的影响与效果。在美国国际开发署注册的非营利组织（民间志愿组织）每年从私营部门获得的资助和支持，比从美国国际开发署那里获得的多得多。这充分说明，美国在推行对外援助政策时，大大调动了社会的力量。冷战结束后，美国国会决定削减对外援助预算，因为已没有苏联的威胁需要遏制，也因为受援助政府内充斥着腐败。由于东欧剧变和苏联解体后建立的国家纷纷要求美国的援助，美国国际开发署不得不用更少的资源做更多的事情。在这种情况下，非营利组织作为合作者和援助接受者似乎都很有吸

---

[1]　CARE USA, *2014 Annual Report*, p. 2.

[2]　ADRA, *International Financial Statements 2010.*

引力，因为它们比传统的政府导向的发展花费更少。在国会看来，另一好处是，进入外国政府官员腰包的钱少了，款项更多地流入了倾向于民主的公民社会领域。① 美国非营利组织在促进受援国当地民间组织的能力建设方面所发挥的积极作用，也可以在更大程度上放大美国对外援助的影响。更重要的是，美国非营利组织作为美国文化和生活方式的代表，深入到受援国社会内部，与之密切的交流，能够在很大程度上扩大美国文化、价值观及生活方式对受援国当地人民的影响。

（二）非营利组织与美国海外推行民主

在海外推广美国人所理解和认可的民主，在美国外交中占有重要位置。尽管推行民主的说法可以追溯到伍德罗·威尔逊甚至更早的时期，但直到20世纪80年代，美国在世界范围内促进民主的活动才大大扩展并实现制度化。对外扩展民主成为美国对外政策的一个基本目标，也成为美国对外援助中日益重要的组成部分。1983年，美国国会根据里根总统的建议，建立了由联邦政府全额资助的美国国家民主基金会（National Endowment for Democracy，NED），该基金会通过其旗下的四大机构——美国劳工联合会—产业工会联合会（AFL – CIO）、美国商会、美国共和党和民主党分别主持的"民主促进机构"——美国国际劳工团结中心（American Center for International Labor Solidarity）、国际私营企业中心（Center for International Private Enterprise，CIPE）、国际共和研究所（International Republican Institute，IRI）、国际事务全国民主研究所（National Democratic Institute for International Affairs，NDI）——提供资助。根据国会制定的《国家民主基金会条例》，国家民主基金会的工作目标主要有：通过民间机构在世界范围内鼓励自由和民主，包括促进个人权利和自由的行动；推动美国民间组织（特别是美国两大政党、工会和商业协会）与国外民主组织之间的交流；促进美国非营利组织（特别是美国两大政党、工会和商业协会及其他民间组织）参与海外的民主培训计划和民主制度建设；及时采取措施与海外的本土民主力量合作，加强

---

① Sada Aksartova，"Why NGOs? How American Donors Embraced Civil Society After the Cold War"，*The International Journal of Not – for – Profit Law*，Volume 8，Issue 3，May 2006，available at：http：//www. icnl. org/knowledge/ijnl/vol8iss3/special_ 4. htm，2011 – 01 – 07.

民主选举的作用；在支持美国两大政党、工会和商业协会及其他民间组织参与促进与海外致力于民主文化价值、民主机构和组织建设的力量的合作。① 1989 年，国会通过了《支持东欧民主法案》以支持该地区的民主转型。美国国际开发署 1990 年的"民主倡议"把促进民主作为其核心目标。1992 年，国会又通过《支持自由法案》，为在俄罗斯及苏联其他加盟共和国开展的民主促进项目提供资助。到 20 世纪 90 年代，民主援助在美国的对外政策中已变得非常突出、非常重要，对外扩展民主已成为两党一致的外交政策。

美国为援助其他国家的民主转型和建设民主制度投入了大量资源。作为美国海外推行民主活动的"主力"，美国国家民主基金会的绝大多数资金来自美国国会批准的拨款，只有极少部分资金来自布兰德利基金会（Bradley Foundation）、怀特海基金会（Whitehead Foundation）和欧林基金会（Olin Foundation）等私立基金会。而从资金总额上看，美国政府通过国家民主基金会提供的资助数额相对较少，更多的资金是通过美国国际开发署直接资助那些关注各种形式民主援助的非营利组织开展的项目。像卡特中心、亚洲基金会（Asia Foundation）、美国律师协会（American Bar Association，ABA）的"中欧和欧亚法律计划"（Central European and Eurasian Law Initiative）、欧亚基金会（Eurasia Foundation）、国际人权法小组（International Human Rights Law Group）、国际选举制度基金会（International Foundation for Election Systems，IFES）、"公民社会、教育与媒体发展"组织（Civil Society，Education and Media Development，IREX）、"自由之家"（Freedom House）及一些附属于大学的研究中心等非营利性组织都接受国际开发署的资助，针对所谓"独裁国家"开展各种推广民主的项目。自 20 世纪 80 年代起，美国已通过这些非营利组织实施了大量的选举监督和民主援助项目。1995 年起，国际共和研究所、国际事务全国民主研究所和国际选举制度基金会共同与美国国际开发署签署了一个名为《支持选举与政治进程联盟》的协议。这是美国国际开发署资助与选举有关的项目的主要机制。1995—2001 年，美国国际开发署通过这一机制向

---

① Thomas Caroth ed.，*Aiding Democracy Abroad*：*The Learning Curve*（Washington D. C.，Carnegie Endowment for International Peace，1999），pp. 31 – 32，转引自刘国柱：《当代美国"民主援助"解析》，《美国研究》2010 年第 3 期。

相关的非营利组织提供了 8000 万美元的资助。①

　　美国政府与这些非营利组织之间的关系，并不仅仅局限于资金支持。乔治·W. 布什政府的高级官员、新美国世纪计划（Project for New American Century，PNAC）的签约人主管着国家民主基金会。尽管它宣称"独立"和"非政府身份"，但美国国务院及其他行政部门依然定期任命国家民主基金会项目的工作人员②。如"民主项目"的一个支持者所言，"这些私营组织实际上只是它们所服务的国务院的幌子。"积极支持"颜色革命"的"自由之家"曾长期处在中央情报局前高级策划人的领导之下，或者他们的一些工作人员曾是中情局工作人员。在民主党执政时，国际事务全国民主研究所往往是由"自由主义的鹰派"或右翼民主党人操控着。国际共和研究所会集了一批共和党极右翼的政治人物和大金融公司、石油公司和国防公司的代表。选举制度国际基金会的高级管理人员来自保守的共和党高层、中央情报局或者军方情报部门。"颜色革命"精英领导者的培训学校——国际研究与交流委员会集中了一些来自新闻媒体、美国外交部门及军方的政治战、公众外交和宣传领域的专家。③ 显然，美国政府或两党精英阶层通过种种隐秘的形式实现了对这些非营利组织的掌控。

　　美国的这些非营利组织对转型国家民主发展的关注和参与是多方面的。美国国际开发署确立了支持民主和治理的四类对外援助项目：①促进对法治与人权的尊重；②鼓励发展"独立和政治上积极的公民社会"；③支持透明和负责任的治理；④促进通过自由和公正的选举过程进行有意义的政治竞争。这些援助内容本身都是非常广泛的。具体来说，美国国际开发署开展的项目主要是：支持司法改革、执法、公民的公平正义、促进对人权的尊重和制度发展；支持倡导型非营利组织、独立工会、记者和媒体

---

① Eric C. Bjornlund, *Beyond Free and Fair*：*Monitoring Elections and Building Democracy*，Baltimore：The Johns Hopkins University Press，2004，p. 72.

② Sreeram Chaulia，"Democratisation，NGOs and 'colour revolutions'"，January 19，2006，available at：http：//www. opendemocracy. net/globalization－institutions_ government/colour_ revolutions_ 3196. jsp，2015－08－11.

③ Sreeram Chaulia，"Democratisation，NGOs and 'colour revolutions'"，January 19，2006，available at：http：//www. opendemocracy. net/globalization－institutions_ government/colour_ revolutions_ 3196. jsp，2015－08－11.

组织、公民教育活动等的发展；反腐败、非集中化、地方政府能力建设、加强立法部门能力、公共政策发展、改善军政关系；为选举制度、法律和规则建设提供支持和建议，关注诸如选民登记、投票、计票和争端解决等问题，关注包括选务机构的组成和职权、选举管理人员的培训，选票、选票箱及选举物品的设计与调配，选民教育与选举人信息，以及国内跨党派选举监督和政党监票（pollwatching）等。①

自里根政府以来，美国历届政府几乎为所有转型国家或发生冲突的国家的民主发展提供了各种形式的援助，许多美国非营利组织参与和实施了促进这些国家民主发展的项目。在冷战后期，美国对外扩展民主的主要目标是推动苏联和东欧社会主义国家的转变；冷战结束后，随着原苏联地区和东欧国家开始民主转型，美国主要是推动这些国家的民主转型走向巩固。② 近年来，美国又在西亚北非一些国家和乌克兰支持了"颜色革命"。在这些活动中，美国的非营利组织都积极参与其中。

这里仅举两个不同的例子：一是以卡特中心（Carter Center）在全球范围内开展的选举监督活动为例，考察非营利组织参与美国对外推行民主的广度；二是以非营利组织在推动印度尼西亚民主化进程中的作用为例，考察非营利组织参与美国对外推行民主的深度。

1. 卡特中心的选举监督活动

美国前总统卡特及其领导的卡特中心在实现美国对外扩展民主的政策目标方面发挥了突出作用。卡特在卸任总统之后参与的对外选举监督及民主援助活动，既为国际选举监督及更广泛的民主援助活动树立了典范，也为他个人赢得了良好的国际声誉。

1987 年，卡特应邀访问海地，以帮助海地的选举进程走上正轨。从此卡特及其领导的卡特中心开始了对其他国家的选举监督活动的参与。1989 年初，在贝克国务卿的支持下，卡特同意与前总统福特共同领导由国际事务全国民主研究所和国际共和研究所组织的两党代表团，开展对巴拿马的选举监督活动。在 1990 年尼加拉瓜的总统选举过程中，卡特试图

---

① Eric C. Bjornlund, *Beyond Free and Fair*: *Monitoring Elections and Building Democracy*, Baltimore: The Johns Hopkins University Press, 2004, p. 28.

② Sreeram Chaulia, "Democratisation, NGOs and 'colour revolutions'", January 19, 2006, available at: http://www.opendemocracy.net/globalization – institutions_ government/colour_ revolutions_ 3196. jsp, 2011 – 06 – 16.

在执政者与反对派之间进行选举调解。1990 年 5 月，他观摩了多米尼加共和国的选举。1990 年年底，卡特又率选举观察团观摩了海地的选举。1990 年 10 月，观摩了圭亚那的选举。1991 年 10 月，卡特率团观摩了赞比亚的第一次多党选举。1992 年，卡特和他领导的卡特中心又对圭亚那的选举进行监督。卡特中心早期的选举监督活动主要集中在拉丁美洲地区的一些出现国内冲突或不稳定的国家。冷战结束后，原苏联和东欧地区的一些国家开始了政治转型进程，卡特及其领导的卡特中心更积极、更广泛地参与到推进这些地方民主发展的活动之中。此后，卡特中心的选举监督活动主要关注的是一些出现民主转型但民主制度尚不巩固的国家。截至 2015 年年中，卡特中心已监督或观察了 38 个国家的 100 次选举，其中包括曾经 14 次观摩中国的农村基层选举，[①] 以及正在进行之中的对刚果民主共和国、缅甸、尼泊尔、巴勒斯坦和突尼斯的选举观察。[②]

通过广泛参与一系列的选举监督和选举援助活动，美国前总统卡特已经对国际选举监督的发展水平产生了极其重要的影响。卡特强调选举前评估、选举调解及平行计票（PVT），以制止或检查选举计票舞弊，这已成为选举监督的模式。卡特中心也已成为在推动民主发展、和平与冲突解决、人权发展等领域具有全球影响的非营利组织。

卡特及其领导的卡特中心在其他国家开展选举监督和民主援助活动过程中，既充分利用他个人作为"人权外交"倡导者所赢得的地位来推动选举监督和民主援助活动顺利开展，也充分与美国其他非营利组织进行密切的合作，以实现其影响的最大化，同时，它们还积极利用国际社会其他国家的资源，如除来自美国各领域的资助外，它们还设法得到其他国家的资助；除利用和动员来自美国非营利组织的代表外，它们还积极争取其他国家关注民主发展问题、具有民主经验的人士，如民选的官员、经历过民主选举洗礼的政要等参与卡特中心开展的选举监督与民主援助项目，借以突出卡特中心开展的选举监督和民主援助活动的独立性、国际性，从而增强其公正性。

---

① 卡特中心设有中国项目（China Program），该项目 1997 年 3 月 5 日至 2010 年 4 月 1 日发布的 20 份关于中国选举、民主与政府治理的研究报告均可从项目专栏下载：http：//www.carter-center.org/news/publications/peace/china_ reports.html，2015 – 08 – 06。

② 卡特中心民主项目（Democracy Program）官方网站的数据，available at：http：//www.cartercenter.org/peace/democracy/index.html，2015 – 08 – 06。

表 9 – 3	卡特中心监督或观摩的外国选举①
36 个国家 89 次选举（数据截至 2012 年 1 月）	

玻利维亚（2009 年 12 月，2009 年 1 月）	黎巴嫩（2009 年 6 月）
柴罗基部落（Cherokee Nation）：（1999 年 7 月，2011 年 9 月）	利比里亚（1997 年 7 月；2005 年 10 月；2011 年 10 月）
中国（1997 年 3 月，7 月；1998 年 3 月；1999 年 1 月，9 月；2000 年 1 月，8 月；2001 年 9 月，12 月；2002 年 12 月；2004 年 6 月；2005 年 5 月；2006 年 5 月；2010 年 3 月）	马里（2002 年 4 月）
科特迪瓦（2010 年 11 月；2011 年 12 月）	墨西哥（1992 年 7 月；1994 年 8 月；1997 年 7 月；2000 年 7 月）
刚果民主共和国（2006 年 7 月；2011 年 11 月）	莫桑比克（1999 年 12 月；2003 年 11 月；2004 年 12 月）
多米尼加共和国（1990 年 5 月；1996 年 6 月；2000 年 5 月）	尼泊尔（2008 年 4 月；2009 年 4 月）
东帝汶（1999 年 8 月；2001 年 8 月；2002 年 4 月；2007 年 6 月）	尼加拉瓜（1990 年 2 月；1996 年 10 月；2000 年 11 月；2001 年 11 月；2006 年 11 月）
厄瓜多尔（2007 年 9 月；2008 年 9 月）	尼日利亚（1998 年 12 月；1999 年 1 月；1999 年 2 月 20 日；1999 年 2 月 27 日）
埃及（2011 年 11 月—2012 年 1 月）	被占领的巴勒斯坦地区（1996 年 1 月；2005 年 1 月；2006 年 1 月）
埃塞俄比亚（2005 年 5 月）	巴拿马（1989 年 5 月；1994 年 5 月）
加纳（2008 年 12 月，1992 年 11 月）	巴拉圭（1993 年 5 月）
危地马拉（2003 年 11 月）	秘鲁（2000 年 4 月；2001 年 6 月）
几内亚（2010 年 6 月）	菲律宾（2010 年 5 月）
圭亚那（1992 年 10 月；2001 年 3 月；2006 年 8 月）	塞拉利昂（2002 年 5 月）
海地（1990 年 12 月）	苏丹（2010 年 4 月；2011 年 1 月）
印度尼西亚（1999 年 6 月；2004 年 7 月；2009 年 4 月）	突尼斯（2011 年 10 月）
牙买加（1997 年 12 月；2002 年 10 月）	委内瑞拉（1998 年 12 月；2000 年 7 月；2004 年 8 月；2006 年 12 月）
肯尼亚（2002 年 12 月）	赞比亚（1991 年 10 月；2001 年 12 月）

2. 非营利组织与印度尼西亚的民主化进程

通过探讨非营利组织在印度尼西亚民主化进程中所采取的各种行动，可以在一定程度上比较深入地说明非营利组织在美国对外扩展民主方面所发挥的作用。

---

① 见 http：//www. cartercenter. org/peace/democracy/observed. html，2012 – 02 – 21。

1997 年亚洲金融危机爆发，苏哈托政权在危机冲击下垮台，开启了印尼的民主化进程。美国的非营利组织，包括国际选举制度基金会、国家民主基金会、国际事务全国民主研究所、国际共和研究所、亚洲基金会、卡特中心、美国劳联—产联的团结中心、英特新闻网（Internews）、纽约的查尼研究公司（Charney Research）等，广泛参与到印尼民主化进程的各个方面。

第一，推动了印尼有关选举的法律和制度改革。2002 年 11 月，印尼人民代表会议通过了关于政党、立法机构选举和总统、副总统选举的法案。国际选举制度基金会在这些法案的修改、草拟等阶段提供了支持，为草拟选举法、行政管理程序及实施规则提供了技术援助，并根据印尼决策者在立法起草各个阶段的需要提供比较信息和分析。在 2004 年印尼选举前，国际选举制度基金会还开展了一些项目，支持修改规范政党行为和选举制度的政治性法律，以建立中立的选举框架，并为准备实施新选举框架下的规则（包括地区选举委员会的建立和运作框架、选区划分、计票及选民信息等）提供支持。

第二，加强了印尼选举和选举监督机构的能力。国际选举制度基金会为加强印尼全国选举委员会和全国选举监督委员会的能力提供了技术和物资支持。在印尼新的全国选举委员会建立后，国际选举制度基金会为该委员会及其秘书处提供了技术性建议和援助，帮助印尼全国选举委员会出版了内部通讯，并为其工作人员的培训和能力建设提供支持；为印尼全国选举委员会的网站建设提供了建议和支持；开展了培训印尼选举官员的援助计划，为印尼各级选务管理及工作人员提供关于选举管理、选举程序等方面的培训。国际选举制度基金会还与其他美国的非营利组织合作，积极与印尼全国选举委员会及印尼宪法法院等对国内选举监督具有法律管辖权的机构探讨加强印尼全国选举监督委员会及各级选举监督机构能力的问题。

第三，在印尼开展选民教育活动。在印尼 1999 年 6 月的选举前，美国国际开发署利用劳联—产联的"团结中心"和它的地方性非营利组织及劳工伙伴网络，有针对性地开展了支持印尼选举教育的活动。"团结中心"通过 30 个组织在印尼 18 个省支持了一项草根性选民教育项目，它既强调与地方组织的合作，也充分考虑印尼的地方差异和需求。在 2004 年立法机构选举前，选举制度国际基金会在印尼支持了六次候选人政治辩论项目。总部设在纽约的"媒体发展贷款基金"（Media Development Loan

Fund，MDLF）、亚洲基金会等非营利组织也参与了印尼的选民教育活动。

第四，加强选举监督活动。国际事务全国民主研究所是较早在印尼开展选举监督活动的美国非营利组织。1996 年年初它开始介入 1997 年印尼的立法机构选举。此后，国际事务全国民主研究所与印尼很多政党及民间团体进行了广泛合作。印尼民主化进程启动后，国际事务全国民主研究所、卡特中心、国际选举制度基金会等非营利组织，在美国国际开发署、美国驻印尼大使馆支持下，对印尼民主化进程开始后的历次立法机构和总统、副总统选举进行了监督，包括选举前对选举环境的评估、选民登记、选举过程对投票及开票过程的观摩、选举后争议的解决等。1999 年立法机构及总统选举前，国际事务全国民主研究所分别于 1998 年 11 月、1999年 2 月和 5 月三次向印尼派出由选举制度和政治转型方面的国际专家组成的小规模评估小组，评估印尼民主选举的前景。卡特中心也进行了选前评估，并为在印尼开展选举监督活动与国际事务全国民主研究所一道设立了联合现场指挥机构。它们联合向印尼派出了一支由来自亚洲、非洲、欧洲和美洲 23 个国家的 100 名国际监督员组成的联合代表团，在选举前与印尼社会各界进行了广泛接触，以充分了解选举的法律框架和政治环境、选举准备情况和选民对选举及选举监督的期待等。代表团被分为 42 个观察组，在选举日监督了 400 多个投票站的投票过程，并监督了某些地方的计票过程。选举后，它们又连续发布了四份声明，对选举监督过程中发现的问题做出说明，并提出了进一步改进选举工作的建议。在 2004 年 4 月的立法机构选举过程中，国际选举制度基金会派出了 13 个选举监督小组，监督了印尼 13 个地方的选举活动。此后，卡特中心从 5 月起向印尼全国各地派出 12—14 名长期观察员，开始对印尼 7 月 5 日总统选举的选举环境，包括选举准备、选举教育活动、政党的竞选活动等进行长期观察。在7 月 5 日举行的印尼首轮总统选举过程中，卡特中心向印尼 17 个省派出了 60 名国际观察员，国际选举制度基金会向印尼各地派出了 15 个小组34 名观察员，监督了 158 个投票站的投票过程。在 9 月 20 日第二轮总统选举过程中，国际选举制度基金会派出了 14 个小组共 31 名观察员，在印尼 10 个省共监督了 135 个投票站的投票过程；卡特中心向印尼派出了 57名观察员。这些选举监督活动，有助于逐步改善印尼的选举环境、减少选举舞弊的发生，以及提高选举结果的可信度和合法性。

第五，支持印尼政党的发展。在印尼民主转型的过程中，国际事务全国民主研究所、国际共和研究所、国际选举制度基金会与美国国际开发署合作，为印尼政党的发展提供了支持，目的是通过这些援助，促进印尼政党的健康发展，使之摆脱各种缺点，成为富有效率、具有代表性和动员能力的现代政党，以适应新的民主制度下的竞争。它们的支持主要包括：支持政党建立和加强基本的政党组织，推动印尼政党组织发展和制度化改革；强化政党参与选举运动的能力；支持和推动印尼妇女的政治参与；促进政党间对话与合作，促进政党在立法机构中更有效地提出并通过新立法，提高政党，特别是反对党监督政府和执政党的能力等。国际共和研究所的项目更多的是针对政党的地方分支部门，它一般是在更具地方性的层次上提供技术援助；而国际事务全国民主研究所的政党培训则集中于各政党全国总部的层次上，目的是帮助政党领袖在印尼社会中发挥实际领导作用。[①] 它们支持印尼政党发展的主要形式有：举行专题研讨会或研讨班、为政党领袖及其成员提供短期培训项目、进行调查研究和民意测验培训、为政党领袖提供咨询等。

　　第六，推动印尼军政关系的民主化改革。在推动印尼军政关系民主化改革的过程中，美国的一些非营利组织也积极参与其中。1998 年年初，国际事务全国民主研究所与日惹市（Gadjah Mada）大学的安全与和平研究中心合作，开展了在印尼文官和军事领导人之间推动关于多元主义和民主的对话，讨论转型问题与军队在民主国家的作用等问题。1999 年年底起，国际事务全国民主研究所开展了一个旨在加强印尼文官领导和监督军队的能力的项目，就有关国防的各种议题为印尼人民代表会议外事、国防与信息委员会提供了培训，就选举后的治理与安全问题提供专家咨询，提高科研院所和智库研究、分析安全政策和军队制度的能力。它还支持文职与军方领导人之间在地区层次上的对话，开展了一些政治项目以鼓励军官和公民社会领袖之间的对话。发展选择公司（Development Alternatives, Inc., DAI）也与美国政府有关部门合作，参与了推动印尼军政关系民主化发展的活动。在美国国际开发署的资助下，英特新闻网在 2001 年开设的"为和平而报道"（Reporting for Peace）的培训班对部分印尼记者进行了培训，其主要目的是训练记者利用其报道技巧来缓和冲突、敌对状态。

---

　　① Annette Clear, "International Donors and Indonesian Democracy", *The Brown Journal of World Affairs*, Vol. 9, No. 1 (Spring 2002), p. 150.

2004 年 8 月到 2007 年 9 月间，发展选择公司与美国国际开发署、印尼当地的非营利组织、大学及公共研究所合作，在亚齐、西伊里安查亚、马鲁古、中苏拉威西等省实施了名为"支持和平的民主化"的项目。这些非营利组织与美国国务院、国际开发署、国防部、司法部等政府部门进行了密切合作，开展军政关系项目，目的是推动印尼军政关系的民主化改革和民主的军政关系文化的养成。

　　第七，支持印尼行政分权改革和地方民主治理。行政分权改革是任何极权国家民主转型过程中必不可少的内容。美国对印尼行政分权改革的援助和支持，主要是在美国国际开发署的领导下展开的。亚洲基金会、国际市/县管理协会（International City/County Management Association, IC-MA）、三角科技园区国际研究院（RTI international，设在北卡罗来纳）、计算机辅助发展公司（Computer Assisted Development, Inc., CADI）和"民主国际"（Democracy International, DI）等非营利组织作为美国国际开发署的合作伙伴，参与美国国际开发署制定、资助和开展的许多项目，如："印尼快速非集中化评估"（IRDA，2001—2004）、"印尼地方政府核心管理与预算技能项目"（2000—2005）、"地方政府支持与伙伴关系项目"（LGSPP，2000—2005）、"民主改革支持项目"（DRSP，2005—2009）、"地方治理支持项目"（LGSP，2000—2005），等等。"印尼快速非集中化评估"项目由美国国际开发署资助，亚洲基金会具体实施，其目的是通过快速、准确、客观地评估行政分权及相关政策在省、区或市和次区的影响，全面分析各种问题，为印尼中央政府的决策者提供推进行政分权改革所需要的系统的、高质量的信息等。从 2001 年 7 月启动到 2004 年该项目结束，亚洲基金会针对印尼行政分权改革问题发布了五份评估报告。2005 年 4 月到 2009 年 4 月间，三角科技园区国际研究院与美国国际开发署合作，在印尼万丹、西爪哇等八个省开展了"民主改革支持项目"。该项目也把支持印尼进行行政分权政策改革作为其重要关注。在 2007 年年底印尼国内事务部准备修改 2004 年关于地方治理的第 32 号法案时，该项目为印尼国内事务部及其专家提供了技术援助，支持他们对该法案条款进行了修改。该研究院还参与了"地方治理支持项目"，在 2001 年到 2005 年间向印尼六个省的 80 个地方政府提供了参与性规划和资本投资项目的培训，并建立了一个地方培训组织网络，以确保这些地方能够获得长期技术援助。三角科技园区国际研究院还参与了支持印尼地方教育发展和教育管理的项目和"民主改革支持项目",以推动印尼公民社会的发展。国际市/县管理协会在美国国际开发署资助下开展的"印尼地方政府核心管理与预算技能项目"(CMBSILGP),为印尼400多个地方政府提供了预算和财政管理援助。国际选举制度基金会、国际共和研究所、国际事务全国民主研究所等组织,也都参与了支持印尼地方民主治理发展的项目或活动,比如,推动改善公共服务、促进地方立法机构的有效运作、提高地方立法机构监督政府的能力、支持公民社会组织及地方媒体的发展,以及支持反腐败运动,等等。

美国非营利组织对印尼民主化进程的全面参与,有力地配合了美国支持印尼民主转型的努力,为实现美国在印尼的政策目标发挥了积极作用。以卡特中心为代表的这些关注其他转型国家或发生冲突后国家的民主发展的非营利组织开展的选举监督和选举援助项目和活动,有助于这些国家的民主发展和民主巩固。这些组织开展选举监督和民主援助等项目,是在美国政府支持和资助下进行的。它们是美国政府实施其对外政策的合作者,是美国对外推行民主的具体执行者;作为美国政府的合作者,它们做了很多美国政府不便公开做或者公开做不到的事情。在开展选举监督和民主援助项目和活动的过程中,这些组织把美国的制度和价值观念也渗透到其活动之中,成为扩展美国影响力的重要力量。

从非营利组织参与美国对外援助活动及在其他国家扩展民主的活动这两个方面,已可以看出它们对实施美国外交政策的影响。从公共政策过程来看,政策选择一旦做出,政策目标的实现及其效果就取决于政策的具体实施了。与社会力量相比,政府无论多么强大,其管理多么高效,长远看都是有限度的。美国政府在开展各种对外援助及扩展民主的活动中,广泛利用非营利组织参与其中,把美国强大而且极富活力的社会力量调动起来,既提高了政府预算投入的利用效率,也引导了相当一部分社会资源进入外交领域,共同推动了美国外交与战略目标的实现。非营利组织对对象国社会情况的了解和把握、在相关领域的专业技能、它们所具备的志愿精神和服务意识,都可以大大弥补美国政府能力之不足。非营利组织在参与实施美国具体外交政策过程中,以其非营利性、非政府性、专业性和"独立性"的特点,更易于为对象国民众所接受,也更能展现美国文化的多元性。因而,在扩张美国价值观和生活方式方面,非营利组织比政府机构更有优势,它们的影响可能比官方外交的影响更加深入、广泛和持久。

本 章 总 结

本章从公共政策过程这一角度审视了非营利组织对美国外交政策的影响，重点考察了智库在外交政策议程设定和政策形成阶段的突出作用，以及关注贫困、发展、在海外推行民主等事业的非营利组织在外交政策实施阶段所发挥的重要作用。不过，这并不是说智库仅仅能够对政策议程的设定和政策形成发挥作用；也不是说关注贫困、发展、推行民主等事业的非营利组织只限于在政策实施阶段产生影响。实际上，无论是智库、基金会、人权组织或其他涉及贫困、发展、推行民主、保护环境、防控疾病、维护和平、解决冲突等事业的非营利组织，几乎都可能在美国外交政策过程的各个阶段产生影响。

不同类型的非营利（非政府）组织，往往具有不同的目标和追求，它们影响美国外交的方式也会有所区别，它们对外交政策影响的程度也不尽相同。诚如克拉克大学国际发展、社区与环境系教授威廉·菲舍尔（William F. Fisher）所言：“人们对于非政府组织是什么很少有一致的看法，对于如何称谓它们甚至更没有一致的看法。对非政府组织部门的概括模糊了从其内部发现的巨大差异。这种多样性意味着，分析非政府组织在地方、国家和全球层面上的影响，殊非易事。”[1] 说非营利组织对美国外交政策产生了影响，并不意味着它们必然对美国外交政策的制定、实施或改变产生所谓“看得见、摸得着”的影响。这种“影响”是多方面、多层次的，有时候是潜移默化的。导致了政策变化的影响是看得见的影响，虽然未直接导致政策调整与变化，但其诉求被美国政府相关部门或决策者考虑，也是一种影响。看得见的政策，是多种因素影响的结果。重要的是要看到，美国的外交政策制定、实施和调整的背后有大量非营利组织的声音，通过这些组织，一部分美国民众（往往是有代表性的民众）的声音被纳入政府的考虑之中，而这对于外交政策的进一步实施及其目标的实现大有助益。

---

① William F. Fisher, "Doing Good? The Politics and Antipolitics of NGO Practices", *Annual Review of Anthropology*, Vol. 26, 1997, p. 447.

尽管无法对整个美国非营利部门对美国外交的影响做出精准评估，但通过分析非营利组织与美国政府之间的互动关系，通过对它们参与和影响美国外交政策形成及实施过程的了解，通过对美国社会政治条件的考察，依然可以从总体上把握其影响的广度与深度。

（一）非营利组织与政府之间的关系

非营利组织的一个主要特点在于其独立性。它们大都号称是独立于美国政府的，其使命和活动有时与美国的对外政策也不一致。但总体而言，非营利组织的使命和活动与美国政府的对外政策目标在更多情况下是并行不悖的。有的非营利组织为维护其独立性，经常会刻意保持与政府之间的距离。

不同类型的非营利组织与美国政府部门之间保持着不同形式的联系。比如，智库经常为政府部门提供政策建议；人权组织也经常就相关问题为政府直接决策者提供咨询，或在国会就相关问题做证；关注贫困、发展、民主和治理等问题的非营利组织积极参与了美国对外援助和推行民主的活动。没有这些非营利组织的积极参与和投入，美国外交政策的制定、实施及其影响力的发挥肯定会表现出不同的效果。非营利组织也经常依赖政府获得财务、物质资源和政治准入。有时，美国政府也会直接要求非营利组织与政府政策保持一致或更大程度的认同。比如，在美国发动阿富汗战争和伊拉克战争之后，美国一些非营利组织对这两个国家战时的人道主义救援和战后重建做出了反应。针对非营利组织与美国政府有时会发出不同声音的情况，美国国际开发署署长安德鲁·纳提森（Andrew Natsios）于2003 年 5 月在美国海外慈善团体的联合会机构"联合行动"（InterAction）的一次会议上发表谈话，指责非营利组织没有明确和一致地把美国政府视为他们提供援助的来源。他敦促非营利组织把自己视为"美国政府的手臂"，并威胁如果这些组织不能显示出与美国外交政策的更强有力的联系，他将会寻找其他的合作者。毫无疑问，在有些议题上，非营利组织在与政府部门进行积极合作与配合时能够产生影响。但在另一些议题上，非营利组织的反对、抵制、抗议也会影响美国的外交政策。但总体而言，非营利组织的追求与美国政府的对外政策目标是一致的。

（二）非营利组织与美国社会的价值观

非营利组织能够对美国的外交政策施加或产生影响，最根本的原因在于这些非营利组织植根于美国社会，与美国社会的主流价值是一致的。

非营利组织的产生与发展，是对美国社会发展过程中面临的各种问题与挑战的回应，它们所关注的问题也是美国政府必须面对的问题。当它们积极表达政策诉求或就相关政策议题提供政策咨询的时候，这些组织就已作为公共政策的参与者在发挥作用；当它们在其他国家开展活动的时候，它们就是美国的制度、价值观念和生活方式的体现者和传播者。作为美国社会中一支非常活跃的力量，它们广泛而深入地卷入到美国外交政策的制定和实施过程之中，有助于美国政府选择出符合社会期待的对外政策，促进美国外交政策目标的实现，有助于传播美国的价值观念和生活方式，扩大美国的文化影响力。卡罗尔·阿德尔曼评论道："基金会、教会、大学、医院、公司、商业协会、志愿团体和辛勤工作的移民们向发展中国家提供的不仅仅是金钱。他们还在提供自由、民主、创业精神以及志愿精神等价值观。"[1]

正是因为它们所体现的价值观念就是美国社会主流的价值观，非营利组织的力量和影响才可能是强大的，才能对美国外交政策产生影响。从这个意义上讲，非营利组织对美国外交政策的制定及其实施过程的参与和影响，也反映出美国社会力量的强大。

（三）非营利组织与美国的全球地位

作为世界上最强大的国家，美国的利益是全球性的，全球任何角落发生的事情都被认为与美国的利益密切相关，都会引起它的关注。国家间的战争与冲突、他国内部的宗教和种族冲突与战争、能源安全、贸易政策、海上安全、人权问题、恐怖主义、国际减贫、粮食危机、灾难救援、政治转型、传染病防治、跨国人口贩卖等，都是美国外交关注的问题，都与美国的国家安全相关。虽然在不同时期或不同地区，这些问题在美国外交政策议程中的轻重缓急会有所不同，但所有这些已足以说明，美国外交的内容及其要应对的问题是非常广泛的。单靠政府外交部门是无法应对或解决国际事务中的这些问题的，需要动员或吸引各种社会力量参与到对外事务之中。这就为非营利组织参与到美国外交活动之中并对其产生某种影响提

---

① Carol Adelman, "The Privatization of Foreign Aid: Reassessing National Largesse", *Foreign Affairs*, Nov./Dec. 2003.

供了机会，非营利组织和政府正在进行着越来越多的合作。

　　美国非营利组织所产生的影响，也远比官方外交活动的影响更为深远。通过各种创造性的活动，非营利组织能够提供各种独特、敏感和个人化的服务，而这正是美国政府力所不及的。"9·11"事件后不久，时任美国国务卿鲍威尔在一次演讲中表示，没有非政府组织的参与，美国就无法成功实现其塑造一个更加自由、更加繁荣和更加安全的世界目标。"因为在这个日益全球化的时代，我们面对的问题都是如此深刻地相互交织、如此复杂和跨国界的，没有一个国家，即便是一个超级大国，能够依靠自身力量解决它们。21世纪世界的本质和这个世界带给我们的问题，使政府与非政府组织之间的合作不仅是令人高度期望的，而且是绝对根本的和必要的。"① 非营利组织以各种方式参与美国外交，实际上对美国力量和影响产生了放大器的作用。政府与社会力量的有机结合，使得美国外交政策的国内基础更加坚实，有助于它选择强有力的外交政策，实现其外交政策目标，维护其全球霸权。

---

　　① Colin L. Powell, "Remarks to the National Foreign Policy Conference for Leaders of Nongovernmental Organizations", Loy Henderson Conference Room, U. S. Department of State, Washington D. C. , October 26, 2001, retrieved from: http://2001 - 2009. state. gov/secretary/former/powell/remarks/ 2001/5762. htm, 2015 - 08 - 06.

第十章

美国的国际性非营利组织^①

在美国的公民社会中，有这样一群组织正在吸引美国各界和国际社会越来越多的关注：它们的数量不多，但它们的能量和影响力远超美国国境，它们的标志和工作团队遍布全球各个角落，它们的名字每天都出现在各大主流媒体的报道中。人们对它们的评价毁誉参半，它们所获得的待遇也有天壤之别——从诺贝尔和平奖到致命的武力袭击。这群组织就是正在日益壮大的国际性非营利组织。

一 美国的国际性非营利组织：定义与数量

（一）对国际性的民间非营利组织定义的辨析

具备通常意义上的公民社会组织基本特点的国际性民间组织并非新现象。这一类组织早已有之，典型的如总部设在瑞士洛桑的国际奥林匹克委员会。它们也被称为国际非政府组织（International Nongovernmental Organization, INGO）。但是在美国，哪些组织属于民间的国际性非营利组织，或国际性非政府组织呢？这是本章首先要阐明的一个关键概念。

到目前为止，无论是在美国的学术资料还是联邦政府的官方文件中，都难觅关于国际性非营利组织的完整答案。各种文献对这个群体的称谓并不一致，有时还混用多种称谓。如"设在美国的国际性非政府组织"（U. S. based INGO），"美国的国际性非政府组织"（American INGO），"美国

① 本章内容作为"美国公民社会的治理"课题的阶段性研究成果，曾以"美国国际性民间组织研究"为标题刊登于《美国研究》2010 年第 4 期。收入本书时作者徐彤武更新了一些重要数据，对文字做了修订。

的国际性非营利组织"（U. S. International Nonprofit），"国际性公民社会组织"（International Civil Society organization）等。白宫、国务院和美国国际开发署（USAID）等部门较多地使用非政府组织（Nongovernmental Organization）、非营利机构（nonprofit organization）、私立志愿服务组织（Private Voluntary Organization，PVO）或美国私立志愿服务组织（USPVO）这些没有特地明确"国际性"的称谓，但其文件的内容往往清晰地显示这些称谓的指向并非普通民间组织，而是国际性的非营利机构。

都市研究所（The Urban Institute）① 非营利与慈善组织研究中心的专家伊丽莎白·里德（Elizabeth J. Reid）和贾内尔·克林（Janelle A. Kerlin）2003 年发表的长篇研究报告是有关这个组织群体的第一个综合性研究成果。② 她们认为，作为美国非营利部门的一个分支（subsection），国际性组织的重要性正在与日俱增，但美国学术界的相关研究极为不足。实际上，该报告自身的缺憾正是这种不足的表现：它把研究对象仅限定于联邦税务局（IRS）确认的符合美国《国内税收法典》第 501(c)（3）条款规定的公共慈善机构（public charities），不包括同样符合这一条款规定的各种私立基金会。③ 虽然公共慈善机构占国际性非营利组织的绝大多数，但这些机构毕竟不能代表全部的国际性非营利组织。由于这个缺憾，该研究报告未能提出适用于美国各类国际性非营利组织的完整定义。

那么，美国的国际性非营利组织应该是哪些组织呢？基于美国公民社会的现实发展和联邦有关法律的规定，并参考美国学者的研究成果及国际

---

① 都市研究所（The Urban Institute）是根据约翰逊总统的相关指示于 1968 年创建的，设在首都华盛顿。作为一个超党派专业研究机构，它的基本使命是成为学术界和决策层之间的桥梁，就美国的经济社会问题提出解决方案，促进良好的公共政策的制定和提高政府效率。该研究所官方网站：http：//www. urban. org/。

② Elizabeth J. Reid and Janelle A. Kerlin，"The International Charitable Nonprofit Subsector in the United States：International Understanding，International Development and Assistance，and International Affairs"，The Urban Institute，Center on Nonprofits and Philanthropy，2100 M. Street N. W.，Washington D. C. 20037，FY 2003 Version，Jan. 18，2006.

③ 美国《国内税收法典》的第 501(c)（3）条款规定：从事宗教、慈善救助、科学、公共安全测试、文学、教育、促进国家或国际业余体育竞技比赛、预防虐待儿童或动物这八大方面事业的民间组织可以获得免税资格。联邦税务局的相关细则对这一条款的适用范围有大量的补充性解释，使其适用范围远比人们通常理解的要广泛得多。详见：Internal Revenue Service，*Tax – Exempt Status for Your Organization*，Publication 557（Rev. October 2011），Cat. No. 46573C。

组织联盟（Union of International Associations，UIA）制定的国际性组织划分标准，[①] 笔者认为，只有同时符合以下五项条件的组织才可以称为美国的国际性非营利组织。

（1）具备一般美国公民社会组织的基本性质。它们应由美国公民或美国机构创建（或共同创建）、经州政府备案的非营利组织，由本组织理事会或会员代表大会自主管理。

（2）组织总部位于美国境内。如果有两个总部，至少其中一个总部设在美国。

（3）资金来源于美国公众和私营部门（工商企业、私立基金会等）的捐助，也包括其他收入，如会员缴费、服务性收费、投资收入和美国各级政府机构提供的财政支持等。

（4）享受美国联邦税务局批准的免税优待，具有法定的联邦免税组织（Tax - Exempt Organization）地位。

（5）组织宗旨涉及国际事务、国际交流或美国与外部世界的关系；服务、宣传鼓动（倡导）活动或资助行为的主要对象是境外公众、境外组织、移民及与外部世界有密切关系的美国公众、组织和政策制定者；主要活动和决定具有跨境性或者能够产生明显的国际影响。

根据这个定义，不仅许多符合《国内税收法典》第501（c）（3）条款规定的公共慈善机构是国际性民间组织，一批同样符合该条款规定的私立基金会及符合联邦税法其他条款规定的非营利组织也无疑属于这个群体。[②] 与此同时，许多看上去具有一定"国际性"的民间机构却不能列入其中。这样的情况有以下几种：

（1）虽然在组织名称中有"国际"字眼，但本质上是美国国内组织，或从创建时就是北美组织的工会。例如，著名的"百年老店"货车司机国际工

---

① 国际组织联盟（Union of International Associations，UIA）是设在布鲁塞尔的一个非营利性的国际组织研究与文献中心，成立于1907年。它编辑出版的《国际组织年鉴》规定了一整套包括各国的国际性组织（internationally oriented national organization）在内的国际组织的分类方法。详情可从该组织官方网站 http：//www/uia. be 获得，2013年5月1日。

② 这里特别需要说明的是，自1969年起，美国所有符合《国内税收法典》第501（c）（3）条款规定的组织被分为两大类：公共慈善机构（public charity）和私立基金会（private foundation）。公共慈善组织中，虽然许多名称中带有"基金会"或"基金"（foundation，fund or endowment）字样，但这并不能表示其法定身份就是私立基金会。在实践中，这一点极容易引起混淆和误解。

会（International Brotherhood of Teamsters，简称 Teamster）虽然包括加拿大和波多黎各会员，但它的绝大多数会员和领导机构成员是美国公民，各级组织关注的重点和主要活动都在美国境内，加拿大和波多黎各的会员影响微弱，故不能算是国际性组织。① 与货车司机国际工会情况类似的其他工会组织均不在本文定义的国际性组织范围内，都市研究所专家的成果也未涉及它们。

（2）组织中设有主管国际性业务的部门或职位，但这些部门并不是该组织的主要组成部分，也不具备独立非营利组织的地位。相关活动虽能产生一定的国际影响力，但不代表该组织的主要宗旨和整体水平。许多著名高等院校设立的国际交流部门、留学生咨询服务机构、国际培训项目和国际事务论坛就属于这种情况。类似的还有美国法律与正义中心（American Center for Law & Justice，ACLJ），它的全部工作围绕着与美国宪法第一条修正案相关的国内议题、诉讼和研究展开，其国际教育项目并非工作重点，由它促成创办、设立在欧洲和非洲的三家机构与它不存在从属关系，因此该中心的基本性质仍是国内非营利组织。②

（3）外国人在美国成立的组织。例如，外国房地产投资商协会（Association of Foreign Investors in Real Estate，AFIRE）代表着来自 21 个国家的近 200 家房地产投资商。③ 由于它关注的是自身商业利益和与此相关的美国政治，所以不是"美国的"国际性非营利组织。由 55 家外国媒体记者组成的好莱坞外国记者协会（Hollywood Foreign Press Association，HFPA）是促进美国与外部世界文化交流、传播美国电影业及娱乐业新闻的重要团体。它每年一度评选出来的"金球奖"具有很高的世界声望。④ 尽

---

① 该工会号称美国"最强大"的工会组织，成立于 1903 年，现拥有来自几乎所有产业部门的 140 万名会员，它的 1889 个分支机构和基层组织遍布北美。详情可见其官方网站：http：//www. teamster. org/，2013 年 5 月 1 日。

② 美国法律与正义中心（American Center for Law & Justice，ACLJ）成立于 1990 年，总部设在华盛顿。该中心促成了欧洲法律与正义中心（斯特拉斯堡）、斯拉夫法律与正义中心（莫斯科）和东非法律与正义中心（内罗毕）的成立，但这三家机构均在当地单独注册。详情可见其官方网站：http：//www. aclj. org/，2013 年 5 月 1 日。

③ 外国房地产投资商协会（Association of Foreign Investors in Real Estate，AFIRE）成立于 1988 年，总部设在华盛顿。其创始资金来自荷兰退休基金，众多会员来自欧盟国家。该组织与美国共和党关系密切。详情可见其官方网站：http：//www. afire. org/。

④ 好莱坞外国记者协会（Hollywood Foreign Press Association，HFPA）始创于 1943 年，总部设在洛杉矶。详情可见其官方网站：http：//www. goldenglobes. org/，2013 年 5 月 1 日。

管这个协会在美国注册，并享有联邦免税待遇，但它的成员中没有美国公民，所以仍不能算是"美国的"国际性组织。

（4）广泛存在于美国境外的美国公民组织。根据美国国务院的估计，大约有 520 万美国人居住在国外。[①] 他们在常住国成立了各种各样的民间团体，如已经有 30 多年历史，在 60 多个国家建立了固定组织联系网络的美国海外公民协会（American Citizens Abroad，ACA）。[②] 这类组织中许多并不在美国注册，所以不受美国法律管辖；即便是像美国海外公民协会这样近年来经历组织重构、在美国获得注册的非营利组织，总部也不设在美国，因此他们不是美国的国际性组织。

（二）对数量的综合性估算

按照本文提出的定义，美国的国际性民间（非营利）组织到底有多少呢？虽然精确数字难以统计，但综合分析各方面的资料和数据，可以比较有把握地估算出美国现有至少 1.4 万家这种组织。无论怎样衡量，这个数字都不到现有联邦免税组织总数的 1%。这一判断的依据有三条：

1. 权威数据库的检索结果

美国最大的公民社会组织数据库"指引星"（GuideStar）中收录了超过 180 万个享有联邦免税待遇的非营利组织信息。经对它的多重检索可得知，全美有 10246 个组织在名称中包含"国际"（international）与"世界"（world）字眼，且组织名称与发展、援助、救灾、减贫、交流、人权、妇女、儿童、贸易、气候变化、国际事务、和平、安全等关键词关联。有 1.1371 万个组织的名称中包含"全球"（global）字眼，且组织名称与自由、青年、教育、卫生、儿童、伙伴关系、基金等关键词关联。以上两组数据之和为 2.1617 万个。鉴于其中有诸多检索重复和错误，并包含了一些名不副实的组织，可取此数的 2/3，即约 1.4 万个为基本值。[③] 应该说明的是，若对同一数据库单独使用

---

① Brian Knowlton, "Fed up with Banks and Tax, More Expats Sever U. S. Ties", *International Herald Tribune*, Tuesday, April 27, 2010, p. 1.

② 美国海外公民协会（American Citizens Abroad, ACA）成立于 1978 年，总部设在瑞士的日内瓦，详情可见其新的官方网站：http://americansabroad.org/，2013 年 5 月 1 日。

③ "指引星"（GuideStar）目前是美国最大的民间组织数据库，收录了 180 多万个享有联邦免税地位的民间组织的详细资料。该机构本身也是联邦免税组织，总部设在弗吉尼亚州的威廉斯堡。提供检索的官方网站是 http://www2.guidestar.org/，数据库检索时间为 2010 年 8 月 18 日—31 日。

"国际"（international）一词进行检索，那么所得结果为 15.6445 万个。

对美国联邦税务局的联邦免税组织查询系统（Exempt Organizations Select Check）检索的结果显示，在名称中包含"国际"字样（international）的组织有 14651 个，而含有"世界"字样（world）的组织有 4682 个。实际上，许多国际性非营利机构的名称中不包括以上字样，如著名的大西洋理事会（Atlantic Council）等，故可以综合各种情况推算美国国际性非营利组织的总数不会少于 1.4 万个。[①]

2. 美国学者的研究结论

前述都市研究所两位专家经过定性和定量分析得出结论认为美国的国际性非营利组织占公共慈善机构总数的 2%，具体数目为 5594 家。但这是依照 2001—2003 年的数据得出的结论，而且此项研究构建的专门数据库中不包括同样享有《国内税收法典》第 501(c)(3) 条款免税地位的私立基金会、年收入少于 2.5 万美元的组织、宗教组织及由于分类限制而未能列入统计但在国际上有重大影响的其他组织。[②] 这不可避免地会导致研究结果出现较大偏差。如果把相关组织全部纳入研究视野，并考虑到 2003—2010 年美国非营利组织数量高速增长的事实，5594 这个数字应当进行较大幅度的修正。[③] 因为根据联邦税务局公布的数字，2010 年度美国

---

① 本查询系统的网址为：http：//www. irs. gov/Charities－&－Non－Profits/Exempt－Organizations－Select－Check，查询日期：2012 年 9 月 20 日。

② Elizabeth J. Reid and Janelle A. Kerlin, "The International Charitable Nonprofit Subsector in the United States：International Understanding, International Development and Assistance, and International Affairs", The Urban Institute, Center on Nonprofits and Philanthropy, 2100 M. Street N. W., Washington D. C. 20037, FY 2003 Version, Jan. 18, 2006, pp. 7, 51.

③ 私立基金会在 2003 年有 66398 家，到 2007 年就增长到 75187 家，见：The Foundation Center's Statistical Information Service, *Number of Foundations*, *Assents*, *Total Giving*, *and Gifts Received*, 1975 to 2007, Foundation Center 2008；年收入少于 2.5 万美元的非营利组织，2010 年的总数超过 60 万个，见：Susan Kinzie, "Even smallest nonprofits can't ignore the IRS now", *The Washington Post*, Sunday, May 16, 2010, p. C4；根据《国内税收法典》，美国的几十万家教会组织可以不经申请即可自动获得免税地位，但许多知名教会组织，特别是那些有广泛国际活动的组织，仍然主动经过正式程序申请联邦税务局的免税待遇地位；从 2003 年到 2010 年，全美各类联邦免税组织（包括私立基金会和慈善信托机构）的总数从 1501772 个增加到 1960203 个，净增 45 万余个。见：Table 22, Internal Revenue Service, *Data Book* 2003, Publication 55B, Washington D. C., March 2004, p. 30；Table 25, Internal Revenue Service, *Data Book* 2010, Publication 55B, Washington D. C., March 2011, p. 56。

共有符合《国内税收法典》的免税组织 196.0203 万个，其中符合第 501
（c）（3）条款的公益慈善类组织（含私立基金会）就有 128.0739 万
个。① 即便其中只有 1% 是国际性组织，得出的数目也会远高于 1.2 万家。
若在此基础上仅按照都市研究所专家的研究口径计算，得到的数字可超过
2 万家。2010 年美国智库凯托研究所（CATO Institute）公布的一份研究
报告称，20 世纪 90 年代美国注册的国际性非政府组织数量从 1.0292 万
家增加到 1.3206 万家。② 在美国国际新闻署（USIA）供职过 32 年的戴
尔·彭德格拉斯特（Dell Pendergrast）撰文称，在过去几十年里活跃于国
际关系领域，对美国外交政策的制定起了某些作用的非营利组织超过 1.5
万家。③ 以上这些数字都具有重要参考意义。

3. 国会研究部的报告

国会研究部 2009 年 11 月发表了题为"非营利部门和公益慈善部门概
览"的研究报告。该报告的统计数据显示，截至 2009 年 7 月，共有
1.4781 万个获得联邦免税地位的 501(c)（3）类组织从事国际事务、外
交和国家安全方面的事业。④ 虽然这些组织中有许多未按时向联邦税务局
提交年度报表，故无法掌握它们是否仍在活动，但这个数字中也不包含符
合《国内税收法典》其他条款规定且从事国际性事业组织的情况。据此
可以相信，美国的国际性非营利组织的总数至少应有 1.4 万个。

（三）美国的国际性非营利组织的若干特点

就像美国的民众那样，这个国家的国际性非营利组织也呈现出一幅不

---

① Table 25. Tax – Exempt Organizations and Nonexempt Charitable Trusts, Fiscal Year 2007 –
2010, Internal Revenue Service, *Data Book* 2010, Publication 55B, Washington D. C., March 2011,
p. 56.

② David Isenberg, "Amnesty International and Blackwater: Comrades in Arms?" CATO Institu-
te, May 20, 2010, available at: http://www.cato.org/pub_display.php? pub_id = 11831,
2010 – 08 – 25.

③ Dell Pendergrast, "State and USIA: Blending a Dysfunctional Family", *The Foreign Service
Journal*, March 2000, available at: Public Diplomacy Web Site (Public Diplomacy Alumni Association,
formerly USIA Alumni Association), http://www/publicdiplomacy.org/3.htm, 2010 – 08 – 05.

④ Table 4. Charitable Organizations by Group: Revenue & Assents, Molly F. Sherlock and Jane
G. Gravelle, *An Overview of the Nonprofit and Charitable Sector*, Congressional Research Service 7 –
5700, R40919, Washington D. C., November 17, 2009, p. 10.

拘一格、丰富多彩的景象。对这些组织的特点，仅能大致作出一个概括性的描述。

　　首先，就组织的建立而言，从家庭主妇到总统，任何人都可以依法成为国际性组织的创办者。雷切尔·科里和平与正义基金会（Rachel Corrie Foundation for Peace & Justice）是年迈的父母对女儿的永久纪念。他们23岁的女儿雷切尔·科里（Rachel Corrie）为帮助巴勒斯坦居民反抗以色列的非法占领，在加沙地带遭到以色列推土机碾压身亡。在经历了巨大的悲痛后，雷切尔·科里的父母创办了这家以促进国际和平与交流，特别是巴勒斯坦人民与以色列人民之间的交流为宗旨的组织，母亲出任会长，父亲担任司库。① 国家领导人创建国际性组织的典型例子是克林顿—布什海地救助基金（Clinton Bush Haiti Fund，CBHF）。2010 年 1 月 12 日强烈地震突袭海地后，海地遭受的巨大损失震惊了全世界。四天以后，奥巴马总统在白宫玫瑰园与前总统克林顿和小布什（George W. Bush）一起宣布成立克林顿—布什海地救助基金，以便借助两位前总统的声望和关系，为紧急人道救援工作和海地重建筹款。②

　　其次，现有的国际性组织中，公益慈善类免税组织，即符合《国内税收法典》第 501(c)（3）条款规定的组织（含公共慈善机构和私立基金会）占了绝大多数。另外，还有众多符合《国内税收法典》其他条款规定的组织，它们基本上是符合第 501(c)（4）和第 501(c)（6）条款的组织。③ 一般来说，国际友好协会一类的组织是第 501(c)（4）条款组

---

　　① 雷切尔·科里（Rachel Corrie）出生于华盛顿州，2003 年 3 月 16 日在加沙地带为阻挡以色列推土机拆毁巴勒斯坦人住宅而被碾压身亡，时年 23 岁。当时她正为一个反对以色列非法占领巴勒斯坦土地的国际组织工作。国际媒体对这一事件曾有广泛报道。2010 年 6 月前往遭受以色列封锁的加沙地带的国际救援船队中，有一艘爱尔兰货船就以她的名字命名为"雷切尔·科里号"。雷切尔·科里和平与正义基金会（Rachel Corrie Foundation for Peace & Justice）的官方网站为 http：//rachelcorriefoundation. org/，2013 年 5 月 1 日。

　　② 克林顿—布什海地救助基金（Clinton Bush Haiti Fund，CBHF）是 501(c)（3）类免税组织，其募捐工作通过克林顿基金会（William J. Clinton Foundation）和布什家族所在州的得克萨斯社区基金会（Communities Foundation of Texas）开展，官方网站是 http：//clintonbushhaitifund. org/，2013 年 5 月 1 日。

　　③ 依照《国内税收法典》，符合第 501(c)（4）条款规定的组织是"公民团体、社会福利组织和地方雇员协会"，符合第 501(c)（6）条款规定的组织是"商业联盟、商会、房地产行业协会等组织"。详见：Internal Revenue Service, *Tax – Exempt Status for Your Organization*, Publication 557（Rev. October 2011），Cat. No. 46573C。

织；促进国际贸易和专业交流的组织多属于第 501(c)（6）条款组织。需要注意的是，由于国际性非营利组织的具体情况千差万别，所以联邦税务局在审批其免税待遇时会对貌似同类的组织运用不同类别的条款。例如：得到巴林国埃米尔和布什总统（George H. W. Bush）支持的美国—巴林友好协会（American Bahraini Friendship Society）是第 501(c)（4）条款组织，而旨在促进美国和意大利之间高技术领域交流合作的"通向意大利之桥"（Bridges to Italy）则被定为第 501(c)（3）条款组织。①

　　最后，国际性组织群体成员间的实力差距极为悬殊。如果以单个组织的年度事业支出资金为指标，可以粗略地把 1.4 万个组织划分为 50 万美元以下、50 万至 500 万美元和 500 万美元以上三个级别。根据全国慈善统计中心（National Center for Charitable Statistics，NCCS）2012 年公布的反映 2010 年情况的数字，美国 74.3% 的公共慈善机构年度支出都不到 50 万美元，它们的支出总额仅占全部同类机构支出总额的 2.3%；年度支出在 50 万—500 万美元的组织数量占比约 19.2%，在支出总量中的占比约 7.7%；年度支出在 500 万美元以上的组织仅占同类机构组织数的 6.5%，但它们的支出比例竟高达 90%，它们的国际影响力也自然非同一般。② 大量存在的所谓"单一目的组织"规模都不大，资源和活动能力均非常有限，许多组织的年收入只有几万美元。比如，"全球援手国际"（Global Reach International）的主要业务是向尼泊尔派遣有一定专长的美国志愿人员，如医生、教师等，在那里从事短期（2—6 周）教育培训或发展援助工作。它的年收入不足 10 万美元。③ "热带雨林行动网络"（Rainforest Action Network，RAN）属于中等规模的组织，它关注的是如何以非暴力方式向相关商业公司和机构施压，迫使其改变政策或行为，以保护加拿大、印度尼西亚、巴西和智利等国的森林资源。该组织 2011 财年的收入

---

　　① 美国—巴林友好协会（American Bahraini Friendship Society）成立于 1990 年，总部设在弗吉尼亚州，其官方网站是 http://www.bahrainsociety.org/。"通向意大利之桥"（Bridges to Italy）总部设在加利福尼亚州，其官方网站是 http://www.bridgestoitaly.org/。最后访问日期：2013 年 5 月 1 日。

　　② Amy S. Blackwood, Katie L. Roeger, and Sarah L. Pettijohn, *The Nonprofit Sector in Brief*: *Public Charities*, *Giving and Volunteering*, 2012, published by the Urban Institute, 2012, p.3.

　　③ "全球援手国际"（Global Reach International）成立于 2002 年，总部设在新泽西州，在首都华盛顿有办事处。官方网站是 http://www.globalreachinternational.org/，2013 年 5 月 1 日。

达 406.45 万美元，支出达 395.47 万美元，净资产额达 151.71 万美元。①
在 500 万美元以上级别的组织中，"直接救援国际"（Direct Relief Interna-
tional）的情况比较典型。这家享有盛誉的组织以擅长开展医疗卫生紧急
援助而闻名，2012 财务年度向非洲、亚洲和拉美等地的 70 多个国家提供
了价值 2.79 亿美元的医疗物资援助。② 除了这种从事"一线工作"的大
型慈善组织外，众多富可敌国的私立基金会和大型国际性专业组织一般也
都是 500 万美元以上级别的组织。一个非常引人注目的现象是：在《福
布斯》杂志网站公布的 2012 年美国最大的 100 家公共慈善机构中，国际
性组织占据了将近 1/3 的席位。③

二 依照主要"提供品"事业进行的分类

对各种各样的国际性非营利组织进行分类是一个具有挑战性的任务，
其难点在于如何根据本章中提出的定义和研究目标，平衡地考虑《国内
税收法典》相关条款的规定、全国免税组织分类标准核心代码体系（Na-
tional Taxonomy of Exempt Entities-Core Code，NTEE – CC），以及美国公民
社会的复杂现状。全国免税组织分类标准核心代码体系是一套采用英文字
母结合阿拉伯数字的代码分类法，包含以 26 个英文字母代表的 26 个大
类，400 个子类，由都市研究所的全国慈善统计中心制定，并被联邦税务
局、基金会中心（Foundation Center）和"指引星"数据库采用。但是若
在研究国际性组织的过程中生搬硬套这个分类法，就会产生明显的问题。
一是不可能（也无必要）逐个梳理"指引星"数据库中全部国际性组织

① "热带雨林行动网络"（Rainforest Action Network，RAN）成立于 1985 年，总部设在旧金
山，其官方网站是 http：//www. ran. org/。该组织 2011 财务年度截至 2011 年 6 月 30 日。财务数
据来源：Rainforest Action Network，*Annual Report* 2010 – 2011，p. 23。

② "直接救援国际"（Direct Relief International）成立于 1948 年，总部设在加利福尼亚州的
戈利塔（Goleta），其 2012 财务年度指从 2011 年的 7 月 1 日起到 2012 年的 6 月 30 日的年度。更
详尽的情况可见该组织官方网站：http：www. directrelief. org/，以及 Direct Relief International，
DELIVERING A WORLD OF GOOD，*Annual Report Fiscal Year* 2012，pp. 16 – 20。

③ Forbes website，Special Report：The 100 Largest U. S. Charities，William P. Barrett，"The
Largest U. S. Charities for 2012"，November 8，2012，available at：http：//www. forbes. com/top –
charities/，2013 年 1 月 14 日。

依照核心代码体系所获得的编码；二是具有"综合目的"的组织往往同时具有多重代码，例如国际发展战略组织（Strategies for International Development，SID）① 的代码有三个，分别是国际发展（Q30）、农村社区建设（S32）和环境保护（C30），有些组织的代码甚至多达五个；三是没有列入国际类（Q 类）的组织仍然可能具有广泛的海外影响力，并被各国公认为国际性组织，如特殊奥林匹克运动组织（Special Olympics）。②

研究者认为，解决这些问题的关键是确定并紧紧抓住国际性非营利组织的本质特征。这个本质特征的集中体现便是组织的宗旨、主要资源（资金、人力资本、专业知识）的投入方向和组织的主要"提供品"。由此入手，可以把美国民间的全部国际性组织粗略划分为四个较大的组别（group），即提供服务的组织、提供理念的组织、提供主意的组织（思想库）和提供资金的组织。这里需要强调的是，对于具有多重功能和提供品的组织而言，这种划分仅仅是一种参考，而非绝对标准。

（一）提供服务的组织

提供服务的组织是四个组别中最庞大的一个，服务的地理范围遍及世界各大洲，具体内容几乎无所不包：从运送救灾物资到教授英语，从庇护难民到推广儿童免疫，从扶贫开发到拟订互联网标准，从促进国际贸易到进行专业资格认证，等等。这个组别内的组织可以进一步细分为人道援助组织、发展援助组织、文化教育组织、经济贸易组织和专业学会协会五种。

1. 人道援助组织

这类组织在媒体报道中常被称为"国际救援组织"（International Relief Organization），它们的服务对象主要是发展中国家的人民，尤其是灾

① 国际发展战略组织（Strategies for International Development，SID）成立于 1994 年，总部位于弗吉尼亚州的阿灵顿，主要关注点是拉丁美洲国家的可持续发展，其官方网站是 www. sidworld. org/，2013 年 5 月 1 日。

② 特殊奥林匹克运动组织（Special Olympics）的宗旨是促进智力残障儿童和成年人的体育运动与康复，目前已经发展成为吸引 160 多国运动员参加的大型专业体育组织，定期举办夏季和冬季特奥会，是获得国际奥林匹克委员会承认并准许使用奥林匹克五环标志的少数国际性体育组织之一。该组织创建于 1968 年，总部设在首都华盛顿，官方网站是 http：//www. specialolympic. org/。这个组织的分类代码是 N72。

民、饥民和难民。许多组织具备极强的全球快速反应能力、比较丰富的救助资源和现场处置经验，能有效地提供各种紧急或长期的人道主义援助。"国际美慈"组织（Mercy Corps）主要在遭受灾难、战争、持续贫困和社会高度不稳定的国家或地区开展工作，其宗旨是通过激发当地居民未开发的潜能，创造持续的改变。自1979年成立以来，它累计向114个国家提供了22亿美元的资助。在北美和欧洲两个总部的支持下，"国际美慈"组织在全球的3700名员工正在为40多个国家的1640万人口提供服务。[①]兄弟情谊基金会（Brother's Brother Foundation，BBF）在1958—2011年共向五大洲146个国家提供了价值约34亿美元的人道援助，其中有1.87万吨食品、7150吨其他人道救援物资和1.2592万吨医疗卫生物资。[②] 以战争和自然灾害难民为救助对象的国际救援委员会（International Rescue Committee，IRC）目前在40多个国家（内有15个非洲国家）和22个美国城市开展工作，它公开承诺救援人员在事发72小时之内抵达世界上任何一个地方提供紧急人道援助，而且只要人们需要它的服务，它就在当地一直待下去。[③] 2010年1月海地遭受特大地震袭击后，著名好莱坞明星希恩·潘（Sean Penn）在女慈善家詹金斯（Sanela Diana Jenkins）的支持下迅速发起成立了"J/P海地救援组织"（J/P Haitian Relief Organization，J/P HRO），迄今为止该组织已为当地灾民提供了超过21万人次的免费医疗

---

① "国际美慈"组织（Mercy Corps）成立于1979年，最初的使命是作为一个拯救难民的基金。当时，它是由丹·奥尼尔（Dan O'Neill）组织起来的一个工作小组，专责响应柬埔寨因饥荒、战争和种族灭绝的杀戮而产生的难民问题。到1981年，因工作扩展到其他国家，遂改称现名。"国际美慈"组织的全球总部设在美国的波特兰，欧洲总部设在英国的爱丁堡。有关该组织的详细情况和各种统计数据，可从其官方网站：http://www.mercycorps.org/whoweare获得，2012年10月1日。

② 兄弟情谊基金会（Brother's Brother Foundation，BBF）始创于1958年，总部设在匹兹堡。最初它的定位是一个为第三世界国家贫困人群提供免疫接种服务的志愿组织，名叫"我兄弟的照顾者"（My Brother's Keeper）。但一位尼日利亚的医学院学生抗议说，我们不需要照顾者，我们需要兄弟（We don't need a keeper, we need a brother）。这个观点遂被该组织的创办人接受，并将组织改称现名。相关数据系该组织官方网站公布的统计资料，available at：http://www.brothers-brother.org/bbfstats.htm，2013年1月15日。

③ 国际救援委员会（International Rescue Committee，IRC）成立于1933年，全球总部位于纽约市，另在华盛顿、布鲁塞尔、伦敦和日内瓦设立总部办公室，在美国22个城市设立了难民安置办公室。其详细情况可见官方网站：http://www.theirc.org/，2013年10月1日。

服务。① 事实上，由于在海外已经布设了组织网络，美国这些人道援助组织往往能在 48 小时甚至更短时间内赶到现场。2008 年 5 月 12 日中国汶川特大地震发生后，温家宝总理 5 月 14 日在北川县视察时就遇到了 "心连心国际组织"（Heart to Heart International）驻华首席代表率领的救援队伍。② 除了以上几个组织外，主要的人道援助组织还有美国乐施会（Oxfam America）、③ 美国救助儿童会（Save the Children USA）、④ "美国关爱"组织（CARE USA）、⑤、世界宣明会（World Vision）、⑥ 天主教救济会（Catholic Relief Services，CRS）⑦ 和国际医疗服务队（International Medical

---

① "J/P 海地救援组织"（J/P Haitian Relief Organization，J/P HRO）名称中的 J 代表在萨拉热窝出生的女慈善家萨内拉·戴安娜·詹金斯（Sanela Diana Jenkins），而 P 代表希恩·潘（Sean Penn）。有关这个慈善救援机构的详情可见其官方网站：http：//www. jphro. org/，2012 年 8 月 28 日。

② "心连心国际组织"（Heart to Heart International）成立于 1992 年，总部设在堪萨斯州，目前在 60 多个国家开展人道援助工作。该组织详情可见其官方网站：http：//www/hearttoheart. org/。温家宝总理巧遇该组织人员的消息曾在当晚电视中播出，中国网的报道可见《国际 NGO 奋战在前线，美国 "雷锋" 奔波在山路上》，available at：http：//www. china. com. cn/international-al/txt/2008 - 05/20/content_ 153496，2013 年 5 月 16 日。

③ 美国乐施会（Oxfam America）成立于 1970 年，是国际乐施会（Oxfam）的 17 个联盟伙伴组织之一。该组织总部设在波士顿，并在华盛顿开设了负责政策与倡导工作的办事处。详细情况可见该组织官方网站：http：//www. oxfamamerica. org/，2013 年 5 月 16 日。

④ 美国救助儿童会（Save the Children USA）成立于 1932 年，总部位于康涅狄格州的西港（Westport）。它与另外 29 个国家的儿童救助会组成救助儿童的国际联盟，在 120 个国家一起开展工作。美国救助儿童会的官方网站是 http：//www/savethechildren. org/，2013 年 5 月 16 日。

⑤ "美国关爱"组织（CARE USA）是世界最大的国际人道援助与发展组织之一，成立于 1945 年，起源于 22 个美国民间组织共同向欧洲的第二次世界大战幸存者提供人道主义援助的努力，杜鲁门总统也曾为此捐款。该组织总部设在亚特兰大，如今有 1.2 万名员工在 84 个国家开展工作。美国 "关爱组织" 是 11 个独立关爱组织联盟的成员（除泰国外均来自发达国家）。更多情况见官方网站：http：//www. care. org/about/，2013 年 5 月 16 日。

⑥ 世界宣明会（World Vision）成立于 1950 年，总部设在华盛顿州。该组织在全球近百个国家开展紧急救援、人道援助和发展项目，特别关注儿童。服务对象累计超过 1 亿人，在各国的员工数量超过 4 万人。其官方网站为 http：//www. worldvision. org/，2013 年 5 月 16 日。

⑦ 天主教救济会（Catholic Relief Services，CRS）成立于 1943 年，总部位于巴尔的摩。它是美国最大的由宗教组织创建的国际性人道援助机构之一，其官方网站是 http：//www. crs. org/，2013 年 5 月 16 日。

Corps)，等等。①

2. 发展援助组织

这里所说的发展援助包括扶贫减灾、农业发展、医疗卫生、水资源、可持续发展等诸多方面。应当特别说明的是，由于越来越多的人认识到"授人以鱼"不如"授人以渔"，只有发展才是永久安置灾民或难民、成功进行灾后或战后恢复重建的最佳解决方案，所以越来越多的人道援助组织也设计、经营和资助针对发展中国家的发展援助项目。国际救援与发展组织（International Relief & Development，IRD）目前每年向非洲、亚洲、拉丁美洲、东欧和中东地区的几十个国家提供约五亿美元的发展援助项目，涉及社区发展、政府治理、经济成长、食品与农业、医疗卫生、基础设施建设等事业。例如，它承担了部分巴勒斯坦地区（约旦河西岸和加沙地带）道路、学校和供水系统的恢复建设工作。1998 年成立至今，这家组织所提供的人道与发展援助已超过 30 亿美元。② "希望项目"组织（Project HOPE）是医疗卫生援助领域中最大的非营利组织之一，它的名称被许多人等同于世界上第一艘和平用途的医院船的名字"希望号"（SS Hope）。目前该组织在非洲、拉丁美洲和中东地区的约 35 个国家开展卫生培训、医学教育和医疗救助工作。③ 国际小母牛组织（Heifer International）提供发展援助的做法可谓独辟蹊径：它的业务主要是募集和捐助母牛、羊、猪、鸡、鸭、兔等各种各样的家畜，以此作为让受助家庭获得生活来源、消除饥饿和贫困的手段。从 1944 年以来，这个组织已经通过赠送家畜和进行环境友好型农业培训的方式帮助了 125 个国家中的 1200万个贫困家庭，取得了良好的效果。目前，它的活动范围集中在南亚、中

---

① 国际医疗服务队（International Medical Corps）由加州大学洛杉矶校区（UCLA）医疗中心的急诊医生罗伯特·西蒙（Dr. Robert Simon）创立于 1984 年，国际总部位于加利福尼亚州的圣莫尼卡，此外在海外设有区域办事处，分别负责中部非洲、非洲大湖地区、东部非洲、中亚与南亚、中东与高加索，以及美洲地区的业务，服务的国家超过 50 个。官方网站是 http：//www. internationalmedicalcorps. org/，2013 年 5 月 16 日。

② 国际救援与发展组织（International Relief & Development，IRD）成立于 1998 年，总部设在弗吉尼亚州的阿灵顿。相关数据来其官方网站：http：//www. ird－dc. org/who/who. html，2013 年 1 月 15 日。

③ "希望项目"组织（Project HOPE）成立于 1958 年，总部设在弗吉尼亚州。该组织名称中的英文 "HOPE" 是 Health Opportunity for People Everywhere（让所有地方的人民享有健康）这一口号的首字母缩写，官方网站是 http：//www. projecthope. org/，2013 年 5 月 16 日。

东欧、非洲和拉丁美洲的 50 多个国家。① 其他典型的发展援助组织还有："关爱非洲"（Africare）、② "温洛克国际"（Winrock International）③ 和世界关怀会（World Concern）等。④

这里还必须提及的一个组织是 1984 年 10 月宣告成立的美国志愿国际行动委员会（American Council for Voluntary International Action），简称"联合行动"组织（InterAction）。它是美国所有主要的人道援助组织和发展援助组织的自治联合体，现有成员 190 多个，它们的活动遍及全球每一个发展中国家。⑤

3. 文化教育组织

这类组织中的佼佼者是致力于高等教育国际交流的国际教育协会（Institute of International Education，IIE）。它的 600 多名员工分布在各大洲的 29 个办事处，联系着 1100 家会员机构，管理的教育和学术交流项目有 250 个，参与者来自全球 175 个国家和地区，其中包括 62 位诺贝尔奖得主。成立 90 多年来，国际教育协会一直是外国赴美留学或进修人员和美国赴海外留学生的主要窗口机构和权威数据统计机构。⑥ 1996 年，国际

---

① 国际小母牛组织（Heifer International）始创于 1939 年，总部位于阿肯色州的小石城。相关数字及更详细的材料可从其官方网站：http：//www. heifer. org/，"媒体"（Media）栏目内公布的媒体资料库（Heifer International General Press Kit）中获取，2013 年 1 月 15 日。

② "关爱非洲"（Africare）是美国对非洲提供发展援助最早、最深入非洲腹地的民间组织，成立于 1970 年，国际总部位于首都华盛顿，另外在巴黎、渥太华和非洲 25 个国家设有办事处。自成立迄今，该组织已经通过约 2500 个项目向非洲 36 个国家提供了价值 10 亿美元的援助。更多详细情况可见其官方网站：http：//www/africare. org/our - work/，2013 年 5 月 16 日。

③ "温洛克国际"（Winrock International）1985 年由三个从事发展援助的组织合并而成，全球总部设在阿肯色州的小石城，其活动遍及美国等 65 个国家。官方网站是 http：//www. winrock. org/，2013 年 5 月 16 日。

④ 世界关怀会（World Concern）的源头可以追溯到 1955 年成立的"医药使命组织"（Medicines for Missions），正式建立的时间是 1973 年。该组织的活动集中于 24 个南亚、非洲和拉丁美洲的最不发达国家，全球总部设在西雅图，详细情况可见其官方网站：http：//donate. worldconcern. org/，2013 年 5 月 16 日。

⑤ "联合行动"组织（InterAction）总部设在首都华盛顿，与美国政府各部门和各大主流媒体保持密切联系。其官方网站是 http：//www. interaction. org/，2013 年 5 月 16 日。

⑥ 国际教育协会（Institute of International Education，IIE）创建于 1919 年，总部位于纽约市。它的成立初衷是应对当时甚嚣尘上的美国孤立主义，促进国际性的教育交流，特别是美国与各国的高等院校之间的交流。该组织官方网站是 http：//www. iie. org/，2012 年 9 月 20 日。

学者交流委员会（Council for International Exchange of Scholars，CIES）成为国际教育协会的一个独立部门，代表美国国务院的教育与文化事务局管理富布赖特奖学金（Fulbright Scholar Program）等学者交流项目。[①] 教育发展学院（Academy for Education Development，AED）在美国的所有州和150多个国家开展涉及教育、行为转化、民间组织建设、环境教育、人口、卫生、青年和社区发展等领域的300多个项目，以教育为重点并结合发展援助，年度预算约4.4亿美元。[②] 美国中东教育培训服务协会（America – Mideast Educational and Training Services，Inc. AMIDEAST）通过其在中东国家设立的组织网络为当地人民提供英语教学、美国教育咨询、专业培训、文化交流等服务，以便"加强美国人民同中东和北非人民之间的相互理解"。[③] 美国教育考试服务中心（Educational Testing Service，ETS）每年要在全世界180个国家和地区的9000多个考点对5000万人次进行"托福"（TOEFL）、研究生入学英语测试（GRE）等英语水平考试，它的独特作用是其他文化教育组织难以代替的。[④] 全球遗产基金（Global Heritage Fund，GHF）的使命是保护发展中国家的濒危世界遗产，它的专业团队在中国（贵州和山西）、柬埔寨、土耳其、秘鲁、利比亚、哥伦比

[①] 国际学者交流委员会（Council for International Exchange of Scholars，CIES）创办于1947年，总部位于首都华盛顿，其活动与美国国务院的关系极为密切，官方网站是 http：//www. cies. org/，2013年5月16日。

[②] 教育发展学院（Academy for Education Development，AED）成立于1961年，总部设在首都华盛顿，曾经是美国重要的海外发展援助机构之一，在海外近60个国家里设有办事处。2011年3月，由于内部管理不善而导致美国国际开发署中断对它的项目资助，这家有50年历史的机构宣布停止活动，其原有的官方网站（http：//www. aed. org/）现在已经被链接至承接它的全部剩余项目的非营利组织"家庭健康国际360"（FHI360）的网站上。有关教育发展学院停止活动的报道见：Maria Di Mento，"Big International Nonprofit Plans to Disband"，*The Chronicle of Philanthropy*，March 4，2011，available at http：//philanthropy. com/article/Big – International – Nonprofit/126622/，2013年1月17日。

[③] 美国中东教育培训服务协会（Amercia – Mideast Educational and Training Services，Inc. AMIDEAST）成立于1951年，总部设在首都华盛顿，在埃及、伊拉克、约旦、科威特、黎巴嫩、摩洛哥、阿曼、突尼斯、阿拉伯联合酋长国、约旦河西岸、加沙地带和也门均设有分支机构，官方网站是 http：//www. amideast. org/，2013年5月16日。

[④] 美国教育考试服务中心（Educational Testing Service，ETS）成立于1947年，全球总部位于新泽西州的普林斯顿。详情可见其官方网站：http：//www/ets. org/about/，2013年5月16日。

亚、海地、危地马拉等国开展工作。①

4. 经济贸易组织

这类组织的主要目的是促进美国与外国的经济贸易关系，同时保障美国涉外经济团体的利益。美国进出口商协会（American Association of Exporters and Importers，AAEI）是在国际贸易领域最大的非营利组织之一。它与美国各主要贸易伙伴的政府和世界贸易组织等重要国际组织保持着密切联系，并随时就相关问题向会员进行通报或动员。② 名称与纽约世界贸易中心双子大厦有"血缘关系"的世界贸易中心协会（World Trade Centers Association，WTCA）现有来自 100 个国家的 330 个会员机构，它们服务的企业总数多达 75 万个。③ 国际商标协会（International Trademark Association，INTA）是美国创建最早的国际性组织之一，迄今已有 130 多年历史，会员遍布 190 个国家和地区，包括 5900 名商标持有者、专业人士和学者。④ 大芝加哥地区国际贸易协会（International Trade Association of Greater Chicago，ITA/GC）、⑤ 美中贸易全国委员会（US – China Business Council，USCBC）⑥ 国际掉期与衍生工具协会（International Swaps and De-

① 全球遗产基金（Global Heritage Fund，GHF）创建于 2002 年，全球总部位于加利福尼亚州的帕洛阿尔托（Palo Alto），官方网站为 http：//globalheritagefund. org/，2013 年 5 月 16 日。

② 美国进出口商协会（American Association of Exporters and Importers，AAEI）成立于 1921 年，总部位于首都华盛顿，官方网站为 http：//www/aaei. org/，2013 年 5 月 17 日。

③ 世界贸易中心协会（World Trade Centers Association，WTCA）的创办者和终身总裁（President Emeritus）是出生在新泽西州的盖伊·杜苏里（Guy F. Tozzoli），他长期供职于纽约/新泽西港务局，曾负责纽约世界贸易中心双子塔楼的建造和出租业务，2013 年 2 月去世。世界贸易中心协会成立于 1970 年，总部位于纽约市。其官方网站是 http：//www. wtca. org/，2013 年 5 月 17 日。

④ 国际商标协会（International Trademark Association，INTA）1878 年 11 月由 17 位美国商人和制造商创办，总部位于纽约市。它成立之初的名称为美国商标协会（United States Trademark Association，USTA），1993 年起使用现名。该组织在上海和布鲁塞尔设有办事处，官方网站是 http：//www. inta. org，2013 年 5 月 17 日。

⑤ 大芝加哥地区国际贸易协会（International Trade Association of Greater Chicago，ITA/GC）创建于 1977 年，总部设在芝加哥。它的会员包括本地区的 500 多家公司、各国外交机构和研究组织，是美国中西部最重要的同类协会。协会官方网站是 http：//www/itagc. org/，2013 年 5 月 17 日。

⑥ 美中贸易全国委员会（US – China Business Council，USCBC）成立于 1973 年，其使命是扩大美国与中国的商务联系，约有会员公司 240 家。其总部位于首都华盛顿，并在北京和上海设有办事处。其官方网站是 http：//www. uschina. org/，2013 年 5 月 17 日。

rivatives Association，ISDA)① 等也是重要的经贸组织。

5. 专业学会协会

这类组织有一个特点：它们在本专业领域具备国际性的权威，掌握着制定专业标准或进行专业认证的大权，但许多这类组织并不为圈外人所知。例如，毒物学会（Society of Toxicology，SOT）在世界各地拥有 6500 名会员，每年主办的年度大会和毒物学展览会（ToxExpo）是相关科研成果得以交流和展示的规模最大、水平最高的国际性平台。② 国际自动化学会（International Society of Automation，ISA）的前身是美国仪器仪表工业协会（Instrument Society of America，ISA），目前有近百个国家的 3 万名会员，管理着 140 个专业委员会或工作组，它所制定的许多标准（ISA 标准）就是国际标准。③ 世界上规模最大的专业协会是电机及电子工程师协会（Institute of Electrical and Electronics Engineers，IEEE）。截至 2012 年 12 月 31 日，该协会在 160 多个国家和地区拥有 42.5 万名会员，其中超过半数会员来自美国之外；分支机构有 333 个，遍布全球十大地理区域；协会下设 38 个学科分会和七个技术委员会，编辑出版 148 种刊物，每年在 80 个国家主办的各种学术会议超过 1300 个；正在研究的项目和制定的标准超过 1400 个，其中有 900 多项标准现在仍然被业界视为通用国际标准。④

在当今科学技术发展的前沿领域，美国的国际性非营利组织往往占据着制高点。例如，国际互联网行业中有两个非常关键的组织都是在美国注

① 国际掉期与衍生工具协会（International Swaps and Derivatives Association，ISDA）成立于 1985 年，它的使命是维护场外（即非公共交易）金融衍生品行业的利益，并为这种生意构建基础制度，现有来自六大洲 60 个国家的 836 家银行和金融机构会员，总部设在纽约市，其官方网站是 http：//www.isda.org/，2013 年 5 月 17 日。

② 毒物学会（Society of Toxicology，SOT）创建于 1961 年，总部位于弗吉尼亚州，详情可见其官方网站：http：//www.toxicology.org/，2013 年 5 月 17 日。

③ 国际自动化学会（International Society of Automation，ISA）起源于 1945 年 4 月 28 日在匹兹堡诞生的美国仪器仪表工业协会（Instrument Society of America，ISA），2000 年起改称现名。该组织总部设在北卡罗来纳州，官方网站是 http：//www.isa.org/，2013 年 5 月 17 日。

④ 电机及电子工程师协会（Institute of Electrical and Electronics Engineers，IEEE）始创于 1884 年，最初的名称是美国电机工程师协会（American Institute of Electrical Engineers，AIEE）。从 1963 年元旦起，这个组织与美国的无线电工程师协会（Institute of Radio Engineers，IRE）合并，改称现名。该协会总部设在纽约市，运营总部设在新泽西州，专门负责美国境内业务的分部和计算机分部设在首都华盛顿。详情见官方网站：http：//www.ieee.org/about/today/at_a_glance.html，2013 年 5 月 17 日。

册的非营利组织：一个是国际互联网协会（Internet Society），它在全球有90多个分支机构，其成员包括145家（多数是美国的）在互联网和通信技术领域的顶级跨国公司、科研机构，以及6.5万名工程技术人员。协会旗下的互联网工程任务组（Internet Engineering Task Force，IETF）是互联网的主要标准机构。[1] 另一个是互联网名称与数字地址分配机构（Internet Corporation for Assigned Names and Numbers，ICANN），它负责管理和协调国际互联网的全部域名系统、认可各国的域名注册商，是可以掌控互联网全局的战略性组织。[2]

有些学会或协会不仅具备高度的专业性，还体现出特定人群的爱好与情趣。比如，1925年诞生的世界侦探协会（World Association of Detectives，WAD）是全球私人侦探业中成立最早、规模最大的协会。它联合了75个国家的约800名私人侦探和安全保卫专家，其主要创建人哈罗德·利普塞特（Harold Lipset）曾因出任参议院"水门事件"调查委员会的首席调查员而名噪一时。[3] 国际古典衡器收藏家协会（International Society of Antique Scale Collectors，ISASC）则专注于老式度量衡器的收藏和研究，它的会员主要来自西欧和北美国家。[4]

（二）提供理念的组织

这里所说的"理念"指美国人的价值观、信仰、对外部世界和自然界的看法及由此产生的各种信念、主张与制度。美国人为推广、传播和实

---

① 国际互联网协会成立于1992年，总部分别设在美国的弗吉尼亚州和瑞士的日内瓦，官方网站是http：//www.internetsociety.org/。近期情况可详见：*Internet Society* 2011 *Annual Report*。

② 互联网名称与数字地址分配机构（ICANN）成立于1998年，总部位于加利福尼亚州和首都华盛顿。其官方网站是http：//www.icann.org/。据该机构公布，2015财年，它的预算为1.432亿美元。长期以来，美国商务部所属的国家电信与信息管理局（National Telecommunications and Information Administration，NTIA）是该非营利组织的实际掌控者。2014年3月国家电信与信息管理局宣布有意向一个由全球商界、公民社会、各国政府和互联网用户组成的多元利益群体组织移交管理权，这一移交过程在2015年仍未完结。

③ 世界侦探协会（World Association of Detectives，WAD）始建于1925年，总部设在巴尔的摩市，官方网站是http：//www.wad.net/。其最新情况可见：World Association of Detectives，*W. A. D. Beyond Global*，Vol.63，Issue 7，June/August 2012。

④ 国际古典衡器收藏家协会（International Society of Antique Scale Collectors，ISASC）于1967年在旧金山成立，总部设在洛杉矶，详细情况可见其官方网站：http：//www.isasc.org/，2013年5月17日。

现这些信念、主张与制度的努力在很大程度上是通过这个组别的国际性民间组织来体现、贯彻和实施的。围绕本组织的宗旨而开展五花八门的宣传鼓动、造势倡导活动（advocacy）是所有这些组织的主要活动内容之一。大致归纳起来，这些组织又可细分为人权组织、制度转型组织、国际交流组织、环境保护组织及传教组织五种。

1. 人权组织

美国最显赫的国际性人权组织无疑是"人权观察"（Human Rights Watch）。在"谷歌"上可以搜索到的有关它的信息数量超过了三亿条。[①] 该组织的起源是冷战时期美国人权活动分子和知识界人士为支持苏联集团的民间团体落实《赫尔辛基协定》的努力而成立的"赫尔辛基观察"（Helsinki Watch）。"人权观察"宣布自己的宗旨是"保护和捍卫人权"，做法是千方百计地让违反人权的行为引起国际关注，通过"战略性和有针对性的倡导活动"向有关当局施加压力，"提高侵犯人权的成本"。它现有全职员工 280 人，2009 年度的开支超过 4400 万美元。除美国总部外，还在柏林、布鲁塞尔、日内瓦、约翰内斯堡、伦敦、莫斯科、巴黎、东京和多伦多设立了办事处；在纽约、巴黎、旧金山、圣巴巴拉和苏黎世成立了顾问委员会；此外，还设有关于非洲、美洲、亚洲、欧洲及中亚、中东与北美、美国、儿童权益、健康与人权、同性恋及双性恋者权益、恐怖主义与反恐、妇女权益等主题的专门顾问委员会。[②] 从 1990 年起该组织开始编辑出版关于 90 余个国家人权状况的年度报告。2010 年度的报告长达 612 页，对美国人权方面的许多问题也持批评态度。[③] "自由之家"（Freedom House）是 1941 年由美国第一夫人埃莉诺·罗斯福（Eleanor Roosevelt）参与创建的组织，当时它的主要任务是反对纳粹主义威胁，捍卫民主国家的基本制度，保卫世界和平。第二次世界大战结束后，逐渐发

[①] 笔者在 2013 年 5 月 17 日通过"谷歌"（Google）香港网站搜索的结果。

[②] "人权观察"（Human Rights Watch）始创于 1978 年，当时称"赫尔辛基观察"（Helsinki Watch）。1988 年该组织与美洲观察（Americans Watch，1981 年成立）等组织合并，称为"人权观察"。该组织国际总部设在纽约，国内办事处设在华盛顿、旧金山、洛杉矶、芝加哥。其官方网站是 http://www.hrw.org/。有关数据可参见：Human Rights Watch, *Annual Report* 2009, *A Year of Impact*, p. 18。

[③] Human Rights Watch, *WORLD REPORT* 2010, *EVENTS OF* 2009, available at: www.hrw.org/en/publications.

展成为在国际上倡导美式人权观，反对共产主义，对各国人权情况进行研究和评估的一个重要组织。该组织自 1972 年起，发布年度《世界自由度报告》（*Freedom in the World*），给各国的基本政治制度和人权状况打分。自 1980 年起，发布年度《新闻自由报告》（*Freedom of the Press*），量化评价 195 个国家和地区的新闻自由度。近年来其年度报告还包括专门评估苏联地区情况的《转变中的国家》（*Nation in Transit*）、评估 70 个政治制度前景未定国家情况的《处在十字路口的国家》（*Countries at Crossroad*）和评估各国网络自由度的《互联网自由报告》（*Freedom on the Net*）等。这些报告在国际上影响广泛，同时也引发大量批评与争议。① 其他较重要的人权组织还包括兼顾人权、发展与国际事务的卡特中心（Carter Center)、② "大赦国际" 美国分部（Amnesty International USA)③ "人权第一" 组织（Human Rights First)④ 和国际司法制度转变中心（International Center for Transitional Justice，ICTJ）等。⑤

2. 制度转型组织

这类组织的使命非常明确，即通过提供制度设计方案、资助培育当地组织、培训相关人员、发动国际性的宣传倡导活动、开展专题研究宣传、

---

① "自由之家"（Freedom House）的总部设在首都华盛顿，其官方网站是 http：//www.freedomhouse.org/，2013 年 5 月 17 日。

② 卡特中心（Carter Center）成立于 1982 年，总部设在亚特兰大，其官方网站是 http：//www.cartercenter.org/。卡特中心的基本宗旨是 "促进基本人权" 和 "减少人类的苦难"，在开展与人权相关的倡导活动、教育项目上做了大量工作，所以可列为人权组织，尽管它在发展援助方面也有许多建树。另外，该组织的全国免税组织分类代码（NTEE‑CC）有三个，第一项为 B99（教育类），其次为 K99（农业类）和 Q99（国际事务类），2013 年 5 月 17 日。

③ "大赦国际" 组织美国分部（Amnesty International USA）成立于 1961 年，总部位于纽约市，开展活动的区域遍及美国各州和世界各地。该组织官方网站为 http：//www.amnestyusa.org/。

④ "人权第一" 组织（Human Rights First）创建于 1978 年，最初的名称叫人权律师委员会（Lawyers Committee for Human Rights），是专门维护难民人权的组织。总部设在纽约市，在首都华盛顿设有办事处。官方网站是 http：//www.humanrightsfirst.org/。2012 年度，该组织的各种人权事务项目支出超过 800 万美元，年度总支出超过 1000 万美元。详见：Human Rights First，2012 *Annual Report*，2013 年 5 月 17 日。

⑤ 国际司法制度转变中心（International Center for Transitional Justice，ICTJ）2001 成立，总部位于纽约市，在贝鲁特、波哥大、布鲁塞尔、开普敦、日内瓦、雅加达、坎帕拉、金沙萨、蒙罗维亚、内罗毕和尼泊尔的帕塔（Lalitpur）设有办事处。官方网站为 http：//www.ictj.org/，2013 年 5 月 17 日。

建立媒体网络、协助组织选举等手段，在发展中国家或转型国家建立符合美国价值观和标准的民主制度。国家民主基金会（National Endowment for Democracy，NED）是这类组织中的一个典型。它的法律地位虽然是一个"公益慈善"机构，但带有强烈官方背景，政治上获得民主、共和两党高层的一致支持，财务上基本依靠国会在各种名目下为其批准的拨款。2011年财年它获得拨款 1.177 亿美元，2012 财年数额不变。为"推进全球民主运动"和在目标国构建"民主制度的基础"，该组织每年赞助全球 90 多个国家的非政府组织开展上千个项目，其中包括支持旨在实现西藏和新疆"独立"的组织。[1] 由著名投资家乔治·索罗斯（George Soros）创建的开放社会基金会（Open Society Foundation）宣称其使命是"建设生机勃勃、有包容性的民主国家"，每年斥资数亿美元投入其在亚洲、非洲、拉丁美洲和欧洲 60 余个国家的项目，并组成了含有几十个分支机构的国际性网络。[2] 国际选举制度基金会（International Foundation for Electoral System，IFES）自称为发展援助组织，但它的事业是"为选举民主提供专业支持"。成立 20 多年来，该组织开展活动的国家累计达到 135 个，为各种选举项目提供的经费超过 6.6 亿美元，目前的工作集中在拉丁美洲、非洲、亚洲、东欧和中东地区的几十个国家里。[3] "英特新闻网"组织（In-

---

[1]　国家民主基金会（National Endowment for Democracy，NED）于 1983 年 11 月根据美国国会通过的《1984/85 财年国务院授权法》（State Department Authorization Act，H. R. 2915）创建，总部设在首都华盛顿，官方网站是 http：//www. ned. org/。该机构成立之后最初 25 年的详细情况可见：David Lowe，"Idea to Reality：NED at 25"，available at http：//www. ned. org/about/history，2010 年 8 月 18 日。美国国会对国家民主基金会的拨款明文规定是经国务院"过手"（a pass-through），无须国务院批准，见：Department of State，"Department of State and Foreign Operations Funding"，available at：http：//www. coburn. senate. gov/public/；2011 财年和 2012 财年美国国会对该基金会拨款数据见：Committee Reports，112th Congress（2011 - 2012）Senate Report 112 - 085，"Department of State，Foreign Operations，and Related Programs Appropriation Bill，2012"，available at：http：//thomas. loc. gov/，2012 年 9 月 28 日。

[2]　开放社会基金会（Open Society Foundation）成立于 1984 年，现为美国最大的私立基金会之一，总部设在纽约市，成立以来为各种项目（青年、教育、民主发展、人权、健康等领域）的累计资助数额约 80 亿美元。详情可见该组织官方网站：http：//www. opensocietyfoundations. org/，2013 年 1 月 17 日。

[3]　国际选举制度基金会（International Foundation for Electoral System，IFES）成立于 1987 年，总部设在首都华盛顿，详情可见其官方网站：http：//www. ifes. org/。相关数据见：IFES 2011 Annual Report，pp. 32 - 33。

ternews Network）致力于"世界范围内开放媒体"的建设，大力扶持"新兴民主国家"和发展中国家的自由媒体发展。它通过与 75 个国家的当地媒体机构建立合作关系，培训了八万多媒体从业者，每年独立或与合作媒体联合制作近 9000 个小时的各种广播或电视节目，使用的语言多达 83 种，总受众超过三亿人。①

3. 国际交流组织

这些组织包括各种对外友好协会、友好城市组织及促进美国公众对国际事务的了解与参与的组织。例如，北加利福尼亚州世界事务委员会（World Affairs Council of Northern California）诞生在创建了联合国的旧金山会议之后，是美国各界探讨国际问题的一个知名民间论坛，也是开展国际交流的一个重要渠道。② "友好城市国际"组织（Sister Cities International）的宗旨是通过人民之间的接触推进美国的民间外交（citizen diplomacy），它的网络已经扩展到全球六大洲 136 个国家的 2500 余个城市或社区。③ 芝加哥全球事务委员会（Chicago Council on Global Affairs）每年通过高端论坛、研讨会、教育项目和专题调研等方式讨论国际问题，应邀在其论坛发表过演讲的人包括美国总统在内的各国领导人、知名经济学家和联合国秘书长。从 1974 年起，该委员会开始就美国公众对国际事务的看法进行调查并发布年度研究报告。④ 美国联合国协会（United Nations Association of the United States of America，UNA – USA）致力于在美国公众中

---

① "英特新闻网"组织（Internews Network）创建于 1983 年，总部位于加利福尼亚州，在首都华盛顿设有办事处，在海外设有 20 个办事处。该组织官方网站是 http：//www. internews. org/。该组织的近况详情来自：Internews Network，*Annual Report* 2009。

② 北加利福尼亚州世界事务委员会（World Affairs Council of Northern California）创建于 1947 年，现有各界会员 1.8 万人，总部设在旧金山。其官方网站是 http：//www. worldaffairs. org/，2013 年 5 月 17 日。

③ "友好城市国际"组织（Sister Cities International）发源于 1956 年 9 月 11—12 日艾森豪威尔总统在白宫召开的有关民间外交的研讨会。会后组成的专门委员会为促进民间外交提出了许多方案，其中包括美国城市与外国城市建立友好城市关系。1967 年协调全美友好城市的机构——友好城市国际正式成立。该组织的官方网站为：http：//www. sister – cities. org/，2013 年 5 月 17 日。

④ 芝加哥全球事务委员会（Chicago Council on Global Affairs）成立于 1922 年，当时的名称是芝加哥对外关系委员会（Chicago Council on Foreign Relations），2006 年改称现名。官方网站是 http：//www. ccfr. org/，2013 年 5 月 17 日。

普及有关联合国的知识，争取他们对联合国工作的支持。① 美国公民外交
中心（US Center for Citizen Diplomacy，USCCD）是当前美国最主要的民间
外交教育和交流项目的协调中心，它提出的口号是："每一个公民都是外
交家"（Every citizen，a diplomat）。该组织的数据库中收录了 2029 个国际
交流项目，可以使普通美国人方便地找到参加民间外交的机会。②

4. 环境保护组织

拥有 100 多万名会员的大自然保护协会（The Nature Conservancy，TNC）
是最大、最重要的自然环境保护国际组织之一。它在拉丁美洲、亚太地区和
非洲的 35 个国家和美国的 50 个州开展自然保护项目，参与管护总面积达 600
万公顷的 1600 多个自然保护区。该协会的员工超过 3200 人，其中包括 720 位
科学家，他们在遍布全球的 600 个办公地点工作。③ 国际鸟类救援研究中心
（International Bird Rescue Research Center，IBRRC）是著名的专业鸟类保护机
构，擅长救援遭受泄露原油污染的鸟类。除在美国本土的 11 个州开展活动外，
该组织还参与了在阿根廷、厄瓜多尔、南非、澳大利亚、日本、法国、德国
等 12 个国家的救援受原油污染鸟类的行动。④ 主要环境保护组织的例子还有
美国世界自然基金会（World Wildlife Fund，Inc.，常用缩写为 WWF US)⑤ 和
绿色和平基金会（Greenpeace Foundation）等。⑥

5. 传教组织

这类组织在美国为数不少，它们在国际上的名声比在国内大。如基督

---

① 美国联合国协会（United Nations Association of the United States of America，UNA – USA）
创建于 1947 年，总部设在纽约市，其官方网站是 http：//www.unausa.org，2013 年 5 月 17 日。

② 美国公民外交中心（US Center for Citizen Diplomacy，USCCD）发源于 2004 年 3 月 33 个美国民
间国际交流机构领导人的一次会议，2006 年 7 月在艾奥瓦州的得梅因（Des Moines，Iowa）正式成立。
详细情况可见该组织官方网站：http：//uscenterforcitizendiplomacy.org/，2013 年 5 月 17 日。

③ 大自然保护协会（The Nature Conservancy，TNC）成立于 1951 年，总部设在弗吉尼亚州的阿
灵顿。其官方网站是 http：//www.nature.org/，2013 年 5 月 17 日。

④ 国际鸟类救援研究中心（International Bird Rescue Research Center，IBRRC）成立于 1971 年，
总部位于旧金山附近。官方网站是 http：//www.bird – rescue.org/，2013 年 5 月 17 日。

⑤ 美国世界自然基金会（World Wildlife Fund，Inc.，WWF US）是设在瑞士的世界自然基金会
在美国的独立分支机构，成立于 1961 年，总部设在首都华盛顿，官方网站是 http：//www.worldwildlife.
org/，2013 年 5 月 17 日。

⑥ 绿色和平基金会（Greenpeace Foundation）成立于 1976 年，总部设在夏威夷州。这个机构与绿
色和平国际组织和美国绿色和平组织曾有过合作。详情可见其官方网站：http：//www.greenpeacefoun-
dation.org/，2013 年 5 月 17 日。

教友国际会（Christian Associates International，CA）原本是美国的一群宗教人士为向"婴儿潮"一代灌输基督教福音派的信仰而建立的，后来演变为一个主要致力于在欧洲传播基督教的组织，并先后在日内瓦和阿姆斯特丹创办了福音派教会。该组织目前的活动范围包括 30 多个欧洲城市、三个南美洲城市和七个北美洲城市。①

（三）提供"主意"的组织

这里所说的"主意"主要指有关美国外交、国防、国家安全和世界事务的战略预测、趋势评估、政策建议、专题报告等，提供这些主意的组织也被称为"思想库"（think tank，也译为"智库"）或对外政策压力团体。这些组织的领导层会聚了代表美国主流意识形态、外交传统和战略思维的精英人士，是美国国家安全战略和外交政策的智囊团。它们的国际性不仅表现为所出的"主意"被采纳后往往产生具有重大国际影响的后果，还体现在它们研究团队的国际化色彩，以及它们自身的国际性存在和国际声望等方面。

根据 2013 年初公布的一项对全球 182 个国家的 6603 家智库进行的追踪研究结果，2012 年美国共有智库类非营利组织 1823 家，394 家集中在首都华盛顿地区。在世界综合排名进入前 150 位的智库中，约半数集中于外交、国防、国家安全、世界经济等研究领域，其中美国的智库数量最多。战略与国际问题研究中心（Center for Strategic and International Studies，CSIS）、布鲁金斯学会（Brookings Institution）、对外关系委员会（Council on Foreign Relations，CFR）、卡内基国际和平基金会（Carnegie Endowment for International Peace）、兰德公司（RAND Corporation）和伍德罗·威尔逊国际学者中心（Woodrow Wilson International Center for Scholars）这六个美国的组织名列世界十大顶级安全和国际事务研究机构。② 这

---

① 基督教友国际会（Christian Associates International，CAI）1968 年创建于加州大学洛杉矶校区（UCLA）附近，目前总部设在科罗拉多州。其官方网站是 http：//www. christianassociates. org/，2013 年 5 月 17 日。

② 此顺序根据此研究报告的第 13 号表格（Table 13，Top 70 Security and International Affairs Think Tanks）排名列出。除上述六家美国智库外，名列世界头十位的安全与国际事务领域智库还有：英国皇家国际事务研究所（Chatham House）、斯德哥尔摩国际和平研究所（SIPRI）、伦敦国际战略研究所（IISS）、设在比利时的国际危机组织（International Crisis Group，ICG）。见：James G. McGann，2012 Global Go - To Think Tanks Report and Policy Advice，Final Release，January 24，2013，Think Tanks and Civil Societies Program，International Relations Program，University of Pennsylvania，pp. 45，66。

里面应当特别予以注意的是战略与国际问题研究中心（CSIS）和兰德公司，因为它们均与五角大楼和庞大的军工利益联合体关系密切。

战略与国际问题研究中心（Center for Strategic and International Studies，CSIS）是冷战高峰时期依托美国国防部成立的机构，迄今已有 50 多年历史，专职与外聘的专家和辅助人员超过 500 名，2011 年发表政策报告 111 份，2012 年信息成果订户突破 10.6 万。① 该中心研究工作对美国海外军事战略的制定一向有着显著影响。例如：在奥巴马政府高调"重返亚洲"时，战略与国际问题研究中心 2012 年 6 月底出台的一份研究报告《独立评估：美军在亚太地区态势及战略》力主强化美军在东亚的部署，高级副总裁兼国际安全研究项目主任戴维·伯托（David Berteau）等人还为此出席了美国国会众议院军事常设委员会的听证会。②

兰德公司起源于第二次世界大战结束后美国军方的研究需要，现为美国最大的综合性非营利国家安全与国际事务思想库和信息源。③ 除总部外，兰德公司在华盛顿、波士顿、匹兹堡、新奥尔良、杰克逊（密西西比州）、牛津（英国）、布鲁塞尔、多哈和墨西哥城设有办事处或研究分部。它的 1700 名员工（含专职研究人员 950 名）来自 43 个国家，67% 拥有博士学位，使用 59 种语言，专业领域涉及数学、工程技术、医学、行为科学、国际关系、法律和经济学等几乎所有学科。2012 年兰德公司的研究项目（project）多达 1000 个，为 250 个合同机构或资助方提供了 400 份研究报告。来自美国军方和联邦机构的资助或委托研究拨款接近兰德公

---

① CSIS，*CSIS in Numbers*，available at：http：//csis. org/files/publication/120413 _ Infographics_ Pages. pdf，2012 年 9 月 25 日。

② 《独立评估：美军在亚太地区态势及战略》（*U. S. Force Posture Strategy in the Asia Pacific Region：An Independent Assessment*）和有关人员在国会听证会上的发言全文可以从战略与国际问题研究中心的官方网站（http：//csis. org/）上获得，2012 年 9 月 25 日。

③ 兰德公司（RAND Corporation）自 1948 年起成为独立的非营利组织，公司总部位于加利福尼亚州的圣莫尼卡（Santa Monica），官方网站是 http：//www. rand. org/。从这个官方网站上可以查阅到的公开研究报告约有 1 万份。另据 2008 年的统计数据，在美国八个顶级思想库中，兰德公司一家的预算为 2.51 亿美元，基本相当于布鲁金斯学会等其他七家智库机构当年预算的总合（2.565 亿美元）。参见：James G. McGann：*The Global "Go - To Think Tanks" 2008，the Leading Public Policy Research Organizations in the World*，Think Tanks and Civil Societies Program ⓒ 2008，TTCSP，pp. 40 - 41。

司当年收入总数（2.648 亿美元）的 3/4。[1] 美国畅销书作者亚历克斯·阿贝拉（Alex Abella）认为，兰德公司的真实目标是"把分析家培养成继续推动美国势力扩张的倡导者、策划者和奉承者"。[2]

除上述安全和国际事务思想库外，在国际发展、国际经济政策、世界资源与环境等领域中比较重要的美国思想库还有传统基金会（Heritage Foundation）、[3] 伍德罗·威尔逊国际学者中心（Woodrow Wilson International Center for Scholars）、[4] 彼得森国际经济研究所（Peterson Institute for International Economics）、[5] 全球发展中心（Center for Global Development）、[6] 皮尤全球气候变化中心（Pew Center on Global Climate Change）[7] 和世界资源研究所（World Resources Institute，WRI）[8] 等。

（四）提供资金的组织

如果说石油是现代工业的血液，那么对于非营利组织而言，资金就是

---

① RAND Corporation，2012 *Annual Report*：*Who Are You Listening To?* pp. 32 - 33.

② ［美］亚历克斯·阿贝拉：《白宫第一智囊：兰德公司与美国的崛起》，梁筱云、张小燕译，新华出版社 2009 年版，"前言"第 4 页。

③ 传统基金会成立于 1973 年，位于首都华盛顿，目前是美国最著名的保守派智库之一，政治上倾向于共和党的立场，官方网站是 http：//www. heritage. org/，2013 年 5 月 18 日。

④ 伍德罗·威尔逊国际学者中心（Woodrow Wilson International Center for Scholars）是 1968 年美国政府为永久纪念第 28 位总统威尔逊而设立的非营利组织，现在已经发展为一个著名的国际事务智库，更多详情可见其官方网站：http：//www. wilsoncenter. org/，及该网站上发布的《2012 年度报告》，2013 年 5 月 18 日。

⑤ 彼得森国际经济研究所（Peter G. Peterson Institute for International Economics）成立于 1981 年，设在首都华盛顿，现有专职研究人员 60 名，是美国顶尖的国际经济问题研究机构。其官方网站是 http：//www. iie. com/，或者：http：//www. piie. com，2014 年 9 月 1 日。

⑥ 全球发展中心（Center for Global Development）创建于 2001 年，总部位于首都华盛顿，是美国研究全球化、发展援助、减贫等议题的重要机构，官方网站是 http：//www. cg-dev. org/，2013 年 5 月 18 日。

⑦ 皮尤全球气候变化中心（Pew Center on Global Climate Change）成立于 1998 年，总部设在弗吉尼亚州的阿灵顿，其官方网站是 http：//www. pewclimate. org/，2013 年 5 月 18 日。

⑧ 世界资源研究所（World Resources Institute，WRI）创立于 1982 年，总部设在首都华盛顿，官方网站是 http：//www. wri. org/，2013 年 5 月 18 日。

它们的血液。截至 2013 年 2 月，美国共有私立基金会 9.7941 万家，①　其中绝大多数是只为其他组织提供资金而不经营项目的资助型（捐赠型）基金会（grantmaking foundation），少数是既提供资金又经营项目的运营型基金会（operational foundation）。那些以资助国际性事业为主要业务的基金会也常被媒体称为"国际捐助机构"（international grantmaker 或者 international donor agency）。实际上，它们在美国私立基金会里只是极少数，但能量很大。其中既有大名鼎鼎的福特基金会（Ford Foundation）、洛克菲勒基金会（Rockefeller Foundation）、比尔和梅琳达·盖茨基金会（Bill & Melinda Gates Foundation）等大型基金会，也有众多似乎不那么出名或者刻意低调的中小型基金会。

有人说 20 世纪是福特基金会和洛克菲勒基金会的时代，这从一个侧面反映出这两大基金会当时的国际影响力。福特基金会由汽车大王福特之子埃德塞尔·福特（Edsel Ford）创建，起初它只是一个注册资金仅有 2.5 万美元、位于底特律市的小基金会，从第二次世界大战时期起逐渐成长和转变为一个国际性组织，1952 年在印度首都新德里开办了第一个海外办事处。如今除纽约总部外，福特基金会还在各大洲设立了 10 个地区办事处，它资助的项目涉及经济、文化、教育、社会、医疗卫生、法律、非政府组织发展等众多领域，受助机构位于全美各地和 50 多个国家或地区。②　2012 年该基金会的资产超过 109.84 亿美元，在全美 100 家最大的私立基金会中排名第二。③　洛克菲勒基金会已有近百年历史，它宣布其不变的使命是"为全人类的福祉服务"，资助的五大类项目是基本生存保障、全球卫生事业、气候变化与环境、都市化和社会与经济安全。该基金会在内罗毕、曼谷和意大利的贝拉吉奥（Bellagio）设有办事处，2013 年

---

①　National Center for Charitable Statistics（NCCS），Quick Facts About Nonprofits：Nonprofit Organizations（NCCS Business Master File 02/2013），available at：http：//nccs. urban. org/statistics/quickfacts. cfm，2013 – 05 – 09.

②　福特基金会（The Ford Foundation）成立于 1936 年 1 月 15 日，全球总部设在纽约市。自成立起该基金会已经累计向在美国、拉丁美洲、中东、非洲和亚洲的各种组织提供资助达 163 亿美元，每年收到的资助申请有四万份，其中约 1400 份可以获批。官方网站是 http：//www. ford-foundation. org/，2013 年 5 月 18 日。

③　The Foundation Center，"Top 100 U. S. Foundation by Asset Size"（as of May 4，2013），available at：http：//foundationcenter. org/findfunders/topfunders/top100assets. html/，2013 – 05 – 18.

在美国最大的私立基金会中名列第 16 位。① 除了这两家老牌基金会之外，为大批海外项目和安全与国际事务研究机构提供资助的知名基金会还有纽约卡内基公司（Carnegie Corporation of New York）、② 威廉和弗洛拉·休利特基金会（William and Flora Hewlett Foundation）、③ 约翰和凯瑟琳·麦克阿瑟基金会（John D. and Catherine T. MacArthur Foundation）④，以及洛克菲勒兄弟基金（Rockefeller Brothers Fund，RBF）等。⑤

在 21 世纪，位居任何一个基金会排行榜巅峰位置的无疑都是比尔和梅琳达·盖茨基金会，它的出现不仅宣告了美国历史上最大私立基金会的诞生，而且永久性地改变了国际关系生态，开辟了私立超级慈善组织作为非国家机构（nonstate organization）在国际舞台上大展宏图的时代。如今，这家美国基金会在海外已经开设了 6 个办事处：印度办事处（德里）、中国办事处（北京）、欧洲与中东办事处（伦敦），以及非洲的三个办事处。接受资助的项目与机构遍布美国 50 个州、首都哥伦比亚特区和世界 100多个国家。比尔和梅琳达·盖茨基金会的事业重点是为全球发展项目、全球卫生项目和美国国内的公益项目提供资助，截至 2015 年 3 月 31 日，该

① 洛克菲勒基金会（Rockefeller Foundation）成立于 1913 年，全球总部位于纽约市，官方网站是 http：//www.rockefellerfoundation.org/。关于其资产排名的数据见以上注释所引 2013 年 5月纽约基金会中心（The Foundation Center）公布的美国最大 100 家私立基金会排行榜。

② 纽约卡内基公司（Carnegie Corporation of New York）是美国老牌基金会之一，由美国钢铁大王卡内基（Andrew Carnegie）创建于 1911 年 11 月，当时它是美国最大的公益慈善信托机构，2013 年 5 月按资产排名为美国第 23 大私立基金会。该基金会总部位于纽约市，成立至今已累计捐献超过 14 亿美元，更多详情可见其官方网站：http：//carnegie.org/，2013 年 5 月 18 日。

③ 威廉和弗洛拉·休利特基金会（William and Flora Hewlett Foundation）创立于 1967 年，总部设在加利福尼亚州，2013 年 5 月按资产排名为美国第 5 大私立基金会。2003—2010 年该基金会向 40 个国家和地区的 222 个组织提供了总额为 292140122 美元的资助（共资助 520 个项目）；2011 年又为 591 个项目提供资助达 2 亿多美元。截至 2011 年 12 月 31 日，该基金会资产达到 72.9 亿美元，更多情况可详见其官方网站：http：//www.hewlett.org/，2013 年 5 月 18 日。

④ 约翰和凯瑟琳·麦克阿瑟基金会（John D. and Catherine T. MacArthur Foundation）创建于1978 年，约翰·麦克阿瑟（John D. MacArthur）于这一年去世，当时他是美国最富有的三个人之一。该基金会的总部设在芝加哥，并在印度、尼日利亚、墨西哥和俄罗斯设有办事处，2013 年 5月按资产排名为美国第九大私立基金会。官方网站是 http：//www.macfound.org，2013 年 5 月 18日/。

⑤ 洛克菲勒兄弟基金（Rockefeller Brothers Fund，RBF）创办于 1940 年，总部设在纽约市，在西巴尔干和中国南方设有办事处，2013 年 5 月按资产排名为美国第 89 大私立基金会。官方网站是 http：//www.rbf.org/，2013 年 5 月 18 日。

基金会的雇员总数有 1376 人，资产总值达到 429 亿美元，累计资助金额达到 335 亿美元（2013 年度和 2014 年度的资助额分别为 34 亿美元和 39 亿美元）。[①] 按照世界银行发布的 2014 年各个国家和地区国内生产总值（GDP）的排行榜，若把比尔和梅琳达·盖茨基金会单独列为一个经济体，它可以排在全球第 91 位，实力超过 104 个经济体。[②]

三 同国内外各方的关系

美国的 1.4 万家国际性非营利组织与国内各界和国际社会保持着密切关系。这些关系能够为它们提供必要的生存条件，确保它们事业的发展、自身价值的实现和国际影响力的发挥。

（一）与国内公众的关系

就像普通的民间组织那样，国际性非营利组织同国内公众的关系也必须是"鱼水关系"。美国公众的注意力通常主要集中于国内事务，如就业、教育、医疗保健和社区发展等。所以，同那些致力于国内或当地事务的非营利组织相比，除了经济贸易组织、专业学会协会、宗教组织和私立基金会之外，一般的国际性非营利组织的筹款难度显而易见。2011 年美国全部公众及私营机构（公司企业、私立基金会）的公益慈善捐款为 2984.2 亿美元，其中给国际事务（International Affairs）类非营利组织的捐款比例为 8%，总额达 226.8 亿美元。这与 1987 年时的情况（不到 2%）相比已经有了极大改进，但给国际事务类组织的捐款仍然远远少于给宗教、教育、公民服务（Human Service）和医疗保健机构

---

① 比尔和梅琳达·盖茨基金会（Bill & Melinda Gates Foundation）始创于 1997 年，总部设在西雅图，从 2000 年起使用现名称，官方网站为 http://www.gatesfoundation.org/。关于该组织最新的基本统计数据和典型资助项目介绍可见：Bill & Melinda Gates Foundation, "*Foundation Fact Sheet*", available at: http://www.gatesfoundation.org/Who - We - Are/General - Information/Foundation - Factsheet，2015 年 8 月 5 日。

② World Development Indicators database, World Bank, Gross Domestic Product 2014, 01 July 2015, available at: http://databank.worldbank.org/databank/download/GDP.pdf/，2015 - 08 - 05.

的捐款。① 要获得公众对自己事业的理解与支持，国际性组织往往需要付出更多的努力。处理与公众关系的两个关键方面是宣传动员和基层行动。

宣传动员的一个实例是有关抗击"被忽视的热带疾病"（neglected tropical diseases，NTD）的努力。为使美国公众了解七种"被忽视的热带疾病"对 14 亿最贫困国家人民和世界经济的危害，非营利组织萨宾疫苗研究所（Sabin Vaccine Institute）设立了"被忽视的热带疾病全球网络"计划（Global Network for Neglected Tropical Diseases），利用各种现代化传播手段，如新闻媒体、电子邮件、"脸书"（Facebook）社交网、微博等开展针对大学生和普通居民的公共教育活动，同时通过该计划的网站发起"50 美分就够"（Just 50 Cents）的募捐倡议。这些努力不仅赢得了美国社会各界对这个全球计划的理解、支持，还得到了世界卫生组织、非洲联盟及相关国家政府的合作。②

基层行动的主要力量是本组织的活动骨干和形形色色的基层民间组织（Grassroots Organization）。许多国际性组织的背后都有一批这样的资源，他们能有效地唤起公众的注意力和行动意愿，帮助相关组织实现预定目标。那些提供理念的国际性组织尤其依赖这种资源。例如，"热带雨林行动网络"（RAN）在成立后发起的第一个大规模行动是抵制连锁快餐企业"汉堡王"（Burger King），迫使其停止从哥斯达黎加等有毁林养牛行为的国家进口廉价牛肉，以此加强对中美洲热带雨林的保护。1987 年，在抵制行动导致销售量急降 12% 之后，"汉堡王"宣布取消从中美洲进口价值 3500 万美元牛肉的计划。很难想象，如果没有一大批热衷于保护热带雨

---

① Giving USA Foundation，*GIVING USA* 2012 *EXECUTIVE SUMMARY*；Edited Trascript：GIVING USA 2012，a discussion event hosted by Hudson Institute's Bradley Center for Philanthropy and Civil Renewal，and The Center on Philanthropy at Indiana University，HUDSON INSTITUTE，Friday，June 29，2012，p.5，available at：http：//www. hudson. org/files/publications/6－29％20Giving％20USA％20transcript. pdf，2013－05－18.

② 萨宾疫苗研究所（Sabin Vaccine Institute）成立于 1993 年，总部设在首都华盛顿，主要宗旨是解除被忽视的七种热带传染病给最不发达国家人民带来的痛苦，其官方网站是 http：//www. sabin. org/。"被忽视热带病全球网络"（Global Network for Neglected Tropical Diseases）是该机构的主要计划之一，详细情况可见这个计划的官方网站：http：//globalnetwork. org/，2013 年 5 月 18 日。

林的活动骨干和基层组织的广泛响应，这个抵制行动能够奏效。①

（二） 与国内其他组织的关系

国际性组织在国内要与多种组织发生横向联系，如工商企业、高等院校、研究机构、专注于国内事业的非营利免税组织、私立基金会，等等。对于国际性组织的事业而言，同这些组织搞好关系往往具有战略意义。

首先，各类国内组织是国际性组织的重要资助者。资助方式一般以资金捐赠为主，实物捐赠和服务捐助为辅，资助额会因资助对象和所举办项目的规模而异。② 纽约皇后区的"关心阿富汗妇女"组织（Women for Afghan Women，WAW）是个小型组织，对它来说，纽约百年老店 ABC 家居（ABC Home & Carpet）所属的基金会提供的 1.9 万美元捐款就是一笔数量可观的资金。③ 而较大的组织，特别是从事国际人道援助和发展援助的组织，它们需要的社会捐款总额常常以百万、千万美元计，这就需要与各种组织建立相对稳定的联系和捐助渠道，构建长期合作伙伴关系，从而形成以工商企业、高等院校、私立基金会为骨干，其他民间组织及某些公民（社会名流、热心相关事业的家庭等）参与其中的多层次支持网络。事实上，几乎所有主要的国际性组织都有自己的支持网络，这种网络不仅已经遍布美国各地，有时甚至还带有强烈的国际色彩，形成更为复杂的洲际跨行业关系网。

"家庭健康国际360"组织（FHI 360）的支持网络非常具有代表性。这家机构是美国最大的寻求为发展中国家各方面的（尤其是涉及艾滋病防控、计划生育、母婴保健、儿童营养与教育等人的发展方面）问题提

---

① 有关这次大规模抵制活动的详细情况可见"热带雨林行动网络"（Rainforest Action Network，RAN）官方网站（http：//www. ran. org/）上"我们的使命和历史"（Our mission and history）部分的内容，2013 年 5 月 18 日。

② 《纽约时报》2010 年 7 月刊登的一篇报道曾经非常详细地讲述了亲以色列的国际性非营利组织与向它们提供资助的各种国内组织之间的关系。见：Jim Rutenberg，Mike McIntire and Ethan Bronner，"Tax – Exempt Funds Aid Settlements in West Bank"，July 5，2010，available at http：//www. nytimes. com/2010/07/06/world/middleeast/06settke. html，2013 年 5 月 18 日。

③ "关心阿富汗妇女"组织（Women for Afghan Women，WAW）成立于 2001 年 4 月，是纽约皇后区的一个小型国际性非营利组织，主要事业是通过教育和辅导项目，使阿富汗妇女和女童的权益得到保护。相关情况可详见该组织官方网站：http：//www. womenforafghanwomen. org/，2013 年 5 月 19 日。

供解决方案的发展援助组织。它在全球 60 多个国家开展项目，拥有员工 2500 人，与它建立合作关系的组织超过 1400 个。2011 年度参与其支持网络并提供各种形式资助的私营部门组织有近 60 个，其中包括跨国药业集团葛兰素史克（GlaxosmithKline）、辉瑞（Pfizer）和强生（Johnson & Johnson）；其他行业的知名大公司如埃克森美孚（Exxon Mobil Corporation）、宝洁（Procter & Gamble）、壳牌石油（Shell）和谷歌公司；华盛顿大学、康涅狄格大学、加州大学旧金山校区、牛津大学等高等院校；比尔和梅琳达·盖茨基金会、福特基金会、通用电器公司基金会（GE Foundation）等一批私立基金会；默多克儿童研究所（Murdoch Childrens Research Institute）等本土和外国的从事相关研究和发展援助事业的非营利组织。① 此外还有来自美国、澳大利亚、荷兰、加拿大、加纳、伊拉克、南苏丹等国的政府机构和欧盟这样的国际组织。② 值得注意的是，这种洲际的多元跨行业支持网络正日益成为大型国际性非营利组织的特点之一。

通过派代表进入国际性组织的决策机构（理事会、董事会或执行委员会），国内组织还对国际性组织发挥着领导作用，可以影响、引导或修正国际性组织的规划、议程和项目运行模式。一般来说，规模较大的国际性组织的决策机构都具备广泛的代表性，能够体现涉外利益相关方的意愿。比如，在北加利福尼亚州世界事务委员会的现任执行委员会中，主席彼得·罗伯逊（Peter Robertson）曾多年担任美国能源巨头谢夫隆公司（Chevron Corporation）的副董事长，并且是美国—沙特阿拉伯商务委员会（US – Saudi Arabia Business Council）的共同主席。副主席玛莎·赫特尔兰

---

① 默多克儿童研究所（Murdoch Childrens Research Institute）是澳大利亚最负盛名的儿科医学研究机构，成立于 1986 年，拥有专业人员 1500 名，详情可见其官方网站：http://www.mcri.edu.au/，2013 年 5 月 19 日。

② "家庭健康国际 360" 组织（FHI360）的前身是著名的 "家庭健康国际"（Family Health International，FHI），它创建于 1971 年，是美国最大的公共卫生与发展领域的国际性非营利组织之一，全球总部设在北卡罗来纳州。从 2010 年 6 月 7 日该组织宣布重新命名为 "FHI"，并启用了新的标志和官方网站：http://www.fhi360.org/，2011 年 3 月美国老牌的海外发展援助机构教育发展学院（Academy for Education Development，AED）停止活动之后，其管理团队和剩余项目并入 "家庭健康国际 360" 组织。该机构 2011 年度的情况可详见：FHI 360 *Annual Report* 2011，p. 30。

迪（Martha S. Hertelendy）是格兰普基金会（GRAMP Foundation）的会长、① 亚洲艺术博物馆等机构的董事；另一位副主席玛丽亚·斯塔尔（Maria Starr）是南圣马特奥地区妇女选民联盟（League of Women Voters of South San Mateo，位于加州）负责国际项目的董事会成员。其余执行委员分别来自对外发展援助组织、律师事务所、金融业和石油公司。② 还应当提及的一个事实是：北加利福尼亚州世界事务委员会的顾问委员会由前国防部长威廉·佩里（William J. Perry）和前国务卿乔治·舒尔茨（George P. Shultz）共同领导，而他们两人也都是美国著名的国际事务智库斯坦福大学胡佛战争、革命与和平研究所（Hoover Institution on War, Revolution and Peace）的高级研究员。③

（三）与联邦政府的关系

除了非营利部门的法定监管机关与被监管对象这层关系外，从事业角度看，民间的国际性组织与美国联邦政府之间的关系主要有五个方面：接受政府资助、承担援外项目、配合外交工作、参与政策辩论和人员交叉任职。

1. 接受政府资助

联邦政府各个部门和机构均可通过预算拨款直接资助国际性组织，但不同组织获得资助的多寡会由于各种原因而出现很大差别。那些"出生证"上带有特殊政府印记的组织获得直接资助的机会最多，政府资助在其年度收入（revenue）中的比例较高。除国家民主基金会外，还可以举出亚洲基金会（Asia Foundation）的例子。④ 这个成立于冷战高峰

---

① 格兰普基金会（GRAMP Foundation）是设在加利福尼亚州奥克兰的一家公益慈善基金会。

② World Affairs Council of Northern California, Council Leadership, available at: http://www.worldaffairs.org/, 2013 – 05 – 19.

③ 斯坦福大学胡佛战争、革命与和平研究所（Hoover Institution on War, Revolution and Peace）成立于1959年，是美国最好的国际事务智库机构之一，尤其擅长苏联研究和冷战史研究。该机构的母体组织斯坦福大学是享有联邦免税待遇的公共慈善机构，即第501(c)(3)条款组织。更多详情可见其官方网站 http://www.hoover.org/, 2013 年 5 月 19 日。

④ 亚洲基金会（Asia Foundation）始创于1951年，最初的名称是自由亚洲委员会（Committee for Free Asia），1954 年起采用现名，总部设在旧金山，在首都华盛顿和 18 个亚洲城市设有办事处。该组织官方网站是 http://www.asiafoundation.org/, 2013 年 5 月 19 日。

时期的组织与美国最高国家安全机关有过一段非同寻常的关系，其命运甚至受到约翰逊总统和他的国务卿腊斯克（David Dean Rusk）的关注。在 2012 财务年度里，亚洲基金会总收入为 1.5 亿美元，其中约 71%，即 1.0713 亿美元来自美国政府、外国政府和欧盟、世界银行等国际组织，绝大多数为美国的政府机构提供，包括美国国会，国务院，国际开发署（USAID），劳工部和美国驻阿富汗、韩国、尼泊尔、菲律宾和斯里兰卡的大使馆。[①] 根据"家庭健康国际 360"组织 2011 财务年度（截至 2011 年 9 月 30 日）数据，在 4.748 亿美元的总收入中，来自美国联邦政府机构的资金份额为 77.6%，其中仅国际开发署一家就占了 73%。[②] 对比之下，同期人道救援组织"给饥饿者以食品"（Food for the Hungry）的总收入为 8904.25 万美元，来自美国政府的赠款资助有 3098.19 万美元，来自美国国际开发署的实物援助价值 431.59 万美元，政府资助的总比例将近 40%；[③] 而"十字架国际"（Cross International）在前一财务年度获得的政府资助仅有 200 万美元，占其总收入 9300 万美元的 2%；在 2011 财务年度，其收入虽然包括国际开发署的数额不详的资助，但根据上一年度的情况可以有把握地断定政府资助占比依然相当低。[④]

有些组织为了表明自己的"中立"与"客观"，拒绝任何政府资助，如"美国乐施会""人权观察""人权第一"组织、"大赦国际"美国分部等。"难民国际"（Refugee International）不仅不收政府的钱，甚至公开

---

① The Asia Foundation, *Improving Lives*, *Expanding Opportunities*: 2012 *Annual Report*, p. 32.

② FHI 360 *Annual Report* 2011, p. 34.

③ "给饥饿者以食品"组织（Food for the Hungry）成立于 1971 年，总部设在亚利桑那州的凤凰城，目前在 25 个国家开展以儿童为重点的饥民救助项目，其官方网站是 http://www.fh.org/。该组织 2011 财务年度的数据来自：Food for the Hungry, 2011 *Annual Report*, p. 17。

④ "十字架国际"（Cross International）成立于 2001 年，是一个基督教慈善救济与发展援助组织，主要在位于加勒比海地区、拉丁美洲和非洲的 23 个国家开展救助工作，总部位于佛罗里达州，其官方网站为 http://www.crossinternational.org/。"十字架国际"的财务年度与公历年度一致，该组织 2011 年入选《福布斯》杂志（*FORBES*）评选的美国最大的 200 家公共慈善机构，其 2010 财务年度的数据见：Forbes, The 200 Largest U. S. Charities, 2011, available at：http://www.forbes.com/lists/2011/14/charities－11_Cross－International_CH0261.html, 2013 年 5 月 19 日；2011 财务年度的数据（该年度总收入为 6761.31 万美元）见：International, Inc. 2011 *Annual Report*, pp. 12－13。

声明它连联合国的钱也不要。① 此外，许多由宗教团体创立的人道救援组织和发展援助组织也都没有接受过任何政府资助。

2. 承担援外项目②

长期以来，国际性非营利组织与官方机构和私营企业一道，是美国非军事类援外计划，尤其是发展援助和近年来新增并迅速扩展的"民主化援助"计划的承担者，或曰具体落实机构。美国国民经济研究局（NBER）的一项专题研究发现，1939—2004 年先后有 1693 家组织承担援外项目，其间美国约 41% 的官方海外发展资金通过民间的非营利组织输送，英国的相应比例是 12%，而日本仅为 2%。③ 从小布什政府时期起，联邦政府大幅度增加了国防、外交和对外援助的承包性服务，2008 年美国国际开发署支出的 99% 用于直接资助和承包服务合同，其中相当一部分合同签给了国际性非营利组织。④ 从美国国际开发署公布的其 2012 财

---

① "难民国际"（Refugee International）诞生于 1979 年救助印度支那难民的民间运动中，总部设在首都华盛顿，官方网站是 http://www.refugeesinternational.org/，该组织关于资助原则的声明一直写在其官方网站首页的下方，英语原文是："We are an independent organization, and do not accept any government or UN funding." 2013 年 5 月 19 日。

② 应当指出，美国的对外援助向来分为私人援助和官方援助两个部分。2012 财年由美国公民和私营部门（包括许多国际性非营利机构）提供的对外援助总额为 187 亿美元，而由美国国际开发署（USAID）提供的官方对外援助额为 31 亿美元。数据来源：http://idea.usaid.gov/ls/pvo/，2012 年 9 月 22 日。另外，美国国际开发署资助的项目有时会遭遇受援国反对甚至拒绝。一个新近的例子是：2012 年 9 月俄罗斯总统普京宣布限期结束美国国际开发署在俄罗斯境内的一切活动。在冷战结束后的近 20 年中，美国国际开发署累计为俄罗斯提供了 26 亿美元的援助，包括给俄罗斯一些政治性非营利组织的资金支持（2012 年度这方面的预算为 5000 万美元）。俄罗斯联邦政府认为接受外国资金的政治性非营利组织是"外国代理人"，故采取一系列步骤修改法律，加强管控。在此背景下，与美国的国际性非营利组织关系密切、而且从美国国际开发署获得资金的一些俄罗斯非政府组织，如深度介入选举监督的"声音"组织（Golos）将遇到极大困难（该组织详情可见其官方网站：http://www.golos.org/news/en）。参见：Natasha Abbakumova and Kathy Lally, "Putin Expels USAID in Crackdown on Activists", *The Washington Post*, Wednesday, September 19, 2012, p. A1; David M Herszenhorn and Ellen Barry, "Russia Halting Groups' Access To U. S. Money", *The New York Times*, New York edition, Wednesday, September 19, p. A1.（两大美国主流报刊同日在头版报道这个消息，意味深长！）

③ Rachel M. McCleary and Robert J. Barro, *U. S. Based Private Voluntary Organizations: Religious and Secular PVOs Engaged in International Relief & Development*, 1939－2004, National Bureau of Economic Research, Working Paper 12238, pp. 5, 3.

④ Joe Davidson, "Contract Work a 'Good Thing' but Requires Adult Supervision", *The Washington Post*, Thursday, July 15, 2010, p. B3.

政年度的40家最大"领受机构"名单中，人们可以发现"家庭健康国际"（Family Health International，FHI）、① 国际救援与发展组织（IRD）、"国际美慈"组织（Mercy Corps）、天主教救济会（Catholic Relief Services，CRS）②、"人口服务国际"（Population Services International，PSI）③ 和"协同组织"（Pact）④ 等著名非营利机构的名字。⑤ 为对纳税人负责，提高援外资金使用效率和项目成功率，美国国际开发署还不断修订完善关于非营利组织竞标承担援外项目的注册标准和程序。最新注册标准是2005年5月13日起生效的，至2013年5月共有610家美国组织注册，它们承担了国际开发署大量的对外粮食援助和发展援助项目。⑥

3. 配合外交工作

国际性非营利组织一直是美国外交的另一种资源和充满灵活性的渠道。在美国国务院碰到困难的时候，这样的组织往往可以另辟蹊径，为决

---

① "家庭健康国际"（Family Health International，FHI）创建于1971年，是美国最大的公共卫生与发展领域的国际性非营利组织，全球总部设在北卡罗来纳州，现已更名为"家庭健康国际360"组织（FHI 360）。详情见官方网站：http：//www.fhi360.org/，以及该组织的最新年度报告（*FHI 360's Annual Report* 2012）。

② 天主教救济会（Catholic Relief Services，CRS）成立于1943年，总部位于巴尔的摩。它是美国最大的由宗教组织创建的国际性人道援助机构之一，声誉卓著，其官方网站是 http：//www.crs.org/。

③ "人口服务国际"组织（Population Services International）成立于1970年，总部设在首都华盛顿，其使命是促进发展中国家的医疗卫生事业，重点是加强母婴保健，防治艾滋病等性传播疾病及疟疾、肺结核等。更多详情可见该组织官方网站：http：//www.psi.org/，2013年5月19日。

④ "协同组织"（Pact）是一家非常特殊的第501(c)（3）条款组织机构，它成立于1971年，总部设在首都华盛顿，最初是一个美国非营利和志愿组织的团体（该组织的英文名称是：Private Agencies Collaborating Together），协助美国国际开发署管理小额资助项目，自1986年起接受国际开发署资助，1992年重组转型后注册为专门实施发展援助项目的公益慈善机构，目前在亚洲、非洲和拉丁美洲设有22个办事处，过去两年中在60个国家实施了100多个项目。这些项目分为五大类，它们是：民主与治理、艾滋病防治、民生、自然资源管理、缔造和平。更多详情可见其官方网站：http：//www.pactworld.org/，2013年5月19日。

⑤ USAID，BUDGET，Top 40 Vendors for FY 2012，available at：http：//www.usaid.gov/results – and – data/budget – spending/top –40 – vendors，2013年5月19日。

⑥ 关于这个注册制度的相关文件和详细情况可见美国国际开发署官方网站的内容：PVO Registration，available at：http：//idea.usaid.gov/ls/pvo/；相关的美国非营利组织名单及数字见：http：//pvo.net/usaid/index.html，2013年5月20日。

策者提供帮助或另一种选择。当然，并非所有组织都乐意扮演这种角色。

　　2010 年夏季发生的两件事能够很好地说明这种组织的独特作用。其一是薛峰间谍案。美籍华裔地质学家薛峰为美国 IHS 能源公司刺探和窃取了中国 3.2115 万口探井的坐标数据，每口探井坐标均属于中国的国家秘密。① 薛峰被中国安全部门拘捕羁押，7 月 5 日被北京市第一中级人民法院判刑八年。薛峰被抓后，美国官方一方面呼吁中国释放薛峰，另一方面则悄然通过中美对话基金会（Dui Hua Foundation）疏通关系，向中国方面做工作。② 其二是卡特的平壤之行。前总统卡特作为卡特中心创始人和董事会成员于 8 月 25 日抵达平壤，在同朝鲜最高人民会议常任委员会委员长金永南会谈后，带着因非法入境而遭到朝方扣押的美国公民戈梅斯（Aijalon Mahli Gomes）回国。尽管美国国务院发言人克劳利（Philip J. Crowley）强调说卡特此行纯属"私人和人道性质的非官方访问"，③ 但朝鲜中央通讯社的报道宣称卡特"代表美国政府和他本人"向朝鲜领导人保证绝不会再发生非法入境事件。④

　　还有一个美国官民成功合作的例子是对"陈光诚事件"的处理。盲人陈光诚是美国国会近几年中特别关注的中国持不同政见者之一，他 2012 年春从山东到北京再到纽约的奇特经历充满了悬疑。无论如何，他是经美国国务院高层批准获得保护的，是被美国驻华使馆官员开车接

---

　　① 薛峰间谍案详情可见《美籍地质学家薛峰的罪责认定》，《三联生活周刊》2010 年第 29 期，第 92—94 页。

　　② 中美对话基金会（Dui Hua Foundation）是美国商人兼人权活动家康原（John Kamm）于 1999 年在旧金山创立的，其基本工作是促使中国方面释放"良心犯"、改善人权及法治，官方网站是 http：//www.duihua.org/。康原曾担任美中贸易全国委员会驻中国香港代表、香港美国商会会长，现负责斯坦福大学国际研究所的人权外交研究项目。美联社关于该组织与薛峰案关系的报道见：Charles Hutzler，"Chinese Court Sentences US Geologist to 8 Years"，available at：http：//www.yahoo.com/s/ap/20100705/，2010 年 7 月 8 日。另外，2011 年 2 月 18 日，北京市高级人民法院维持了对薛峰案的原判。美国时任驻华大使洪博培（Jon M. Huntsman，Jr.）到场旁听判决后对结果表示失望。见：Andrew Jacobs，"Beijing court upholds U. S. citizen's sentence"，*International Herald Tribune*（The Global Edition of *The New York Times*），Saturday‑Sunday，February 19‑20，2011，p.8。

　　③ U. S. Department of State，"Release of Aijalon Mahli Gomes"，by Philip J. Crowley，Assistant Secretary，Bureau of Public Affairs，August 26，2010，available at：http：//www. state. gov/r/pa/prs/ps/2010/08/146346. htm，2013 年 5 月 20 日。

　　④ 《卡特平壤"捞人"成功》，《参考消息》2010 年 8 月 28 日，第 2 版。

入使馆、又下榻于海军陆战队队员宿舍的，他在京外出时得到骆家辉大使亲自陪同，飞抵美国时亦有联邦众议员接机。这一事件的特殊时机（第四轮中美经济战略对话召开前夕）和陈光诚突然提出赴美学习的要求一度使得美国政府陷入困境，驻华使馆官员甚至公开对此感到愤怒和无奈。

就在此时，纽约大学法学院的美亚法律研究所（U. S. – Asia Law Institute，USALI）出场为政府解围，成为陈光诚在美国的"留学接收单位"。这个研究所创办于 2006 年，以研究中国和亚洲其他国家的法律为己任，其非营利组织的地位与纽约大学（这个大学本身就是一个公益慈善类机构）相关联，可以接受各界捐赠，灵魂人物是美国著名的中国法律专家科恩教授（Jerome A. Cohen，中文名：孔杰荣）。① 在美国落脚后仅 11 天，陈光诚就"撰写"了一篇抨击中国法治状况的文章，此文经美亚法律研究所翻译成英文刊登在《纽约时报》上。② 应该说，在陈光诚事件上，美国官方和国际性非营利组织的合作堪称默契。

4. 参与政策辩论

由于国际联系广泛、对外界情况掌握较多，国际性非营利组织常就美国的一些对外政策事项发表意见，积极参与相关政策辩论。在这个过程中，它们发表的意见并不一定与美国政府的立场一致，有时甚至还对政府的做法持强烈批评态度。近年来辩论的事项主要涉及气候变化、全球艾滋病防控、非洲发展、对外经贸关系、教育与文化交流、人权与劳工、反对恐怖主义和宗教极端势力、人口与难民安置、民主化进程、地区稳定与冲突、中东政策、伊拉克和阿富汗战争、防止核扩散、妇女平等和反歧视、国际性非营利组织和跨国公司的责任，等等。有一个新趋势是国际性组织越来越多地采取集体表达的方式向政府施加影响。例如，代表着 190 多个会员组织的"联合行动"组织就美国对外援助体制改革问题发表过多份研究报告和计划。60 多个影响较大的组织（其中亦有个别组织是国内事务组织）在 2009 年春和 2010 年春两度公开致信奥巴马总统，呼吁美国政府尽早加入《国际反地雷公约》（*Mine Ban*

---

① 关于纽约大学美亚法律研究所的详情可见其官方网站：http://www.usasialaw.org/，2013 年 5 月 21 日。

② Chen Guangcheng, "How China Flouts Its Laws", *The New York Times*, New York edition, Wednesday, May 30, 2012, p. A23.

Treaty）。①

5. 人员交叉任职

美国的精英阶层成员既是政府职位的首要占据者，也是重要的国际性非营利组织领导岗位的有力竞争者。政府官员和民间组织高层转换角色、进入对方组织任职的现象是一直存在的，但对于同政府关系较深的一批组织而言，交叉（或循环）任职就不仅是一种社会现象，从某种程度上说更是美国总体对外政策的一种需要。人们看到，"直接救援国际"总裁兼首席执行官托马斯·泰伊（Thomas Tighe）曾主管和平队的日常运营；"自由之家"董事会主席威廉·塔夫脱四世（William H. Taft，IV）从前是国防部副部长和美国常驻北约组织代表；卡内基国际和平基金会的会长杰西卡·马修斯（Jessica T. Mathews）曾在国家安全委员会和国务院供职。另外，奥巴马政府任命的数位美国国际开发署高官都有在国际性非营利组织任职的经历：署长拉吉夫·沙阿博士（Dr. Rajiv Shah）曾为比尔和梅琳达·盖茨基金会工作了七年，负责民主、冲突和人道救援事务的助理署长南希·林德伯格（Nancy E. Lindborg）则曾长期担任"国际美慈"组织的总裁。

（四）与国际组织的关系

美国的国际性非营利组织与国际社会的关系有多个层面，其中主要包括与外国的国际性非营利组织的关系、与外国政府的关系和与主权国家组成的国际组织的关系。限于篇幅，本文只能非常简要地讨论美国这些组织与联合国系统的关系。

美国的国际性非营利组织与联合国系统的关系可谓错综复杂，概括起来主要有两大方面：联合国经社理事会的咨商地位、资金与人事方面的交互关系。

各国的民间组织（联合国系统多用"公民社会组织"的称谓）可在联合国发挥咨商（consultation）作用的国际法依据是《联合国宪章》第71条。这个条款也是重要国际文献首次提及非政府组织（Non - Governmental Organization，NGO）的作用。而民间组织真正开始参与联合国的工作始于1946年，载体是经济及社会理事会（ECOSOC，简称"经

---

① "Letter to President Obama from 65 Civil Society Leaders Urging the US to Join the Mine Ban Treaty", March 22, 2010, available at：http：//www. hrw. org/en/news/2010/03/22/ （"人权观察"官方网站），2010 年 8 月 14 日。

社理事会")。① 经社理事会是联合国协调全球经济及社会事务最重要的机构，下属的各种委员会和特设机构多达30个，是各国民间组织的"必争之地"。目前来自会员国的1.3万多个民间组织经注册与联合国经济和社会事务部（DESA）建立了关系。它们在注册后即可申请经社理事会的咨商地位（consultative status），取得咨商地位的组织有权参加联合国举办的相关国际会议及其筹备阶段的会议。根据联合国民间组织综合系统数据库（iCSO）的数字，到2010年9月1日，共有来自各国的3744个非营利组织取得咨商地位，美国具备咨商地位的非营利组织（其中包括大量的国际性组织）最多，达799个，这个数目几乎等于英国、法国、德国、意大利、加拿大、日本、俄罗斯和中国、巴西九个主要国家取得咨商地位的非营利组织总和（804个）。② 由此不难理解，为什么美国代表经常能够在一些重要国际会议上掌握话语权，并对会议议程和结果施加有效影响。

除了经社理事会外，美国的国际性非营利组织还与联合国系统中的计划和基金（Programs and Funds）、专门机构这两大类组织保持着各种涉及资金和人员的交互性联系，它们同下列机构的关系尤其密切：联合国难民事务高级专员公署（UNHCR）、联合国儿童基金会（UNICEF）、联合国贸易和发展会议（UNCTAD）、联合国开发计划署（UNDP）、联合国环境规划署（UNEP）、联合国人口基金（UNFPA）、联合国近东巴勒斯坦难民救济和工程处（UNRWA）、世界粮食计划署（WFP）、联合国民主基金（UNDEF）、国际粮农组织（FAO）、国际劳工组织（ILO）、国际货币基金组织（IMF）、世界银行集团、世界卫生组织（WHO）、世界知识产权组织（WIPO）、国际原子能机构（IAEA）、世界贸易组织（WTO）以及联合国气候变化框架公约（UNFCCC）。

---

① 现在联合国文件中已经把非政府组织的称谓改为"公民社会组织"（Civil Society Organization，CSO）。《联合国宪章》的标准英文版和中文版均可从联合国官方网站获得：http://www.un.org/。

② 各个主要国家取得联合国经社理事会咨商地位的非营利组织数目为：美国799个（前一年为699个），英国204个，法国147个，俄罗斯49个，中国44个，日本59个，意大利99个，加拿大122个，德国59个，巴西21个，印度156个。数据来源：联合国官方网站（英文版），available at：http://www.un.org/en/civilsociety/index.shtml，2012年8月20日。各个组织取得经社理事会咨商地位的种类和年份可见联合国文件：United Nations Social and Economic Council, *List of non-governmental organizations in consultative status with the Social and Economic Council as of 1 September 2010*, E/2010/INF/4。

仅以美国与联合国民主基金（UNDEF）的关系为例。联合国秘书长在 2005 年 7 月设立这个基金后，美国一直是它的头号捐款国，至 2013 年 2 月 15 日累计赞助达 4309.5 万美元，接近全部基金捐款额为 1.4523 亿美元的 30%。基金的管理机构是联合国秘书长任命的顾问委员会（Advisory Board），2012—2013 年度顾问委员会的 18 个席位分配给七个最大的捐款国（美国、印度、瑞典、德国、西班牙、澳大利亚和法国）、六个地理区域国家（必须是对民主有切实承诺的国家）代表、三名个人代表，以及两个公民社会组织代表。美国代表经常占据多个地位，如本届委员会三名个人代表均来自美国：担任委员会主席的是哥伦比亚大学国际事务、法律及政治学教授迈克尔·多伊尔（Michael Doyle）、"全球行动议员"组织（Parliamentarians for Globe Action，PGA）的秘书长莎齐亚·拉菲女士（Ms. Shazia Rafi）①，以及泰阿和平基金会（Taia Peace Foundation）的创始人（Mr. Jeffrey Wright）杰弗里·怀特。② 在两个公民社会组织席位中占据一席的"妇女环境与发展组织"（Women's Environment and Development Organization，WEDO）来自美国。③ 国际事务全国民主研究所（National Democratic Institute for International Affairs，NDI）、国际共和研究所（International Republican Institute，IRI）④ 和国际选举制度基金会（IFES）等美

---

① "全球行动议员"组织（Parliamentarians for Globe Action，PGA）是一个非营利性的国际组织，1978—1979 年创建于美国首都华盛顿，目前有来自约 130 个国家或地区立法机构的 1000 多名个人成员加入，总部设在纽约市。更多详情可见其官方网站：http：//www. pgaction. org/，2013 年 5 月 20 日。

② 泰阿和平基金会（Taia Peace Foundation）创建于 2007 年，是一个 501（c）（3）组织，总部位于纽约市，主要致力于非洲的农村发展事业，更多详情可见其官方网站：http：//www. taiapeace. org/，2013 年 5 月 20 日。

③ "妇女环境与发展组织"（Women's Environment and Development Organization，WEDO）正式成立于 1991 年，是一个设在纽约市的 501（c）（3）组织，主要创办者是前美国国会女众议员阿布朱格（Bella Abzug）和女权主义活动家凯尔波（Mim Kelber）。它的主要活动是在国际场合争取各国妇女的经济社会权利和对于发展和环境事务的参与，更多详情可见其官方网站：http：//www. wedo. org/，2013 年 5 月 20 日。

④ 国际事务全国民主研究所（National Democratic Institute for International Affairs，NDI）成立于 1983 年，总部设在首都华盛顿，官方网站是 http：//www. ndi. org/。国际共和研究所（International Republican Institute，IRI）成立于 1983 年，总部设在首都华盛顿，官方网站是 http：//www. iri. org/。这两个组织都属于为推进国家民主基金会（NED）的事业而几乎同时成立的四个直接得到美国政府财政支持的国际性非营利组织。

国的国际性非营利组织都接受过该基金的资助。①

四　发展与驱动力

　　总的来说，美国的国际性非营利组织是 20 世纪开始出现的事物，是美国成为世界头号工业强国后产生的一种效应，也是一个持续发展的国际现象。从 1900 年至今，这个独特的组织群体经历了三次大发展时期：第一次世界大战前后（20 世纪 10—20 年代）、第二次世界大战到冷战高峰（20 世纪 40—60 年代）、冷战末期及冷战结束以来（20 世纪 80 年代中期至今）。其中，以 1989 年柏林墙倒塌为起点的后冷战阶段是这个组织群体发展最快的时期。②

　　国际性非营利组织在后冷战时代的大发展有其独特的背景。20 世纪 80 年代以来的经济全球化、东西方对峙局面的结束、以有线电视新闻网（CNN）为标志的大众传媒革命、③ 互联网和无线通信技术应用的普及、以比尔·盖茨为代表的一批慈善资本家（philanthrocapitalist）的出现、美国公众对和平、安全、资源、环境和发展等议题关注度的上升、参与国际志愿服务和相关机构工作人数的增加、④ 国内各种非营利组织的数量 1990

---

　　①　关于联合国民主基金（UNDEF）的数据和更多详情可见其官方网站：http：//www.un.org/democracyfund/，2013 年 5 月 20 日。

　　②　根据美国都市研究所专家的研究，美国公益慈善类国际性民间组织的平均"年龄"是 12 年，中位数"年龄"是 7 年。见：Elizabeth J. Reid and Janelle A. Kerlin，"The International Charitable Nonprofit Subsector in the United States：International Understanding，International Development and Assistance，and International Affairs"，Table 2：Average and Median Age of International Organizations by Subcategory-circa 2001，The Urban Institute，Center on Nonprofits and Philanthropy，2100 M. Street N. W.，Washington D. C. 20037，FY 2003 Version，Jan. 18，2006，p. 55。

　　③　有线电视新闻网（Cable News Network，CNN）由美国人特德·特纳（Ted Turner）在 1980 年创办，是美国第一个全天 24 小时播送节目的电视台，也是美国首家专门播送新闻的电视台。

　　④　2007 年有超过 100 万美国公民赴海外担任志愿者，另有大约 34.1 万人在国内为国际援助事业服务。见：Jane Nelson and Noam Unger，"Strengthening America's Global Development Partnerships：A Policy Blueprint for Better Collaboration Between the U. S. Government，Business and Civil Society"，Brookings Institute，May 2009，p. 8。

年后的快速增长,① 以及进入 21 世纪以后联合国对公民社会作用的空前重视,② 都是重要原因。上述因素从三个方面极大地增强了美国非营利组织的国际能力,即:技术能力——计算机网络、远程信息交流和现代化的交通运输工具使非营利组织能够有选择地联系世界任何地方的人或事;组织能力——组织网络日益具备扁平化、即时性、灵活性、交互性和跨越界限(国界、业界)的特点,组织的活动深入所有领域;资源能力——巨额资金和具备国际视野与专业经验的国际化人才使非营利组织能够实现它们的使命。

如果仔细考察美国国际性非营利组织的发展过程,可以发现,除了不同历史时期的外部因素作用,如两次世界大战、全球经济危机、特大自然灾害外,有四种内部因素始终是这个组织群体生长、发展的驱动力,这就是人道精神、宗教信仰、对外联系和国家安全。无论国际风云如何变幻,这四种驱动力都始终存在。只不过在不同时代的大背景和不同外部因素的集合作用下,它们有时强烈,有时细弱;有时张扬,有时收敛;有时凸显,有时含蓄罢了。另外,对于从事不同事业的组织而言,主要的驱动力也有所不同。

---

① 美国在联邦税务局注册的非营利组织 1995 年有约 110 万个,2005 年增加到 140 万个,2009 年它的数量突破 190 万个。参见:Amy Blackwood, Kennard T. Wing and Thomas H. Pollak, "*The Nonprofit Sector in Brief, Facts and Figures from the Nonprofit Almanac 2008: Public Charities, Giving, and Volunteering*", The Urban Institute, Center on Nonprofits and Philanthropy, 2100 M. Street N. W., Washington D. C. 20037, Copyright © 2008; Table 25, Internal Revenue Service, *Data Book* 2009, Publication 55B, Washington D. C., March 2010, p. 56。另外,美国私立基金会的数量 1990 年为 32401 个,到 2007 年增加至 75187 个。见:FC Stats: The Foundation Center's Statistical Information Service, "*Number of Foundations, Assets, Total Giving, and Gifts Received, 1975 to 2007*", The Foundation Center, 2008, Copyright © 2009。

② 2003 年 2 月联合国秘书长安南任命了以巴西前总统卡多佐(Fernando Henrique Cardoso)为主席的专门小组对联合国与公民社会的关系进行调研并提出建议。2004 年 6 月联合国将该小组的报告作为联合国大会文件散发给所有会员国(United Nations, A/58/817, *We the Peoples: Civil Society, the United Nations and Global Governance*, 11 June 2004, No. 0437641)。此后,联合国采取了一系列步骤加强与各国民间组织的联系,注意发挥它们在联合国事务中的作用。另外,联合国有关部门还在美国约翰斯·霍普金斯大学公民社会研究中心主任萨拉蒙教授(Lester M. Salamon)等专家的协助下编写了《国民账户体系非营利机构手册》(2005 年由联合国经济和社会事务部统计司出版,文件编号 ST/ESA/STAT/SER. F/91),规范各成员国对非营利性民间组织数据的统计标准和准则。上述文件均可从联合国官方网站(http://www.un.org/)获得。

(一) 人道精神

概括而论，人道精神就是对生命的尊重，对人的生活质量的关心，对遭受苦难和需要帮助的人群的同情。这种人道精神体现了美国公众的良知和慷慨，孕育了许多美国的国际性非营利组织。著名人道援助组织国际救援委员会 (International Rescue Committee，IRC) 是 1933 年应科学家爱因斯坦 (Albert Einstein) 的要求成立的，其最初使命是为遭受纳粹政权迫害的德国居民 (主要是犹太人) 提供帮助，后来援助对象也包括遭受意大利和西班牙法西斯政权迫害的人们。第二次世界大战结束以后，该组织的人道援助范围逐步扩展到西欧以外的地区。[①] 始创于 1955 年的世界关怀会 (World Concern)，其成立初衷仅仅是医生威尔伯特·桑德斯 (Wilbert Saunders) 和药剂师吉姆·麦科伊 (Jim McCoy) 两人觉得把多余的药品扔到垃圾箱中是一种耻辱，[②] 而这些药品可以拯救许多不发达国家的病人的生命。[③]

旨在改善乌干达和刚果的"娃娃兵"境遇的公共慈善组织"看不见的孩子" (Invisible Children) 源于同名纪录片。这部 2003 年由三名年轻美国电影工作者在非洲拍摄的纪录片披露了乌干达反政府武装"上帝抵抗军" (也译为"圣灵军"，Lord's Resistance Army) 胁迫儿童充军上战场的行径。起初影片仅供家人和朋友观看，2004 年起公开放映后立即唤起了美国公众尤其是青少年对非洲"娃娃兵"问题的关注。许多普通人在

---

① 爱因斯坦当时是总部设在法国斯特拉斯堡的国际救援联合会 (International Relief Association，IRA) 的负责人，他要求在美国组建该联合会的美国委员会 (American Committee)，以便向被希特勒迫害的德国居民 (主要是犹太人) 提供各种援助，这个委员会的总部设在纽约，它便是今天的国际救援委员会的前身。《不列颠百科全书》对此有记载，见："International Rescue Committee (IRC)"，Encyclopedia Britannica，2010. Encyclopedia Britannica Online，available at：http：//www. britannica. com/EBchecked/topic/1323982/，2010 年 9 月 20 日。

② 时至今日，浪费药品依旧是美国最常见的浪费现象之一。美国联邦禁毒署 (Drug Enforcement Administration，DEA) 在 2010 年秋季开展的一次活动中，一天内就通过全国 4000 多个指定地点收集到了 121 吨居民不要的处方药。依照美国法律，把不需要的处方药转交其他人使用是非法的，只有官方机构才能回收这些药品。目前国会已经通过法案允许州政府和私营部门机构创办药品回收利用计划。见：Alicia A Caldwell，"121 Tons of Unused Prescription Drugs Turned In"，*The Washington Post*，Wednesday，October 6，2010，p. A17。

③ 有了这个想法后，这两位医务工作者创办了医药援助团 (Medicine for Missions)，向发展中国家提供药品，该组织于 1973 年更名为世界关怀会 (World Concern)。

观影后询问如何才能帮助这些"娃娃兵"回家和上学，于是"看不见的孩子"组织应运而生。① 在它的志愿者队伍中有一位 1985 年出生的美国青年亨（Nate "Oteka" Henn）。对非洲儿童的友爱、对美好世界的憧憬激励着他努力工作，最终却因在乌干达遭遇恐怖袭击而献出了自己的生命。就在当天，亨还通过"脸书"网站（Facebook）告诉家人，他的一生中从未有过这样快乐的时光。②

美国重要的国际人道援助组织兄弟情谊基金会（BBF）由费城的麻醉医师罗伯特·欣森（Robert Andrew Hingson）创建并长期担任领导人。欣森的想法来自现实的感受：自家的起居室里摆放着彩色电视机和各种家具，可是距离这种奢侈生活不远的地方就有境况窘迫、贫病交加的人，而且在这个世界上还有成千上万这样的人。这种感受促使他创建一个志愿性组织，使美国丰富的医疗资源与发展中国家的卫生需求对接。1981 年欣森医生退休后，他的儿子卢克·欣森（Luke Hingson）子承父业，继续领导着兄弟情谊基金会的工作。

格雷格·莫腾森（Greg Mortenson）是中亚教育学院（Central Asia Institute，CAI）的创办人之一，前任执行院长。据他自己讲述，他之所以能够投身援助巴基斯坦和阿富汗的教育事业，是一次旅行经历打动了他：为了纪念病逝的妹妹，莫腾森曾试图攀登巴基斯坦境内的世界第二高峰乔戈里峰（K2），在下撤途中偶然遇到一群用树枝在沙土上写写画画的孩子。为了实现自己帮助这些孩子入学的承诺，莫腾森从 1993 年起开始从事相关工作，后参加创办中亚教育学院。这家公共慈善机构最初的项目资金完全来自于在硅谷工作的瑞士籍工程师霍额尔尼博士（Dr. Jean Hoerni）的捐献。到 2010 年，中亚教育学院已经在巴基斯坦和阿富汗偏远山区建

---

① "看不见的孩子"组织（Invisible Children. Inc）成立于 2005 年，它是一个 501(c)(3) 组织，总部设在加利福尼亚州的圣迭戈，官方网站为 http://www.invisiblechildren.com，2013 年 5 月 20 日。

② 2010 年 7 月 11 日晚由索马里武装组织"青年党"策划的恐怖爆炸使在乌干达首都坎帕拉某橄榄球俱乐部内观看世界杯决赛的 70 多人死亡，亨和他的一些朋友也不幸当场遇难。有关亨的相关情况可见：Andy Stepanian, "Love in Action in Uganda: Remembering the Life of Nate Henn and Looking Forward", available at: http://www.huffingtonpost.com/andy - stepanian/，2013 年 5 月 20 日。

立起 145 所学校，使 6.4 万名儿童入学。① 讲述莫腾森经历的《三杯茶》一书于 2007 年出版后很快登上《纽约时报》畅销书榜首，还出了青年版和少儿版，现已在几十个国家销售了数百万册，并引起美国国防部及加拿大、挪威军方的重视。②

（二）宗教信仰

英属北美殖民地最初是由宗教难民创建的，《独立宣言》中曾四次提到上帝。时至今日，基督教和其他宗教的组织与影响在美国依旧无孔不入。一项大型的国际公众态度调查显示，美国是宗教氛围最浓厚的发达国家。③ 关于宗教对美国社会产生的作用，费孝通先生曾有过这样的论述："我并不想恭维美国人，他们也是人，生活的优裕和安全是大家一样喜欢的，但是在得到了优裕和安全的生活之后，看到别人不优裕和没有安全时，有些人是可以漠然的，有些人却会感到不舒服。在有宗教精神的社会中很容易发生第二种人。"④ 这种民情使得众多国际性非营利组织，特别

---

① 中亚教育学院（Central Asia Institute，CAI）创办于 1996 年，其使命是在巴基斯坦和阿富汗的偏远山区推行和支持以社区为基础的教育，特别是女童教育，总部设在蒙大拿州，官方网站是 http：//www.ikat.org/。该组织的联合创建者和前执行院长格雷格·莫腾森（Greg Mortenson）曾在 2009 年被《美国新闻与世界报道》评为全美最优秀的 20 名领导人之一，并获得 2009 年度诺贝尔和平奖提名。此后，关于这家机构和莫滕森本人的各种批评与指控不断，而且"慈善导航"组织（Charity Navigator）提出了相关捐赠警示（Donor Advisory），未予评级。2012 年该机构在被调查之后与蒙大拿州的首席检察官办公室签署了改进工作的备忘录，2013 年初改组了理事会，莫滕森不再担任执行院长。到目前为止，该机构依然是第 501(c)（3）条款免税组织，更多信息见（http：//www.charitynavigator.org/）网站和中亚教育学院的官方网站：https：//www.ikat.org/，2013 年 5 月 20 日。

② 莫腾森本人是《三杯茶》（*Three Cups of Tea*）一书的两位作者之一。美国参谋长联席会议主席马伦将军（Admiral Mullen）阅读此书后要求美军高级将领都能读一读它。此书已经列入挪威战争学院、美军驻阿富汗特种部队、美国海军陆战队训练基地和加拿大国防部的必读书目。莫顿森本人也曾多次在美国国防部、美国军事院校和驻阿富汗美军基地介绍阿富汗的文化与部族情况。有关《三杯茶》一书的详细情况可见该书的专门网站：http：//www.threecupsoftea.com，2013 年 5 月 20 日。

③ 根据美国皮尤研究中心（Pew Research Center）从 2001 年起在 47 个国家进行的一项公众态度的连续性调查，美国是富裕国家中最具宗教性的国家，57% 的美国人认为信教有助于培养良好的道德。见：The Pew Global Attitude Project，"*World Publics Welcome Global Trade-But Not Immigration，47 Nation Pew Global Attitude Survey*"，October 4，2007，pp.33，41。

④ 费孝通：《美国与美国人》，生活·读书·新知三联书店 1985 年版，第 114 页。

是提供人道援助和发展援助的组织能够持续地获得美国公众各种方式的支持。

　　美国不少最具实力和影响的国际性非营利组织都是教会建立的，属"基于信仰的组织"（Faith – Founded Organization），它们的各个方面都打上了深刻的宗教印记。美国最大的公益慈善类国际人道与发展援助组织"给穷人以食品"（Food For The Poor）① 系根据《圣经·新约》里《马太福音》第25：31 –46 节的精神创办，即"服务上帝的最好方式是向需要帮助的人伸出援手"。② 著名的路德世界救济会（Lutheran World Relief, LWR）宣称，其使命是把"上帝之爱"传达给所有人，与全世界路德会教友和协作伙伴一道"终结贫困、不公正和苦难"。该组织的价值观要点均取自《圣经》，由水和叶子组成的标志（logo）寓意上帝给万物以生命。③ 世界宣明会（World Vision）的缔造者鲍勃·皮尔斯博士（Dr. Bob Pierce）是虔诚的基督教福音派教徒。1947 年他作为战地记者来华，一个中国小女孩的悲惨遭遇使他萌生为孤儿提供帮助的想法，由此播下了世界宣明会的第一颗种子。"给饥饿者以食品"（Food For The Hungry）这个组织的名称本身就来自《圣经·旧约》《诗篇》第 146：7 节中赞美上帝的一句话"他为受屈的申冤，赐食物予饥饿的"（who executes justice for the oppressed；who give food to the hungry）。④ 国民经济研究局（NBER）的研究显示，2004 年全美最大的 510 家从事国际人道与发展援助的非营利组织（不包括私立基金会）中，宗教组织创办的有 171 家，占总数的 34%。

---

　　① "给穷人以食品"组织（Food For The Poor）创立于 1982 年，总部设在佛罗里达州，其人道与发展援助对象是拉丁美洲和加勒比海地区发展中国家里的最贫困人群，目前每天向约 200 万人提供食品，援助项目也涉及饮用水、儿童教育、防治艾滋病等方面。该组织的官方网站是 http：//www. foodforthepoor. org/，2013 年 5 月 21 日。

　　② 《圣经》中国基督教协会英汉双语标准版本（新标准修订版、新标点和合本），1995 年南京版。

　　③ 路德世界救济会（Lutheran World Relief, LWR）成立于 1945 年，总部设在马里兰州巴尔的摩市，最初是为救济第二次世界大战的受害者，主要是在德国和斯堪的纳维亚国家的路德教友，后来人道援助活动扩展到中东、亚洲和非洲，2012 年在 35 个国家中实施了 189 个援助项目，受益人口达到 782.7 万人。更多详情可见其官方网站：http：//www. lwr. org/，2013 年 5 月 21 日。

　　④ 《圣经》中国基督教协会英汉双语标准版本（新标准修订版、新标点和合本），1995 年南京版。"给饥饿者以食品"组织（Food For The Hungry）1971 年创办于加利福尼亚州，主要活动集中于南亚、非洲和拉丁美洲的最不发达国家，全球总部设在亚利桑那州的凤凰城，官方网站是 http：//www. fh. org/，2013 年 5 月 21 日。

而且，这些组织的平均规模和募捐能力均超过世俗性组织。①

教会创办的非营利组织的事业并不局限于人道与发展援助。例如由美国天主教主教会议（United States Conference Catholic Bishops，USCCB）和耶稣会（Society of Jesus）共同建立的政策倡导型组织"关切中心"（Center of Concern，COC），其基本使命是争取在全球实现符合天主教教义的"社会和经济事务的正义"，为此它非常积极地介入联合国等国际组织的议程。2013 年"关切中心"的活动主要围绕着全球气候变化和实现食品正义（Food Justice）展开，它在节能减排方面也带头进行了有益的实践。② 普世基督徒关怀差会（International Christian Concern，ICC）的使命是通过援助、倡导和宣传（assistance，advocacy & awareness）活动为世界各地"遭受迫害和歧视的基督徒"提供支持。目前这家非营利组织已经成为美国宗教界监督全球各国基督徒状况的一个资料与动态信息中心，它的宣传活动与美国一批国际性人权组织有着密切联系，并不时涉及美国联邦政府对待相关问题的立场与外交行动。③

（三）对外联系

1890 年以后，资本对利润的追逐、狂热的爱国主义、传教士的海外活动和国内政治对公众舆论的操纵激发了美国这个新兴帝国的扩张，美国国民开始"向外看"。④ 1900 年，美国在世界制造业中的地位从 1870 年的第四位跃升到第一位。这个事实加上对西班牙战争的胜利、外来移民浪潮、城市化、西奥多·罗斯福总统的强势外交等因素使美国与世界各地建

---

① Rachel M. McCleary and Robert J. Barro，*U. S. Based Private Voluntary Organizations：Religious and Secular PVOs Engaged in International Relief & Development*，1939 - 2004，National Bureau of Economic Research，Working Paper 12238，pp. 10 - 11，23.

② "关切中心"组织（Center Of Concern，COC）成立于 1971 年，总部设在首都华盛顿。它于 2013 年 2 月 13 日宣布该组织位于华盛顿奥蒂斯大街（Otis Street）上的办公室已经实现了百分之百的风力发电和供电。有关该组织的更多详情可见其官方网站：http：//www. coc. org/，2013 年 5 月 21 日。

③ 普世基督徒关怀差会（International Christian Concern，ICC）创建于 1995 年，总部设在首都华盛顿，其官方网站是 http：//www. persecution. org/，2013 年 5 月 21 日。

④ ［美］加里·纳什等编著：《美国人民：创建一个国家和一种社会》下卷（1865—2002），（英文第 6 版），刘德斌主译，刘德斌、任东波审校，北京大学出版社 2008 年版，第 645—648 页。

立起前所未有的联系，而国际性非营利组织自然成为这种关系的一部分，这方面的例子不胜枚举。新泽西国际协会（International Institute of New Jersey，IINJ）是美国最早专门为外国移民提供帮助的组织之一，在它成立后的 94 年中服务了成千上万的新移民，其事业还包括扶持国际难民、反对人口走私等。① 大规模的国际教育与文化交流、国际援助，以及向海外推销民主、人权事业等活动主要兴盛于第二次世界大战以后，尤其是冷战结束之后，因此，相关的非营利组织也成批涌现。比如，从 20 世纪 60 年代起，美国来自墨西哥、加勒比海地区和拉丁美洲的移民迅速增加，目前拉美裔移民已经成为美国经济、政治、社会、文化、科技诸多领域中的一个重要族群。由此导致的一个结果就是聚焦于这些国家的国际性非营利组织也越来越多。例如，还是在新泽西州，位于纽瓦克市的非营利机构拉丁学院（The Latino Institute，Inc.）的主要使命就是成为拉美移民社区与本州教育机构的桥梁。② 另一项学术研究报告提供的数据显示，从 20 世纪 80 年代末期起，美国的拉美裔非营利组织增长明显，仅在芝加哥一地，与墨西哥有关的非营利组织在 1994—1998 年就从 20 个猛增到 100 个。许多拉美裔非营利组织在成长到一定阶段之后都会开始为移民来源国提供发展援助。③

在成长为超级大国的过程中，美国的利益分布日益国际化，美国与外界的联系越来越密切，许多原本"内向型"的非营利组织也逐渐演变为国际性组织。电机及电子工程师协会（IEEE）的前身是 1884 年成立的美国电机工程师协会（American Institute of Electrical Engineers，AIEE）和 1912 年成立的无线电工程师协会（Institute of Radio Engineers，IRE），这两个组织开始都不具备国际性。第二次世界大战以后它们开始吸收外国会员，不过在 1963 年元旦两个组织合并为统一的电机及电子工程师协会时，15 万名会员中也只有 1 万名外国会员。此后，随着以计算机和互联网为

---

① 新泽西国际协会（International Institute of New Jersey，IINJ）始创于 1918 年，总部设在新泽西州的泽西城，其官方网站是 http://iinj.org/。2012 年 5 月中旬该组织由于政府削减资助而陷入困境，遂宣告停止活动。

② 拉丁学院（The Latino Institute，Inc.）是一个非营利公共慈善机构，更多详情见其官方网站：http://latinoinstitute.net/，2013 年 5 月 21 日。

③ Manuel Orozco，"Latino Hometown Associations as Agents of Development in Latin America"，June 2000，available at：http://www.thedialogue.org/PublicationFiles/，2013 年 5 月 21 日。

代表的信息技术革命的发生和各国科学技术水平的迅速提高，美国工程师与国际同行的交流日益频繁，加入该组织的国际会员也越来越多，电机及电子工程师协会终于成为名副其实的国际性组织。类似情况的还有美国特许金融分析师协会（CFA Institute）。这家组织的前身是 1947 年成立的美国金融分析师联合会（Financial Analysts Federation，FAF），1963 年联合会下属的独立机构开始举办特许金融分析师考试。20 世纪 80 年代以后，随着经济全球化进程和华尔街在国际投资银行界霸主地位的确立，由这个组织颁发的特许金融分析师证书成为国际公认的在投资银行业界任职的"通行证"。1987 年该协会在新加坡成立了北美以外的第一个分支机构，以后迅速扩展为全球性的专业投资者培训组织。今天它在 58 个国家中拥有 130 个分支机构、100 多个考试中心和 10.3 万名会员（其中 9 万多人持有该机构颁发的特许金融分析师证书）。[①]

（四）国家安全

美国的根本利益，即保障国家安全的考虑，是相当一批非营利组织得以创建和维持的原因。除了一大批老牌的和仍在不断涌现的新国家安全政策思想库外，许多组织在它们专门关注的安全领域还发挥着极为独特的作用。例如：科学与国际安全学会（Institute for Science and International Security，ISIS）的工作重点是防止核扩散，促进核活动的透明度，监督有研发核武器潜力的国家的相关技术活动，向全球公众发布它获得的信息。任何登录其网站的人都可以查看它定期发布的八个国家或地区（阿尔及利亚、印度、伊朗、伊拉克、朝鲜半岛、缅甸、南非和叙利亚）可疑核活动的卫星照片及分析报告。它的工作不仅受到国际主流媒体的关注，也获得美国能源部和国际原子能机构的肯定与资助。[②] 美国民用科技研究与发展基金会（U. S. Civilian Research & Development Foundation，CRDF）1995

---

① 美国特许金融分析师协会（CFA Institute）始创于 1947 年，1963 年以后一直称为投资管理与研究协会（Association for Investment Management and Research，AIMR），2004 年改称现名，其总部设在弗吉尼亚州，更多详情可见其官方网站：http：//www. cfainstitute. org/。另可参见伦敦《金融时报》特写：Rachel Sanderson and Gillian Tett，"Get me into Goldmans"，*The Financial Times*，August 14/August 15 2010，LIFE & ARTS，p. 15。

② 科学与国际安全学会（Institute for Science and International Security，ISIS）创建于 1993 年，总部设在首都华盛顿，详情可见其官方网站：http：//isis-online. org/，2013 年 5 月 13 日。

年由美国国会授权国家科学基金会（National Science Foundation，NSF）
创建，其"教父"是时任国会众议院科学与技术委员会主席的乔治·布
朗（George E. Brown）。① 这个组织宣称的宗旨是"通过提供资助、技术
资源和培训促进国际科学技术合作"，但真实目的是用各种手段救助和争
取苏联地区的军工科技人才，防止他们在苏联垮台后由于经费短缺、生活
无着而扩散敏感的军工技术，从而对美国构成潜在的安全威胁。2003 年
美军占领伊拉克、推翻萨达姆政权之后，这家组织对伊拉克等中东国家的
科学家也实施了类似计划。向这个组织提供资助的联邦机构包括国家航天
航空管理局（NASA）、空军科研办公室、海军研究实验室、能源部、卫
生与公众服务部、内政部和环境保护署等。② 国际稳定行动协会（Interna-
tional Stability Operations Association，ISOA）也许是最名不副实的组织：
它代表着 54 家为驻外美军提供支持的私营承包商，其中包括因为在伊拉
克滥杀平民而臭名昭著的"黑水公司"（Blackwater USA），它们的业务范
围包括基地勤务、导航、通讯、安保、排雷、医疗救助、人力资源管理、
侦察、情报搜集、卫星追踪、风险评估、法律、保险和安全培训，等
等。③ 该协会不仅直接服务于美国的国家安全事业，而且与国际组织和美

---

① 乔治·布朗（George E. Brown Jr.）是加利福尼亚州民主党资深众议员，1920 年出生，
1999 年病逝。

② 美国民用科技研究与发展基金会（U. S. Civilian Research & Development Foundation，
CRDF）成立于 1995 年，总部位于弗吉尼亚州的阿灵顿，在莫斯科、基辅、哈萨克斯坦的阿尔马
蒂（Almaty）和约旦首都安曼设有办事处。详细情况可见其官方网站：http：//www. crdf. org/，
还可参见：CRDF，1998 – 2000 Program Report 和 CRDF，Annual Report 2004，以及随后每年发布
的简报（Newsletter）和八卷在线电子刊物《锻炉》（FORGE），2013 年 5 月 21 日。

③ 国际稳定行动协会（International Stability Operations Association，ISOA）是一个第 501(c)
(6) 条款组织，即非营利商会性组织，成立于 2001 年 4 月，总部设在首都华盛顿。它的原名为
国际和平行动协会（International Peace Operations Association，IPOA），相应的官方网站是 http：//
www. ipoaworld. org/，2010 年以后更名为现名，官方网站也变更为 http：//stability – operations.
org/。"黑水公司"的名字列于这家组织《2007 年度报告》（IPOA Annual Report 2007）第 5 页
（编号为 14，加入协会的月份为 2004 年 8 月）。目前，这家组织所编辑出版的类似行业会刊性质
的出版物是双月刊《国际和平行动》（Journal of International Peace Operations），全部刊物均可以
从专门网站（http：//web. peaceops. com/about）上查询。另外，这家协会的免税组织分类标准核
心代码系统（National Taxonomy of Exempt Entities-Core Code，NTEE – CC）的分类代码是 S41，即
商务发展（Promotion of Business），由此也可以看出这种分类的缺陷。

国提供国际人道与发展援助的组织也建立起了越来越密切的联系。①

五 作用与评价

对于美国而言，它的国际性非营利组织的作用及其影响是任何人都无法忽略、任何其他组织都难以取代的。这些组织在当代世界政治中的作用可以概括为三个方面：美国公共外交的理想渠道、美国软实力的重要体现、美国国家安全战略的基础要素。

1. 美国公共外交的理想渠道

公共外交的核心功能是在职业外交机构以外广开渠道，促进民间交往与信息交流，深化相互理解，努力塑造有利于自身的国际形象。自艾森豪威尔政府开始，公共外交在美国越来越受到重视。但事实证明，由联邦机构如国务院的教育与文化事务局开展公共外交，其效果和效率均低于预期，且不同机构之间缺乏协调，相关资源与任务要求不匹配，这种状况一再受到联邦审计总署（Government Accountability Office，GAO）的批评。②对比之下，民间的非营利组织不仅享有天生的非官方性质，很少占用联邦政府的资源，而且在灵活性、专业化、敬业态度、工作效率等方面都具有明显优势。他们把美国的国旗、援助物资、课本和美国人的语言、价值观念、宗教信仰、行事风格带到世界各地乃至穷乡僻壤，③ 千方百计与当地普通民众、基层民间组织、社区领袖、小业主、部落首领、武装组织头目、知识分子、新闻媒体和各级政府官员建立合作关系。试问，有哪个美

---

① 美国的国防和安全私营承包商，即"私营国防承包商"（Private Military Contractors，PMCs）或者"私营保安公司"（Private Security Providers，PSPs）也为联合国机构和本国的人道援助与发展援助组织提供服务，而且这种服务有日益增多的趋势。参见：David Isenberg，"Amnesty International and Blackwater：Comrades in Arms？"CATO Institute，May 20，2010；HPG Policy Brief 33，Abby Stoddard，Adele Harmer and Victoria DiDomenico，"Private security contracting in humanitarian operations"，Overseas Development Institute（ODI），London，January 2009。

② United States Government Accountability Office（GAO），*U. S. PUBLIC DIPLOMACY Key Issues for Congressional Oversight*，Washington D. C. 20548，May 2009（GAO－09－679SP）.

③ "关爱非洲"组织（Africare）是深入非洲偏远贫困地区提供人道和发展援助的国际性非营利组织的典型，它提出的口号颇能打动人心："我们的工作从道路的尽头开始"（Africare's work begins where the road ends）。

国外交官或政府部门能在"交朋友"方面比他们做得更好呢？

　　正是由于上述显而易见的优势，联邦政府越来越多地通过国际性民间组织开展公共外交，这种势头在 20 世纪 80 年代后期以来，也就是后冷战时期日益增强，手法也日渐成熟。小布什政府时期，美国国务院发布了一共有 10 条内容的《非政府组织指导准则》。虽然这份文件看上去是一份适用于所有非营利组织的普遍性文件，但如果稍加细读就会发现，它的着眼点在于指导美国的国际性非营利组织如何根据《准则》同外国政府打交道。它的最后一条特别指出："若上述准则遭到违反，民主国家必须采取行动予以捍卫。"①

　　奥巴马政府对国际性非营利组织的重视程度超过前任。国务卿希拉里·克林顿多次强调，国务院要把美国对外关系的"3D"（以 D 开头的外交、发展和国防三个英文词）融为一体，依靠巧实力（smart power）来获取和维护美国的国家利益。她认为，必须加强联邦政府与美国各种民间组织，尤其是有国际性存在和国际性活动的组织的合作，构建政府、商界、非营利组织和公民个人结成的伙伴关系，这种伙伴关系产生的集合效应将远大于各自为政的力量。在这个过程中，国务院要起到"召集人"、"催化剂"与"合作者"三重作用。2009 年 4 月 22 日，国务卿希拉里·克林顿宣布，在国务卿办公室设立全球伙伴关系计划（Global Partnership Initiative），任命伊丽莎白·巴格利大使（Elizabeth F. Bagley）为负责人。②2010 年 5 月，奥巴马总统把所获得的诺贝尔和平奖的 140 万美元奖金捐给了十家非营利组织，其中有三家是分别涉及拉丁美洲、非洲和亚洲的国际性组织，即克林顿—布什海地救助基金（Clinton - Bush Haiti Fund，获得 20 万美元）、"关爱非洲"组织（Africare，获得 10 万美元）和中亚教

---

　　① Bureau of Democracy, Human Rights and Labor, U. S. Department of State, *Guiding Principles on Non - Governmental Organizations*, 2006, available at：http：//www. state. gov/j/drl/rls/shrd/2006/82643. htm，2013 年 5 月 21 日。这份文件的注释特地说明，文件中所称的非政府组织（NGOs）指独立的公共政策倡导组织、维护人权和促进民主的非营利组织、人道主义组织、私立基金会和基金、慈善信托机构、学会、协会和非营利公司，不包括政党组织。

　　② 全球伙伴关系计划（Global Partnership Initiative）自 2010 年 11 月起由国务卿办公室内该计划的特别代表克里斯·鲍尔德斯顿（Kris M. Balderston）负责。有关这个计划的各种官方文献及进展情况均可见美国国务院官方网站的全球伙伴计划部分：http：//www. state. gov/s/partnerships/，2013 年 5 月 21 日。

育学院（CAI，获得 10 万美元）。① 2010 年 9 月 21 日，美国政府正式发起旨在帮助发展中国家贫民改良炉灶的"炉灶革命"，计划在 2020 年前为 1亿贫困家庭提供清洁炉灶。参加"清洁炉灶联盟"（Global Alliance for Clean Cookstoves）的美国联邦政府机构有国务院、环境保护署、能源部、卫生与公众服务部和国际开发署，政府方面承诺出资 5082 万美元，一些发展援助组织、大企业和联合国机构也加入了这个联盟。② 这些精心策划的举措向世人传达的信息非常明确：美国政府高度重视国际性非营利组织，并把它们作为推行公共外交的理想渠道。

2. 美国软实力的重要体现

如果用当下时髦的"实力"理论分析美国，可以得出的结论是：这个国家还是唯一的超级大国。尽管经历了伊拉克战争和阿富汗战争的挫折，以及"大萧条"以来最严重的金融与经济危机打击，美国的"硬实力"仍令其他国家难以望其项背：美元依然具有不可替代的世界储备货币的功能；美国的国防开支 2014 年高达 6100 亿美元，几乎等于中国、俄罗斯、沙特阿拉伯、法国、英国、印度、德国和日本这些主要国家国防费用的总和；③ 在《福布斯》杂志 2015 年度的世界 2000 强公司名单中，总部设在美国的跨国公司就有 579 家（对比之下中国大陆和香港的公司合计上榜者有 232 家），最有价值的公司也多为美国公司。④

至于美国的"软实力"，各种论述已经非常丰富了，但国际性非营利组织这个要素往往被忽略。事实上，这类组织是美国软实力中占据比重越来越大的一个组成部分，它们在发挥情感智慧（emotional intelligence）、

---

① The White House Office of the Press Secretary, "The President Donates Nobel Prize Money to Charity", March 11, 2010, available at：http://www. whitehouse. gov/the – press – office/president – donates – nobel – prize – money – charity /，2013 年 5 月 21 日。

② 世界卫生组织认为，在发展中国家，每年简陋的炉灶产生的污染导致约 200 万人过早死亡，其中大多是农村妇女和儿童。参见《简陋炉灶每年夺 200 万人性命》，《参考消息》2010 年 9月 28 日，第 6 版。

③ Stockholm International Peace Research Institute, SIPRI Fact Sheet "Trends in World Military Expenditure, 2014", April 2015, available at: http://books. sipri. org/product_ info? c_ product_ id = 496，2015 – 08 – 01。

④ The World's Largest Companies 2015, *FORBES*, May 6, 2015, available at：http://www. forbes. com/sites/liyanchen/2015/05/06/the – worlds – largest – companies/，2015 – 08 – 15。

营造诱人前景和运用沟通技巧这三大体现软实力的最重要技能方面①都具备优势，所以对于增强美国的吸引力与亲和力、赢得民心（heats and minds）、改善美国的海外形象、维持美国对国际事务的领导地位至关重要。这方面的一个新例证是关于阿富汗少女艾莎（Bibi Aisha）命运的故事。艾莎在 16 岁时被父亲许配给一名塔利班分子，在试图逃跑时被抓回家，遭受的惩罚是被丈夫割掉了鼻子和耳朵，2010 年夏季美国《时代》周刊封面刊登的艾莎那张没有鼻子的照片震惊了全世界。后来，艾莎获得了多家在阿富汗开展活动的美国民间组织帮助，格罗斯曼烧伤治疗基金会（Grossman Burn Foundation）把艾莎接到美国，并为她成功实施了整容手术，安装了人造鼻子，恢复了艾莎美丽的容颜。② 此事受到国际媒体的广泛报道，艾莎整容后的照片也在互联网上流传，这无疑既为美国的形象加分，也从一个侧面说明了美军在阿富汗继续存在的正当性。

再以诺贝尔和平奖为例。第二次世界大战结束以来，这个享有很高国际美誉度（但也不乏争议）的奖项已经被数次颁发给美国的国际性非营利组织或与它们有关的人士。人道援助组织美国公谊服务会（American Friends Service Committee，AFSC）③ 和英国公谊服务委员会（Friends Service Council）共同分享了 1947 年的诺贝尔和平奖。1985 年的获奖者是总部设在波士顿的国际防止核战争医生组织（International Physicians for the

①　"软实力"理论缔造者约瑟夫·奈（Joseph Nye）与哈佛大学肯尼迪政府学院网站记者道格·加维尔（Doug Gavel）的问答录，见 "Joseph Nye on Smart Power"，July 3，2008，Harvard Kennedy School，available at：http：//belfercenter. ksg. harvard. edu/publication/18419/joseph_ nye_ on_ smart_ power. html，2013 年 5 月 21 日。

②　格罗斯曼烧伤治疗基金会（Grossman Burn Foundation）成立于 2007 年，总部位于加利福尼亚州洛杉矶县，其宗旨是为烧伤或由于其他原因受到严重损伤的病人提供医疗救助，在阿富汗首都喀布尔设有国际烧伤治疗中心。该基金会与小布什总统夫人劳拉·布什（Laura Bush）所创办的美国阿富汗妇女委员会（U. S. Afghan Women's Council）关系密切，其官方网站是 http：//www. grossmanburnfoundation. org/，2013 年 5 月 21 日。

③　美国公谊服务会（American Friends Service Committee，AFSC）是美国基督教贵格会（Quaker）教徒创办的国际人道援助组织，成立于 1917 年，总部设在费城。该组织在全球的工作通过各个大区（region）办公室指导和协调。目前的海外大区有：亚洲、非洲、中东、拉美及加勒比地区和欧洲。这个组织在许多发展中国家设立了办事处，在纽约和瑞士的日内瓦设有联合国事务办公室。它的官方网站为 http：//www. afsc. org/，2013 年 5 月 21 日。

Prevention of Nuclear War，IPPNW)。① 1997 年的和平奖授予了国际禁止地雷运动组织（International Campaign to Ban Landmines，ICBL)② 及其主要创建者美国人朱迪·威廉姆斯（Jody Williams)。③ 此外，还有三个年度的诺贝尔和平奖同美国的非营利组织有关：荣获 1970 年和平奖的美国农艺学家、"绿色革命之父"诺尔曼·布劳格（Norman E. Borlaug）提高小麦产量的科研成果，与洛克菲勒基金会对他的长期支持是分不开的;④ 1977年的获奖者是"大赦国际"，作为这个组织最重要的国家分部，"大赦国际"美国分部（Amnesty International USA）从来不曾忘记提及这项荣誉;⑤ 2002 年挪威诺贝尔奖委员会决定把当年的诺贝尔和平奖授予美国前总统卡特，原因之一是那时已成立 20 周年的卡特中心对促进解决国际冲突、保护人权、防治热带疾病和发展中国家的经济成长做出了贡献。⑥

---

① 国际防止核战争医生组织（International Physicians for the Prevention of Nuclear War，IP-PNW）创建于 1980 年，总部设在波士顿。它的发起者是一群反对核战争、关注世界和平的美国和苏联医生，核心人物是哈佛大学公共卫生学院的伯纳德·洛恩医生（Dr. Bernard Lown）和苏联著名心脏病学专家叶夫根尼·察佐夫医生（Dr. Yevgeny Chazov）。今天它所联系的医疗组织遍布 62 个国家，开展的活动除反对核武器外，还涉及对公众进行核战争的医学与环境后果教育、反对武装冲突和在国际关系中使用武力等。该组织的官方网站是 http：//www. ippnw. org/，2013 年 5 月 21 日。

② 国际禁止地雷运动组织（International Campaign to Ban Landmines，ICBL）创建于 1992 年，全球总部设在首都华盛顿。它最初由 6 家非营利机构联合发起，其中包括"人权观察"。目前该组织的联系网络包括 100 多个国家的上千家各类民间组织。官方网站是 http：//www. icbl. org/，2013 年 5 月 21 日。

③ 朱迪·威廉姆斯（Jody Williams）1950 年出生于美国的佛蒙特州，先后在美国、墨西哥和英国教授过英语课程，曾当过国际性非营利组织的工作人员，并出任设在洛杉矶的公益慈善机构"萨尔瓦多医疗援助组织"（Medical Aid for El Salvador）的副主任直至创建国际禁止地雷运动组织。她是诺贝尔和平奖历史上第三位获奖的美国女性，目前仍担任国际禁止地雷运动组织的大使。

④ 美国农艺学家诺尔曼·布劳格博士（Dr. Norman E. Borlaug）（1914—2009）长期从事提高小麦单产和抗病能力的科研工作，1944—1960 年作为洛克菲勒基金会科学家在墨西哥工作，1963 年位于墨西哥的国际玉米和小麦改良中心（CIMMYT）创建后，布劳格博士负责领导该机构的小麦科研团队。在西方他被称为 20 世纪的"绿色革命之父"。

⑤ 根据粗略统计，"大赦国际"美国分部（Amnesty International USA）向大赦国际组织提供的资金占其全球预算的 1/5，超过任何其他国家分部。

⑥ The Nobel Peace Prize 2002，Oslo，11 October 2002，available at：http：//www. nobelprize. org/nobel_ prizes/peace/，2013 – 05 – 21.

　　值得注意的是，在经历了几十年甚至上百年的经营后，一批美国的国际性民间组织已经在其各自事业领域和特定目标人群中形成了较好口碑和较高认知度，产生了品牌效应。这些品牌与可口可乐、麦当劳等美国消费品的品牌，波音和通用电气（GE）等美国制造业品牌，苹果、谷歌和微软等美国高科技品牌，以及好莱坞电影、美国流行音乐所代表的美国文化品牌一起构成了美国软实力的符号。根据 2009 年公布的一项权威品牌研究报告，美国公益慈善类非营利组织最有价值（brand value）的 100 个品牌（组织）约 1/3 属于国际性的组织，如"给穷人以食品"组织（Food For The Poor）、世界宣明会（World Vision）、国际救援委员会（IRC）、大自然保护协会（TNC）、特殊奥林匹克运动组织（Special Olympics），等等。① 考虑到国际性非营利组织的数量不到联邦免税组织总数 1% 的事实，应该说这些组织的影响力、感召力超出人们的想象，至少在现阶段，这种影响力是其他大国的民间组织所难以比拟的。

　　3. 美国国家安全战略的基础要素

　　21 世纪到来前夕，美国宣布其安全战略的三大核心目标是加强国家安全、促进美国经济繁荣和在海外推进民主。② 2010 年 5 月奥巴马政府公布的新国家安全战略文件，在论述美国的持久利益时，对以上三大目标进行了细化，并增加了美国领导下的国际秩序一条。③ 贯穿新世纪美国国家安全战略的一个重要理念是要开发和动员民间的资源与潜力：美利坚合众国最宝贵的资产是美国人民，在一个相互联系日益紧密的世界上，在美国政府内外工作的美国人和普通公民都能够为美国的国家安全做出贡献，因为只有他们——企业家、非政府组织人士、科学家、运动员、艺术家、军人和学生——才是最好的代表美国价值观和美国利益的大使。为了实现这一目标，联邦政府必须同私营经济部门、非政府组织、基金会和社区组织结成战略伙伴，并通过提升参与、协调、透明度和信息共享的机会为它们

---

　　① *The Cone Nonprofit Power Brand* 100 – *in collaboration with Intangible Business*, Core 855 Boylston Street, Boston, MA 02116, 2009。注：科恩公司（Cone）是美国品牌业务公司，"无形商务公司"（Intangible Business）是英国品牌业务公司，总部位于伦敦，其美国分公司设在芝加哥。

　　② The White House, *A National Security Strategy for A New Century*, Washington D.C., October 1998, Preface, p. iii.

　　③ The White House, *National Security Strategy*, Washington D.C., May 2010, p. 7.

提供支持。① 也许正是因为这项工作的繁复，加上还要应对美国面临的众多挑战，奥巴马政府才需要一个有史以来最庞大的国家安全委员会。②

实际上，正如本章列举的大量例证所说明的那样，在美国的各类公民社会组织中，真正与国家安全战略直接相关的主要还是那些国际性的非营利组织。这与它们的自身特点是分不开的：这些组织的机构使命、协作网络、技术手段、专业经验、工作语言、团队人员甚至领导班子都具有国际性。虽然每个国际性组织的具体事业和组织目标不一定与美国政府一致，有时甚至还有所冲突（如许多组织谴责美国政府的反恐策略和伊拉克战争），但总体来说，这个组织群体的存在、壮大和良好运行非常有助于美国国家安全战略的贯彻实施。

国际性非营利组织与美国情报部门的关系一直是个不断引发争议的敏感话题，这种关系也给某些组织的海外行动带来麻烦甚至危险。抛开冷战时期的许多幕后故事不谈，③ 在后冷战时期，1994—1996 年发生的中非大湖地区危机（Great Lakes crisis）④ 是一个转折点，从此双方的关系日益密切，对于这一点，美国情报界人士并不讳言。⑤ 在阿富汗和伊拉克战场，在救助 2004 年印度洋大海啸灾民和 2010 年巴基斯坦洪水灾民的过程中，国际性非营利组织以前所未有的规模配合了美国军方和情报部门的工作，包括分享情报。利昂·帕内塔（Leon E. Panetta）在担任中央情报局局长期间对一家美国的国际性非营利组织⑥发表演说时坦言，伊拉克战争的教

---

① The White House, *National Security Strategy*, Washington D. C., May 2010, pp. 5 – 12; 14 – 17.

② 奥巴马政府的国家安全委员会工作人员超过 200 人，这个规模是尼克松政府、卡特政府和老布什（George H. W. Bush）政府时期的 4 倍，几乎是肯尼迪政府时期的 10 倍。见：Zbigniew Brzezinski, "From Hope to Audacity", *Foreign Affairs*, January / February 2010, p. 17。

③ 有关这方面内容的图书资料和公开信息源很多。在中文文献中，一部重要译著是：［英］弗朗西斯·斯托纳·桑德斯：《文化冷战与中央情报局》，曹大鹏译，国际文化出版公司 2002 年版。

④ 大湖地区危机（Great Lakes crisis）指由发生在卢旺达的种族大屠杀引发的非洲大湖地区难民潮和其后的武装冲突。

⑤ Ellen B. Laipson, "Can the USG and NGOs Do More? Information – Sharing in Conflict Zones", available at：https：//www.cia.gov/library/center – for – the – study – of – intelligence/csi – publications/, 2010 – 08 – 17.

⑥ 太平洋国际政策委员会（Pacific Council on International Policy）成立于 1995 年，总部设在洛杉矶，它的官方网站是 http：//www.pacificcouncil.org/。

训是只靠军队无法赢得战争，要赢得战争还必须满足当地人民的需求，提供就业、教育、基础设施、水和卫生设备等，而这些工作要依靠美国国务院和民间组织。如果想在阿富汗和巴基斯坦取胜，美国必须吸取这个教训。① 可以预计，今后美国的国际性非营利组织与美国情报部门的合作不仅将持续下去，而且会进一步发展。这种合作伙伴关系是 21 世纪美国国家安全战略的题中应有之义，若情况不是这样反倒有悖常理。

本 章 总 结

本章的论述与分析提供了关于美国的国际性非营利组织（U. S. Based International Nonprofits）这样一个特殊的公民社会组织群体的基本图景，从中可以得出如下六点结论：

1. 美国的国际性非营利组织是美国非营利部门的一个重要分支（subsector）。其中绝大多数是符合《国内税收法典》第 501（c）（3）条款的公共慈善（publich charity）组织，此外还包括许多具有重大国际影响的私立基金会及其他类别的联邦免税组织，但是传统上的北美工会组织不在其列。

2. 根据美国官方统计数字、专门数据库检索结果和相关研究成果估算，美国的国际性非营利组织的总数至少为 1.4 万家。这个数目虽未及全部联邦免税组织总数的 1%，但这类组织占据了美国最大公共慈善组织排行榜 1/3 的席位，且拥有约 1/3 的知名非营利组织品牌，它们的规模、机构综合能力和国际影响力令大批普通的"国内型"非营利组织望尘莫及。

3. 不同国际性非营利组织之间的最大区别在于它们的宗旨、主要资源投入方向和主要"提供品"的不同。全部国际性非营利组织可以粗略划分为四大组别，它们分别提供人道援助、发展援助、文化教育、经济贸易和专业性交流领域的服务，输出涉及人权、制度转型、国际理解与交流、环境保护和宗教传播的"理念"，产生有关外交、国防、安全和世界

---

① Leon E. Panetta, "Director's Remarks at the Pacific Council on International Policy", May 18, 2009, available at: https://www.cia.gov/news – information/speeches – testimony/directors – remarks – at – pacific – council.html, 2013 – 05 – 21.

事务的"主意"，以及提供用于资助各种国际性项目的资金。绝大多数国际性组织所提供的都是各种服务。

4. 国际性非营利组织与美国各种国内外机构和本国公众保持着密切关系。与公众和国内各种机构的关系是这些组织得以生存、发展和成功举办各类事业的基础。从一定意义上说，国际性非营利组织在它们所关心议题上的主张和行动也是美国国内民意（或者部分民意）的表现。它们与国际组织特别是联合国系统的关系反映了美国在国际民间社会中的超强地位。

5. 国际性非营利组织群体的形成与美国的崛起几乎是同步的，它的发展与兴盛既是美国公众"向外看"和美国利益全球化的直接后果，也是迎接新挑战、维护美国全球霸权的需要。美国的国际性非营利组织发展最快的时期是 20 世纪 80 年代中后期以来的约 1/4 世纪，人道精神、宗教信仰、对外联系和国家安全是它们发展的四大基本动因。

6. 国际性非营利组织是美国开展公共外交最为理想的渠道，是美国国家形象的民间大使。同时，它们也是美国软实力日益重要的组成部分，构成了实现 21 世纪美国国家安全战略的基础要素。对于这个组织群体的特殊能量和潜力，奥巴马政府给予了特别重视，这也意味着美国的国际性非营利组织今后将获得更有力的政府支持、更广阔的活动空间和更大的国际影响力。

第十一章

院外游说集团与美国对中国台湾关系

一 非营利组织与政治游说——概念厘清

美国对外政策的制定是一个极为复杂的过程，是各种因素、多个部门与多方利益相互作用与较量的产物。随着国际形势的变化，特别是冷战后美国外交政策目标的相对一致性逐渐弱化，多元化特征得到进一步加强，外交问题的内化现象日益凸显，与总统分享外交权的国会得以在对外决策领域重拾昔日影响，发挥着日益重要的作用。在其熟悉的政策领域，比如中国台湾问题上，国会甚至在一定时期内成为阻碍美国政府制定合理对中国台湾政策的消极因素。它在为美台关系"护航"的同时，也成为中美增进互信、稳步推进双边关系的"麻烦制造者"。造成这种现象的原因相当复杂，若单从国会动机看，它们集中体现为议员个人的观点与倾向、美国国内政治中的党派因素、意识形态、公众舆论及涉台院外游说组织的压力等。可以说，如何处理美国与中国及中国台湾的关系问题已不再是行政部门的管辖范围，而是国会和那些有影响力的利益集团和游说组织的领地了。①

研究美国的学者很容易注意到，与其他社会相比，美国本身就是各种利益集团组成的社会。2014 年的统计显示，美国至少有正式登记、享受联邦免税待遇的非营利组织 172.33 万个，其中多数（111.79 万）属于从事教育、文化、科学、卫生、公民服务、扶贫、国际援助等事业的公益慈

---

① Ramon H. Myers, Michel C. Oksenberg, and David Shanbaugh, eds., *Making China Policy: Lessons from the Bush and Clinton Administrations*, Lanham: Rowman & Littlefield Publishers, Inc., 2001, p. 113.

善性质的机构。① 除此之外，还存在大量的非正式民间社团。这些非营利组织影响着美国政治、经济、社会和文化的方方面面。它们在一些领域和问题上还成为政府职能的有益补充。但值得注意的是，当某些民间组织发展成为"一个持有共同态度"的集团并向"社会其他集团提出要求"时，它已不再是普通的公民利益团体，而是利益集团，或称压力集团或院外集团。"如果它通过向政府的任何机构提出其要求，它就变成一个政治性利益集团。"② 它的旨在影响决策者的行为即为游说。美国的开国元勋、最早提出集团与美国政治有联系的詹姆斯·麦迪逊（James Madison）认为，利益集团的产生是人类本性使然。不同利益集团在影响政府决策过程中的相互对立与较量，力量的此消彼长，将有助于决策的民主化，防止少数利益集团取得控制地位，使大众福祉受到损害。利益集团实现上述功能最有效的途径便是通过影响立法，使最终通过的法律符合自身所代表的利益诉求。因此，院外游说活动从一开始便与美国利益集团政治密不可分。

19 世纪初，纽约州的奥尔巴尼有一些代理人等候在州立法机构外的走廊上紧盯议员，希望通过与议员谈话，表达自己对某提案的看法与意见，这是美国最早的院外活动。③ 1808 年第 10 届国会年刊中最早正式使用"游说"一词。④ "游说"是指试图影响政府官员（通常多指立法者或规则委员会成员）决定的活动。1995 年的《游说公开法案》（*Lobbying Disclosure Act of 1995*，Public Law 104 - 65）将"院外活动"定义为"为达成此种联系（contacts）而采用的游说联系方法或努力。此种联系包括任何旨在用于接触或与他人协调所需游说活动而进行的准备和计划活动、研究和其他幕后工作等"。"游说联系"则指"代表其客户与该法律所涵盖的行政部门官员或立法部门官员就下述问题所进行的任何口头或笔头交流（也包括电子联系方式）"。这些问题包括有关联邦立法（包括立法提案）的制定、修改和采用；联邦规定、法规、行政命令，或者其他任何美国政府的计划、政策或立场；某项联邦计划或政策的管理或实施（包

---

① 　U. S. Internal Revenue Service，*Data Book* 2014，（Publication 55B），Washington D. C.，March 2015，p. 58.

② 　David B. Truman，*The Governmental Process：Political Interests and Public Opinion*，New York：Knopf，1951，p. 235.

③ 　［美］希尔斯曼：《美国是如何治理的》，曹大鹏译，商务印书馆1986年版，第304页。

④ 　与非：《美国国会》，中国民主法制出版社2001年版，第178页。

括协商、奖励，或管理某联邦合同、资助、贷款、许可或执照等）；以及提名或确认须经参议院同意的某职位的人选。该法律同时排除了 18 种不属游说联系范畴的交流方式。① 简言之，院外活动是将上述团体的利益直接传达给决策，特别是法案制定过程的活动。

在美国，最初意义上的游说的主要对象就是国会。院外活动通常也是针对国会而言，1946 年国会通过的《联邦游说管制法》（*Federal Regulation of Lobbying Act of 1946*）即是有力的佐证。但值得注意的是，随着时间的推移，院外游说的对象范围逐渐延展到总统、司法部门、行政部门乃至选民。

美国院外游说活动的主体众多，可以是职业游说家、公关公司、律师事务所、私营部门的个人、大公司，也可以是立法者的同事或朋友、政府官员，或者是利益集团（或者某些被称为政策鼓吹型的团体）。从广义上讲，从事政策分析与研究的思想库和研究机构也会发挥政治游说功能。另外，越来越多的非营利组织通过志愿活动或者划出其日常业务中的一小部分来进行游说活动。这些纷繁复杂的主体由于就某一特定议题有共同利益诉求而形成了形形色色的院外游说组织或集团。

对于非营利组织来说，特别是那些享有美国联邦税务局免税待遇的组织（Exempt Organization），联邦法律对它们是否能参与游说活动均有明确规定。此外，国会批准实施的游说登记法也要求从事游说活动的组织定期到参众两院的秘书处进行登记。然而，很多主要业务活动并非游说的非营利组织，通过影响舆论、召开研讨会结识立法者，或为前者提供经过它筛选的资讯等方式，事实上在某些议题上主导或参与着形式多样的直接游说或间接游说活动，对决策产生了一定的影响。出现本不从事游说的非营利组织发挥政治游说功能这一现象，一方面是由于国会进行游说立法的初衷并非要杜绝或限制游说，而是更多地侧重于规范游说活动的手段，增加透明度和公开度。因此，法律本身就存在着这样或那样的漏洞或灰色地带。比如，法律只要求那些将游说作为主要活动目的的组织进行登记，这样多年来实际上华盛顿不少最有实力的游说组织从来不进行登记。例如，全国

---

① 有关院外活动和游说的具体规定，请参见 "Lobbying Disclosure Act"，Office of the Clerk，U. S. House of Representatives，available at：http：//lobbyingdisclosure. house. gov/lda. html，2015 年 8 月 6 日最后访问。

制造商协会（National Association of Manufacturers，NAM）长达 29 年不在国会登记，直到 1975 年才被确立为游说组织。又如除了堪萨斯、密苏里、新罕布什尔州外，其他州的相关立法都允许一些特殊人员免于登记，如专业证人、公共官员、宗教组织、专业法案起草人、那些花费不超过 200 美元及那些不领薪酬的人员都不在登记之列。①

另一方面，非营利组织大多开宗明义地宣称其职能主要是教育公众和传播某种理念和价值观念，表明无任何政治倾向，不承认上述活动属于游说。特别是一些享有免税地位的非营利组织采用志愿活动不支付报酬的方法，事实上进行着变相的游说活动，但从法律角度上看，这类活动不属于游说范畴。另外，联邦税务局也无权禁止免税组织经由成立以游说为主要目的的附属性组织（如本组织名下的政治行动委员会）来规避法律限制从而实现其游说功能的做法，如传统基金会就成立了"传统基金会美国行动组织"（Heritage Action）这样的附属游说机构。加之美国的非营利组织数量庞大，不少组织松散的小型团体并未正式登记或未符合登记的要求，人们也就无从得知其游说活动了。

值得关注的是，近些年来一些新兴的利益集团积累与处理信息并将这些信息传达给国会议员的能力日益提高，甚至挑战了行政部门的对外决策。它们强有力的游说活动的主要目标并非促成新的立法，而是更多集中在说服国会转而支持另一种对外政策选项或对某项对外政策进行修正。②

因此，本文侧重于论述亲台院外游说组织对美国国会对中国台湾政策的游说及其影响。此处的院外游说组织特指那些从事游说或发挥了政治游说功能的美国非营利组织。笔者重点选取在不同历史时期曾发挥或正发挥一定影响的亲台院外游说组织为主要研究对象，包括院外援华集团、台湾籍美国人在美非营利组织和政策鼓吹型思想库等。当然，在美国对中国台湾军售政策方面，军工联合体是一支无法回避的重要的院外游说力量，但它的主体多以大型跨国公司为代表，文中不加论述。本文将首先探讨亲台院外游说组织的成因，进而列举美国主要亲台院外游说组织的基本情况及其对美国对中国台湾关系的影响，最后对其影响进行评价。

---

① *The Book of the State*：*1979 – 1980*，Lesington，Kentucky：Council of State Governments，1979，pp. 76 – 77，转引自孙哲等《美国国会研究 II》（孙哲主编），复旦大学出版社 2003 年版，第 329 页。

② R. Myers，M. Oksenberg and D. Shambaugh，op. cit.，p. 5.

二　亲台院外游说组织的成因

在美国政府对台政策决策过程中存在一个普遍现象：除总统和行政部门外，国会的影响力举足轻重。回顾历史，从 20 世纪 40 年代起，国会便支持国民党政权向美国争取经济、军事和外交援助。新中国成立后，国会又成为反对承认中华人民共和国、反对恢复中华人民共和国的联合国合法席位、主张继续保持美国与"台湾当局"的关系的中坚力量。20 世纪 60 年代中期，参议院外交关系委员会积极提升对华遏制战略的灵活性，推动相关部门展开对华政策大辩论。70 年代，国会多方施压促成了《与台湾关系法》的出台，为日后中美两国关系的跌宕起伏埋下了隐患。在卡特和里根政府时期，国会又展开了是否应通过限制对台军售来改善中美关系的大辩论。在老布什特别是克林顿政府时期，国会在包括中国台湾问题在内的对华政策中的话语权与日俱增。1994 年，国会通过了《与台湾关系法》修正案（1994 年）。1995 年，国会又全票通过李登辉访美议案并迫使克林顿政府为其发放签证。李登辉访美成为台海危机、中美两国关系出现严重倒退的直接导火索。2000 年，国会还上演了《台湾安全加强法案》的立法"闹剧"（该法案在众议院获得通过，但未提交参议院表决）。小布什政府时期，由于新保守主义的影响，国会的反华亲台倾向日增，遏制中国、提升美台关系的声音不绝于耳。奥巴马政府时期，国会继续在对台军售等议题上制造麻烦。事实上，国会有效地协助历届政府与台湾当局维持了密切的"非官方"关系，并对美国给予台湾当局的安全承诺进行了再保证。国会也日渐成为美国国内反华亲台势力的权力重镇，成为中美关系健康发展的麻烦制造者。

除了自身因素，美国国会在中国台湾问题上的积极态度与各色亲台院外游说组织的长期游说息息相关。一方面，国民党政府和后来的台湾当局通过雇用公关公司和代理人，自 20 世纪 40 年代起便将国会作为其游说的重点，此举在 20 世纪八九十年代一度达到顶峰；另一方面，台湾当局与在美非营利组织相互配合，特别是充分发挥美籍台湾人组织草根游说作用及主流智库对政治精英与公众的影响力，形成合力，弥补"外国政府"在美国游说所受到的法律与制度上的限制，从而实现它影响美国对中国台湾政策的目标。相比其他院外组织，亲台院外游说组织的发展既有共性的一面，又有特殊性的一面。

（一）从共性上看，外部因素和美国政治体制、社会文化特点是亲台院外游说组织形成与发展的基础

1. 冷战后国际形势与战略格局的变化打破了美国对外政策的一致性，决策过程的多元化为院外游说活动提供了有利条件

第二次世界大战之后，美国国内舆论普遍认为，共产主义国家对西方民主自由世界构成了巨大威胁，这为形成以反共为主要目标的外交政策奠定了舆论基础。此时，对华政策具有相对稳定性。亲台院外游说活动的空间不大。然而，冷战的结束打破了这种一致性，非传统安全问题相较传统安全问题的重要性日增。全球相互依赖性的增加模糊了国内事务与国际事务的界限。美国外交决策逐渐从精英决策向决策的多元主义转变。其特点是外交决策主体增多，总统无法独揽大权，国会、行政部门和相关机构的作用得以彰显。随着对外政策不稳定性与不一致性的增加，院外游说组织参与并影响外交决策的渠道增多了，它们获益的概率也相应地提高了。冷战后，利益集团与院外游说组织的蓬勃发展便得益于此。

2. 美国宪法及其规定的政治制度是院外游说组织兴盛的保障

第一，美国宪法为院外活动提供了法理基础。宪法第一修正案明文规定，国会不得"剥夺人民和平集会和向政府诉冤请愿的权利"。[①] 这有效地保证了普通人或非营利组织对国会申冤请愿、表达自己意愿的权利。在一定程度上，游说成为人们发泄不满情绪、抗议政府有关决策、反映特定群体的特殊利益诉求、参与影响政府决策的一种合法渠道。也正因为这种"申冤请愿"活动在多数情况下被上升到具有宪法依据的高度，尽管院外活动不时被贴上金钱政治和贿赂的负面标签，但始终没有遭到民众的强烈反对，也没有被美国政府禁止。

第二，分权制衡的政治体制为院外活动提供了制度空间。美国政府内部权力组织原则是权力分立和制约平衡。在对外政策方面，根据美国宪法第二款第二条、第三条规定，总统与国会分享制定外交政策的权力。这种

---

① 有关美国联邦宪法及其修正案的原文，可见美国国家档案馆（The U. S. National Archives and Records Administration）网站的权威文本：http://www.archives.gov/exhibits/charters/bill_of_rights_transcript.html，2015 年 8 月 6 日最后访问。

在外交决策上的分权制衡体制不仅为国会和行政部门采取行动提供了相当大的灵活性，也为那些试图影响政府决策的利益集团和个人开展游说活动提供了广阔的舞台。换言之，政府体制的分散性和政府各个分支之间的相互掣肘为院外活动提供了制度空间。

第三，国会自身地位及其体制结构特点促使院外游说活动不断增多。

（1）国会的重要地位及它的权力复兴。美国总统伍德罗·威尔逊（Thomas Woodrow Wilson）认为："在这个体制中，支配和控制的力量，一切主动和正常权力的中心和源泉都是国会。"[1] 在对外政策领域，国会则与总统分享决策权。在不同时期，国会与总统在对外决策权上的力量对比经历了复杂的此消彼长的过程。20世纪五六十年代，总统在外交决策上独揽大权，权力达到顶峰，国会鲜有反对之声。20世纪七八十年代，国会重拾了一些对外决策权，并成为"外交决策中一个独立、积极和有影响力的机构"。后冷战时期，外交政策逐渐成为国会与总统间极其复杂的相互作用的产物。国会在美国政治体制中的重要地位使其在一开始便成为游说活动的首要目标。

（2）国会体制结构特点为游说提供了广阔空间。首先，国会最大的特点是权力高度分散。每个议员相对独立，党派意识薄弱，无人能左右或命令他们。对议员来说，选区选民利益是其关注的重要问题，这关乎其政治生涯能否延续。因此，他们考虑的重点是如何在选区选民各种复杂利益诉求与他们作为联邦议员所需关注的国家利益这两个问题之间运筹帷幄。此外，议员又具有易接近、活动透明度高、人数多的特点。其次，国会的内部组织结构高度分散。参众两院遍布大小各种专业委员会、小组委员会、次级问政团体，以及在此基础上形成的针对特定议题的利益多元化的网络（或称联线）。而法案的审议工作主要是分散在上述这些功能各异的委员会中。再次，国会的议事程序与规则为游说组织的活动提供了便利。一是委员会虽然林林总总，但就某一议题而言，专司的委员会又相对集中。重要委员会的立场不仅十分重要，而且其态度对全院的表决结果影响很大。在每届国会提出的议案中，有80%—90%的议案在委员会审议阶段就被搁置或驳回。而委员会大比例票数通过的议案在全院大会表决中往

---

① ［美］伍德罗·威尔逊：《国会政体》，熊西龄、吕德本译，商务印书馆1986年版，第11页。

往会获得通过。二是一个议案最终能否成为法律，往往要经历多个环节和漫长的讨价还价过程。这种多环节与长时间酝酿的议事特点为游说提供了切入点与时间。

（3）国会决策专业化程度加深、信息需求量大。议员时间有限，处理的事务庞杂。在决策专业化日深的背景下，如何及时了解议题并做出判断，对议员特别是新当选议员构成了挑战。加之国会各委员会每年要举办大量听证会，提取相关专业人士意见，为批准议案提供佐证。因此，游说组织与国会的关系可谓"团体组织需要国会，国会也需要这些组织"。[1]

（4）国会内的党派政治也为游说提供了契机。国会是共和党和民主党竞争的主要舞台之一。无论是共和党还是民主党都希望通过利用手中掌握的权力来充分表达自己的政策主张，在立法程序的每一步上都支持本党政策。一般来说，多数党多占据有利地位，因为它可以通过制定议事规则和任命重要专业委员会主席等方式左右议题的审议过程，从而使议题讨论朝着更有利于本党政策利益的方向发展，同时设法阻挠少数党的政治要求。党派斗争反映在具体议案审议上则是漫长的讨价还价与相互制约过程。游说组织可以利用党派之间的矛盾，争取与自己利益相一致的党派的议员。

3. 美国社会文化的多元化与推崇的实用主义哲学为游说提供了文化基础与源源不断的动力

美国是移民国家，多民族、多语言和多文化构成了美国社会的文化特征。由于没有任何一个单一的移民群体有足够的力量来完全同化或杜绝另一个移民群体的文化特征，因此美国政治体制的设计者从一开始便接受了这一多元文化的事实，采取了"权力下放"的原则，以适应多元文化群体多种多样的政治要求，给予它们表达自己利益与观点的较广阔的空间，从而降低各种不同政治意见引发矛盾与冲突的可能性及负面影响。可以说，尊重文化的多元性是美国人在长期历史实践中积累出来的经验。面对不同文化对同一议题可能表现出的不同政治观点，政府的职责只能是进行有规范地"疏导"，这也是美国游说方面的立法侧重于规范游说行为而非抑制游说行为本身的根源。

---

① 诺曼·奥恩斯坦、雪利·埃尔德：《利益集团、院外活动和政策制定》，潘同文等译，世界知识出版社1981年版，第224页。

文化多元化及与之相适应的政治体制的构建，也反映出美国人对实用主义哲学的推崇。法国著名思想家托克维尔认为，美国人有一个大家共同确定的哲学方法，就是笛卡尔"与人生有用"的"实用哲学"。他认为是"美国的社会情况自然而然地使他们的思想接受了他的名言"。① 它构成了美国精神的"主体建筑"，而"美国的政治传统就是建筑在实用主义的意识形态上的"。② 实用主义的哲学态度也造就了美国人对个体理性和自由的尊重。某个个体绝不敢否定另一个个体观点存在的合理性，也不强求观点一致。它允许公开辩论，同时绝不允许剥夺他人发表意见的权利。这种鼓励不同声音存在的价值评判标准、对不同观点的赞赏与推崇，为游说活动提供了源源不断的动力。③

另外，在多元社会结构下，由于矛盾无处不在，在实用主义哲学指导下，美国人也养成了通过谈判达成妥协来解决问题的习惯，并应用到社会生活的方方面面。例如，费城制宪会议达成的"伟大妥协"即是典范之一。正如阿利森（Graham Allison）所说，美国决策过程本身就是一种讨价还价的过程。④ 这种谈判、妥协的处事方式使整个美国社会更容易理解游说的重要性并对游说活动给予肯定和接纳，因为"谈判"在给一个利益集团以机会的同时，也同样给另一个持不同观点的利益集团以机会；"妥协"则使双方的利益在最终的立法中都有可能有所体现。这成为游说政治动力的源泉。

（二）从特殊性上看，美国对中国台湾政策的两面性、意识形态和国会内部亲台势力的存在，都在不同程度上促进了亲台院外游说组织的兴起与演变

第一，美国对华政策的规则、协定和制度建设本来就存在着自相矛盾和不统一之处。具体到对中国台湾政策亦是如此。首先，1972 年、1979 年和 1982 年中美签署的三个联合公报虽奠定了中美两国关系的基础，但国会又于 1979 年批准了《与台湾关系法》。后者以国内法的形式制衡了

---

① 托克维尔：《论美国的民主》，董果良译，商务印书馆 1988 年版，第 518、519 页。

② 詹姆斯·伯恩斯等：《民治政府》，陆震纶等译，中国社会科学出版社 1996 年版，第 247 页。

③ 赵可金：《营造未来：美国国会游说的制度解读》，复旦大学出版社 2005 年版，第 143 页。

④ 周琪主编：《美国对外决策过程》，中国社会科学出版社 2011 年版，第 7 页。

前者界定的美国对中国台湾政策的指导原则。国会通过该法使美国与中国台湾的非官方关系"官方化"了，这成为诱发中美关系在中国台湾问题上矛盾与冲突的直接根源。因此，美国政府在中国台湾问题上长期执行刻意的"模糊政策"（直到小布什政府时期才逐渐转变为"清晰战略"），表现出明显的两面性。一方面美国支持并奉行"一个中国"政策，不支持中国台湾"独立"；另一方面，它又依据《与台湾关系法》对中国台湾安全做出承诺，并不断强调台湾问题要"和平解决"。这种政策上的不一致与自相矛盾纵容了岛内的台"独"倾向，将中国台湾变成了一颗"定时炸弹"。然而，这种政策的不一致性与多变性恰恰是亲台院外游说的动因。

第二，意识形态因素助力亲台院外游说组织。美国政治精英乃至普通民众中的一部分人长期坚持美国价值观的中心主义，并认为美国有责任与义务帮助弱小的民主国家反抗专制主义国家。此外，自 20 世纪 80 年代起，中国台湾岛内也悄然发生了变化。中国台湾的经济日渐繁荣，实力得到了增强。20 世纪 90 年代中期后，政治局势又发生了重大变化，中国台湾变得"民主了"。中国台湾不仅修改了"宪法"，还在 1996 年 3 月举行了首次"总统"选举。这些变化深得美国各阶层人士的认可，部分政界人士更将中国台湾视为美国在全球推广"民主"的成功范例，对台湾当局的支持与同情度大幅攀升。与此同时，美国国内保守主义思潮日盛，到小布什政府时期达到了高峰。美国要竭尽所能支持"民主盟友"中国台湾的声音此起彼伏，这为亲台院外游说活动提供了沃土。

第三，国会一直是公开宣布支持中国台湾的最有影响力和权力的机关，为亲台游说活动积累了一定的人脉基础。首先，在不同历史时期，国会内部出现了这样或那样的亲台联盟和团体。20 世纪 40 年代有以周以德（Walter Judd）为代表的坚定支持或对国民党政权持同情态度的中国帮（China Block）。20 世纪 90 年代后，以参议员杰西·赫尔姆斯（Jessie Helms）、弗兰克·穆考斯基（Frank Murkowski）等为首的身居要职的新一代台湾帮议员频频在中国台湾问题上发难。2002 年 4 月 9 日，众议院"台湾联线"（Congressional Taiwan Caucus）又宣布成立，其成员有 100 多名，不仅跨越了党派界限（共和、民主党议员几乎各半），而且很多人来自众议院国际关系委员会及其下设的亚太小组。2003 年 9 月，参议院也成立了"参议院台湾联线"（Senate Taiwan Caucus），成员达 17 人，约占其总人数的 1/5。此前，美国国内出现了一个所谓的"蓝军"，其核心成员主要来自国会两党的保守议员、国会委员会助理、某些议员的私人立法助理，当然还包括右翼思想库研究人员、共和党的政治策划者、保守派记者、为中国台湾工作的说客、前情报机构的工作人员等。其次，国会中的保守势力是"台湾地位未定论"的始作俑者和积极支持者。虽然他们不支持"台湾独立"，但他们更强调"两岸问题的最后解决必须经由中国台湾人民同意"。最后，与对中国大陆的了解相比，国会议员对中国台湾的了解相对多一些，这主要是中国台湾当局多年来进行的游说活动的结果。台湾当局通过各种"半官方化"或民间文化交流机构邀请议员访问中国台湾，大大强化了议员对台湾的好感。这些美国政治精英接受了中国台湾灌输的信息后，还在美国国内传播这些信息，起到了比台湾当局直接游说更快、更高效的作用。他们与亲台游说组织遥相呼应，积极推动有利于台湾当局的议案的提出与批准，成为美国对中国台湾决策过程中的不可忽视的消极因素。

第四，决策层对形势的误判因素为游说提供了可乘之机。中美关系的发展有一个重要特点，即政府的更替往往会给两国关系带来负面影响，特别是在最敏感、最重要的台湾问题上。新任总统为了兑现选战时有关对中国台湾政策的承诺，或是由于总统本人对中国台湾问题知之甚少，误判现象时有发生，导致美国政府出台了不少既不符合自身利益，又影响两岸和平稳定的政策。但是，随着时间的推移及不良后果的日益显露，新政府又会重新回到对中国台湾政策的基本框架内。例如，在游说组织的推动下，借由国会的施压，李登辉得以成功访美。美国总统及行政部门之所以未重视中国政府的多次警告，其根源是他们未能正确判断该事件所代表的政治意义及其对台海局势的危害程度。该事件最终导致了台海危机的爆发，也使中美关系降至建交以来的冰点。

三 美国主要亲台院外游说组织及其对美国对中国台湾政策制定的影响

在影响美国对中国台湾关系的政策制定过程中，一直存在着涉台利益团体的相互博弈。这既包括态度明确的亲台反华组织，又有支持与中国大陆保持接触政策的对华友好团体，也有根据不同议题表达不同政治倾向的态度较为中立的组织。这些组织不仅人员构成复杂，关注的侧重点也不尽相同。下面将对其中较典型的亲台院外游说组织，包括院外援华集团、台湾人公共事务协会，以及带有政策鼓吹型特点的传统基金会进行介绍。

（一）院外援华集团对美国对中国台湾政策的影响——以百万人委员会为例

院外援华集团（China Lobby）又称"援蒋集团"，是指 1949 年中华人民共和国成立之前蒋介石领导的国民党政权及后来台湾当局在美国的支持者，其中包括个人和非营利团体。新中国成立后，经过重新整合，它们又以"院外援台集团"的新面貌示人，继续发挥着它们对政策的影响力。本节将重点讨论院外援华集团的形成、它们的活动及其对美国对蒋介石政府及后来的中国台湾当局的政策的影响。

院外援华集团源自抗战时期，其初衷是帮助蒋介石政府获得美国的援助。1941 年，美国将"租借法"扩大到中国后，宋子文以在美创办的中国国防物资供应公司为桥梁，吸纳了一批曾在政府任职过的政界人士和社会名流，组成了院外援华集团，早期成员包括空军军官陈纳德、罗斯福总统的公共关系问题助理艾尔索普（Joseph Alsop）等人。该集团在其后的几年中与白宫、国会和新闻界均建立了较为牢固的联系渠道。1948—1949 年，美国政府内部弃蒋声浪不断，宋美龄亲赴美国对亲蒋集团进行大力整顿改组。扩大规模后的院外援华集团建立了由国民党在美官员、美国代理人和代理人机构、在美民间团体和报纸杂志等组成的多维度、多层面网络。

院外援华集团成员主要包括两大类：一类是核心层，主要是那些与蒋政权有着千丝万缕利益关系的个人和团体。首先是从事对华贸易与投资的工商业者。代表人物是纺织品进出口商艾尔弗雷德·科尔伯格（Alfred Kohlberg），他从 1916 年起便在中国广东、福建沿海城镇做手绢等纺织品加工生意。其次是曾在中国或东亚任职的官员和将领。代表人物为陈纳德，他经营的航空公司与国民党上层勾结，通过军火和商业走私活动牟取暴利。第二类则是一群不断变化的成员，出于意识形态原因或者同情而为蒋政权摇旗呐喊。他们包括教会势力或传教士后人，如天主教国际和平协会、美国天主教国外传教会等；右翼政客、媒体右翼势力，如罗斯福总统的特别助理霍普金斯（Harry Lloyd Hopkins）和报业巨头卢斯（Henry Robinson Luce）等；还有不少国会议员。

随着游说活动的深入，集团的部分成员还发起组建了多个民间组织。1946年，科尔伯格（Alfred Kohlberg）和卢斯夫人成立了美国对华政策协会（The American – China Policy Association）。该协会明确支持蒋介石政权打内战，反共意识强烈。它对杜鲁门政府对华政策的抨击无论在规模上还是在频率上都超过了当时其他同类组织。1949年，中国应急委员会（China Emergency Committee），后更名为援助反共中国以保卫美国委员会（Committee to Defend America by Aiding Anti – Communist China）成立。其目的在于确保当时的国民党当局获得美国的财政援助并阻止美国政府承认中华人民共和国。特别是1953年成立的百万人委员会，以阻挠新中国加入联合国为己任，在日后的20年间发挥了较大影响力。

1953年10月，援华集团发动美国民众举行了一场全国性的请愿运动。人们通过各种方式向总统请愿，包括向总统提交由两党重要议员联名签署的请愿书，要求美国政府不要承认中华人民共和国。在此期间，一部分人宣布由请愿者发起的反对共产主义中国进入联合国的"为一百万人委员会"成立，后改名为"百万人委员会"（The Committee of One Million）。20世纪50年代初到60年代中期，它致力于推动承认蒋介石政权为中国唯一合法政府，反对承认新中国，反对中华人民共和国以任何形式加入联合国。为实现这一宗旨，它的游说活动遍布政府、国会和社会各阶层，成为对中美、美台关系具有相当大影响力的非营利团体，是援华集团的主力。

1953年12月30日，"百万人委员会"的领导机构"指导委员会"（the Steering Committee）在华盛顿正式成立。该组织的发起人包括政商名流，如前总统胡佛、前驻日大使约瑟夫·格鲁（Joseph C. Grew）、科尔伯格、台湾当局在美代理人古德温（William J. Goodwin）等。美国驻联合国大使沃伦·奥斯汀（Warren Austin）任名誉主席。马文·利伯曼（Marvin Liebman）在1953年至1969年间担任该委员会秘书长，实际管理和左右着委员会的行动。该委员会成员虽不多，但主要来自国会。历任委员中较著名的有参议员威廉·诺兰（William Knowland）、亚历山大·史密斯

（Alexander Smith）、爱德华·马丁（Edward Martin）等；众议员周以德、克莱门特·扎布罗基（Clement J. Zablocki）等。当然，成员中还不乏像马歇尔将军、魏德迈将军、陈纳德将军等各界知名人士。① 1952 年 2 月 23 日，参议员弗兰德斯（Ralph Flanders）作为该委员会的发起者之一成为"第一位在参议院中直接劝说其他同事加入委员会的参议员"。他自己曾在《国会记录》中写道："我建议内华达州参议员及其他每一个有着相同想法的参议员加入'百万人委员会'。"据统计，第 84 届国会中有 77 名议员成为"百万人委员会"的委员② "百万人委员会"对美国对台政策的影响主要通过以下途径实现。

　　第一，委员会通过自己的国会议员成员积极在国会传播反共亲台主张，提出反华议案。20 世纪 50 年代，国会内部基本形成了支持中国台湾国民党当局的一致观点。1954 年美台签订《共同防御条约》的背后也有该委员会在推波助澜。

　　第二，通过发动全国性的请愿活动，对美国行政当局施压，达到限制其对外政策选择度的目的。1953 年"百万人委员会"发动了"请求总统反对联合国接受中华人民共和国"的全民签名活动，共有 10 万人签名。这对艾森豪威尔政府的决策产生了不小影响。他本人曾表示："我在这种形势下只有彻底地、坚定不移地反对联合国接受红色中国。"③ "百万人委员会"的主要领导者马文·利伯曼（Marvin Liebman）还曾直接致信艾森豪威尔总统，反对美国与中华人民共和国进行贸易接触，随信还附有 176 名著名商界人士的联署声明。这种方式在肯尼迪政府时期达到了顶峰。1961 年 9 月第 16 届联合国大会于纽约开幕。为反对中国加入联合国，"百万人委员会"于 21 日组织了一场 3000 多人的集会。《纽约时报》第二天在第二版对此进行了全面报道。同时，它还将收集到的有 75000 人签名的一份请愿书递交给美国驻联合国大使史蒂文森。请愿书强烈要求美国不要承认中国的红色政权，不能让中华人民共和国加入联合国。1965 年 8 月，委员会还成功取得了两院 312 名议员签名的请愿书，反对行政当局采

---

① Stanley D. Bachrack：*The Committee of One Million*，New York：Columbia University，1976，p. 58.

② *Congressional Quartely*，IX，956，转引自耿学鹏《新、老"院外援华集团"之比较研究》，硕士学位论文，北京外交学院，2005 年，第 15 页。

③ Stanley D. Bachrack, op. cit.，p. 76.

取任何改变对华政策的做法。

第三，"百万人委员会"及其他援华组织利用自己所赞助的媒体或与它们观点一致的媒体美化中国台湾的国民党当局，为后者在美国树立值得同情与支援的形象。这类媒体包括《中国月刊》《生活》《读者文摘》《新领导者》和《美国人日报》等。最值得注意的是，《纽约时报》在这期间也转变口径采纳了援华集团的主要观点，曾多次报道"百万人委员会"的活动。

第四，"百万人委员会"还资助有关人士撰写论文论著、拍摄电影、散发传单，夸大共产主义在全球蔓延的威胁，影响公众舆论。[①]

20 世纪 60 年代中后期，"百万人委员会"逐渐走向衰落。最重要的表现是该组织中不少成员的对华态度发生了转变。其主要赞助人共和党参议员贾维茨（Jacob Javits）于 1965 年在答记者问时公开表示应设法打开中美之间的大门。1966 年 12 月，他又宣布正式退出"百万人委员会"。此举引发了连锁反应，许多议员会员也开始着手同"百万人委员会"脱离关系。[②] 1972 年，随着中美关系开始解冻，"百万人委员会"也更名为"为了自由中国委员会"。整个 20 世纪 70 年代，这个委员会一直在美国的基层为中国台湾游说。有研究表明它定期为新当选的参议员和众议院举办研讨会，介绍美国在中国台湾利益、台美经济、军事、文化等方面的联系，而且还试图影响一些大学学报的主编，但是其影响力已今非昔比。[③]到 20 世纪 70 年代末时，随着委员会核心人物的相继离世，它几乎名存实亡了。

总之，院外援华集团在 20 世纪 40 年代至 60 年代鼎盛一时。在冷战思维下，它更成为渲染共产主义威胁、阻碍中美两国恢复正常外交关系、扶植"退守台湾"的国民党政权的中坚力量。中美建交后，其游说和影

---

① 有关"百万人委员会"的游说活动，主要参见 Stanley D. Bachrack：*The Committee of One Million*，New York：Columbia University，1976；Ross Y. Koen，*The China Lobby in American Politics*，New York：Octagon Books，1974；林泓：《院外"援华集团"与蒋介石政权》，载《三明学院学报》2007 年第 24 卷第 1 期；翟强：《院外援华集团和杜鲁门对华政策（1947—1949 年）》，载《世界历史》1986 年第 2 期；赵洪磊：《利益集团与美国对华政策——以肯尼迪政府时期的"百万人委员会"活动为个案分析》，载《井冈山师范学院学报》（哲学社会科学版），2004 年第 25 卷增刊；吴金平：《院外援华集团与中美关系》，载《东南亚研究》2003 年第 4 期。

② 资中筠：《资中筠集》，中国社会科学出版社 2002 年版，第 55—56 页。

③ 郝雨凡：《美国对华政策内幕（1949—1998）》，台海出版社 1998 年版，第 143 页。

响力有所减弱，但一直延续到 20 世纪 70 年代。其后，它重新组合演变为
今天的院外援台集团。

（二）院外援台集团的活动及其对美国对中国台湾政策的影响——以中国台湾人公共事务协会为例

20 世纪八九十年代，为适应国际形势和岛内政经情况的新变化，中
国台湾当局采用"金钱外交""实务外交"等新手段，整合原有资源，重
塑了由国会亲台议员、在美代理人及其机构、同情中国台湾当局的社会各
界人士，以及美籍台湾人组织为主要成员的"院外援台集团（Taiwan
Lobby）"。该集团仍侧重在国会游说，旨在通过国会立法，以附加修正
案、决议案、提案等多种手段，使美国对中国台湾政策朝着有利于中国台
湾当局的方向发展。

院外援台集团中的美籍台湾人非营利组织因其草根游说作用而备受关
注。这些组织的主要优势是既代表了部分选民利益，与国会议员的政治生
涯联系在一起，又克服了"外国人"在人际交往与沟通中的语言障碍，
谙熟当地政经民情。其"民间外交"和草根游说功能成为中国台湾当局
游说活动的"有益补充"。本节将以多年来活跃于美国国会的中国台湾人
公共事务协会（Formosan Association for Public Affairs）为例，在回顾其发
展历程的基础上，分析其游说的特点及影响。

目前在美国的台湾同胞约有 86.5 万人。他们拥有较雄厚的经济和政
治资源，为维护自己的权益，组建了形形色色的美籍台湾人非营利组织。
这些组织主要包括台湾人公共事务协会（Formosan Association for Public
Affairs）、台湾"国际"关系中心（Center for Taiwan International Rela-
tions）、"台湾独立建国联盟"美国本部（World United Formosans for Inde-
pendence，WUFI）、民进党海外党部、全美台湾人权协会（Formosan As-
sociation for Human Rights，FAHR）、台湾"国际"联盟（Taiwan Interna-
tional Alliance）、台湾籍美国公民联合会（Taiwan American Citizens
League，TACL）、全美台湾同乡联谊会（Taiwan Benevolent Association of
America，TBAA）、北美台湾人教授协会（North America Taiwanese Profes-
sors' Association）、北美台湾人医师协会（North American Taiwanese Medi-
cal Association）、北美台湾人工程师协会（North American Taiwanese Engi-
neers Association）、世界台湾商会联合总会（World Federation of Taiwanese

Chambers of Commerce）等。① 这些组织除争取会员在美国的特定权益外，大多积极推动台湾"自决权"，主张扩展台湾的国际空间。台湾人公共事务协会是在海外华人圈中具有较大影响力的组织，它更因为与台湾当局特别是民进党的渊源及在美国国会游说中的活跃表现，成为美籍台湾人组织院外游说的领头羊。

台湾人公共事务协会亦称福摩萨公共事务协会。1982 年 2 月 13—14 日，20 多名反对台湾国民党执政当局的台籍旅美人士在洛杉矶举行会议。在此次会议期间，老牌"台独"分子蔡同荣建议加大台湾"民间外交"的力度，台湾人公共事务协会应运而生，创会会长就是蔡同荣。该会初期宗旨是"配合岛内民主力量，促进台湾的自由和民主；宣扬台湾人民追求民主、自由的决心，造成有利于台湾住民自决和自立的国际环境；维护及增进海外台湾人社会权益"②。1993 年又增加了维护中国台湾和平与安全的内容。目前，台湾人公共事务协会对外宣称它是一家"全球性的非营利组织"，旨在推动台湾住民的"自决权"，并使中国台湾成为国际社会平等和完全的一员。它的宗旨进一步扩大为：①促进国际社会支持台湾人建立独立、民主国家和中国台湾加入国际社会的权利；②推动台湾与美国的关系及台美合作；③保障台湾人的"自决权"；④促进台湾的和平与安全；⑤在全球范围内提高台湾社区的权利与利益。③ 台湾人公共事务协会在建会之初便确立了教育美国政府与民众，尤其是与国会建立密切关系的工作重点。该会为此向包括国会议员在内的美国政策制定者、媒体、学者和公众定期提供与中国台湾问题有关的信息，努力明确表达台湾民众的

---

① 文中所列组织，参见袁征《利益集团政治与美国对华政策》，载《当代亚太》2000 年第 6 期，以及 Him Mark Lai（麦礼谦），*Becoming Chinese American：A History of Communities and Institutions*，Walnut Creek：AltaMira，2004，p. 246。上述非营利组织的详细情况可参见它们各自的官方网站：台湾"国际"关系中心（http：//www. taiwandocuments. org/links. htm）、"台湾独立建国联盟"美国本部（www. wufi. org. tw/en）、全美台湾人权协会（www. fahrusa. org）、台湾籍美国公民联合会（http：//tacl. org/）、全美台湾同乡联谊会（http：//www. tbaa. us/）、北美台湾人教授协会（http：//www. natpa. org/）、北美台湾人医师协会（http：//natma. taiwaneseamerican. org/）、北美台湾人工程师协会（http：//www. natea. org/）、世界台湾商会联合总会（www. wtccjc. org/）等。

② 陈荣儒：《台湾人公共事务协会与国会外交》，前卫出版社 2004 年版，第 5 页。

③ 参见台湾人公共事务协会网站 http：//fapa. org/new/index. php？option = com _ content&view = article&id = 19&Itemid = 27，2015 年 8 月 6 日最后访问。

观点。该会主要在美国国内活动，其活动的实质是通过为海外台湾人提供服务来宣扬"台独"思想，发展"台独"势力。

台湾人公共事务协会总部位于华盛顿，办公地点毗邻国会。会员多为已加入美国国籍的台籍教授、医生、企业家、公司职员和社会运动家。机构设会长、副会长、名誉会长、特别助理各一人。总部专职工作人员仅六名。历任会长多是"台独"积极分子，并与民进党保持着密切联系。①　现任会长为高龙荣（Mark L. Kao）。会长之下设执行委员会、政策委员会、研究及计划委员会、秘书处；副会长之下设财务委员会、会务委员会、青少年委员会、训练委员会、出版委员会、办公室等机构。台湾人公共事务协会的组织结构完备，较有特点。一是建立了多层次的网络。除在全美各地的 55 个分会、2000 多名会员外，在加拿大、欧洲和中国台湾也设立了分会。二是特设青年会，联络第二代美籍台湾人，旨在宣传其理念，培养新生代，保障该会可持续发展。三是按不同时期的工作重心设立不同的工作小组（如驻美使节游说小组、国会工作特别小组、台湾人公共事务协会基金募款小组和台湾加入联合国小组），集中资源，开展更有针对性的游说活动。

台湾人公共事务协会对外一直坚称自己是一个教育性非营利组织，但其历届领导人都将其会员定位为"台湾人"在美草根外交的主力军，强调草根外交的重要性。多年来，随着中美关系与岛内局势的演变，台湾人公共事务协会关注的主要议题也从建会伊始的台湾岛内民主改革、推动"台湾前途决议案"，发展到美籍台湾人护照出生地问题，再发展到推动台湾加入联合国、增设中国最惠国待遇附加条件及美国对台军售等。它近期游说的重点集中在美国对台军售、寻求美国对台湾加入世界卫生组织的支持，以及敦促美国在"台湾大选"中保持中立等议题。

建会 30 多年间，国会一直是台湾人公共事务协会游说的首要目标。通过借鉴与学习美国犹太人公共事务协会对国会游说的成功经验，它形成了一整套较成熟的游说理念，主要包括会员定期培训和多层次的游说策略，从而向国会开展了有针对性的持续游说活动。

---

①　参见中国台湾网 http：//www. chinataiwan. org/wxzl/stcs/mc/200201/t20020117_ 57001. htm，2015 年 8 月 6 日最后访问。

　　第一，台湾人公共事务协会游说活动的基础是会员。自成立之日起，它便非常重视会员的招募及培训工作。台湾人公共事务协会有意识地吸纳定居美国的精英人士入会。这些人往往拥有良好的教育背景与职业，在本社区享有一定的声望，这为他们与美国政商乃至社会各界名流联系与交往奠定了良好的基础。它还通过青年会培养新生代，为自身的发展储备人才。总会每年都要召开委员年会，这是它与各分会加强联络与交换意见的重要渠道。大会还共同协商制定台湾人公共事务协会全年的工作重点，明确游说任务，通过协调一致的行动来提高游说效果。

　　游说是一项专业性较强的活动。根据"草根外交组训纲要"，该会从1993 年起开始有计划有步骤地对会员进行游说和外交技能的培训，包括定期召开政治培训班或青少年人才训练班。这些培训会除向成员介绍台湾岛内发展情况、外交工作要素等，还经常邀请国会议员助理和工作人员为成员讲解国会运作特点、如何与议员接触、如何向议员递交请愿书等具体行动方面的技能。它还定期出版并更新《台湾人公共事务协会手册》、《台湾人公共事务协会游说大全》（*FAPA's Lobby Kit*）等书籍，指导会员如何在短期内掌握对本区议员进行游说的方法和技巧。[①] 它还定期汇编《教育手册》《优先议员》名单，其主要内容多为台湾人公共事务协会对某些中国台湾议题的观点和立场、外交工作启蒙和国会内那些特别关注人权和中国台湾问题的议员名单及其所在选区的地址与联络方式等。此外，台湾人公共事务协会还通过青年会等渠道，招募第二代美籍台湾人申报其实习岗位。符合条件的年轻人可在总会相关部门从事涉台问题资料收集、提案草拟等工作，以及跟随资深会员亲身参与游说议员的活动。他们成为台湾人公共事务协会持续开展游说活动的优质资源。

　　第二，有了掌握一定游说技巧的会员，面对形形色色的国会议员、错综复杂的涉台议题，还需要建立一套行之有效的游说策略。台湾人公共事务协会采用了现代利益集团从事游说活动的主要方法和手段，结合涉台游说的特性，形成了包括直接游说、间接游说和竞选捐款为主要方式的多维度游说体系。

　　1. 多角度的直接游说

　　（1）台湾人公共事务协会的主要领导人每年花费大量时间直接拜访

---

① 陈荣儒：《台湾人公共事务协会与国会外交》，第 364—365 页。

参众两院议员，增进与议员的感情联系，宣传台湾人公共事务协会的政策主张，以期对议员的观点产生影响。台湾人公共事务协会对于该拜访哪些对象大多是经过深思熟虑的。它努力要建立并维持较畅通的沟通渠道的主要对象包括参众两院的外交关系委员会和国际关系委员会的主席、两院下设的专业小组主席、亲台议员、保守派议员等。经过多年经营，台湾人公共事务协会与参议员佩尔（Claiborne Pell）、参议员利伯曼（Joseph Lieberman）、前司法部长拉姆齐·克拉克（Ramsey Clark）、前驻中国大使李洁明（James Lilly）及历届国会中的亲台议员联盟的主要负责人，如台湾民主委员会、台湾联线的主要负责人，均保持了长期的友谊与密切联系。台湾人公共事务协会一般会请这些人在涉台议案的提出阶段、议程设置、批准通过及法案执行等方面助它一臂之力。上述议员则会为台湾人公共事务协会出谋划策、指点迷津，为其指出获得某议案批准的技术突破口。

（2）台湾议题资讯的提供者。国会议案的多样性、专业性与复杂度对议员掌握资讯的能力提出了很高的要求。议员因此会以问题形成相对较为固定的信息来源，这成为台湾人公共事务协会施加影响的一个重要切入点。例如，在推动取消台湾黑名单的游说活动中，台湾人公共事务协会领导人就亲自向有关议员递交了包括背景情况、名单所列人士详情和中国台湾有关规定在内的详细资料。最终它成功地通过由美国政府向台湾当局施压的方式，使台湾当局取消了所谓"列管名单"的规定。

（3）台湾人公共事务协会定期举办或参加各类社交活动。它定期举办国会午餐会，也参加议员选举募款会；邀请地位显赫的议员进行演讲，并向后者支付高额的演讲费或稿酬；为议员及其助手安排免费参访中国台湾的活动。它还协助中国台湾岛内政要与美国政要进行沟通与交流；以民间邀请的方式积极安排民进党党员访问国会。通过这些活动，台湾人公共事务协会一方面增进了与资深议员的情谊，结识了新议员，另一方面也协助岛内政治力量与美国政客建立了联系。

（4）利用参加各类会议，如研讨会、听证会等，宣传自己的政治主张。台湾人公共事务协会成员多次出席有关台湾加入世界卫生组织、台湾入联、美国对台军售等议题的听证会，发表有利于台湾当局的证词。在听证会作证成为该会影响美国对台政策的重要途径。

（5）为议员举办竞选募款会，支持议员选举。国会议员相当重视选民利益。他们为选民奔走努力的根本原因是为了连选连任，累积政治资本，不断攀登权力的阶梯。为使自己在国会继续得到支持，台湾人公共事务协会多次为亲台议员助选。该会为感谢参议院外委会主席、参议员佩尔提出"台湾民主决议案"，曾在芝加哥为佩尔举办了竞选连任的募餐会，并成立了"佩尔竞选参议员委员会"（Pell for Senate Committee）。300 多名美籍台湾人进行了捐款。而佩尔连选成功后，便在次年年初提出了"台湾民主法案"作为回报。①

（6）直接参与并推动美国国会成立对中国台湾友好团体。2002 年 4 月 10 日是《与台湾关系法》通过 23 周年的"纪念日"，在台湾人公共事务协会创会会长蔡同荣与中国台湾"外交部"的主导下，众议院成立了台湾联线。在台湾联线的成立大会上，发起人众议员罗伯特·克斯勒（Robert Wexler）就直言不讳地表示"台湾驻美经济文化处"及台湾人公共事务协会对该联线的筹备和成立发挥了重大影响。事实上，联线的成立仪式及后续的一系列庆祝活动都是由台湾人公共事务协会一手策划与组织的。时任会长吴明基曾公开表示："台湾人公共事务协会全美各地的成员在最后一刻仍在游说本地议员加入'联线'……可以看出草根游说的力量与成效。"②

2. 多样化的间接游说

（1）推动会员发挥选民作用，直接打电话、致函或登门拜访所在选区议员，提出抗议或自己的政策主张。一般的做法是二至五名台湾人公共事务协会会员会组建一个工作小组，推举一名有经验的会员担任"草根大使"，由他出面拜会选区议员或其助理，特别是外交事务的助理，请求后者在国会中支持或提出符合台湾人公共事务协会利益诉求的涉台问题议案。事后，分会工作小组向总会报告活动情况，总会也将此活动登记造册，及时追踪结果。若是该议案在国会获得通过，台湾人公共事务协会还会发动会员邮寄感谢信给有关议员，并在议员选举中给有关议员以支持。例如 2011 年，台湾人公共事务协会在其网站的"新闻简报"栏目中就多次登载数位议员致奥巴马的信函原文，信函建议奥巴马在"台湾大选"

①　杜晔雯：《论台湾人公共事务协会影响美国对台决策的历史、特点及限度》，硕士学位论文，复旦大学，2009 年，第 20 页。

②　孙哲等：《美国国会与台湾问题》（孙哲主编），第 144 页。

时保持中立，并抗议政府延缓向中国台湾出售 F－16 战斗机。台湾人公共事务协会为此向这些写信的议员致谢。

（2）台湾人公共事务协会经常联合广大分会会员，利用各种现代通讯方式，集体向国会议员表达支持中国台湾的诉求，形成合力，如"签名运动""写信运动"等。在发起此类运动前，它会就特定议题拟好请愿书模本，上传至网站显著位置。各地会员只需下载后署名，再利用网站上提供的议员联系地址，便可轻松完成一次电子或邮寄方式的请愿活动。这种方式不仅提高了草根游说的效率，而且大大降低了成本。目前，这种"抱团活动"已成为台湾人公共事务协会与国会保持沟通、表达诉求的主要方式之一。

（3）针对诸如拓展台湾"国际"空间、台湾"自决"和"主权"等重要议题，台湾人公共事务协会也与其他美籍台湾人组织相互联合，形成联盟，举行大规模的示威、游行和抗议活动。此举旨在扩大影响、博取民众同情，从而对国会和行政部门产生压力，使美国对台政策朝着有利于中国台湾当局的方向调整。1993 年 9 月，台湾人公共事务协会纽约分会的联合国行动小组举行支持台湾加入联合国的长跑示威活动，共有 200 多人参加。11 月，又有 400 余美籍台湾人在西雅图市中心亚太经合组织会议代表驻地举行示威活动，希望引起国际社会的注意，他们宣扬"台湾是一个主权独立的国家"，台湾应该在亚太经合组织和联合国中享有完全且平等的代表权。1995 年，台湾人公共事务协会参加了以纽约为总部的台湾主权联盟召集的"保卫台湾主权"大游行，另有美国和加拿大的 29 个团体和组织参与此次活动。在 2013 年 4 月中国领导人习近平访美期间，它又发动其会员多次在白宫前举行抗议示威活动。[1]

（4）台湾人公共事务协会总会还出版了包括《台湾人公共事务协会的立场》《被出卖的台湾》《联合国手册》《国会手册》《护照出生地修正案始末》等在内的多部著作及宣传册，并将这些宣传册赠送给议员、官员和会员。此外，该会主要负责人多次在美国主流报刊，如《华盛顿邮报》《纽约时报》《基督教科学箴言报》等，刊登整版广告，或者撰写评论文章，抑或接受采访，来阐述自己的立场与观点。台湾人公共事务协会通过开展和参与形式多样的活动传播、推广自己的政治主张，不仅扩大

---

① 陈荣儒：《台湾人公共事务协会与国会外交》，第 164、178、283 页。

了其立场与观点的受众人数，而且达到了影响议员决策、教育普通民众、引导舆论的目的。

20 世纪 90 年代初，通过国会施压促使国务院修改美籍台湾人护照出生地的活动，是台湾人公共事务协会对国会游说的"成功"案例。

1991 年 9 月 30 日，副会长陈荣儒率先就如何促使国务院修改美籍台湾人护照出生地问题拜会前司法部部长克拉克（Ramsey Clark），咨询有效处理该问题的方式与渠道。台湾人公共事务协会的主张是，如国务院对此置之不理的话，它将不惜通过法律途径解决这个问题。克拉克表示，如果通过法律途径，则意味着要求美国政府改变现行的对台政策。这种方式不但程序复杂，而且成功率低。他建议台湾人公共事务协会努力寻求国会议员的协助。1992 年 5 月 6 日，台湾人公共事务协会致函美国在台协会理事主席白乐奇（Natale Bellocchi），请他协助解决旅美台湾人美国护照的出生地问题。与此同时，它发动所有会员及中国台湾同乡积极给国会议员写信，表达美籍台湾人的不满及他们将护照出生地修改为"台湾"的迫切愿望，正式启动了所谓美籍台湾人护照出生地的修改运动。1992 年 6 月 4 日、8 月 12 日和 11 月 5 日，经台湾人公共事务协会多次敦促，国会众议院亚太小组主席众议员索拉兹（Stephen Solazi）、众议员赫特尔（Dennis M. Hertel）、参议员佩尔（Claiborne Pell）分别致函国务院，要求准许美籍台湾人在其护照出生地一栏注明"台湾"而非"中国"。期间，台湾人公共事务协会主要领导人及会员代表还多次与包括布什总统特别助理及亚洲事务资深主任包道格（Doug Paal）、国会议员及其助理在内的有关人员进行会谈，并递交了有关该问题的修正草案。

1993 年，该议题成为台湾人公共事务协会工作的重点之一。在采纳了众议院国际关系委员会国际运作小组（International Operations Subcommittee）主席伯曼（Howard Berman）的首席顾问潘迪亚（Amit Pandya）建议的基础上，经过台湾人公共事务协会的多番游说，美籍台湾人护照出生地问题终以附加修正案的形式获得了突破。首先，1993 年 7 月 15 日，参议院外交委员会在主席裴尔的主导下，通过了一项修正案。该修正案要求国务卿在台湾出生的美国公民的"出生登记"或"国籍证明"上，准予使用"台湾"为出生地。[1] 其后，1994 年 1 月 27 日，参议院批准了包

---

[1]   陈荣儒：《台湾人公共事务协会与国会外交》，第 153、356 页。

括美籍台湾人出生地修正案在内的国务院授权法。该修正案明确指出，美籍台湾人护照的出生地应由"中国"改为"台湾"。为获得众议院的支持，台湾人公共事务协会主要领导人多次致函并走访参众两院领袖，还向众议院国际关系委员会特别顾问卜睿哲（Richard Bush）了解众议院审议情况。在得知国际关系委员会主席李·汉密尔顿（Lee Hamilton）是影响该修正案能否通过的关键人物之后，台湾人公共事务协会便发动全体会员，尽量发挥草根外交力量，"倾力向汉弥尔顿众议员游说"，促请他支持美籍台湾人护照出生地修正案。① 众议院亚太小组主席加里·阿克曼（Gary Ackerman）、罗伯特·托里西里（Robert Torricelli）等人也成为台湾人公共事务协会为争取众议院支持而进行游说的主要对象。4 月 19 日，美国参众两院联席会议投票通过了包含该修正案在内的国务院授权法案（State Department Authorization Bill），并于 4 月 23 日获克林顿总统签署生效。台湾人公共事务协会的游说取得了阶段性的成功。

然而，5 月 16 日国务院发表声明，指出该法案中多项条款，包括旅美台湾人护照出生地改注等文字不具约束力。台湾人公共事务协会在获悉此事后立即提出抗议，并在 7 月与众议院国际运作小组主席伯曼的助理多次研讨，准备卷土重来，将这一修正案重新附加于《国务院技术修正案》（State Department Technical Amendment）中。9 月 20 日，众议员伯曼与奥林匹娅·斯诺（Olympia Snowe）正式向众议院提出有关美籍台湾人护照出生地修正案的文字修正，并将其附于《国务院技术修正案》，列为众议院第 5034 号（H. R. 5034）议案。此案于 9 月 19 日在众议院获得通过，而后经过讨价还价，终于在 10 月 7 日获得参议院的批准。克林顿总统又于 10 月 25 日签署包含台裔美国人护照出生地修正的《国务院技术修正案》，使护照案正式成为美国联邦法律（U. S. Public Law 103 - 415）。依据该法律，国务院受理了对护照出生地提出更改要求的美籍台湾人的请求，将他们的出生地"中国"改为"台湾"。中国政府对此提出抗议，并要求驻美各地领事部门对持注有"台湾"字样出生地的美籍人士的签证申请予以拒签。

美籍台湾人护照出生地修正案获批成功，是台湾人公共事务协会长期致力于国会游说的结果。其实质是台湾人公共事务协会试图通过国会对行

---

① 陈荣儒：《台湾人公共事务协会与国会外交》，第 187 页。

政部门施压，企图制造事实上的"一中一台"，促使美国政府改变"一个中国"的立场，实现其"台独"的政治主张。正如曾任台湾人公共事务协会会长的陈荣儒所指出的："其象征意义在于美国对台湾的独立地位给予实质上的默认。国务院现在不得不改变美国的对台政策了。这个修正案的通过是立法机构对台湾独立，以及对台美人地位的一种几近完美的结果。"①

（三）美国政策倡导型智库对美国对中国台湾政策的影响——以传统基金会为例

美国现有的智库（也称为思想库）超过 1800 家，它们一般都将自己界定为独立的、无党派的、非政府的从事公共政策研究或起教育作用的非营利机构。② 若把这些思想库按职能性质来划分，主要包括三类，即学术型、政府合同型和政策倡导型。③ 第三类政策倡导型智库以传统基金会、企业研究所等为代表，引入了市场营销的理念，将经费较大比例用于推销其政策主张、对政府决策施加影响。此举被很多思想库竞相模仿，成为借以提高自身影响力的重要手段。向决策者提供及时的政策建议也成为许多新的甚至是传统意义上的学术型思想库的首要目标。本文以传统基金会为例，分析它作为一家政策倡导型思想库对美国政府对台政策的影响及其途径。

传统基金会成立于 1973 年，是保守色彩浓厚、积极致力于政策游说的思想库，也是亲台华盛顿院外活动集团。④ 它致力于"在自由企业、有限政府、个人自由和美国传统价值观和强大国防等原则基础上制定并推动保守主义的公共政策"。⑤ 现任会长是埃德温·福尔纳（Edwin J. Feulner）。2010 年，它的运营经费达 7100 多万美元，其中捐款占 80%。虽然

---

① 陈荣儒：《台湾人公共事务协会与国会外交》，第 223 页。

② 根据宾夕法尼亚大学"智库与公民社会项目"（Think Tanks and Civil Societies Program）2015 年 3 月公布的专题报告中的数字，2014 年美国有智库 1830 家。见：James G. McGann, 2014 *Global Go to Think Tank Index Report*, THINK TANKS AND CIVIL SOCIETIES PROGRAM © 2014, TTCSP All rights reserved, March 1, 2015。

③ 中国现代国际关系研究院：《美国思想库及其对华倾向》，时事出版社 2003 年版，第 12 页。

④ 中国现代国际关系研究院：《美国思想库及其对华倾向》，第 231 页。

⑤ 参见传统基金会官方网站：http：//www. heritage. org/about，2012 年 3 月 6 日最后访问。

该机构属美国联邦税务局界定的第501(c)(3)条款公益慈善类组织，不得进行政治游说活动，但该机构独创了"市场营销"的方式，用来推销政策主张和推进政府政治议题的设置。2010年，基金会专门用于教育公众和"媒体与政府关系"项目的经费总额达3000多万美元，高出研究项目经费200多万美元。2010年4月，它又成立了姊妹组织"传统基金会美国行动"(Heritage Action)，这是一家政策倡议型基层组织。该组织的主要职责是"就重要的立法向立法者进行游说"。该组织的成立规避了联邦税务局有关限制该机构从事游说的规定，使它的游说活动合法与合理化，为进一步扩大自身对国内外政策的影响力奠定了坚实的基础。

以"市场营销"理念为核心，传统基金会的具体政策主张又是通过什么途径进入决策者的视线的呢？首先，传统基金会非常重视保持同国会的密切联系。其办公地点是主要几家思想库中离国会最近的，仅数分钟车程。福尔纳本人就曾做过国会议员助手，深谙国会内部运作。①传统基金会定期邀请国会议员参加各类活动，包括午餐会、圆桌讨论会、学术研讨会和各种庆祝活动，维系与议员的联系，搭建交流平台。2010年传统基金会举办各类活动186次，还参与了其他机构的60多次会议。②首创为议员和政府政策制定者量身定做政策简报——《背景情况》。简报风格明快、文字精练、时效性强，在不超过四页的篇幅里集中阐述基金会对某个内政外交政策的见解，获得议员们的推崇。③它开创了个性化传播方式的先河，派专人把专题材料分门别类地送到相关议员手里，并及时跟踪反馈意见。据统计，2010年此类简报和材料多达800多份，其中580多份得到了反馈。④基金会还效仿哈佛大学肯尼迪学院为新进议员举行培训，内容涵盖如何招募议员助手和普及内政外交知识，等等。传统基金会负责国会关系部门的负责人自诩道，2010年参加其培训的新议员有40名，而参加哈佛培训班的仅有24人。⑤基金会还积极出席参众两院的各类听证会，努力对各委员会的成员施加影响。2010年此类活动累计有28次。①

其次，传统基金会充分发挥思想库作为人才储备库和"旋转门"的效应。一方面，它利用卸任的政府高官在政府工作期间形成的广泛人脉关系，建立与行政当局和国会的密切关系，从而继续发挥这些卸任高官在对

---

① 传统基金会2010年年度报告的有关内容，见http://s3.amazonaws.com/thf_media/2011/pdf/2010AnnualReport.pdf，2012年8月2日最后访问。

外政策上的影响力；另一方面，它坚持收集换届政府的职位空缺信息，适时推荐人才到行政部门或国会任职，从而实现上传其意见和政策建议的目的。例如，传统基金会有三位学者，即：亚洲研究中心顾问委员会主席、杰出研究员赵小兰、资深研究员叶望辉，均在小布什政府出任政府要职。

最后，传统基金会针对不同人群，以出版物、报刊撰文和媒体采访等方式，教育公众，传播政策理念，扩大影响力和知名度。目前，它出版的各类书籍、期刊、研究报告、简报、通讯达十多种。传统基金会通过下设的交流部和公共关系部来协调与各大媒体的关系，提高其研究人员的曝光率。它率先建立了设备先进的无线电播音室，方便华盛顿的广播节目主持人进行采访。同时，充分利用先进的网络传播手段、网上社交平台，如脸谱和推特，宣传自己的政策理念。2010 年，其研究人员被主流媒体引用的研究成果或者言论达 1400 条，研究人员参加了 2750 次广播节目、1000多次电视采访活动。根据一项统计显示，传统基金会的媒体引用率多年来一直位居重要思想库的前列。①

多年来通过这些举措形成的合力，传统基金会对决策的影响力不断提升，特别是在共和党执政时期。20 世纪 80 年代，传统基金会出版的《领导人的职责：一个保守派政府的政策管理》和《进步日程》两个报告，不仅为即将执政的里根勾勒了执政蓝图，而且还成为他就职后的执政手册。传统基金会写作班子中的大部分成员也进入里根政府任职。

传统基金会的对华政策研究部门是 1982 年成立的亚洲研究中心。中心成立至今网罗了大批人才，包括中国台湾、蒙古和港澳问题专家谭慎格（John Tkacik Jr.），前驻中国台湾"大使"、资深研究员费浩伟（Harvey Feldman）和叶望辉等人。在对华政策方面，它认为应对中国采取"外交与威慑"并重的策略；在中国台湾问题上，它的基本政治倾向是亲台反华，主张坚持《与台湾关系法》，继续对中国台湾军售。亚洲研究中心专家的主要观点和该中心与中国台湾当局的密切关系都反映了上述特点。

第一，费浩伟和谭慎格都有较强的"台湾情结"。前者参与了《与台湾关系法》的起草和美国在台协会的筹备工作，对"一个中国"政策不

---

① 参见传统基金会 2010 年年度报告的有关内容，http：//thf_ media. s3. amazonaws. com/ 2011/pdf/2010AnnualReport. pdf，2011 年 10 月最后访问。

满，是《与台湾关系法》的忠实拥护者。他曾主编《转型中的台湾》和
《宪法改革和中华民国的未来》。书中清晰地表达了上述观点。谭慎格堪
称蓝军领军人物之一，在中国和中国台湾问题上著述颇丰，主要有《别
那么信任中国》（1998 年）、《重新思考一个中国》（2004 年）和《对台
军售：还不够吸引眼球》（2008 年）①。其对华主要观点是崛起的中国必
然对美国的国家安全和世界和平构成威胁。在中国台湾问题上，他主张坚
持《与台湾关系法》，确保中国台湾的经济与军事安全。

　　第二，传统基金会特别是亚洲研究中心的专家素来与台湾保持着密切
联系。其第一代主管公共关系的负责人休·牛顿在台湾有自己的企业。美
台"断交"后，在台湾驻美"大使"沈剑虹即将离职前夕，传统基金会
还专门为他在参议院的罗素大厦举行过"惜别晚宴"，会长福尔纳亲自主
持了典礼。传统基金会高层也多次发表亲台反华言论。在经费上，传统基
金会有关台海议题的研究和会议，往往都得到中国台湾这样或那样的财力
支持。在人员往来上，传统基金会及亚洲研究中心与中国台湾方面保持了
连续的、较为频繁的交流。中国台湾前"外交部长"章孝严还被授予亚
洲研究中心杰出访问学者的称号。民进党主席蔡英文也多次应邀赴美访问
并发表演讲。2003 年，中国台湾"总统选举"前夕，亚洲研究中心主任
伍尔兹（Larry M. Wortzel）以及费浩伟和叶望辉等访问中国台湾，观察这
次所谓具有"历史意义"的选举。此后会长福尔纳还主持了当选"总统"
陈水扁与美国国会议员之间的电视会议。两个月后，上述人员还参加了
"总统"就职典礼。

　　传统基金会的涉台研究成果受到了美国政府，特别是共和党政府的重
视。第一，自 1993 年克林顿政府执政伊始，美国外交决策圈及相关智库
便展开了有关对华政策的大辩论。作为此次辩论一派结论的代表，1997
年亚洲研究中心策划出版了《外交与威慑：美国对华战略》　（*Between*

---

① John Tkacik Jr.，"A Little Credit, Please, for China"，见 http：//www. heritage. org/re-
search/commentary/1998/02/a - little - credit - please - for - china，2012 年 8 月 2 日最后访问。John
Tkacik Jr.，*Rethinking One China*，Washington：The Heritage Foundation，2004。John Tkacik Jr.，
"Taiwan Arms Sales：Less Than Meets the Eye"，见 http：//www. heritage. org/research/reports/2008/
10/taiwan - arms - sales - less - than - meets - the - eye，2012 年 8 月 2 日最后访问。

Diplomacy and Deterrence：Strategies for U. S. Relations with China）一书①，这本书集中反映了保守主义对华政策专家的主要观点。该书的主要目的是敦促克林顿政府改变对华接触战略，转而采用"外交"与"威慑"相结合的战略。在对中国台湾政策上，该书主张利用中国台湾作为制衡中国的一枚重要棋子，给中国制造麻烦，阻挠中国的统一。同时，该书在军事上鼓吹"中国威胁论"，建议美国加强对中国台湾防务的支持和帮助，主张加大对台湾的武器出口与援助，以保证中国台湾不受中国大陆的威胁。

　　第二，1999 年 8 月 20 日传统基金会与"新美国世纪计划"联合发布了《防卫台湾声明》，共有 23 人联名签字，其中包括小布什竞选班子的重要成员理查德·阿米蒂奇（Richard L. Armitage）、保罗·沃尔福威茨（Paul Wolfowitz）、约翰·博尔顿（John R. Bolton）和利比（I. Lewis Libby）。声明指出，"中华人民共和国继续以武力威胁民主选举产生的台湾政府"，因此美国必须尽一切努力阻止中华人民共和国对中国台湾的任何威胁恐吓，并明确宣布一旦中国台湾遭到攻击或封锁，美国将防卫台湾……有关中国台湾问题战略模糊和道义模糊的时代已经结束。声明说："我们敦促政府和国会的领导者就美国对台湾的义务做出明确的声明。"这一声明可以被看作是小布什政府初期将历届美国政府在"防务台湾"问题上的"战略模糊"政策转变为"战略清晰"政策的前奏。小布什本人在庆祝执政百天的电视采访中清晰地表达了"不惜一切代价协防台湾"的立场，与上述观点如出一辙。

　　第三，随着 2001 年小布什当选，新保守主义思潮占据上风，传统基金会等保守派思想库和人士受到政府的青睐。传统基金会与政府内部保守主义高官及国会中的蓝军成员遥相呼应。他们反对改善台海两岸关系，夸大中国人民解放军的军事威胁，对加强中国台湾的防御力量不遗余力，并提出了一系列的政策建议。自 2002 年至 2005 年，传统基金会多位专家，包括布鲁克斯（Peter Brookes）、伍尔兹和谭慎格等人发表了多篇论述中国军力和中国台湾问题的文章，如"台湾防务所面临的挑战与当务之急"（2003 年）、"中国与外空战场"（2003 年）和"论美台高层军事官员之

---

① ［美］吉姆·霍尔姆斯、詹姆斯·普里斯特主编：《外交与威慑：美国对华战略》，张林宏译，新华出版社 1998 年版。

间联系的必要性"（2004 年）① 等，强调中国军队现代化进程的加快使台湾安全面临更大的挑战。为此，美国应加大军售力度、提升美台军事交流水平，这符合美国的国家安全利益与对外义务要求。特别是谭慎格于2005 年 9 月在《防务新闻》上撰文，呼吁国会在通过下一财年国防授权法中增加"加强和提升美台军事交流的条款"等。这一建议随后被国会采纳，在众议院通过的《2005 年财政年度国防授权法》中列入了要求增加美台军事交流的条款。②

　　总之，通过独到的宣传和"营销"策略，传统基金会得以将其政治理念、政策建议和丰富的研究成果传达到权力层的各个层面，实现了政策倡导型智库的功能。这样做的结果是，它在一定程度上实现了游说组织试图影响立法议题、改变提案和法律内容的目的。在美国对中国台湾政策方面，传统基金会的观点源于其保守主义的政治倾向。它根据自己的对华战略理念——外交与威慑并重，建议政府在防卫中国台湾问题上采取"战略清晰"的政策，提升美中国台湾军事交流，加快对台军售步伐。这些观点与"9·11"事件前小布什政府的对中国台湾政策主张相一致，从而使传统基金会得以在美国对中国台湾决策中发挥重要的影响。

本 章 总 结

　　美国独特的政治、社会与文化特点为一些发挥了政治游说功能的非营利组织、利益集团表达自己观点、影响政府决策从而实现自身政治利益诉求，提供了机会与渠道。美国对外决策过程本身就是各种利益和团体相互

---

① Peter Brookes, "The Challenges and Imperatives in Taiwan's Defense", 见 http://www.heritage.org/research/lecture/the – challenges – and – imperatives, 2012 年 8 月 2 日最后访问。Larry M. Wortzel, "China and the Battlefield in Space", 见 http://www.heritage.org/research/reports/2003/10/china – and – the – battlefield – in – space? ac = 1, 2012 年 8 月 2 日最后访问。John. Tkacik Jr., "Needed: High – level Contacts between U. S. and Taiwan Military Commanders", 见 http://www.heritage.org/research/reports/2004/06/copy – of – needed – high – level – contacts – between – us – and – taiwan – military – commanders, 2012 年 8 月 2 日最后访问。

② John Tkacik Jr., "End U. S. Foot – Dragging on Taiwan State", 见 http://www.heritage.org/research/commentary/2004/09/end – us – foot – dragging – on – taiwan – sale, 2012 年 8 月 2 日最后访问。

博弈的舞台，通过讨价还价，政策的制定或多或少地体现了多元化的利益，从而在一定程度上维护了社会各个群体的利益。在美国对中国台湾决策过程中，出于维护美国国家利益的需要，政府政策制定的出发点本身就存在着自相矛盾、模糊不清与两面性的特点，加之国会亲台反华的传统及其独特的组织机构与立法议事规则，使国会成为院外游说组织施加影响力的主战场，增加了对中国台湾决策的复杂性和多变性。

美国俄亥俄州立大学兰德尔·B.里普利教授（Ramdall B. Ripley）等人将美国对外防务政策分为三类：危机型政策、战略型政策和结构型政策。研究结果认为，政策类型的不同将导致政治行为体参与和施压的程度也不尽相同。危机型政策的决策过程多由总统占支配地位；战略型政策的决策则多在总统倡议下由国会共同参与制定；在结构型政策的制定过程中，通常总统权力相对较弱，而国会可发挥较大的影响力。[①] 若将这种三分法应用到美国对中国台湾政策的分析上，在一般情况下，它多属战略型和结构型政策，如美国对中国台湾军售问题一般属结构型政策，而关于"一个中国"的问题则是战略型政策。由于这两类政策类型无须总统和国会在短时间内做出决断，特别是后者往往与国内问题错综复杂地交织在一起，从而为在国内事务中占据主导地位的国会参与决策提供了更多机会。国会的参与度及作用因台湾问题的类型而日益凸显。

亲台院外游说组织因为了解到国会在某些涉台结构型决策问题上有越来越大的权力和影响力，所以将国会作为游说活动的重点，以直接与间接游说等方式，借国会施压政府，从而在《与台湾关系法》的出台、李登辉访美、《与台湾安全加强法案》修订、对台军售、台湾拓展国际空间等事件与问题上，产生了一定的消极影响。但是，这种影响也有一定的限度，因为它受到了以下因素的制约：

第一，国际战略格局与美国国家利益因素的限制。无论是共和党执政还是民主党执政，也无论美国对外政策制定的天平是更多地倾向现实主义还是理想主义，美国政府决策的根本出发点都是维护与实现美国的国家利

---

① James Lindsay, *Congress and the Politics of U. S. Foreign Policy*, Baltimore：the Johns Hopkins University Press，1994，pp. 147 – 159。危机型政策指对美国国家利益构成直接威胁而做出的立即反应。它要求决策者果断行动，往往涉及动武。战略型政策指美国对外及防务政策的目标及战术。在外交事务方面，它界定美国与别国关系的性质。结构型政策指如何使用资源，包括外援、移民、对军事装备及物资的采买及部署和组织等。

益。国家利益的最终实现又受到国际战略格局变化的直接影响。因此，美国对中国台湾政策的制定在很大程度上取决于对国际战略环境的判断。基于此，不同利益间的相互博弈与这种博弈的影响力也会不断变化。为实现美国的全球"遏制战略"及维护美国在亚太地区的战略安全利益，战后初期国会就扶蒋反共达成共识。院外援华集团又借机与麦卡锡主义相互配合，屡屡在美国政坛掀起波澜，向当时的民主党政府施压，对美国对中国台湾政策的制定形成牵制。"百万人委员会"的影响因此在20世纪六七十年代初达到顶峰。然而，随着美苏之间力量对比的变化，美国政界在"联华抗苏"这一战略上渐渐达成共识，中美关系的僵局随之被打破。虽然在院外游说组织和国会内部亲台势力的压力下，美国国会通过了《与台湾关系法》，但在1989年以前，国会对于与中国保持相对稳定的关系仍有一定的共识。此时，"亲台阵营"也开始出现分化，以"百万人委员会"为代表的院外援华集团逐渐走向衰落。冷战结束后，由于国际战略格局的巨变，美国国内对国家利益、对外战略及其政策制定的重点发生分歧，这一点反映在对华政策上就是它的不一致性和不确定性的增加。随着国会对总统和行政部门的对外决策的制约作用的加强，院外援台集团得以重振声势。然而历史证明，中美关系虽几经起伏，但为了维护美国的国家利益，无论其"遏制"的比重增减多少，历届政府都希望与中国维系一个较为稳定的双边关系，从而维护亚太地区的和平与稳定。这是符合美国国家利益的。因此，在这一对华政策大背景下，美国对中国台湾政策的主要原则"一个中国"政策目前也不可能发生根本性的变化。虽然国会内时有反华亲台议案出台，但危及台海稳定与现状、触及改变美国对中国台湾政策根本原则的议案，因与美国在亚太地区的战略利益相左，并不会得到大多数议员的支持。因此亲台院外游说活动的影响力在后冷战时期也只能是有限的。

第二，国会自身体制的牵制因素。虽然国会在中国台湾问题上事实上执行着"一中一台"的政策，亲台势力不仅具有传统基础，而且在冷战后与保守主义思潮遥相呼应，得到了进一步膨胀的空间，但国会体制的复杂性使其在参与对中国台湾政策制定过程中表现出相互制衡与牵制的特点。

1. 参众两院的互动与制约因素

首先，美国的众议院是"民治"的基础，也是反映整个美国社会多元利益诉求与情绪的主要场所。因此，众议员任期较短，与选民联系紧密。参议院则素有"智者之院"之称，它确保立法的理性、系统性、条理性、审慎与稳健。因此，参议员任期较长、数量较少。其次，参众两院议事的优先顺序不同。参议院侧重选择全国性议题进行辩论，以期提出有利于未来立法的政策建议。众议院则视通过法案为中心任务。两院既能相互制衡，又能克服分歧、达成妥协。在中国台湾问题上，两院的态度因此在不同情况下也会产生差异。例如，2000 年《加强台湾安全法》虽在众议院获得通过，但在参议院外委会被搁置，并以流产告终。

2. 党派因素

国会历来是共和党与民主党竞争的主要舞台之一。一般来说，从立法议事规则的角度看，多数党占据较有利的地位，能够使议案朝着更有利于本党利益的方向进行审议，同时阻挠少数党的要求。因此，成为国会多数党的党派对中国台湾政策的制定也会产生一定的影响。总的来说，在中国台湾问题和安全议题上民主党对中国相对有利；在人权和贸易问题上则是共和党对中国较有利。例如，2001 年，民主党在参议院占据主导地位时，参议院对"台独"明显趋向冷淡。当然，同时值得注意的是，两党在左右议员投票意向方面的资源是十分有限的，议员跨党派投票的可能性很大。

3. 国会权力分散，相互掣肘

国会立法程序的一大特点是权力高度分散。国会中的各个委员会及其小组委员会其实是立法过程的中枢，议案的命运主要由它们决定。随着对外事务复杂性的增加，委员会也在不断地细化、分化，委员会的数量增多了。有时同一对中国台湾政策问题会涉及不同委员会的管辖范围。由于各个委员会的利益诉求不同，政策分歧现象也会增多。

第三，总统对国会的限制作用。从外交决策主导权的角度看，虽然国会通过自身改革及在国际环境变化的影响下，参与、监督与平衡总统外交事务权的程度日深，但这种情况尚未改变总统在对外事务领域的主导权。总统不仅享有外交决策、行动、掌握机密和调遣人员的优势，而且外交议题优先顺序的倡议权仍掌握在政府手中。另外，总统对国会的立法有否决权。在包括对台政策在内的对华政策制定过程中，总统无疑起着极为重要而关键的作用。例如，卡特总统特意选择国会休会期间，绕开国会宣布美国与中国台湾"断交"，与中华人民共和国建交。

第四，院外游说组织相互间的牵制作用及其自身局限性。

1. 亲台院外游说组织在数量、人数及游说能力上的有限性，决定了其影响力的有限性

虽然战后初期在对华政策上积极施压的院外援华集团力量在国会内享有极高的声望，但事实上该集团及其同情者在国会只占少数。在麦肯锡主义出现以前，参议院只有不足 1/4、众议院不足 1/8 的议员坚决反对政府的对华政策。[1] 很多议员支持院外援华集团的主张，并非因为同情蒋介石政权，或者因为了解中国当时的情况，而是出于反对共产主义的初衷。还有一些议员是出于对选举连任的考虑才支持院外援华集团的观点。所以，从众心态比较明显，受意识形态的影响较大。有美籍台湾人组织领头羊之称的台湾人公共事务协会，若从其会员数占在美中国台湾同胞总量的比例看，并不具有代表性。从它鼓吹"台独"的宗旨上看，其受众是有限的。它之所以可以 20 多年来持续地在国会游说，与台湾当局的支持和它与民进党的密切关系不无关联。它是台湾当局在美游说活动的重要补充，是草根游说的重要参与者。

2. 新院外援华集团（New China Lobby）的兴起及其牵制作用

随着中美两国合作领域得到扩展、经贸关系上的相互依赖度增加，20世纪 90 年代出现了一股关注美国对华政策制定的新力量。该集团的主力军是美国跨国公司及其附属的组织，同时还包括前政府高官、前驻华大使和中国问题专家，如基辛格、黑格、伊格尔伯格、万斯、罗杰斯、布热津斯基等。美国国内将它们称为"新院外援华集团（New China Lobby）"，以区别于 20 世纪四五十年代的"院外援华集团"。该集团的成员多乐见中美关系的健康发展，不希望美国改变现有的对华政策从而对美中关系构成威胁。为实现这一目标，他们在总统、行政部门和国会中进行着积极而有效的努力。他们在美国已获得了广泛的关注，并产生了一定的影响力。

随着新院外援华集团的发展，美中商业协会逐渐发展成为该集团的中坚力量。在对华政策方面，它大力支持与中国大陆保持建设性的伙伴关系，并要求政府与中国台湾保持低层次的关系。近些年，中国台湾问题也逐渐受到了新院外援华集团的关注。当众议院国际关系委员会以 32 票比 6 票的压倒性多数通过《台湾安全加强法案》时，新院外援华集团立即做

---

[1] 孙哲等：《美国国会研究 I》，第 132 页。

出反应，积极开展游说活动，降低此举对中美关系的损害。"这是美国企业第一次在一项与贸易、投资和其他经济问题无任何直接关系的事件上，进行力度极大的院外游说活动。"① 虽然该集团游说的重点仍在中美经贸关系领域，对中国台湾问题的关注度并不高，但是它打破了亲台院外游说活动一边倒的局面，在一定程度上对后者起到了牵制作用。

第五，中国实力地位因素。中国经济快速发展，综合实力不断增强，在国际事务中表现出负责任大国的态度，这些都已是不争的事实。在传统安全领域，要维护亚太地区的和平、稳定与繁荣，没有中国的参与是无法想象的。对于非传统安全领域的问题，如反恐、环境保护、毒品、气候变化等议题的解决，也需要中国更多的参与和合作。中国国际地位的日益提升将有助于中美关系的稳定发展。在美国对中国台湾政策方面，中美在其他领域的合作关系的推进也将在一定程度上降低中国台湾问题在中美关系中的地位，抵消、牵制国会内亲台反华势力的影响，缩小院外游说活动的空间。

美国国会积极参与、监督和干预美国对中国台湾决策已是不争的事实。它奉行事实上的"一中一台"政策，在内部亲台势力和保守势力的推动下，已成为对中国台湾政策制定过程中的麻烦制造者。亲台院外游说组织正是借助这一机会，利用国会体制结构的特点，展开了大量的游说活动，希望借国会施压政府，使美国对中国台湾政策朝着有利于台湾当局的方向发展。多年来，它们的活动确实产生了一些影响。然而，对外决策是以美国国家利益为出发点的，它是总统、国会、行政部门、司法部门、利益集团、舆论等多重因素相互作用的结果，受到国际战略格局的深刻影响。加之，从目前看，由于国会并不能改变因中美关系的深层结构因素所限定的中美战略关系大局，所以国会的影响力在不同情况下也会有所不同，甚至受到限制。因此，亲台院外游说组织借由国会对美国对中国台湾政策施加的影响仍将是有限的。

---

① *New York Times*, May 13, 1993, A10.

第十二章

国家民主基金会与美国对缅甸外交

伴随着经济全球化进程的迅速推进，非营利（非政府）组织在国际舞台上变得日趋活跃。自20世纪90年代开始，随着冷战的结束和"民主援助"的开始，"非政府组织被发达国家视为冷战后推动新经济自由主义和民主理论的一个理想机构"。[①] 为此，政府为国际非政府组织提供资金，国际非政府组织则负责项目的执行，并为政府提供大量的信息和决策建议。因此，国际非政府组织往往能够直接或间接地影响政府的外交政策，那些受到资助的"非政府组织也成了西方国家推行外交政策的工具"[②]。

不可否认，在美国对缅甸外交中，国际性的非营利（非政府）组织充当了美国政府"沉默的伙伴"的角色。自1988年以后，美国联合其他西方国家对缅甸实行孤立和制裁的政策，美国领导人多次在公开场合指责缅甸是"暴政的前哨""民主的肿瘤"，美缅关系也一度非常冷淡。然而，自2011年缅甸新政府上台开启民主转型之路后，美国开始逐步放松对缅甸的制裁，奥巴马总统和美国其他政府高官纷纷到访，美国企业也开始重启对缅甸的投资，两国关系迅速解冻并不断升温，引起了国际社会的广泛关注。

事实上，美缅关系的解冻并非一蹴而就，受美国政府资助的一些美国非营利组织长期在缅甸活动[③]，对于缅甸的民主转型和美国制定对缅政策发挥了积极作用。这些在缅甸开展活动的国际非营利组织"成为西方国

---

① Kim D. Reimann, "A View from Top: International Politics, Norms and the Worldwide Growth of NGOs", *International Studies Quarterly*, Vol. 50, March, 2006, pp. 45 – 67.

② Lois Desaine, *The Politics of Silence: Myanmar NGO's Ethnic, Religious and Political Agenda*, Bangkok: Research Institute on Contemporary Southeast Asia, 2011, p. 105.

③ Eric Draitser, "Towards a New 'Humanitarian Front'? Myanmar and the Geopolitics of Empire", *Global Research*, June 20, 2012, available at: http://www.globalresearch.ca/towards – a – new – humanitarian – front – myanmar – and – the – geopolitics – of – empire/31504, 2015 – 08 – 12.

家了解、掌握缅甸现实情况的主要途径，也是西方国家同缅甸军政府沟通的主要渠道，更是西方国家借以对缅甸军政权施加影响的重要组织"。①其中，作为美国向海外推广民主的急先锋——美国国家民主基金会（National Endowment for Democracy，NED），是最早在缅甸开展活动的国际非政府组织，它在缅甸活动时间之长、范围之广、影响力之大，远非其他国际非营利组织能比。

一　美国国家民主基金会对缅甸项目的资助

　　国家民主基金会是一个"致力于推动世界各地民主"的非政府性、非营利性组织，享有美国联邦税务局给予的免税待遇。在罗纳德·里根总统提出"让民主之花开遍世界"的倡议后，美国国会 1983 年通过了成立"美国国家民主基金会"的法案，旨在通过协助世界各地的非政府组织和团体，推动全球的民主化。"国家民主基金会虽然是非政府组织，但其资金主要是来自国会的年度拨款，并且受美国国会的监督。相应地，国家民主基金会又将资金分拨给那些以推动海外民主为目的的私人组织。"② 因此，国家民主基金会与美国政府的关系相当密切，成为美国推行外交战略的一个有力工具。

　　1990 年，国家民主基金会开始对缅甸工作，并且一直走在推进缅甸人权、民主和改革的前列，它对缅甸的资助横跨几十个项目，资助金额现已增至每年约 400 万美元。1992 年，国家民主基金会的四大核心机构之一的国际共和研究所（International Republican Institute）在泰缅边境开始了支持缅甸民主运动的工作。同年，在其资助下，缅甸流亡派在挪威奥斯陆成立了缅甸民主之声电台，同时该机构还在泰国清迈资助创立了《伊洛瓦底》杂志（*The Irrawaddy Magazine*）。到了 1995 年，国家民主基金会的另一个核心机构——国际事务全国民主研究所（National Democracy Institute for International Affairs）也开始支持缅甸的民主工作，帮助缅甸的流

---

① 中国现代国际关系研究院课题组：《外国非政府组织概况》，时事出版社 2010 年版，第 252 页。

② David Lowe，"Idea to Reality：NED at 30"，available at：http：//www. ned. org/about/history，2015 – 08 – 12.

亡派在国际上宣传缅甸的民主工作。到了1999年，国家民主基金会开始大规模资助缅甸境内及边境的非政府组织、团体、地下杂志社、地下劳工组织，包括全缅青年僧侣联盟（All Burma Young Monks' Union）、缅甸基金会（The Burma Fund）、伊洛瓦底出版集团（Irrawaddy Publishing Group）、缅甸律师委员会（Burma Lawyers' Council）、缅甸妇女联盟（Women's League of Burma）、钦邦人权组织（Chin Human Rights Organization）、缅甸民主之声（Democratic Voice of Burma）、拉祜民族发展组织（Lahu National Development Organization）、《新时代杂志》（*New Era Journal*）、非暴力国际（Nonviolence International）等。[①] 以近年来国家民主基金会在缅甸的活动情况来看，它对于缅甸的项目资助不仅金额高、涉及领域广，还与缅甸国内的形势息息相关。

就资助的类别而言，国家民主基金会对缅甸项目的资助主要集中在对四大核心机构、独立媒体、人权教育、文献记录和宣传、国际宣传、少数民族和妇女赋权方面。为了推动缅甸实行民主改革和对外开放，国家民主基金会将推动缅甸的信息自由与人权事业发展作为重点资助领域，主要目标是促进缅甸的信息流动，以及提高缅甸内部和国际社会对缅甸人权状况的认识，联合国际社会来向缅甸军政府施压，从而在缅甸建立一个能够为西方国家所接受的民主政权（详见表12-1）。

表 12-1　　　　　　美国国家民主基金会对缅甸的赞助列表　　　单位：万美元

年份＼项目	内部组织与联盟建构	独立媒体	人权教育、文献记录和宣传	国际宣传和组织	少数民族	妇女参与和赋权	其他	总计
2007 年	127.38	56.90	38.50	47.23	15.98	17.86		303.85
2008 年	144.94	98.26	62.50	35.80	13.60	17.39	83.14	455.63
2009 年	156.02	83.16	52.80					291.98
2010 年	119.00	106.12	176.52	21.10	25.20	10.50		458.44
2011 年	118.50	94.90	146.94	19.73	16.57	18.48		415.12
2012 年	124.00	90.39	154.29	15.43	20.50	19.10		423.71

　　说明：①表格中的数据是根据美国国家民主基金会发布的年度报告整理而成，2010—2012年的项目资助列表根据分类稍有调整，总体资助项目与资助金额未变。

　　②表中的"内部组织与联盟构建"一项主要是指国家民主基金会的四个核心机构即美国国际劳工团结中心、国际共和研究所、国际事务全国民主研究所、国际私营企业中心的拨款。

---

①　B. Raman, "The USA's National Endowment for Democracy（NED）: An Update", available at: http://www.iefd.org/articles/ned_an_update.php, 2014-02-02.

　　综观上表可知，国家民主基金会对于缅甸相关项目的资助金额每年都维持在 300 万—400 万美元左右，而且主要集中于对四个核心机构、信息自由和人权方面的资助，2007—2010 年，这些项目的资助经费均占到年度总金额的 60% 以上，到了 2011 年和 2012 年更超过了 90%。与在中亚地区的资助活动不同，国家民主基金会对于缅甸选举、议会、司法制度等方面的资金投入远没有对缅甸基层的投入多。从目前国家民主基金会对缅甸资助项目的分配额度来看，它更寄希望于在缅甸推动一种自下而上的民主化，从而由下而上地推动缅甸政治的结构性调整。

　　同时，国家民主基金会对于缅甸项目的资助紧随缅甸国内形势变化和美国政府外交动向而调整。2007 年 8 月 19 日，缅甸发生了"番红花革命"（Saffron Revolution，也称"袈裟革命"），翌年，国家民主基金会便加大了对缅甸民主活动的资助，"提供了约 389468 美元的紧急拨款，主要用于购买信息通信设备以加强缅甸内部的活动家和外部世界的沟通，为学生和僧侣提供各种需要，包括医药、食品及为他们提供藏身之地"。① 同样，在 2008 年 2 月缅甸政府宣布将在 5 月实行新宪法草案全民公投后，因美国政府对宪法公投产生严重的质疑，国家民主基金会的董事会批准了一系列反对新宪法公投的活动，包括散发一些劝人们拒绝参加投票的小册子和 T 恤衫、增加印刷关于公投的报纸、建立观察投票的团队，以及与缅甸民众的见面会等，总共提供了约为 44.2 万美元，资助了 17 项与宪法公投相关的活动。② 随着 2015 年缅甸大选的临近，国家民主基金会对缅甸政党、少数民族团体、公民参政培训方面的工作逐渐加大了投入，而且国际共和研究所和国际事务全国民主研究所也将支持重点放在修改缅甸宪法的培训和大选的准备工作上。

二　美国国家民主基金会涉缅项目的运作

　　美国国家民主基金会虽为非政府性组织，但是它与美国联邦政府的关

---

　　① 2008 *NED Annual Report*，available at：http：//www. ned. org/publications/annual – reports/ 2008 – annual – report/asia/description – of – 2008 – grants/burma，2013 – 04 – 05.

　　② 2008 *NED Annual Report*.

系却极为密切，正如该基金会的副会长戴维·罗威（David Lowe）所言："国家民主基金会就工作问题频繁地咨询相关决策者，这已远远超越了其授权立法所规定的联络水平。"① 在 1994 年以前，国家民主基金会的资金基本上都来自美国国会拨款，它"每年通过国务院收到美国国会的拨款"。② 2011—2012 财政年度，美国国会分别向基金会拨款 1.05 亿美元和 1.04 亿美元。随着时间的推移，国家民主基金会开始接受其他机构和私人的捐赠。一方面，自 1991 年起，美国国际开发署（U. S. Agency for International Development）开始提供部分资金给国家民主基金会执行海外活动；另一方面，致力于推进世界各地的自由、民主和"保护人权"的美国国务院民主、人权暨劳工局（Bureau of Democracy, Human Rights, and Labor）也自 2003 年开始资助国家民主基金会，支持它在缅甸的项目。

　　国家民主基金会在接到美国政府的拨款或资助后，再将全部资金分为两个部分：一部分划拨给其所属的四家核心机构，再由四家核心机构自行决定如何支持涉缅项目。这笔款项往往数额巨大，所占比例较高，项目经费通常维持在 30 万美元以上。③ 依靠核心机构来分拨资金给相关团体，一方面是因为每个核心机构都有各自所擅长的领域，如国际共和研究所就一直专注于缅甸的政党援助和公民社会强化等方面的工作，自 2012 年以来，国际共和研究所在缅甸的活动主要是协助缅甸政党准备 2015 年的全国大选，开展选民教育和加强缅甸公民社会组织。国际事务全国民主研究所则侧重于帮助缅甸流亡团体如缅甸妇女联盟、欧洲—缅甸网络（Euro - Burma Network）在国际上宣传缅甸的民主运动。另一方面则因为核心机构比国家民主基金会更了解那些申请拨款的组织和团体，从而有助于提高项目资金的使用效率。

　　另一部分拨款则由国家民主基金会自主支配，用于推进美国的长期利益和满足当前各国加强民主、人权和法治的需求。而且随着项目的推进，美国国会逐渐认识到了国家民主基金会自主支配拨款的重要性，在 20 世纪的最后 10 年里，"国家民主基金会的自主支配款项的比例已经从 30%

---

① David Lowe, "Idea to Reality: NED at 30".

② "Is NED Part of the U. S. Government?" available at: http: //www. ned. org/about/faqs, 2013 - 11 - 20.

③ David Lowe, "Idea to Reality: NED at 30".

上升到50%"。① 目前，国家民主基金会每年资助的项目达1200多项，遍及90多个国家和地区，而在东南亚地区资助最多的是缅甸项目。

通常情况下，国家民主基金会每年都会公开向国际社会征集项目，由各组织团体申请，资助对象多为致力于推进民主、人权、自由、法治等事业的非政府组织、民间团体和独立媒体，不接受个人申请，而且它不与受援国的政府合作。各组织在递交项目申请书时，申请书中必须包含项目实施的背景、目标、项目活动和评估计划等内容，以及提供本团体或本组织的背景资料和项目预算说明。② 国家民主基金会则会根据该项目所在国是否符合美国的具体利益、是否符合国家民主基金会的整体活动计划、项目的紧迫性与成功的可能性，以及其他资金来源来进行通盘考虑，经董事会的1/4董事进行审查，并最后决定是否对其进行资助。

尽管"基金会并不直接管理项目，而是为众多的团体和组织提供资金"，③ 问题是，众多受援团体在领到资助金后，是否真的将其用于项目建设，这些资金在项目中是否得到有效使用？为此，首先，国家民主基金会自1991年5月开始聘请一位评估协调员，负责制订一个全面的评估计划，对资助项目从规划到执行的每个阶段都进行评估。其次，国家民主基金会开始增加了对资助项目的实地考察，基金会的项目官定期巡视考察项目所在地，参观受援组织的办公室，以确保资助金的使用合理到位。同时，国家民主基金会还要求受援组织制订出详细的行政开支计划，进行独立的财务审计和制定项目进度报告，以此来确保这些受资助团体能够遵循国家民主基金会的捐赠法规，并且提高受援组织的制度能力建设。不仅如此，国家民主基金会每年还会委托几个独立的评估机构来对同一国的不同捐赠项目或是不同国家中同一主题的捐赠项目进行纵向和横向评估。从1992年到2010年，国家民主基金会就委托进行了22项外部评估。④ 最

---

① Lee Marsden, *Lessons from Russia：Clinton and U. S. Democracy Promotion*, Burlington：Ashgate Publishing Limited, 2005, p.152.

② 美国国家民主基金会资助申请建议书编写指南，参见：http://www.ned.org/grantseekers, 2013 - 11 - 20。

③ U. S. Department of State Related Appropriations, available at：http://www.state.gov/documents/organization/158364.pdf.

④ U. S. Department of State Proposed Appropriation Language, available at：http://www.state.gov/documents/organization/209017.pdf, 2013 - 11 - 20.

后，国家民主基金会的拨款和活动还受到国务院和国会的多重监管，"国会和国务院没有白白送钱却不知道它是如何花出去的习惯"，[1] 国家民主基金会每年要向"国会报告它的活动、成果，以及独立的财务审计报告"[2] 等。这样一来，它既能够保障资助项目的有效运作，又能够提高资金的利用效率。

受国家民主基金会资助的缅甸非政府组织和机构，同其他国家的受援组织一样，都要经历从项目申请到既定的考察和审核评估。然而，受援组织要在缅甸这个封闭的环境中开展相关活动，并非易事。缅甸的钦钮（Khin Nyunt）将军曾公开指责一些西方列强在民主和人权的幌子下给某些组织提供现金和其他形式的援助，是协助和教唆恐怖主义。因而，缅甸政府对于非政府组织在缅甸的运作实施严格控制，受援团体通常采取秘密的方式来进行项目的运作。

受国家民主基金会资助的《伊洛瓦底》杂志在谈到其信息来源时指出，他们主要是让人从泰国清迈秘密偷渡到缅甸去，或是将一些西方人伪装成游客进入缅甸搜集信息，万一被发现了，这些人通常也不过是被驱逐出境。而且，每个月他们都会将 500 份用英语出版的杂志偷偷带到缅甸境内分发给一些外交官员。[3]

掸邦先驱新闻社（Shan Herald Agency for News）也曾是受国家民主基金会资助的机构之一，其主编昆赛斋延（Khuensai Jaiyen）指出，由于缅甸对非政府组织的严格控制和对信息的限制，他们选择将办事处设在泰国清迈，因而想要在缅甸境内搜集信息，便需要使用游击战术。他列举了三种在缅甸境内搜集信息的方法，首先是利用电子技术，并通过手机、电子邮件或网上聊天提供信息。这种方法被流亡媒体广泛使用，非常适合那些从西方政府/非政府组织获取赞助的缅甸流亡媒体，因为其费用相对低廉，也是最简单和最快捷的搜集信息的方式。但是此种方法容易产生使用记

---

① Jodan Michael Smith, "The U. S. Democracy Project: American NGOs that push for democratic change abroad are facing growing resistance", *National Interest*, May 1, 2013, available at: http://nationalinterest. org/article/the - us - democracy - project - 8379, 2015 - 08 - 01.

② 张霞:《美国国家民主基金会及其在中亚的活动》，载《国际资料信息》2012 年第 10 期。

③ Joe Cochrane, "Burma's River of News", April 25, 2006, available at: http://www.foreignpolicy. com/articles/2006/04/25/burmas_ river_ of_ news, 2013 - 12 - 10.

录，易被缅甸政府发现。第二种方法主要是依靠经常来往于泰缅两国间的商人、老百姓，从他们那里获取关于缅甸内部的消息。但是这个过程耗时过长，通常需要超过一个星期甚至一个月才能获得。第三种战术则是流亡媒体将那些有旅游证件的记者送至缅甸境内进行卧底工作，这种方法非常危险。卧底记者往往经流亡媒体和非政府组织提供简单的培训后，便偷渡到缅甸境内进行卧底工作。虽然派驻的卧底记者能够确保可靠的信息来源，但是雇佣费用很高，对于本身接受国家民主基金会等西方非政府组织援助的媒体来说是一笔巨额开支。①

这些接受国家民主基金会资助的团体、机构等往往是利用各种隐蔽的方式将人员输送到缅甸内部搜集和传播信息，最后将缅甸境内搜集到的信息传递给美国。经由此类办法，国家民主基金会试图将缅甸境内的组织、泰缅边境的流亡团体同国际社会捐赠者三者结合起来，统一协调和支持缅甸的民主运动，推动缅甸的民主转型。

三　美国国家民主基金会对缅甸项目资助的特点

国家民主基金会在缅甸开展活动 20 余年，每年资助的项目高达几十个，"我们在参与缅甸事务时用的是我们在其他地方做梦都想象不到的方式"。② 通过比较，我们可以发现，国家民主基金会对缅甸项目的资助呈现出明显不同于它在其他地方活动的特点。概括而言，主要有以下特点。

第一，项目基本上都是由当地的缅甸人直接管理。国家民主基金会对于缅甸当地的项目并不进行直接操作，而是选择同当地的非政府组织合作的方式，由缅甸当地人直接管理。2012 年，国家民主基金会提供了 340万美元的资金，资助了 50 个组织，几乎所有的项目都是由缅甸人自己直

---

① "Professional Practice in Journalism of Burmese Media in Exile", *Shan Herald*, June 22, 2009, available at: http://www.shanland.org/index.php? option = com_ content&view = article&id = 2623: professional – practice – in – journalism – of – burmese – media – in – exile&catid = mailbox&Itemid = 279, 2015 – 08 – 01.

② Greg Torode, "Myanmar Work Will Continue, Vows National Endowment for Democracy", *South China Morning Post*, October 1, 2012.

接管理的。① 这样，国家民主基金会既不必亲自去管理整个项目，又在幕后支持了这些项目的运作，具有高度的灵活性。这种参与缅甸事务的方式不仅能减少不少来自缅甸境内的政治阻力，也便于为自己创造更大的活动空间。

第二，通过资助媒体来推广与宣传缅甸的民主与人权。在信息革命时代，社会运动的关键是信息的流动。国家民主基金会深谙媒体是非政府组织用来宣传和影响大众的最好工具之一，因此，国家民主基金会大力支持与媒体相关的活动和项目。考虑到电视、广播依然是当地人民接受外部信息的最主要方式，也是覆盖面最大的传播工具之一，仅 2011 年国家民主基金会对于卫星电视和短波广播的赞助金额就高达 47.5 万美元，这既包括对"缅甸民主之声"等电台的直接资助，也包括制作一些日常的短波广播节目。同时，国家民主基金会也开设缅语、英语以及各种少数民族语言的网站和发布电子信息公报；加强对缅甸活动家和记者等群体的互联网应用培训，加强缅甸内部民主活动家与境外媒体的通信联系；为《新时代》和《伊洛瓦底》等杂志提供资助等。加强国家民主基金会与媒体的合作既便于在缅甸内部团体间实现信息共享，协调缅甸境内外的民主运动，也能将第一手信息发送至国际媒体，提高国际社会对缅甸的关注和兴趣，进而加强国际社会对缅甸民主运动的支持。

第三，国家民主基金会在缅甸大力培养基层群体作为其政治资本。这些基层群体既包括记者等媒体人士，也包括青年学生、佛教僧侣和妇女等。针对不同的群体，国家民主基金会资助了各种具体项目。作为传播缅甸新闻信息的主力军与承载者，记者这一角色显得尤为重要。国家民主基金会针对记者等媒体人士实施了多方面的培训计划，包括专业的摄像技术培训；利用网络来传播新闻和信息；为记者团体开设新闻实习计划；加强缅甸记者与国际媒体团队的接触；加强记者的专业能力建设，形成自己独立的新闻观点。2007 年"番红花革命"期间，在缅甸军政府封锁消息的情况下，缅甸内部记者源源不断地将图片和信息发送到境外，引起了国际社会的强烈反响，这也让人们认识到了国家民主基金会对记者群体培养的

---

① The National Endowment for Democracy's Burma Program, available at: http: //www. ned. org/events/democracy – award/2012 – democracy – award/burma – program – fact – sheet, 2013 – 07 – 05.

重要性与有效性。分别在缅甸1988年民主运动和2007年"番红花革命"中担任主力军的青年学生和僧侣团体同样受到国家民主基金会的资助。曾在"番红花革命"中组织动员僧侣的梭昂（Soe Aung）就指出，"美国国务院资助的国家民主基金会和其下属的国际共和研究所是该运动成功的关键"①。国家民主基金会在缅甸一直为学生和佛教僧侣提供非暴力斗争的课程学习、信息技术的培训，以及提供紧急援助。国家民主基金会也希望通过加强对年轻学生的思想灌输、技能培训，以及加强他们与国际团体的接触来培育壮大这股"第三种力量"，以便在未来引领缅甸走向真正的民主，塑造和培养"将缅甸的视线从中国转向华盛顿的下一代领导人"。②此外，国家民主基金会也提供了大量的资金去资助妇女团体，如开办针对妇女从事民主工作的研讨会与培训班、为妇女提供参与政治的技能培训等，以加强妇女参加民主运动、社会运动的能力和技巧。

　　第四，支持、援助受到威胁的缅甸民主运动人士和政治犯是国家民主基金会在缅甸活动的主要目标之一，美国也将释放所有政治犯作为对缅甸民主化进程提出的要求之一。美国政府每年以项目的形式拨给国家民主基金会和其他的非政府组织650万美元，支持缅甸政府的反对派。③而国际共和研究所自1992年就一直为昂山素季领导的缅甸全国民主联盟（National League for Democracy）提供各种支持，以期帮助缅甸建立民主政权。除了在国际上为呼吁释放"民主偶像"昂山素季做出了大量的努力外，国家民主基金会还与其他民主运动领导人诸如敏顾奈（Min Ko Naing）、哥哥基（Ko Ko Gyi）、昆吞吴（Khun Htun Oo）以及昂丁（Aung Din）等保持密切的关系。美国驻缅甸使馆的外交电报也显示："美国国家民主基金会每年提供八万美元给缅甸的'政治犯援助协会（Assistance Associa-

①　Clancy Chassay，"Seeds of Further Uprising amid the Fear and Intimidation"，*The Guardian*，July19，2008，available at：http：//www. theguardian. com/world/2008/jul/19/burma. humanrights，2013－12－5.

②　Eric Draitser，"Towards a New'Humanitarian Front'? Myanmar and the Geopolitics of Empire"，*Global Research*，June 20，2012.

③　"Telegram 000248 from the American Embassy in Yangon to Certain Diplomatic and Consular Posts，February 26，2003"，available at：http：//www. wikileaks. org/plusd/cables/03RANGOON248_a. html，2014－03－28.

tion for Political Prisoners）'，旨在直接援助缅甸的政治犯及其家属。"① 除
了直接的资金支持外，"国家民主基金会与其在缅甸的合作者在缅甸专门
成立了两个机构为民运人士和政治犯提供教育、现代通信设施和紧急的医
疗救助"。② 国家民主基金会通过多种渠道与方式为民主运动人士和政治
犯提供援助，希望借此来提高国际社会对缅甸内部人权危机的认识。

第五，就地理分布而言，国家民主基金会对缅甸项目的资助主要集中
在少数民族地区和泰缅边境地区。缅甸由于民族问题突出，少数民族常与
中央政府分庭抗礼，缅甸中央政府无法完全切断边境地区流亡分子和国内
民众的联系，因此给国家民主基金会留下了较大的活动空间。国家民主基
金会所资助的项目活动区域也绝大部分集中于掸邦、钦邦、克钦邦、克伦
邦、孟邦、若开邦等少数民族地区。此外，缅甸的流亡政治家和社会活动
家一直将泰国清迈作为培训和发展新一代领导人的基地，泰国清迈成为
"缅甸反对派的大本营，可以积极监控缅甸国内的政治"。③ 可以说，泰国
在一定程度上成为缅甸境内活动家与西方国家、团体进行信息交换和协调
缅甸民主运动的中转站。

四　美国国家民主基金会与美国对缅甸的外交

国家民主基金会对缅甸的援助表明，不同于传统的外交机构，国际非
政府组织在美国对缅甸的外交过程中扮演着重要的角色。美国与缅甸关系
自 1988 年以后长期处于敌对状态，两国官方外交渠道受阻，而且缅甸长
期由军政府执政，局势敏感。在这种情况下，美国就充分利用以总部设在
美国的国际非政府组织来为其外交和安全战略服务。美国利用国际非政府
组织实行对外"民主援助"的成功模式也被欧洲国家所复制、推广，国

---

① "Telegram 001085 from the American Embassy in Yangon to Certain Diplomatic and Consular
Posts, August 25, 2004", available at: https://www.wikileaks.org/plusd/cables/04RANGOON1085_
a.html, 2014 - 03 - 28.

② *NED* 2009 *Annual Report*, available at: http://www.ned.org/publications/annual - reports/
2009 - annual - report/asia/description - of - 2009 - grants/burma, 2013 - 04 - 05.

③ Narayanan Ganesan, "Myanmar—China Relations: Interlocking Interests bur Independent Out-
put", *Japanese Journal of Political Science*, Vol.12, April 2011, pp.95 - 111.

家民主基金会认为其"私人身份和政府资助是其活动有效性的关键"。①

　　首先，在美国政府不便出面的情况下，美国国会向国家民主基金会拨款，让它在缅甸这个美国具有特殊利益的国家完成很多官方机构无法完成的任务。1986—1987财政年度，美国国会要求国家民主基金会在决定海外项目的资助之前要先与国务院进行磋商。② 国务院官方文件多次强调要支持国家民主基金会这类国际非政府组织的工作，以支持在缅甸恢复民主。美国历届总统也多次在公开场合称赞国家民主基金会，支持其在海外的活动，并采取多种手段来协助国家民主基金会等非政府组织在缅甸的活动。"在2008年的总统大选中，奥巴马总统在接受《华盛顿邮报》网上采访时表示，民主是我们最好的伙伴和最宝贵的盟友，是我们国家最核心的价值观……我会大大增加对国家民主基金会和其他非政府组织的资助，以支持民间活动家在专制社会的活动。"③ 受到美国政府资助和支持的国家民主基金会，必然竭力地配合美国政府完成一些项目，以支持美国的外交政策。

　　其次，国家民主基金会是美国政府制定对缅甸政策时一个重要的信息提供者。美国政府每年都会拨款给国家民主基金会在缅甸境内和沿缅甸边境搜集和传播信息，国家民主基金会能够灵活地利用其私人身份将流亡分子秘密送到缅甸境内或乔装成旅游者到缅甸境内，搜集数据和传播关于人权与民主的信息，再通过地下通信网络将缅甸内部信息发送至境外。美国驻曼谷大使馆和清迈总领事馆的官员也会定期到边境与这些非政府组织人员见面，"检查所搜集到的第一手资料信息"，④ 商谈一些有关民主活动的战略和战术，并对与缅甸相关的组织表示支持。这些情报与信息成为

　　① Susan B. Epstein，"National Endowment for Democracy：Policy and Funding Issues"，*Congressional Research Service Report* 96 – 222，August 16，1999，available at：http：//congressionalresearch.com/96 – 222/document. php? study = National + Endowment + for + Democracy + Policy + and + Funding + Issues，2015 – 8 – 12.

　　② David Lowe，"Idea to Reality：NED at 30".

　　③ "Q&A：Obama on Foreign Policy"，*The Washington Post*，March 2，2008，available at：http：//www. washingtonpost. com/wp – dyn/content/article/2008/03/02/AR2008030201982. html，2013 – 10 – 02.

　　④ *Report on Activities to Support Democracy Activists in Burma as Required by the Burmese Freedom and Democracy Act of* 2003，available at：http：//2001 – 2009. state. gov/p/eap/rls/rpt/burma/26017. htm，2013 – 06 – 07.

"美国政府和非政府组织在国家、地区和全球层面上探讨如何推进缅甸和平与民主改革的关键性参考依据"。① 不言而喻，依靠国家民主基金会这样的非政府组织来获取缅甸内部、泰缅边境以及中缅边境的数据甚至是情报，对于美国等西方国家制定对缅甸的政策和采取行动具有重要的参考价值。

再次，国家民主基金会可以为美国政府制定对缅甸的政策提出切实可行的建议。由于缅甸在国际社会长期被孤立，加之军政府对消息控制严密，国际社会缺乏对缅甸真实情况的了解。国家民主基金会多年从事与缅甸相关的活动，了解缅甸内部的情况，因此，它向美国政府提供的决策咨询影响深远。诸如，2003 年，国家民主基金会的亚洲项目高级主管布莱恩·约瑟夫（Brain Joseph）在美国参议院外交关系委员会举行的听证会作证时，就为美国政府制定对缅甸的政策提出了不少建议，如保持压力迫使缅甸军政府对他们的行为负责；在缅甸问题上与联合国合作；和泰国政府合作，促使泰国为缅甸流亡民运人士提供一个安全可靠的环境等。② 这些建议对美国政府制定对缅甸的外交政策产生了积极的影响。

最后，在国际社会上，非政府组织在跨国倡议网络中一种很重要的参与模式是"回飞镖"（Boomerang）模式，而这也是非政府组织影响一国外交政策的主要方式之一。在 A、B 两国的正常交流渠道被堵塞后，A 国国内的非政府组织就会绕过本国政府，向 B 国的国际非政府组织寻求帮助，希望借 B 国的国际非政府组织来影响 B 国政府，再通过 B 国政府向 A 国政府施压，以迫使 A 国政府改变其政策。"在这一模式中，A 国一般是发展中国家，而 B 国则是发达国家。"③ 就缅甸而言，缅甸境内的非政府组织及在泰缅边境由流亡分子建立的非政府组织就与国际非政府组织开展联系。它们一方面呼吁美国政府加强对缅甸的制裁，希望其对缅甸军政

---

① Barry F. Lowenkron, "Keynote Address at the U. S. Campaign for Burma 2006 National Conference: Burma's Challenge 2006, April 29, 2006", available at: http://2001 – 2009. state. gov/g/drl/rls/rm/2006/68663. htm, 2013 – 12 – 05.

② Brain Joseph, "A Review of the Development of Democracy in Burma: Hearing before the Subcommittee on East Asian and Pacific Affairs of the Committee on Foreign Relations, S. Hrg. 108 – 178, June18, 2003", available at: http://www. gpo. gov/fdsys/pkg/CHRG – 108shrg89837/html/CHRG – 108shrg89837. htm, 2014 – 03 – 08.

③ Youngwan Kim, *The Unveiled Power NGOs: How NGOs Influence States' Foreign Policy Behaviors*, University of Iowa, 2011, p.40.

府采取严厉的惩罚性措施；另一方面将在缅甸境内搜集到的信息、数据提供给国家民主基金会，由其再转给美国政府，由此来让美国联合其他国家向缅甸政府施压，要求缅甸政府改善国内的侵犯人权情况，开启民主改革化进程。

本 章 总 结

美国国家民主基金会对缅甸提供"民主援助"20 余年，在缅甸的基层具有广泛的影响力，为塑造美国在缅甸民众心目中的良好形象贡献颇多。不仅如此，伴随着美国战略重心东移亚太，它还为美国政府在缅甸这个大国博弈的战场上增加了胜率的砝码。众所周知，缅甸国内拥有丰富的油气资源，加之缅甸地理位置特殊，位于东南亚十字路口，北扼中国，西邻印度，东接东盟，战略位置十分重要，各国纷纷趁缅甸民主转型之机，改善与缅甸的关系。美国、日本、印度等国都希望借缅甸来加强在东南亚的外交，扩大自身的力量以平衡中国在此一地区的影响力。

随着中国在缅甸境内投资的增加，国家民主基金会在缅甸西北部——这也正是中国在缅甸投资项目比较集中的区域——发动了一系列"旨在提高对缅甸西部资源开采地区认识的项目"，[1] 以此来影响缅甸当地人对中国投资项目的认识。以 2011 年缅甸新政府叫停中国在缅甸的密松水电站项目为例，虽然布莱恩·约瑟夫否认基金会直接参与动员缅甸的活动家采取行动，反抗大坝或者其他具体的中国在缅项目，但他也承认，国家民主基金会已资助一些项目去调查诸如基础设施发展项目，以及这些项目的影响和所有权等"更为广泛的问题"。[2] 而且参与反对中国在缅甸项目建设的众多非政府组织如丹瑞天然气运动（Shwe Gas Movement）、克钦发展网络组织（Kachin Development Network Group）等都是直接受国家民主基金会赞助的。根据美国驻缅甸使馆的外交电报显示，仅 2010 年美国就资

---

[1] 2010 *NED Annual Report*, available at: http://www.ned.org/publications/annual–reports/2010–annual–report/asia/burma, 2013–04–05.

[2] Greg Torode, "Myanmar work will continue, vows National Endowment for Democracy", *South China Morning Post*, October 1, 2012.

助了两个缅甸的非政府组织来参与反对密松大坝的建设。[①] 它们的行动直接或间接地配合了美国政府的外交战略需求，借此来抗衡中国在缅甸的影响力。

可以说，以美国国家民主基金会为代表的国际非政府（非营利）组织，它们虽然工作性质隐蔽，在配合美国政府的行动中常常扮演着"沉默的伙伴"的角色，但在缅甸境内的影响，以及美国对缅外交决策过程中，它们的影响不容小觑。

---

① "Telegram 000030 from the American Embassy in Yangon to Certain Diplomatic and Consular Posts, January15, 2010", available at: http://www.wikileaks.org/cable/2010/01/10RANGOON30. html, 2014 - 03 - 28.

第十三章

布鲁金斯学会研究

美国拥有世界上最为庞大的智库群体。各智库努力通过各种方式表达自己的意向，影响政府决策和公众舆论，在美国社会生活中占据着十分重要的位置。布鲁金斯学会（Brookings Institution）是美国历史最为悠久、对政府和公众最具影响力的智库之一，与企业研究所并称为华盛顿的"两大思想库"。而企业研究所实际上脱胎于布鲁金斯学会，因而也被称为"保守的布鲁金斯"。① 在宾夕法尼亚大学发布的《2015 年全球智库排行榜》中，布鲁金斯学会连续六年综合排名世界第一，并在各个研究领域中都位列前茅。② 因此，梳理布鲁金斯学会的历史、研究其发展历程，不仅有助于了解该智库在美国社会发展进程中所起到的作用，而且有利于进一步研究美国智库的运行机制及其影响政府决策的方式。此外，布鲁金斯学会在其 100 年的发展历程中取得的经验和教训，对我国的智库建设也具有一定的借鉴意义。

一 布鲁金斯学会简介

（一）罗伯特·布鲁金斯与布鲁金斯学会的创立

要研究布鲁金斯学会的历史，就不得不提到它的创立者——罗伯特·

① 张静怡：《世界著名思想库：美国兰德公司、伦敦国际战略研究所等见闻》，军事科学出版社 1985 年版，第 4—5 页。张焱宇：《美国企业研究所》，载《国际资料信息》2003 年第 11 期。

② James G. McGann, 2015 *Global Go To Think Tanks Index Report*, The Think Tanks and Civil Societies Program, The Lauder Institute, University of Pennsylvania, pp. 45, 74 – 103.

萨默斯·布鲁金斯（Robert Summers Brookings）。

布鲁金斯于 1850 年出生于美国马里兰州塞西尔县，17 岁时移居密苏里州圣路易斯市。24 岁时，带着对音乐的热爱，他前往柏林，并在欧洲游历了整整一年。[①] 回国后，他与自己的兄弟哈里·布鲁金斯（Harry Brookings）合伙开办企业，并大获成功，积累了巨额财富。

19 世纪末 20 世纪初，进步主义运动方兴未艾，美国精英中兴起了一股关注政治、关注社会、关注民生的热潮。正是在这样的背景下，1895 年，47 岁的布鲁金斯毅然决定退休，全身心地投入到公益事业中。他退休后做的第一件事就是全力资助位于圣路易斯的华盛顿大学（Washington University in St. Louis）的建设，并长期担任校董事会主席一职，在此期间，他还结识了钢铁大王安德鲁·卡内基（Andrew Carnegie）。在卡内基的邀请下，布鲁金斯成为卡内基基金会的创始人及卡内基和平基金会和史密森学会的理事。史密森学会创立的主要目的就是影响政府决策，它为塔夫脱（William Taft）政府制定经济政策、提高行政效率做出了重要贡献。[②] 1911 年，布鲁金斯受塔夫脱总统之邀出任经济与效率委员会顾问。这些经历对布鲁金斯日后创建独立的研究机构有着深远的影响。[③]

1916 年，受洛克菲勒基金会秘书长杰罗姆·格林（Jerome Greene）的邀请，布鲁金斯与几位立志改变美国政府的精英一道创立了布鲁金斯学会的前身——政府研究所（Institution for Government Research）。因此，1916 年也就成为布鲁金斯学会历史的起点。成立政府研究所的目的就在于促进政府决策的科学化，提高行政效率，改进政府的公共政策。[④] 1917 年，布鲁金斯加入了美国政府战时工业委员会，并担任价格管制局主席，这使得他对政府运行和经济问题有了更深入的了解。在他看来，经济研究能够解决整个世界面临的多数问题，而政府研究所在该领域起到的作用十

---

① 参见布鲁金斯学会网站 http：//www. brookings. edu/about/History/RobertSBrookings_ bio. aspx，最后访问日期：2015 年 8 月 11 日。

② Donald T. Critchlow，"Robert S. Brookings：The Man，the Vision and the Institution"，*The Review of Politics*，Vol. 46，No. 4，1984，pp. 561 – 581.

③ Charles B. Saunders，*The Brookings Institution：A Fifty Year History*，The Brookings Institution，1966，p. 21.

④ 参见布鲁金斯学会网站 http：//www. brookings. edu/about/History/RobertSBrookings_ bio. aspx，最后访问日期：2015 年 8 月 11 日。

分有限。1922 年，在卡内基基金会代理主席亨利·普里切特（Henry Prit-chett）的支持下，布鲁金斯创立了经济研究所（The Institution of Econom-ics），他希望该机构能为政府制定经济政策出谋划策，并帮助保持美国经济的强劲势头。1924 年，他又创立了罗伯特·布鲁金斯经济与政治研究生院（Robert Brookings Graduate School of Economics and Government），培养社会公共服务部门人员，尤其是为国会的各个委员会输送专业人才。①1927 年，由布鲁金斯本人牵头，政府研究所、经济研究所与罗伯特·布鲁金斯经济与政治研究生院合并，组成现在的布鲁金斯学会，其职责是独立开展经济、政治、行政管理和其他社会科学的研究。为了确保学会的独立性和研究的科学性，布鲁金斯规定董事会不得干预学会的研究工作。

　　学会的第一任主席是芝加哥大学教授哈罗德·莫尔顿（Harold Moul-ton），他以研究战争债务问题而闻名。布鲁金斯本人任学会董事会主席，泛美联盟理事长利奥·S. 罗（Leo S. Rowe）任副主席。当时董事会共有18 名成员，均为教育界、商界和政界的精英。② 成立之初，布鲁金斯本人捐出一部分财产创立了专项基金，卡内基基金会、洛克菲勒基金会和福特基金会也向学会提供了财政支持。③ 1932 年，布鲁金斯学会总部大楼落成。该大楼位于华盛顿市杰克逊广场 722 号，紧邻白宫。

（二）布鲁金斯学会现状

1. 治理结构

　　布鲁金斯学会的领导机构是理事会，目前共有 51 名正式成员，由商界、学界、前政府官员及其他领域的杰出人士组成。每届理事会为期三年，每年举行三次全体会议，其职责是处理学会的行政性事务、支持学会在各领域开展调查研究并保障学会的独立性。理事会设主席、副主席若干名，现任主席是前高盛公司总裁兼首席运营官约翰·桑顿（John L. Thorn-ton）和凯雷投资集团（The Carlyle Group）创始人大卫·鲁宾斯坦（Da-

---

　　① Donald T. Critchlow, *The Brookings Institution*, 1916 – 1952: *Expertise and the Public Interest in a Democratic Society*, Northern Illinois University Press, 1985, p. 56.

　　② "The Brookings Institution", *Advocate of Peace Through Justice*, Vol. 90, No. 2, 1928, pp. 92 – 93.

　　③ 参见布鲁金斯学会网站 http://www.brookings.edu/about/SupportBrookings.aspx，最后访问日期：2015 年 8 月 11 日。

vid M. Rubenstein)。此外，学会另有荣誉理事 38 名。①

在理事会的领导下，布鲁金斯学会的管理团队负责日常行政工作，包括制定政策、推荐项目、核准出版物，以及挑选研究人员等。斯特罗布·塔尔博特（Strobe Talbott）自 2002 年起任学会主席，带领学会的管理团队开展工作。塔尔博特是研究外交事务的专家，他的研究方向涵盖欧洲、俄罗斯、南亚及核军控等各领域。他曾在克林顿政府中任助理国务卿，直接参与美国政府的外交决策。在主席之下，学会的管理团队还拥有十位副主席、一位管理主任、一位人力资源主管和一位总顾问，负责各自部门的具体事务。②

目前，布鲁金斯学会总部位于华盛顿市马萨诸塞大道 1775 号，其座右铭是"高质量、独立性与影响力"（Quality，Independence and Impact）。③

2. 研究领域

布鲁金斯学会的研究主要通过研究部、研究中心和研究项目三个层次进行，但这三个层次之间并没有严格的隶属关系。目前，学会共有 5 大研究部、14 个政策研究中心、3 个次级研究中心，以及 26 个研究课题组。

（1）经济研究部。该部关注美国经济走势，研究的重点是当前美国经济面临的重大问题，并在商业贸易、医疗卫生体制改革、能源政策、社会事务和财税政策等问题上为政府提供政策建议。此外，该研究部还致力于通过经济研究帮助公众了解经济运行的规律及如何改进政府的经济政策。该部现任主任为学会副主席泰德·盖尔（Ted Gayer）。目前，共有 4 个研究中心和 7 个研究课题组与经济研究部相关，分别是恩格尔伯格医疗改革研究中心、儿童与家庭研究中心、城市研究所—布鲁金斯学会财税政策研究中心、社会动态与政策研究中心，以及孩子的未来课题组、布鲁金斯经济活动报告课题组、商业与公共政策课题组、气候与能源政策课题

---

① 参见布鲁金斯学会网站 http：//www. brookings. edu/about/Trustees. aspx，最后访问日期：2015 年 8 月 11 日。

② 参见布鲁金斯学会网站 http：//www. brookings. edu/about/management. aspx，最后访问日期：2015 年 8 月 11 日。

③ 参见布鲁金斯学会网站 http：//www. brookings. edu/，最后访问日期：2015 年 8 月 11 日。

组、退休保障课题组、国家优先预算课题组和汉密尔顿课题组。①

（2）外交政策研究部。外交政策是布鲁金斯学会的重点研究领域，该研究部为自己树立了两大目标：一是了解这个不断变化的世界，以及各种变化给国际社会带来的挑战；二是通过影响美国及其他国家的外交政策促进世界的和平、安全与繁荣。目前，学会副主席布鲁斯·琼斯（Bruce Jones）兼任外交政策研究部主任，他曾任联合国和世界银行顾问。该研究部得到了五个研究中心、三个次级研究中心和六个研究课题组的支持，分别是约翰·桑顿中国研究中心、萨本（Saban）中东政策研究中心、美国与欧洲研究中心、东北亚政策研究中心、21世纪安全与情报研究中心、布鲁金斯—清华公共政策研究中心、布鲁金斯多哈研究中心、印度研究中心，以及美国与伊斯兰世界课题组、布鲁金斯—伦敦政治经济学院国内替代课题组、拉美课题组、21世纪防务课题组、军备控制课题组、掌控国际秩序课题组和能源安全课题组。其中，布鲁金斯—清华公共政策研究中心和布鲁金斯多哈研究中心作为次级研究中心，分别隶属约翰·桑顿中国研究中心和萨本中东政策研究中心。②

（3）世界经济与发展研究部。该部研究的重点是如何掌控经济全球化的过程，并在全球范围内消除贫困。全球经济发展的动力、如何消除贫困，以及国际公共商品的提供，是该研究部关注的三大核心问题。学会副主席凯末尔·德尔维（Kamal Dervis）兼任世界经济与发展研究部主任，他曾任联合国发展计划项目主任。全民教育研究中心、约翰·桑顿中国研究中心、非洲发展课题组、发展援助与政府管理课题组和拉美课题组为该部的研究提供了支持。③

（4）政府管理研究部。该研究部致力于帮助美国和其他国家的政府应对机构内部出现的问题，为行政体制改革提供建议，提高政府的行政效率，影响政府决策，增进人民的福祉。政府管理研究部主任由学会副主席达雷尔·韦斯特（Darrell M. West）兼任，他还是学会技术创新研究中心

---

① 参见布鲁金斯学会网站 http：//www. brookings. edu/economics. aspx，最后访问日期：2015年8月12日。

② 参见布鲁金斯学会网站 http：//www. brookings. edu/foreign – policy/about. aspx，最后访问日期：2015年8月12日。

③ 参见布鲁金斯学会网站 http：//www. brookings. edu/global/about – us. aspx，最后访问日期：2015年8月12日。

的创始人。布朗教育政策研究中心和技术创新研究中心都隶属政府管理研究部，此外动态经济课题组、管理与领导课题组和哈佛法学院—布鲁金斯法律与安全课题组也与该部密切相关。[①]

（5）城市治理研究部。学会在该领域开展研究旨在帮助美国城镇应对各类挑战，提高美国城市居民的就业率和收入水平，减少贫困、节能减排，促进可持续发展，壮大中产阶级，并帮助美国继续保持经济上的领先地位。该研究部创立于1996年，至今不过20年的历史。目前，该研究部主任仍然是其创始人、学会副主席布鲁斯·卡茨（Bruce Katz）。城市治理研究部得到了布鲁金斯—洛克菲勒州与城镇创新课题组、全球都市课题组和五大湖区经济课题组的支持。[②]

3. 人员结构

目前，布鲁金斯学会总共有300多位学者在五大研究部中开展分析研究，其中包括200余位高级研究员和约30位访问学者。各部研究人员情况见表13-1。

表13-1　　　　　　　　　布鲁金斯学会的人员构成

专业方向	研究人员				行政人员
	驻会	非驻会	访问	总计	
经济	27	22	6	55	10
外交政策	46	72	11	129	29 *
世界经济与发展	21	57	4	82	35
政府管理	20	23	7	50	16
城市治理	36	33	0	69	21
总计	150	207	28	385	111

资料来源：数据来源于布鲁金斯学会网站：http：//www. brookings. edu/programs. aspx；带"＊"的数据来源于李轶海主编《国际著名智库研究》，上海社会科学院出版社2010年版，第9页。另外，布鲁金斯学会允许学者同时参与多个研究部的研究项目。

从表中可以得出以下几个结论：一是布鲁金斯学会的非驻会研究员在数量上大大超过了驻会研究员，这就说明学会的研究形式十分灵活，与外

---

①　参见布鲁金斯学会网站 http：//www. brookings. edu/governance/about. aspx，最后访问日期：2015年8月12日。

②　参见布鲁金斯学会网站 http：//www. brookings. edu/metro/About - Us. aspx，最后访问日期：2015年8月12日。

界联系密切，交流频繁。二是学会拥有大量的行政人员。如果再算上表中尚未统计在内的布鲁金斯出版社工作人员和学会高层管理人员，学会行政人员的总数应该在 300 人左右，与学者的人数大体相当。这点也得到了前学会中国研究中心主任李侃如的确认。① 三是学会非常重视外交政策研究，该部的驻会研究员和非驻会研究员数量都大大超过了其他几个研究部，该部还吸引了最多的访问学者。

布鲁金斯学会的多数研究人员都有过在政府或国际组织工作的经历，学会也非常注重吸收来自其他国家的学者。学会主席斯特罗布·塔尔博特是克林顿政府负责中亚和南亚事务的助理国务卿，并曾在美国国会任职。学会副主席、世界经济与发展研究部主任凯末尔·德尔维来自土耳其，曾是土耳其国会议员，并任经济部长。资深研究员多米尼克·隆巴尔迪（Domenico Lombardi）来自意大利，曾在世界银行任职。前约翰·桑顿中国研究中心主任李侃如曾在克林顿政府中任国家安全委员会东亚事务主任。

4. 研究经费

自 2013 年 7 月至 2014 年 6 月，布鲁金斯学会总收入超过 1.5 亿美元，其中经营性收入为 1.08 亿美元，非经营性收入超过 4300 万美元；总支出超过 1.1 亿美元。截至 2014 年 6 月，学会总资产接近 5 亿美元，净资产也达到了 4.4 亿美元。②

在布鲁金斯学会的经营性收入当中，86% 来自政府或机构捐助，10%来自个人赠予，2% 来自出售各类出版物，另外 2% 来自其他方面。这些获赠款项多数被限定用于指定研究领域，少数可以由学会自由支配。在这段时间里，比尔与梅琳达·盖茨基金会、摩根大通集团、麦克阿瑟基金会以及大卫·鲁宾斯坦和约翰·桑顿个人都捐赠了数百万美元。除此之外，微软公司、福特基金会和美国电报电话公司也为学会的部分研究项目提供了经费，某些学会理事还设立了一些基金支持特定项目的研究。③

在布鲁金斯学会的支出经费当中，31% 用于外交政策研究，23% 用于经济研究，16% 用于城市治理研究，14% 用于世界经济与发展研究，9%

---

① 2011 年 11 月 13 日，作者对李侃如的访谈，李曾谈到学会共有 600 多人。

② Robert Moore and Jessica Gibbs, *Brookings Annul Report* 2014, The Brookings Institution, 2014, pp. 40 – 41.

③ Robert Moore and Jessica Gibbs, *Brookings Annul Report* 2014, pp. 37 – 39.

用于政府管理研究，4% 用于出版物，3% 用于对外合作交流。根据美国法律，该学会作为一个非营利的研究机构能够享受税收优惠待遇。[①]

二　1916—1945 年的布鲁金斯学会

（一）概况

1915 年，洛克菲勒基金会秘书长杰罗姆·格林开始策划成立一个新的研究机构，以帮助政府提高效率，保障美国的民主。由于担心来自中西部的政治精英指责该机构是洛克菲勒的喉舌，格林特别强调机构的非党派性质。为了弱化机构理事会的自由派倾向，他特地邀请著名保守派人士耶鲁大学校长亚瑟·哈德利（Arthur Hadley）和菲尔普斯道奇公司副总裁克利夫兰·道奇（Cleveland H. Dodge）等人加入。[②] 罗伯特·布鲁金斯作为中西部企业家的代表也在受邀之列。

1916 年 3 月，政府研究所挂牌成立，10 月正式投入运营。理事会主席是约翰·霍普金斯大学校长弗兰克·约翰逊·古德诺（Frank Johnson Goodnow），所长是普林斯顿大学政治学和法学教授、前劳工部专家威廉·威洛比（William F. Willoughby）。布鲁金斯任理事会副主席。43 家机构和个人向研究所捐款共计 16 万美元，作为研究所最初五年的运行资金。[③]

早期的政府研究所不像后来的布鲁金斯学会那样在美国乃至全世界拥有如此高的知名度。由于致力于与政府合作提高行政效率，该机构在公众中并没有什么影响力，研究成果也鲜为人知。这一时期，研究所出版的书籍和报告主要有 1918 年的《管理退休公共部门人员的原则》、1923 年的《了解联邦政府的行政机构》，以及 1925 年的《联邦政府的统计工作》，

---

① Robert Moore and Jessica Gibbs, *Brookings Annul Report* 2014, p. 41.

② Donald T. Critchlow, *The Brookings Institution*, 1916 – 1952: *Expertise and the Public Interest in a Democratic Society*, p. 33.

③ James Allen Smith, *Brookings at Seventy – Five*, The Brookings Institution, 1991, pp. 11 – 12.

等等。① 政府研究所在其短短十余年历史中做过的最重要的一件事，是促成美国的财政改革。正是在政府研究所全体人员的不懈努力下，联邦预算与会计法案最终于 1921 年获得通过，在哈定总统（Warren Gamaliel Harding）任期内美国建立起了一整套现代国家预算机制。

1922 年，布鲁金斯说服其好友亨利·普里切特成立了经济研究所，后者答应卡内基基金会将在未来 10 年中为经济研究所提供资金支持，每年 20 万美元。② 年仅 39 岁的芝加哥大学经济学教授哈罗德·莫尔顿受邀担任经济研究所的所长，布鲁金斯向他保证理事会只负责募集资金，不干预学术研究。在莫尔顿的领导下，经济研究所吸引了大批学术精英，其中包括：农业经济学家、后来成为经济顾问委员会首任主席的埃德温·诺斯（Edwin Nourse），曾在战时工业委员会任职的经济统计学先驱伊萨多·鲁宾（Isador Lubin），第二次世界大战时期在国务院主持研究工作的经济学家里奥·帕斯沃尔斯基，研究国际贸易的学者、前关税委员会成员托马斯·沃克·佩奇（Thomas Walker Page）等。③ 该所主要关注的是第一次世界大战后的经济恢复工作，研究成果也涉及国际贸易、农业、劳工政策等相关领域。该所对战争债务问题的研究尤为引人注目，曾得到理事会成员、时任商务部长的赫伯特·胡佛（Herbert Hoover）的称赞。然而，当经济研究所的专家们不断要求实行低关税政策时，胡佛退出了理事会。④ 总体而言，由于经济研究所与政府的关系并不密切，再加上官员们大多缺乏专业知识，该所的研究成果并没有对政府决策产生明显的影响。

在创建经济研究所的同时，布鲁金斯就在考虑建立一所专门的培训学校培养政府中的技术官僚。1924 年，罗伯特·布鲁金斯经济与政治研究生院应运而生。在布鲁金斯的要求下，研究生院与圣路易斯华盛顿大学合作，学生可以选择在圣路易斯或华盛顿完成学业。然而事与愿违，该研究生院办得并不成功，绝大多数毕业生都倾向于前往大学任教，而不是进入政府。在不到四年的时间里，总共有 120 名学生进入研究生院学习，其中

---

① James Allen Smith, *Brookings at Seventy - Five*, p. 13.

② Charles B. Saunders, *The Brookings Institution：A Fifty Year History*, p. 27.

③ James Allen Smith, *Brookings at Seventy - Five*, pp. 18 - 19.

④ Donald T. Critchlow, *The Brookings Institution*, 1916 - 1952：*Expertise and the Public Interest in a Democratic Society*, Northern Illinois University Press, 1985, p. 74.

有 74 人获得了博士学位。①

随着时间的推移，创办者们对政府研究所的热情在下降。1918 年，只有理事会主席古德诺和副主席布鲁金斯能经常参加会议，而研究所在经费上也面临着困难。布鲁金斯通过朋友筹集了 7 万美元继续支持政府研究所的研究，并邀请赫伯特·胡佛、伊莱休·鲁特（Elihu Root）和威廉·塔夫脱加入理事会。② 为了提高研究机构的学术水平，扩大对政府决策的影响，布鲁金斯决定合并三家机构。最终，布鲁金斯学会于 1927 年成立，政府研究所和经济研究所成为学会下属的两个研究部，而研究生院则变成学会的教育培训部门。原经济研究所所长哈罗德·莫尔顿任学会主席。

合并后的布鲁金斯学会仍然致力于打造一个高效的政府，同时提高美国经济的运行效率。然而，如果仅仅将目标定为提高政府行政效率和经济运行效率就会把学会的研究限制在一个非常狭小的领域内，并且有可能导致学会依附于政府而丧失其独立性。布鲁金斯学会内部对此有很大分歧，而随后学会参与印第安事务管理体制改革实际上是打破了这一限制。到了罗斯福新政时期，学者们出于各种原因，几乎都站在了新政的对立面上。在第二次世界大战期间，尽管学会努力帮助政府应对战争的考验，但它仍然强烈反对罗斯福总统（Franklin D. Roosevelt）的经济政策。正是这一系列事件最终确立了学会的非党派性和独立性。

在此期间，布鲁金斯学会还做了许多其他方面的研究，对联邦政府和地方政府的决策产生了一定的影响。1930 年，应北卡罗来纳州州长马克思·加德纳（O. Max Gardner）的请求，学会的专家们撰写了一份研究报告，为州政府各部门的行政改革提供建议。③ 1932 年，在学会专家的影响下，国会以耗资过大为由否决了胡佛政府建设圣劳伦斯航道的计划。1941 年，应马里兰州蒙哥马利县政府的邀请，布鲁金斯学会的一位专家在经过考察之后发布了研究报告，帮助他们实现决策的科学化、民主化，提高公

---

① James Allen Smith, *Brookings at Seventy - Five*, p. 51.

② Donald T. Critchlow, *The Brookings Institution*, 1916 - 1952: *Expertise and the Public Interest in a Democratic Society*, p. 57.

③ "The Brookings Report on Education", *The High School Journal*, Vol. 14, No. 2, 1931, pp. 73 - 86.

共服务水平。① 1942 年，学会出版了专著《解决多米尼加共和国的难民问题》，为联邦政府遣返和安置来自多米尼加的难民提供了建议。② 第二次世界大战尚未结束，布鲁金斯学会研究员约瑟夫·迈尔（Joseph Mayer）就发布了一份研究报告，对未来两年联邦政府的税收情况进行了预测。尽管该报告遭到了一些政府官员的责难，但学会还是坚持己见，并建议联邦政府及时调整战时政策以利于国民经济的恢复和发展。③

在合并后的相当长一段时间内，由于经济大萧条，包括卡内基基金会和洛克菲勒基金会在内的公益机构都停止向布鲁金斯学会提供资金支持，学会一时间陷入了困境。1930 年，学会需要 30 万美元维持其运行，但实际只得到了 3 万美元，其中大部分来自捐赠。为了摆脱困境，学会主席莫尔顿决定通过为私人机构和非营利组织提供有偿服务筹集资金。尽管如此，学会的经费依然紧张，这种状况一直持续到第二次世界大战爆发。④

（二）政府研究所与美国现代国家预算制度的创立

美国的预算改革运动兴起于 19 世纪末 20 世纪初，是进步主义运动的重要组成部分。它由一群社会精英推动，最初的目的是遏制政治腐败、挽救失去人民信任的代议制民主。在那些精英们看来，没有预算的政府就是"看不见的政府"，而"看不见的政府"必然会成为"不负责任的政府"；如果政府不负责任，那它就不能被称为是"民主的政府"。⑤ 1906 年，纽约市政研究局成立，引领了全国的预算制度改革。到 1919 年，全美已经有 44 个州通过了预算法。随着美国对同盟国宣战，筹措战争经费及战后归还借债的问题使得建立一整套现代国家预算制度越来越成为一个紧迫的问题。

---

① John N. Edy, "Reorganizing a County", *Public Administration Review*, Vol. 1, No. 4, 1941, pp. 396 – 398.

② A. Curtis Wilgus, "Review: untitled", *Annals of the American Academy of Political and Social Science*, Vol. 226, Southeastern Asia and the Philippines, 1943, pp. 177 – 178.

③ Joseph Mayer, Harold G. Moulton, Meyer Jacobstein and Lewis H. Kimmel, "Postwar National Income: An Appraisal of Criticisms of the Brookings Institution Estimate", *The Review of Economics and Statistics*, Vol. 27, No. 4, 1945, pp. 189 – 191.

④ James Allen Smith, *Brookings at Seventy – Five*, p. 27.

⑤ 王桂娟：《美国财政制度与政策变迁的简要回顾》，载《经济研究参考》2009 年第 40 期，第 28 页。

　　创办政府研究所的初衷是帮助政府提高的行政效率、保障美国的民主，这与预算改革运动的目标是一致的。该所理事会中包括布鲁金斯在内的绝大多数成员都是预算改革运动的坚定拥护者。此外，政府研究所与联邦政府有着密切的关系，其研究成果往往直接服务于政府决策。以上三个因素相互作用，决定了政府研究所必然会在创立美国国家预算制度的过程中发挥重要作用。

　　1918 年，时任众议院拨款委员会主席的詹姆斯·古德（James N. Good）邀请政府研究所所长威洛比协助自己起草联邦预算法。在威洛比的建议下，1919 年，古德在国会举行了预算立法听证会，收到了超过 700 页的建议材料。时任海军部助理部长的富兰克林·罗斯福甚至在递交的材料中表示，一旦建立预算制度，海军部就能节省 20% 的经费。威洛比本人和政府研究所董事会主席古德诺都递交了自己的建议，这些建议对后来的《联邦预算法》产生了重要影响。[①] 听证会结束后，威洛比在研究所其他学者的帮助下起草了"古德议案"（Good Bill），明确了总统和国会在国家预算体制中的权责。该议案经过国会的讨论和修改获得通过，成为《1919 年联邦预算与会计法》，但这一法案最终被伍德罗·威尔逊总统（Thomas Woodrow Wilson）否决。

　　政府研究所和国会都没有因此而放弃努力。在古德的引荐下，威洛比于 1920 年 2 月前往佛罗里达州圣奥古斯汀市拜访了总统候选人沃伦·哈定，在创立国家预算制度上得到了哈定的支持。[②] 哈定于次年成功当选总统，国会也加紧了预算立法工作。政府研究所的专家们在威洛比的领导下为国会提供了重要支持，他们同时为参议院和众议院起草法案，并根据议员们的意见做出修改。[③] 很快，《1921 年联邦预算与会计法》在国会获得通过，最终于 1921 年 6 月 10 日获得总统批准，成为正式的法律。哈定总统称赞该项法案是"自合众国成立以来最伟大的政府改革措施"。[④] 根据该项法案规定，联邦政府成立了国家预算局，建立起了一整套现代国家预

---

①　Donald T. Critchlow, *The Brookings Institution*, 1916 – 1952: *Expertise and the Public Interest in a Democratic Society*, p. 37.

②　Ibid., p. 38.

③　James Allen Smith, *Brookings at Seventy – Five*, p. 14.

④　参见布鲁金斯学会网站：http://www.brookings.edu/about/History.aspx，最后访问日期：2015 年 8 月 12 日。

算制度。

（三）布鲁金斯学会与印第安事务管理体制改革

建国伊始，美国联邦政府就设立了一个专门管理印第安事务的机构——印第安事务管理局（处）。自 1849 年以来，该机构一直归联邦内政部管辖。到了 20 世纪 20 年代中期，由于外界对联邦政府印第安人政策的批评越来越多，时任内政部部长的休伯特·沃克（Hubert Work）决定对该局下属的核心机构印第安人服务办公室展开一次全面调查，弄清机构的运行状况和国内印第安人的真实情况。要获得尽可能客观的结果并在此基础上推进机构改革，就必须依靠政府之外的专家。由于以约翰·科利尔（John Collier）为首的一批政客和学者一直抨击印第安事务局的腐败无能导致美国的印第安人生活在恶劣的环境中，沃克只能向布鲁金斯学会求助，希望学会研究员路易斯·梅里亚姆（Lewis Meriam）能给予印第安人服务办公室客观公正的评价。①

从 1927 年起，梅里亚姆代表布鲁金斯学会开展了为期五年的研究，致力于改善联邦政府的印第安事务管理体制。1928 年，他发布了《印第安事务管理机构的问题》研究报告，详细分析了内战结束后的 50 年中联邦政府在印第安事务决策中犯下的错误，并且提出了解决方案。这份研究报告又被称为《梅里亚姆报告》。报告认为，没有必要组建一个新的机构代替印第安人服务办公室或印第安事务管理局，重组原有的机构就可以达到改善印第安人生活状况的目的。梅里亚姆深知，要推动印第安事务管理机制改革，必须得到总统、国会领袖、印第安事务局局长以及资深印第安事务专家的支持。为此，他努力说服各位关键人物组建一个同盟，推动改革的进行。起初，梅里亚姆的努力获得了一些成效，胡佛总统和一部分部长都对此表示支持。然而随着大萧条的来临，总统和国会领袖已无暇顾及印第安事务，而其他政府官员和部分学者又出于不同的目的对改革持消极态度。

梅里亚姆仍然在坚持，他把游说的重点放到国会，并获得了洛克菲勒基金会的资金支持。经过不懈的努力，国会领袖们终于同意支持《梅里亚姆报告》，对印第安事务局进行重组。1931 年第一季度，美国的失业人

---

① Donald T. Critchlow, *The Brookings Institution*, 1916 – 1952: *Expertise and the Public Interest in a Democratic Society*, pp. 83 – 84.

数与 1929 年同期相比已经上升了 25% 。内政部长试图以此为借口搁置改革计划，但遭到了国会的反对。最终，《印第安重组法案》于 1931 年 3 月 9 日获得通过，国会迫使内政部立即着手改革印第安事务管理体制。①

《梅里亚姆报告》和《印第安重组法案》对美国联邦政府的印第安政策产生了重大影响。1931 年，印第安人服务办公室的预算增加到了 2800 万美元，几乎是 1928 年的两倍；印第安儿童寄宿学校学生的饮食补助由每天 2 美分增加到每天 37.8 美分，服装补助由每年 22 美元增加到每年 40 美元；正常就业的印第安人增加了 2000 人，总人数几乎是以前的四倍。② 虽然梅里亚姆本人于 1932 年回到布鲁金斯学会继续其学者生涯，但他仍然在印第安事务上协助国会和内务部推进改革，一直到 1936 年。1937 年，他被任命为总统机构重组委员会与布鲁金斯学会的联络官，负责协助国会开展行政机构的改造工作。

（四）反对新政的堡垒

在新政时期，布鲁金斯学会扮演了一个主要反对者的角色，但学会并非从一开始就反对富兰克林·罗斯福。在 1932 年的大选中，学会希望罗斯福能够带领民主党取得胜利。虽然在之前的四年里布鲁金斯学会与胡佛政府保持了良好的合作关系，但学会在哈罗德·莫尔顿领导下一直具有明显的自由派倾向，与民主党的理念更接近。在他们看来，虽然胡佛总统在任内努力推动政府决策的科学化和民主化，比较重视研究机构的意见，但罗斯福似乎更尊重专家学者，注重平衡预算，最重要的是他也更有能力带领美国走出大萧条。另外，老布鲁金斯于 1932 年 11 月逝世，接替他任布鲁金斯学会董事会主席的正是罗斯福的舅舅、资深董事弗雷德里克·德拉诺（Frederic A. Delano）。学会上下都希望借助这层关系让双方的合作变得更加紧密，帮助政府重组机构、削减开支，让美国尽快摆脱经济危机。早在竞选时期，莫尔顿就通过德拉诺与罗斯福取得了联系，希望学会能在

---

① Donald T. Critchlow, *The Brookings Institution*, 1916 – 1952: *Expertise and the Public Interest in a Democratic Society*, pp. 101 – 102. And C. L. Henson, "From War to Self – Determination: A history of the Bureau of Indian Affairs", May 25, 2011, http://www. americansc. org. uk/Online/indians. htm.

② Donald T. Critchlow, *The Brookings Institution*, 1916 – 1952: *Expertise and the Public Interest in a Democratic Society*, p. 102.

新政府中发挥更大的用作。而罗斯福也很快给予了积极回应，他肯定了学会过去的研究，并希望学会能够继续为政府出谋划策。①

然而当罗斯福上台之后，布鲁金斯学会的学者们失望地发现新总统的施政纲领与他们的理念背道而驰。罗斯福本人事实上接受了英国经济学家凯恩斯（John Maynard Keynes）的主张，试图通过加大政府对经济的干预力度、扩大财政赤字和鼓励通货膨胀来刺激经济增长。② 而这在学会多数自由派经济学家看来无疑是一种不可理喻的行为。

早在 1933 年初，莫尔顿就撰写了一项旨在促进经济复苏的法律草案，并通过德拉诺直接交给罗斯福总统。之后，他受邀加入了由纽约州参议员罗伯特·瓦格纳（Robert Wagner）领导的经济复苏法起草委员会。随着时间的推移，莫尔顿发现讨论中的法律草案与自己的理念差距越来越大。最终，《国家工业复兴法》于 1933 年 6 月获得通过，而莫尔顿在第一时间向外界宣布该项法案并不代表自己的意愿。在随后的一年里，他与莱弗里特·里昂（Leverett Lyon）一道多次撰文激烈抨击国家复兴局，认为该机构必然会阻碍经济的复苏。③ 他们两位都来自布鲁金斯学会，都反对政府管制，信奉自由市场经济，且当时都在政府机构中任职。两人的呼吁不久就取得了效果。1934 年秋，国会开始重新讨论物价管制问题，重新讨论了《国家工业复兴法》，并对该项法案做出了调整和修改。而在 1935 年的"病鸡案"（*Schechter Poultry Corp. v. United States*）④ 中，最高法院裁

---

① Donald T. Critchlow, *The Brookings Institution*, 1916 – 1952: *Expertise and the Public Interest in a Democratic Society*, p. 116.

② ［美］H. N. 沙伊尔、H. G. 瓦特、H. U. 福克纳：《近百年美国经济史》，彭松建、熊必俊、周维译，中国社会科学出版社 1983 年版，第 380 页。

③ James Allen Smith, *Brookings at Seventy - Five*, pp. 27 - 28.

④ "病鸡案"又称"谢克特家禽公司诉合众国案"。1933 年《国家工业复兴法》第三条授权总统制定"公平竞争规章"，以管理贸易和工业。1934 年 4 月 13 日，罗斯福总统批准了依照《国家工业复兴法》第三条制定的"活家禽管理办法"。该规章的规定几乎涉及了家禽业的各个方面：营业时间、雇工人数、劳资关系、工作条件和贸易活动。同年，纽约政府在纽约东区联邦地区法院对谢克特家禽公司提起诉讼，指控它有 18 点违反了"活家禽管理办法"的规定。在初审抗辩中，被告谢克特家禽公司认为，上述管理办法是根据国会违宪的授权法制定的，它对州际贸易的规定已超出国会的权力，而且其某些条款的规定是与宪法第五修正案中正当程序条款相悖的。地区法院没有采信被告方的抗辩意见而判决被告败诉。家禽公司不服，于 1935 年向联邦最高法院提起上诉，请求法院宣布国会对总统的这种授权是违宪的。联邦最高法院在审理后认为，《国家工业复兴法》第三条的规定没有先例。它对任何工贸行为都未给予标准，没有 （转下页）

定《国家工业复兴法》是对国家复兴局立法权的非法运用，最终该法案被废止，国家复兴局也解散了。

从 1933 年到 1935 年，由莫尔顿牵头布鲁金斯学会发布了多份重要的经济研究报告，矛头直指《1933 年农业调整法》。在那些报告中，以莫尔顿和诺斯为首的经济学家们认为，尽管农业调整法作为一项紧急措施对于缓解当前美国农业面临的巨大压力有一定的作用，但它无法解决农业面临的那些根本性问题，应该趁早取消，寻找别的解决办法。① 1935 年初，最高法院裁定《1933 年农业调整法》违宪，该法案同样被废止。然而，诺斯领导的研究团队在洛克菲勒基金会的资助下仍然在 1936 年初完成了对农业调整法的进一步研究。尽管莫尔顿担心两党会利用这一研究成果在 1936 年大选中攻击对手而到 1937 年才出版《农业改革法的三年》一书，但学会之前发表的相关报告就已足够共和党人用的了。②

1935 年罗斯福二次新政开始后，联邦政府进一步加强了对经济的控制力度，并分别用《国家劳动关系法》和《1938 年农业调整法》代替了被最高法院判定违宪的《国家工业复兴法》和《1933 年农业调整法》，并加大了对银行业的监督和限制，国家干预的程度进一步加大。布鲁金斯学会的经济学家们一向反对政府干预，反对大政府，于是他们完全站到了新政的对立面。

1938 年，美国经济再次陷入衰退，失业率进一步攀升。但第二次世界大战于次年爆发，使得经济学家们逐渐将研究的重点从大萧条转向了战时经济。到 1940 年底，整个欧洲只有英国还在抵抗德国的扩张，而日本也已经基本控制了中国的中东部地区，美国海军已经开始在大西洋上为英国运输船护航，美国被迫参战只是时间问题。此时，大萧条已经过去，备战和《租借法》使美国经济恢复了元气。布鲁金斯学会的多数经济学家

（接上页）对特定的行为以适当行政程序为本做出行为准则，恰恰相反，它是授权要他人来做这些准则规定。从第一条中广泛的宗旨和规定的极少限制的本质来看，在批准或制定规则，以及依此在制定国家工商业的法律方面，总统的自由裁量权是无拘无束的。所以九位大法官一致认为："如此授权的规章制定权是一个违宪的授权"。

① F. B. Garver and Harry Trelogan，"The Agricultural Adjustment Act and The Reports of the Brookings Institution"，*The Quarterly Journal of Economics*，Vol. 50，No. 4，1936，pp. 594 – 621.

② Donald T. Critchlow，*The Brookings Institution*，1916 – 1952：*Expertise and the Public Interest in a Democratic Society*，p. 125.

也暂时停止了与"凯恩斯主义者"的论战，把主要精力投入到研究战时经济上去。

　　虽然布鲁金斯学会此时与罗斯福政府势同水火，但他们在国会还有一定的影响力，尤其是在一些共和党籍议员中间。在战争中，学会帮助国会测算在军事领域需要投入的人力物力，努力化解军工生产和居民消费需求间的矛盾。另外，学会有关战时物价管制、税收改革、消费品定量供应、削减非军事项目预算等问题的研究，也对国会产生了明显的影响。除了开展研究，学会的专家们还曾代表国会对铁、铝、发动机等战略物资的生产进行监督，并调查全国电力的供应状况。[1] 战争后期，为了能在制定战后政策的过程中与行政机构相抗衡，国会领袖再次向布鲁金斯学会求助。在参议员沃尔特·乔治（Walter George）领导的参议院战后经济政策与计划特别委员会中，布鲁金斯学会的专家们发挥了重要的作用。他们建议在战后取消一切战时经济管制措施，并砍掉行政机构耗资巨大的新政计划。此外，学会的部分学者还对战后改造德国和日本的政治体制进行了研究，为此后美国政府和国会的决策提供了参考。[2]

　　总的来说，尽管布鲁金斯学会在战争期间协助政府调整战时的美国经济，也认为部分战时经济管制措施是必要的，但它仍然强烈反对带有"凯恩斯主义"色彩的经济政策和"凯恩斯主义"经济学家。他们与"凯恩斯主义者"的争论一直延续到战后，而布鲁金斯学会也因为这场争论几乎完全丧失了公众影响力。在大萧条和世界大战这样的环境中，普通民众显然更愿意看到一位强有力的总统领导国家渡过难关，而不是听学者们在一旁争论。

（五）小结

　　1916—1945 年是布鲁金斯学会草创的阶段。这一时期，布鲁金斯学会的关注重点主要是在美国国内，目的是影响政府决策，提高政府的行政效率，保卫美国的民主制度，保障美国经济的健康运行。成立后的最初几年，政府研究所似乎更像是美国政府下属的一个智囊机构，仅仅根据行政机构改革的需求开展研究，研究领域狭窄，也很少体现自己的独立性。后

---

[1]　James Allen Smith, *Brookings at Seventy – Five*, p. 32.

[2]　Ibid. , p. 33.

来，随着与政府关系密切的人士相继离开董事会，学会的研究领域不断拓宽，独立性和非党派性也逐渐显现，并在新政时期达到高潮。

有部分学者认为，布鲁金斯学会早期并没有什么影响力，从第二任主席罗伯特·卡金斯（Robert Calkins）时候起，才开始从事政策研究。[①] 笔者认为，这种看法有失偏颇。作为美国最早的独立政策研究机构，布鲁金斯学会早期与政府合作十分密切，学会的重要成员与哈定总统和胡佛总统都建立了良好的私人关系。在新政时期，尽管学会与行政机构关系不佳，对罗斯福政府的影响十分有限，但对国会还是有相当强的影响力。虽然布鲁金斯学会在合并之初曾经有过对于研究方向的讨论，主席莫尔顿最初也倾向于单纯为政府决策服务，但 1930—1945 年的实践表明，学会并没有受此束缚。学会不仅很早就开始从事政策研究，而且还努力保持研究的独立性。布鲁金斯学会希望其研究成果能够影响政府决策，但并没有因此而依附于政府。

另外，布鲁金斯学会也并不仅仅是民主党人的智库，只是学会的自由派倾向与民主党的理念更为接近而已。哈定、柯立芝（John Calvin Coolidge）和胡佛三位总统都来自共和党，然而在这 12 年中，布鲁金斯学会一直与联邦政府保持紧密合作，没有发生过大的冲突；反而是到了民主党人罗斯福执政时期，学会在新政问题上与行政当局理念相悖，在近十年的时间里更多地扮演了政府批评者的角色。学会与执政当局的关系主要取决于双方的理念是否接近，而不是党派倾向的异同。

三　冷战中的布鲁金斯学会

（一）概况

第二次世界大战结束后，美国成为真正的超级大国，西方世界的领袖。杜鲁门（Harry S. Truman）政府继承了罗斯福总统的国际主义思想，放弃了孤立主义政策，积极介入各地区事务，外交决策的重要性迅速上

---

① 参见吴天佑、傅曦《美国重要思想库》，时事出版社 1982 年版，第 13 页；李轶海主编《国际著名智库研究》，上海社会科学院出版社 2010 年版，第 4 页。

升。布鲁金斯学会顺应形势的变化，于 1946 年成立了新的国际研究部，首任主任是前国务院官员里奥·帕斯沃尔斯基（Leo Pasvolsky）。帕斯沃尔斯基毕业于布鲁金斯研究生院并获得博士学位，之后在学会从事战争债务问题研究。1935—1946 年在国务院任职，参与了国际货币基金组织和国际复兴开发银行的筹建工作，并领导了联合国宪章起草小组的工作。回到布鲁金斯学会之后，他邀请部分已离开政府机构的同事加入学会，继续为美国政府的外交决策提供帮助。国际研究部的研究领域十分广泛，涉及中东政策、拉美政策、对外援助、外事机构改革等各个方面，甚至还有成员作为军事部门的顾问参与解决朝鲜战争的战俘问题。[1] 在帕斯沃尔斯基的领导下，国际研究部做的最重要的一项工作就是参与制订"马歇尔计划"，这至今仍是学会的骄傲。自 1948 年起，国际研究部每年都会发布一份美国外交政策展望报告，供政府官员参考。[2] 此外，该研究部发布的月度简报和对某些特定问题的研究报告，也在华盛顿的外交决策圈中有一定的影响力。

与此同时，布鲁金斯学会经济研究部和政府研究部的专家们仍在与"凯恩斯主义者"做斗争，反对杜鲁门政府的"公平施政"计划。他们认为，这会使得政府权力过大，容易导致行政效率下降、腐败滋生。此外，剥夺一部分人合法获取的财富给另一些人是否公正，值得商榷。1946 年以后，他们还与控制参众两院的共和党人一道，联手反对行政当局扩大政府开支和大规模增加福利的政策。1948 年，应参议院医疗卫生小组委员会主席亚历山大·史密斯（H. Alexander Smith）的要求，学会连续发布两份报告，批评联邦政府的强制医疗保险计划。以梅里亚姆为首的经济学家们认为，该计划不仅低效、不经济，而且还会成为滋生腐败的温床。[3] 在他们的影响下，参议院否决了这项提案。在这一时期，学会还出版了大量的学术专著，历数"新政"和"公平施政"带来的问题，表达了他们支持自由市场经济的态度。这些著作包括：莫尔顿的《影响经济发展的因素》、亚瑟·米尔斯珀（Arthur C. Millspaugh）的《向高效的民主前进》，

---

① "Col. Paul C. Davis's Memo to Robert Cutler on the Status of Policy Rreview for Prisoners of War in Korea", White House, Top Secret, Issue Date: Sep 28, 1951, Date Declassified: Dec 06, 1993.

② Hardy C. Dillard, "Review", The American Economic Review, Vol. 39, No. 3, 1949, pp. 800 - 802.

③ Nave R. Deardorff, "Review", Social Service Review, Vol. 22, No. 4, 1948, pp. 524 - 528.

以及梅里亚姆的《社会保障的成本与资金来源》等。[1] 然而，人员结构的日益老化、其他智库的崛起以及与行政机构关系的持续恶化，导致学会经济研究部和政府研究部的影响力大不如前。

1952 年，罗伯特·卡金斯接替莫尔顿任布鲁金斯学会主席。卡金斯毕业于斯坦福大学，曾任加州大学伯克利分校商学院院长、哥伦比亚大学商学院院长。上任后，他对学会进行了大刀阔斧的改革，将学会人员裁减一半，同时向各机构和个人募集更多的研究资金。在福特基金会和洛克菲勒基金会的支持下，学会设立了一批新的研究项目，同时积极吸收优秀的中青年研究人员加入，学会的面貌焕然一新。从 20 世纪 50 年代中期起，经济研究部陆续出版了一批有影响力的著作，包括卡普兰（A. D. H. Kaplan）的《竞争体系中的大企业》、罗伯特·兰奇洛蒂（Robert F. Lanzillotti）的《大企业的定价策略》、约翰·格雷（John G. Gurley）和爱德华·肖（Edward S. Shaw）的《资金与金融学原理》，以及沃尔特·萨兰特（Walter Salant）和碧翠斯·瓦卡拉（Beatrice N. Vaccara）的《扩大进口与就业》等。政府研究部在保罗·戴维（Paul T. David）的带领下拓展了研究领域，开始关注总统大选、选举制度以及两党轮替等问题。尽管帕斯沃尔斯基于 1953 年逝世，但国际研究部与政府的合作关系仍然得以维持。1954 年 5 月 24 日，以布鲁金斯学会报告为蓝本的国家安全委员会第 5419 号文件送交讨论，为之后美国政府推翻危地马拉阿本斯（Jacobo Arbenz Guzman）政权提供了指导。[2] 此外，国际研究部还在纽约设立了新的办公室，专门开展联合国研究，数年内就有一批高质量的研究成果面市，尤其是在联合国解决国际冲突方面。[3] 自 1953 年起，布鲁金斯学会每年出版一本论文集，每本论文集都围绕某个特定的主题展开。美国学术界对 1955 年出版的论文集《政府与政治研究前沿》评价颇高。该论文集共有八篇文章，内容涉及外交政策建议、学会历史梳理、1952 年总统大选、

---

① Donald T. Critchlow, *The Brookings Institution*, 1916 – 1952: *Expertise and the Public Interest in a Democratic Society*, pp. 143 – 158.

② NSC 5419, National Security Council, Top Secret, Issue Date: May 24, 1954, Date Declassified: Apr 15, 1980.

③ Robert H. Cory, Jr., "Review: Conflict Resolution in the United Nations: A Review of Three Studies by the Brookings Institution", *The Journal of Conflict Resolution*, Vol. 2, No. 2, 1957, pp. 184 – 187.

政策研究方法，等等，都有一定的创新。[①] 1954 年的论文集《经济与公共政策》和 1956 年的论文集《变化的环境与国际关系》也得到了学界的好评。

1961 年，民主党人约翰·肯尼迪（John F. Kennedy）入主白宫，布鲁金斯学会迎来了发展的黄金期。早在 1960 年大选期间，学会研究员劳瑞·亨利（Laurin Henry）就出版了专著《总统的轮替》，帮助肯尼迪或尼克松顺利接班。[②] 肯尼迪十分重视布鲁金斯学会的研究，很多学会研究人员参加了制定"新边疆"战略的各个特别工作小组，为政府从空间研究计划到制定经济政策提供意见。1963 年肯尼迪总统遇刺，林登·约翰逊（Lyndon B. Johnson）继任美国总统。约翰逊政府对布鲁金斯学会更为倚重。学会经济研究部和政府研究部的研究人员全面参与了"伟大社会"计划的制订，约翰逊总统还亲自出席了学会成立 50 周年庆典，并发表讲话高度赞扬了学会的研究工作。[③] 在民主党执政的八年里，学会的经济研究部表现十分活跃，积极参与经济顾问委员会、国务院等政府机构的决策，还与其他智库和大学开展联合研究。此时，学会的态度已经发生了变化，开始接受凯恩斯主义经济政策，支持政府扩大开支，用"赤字财政"刺激经济增长。1960 年，经济研究部创立了政府财政研究项目。该项目由著名经济学家约瑟夫·佩奇曼（Joseph A. Pechman）领导，对税收公平、减税及制定税法等问题展开了一系列研究，出版了大量学术专著。该项目组与国家经济研究局的合作研究项目"直接税与间接税在联邦税收体系中的作用"，引起很多学者和研究机构的关注。[④] 1964 年，学会发布了研究报告《1968 年美国的收支平衡状况》，对未来五年美国政府的收支情况进行了预测，建议约翰逊政府改变税收和财政政策，以利于预算收支

---

① Duncan MacRae, Jr., "Review", *The Public Opinion Quarterly*, Vol. 20, No. 1, 1956, pp. 360 – 361.

② 参见布鲁金斯学会网站：http://www.brookings.edu/about/History.aspx，最后访问日期：2015 年 8 月 12 日。

③ President Lyndon B. Johnson, "Government and the Critical Intelligence", Sep 29, 1966.

④ Martin Schnitzer, "Review", *Southern Economic Journal*, Vol. 31, No. 4, 1965, pp. 395 – 397; C. Lowell Harris, "Review", *The American Economic Review*, Vol. 55, No. 1/2, 1965, pp. 249 – 251.

平衡。① 1965 年，学会正式对外公布了"布鲁金斯季度计量经济模型"，立刻引发学术界的大讨论。② 1967 年，学会协助总统国家安全事务特别助理沃尔特·罗斯托（Walt W. Rostow）开展工作，研究通货膨胀导致黄金储备流失的问题，并提出政策建议。③ 同年，学会的财政专家还协助国防部制定了 1968 财年国防开支预算。④ 这一时期，学会的政府研究部大多关注一些学理性的问题，政策研究相对较少，对政府的影响不明显。外交政策研究部除继续进行联合国研究外，还关注发展中国家的状况，尤其是在拉美问题研究中有颇多建树。最为突出的例子是，1961 年，学会向刚上台的肯尼迪政府递交了一份报告，为美国对发展中国家政策，尤其是对拉美国家的政策提供了一系列建议，其中多数建议被采纳了。⑤

　　1967 年，前国家预算局局长克米特·戈登（Kermit Gordon）接替卡金斯任布鲁金斯学会主席。1968 年大选期间，戈登召集 18 位学者撰写了一份备忘录提供给两位总统候选人，历数美国当前面临的国内外各种问题，并提出了解决办法。亨利·基辛格（Henry Kissinger）编写了其中的一章。⑥ 1969 年尼克松政府上台，大批前政府官员进入布鲁金斯学会，学会也因此被人称为"流亡的民主党政府"。在随后的几年中，学会发布了大量的研究报告，批评行政当局的施政理念和政策，因而主席戈登一度被尼克松划为"敌对分子"。学会理事会对此十分不安，他们认为全面反对行政当局的政策会使学会失去其非党派性。戈登为了缓和学会与政府的矛盾、平息理事们的不满，向时任联邦管理与预算局局长的乔治·舒尔茨提供了一份备忘录，列举了 41 项学会支持总统政策的事例。此外，他还向理事们解释学会的"非党派性"是指在一个相当长的时期内学会的研究

---

① Hans Heinemann, "Review", *Financial Analysts Journal*, Vol. 20, No. 1, 1964, pp. 117 – 121.

② Gary Fromm and Lawrence R. Klein, "The Brookings – S. S. R. C. Quarterly Econometric Model of the United States", *The American Economic Review*, Vol. 55, No. 1/2, 1965, pp. 348 – 361.

③ "Brookings Paper on Political Development", National Security Council, Confidential, Issue Date: Nov. 22, 1967, Date Declassified: Apr. 10, 1980.

④ "U. S. Defense Expenditures Entering the International Balance of Payments", CY 1968, Department of Defense, Confidential, Date Declassified: Aug. 30, 1994.

⑤ "Brookings Paper on Political Development", National Security Council, Secret, Issue Date: May 2, 1961, Date Declassified: Feb. 25, 1980.

⑥ James Allen Smith, *Brookings at Seventy – Five*, pp. 60 – 61.

不表现出特定的偏好，而并不是指一时的政策研究不带任何倾向。① 在尼克松和福特执政的八年里，学会的政府研究部在吉尔伯特·斯泰纳的带领下进行了改革，吸收了更多既有政府工作经验、又有一定研究能力的学者加入。1972 年，由于尼克松政府放弃了"伟大社会"计划，民主党人在国会通过了一项关于转移支付的法案，每年向联邦和地方政府的各机构提供 53 亿美元用于社会福利和公共事业。在该计划实施的 14 年中，学会政府研究部的学者们帮助国会制订转移支付计划，设立优先扶助项目，监督经费的使用情况。② 此外，政府研究部还帮助国会建立了预算办公室，首任主任是学会经济学家爱丽丝·里夫林（Alice M. Rivlin）。在这八年时间里，学会经济研究部在亚瑟·奥库（Arthur M. Okun）、亨利·亚伦（Henry J. Aaron）和查尔斯·舒尔茨（Charles L. Schultze）等前政府高官的带领下，对政治与经济的关系展开了深入的研究，对政府决策产生了一定影响。1971 年，舒尔茨撰写的关于农业政策的研究报告得到了总统顾问约翰·埃里希曼（John Ehrlichman）的认可。③ 此外，经济研究部的学者们继续关注教育、医疗卫生等问题，还有学者将目光转向了英国、日本等国家，开始研究世界经济。与政府研究部和经济研究部不同，同一时期学会的外交政策研究部仍然与政府保持了较好的关系，尤其是同基辛格保持了不错的私人关系。1969 年 10 月，学会中国问题专家鲍大可（A. Doak Barnett）、高立夫（Ralph N. Clough）及基辛格密友默顿·霍尔珀林（Morton H. Halperin）联名给基辛格写信，建议政府改善同中华人民共和国的关系，并提出了三步走的战略。④ 基辛格将该信提交内阁讨论，对中美关系的改善产生了重要影响。⑤ 之后，学会又多次邀请基辛格参加外交政策研究部组织的学术研讨会，并在对华政策、对日政策等问题上向基辛

---

① James Allen Smith, *Brookings at Seventy - Five*, pp. 99 - 101.

② Ibid. , pp. 71 - 74.

③ "Memorandum to John Ehrlichman", White House, Omitted, Issue Date：Oct 22, 1971, Date Declassified：Dec. 30, 2002.

④ "A Letter to Henry Kissinger", White House, Omitted, Issue Date：Oct 9, 1969, Date Declassified：Dec. 30, 2002.

⑤ "John Holdridge Recommends that Henry Kissinger Reply to A Letter", White House, Secret, Issue Date：Oct. 23, 1969, Date Declassified：Dec. 30, 2002.

格提供建议。① 福特总统上台后，学会继续为基辛格的继任者布伦特·斯考克罗夫特（Brent Scowcroft）提供帮助，尤其是在棘手的中东问题上。②

　　1977 年，卡特上台执政，民主党人重回白宫，布鲁金斯学会的多位学者进入政府任职。前联邦预算局局长查尔斯·舒尔茨任经济顾问委员会主席，巴里·博斯沃思（Barry P. Bosworth）任工资与物价稳定委员会主任，弗雷德·伯格斯坦（C. Fred Bergsten）任负责国际事务的助理财政部长，露西·本森（Lucy W. Benson）任负责军控与国际安全事务的副国务卿，亨利·欧文（Henry D. Owen）任负责经济首脑会议的无任所大使。就在卡特上任的同一年，前财政部副部长布鲁斯·麦克劳利（Bruce K. MacLaury）成为布鲁金斯学会第四任主席。在他任内，学会进一步拓展了研究领域，向综合性研究机构迈进。学会开始更多地关注地方政府的行政效率和政策，关注世界主要经济体的未来走势，关注社会福利和保障制度。在卡特政府任内，学会继续为政府决策提供支持，尤其是在外交政策领域。1975 年，学会出台了一份关于解决中东问题的报告，主张美国改变偏袒以色列的政策，促进阿以实现全面和解。这份报告为卡特政府的中东政策奠定了基调。报告的多位撰写者获得卡特政府任命，其中，兹比格涅夫·布热津斯基（Zbigniew K. Brzezinski）被任命为总统国家安全事务助理，威廉·匡特（William Quandt）被任命为国家安全委员会中东与北非办公室主任。③ 卡特刚上台时，采纳了学会提出的从韩国逐步撤军的建议，并任命报告主要撰写人巴里·布莱克曼（Barry M. Blechman）担任军备控制与裁军署助理署长。④

　　1981 年，共和党重新执政，许多在卡特政府任职的原布鲁金斯学会人员回到学会继续从事研究工作。由于里根本人的保守主义倾向，以及来

---

　　① "Brookings Institution Director Henry Owen Provides Henry Kissinger", White House, Omitted, Issue Date: June 8, 1972, Date Declassified: Nov. 15, 2002.

　　② "NSC recommends summary of Brookings Institution Study on Middle East", National Security Council, Confidential, Issue Date: Jan. 7, 1975, Date Declassified: May 29, 1990; "Brent Scowcroft Informs Ford of Receipt of Brookings Institution Study on Middle East", White House, Confidential, Issue Date: Jan. 19, 1976, Date Declassified: May 29, 1990.

　　③ Roger W. Heyns, Zbigniew K. Brzezinski, William Quandt, Morroe Berger, Robert R. Bowie, John C. Campbell, and et al., "The Brookings Report on the Middle East", *Journal of Palestine Studies*, Vol. 6, No. 2, 1977, pp. 195 – 205.

　　④ 吴天佑、傅曦：《美国重要思想库》，时事出版社 1982 年版，第 15 页。

自胡佛研究所、传统基金会等保守派智库的学者大量进入政府机构任职，布鲁金斯学会只能将眼光转向大众，试图通过公众舆论对政府决策施加影响。此外，虽然共和党在参议院获得了过半数席位，但民主党仍然控制着众议院，学会在国会还有一定的影响力。在整个 20 世纪 80 年代，学会政府研究部着重对"里根改革"中的热点问题进行了研究，如政治改革、政党的作用、政府各机构间的矛盾以及联邦政府和州政府的关系等。在此期间，学会出版了一批在该领域有影响力的专著，主要有詹姆斯·桑德奎斯特（James Sundquist）的《国会的衰弱与复兴》、劳伦斯·布朗（Lawrence D. Brown）的《新政策，新政治：机构扩大后的政府》、约翰·夏伯（John E. Chubb）等人的《美国政治的新方向》，等等。[1] 在十年中，学会经济研究部做的最重要的一项工作是推动联邦税收体制改革。20 世纪 80 年代初，时任学会经济研究部主任的约瑟夫·佩奇曼就开始游说国会议员支持对现有的税收体制进行改进。在他的带领下，一批学者与参议院财政委员会的议员们密切合作，经过多年的努力终于促成了《1986 年税收改革法》的通过。[2] 该法案使得社会各阶层的税负变得更为合理，堵塞了原有税制的许多漏洞，在保障美国经济持续发展方面起到了十分重要的作用。同一时期，学会外交政策研究部围绕美国的防务问题进行了深入研究，并在军备控制及核裁军问题上获得了一系列重要的研究成果，为美苏削减战略武器谈判做出了一定的贡献。

（二）布鲁金斯学会与"马歇尔计划"

第二次世界大战结束后，欧洲各国经济复苏缓慢，1946 年许多国家的工农业产值都只有战前的一半左右。更为严重的是，欧洲西北部连续经历了三个罕见的严冬，到 1947 年初，西欧各国都面临着严重的政治经济危机。为了给美国的资本和产品输出创造更好的条件，团结西欧各国、分化苏东集团，同时也出于人道主义的考虑，杜鲁门政府决定援助欧洲。1947 年 6 月 5 日，美国国务卿乔治·马歇尔（George C. Marshall）在哈佛大学的毕业典礼上发表讲话，号召欧洲人团结起来重建欧洲，并表示美国

---

① James Allen Smith, *Brookings at Seventy – Five*, pp. 137 – 142.

② 参见布鲁金斯学会网站 http：//www. brookings. edu/about/History. aspx，最后访问日期：2015 年 8 月 12 日。

可以提供资金支持。这标志着欧洲复兴计划——"马歇尔计划"的正式
出台。

1947 年年底，欧洲 16 国在协商之后将重建计划草案交给华盛顿，该
草案要求美国提供总额为 220 亿美元的援助。杜鲁门政府将援助金额削减
到 170 亿美元，之后送交国会讨论。"马歇尔计划"在美国国会引起了激
烈的争论，尽管绝大多数议员都认为有必要援助欧洲，但他们在许多细节
问题上有很大分歧。由于第一次世界大战的教训，许多国会议员对于援助
德国有一定顾虑。他们不仅担心德国有可能拒绝偿还贷款，更担心德国崛
起后重新成为世界大战的策源地。[1] 以罗伯特·塔夫脱（Robert A. Taft）
为首的共和党保守派十分厌恶"大政府"，要求大规模削减政府开支，实
现预算收支平衡，他们认为"马歇尔计划"意味着将罗斯福新政推向全
球。而以前副总统亨利·华莱士（Henry A. Wallace）为首的民主党左派
则担心该计划会进一步加剧东西方的对立，导致战争再次爆发。[2] 最重要
的是，此时共和党控制着国会参众两院。国会中的共和党人从党派利益考
虑，排斥国务院参与援助计划，他们希望将控制权牢牢掌握在自己
手里。[3]

为了协调众多的矛盾，参议院外交关系委员会主席亚瑟·范登堡
（Arthur H. Vandenberg）于 1947 年 12 月 30 日写信给布鲁金斯学会主席莫
尔顿，请求学会提供帮助。他希望学会能在四周之内递交一份高质量的研
究报告，帮助国会制订一个高效的、独立于国务院的援助计划。在他看
来，学会独立于两党的超然地位和较高的研究水平能够帮助国会弥合内部
分歧，使得两党议员在"马歇尔计划"的各个细节问题上早日达成一
致。[4] 1948 年 1 月 22 日，学会的国际研究部在帕斯沃尔斯基的领导下完
成了研究报告，对行政机构和国会的不同意见做了折中。报告建议成立一
个由某位内阁成员领导的专门机构负责援助计划的执行，该机构独立于国
务院，由总统和国会共同掌管。援助方案根据各国的不同情况由两国政府

---

① Martin Schain, *The Marshall Plan: fifty years after*（Palgrave, 2001）, p. 4.

② Charles B. Saunders, *The Brookings Institution: A Fifty Year History*, p. 73.

③ Donald T. Critchlow, *The Brookings Institution, 1916 – 1952: Expertise and the Public Interest in a Democratic Society*, pp. 160 – 161.

④ 范登堡给莫尔顿的信，详见布鲁金斯学会官方网站 http://www.brookings.edu/comm/
marshall/19471230vandenberg.jpg，最后访问日期：2015 年 8 月 12 日。

谈判决定，经国会批准后实行。国务院应与援助管理机构通力合作，及时沟通信息，共同为援助计划的顺利实施提供保障。此外，欧洲各国也应该成立一个对应的合作组织，落实具体的援助项目。美国应向接受援助的各国派遣一位专员，监督计划的实施。① 根据布鲁金斯学会的报告，范登堡在参议院展开了说服工作，取得了良好的效果。

1948 年 3 月，国会在布鲁金斯学会报告的基础上通过了《经济合作法》。4 月初，国会陆续批准了"马歇尔计划"对各国的援助项目，尽管此时仍有一些议员对援助德国和意大利有异议。4 月 3 日，杜鲁门签署了"马歇尔计划"，同时批准成立了以保罗·霍夫曼（Paul G. Hoffman）为首的经济合作署，专门负责与援助计划相关的事务。同年，美国又与接受援助的欧洲国家签署了一项协定，成立了欧洲经济合作组织，与美国经济合作署合作落实援助计划。由此可见，布鲁金斯学会在制订"马歇尔计划"的过程中发挥了多么重要的作用。

（三）布鲁金斯学会与中美关系的改善

早在约翰逊政府时期，布鲁金斯学会就曾建议总统考虑改善与中华人民共和国的关系。1966 年 3 月，参议院外交关系委员会主席威廉·富布赖特（J. William Fulbright）连续主持了 12 场关于中国问题的听证会，邀请了众多中国问题专家到场，其中有学会资深研究员鲍大可。这些专家普遍认为美国政府应当放弃对华遏制的政策，考虑与中国接触，放宽限制，最终实现两国的关系正常化。② 但由于种种原因，当时的约翰逊政府并没有采纳学者们的建议。1968 年大选期间，基辛格在学会递交给两位候选人的备忘录中简要阐述了与北京方面改善关系的想法，受到了尼克松的重视。早在 1967 年 10 月，尼克松就在《外交》季刊上撰文，表示美军应当从越南撤出，并表达了改善中美关系的意愿。③ 1969 年 1 月上台后，尼克松任命基辛格出任总统国家安全事务助理，这就为布鲁金斯学会影响美国的对华决策提供了条件。

---

① The Brookings Institution, "Report to the Committee on Foreign Relations, United States Senate on Administration of United States Aid for a European Recovery Program", January 22, 1948.

② 王莉丽：《旋转门：美国思想库研究》，国家行政学院出版社 2010 年版，第 113 页。

③ Richard M. Nixon, "Asia after Vietnam", *Foreign Affairs*, Vol. 46, No. 1, 1967, pp. 111 – 125.

在尼克松发表关岛讲话之后，布鲁金斯学会的国际问题专家们认为时机已经到来。1969 年 10 月 9 日，鲍大可、高立夫与默顿·霍尔珀林三人联名写信给基辛格，建议美国政府立刻着手改善同中华人民共和国的关系。他们认为，最近的状况（指"珍宝岛事件"后中苏分裂趋于明朗化，两国转向敌对——笔者注）非常有利于美国政府采取行动改善同北京方面的关系。中、美、苏三角关系十分重要。改善中美关系不仅有利于缓解东亚地区的紧张局势，减少美国的负担，而且也有利于向苏联施压，遏制其扩张。三位学者建议美国政府分三步走，视对方的反应逐步改善两国的双边关系。首先是在没有官方声明的情况下将舰队撤出台湾海峡，在展示美方善意的同时也不至于影响到协助防卫中国台湾的承诺；第二步是放松贸易管制，公开宣布取消向中华人民共和国出口粮食、化肥和药品的禁令；最后是建立新的外交联络渠道，除继续在华沙举行中美副外长级会谈外，通过像巴基斯坦这样的国家与北京取得联系，让中方了解美方改善双边关系的诚意。① 很快，基辛格就向内阁递交了学会的建议。从后来的事实可以看出，这封信对尼克松政府产生了很大的影响，美国政府几乎就是按照信里的建议一步步采取措施改善两国关系的。

1971 年 8 月 27 日，布鲁金斯学会中国问题专家鲍大可致信基辛格，对尼克松访华提出了自己的建议。鲍大可认为，尼克松总统在中国之行中要强调"文化交流"的重要性，在讨论最重要的政治、经济和安全问题之余也能谈谈两国的民间交流。美国政府应该让对方明白，美方不仅希望同中方发展官方联系，也希望发展两国的民间友好合作关系。吸取"乒乓外交"的经验，他建议由美国国家科学院、社会科学研究委员会和美国学术团体协会代表美方与中国科学院进行学术交流，体现科学文化的"非党派性"；由美中关系全国委员会代表美方同中方的半官方外交机构开展交流，体现美方对民间外交的重视。鲍大可认为国家科学院外事部长哈里森·布朗（Harrison Brown）、美国学术团体学会主席弗雷德里克·布克哈特（Frederick Buckhardt）和美中关系全国委员会主席亚历山大·艾克斯坦（Alexander Eckstein）都是可以考虑的人选，其中艾克斯坦最为合

---

① "A Letter to Henry Kissinger", White House, Omitted, Issue Date：Oct. 9, 1969, Date Declassified：Dec. 30, 2002.

适。他不仅对中国感兴趣，而且还曾多次参加与其他共产党国家的类似交流活动，有一定的经验。① 显然，基辛格和尼克松采纳了鲍大可的建议，在访华过程中为两国的非官方交流留下了一定的空间。

在整个尼克松政府时期，布鲁金斯学会曾多次邀请基辛格参加学会举办的外交政策讨论会，其中也涉及美国对华政策。此外，1971 年 6 月学会还应美国军控与裁军署的要求递交了一份绝密报告，内容涉及中国的核武器及美国的军控政策，这引起了部分白宫官员的不满，他们认为不应该让独立机构参与这种涉密的重大研究项目。② 总的来说，布鲁金斯学会在中美关系改善的进程中发挥了重要作用。虽然从战略层面看，是尼克松和基辛格决定了中美关系的走向；但从政策层面看，布鲁金斯学会无疑发挥了举足轻重的作用。

（四）小结

冷战时期，布鲁金斯学会内部最大的变化莫过于外交政策研究部的成立和壮大。在成立后的相当长一段时间内，该研究部一直是三个研究部中规模最小的一个，甚至一度面临存废之争。然而到 20 世纪 80 年代末，外交政策研究部的规模已大大超过了政府研究部，与经济研究部不相上下。外交政策研究部的发展壮大与两个因素有关：一是冷战的大环境；二是外交政策研究的中立性。随着冷战的开始，美国全面介入各地区事务，与苏联展开全球竞争，美国政府需要智库在相关领域提供支持。外交政策研究与经济研究和政府研究不同，较少受到党派斗争和意识形态因素的影响，其研究成果更容易被两党同时接受。

冷战期间，布鲁金斯学会的"非党派性"受到了政府官员和学者们的质疑，尤其是在尼克松执政时期。笔者认为，学会主席卡金斯的辩解是有问题的。首先，所谓"'非党派性'是指在长期的研究中不带明显偏好"的说法很难让人信服。如果一个拥有 60 年历史的研究机构前 30 年偏向一个党派、后 30 年偏向另一个党派，只能说明这个机构的党派归属发生了变化，并不能说这个机构就是"非党派性"的。其次，吸收如此多

---

① "Letter to Henry Kissinger from A. Doak Barnett", White House, Omitted, Issue Date：Aug. 27, 1971, Date Declassified：Dec. 30, 2002.

② "Memorandum to John Ehrlichman from Alexander Haig, Jr.", White House, Omitted, Issue Date：Oct. 22, 1971, Date Declassified：Dec. 30, 2002.

的前民主党政府高官加入学会本身就已经破坏了学会的"非党派性"。不过在笔者看来，布鲁金斯学会对尼克松政府国内政策的抨击主要不是出于党派之争，而是因为从20世纪50年代后期开始学者们普遍接受了"凯恩斯经济学"。虽然从历史上看民主党人更加容易接受"凯恩斯主义"，但它并不是民主党人的专利，"里根经济学"从某种程度上讲就是古典的"凯恩斯经济学"。这也是布鲁金斯学会专家们较少批评里根政府国内政策的一个重要原因。总的来看，除了尼克松政府时期，布鲁金斯学会在冷战期间还是基本保持了自己的"非党派性"，并没有倒向民主党人。

此外，这一时期布鲁金斯学会还有两点变化值得注意。一是政府研究部的相对衰落。随着美国政治制度的日益完善，政府研究部逐渐将关注的重点从提高政府效率转向一些学理性问题，影响力不断下降。因此，布鲁金斯学会减少了在该领域的投入，该研究部的相对规模也逐渐缩小；二是布鲁金斯学会新成立了"公共政策教育中心"，开展跨学部的专业领域研究。在研究社会科学的过程中，很多课题难以被归到单一的研究部中，这时成立一些独立的研究中心更能促进研究的专业化，适应时代的变化。该中心的成立为布鲁金斯学会之后拓展研究领域积累了经验。

四　冷战后的布鲁金斯学会

（一）冷战的结束与布鲁金斯学会的转变

1991年苏联解体，宣告了冷战的结束和两极体系的瓦解，原先被美苏矛盾所掩盖的一系列地区和全球性问题开始显现。1992年，克林顿赢得大选，民主党人重新上台执政。面对糟糕的经济形势，克林顿政府将施政的重点放在了应对各类国内问题上。为了适应新的变化，布鲁金斯学会也做出了相应的调整。

一是扩大了研究领域。1996年，布鲁金斯学会创立了世界经济与发展研究部和城市治理研究部。虽然学会的专家们在此之前也曾对相关领域内的问题进行过一些讨论和研究，但成果不多，影响有限。成立这两个研究部不仅拓展了学会的视野，体现了时代的要求，而且能更好地为美国政府的内政和外交决策提供支持。此外，布鲁金斯学会还在20世纪90年代中后期相继成立了儿童与家庭研究中心、东北亚政策研究中心和社会动态与政策研究中心，为来自不同研究部的学者在上述领域开展专门研究创造了条件。尤其值得一提的是 1998 年成立的东北亚政策研究中心，其研究项目涵盖了朝鲜、中国台湾、中国南海等热点地区，适应了冷战后美国外交重心逐渐移向东亚的形势。该中心尤为重视中国问题研究，第一任主任就是中国问题专家季北慈（Bates Gill）。

二是丰富了影响政府决策的方式。虽然克林顿总统并没有任命大批布鲁金斯学会人员担任要职，但学会对联邦政府的决策仍然具有一定的影响力。伊莎贝尔·索希尔（Isabel V. Sawhill）1995 年从联邦管理与预算局卸任后加入学会，与其他学者们一起为克林顿政府改革福利制度出谋划策。凭借着与国会的良好关系，学会继续协助议员们制定法律、监督政府。在学会经济学家比尔·盖尔（Bill Gale）、马克·伊夫里（Mark Iwry）和彼得·欧尔萨格（Peter Orszag）的推动下，国会对税法进行了调整，以利于中低收入群体通过储蓄改善晚年生活。① 此外，学会还更多地通过参加政府内部研讨会、出席国会听证会、在主流媒体上宣传自己的观点等形式，间接影响公共政策。

三是减少了管理机构对研究项目的干预。历史上，学会曾在罗斯福新政和尼克松政府时期表现出强烈的党派性，这都与当时的学会主席有很大关系。莫尔顿本人有强烈的自由主义倾向，他领导了学会对罗斯福新政的抨击；卡金斯本来就是前民主党政府的预算局长，他吸纳了大量前政府官员加入，这自然会导致学会戴着有色眼镜看待尼克松政府的内外政策。因此，学会在这一时期削弱了主席在人事任免和主导研究项目上的权力，减少了行政对研究的干预，鼓励学会内部发出不同的声音。此外，学会还邀请了一些曾在政府任职的共和党人加入。这样一来，学会的研究就更加中立，学会的主张也更容易被两党接受。

（二）"9·11"之后的布鲁金斯学会

2001 年，小布什入主白宫。虽然小布什政府同里根政府一样更看重保守派智库的研究成果，但学会仍然坚持通过其他渠道影响政府的各类决

---

① 参见布鲁金斯学会网站 http：//www. brookings. edu/about/History. aspx，最后访问日期：2015 年 8 月 12 日。

策。在 2006 年中期选举中，共和党遭遇惨败，民主党人夺得国会参众两院的控制权。此后学会频繁地与议会中的民主党人合作向小布什政府施压，在制定公共政策的过程中拥有了更多的话语权。

　　"9·11"事件发生之后，美国政府和公众的注意力都放到了"反恐"上，布鲁金斯学会也在该领域为政府和公众提供帮助。自 2001 年起，布鲁金斯学会的"反恐"问题专家多次受邀出席国会听证会，并通过广播和电视向公众宣传他们的理念。[①] 布鲁金斯学会建议联邦政府建立起分层级的"反恐"安全预警体系，重点保护人口密集的地区和关键设施，加强边境检查工作。这些建议都被小布什政府采纳。[②] 此外，学会还在这一领域展开了深入的研究，出版了一系列有影响的著作。2003 年，学会非驻会研究员、时任美国中央情报局"反恐"中心副主任的保罗·皮勒（Paul R. Pillar）出版了《恐怖主义与美国的外交政策》一书。在书中，作者以其独特的视角分析了"9·11"事件发生的原因，并对美国政府和公众如何应对恐怖主义威胁提出了很多有价值的建议。该书对美国政府调整"反恐"战略起到了重要的作用。[③]

　　作为一个综合性的研究机构，布鲁金斯学会不可能把大部分的注意力都放到"反恐"问题上。随着规模的不断扩大，学会的研究领域也在不断拓展。在小布什总统任期内，学会先后成立了五个研究中心，分别是成立于 2001 年的美国与欧洲研究中心、成立于 2002 年的萨本中东研究中心和世界教育研究中心，以及成立于 2006 年的约翰·桑顿中国研究中心和沃尔芬森发展研究中心。美国与欧洲研究中心关注美欧政府间交流，研究重点是俄罗斯和东欧国家的对外战略、欧盟的转变以及北约各国的关系。该中心试图为美欧各国政府中的高层官员提供决策支持。在伊拉克战争期间，该中心的学者们曾激烈批评小布什总统的对欧政策，呼吁政府尽快修

---

　　①　参见布鲁金斯学会网站 http：//www. brookings. edu/about/History. aspx，最后访问日期：2015 年 8 月 12 日。

　　②　林芯竹：《为谁而谋：美国思想库与公共政策制定》，知识产权出版社 2007 年版，第181—182 页。

　　③　参见布鲁金斯学会网站 http：//www. brookings. edu/press/Books/2003/terrorism. aspx，最后访问日期：2015 年 8 月 12 日。

补与盟友的关系。① 萨本中东研究中心由洛杉矶富商哈伊姆·萨本（Haim Saban）捐建，其初衷是实现巴以之间的长久和平，维护美国在中东地区的利益。自成立以来，该中心在伊拉克战后重建、巴以和平进程及美国和伊斯兰世界关系等问题上进行了一系列研究，对美国政府的中东政策产生了重要的影响。该中心的下设机构——布鲁金斯多哈研究中心于 2008 年设立，为实地研究中东问题创造了良好的条件。② 世界教育研究中心致力于提高发展中国家的教育水平，为发展中国家的青少年提供更好的受教育环境，培养他们为各国政府、企业和社会服务。③ 约翰·桑顿中国研究中心由现任学会理事会主席约翰·桑顿捐资创建，目的是通过研究帮助中国应对包括能源危机、经济问题、城市治理难题在内的各类挑战。2006 年 10 月，该中心与清华大学合作成立了布鲁金斯—清华研究中心，与中国的学者合作开展相关研究。④ 沃尔芬森发展研究中心由前世界银行行长詹姆斯·沃尔芬森（James D. Wolfensohn）捐资创立，研究的重点是如何消除贫困，以及创造更多的就业机会。在运行五年之后，该中心已于 2010 年年底关闭。⑤

在小布什政府任期内，布鲁金斯学会尤其重视吸收有政府工作经验的人员加入，大批克林顿政府官员进入布鲁金斯学会从事研究工作。前助理国务卿斯特罗布·塔尔博特任学会主席，前国务院办公室主任、副国务卿詹姆斯·斯坦伯格（James B. Steinberg）任负责外交政策研究的副主席，前美在台协会主席卜睿哲（Richard C. Bush Ⅲ）任东北亚政策研究中心主任，前助理国务卿苏珊·赖斯（Susan E. Rice）任学会外交政策研究部和世界经济与发展研究部资深研究员，前驻纳米比亚大使杰弗里·贝德任约翰·桑顿中国研究中心主任……众多前政府官员进入布鲁金斯学会，不仅使布鲁金斯学会的研究更具

---

① 参见布鲁金斯学会网站 http：//www. brookings. edu/cuse/about. aspx，最后访问日期：2015 年 8 月 12 日。

② 同上。

③ 参见布鲁金斯学会网站 http：//www. brookings. edu/universal – education/about – us. aspx，最后访问日期：2015 年 8 月 12 日。

④ 参见布鲁金斯学会网站 http：//www. brookings. edu/china/about. aspx，最后访问日期：2015 年 8 月 12 日。

⑤ 参见布鲁金斯学会网站 http：//www. brookings. edu/wolfensohn. aspx，最后访问日期：2015 年 8 月 12 日。

备实用性，而且还为布鲁金斯学会在奥巴马政府时期发挥更大和更直接的作用打下了基础。

（三）布鲁金斯学会与奥巴马政府

2008 年，奥巴马赢得大选，民主党人同时控制了白宫和国会山，为布鲁金斯学会发挥其影响力创造了良好的条件。奥巴马总统就任后，有36 名学会研究人员进入政府任职。[①] 苏珊·赖斯曾是奥巴马的竞选顾问，后被任命为美国驻联合国大使；詹姆斯·斯坦伯格再次担任副国务卿；杰弗里·贝德任国家安全委员会亚洲事务主任；彼得·欧尔萨格任国会预算局局长；莱尔·布伦纳德（Leal Brainard）任财政部负责国际事务的副部长；大卫·桑德罗（David B. Sandalow）任能源部负责政策与国际事务的助理部长；托马斯·多尼伦（Thomas E. Donilon）先任副国家安全事务助理，后接任国家安全事务助理；丹尼尔·本杰明（Daniel Benjamin）任国务院"反恐"事务协调员。在政府中拥有如此多的"熟人"，自然为学会影响政府决策提供了便利。正如前约翰·桑顿中国研究中心主任李侃如所言，奥巴马政府中多数负责中国事务的官员都曾是他的同事或朋友，他们了解他的才能，也愿意听取他的建议，这样就使得他能在决策过程中发挥重要的作用。[②]

除了直接输送人员外，布鲁金斯学会还通过设立新的研究中心支持奥巴马政府施政。2009 年，学会成立了新技术研究中心，试图让民众了解高新技术给生活带来的便利，并帮助决策者应对新技术条件下的挑战。[③] 2010 年，学会与两党政策研究中心合作创办了恩格尔伯格医疗改革研究中心，与达特茅思学院卫生政策和临床实践研究所一道为奥巴马政府制订新的医疗改革方案。该中心就两党关心的改革成本、医疗保障覆盖面及实际效用等问题开展研究，试图找到一个双方都能接受的折中方案。[④] 此外，学会还与城市研究所共同创办了城市研究所—布鲁金斯学会财税政策

---

① 王莉丽：《旋转门：美国思想库研究》，国家行政学院出版社 2010 年版，第 99 页。

② 2011 年 11 月 13 日，作者对李侃如的访谈。

③ 参见布鲁金斯学会网站 http：//www. brookings. edu/techinnovation/about. aspx，最后访问日期：2015 年 8 月 12 日。

④ 参见布鲁金斯学会网站 http：//www. brookings. edu/health/About－Us/Collaborations. aspx，最后访问日期：2015 年 8 月 12 日。

研究中心，开展税收和预算研究，让民众了解美国的财政制度，并帮助决策者完善这一制度。[①]

通过以上两种方式，布鲁金斯学会对奥巴马政府的内外政策施加了非常明显的影响。2009 年奥巴马访华前夕，学会约翰·桑顿中国研究中心和东北亚政策研究中心联合举办了一次公开讨论会，邀请了杰弗里·贝德和托马斯·多尼伦参加。贝德不但在演讲中分析、解释了政府的各项外交政策，还强调了他与学会的密切联系，尤其是与塔尔博特、卜睿哲和李侃如的良好私人关系。[②] 这次研讨会对奥巴马政府的东亚政策产生了很大影响，为此后两年的美国对华政策定下了基调。

除此之外，学会依然通过其他渠道间接影响政府决策。学会的专家们仍然频繁出席国会听证会，并向国会提交研究报告。他们在全国性报纸上发表文章，还在时政类电视节目中亮相。有的学者开通了博客和微博，与普通民众在线交流，占领网络阵地。另外，近几年学会的出版社每年出版50 本左右的书籍。

本 章 总 结

（一）布鲁金斯学会的特点

正如学会座右铭说的那样，布鲁金斯学会是一个提供高质量研究的、独立的、有影响力的研究机构。

所谓的"高质量"，简单地说就是进行学术层面的研究，而不是单纯地为政府撰写政策报告。[③] 历史上，布鲁金斯学会的许多研究成果都在学术圈内引起了巨大反响，比如1965 年发布的"布鲁金斯季度计量经济模型"。此外，学会还非常重视自身的学术信誉，为应对抄袭等学术不端行为制定了一整套规章制度。

"独立性"指的是布鲁金斯学会是一个不依附于政府和企业，也不带

---

① 参见城市研究所—布鲁金斯学会财税政策研究中心网站 http：//www. taxpolicycenter. org/aboutus/index. cfm，最后访问日期：2015 年 8 月 12 日。

② 王莉丽：《旋转门：美国思想库研究》，国家行政学院出版社 2010 年版，第 99 页。

③ 2011 年 11 月 13 日，作者对李侃如的访谈，李侃如对"高质量"作此解释。

有明显党派倾向的研究机构。学会规定每年接受的政府资金不能超过当年各类赠款总额的20%，理事会不得干预学会的研究工作。由于学会接受的捐助来自于许多机构和个人，没有任何一位单独的捐助者能够对学会施加大的影响。历史上，共和党总统塔夫脱和胡佛都曾是学会理事会成员，学会也曾两度遭遇财政危机，但这些都没能影响学会的独立性。虽然在多数人的印象中学会与民主党的关系似乎更密切一些，但学会也受到了共和党人的重视。尤其是在2000年以后，学会的研究人员构成日趋多样化，持不同观点的学者都能在学会共存，自由地从事研究工作。根据美国学者的调查，布鲁金斯学会的党派平衡性在主要智库中排名第三，仅次于国际经济研究所和卡内基国际和平基金会。[①]

　　布鲁金斯学会的"影响力"首先体现在政府决策过程中。从总统办公室到国会各专门委员会，从共和党到民主党，从内政到外交，学会的渗透无孔不入。在建立财政预算体制、实施"马歇尔计划"、中美建交，以及改革医疗保障体制的过程中，都能看到学会专家们忙碌的身影。当然，学会的"影响力"也体现在公众舆论上。近年来，学会在权威媒体上出现的次数一直高居各主要智库榜首。[②] 正是这种双管齐下、多头并进的模式，使学会成为了美国最有影响力的智库。

　　除了"高质量、独立"外，"与时俱进"也是布鲁金斯学会的一大特点。学会成立于20世纪早期，当时进步主义运动正席卷全美。学会成立的初衷正是为了响应进步主义运动的号召，提高政府行政效率，遏制腐败，保障美国的民主。到了大萧条时期，学会把研究的重点放到了如何帮助美国摆脱经济危机上。第二次世界大战结束后，美国的利益拓展到了全球，学会也在第一时间成立了新的国际研究部，开展外交政策研究。在20世纪60年代的民权运动中，学会帮助约翰逊政府制订了"伟大社会"计划，从而提高少数族裔和低收入群体的生活水平。冷战结束后，学会进一步拓展了研究领域，帮助美国和其他国家政府应对城市治理、恐怖袭击、贫困和教育等问题，促进世界经济的发展。

　　正是由于坚持"高质量、独立性与影响力"的宗旨，并能够根据时

---

　　① 参见布鲁金斯学会网站 http://www.brookings.edu/about/reputation.aspx，最后访问日期：2015年8月12日。

　　② 王莉丽：《旋转门：美国思想库研究》，国家行政学院出版社2010年版，第162页。

代的要求不断做出调整，布鲁金斯学会才能走过近百年的历程，成为世界顶尖的智库。

（二）布鲁金斯学会影响政府决策的方式

1. "旋转门"机制

"旋转门"顾名思义，就是指智库向政府输送人员，同时吸纳前政府官员加入智库。"旋转门"机制能够密切智库与政府的联系，为智库影响政府决策创造良好的条件。加入政府的原智库学者能够在工作中直接或间接地将该智库的研究成果转化为政策，同时也更容易受到那些老同事的影响。前政府官员的加入能给智库带来制定政策的经验，同时他们也更容易影响那些还在政府中工作的老同事。目前，布鲁金斯学会的研究人员有一半以上拥有在政府部门工作的经历。而自成立以来，学会已经向美国联邦政府输送了上百位专家学者。

里奥·帕斯沃尔斯基早年曾在布鲁金斯学会从事战争债券问题研究，1934 进入商务部，1935 年进入国务院领导政策规划工作，1946 年回到学会任国际研究部主任，直至 1953 年去世。爱丽丝·里夫林于 1957 年进入学会从事经济政策研究，1966 年出任卫生、教育与福利部助理部长，1969 年卸任后回到学会，1975 年任新成立的国会预算局局长，1983 年回到学会任经济研究部主任，1993 年进入克林顿政府，历任联邦预算与管理局副局长、局长，联邦储备委员会委员、副主席，1999 年再次回到学会继续从事研究工作至今。理查德·哈斯（Richard N. Haass）曾在老布什政府中任国家安全委员会近东与南亚事务主任，1993 年进入学会任副主席兼外交政策研究部主任，2001 年重新回到政府任国务院政策规划司司长。詹姆斯·斯坦伯格曾在克林顿政府中任国务院办公室主任、国家安全事务副助理等职，2001 年进入学会任副主席兼外交政策研究部主任，2009 年被奥巴马提名为副国务卿。

以上这些例子仅仅是布鲁金斯学会与政府间"旋转门"现象的一个缩影。可以看到，这其中不仅有民主党人，也有共和党人。正是这种独特的"旋转门"机制，保证了学会能够对政府决策产生直接而重大的影响。

2. 影响国会

长期以来，布鲁金斯学会一直与国会保持了密切的联系，尤其是在学会与行政机构关系较为疏远的时期。一般来说，学会通过国会影响政府决策的方式有以下三种：帮助国会起草议案，向国会递交研究报告，参加国会听证会并作证。

帮助国会起草议案是最强有力的影响方式。在起草议案的过程中，学者们有相当大的自主权和决定权，尤其是在细节问题上。此外，在起草议案的过程中，学者们还可以通过频繁接触说服部分议员接受自己的主张。布鲁金斯学会曾帮助国会起草了大量议案，很多后来都成了重要的法律或法案，比如《1921 年联邦预算与会计法》、"马歇尔计划"实施方案、《1975 年预算改革法》，等等。

向国会递交研究报告是影响国会的另一种主要形式。国会议员们通过阅读智库提供的研究报告，得以较为系统地了解某个特定问题的来龙去脉以及学者们的建议，为自己的决定找到依据。布鲁金斯学会自成立以来一直坚持向国会提交研究报告，并取得了一定的效果，最典型的例子就是1948 年国会根据布鲁金斯学会的两份报告，否决了杜鲁门政府提出的强制医疗保险计划。然而，随着美国国内其他智库的崛起，简单地提交研究报告已不再能对国会产生明显的影响。各家智库，尤其是国会研究部每天都向议员提供大量的报告，议员们根本无暇顾及，这些报告能产生多大的影响也就可想而知了。

参加听证会并作证也是影响国会的一种有效方式。国会参众两院以及各委员会和小组委员会每年都会召开数百次听证会，并邀请专家学者到会作证。布鲁金斯学会积极派遣学者参加各类国会听证会，并对国会产生了明显的影响。2000 年，学会中国问题专家季北慈以及他的同事多次出席国会听证会，阐述与中国保持正常贸易往来的必要性，敦促国会批准中国加入世界贸易组织，最终国会通过了这一法案。①

3. 其他方式

布鲁金斯学会还通过其他方式影响政府决策。一是通过媒体。作为一家独立的、"非党派"的智库，学会一向颇受各主流媒体的青睐，上文提到的媒体引用次数就是证明。通过在主流媒体上反复申明自己的主张，学会能够对政府的重要决策和国会的关键立法施加压力，实现自己的目标。二是通过出版物。除出版学术书刊外，学会还会定期出版各类年度报告，

---

① 钱浩：《布鲁金斯学会与克林顿政府对华接触政策》，载《国际观察》2006 年第 3 期，第 44 页。

向公众介绍学会在各个热点问题上的主张。三是通过研讨会。布鲁金斯学会每年都会在全美甚至世界各地举办上百场研讨会，讨论的内容涵盖其全部研究领域。每次研讨会除邀请特定领域的专家学会参加外，还会邀请相关的政府官员甚至各国首脑到会，共同探讨问题。基辛格在任国家安全事务助理及国务卿期间，就曾多次参加学会举办的外交政策讨论会。

（三）布鲁金斯学会对中国智库的启示

中美两国的政治体制不同，历史与文化背景迥异，这决定了我国的智库在发展过程中不可能完全套用布鲁金斯学会的模式。然而，学会毕竟已经走过了近百年的历程，在这过程当中也取得了一些宝贵的经验和教训。"他山之石，可以攻玉"，有选择地借鉴学会发展的经验对我国的智库建设会有一定的帮助。

一是要坚持学术性研究与政策性研究相结合。如果一家智库只从事政策性研究而不进行学术性研究，那么它提供的政策建议就是无源之水；反之，如果一家智库只从事学术研究而不进行政策研究，那么它就不是真正意义上的智库。布鲁金斯学会一直坚持学术研究与政策研究相结合，以其高质量的学术研究作为基础，为政府提供全面、准确、可靠的政策建议，赢得了声誉和地位。目前我国的发展现状决定了真正有影响力的智库都是政府智库，这类智库最重要的功能就是为政府决策提供建议。但是，单纯的政策性研究对中国智库而言是没有意义的，因为没有任何学术背景的政府官员也能进行此类调研。只有坚持学术型研究与政策性研究相结合，才能为政府提供更多高质量的决策建议，体现智库自身的价值。

二是要吸收更多具有政府工作经验的人士进入智库。我国智库在发展过程中存在的一个较大的问题就是学者们普遍缺乏在一线做决策的经验，而政府官员也不太了解学者们的研究成果。虽然在中国复制美国的"旋转门"机制无疑是不现实的，但是智库也可以通过吸纳退休官员加入获得制定政策的经验，还可以通过他们更好地向政府机构传递信息。

三是要与时俱进，不断拓展研究的视野。作为政府的智囊团，中国的智库更需要根据国际和国内环境的变化不断做出调整，适应社会发展的需要，更好地为政府决策服务。尤其要重视跨领域、跨学科研究，在研究的过程中保持一定的前瞻性。各智库之间要加强彼此的合作与交流，互通有无，强强联合。

总之，我国的智库要多借鉴国外同行的先进经验，选择一条最适合自己发展的道路，为中国的和平崛起提供智力支持。

美国非营利组织英汉译名对照表[*]

1Sky "同一天空"组织

21st Century Democrats 21世纪民主党人

350.org 气候安全组织

9/11 United Services Group, USG "9·11"联合服务集团

Academy for Education Development, AED 教育发展学院

Academy of Motion Picture Arts and Sciences, AMPAS 电影艺术与科学学院

ACLU of Maryland 美国公民自由联盟马里兰分部

Action against Hunger "反饥饿行动"组织

Advanced Technical Intelligence Center for Human Capital Development, ATIC 先进技术情报人力资本发展中心

Adventist Development Relief Agency, ADRA International 安泽国际救援协会

Aerospace Federally Funded Research and Development Center 空间技术联邦资助研发中心

Afghanistan Relief Organization, ARO 阿富汗救援组织

AFL–CIO 美国劳工联合会—产业工会联合会(简称:劳联—产联)

African Methodist Episcopal Church 非洲循道宗新教主教派

African Methodist Episcopal Zion Church 非洲循道宗新教主教派锡安教会

Africare "关怀非洲"(也译为"关爱非洲")组织

---

* 编者注:本对照表中还包括本书内容涉及的国际非营利组织。

Aga Khan Foundation 阿加·汗基金会

Agricultural Cooperative Development International / Volunteers in Overseas Cooperative Assistance，ACDI/VOCA，农业合作发展国际/海外合作援助志愿者组织

Air Force Association，AFA　空军协会

Air Transport Association of America，ATA　美国航空运输协会

Airlines for America，A4A　美国航空运输组织

Alan Guttmacher Institute　阿兰·哥特玛琪研究所

Alaska Bird Observatory，ABO　阿拉斯加观鸟协会

Alfred P. Sloan Foundation　艾尔弗雷德·斯隆基金会

Alliance for Advancing Nonprofit Health Care　非营利医疗服务促进联盟

Alliance for Climate Protection，ACP　气候保护联盟

Alliance of Automobile Manufacturers　美国汽车制造商联盟

Amateur Telescope Makers of Boston，ATMoB　业余望远镜制作者协会（波士顿）

America's Blood Centers　美国血液中心

America's Health Insurance Plans，AHIP　美国医疗保险协会

America – Mideast Educational and Training Services，Inc.，AMIDEAST　美国中东教育培训服务协会

American Association for the Advancement of Science，AAAS　美国科学促进会

American Association of Exporters and Importers，AAEI　美国进出口商协会

American Association of Retired Persons，AARP　美国退休人员协会

American Anti-Slavery Society　美国反奴隶制协会

American Bahraini Friendship Society　美国—巴林友好协会

American Bankers Association，ABA　美国银行家协会

American Baptist Churches in the U. S. A.　美利坚浸礼教会

American Bar Association，ABA　美国律师协会

American Border Patrol，ABP　"美国边境巡逻"组织

American Buddhist Congress　美国佛教徒代表大会

American Center for International Labor Solidarity　美国国际劳工团结中心

American Center for Law & Justice，ACLJ　美国法律与正义中心

American Chemical Society，ACS　美国化学学会

American Chemistry Council，ACC　美国化工理事会

American Citizens Abroad，ACA　美国海外公民协会

American Civil Liberties Union，ACLU　美国公民自由联盟

American College of Cardiology，ACC　美国心脏病学协会

American Corn Growers Association　美国玉米种植者协会

American Council for Voluntary International Action　美国志愿国际行动委员会，简称"联合行动"组织（InterAction）

American Council of Christian Churches　美国基督教会协进会

American Council on Gift Annuities，ACGA　美国合约捐赠委员会

American Crossroads　"美利坚十字路口"组织

American Electronics Association，AeA　美国电子工业协会

American Energy Alliance　美国能源联盟

American Enterprise Institute　美国企业研究所

American Enterprise Institute for Public Policy Research，AEI　美国企业研究所

American Ex-Prisoners of War　美国前战俘协会

American Family Association　美国家庭协会

American Farm Bureau Federation，AFBF　美国农场局联合会

American Federation of State，County and Municipal Employees，AFSCME　美国州县市雇员联合会

American Federation of Teachers，AFT　美国教师联合会

American Foreign Services Association，AFSA　美国外交人员协会

American Friends Service Committee，AFSC　美国公谊服务会

American Gourd Society，AGS　美国葫芦协会

American Heart Association，AHA　美国心脏病协会

American Historical Association，AHA　美国历史学协会

American Hospital Association，AHA　美国医院协会

American Institute of Electrical Engineers，AIEE　美国电机工程师协会

American Institute of Philanthropy, AIP 美国慈善研究所

American Israel Public Affairs Committee, AIPAC 美国以色列公共事务委员会

American Jewish Committee 美国犹太人委员会

American Kidney Fund, AKF 美国肾脏病基金会

American Kitefliers Association, AKA 美国风筝协会

American Law Institute, ALI 美国法律研究所

American Legion 美国军团

American Library Association, ALA 美国图书馆协会

American Medical Association, AMA 美国医师协会

American Military Retirees Association, AMRA 美军退役人员协会

American National Standards Institute, ANSI 美国国家标准协会

American Peace Society 美国和平协会

American Red Cross 美国红十字会

American Refugee Committee 美国难民委员会

American Security Project, ASP "美国安全项目"组织

American Society for the Prevention of Cruelty to Animals, ASPCA 美国防止虐待动物协会

American Society of International Law 美国国际法学会

American Society of Naval Engineers, ASNE 美国海军工程师协会

American Soybean Association 美国大豆协会

American Tax Policy Institute, ATPI 美国税收政策研究所

American Temperance Society 美国禁酒联合会

American Truck Historical Society, ATHS 美国卡车历史协会

American Trucking Association, ATA 美国货车运输协会

Americans for Prosperity "争取繁荣的美国人"组织

Amnesty International USA "大赦国际"美国分部

Analytic Services Inc. 分析服务公司

Andrew W. Mellon Foundation 安德鲁·梅隆基金会

Annenberg Foundation 安纳伯格基金会

Annie E. Casey Foundation 安妮·凯西基金会

Antique Motorcycle Foundation 老爷摩托车基金会

Area 51 Research Center　51 号地区研究中心

Asia Foundation　亚洲基金会

Asia Society　亚洲协会

Assemblies of God　神召会

Associated Milk Producers　牛奶生产者联合会

Association for Investment Management and Research，AIMR　投资管理与研究协会

Association For Recorded Sound Collections，ARSC　录音收藏协会

Association of American Railroads，AAR　美国铁道协会

Association of Art Museum Directors，AAMD　艺术博物馆馆长协会

Association of Balloon and Airship Constructors　气球与飞船建造者协会

Association of Community Organizations for Reform Now，ACORN　社区改革组织联合会

Association of Foreign Investors in Real Estate，AFIRE　外国房地产投资商协会

Association of Public Health Laboratories，APHL　公共卫生实验室协会

Atlantic Council　大西洋理事会

Bancroft Global Development，BGD　班克罗夫特环球发展组织

Baptist Bible Fellowship International　国际浸礼圣经会

Baptist World Fellowship　世界浸礼宗团契

Batey Relief Alliance　贝蒂救援联盟

Battelle Memorial Institute　巴特尔纪念研究院

BBB Wise Giving Alliance　商业信用局明智捐赠联盟

Bill & Melinda Gates Foundation　比尔和梅琳达·盖茨基金会

Bishop Estate Charitable Trust　毕晓普遗产慈善信托机构

Bloomberg Family Foundation，Inc.　布隆伯格家庭基金会

BoardSource　理事会资源组织

Boy Scouts of America，BSA　美国童子军

Bradley Foundation　布兰德利基金会

Bread for the World　"施世面包"组织

Breast Cancer Society Inc.　乳腺癌协会

Bridges to Italy　通向意大利之桥

Brookings Institution　布鲁金斯学会

Brother's Brother Foundation，BBF　兄弟情谊基金会

Business Alliance for International Economic Development　国际经济发展商业联盟

Business Executives for National Security，BENS　企业高管国家安全促进会

Business Roundtable　企业圆桌会议

California Endowment　加利福尼亚基金会

Cancer Fund of America，CFA　美国癌症基金组织

Cancer Research Institute，CRI　癌症研究所

Cancer Support Services Inc.　癌症支持服务组织

CARE USA　美国救援合作组织（也译为"关爱组织"）

Carnegie Corporation of New York　纽约卡内基公司

Carnegie Endowment for International Peace　卡内基国际和平基金会

Carnegie Foundation for the Advancement of Teaching　卡内基教育促进基金会

Carnegie Institution for Science　卡内基科学研究所

Carnegie Institution of Washington　卡内基华盛顿研究所

Carter Center　卡特中心

Casey Family Programs　凯西家庭计划基金会

Catholic Charities USA　美国天主教慈善联盟

Catholic Relief Services，CRS　天主教救济会

Cato Institute　凯托研究所

Center for 21st Century Security and Intelligence，21CSI　21世纪安全与情报研究中心

Center for a New American Security，CNAS　新美国安全中心

Center for American Progress，CAP　美国进步中心

Center for Arms Control and Non – Proliferation　军备控制与不扩散研究中心

Center for Clean Air Policy，CCAP　清洁空气政策中心

Center for Communications and Computing　通讯与计算研究中心

Center for Global Development　全球发展中心

Center for International Private Enterprise, CIPE 国际私营企业中心

Center for International Security and Cooperation, CISAC 国际安全与合作研究中心

Center for National Policy 全国政策中心

Center for Naval Analyses 海军分析中心

Center for Public Integrity, CPI 公共调研中心

Center for Responsive Politics, CRP 回应政治中心

Center for Security Policy, CSP 安全政策中心

Center for Strategic and Budgetary Assessments, CSBA 战略与预算评估中心

Center for Strategic and International Studies, CSIS 战略与"国际"问题研究中心

Center for Taiwan International Relations 台湾"国际"关系中心

Center of Concern, COC 关切中心

Center on Budget and Policy Priorities 预算与政策重点研究中心

Center on Nonprofit and Philanthropy, CNP 非营利与慈善组织研究中心

Central Asia Institute, CAI 中亚教育学院

Central European and Eurasian Law Initiative 中欧和欧亚法律计划

Ceres "谷神星"可持续发展组织

CFA Institute 美国特许金融分析师协会

Chamber Music Society of Detroit 底特律室内乐协会

Charity Navigator "慈善导航"组织

CharityWatch "慈善瞭望"组织

Charles and Lynn Schusterman Family Foundation 查尔斯和琳恩·舒特曼家庭基金会

Charles Stewart Mott Foundation 查尔斯·斯图尔特·莫特基金会

Chemist Without Borders 无国界化学家组织

Chicago Community Trust 芝加哥社区信托基金会

Chicago Council on Global Affairs 芝加哥全球事务委员会

Child Find America, CFA 美国儿童寻觅组织

Children's Aid Society 儿童救助会

Children's Cancer Fund of America Inc.　美国儿童癌症基金

Computing Technology Industry Association，CompTIA　计算技术工业协会

Christian Associates International　基督教友国际会

Christian Coalition　基督教联盟

Christian Friends of Korea　"基督教朝鲜之友"组织

Christian Holiness Association　基督教圣洁协会

Christian Holiness Partnership　"基督教圣洁伙伴"组织

Christian Methodist Episcopal Church　基督循道宗主教派教会

Christian Voice　"基督教之声"组织

Church of Christ　基督会

Church of God（Cleveland，Tennessee）　神的教会（克利夫兰）

Church of God in Christ　主在基督教会

Church of God，Cleveland，Tennessee　田纳西州克利夫兰上帝会

Church of Jesus Christ of Latter – day Saints　耶稣基督后期圣徒教会（摩门教）

Church of the Nazarene　拿撒勒人教会

Church World Services　教会世界服务团

Churches of Christ　基督会

CIA Memorial Foundation　中央情报局纪念基金会

CitiHope International　"城市希望国际"组织

Citizens Club for Growth　公民增长俱乐部

Citizens for a Sound Economy　健全经济公民委员会

Citizens United　公民联合组织

Civil Society，Education and Media Development　公民社会、教育与媒体发展组织

Clean Air Watch　"清洁空气观察"组织

Clean Ocean Action，COA　清洁海洋行动

Cleveland Foundation　克利夫兰基金会

Climate Action Network，CAN　"气候变化行动网络"组织

Clinton-Bush Haiti Fund，CBHF　克林顿—布什海地救助基金

Coalition for A Sound Dollar　健全美元联盟

Coca – Cola Company Nonpartisan Committee For Good Government 可口可乐公司跨党派善治委员会

College Retirement Equities Fund，CREF 大学退休金股份基金会

Coming Home Project，CHP "退伍军人的回家项目"组织

Committee for Economic Development，CED 经济发展委员会

Committee for Free Asia 自由亚洲委员会

Common Cause "共同事业"组织

Communities Foundation of Texas 得克萨斯社区基金会

Community Chests and Councils，Inc. 社区基金与服务委员会

Concerned Women for America 关注美国妇女组织

Conference of Presidents of Major Jewish Organizations，CPMJO 主要犹太组织主席会议

Conrad N. Hilton Foundation 康拉德·希尔顿基金会

Constitutional Conservatives Fund，CCF 宪法保守派基金

Consumers Union，CU 消费者联盟

Council for Foreign Relations，CFR 对外关系委员会

Council for International Exchange of Scholars，CIES 国际学者交流委员会

Council of State Governments，CSG 州政府理事会

Council on America – Islamic Relations 美国与伊斯兰关系协进会

Council On Foundations，COF 基金会理事会

Counterpart International "互援国际"组织

Cross International "十字架国际"组织

Crossroads Grassroots Policy Strategies，Crossroads GPS "十字路口草根政策战略"组织

Curtis Institute of Music 费城科蒂斯音乐学院

David and Lucile Packard Foundation 戴维和露西尔·帕卡德基金会

Death with Dignity National Center "有尊严的死亡"全国中心

Democracy International，DI "民主国际"组织

Democratic Leadership Council 民主党领导力委员会

Direct Relief International "直接救援国际"组织

Disabled Police Officers of America，DPOA 美国残疾警官组织

Divine Science　精神疗法教会

Dominican American National Roundtable　多米尼加裔美国人全国圆桌会议

Doris Duke Charitable Foundation　多丽丝·杜克慈善基金会

Dui Hua Foundation　中美对话基金会

Duke Endowment　杜克基金会

East Timor & Indonesia Action Network，ETAN　东帝汶与印度尼西亚行动网络

Earthjustice　"正义地球"组织

Ecological Society of America，ESA　美国生态学会

Educational Testing Service，ETS　美国教育考试服务中心

Eli & Edythe Broad Foundation（CA）　伊莱和爱蒂思·布罗德基金会（加利福尼亚）

Empire State Pride Agenda　"帝国州自豪议程"组织

Energy Action Coalition　能源行动联盟

Environment America　"环境美国"组织

Environment California　"环境加利福尼亚"组织

Environment Media Service，EMS　环境媒体服务中心

Environment Texas　"环境得克萨斯"组织

Environmental Defense Fund，EDF　美国环保协会（也译为：环境保护基金会）

Episcopal Church　新教圣公会教会

Equality Maryland　"平等马里兰"组织

Eurasia Foundation　欧亚基金会

Evangelical Lutheran Church in America　美国福音路德教会

Evangelistic International Ministry　国际布道团

Ewing Marion Kauffman Foundation　尤因·马容·考夫曼基金会

Extra Miler Club　畅游者俱乐部

Family Health International 360　"家庭健康国际360"组织

Family Health International，FHI　家庭健康国际

Family Research Council　家庭研究委员会

Federal Council of Churches　联邦基督教协进会

Federal Law Enforcement Officers Association, FLEOA   联邦执法人员协会

Federally Funded Research and Development Centers, FFRDCs   联邦资助研发中心

Federation of American Scientists, FAS   美国科学家协会（也译为：美国科学家联盟）

Feed the Children   "喂养儿童"组织

Feeding America   "供养美国"组织

Fermi National Accelerator Laboratory   费米国家加速器实验室

Financial Analysts Federation, FAF   金融分析师联合会

FINCA International   国际社会援助基金会

Focus on Family   "关注家庭"组织

Food for the Hungry   "给饥饿者以食品"组织

Food for the Hungry International   粮食救济饥民国际协会

Food For the Poor   "给穷人以食品"组织

Food Research Institute at Stanford University   斯坦福大学食品研究所

Ford Foundation   福特基金会

Foreign Policy Research Institute, FPRI   外交政策研究所

Formosan Association for Human Rights, FAHR   全美台湾人权协会

Formosan Association for Public Affairs   台湾人公共事务协会

Foundation Center, FC   基金会中心

Foundation for New Era Philanthropy   新时代慈善基金会

Foundation to Promote Open Society   促进开放社会基金会

Free Methodist Church   循道宗独立教会

Freedom House   自由之家

Freedom to Marry   "自由结婚"组织

Freeman Spogli Institute for International Studies, FSI   弗里曼·斯伯格里国际问题研究院

Friends of the Earth   地球之友

Friends of the Earth International, FoEI   国际地球之友协会

Fund for City of New York   "纽约市基金"组织

Gay and Lesbian Medical Association   同性恋医师协会

Gay and Lesbians in Foreign Affairs Agencies　外交部门同性恋雇员协会

General George Patton Museum　乔治·巴顿将军博物馆

Global Heritage Fund，GHF　全球遗产基金

Global Reach International　"全球援手国际"组织

Global Resource Services　"全球资源服务"组织

Gordon and Betty Moore Foundation　戈登和贝蒂·穆尔基金会

GRAMP Foundation　格兰普基金会

Greek Orthodox Archdiocese of America　美国希腊东正教会

Greenpeace　绿色和平组织

Greenpeace Foundation　绿色和平基金会

Grossman Burn Foundation　格罗斯曼烧伤治疗基金会

Group Health Association of America　集团保健协会

GuideStar　"指引星"数据库

Hands on Network　"帮手网络"组织

Harley Hummer Club　哈雷摩托车俱乐部

Harry and Jeanette Weinberg Foundation，Inc.　哈里和珍妮特·温伯格基金会

Harvard Management Private Equity Corporation　哈佛股权基金管理公司

Heart to Heart International　"心连心国际"组织

Heifer International　国际小母牛组织

Heinz Endowments　亨氏基金会

Helen Keller International，HKI　海伦·凯勒国际组织

Helsinki Watch　"赫尔辛基观察"组织

Heritage Foundation，HF　传统基金会

Hollywood Foreign Press Association，HFPA　好莱坞外国记者协会

Homeland Security and Defense Education Consortium Association，HS-DECA　国土安全与国防教育联盟协会

Homeland Security Studies and Analysis Institute，HSSAI　国土安全研究所

Homeland Security Systems Engineering and Development Institute，MI-

TRE Corporation　迈特公司国土安全系统工程与开发中心

Hoover Institution on War, Revolution and Peace　胡佛战争、革命与和平研究所

Houston Endowment Inc.　休斯敦基金会

Howard Hughes Medical Institute　霍华德·休斯医学研究所

Hudson Institute　哈得逊研究所

Human Rights Campaign　"人权运动"组织

Human Rights First　"人权第一"组织

Human Rights Watch　人权观察

ICLEI – Local Governments For Sustainability　地方政府可持续发展理事会

Independent Sector, IS　"独立部门"组织

Indoor Tanning Association　室内日光浴协会

Institute for Defense Analyses, IDA　国防分析研究院

Institute for Food and Development Policies,　粮食和发展政策研究所

Institute for Policy Studies　政策研究所

Institute for Science and International Security, ISIS　科学与国际安全学会

Institute of Electrical and Electronics Engineers, IEEE　电机及电子工程师协会

Institute of International Education, IIE　国际教育协会

Institute of Radio Engineers, IRE　无线电工程师协会

Instrument Society of America, ISA　美国仪器仪表工业协会

Intelligence and National Security Alliance, INSA　情报和国家安全联盟

InterAction　"联合行动"组织

International Association for Intelligence Education, IAFIE　国际情报教育协会

International Bird Rescue Research Center, IBRRC　国际鸟类救援研究中心

International Brotherhood of Electrical Workers, IBEW　国际电气工人兄弟会

International Brotherhood of Teamsters　货车司机国际工会

International Campaign to Ban Landmines　国际禁止地雷运动组织

International Center for Transitional Justice, ICTJ　国际司法制度转变中心

International Christian Concern, ICC　普世基督徒关怀差会

International City/County Management Association, ICMA　国际市县管理协会

International Flying Farmers, IFF　国际飞行农场主协会

International Foundation for Election Systems, IFES　国际选举制度基金会

International Human Rights Law Group　国际人权法小组

International Institute of New Jersey, IINJ　新泽西国际协会

International Medical Corps　国际医疗服务队

International New Thought Alliance　国际新思想联盟

International Partnership for Human Development　国际人类发展伙伴关系组织

International Physicians for the Prevention of Nuclear War　国际防止核战争医生组织

International Relief & Development, IRD　国际救援与发展组织

International Relief Association, IRA　国际救援联合会

International Relief Teams　国际救援队

International Republican Institute, IRI　国际共和研究所

International Rescue Committee, IRC　国际救援委员会

International Society of Antique Scale Collectors, ISASC　国际古典衡器收藏家协会

International Society of Automation, ISA　国际自动化学会

International Stability Operations Association, ISOA　国际稳定行动协会

International Swaps and Derivatives Association, ISDA　国际掉期与衍生工具协会

International Trade Association of Greater Chicago, ITA/GC　大芝加哥地区国际贸易协会

International Trademark Association，INTA　国际商标协会

Internet Corporation for Assigned Names and Numbers，ICANN　互联网名称与数字地址分配机构

Internet Society　国际互联网协会

Internews Network　英特新闻网

Invisible Children. Inc　"看不见的孩子"组织

Islamic Society of North America　北美伊斯兰教协会

J. Paul Getty Trust　保罗·格蒂信托基金机构

J/P Haitian Relief Organization，J/P HRO　J/P 海地救援组织

James Irvine Foundation　詹姆斯·欧文基金会

James Martin Center for Nonproliferation Studies，CNS　詹姆斯·马丁不扩散研究中心

Jehovah's Witness　耶和华见证人派基督教会

Jewish Institute for National Security Affairs，JINSA　犹太国家安全研究所

John D. and Catherine T. MacArthur Foundation　约翰和凯瑟琳·麦克阿瑟基金会

John S. and James L. Knight Foundation　约翰和詹姆斯·奈特基金会

John Templeton Foundation　约翰·坦普尔顿基金会

Kaiser Foundation Hospitals　凯泽基金会医院系统

Kaiser Permanente　凯泽永久医疗集团

Kimbell Art Foundation　金贝尔艺术基金会

Korea Society　朝鲜协会

Kresge Foundation　克雷斯吉基金会

KUSC – FM　南加州大学古典音乐电台

L. B. Research Foundation　L. B. 研究基金会

Latino Institute，Inc.　拉丁学院

Lawyers' Committee for Civil Rights Under Law　促进法定公民权利律师委员会

League of Conservation Voters，LCV　环境保护选民联盟

League of United Latin American Citizens，LULAC　拉美裔公民团结联盟

League of Women Voters of South San Mateo　南圣马特奥地区妇女选民联盟（加利福尼亚州）

Leona M. and Harry B. Helmsley Charitable Trust　利昂娜和哈里·赫尔姆斯利慈善信托基金

Lilly Endowment Inc.　利利基金会

Lincoln Institute of Land Policy　林肯土地政策研究所

Lincoln Laboratory　林肯实验室

Lint Center for National Security Studies, Inc.　林特国家安全研究中心

Log Cabin Republicans　"木屋共和党人"组织

Los Alamos National Laboratory　洛斯阿拉莫斯国家实验室

Lutheran Church – Missouri Synod　路德教密苏里长老会

Lutheran Social Services　信义宗社会服务团

Lutheran World Federation　世界信义宗联会

Lutheran World Relief, LWR　路德世界救济会

MacArthur Foundation　麦克阿瑟基金会

Manufacturing Chemists' Association　化工制造业者联合会

Manufacturing Institute　制造业研究所

Margaret A. Cargill Foundation　玛格丽特·卡吉尔基金会

Marin Community Foundation　马林社区基金会

Marriage Equality New York　"纽约婚姻平等"组织

Maryland Association of Nonprofit Organizations, MANO　马里兰州非营利组织协会

Massachusetts Military Heroes Fund　马萨诸塞州军队英雄基金组织

McKnight Foundation　麦克奈特基金会

Media Development Loan Fund, MDLF　媒体发展贷款基金组织

Mercy Corps　国际美慈组织

Methodist Episcopal Church　循道宗主教制教会（旧译：美以美会）

Methodist Episcopal Church, South　南部循道宗主教制教会（旧译：监理公会）

Migration Policy Institute, MPI　移民政策研究所

Minnesota Council of Nonprofits, MCN　明尼苏达州非营利组织委员会

Monterey County AIDS Project, MCAP　蒙特利县艾滋病项目机构

Motion Picture Association of America，MPAA　美国电影业协会

Muslim Public Affairs Council　穆斯林公共事务协进会

NAACP - Baltimore　全国有色人种协进会巴尔的摩分会

NARAL Pro - Choice America　美国堕胎权利联盟

National Abortion and Reproductive Rights Action League，NARRAL　全国堕胎和生育权利行动联盟

National Abortion Rights Action League，NARAL　全国堕胎权利行动联盟

National Academy of Sciences，NAS　国家科学院

National Association for the Advancement of Colored People，NAACP　全国有色人种协进会

National Association of Attorney Generals，NAAG　全国州首席检察官协会

National Association of Broadcasters，NAB　全国广播商协会

National Association of Counties，NACo　全国县政府联合会

National Association of County Collectors，Treasurers & Financial Officials，NACCTFO　全国县政府税收财政官员协会

National Association of County Information officers，NACIO　全国县政府信息官员协会

National Association of County Veterans Service Officers，NACVSO　全国县政府退伍军人事务官员协会

National Association of Evangelicals　全美福音协会

National Association of Home Builders，NAHB　全国住房建筑商协会

National Association of Insurance Commissioners，NAIC　全国保险事务专员协会

National Association of Manufacturers，NAM　全国制造商协会

National Association of Realtors，NAR　全国房地产经纪人协会

National Association of State Budget Officers，NASBO　全国州预算官员协会

National Association of State Charity Officials，NASCO　全国州级政府慈善监管官员协会

National Association of State Procurement Officials，NASPO　全国州采

购官员协会

National Association of Towns and Townships，NATaT 全国镇级政府协会

National Audubon Society 全国奥杜邦学会

National Automobile Dealers Association，NADA 全国汽车经销商协会

National Baptist Convention of America，Inc 美国全国浸礼会

National Baptist Convention，U.S.A，Inc. 美利坚全国浸礼会

National Beer Wholesalers Association，NBWA 全国啤酒分销商协会

National Bureau of Economic Research 国民经济研究局

National Center for Charitable Statistics，NCCS 全国慈善统计中心

National Charities Information Bureau，NCIB 全国慈善信息局

National Committee for American Foreign Policy 美国外交政策全国委员会

National Committee for Responsive Philanthropy，NCRP 责任慈善全国委员会

National Conference of Commissioners on Uniform State Laws 全国统一州法委员会会议

National Conference of State Legislatures，NCSL 全国州级立法机构会议

National Conservative Political Action Committee 全国保守派政治行动委员会

National Consumer's League 全国消费者联盟

National Cotton Council of America 全国棉花理事会

National Council of Churches 全美基督教协进会

National Council of Nonprofits，NCN 非营利组织全国委员会

National Cryptologic Museum Foundation，NCMF 国家密码博物馆基金会

National Day Laborer Organizing Network，NDLON "全国日工组织网络"

National Defense Industrial Association，NDIA 国防工业协会

National Defense University Foundation，NDUF 国防大学基金会

National Democratic Institute for International Affairs，NDI 国际事务全

国民主研究所

National Democratic Institute，NDI   全国民主研究所

National Education Association，NEA   全国教育协会

National Endowment for Democracy，NED   国家民主基金会

National Farmers Organization   全国农场主协会

National Farmers Union   全国农场主联盟

National Federation of Independent Business，NFIB   全国独立企业
联合会

National Flying Farmers Association   全国飞行农场主协会

National Gay and Lesbian Task Force   全国男女同性恋者行动组织

National Geographic Society   国家地理学会

National Governors Association，NGA   全国州长协会

National Holiness Camp Meeting Association   全美圣洁野营布道会协会

National Horseshoe Pitchers Association of America，NHPA   全国马蹄
铁投掷者协会

National Institutes of Health，NIH   国家卫生研究院

National Intelligence Educational Foundation   国家情报教育基金会

National League of Cities，NLC   全国都市联盟

National Lesbian and Gay Journalists Association   全国同性恋记者协会

National Lieutenant Governors Association，NLGA   全国副州长协会

National Military Intelligence Association   全国军事情报协会

National Missionary Baptist Convention of America   全国传教浸礼会

National Organization for Women，NOW   全国妇女组织

National Research Council   全国研究委员会

National Restaurant Association，NRA   全国餐馆业协会

National Rifle Association，NRA   全国步枪协会

National Right to Life Committee   生命权利全国委员会

National Right To Life PAC   全国生命权理事会政治行动委员会

National Science Foundation，NSF   国家科学基金会

National Security Archives   国家安全档案馆

National Security Engineering Center，MITRE Corporation   迈特公司国
家安全工程中心

National Security Network　国家安全网络组织

National Sheriffs' Association　全国警长协会

National Small Business Association，NSBA　全国小企业协会

National Urban League，NUL　全国都市联盟

National Voluntary Organizations Active in Disasters，NVOAD　全国救灾志愿组织联盟

National Wildlife Federation，NWF　全国野生动物联合会

National Women's Health Network，NWHN　全国妇女健康组织

Natural Resources Defense Council，NRDC　自然资源保护委员会

Navy Mutual Aid Association　海军互惠协会

NEA Advocacy Fund　全国教育协会宣传基金

New York Community Trust，NYCT　纽约社区信托机构

Nixon Center for Peace and Freedom　尼克松和平与自由中心

Nonprofit Coordinating Committee of New York，NPCC　纽约市非营利组织协调委员会

North America Taiwanese Professors' Association　北美台湾人教授协会

North American Board of Rabbis　北美拉比委员会

North American Taiwanese Engineers Association　北美台湾人工程师协会

North American Taiwanese Medical Association　北美台湾人医师协会

Northeast Asia Cooperation Dialogue，NEACD　东北亚合作对话组织

Northern Baptist Convention　北方浸礼会（旧译：美北浸礼会）

Nourishing USA　"养育美国"组织

NRA Political Victory Fund　全国步枪协会政治胜利基金组织

Nuclear Information and Resource Service，NIRS　核信息与资源服务组织

Olin Foundation　欧林基金会

Open Society Foundation　开放社会基金会

Orange County Philharmonic Society　橙县爱乐协会

Orthodox Church in America　美国东正教会

OutServe – Servicemembers Legal Defense Network，OutServe – SLDN　"退伍及现役人员司法保卫网络"组织

Oxfam America　美国乐施会

Pacific Council on International Policy　太平洋国际政策委员会

Pacific Forest Trust　太平洋森林信托基金

Panetta Institute for Public Policy　帕内塔公共政策研究所

Parliamentarians for Globe Action, PGA　全球行动议员组织

Pentecostal Assemblies of the World, Inc　世界五旬节派教会

Pentecostal Churches of North America　北美五旬节派教会

Pentecostal Fellowship of North America　北美五旬节派团契

Peterson Institute for International Economics, PIIE　彼得森国际经济研究所

Pew Center on Global Climate Change　皮尤全球气候变化中心

Pew Charitable Trusts　皮尤慈善信托机构

Pew Research Center　皮尤研究中心

Pharmaceutical Research and Manufacturers of America, PhRMA　美国药品研发与制造商协会

Planet Aid, Inc.　"星球援助"组织

Points of Light Foundation　光点服务基金会

Population Action International, PAI　"人口行动国际"组织

Population Services International, PSI　"人口服务国际"组织

Portland Baroque Orchestra　波特兰巴洛克乐团

Presbyterian Church in the Confederate States of America　南部邦联长老会

Presbyterian Church in the United States of America　美国联邦长老会

Presbyterian Church USA　美国长老会

Princeton Project on National Security, PPNS　"普林斯顿国家安全项目"组织

Priorities USA Action　"优先美国行动"组织

Private Agencies Collaborating Together（PACT）　"协同组织"

Producers Guild of America, PGA　制片人协会

Professional Air Traffic Controllers Organization, PATCO　专业塔台调度员联合工会

Progressive Maryland　"进步的马里兰"组织

Progressive National Baptist Convention, Inc　全国进步浸礼会

Progressive Policy Institute　进步政策研究所

Project Concern International　"项目关注国际"组织

Project for New American Century, PNAC　"新美国世纪计划"组织

Project HOPE　"希望项目"组织

Project on Middle East Democracy, POMED　中东民主项目组织

Protestant Episcopal Church in the USA　美国新教圣公会

Protestant Public School Society　新教徒公立学校促进会

Public Citizen　"公共事务公民"组织

Public Radio New York City, WNYC　纽约公共广播电台

Rachel Corrie Foundation for Peace & Justice　雷切尔·科里和平与正义基金会

Rainforest Action Network, RAN　"热带雨林行动网络"组织

RAND Corporation　兰德公司

Ravinia Festival　拉维尼亚音乐节

Recording Industry Association of America, RIAA　美国录音工业协会

Refugee International　"难民国际"组织

Relief International　"救援国际"组织

Relief Society of Tigray, REST　提格里救援协会

Remote Area Medical, RAM　边远地区医疗队

Restore Our Future　"重建我们的未来"组织

Richard King Mellon Foundation　理查德·金·梅隆基金会

Robert W. Woodruff Foundation, Inc.　罗伯特·伍德拉夫基金会

Robert Wood Johnson Foundation　罗伯特·伍德·约翰逊基金会

Rockefeller Brothers Fund, RBF　洛克菲勒兄弟基金

Rockefeller Foundation　洛克菲勒基金会

Rocky Mountain Climate Organization, RMCO　落基山气候组织

Roman Catholic Church　罗马天主教会

Rotary International　国际扶轮社（也译为："扶轮国际"组织）

RTI international　三角科技园区国际研究院（北卡罗来纳州）

Russell Sage Foundation　拉塞尔·赛奇基金会

Sabin Vaccine Institute　萨宾疫苗研究所

Salvation Army　救世军

Samaritan's Purse　撒玛利亚救援会

Save the Children　救助儿童会

Save the Children Foundation　儿童救助基金会

Save the Children USA　美国救助儿童会

Service Employees International Union，SEIU　服务业雇员国际工会

Seventh Day Adventist Church　基督复临安息日教会

Shelter for Life　"保护生命"组织

Sierra Club　塞拉俱乐部

Silicon Valley Community Foundation　硅谷社区基金会

Silicon Valley Council of Nonprofits，SVCN　硅谷非营利组织委员会

Simons Foundation　西蒙斯基金会

Sister Cities International　友好城市国际组织

Smithsonian Institution　史密森氏学会

Smithsonian's National Air and Space Museum　国家航空航天博物馆

Society for Cardiovascular Angiography and Interventions，SCAI　心血管造影与介入治疗学会

Society of Jesus　耶稣会

Society of Toxicology，SOT　毒物学会

Southern Baptist Convention　南方浸礼会（旧译：美南浸信会）

Southwest Louisiana Business Development Center　西南路易斯安那商务发展中心

Special Olympics　特殊奥林匹克运动组织

SpeechNow　"现在就说"组织

SRI International　SRI 国际公司

St. George's Society of New York　纽约圣乔治协会

Stanford Research Institute　斯坦福研究所

Stop Hunger Now　"立即停止饥饿"组织

Strategies for International Development，SID　国际发展战略组织

Sunlight Foundation　阳光基金会

Susan Thompson Buffett Foundation　苏珊·汤普森·巴菲特基金会

Synagogue Council of America　美国犹太会堂协进会

Syria Support Group, SSG　叙利亚支援组织

Taia Peace Foundation　泰阿和平基金会

Taiwan American Citizens League, TACL　台美公民协会

Taiwan Benevolent Association of America, TBAA　全美台湾同乡联谊会

Taiwan International Alliance　台湾"国际"联盟

Teach for America, TFA　"为美国而教"组织

Teachers Insurance and Annuity Association, TIAA　教师保险及养老金协会

Teamsters　货车司机工会

TechnoServe　"技术服务"组织

The Nature Conservancy, TNC　大自然保护协会

The Urban Institute　都市研究所

Tobacco Growers Association　全国烟草种植者协会

Trilateral Commission　三边委员会

Trinity Foundation　三一基金会

Tulsa Community Foundation　塔尔萨社区基金会

U. S. Afghan Women's Council　美国阿富汗妇女委员会

U. S. – Asia Law Institute, USALI　美亚法律研究所

U. S. Chamber of Commerce　美国商会

U. S. Conference of Mayors　美国市长会议

U. S. Civilian Research & Development Foundation, CRDF　美国民用科技研究与发展基金会

U. S. Climate Action Network　"美国气候行动网络"组织

U. S. Wheat Associates　美国小麦协会

UAW Voluntary Community Action Program　联合汽车工会志愿社区行动计划

Union of Concerned Scientists, UCS　忧思科学家联盟

Union of International Associations, UIA　国际组织联盟

United Church of Christ　联合基督教会

United Methodist Church　联合卫理公会（也译为：循道宗联合会）

United Nations Association of the United States of America, UNA – USA

美国联合国协会

United States Conference Catholic Bishops，USCCB　美国天主教主教会议

United States Institute of Peace，USIP　美国和平研究所

United States Junior Chamber，Jaycees　美国青年商会

United States Olympic Committee　美国奥林匹克委员会

United Way of America　联合劝募会

United Way Worldwide　世界联合劝募会

UnitedHealth Group　联合健康组织

Untied Auto Workers，UAW　联合汽车工人工会

US Center for Citizen Diplomacy，USCCD　美国公民外交中心

US Global Leadership Campaign　美国全球领导运动

US-China Business Council，USCBC　美中贸易全国委员会

US-Saudi Arabia Business Council，USSABC　美国—沙特阿拉伯商务委员会

Verified Voting Foundation　核查投票基金会

W. K. Kellogg Foundation　凯洛格基金会

Walton Family Foundation，Inc.　沃尔顿家庭基金会

Wesleyan Media Project　韦斯利扬媒体项目机构

Whatcom Council of Nonprofits　霍特科姆县非营利组织委员会

Whitehead Foundation　怀特海基金会

Wikimedia Foundation　维基媒体基金会

William and Flora Hewlett Foundation　威廉和弗洛拉·休利特基金会

Wildlife Conservation Society，WCS　国际野生生物保护学会

William Penn Foundation　威廉·潘恩基金会

Wine Explorers　"葡萄酒探索者"组织

Winrock International　"温洛克国际"组织

Wisconsin Project on Nuclear Arms Control　"威斯康星核军控项目"组织

Women for Afghan Women，WAW　关心阿富汗妇女组织

Women's Environment and Development Organization，WEDO　妇女环境与发展组织

Women's Media Center, WMC　　妇女媒体中心

Woodrow Wilson International Center for Scholars　　伍德罗·威尔逊国际学者中心

Worcester Polytechnic Institute, WPI　　伍斯特理工学院

World Affairs Council of Northern California　　北加利福尼亚州世界事务委员会

World Affairs Councils of America, WACA　　美国世界事务委员会

World Alliance of Reformed Churches　　世界归正宗联盟

World Association of Detectives, WAD　　世界侦探协会

World Christian Fundamental Association　　世界基督教教旨派协会

World Concern　　世界关怀会

World Federation of Taiwanese Chambers of Commerce　　世界台湾商会联合会

World Help　　"世界互助"组织

World Methodist Council　　世界循道宗协进会

World Resource Institute, WRI　　世界资源研究所

World Trade Centers Association, WTCA　　世界贸易中心协会

World United Formosans for Independence, WUFI　　台湾"独立建国"联盟

World Vision　　世界宣明会

World Wildlife Fund, WWF　　世界自然基金会

WWF US　　美国世界自然基金会

Young Men's Christian Association, YMCA　　基督教青年会

Young Women's Christian Association, YWCA　　基督教女青年会

主要参考文献

一 中文文献

（一）专著

陈荣儒编著：《FAPA 与国会外交》，前卫出版社 2004 年版。

丁光训、金鲁贤主编：《基督教大辞典》，上海辞书出版社 2010 年版。

郭寿旺：《华府智库对每股台海两岸政策制定之影响：对李登辉总统九五年访美案例之研究》，秀威资讯科技股份有限公司 2006 年版。

郝雨凡：《美国对华政策内幕，1949—1998 年》，台海出版社 1998 年版。

郝雨凡、张燕东：《无形的手》，新华出版社 2000 年版。

李道揆：《美国政府和政治》，中国社会科学出版社 1990 年版。

李庆四：《美国国会与美国外交》，人民出版社 2007 年版。

李轶海主编：《国际著名智库研究》，上海社会科学院出版社 2010 年版。

刘澎：《当代美国宗教》，社会科学文献出版社 2012 年版。

刘绪贻、杨生茂总主编：《美国通史》（六卷本），人民出版社 2008 年版。

卢咏：《第三力量：美国非营利机构与民间外交》，社会科学文献出版社 2011 年版。

蒋晓燕、信强：《美国国会与美国对华安全决策（1989—2004）》，时事出版社 2005 年版。

毛泽东：《毛泽东选集》第二卷，人民出版社 1991 年版。

梅孜主编：《美台关系重要资料选编》，时事出版社 1997 年版。

彭小瑜：《基督教与近代西方民族国家》，江西人民出版社 2011 年版。

任东来、陈伟、白雪峰：《美国宪政历程：影响美国的 25 个司法大案》，中国法制出版社 2004 年版。

孙哲主编：《美国国会研究（Ⅰ）》，复旦大学出版社 2002 年版。

孙哲主编：《美国国会研究（Ⅱ）》，复旦大学出版社 2003 年版。

孙哲等：《美国国会与中美关系：案例与分析》，时事出版社 2004 年版。

孙哲主编：《美国国会与台湾问题》，复旦大学出版社 2005 年版。

唐正瑞：《中美棋局中的台湾问题》，上海人民出版社 2000 年版。

陶文钊主编：《冷战后的美国对华政策》，重庆出版社 2006 年版。

王莉丽：《旋转门：美国思想库研究》，国家行政学院出版社 2010 年版。

信强：《"半自主"国会与台湾问题：美国国会外交行为模式》，复旦大学出版社 2005 年版。

信强：《解读美国涉台决策》，上海人民出版社 2010 年版。

徐以骅：《美国宗教史略》，《宗教与美国社会》第一辑，时事出版社 2004 年版。

徐以骅：《宗教新右翼与美国外交政策》，《宗教与美国社会》第一辑，时事出版社 2004 年版。

张春：《美国思想库与一个中国政策》，上海人民出版社 2007 年版。

张德广、杨文昌主编：《跨越太平洋的握手：纪念尼克松访华 40 周年》，世界知识出版社 2012 年版。

赵可金：《营造未来：美国国会游说的制度解读》，复旦大学出版社 2005 年版。

赵梅：《美国公民社会的构建》，中国社会科学出版社 2010 年版。

中国现代国际关系研究所：《美国思想库及其对华倾向》，时事出版社 2003 年版。

中国现代国际关系研究院课题组：《外国非政府组织概况》，时事出版社 2010 年版。

周琪主编：《美国外交决策过程》，中国社会科学出版社 2011 年版。

朱世达主编：《美国市民社会研究》，中国社会科学出版社 2005年版。

资中筠：《财富的归宿：美国现代公益基金会述评》，上海人民出版社 2006 年版。

资中筠：《财富的归宿：美国现代公益基金会评述》（增订本），生活·读书·新知三联书店 2011 年版。

资中筠：《资中筠集》，中国社会科学出版社 2002 年版。

（二）译著

［法］托克维尔著，董果良译：《论美国的民主》上、下卷（汉译世界学术名著丛书），商务印书馆 1988 年版。

［美］艾伦·赫茨克：《在华盛顿代表上帝：宗教游说在美国政体中的作用》，徐以骅、黄凯、吴志浩译，上海人民出版社 2003 年版。

［美］贝希·布查尔特·艾德勒、大卫·艾维特、英格里德·米特梅尔：《通行规则：美国慈善法指南（2007 年第 2 版）》，金锦萍、朱卫国、周虹译，中国社会出版社 2007 年版。

［美］戴维·杜鲁门：《政治过程：政治利益与舆论》，张炳九译，林俊宏校阅，台北桂冠图书股份公司 1998 年版。

［美］汉密尔顿、杰伊、麦迪逊：《联邦党人文集》，程逢如、在汉、舒逊译，商务印书馆 1980 年版。

［美］加里·纳什等编：《美国人民：创建一个国家和一种社会》（上、下卷，第 6 版），刘德斌主译，刘德斌、任东波审校，北京大学出版社 2008 年版。

［美］加里·沃塞曼：《美国政治基础》，陆震纶等译，中国社会科学出版社 1994 年版。

［美］凯斯·R. 桑斯坦：《最差的情形》，刘坤轮译，中国人民大学出版社 2010 年版。

［美］莱斯特·M. 萨拉蒙等：《全球公民社会：非营利部门国际指数》，陈一梅等译，北京大学出版社 2007 年版。

［美］莱斯特·M. 萨拉蒙等：《全球公民社会：非营利部门视界》，贾西津等译，社会科学文献出版社 2002 年版。

［美］罗伯特·登哈特、珍妮特·登哈特：《公共行政：一门行动的学问》（第六版），谭功荣译，唐娟校，北京大学出版社 2013 年版。

〔美〕罗杰·希尔斯曼：《美国是如何治理的》，曹大鹏译，商务印书馆 1988 年版。

〔美〕诺曼·杰·奥恩斯坦、雪利·埃尔德：《利益集团、院外活动和政策制订》，潘同文、陈永易、吴艾美译，世界知识出版社 1981 年版。

〔美〕塞缪尔·亨廷顿：《我们是谁》，程克雄译，新华出版社 2005 年版。

〔美〕施密特、谢利·巴迪斯等著，梅然译：《美国政府与政治》，北京大学出版社 2005 年版。

〔美〕托马斯·戴伊：《谁掌管美国》，世界知识出版社 1980 年版。

〔美〕托马斯·杰斐逊：《杰斐逊选集》，朱曾汶译，商务印书馆 2011 年版。

〔美〕亚历克斯·阿贝拉：《白宫第一智囊：兰德公司与美国的崛起》，梁筱云、张小燕译，新华出版社 2009 年版。

〔美〕詹姆斯·M. 伯恩斯等：《美国式民主》，谭君久等译，中国社会科学出版社 1993 年版。

〔日〕辻中丰：《利益集团》，李薇等译，经济日报出版社 1989 年版。

〔英〕波尔：《美国平等的历程》，张聚国译，商务印书馆 2010 年版。

〔英〕麦克尔·爱德华兹：《公民社会》（上）、（中）、（下），陈一梅译，分别刊载于《中国非营利评论》第 2 卷，社会科学文献出版社 2008 年版；《中国非营利评论》第 3 卷，社会科学文献出版社 2009 年版；《中国非营利评论》第 4 卷，社会科学文献出版社 2009 年版。

（三）论文

陈发瑶：《台湾当局对美游说活动活动及其影响》，《浙江大学学报》2001 年第 31 卷第 6 期。

陈炯、邢悦：《美国国会对台议案的表决特点：对 1990 年以来美国国会投票行为的研究》，《现代国际关系》2006 年第 3 期。

陈奕平：《美国国会议员与台湾当局间的互动及其影响》，《暨南学报》（哲学社会科学版）2005 年第 2 期。

刁大明、张光：《美国国会众议院中国议题连线构成动因的比较研究》，《外交评论》2009 年第 6 期。

高国荣：《20 世纪 60 年代美国的杀虫剂辩论及其影响》，《世界历史》2003 年第 2 期。

高国荣：《美国现代环保运动的兴起及其影响》，《南京大学学报》2006 年第 4 期。

黄海波：《当前西方新兴宗教研究中三大争议性主题》，《新疆社会科学》2011 年第 2 期。

黄海波：《公民社会中的宗教：罗伯特·伍斯诺的多维分析模式述评》，《华东师范大学学报》2011 年第 5 期。

黄海波：《美国"福利改革"对宗教公益参与的推动及其争议》，《当代宗教研究》2010 年第 3 期。

贾妍、信强：《从"中国帮"到"台湾帮"：美国国会亲台议员与美台决策》，《太平洋学报》2005 年第 5 期。

阚先学：《利益集团如何影响美国的对华政策》，《山西高等学院社会科学学报》2004 年第 16 卷第 11 期。

李本京：《美国两岸政策走向：模糊与聚焦》，《美国研究》2004 年第 1 期。

李华：《美国院外活动的几个问题》，《现代国际关系》1997 年第 7 期。

李寿祺：《利益集团参政：美国利益集团与政府关系》，《美国研究》1989 年第 4 期。

李贞：《20 世纪 90 年代台湾在美游说和中美关系》，《赤峰学院学报》（汉文哲学社会科学版）2009 年第 30 卷第 10 期。

刘恩东：《冷战后台湾对美游说活动评析》，《世界经济与政治论坛》2002 年第 2 期。

刘恩东：《利益集团在美国内外决策体制中的地位》，《广东省社会主义学院学报》2003 年第 2 期。

刘国柱：《当代美国"民主援助"解析》，《美国研究》2010 年第 3 期。

刘兴华：《奥巴马政府对外网络干涉政策评析》，《现代国际关系》2013 年第 12 期。

马建英：《美国全球公域战略评析》，《现代国际关系》2013 年第 2 期。

彭琦：《美国天主教新保守主义的兴衰》，《美国研究》2009 年第 3 期。

任晓：《第五种权力：美国思想库的成长、功能及运行机制》，《现代国际关系》2000 年第 7 期。

斯卡拉皮罗：《美国外交政策的制定与实施》，《政治研究》1985 年第 4 期。

苏格：《美国全球战略与台湾问题》，《国际问题研究》2001 年第 4 期。

孙哲、张春：《美国在台"特殊利益"的建构》，《台湾研究集刊》2005 年第 1 期。

孙哲、赵国军：《美国国会"中国连线"评析》，《世界经济与政治》2007 年第 1 期。

谭融：《美国的利益集团政治理论综述》，《天津大学学报》（社会科学版）2001 年第 1 期。

谭蓉：《美国利益集团政治评析》，《南开学报》（哲学社会科学版）2002 年第 2 期。

陶文钊：《1995—1996 年台海风云及其影响》，《哈尔滨工业大学学报》（社会科学版）2004 年第 6 卷第 2 期。

王俊峰、马娟：《浅析美国"台湾联线"的历史基础》，《国际评论》2006 年第 8 卷第 5 期。

魏军：《后冷战时期的美国国会与台湾问题》，《国际论坛》2001 年第 3 卷第 5 期。

魏文彪：《美国电力公司为何同意为酸雨"割肉"》，《资源与人居环境》2007 年第 22 期。

肖蔚寅：《利益集团与美国对台政策》，《河北北方学院学报》2005 年第 21 卷第 6 期。

谢韬：《如何看待美国国会在中美关系中的作用：以 1973—2006 年期间的中国议案为例》，《世界经济与政治》2009 年第 1 期。

信强：《美国国会"台湾联线"个案研究》，《台湾研究集刊》2003 年第 4 期。

邢海燕：《台湾游说集团对美游说的特点及影响》，《世界经济与政治论坛》2004 年第 6 期。

熊志勇：《简析对美国国会的游说：以美国对外政策为例》，《美国研究》1998 年第 3 期。

徐彤武：《联邦政府与美国志愿服务的兴盛》，《美国研究》2009 年第 3 期。

徐彤武：《美国政府对公益慈善事业的管理及启示》，《中国慈善发展报告 2011》（慈善蓝皮书），社会科学文献出版社 2011 年版。

徐彤武：《美国非营利部门与社会治理中的替代性纠纷解决机制》，《中国民间组织报告 2014》（民间组织蓝皮书），社会科学文献出版社 2014 年版。

杨剑：《对美国国会议员选择倾向台湾立场的动机分析》，《台湾研究集刊》2008 年第 1 期。

袁征：《利益集团政治与美国对华政策》，《当代亚太》2000 年第 6 期。

翟强：《院外援华集团与杜鲁门对华政策（1947—1949 年）》，《世界历史》1986 年第 2 期。

张光、刁大明、袁婷：《美国国会议员访台现象研究（1997—2008）》，《当代亚太》2010 年第 3 期。

张敏谦：《福音新教及其对 19 世纪上半叶美国社会改革的影响》，《美国研究》1991 年第 2 期。

张霞：《美国国家民主基金会及其在中亚的活动》，《国际资料信息》2012 年第 10 期。

赵连启：《美国少数美国国会议员对中美关系的阻碍及其原因》，《和平与发展》季刊 2001 年第 3 期。

赵可金：《美国国会委员会与美国外交政策的制定》，《国际观察》2003 年第 5 期。

郑安光：《美国国会与台湾问题》，《南京大学学报》（哲学、人文科学、社会科学版）2004 年第 5 期。

周继红：《试论战后美国华人社团发展的特点及其在中美关系中的作用》，《国际关系学院学报》2008 年第 6 期。

周培佩：《浅析台湾利益集团与美国对华政策》，《菏泽学院学报》2006 年第 28 卷第 4 期。

（四）学位论文

但洪敏：《基于双层次博弈的冷战后美国国会参与涉台决策研究》，硕士学位论文，国防科学技术大学，2004 年。

杜晔雯:《论台湾人公共事务协会影响美国对台决策的历史、特点及限度》,硕士学位论文,复旦大学,2009年。

耿学鹏:《新、老"院外援华集团"之比较研究》,硕士学位论文,外交学院,2005年。

金龙云:《美国外交关系委员会研究(1921—1991)》,博士学位论文,东北师范大学,2010年。

李晓娜:《思想库对美国政府对华决策的影响:以布鲁金斯学会为例》,硕士学位论文,华中师范大学,2007年。

刘恩东:《中美利益集团与政府决策的比较研究》,博士学位论文,中共中央党校,2008年。

穆占劳:《美国思想库与美中关系研究》,博士学位论文,中共中央党校,2004年。

邵育群:《美国国会与台湾问题(1979—2002)》,博士学位论文,复旦大学,2003年。

宋山丹:《冷战后利益集团对美国对华政策的影响研究》,硕士学位论文,华中师范大学,2004年。

孙大雄:《政治互动:利益集团与美国政府决策》,博士学位论文,华中师范大学,2002年。

王瑞彬:《美国气候政策之辩(2001—2008):支持联盟框架视角》,博士学位论文,外交学院,2009年。

赵国军:《美国国会议员中国观研究(1989—2006)》,博士学位论文,复旦大学,2007年。

二 英文文献

Abelson, Donald E., "Think Tanks and U. S. Foreign Policy: An Historical Perspective", *U. S. Foreign Policy Agenda*, Vol. 7, No. 3.

Adam, T., Ed., *Philanthropy, patronage, and civil society: experiences from Germany, Great Britain, and North America*, Indiana University Press, 2004.

Adelman, Carol, "The Privatization of Foreign Aid: Reassessing National Largesse", in *Foreign Affairs*, Nov – Dec 2003.

Ahlstrom, Sydney E., *A Religious History of the American People*, 2nd edition, New Haven, CT: Yale University Press, 2004.

Aksartova, Sada, "Why NGOs? How American Donors Embraced Civil Society After the Cold War", *The International Journal of Not – for – Profit Law*, Volume 8, Issue 3, May 2006, available at: http: //www. icnl. org/ knowledge/ijnl/vol8iss3/special_ 4. htm [2011 – 01 – 07].

Albanese, Catherine L. , *America: Religions and Religion*, fifth edition, Belmont, CA: Thomson/Wadsworth, 2012.

Alexander, J. C. and P. Smith, "The discourse of American civil society: A new proposal for cultural studies", *Theory and Society* 22 (2): 151 – 207, April 1993.

Almond, G. A. andS. Verba, Eds. , *The Civic Culture: Political Attitudes and Democracy in Five Nations*, SAGE Publications, Inc. , 1989.

Anderson, Paul, "Climate Change: Act or React?" Duke Energy Corporation, 2005, available at: www. duke – energy. com/redirect. asp? url =/ news/mediainfo/viewpoint/2005/act_ or_ react. pdf.

Anderson, Phil, *Shaping the Nation's Future, Informing Solutions for Tomorrow's National Security Challenges*, 2012 *Annual Report to Congress*, Homeland Security Studies and Analysis Institute. Anheier, H. K. , 2004. *Civil Society: Measurement, Evaluation, Policy.* London, Earthscan.

Anheier, H. K. and R. A. List, eds. , *A Dictionary of Civil Society, Philanthropy and the Non – Profit Sector*, Routledge, 2005.

Anheier, H. K. , S. Toepler, et al. , Eds. , *International Encyclopedia of Civil Society*, Springer, 2010.

Anheier, Helmut K. & David C. Hammack, ed. , *American Foundations: Roles and Contributions*, The Brookings Institution, 2010.

APPELBAUM, BINYAMIN and JENNIFER STEINHAUER, "Congress Ends 5 – Year Standoff on Trade Deals in Rare Accord", *The New York Times*, October 12, 2011.

Armitage, Richard L. , Joseph S. Nye, Jr. cochairs, *CSIS Commission on Smart Power: a smarter, more secure America*, Nov. 6, 2007.

Armstrong, Drew, "Insurers Gave U. S. Chamber $ 86 Million Used to Oppose Obama's Health Law", *Bloomberg. com*, November 18, 2010.

Ayres, Leonard Porter, *Seven Great Foundations*, with a new introduction by David C. Hammack, Philanthropy Classics Access Project, Hauser Center for Nonprofit Organization, John F. Kennedy School of Government, Cambridge, Massachusetts, 2007.

Bachrack, Stanley D., *The committee of One Million*, New York: Columbia University, 1976.

Bachram, Heidi, "Climate Fraud and Carbon Colonialism: The New Trade in Greenhouse Gases", 2004, available at: http://www. carbontrade-watch. org/durban/cns. pdf.

Bailey, Stephen K. ed., Voice of America Forum Lectures: *American Politics and Government*, United States Information Agency, 1973.

Bailey, Thomas A., *A Diplomatic History of the American People*, 10th ed, Prentice – Hall, Inc, 1980.

Baitenmann, Helga, "NGOs and the Afghan War: The Politicisation of Humanitarian Aid", *Third World Quarterly*, Vol. 12, No. 1 (Jan., 1990).

Baker, G., "The Taming of the Idea of Civil Society", *Democratization* 6 (3), 1999.

Baker, G., *Civil Society and Democratic Theory: Alternative voices*, New York, Routledge, 2002.

Bellah, Robert N., "Civil Religion inAmerica", *Daedalus* 96 (Winter 1967): 1 – 21.

Bentley, A., *The Process of Government*, Cambridge, Belknap Press of Harvard University Press, 1967.

Berman, S., "Civil Society and Political Institutionalization", *American Behavioral Scientist*, 40 (5): 562 – 574, 1997.

Betsill, Michele, "Environmental NGOs Meet the Sovereign State: The Kyoto Protocol Negotiations on Global Climate Change", 2002, pp. 63 – 64, available at: http://www. cjielp. org/documents/cjielp_ art38. pdf.

Bjornlund, Eric C., *Beyond Free and Fair: Monitoring Elections and Building Democracy*, Baltimore: The Johns Hopkins University Press, 2004.

Blackwood, Amy S., Katie L. Roeger and Sarah L. Pettijohn, *THE NON-PROFIT SECTOR IN BRIEF: Public Charities, Giving and Volunteering*, The

Urban Institute, 2012.

Block, B., "U. S. Environmental Groups Divided on 'Clean Coal'", March 19, 2008, available at: http://www. worldwatch. org/node/5654.

Bramble, B. J., and Porter, G., "Non – Governmental Organizations and the Making of US International Environmental Policy", In Hurrell, A., and Kingsbury, B. ed. *The International Politics of The Environment*: *Actors, Interest, and Institutions*, Clarendon Press, London, 1992.

Brian, Cascadia, "Lieberman – Warner Bill: Dirty Energy in the Name of Climate Protection", May 13th, 2008, available at: http://itsgetting-hotinhere. org/2008/05/13/lieberman – warner – bill – dirty – energy – in – the – name – of – climate – protection/.

Burstein, Paul and Hirsh, Elizabeth C., "Interest Organizations, Information, and Policy Innovation in the US Congress", *Sociological Forum*, Vol. 22, No. 2 (June 2007), pp. 174 – 199.

Butler, Jon, Grant Wacker, and Randall Balmer, *Religion in American Life*: *A Short History*, 2nd edition, New York: Oxford University Press, 2011.

Byrnes, Timothy A., *Catholic Bishops in American Politics*, Princeton, NJ: Princeton University Press, 1991.

Calhoun, C., "Civil society and the public sphere", *Public Culture* 5: 267 – 280, 1993.

Calmes, Jackie, "N. R. A. Declines to Meet With Obama on Gun Policy", *New York Times*, March 14, 2011.

Carmichael, B., "U. S. Environmental NGOs: Media Moles or Moguls in Drive for Power in Changing Media Landscape", *The Yale Forum on Climate Change and The Media*, 2009, available at: http://www. yaleclimatemedi-aforum. org/2009/08/ngos – media – moles – or – moguls/.

Carothers, T. and M. Ottaway, *Funding Virtue*: *Civil Society Aid and Democracy Promotion*. Washington D. C., Carnegie Endowment for International Peace, 2000.

Carothers, T. and W. Barndt, "Civil Society", *Foreign Policy*, 117 (Winter, 1999 – 2000): 18 – 24 + 26 – 29.

Castells, M., "The new public sphere: Global civil society, communication networks, and global governance", *The ANNALS of the American Academy of Political and Social Science*, 616 (1): 78 – 93, 2008.

Chambers, S. and J. Kopstein, "Bad Civil society." *Political Theory*, 29 (6) (Dec. , 2001): 837 – 865.

Chambers, S. and W. Kymlicka, *Alternative Conceptions of Civil Society*, Princeton University Press, 2001.

Chandhoke, N. , *State and civil society: Explorations in political theory*, London, Sage Publications, 1995.

Chassay, Clancy, "Seeds of Further Uprising amid the Fear and Intimidation", *The Guardian*, 19 July, 2008.

Chaulia, Sreeram, "Democratisation, NGOs and 'colour revolutions'", 19 January 2006, available at: http: //www. opendemocracy. net/globalization – institutions_ government/colour_ revolutions_ 3196. jsp [2011 – 06 – 16].

Chaves, Mark, *Congregations in America*, Cambridge, MA: Harvard University Press, 2004.

Clarke, Richard A. , Michael J. Morell, Geoffrey R. Stone, Cass R. Sunstein and Peter Swire, "Liberty and Security in a Changing World, Report and Recommendations of the President's Review Group on Intelligence and Communications Technologies", December 12, 2013.

Clear, Annette, "International Donors and Indonesian Democracy", *The Brown Journal of World Affairs*, Vol. 9, No. 1 (Spring 2002).

Cochrane, Joe, "Burma's River of News", April 25, 2006, available at: http: //www. foreignpolicy. com/articles/2006/04/25/burmas_ river_ of_ news.

Cohen, J. L. , *Class and civil society: The limits of Marxian critical theory*, University of Massachusetts Press Amherst, 1982.

Cohen, J. L. and A. Arato, *Civil society and political theory*, MIT Press, 1994.

Cohen, Warren I. , *America's Response to China: A History of Sino – American Relations*, New York: Columbia University Press, 2000.

Critchlow, Donald T. , "Robert S. Brookings: The Man, the Vision and the Institution ", *The Review of Politics*, Vol. 46, No. 4 (1984), pp. 561 – 581.

Critchlow, Donald T. , *The Brookings Institution*, 1916 – 1952: *Expertise and the Public Interest in a Democratic Society*, Northern Illinois University Press, 1985.

Desaine, Lois, *The Politics of Silence: Myanmar NGO's Ethnic, Religious and Political Agenda*, Bangkok: Research Institute on Contemporary Southeast Asia, 2011.

Dionne, E. J. , Ed. , *Community Works: The Revival of Civil Society in America*, Washington D. C. , Brookings Institution Press, 1998.

Doherty, I. , "Democracy Out of Balance: Civil Society Can't Replace Political Parties", *Policy Review* (106) (April & May, 2001).

Domhoff, G. William, *Who Rules America? Power, Politics, and Social Change*, Boston: McGraw – Hill, 5th edition, 2006.

Draitser, Eric, "Towards a New 'Humanitarian Front'? Myanmar and the Geopolitics of Empire", *Global Research*, June 20, 2012.

Eberly, Don E. ed. , *The Essential Civil Society Reader: the Classic Essays*, New York: Rowman & Littlefield Publishers Inc. , 2000.

Edwards, B. , "Civil Society and Social Capital Beyond Putnam," *American Behavioral Scientist* 42 (1): 124 – 139, 1998.

Edwards, M. , *Civil society*. Oxford, Blackwell Publishing Ltd, 2004.

Edwards, M. , *Civil Society*, 2nd Edition, Cambridge, Polity Press, 2009.

Edwards, M. , Ed. , *The Oxford Handbook of Civil Society*, Oxford University Press, 2011.

Ehrenberg, J. , *Civil Society: The Critical History of an Idea*, NYU Press, 1999.

Epstein, Susan B. , "National Endowment for Democracy: Policy and Funding Issues", CRS Report 96 – 222, August 16, 1999.

Erskine, Hazel, "The Polls: Pollution and Its Costs", *Public Opinion Quarterly*, Vol. 36, No. 1 (Spring, 1972), pp. 120 – 135.

Erskine, Hazel, "The Polls: Pollution in and Industry", *Public Opinion*

Quarterly, Vol. 36, No. 2 (Summer, 1972), pp. 263 –280.

Ferguson, A. , *An Essay on the History of Civil Society*. London, T. Cadell, 1982.

Fergusson, D. , *Church, State and Civil Society*. New York, Cambridge University Press, 2004.

Fiorina, Morris P. , Paul E. Peterson, Bertram Johnson and William G. Mayer, *The New American Democracy*, 5th Edition, Pearson Education, Inc, 2007.

Fisher, William F. , "Doing Good? The Politics and Antipolitics of NGO Practices," *Annual Review of Anthropology*, Vol. 26 (1997).

Florini, A. , *The Third Force: The Rise of Transnational Civil Society*, Carnegie Endowment for International Peace, 2000.

Flyvbjerg, B. , "Habermas and Foucault: Thinkers for Civil Society?" *The British Journal of Sociology* 49 (2): 210 –233, Jun. , 1998.

Foley, M. W. and B. Edwards, "The Paradox of Civil Society", *Journal of Democracy* 7 (3): 38 –52, 1996.

Ford, Andrea, "A Brief History of NAFTA", *Time*, Tuesday, Dec. 30, 2008.

Fowler, Robert Booth, Alan Hertzke, and Laura Olson, *Religion and Politics in America: Faith, Culture, and Strategic Choices*, fourth edition, Boulder, CO: Westview Press, 2010.

Frates, Chris, "Free –trade Pacts Caught in Crossfire", POLITICO. com.

Fritze, John, "Tax on Plastic Surgery Gets Ax in Final Stretch", *USA Today*, Dec. , 22, 2009.

Fukuyama, F. , "Social Capital, Civil Society and Development. " *Third World Quarterly* 22 (1): 7 –20, 2001.

Fulton, G. A. , Grimes, D. R. , Schimidt, L. G. , McAlinden, S. P. , and Richardson, B. C. , "Contribution of the Automotive Industry to the US E-conomy in 1998: The Nation and Its States", Winter 2001, available at: http: //hdl. handle. net/2027. 42/1483.

Ganesan, Narayanan, "Myanmar—China Relations: Interlocking Interests bur Independent Output," *Japanese Journal of Political Science*, Vol. 12, April 2011.

Garver, F. B. and Harry Trelogan, "The Agricultural Adjustment Act and The Reports of the Brookings Institution," *The Quarterly Journal of Economics*, Vol. 50, No. 4, pp. 594 – 621.

Geiger, Kim and Tom Hamburger, "Healthcare reform wins over doctors lobby", *Log Angeles Times*, September 15, 2009.

Gellner, E. , *Conditions of Liberty: Civil society and Its Rivals*. London, Allen Lane/Penguin Press, 1994.

George, Roger Z. and Harvey Rishikof, eds. , *The National Security Enterprise*, *Navigating the Labyrinth*, Washington D. C. : Georgetown University Press, 2011.

Gettleman, Jeffrey, Mark Mazzetti, and Eric Schmitt, "U. S. Relies on Contractors in Somalia Conflict", *The New York Times* (New York edition), Saturday, August 11, 2011, p. A1.

Gill, G. J. , *The Dynamics of Democratization: Elites, Civil Society and the Transition Process*, Palgrave Macmillan, 2002.

Glasius, M. , D. Lewis, et al. , Eds. , *Exploring Civil Society: Political and Cultural Contexts*, Routledge, 2004.

Goldberg, Carey, "Hawaii Judge Ends Gay – Marriage Ban", *New York Times*, December 04, 1996.

Goldfabb, Zachary A. and Karen Tumulty, "IRS Targeted Tea party Groups for Tax Scrutiny", *The Washington Post*, Saturday, May 11, 2013, p. A1.

Goldfarb, Zachary A. and Lori Montgomery, "Obama Gets Win as Congress Passes Free-trade Agreements", *The Washington Post*, October 13, 2011.

Greenpeace, "Guide to the Kyoto Protocol", October 1998, available at: http: //archive. greenpeace. org/climate/politics/reports/kppop. pdf.

Guido Franco, "Climate Change Research at the Regional Level: California", 2010, available at: http: //hmt. noaa. gov/meetings/hmt – west – 2010/presentations/6 – Franco% 20 – % 20October% 207% 202010% 20 – %

20NOAA_ HMT. pdf.

Guido Franco et. al. ,　"Linking Climate Change Science With Policy In California", 2008, available at: http: //www. energy. ca. gov/2008 publications/CEC − 500 − 2008 − 038/CEC − 500 − 2008 − 038. pdf.

Gulbrandsen, Lars H. and Steinar Andresen, "NGO Influence in the Implementation of the Kyoto Protocol: Compliance, Flexibility Mechanisms, and Sinks", *Global Environmental Politics*, Vol. 4, No. 4 (2004), pp. 65 − 66.

Gunningham, Neil, Robert A. Kagan, Dorothy Thornton, "Social License and Environmental Protection: Why Businesses Go beyond Compliance", *Law & Social Inquiry*, Vol. 29, No. 2 (Spring, 2004), pp. 307 − 341.

Haass, Richard N. , "Think Tanks and U. S. Foreign Policy: A Policy − Maker's Perspective", *U. S. Foreign Policy Agenda*, Vol. 7, No. 3.

Hall, J. R. , *Civil Society: Theory, History, Comparison*, Wiley, 1995.

Hamilton, Rebecca, *Fighting for Darfur: Public Action and the Struggle to Stop Genocide*, New York: Palgrave MacMillan, 2011.

Handley, John M. and Andrew H. Ziegler, Jr. , "A Conceptual Framework for National Security", American Diplomacy, January 2004, available at: http: //www. unc. edu/depts/diplomat/archives_ roll/2003_ 10 − 12/ handley_ ziegler/handley_ ziegler. html, 2014 − 02 − 08.

Hanemann, W. M. , "How California Came to Pass AB32, the Global Warming Solutions Act of 2006", 2007, available at: http: //ageconsearch. umn. edu/bitstream/7190/2/wp071040. pdf.

Hardt, M. , "The Withering of Civil Society. " Social Text (45) (Winter, 1995): 27 − 44.

Harris, J. , Ed. , *TÖNNIES: Community and Civil Society*. New York, Cambridge University Press, 2001.

Harrison, Kathryn, "The Road' Not Taken: Climate Change Policy in Canada and the United States", 2006, available at: http: //www. politics. ubc. ca/fileadmin/user_ upload/poli_ sci/Faculty/harrison/Canada_ US_ august. pdf.

Haynes, J. , *Democracy and Civil Society in the Third World: Politics and*

New Political Movements, Cambridge, Polity Press, 1997.

Hearn, Julie, "The 'Invisible' NGO: US Evangelical Missions in Kenya", *Journal of Religion in Africa*, Vol. 32, Fasc. 1, Christian and Islamic Non – Governmental Organisations in Contemporary Africa (Feb. , 2002).

Herberg, Will, *Protestant, Catholic, Jew: An Essay in American Religious Sociology*, Chicago: University of Chicago Press, 1983.

Hirst, P. Q. , *From Statism to Pluralism: Democracy, Civil Society and Global Politics*, Taylor & Francis Group, 1997.

Howell, J. A. and J. Pearce, *Civil Society & Development: A Critical Exploration*, Lynne Rienner Publishers, 2002.

Hoxie, R. Gordon, "Presidential Leadership and American Foreign Policy: Some Reflections on the Taiwan Issued, with Particular Considerations on Alexander Hamilton, Dwight Eisenhower, and Jimmy Carter", *Presidential Studies Quarterly*, Vol. 9, No. 2 (Spring 1979), pp. 131 – 143.

Hrebenar, Ronald J. , *Interest Group Politics in America*, 3rd Edition, New York: M. E. Sharpe, Armonk, 1997.

Hudock, A. , *NGOs And Civil Society: Democracy By Proxy?*, Wiley, 1999.

Hunter, James Davision, *Culture Wars: The Struggle to Define America*, New York: Basic Books, 1991.

Inglehart, Ronald, and Wayne E. Baker, "Modernization, Cultural Change, and the Persistence of Traditional Values", *American Sociological Review*, Vol. 65, No. 1 (February 2000): 19 – 51.

Iriye, Akira, "A Century of NGOs", in *Diplomatic History*, Vol. 23, No. 3 (Summer 1999).

Jack, A. , "Methodology and Ranking Tables", July 5 2007, available at: http: //www. ft. com/cms/s/2/e78b29d8 – 294c – 11dc – a530 – 000b5df10621, dwp_ uuid = c1927432 – 1f9e – 11dc – ac86 – 000b5df10621. html.

James, Dao, "NRA blasts Kerry, praises Bush", *The New York Times*, April 18, 2004.

Jann, Werner & Kai Wegrich, "Theories of the Policy Cycle", in Frank

Fischer, Gerald J. Miller, and Mara S. Sidney eds. , *Handbook of public policy analysis*: *theory*, *politics*, *and methods*, Taylor & Francis Group, LLC, 2007.

Jobert, B. and B. Kohler – Koch, Eds. , *Changing Images of Civil Society*: *From Protest to Governance*, Routledge, 2008.

Kaffer, Nancy, "UAW president: AutoCrisis Taught Union to Adopt Pragmatic Style", *Crain's Detroit Business*, June 5, 2011.

Kaldor, M. , "TheIdea of Global Civil Society." *International Affairs* 79 (3): 583 – 593, May 2003.

Kellam, Susan and Melissa Skolfield, *Brookings Annul Report* 2011, The Brookings Institution, 2011.

Kim, Youngwan, *The Unveiled Power NGOs*: *How NGOs Influence States' Foreign Policy Behaviors*, University of Lowa, 2011.

Kotler, Mindy, "Sorry, Japan: Yasukuni Is Not Arlington", January 16, 2014, available at: http: //nationalinterest. org/commentary/sorry – japan – yasukuni – not – arlington – 9718.

Lancaster, Carol, *Foreign Aid*: *Diplomacy*, *Development*, *Domestic Politics*, Chicago: The University of Chicago Press, 2007.

Lancaster, Carol, *Transforming Foreign Aid*: *United States Assistance in the* 21*st Century*, Peter G. Peterson Institute for International Economics, 2000.

Leffler, Melvyn P. , "The American Conception of National Security and the Beginnings of the Cold War, 1945 –48", *The American Historical Review*, Vol. 89, No. 2, April 1984.

Lindner, Eileen W. , ed. , *Yearbook of American and Canadian Churches*, New York, NY: National Council of Churches, 2012.

Lipschutz, R. D. , "Reconstructing World Politics: the Emergence of Global Civil Society", *Millennium – Journal of International Studies* 21 (3): 389 –420, 1992.

Lipsky, M. , Smith, S. R. , "Nonprofit Organizations, Government, and the Welfare State", *Political Science Quarterly*, Vol. 104, No. 4, 1990, pp. 625 –648.

Lipton, Eric, Mike McIntire and Don Van Natta Jr. , "Top Corporations Aid U. S. Chamber of Commerce Campaign", *New York Times*, October 21, 2010.

Lowe, David, *Idea to Reality: NED at 25*, available at: http: //www. ned. org/about/history.

Lowenkron, Barry F. , Keynote Address at the U. S. Campaign for Burma 2006 National Conference: Burma's Challenge 2006, April 29, 2006, available at: http: //2001 – 2009. state. gov/g/drl/rls/rm/2006/68663. htm.

Lowes, Robert, "AMA Supports Latest Healthcare Reform Legislation With Reservations", *Mediscape Medical News*, March 19, 2010.

Mackinder, E. , "Pro – Environment Groups Outmatched, Outspent in Battle Over Climate Change Legislation", 2010, available at: http: //www. opensecrets. org/news/2010/08/pro – environment – groups – were – outmatc. html.

Mann, James, *About Face: A History of America's Curious Relationship with China, from Nixon to Clinton*, New York: Alfred A. Knopf, 1998.

Marsden, Lee, *Lessons from Russia: Clinton and U. S. Democracy Promotion*, Burlington: Ashgate Publishing Limited, 2005.

Marty, Martin, "Reinhold Niebuhr: Public Theology and the American Experience", *Journal of Religion* 54 (October 1974): 332 –359.

McCleary, Rachel M. and Robert J. Barro, "Private Voluntary Organization Engaged in International Assistance, 1939 –2004", *Nonprofit and Voluntary Sector Quarterly Journal*, December 2007.

McGann, James G. , 2013 *Global Go To Think Tanks*, Think Tanks and Civil Societies Program, University of Pennsylvania, January 22, 2014.

McGann, James G. , *Think Tanks and Policy Advice in the United States: Academics, advisors and advocates*, Routledge, 2007.

McGann, James G. , *Think Tanks and Policy Advice in The US*, Foreign Policy Research Institute, Philadelphia, Pennsylvania, August, 2005.

McInerney, Stephen and Cole Bockenfeld, *The Federal Budget and Appropriations for Fiscal Year* 2014: *Democracy, Governance and Human Rights in the Middle East and North Africa*, September 2013, Washington D. C. .

Mearsheimer, John J. "America Unhinged", *The National Interest*, January – February 2014.

Melton, J. Gordon, *Melton's Encyclopedia of American Religions*, 8th edition, Detroit: Gale, Cengage Learning, 2009.

Mercer, C., "NGOs, Civil Society and Democratization: A Critical Review of the Literature", *Progress in Development Studies* 2 (1), 2002: 5 – 22.

Meyer, C., "The Political Economy of NGOs and Information Sharing", *World Development*, Vol. 25, No. 7 (1997), pp. 1127 – 1140.

Michael Hanemann, "California's New Greenhouse Gas Laws," *Review of Environmental Economics and Policy*, Vol. 2, No. 1 (2008), pp. 114 – 129.

Morlot, Jan Corfee, "California in the Greenhouse: Regional Climate Change Policies and the Global Environment", 2009, available at: http://discovery. ucl. ac. uk/16122/1/16122. pdf.

Mouawad, J., "Shell Settles Air Pollution Accusations", *The New York Times*, April 23, 2009, available at: http://www. nytimes. com/2009/04/24/business/energy – environment/24shell. html.

Murphy, John, "NAFTA at 15: Accessing Its Benefits", *Chamber Post*, U. S. Chamber of Commerce.

Myers, Ramon H. Oksenberg, Michel C. and Shambaugh, David. eds., *Making China Policy: Lessons from the Bush and Clinton Administrations*, Lanham: Rowman & Littlefield Publishers, Inc, 2001.

Nakarmura, David, "Obama is squeezed in border debate", *The Washington Post*, Tuesday, February 4, 2014, p. A1.

Nasaw, Daniel, "PowerfulDoctors Group Backs Obama's Healthcare Reform Plan", *The Guardian*, July 16, 2009.

National Intelligence Council, *Global Trends 2030: Alternative Worlds*, December 2012.

Neem, J. N., *Creating A Nation of Joiners: Democracy and Civil Society in Early National Massachusetts*. Cambridge, Harvard University Press, 2008.

Neuhaus, Richard John, "The Culture War Will Continue", *Christianity Today* 32 (October 21, 1988): 20 – 21.

Newton, K., "Trust, Social Capital, Civil Society, and Democracy", *International Political Science Review* 22 (2), 2001: 201 - 214.

Odell, P. and C. Willett, Eds., *Global Governance and the Quest for Justice*, *Volume* 3: *Civil Society*. Oxford, Hart Publishing, 2008.

O'Halloran, Kerry, Myles McGregor - Lowndes and Karla W. Simon, *Charity Law & Social Policy*, *National and International Perspectives on the Functions of the Law Relating to Charities*, Springer, 2008.

Oster, S. M., "Nonprofit organizations and their Local Affiliates: A study in Organizational Forms", *Journal of Economic Behavior & Organization*, Vol. 30, No. 1 (July 1996), pp. 83 - 95.

Owens, Michael Leo, *Sectarian Institutions in State Welfare Reforms: An Analysis of Charitable Choice*, Albany, NY: Nelson A. Rockefeller Institute of Government, 2000.

Oz - Salberger, F., Ed., *Ferguson: An Essay on the History of Civil Society*, Cambridge University Press, 1995.

Palestrant, Daniel, "Why Physicians Oppose The Health Care Reform Bill", *Forbes*, April 10, 2010.

Parmar, Inderjeet, "Obama's National Security Strategy: Made at Princeton", available at: http: //blogs. lse. ac. uk/ideas/2010/06/obamas - national - security - strategy - made - at - princeton/.

Palmer, Doug, "U. S. Lawmakers Launch Push to Repeal NAFTA", *Reuters*, March 4, 2010.

Pasvolsky, Leo, "The Brookings Institution Program of International Studies," *World Politics*, Vol. 2, No. 2, pp. 295 - 303.

Pettijohn, Sarah L., The Nonprofit Sector in Brief: Public Charities, Giving and Volunteering, 2013, The Urban Institute, Washington D. C., 2013.

Pew Research Center, *Public Sees U. S. Power Declining As Support for Global Engagement Slips: America's Place in the World* 2013, December 2013.

Piller, Charles, Edmund Sanders and Robyn Dixon Times Staff Writers, "Dark cloud over good works of Gates Foundation", *Log Angeles Times*, January 7, 2007.

Powell, Colin L. , *Remarks to the National Foreign Policy Conference for Leaders of Nongovernmental Organizations*, Loy Henderson Conference Room, U. S. Department of State, Washington D. C. , October 26, 2001.

Price, R. , "Transnational Civil Society and Advocacy in World Politics. " *World Politics* 55 (4) (Jul. , 2003): 579 – 606.

Putnam, Robert D. , *Bowling Alone: The Collapse and Revival of American Community*, New York: Simon & Schuster, 2002.

Putnam, Robert D. and Felstein, Lewis M. with Don Cohen, *Better Together: Restoring the American Community*, New York: Simon & Schuster, 2003.

Putnam, Robert D. , ed. , *Democracies in Flux*, Oxford University Press, 2002.

Queen Ⅱ, Edward L. , Stephen R. Prothero, and Gardiner H. Shattuck, Jr. , eds. , *Encyclopedia of American Religious History*, 3rd edition, New York: Facts on File, 2009.

Raman, B. , "The USA's National Endowment for Democracy (NED): An Update", available at: http: //www. iefd. org/articles/ned_ an_ update. php.

Randall, Tom, "Natural Resources Defense Council Attacks Administration on Kyoto Protocol", May 7, 2001, available at: http: //www. nationalcenter. org/TSR50701c. html.

Ray, M. R. , *The Changing and Unchanging Face of U. S. Civil Society*. New Brunswick, Transaction Publishers, 2002.

Reimann, Kim D. , "A View from Top: International Politics, Norms and the Worldwide Growth of NGOs", *International Studies Quarterly*, Vol. 50, March, 2006.

Rifkin, Jeremy, *The Third Industrial Revolution: How Lateral Power is Transforming Energy, the Economy, and the World*, New York: Palgrave Macmillan, 2011.

Roberts, S. M. , and Jones Ⅲ, J. P. , "NGOs and the Globalization of Managerialism: A Research Framework", *World Development*, Vol. 33. No. 11, 2005, pp. 1845 – 1864.

Robins, R. G. , *Pentecostalism in America*, Santa Barbara, CA: Praeger, 2010.

Roeger, Katie L. , Amy S. Blackwood, and Sarah L. Pettijohn, *THE NONPROFIT SECTOR IN BRIEF: Public Charities, Giving and Volunteering*, 2011, The Urban Institute, 2011.

Romm, Joseph J. , *Defining National Security: the Nonmilitary Aspects － Pew Project on America's Task in a Changed World* (Pew Project Series), New York: Council on Foreign Relations Press, 1993.

Roosevelt, M. , "Prop. 23 battle marks new era in environmental politics", *Los Angeles Times*, November 4, 2010, available at: http://articles. latimes. com/2010/nov/04/local/la － me － global － warming － 20101104.

Rosenberg, J. , *The Empire of Civil Society: A Critique of the Realist Theory of International Relations*, Verso, 1994.

Rourke, John T. , "Congress, the Executive, and Foreign Policy: A Propositional Analysis", *Presidential Studies Quarterly*, Vol. 10, No. 2 (Spring 1980), pp. 179 － 193.

Rowell, Walter W. , and Richard Steinberg, eds. , *The Nonprofit Sector: A Research Handbook*, second edition, New Haven, CT: Yale University Press, 2006.

Salamon, L. M. and H. K. Anheier. "Social Origins of Civil Society: Explaining the Nonprofit Sector Cross － Nationally", *Voluntas: International Journal of Voluntary and Nonprofit Organizations* 9 (3), 1998: 213 － 248.

Salamon, Lester M. , ed. , *The States of Nonprofit America*. Washington D. C. , Brookings Institution Press, 2012.

Saunders, Charles B. , *The Brookings Institution: A Fifty Year History*, The Brookings Institution, 1966.

Schear, Stuart, "The Ultimate Self － Referral: Health Care Reform, AMA － Style", *The American Prospect*, November 19, 2001.

Scholte, J. A. , "Civil Society and Democracy in Global Governance", *CSGR Working Paper* 65 (1) (January 2001).

Schreurs, Miranda A. , "Climate Change Advocacy Groups in theUnited States, Germany, and Japan", available at: http://evans. washington. edu/

files/SchreursNGO_ advocacyJapanGerUS. pdf.

Scott, R. E. , "Climate Change Policy: Broader Adjustment Key to U. S. Trade and Manufacturing Jobs", EPI Briefing Paper #241, October 2009, available at: http://www. epi. org/publications/entry/bp241/.

Shaw, M. , "Civil Society and Global Politics: Beyond a Social Movements Approach", *Millennium: Journal of International Studies* 23 (3) (1994): 647 - 667.

Sheppard, Kate, "Should Democrats Walk Away from the Climate Bill?" February 14, 2008, available at: http://prospect. org/article/should - democrats - walk - away - climate - bill.

Sherman, Amy L. , *The Growing Impact of Charitable Choice: A Catalogue of New Collaborations Between Government and Faith - Based Organizations in Nine States*, Annapolis, MD: Center for Public Justice, 2000.

Shils, E. , "The Virtue of Civil Society," *Government and Opposition* 26 (1) (2007): 3 - 20.

Sholes, Rebecca & Jane Covey, *Partners for Development: USAID & PVO/NGO Relationships*, IDR Reports, Vol. 12, No. 1.

Skocpol, Theda, *Diminished Democracy: from Membership to Management in American Civic Life*, Norman: University of Oklahoma Press, 2003.

Skocpol, Theda and Morris P. Fiorina, *Civic Engagement in American Democracy*, Washington D. C. : Brookings Institution, 1999.

Smith, James Allen, *Brookings at Seventy - Five*, Washington D. C. : The Brookings Institution, 1991.

Smith, Jodan Michael, "The U. S. Democracy Project", *National Interest*, May 1, 2013, available at: http://nationalinterest. org/article/the - us - democracy - project - 8379? page = 6.

Speth, James Gustave, "The Global Environmental Agenda: Origins and Prospects", available at: http://environment. research. yale. edu/documents/downloads/o - u/speth. pdf.

Spring, Baker, "The Heritage Foundation: Influencing the Debate on Missile Defense", *U. S. Foreign Policy Agenda*, Vol. 7, No. 3.

Sutter, Robert G. , *U. S. Policy Toward China: An Introduction to the*

Role of Interest Groups, Lanham: Rowman & Littlefield Publishers, Inc, 1998.

Taylor, C. , "Modes of Civil Society", *Public Culture* 3 (1), 1990: 95 – 118.

Taylor, Mi Ae & Mark E. Manyin, *Non – Governmental Organizations'* *Activities in North Korea*, CRS Report for Congress, March 25, 2011.

Terry, Fiona, *Condemned to Repeat? The Paradox of Humanitarian Action*, Cornell University Press, 2002.

Terry, Ken, "Doc Fight: Physicians Attack AMA's Support for Healthcare Reform", *CBS News*, September 13, 2010.

Thorpe, B. , "The role of NGOs and the public to promote cleaner production," *Journal of Cleanser Production*, Vol. 2, No. 3 – 4, 1994, pp. 153 – 162.

Tönnies, F. , *Tönnies: Community and Civil Society*, Cambridge University Press, 2001.

Torode, Greg, "Myanmar work will continue, vows National Endowment for Democracy", *South China Morning Post*, October 1, 2012.

Trapp, Doug, "SGR repeal, health care cuts among ideas sent to super committee", *Amednews. com*, Oct. 14, 2011.

Truman, David B. , *The Governmental Process: Political Interests and Public Opinion*, 2nd ed, New York: Knopf, 1971.

Tucker, Nancy Bernkopf, *American Diplomats and Sino – American relations*, 1945 – 1996, New York: Columbia University Press, 2001.

U. S. Department of Defense, *Military Community & Family Policy*, *Primer for Civilian Nonprofit Organizations: Providing Support to Our Military Families*, October 2013, Washington D. C. .

U. S. Department of Homeland Security, *National Response Framework* 2nd Edition, May 2013, Washington D. C. .

U. S. Department of Homeland Security, *Quadrennial Homeland Security Review Report: A Strategic Framework for a Secure Homeland*, February 2010, Washington D. C. .

U. S. Department of State and USAID, *Leading Through Civilian Power*:

The First Quadrennial Diplomacy and Development Review, 2010, Washington D. C. .

U. S. Department of Veterans Affairs, 2012/2013 *Directory*: *Veterans and Military Service Organizations*, State Directors of Veterans Affairs, Washington D. C. , 2014.

United States General Accounting Office, *Foreign Assistance*: *USAID Relies Heavily on Nongovernmental Organizations*, *but Better Data Needed to Evaluate Approaches*, April 2002.

USAID Policy Guidance, *USAID – U. S. PRO Partnership*, April 13, 1995, Revised August 6, 2002.

Valantin, Jean – Michel, *Hollywood, the Pentagon and Washington*, London: Anthem Press, 2005.

Varshney, A. , "Ethnic Conflict and Civil Society: India and Beyond", *World Politics* 53 (3) (April 2001): 362 – 398.

Venugopal, S. , Sauer, A. , and Loughlin, K. , "How U. S. Federal Climate Policy Could Affect Chemicals' Credit Risk", *WRI and Standard & Poors Report*, 2011, available at: http: //www. wri. org/publication/how – us – federal – climate – policy – could – affect – chemicals – credit – risk?.

Verini, James, "Show him the money", *Washington Monthly*, July/August 2010.

Vogel, C. , "Chevron Phillips Settles Suit Over Pollution At Baytown Plant, No Thanks To TCEQ", Houston Press, Nov. 18 2010, available at: http: //blogs. houstonpress. com/hairballs/2010/11/chevron_ lawsuit. php.

Wald, Kenneth D. , and Allison Calhoun – Brown (2010), *Religion and Politics in the United States*, sixth edition, Lanham, MD: Rowman & Littlefield Publishers.

Walzer, M. , *Toward a Global Civil Society*, Berghahn Books, 1998.

Watson, Cynthia A. , *U. S. National Security*: *A Reference Handbook*, 2nd Edition, Santa Barbara: ABC – CLIO, Inc, 2008.

Weissmann, Jordan, "The UAW's Grand New Bargain and the Future of Organized Labor", *The Atlantic*, Oct. 31, 2011.

Welytok, Jill Gilbert. & Welytok, Daniel S. , *Nonprofit Law and Govern-*

ance for Dummies, Hoboken: Wiley Publishing, 2007.

White, G. , "Civil Society, Democratization and Development (I): Clearing the Analytical Ground. " *Democratization* 1 (2) (1994): 375 – 390.

Wiarda, Howard J. , *Think Tanks and Foreign Policy: The Foreign Policy Research Institute and Presidential Politics*, New York: Lexington Books, 2010.

Wilcox, Clyde, and Carin Robinson, *Onward Christian Soldiers? The Religious Right in American Politics*, 4th edition, Boulder, CO: Westview Press, 2010.

Wilson, Graham K. , *Interest Groups in the United States*, Oxford: Clarendon Press, 1981.

Wilson, James Q. , *American Government – Institutions & Politics*, 3rd edition, D. C. Heath and Company, 1986.

Wilson, James Q. , *American Government: Institutions and Policies*, 5th ed. , Lexington: D. C. Heath and Company, 1992.

Wolfers, Arnold, "National Security as an Ambiguous Symbol", *Political Science Quarterly*, Vol. 67, No. 4, December 1952.

Wood, E. M. , "The Uses and Abuses of 'Civil Society'. " *The Socialist Register* 26, 1990.

Wuthnow, Robert, *The Restructuring of American Religion: Society and Faith Since World War II*, Princeton, NJ: Princeton University Press, 1988.

Wuthnow, Robert, *Christianity and Civil Society: The Contemporary Debate*, Valley Forge, PA: Trinity Press International, 1996.

Wuthnow, Robert, *Saving America? Faith – based Services and the Future of Civil Society*, Princeton, NJ: Princeton University Press, 2004.

Wuthnow, Robert, Conrad Hackett, and Becky Yang Hsu, "Effectiveness and Trustworthiness of Faith – Based and Other Service Organizations: A Study of Recipients' Perceptions", *Journal for the Scientific Study of Religion*, Vol. 43, No. 1 (2004): 1 – 17.

Wuthnow, Robert, and John H. Evans, eds. , *The Quiet Hand of God: Faith – Based Activism and the Public Role of Mainline Protestantism*, Berkeley,

CA: University of California Press, 2002.

Yacobucci, Brent D. and Larry Parker, "Climate Change: Comparison of S. 2191 as Reported (now S. 3036) with Proposed Boxer Amendment", *CRS Report for Congress*, 2008, available at: http://www. nationalaglawcenter. org/assets/crs/RL34515. pdf.

Yergin, Daniel H. , *Shattered Peace: The Origins of the Cold War and the National Security State*, Boston: Houghton Mifflin, 1977.

Zatepilina, Olga, "Non – state ambassadors: NGOs' contribution to America's public diplomacy", *Place Branding and Public Diplomacy* Vol. 5, No. 2.

三 美国政府出版物

U. S. Census Bureau, *Statistical Abstract of the United States* 1999, United States Government Printing Office; 119th edition, Washington D. C. , 1999.

U. S. Census Bureau, *Statistical Abstract of the United States*: 2004 – 2005: *The National Data Book*, Washington D. C. , 2004.

U. S. Census Bureau, *Statistical Abstract of the United States* 2007: *The National Data Book*, Washington D. C. , 2006.

U. S. Census Bureau, *Statistical Abstract of the United States*: 2008, Washington D. C. , 2007.

U. S. Census Bureau, *Statistical Abstract of the United States*, 2009: *The National Data Book*, 2008.

U. S. Census Bureau, *Statistical Abstract of the United States*: 2010 (129th Edition), Washington D. C. , 2009.

U. S. Census Bureau, *Statistical Abstract of the United States*: 2011, Washington D. C. , 2010.

U. S. Census Bureau, *Statistical Abstract of the United States*: 2012, Washington D. C. , 20, 2011.

U. S. Census Bureau, *Statistical Abstract of the United States* 2012 – 2013: *The National Data Book*, 131st Edition, Skyhorse Publishing, 2012.

U. S. Internal Revenue Service, *Data Book*, 2012, Publication 55B, Washington D. C. , March 2013.

U. S. Internal Revenue Service, *Data Book*, 2013, Publication 55B, Washington D. C. , March 2014.

U. S. Internal Revenue Service, *Data Book*, 2014, Publication 55B, Washington D. C. , March 2015.

U. S. Internal Revenue Service, Publication 557 (Rev. February 2015), Cat. No. 46573C, *Tax - Exempt Status for Your Organization.*

U. S. Internal Revenue Service: Publication 4220 (Rev. 7 - 2014), Cat. No. 37053T, *Apply for 501(c) (3) Tax - Exempt Status.*

United States Government Accountability Office, *Tax - Exempt Organizations: Better Compliance Indicator and Data, and More Collaboration with State Regulators Would Strengthen Oversight of Charitable Organizations*, (GAO - 15 - 164), December 2014.

White House, *National Security Strategy*, January 1987, Washington D. C. .

White House, *National Security Strategy*, March 1990, Washington D. C. .

White House, *A National Security Strategy of Engagement and Enlargement*, July 1994, Washington D. C. .

White House, *A National Security Strategy for a New Century*, December 1999, Washington D. C. .

White House, *National Security Strategy*, September 2002, Washington D. C. .

White House, *National Security Strategy*, March 2006, Washington D. C. .

White House, *National Security Strategy*, May 2010, Washington D. C. .

四　美国政府相关网站

白宫：https：//www. whitehouse. gov/。

美国国务院：http：//www. state. gov/。

美国国防部：http：//www. defense. gov/。

美国国际开发署：https：//www. usaid. gov/。

美国劳工部：http：//www. dol. gov/。

美国联邦税务局：http：//www. irs. gov/。

美国商务部：http：//www. commerce. gov/。

美国政府印刷出版局：http：//www. gpo/。

美国国家档案馆：http：//www. archives. gov/。

美国国会参议院财政委员会：http：//www. finance. senate. gov/。

美国联邦最高法院：http：//www. supremecourt. gov/。